Mathias Schwabe
Das Scheitern von pädagogischen Projekten – zudem eine etwas andere
Geschichte der Sozialpädagogik

Die freie Verfügbarkeit der E-Book-Ausgabe dieser Publikation wurde ermöglicht durch die Deutsche Forschungsgemeinschaft, den Fachinformationsdienst Erziehungswissenschaft und Bildungsforschung und ein Netzwerk wissenschaftlicher Bibliotheken zur Förderung von Open Access in den Erziehungs- und Bildungswissenschaften.

Bibliothek der Berufsakademie Sachsen
Bibliothek der Hochschule für Bildende Künste Braunschweig
Bibliothek für Bildungsgeschichtliche Forschung des DIPF Berlin
Bibliotheks- und Informationssystem (BIS) der Carl von Ossietzky Universität Oldenburg
DIPF | Leibniz-Institut für Bildungsforschung und Bildungsinformation
Evangelische Hochschule Dresden
FernUniversität in Hagen – Universitätsbibliothek
Freie Universität Berlin – Universitätsbibliothek
Gottfried Wilhelm Leibniz Bibliothek – Niedersächsische Landesbibliothek Hannover
Hochschulbibliothek der Pädagogischen Hochschule Karlsruhe
Hochschule für Bildende Künste Dresden
Hochschule für Grafik und Buchkunst Leipzig
Hochschule für Musik Dresden
Hochschule für Musik und Theater Leipzig
Hochschule für Technik, Wirtschaft und Kultur Leipzig
Hochschule für Technik und Wirtschaft Dresden
Hochschule Mittweida
Hochschule Zittau / Görlitz
Humboldt-Universität zu Berlin Universitätsbibliothek
Landesbibliothek Oldenburg
Leibniz-Institut für Bildungsmedien | Georg-Eckert-Institut Braunschweig
Medien- und Informationszentrum / Leuphana Universität Lüneburg
Pädagogische Hochschule Freiburg
Pädagogische Hochschule Heidelberg
Palucca-Hochschule für Tanz Dresden
Sächsische Landesbibliothek – Staats- und Universitätsbibliothek Dresden
Staats- und Universitätsbibliothek Hamburg
Technische Informationsbibliothek (TIB) Hannover
Technische Universität Berlin / Universitätsbibliothek
Technische Universität Chemnitz
Technische Universitätsbibliothek Hamburg
Universitätsbibliothek Leipzig
Universitäts- und Landesbibliothek Bonn
Universitäts- und Landesbibliothek Münster
Universitäts- und Stadtbibliothek Köln
Universitätsbibliothek Augsburg
Universitätsbibliothek Bielefeld
Universitätsbibliothek Bochum
Universitätsbibliothek der LMU München
Universitätsbibliothek der Technischen Universität Hamburg
Universitätsbibliothek der TU Bergakademie Freiberg
Universitätsbibliothek Duisburg-Essen
Universitätsbibliothek Erlangen-Nürnberg
Universitätsbibliothek Gießen
Universitätsbibliothek Hildesheim
Universitätsbibliothek Johann Christian Senckenberg / Frankfurt a. M.
Universitätsbibliothek Kassel
Universitätsbibliothek Leipzig
Universitätsbibliothek Mainz
Universitätsbibliothek Mannheim
Universitätsbibliothek Marburg
Universitätsbibliothek Passau
Universitätsbibliothek Potsdam
Universitätsbibliothek Regensburg
Universitätsbibliothek Rostock
Universitätsbibliothek Vechta
Universitätsbibliothek Wuppertal
Universitätsbibliothek Würzburg
Westsächsische Hochschule Zwickau

Mathias Schwabe

Das Scheitern von pädagogischen Projekten – zudem eine etwas andere Geschichte der Sozialpädagogik

Prof. Dr. Mathias Schwabe arbeitet als Dozent für Methoden der Sozialen Arbeit an der Evangelischen Hochschule Berlin. Er ist Systemischer Berater (SIT & IGST), Supervisor und Denkzeit-Trainer und aktives Mitglied bei der „Qualitätsagentur Erziehungshilfen".

Das Werk einschließlich aller seiner Teile ist urheberrechtlich geschützt. Der Text dieser Publikation wird unter der Lizenz **Creative Commons Namensnennung 4.0 International (CC BY 4.0)** veröffentlicht. Den vollständigen Lizenztext finden Sie unter: https://creative-commons.org/licenses/by/4.0/deed.de legalcode. Verwertung, die den Rahmen der **CC BY 4.0 Lizenz** überschreitet, ist ohne Zustimmung des Verlags unzulässig. Die in diesem Werk enthaltenen Bilder und sonstiges Drittmaterial unterliegen ebenfalls der genannten Creative Commons Lizenz, sofern sich aus der Quellenangabe/ Abbildungslegende nichts anderes ergibt. Sofern das betreffende Material nicht unter der genannten Creative Commons Lizenz steht und die betreffende Handlung nicht nach gesetzlichen Vorschriften erlaubt ist, ist für die oben aufgeführten Weiterverwendungen des Materials die Einwilligung des jeweiligen Rechteinhabers einzuholen.

Dieses Buch ist erhältlich als:
ISBN 978-3-7799-7846-6 Print
ISBN 978-3-7799-7847-3 E-Book (PDF)
ISBN 978-3-7799-8265-4 E-Book (ePub)

1. Auflage 2024

© 2024 Beltz Juventa
in der Verlagsgruppe Beltz · Weinheim Basel
Werderstraße 10, 69469 Weinheim

Herstellung: Ulrike Poppel
Satz: Datagrafix, Berlin
Druck und Bindung: Beltz Grafische Betriebe, Bad Langensalza
Beltz Grafische Betriebe ist ein klimaneutrales Unternehmen (ID 15985-2104-100)
Printed in Germany

Weitere Informationen zu unseren Autor:innen und Titeln finden Sie unter: www.beltz.de

Gewidmet allen, mit denen ich gescheitert bin: Ich an ihnen, sie an mir, wir aneinander. Dabei denke ich insbesondere an Herrn D., Frau D. S., Frau P., Frau F., Herrn K. und Frau G. Die meiste Zeit über habe ich meinen Frieden mit ihnen/ mit mir gefunden. Ich hoffe, sie auch.
Enttäuschung, Wut, Bitterkeit und Scham stellen sich allerdings für Momente immer wieder ein. Scheitern hört nie ganz auf. Und das ist gut so…

Inhaltsverzeichnis – Überblick

1. Einführung ins Thema nebst Hinweisen zur Etymologie   17

Teil A: Phänomenologie des Scheiterns
(neun Projektdarstellungen)   43

2. Das Herz hat seine Gründe, die die Vernunft nicht kennt:
Die Erziehung des Infanten von Parma zu einem
aufgeklärten Regenten (1757–1774)   44

3. Erfolgreiche Breitenwirkung trotz mehrfachen Scheiterns:
Pestalozzi in Neuhof (1775–1779), Stans (1799)
und Burg bzw. Yverdon (1810–1825)   81

4. Graf Nicolai Tolstoi und seine freien Schulen:
Unverstanden von den Bauern, der Regierung
verdächtig und ihm selbst überdrüssig geworden
(1859–1863 und 1871–1873)   126

5. Karl Wilker im Lindenhof (1917–1920):
Gescheitert an repressiv eingestellten Mitarbeitern,
selbst generierten Polarisierungen oder an strukturellen
Widersprüchen von Heim-Reformierungsbestrebungen,
die bis heute persistieren?   172

6. Siegfried Bernfeld und das Kinderheim Baumgarten
(1919/20): Scheitern an einer stupiden Verwaltung
oder an falschen Einschätzungen eines revolutionär
gesonnenen Pädagogen?   250

7. Durchbruch nach der Preisgabe pädagogischer Ideale:
Anton S. Makarenko in der Gorkij-Kolonie (1920–1928)   294

8. Ein Reformprojekt im Heim scheitert an Ängsten,
inneren Vorbehalten und misslichen
Kommunikationen (1978/1986)   371

9. Die Geschlossene Unterbringung Feuerbergstraße in Hamburg: Ein Projekt gerät zwischen politische Fronten und kämpft mit pädagogischen Herausforderungen (2002–2004)   397

10. Multiple Verstrickungen und Aggressionen unter leitenden Erwachsenen in einem Projekt für gewaltbereite Jugendliche (2010/2011)   472

11. Querschnittthemen aus den Kapiteln 2 bis 10   508

Anhang zu Teil A: Neun Steckbriefe zum Scheitern der Projekte aus Kapitel 2 bis 10   521

Teil B: Theoretische Reflexionen: Beiträge zu einer Instituetik des Scheiterns   533

Einführung: Was meint Instituetik des Scheiterns?   534

12. Gründe für das Scheitern und Gelingen von pädagogischen Projekten   544

13. Theorien zum Scheitern von pädagogischen Projekten   570

14. Diesseits und Jenseits von Gelingen und/oder Scheitern   712

15. (Was) Kann man aus dem Scheitern von Projekten lernen?   736

Quellenverzeichnis   762

Inhaltsverzeichnis

1. **Einführung ins Thema nebst Hinweisen zur Etymologie**   17
   1.1 Was charakterisiert ein pädagogisches Projekt und wie kam es zu der Auswahl der neun analysierten Projekte?   18
   1.2 Was macht professionsspezifische Eignungen zur Durchführung von pädagogischen Projekten aus?   23
   1.3 Anlage und Aufbau des Buches   26
   1.4 Was meint eine „etwas andere Geschichte" der Pädagogik (nicht)?   29
   1.5 Scheitern: Ein ubiquitäres Phänomen   33
   1.6 Etymologie und Wortumfeld von *Scheitern*   37
   1.7 Danksagung   40

Teil A: Phänomenologie des Scheiterns (neun Projektdarstellungen)   43

2. **Das Herz hat seine Gründe, die die Vernunft nicht kennt: Die Erziehung des Infanten von Parma zu einem aufgeklärten Regenten (1757–1774)**   44
   2.1 Einführung   45
   2.2 Die handelnden Akteure und ihr politisches, soziales und kulturelles Umfeld   48
        2.2.1 Die beiden Lehrer: Keralio und Abbé de Condillac   49
        2.2.2 Der Minister du Tillot   53
        2.2.3 Pater Fumeron und andere Priester als Lehrer und Beichtväter   53
        2.2.4 Der Conte del Verme, die Adligen und der Klerus vor Ort   54
        2.2.5 Die Bediensteten des Hofes   56
   2.3 Projektidee, Trägerschaft und Finanzierung   56
   2.4 Der Projektverlauf und seine zentralen Faktoren und Dynamiken A–F   58
   2.5 Gründe für das Scheitern   74
   2.6 Badinters Konstruktion des Scheiterns   78

3. **Erfolgreiche Breitenwirkung trotz mehrfachen Scheiterns: Pestalozzi in Neuhof (1775–1779), Stans (1799) und Burg bzw. Yverdon (1810–1825)** — 81
   - 3.1 Pestalozzis Kindheit, Jugend und junges Erwachsenenalter — 82
   - 3.2 Stationen des Scheiterns und der Anerkennung — 83
     - 3.2.1 Auf dem Neuhof — 84
     - 3.2.2 Pestalozzi reüssiert als Schriftsteller und versagt als Vater — 88
     - 3.2.3 Gastspiel in Stans — 91
     - 3.2.4 Zwischenstopp als Lehrer — 109
     - 3.2.5 Burgdorf — 110
     - 3.2.6 Die „Mütterbücher" — 112
     - 3.2.7 Glanz und Krisen in Yverdon — 113
   - 3.3 Pestalozzis Resümee des eigenen Wirkens: Schwanengesang — 116
   - 3.4 Fremdwahrnehmung: Was sieht und reflektiert Pestalozzi nicht? — 122
   - 3.5 Eine psychoanalytische Hypothese zu Pestalozzis Misserfolgs-Serie als Folge eines unbewussten Wiederholungszwangs — 123

4. **Graf Nicolai Tolstoi und seine freien Schulen: Unverstanden von den Bauern, der Regierung verdächtig und ihm selbst überdrüssig geworden (1859–1863 und 1871–1873)** — 126
   - 4.1 Die handelnden Akteure und ihr politisches, soziales und kulturelles Umfeld — 127
   - 4.2 Die Schule in Jasnaja Poljana: Gründung, Alltagsszenen, Settingelemente, Entwicklung und didaktische Reflexionen des Autors — 131
     - 4.2.1 Szenen aus dem Alltag der Schule und von Bildungsbewegungen wie Tolstoi sie berichtet — 132
     - 4.2.2 Die elf zentralen Settingelemente und ihre Entwicklung — 141
   - 4.3 Tolstoi stößt im ersten Schuljahr auf Probleme und macht eine Reise — 151
     - 4.3.1 Gründe für die Reise — 152
     - 4.3.2 Die Studienreise durch Europa und ihre wichtigen Stationen — 156
     - 4.3.3 Früchte der Reise: Die Gründung neuer Schulen — 158
   - 4.4 Das Ende der Schulen: Krise, Heirat und Weltliteratur — 159
   - 4.5 Die Unterrichtsbücher als eigenständiges pädagogisches Projekt (1871) — 163
   - 4.6 Konstruktionsmöglichkeiten von Scheitern und Erfolg bezogen auf Tolstois Schulprojekte — 167

5. **Karl Wilker im Lindenhof (1917–1920): Gescheitert an repressiv eingestellten Mitarbeitern, selbst generierten Polarisierungen oder an strukturellen Widersprüchen von Heim-Reformierungsbestrebungen, die bis heute persistieren?** 172

5.1 Karl Wilker im Kontext seiner Zeit 173
5.2 Fürsorgeerziehung im Kaiserreich und nach dem Ersten Weltkrieg 177
    5.2.1 Das Gesetz von 1901 und seine Folgen 178
    5.2.2 Die Heim-Skandale um 1910 in den Augen Wilkers und im Spiegel von Prozessberichten 180
    5.2.3 Reformbemühungen 184
    5.2.4 Die weitere Entwicklung 186
5.3 Die Zwangserziehungsanstalt für Knaben in Berlin-Lichtenberg 187
5.4 Wilkers Text über seine Arbeit im Lindenhof 190
    5.4.1 Textgattung, Sprachstil, Verlag und kulturelles Umfeld 190
    5.4.2 Einleitung: Widmung und Programm 192
    5.4.3 Sozialpädagogische Reformen: Was hat Wilker vorgefunden, was hat er verändert? 195
5.5 Konflikte und Konfliktdynamiken in der Darstellung Wilkers und seiner Parteigänger bzw. der Presse 215
    5.5.1 Wilkers Darstellung der Konflikteskalation 215
    5.5.2 Systematik der Konflikte und die Eskalationsstufen I–IV 218
    5.5.3 Wie verabschiedet sich Wilker in seinem Text? 225
5.6 Konflikte und Konfliktdynamiken in der Darstellung von Wilkers Vorgesetztem Knaut und Wilkers Replik 228
    5.6.1 Knauts Würdigung Wilkers 229
    5.6.2 Knauts Sicht auf das Erbe, das Wilker antreten „durfte" 229
    5.6.3 Knauts Kritik an Wilker und seinen Getreuen 233
    5.6.4 Das Fazit von Knaut 235
5.7 Fünf Hypothesen zum Scheitern von Wilker im Lindenhof 236
5.8 Abschließende Einschätzung 246

6. **Siegfried Bernfeld und das Kinderheim Baumgarten (1919/20): Scheitern an einer stupiden Verwaltung oder an falschen Einschätzungen eines revolutionär gesonnenen Pädagogen?** 250

6.1 Wo kommt Bernfeld her? Und wo will er hin? 252
6.2 Politische Strömungen im Wiener Judentum und der jüdischen Jugendbewegung 255
    6.2.1 Gruppierungen im Wiener Judentum um 1920 255
    6.2.2 Gruppierungen in der (jüdischen) Jugendbewegung in Wien 257

6.3	Das Erziehungsexperiment Baumgarten in der Darstellung Bernfelds	260
	6.3.1 Einstieg und Beginn in ambivalenten institutionellen Strukturen	260
	6.3.2 Baulichkeiten, unterschiedliche Gruppen von Kindern, erste Settingelemente	263
	6.3.3 Das Erziehungsexperiment: Pädagogische Haltung, Interventionen und Entwicklung von Settingelementen a–k	266
	6.3.4 Die Konflikte und das Ende des Projekts aus der Sicht von Bernfeld	284
6.4	Sechs Gründe für das Scheitern des „Versuchs einer neuen Erziehung" im Kinderheim Baumgarten	288

7. Durchbruch nach der Preisgabe pädagogischer Ideale: Anton S. Makarenko in der Gorkij-Kolonie (1920–1928) — 294

7.1	Einführung	294
7.2	Die handelnden Akteure und ihr politisches, soziales und kulturelles Umfeld	298
7.3	Projektidee, Träger und Finanzierung	303
7.4	Ausübung von Gewalt durch Makarenko in der Gründungsphase des Projekts	311
	7.4.1 Die Gewalttat und Androhungen weiterer Gewalt	311
	7.4.2 Als wie schwerwiegend muss man seine Verfehlungen beurteilen?	314
	7.4.3 Der doppelte Legitimationsrahmen	316
	Exkurs 1: Historische Rekonstruktion der Zadorov-Episode	323
	Exkurs 2: Makarenko als menschlich zugewandter, taktvoller und von „seinen" Jugendlichen geliebter Sozialpädagoge	325
7.5	Weitere Episoden mit Gewalt und andere interessante und/oder fragwürdige Praxen in der Gorkij-Kolonie	332
	7.5.1 Weitere Gewalttaten und Wutausbrüche Makarenkos	333
	7.5.2 Gegen sich gerichtete Gewalt	334
	7.5.3 Ambivalent einzuschätzendes Verhalten	336
	7.5.4 Makarenkos Symptomtoleranz gegenüber Diebstählen	339
	7.5.5 Transformation von Gewalt im Kontext Spiel	342
7.6	Kritik an Makarenko in den Untersuchungsberichten aus den Jahren 1927 sowie 1928 und deren Konsequenzen	345
7.7	Makarenkos Umgang mit den gegen ihn erhobenen Vorwürfen und Argumente, die seine Positionen stützen (A–E)	353
7.8	(Wieder-)Aufstieg unter neuen politischen Bedingungen	364

7.9	Makarenko als ambivalente Persönlichkeit mit einem ambivalenten Projekt	366
7.10	Fragen an den Leser/die Leserin zur eigenen Beantwortung	368

8. Ein Reformprojekt im Heim scheitert an Ängsten, inneren Vorbehalten und misslichen Kommunikationen (1978/1986) — 371

8.1	Die handelnden Akteure und ihr politisches, soziales und kulturelles Umfeld	373
8.2	Projektkonzeption, Ziele und Finanzierung	375
8.3	Der Projektverlauf und seine zentralen Faktoren und Dynamiken	376
8.4	Schäfers Modell der Fünf-Dimensionen-Analyse des Scheiterns	382
	8.4.1 Planungsfehler zu Beginn	382
	8.4.2 Das Misslingen der Kommunikation	384
	8.4.3 Verlust von Subjekt-Bezügen	385
	8.4.4 Verlust von Objekt-Bezügen	387
	8.4.5 Unvermeidbare Labilisierungen im Zusammenhang mit sozialem Lernen und Projektarbeit	388
8.5	Übersehene und ausgeblendete Gründe für das Scheitern	390
8.6	Was hat das Scheitern gekostet? Gab es Gewinne trotz Misslingen?	394
8.7	Wie wurde das Scheitern verarbeitet bzw. aufgearbeitet? Was folgt(e) daraus?	395

9. Die Geschlossene Unterbringung Feuerbergstraße in Hamburg: Ein Projekt gerät zwischen politische Fronten und kämpft mit pädagogischen Herausforderungen (2002–2004) — 397

9.1	Einordnung von GU/FeM in das System der Jugendhilfe und mögliche Alternativen	399
	9.1.1 Das Setting	399
	9.1.2 Alternativen zur Geschlossenen Unterbringung / Freiheitsentziehenden Maßnahme: Chancen und Grenzen beider Interventionsformen	403
9.2	Politische und fachliche Hintergründe der Neueinführung der Geschlossenen Unterbringung in Hamburg	407
	9.2.1 Die Parteienlandschaft in Hamburg um 2001	408
	9.2.2 Fachliche und fachpolitische Diskussionen in Hamburg	410

9.3 Die vier Berichte: Ihre jeweiligen Entstehungskontexte,
Zielsetzungen, Konstruktionsmodi und Ergebnisse 416
9.3.1 Der PUA-Bericht mit Mehrheits- und
Minderheitsvoten 417
9.3.2 Der Bericht der Aufsichtskommission April 2005
bis April 2007 454
9.3.3 Der LEB-Bericht, seine Intentionen und Ausblendungen 457
9.4 Fazit des externen Beobachters: Inwiefern kann man
von Scheitern sprechen und inwiefern nicht? 469

10. Multiple Verstrickungen und Aggressionen unter leitenden Erwachsenen in einem Projekt für gewaltbereite Jugendliche (2010/2011) 472

10.1 Einrichtung, handelnde Protagonisten im Projekt und deren
fachliches sowie sozialräumliches Umfeld 473
10.2 Projektideen (Konzept und Setting), Trägerschaft
und Finanzierung 476
10.3 Der Projektverlauf und seine zentralen Faktoren
und Dynamiken 479
10.4 Gründe des Scheiterns aus der Innenperspektive 486
10.4.1 Der Bericht des Fortbildners und dessen implizites
Analyse-Modell 486
10.4.2 Das implizite Analyse-Modell 501
10.5 Weitere Gründe des Scheiterns: Blicke von außen auf
den Bericht und seine Aussparungen 504
10.6 Was hat das Scheitern gekostet? Wie wurde das Scheitern
aufgearbeitet? 505

11. Querschnittthemen aus den Kapiteln 2 bis 10 508

Anhang zu Teil A: Neun Steckbriefe zum Scheitern der Projekte aus Kapitel 2 bis 10 521

Teil B: Theoretische Reflexionen: Beiträge zu einer Instituetik des Scheiterns 533

Einführung: Was meint Instituetik des Scheiterns? 534

12. Gründe für das Scheitern von pädagogischen Projekten 544

13. Theorien zum Scheitern von pädagogischen Projekten ... 570

13.1 Konstruktivistisch-kommunikationstheoretischer Ansatz ... 571
    13.1.1 Wer konstruiert in welchem Format was? ... 572
    13.1.2 Kreuzungen von Kommunikationen und die Entwicklung von Diskursen und Traditionslinien ... 589
    Exkurs 1: Metaphern und Narrative rund um das Scheitern ... 594

13.2 Klassische Planungstheorie und planungstheoretische Dilemmata bei „wicked problems" ... 604
    13.2.1 Rationale Planungstheorie und „wicked problems" ... 605
    13.2.2 Wer versuchte „wicked problems" zu lösen und ist daran gescheitert? ... 616

13.3 Die Netzwerk-Akteur-Theorie (ANT) von B. Latour und deren Beitrag zum Scheitern von Projekten ... 622
    13.3.1 Grundelemente von ANT ... 623
    13.3.2 GU und die GUF Hamburg im Lichte der ANT-Theorie ... 627
    13.3.3 Das Scheitern des Projekts Aramis und die Analyse von Latour ... 636
    13.3.4 Diplomaten und Übersetzer als Projektbegleiter ... 645

13.4 Anomie als Resultat von Konflikten zwischen Macht und Prestige – Daniel Barth zum Scheitern von Siegfried Bernfeld als Strukturellem Misslingen ... 649
    13.4.1 Zentrale Bausteine der Barth-Analyse ... 650
    13.4.2 Mein persönliches Bild von Bernfeld und seinem Scheitern ... 660
    13.4.3 Anwendungen des Theoriemodells auf andere Projekte ... 662

13.5 Zusammenbruch der Kommunikation aufgrund von Ängsten vor Kontrollverlust (Gerd E. Schäfer) ... 669
    13.5.1 Die zentralen Analyse-Dimensionen ... 671
    13.5.2 Übertragung auf andere ausgewählte Projekte ... 678

13.6 Theorie der *sensiblen Zonen* in Institutionen und deren Zusammenspiel ... 681
    13.6.1 Personen und ihre Biographien und die daraus resultierenden Konflikte mit Mitarbeiter:innen der eigenen Institution oder anderer Institutionen ... 682
    13.6.2 Machtverteilung in Organisationen (Leitungsstrukturen und informelle Machtansprüche) ... 684
    13.6.3 Organisationskulturelle Besonderheiten der Einrichtung ... 688
    13.6.4 Institutionelle Abwehrmechanismen ... 690

       13.6.5 Zunehmende Wahrnehmungsverzerrungen bei Konflikt-Eskalationen und sich abzeichnendem Scheitern   692
       13.6.6 Klient:innen und deren Einfluss auf Konflikte in der Organisation und auf Spaltungen im Inneren der Organisation   693
       13.6.7 Fazit aus der systematischen Beachtung der sechs sensiblen Zonen   694
       Exkurs 2: Scheitern Personen? Oder Projekte? Oder…?   696
  13.7 Fazit zu den vorgestellten Theorien   706

14. Diesseits und Jenseits von Gelingen und/oder Scheitern   712
  14.1 Halbwegs konsensuelle Kriterien für Gelingen und Scheitern   713
  14.2 Was macht das binäre Schema Gelingen/Scheitern so attraktiv?   719
  14.3 Jenseits der Dichotomie: Aspekte des Gelingens und des Scheiterns in jedem der neun Projekte   720
  14.4 Dialektische Verbindungen von Gelingen und Misslingen   727
  14.5 Mittelmäßige Projekte (weder gelungen noch gescheitert)   732

15. (Was) Kann man aus dem Scheitern von Projekten lernen?   736
  15.1 Verarbeitungsformen von Scheitern   736
  15.2 Formen des Scheiterns: Vorschlag zu einer Typologie   746
  15.3 Praktische Empfehlungen zur Vermeidung von Scheitern und dem Umgang mit seiner Unvermeidbarkeit   754

Schluss   760

Quellenverzeichnis   762
  Literaturverzeichnis   762
  Weblink-Verzeichnis   772

1. Einführung ins Thema nebst Hinweisen zur Etymologie

Zunächst möchte ich erläutern, was ich unter einem *pädagogischen Projekt* verstehe und wie die Auswahl der neun Projekte zustande gekommen ist, deren *Misserfolgsdynamiken* in diesem Buch untersucht werden (1.1). Danach begründe ich, warum die Planung, Durchführung und Auswertung von pädagogischen Projekten durchaus als eine Kernaufgabe von (Sozial-)Pädagog:innen angesehen werden kann, aber auch andere Professionen zu Recht beanspruchen, dabei maßgeblich mitzuwirken: Bildungsplaner:innen, Politiker:innen, Fachleute aus der öffentlichen Verwaltung, Psycholog:innen, Lehrer:innen, Soziolog:innen etc. (1.2). Daraus folgt, dass sich mein Buch an zwei Zielgruppen wendet: an (Sozial-)Pädagog:innen, aber zumindest mit Teil B auch an Projektentwickler:innen anderer Professionen (selbst an Fachkräfte, die überwiegend mit *technischen Projekten* zu tun haben, weil auch diese häufig in ganz ähnliche *Misserfolgsdynamiken* geraten wie das bei sozialen Projekten der Fall sein kann).

Anschließend stelle ich den Aufbau des Buches vor (1.3) und begründe, weshalb es einen Beitrag zur Korrektur und Bereicherung des immer noch dominierenden ideengeschichtlichen Zuschnitts der *Geschichte der Pädagogik* leisten möchte, aber auch wo die Grenzen dieser *„etwas anderen Geschichtsschreibung"* liegen (1.4). Damit ist die dritte Zielgruppe für mein Buch angesprochen (überwiegend für Teil A): Studierende der (Sozial-)Pädagogik und Sozialen Arbeit, aber auch Berufstätige mit diesen Abschlüssen, die sich vergewissern wollen, wo die Wurzeln unserer Profession liegen und wie lange wir uns schon mit einigen, anscheinend unlösbaren Problemen herumschlagen. Erst gegen Ende der Einführung wende ich mich dem Phänomen des *Scheiterns an sich* (1.5) und einigen diesbezüglichen Forschungsschwerpunkten zu, die in den letzten zehn Jahren rund um dieses Thema entstanden sind. An den Schluss stelle ich die Etymologie und das Begriffsumfeld von Scheitern (1.6) und den Dank an meine Unterstützer:innen (1.7).

Mit den drei genannten Zielgruppen ist klar, dass das Buch unterschiedliche Menschen mit unterschiedlichen Erkenntnisinteressen ansprechen möchte. Nicht alle Kapitel sind für sie gleichermaßen interessant und zudem mit Blick auf unterschiedliche Fragestellungen relevant. Jede der drei Zielgruppen darf und soll selektiv lesen. Redundanzen lassen sich vor allem in Teil B nicht vermeiden, weil ich dort bei der Entfaltung der Theorie-relevanten Querschnittsfragen immer wieder Beispiele aus den neun Projektkapiteln (Teil A) heranziehe, mehrfach die gleichen, aber jeweils unter anderen Gesichtspunkten.

Der Haupttitel des Buches spricht von *pädagogischen Projekten*, erst im Untertitel wird klar, dass es sich dabei um *sozialpädagogische* Projekte handelt. Damit fallen viele andere, insbesondere *schulpädagogische Projekte* aus dem Fokus der Betrachtung (siehe Liedtke et al. 2004, insbesondere 51 ff., 53 ff., 111 ff.). Noch dazu spielen sich sieben von neun untersuchten Prozessen des Scheiterns in einem spezifischen *sozialpädagogischen* Kernbereich ab, dem der *Heimerziehung*; oder – wie man heute formuliert – den stationären Erziehungshilfen. Nur zwei Projekte tanzen aus der Reihe. Aber nur vermeintlich. Denn auch wenn Tolstoi ein *Beschulungs- und Bildungs*projekt angeht, zieht er dieses doch sehr *sozialpädagogisch* auf (Kap. 4) und übernachten einige seiner Schüler:innen regelmäßig in den Räumen der Schule (Tolstoi 1907/1994, 317 und ders. 1980, 21). Auch Keralio, der Erzieher des Infanten von Parma, lebt mit seinem Zögling in einer jahrlangen Wohn- und Lebensgemeinschaft, wenn auch eingebunden in den Sozialraum des herzoglichen Palastes in Parma (Kap. 2). So laufen beinahe alle Projekte auf Formen der „Erziehung über Tag und Nacht" hinaus (vgl. § 34 SGB VIII).

Mit dem Schwerpunkt *Heimerziehung* bewege ich mich in dem sozialpädagogischen Bereich, den ich am längsten und besten kenne und der mein sozialpädagogisches Denken am stärksten geprägt hat. Wer meine Bücher oder Vorträge kennt, wird entdecken, dass ich auch in diesem Buch meinen „alten" Themen – Ambivalenzen, Gewalt, Widersprüche und blinde Flecken –, dieses Mal in historischen Zusammenhängen, nachgegangen bin (Schwabe 2022a). Wie viel ich davon in die Rekonstruktion der Projektentwicklungsprozesse hineingetragen und wie viel ich davon in ihnen erneut entdeckt habe, bleibt dem Urteil des Lesers/der Leserin überlassen.

1.1 Was charakterisiert ein pädagogisches Projekt und wie kam es zu der Auswahl der neun analysierten Projekte?

Dieses Buch untersucht das Scheitern *von pädagogischen Projekten*. Dabei geht es um einen Komplex, den ich als durch sieben Bestimmungsstücke definiert betrachte: Erstens sind damit Unternehmungen gemeint, die von Pädagog:innen geplant werden und mit Blick auf eine definierte Zielgruppe von Kindern und/oder Jugendlichen bestimmte pädagogische Ziele verfolgen. Viele Projekte beanspruchen dabei entweder, neue Ziele in den Blick zu nehmen, oder, bei deren Realisierung neue Wege zu beschreiten, oder beides. Manche reflektieren, dass die von ihnen angewandten Konzepte und Methoden bzw. die von ihnen konstruierten Settings einen experimentellen Charakter und somit gewisse Risiken aufweisen, weswegen das Gelingen des Projektes nicht selbstverständlich ist (z. B. siehe Makarenko Kapitel 6 oder der Fortbildner aus Kapitel 10).

Projekte werden zweitens im Gegensatz zu etablierten Einrichtungen und Hilfe- oder Bildungsformen, für einen *begrenzten Zeitraum* eingerichtet. Der

Zeitraum, der dafür angesetzt wird, kann exakt vorgegeben sein oder relativ offenbleiben. Wie sich das Projekt im Lauf dieser Zeit entwickeln wird, was aus ihm werden kann, ob man dort auch in fünf Jahren noch tätig sein wird und ob es in zehn Jahren überhaupt noch jemand erinnert, ist ungewiss. Man möchte, dass sich das Projekt in seiner Entwicklungsphase, die in der Regel mindestens drei Jahre umfasst, als produktiv erweist und auf Dauer gestellt und/oder anderen zur Nachahmung empfohlen werden oder sogar in Serie gehen kann (siehe dazu 14.1). Damit verlässt es seinen Projektstatus und wird zu einer Einrichtung. Aus einzelnen Kindergartenprojekten zu Fröbels Zeit, einem hier und einem anderen dort, entwickelt sich – wenn auch nicht ohne Krisen und Rückschläge – die *Kindertagesstätte* als flächendeckende Institution. Einst ein Projekt, heute eine Infrastruktur (Honig 2002, 2018, 2020, Spieß u. a. 2002).

Nicht alle Projekte streben eine solche Verbreitung bzw. Institutionalisierung an. Aber *pädagogische Projekte* sind (drittens) mit Blick auf etablierte pädagogische Strukturen und Praxen *kritisch* angelegt: Sie wollen immer auch eine spezifische pädagogische Haltung überwinden und/oder einen bestimmten Typus pädagogischer Einrichtungen reformieren oder eine Hilfeform bzw. ein spezifisches Setting (wie z. B. die Erziehungsberatungsstellen in Wien und Berlin um 1910) neu begründen. Dafür müssen sie sich der Beobachtung durch Andere aussetzen und nach ein paar Jahren von den Auftraggeber:innen oder fremden Beobachter:innen, aber auch von den Projektverantwortlichen selbst, als zielführend, sinnvoll und gelungen eingeschätzt werden.

Im Begriff *Pädagogisches Projekt* ist viertens mitgedacht, dass dieses einer *Organisation* bedarf, die es trägt, finanziert, beobachtet und evaluiert. Es mögen charismatische Einzelne sein, die es konzeptionieren und mehr oder weniger alleine beginnen oder durchführen (z. B. Pestalozzi, Tolstoi, Gerd E. Schäfer); immer sind diese aber auf mehrere Andere angewiesen, die die Gründung billigen und die Realisierung unterstützen, finanziell und/oder ideell; und mit dafür sorgen, dass das Projekt ins Laufen kommt, es aber häufig gleichzeitig kritisch beobachten und bewerten. Damit ist klar, dass organisatorische Rahmenbedingungen, begünstigende und erschwerende, Einfluss auf die Projektentwicklung haben. Und zudem Themen der Organisation, die unabhängig vom Projekt existieren, diese beeinflussen können, aber auch Geschehnisse im Projekt zu Dynamiken in der Organisation führen können. Projekt und Organisation sind demnach teils lose, teils fest gekoppelt (Weick 1996, Baecker 2000).

Pädagogische Projekte weisen deswegen fünftens immer einen bzw. mehrere *Systembezüge* auf: Zum Bildungssystem, zum politischen System, zum System der öffentlichen Verwaltung etc. Das wird beim Start nicht immer gesehen. Tolstoi z. B. dachte anfangs „nur" an eine Schule für die Kinder „seiner" leibeigenen Bauern in drei, vier Dörfern. Das stellte eine private Initiative dar, noch kein Projekt (Kap. 4). Aber er konnte nicht verhindern, dass andere Schulreformer davon hörten und ihm nacheiferten – und auch nicht, dass der russische Staat seine Schule oberservierte und ihm unterstellte damit ein revolutionäres Projekt zu verfolgen (Keller/Shandarak 2010, 39). Diese Systembezüge entfalteten sich eigenständig – teilweise auch gegen seinen Willen –, aber folgerichtig. Denn jedes System besitzt eine Eigenlogik, mit der es ein neues *pädagogisches Projekt* wahrnimmt und behandelt oder ein solches anregt. Dabei kann man sich die das Projekt beobachtenden Systeme in ihrer Grundhaltung eher als ambivalent vorstellen: Einerseits sehen sie sich selbst auf Anregung und Innovation angewiesen wie sie von einem Projekt ausgehen können; vor allem, wenn dieses verspricht die Arbeit effektiver oder kostengünstiger zu machen (inzwischen eine Art von Standardversprechen); andererseits machen neue Projekte Arbeit, können andere Einrichtungen irritieren oder das System (das politische, das Bildungs- oder das Verwaltungssystem oder alle drei) herausfordern, weil sie es offen in Frage stellen oder zumindest einen Innovationsgrad anstreben, der unerwünscht ist oder als gefährlich erlebt wird (siehe dazu auch die Einleitung zu Teil B).

Art und Ausmaß der *Institutionalisierung* können bei *pädagogischen Projekten* beträchtlich variieren. Wenn das Fürstenhaus von Parma beschließt, dem jungen Infanten eine besondere, ihn auf seine zukünftigen Aufgaben vorbereitende Erziehung zukommen zu lassen und sich dafür an namhafte Philosophen wendet (Badinter 2010), handelt es sich nicht um eine öffentliche Einrichtung, sondern ein sehr exklusives Angebot für einen Einzelnen (Kap. 2). Aber trotzdem wurde es unter Beteiligung des Hofstaates konzipiert, mit einem Finanzierungsrahmen ausgestattet und mit anderen daran interessierten Königshäusern abgestimmt. Das Vorhaben wird zu einem *pädagogischen Projekt*, weil es von *öffentlichem Interesse* ist.

Wenn Familie Kalb dagegen Hölderlin als Hofmeister einstellt, damit dieser ihren Sohn unterrichtet, handelt es sich um eine private Angelegenheit, nicht um ein *Projekt*. Das gilt auch dann, wenn Hölderlin aus dem häufigen Onanieren des Jungen sein persönliches (!) Projekt macht, indem er dieses „Laster" auf alle mögliche Weise zu unterbinden versucht (Kaube 2020, 88); woran er im Übrigen scheitert. Auch in Bezug auf Rousseaus Emilie würde ich die Bezeichnung *Projekt* ablehnen. Nicht weil es sich um ein *imaginäres* Erziehungsprojekt handelt, das lediglich im Kopf seines Autors stattgefunden hat, sondern weil ihm jeglicher (auch nur angedachte) *Institutionalisierungsgrad* fehlt. Es ist zwar in einer realen Gesellschaft, aber zugleich jenseits von ihr angesiedelt – wie in einer Enklave oder einem Labor. *Pädagogische Projekte* finden dagegen in einer bestimmten historischen Situation statt, werden in einem konkreten Sozialraum realisiert, unter bestimmten politischen und institutionellen Bedingungen; auch wenn sie als sozialen Ort eine *pädagogische Provinz* wählen (Hammelsbeck 1964, Lüpke 2004).

Alle *pädagogischen Projekte*, die ich in diesem Buch untersuche, besitzen einen mittleren und hohen Institutionalisierungsgrad und wurden – wenn auch häufig aufgrund der Initiative eines Einzelnen – von Behörden (z. B. Makarenko), Trägern der Wohlfahrtspflege (z. B. Bernfeld oder das Projekt von Schäfer in Kapitel 8) oder Regierungen (z. B. das Fürstenhaus in Parma für den Infanten, der Senat in Hamburg die GUF) in Auftrag gegeben oder von diesen genehmigt, und in Folge dessen auch visitiert und im Hinblick auf Arbeitsergebnisse und pädagogische Qualität überwacht. So wurde die Gorkij-Kolonie von Makarenko mindestens fünfmal in acht Jahren von verschiedenen Kommissionen überprüft oder schickte das *Joint* Distribution Committee einen Abgesandten aus den USA nach Wien, um sich vor Ort ein Bild von Bernfelds Kinderheim Baumgarten machen zu können (Bernfeld 2012, 423 ff.). Projekt-bezogene *Qualitätskontrollen* sind keineswegs erst in den letzten 30 Jahren eingeführt worden.

Manche der von mir untersuchten Einrichtungen hatten ihren anfänglichen Projektstatus bereits verlassen und waren schon mehrere Jahre über zu bekannten und anerkannten pädagogische Institutionen gewachsen, so wie die Gorkij-Kolonie von Makarenko oder die Anstalt in Yverdon von Pestalozzi (oder die Ortohgenic School von Bruno Bettelheim, die nicht Gegenstand meiner Untersuchung wurde; siehe Göppel 1998). Vorwürfe und Kritik wurden oft erst in einer späteren Phase formuliert, führten zu Turbulenzen und Legitimationskrisen, die den Leiter/die Leiterin und mit ihnen das Projekt in einen prekären, ungesicherten Status zurückkatapultieren. Insofern verwende ich einen doppelten Projekt-Begriff, der zum einen die noch unsichere Frühphase einer probeweise gegründeten pädagogischen Institution umfasst wie auch deren reife oder späte Form, sofern diese Einrichtung wieder in von außen oder innen ausgelöste Unsicherheiten gerät, in Frage gestellt wird und sich neu bewähren muss oder endgültig geschlossen wird (das Schicksal auch der Odenwaldschule).

Pädagogische Projekte zeichnen sich (sechstens) durch eine doppelte Bewegung aus: Sie wollen pädagogische Ideen in die Welt, aber auch die Welt in die Pädagogik tragen (Bittner 1996). Sie stellen jeweils die Probe aufs Exempel spezifischer Theoriebildungen oder pädagogischer Überzeugungen dar. Das Projekt bringt zu Tage, ob es sich dabei um Luftnummern handelt oder ob sie das Zeug haben an einem bestimmten *sozialen Ort* (Bernfeld 1929/2011, 255 ff.) Gestaltungskraft zu entwickeln und diesen zu einem *pädagogischen Ort* zu machen (Winkler 2015, s. a. Kap. 15.2 in diesem Buch). Sie sind in einem Bereich angesiedelt, in dem sich Geistiges und Materielles begegnen und durchdringen, was übrigens schon im Settingbegriff angelegt ist (Müller/Schwabe 2006, Schwabe 2021). Deswegen kommt der Darstellung des jeweiligen Settings, das ein Projekt gewählt oder entwickelt hat, eine besondere Rolle zu. Das Gleiche gilt aber auch für das Thema *Kooperation*, die interne und die mit externen Partnern, die sich nicht immer als solche betrachten und verhalten (vgl. van Santen/Seckinger 2003, Schwabe 2021, Kap. 13).

Für die Profession bedeutet das: Fach-pädagogische Wissens- und Erfahrungsbestände müssen bei der Gründung und bei der Entwicklung eines Projekts mit rechtlichen, organisatorischen, finanziellen, und fachpolitischen Rahmenbedingungen wie auch Fragen der Mitarbeiterführung und Leitung in einen stimmigen

Zusammenhang gebracht werden. Projekte sind als *soziale Orte* (siebtens) immer *polykontextural* angelegt (Simon 2004 und 2022 Bd. 4, 1412 f.). Pädagogische Ideen und Pädagog:innen stellen nur ein- und bisweilen noch nicht einmal das zentrale Movens der *Projektdynamik* dar. Dass es in Projekten zu Spannungen kommt, weil unterschiedliche politische Interessen und fachliche Logiken aufeinandertreffen, ist erwartbar. Für die Disziplin bedeutet das: Erziehungswissenschaft bedarf zur Reflexion von Erfolg und Scheitern von *pädagogischen Projekten* ergänzender Perspektiven: organisationssoziologischer, ökonomischer, psychologischer, kommunikations-wissenschaftlicher, philosophisch-ethischer, ethnologischer etc. Für die Thematisierung dieser Multiperspektivität steht der Begriff der *Instituetik*, den Siegfried Bernfeld geprägt (1925 in „Sisyphos oder die Grenzen der Erziehung", ebd. 1924/1968, 27) und als eine *Theorie der Praxis pädagogischer Institutionen* konzipiert hat (Honig 2012, Müller 2002) (siehe Einleitung zu Teil B).

Auf Unterschiede von *pädagogischen* zu *anderen sozialen* und vor allem zu *technischen Projekten* gehe ich in Kapitel 1.5 kurz und ausführlich in den Kapiteln 13.2, 13.3 und 13.7 ein.

Mit Hilfe welcher Kriterien habe ich die in diesem Buch untersuchten *pädagogischen Projekte* ausgewählt? Sie sollten aus verschiedenen Jahrhunderten stammen, um zumindest exemplarisch beobachten zu können, ob sich Scheitern heute von dem vor hundert oder zweihundert Jahren unterscheidet und wenn ja in welcher Hinsicht? Einigen Projekt-Initiatoren sollte im Rahmen der *Geschichte der Pädagogik* eine bereits anerkannte historische Bedeutung zukommen (Pestalozzi, Tolstoi, Wilker, Bernfeld, Makarenko), was in der Regel damit einher geht, dass bereits häufiger über sie geschrieben wurde (unabhängig davon, ob das von mir unterstellte partiale oder weitgehende oder gerade eben so verhinderte Scheitern dabei schon in den Blick genommen wurde oder nicht). Es sollten aber auch neue, noch nicht untersuchte Projekte darunter sein, die von Pädagogen angegangen wurden, von denen man vorher noch nichts gehört hat. Zum dritten sollten die Gründe und Umstände für das Scheitern zumindest auf den ersten Blick möglichst breit variieren und mal eher Fehlern in der Projektplanung, den handelnden Personen und/oder dem politischen System zugeschrieben werden können; mal eher finanziellen bzw. organisatorischen Gründen oder eher Streitigkeiten unter den Protagonisten und Skandalen, die im Rahmen des Projekts oder nach dem Ausscheiden der Gründungsmitglieder aufgetreten sind etc.

Ob sich dieser erste Blick bei genauerer Untersuchung als richtig erweisen würde oder zu korrigieren wäre, durfte offenbleiben (in gewisser Hinsicht schrumpfte die Variationsbreite im Lauf der Untersuchungen bzw. stellten sich doch einige Dopplungen heraus). Viertens kamen aber auch solche Projekte in Frage, deren Scheitern bereits eingehend analysiert worden war, so dass die Möglichkeit bestand, daraus Reflexionsmodelle zu gewinnen, die auch für zukünftige Analysen eine gewisse Verbindlichkeit in Anspruch nehmen können (wie das bei Daniel

Barth bezogen auf Bernfeld der Fall ist oder bei Gerd E. Schäfer auf ein eigenes, gescheitertes Projekt). Bei allen ausgewählten Untersuchungen sollte es aber immer möglich sein und bleiben, sich in verschiedener Hinsicht überraschen zu lassen – doch nicht gescheitert, andere Gründe fürs Scheitern als bisher angenommen, andere Personen als bisher bekannt, die dafür verantwortlich zu machen sind – und so das zunächst gefasste *Vorurteil* (Gadamer 1960) zu überwinden. Ob aus der Rekonstruktion der Prozesse von Scheitern etwas gelernt werden kann und falls ja, was, soll zum Ende des Buches untersucht werden (Kap. 15).

1.2 Was macht professionsspezifische Eignungen zur Durchführung von pädagogischen Projekten aus?

Gehört die Planung, Durchführung, Evaluierung und Weiterentwicklung von pädagogischen Projekten zu den zentralen Aufgaben von (Sozial)Pädagog:innen und Erziehungswissenschaftler:innen und sollten sie dafür entsprechende Kompetenzen besitzen oder erwerben? Müssten diese auch einen relevanten Platz in der Ausbildung einnehmen und Projektentwicklung – gelungene wie gescheiterte – einen zentralen Gegenstand erziehungswissenschaftlicher Forschung darstellen?

Man könnte meinen: „nein", wenn man Pädagogik überwiegend als Gestaltung des pädagogischen Bezugs mit Einzelnen, Gruppen und Klassen mit Blick auf Erziehung und/oder Bildung konzeptioniert, die organisatorischen und juristischen Rahmenbedingungen davon aber abgrenzt, in denen diese Bezüge entwickelt werden. Man bliebe bei diesem „Nein", wenn man darauf hinweist, dass *Projektmanagement* eine Aufgabe darstellt, auf die Pädagog:innen in der Regel nicht vorbereitet sind und für die andere Berufsgruppen ähnlich viele und notwendige Kompetenzen mitbringen und sogar häufig in einer Position der Vorrangigkeit dabei mitwirken (Heiner 2006): Jurist:innen, Betriebswirtschaftler:innen, Psycholog:innen, Verwaltungsfachleute, Statistiker:innen, Architekt:innen, Kommunikationswissenschaftler:innen usw. Wobei auch diese Professionen mit Pädagog:innen teilen, dass man eine brillante Juristin oder ein erfahrener Betriebswirt sein kann, aber von *Projektmanagement* noch immer wenig versteht und bei der Durchführung eines Projekts Schiffbruch erleidet. Wie die Leitung von Einrichtungen oder Schulen auch, setzt *Projektmanagement* eben noch mehr und anderes voraus als „nur" eine gute Grundqualifizierung und Erfahrungen im eigenen Beruf. Projektmanager:innen aller Professionen stellen deswegen eine Zielgruppe dieses Buches dar. Ich behaupte, dass man aus Analysen, die sich auf die *Misserfolgsdynamiken pädagogischer Projekte* beziehen, auch für die erfolgreiche Projektentwicklung in anderen Bereichen (Entwicklungshilfe, Wirtschaft, Spiele-Entwicklung, Neuorganisation von Verwaltungen etc.) lernen kann (Kap. 15). Wenn auch nicht so viel, wie manche hoffen mögen (s. Kap. 15.3).

Außerdem sind die wichtigsten Theorieansätze zur Erklärung von Projektdynamiken und zur Risikoabschätzung bezogen auf Scheitern ohnehin so konzipiert, dass sie alle möglichen Projekte umfassen (s. Kap. 13). Ich lernte beim Schreiben dieses Buches sehr viel aus der Untersuchung eines technischen Projekts, die Bruno Latour durchgeführt hat (Latour 1997). Seine *Akteur-Netzwerk-Theorie* stellt hybride Verbindungen zwischen dem Sozialen und dem Technischen in den Mittelpunkt und eröffnet uns so ganz neue Blicke auf pädagogische Settings, die nicht nur aus Pädagog:innen und Kindern/Jugendlichen und deren Eltern bestehen, sondern eben auch aus Räumen, Einrichtungsgegenständen, Computern, Tischkickern, Smartphones und Aquarien (siehe Latour 2001 und dieses Buch Kapitel 13.3).

Halten wir also fest: Der Komplex *Planung, Durchführung und Evaluierung von pädagogischen Projekten* stellt eine *Querschnittsaufgabe* dar, an der mehrere Professionen und Akteur:innen beteiligt sind und waren. Über den Verlauf – und damit auch über Erfolg oder Misserfolg – entscheidet nie nur das geschickte oder ungeschickte Vorgehen und Handeln der Projekt-Gründer:innen, weil andere Personen, Institutionen und Professionen wesentlich mitbestimmen, ob ein Projekt an den Start geht, wie es in finanzieller Hinsicht ausgestattet wird, welche Unterstützung bzw. Kritik ihm zuteilwird und welches *Entwicklungsschicksal* es damit durchläuft.

Diese Einsicht legt in theoretischer Hinsicht eine *Akteurs-Netzwerk-Perspektive* nahe (wir kommen darauf im Theorieteil zurück, s. Kap.13.3). Sie zeigt aber andererseits eine *strukturelle Parallelität* zwischen der Arbeit an und in einem Projekt sowie derjenigen an und in einem *Hilfeprozess* auf – und damit *zwischen Projektmanagement und Sozialpädagogik*. Wenn das zutrifft, wären erfahrene Sozialpädagog:innen in besonderer Weise prädisponiert für die Durchführung von Projekten.

Wie das? Vernetztes Handeln unterschiedlicher Professionen mit unterschiedlichen Perspektiven und Kompetenzen stehen für den Komplex Sozialpädagogik/Soziale Arbeit zentral. Marianne Meinhold hat die Formel geprägt: *„Wir behandeln nicht Personen, sondern Situationen"* (Meinhold 1982). Sieht man einmal von der medizinischen Metapher „behandeln" ab, so wird damit klar, dass in eine schwierige Lebenssituation häufig mehrere Personen verwickelt sind (Familien, Hausbewohner, Wohngemeinschaftsmitglieder) und eine Helfer:in bzw. eine Profession alleine nicht ausreichen, um diese Situation zu verbessern. Es geht in schwierigen Lebenssituationen oft um Gemengelagen von (Konstrukten wie) „Armut", „laufende Strafverfahren", „prekäre Wohnverhältnisse" „psychische Erkrankung", „Kindeswohlgefährdung" etc. Damit sind Sozialarbeiter:innen, Sozialpädagog:innen, Jurist:innen, Ärzt:innen, Polizist:innen, Richter:innen, Verwaltungsbeamte, aber auch Sozialpolitiker:innen gefragt ihren Teil zur Veränderung der schwierigen Situation beizutragen.

Auch wenn andere Professionen in spezifischen Hinsichten vorrangig entscheiden sollten, stellt die Vernetzung der unterschiedlichen Akteure und die Aufgabe einen Überblick über die unterschiedlichen Aktivtäten zu behalten, also *Case-Management*, eine Kernkompetenz von Sozialpädagog:innen dar.

Freilich ist das nur die eine Seite: Sozialarbeiter:innen, Ärzt:innen, Jurist:innen, Politiker:innen haben oft – meist ohne es zu wollen und oft auch nicht in personam – mit dazu beigetragen, dass es zu einer konkreten schwierigen Lebenssituation gekommen ist oder sie weiter persistiert oder gar eskaliert (Schwabe 2021). Alle diese Berufsgruppen, die Teil der Lösung werden können oder sollen, stellen u. U. aufgrund ihrer laufenden oder vorangegangenen Entscheidungen oder Unterlassungen auch einen Teil des Problems dar.

Eine ähnliche Doppelrolle wird genauso in den Geschichten rund um die Misserfolgsdynamiken der neun Projekte deutlich: Die Projektgründer:innen selbst sorgen häufig auf dem einen oder anderen Weg – häufig für externe Beobachter:innen weit deutlicher als sie selbst wahrnehmen – dafür, dass die von ihnen betriebenen Projekte in Krisen geraten oder sogar Schiffbruch erleiden (siehe Exkurs 2 im Kapitel 13). So sehr sie das Projekt wollen können, so gut es für die Zielgruppe, die sie im Auge haben, geeignet oder wünschenswert sein mag, so sehr können sie es auch gefährden und selbst zum Scheitern beitragen. Häufig sind Projektgründer:innen bezogen auf Erfolg und Misserfolg maßgeblich verantwortlich „zu machen", aber das ist nicht gesetzt. Manchmal agieren sie in einer relativ marginalen Position, während andere (Professionen) im Hintergrund die Strippen ziehen. Wie bei Hilfeverläufen eben auch (siehe dazu auch Exkurs 2 in Kapitel 13).

Mit diesen einleitenden Gedanken wissen wir nun ein wenig mehr: Projekt-Durchführende stammen aus unterschiedlichen Professionen, auch pädagogischen. Das gilt für pädagogische, ebenso wie für andere Projekte. Pädagogische Projekte sind immer in Organisationen eingebunden und werden immer von mehreren Akteuren in unterschiedlichen Positionen entwickelt und umgesetzt; ihr Gelingen ist immer auch von der Heterogenität der mit ihm verbundenen Interessen bedroht. Aber auch von den Widersprüchen und Ungereimtheiten, blinden Flecken und Schwächen, des- oder derjenigen, der/die sich am meisten wünscht, dass aus dem Projekt etwas wird.

Während das Scheitern von Hilfe- und Erziehungsprozessen als gründlich reflektiert und gut erforscht gelten kann (Baumann 2012 und 2019, Bollnow 1962, Hamberger 2008, Henkl/Schnapka/Schrapper 2002, Schwabe 2019, Tornow/Ziegler 2014), blieb das Scheitern von *pädagogischen Projekten* bisher relativ unausgeleuchtet (eine frühe Ausnahme Hörster 1992, s. Kap. 15.1, Rieger-Ladich 2014). Einen Indikator dafür kann man auch darin sehen, dass das Stichwort in den gängigen Handbüchern der Erziehungswissenschaften keine Erwähnung findet (Böhm et al. 2008, Mertens et al. 2008). Deshalb hat es sich dieses Buch zur Aufgabe gemacht, einen neuen Forschungsbereich erschließen und hofft aus der

Durchdringung des Scheiterns sowohl neue Anstöße für die erziehungswissenschaftliche Theoriebildung zu gewinnen als auch einen eigenen erziehungs-wissenschaftlichen Beitrag zur Theorie des Scheiterns zu leisten.

1.3 Anlage und Aufbau des Buches

Das Buch ist in Teil A vom Schwerpunkt her ein rekonstruktiv-berichtendes und in Teil B ein reflektierend-argumentierendes.

In Teil A werden neun *pädagogische Projekte* vorgestellt, die in unterschiedlicher Hinsicht und in unterschiedlichem Ausmaß als gescheitert gelten können (in anderer Hinsicht aber auch als gelungen, s. a. Kap. 14: Diesseits und Jenseits von Gelingen und/oder Scheitern). „Rekonstruktiv" über diese Projekte zu „berichten" (siehe oben) meint je nach Quellenlage:

- Wiedergabe von Erkenntnissen aus der bisherigen Forschung (so z. B. E. Badinter 2010a zum Infanten von Parma, G. Hillig 2002 zu Makarenko, D. Barth 2010 zu Bernfeld, P. Dudek 1999 zu Wilker etc.) ergänzt durch neuere wissenschaftliche Beiträge und eigene Recherchen.
- Rekonstruieren von Fakten und Offenlegen von Unklarheiten und Informationslücken, nebst Vermutungen darüber wie es gewesen sein könnte (insbesondere bei Wilker im Lindenhof und seinem Vorgänger August Raker und deren Verwicklung in das Theaterstück „Aufstand im Erziehungsheim", s. Kap. 5.7).
- Rekonstruktionen anhand von Dokumenten (Presseartikel) und Untersuchungsberichten (Makarenko, Bernfeld, Wilker, GUF Hamburg etc.).
- Montage von Eigenberichten des zentralen Projektverantwortlichen mit Zeitzeugen-Berichten (z. B. bei Pestalozzi, Tolstoi, Wilker und Bernfeld), auch im Spiegel von Darstellungen anderer Autor:innen. Wie haben diese die Darstellungen verarbeitet und welche Hypothesen haben sie dabei geleitet (sehr interessant z. B. wie Siegfried Bernfeld einige Jahre nach seinem eigenen Scheitern (1919/20) auf das Scheitern von Pestalozzi eingeht: 1927 in „St. Pestalozzi" und 1928 in „Der Irrtum des Pestalozzi", beide in Bernfeld 1969a und b).
- Kritische Reflexion von Selbstdarstellungen und Eigenberichten (z. B. Pestalozzis „Schwanengesang" in Kapitel 3, Bernfelds *Bericht* über das Kinderheim Baumgarten in Kapitel 6 oder der Projektbericht des Fortbildners aus Kapitel 10 etc.).
- Rekonstruktionen anhand von Dokumenten (Presseartikel über die Solidaritätskundgebung mit Wilker, s. Kap. 5.4.2, Bericht der Parlamentarischen Untersuchungskommission, Kapitel zur Geschlossenen Unterbringung in Hamburg, Kap. 9.3.1).

Allen neun Darstellungen von *Misslingensdynamiken* in *pädagogischen Projekten* liegt eine überwiegend einheitliche Gliederung zu Grunde:

a) Die handelnden Akteure und ihr politisches, soziales und kulturelles Umfeld
b) Projektidee, Trägerschaft und Finanzierung
c) Geplantes und tatsächlich entwickeltes Setting
d) Der Projektverlauf und seine zentralen Faktoren und Dynamiken
e) Wer konstruiert (ein wie umfängliches) Scheitern im Rahmen welcher Darstellungsform und entlang welcher Vorannahmen/Narrative?
f) Bilanzierung: Was hat das Scheitern gekostet? War das Projekt zugleich auch erfolgreich bzw. was bleibt Verdienst und Gewinn trotz Scheitern?
g) (Wie) wurde das Scheitern verarbeitet bzw. aufgearbeitet? Was folgt(e) daraus?

Der Teil A endet mit einer Art von „Hitliste" bezogen auf die in den Projektberichten auffällig häufig genannten *Querschnittsthemen* (Gewalt, Politik, Kommunikation etc., s. Kap. 11) – und mit einer *Steckbriefsammlung*: Auf einer Seite werden alle bis dahin als relevant erachteten Erkenntnisse für jeweils einen Projektverlauf in komprimierter Form vorgestellt

Wenn man Projektentwickler:in ist und vor allem an theoretischen Fragestellungen Interesse hat, kann man in den Teil B einsteigen, indem man nur diese neun Steckbriefe als Vorarbeit gelesen hat. Aber auch bei den Gründen (Kap. 12) kommen wir auf wesentliche Beobachtungen aus Teil A zurück, so dass man mit diesem Wissen die Theorie-Kapitel (vor allem 13 und 14) gut verstehen müsste.

Ich bin mir bewusst, dass das Buch daran gemessen werden wird, ob es ihm gelingt das heterogene Material aus Teil A mit jeweils disparaten Zeitkontexten und Dynamiken analytisch auseinanderzuhalten und zugleich zusammenzuführen. Das soll Teil B leisten: *Theoretische Zugänge, Narrative und Reflexionen*. Hier werden die neun Einzeldarstellungen anhand von *vier Querschnittsthemen* aufeinander bezogen und Gemeinsamkeiten wie Unterschiede herausgearbeitet, die zu grundlegenden Einsichten bezogen auf das Ge- bzw. Misslingen von Projekten führen möchten:

Thema 1: Scheitern steht nicht fest, sondern wird in mehrfacher Hinsicht konstruiert und innerhalb dieses Prozesses bekräftigt, relativiert oder verworfen: Über Narrative, mit Hilfe von Metaphern, mittels zeitgebundener Wahrnehmungs- und Bewertungsschemata, aufgrund von Parteilichkeiten von Gegnern und Loyalitäten von Befürwortern (Kap. 13). Die Untersuchung der Misserfolgsdynamiken wird so bei jedem einzelnen Projekt zu einem *hermeneutischen Prozess*. Die Frage stellt sich, ob dieser die Behauptung, dass Scheitern stattgefunden hat, tendenziell eher auflöst oder das getroffene Urteil bestätigt? Oder anders: Wie sicher und stichhaltig kann Scheitern attestiert und zugerechnet werden? Und noch einmal anders: Wenn Scheitern früher oder später, von Zeitgenossen oder von später auf den Plan tretenden Wissenschaftlern konstruiert wird, wie sieht dann eine Meta-Konstruktion aus, die deren Konstruktionen zugleich achtet *und* kritisch einordnet?

Thema 2: Scheitern verursacht Kosten in unterschiedlicher Höhe und löst institutionelle, soziale und persönliche Krisen aus (Kap. 11 und 12). Deswegen ist es geboten, die Dynamiken und Faktoren zu untersuchen, die zum Scheitern geführt haben und dabei auch Fehler in den Blick zu nehmen (Kap. 12). Auf welche Art und Weise und mit welcher Stringenz stellen sich die Projektverantwortlichen dieser Aufgabe? Rechnen sie die Fehler überwiegend den Umständen zu oder anderen Personen und/oder auch sich selbst (Kap. 15.2 und Exkurs 2 in Kapitel 13)? Wie kommunizieren sie mit anderen darüber, mit welchen Folgen? Gelingt es sachlich über das Scheitern zu kommunizieren und einen gemeinsamen Diskurs über die Projektentwicklung zu etablieren? Oder bemüht man „moralische Kommunikationen", die beinahe immer zu gegenseitigen Abwertungen führt (vgl. Schwabe 2017, 35 ff.)? Wer wird in die Debatten einbezogen (evtl. sogar ehemalige Zöglingen wie bei der Erarbeitung des Haasenburg-Berichts; siehe Bericht 2013)? Wer links liegen gelassen?

Thema 3: Für eine *Theorie der Praxis* ist es entscheidend zu klären, mit welchen Steuerungserwartungen und Erfolgsaussichten Pädagog:innen sich auf Projekte einlassen können (Schwabe 1999)? Dass diese auch von Mitakteuren und außerpädagogischen Parametern abhängig sind, scheint klar. Offen bleibt, ob es bei der Planung und Durchführung von Projekten genuin Pädagogisches zu berücksichtigen gibt, was klassisches Projektmanagement dafür leisten kann und inwiefern man dabei (auch) auf Sensibilitäten und Intuitionen angewiesen bleibt? Diesen Fragen gehen wir in Kapitel 12 und 13 nach.

Dabei muss man berücksichtigen, dass die Unterscheidung zwischen Scheitern und Erfolg alles andere als klar ist (Kap. 14). Sicher gibt es eindeutig gescheiterte Projekte, die mehr Schaden als Nutzen angerichtet haben (z. B. Kap. 4, 8 und 9 etc.). Die meisten pädagogischen Projekte dürften bei näherer Betrachtung aber beides für sich reklamieren können: Sie können in bestimmter Hinsicht als gelungen gelten, müssen aber in Bezug auf andere Aspekte auch als gescheitert betrachtet werden. *Verlauf und Ergebnisse weisen Licht und Schatten auf,* d. h. eine Kombination, die mal eher in scharfen Kontrasten, mal eher als eine Abfolge von helleren und dunkleren Grautönen wahrgenommen bzw. dargestellt werden kann. Scheitern und Erfolg dürften sich zudem bisweilen wechselseitig bedingen, sprich in einem dynamischen, wenn nicht dialektischem Verhältnis stehen. Es stellt sich die Frage, ob nicht in bestimmten Konstellationen das Scheitern als Bedingung des späteren Erfolgs betrachtet werden kann (wie z. B. bei Tolstoi oder A. S. Makarenko) oder in der Behauptung früher Erfolge das spätere Scheitern angelegt ist (wie z. B. bei Bettelheim; siehe dazu Göppel 1998 und Schwabe 2015).

Thema 4: Für die Frage, ob und was aus Scheitern zu lernen ist, starte ich mit folgender Hypothese: „*Scheitern verdankt sich teils einmaligen Konstellationen, teils redundanten Mustern. Das Verhältnis beider ist in jedem Einzelfall zu klären*". Die Pole liegen dabei zwischen „*banalem Scheitern*", für das mehrfach beobachtete, vermeidbare Schwächen und Fehler (Stans, Gorkij-Kolonie) oder destruktive Eingriffe von außen identifiziert werden können (Stans oder bei Tolstoi 1862) und „*tragischem Scheitern*", bei dem (beinahe) alles richtig gemacht worden ist und sich dennoch kein Erfolg eingestellt hat (siehe dazu ausführlich Kapitel 15.2). Wenn sich das als richtig herausstellen sollte, wäre Lernen in Bezug auf die redundanten Muster durchaus möglich, während die einmaligen Konstellationen eher kontemplativ zu betrachten wären, um daraus so etwas wie eine allgemeine Sensibilität für Prozessqualitäten zu entwickeln.

1.4 Was meint eine „etwas andere Geschichte" der Pädagogik (nicht)?

Im Untertitel nenne ich das Buch vor allem mit Blick auf die 500 Seiten von Teil A „eine etwas andere Geschichte der Sozialpädagogik". Das schien mir aus *fünf Gründen* sinnvoll: zum einen, weil es im Laufe der letzten dreihundert Jahre unglaublich viele *pädagogische Projekte* gab, die gescheitert sind oder unmittelbar vom Scheitern bedroht waren, so dass man die Geschichte der Pädagogik tatsächlich als eine Geschichte des (teilweisen) Scheiterns von Projekten erzählen kann (a); mit der Pointe, dass das missliche und oft auch hässliche Ende des Projekts nicht die es motivierenden und es zumindest streckenweise tragenden Ideen – den pädagogischen Gehalt – auszulöschen vermochte, die mit dem Projekt in die Welt gesetzt wurden. Auch gescheiterte Projekte können produktiv weiterwirken, wenn sie denn jemand dokumentiert hat, erinnert und zum Gegenstand von Kommunikation macht (s. a. Kap. 13.1.3).

In die Darstellungen der *Klassiker* (kritisch zu diesem Begriff: Winkler 2003 und 2013) gingen lange Zeit überwiegend *Erfolgsgeschichten* ein oder wurden Misserfolge und Krisen in den *pädagogischen Projekten* eher klein geschrieben (z. B. bei Pestalozzi in Stans), weswegen oft ein falscher Eindruck über die Geradlinigkeit der Projektentwicklung und die Eindeutigkeit des Erfolges erweckt wurde und wird (was man u. a. gut an Wilker aufzeigen kann und dessen idealisierende Rezeption bei Hermann Nohl, s. Kap. 5.8 und Malmede 2004). Insofern möchte meine *etwas andere Geschichte* eine realistische Darstellung von *Projektverläufen*, aber auch von Personen und ihrem Wirken sein. Dabei kann ich mich auf hervorragende Monographien von Autor:innen stützen wie

z. B. Hebenstreit (1996) über Pestalozzi, Daniel Barth (2010) in Bezug auf Bernfeld oder Hillig (1988, 1994, 1996, 2002 etc.) mit Blick auf Makarenko. Ohne deren Vorarbeiten wäre dieses Buch nicht möglich gewesen. Insofern kann man in Frage stellen, ob die von mir angestrebte realistische Wende bezogen auf die Geschichte der Pädagogik nicht schon lange vollzogen ist. Ich antworte: Das ist sie, aber noch lange nicht so wie ich mir das wünsche!

So geloben z. B. Knoop und Schwab schon 1981 im Vorwort zu ihrer „Einführung in die Geschichte der Pädagogik": *„Allen Personen wird kritisch begegnet, bei allen werden mögliche menschliche und fachliche Unzulänglichkeiten, ‚Risiko und Scheitern' nicht verschwiegen"* (Knoop/Schwab 1981, 23). Nach meinem Eindruck wurde diese programmatische Ankündigung bei diesen und mehreren anderen „Einführungen in die Geschichte der Pädagogik" allerdings eher schüchtern und nur ansatzweise durchgeführt (siehe z. B. bei Riemeck 2014).

Zum Dritten: Die Geschichte der Pädagogik wurde über weite Strecken als *Ideengeschichte* dargestellt und weniger als eine Geschichte ihrer Projekte und institutionellen Praxen und deren Abhängigkeit von Gründer:innen und Mitarbeiter:innen, die sich in bestimmten Zeitfenstern mit begünstigenden und ihnen zuwider laufenden politischen Strömungen auseinandersetzen mussten und dabei eben auch Schiffbruch erleiden konnten (die Formulierung „über weite Strecken" möchte eine Formel darstellen, die den vielen Autoren, die das Thema anders angegangen sind, gerecht zu werden versucht siehe z. B. Winkler zu Fröbel (Sauerbrey/Winkler 2017 etc.). Insofern versuche ich mich hier an einer Geschichte ausgewählter *pädagogischer Projekte* als Teil einer *Geschichte der pädagogischen Praxis* – unter Berücksichtigung von biographischen Zusammenhängen in sozialgeschichtlichen und institutionellen Kontexten. Damit möchte ich einen Beitrag zur *Instituetik* leisten, einer *Theorie der pädagogischen Praxis in Institutionen*, wie sie Bernfeld skizziert hat (Bernfeld 1925/1968, 27) und wie sie von Burkard Müller (2002), Robert Hörster (1992) und Michael S. Honig (2002, 2012) aufgegriffen und ausgebaut wurde (siehe dazu Einführung zu Teil B).

Viertens, weil immer noch die Erwartung und bisweilen auch Forderung grassiert, dass wichtige Pädagog:innen auch „gute Menschen" sein müssen, die man bewundern können muss. In dieser Hinsicht geht es darum *Idealisierungen* zu widerstehen, die oft von beiden Seiten – denen, die über sie schreiben und denen, die deren Texte rezipieren – befeuert werden, so als dürfe ein großer Pädagoge nicht auch charakterliche Schwächen aufweisen und Fehler machen. Gerade an den Großen wie Tolstoi, Makarenko, Bernfeld und Bettelheim lässt sich zeigen, dass man Wichtiges denken und Wegweisendes in die Praxis umsetzen kann; dabei aber mit Blick auf Zöglinge und/oder Mitarbeiter:innen in anderer Hinsicht versagt hat (durch Übergriffe oder Fälschungen der eigenen Biographie wie z. B. Bruno Bettelheim etc., siehe z. B. Sutton 1996 und Göppel 1998). Oder seinen Mitarbeiter:innen und/oder den Kindern und Jugendlichen etwas Wesentliches schuldig geblieben ist. Auch als, in subjektiver Hinsicht, Unfreie oder Beschädigte, bisweilen sogar andere Schädigende, verdienen viele Pioniere der Sozialpädagogik Respekt und Anerkennung. Bewunderung mag sich dazu einstellen, muss es aber nicht.

Janusz Korczak ist wahrscheinlich einer der ganze wenigen oder gar der Einzige, den man auch bei intensiver Prüfung – bei der Lektüre seiner Schriften und angesichts der über ihn überlieferten Zeitzeugenberichte – als frei von Ambivalenzen und dunklen Seiten einschätzen kann und der sich deshalb anbietet als „Heiliger" verehrt zu werden. (Fast) alle anderen Größen weisen neben ihren Stärken und ihrer Originalität eben genauso Schwächen auf, die sie selbst entweder klar sehen (wie z. B. Tolstoi oder Makarenko) oder eben als *blinde Flecken* mit sich herumtragen (wie z. B. Bernfeld, Wilker, Bettelheim u. a.) (Schwabe 2021b).

Zu guter Letzt macht eine *andere Geschichte* auch deswegen Sinn, weil es viele Projekte gibt, die mit Fug und Recht gescheitert sind und auch das zur Geschichte der Pädagogik gehört: Dass sie nicht nur auf eine Kette von fachlich stimmigen und interessanten Gedanken und Gründungen verweisen kann, sondern auch auf solche, die in Unrecht und/oder Missbrauch verstrickt waren (Rutschky 1977; auch im Kapitel 4.3 über Wilker schildern wir zwei Heimskandale der damaligen Zeit). Gut, dass diese Projekte eingestellt bzw. die Einrichtungen geschossen wurden, oft erst aufgrund von öffentlichem Druck, den Betroffene und/oder die Presse oder andere Medien gemacht hatten. Schlimm genug, dass das oft so lange gedauert hat.

Es gibt aber auch andere *pädagogische Projekte*, wie z. B. die Gorkij-Kolonie unter der Leitung von A. S. Makarenko, deren Qualitätsbewertung uns heute schwerfällt, weil sich die Projekte bei genauerer Analyse als *ambivalent* erweisen: Gut, d. h. entwicklungsförderlich und schlecht, d. h. repressiv und schädigend zugleich, ohne dass diese Strömungen und Wirkungen im Projekt klar getrennt werden können, weil sie ineinander verwoben sind (ausführlich zu diesem Projekt in Kapitel 7, aber auch den Kapiteln 13.1. und 14.3). Auch von solchen als ambivalent eingeschätzten *pädagogischen Projekten* können gelegentlich mehr fachliche Anstöße und anziehendere Energieströme ausgehen, als von vielen hundert ordentlichen Einrichtungen zusammen, denen man nichts Unfachliches vorwerfen kann, die aber eben auch nichts Neues oder Besonderes riskiert haben.

Ich hoffe, dass eine solche *etwas andere Geschichte der Pädagogik* Studierenden interessante und spannende Geschichten zur Verfügung stellt, die zur Beschäftigung mit *sozialpädagogischen Kernthemen* wie Umgang mit Nähe und Distanz, Sprechen und Handeln, Strukturieren und Offenlassen etc. einladen. Dabei gilt das Diktum Martin Walsers, der auf die Frage, wer denn die lesenswerten Klassiker (der Literaturgeschichte) seien, einst antwortete: „*Die, die uns beleben, das sind die Klassiker*" (Walser 1985, 12). Womit zugleich die gewünschten Ansprüche an das Buch formuliert sind: Es soll gut recherchiert, aber eben auch interessant zu lesen sein und in diesem Sinne durchaus beleben und unterhalten. Mit Blick auf Studierende (und Lehrende) ist meine Idee allerdings nicht, dass das Buch komplett durchgelesen werden muss, sondern man sich mehrfach – durchaus nach eigenem Gusto – ein, zwei Pädagogen und/oder ein, zwei Reflexionsthemen auswählt und dann schaut, was einen interessiert oder gar fesselt? Oder dass, das Buch an ein paar Stellen aufgeschlagen wird und sich der und die Lesenden von einer seiner Strömungen erfassen lässt, die einen mitnehmen möchte wie auf eine Reise. Sofern sich denn eine solche innere Bewegung entwickelt…

Als wichtige Einschränkung ist vorab allerdings noch festzuhalten, was eine *etwas andere Geschichte der Pädagogik* nicht in Anspruch nimmt: Es handelt sich nicht um eine *Ideen- oder Theorie-Geschichte* der Pädagogik. Diese haben andere bereits in überzeugender Weise vorgelegt (C. Niemeyer 1998, W. Böhm et al. 2008, W. Schröer und L. Böhnisch 1999). Mich interessieren Theorien und ihre Darstellung immer nur so weit, wie diese bei der Gründung der Projekte eine Rolle gespielt, die Praxis in den Projekten begleitet haben oder (im Nachhinein) für die Reflexion des Projektverlaufs unmittelbar wichtig wurden. Denn die meisten der hier dargestellten Pädagogen (leider nur Männer) haben sich mit dem eigenen Scheitern beschäftigt, es mehr oder weniger scharf reflektiert oder mehr oder weniger gekonnt literarisch verarbeitet (allen voran Makarenko mit dem *Pädagogischen Poem)*. Damit sind mit meiner *anderen Geschichte* zwei Einschränkungen verbunden:

- Eine zeitliche – denn die Theorieentwicklung eines Projektgründers wird nur solange dargestellt wie das Projekt, das hier im Mittelpunkt steht bzw. existiert hat. Viele der Autoren haben aber erst danach, nach dem mehr oder weniger klaren Scheitern oder Erfolg ihres Projektes, angefangen gründlich oder breiter nachzudenken. Bernfeld z. B. schreibt sein Hauptwerk *Sisyphos oder die Grenzen der Erziehung* erst 1925, fünf Jahre nach dem Scheitern seines Heimprojekts. Sicher gehen in die spätere Theoretisierung seine früheren Erfahrungen ein. Aber explizit bezieht er sich nicht auf sie (im *Sisyphos* wird das Kinderheim Baumgarten nicht einmal erwähnt). Tolstoi entwickelt seine Bildungstheorie von 1860/1861 in den Jahren 1880 bis 1900 zu einer umfassenden Lebensphilosophie weiter. Seine *Freien Schulen* passen in diesen Rahmen, aber er erwähnt sie nicht mehr. Die Zeit seiner Schulprojekte ist vorbei. Diese zeitliche Zäsur, die ich in den Kapiteln gesetzt habe, macht es demnach nötig, sich mit dem jeweiligen Pädagogen in Theorie-geschichtlicher Hinsicht weiter zu beschäftigen. Ich biete mit dem Projekt einen Einstieg in das Denken des jeweiligen Pädagogen an. Nicht mehr und nicht weniger. Dabei interessiert mich vor allem die Verschränkung von pädagogischem Denken und praktischen Handeln – in einem bestimmten institutionellen Kontext während der Zeit der Projektentwicklung.
- Damit ist auch schon die zweite Grenze benannt. Manch einer der hier dargestellten Pädagogen hat schon, während er in seinem Projekt praktisch tätig war, mehr und weitergedacht, als er dort verwirklichen konnte. Oder anders: Ihr Denken hat das – oder wie bei Pestalozzi die Projekte – unterfüttert und

imprägniert, ohne dass diese Ideen aus den Handlungen und Entscheidungen in der Projektarbeit durchgängig ablesbar werden. *Ihre Ideen bleiben so ein Stück weit hinter der Projektrealität zurück und weisen gleichzeitig über sie hinaus.* Wo sie während und mit ihrer praktischen Tätigkeit hinter ihren eigenen Theoretisierungen zurückgeblieben sind, aus welchen Gründen auch immer, wie z. B. Condillac beim Infanten von Parma (Kap. 2.7), Pestalozzi mit seinen Ohrfeigen in Stans (Kap. 3.2.3. Settingelement 7) oder Wilker gegenüber seinen Mitarbeitern (Kap. 5.6 und 5.7), versuche ich das aufzuzeigen; wo ihre Ideen schon auf das nächste Projekt drängten oder sich weiterentwickeln würden, bleibe ich das meist schuldig.

Ich lade also dazu ein, den jeweiligen Pädagogen und sein Projekt, den Pädagogen mitten im Projektverlauf und den Pädagogen im Rückblick auf sein Projekt kennenzulernen. Wenn dieser Mann (nochmals: leider nur Männer!) interessant genug erscheint, so steht eine weitere Beschäftigung an: die mit seinen Theoriebildungen oder mit deren Verzweigungen mit den Theorieentwürfen Anderer. Denn jeder der hier Dargestellten kommt ideen-geschichtlich von woher und hatte auf seine Weise Einfluss auf die Theoriegeschichte nach ihm. Diese Zusammenhänge muss man woanders nachlesen oder selbst neu erforschen. Meine *andere Geschichte der Pädagogik* ist ein Buch für Einsteiger, für Studierende und erfahrene Sozialpädagog:innen, die wissen wollen, wie es Anderen erging, die ein spannendes Projekt auf den Weg bringen wollten und was ihnen dabei alles widerfahren ist. Manches davon wird Bedauern hervorrufen, anderes Bewunderung, wieder anderes trösten, weil man erkennen und nachvollziehen kann, wie erwartbar Misslingen und (teilweises) Scheitern von *pädagogischen Projekten* sind.

1.5 Scheitern: Ein ubiquitäres Phänomen

Pädagogische Projekte scheitern. Auch wenn dieser Prozess schmerzt und fast immer mit fremdem und eigenem, psychischem Leiden verbunden ist, stellt das – nüchtern betrachtet – nichts Außergewöhnliches dar. Denn auch Versuche beim Gewicht abzunehmen, medizinische Behandlungen, Militäreinsätze, Kinderschutzinterventionen oder Fusionen von Unternehmen scheitern (Strobel/Weingarz 2006, Biesel 2011, Chaos 2020); Romanprojekte und Ehen auch (von Steinäcker 2021). Wenn wir Umfragen Glauben schenken, scheitern z. B. 68 % aller IT-Projekte (silicon 2019) und zwei Drittel aller Fusionsvorhaben (Handelsblatt 2010). Herztransplantationen scheitern dagegen heute nur noch zu 4 % während der OP (enden also mit dem Tod des Patienten): Die Überlebensrate beträgt im Zehnjahresverlauf immerhin 40 % (Radiosendung SWR2 4.2.2023, 8:30). Betrachtet man dagegen die Entwicklung der Scheidungsrate in Deutschland ist zwar von 2020 auf 2021 ein Anstieg zu erkennen; vom Trend her ist die

Scheidungsrate allerdings deutlich gefallen, z. B. von 51 % in 2001 oder 56 % in 2003 auf 40 % 2016 und 38 % 2017 (https://www.unterhalt.net/scheidung/scheidungsrate). Offen bleibt dabei freilich, ob die Scheidung als eine Form des *Scheiterns*, beispielsweise der eigenen Beziehungsfähigkeit, erlebt und reflektiert wird. Das kann, muss aber keineswegs der Fall sein.

Scheitern stellt demnach ein erwartbares Ereignis dar, und zwar umso mehr man etwas Neues oder Riskantes wagt. Nur Routinen geben vor „immer zu funktionieren", können das aber keinesfalls garantieren, weil sie häufig dazu beitragen, dass man bei ihrer Erledigung nachlässig wird und sich in falschen Sicherheiten wiegt bis etwas Außergewöhnliches passiert (es muss nicht immer gleich eine Katastrophe sein), was nachträglich als Ausblendung von Risiken und unerwünschten Nebenwirkungen kritisiert werden kann (Gigerenzer 2014, Biesel 2011).

Deutlich wird inzwischen geworden sein, dass *Scheitern* kein empirisches Datum darstellt (Peek 2014, 62), sondern ein Phänomen, das über Urteile und Kommunikationen hergestellt wird. Ob etwas oder jemand gescheitert ist, wird auf dem Hintergrund von Zielen, Erwartungen und Hoffnungen konstruiert, die jemand mit dem Projekt und/oder seinen Initiator:innen verbindet. Weil Menschen verschiedene Perspektiven an Prozesse anlegen, kann die Frage, ob etwas, ein Projekt, gescheitert ist oder nicht, heftig umkämpft sein (z. B. die Integration von Migrant:innen in die bundesdeutsche Gesellschaft, Peek 2014, ausführlich dazu in Kapitel 13.1).

In jedem Fall geht mit der Behauptung, dass etwas gescheitert sei, eine *emotionale Aufladung der Kommunikation* einher. Kein Wunder: Ideen, für die jemand eingetreten ist, erweisen sich als nicht realisierbar oder zumindest nicht an den Orten, an denen bzw. mit den Personen, mit denen man sie umsetzen wollte. Hoffnungen haben sich nicht erfüllt, eigene und/oder fremde Kräfte und Kenntnisse haben nicht ausgereicht. Man hat „Schiffbruch" erlitten (zu den Metaphern des Scheiterns siehe den ausführlichen Exkurs 1 in Kapitel 13). Scheitern schmerzt, weil man weiß oder ahnt oder auch nur mitgeteilt bekommt, dass man Fehler gemacht hat. Insbesondere, wenn man den Gedanken nicht loswird, dass Anderen gelungen wäre, woran man selbst gescheitert ist. Man also versagt hat.

Im Prozess des Scheiterns wird Vertrauen enttäuscht. Auftraggeber:innen und/oder Geldgeber:innen und/oder Unterstützer:innen haben es Einzelnen oder einer Gruppe zugetraut, ein Projekt auf den Weg zu bringen und sich selbst etwas davon erwartet: neue Erkenntnisse, verbesserte Lösungen für Probleme oder auch nur gesteigertes Renommee für sich selbst. Aber das Gegenteil ist eingetreten: erhebliche Mengen an Geld und (Arbeits-)Zeit wurden verbraucht, ohne dass die mit ihrem Einsatz angestrebten Ziele erreicht wurden.

Vertrauen, das sie in Mitstreiter:innen, in Vorgesetzte, in andere Projekt-Verantwortliche und nicht zuletzt in die eigenen Fähigkeiten gesetzt hatten, geht aber auch auf Seiten der im Projekt Engagierten verloren. Ein- und gegenseitige

Vorwürfe werden erhoben und vermeintliche Schuld hin- und hergeschoben, weswegen Scheitern und Misslingen beinahe immer zu Konflikten und Auseinandersetzungen zwischen den Beteiligten führen. Hinter Fremdbezichtigungen stehen häufig halb zugelassen oder mühsam unterdrückt Selbstkritik bzw. verdrängte Gefühle von Schuld und Scham, woraus das Bedürfnis entsteht Andere zu beschämen; ob als Abwehrmechanismus oder als eine Form von Rache kann variieren. Das Scheitern eines Projekts kann Personen, vor allem ihre Initiatoren und Gründer:innen, aber auch aktiv Mitarbeitende, diskreditieren, ihren guten Ruf ruinieren und führt beinahe immer zu einem Karriereknick und nicht selten zu seelischen Verstimmungen oder gar Depressionen. Oder ganz banal, aber nicht weniger schlimm: Man verliert seinen Arbeitsplatz und muss sich anderweitig verdingen.

Das muss freilich nicht immer und überall so sein: Bazon Brock hat behauptet: *"Scheitern ist in der Kunst der Normalfall"* (von Steinäcker 2021). Damit weist er darauf hin, dass mit Blick auf die erste unabweisbare Idee, auf die Vielfalt an Möglichkeiten im Entwurfsstadium und der zeitweiligen Hochstimmung bei der kreativen Ausführung, das endlich fertige Kunstwerk aber häufig, vor allem den/ die Künstler:in selbst, enttäuscht; nicht wenige sehen sich bezogen auf das ins Auge gefasste Vorhaben als gescheitert an; nicht selten sogar unabhängig von der Nachfrage oder dem kommerziellen Erfolg des der Öffentlichkeit übergebenen Kunstwerks. Allerdings handelt es sich im Bereich der Kunst um ein *individuelles Scheitern*, während die meisten sozialen und technischen Projekte mehrere Andere involvieren und Scheitern damit zu einem *sozial relevanten* Ereignis wird. Beim Scheitern eines *pädagogischen Projekts* z. B. sind immer auch Kinder und/oder Jugendliche betroffen, die dort betreut/erzogen/gebildet werden sollten. Und andere Pädagog:innen, die dort eine Anstellungen gefunden hatten oder mitwirken wollten. Mit dem unerwünschten Ende des Projekts stellen sich Enttäuschungen und Frustrationen, die bisweilen zu anhaltendem Leid führen. Die Kinder waren dem Projekt zugeteilt worden, meist ohne um ihre Zustimmung gefragt worden zu sein; sie mussten dafür einen Ortswechsel vollziehen, hatten sich – nicht immer, aber mehr oder weniger – auf das Projekt eingelassen und Hoffnung in Bezug auf Entwicklungsmöglichkeiten geschöpft oder sich dort immerhin angepasst. Nun wird der neue Ort aufgelöst; die Kinder/Jugendlichen werden auf andere Einrichtungen verteilt oder bleiben ohne oder mit weniger ansprechenden Formen von Hilfe bzw. Bildung zurück (z. B. die Kinder in *Stans* oder im *Kinderheim Baumgarten* oder die Jugendlichen im *Lindenhof* von Wilker), während die Projektleiter ihrer Wege gehen. Freilich kann das Scheitern eines pädagogischen Projekts auch als eine Art von Befreiung erlebt werden, wenn man damit einem angeblich oder tatsächlich „schlechten" Projekt entrinnen kann (Bericht Haasenburg 2013).

Weil Scheitern häufig mit Verlusten und Schäden einhergeht, stehen anschließend Analysen an. Insbesondere die Klärung, woran das Projekt gescheitert ist und ob man aus den Fehlern lernen kann, um es das nächste Mal besser zu machen. Dafür hat sich die Formel etabliert, Scheitern „*als Chance zu begreifen*" (Pépin 2017). In Bereichen, in denen es um Projekte geht, in denen Dinghaftes oder technische Zusammenhänge im Mittelpunkt stehen, scheint das naheliegender und einfacher zu sein: Viele Erfinder:innen sind mehrere Male gescheitert bis ihre Erfindungen funktionstüchtig wurden oder halbwegs marktgängig realisiert werden konnten. Das gilt auch für Künstler:innen, Roman-Schreibende beispielsweise. Häufig sind mehrere Anläufe notwendig für einen Erfolg. Dafür muss man mehrfach Rückschläge hinnehmen, die zur Infragestellung des Projekts führen. Das dann aber doch wieder angepackt wird, nach einer Pause, mit einer anderen Mannschaft, mit frischem Geld.

Für soziale Projekte, insbesondere *pädagogische Projekte*, gibt es hingegen eher selten eine zweite Chance und macht diese häufig auch keinen Sinn: Mit dem von allen konstatierten oder auch umstrittenen Scheitern sind das Vertrauen in die Projektverantwortlichen zerbröselt, die Mitarbeiter:innen zerstritten, das Geld aufgebraucht, Klient:innen nachhaltig frustriert oder geschädigt und somit das Scheitern in vielen Fällen endgültig (siehe z. B. Kap. 8 und 10).

Scheitern kann einen länger beschäftigen als man möchte und zum Grübeln führen, weil man selbst mit gutem Willen nicht herauszufinden vermag, woran es nun gelegen hat. Dazu gibt es mehrere, auch einander widersprechende Hypothesen, bange Fragen, nagende Selbstzweifel, aber keine Gewissheit. In diesen Fällen bleiben auch die Fehler ungewiss, aus denen man lernen könnte und somit unklar, was man das nächste Mal – wenn es das gibt – anders machen sollte oder ob die eigenen Ansprüche überhaupt realisierbar sind (Schwabe 2022a, 25 f.).

Diese knappe Einführung soll deutlich machen, dass *Scheitern* ein Thema für ganz unterschiedliche Professionen und Disziplinen darstellt, das bisher aber eher zögerlich angegangen wurde (John/Langhoff 2014, Junge/Lechner 2004). Mit dem Scheitern, so meine Hypothese, beschäftigen sich in unterschiedlichen Wissenschaftsbereichen weder die Disziplin noch die Profession ernsthaft oder mit Hingabe, weil sie dabei mit ihren Fehlannahmen, Schwächen, Irrtümern und ihrer mangelhaften Wirksamkeit konfrontiert werden. Insofern muss es nicht erstaunen, dass auch das Scheitern von *pädagogischen Projekten* bisher im Bereich der Erziehungswissenschaften noch kaum systematisch zu einem Gegenstand möglicher Erkenntnisse gemacht wurde (Rieger-Ladich 2014). Zwar haben Hans-Christoph Koller und Markus Rieger-Ladich ein neues Forschungsprojekt gestartet (2023), das aber in erster Linie das *Scheitern pädagogischer Bemühungen* um Einzelne und Gruppen anhand von Romanen und biographischen Äußerungen untersuchen wird (Koller/Rieger-Ladich 2013).

Selbstverständlich wäre es ebenso spannend zu rekonstruieren wie und welche Projekte sich innerhalb welcher Rahmenbedingungen gut entwickeln und nach und nach – beinahe immer nach der Bewältigung mehrerer Schwierigkeiten und Krisen – in eine stabile Phase münden, die mit nachweisbaren Erfolgen einhergeht, so dass sie irgendwann institutionalisiert werden konnten. Ob und wieweit die Rekonstruktion positiver Projektverläufe zu übertragbaren Ergebnissen führen würde, müssen wir an dieser Stelle offenlassen. In diesem Buch stehen bewusst *Misserfolgsdynamiken* in *pädagogischen Projekten* im Mittelpunkt. Meine persönlichen Gründe dafür kann man der Widmung entnehmen. Vielleicht auch einer persönlichen Obsession zurechnen: Mich interessieren die *dunklen Seiten* beinahe immer mehr als die hellen. Das gilt sowohl für Erziehungs- und Hilfeprozesse wie für die sozialpädagogische Arbeit in Institutionen, aber auch für Werke der Literatur, der Kunst und des Kinos (Schwabe 2020). Und im Gespräch mit Menschen auch. Bei aller persönlichen Motivation halte ich die Beschäftigung mit Scheitern, ähnlich wie mit Risiken und Nebenwirkungen, mit Blick auf Disziplin wie Profession aber auch für ein Gebot: Wir sind es unseren Klient:innen, unseren Kolleg:innen und uns selbst schuldig, genau hinzuschauen, was wir tun und zu welchen Ergebnissen das führt!

1.6 Etymologie und Wortumfeld von *Scheitern*

Das Wort *Scheitern* klingt schwer und unheilverheißend. Möchte man wissenschaftlicher und nüchterner sprechen und schreiben, wählt man besser die Formulierung *Misserfolgsdynamik*. Der Vorteil des Wortes *Misserfolg* ist seine Offenheit in mehrere Richtungen: Misserfolge gibt es im Kleinen wie im Großen. *Misserfolge* können „gravierend" ausfallen oder „durchaus verschmerzbar" sein oder nur „in bestimmter Hinsicht" stattfinden. Bei *Scheitern* denkt man dagegen unwillkürlich an *ganz oder gar nicht.*

Dennoch habe ich den Titel des Buches und seinen zentralen Begriff, das kraftvolle „Scheitern", gewählt (wie Pechlaner u. a. 2009, Biesel 2011, Steinfest 2019). Einerseits erschien mir *Misslingen* zu harmlos angesichts der emotionalen und zwischenmenschlichen Dramen, die damit häufig verbunden sind, und zudem als Wort eher inflationär verwendet und deswegen abgenutzt. Außerdem haben mich die *Bildhintergründe* von Scheitern angesprochen, weil beinahe alle damit verbundenen Metaphern unwillkürlich existenzielle Erfahrungen aufrufen (vgl. Kap. 13, Exkurs 1).

Scheitern meint „in Scheiter zerbrechen", d. h. in Stücke von Holz, aus denen etwas Ganzes mit einigem Aufwand an Mühe und Technik zusammengesetzt worden war. Kein Wunder, dass der *Schiffbruch* deswegen die bedeutendste und am meisten verwendete Metapher für das Scheitern darstellt (zumindest solange Schiffe aus Holz gebaut wurden), weil nach ihm zerbrochene Planken, zerfetzte Takelage und in Stücke gebrochene Ladung sichtbar im Wasser treiben oder an den Strand gespült werden. Von den stolzen und weitreichenden Plänen, mit denen man aufgebrochen ist, bleibt ein Wrack zurück. Das ist das Sinnbild für Scheitern par exellence. Vom ursprünglichen Wortsinn her kennt man Scheiter vom „Scheiterhaufen". In Form von gespaltenen Holzscheiten, von denen man viele zusammengetragen und aufgeschichtet hat, um jemanden zu verbrennen.

> *„Im 16. Jahrhundert existierten zunächst die Verben zuscheitern und zerscheitern, deren Bedeutung noch ‚in Stücke brechen' lautete. Die verkürzte Form entstand vermutlich in Anlehnung an Wendungen wie zu Scheitern gehen ‚in Trümmer zerbrechen'"* (https://de.wiktionary.org/wiki/scheitern).

Sowohl mit der spaltenden Axt, der Aktivform, wie dem Schiffbruch, der Passivform, bewegen wir uns beim Scheitern in Assoziation-Zusammenhängen, in denen Kräfte wirken, die hereinbrechen und denen nichts entgegengesetzt werden kann. Wie bei einem heftigen Sturm. Einen *Schiffbruch zu erleiden*, stellt ein dramatisches Phänomen dar, weil damit Menschen und Waren untergehen und sich damit sowohl in menschlichen Zusammenhängen – für Familien oder Paare – etwas Schlimmes ereignet als auch für den Besitzer der Waren neben dem Verlust der Mannschaft ein wirtschaftlicher Schaden eingetreten ist. Manch einer hatte alles Geld in eine Fracht investiert und die ist nun verloren. Und er (vielleicht) bankrott.

Damit wird aber auch deutlich, dass Scheitern etwas ist, das eng mit einem Aufbruch und einem Wagnis verbunden ist. *Ships are save in the harbour. But this is not, what ships are made for,* heißt ein Sprichwort. Ähnliches könnte man für andere Unternehmungen sagen: für die Gründung einer Fabrik, die Eröffnung eines neuen Restaurants, die Durchführung einer neuen Operationstechnik, den Versuch bis zum Nordpol zu gelangen oder eben die Einrichtung eines Kinderheims mit neuer Ausrichtung. Man müsste diese *Projekte* nicht realisieren. Das Leben ginge auch ohne den damit verbundenen Aufbruch weiter. Aber entweder reizt das Unternehmen eine Person oder Organisation, die sich bzw. die eigenen Kräfte und Kenntnisse ausprobieren möchte und/oder es geht um einen Vorstoß in eine neue Region, sei es nun in unternehmerischer, wissenschaftlicher, geographischer oder eben pädagogischer Hinsicht.

Der Schiffrumpf stößt einmal oder mehrfach auf ein Hindernis, bis er birst und in Teile bricht. Vielleicht treibt das Wrack noch im Wasser, vielleicht ist es inzwischen an den Strand gespült oder dümpelt mit Schlagseite in einer Bucht. Das stellt die materielle, sichtbare Seite des Scheiterns dar. Aber auch die seelischen Zusammenhänge artikulieren sich über solche Gegenstandsbezüge: „Meine Hoffnungen sind zerbrochen" oder „meine Hoffnung ist untergegangen"; „meine hochfliegenden Pläne sind abgestürzt" (hier geht es um ein Flugzeug, ein „Luftschiff" oder die mythologische Figur des Ikarus; siehe dazu den Exkurs 1 in Kap.13); „meine Existenz liegt in Trümmern". Das sind alles starke, ursprünglich auf ein Unglück bezogene Bilder, die die existenzielle Dimension des Scheiterns spürbar machen. Man kann nach einem Scheitern wieder auf „die Füße" kommen, aber der Schaden hat doch meist die ganze Person betroffen. Denjenigen oder diejenige, die einstmals „Pläne geschmiedet" hatten oder „aufgebrochen waren zu neuen Ufern". Man hat mit dem Scheitern häufig auch in den eigenen Augen eine Niederlage erlitten und steht vor sich selbst und/oder anderen als ein *Gescheiterter* da. Diese Erfahrung muss erst einmal verschmerzt werden. Bis das eigene (professionelle) Selbstbewusstsein zumindest halbwegs wiederhergestellt ist, kann es Jahre dauern. Wer nach einem Misserfolg sofort wieder zum nächsten Projekt aufbricht, will das eigene Scheitern nicht zur Kenntnis nehmen; verleugnet es geradezu oder steht so sehr unter Druck sich doch noch zu beweisen, dass man ihm bzw. den neuen Unternehmen nicht recht trauen kann.

Welches sind nun die Gemeinsamkeiten und Unterschiede zu verwandten Begriffen wie Fehlschlag, Misslingen, Misserfolg, Versagen, Flop etc.?

Der *Fehlschlag* bezieht sich stärker auf eine Situation, einen Anlauf, den man gemacht hat, nicht selten sogar in einem Szenario, in dem klar war, dass man mehrere Versuche braucht und es beinahe ein Wunder wäre, wenn der erste gleich oder vollständig gelingt. Ein Fehlschlag ist nie so gravierend und nicht so umfassend wie *Scheitern*. Allerdings kann man auch von „einer Serie von Fehlschlägen" sprechen, die das eigene Selbstvertrauen oder das Vertrauen der Mitarbeitenden zerrütten.

Auch der *Flop* weist einen stark situativen Charakter auf, und kommt deshalb weit leichtfüßiger daher als das *Scheitern* (Enzensberger 2011). Obwohl Mehrere zu der Aktivität oder Unternehmung geraten haben, erweist sie sich als „Reinfall". Die Projektidee, die seriös und tragfähig aussah, zeigt sich relativ schnell als instabil und platzt wie eine Seifenblase. Andere denen man geglaubt oder vertraut hat, lassen einen im Stich. Vielleicht war man ja zu gutgläubig oder hatte zu wenig Ahnung von dem Verhältnis von Chancen und Risiken, die in der Sache angelegt waren. Vielleicht hätte man den *Flop* schon vorher als eine riskante, windige Angelegenheit erkennen können. Aber im Gegensatz zum *Scheitern* sind mit einem *Flop* keine gravierenden Konsequenzen verbunden. Man schüttelt sich ein-, zweimal und macht weiter. Wegen einem *Flop* hat sich noch keiner umgebracht. Im Zusammenhang mit *Scheitern* schon.

Misslingen und *Misserfolg* sind zunächst die Gegensätze von Gelingen und Erfolg. *Ge-* und *Misslingen* beziehen sich eher auf einzelne Versuche oder Unternehmungen, während *Scheitern* sich auf Unternehmungen mit größerem Umfang und größerer Tragweite bezieht. Erfolg kann demnach als Gegenteil des Scheiterns betrachtet werden. Daneben gibt es aber auch partielles oder teilweises *Gelingen* und *Misslingen*. Für *Ge-* oder *Misslingen* ist man als Person durchaus verantwortlich. Die Mission ist misslungen, man hat nicht erreicht, was man wollte. Und doch schwingt in dem Wortpaar ein Wissen um die Umstände, günstige oder ungünstige Bedingungen und höhere Mächte mit, die das Gelingen oder Misslingen konstellieren und so zumindest mitverantwortlich sind dafür. Beim Scheitern denkt man dagegen doch eher an unfähige, unzuverlässige oder missgünstige Personen, an sich selbst und/oder die Anderen, die es zu verantworten haben.

Scheitern weist wegen des Verdachts versagt zu haben oder mitverantwortlich zu sein, eine moralische Dimension auf, während man am Misslingen unschuldig sein kann. Nachdem man gescheitert ist, entsteht bei einem selbst und/oder Beobachter:innen des Prozesses nicht selten die Idee, dass man dafür büßen muss oder jemandem gegenüber Buße zeigen muss. Sich aber zumindest für eine Zeit zurückziehen und keine „kesse Lippe riskieren" sollte.

Aber diese Bezüge sind und bleiben abhängig vom Kontext und der Geschichte. Denn wenn man gescheitert ist, kann man persönlich versagt haben, hat aber nicht automatisch *versagt*. Man kann selbst alles oder das meiste richtig gemacht haben und trotzdem scheitern. Denken wir nur an eine Nordpol-Expedition. Die kann sehr gut vorbereitet und geplant gewesen sein. Für das Scheitern verantwortlich sind Umstände (ein plötzlicher Kälteeinbruch), unüberwindbare Hindernisse (ein Fluss, der wegen Hochwasser stark angeschwollen und über die Maßen reißend ist), jähes Umschwenken von Verbündeten (die Träger laufen weg), ohne die das Projekt nicht zu realisieren ist oder ein Unfall (man rutscht auf ebener Erde aus und bricht sich den Arm). Trotzdem stellt sich dem/der professionellen Projektplaner:in die Frage: Hätte ich nicht auch mit dem Unvorhergesehenen rechnen müssen, macht nicht gerade das den guten, den/die erfahrenen Projektleiter:in aus, dass er oder sie sich eben mehr an Hindernissen und Rückschlagmöglichkeiten vorstellen kann als die akribischen Planer?

Wer häufig gescheitert ist, kann und muss beinahe zwangsläufig von sich denken: „*Ich bin ein Versager*". Zwei Einwände sind dagegen zu erheben: „*Ich habe versagt*" ist manchmal notwendig zu formulieren. Aber etwas grundlegend anderes als: „*Ich bin ein Versager*". Keiner sollte sich nach dem Erleben (s)eines Scheiterns ganz und gar mit dem Misslingen identifizieren und es vollumfänglich personifizieren (weder hinsichtlich der eigenen Person noch mit Blick auf Andere). Entscheidend ist bei der Frage eines möglichen Versagens, dass mit dem Hinweis auf das *Scheitern* eines Projekts noch offen ist, woran man gescheitert ist: an sich selbst und/oder an Anderen und/oder an bestimmten Umständen? Und noch genauer: an welchen eigenen Schwächen und fehlenden Kompetenzen? An welchen Partner:innen, Auftraggeber:innen oder Widersacher:innen und wie genau kam es dazu? *Scheitern* und *Misslingen* fordern dazu auf, sie zu untersuchen. *Versagen* kann, muss aber nicht das Ergebnis dieser Untersuchung sein.

So weit eine erste Erkundung. Das Thema der Bilder und Metaphern wird in Kapitel 13 noch ausführlich ausgeführt (siehe Exkurs 1).

1.7 Danksagung

Danken möchte ich meinem Freund und Kollegen Bodo Hildebrand, der mein Vorhaben von Anfang an unterstützte, obwohl er wusste, dass ich von Geschichte der Pädagogik beim Start meiner Recherchen sehr viel weniger verstand als er.

Ihm verdanke ich viele wichtige Hinweise. Er war es auch, der mich auf die „etwas andere Geschichte der Pädagogik" von Renate Riemeck hinwies. Sein O. K. für das Tolstoi-Kapitel hat mich ermutigt, weiterzumachen.

Prof. Dr. Arnold Köpcke-Duttler hat sich Zeit für mich genommen und mehrere Kapitel sehr genau gelesen – und wohlwollend, kenntnisreich und kritisch kommentiert. Ihm verdanke ich zahlreiche wertvolle Anregungen, die in die Überarbeitungen eingeflossen sind.

Danken möchte ich Anna Butcher, die mich bei der Antragstellung auf ein Opus-Magnum-Stipendium bei der VW-Stiftung unterstützt hat. Ohne sie hätte ich es nicht geschafft, die geforderten Unterlagen rechtzeitig einzureichen. Leider habe ich eine Absage erhalten. Das ändert nichts daran, dass die Zusammenarbeit mit ihr eine Freude war.

Der größte Dank gebührt Max Uhlemann: Er hat die ersten neun Kapitel in kurzer Zeit gelesen, korrigiert und mir für jedes viele interessante Anregungen vermittelt. Ich habe immer wieder gestaunt, was für Bezüge zu anderen Autoren er dabei herstellen konnte. Als Erstleser war er auch mein Testleser hinsichtlich Verständlichkeit und Übersichtlichkeit. Darüber hinaus sind wir über das Buch zu Freunden geworden. Was kann einem Autor Besseres passieren?

Danken möchte ich auch meinen Verlegern Frank Engelhardt und Konrad Bronberger bei Beltz Juventa. Es ist keineswegs selbstverständlich, dass sich ein Verlag auf ein solches Buchprojekt mit unklaren Verkaufsaussichten einlässt. Wie immer haben die beiden mich optimal unterstützt.

Teil A: Phänomenologie des Scheiterns (neun Projektdarstellungen)

In Kapitel 2 bis 10 erfolgt jeweils die Rekonstruktion der *Misserfolgsdynamiken* eines von neun Projekten. Das erste Projekt wurde um 1760 geplant und durchgeführt, das letzte 2010/2011. Mit jedem Kapitel taucht der/die Leser:in in eine andere Zeit und in ein anderes Projekt ein. Ich habe versucht, das Projekt jeweils als einen Ausschnitt der Welt und der Geschichte darzustellen und die Lebenslagen der Projektverantwortlichen und der Zöglinge, die dort betreut wurden, erfahrbar zu machen. Der Spruch vom „Teufel", der im Detail steckt, hat sich wieder einmal als zutreffend erwiesen; denn es gibt bei jedem Projekt mehrere Gründe, ungünstige Umstände und komplexe Verstrickungen zwischen Personen, die ein Projekt haben scheitern lassen; aber auch „Engel" sind im Detail zu finden, d. h. tägliche harte Arbeit, die in jedem Projekt geleistet wurde, unterstützende Zuarbeit mehrerer Anderer, begünstigende Umstände, das erste, zweite und dritte Überwinden von Krisen etc. mussten entdeckt und festgehalten werden. Manchmal kann man dabei glatt den Eindruck gewinnen, als ob in den Projekten die Kräfte des Lichts und der Finsternis miteinander am Ringen gewesen wären. Das ist spannend und verlangt doch auch Neugier und Geduld von dem/r Leser:in ab. Zudem sind immer wieder Perspektivwechsel gefragt: Mal muss sie/er *Ameise* sein und sich durch das Klein-Klein des Alltags hindurcharbeiten, dann wieder ein *Adler*, um das Projekt aus einer reflektierenden Distanz ins Auge zu fassen. Sicher immer wieder eine Herausforderung.

Zu Beginn jedes Kapitels steht regelmäßig eine Reihe von Fragen, die es in seinem Verlauf zu beantworten gilt. Sie möchten einen roten Faden zu Verfügung stellen. Weil die Kapitel bisweilen mehrere Themen aufnehmen und mitunter hin und her mäandern, es demnach Verwirrung aufkommen kann, empfehle ich diese Fragen zwischendrin immer wieder einmal nachzulesen. Ansonsten habe ich versucht die Projektgeschichten so zu schreiben, dass zu Beginn Unverständliches und Rätselhaftes nach und nach enthüllt und klarer wird. Im Grunde handelt es sich jedes Mal um einen individuellen „Krimi". Ob mir das gelungen ist, wird die Leser:in beurteilen müssen.

2. Das Herz hat seine Gründe, die die Vernunft nicht kennt: Die Erziehung des Infanten von Parma zu einem aufgeklärten Regenten (1757–1774)

Vorbemerkung 1) Alle pädagogischen Projekte, die in diesem Buch untersucht werden, betreffen marginalisierte Kinder und Jugendliche: Waisen, Kinder von Leibeigenen, Straßenkinder, in Kriegen Geflüchtete; gegen ihren Willen in Fürsorgeanstalten, auch in geschlossene Heime Geschickte; aus Schulen und Wohngruppen Entlassene, da sich die Pädagog:innen mit ihnen überfordert sahen etc. Dieses Kapitel stellt eine Ausnahme dar, weil hier ein Projekt im Mittelpunkt steht, das einem mehrfach Privilegierten dienen sollte: Einem Prinzen (hier *Infant* genannt), der in einem Palast lebt, und dem zahlreiche Bedienstete zur Verfügung stehen. Ich habe dieses Projekt ausgewählt, weil es von der Soziologin und Historiographin Edith Badinter hervorragend dokumentiert und kommentiert wurde (Badinter 2010a). Es ermöglicht einen einzigartigen Einblick in ein Langzeit-Erziehungsprojekt und dessen Dynamiken; aber auch in die Persönlichkeiten der daran Beteiligten und in die politischen Konflikte, die eine zentrale Rolle für das *Scheitern* des Projekts spielen. Insofern handelt es sich auch hier um ein *sozialpädagogisches Projekt*, wenngleich an einem ungewohnten Ort.

Vorbemerkung 2) Das Kapitel trägt als Überschrift den berühmten Spruch Blaise Pascals, auch wenn dieser ihn gut 100 Jahre formuliert hat bevor die Geschichte des Projekts einsetzt. Pascal beschreibt mit „Vernunft" und „Herz" zwei Ordnungen, die er für gleichermaßen wichtig und gültig hält, von denen aber die des Herzens andere, tiefere Dimensionen erreicht als die der Vernunft (Krebs 2021, 437 ff.). Jene kann sich diese allerdings erschließen, wenn es ihr denn gelingt, sich dieser anderen Dimension gegenüber zu öffnen, womit sie eine besondere Tiefe erreicht. Ansonsten wird sie begrenzt bleiben und eben „nur" Vernünftiges realisieren können.

Wie Recht Pascal mit diesem Gedanken hatte, beweist u. a. die Psychoanalyse, die, wenn auch 250 Jahre später, in der Lage war die „*Gründe des Herzens*" zu dechiffrieren und deren geheimen Sinn nachvollziehbar zu machen. Deswegen wird sie in diesem Kapitel, wenn auch erst gegen Ende, eine prominente Rolle spielen (siehe vor allem Kapitel 2.6., aber auch in Kapitel 2.4 die Beschreibung der 5. Etappe, wenn es um die Abwehrmechanismen *Abspaltung* und *Verschiebung* geht).

2.1 Einführung

Was bewegt eine Mutter aus königlicher Familie dazu, ihrem Sohn ab dem sechsten Lebensjahr Tag und Nacht einen persönlichen Erzieher an die Seite zu stellen und wenig später auch noch einen Philosophen, der sich im Rahmen der *Französischen Aufklärung* einen Namen gemacht hat? Was motiviert diese Männer Paris – für sie den Mittelpunkt der Welt- zu verlassen und sich in das in das ihnen unbekannte Herzogtum Parma zu begeben? Wie gehen sie ihre Aufgabe an, aus dem Infanten einen *„modernen Monarchen"* zu machen? Sehen sie in dem Sechs- bzw. Neunjährigen ein Kind oder behandeln sie ihn wie einen kleinen Erwachsenen? Wie reagieren die beiden der Aufklärung verpflichteten Männer darauf, dass ihr Zögling sich zu bestimmten magischen Praktiken des katholischen Glaubens hingezogen fühlt? Gelingt es ihnen ihm diesen „Aberglauben" auszutreiben oder madig zu machen? Wie gehen sie dabei vor, wenn sie erkennen, dass ein maßgeblicher Teil des Hofstaats genau diese Form von Religiosität unterstützt? Und noch mehr: Gegen die aufgeklärten Lehrer konspiriert und Versuche unternimmt den Infanten gegen sie aufzubringen? Wie wird es dem jungen Infanten gehen, der damit in ein Kreuzfeuer unterschiedlicher Ansprüche gerät? Für welches Lager wird er sich entscheiden? Oder droht er aufgrund seines Hin- und Hergerissenseins zwischen den verschiedenen Anspruchsgruppen verrückt zu werden? Wird er alles hinwerfen und heimlich entfliehen, vielleicht mit seiner Schwester, die die Erziehungsmethoden der beiden Lehrer heimlich als grausam anprangert oder mit der ihm später anvertrauten Gattin aus dem österreichischen Kaiserhaus? Und was geschieht mit den beiden Lehrern als ihr Schüler sich von ihnen abwendet und sich ihr Bildungsprojekt als gescheitert herausstellt?

Das erste Erziehungsprojekt, dessen *Misslingensdynamik* wir nachvollziehen und analysieren wollen, führt in das 18. Jahrhundert nach Italien: in das kleine, aber wirtschaftlich bedeutsame Herzogtum Parma, das sich schon früh einer eigenen Universität rühmen konnte. Nachdem es mehrere Jahrhunderte von den Herzögen von Farnese regiert wurde, gelangte es mit der Heirat der letzten Herzogin, Elisabetta von Farnese, an das spanische Königshaus (Badinter 2010a, 18/19). Durch geschicktes Agieren auf der politischen Bühne erreichte sie es, dass das Herzogtum wieder an ihren Sohn Don Philipp fiel (1748) und nach dem Österreichischen Erbfolgekrieg seine Selbstständigkeit zurückerlangen konnte.

Ehrgeizige Ziele verfolgte auch ihre Schwiegertochter, Louise Elisabeth, die Lieblings-Tochter Königs Ludwigs, des XV. von Frankreich, die es sich zum Ziel gesetzt hatte, ihre Töchter jeweils bedeutsame Rolle in anderen Königshäusern spielen zu lassen (ebd.). Wohl auch als Kompensation ihres eigenen traurigen Schicksals, das ihr beschieden hatte, als Zwölfjährige mit dem spanischen Thronfolger verheiratet zu werden, um im dortigen Königspalast viele

Jahre ein einsames und streng reglementiertes Leben führen zu müssen. Louise Elisabeth gelang es, die eine Tochter mit dem spanischen Thronfolger zu verheiraten (eine Wiederholung des eigenen Schicksals?), während die andere den zukünftigen österreichischen Monarchen, einen Sohn der Kaiserin Maria Theresia, ehelichte (Badinter ebd., 20 f.). Aber auch für ihren Sohn, Ferdinand, den Infanten von Bourbon-Parma (20.1.1751 bis 9.10.1802) fasste sie weitreichende Pläne, die wir heute in etwa so übersetzen können: Er sollte ein *moderner* Monarch werden.

Was soll man darunter verstehen? Als aufmerksame Beobachterin des Zeitgeschehens – und sicher auch als aufmerksame Leserin der Literatur der Aufklärung – war Louise Elisabeth klar geworden, dass so etwas wie ein Politikwechsel anstand. *Moderne* Herrscher müssten, anders als ihre Vorfahren, einerseits in einem umfassenden Sinne gebildet sein; also selbstverständlich Französisch sprechen und etwas von Philosophie, Ökonomie, Naturwissenschaften und Technik verstehen – und sich andererseits in instabilen Situationen mit unterschiedlichen Bündnispartnern und Milieus wie beispielsweise der aufkommenden Bürgerschaft verständigen können. Ein solcher *aufgeklärter* Herrscher sollte ihr Sohn werden und damit befähigt sein, in Italien mit seinen beinahe hundert Fürstentümern, aber auch auf dem internationalen Parkett zur Mehrung von Reichtum und Ruhm des Hauses Parma zu regieren und zu agieren. Damit sollte er in ihren Augen zugleich anders werden als sein Vater Don Philipp, der kaum politische Ambitionen an den Tag legte, die Amtsgeschäfte seinem Kanzler du Tillot (von dem noch die Rede sein wird) überließ und sich überwiegend der Jagd widmete (ebd.). Keine einfache Bürde, die dem kleinen Infanten da aufgetragen wurde.

Wie Recht Herzogin Louise Elisabeth mit ihrer, sicher mehr intuitiven als systematisch erarbeiteten, Zeitdiagnose hatte, zeigte sich in der Entwicklung Frankreichs: Aus dem Geist der Aufklärung heraus, aber auch dem unzeitgemäßen und wirtschaftlich ruinösen Pomp ihres Bruders, Ludwig des XVI., entwickelten sich – auch im Gefolge von Revolten angesichts der immer höheren Steuerlasten – politische Forderungen nach Beteiligung heraus: erst des Adels, dann der Bürgerschaft, die mehr oder weniger direkt in die Französische Revolution mündeten (1794). Unklar blieb ihr wahrscheinlich, was den Unterschied zwischen einem Politik- und einem Stilwechsel in der Politik ausmachte. Auch hielt sie vermutlich die wirtschaftliche Grundlage, den Feudalismus, mit seiner an die Scholle gebundenen Bauernschaft, die den Reichtum der Fürstenhäuser mit ihrem Schweiß erarbeiten mussten, für alternativlos. Klar war ihr dagegen, dass es mehr denn je auf geschicktes Koalieren und das Wittern wie Nutzen von günstigen Gelegenheiten ankommen würde, was für die Situation in Italien bis ins 19. Jahrhundert hinein, kein anderes europäisches Land blieb territorial so lange so zersplittert, wohl besonders zutraf.

Für die Erziehung zum *modernen Monarchen* mussten moderne Männer gewonnen werden. Dafür stand, wer aus Frankreich stammte und sich mit den

Ideen der Aufklärung beschäftigt hatte, und zwar vor allem in Hinblick auf die Erkenntnisgrundlagen und wissenschaftlichen Methoden. Diese waren eben nicht – wie hunderte Jahre behauptet – aus der Heiligen Schrift ableitbar, sondern mussten auf neuen Wegen gesucht und gewonnen werden, was gleichbedeutend mit einer Beschränkung des Einflusses der katholischen Kirche bezogen auf diese Domäne war. Dass ein Mann wie Galileo unter der Androhung von Folter und Scheiterhaufen richtigen Erkenntnissen über den Umlauf der Planeten hatte abschwören musste, war zwar schon 120 Jahre her (1633), wirkte aber als Stachel im Fleisch aller naturwissenschaftlich und philosophisch Interessierten nach und wurde weit über Wissenschaftskreise hinaus als Skandal empfunden, der sich nicht mehr wiederholen durfte.

Gleichzeitig musste es sich in den Augen von Louise Elisabeth um zuverlässige Männer handeln, die über jeden Verdacht der Koalition mit rebellischen oder antireligiösen Mächten erhaben waren. Diese Männer suchte und fand Louise Elisabeth in Keralio und Abbé de Condillac (Badinter 2010a, 31 ff.). Ersterer ein Militäringenieur, der nach seiner Karriere im Heer mehreren Herrschern gedient hatte, und zwar in politischen wie auch pädagogischen Zusammenhängen (siehe unten). Letzterer einer der führenden Köpfe der Aufklärung in Frankreich, der es aber anders als Diderot und andere verstanden hatte, seine (erkenntnis-)kritischen und religiöse Dogmen in Frage stellenden Gedanken und Schriften geschickt zu tarnen und sich rechtzeitig aus der politischen Schusslinie zu bringen, indem er für neun Jahre an den Hof von Parma ging. Beide Männer kannten sich und scheinen miteinander einverstanden gewesen zu sein: Sowohl was ihre philosophischen Überzeugungen wie auch ihr pädagogisches Konzept im Hinblick auf den Infanten Ferdinand anging.

Ob und wie viele ihrer Recherchen und Auswahlüberlegungen Louise Elisabeth mit ihrem Mann, dem Vater von Ferdinand, diskutierte, was mit ihrer Schwiegermutter und was sie alleine entschied, ist heute, schwer zu rekonstruieren. Einig war sich Louise Elisabeth aber offensichtlich mit dem Mann, der als Minister die Geschäfte des Herzogtums führte: Guillaume du Tillot. Gemeinsam mit diesem hatte sie den Grundstein für den Ruf Parmas als „*Athen in Italien*" gelegt, wofür dessen Kontakte mit vielen wichtigen Männern aus der Kunst, Kultur- und Wissenschaftsszene des damaligen Italiens eine zentrale Rolle spielten (Badinter 2010a, 13 und 129, Fußnote 9). Klar ist, dass ein solches Erziehungsprojekt von mehreren Seiten beobachtet und begleitet wurde und mehrere Andere ihre Interessen in dieses einbringen wollten. So war es z. B. der Schwiegervater Louis Elisabeths, König Philipp V. von Spanien, der durchsetzte, dass der Jesuitenpater Fumeron die religiöse Erziehung des Infanten von Parma ab dem vierten Lebensjahr übernahm und ihm auch schon in diesem Alter das Lesen beibringen sollte (ebd., 14, auch 126, Fußnote 3). Wir werden gegen Ende reflektieren, ob es nicht zu „viele Köche waren" oder vor allem zu viele Köche zu unterschiedlicher Provenienz, die den so dringlich erwünschten Erziehungserfolg der Mutter verdorben haben.

Obwohl die Mutter die Initiatorin des Projekts war, zog sie sich bald darauf von diesem und ihrem Sohn zurück. Auch wenn sie ihn, den lang ersehnten Thronfolger, aufrichtig geliebt haben mag, verfiel sie immer wieder in depressive Verstimmungen und führte diesen Umstand auf die von ihr empfundene – trotz aller kultureller Anreicherungen, die sie bewirkt hatte – Enge des Lebens in Parma zurück (ähnliche depressive Phasen hatte sie in ihrer Jugend am spanischen Hof erlebt) (ebd.). Deswegen verließ sie ihren Son in dessen ersten fünf Lebensjahren zwei Mal für längere Zeit, um in Frankreich im Schloss ihres Vaters und inmitten seines Hofstaates zu leben (von August 1752 bis Oktober 1753 und von September 1775 bis Ende 1759). Dort konnte sie in eine weit grandiosere und anregendere Atmosphäre eintauchen, die ihren Bedürfnissen mehr entsprach (ebd., 18). Dort starb sie allerdings überraschend im Alter von nur 32 Jahren an Pocken (ebd.)

2.2 Die handelnden Akteure und ihr politisches, soziales und kulturelles Umfeld

Das Projekt, aus dem Infanten von Parma einen im Sinne der Aufklärung offen denkenden, freigeistigen Fürsten zu machen, stellte ein *Gemeinschaftsprojekt* dar: Ein Herzensanliegen der französischen Mutter, die die neuen Denkbewegungen am Hof von Versailles aus nächster Nähe beobachten konnte und offensichtlich davon fasziniert war; weniger ein Projekt des Vaters. Sehr viel mehr wiederum eines des ebenfalls aus Frankreich stammenden Ministers du Tillot und der beiden dafür engagierten Männer, Keralio und Abbé de Condillac, die bereit waren, ihr Bestes dafür zu geben – auch um sich dadurch für spätere, noch ambitioniertere Projekte zu qualifizieren. Diese vier Personen bildeten kein *Projekt-Team* im heutigen Sinne, wohl aber ein *Netzwerk* am Hof zu Parma, das durch ein gemeinsames Ziel verbunden war; wenngleich in einer Umwelt, die diesem Ziel anfangs gleichgültig, bald aber skeptisch bis feindselig gegenüberstand und den Infanten auf ihre Weise zu beeinflussen versuchte; wozu man sich ebenfalls als Gruppe konstituierte.

Solche *konfliktreichen Rahmenbedingungen*, die sich auch in anderen Projekten finden lassen und die Umsetzung der ursprünglichen Projektidee behindern, am Ende sogar unmöglich machen, stellen das Interessante und zugleich Typische an diesem *pädagogischen Projekt* dar (siehe dazu auch die *Einführung in Teil B*, die zweite Grenze von Projektentwicklung).

Als handelnde Akteure beschäftigen wir uns zunächst mit den beiden Lehrern und dem Minister (2.2.1 und 2.2.2). Diese waren die offiziell mit der Erziehung des Infanten Beauftragten und bildeten das Zentrum des ersten Lagers, das der *Aufklärung*. Das zweite Lager bestand aus Priestern und Mönchen, von denen wir außer den Namen und dass sie die Tradition der katholischen Kirche hochhielten, wenig wissen. Wir werden trotzdem versuchen, das religiöse Kolorit der Zeit ein wenig spürbar zu machen (2.2.3). Die mit der katholischen Religion und dem Papst identifizierte Gruppe stand mit den konservativen, politischen Kreisen des Herzogtums Parma in Verbindung und sah sich mit dem lokalen Adel darin einig, dass der Import aus Frankreich vor allem gottlose Sitten mit sich brachte und die eigenen Privilegien bedrohte (2.2.4). Ein drittes Lager wurde von Bediensteten des Hofes gebildet: Menschen, die offiziell nichts mit der Erziehung des Infanten zu tun hatten, diese aber als zu streng einschätzten und ihm immer wieder Gelegenheit zum Spielen und Scherzen boten und deshalb von ihm immer wieder gerne aufgesucht wurden (2.2.5). Bei ihnen handelt es sich in den Augen der beiden Lehrer um unerwünschte Miterzieher, deren Einfluss zu begrenzen war. Später trat noch eine weitere wichtige Person in diese bereits angespannten und widersprüchlichen Verhältnisse: Prinzessin Amalia aus Österreich – die neue Gattin, die der Infant mit 18 Jahren heiratete und die mit ihm eine neue Koalition einging.

2.2.1 Die beiden Lehrer: Keralio und Abbé de Condillac

Keralio, 1715 geboren, stammt aus einer französischen Familie niederen Adels, die bereits mehrere Generationen von führenden Militärs für das Land gestellt hatte. Bereits mit 17 Jahren tritt er in die Militär-Akademie von Metz ein, absolviert dort seine Offiziers-Ausbildung und kämpft in mehreren Kriegen an vorderster Front. Dabei muss er sich nicht nur einen Namen als tapferer Soldat gemacht haben, sondern zunehmend auch als mathematisch und technisch interessierter Mann, weswegen er später überwiegend als Militäringenieur eingesetzt wird – teils für den Bau von Festungsanlagen, teils für die Planung der Erstürmung derselben. Seine Arbeit muss ihm genügend Zeit gelassen haben, um an die Szene der wissenschaftlichen Aufklärer in Paris anzuknüpfen – namentlich Diderot, d'Alembert und Condillac, mit denen er bekannt war und korrespondierte (https://de.wikipedia.org/wiki/Agathon_Guynement_de_Keralio; Badinter 2010a, 26).

Als er am 8. März 1757 seine neue Stelle als „*Erzieher des Infanten*" in Parma antritt, hat er bereits mehrfach unter Beweis gestellt, dass er Menschen gewinnen und anleiten kann (ebd., 23). Zwei Jahre zuvor war er dem Sohn eines Adeligen auf dessen langen Reise durch Europa als Führer und Übersetzer zur Verfügung gestanden (Januar 1754 bis April 1755), um ihm andere Kulturen nahezubringen und ihn, neben den Monarchen, mit allen wichtigen Frauen und Männern des aufgeklärten Europas bekannt zu machen (ebd., 128 Anmerkung 22). Danach hatte er einen französischen Diplomaten des Königshauses in einer politischen Mission an den Hof Preußens begleitet, in der es darum ging, Friedrich II. davon abzuhalten sich mit dem englischen König zu verbünden, um so Krieg zwischen Frankreich und Preußen zu verhindern. Beide Projekte hatte er mit Bravour absolviert (ebd., 24), zudem sagte man ihm nach, dass er vier Sprachen flüssig sprechen und schreiben konnte.

Seine Funktion am Hof von Parma lautet offiziell „Unter-Hofmeister" (während der Hofmeister für die Organisation aller Bedürfnisse und Notwendigkeiten aller Mitglieder der Herzogfamilie zuständig ist und den kompletten Haushalt am Schloss zu Parma am Laufen hält). Von einem Hauslehrer unterscheidet er sich dadurch, dass er seinem Zögling ein Mentor sein soll, der ihn in der Kunst des Lebens und Benehmens hinsichtlich bestimmter Werte einweist:

> *„Diese sind bis Mitte des 18. Jahrhunderts im Wesentlichen vom Christentum geprägt, und so ist es Brauch, das Kind der Obhut eines Geistlichen anzuvertrauen. Aber dank der Philosophen sind die Vorstellungen dabei sich zu wandeln"* (ebd., 23). *„Der Geist des Evangeliums",* so führt einer dieser Philosophen aus, *„hat sich noch nie mit den Infantipien einer guten Staatsführung vertragen […]. Die Demut, der Glaube, die Hoffnung, die Kasteiung des Menschen, sind nicht dazu angetan große Männer hervorzubringen. Selbst die Nächstenliebe hat nicht viel mit Gerechtigkeit, Menschlichkeit, Großzügigkeit, Wohltätigkeit und anderen Tugenden gemein, von denen die Annalen der aufgeklärten und zivilisierten Völker so viele Beispiele geben"* (von Grimm, zitiert nach Badinter, ebd., 23).

Obwohl Keralio dem Kreis der Enzyklopädisten um Diderot nahesteht und die Polemiken Voltaires mit Vergnügen liest, ist er alles andere als ein radikaler Geist. Religion und christliche Moral ja unbedingt, so könnte man sein Credo umschreiben, aber bitte in Formen, die sich vom Aberglauben, Reliquien-Küssen und magischen Praktiken wie Rosenkranz-Beten emanzipiert haben (ebd., 26 und 43 f.).

Keralio war 42 Jahre alt, als er seine Stelle in Parma antrat und 55 Jahre als er seinen Dienst dort quittierte (ebd., 29 und 78). Damit hatte er ein Alter erreicht, in dem eine eigene Familiengründung noch möglich, aber nicht mehr sehr wahrscheinlich war. Sie scheint ihm kein dringliches Bedürfnis gewesen zu sein. War der Infant für ihn wie ein eigenes Kind? Parma sein Zuhause geworden? Die herzogliche Familie auch eine Art Ersatzfamilie? Und was war mit seinen eigenen, emotionalen und sexuellen Bedürfnissen? Wie hat er, der mit dem Infanten zumeist in einem Zimmer schlief, sie verwirklicht? Wir wissen es nicht.

Aber eins ist klar: Auch wenn der Infant sich nach seiner Heirat von ihm abwendet, Keralio blieb für ihn ein Leben lang eine bedeutsame Person: Auch wenn er andere Lehrer kritisiert, so verteidigt der Infant Keralio stets, weswegen Badinter von einer „zärtlichen Liebe" des Schülers zu seinem Erzieher spricht (ebd., 90). Ferdinand selbst schreibt über seinen Lehrer:

> *„Ein wirklich aufrichtiger Mann, dem ich all das Wenige schulde, das ich wert bin. Vorhalten konnte man ihm allein seine übermäßige Strenge, … aber wenn er so handelte,*

dann nur aus Beflissenheit gegenüber seiner Aufgabe, und ich kann sagen, dass er mich liebte wie einen Sohn" (ebd., 27 f.). Badinter kommentiert dazu: *„Zweifellos hängt Keralio an dem Jungen, den er seinerseits ‚liebes Kind' nennt. Das hindert ihn aber nicht daran ihn zu schlagen, wenn seine Geduld am Ende ist, wie man es damals mit allen Knaben tut. Weder die Mutter noch der Vater haben etwas dagegen einzuwenden"* (ebd.).

Keralio wurde nach dem Scheitern des Erziehungsprojektes, das nach Auffassung aller Beteiligten nicht von ihm zu verantworten war, nach über zwölf Jahren aktivem Dienst mit einer stattlichen Rente ausgestattet. Nach Paris zurückgekehrt, widmete er sich weiteren mathematischen Studien und stand anderen Aufklärern als Sekretär zur Verfügung. Er erlebte die Französische Revolution, überlebte knapp die Phase des Terrors und starb mit über 90 Jahren in Paris (ebd., 140 Anmerkung 23, https://de.wikipedia.org/wiki/Agathon_Guynement_de_Keralio).

Abbé Etienne Bonnot de Condillac (1714–1780) war ein französischer Geistlicher, Philosoph und Logiker im Zeitalter der Aufklärung. Obwohl er in mehrfacher Hinsicht als ein kritischer Geist zählen kann, hat er, *„wie seine Lebensführung zeigt, eher den Schutz der Konvention [ge]sucht anstatt zu rebellieren"* (Badinter 2010a, 31). Dazu passt die Wahl des Priesteramtes, das er nie ausführte, und sein betont bescheidenes Auftreten, mit dem es ihm wohl auch gelang,

„die sonst so wachsamen Zensoren des Ancien Régime über die Radikalität seines Denkens hinwegzutäuschen, das sämtliche Behauptungen dem Test der Erfahrung unterzieht. Dies ist umso erstaunlicher, als diejenigen unter den Aufklärern, die sich auf Condillac berufen, sich ein Publikationsverbot einhandeln oder schlimmer noch eine Gefängnisstrafe wie Denis Diderot mit der Lettre sur les aveugles (1749; Brief über die Blinden), während Condillac von der Pariser Zensur unbehelligt bleibt und im selben Jahr seine grundsätzliche Kritik an spekulativen Systemen im Traité des systèmes veröffentlichen kann. Freilich geht Condillac in den gut sieben Jahren, die er noch im Zentrum der europäischen Aufklärung verbringen wird, allen Kampagnen, die gegen die neue Philosophie angezettelt werden, aus dem Weg. Vor allem meidet er die immer schärfer werdende Auseinandersetzung um die Encyclopédie (1751/80), deren Entstehung er seit Mitte der 40er Jahre in fast täglichem Austausch mit Diderot und d'Alembert verfolgen konnte" (https://de.wikipedia.org/wiki/%C3%89tienne_Bonnot_de_Condillac).

1758, als er sich wegen der Veröffentlichungen seiner Beiträge *Divination* und *System* dem Verdacht ausgesetzt sieht, antireligiös zu wirken, setzt er sich für die folgenden neun Jahre (!) als Lehrer und Erzieher des Infanten nach Parma ab. Zu diesem Zeitpunkt ist er 45 Jahre alt. De Condillac gilt in Frankreich heute als ebenso wichtiger Vertreter einer aufgeklärten Erkenntnisphilosophie wie Immanuel Kant in Deutschland oder John Locke in England. Sein Hauptwerk *Traité des sensations* (1754/2004) beschäftigt sich mit der Möglichkeit der

Sinneswahrnehmungen, ihrer Verbindung und ihrer Bedeutung für das Lernen bzw. neue Erkenntnisse. Er hat aber auch linguistische, ökonomische und pädagogische Schriften verfasst (Rommel 1989/2023): Vor seinem Antritt als Lehrer in Parma, währenddessen und danach. Seine didaktischen Überlegungen klingen fortschrittlich. Er weiß, dass man auf Kinder eingehen muss und sich ihren Lerninteressen und -tempo anpassen muss. Aber obwohl er anlässlich des „Waldkinds aus Litauen", eines angeblich unter Bären aufgewachsenen Kindes, zeigen konnte, dass sittliche Vorstellungen erworben werden und die *„größte Quelle der Ideen für die Menschen in ihrem gegenseitigen Verkehr"* liegt, scheint er den Verkehr mit seinem Zögling überwiegend als Einbahnstraßen aufgefasst zu haben: Er vermittelte Wissen, sein Schüler hatten es zu nehmen (https://de.wikipedia.org/wiki/%C3%89tienne_Bonnot_de_Condillac).

Im direkten Kontakt mit Ferdinand erwies er sich als distanziert und streng und schüttete diesen mit Lehrstoff zu (s. Kap. 2.5 Phase B). Vielleicht kann sein biographischer Hintergrund, den Rommel recherchiert hat, erklären, warum er seinen Zögling anhaltend überfordert:

„Hatte der Philosoph doch als Kind am eigenen Leibe erfahren, wie sehr seine durch ein Augenleiden reduzierte Wahrnehmung die Möglichkeiten der Weltaneignung – bei ihm das Lesen, das er erst als Zwölfjähriger lernt – beschränken kann. Jene Sehbehinderung, die ihn auch immer wieder zwingt, seine Arbeit am Traité zu unterbrechen, enthüllt gleichsam den somatischen Grund, den Condillac in dieser Schrift als Basis aller Erkenntnis zu erkunden sucht. Eine Antwort auf den Spott seiner Brüder? Unter den Geschwistern, die den Spätentwickler sich selbst überließen, galt ‚dieser hervorragende Geist', wie Rousseau berichtet, als Idiot der Familie" (Rommel 1989/2023).

Condillac galt in den Augen der anderen und – vermutlich auch in seinen eigenen – lange Zeit als ein „Behinderter". Für ihn war das Lesen und Wissen-Erwerben ein Privileg, das er ersehnt hatte und erst spät genießen konnte – und auch dann nur für die eher kurzen Intervalle, die ihm seine anhaltende Sehbehinderung ermöglichte. Kein Wunder, dass er das Lesen so schätzte, dass er es seinem Zögling, dem Infanten, – wie wir noch sehen werden – in Überdosen zumutete. Wozu es ihm an Einfühlungsvermögen gefehlt haben muss, da das, was er sich als Kind ersehnt hatte, noch lange nicht das war, was den Infanten interessierte.

Condillac kehrte nach 9 Jahren Dienst in Parma nach Paris zurück, zu diesem Zeitpunkt ist er 54 Jahre alt. Nach seiner Rückkehr aus Italien wird Condillac 1768 in die Académie française gewählt (ebd., 55 und 133 Anmerkung 54). Entgegen der landläufigen Meinung, dass er nur an einer Sitzung teilnahm, war er bis zwei Jahre vor seinem Tod ein häufiger Teilnehmer. Seine späteren Jahre verbrachte er im Ruhestand bei Flux, einem kleinen Anwesen, das er in der Nähe von Beaugency an der Loire erworben hatte. Er starb dort 1780 (https://de.wikipedia.org/wiki/%C3%89tienne_Bonnot_de_Condillac).

2.2.2 Der Minister du Tillot

Guillaume du Tillot (1711-1774) „wuchs am Hof Philipps V. auf, wo sein Vater eine kleinere Beamtenstelle innehatte. Seine Ausbildung erhielt du Tillot in Paris. Von dort kehrte er mit neunzehn Jahren nach Spanien zurück, um einen Posten als Kammerjunker Karls III. anzutreten. Später avancierte du Tillot zum Kammerherrn des Infanten Philipp von Spanien (des Vaters von Ferdinand, M. S.) und zog mit diesem ins Herzogtum Parma. Dort wurde du Tillot mit immer wichtigeren Ämtern betraut, bis er schließlich im Jahr 1759 zum Premierminister von Parma ernannt wurde. Damit waren weitreichende Befugnisse verbunden, die es ihm erlaubten, systematisch gegen die Privilegien des Adels und der Kirche vorzugehen. Da seine Aufgaben auch die des Finanzministers umfassten, führte du Tillot eine Finanzreform durch, die viele Sparmaßnahmen umfasste und seinem Dienstherrn die Tilgung der Staatsschulden ermöglichte" (https://de.wikipedia.org/wiki/Guillaume_Du_Tillot).

Man kann sich vorstellen, dass sich du Tillot durch seine politischen Maßnahmen nicht nur Freunde gemacht hatte. Gleichzeitig galt er als enger Vertrauter des Herrschaftspaares, der Eltern von Ferdinand und hatte wesentlich mit zum neuen kulturellen Glanz der Stadt Parma, der in und weit über Italien hinaus wahrgenommen wurde, beigetragen (Badinter 2010a, 10f.). Wir werden ihn und seine Versuche die Finanzen des hoch verschuldeten Herzogtums auf solide Füße zu stellen noch näher kennenlernen (s. Kap. 2.2.4).

2.2.3 Pater Fumeron und andere Priester als Lehrer und Beichtväter

Pater Thomas Fumeron stammte ursprünglich aus Frankreich und hatte sich dem Orden der Jesuiten angeschlossen, der damals die Geschäfte der Inquisition propagierte und übernahm. Er war dem König von Spanien, Phillip V., schon bei der Erziehung seiner Kinder als gläubiger und pädagogisch geschickter Mann aufgefallen. Deshalb hatte er seinen ganzen Einfluss geltend gemacht, damit die Eltern von Ferdinand diesem Jesuiten den Vorrang vor allen anderen Kandidaten einräumten (ebd., 14 und 126 Anmerkung 3). Er war der erste Lehrer, der für den Infanten eingestellt wurde und begann bereits den Vierjährigen in religiöser Hinsicht zu unterweisen und ihm das Lesen beizubringen. Die Bedeutung dieses Lehrers kann nicht hoch genug eingeschätzt werden:

„Während sich der Junge mit dem Erlernen des Letzteren schwertut, findet der sofort Gefallen an der Geschichte der Heiligen, an Andachtsbildern und Reliquien" (ebd., 14).

Ferdinand selbst schreibt: *„Ich erinnere mich, wie stark mein Glauben war, obwohl ich noch so klein war. [...] Als Pater Fumeron ihm ein Bild von San Luigi Gonzaga schenkte,* *küsst er es und empfahl sich inbrünstig der Fürbitte des Heiligen damit er das Lesen erlerne. [...] „Am selben Tag begann ich, korrekt zu lesen"* (ebd.).

Zudem verschluckte er einmal ein Bonbon, das in seinem Rachen stecken blieb und ihm furchtbare Schmerzen bereitete: *„Ich bat sofort meine Gouvernante um eine bestimme Reliquie, und kaum hielt ich sie in den Händen und presse sie an meine Kehle, ließ der Schmerz augenblicklich nach"* (ebd.). Badinter spricht in diesem Zusammenhang von *„zutiefst prägenden Erinnerungen"* – wir kommen weiter unten darauf zurück (2.5).

Ein Jahr nach seiner Ankunft in Parma, Ferdinand ist nun fünf Jahre alt, zeigt sich Pater Fumeron entzückt von ihm: *„Er beherrscht (schon!) vortrefflich den Katechismus, die Bibel und einen großen Teil der Grammatik"* (ebd., 22 und 127 Anmerkung 17). Später erhält Fumeron Unterstützung durch Abbé Geraducci, der der Beichtvater des Infanten wird, und den einige für einen Mann von *„erleuchteter Frömmigkeit"* halten, andere für bigott (ebd., 66). Wir wissen nichts darüber wie Pater Fumeron die beiden anderen weltlichen Lehrer des Infanten erlebt hat. Vermutlich wird er so klug gewesen sein, nicht offen gegen diese zu intrigieren. Vielleicht kam ihm das aber auch gar nicht in den Sinn, da er sich der tief eingewurzelten Religiosität seines Zöglings viel zu sicher war? Umgekehrt ist es mehr als wahrscheinlich, dass Keralio und de Condillac Pater Fumeron als Hindernis auf dem Weg erlebt haben, aus dem Infanten einen aufgeklärten Fürsten zu machen. Offenbar haben sie mitbekommen, dass er anderen Priestern den Weg zum Infanten ebnete, die ganz andere Interessen verfolgten (s. Kap. 2.2.4).

2.2.4 Der Conte del Verme, die Adligen und der Klerus vor Ort

An dieser Stelle müssen wir einige spätere Entwicklungen (s. Kap. 2.4) vorwegnehmen. Sie betreffen vor allem drei Personen, die im Verlauf des Projekts eine Art von *Gegen-Netzwerk* organisieren und um die Gunst des Infanten buhlen:

Der Conte Lucchino del Verme war ein enger Freund des Vaters des Infanten und ein nicht nur an Einfluss reicher Mann im zum Herzogtum Parma gehörenden Piacenza. Er nutzte jede sich ihm bietende Gelegenheit, die Privilegien von Adel und Kirche zu erhalten, festigen und auszubauen. So lange Don Phillip lebte, scheint ihm das auch gelungen zu sein. Immerhin dürfte er zeitweise mehr Einfluss auf den Vater des Infanten gehabt haben als dessen Minister du Tillot. Vermutlich auch deswegen, weil er einen wichtigen Posten ganz in der Nähe des Infanten innehatte: Er war der Hauptmann von dessen Leibwache (ebd., 77). Nach dem Tod des Vaters 1765 (ebd., 49), der Infant ist gerade mal 14 Jahre alt, zieht du Tillot jedoch die Zügel an und geht die bisher verhinderten Steuerreformen mit neuer Verve an (ebd., 76). Ferdinand ist nach dem Pockentod des Vaters untröstlich und geht eine besonders enge Bindung zu del Verme ein (ebd., 61).

Du Tillot enthebt ihn seines Postens als del Verme eine Art von Aufstand gegen den Minister anzettelt (ebd., 77). Was den Infanten empört, da er sich eines väterlichen Freundes beraubt sieht.

Der Marchese Bergonzi dagegen ist der offizielle Hofmeister des Infanten. Er ist für alle Belange außer der Bildung und Erziehung zuständig (siehe weiter unten Kapitel 2.2.5) und sieht seine Stellung und seinen Status aufgrund seiner noblen Abstammung als weit überlegen in Bezug auf die der beiden Lehrer, die von niedrigem Adel und „lediglich" Lehrer sind. Außerdem hält er deren aufklärerische Gesinnung für gefährlich (ebd., 57).

Der Dritte im Bunde ist Pater Vincenzo Domenico Ferrari, den Badinter als einen „*der spirituellsten Ordensmänner Italiens*" vorstellt (ebd., 109). Er „*kennt zugleich die Regierenden und die Fürstenhöfe Italiens ebenso gut wie die Theologie, die er an der Universität von Parma lehrt. Es heißt, er habe Ferdinand seit seiner frühesten Kindheit beeinflusst und ‚einen Weg gefunden, heimlich dessen Eintritt in den Dominikanerorden zu ermöglichen trotz der Überwachung durch seine Erzieher Keralio und de Condillac*" (ebd., 109). Als du Tillot das aufdeckt, verbannt er Ferrari aus Parma (ebd.) und stößt damit dem Infanten vor den Kopf.

Alle die genannten Personen und Gruppen verfolgen das Wirken von du Tillot und das der beiden Lehrer des Infanten mit Argwohn; und versuchen über alle möglichen Kanäle mehr Einfluss auf den Infanten zu gewinnen als diese (siehe die Etappen der Projektentwicklungen B und C, weiter unten). Das gelingt ihnen zunächst nur bedingt. Der Infant bemüht sich mehrere Jahre die Wünsche seiner Lehrer an ihn so gut es ihm gelingt zu erfüllen. Auch als Jugendlicher scheint sich immer wieder hin und hergerissen zu fühlen, zwischen der Beschäftigung mit Literatur und naturwissenschaftlichen Themen und seiner religiösen Leidenschaft. Der Beschneidung der Privilegien des Adels und der Klöster stimmt er, wie auch sein Vater, anfangs zu. Schließlich führen diese für den Fürstenhof zu beträchtlichen Ausgaben bzw. gehen ihm damit erhebliche Steuerausgaben verloren, was auch der Infant nicht wünschen kann. Aber seine hin und her wechselnde Orientierung, kippt in dem Moment um in eine klare Parteinahme für die Interessen der anderen Seite, als du Tillot den Infanten innerhalb kürzester Zeit dazu drängt, mehrere Edikte (die vom 30. Januar 1769) zu unterschreiben: Sie dienen „*der Begrenzung der übermäßigen Zahl von Ordensleuten in den Klöstern, von Klöstern in der Stadt Parma und von als nutzlos betrachteten Laienbruderschaften*" (Badinter 2010a, 76). Noch mehr Protest aber erweckt ein Dekret vom Februar des Jahres, „*welches das Inquisitionsgericht im Fürstentum Parma abschafft*" (ebd.). Der Infant ist zu diesem Zeitpunkt 18 Jahre alt.

Der Klerus reagiert darauf mit lautstarkem Protest, dem sich die italienischen Traditionalisten anschließen. Angeführt wird die Rebellion von del Verme, der Ferdinand nach dem Tod des Vaters besonders nahesteht (ebd.). Ferdinand kippt um: Er schlägt sich auf die Seite von del Verme und setzt durch, dass dieser in Amt und Würden zurückkehrt.

2.2.5 Die Bediensteten des Hofes

Wer die Menschen sind, die die Leibwache des Herzogs und seiner Familie formieren – insgesamt wohl ein Dutzend Personen, die vom Hofmeister Marchese Bergozzi angeführt werden (ebd., 57 f.) –, wissen wir nicht. Wir können davon ausgehen, dass es Männer aus Parma sind, die sich dort verdingen. Ihre Aufgabe ist es, die Sicherheit des Infanten und seiner Familie zu garantieren. So sind sie Tag und Nacht im Palast anwesend, auch wenn sie praktisch wenig zu tun haben. Man kann vermuten, dass sie sich im Rahmen ihrer Aufgaben miteinander vergnügten, Karten spielten, Geschichten und Witze erzählten und Freude daran fanden, den Infanten zu unterhalten, mit ihm Scheinkämpfe auszuführen: All das, was erwachsene Männer für geeignet halten, um einen jungen Herrn zu amüsieren. Sicher ist, dass sich Ferdinand mit ihnen anfreundete und sich bemühte so zu sprechen wie sie: im Parmeser Dialekt (ebd., 60). In ihrer Gegenwart kann er ungehindert den Rosenkranz beten (ebd., 59). Außerdem sind sie ihm nützlich, um Weihegeschenke in Kirchen bringen zu lassen (ebd.). Kein Wunder, dass diese Gruppe bald ins Visier der beiden weltlichen Lehrer gerät und diese versuchen, deren Einfluss so weit wie möglich zu unterbinden. Dieses Vorhaben wird aber vom Haushofmeister Bergozzi zunichte gemacht.

2.3 Projektidee, Trägerschaft und Finanzierung

Die Idee des mütterlichen Projekts haben wir bereits oben geschildert. Als Träger des Projekts können zunächst die Eltern und Großeltern gelten, die es im Rahmen vieler hundert anderer Budgets in erster Linie finanziert haben. Immerhin wurden drei Personen, Pater Fumeron, Keralio, Abbé de Condillac, über mindestens neun Jahre (Keralio sogar zwölf) an den Hof geholt und dort standesgemäß untergebracht, verköstigt, bekleidet und unterhalten (wir werden später sehen, dass noch mehr Personen involviert sind). Zumindest Condillac brachte wiederum Bedienstete und einen Sekretär mit und unterhielt aufwändige Korrespondenzen mit wöchentlichen Postkutschendepeschen nach Paris. Das Gehalt von Keralio und Condillac wird auf 12.000 Livre, die französische Silberwährung festgesetzt. Ein Livre entsprach zu dieser Zeit ungefähr 5–15 €, so dass man auf ein angepasstes Jahresgehalt von umgerechnet mindestens 60.000 bis maximal 180.000 € kommt. Die damalige Kaufkraft ist folgendermaßen einzuschätzen: *„Der gewöhnliche Sitzplatz in der Comédie française war für 1 Livre und in der Opéra für 2 Livres, 8 Sous zu erwerben. Die Fahrt mit einer Postkutsche, carrosse von Bordeaux nach Paris kostete 72 Livres. Ein Drucker etwa bei der Produktion der* Encyclopédie *verdiente 2 Livre pro Tag, ein Vorarbeiter deren 3. Ein Pferd für einen Handlungsreisenden kostete ungefähr 100 Livre"* (https://de.wikipedia.org/wiki/Livre).

In etwa kann man die Bezahlung für die drei Hauptlehrer mit heutigen Gehältern von Oberstudiendirektoren am Gymnasium oder Universitätsprofessoren gleichsetzen – inklusive deren Pensionsansprüchen. Einen solchen Aufwand für die Erziehung und Bildung eines einzelnen Infanten muss man in dieser Zeit nicht als besonders hoch betrachten. Wenn sein Vater sich auf einem seiner Landgüter zur Jagd aufhielt, was er oft tat, so beschäftigte er alleine währenddessen das fünffache an Personal, wenn man an die zahlreichen Jäger, Hundeführer, Kammerdiener, Köche, Wirtschafterinnen etc. denkt. Das Geld wird überwiegend den Bauern, aber auch der wachsenden Schar von Handwerkern und Handelstreibenden in Form von Steuern und Naturalien, die weiterverkauft wurden, abgepresst. Einen Teil der Bildungskosten (z. B. für Pater Fumeron) wird aber vermutlich auch das Spanische Königshaus finanziert haben, das aufgrund der Ausbeutung der Neuen Welt (insbesondere der Gold- und Silberminen Süd- und Mittelamerika) als das finanzkräftigste Königshaus der damaligen Zeit galt.

Der Übergang von der frühen Kindheit in ein Alter, in dem Bildung und mit ihr auch Aufgaben und Pflichten verbunden sein würden, wurde für den Infanten, aber auch für den gesamten Hofstaat als eine Art von Übergangsritual in Szene gesetzt:

> „26. Februar 1757. An diesem Tag ernennt der spanische Infant Don Philipp, Herzog von Parma, den Franzosen Auguste de Keralio zum Unterhofmeister seines einzigen Sohnes, des sechsjährigen Ferdinand. Wie für alle Infanten dieses Alters ist für ihn die Zeit gekommen, die Rockzipfel seiner aya (Gouvernante) mit den Rockschößen eines ayo zu vertauschen. Die Welt der Kindheit mit der Welt der Erwachsenen. Die strenge Marquesa de Gonzales, die ihm die grundlegenden Dinge des Lebens gelehrt hat, reicht den Stab weiter an Monsieur de Keralio, der die Aufgabe hat, einen vollendeten Mann, einen modernen Monarchen aus ihm zu machen. Der Übergang ‚zum Mann', wie man damals sagte, wird in einem Ritual vollzogen. Von seiner Gouvernante und seinen Kammerfrauen wird der junge Infant in die Gemächer des Infanten gebracht, wo sie ihn vollständig entkleiden. Man lässt ihn so für einige Minuten unter den prüfenden Blicken der Versammlung. Danach tastet der Chirurg des Infanten in Anwesenheit der gesamten Fakultät, alle Körperteile des Infanten ab, um schließlich bekannt zu geben, dass er gesund und ohne Missbildungen ist. So wie die Zeremonie beendet ist, zieht sich die Gouvernante und die Frauen zurück und der Infant wird seinem Hofmeister überstellt" (Badinter 2010a, 10 f.).

Den Hofstaat muss man sich als eine Gruppe von vierzig bis sechzig, mehr oder weniger ständig im Schloss anwesenden, Personen vorstellen, die meist selbst von adeliger Herkunft waren, verschiedene ranghohe Ämter bekleideten und unterschiedliche Funktionen ausübten – die daher einerseits mit dem Herzogtum in hohem Maße identifiziert waren und andererseits mehr darstellen wollten als eine erweiterte Familie. Der Hofstaat verkörpert ein internes Kontrollsystem für die Fürstenfamilie, das darauf achtet, dass dort alles vor sich geht – comme il faut – und entsprechend dokumentiert wird. Diese Aufgabe wird von den Traditionalisten um del Verme und Bergozzi wahrgenommen. Gleichzeitig gehören die ökonomische und politische Geschäftsführung wie externe Kontrollaufgaben zu den wichtigsten Ämtern innerhalb des Hofstaates. Das Herzogtum Parma muss einen Großteil seiner Ausgaben selbst erwirtschaften und mit allen wichtigen Königshäusern in Europa diplomatische Beziehungen unterhalten. Diese Aufgabe hat du Tillot inne,

> „der (gemeinsam mit Louise Elisabeth, M.S.) *davon träumt, das kleine unter der Fuchtel der Priester dahin dämmernde Herzogtum in eine Oase der Aufklärung zu verwandeln, in der die Kultur, die Künste und das Gewerbe blühen. Um dies zu erreichen, zieht er erstklassige Gelehrte, Künstler und Handwerker an den Hof von Parma, wie den Archäologen Paolo Paciaudi, den Philosophen und Mathematiker, Francesco Venini, den Enzyklopädisten Alexandre Deleyre oder den Buchdrucker Giambattista Bodoni. Aber das ganze Unternehmen hat nur Sinn, wenn der zukünftige Herrscher selbst ein Mann der Aufklärung ist, der der Aufgabe gewachsen ist"* (ebd.).

Wie wir sehen, lenken auf politischer Ebene zwei unterschiedliche Kräfte und Bewegungen das Schicksal von Parma und auch das des Infanten. Dass sie gegensätzliche Ziele verfolgen, scheinen die Eltern des Infanten, die kluge Mutter und sein Vater Don Phillip nicht zu bemerken. Die Konflikte schwelen daher lange Zeit unter der Oberfläche. Als sie offenbar werden, eskalieren sie und werden das Bildungsprojekt in sich zusammenbrechen lassen.

2.4 Der Projektverlauf und seine zentralen Faktoren und Dynamiken A–F

Vergegenwärtigen wir uns für einen Moment die frühe Kindheit des Infanten: er wurde von einer Amme gesäugt wie es damals üblich war; vermutlich von einer Bäuerin, deren, bezogen auf seine anderen parfümierten Kinderpflegerinnen, andere Herkunft er gerochen und geschmeckt haben muss. Seine Mutter sah ihn ein-, zweimal am Tag, nachdem er vorher von der Gouvernante „zurechtgemacht" worden war. Gelegenheiten zum Kuscheln, gar nackt, sollten wir uns dabei eher nicht vorstellen. Als der Infant eineinhalb Jahre war verschwand die Mutter für weit über ein Jahr aus seinem Leben, kehrte anschließend für zwei Jahre zurück, um dann bis zu ihrem Tod, vier Jahre später, erneut abwesend zu sein (Badinter 2010a, 17f.). Seine neun Jahre ältere Schwester, Isabella, springt in die Lücke:

> „*Ihre ganze Zuneigung gilt dem kleinen Bruder. Von dessen Geburt an bis zu ihrem Fortgang 1760 nach Österreich hütet sie ihn wie ein eigenes Kind. In Abwesenheit der Mutter berichtet die 11-Jährige ihrem Vater darüber, wie der kleine Infant schläft, wann er zu*

zahnen und wann er zu laufen beginnt. Einem Zeugen zufolge ‚sorgt die Infantin Isabella für ihren Bruder mit geradezu unglaublicher Zärtlichkeit'. Wahrscheinlich empfing er so viel Liebe und Zuwendung von ihr wie von niemand anderem sonst" (ebd., 19 f. und 41).

Für Ferdinand muss der Abschied von ihr, er war gerade neun Jahre alt, seine Mutter vor einem Jahr gestorben, einen weiteren Bruch und eine schwere Belastung dargestellt haben. Isabella beobachtete wie sie und Kinder ihrer Zeit aufgezogen wurden und verfasste darüber einen kritischen Kommentar, von dem noch berichtet werden wird.

A) Erste Etappe des Projekts: Keralio beginnt seine Arbeit

Mit sechs Jahren, exakt das noch heute gültige Eintrittsalter in die Schule, beginnt eine neue Epoche im Leben des Infanten. Über Ferdinand und Keralio heißt es bei Badinter, dass sie nach der „rituellen Übergabe" der Gouvernante an den Hofmeister: *"Von da an leben sie Seite an Seite, praktisch Tag und Nacht, zwölf Jahre lang"* (ebd., 10). Das bedeutet wohl, dass Keralio in dem gleichen Raum schlief wie Ferdinand, so dass er am Abend die letzte und am Morgen nach dem Aufwachen die erste Person war, die dieser sah. Eine enge Beziehung könnte man meinen, enger als heute Eltern mit ihren Kindern zusammenleben, aber ebenso eng wie damals die meisten Eltern mit ihren Kindern zumindest auf dem Land lebten; wenngleich gezwungenermaßen, weil man aus Mangel an Platz und Heizmöglichkeiten in einem einzigen Raum zusammen schlief.

„Vom ersten Tag an, macht er dem Kind seine ständige Anwesenheit außerhalb der Stunden, die der Religion gewidmet sind, zur Pflicht. Er nimmt alle Mahlzeiten mit ihm ein und setzt den kameradschaftlichen Zusammenkünften mit den Leibwachen ein Ende. Er vermittelt ihm Grundkenntnisse in Mathematik und im Schreiben, unterrichtet ihn im Zeichnen und weckt nach und nach seinen Geist durch Lektüre"

von Texten, die sein Interesse an der Natur und ihren Gesetzen wecken sollen (ebd., 26). Unter seiner Führung legt der Infant im weitläufigen Garten des Palastes Beete an, säht Weizen und beobachtet das Heranwachsen des Korns. Keralio schreibt: *„Sein Interesse an dem Garten nahm zu, nachdem wir die Blumen herausgerissen hatten"* (Keralio, zitiert nach Badinter 2010a, 27).

Das klingt einerseits nach praktischer Arbeit an frischer Luft, aber auch nach einem, beinahe lückenlos, kontrolliertem Alltag und überwiegend nützlichen Beschäftigungen. Von Spielen, vom Lesen von Märchen und Herumalbern hören wir nichts. Im Gegenteil: der lockere Kontakt zu den Leibwachen wird unterbunden. Ob das „*Blumen herausreißen*" wirklich auf die Initiative des kleinen Infanten zurückgegangen ist und ihm Freude gemacht hat, wissen wir nicht. Gut möglich, dass sich darin auch eher das männliche Nützlichkeitsdenken des

59

ehemaligen Militäringenieurs Ausdruck verschafft hat. Denkbar aber auch, dass er das aggressive Moment darin genossen hat und die Nützlichkeit für ihn dabei keine Rolle spielte.

Keralio nimmt seine Aufgabe sehr ernst und möchte mehr leisten als von ihm zunächst erwartet wird. Er lässt sich zusätzlich zum Kammerdiener des Infanten machen, *„in welcher Eigenschaft er ihm während seiner ganzen Minderjährigkeit stets bei Tisch aufgewartet hat und sich ganz und gar für den Erfolg der Erziehung verbürgen konnte"* (ebd., 48). Es scheint, dass Keralio, neben den Kontakten, die der Infant mit Eltern und seiner Schwester unterhielt, die auch dieser nicht ausschalten konnte oder wollte, der Einzige sein wollte, von dem gezielte Erziehungseinflüsse ausgingen – oder zumindest der Wichtigste. Zumindest in den ersten Jahren.

„Das Kind hat Spaß und macht einen glücklichen Eindruck" beobachtet die Mutter (ebd., 27), die ihn vorher als *„schrecklich übellaunig"* eingeschätzt hatte: *„Mein Sohn ist reizend, auch wenn er recht oft bestraft werden muss"* (zitiert nach Badinter 2010a, 128 Anmerkung 28). Ferdinand äußert sich dazu, wenn auch Jahre später, in seinen autobiographischen Erinnerungen ganz ähnlich und zunächst ohne ein Wort der Kritik: *„Ich wurde nun häufig bestraft, mal für meine Ungeduld, mal für meine Faulheit, hauptsächlich aber wegen meiner Schreibübungen"*. Die Verantwortung dafür schreibt er vor allem sich selbst zu, weil er sich *„als unbegabt, recht jähzornig und ungeduldig"* beurteilt (ebd., 22).

Keralio stellt in den Augen des Infanten einerseits einen kontrollierenden, strengen, strafenden und schlagenden Mann dar; andererseits einen *„aufrechten"* Menschen, dem er viel verdankt und von dem er sich geliebt fühlte wie von einem Vater (ebd., 27 f.). Eine Mischung wie sie damals in vielen Erziehungsverhältnissen üblich gewesen sein dürfte. Interessant aber, dass die Männer der Aufklärung diese noch nicht hinsichtlich ihrer Auswirkungen zu reflektieren vermochten, wo sie doch ansonsten vernünftige Nachhaltigkeits- bzw. Nützlichkeitserwartungen an gesellschaftliches Verhalten anlegten. Anders dagegen Isabella, die große Schwester des Infanten, die am Unterricht, sowohl von Keralio und vermutlich später auch von Condillac, teilgenommen hat. Im Alter von 19 Jahren verfasst sie in Wien ihre „Betrachtungen über Erziehung".

> Darin *„nimmt sie die genaue Gegenposition zu der Erziehung ein, die sie und ihr Bruder erhalten haben. Nicht nur macht sie die Eltern für alle Fehlschläge bei der Erziehung ihrer Kinder verantwortlich, sondern sie verurteilt auch die Machtfülle und die Unnachsichtigkeit derer, denen die Eltern die Erziehung übertragen. Sie prangert die Gefahren jener Machtfülle an, welche die Kinder gewalttätig, ungeduldig und störrisch mache. Sie „bessert nicht, flößt keinen Respekt ein, …. weckt Hass, Rachsucht und Misstrauen. Sie fördert den Hang zum Betrug, tötet jede Empfindung, macht hart und gefühllos und zu jeder Bosheit fähig"* (zitiert nach Badinter 2010a, 130 Anmerkung 21).

Den erzieherischen Härten der Männer stellt Isabella in ihrer geheim gehaltenen Denkschrift die „*Sanftmut*" gegenüber, „*die heutzutage verachtet wird, aber das Herz der Kinder zu gewinnen vermag, Anerkennung, Anhänglichkeit und Aufrichtigkeit erzeugt, ihren Verstand und ihr Gefühl heranbildet und sie gefällig und fügsam macht*" (ebd., 40). Badinter kommentiert: „*Sehr wahrscheinlich hatte diese Streitschrift in erster Linie die Lehrer Ferdinands im Visier*" (ebd.).

Wie man sehen kann, standen die Reflexionskriterien für eine angemessene Erziehung im unmittelbaren Diskursraum um Keralio und Condillac zur Verfügung: Warum haben weder die beiden noch die Eltern diese aufgegriffen und genutzt? Weil sie von Isabella geheim gehalten wurden und erst in der Fremde, in Wien, von ihr gedacht werden konnten? Weil sie von einer Jugendlichen empfunden wurden, die man als Lehrer und Eltern nicht ernst nehmen wollte? Oder weil man sie für sentimental und falsch hielt?

Wir wissen es nicht. Aber wir können mit Sicherheit aus dieser und anderen Quellen ableiten, dass es auch damals die Möglichkeit gegeben hätte, Strenge, Strafen und die Art und Weise der Vermittlung von Lernstoff und der dafür sinnvollen Zahl an Stunden zu überdenken. Badinter resümiert: „*Aber weder die Mutter noch der Vater haben etwas dagegen einzuwenden. Sie lassen dem Hofmeister freie Hand und vertrauen ihm vollständig*" (ebd., 28). Reflektiert Louise Elisabeth nicht, dass die Art und Weise der Erziehung ihres Sohnes das von ihr anvisierte Ziel eines modernen Monarchen gefährden könnte? Ist sie selbst im Kontakt mit Ferdinand überfordert gewesen? Hat er auf ihre Zärtlichkeiten nicht reagiert? Hätte sie bei ihrer Tochter abschauen und lernen können, wie man mit ihm umgeht, so dass der Kontakt beiden Beteiligten Freude macht?

B) Zweite Etappe: Condillac stößt zum Projekt

„*In Absprache mit Keralio und vielleicht auf seine Anregung hin, beschließen die Eltern nach etwa zwei Jahren, dass nun der Zeitpunkt gekommen sei, ihm einen Hauslehrer zur Seite zu stellen. Einen französischen versteht sich*" (ebd., 29). Die Eltern finden die Idee gut und fragen bei Condillac an, der gerne zustimmt, weil ihm der Boden in Paris zu heiß wird:

> „*Seinerseits fasst Condillac, der das Pariser Leben, seine Theater und literarischen Salons sehr liebt, den Entschluss sich nach Parma zurückzuziehen, ohne langes Zögern. Denn in der Hauptstadt weht jetzt ein scharfer Wind. Nach dem fehlgeschlagenen Attentat von Robert Francois Damiens auf Ludwig XV. im Jahre 1757 hat sich eine starke obskurantische Opposition gebildet, die alle gottesfürchtigen Kräfte zum Kampf gegen die Philosophen mobilisiert. Der Abbé hält es für ratsam, fortzugehen und die ihm gefährlichen Beziehungen zu lösen*" (Badinter 2010a, 31).

Zumindest nach außen, aber immerhin für neun ganze Jahre, bis er wieder nach Paris zurückkehren wird. Condillac ist dabei nicht ohne Konkurrenz: Louise Elisabeth schreibt ihrem Mann, dass sie die Auswahl sehr sorgfältig vorgenommen hat und räumt ein, dass „*die Jesuiten sehr verwundert darüber waren, dass sie erneut den Kürzeren gezogen haben*" (ebd., 30 f.). Sehr wahrscheinlich hätte Phillip von Spanien sie wie schon später im Fall Fumerons bevorzugt.

Doch so ist es Condillac, der Mitte Januar 1758, wohl kurz nach dem siebten Geburtstag Ferdinands, in Parma eintrifft. Was pädagogisches Denken betrifft, zumindest soweit es sich um die Vermittlung von Lehrstoff handelt, kann man ihn sicher als um einiges klüger und geschickter als Keralio einschätzen: Seine didaktischen Ideen brechen

> „*in mancherlei Hinsicht mit den damals gültigen Theorien und Praktiken. Zunächst einmal begründet er eine neue Beziehung zwischen Lehrer und Schüler: An die Stelle von Autorität tritt die Kooperation. Vor allem geht es darum, sich auf das Fassungsvermögen des Kindes einzustellen und schrittweise vorzugehen, wobei der individuelle Rhythmus des Schülers zu respektieren ist. Der Lehrer hat sich an den Schüler anzupassen, nicht umgekehrt*" (ebd., 35 f., siehe auch Stoeber 1909).

So führt Condillac es in seinen Schriften aus. Aber lebt er diese Haltung auch gegenüber seinem neuen Schüler?

> „*Ebenso gibt Condillac der Reflexion den Vorrang gegenüber dem Gedächtnis. Das Ziel ist, denken zu lernen. Zu diesem Zweck benutzt er vorzugsweise Spiele, bei denen auch die Rollen getauscht werde: Der Infant soll ihm Unterricht über die Artillerie erteilen, den er vorher von Keralio erhalten hat*" (ebd.).

Das hört sich durchaus nach heute noch gültigen pädagogischen Grundsätzen an. Zudem versteht es Condillac offensichtlich, das Dreieck, Ferdinand – Keralio – er selbst, didaktisch zu nutzen: der Unterricht des einen profitiert vom Unterricht des anderen, indem er ihn jeweils vor- und nachbereitet. Die Lehrfächer stehen nicht für sich, sondern werden verzahnt. So weit die Theorie. Rommel urteilt allerdings: „*Aus Badinters Darstellung geht hervor, dass sich Condillac nicht an die in seinem Essai sur l'origine des connaissances humaines (1746) aufgestellten pädagogischen Regeln gehalten hat*" (Rommel 1998/2023). Wenn man das Lehr- und Lernprogramm betrachtet, kann einem schwindelig werden: „*Vor seinem zehnten Lebensjahr hat Ferdinand eine Vielzahl religiöser Schriften, die Theaterstücke von Racine, Moliere und Corneille*" gelesen und zusammengefasst. Er hat ‚Die Dichtkunst' *von Despreaux, Werke Voltaires, ‚Über die Tropen' von du Marais und ‚Untersuchungen über den Ursprung der Gesetze' von Gouget studiert und sich außerdem die ‚Grammatik' und die ‚Kunst des Schreibens'*" angeeignet, die Condillac für ihn persönlich verfasst hat. *„Darüber hinaus hat er ihn in die Philosophie Newtons"* und andere naturwissenschaftliche Berichte eingeführt (Badinter 2010a, 37). Immerhin verlangt der Lehrer auch von sich so viel wie von seinem Zögling:

> *„Unter dem irreführenden Titel ‚Cours d étude pour l instruction du Prince de Parme' (1775) verfaßt er ein sechzehnbändiges Kompendium, das, als Lehrbuch getarnt, sich partienweise wie ein sensualistisches Manifest liest. Tatsächlich begreift Condillac den ‚Cours' als Gelegenheit, im direkten Kontakt mit einem künftigen Souverän unorthodox-aufklärerisches Gedankengut zu verbreiten. Allein, Unbegabtheit und Langeweile des kleinen Ferdinand lassen den Plan scheitern, einen fürstlichen Schüler zum guten Herrscher zu bilden. Kein Wunder, denn im Unterschied zur Erziehungslehre seines Freundes Rousseau, der zur gleichen Zeit und ebenso zurückgezogen ‚Émile, ou de l éducation' (1762; Emile oder über die Erziehung) konzipiert, vernachlässigt Condillacs pädagogisches Vorgehen die praktische Seite kindlicher Bedürfnisse"* (Rommel 1998/2023).

Der Infant Ferdinand wird klug.

> *„Doch um welchen Preis? Der Hofbarbier Antonio Sagvetti äußert in seinem Tagebuch, einer regelrechten Chronik Parmas, seine Verwunderung angesichts des überladenen Stundenplans des Infanten und bedauert, dass man ihn pausenlos zum Lernen einsperrt"* (Badinter 2010a, 38).

Condillac weiß wie es gehen könnte; aber eben nur theoretisch. Im Eifer der Praxis überfällt ihn ein anderer Furor, der ihn gegen seine eigenen Erkenntnisse handeln lässt. Oder glaubt er allen Ernstes, dass er sich an seinen Schüler anpasst und nicht jener an ihn?

Für Ferdinand stellt das Jahr 1758, in dem Condillac eintrifft, weniger wegen der Ankunft des neuen Hauslehrers ein besonders erinnerungswürdiges Datum dar, sondern wegen der ersten heiligen Beichte, die er bei Pater Fumeron ablegt und die ihn mit *„unsagbarer Freude"* erfüllt. Vergleicht man das Alter so würde es auch heute noch in der Katholischen Kirche als geeignet dafür angesehen werden (zur Vorbereitung auf die erste Kommunion). Aber noch mehr: Wenn man die übermäßige und verfrühte Konfrontation mit Bildungsgütern vergleicht, der Ferdinand von Keralio und Condillac ausgesetzt wird, so scheint der religiöse Lehrer besser zu verstehen, wann ein Kind für welchen Schritt aufgeschlossen und in der Lage dazu ist, ihn zu tätigen. Freilich ist die Religion ein Feld – wie wir weiter unten noch reflektieren werden –, das von Ferdinand selbst seitdem er drei, vier Jahre alt ist, mit einer ganz anderen Zuneigung und Emotionalität besetzt wurde als er für die weltlichen Themen aufbringen kann (siehe weiter unten Kapitel 2.5).

Gleichzeitig kann man in seinen religiösen Neigungen schon die ersten Ansätze einer Obsession erkennen. Ferdinand bekennt mit neun Jahren seine

„Liebe zur Religion der Dominikaner und zur seligen Jungfrau Maria, die genährt wird vom Klang der Glocken der Kirche San Pietro Martire, denen er mit Glückseligkeit lauscht. Vielleicht mit etwas zu viel Verzückung, denn er wird deswegen von Keralio und Condillac recht oft gescholten und bestraft. Auch wenn er in seiner Autobiographie die folgende Szene erst drei Jahre später ansetzt, so können wir in ihr doch erkennen, was die konkreten Beschäftigungen waren, die als strafwürdig angesehen wurden" (ebd., 42):

„Ich richtete mein Studierzimmer wie eine Kirche ein. Die Tische und Stühle waren die Altäre für mich, und darüber hatte ich heimlich Heilige gemalt. In den Zwischenräumen befanden sich die Mysterien des Heiligen Rosenkranzes. Zwei für Tintenfässer bestimmte leere Metallgläser, die ich mit Federhalter und Bleistiften anstieß, dienten mir als Glocken; und mit solchen Beschäftigungen verlor ich Zeit fürs Lernen" (ebd., 46).

Vermutlich spürten Keralio und Condillac, dass die religiöse Verzückung ihres Zöglings mit einer Faszination einherging, der sie nicht Herr werden konnten. Sie rationalisierten sie als Zeitverschwendung und konnten deshalb nicht erkennen, dass die religiösen Phantasien und die magischen Rituale der Kinderseele guttaten (Zulliger 1952/2007 und 2022). Man darf vermuten, dass mit dieser beinahe suchtartigen Liebe zur Religion ein früherer oder aktueller emotionaler Mangel kompensiert und/oder tiefsitzende Ängste (verlassen zu werden?) beschwichtigt wurden. Für die aufgeklärten Hauslehrer konnte es für diese Praxen aber nur falsche Gründe geben: Auf so etwas wie *Fallverstehen* waren sie noch nicht vorbereitet und konnten deswegen die unbewussten Antriebskräfte dieser Affektbildung weder nachvollziehen noch ihnen angemessen begegnen (Ader/Schrapper 2020, Schwabe 2021, Uhlendorff 2022). Außer mit Verachtung und Strafen, die die Bindung an das Magische wahrscheinlich weiter verstärkten.

Sicher bekommen mehrere Beobachter:innen etwas mit von der Häufigkeit und Heftigkeit der Strafen. Aber alle, die es später haben kommen sehen wollen, halten den Mund: Man muss nach den kritischen Ausführungen der Schwester Isabella, die die beiden nie namentlich erwähnt, bis zur Hochzeit des Infanten im Jahr 1769 warten, um aus der Feder des französischen Botschafters etwas über die übermäßige Strenge des *„launenhaften Hofmeisters"* (gemeint ist Keralio) und die *„außergewöhnliche Heftigkeit seine Hauslehrers"* (gemeint ist Condillac) geschrieben zu finden (Badinter 2010a, 40). Offenbar stehen die beiden unter Druck: Sie sind mit einem Programm angetreten, für das sie nicht nur persönlich einstehen, sondern welches das Programm der Aufklärung ist und an das sie glauben. Den Infanten richtig zu erziehen, stellt auf jeden Fall auch ein *narzisstisches Projekt* für die beiden dar (s. a. Kap. 12.3). Es würde eine große Kränkung für sie bedeuten, wenn es und damit sie selbst scheitern würden.

C) Dritte Etappe: Erste Früchte und anhaltende Versuchungen

Nach außen hin gibt sich Ferdinand Mühe und zeigt Beflissenheit. Nach und nach verbreitet sich sein Ruf – oder auch nur der seiner Lehrer – über die Grenzen Italiens hinaus:

„Reisende, Diplomaten und alle, die mit dem jungen Fürsten in Berührung kommen, loben ihn und seine Lehrmeister in den höchsten Tönen. Vom dem Abbé Coyer, über den Erbinfanten von Braunschweig bis hin zu Duclos, dem Schriftsteller und ständigen Sekretär der Académie francaise, heben die vortreffliche Erziehung hervor, die ihm eine für sein Alter und seine Situation erstaunliche Bildung und Reife verliehen hat. Bei der Rückkehr in ihre Heimat versäumen es die Reisenden nicht, mit lobenden Worten darüber zu unterrichten" (ebd., 51).

„Steter Tropfen höhlt den Stein", könnten sich seine Lehrer gedacht und sich gefreut haben – sechs Jahre nach dem Start ihres umfassenden Erziehungs- und Bildungsprojekts scheinen ihre Bemühungen endlich Früchte zu tragen. Und dann ein Paukenschlag: 1764, im Alter von dreizehn Jahren, fasst Ferdinand den aufsehenerregenden Beschluss, sich gegen die Pocken impfen zu lassen.

„Höchstwahrscheinlich wurde er von Keralio und Condillac dazu ermutigt. Aber es ist eine persönliche Entscheidung, die, wie er weiß, im Widerspruch zur Position der Kirche steht und die sein Vater zu Beginn nicht ohne Vorbehalte aufnimmt" (ebd., 48). Es gelingt ihm seinen Vater von diesem Wunsch zu überzeugen. In dieser Zeit ist die Impfung noch riskant. Immer wieder gibt es Todesfälle. Und so lässt der Vater auch den berühmtesten Impfarzt Europas rufen, den Doktor Théodore Tronchin, der von Königshaus zu Fürstenhof reist, um die Mutigen unter den Monarchen und Fürsten mit dieser neuesten Form der Medizintechnik vor dem grassierenden Übel zu schützen, das arm und reich, klug und dumm, gleichermaßen dahin rafft. Aber die Inokulation ist nicht nur unter Ärzten umstritten" (ebd., 49).

Sie verstößt auch gegen die Lehre der Kirche, die darin einen Eingriffsversuch des Menschen in den göttlichen Schöpfungsplan sieht. Alleine der göttliche Ratschluss entscheidet darüber, wer wie lange lebt, nicht die vom sündigen Menschen entwickelten Techniken. Den Beweis für diesen Glauben kann die Kirche ebenso gut führen wie die Impfärzte: Wenn einer die Impfung überlebt, dann war es eben Gottes Wille (Kübler 1901/2015, 46 f.).

Was hat Ferdinand zu diesem Schritt bewegt? Vielleicht ist es der inzwischen durch Impfung zumindest potentiell vermeidbar gewordene Tod seiner Mutter, vielleicht noch mehr der seiner geliebten Schwester, die am 27. November 1763 in Wien ebenfalls an Pocken stirbt? Er vollzieht an sich, was er sich für sie gewünscht hätte? Oder war es einfach sein eigener Wille zum Leben? Für den er eine Frucht der Aufklärung nutzt wie sonst den Rosenkranz und die Reliquien? Besser man verlässt sich auf zwei Systeme als auf eines? Wie Recht er mit seiner Vorsichtsmaßnahme hat, zeigt die unmittelbare Zukunft: Im Jahr darauf verliert er den Vater, ebenfalls an die Pocken (Badinter 2010a, 49 und 61).

Einerseits beweist Ferdinand mit der Impfung persönlichen Mut (wie es ihn der Soldat Keralio gelehrt und ihm vorgemacht hat) und wissenschaftliche Bildung (die ihm Condillac vermittelt hat). Ganze sechs Wochen dürfen ihn seine Lehrer nicht sehen, weil sie sich bei ihm anstecken könnten. Wie um den eigenen Schritt in Richtung Aufklärung zurückzunehmen oder auszubalancieren, gibt er sich in dieser Zeit ohne ständige Kontrollen seinen Vergnügungen hin:

„Er entdeckt die Freiheit zu spielen und sich zu amüsieren. Mit seinen Freunden aus Parma kann er sich seinen frommen Pflichten widmen, wie es ihm beliebt, kann seine Reliquien küssen, wann er möchte, und den Rosenkranz beten so oft und mit wem er will" (ebd., 58).

Aber noch mehr: Der junge Infant findet eine eigene Clique und zieht mit ihr durch die Stadt; er lernt es im Dialekt von Parma zu sprechen (ebd., 59). Und er scheint Bälle aufzusuchen, das Theater und ländliche Feste, auf denen er fasziniert den Bäuerinnen zuschaut, wie sie tanzen (ebd., 63) – eine neue Welt tut sich vor ihm auf. Seine beiden Lehrer versuchen auch in diesen sechs Wochen brieflich auf ihn einzuwirken, ihr Stil wirkt dabei moralisierend: *„Enttäuschen Sie nicht meine Hoffnungen"*, schreibt Condillac mit Anklängen resignativer Verstimmung: *„Ich wette, dass sie nie an die Dinge denken, die sie mit mir studiert haben"* (zitiert nach Badinter 2010a, 62). Aber die sechs Wochen gehen vorüber und anschließend nimmt man Ferdinand wieder eisern in den Griff.

D) Vierte Etappe: Wachsender Ruhm und wachsende Zweifel (aber kaum Selbstzweifel)

Wir haben bereits gehört, dass sich Ferdinand seine Studierstube als Kirche eingerichtet hat und lieber „Kirche spielte" als zu lernen (ebd.). Aber das muss heimlich geschehen: Anrührend die Geschichte des 15-Jährigen, der sich einen Rosenkranz aus Maiskörnern selbst bastelt, weil ihm seine Lehrer dieses, in ihren Augen geistlose, Gebets-Ritual verboten haben: gelbe Maiskörner für die vielen „Gegrüßest seist du Maria" und rötlich schimmernde für die „Vater unser"; mühsam durchstochen mit einer Nähnadel (ebd., 61).

Gleichzeitig ist der der junge Infant inzwischen ein in Europa bekannter, junger Mann und gilt als gute Partie. Kaiserin Maria Theresa möchte ihn mit ihrer Tochter Maria Amalia verheiraten und entsendet zwei Botschafter, die ihr Bericht erstatten sollen:

Sie heben *"seine glänzende Erziehung, seine Anmut beim Argumentieren und Reden und schließlich seine Herzensbildung hervor"* (ebd., 54). *"Alle diese Lobreden werden von einem Salon zum anderen, von einem Fürstenhof zum nächsten getragen. Aber seinen Höhepunkt erreicht der Ruf, als Ferdinand dem Enzyklopädisten d'Alambert eine öffentliche Ehrung erweist. Vermutlich auf Betreiben Condillacs [...] übersetzt Ferdinand mit Hilfe Keralios die Ansprache, die der Gelehrte und Philosoph auf den König von Dänemark gehalten hatte, ins Italienische"* (ebd., 55).

Die verschiedenen französischen Diplomaten spenden nicht weniger Lob: Der Comte de Rochouart erwähnt die baldige Rückkehr Condillacs nach Frankreich und bemerkt dazu: *"Die Erziehung geht ihrem Ende zu, es war die gelungenste in ganz Europa und der Lehrer hat so viel Mühe darauf verwandt wie wohl so bald kein anderer"* (zitiert nach Badinter 2010a, 52). Die beiden Lehrer konnten sich doppelt freuen: *"Nicht nur die Allmacht der Erziehung hatte man demonstriert, dank ihnen war ein wahrer Philosophenfürst geboren worden. Ferdinand hatte seinerseits einen Ruhm erlangt, der für einen kleinen Herzog aus Parma völlig unerwartet war"* (ebd., 56), so resümiert Badinter die Stimmung beim Abschied von Condillac, der 1765 seine Arbeit als Hauslehrer beendet, nach Paris zurückkehrt und bald darauf in die Académie française gewählt wird (ebd.)

So die offizielle Fassade, die man gerne bedient und aufrechterhält: Zweifellos hat Ferdinand von seinen Lehrern viel gelernt, mehr als die übergroße Mehrheit aller Monarchenkinder und kann dieses Wissen auch unter Beweis stellen und situativ passend anbringen. Zweifellos ist er in der Lage intelligent Konversation zu betreiben und sich so darzustellen, wie es seine Lehrer von ihm erwarten. Es handelt sich um deutlich mehr als nur um rezeptives Wissen; aber es scheint nicht wirklich in ihn eingedrungen zu sein, hat ihn nicht wirklich berührt, hat keine nachhaltigen inneren Strukturen aufgebaut. Sein Inneres scheint von anderen Themen besetzt zu sein, seine spontanen, eigenen Interessen gehen in ganz andere Richtungen. Kurz: Sein Herz hat Gründe, die die Vernunft nicht kennt (sicher kannten Condillac und Keralio diesen Spruch von Pascal). Es besteht daher der Verdacht, dass Ferdinand wie ein Papagei das nachspricht, was man ihm eingetrichtert hat ohne daran zu glauben. Dass er sich so graziös bewegt wie die damals in Mode gekommenen mechanischen Aufziehpuppen, er damit aber die Anwesenden täuscht und betrügt und eigentlich ganz woanders lebt.

"Nach dem Tod Phillipps entwickelt Ferdinand in seiner Trauer und Melancholie eine Zuneigung zu den bigottesten und traditionalistischsten Personen aus dem Umfeld seines Vaters: zum Vogt von Rohan und vor allem zum Conte Lucchino del Verme, die Philipp bis zum letzten Atemzug Beistand geleistet haben. Er gibt sich nun noch mehr seinen Gebeten und Andachten hin, die er stets mit Kindereien begleitet. Zum Fest des

Heiligen Rosenkranzes 1765 wohnt er der Messe, dem Abendsegen und der Prozession bei" (ebd., 62). „*Die Anhäufung seiner Heiligenbilder und Reliquien, die er in seinen Schränken versteckt*", stimmen die Lehrer nachdenklich. „*Die Wahrheit über seine Bigotterie enthüllt uns Ferdinand selbst in seinem Tagebuch im Sommer auf seinem Landsitz in Colorno. Freier als in Parma gibt er sich hier seiner Frömmigkeit hin, ohne sich zurückhalten zu müssen. Er geht von Kirche zu Kirche, nichts als Segnungen, Oratorien, Gebete, Gesänge, Glockengeläute usw., und zwischendurch Besuche bei den Bauern und Mönchen, die seinen Aberglauben teilen*" (ebd., 66),

schreibt Badinter, die sich damit beinahe auf die Seite der aufklärerischen Schulmeister stellt, so wenig scheint auch sie dessen mittlerweile exzessiven Obsessionen nachvollziehen zu können. Alarmiert von Keralio schreibt Condillac Ferdinand aus Frankreich:

„*Ich wurde letzten Dienstag dem König* (er hätte auch schreiben können: Ihrem Großvater, M. S.) *vorgestellt und zu Ihrer Person befragt. Ihre Erziehung hat hier für viel Aufsehen gesorgt, und man hat eine hohe Meinung von Ihnen. Ich habe diese Ansicht unterstützt, indem ich all das Gute gesagt habe, das ich über sie denke, denn ich denke es tatsächlich. Aber Sie merken wohl, dass ich das Schlechte verheimlichen musste, und diese Verheimlichung ist eine Lüge, denn sie sucht etwas vorzutäuschen. Ich werde mir diese Lüge mein Leben lang vorwerfen, wenn sie sich nicht bessern, aber ich hoffe sehr, dass Sie sich so sehr bessern, dass man nichts von meiner Lüge ahnen wird. […] Hier glaubt man, dem König zu gefallen, wenn man viel Gutes über Sie sagt. Doch diese Illusion ist nicht von Dauer*" (ebd., 63 f.).

Hier scheint das Urteil bereits gefällt, wobei es beinahe perfide ist, dass Condillac erst lügt und dann auch noch die Verantwortung für die Folgen der Lüge seinem Zögling aufbürdet. Nicht er, sondern Ferdinand steht plötzlich als Betrüger dar, der für Illusionen sorgt. Das Ende: „*Ich würde mich zu Tode grämen, wenn die Öffentlichkeit sie nicht so schätzt, wie ich Sie liebe*" klingt durchaus glaubhaft. Aber nicht wegen der Liebe, die beteuert wird, sondern wegen der Kränkung, die er als wahrscheinlich beschwört und doch noch verhindern möchte. Badinters Frage: „*Sorgt sich Condillac in Wahrheit mehr um den Ruf des Fürsten oder um seinen eigenen Ruf?*", scheint mir klar beantwortet werden zu können: „*Was immer er auch behauptet, das Scheitern des Fürsten würde als das seiner Erziehung gelten oder womöglich noch schlimmer, als das Scheitern seiner Philosophie*" (ebd., 65).

Mit keinem Wort aber werden in den Reflexionen der drei maßgeblichen einflussnehmenden Personen Selbstzweifel ihrem Handeln oder Zögling gegenüber erwähnt: Waren wir zu hart zu ihm? Haben wir ihn überfordert? War es nicht doch zu viel? Haben wir ihn genug gelobt für seine Bemühungen? Offensichtlich hatten die klugen Männer keine…

E) Fünfte Etappe: Zwischen den Cliquen und offene Rebellion gemeinsam mit seiner Frau

Wir haben bereits gehört, dass sich Ferdinand nach dem Tod des Vaters anderen väterlichen Männern zuwandte, solchen, die auch mit seinem Vater in engen Kontakt standen. Von seinen geistigen Vätern scheint er nicht das bekommen zu haben, was man sich nach einem so schmerzvollen Verlust erwartet.

Inzwischen hatte du Tillot einige Maßnahmen im Herzogtum Parma ergriffen, die gleichermaßen den Klerus wie auch den Adel gegen ihn aufbrachten und damit ausgerechnet auch die Männer, zu denen sich Ferdinand besonders hingezogen fühlte und die ihn, nicht ohne damit eigene Interessen zu verfolgen, unter ihre Fittiche genommen hatten. Zunächst hatte du Tillot es gewagt, die Privilegien der Kirche und Orden zu beschneiden:

„Diese besaßen in den Staaten der Herzöge von Parma drei Viertel des Grundbesitzes und entrichteten keine Steuern. Nach sieben Jahren vergeblichen Verhandlungen mit dem Klerus und dem Pabst hatte noch der Infant Phillipp im Januar 1756 ein Edikt gegen diese Privilegien erlassen" (ebd., 76).

Letztlich verpufft das Ganze ohne Wirkung, die Kirchenmänner versteckten ihre Pfründe lediglich besser vor dem Zugriff des Herzogs oder anders gesagt, dessen Hauptsteuereintreiber du Tillot. *„Zwei Jahre später ließ du Tillot Ferdinand weitere Edikte unterschreiben, die auch die Weltgeistlichen der Steuer unterwarfen"* (ebd.). Dieses Mal wohl auch Kontrollmechanismen ausgestattet, die sich nicht so leicht aushebeln ließen. Wenig später hatte es du Tillot gewagt, die Inquisition aus Parma zu verbannen und mit ihnen die Jesuiten:

„Die Geistlichen reagierten darauf mit lautstarkem Protest, dem sich die italienischen Traditionalisten anschließen. Angeführt wird die Rebellion von del Verme" (ebd., 76). *„Um der Aufruhrstimmung ein Ende zu setzen, beschließt du Tillot den achtzigjährigen Conte del Verme seines Amtes als Hauptmann der Leibwache zu entheben und ihn vom Hof zu entfernen"* (ebd., 77).

Sicher hatte du Tillot schon seit Längerem bemerkt, dass der Conte del Verme und seine Clique an dem Infanten zogen und zerrten, wo es nur ging. Ferdinand macht – wie wenig überzeugt auch immer – erst einmal mit, was du Tillot ihm anträgt und unterschreibt die Edikte, die ihm schließlich seine ökonomische Zukunft sichern sollen – was bleibt ihm anderes übrig!

Aber er wird weiter von del Verme umgarnt und schätzt diesen Freund seines Vaters aufrichtig. So beginnt er mit diesem eine heimliche Korrespondenz aufzunehmen: Sie sind sich einig gegen du Tillot; nur was tun? Noch fühlt sich Ferdinand auf du Tillot angewiesen, noch rät auch Keralio ihm unbedingt auf diesen klugen Mann zu hören. Aber bereits „*im Oktober 1769 bemerken Tillot und alle, die mit dem Infanten in Berührung kommen, dass dieser ihn verabscheut* (ebd.). Aber was zählen die persönlichen Ressentiments eines Jugendlichen?

> „*Du Tillot besitzt außerhalb Parmas einen glänzenden Ruf. Niemand bestreitet sein Verdienst, Parma, eine beispiellose Betriebsamkeit und einen noch nie dagewesenen Glanz verliehen zu haben. Zudem unterhält er ausgezeichnete Beziehungen zu den Außenministerin Choiseul in Versailles und Grimaldi in Madrid, die ihm für seine Politik, welche die beiden Schutzmächte respektiert, Anerkennung zollen. In Wien bekundet Maria Theresia persönlich ihr großes Vertrauen in diesen Mann und seine Politik*" (ebd., 80).

So kommt es zu einer Art Patt-Situation: Du Tillot muss einsehen, dass er von Ferdinand abgelehnt wird und dabei von einer mächtigen Clique von Einheimischen bestätigt und angestachelt wird. Ferdinand hingegen spürt, dass mächtige Kräfte hinter dem Mann stehen, den er von Herzen verabscheut.

Diese Situation ändert sich erst mit dem Auftritt einer neuen Person: der Gemahlin des Infanten, Maria Amalia von Österreich. Diese hegt von vornherein einen Groll gegen den Minister, weil sie weiß, „*dass sie nicht du Tillots Wunschkandidatin für die Heirat war*" (ebd., 71). Gleichzeitig gelingt es ihr sofort, großen Einfluss auf den Infanten Ferdinand zu gewinnen: Sie ist fünf Jahre älter als er und kann ihn aufgrund einer für ihn vermutlich peinlichen Schwäche, die er an den Tag legt, sofort dominieren. Denn er ist impotent und kann die Ehe mit ihr nicht vollziehen. Warum? „*Es handelt sich nicht um eine Phimose, sondern wohl um eine aus mangelnder Hygiene resultierende Verkürzung des Vorhautbändchens, die ihm starke Schmerzen verursacht, sobald der Penis steif wird. Der ganze Hofstaat weiß bescheid und La Houze* (der französische Botschafter, M. S.)" kann einen detaillierten Bericht über die heikle Angelegenheit und ihre medizinische Behandlung nach Versailles senden (ebd., 72). Es wird über drei Monate dauern, bis das Problem behoben ist:

> „*Unschwer kann man sich vorstellen, welche Ausmaße ihre Unzufriedenheit und Ferdinands Erniedrigung im Laufe dieser dreieinhalb Monate annehmen. Er benimmt sich ihr gegenüber wie ein beschämtes Kind gegenüber seiner Mama*" (ebd.).

Unwillkürlich fragt man sich, ob hier nicht auch ein Versagen Keralios vorliegt? Hat er nicht jahrelang mit dem Infanten in einem Zimmer geschlafen? Hat er ihm nicht beigebracht, wie man sich wäscht und welche Hygienemaßnahmen die eigenen Genitalien erfordern?

Ferdinand und Amalia finden zueinander. In sexueller Hinsicht, aber auch als Paar, das sich einig ist in Bezug auf die Vergnügungen, die sie miteinander erleben wollen, aber vor allem gegen du Tillot. Mit Amalia im Rücken ist Ferdinand nun entschlossen diesen und seine frankophile Clique zu Fall zu bringen:

„Das Fanal wird gleich in den ersten Augusttagen gesetzt, als das Paar den Conte Lucchino del Verme an den Hof zurückholt, der vier Monate zuvor nach Piacenza verbannt worden war" (ebd., 74). Du Tillot versteht sofort, wer die Drahtzieherin dieser gegen ihn gerichteten Opposition ist, und versucht es gütlich: *„Madame"*, wendet er sich in einem Brief an Amalia, *„die Rückkehr des Conte del Verme an den Hof wird die Aufruhrstimmung unter den Mönchen und Geistlichen, deren Sache er unterstützt, weiter anheizen"* (ebd.).

Er blitzt ab. Die ihm Verdächtigen dürfen bleiben und nehmen bald mehr und mehr Raum ein. Vermutlich ist du Tillot rasch klar, dass ihm von nun an ein schlagkräftiges Paar gegenübersteht, das seine Entscheidungen aushebeln und sabotieren kann. Er beschließt, seinen Abschied zu nehmen, und kündigt: Damit alarmiert er freilich die mitinvolvierten, anderen Königshäuser: das französische, das spanische und auch das österreichische. Diese bestehen darauf, dass er die Amtsgeschäfte weiterführt, und halten ihn gerade angesichts der Eskapaden des jungen Paares für einen unverzichtbaren Stellvertreter, insbesondere ihrer Interessen. Schließlich überlebt das Herzogtum Parma *„nur dank der finanziellen Zuwendungen der Franzosen und Spanier, was den Letzteren das Recht gibt, sich dem Willen des jungen Paares zu widersetzen"* (ebd., 80).

Aber Ferdinand und Amalia geben nicht auf. Drei Versuche unternehmen die großen Mächte, das Herzogenpaar zum Einlenken zu bewegen: Erst werden Briefe geschrieben, dann Sonderbotschaftergeschickt und Keralio dazu motiviert, Kontakt zu seinem ehemaligen Zögling aufzunehmen und eine Versöhnung zwischen Ferdinand und du Tillot zu erreichen (ebd., 82 f.). Ferdinand und seine Frau verwenden jedes Mal das gleiche Muster, um diese Versuche ins Leere laufen zu lassen: Sie lenken scheinbar ein, halten auch für zwei, drei Monate die Füße still, um dann du Tillot mit Vorwürfen und oppositionellen Entscheidungen zu konfrontieren. Besonders aufschlussreich ist eine Anklageschrift, die Ferdinand verfasst, um du Tillots Entlassung zu fordern, indem er dessen früheren Grausamkeiten gegen ihn als Kind anprangert: *„Er erinnert an die Härte seiner Erziehung, für die er du Tillot alleine verantwortlich macht. Seiner Darstellung nach waren alle davon unterrichtet, aber ließen ihm freie Hand"* (ebd., 78). Ferdinand gibt an, von ihm regemäßig mit Fausthieben, Fußtritten und Stockschlägen traktiert und massiv eingeschüchtert worden zu sein (ebd.). Keralio hätte sogar versucht zu seinen Gunsten einzugreifen, aber sei von du Tillot getäuscht worden, ja noch mehr, er hätte ihm Keralio, seinen Erzieher und Lehrmeister abspenstig gemacht, für sich selbst gewonnen und ihm damit einen guten Freund entzogen (ebd.).

Das ist Unsinn. Du Tillot hatte mit der eigentlichen Erziehung von Ferdinand und mit konkreten Maßnahmen, gar Bestrafungen, nichts zu tun, das ist gut verbürgt (ebd., 78 f.). Man kennt solche, einerseits falschen, andererseits von den Absendern durchaus für wahr gehaltenen Vorwürfe, aus hocheskalierten Konflikten zwischen Ehepaaren, die beide Seiten (die außerhalb dieses Kontextes vernünftig denken können) in immer wahnhaftere Realitätsverzerrungen hineinziehen. Ab einem bestimmten Eskalationsgrad gehört es mit zum Muster, dem Anderen Ehebruch, Diebstahl, Steuerhinterziehung, aber noch viel wesentlicher Misshandlung und sexuellen Missbrauch oder Vergewaltigung vorzuwerfen, entweder der eigenen Person oder der gemeinsamen Kinder (Alberstötter 2012). Häufig werden diese Vorwürfe unter Assistenz von Familienangehörigen und Freunden erhoben, die in dieser Dynamik ebenfalls nur noch schwarz-weiß malen können; diese Art von Zuspruch scheint hier Amalia gegeben zu haben. Der Sinn dieser Vorwürfe ist es, du Tillot mit allen Mitteln zu diskreditieren, in der Hoffnung, damit das Ruder herumwerfen zu können.

Solchen Dynamiken liegen *„Gründe des Herzens"* zugrunde (siehe die Überschrift des Kapitels), die nur psychoanalytisch zu verstehen sind. Es handelt sich dabei um die Kombination von zwei *Abwehrvorgängen*: dem der Spaltung und dem der Verschiebung. Im Wesentlichen geht es darum, dass Keralio für Ferdinand eine *ambivalente Figur* gewesen ist, einerseits geliebt, andererseits gefürchtet und gehasst. Ähnliches kann man für die Beziehung Ferdinands zu seinen Eltern annehmen: Er wird sich wiederholt gefragt haben, warum diese ihn solchen Härten aussetzen, ihn so oft alleine lassen und dann auch noch mit so strengen und strafenden Lehrern. Er wird auch an seinen Eltern gezweifelt haben und wollte sie doch, gerade nach ihrem Tod, als gute, ihm liebevoll zugetane Eltern erinnern (können). Für solche Ambivalenzkonflikte bietet sich die *Spaltung* an: Man macht aus der ambivalent empfundenen Person, die man geliebt und gehasst hat, der man gefallen und die man loswerden wollte, eine durch und durch gute Person und schiebt deren negativen Anteile, die in der eigenen Seele einen Platz beanspruchen, jemand anderem zu. Dafür eignet sich du Tillot, weil er einerseits mit den beiden anderen Männern „in engster Vertrautheit" und „geistigen und seelischem Einverständnis" verkehrt – so verbindet sich sein Bild mit den anderen Personen, und weil Ferdinand andererseits zu ihm als einzigem keine engere Beziehung aufgebaut, er also keine Rücksicht auf ihn nehmen muss. Wenn Ferdinand, nach dem Verschwinden der beiden Anderen, du Tillot als Quelle allen Übels anprangert und verabscheut, beklagt er im Grunde alle Momente und Szenen, in denen er Keralio, Condillac und vermutlich auch seine Eltern gehasst hat und loswerden wollte, aber schützt diese zugleich davor, weil nun du Tillot zur Zielscheibe aller negativen Gefühle geworden ist. Solche *Verschiebungen* intensiver Hassgefühle von einer auf andere – relativ unschuldige – Personen wurden in vielen Therapien aufgedeckt und sind häufig beschrieben worden (Klein/Riviere 1983).

Wir wissen nicht wie die königlichen Familien und ihre Diplomaten mit diesen Vorwürfen umgegangen sind. Fakt ist, dass du Tillot zunächst weiter am Ruder blieb: Die Situation änderte sich erst zwei Jahre später, als der französische Botschafter abgelöst wird. Dieser überwirft sich (aus nebensächlichen und eher eitlen Gründen) ebenfalls mit du Tillot und ergreift die Partei von Ferdinand und Amalia. So lange sich die Erwachsenen einig waren, musste sich das junge Paar immer wieder fügen und versuchte sich so oft und so weit weg wie möglich abzulenken und zu vergnügen. In dem Moment, wo sie spüren, dass es auch unter den Erwachsenen Konflikte gibt, schöpfen sie wieder Hoffnung und begehren auf: Ferdinand schreibt einen Brief an seinen Großvater, den König von Spanien, und verlangt, dass Emissäre nach Parma entsandt werden, um ihn zu hören und sich selbst ein Bild von der Lage zu machen. Auch wenn sie die Parteilichkeit des neuen Botschafters sofort durchschauen und keinerlei substantiellen Vorwurf gegen du Tillot verifizieren können, *„ist die Situation doch an einen Punkt angekommen, wo er abtreten muss. Der allseits bekundete Hass, der ihn umgibt, macht jede gütliche Verständigung unmöglich. Zwei Wochen später verlässt du Tillot das Herzogtum, ausgestattet mit einer respektablen Rente"* (ebd., 89).

Damit endet das groß angelegte *pädagogische Projekt* in einem Fiasko. Ferdinand holt kurze Zeit nach dem Abgang du Tillots die katholischen Traditionalisten zurück nach Parma (ebd., 109) und unterwirft sich dem Papst (ebd., 110); er macht die Verbannung des Inquisitionsgerichts rückgängig (ebd., 120) und eröffnet erneut elf der zwölf geschlossenen Klöster (ebd., 113). Er wird weiter seinen religiös inspirierten Obsessionen nachgehen – aber einen Teil davon aller Vermutung nach in andere Bahnen lenken und auf der Grundlage der sexuellen Erfahrungen, die er mit Amalia gemacht hat, weiterentwickeln. Amalia und Ferdinand werden zusammen vier Kinder haben, zwar überwiegend getrennt leben, aber das einvernehmlich. Er wird weitere Prozessionen und Pilgerreisen unternehmen, die Tracht der Dominikaner unter seinem Hemd tragen und ein Leben lang den Beitritt in deren Orden ersehnen. Er wird sich aus der Politik und der Führung von Ämtern heraushalten, sich aber gerne im Kreis einfacher Bauern aufhalten, inkognito oder auch als ihr Fürst, der sich mit ihnen amüsieren und ihre Vergnügungen und Scherze goutieren kann. Aber er wird nichts tun, was seinen mühsam aufgebauten Ruf als *moderner Monarch* oder den durch seine Erziehung erlangten Ruhm seiner Lehrer rechtfertigt.

F) Sechste Etappe: Aufflackern in späteren Jahren

Zwei Besonderheiten seiner weiteren Entwicklung als Mann bleiben zu berichten, die noch einmal ein Licht auf seine frühen Prägungen als Kind werfen:

> *„Bei aller Gottergebenheit ist der Infant alles andere als ein Asket. Äußerst sinnlich veranlagt [...] organisiert er seine nächtlichen Vergnügungen: Er lässt Bäuerinnen in seiner Gegenwart tanzen, an einem außerhalb seines Palastes gelegenen Ort, der sogenannten Fasanerie. [...]. Im Übrigen sind die Bälle immer höchst geheim"* (Badinter 2010a, 116 f.).

Ein Augenzeuge sieht den Herzog aus einer Kutsche aussteigen und mit ihm sieben kokett gekleidete, hübsche, dralle Bäuerinnen (ebd.). Des Weiteren munkelt man, dass er diese Frauen gerne in seinen Kapellen platziert und dann nach und nach besucht. Sein Kreuzgang, der bekanntlich vierzehn Stationen umfasst, ist demnach zugleich ein Lustgang, der mehrere Stadien erotischer Stimulierung bis zum Höhepunkt in der vierzehnten Kapelle vereint. Man weiß es nicht genau, aber die Gerüchte werden von unterschiedlichen Beobachtern über mehrere Jahre verbreitet und gestreut und halten an.

Die zweite steht im Kontrast zur ersten und macht deutlich, dass wir uns Ferdinand als ein Bündel von Widersprüchen vorstellen müssen. Mehrere Gäste, darunter Gustav III., König von Schweden, und ein wirklich aufgeklärter Monarch, überliefert mit Ferdinand einen sehr gebildeten Mann getroffen zu haben, der seine naturwissenschaftlichen Studien fortsetzte und sich sozusagen auf dem neuesten Stand der Zeit befand (ebd., 121). Gleichzeitig wird er als sanft, freundlich, sympathisch und bescheiden geschildert (ebd.).

2.5 Gründe für das Scheitern

Hier zunächst einige *pädagogisch-psychologische* Hypothesen für das Scheitern des Bildungsprojekts. Sie betreffen zunächst nur die *Erziehung des Infanten*, also das *Misslingen eines individuellen Entwicklungsprozesses*, darüber hinaus aber auch das *Erziehungsprojekt* der Eltern (vor allem der Mutter), die dieses zu einer Angelegenheit des Hofes von Parma gemacht hatte und dafür auch den leitenden Minister (du Tillot) gewonnen hatte. Schließlich betrifft das Scheitern die offiziell beauftragten Lehrer, welche die zentralen Säulen des Projekts darstellten:

- Wer sich so oft der Strenge in Kombination mit Körperstrafen bedient wie hier, bringt einen ängstlich bemühten, angepassten Zögling hervor, der zentrale Bereiche seines Innenlebens abspaltet und geheim hält. Auf dieser Grundlage können sich Vertrauen und Beziehung nicht entwickeln. Die Lehrer bleiben ihrem Zögling in emotionaler Hinsicht fremd oder lassen eine beziehungsbezogene Leere in ihm aufkommen, die andere, wenn auch aufgrund eigener Interessen, rasch füllen können.
- Wer so einseitig auf Vernunft setzt und alles ihm irrational Erscheinende auszuschließen versucht, verstärkt ungewollt die Faszination des Irrationalen. Badinter schreibt dazu:

  > „[D]*ie grosse Schwäche der Aufklärung: Man hatte die Vernunft entdeckt – aber man wusste nichts vom Unbewussten. Voilà. Diese wichtige Kategorie für das Verständnis des Menschen gab es ganz einfach nicht. Also dachte man sich: Wenn man die Vernunft bildet, wird der Mensch vernünftig. Man kann ja den Menschen von damals nicht gut vorwerfen, dass sie Freud nicht gelesen haben*" (Badinter 2010b, 13).

- Wer so wenig von kindlichen Freuden versteht und sie so wenig zu teilen bereit ist wie Keralio und de Condillac, muss sich nicht wundern, dass der Zögling sich dort hinwendet, wo diese Freuden und Vorlieben geteilt und nicht verurteilt werden.
- Wer so wenig wie die Eltern des Infanten darüber Bescheid weiß, wer die geheimen oder sich offen zeigenden Mit- und Nebenerzieher:innen sind und was diese an den Haltungen und Methoden der offiziellen Erzieher falsch finden, muss sich nicht wundern, wenn das Kind/der Zögling in anhaltende Spannungen und Stress gerät, weil mehrere Andere mit unterschiedlichen Interessen an ihm ziehen und zerren. Die Eltern haben das pädagogische Projekt gewünscht und organisiert – oder doch nur die Mutter? -; aber nicht ernsthaft überprüft oder auch nicht sehen wollen, wer ihren Auftrag missbilligt und sabotiert. Vor allem der Vater war den Gegnern des Projekts freundschaftlich verbunden und ist diesen nicht entgegengetreten. Er hat die Auseinandersetzung mit dieser Clique seinem Minister überlassen und sich selbst eher „bedeckt" gehalten. Insofern haben wir es bei beiden Eltern mit Blick auf das Projekt mit *schwachen Auftraggeber:innen* zu tun und könnten dem Vater sogar unterstellen; einen *paradoxen Auftrag* an die Adresse der Lehrer gerichtet zu haben: *„Erzieht unseren Sohn modern, aber lasst alle Vormodernen seinen besten Freunde sein!"* (s. a. Kap. 13.2). Dieser Widersprüchlichkeit wurden weder Eltern noch Lehrer gewahr.
- Wer die *politischen Machtverhältnisse*, die dem eigenen Erziehungsprojekt entgegenstehen, so wenig kennt wie die drei Männer – Keralio, du Tillot und der Abbé de Condillac –, muss in dieser Hinsicht naiv oder blind genannt werden. Er führt damit ein zum Scheitern verurteiltes Erziehungsprojekt auf dem Rücken eines Kindes aus, das vermutlich spürt, dass es nicht um es selbst geht, sondern um einen Machtkampf zwischen Erwachsenen.

Auch wenn die Gründe für das Scheitern auf der Hand zu liegen scheinen, muss man sich klar machen, dass es beim heutigen Stand des Wissens einfach ist, sie zu sehen. Auch Badinter zeigt in ihrer Bemerkung über das *Unbewusste*, dass sie nichts von einer Klugheit hält, die der Epoche nicht zur Verfügung stand. Interessanter ist vielmehr die Vermutung, dass Keralio und noch mehr de Condillac von eigenen Erkenntnissen abgewichen sind oder ihr Erkenntnisvermögen in dem Projekt nicht optimal zum Einsatz gebracht haben. Bei Condillac sind die Widersprüche zwischen Theorie und Praxis offenkundig (siehe oben in Kapitel 2.2.1 und Stoeber 2009). Bei dem, was man über Keralio weiß, kann man annehmen, dass er anderen Jugendlichen ein besserer Mentor gewesen ist (ebenfalls Kapitel 2.2.1). Standen die beiden so sehr unter Druck, dass sie beim Infanten erzwingen wollten, was mit Zwang nicht zu erreichen ist?

Für andere Hypothesen muss man auf die frühe Kindheit rekurrieren und damit wiederum auf theoretische Zusammenhänge, die den beiden Lehrern noch nicht zugänglich waren (wohl aber schon Rousseau, wie dieser im ersten Buch seines „Emile" unter Beweis gestellt hat). Erinnern wir uns: Dem Auftrag an Keralio und de Condillac zur Erziehung des Infanten, gehen zwei andere, wenn auch weniger offizielle *pädagogische Projekte* voraus: Bereits kurz nach der Geburt wird er einer Gouvernante anvertraut, die ihrerseits eine Amme anleitet, die ihn ihm nach festem Plan die Brust zu reichen hat, und ihm nach und nach beibringt, wie er sich sauber zu halten hat, wie man manierlich isst und (seine Eltern und den Hofstaat) anständig grüßt (Badinter 2010a, 11). Das andere Projekt haben wir bereits oben erwähnt (siehe oben Kapitel 2.2.4): Im zarten Alter von vier Jahren wird der Jesuitenpater Thomas Fumeron bestellt seine religiöse Erziehung zu übernehmen, zu der, vermutlich mit dem Ziel sich in die Heilige Schrift zu vertiefen, auch das Lesen-Lernen gehört (ebd., 14). „*Während sich der Infant mit dem Erlernen des Letzteren schwertut, findet er sofort Gefallen an der Geschichte der Heiligen, an Andachtsbildern und Reliquien.*" Dieses spontane Gefallen wird durch zwei Ereignisse bekräftigt, die für ihn Schlüsselerlebnisse dargestellt haben und die er nachträglich vermutlich für an Wunder grenzende Ereignisse gehalten hat: Das eine Mal heilte ihn das Küssen eines Bildes eines Heiligen von der Unfähigkeit lesen zu lernen. Noch am selben Tag „*begann ich korrekt zu lesen*" (ebd., 14). Das zweite Mal befreite ihn eine Reliquie von heftigen Schmerzen (und vermutlich auch von der Angst ersticken zu müssen) nach dem Verschlucken und Steckenbleibens eines Bonbons (ebd.).

Zwei Gesichtspunkte scheinen mir an diesen frühen Erfahrungen von Ferdinand wichtig: Zum einen, dass das *pädagogische Projekt* von Keralio und Condillac auf ein vorangegangenes Projekt aufbaute, dessen Bedeutung für den jungen Infanten und dessen Prägung, das es ihm bereits vermittelt hatte, offensichtlich unterschätzt wurde. Ferdinand war nie die tabula rasa, die sich seine Lehrer wohl unter seiner Person vorgestellt haben. Auch wenn sechs Jahre ein frühes Alter sind um eine Erziehung zu beginnen, die auf die Entwicklung des Geistes, des Denkens und des sozialen Verhaltens zielt, wissen wir heute, dass in den ersten Lebensjahren entscheidende Vorlieben und Charaktereigenschaften geprägt werden. Dass er eine innige Zuwendung zur Religion vollzogen hatte, scheint zum einen von den Erzählungen des Paters angeregt worden zu sein, der ihm damit Stoff und Nahrung für seine Phantasien angeboten hatte. Zum anderen aber auch durch leibhafte Erfahrungen des sich-Auflösens von Spannungen, wie der eher psychischen Anspannung des Lesen-Müssens und Nicht- Könnens sowie der Verkrampfung der Halsmuskulatur beim Verschlucken des Bonbons. Wenn Religion aber zugleich die eigenen Phantasien anspricht wie auch leibnah für Entspannung sorgt, so erhält sie damit eine bedeutsame, positive emotionale Auflading und es wird klar, warum der Infant nicht von ihr lassen wollte und immer wieder Zuflucht zu ihr suchte.

Interessanterweise – und hier bietet sich wiederum eine psychoanalytische Hypothese an – scheint sich der Infant schon immer, oder aber zumindest ab einem bestimmten Punkt seiner Entwicklung, der Religionsausübung nicht nur naiv und „unschuldig" hingegeben zu haben. Wenn wir uns an ihren obsessiven, drängenden Charakter erinnern, kann man vermuten, dass in dem Interesse an Religion von Anfang an etwas Leibnahes und Triebhaftes beigemengt war. Denken wir daran wie die Kirchen im Spätbarock ausgestattet waren: Üppig geschmückt mit Darstellungen von Märtyrern, denen das Blut den Leib hinunterläuft, mit vielen nackten Engeln – und wie die Heiligen, gerade die weiblichen dargestellt wurden: mit schmachtendem Blick, halb entblößte Bräute Christi, der Vereinigung mit ihrem Herrn Jesus entgegenfiebernd. Die religiöse Atmosphäre in den Kirchen war wahrscheinlich niemals vorher und nie mehr nachher so körperlich wie zu dieser Zeit. Auch die religiösen Rituale des Infanten sind Triebnahe und Trieb-offen, schon einmal deswegen, weil er sie anstatt zu lernen als Fluchten vor den rationalen Ansprüchen, die mit dem Lernen verbunden sind, praktiziert.

Wenn es stimmt (siehe oben), dass er sie später als Mann auch mit erotischen Phantasien auflädt und mit sexuellen Praktiken verbindet, kann man darin eine *Kompromissbildung* sehen. Einerseits bleibt er der Religion und den Formen der ordentlichen, katholischen Religionsausübung treu; andererseits ist er der Religion unter dem Einfluss seiner aufklärerischen Lehrer ein Stück weit entfremdet worden, so dass er sich von ihren Vorschriften und Teilen ihrer Lehre (z. B. der Sündenlehre) ein Stück weit emanzipieren kann. Dadurch öffnet sich dieser Bereich für die Verbindung mit etwas Außer-Religiösem: Zunächst mit Gruppenaktivitäten wie sie der Infant während seiner Pilgerreisen und der von ihm besuchen religiösen Feste kennenlernt, bei deren Vollzug nicht nur gemeinsam gebetet, sondern auch gemeinsam gegessen, getrunken und getanzt wird; katholische Patronatsfeste waren immer auch Gelegenheiten zwischen den Geschlechtern anzubändeln und sich – bei dem allgemeinen Getümmel – in eine stille Ecke zurückzuziehen, um Sex zu haben. Meiner Vermutung nach entwickelte der Infant eine spannungsreiche, aber kreative Mischung aus religiösen und erotischen Impulsen: Wenn er Jahre später den Kreuzweg vollzieht, bleibt er einerseits der Religion treu; wenn er aber in den Kapellen auch Frauen empfängt, versetzt er die Religion zugleich auch mit etwas anderem, Widersprüchlichen. In diesem können wir die Spuren seiner Lehrer entdecken können, die ihm von der Religion abgeraten und auf den Reichtum der Welt hinweisen haben („*widersprüchlich*" der Form nach, nicht bezogen auf die Inhalte, da beide Lehrer solche Vermischungen wahrscheinlich nicht gutgeheißen hätten).

Wenn es zudem zutrifft, dass er zum Ziel seines eigentlichen Begehrens als Mann vor allem Bäuerinnen gewählt hat, so drückt sich darin vermutlich eine Grunderfahrung seines Standes aus: Alle, die sich ihm, dem Infant, in erzieherischer Weise zuwandten, taten es mit einer gewissen Reserviertheit und mit einem Disziplinierungsgestus gegenüber seinen körperlichen und leibnahen Bedürfnissen. Die einzige, die ihm schlicht und einfach die Brust gereicht hat, war eine bezahlte Amme – wenn nicht eine Bäuerin, dann doch eine Frau aus dem Volk. Nimmt man noch hinzu, dass seine Schwester Isabell ihm lange die Mutter ersetzt hat und ihm auch in emotionaler Hinsicht am nächsten stand, so kann man schlussfolgern, dass sich ihr und ihrem Stand gegenüber, also allen Frauen adeliger Abstammung, ein Berührungs- und Inzesttabu entwickelt hat. Vielleicht spielt Ferdinands Impotenz eine weit größere Rolle als die medizinischen Berichte uns glauben machen. Unbekümmert und freudvoll Sex zu genießen war ihm vielleicht vor allem mit Bäuerinnen möglich, wobei der besondere, erotische Kitzel dazu aus der Amalgamierung von Religion und Sex stammte.

Vertiefe ich mich hier in abgelegene Themen, weil sie mich selbst erotisch stimulieren? Ich hoffe: nein. Mir war wichtig, einen Einblick darin zu geben, was man im psychoanalytischen Sinn unter *„Gründe des Herzens"* verstehen kann: dass merkwürdiges und bizarres Verhalten eine eigene Logik aufweist, die man enträtseln kann. Des Weiteren wollte ich zeigen, dass eine überwiegend auf Wissen und Rationalität setzende Erziehung und Bildung wie in einer Gegenbewegung zur Verstärkung irrationaler Orientierungen führen kann; oder zu *Kompromissbildungen*, bei denen der Eigensinn des Kindes und die Ansprüche seiner Lehrer Verbindungen eingehen können, die diese allerdings nicht gewollt hätten. An anderer Stelle sprach ich davon, dass Erziehung häufig versuche *„mit Spatzen auf Kanonen zu schießen"*, soll heißen, dass sie viel zu schwach ist, um die mächtigen Kräfte und Energieströme, die Kindern zu eigen sind, einschränken zu können (Schwabe 2022a, 413 ff.). Für mich sind Keralio und de Condillac gescheitert, weil sie Erziehung und Bildung zugleich überschätzt haben wie falsch angegangen sind.

2.6 Badinters Konstruktion des Scheiterns

Dass das Erziehungsprojekt als misslungen angesehen werden muss, konstatiert auch Badinter und begründet es vor allem mit der anhaltenden Bindung des Infanten an magisches Denken, abergläubische religiöse Praktiken und die spätere persönliche Unterwerfung unter den Papst, die unmittelbar mit der Rückkehr des Inquisitionsgerichtes nach Parma verbunden war (Badinter 2010a, 106 und 109 f.). In ihren Augen ist das Projekt damit *„vollständig gescheitert"*. Wobei sie zugleich entdramatisiert: *„Parma fiel nicht in die Barbarei zurück, vielmehr in einen Dämmerschlaf, untermalt von dem Läuten der Glocken"* (ebd., 119).

Badinter beschreibt die *Misserfolgsdynamik* dieses pädagogischen Projekts im Rahmen einer historischen Untersuchung, welche auf die Interessensgegensätze der verschiedenen Akteur:innen und Gruppen am Hof von Parma focussiert. Die Eltern, der die Amtsgeschäfte führende Minister und die von ihnen berufenen Lehrer können sich mit ihren Ideen nicht durchsetzen, weil ihnen mächtige Interessen entgegenstehen: in Parma, aber auch von Seiten des Königs von Spanien. So erweist sich der eher beiläufige, aber kontinuierliche Zugriff der Priester – allen voran Fumeron – auf den jungen Infanten als stärker als die später einsetzenden Sozialisierungsversuche. Im Rahmen seiner ersten religiösen Unterweisungen macht der Infant Entdeckungen, die ihm spürbare körperliche Erleichterungen und Orientierung bieten und ihn auch ästhetisch ansprechen. So konstelliert sich beim Infanten eine *innere Abwehr* gegenüber den Erziehungsversuchen von Keralio und Abbé de Condillac. Die *von außen* organisierte Abwehr geht von der Koalition des alt eingesessenen Adels und der Kirche bzw. der Klöster aus, die Reformen feindlich gegenüberstehen und deshalb auch die Versuche einer *modernen Erziehung* oder *Erziehung zur Moderne* als gefährlich und verwerflich betrachten. Die *Vormoderne* in Gestalt der dem Feudalismus verschriebenen Parteien stößt beim Infanten auf mehr Interesse als seine modernen Lehrer, u. a. weil sie Freunde des gestorbenen Vaters waren, ihm nach dessen Tod emotionalen Beistand leisten und der Infant sich über sie mit diesem weiter verbunden fühlen kann.

Badinter analysiert soziologisch-historisch und präsentiert uns ein Geflecht individueller und struktureller Bedingungen und Hintergründe. Sie schildert die didaktischen Prozeduren mit ihrem Übermaß an Lehrstoff, die rigide Kontrolle über Tag und Nacht, die vielen Schläge, die der Infant verabreicht bekam und den eher distanzierten Umgangsstil beider Lehrer gegenüber dem Kind. Aber sie skandalisiert das alles nicht. Als Historikerin ist sie sich bewusst darüber wie verbreitet solche Bildungs- und Erziehungswege in jener Zeit waren und als normal betrachtet wurden (Badinter 2010b, 13 f.). Was Badinter nicht interessiert, ist die Frage „*der Ohnmacht der Erziehung*". Diesen Untertitel haben die deutschen Herausgeber ihrer Studie angehängt. Völlig unpassend, denn diesbezüglich möchte Badinter keinen Nachweis führen. Zudem erweist sich die Erziehung des Infanten durchaus als beides: mächtig und ohnmächtig zugleich.

Es hat lange gedauert bis aus dem braven Kind, das in der Öffentlichkeit vor allem brav war und willig zeigte was es gelernt hatte, ein widerspruchsfähiger junger Mann wurde. Die Erziehung ist auch deswegen gescheitert, da sie ihn qua Unterdrückung genau an das Unerwünschte, die Religion und ihre magischen Praxen, gebunden hat. Und doch ist es dieser invasiven Erziehung nicht gelungen die Subjektivität von Ferdinand zu zerstören. Immer hat er sich einen Kern an Eigenem bewahren können und hat dieses *Kernselbst* (Stern 2003) zugleich geschickt verborgen wie verteidigt, anhaltend und zäh, wenn auch nicht offen. Sicher hat seine Mutter und seine Schwester etwas zur Entstehung und Sicherung dieses *Kernselbst* beigetragen. Im richtigen Moment konnte er aus der Rolle des angepassten Opfers heraustreten und selbst zum Akteur werden. Zu einem, der offen opponiert, auch wenn er dafür die Rückenstärkung Anderer brauchte: seiner Frau und des Conte del Verme. Dafür hat er sich an seine Großväter gewandt und dort um Unterstützung nachgesucht, ein Zeichen dafür, dass das Väterliche für ihn durchaus eine Beziehungsqualität darstellte, die er als solche in sich entdecken und mobilisieren konnte. Dafür wird auch Keralio etwas getan haben, wie ambivalent er ihn als Kind auch immer erlebt haben mag.

Es hätte schlimmer kommen können, wenn man an die Folgen ähnlicher Erziehungsregimes denkt, wie z. B. Schreber sie von Seiten seines Vaters erlebt hat (vgl. Freud 1911/92, Israels 1989). Der Infant Ferdinand wurde immerhin glücksfähig, wenn wohl auch nur eingeschränkt beziehungs- und arbeitsfähig. Die propagierten Erziehungsziele seiner Lehrer und seiner Eltern sind nicht erreicht worden. Insofern ist das Projekt gescheitert – aber wie so oft hat ein Kind am Ende seinen eigenen Weg an der Erziehung und deren Ansprüchen vorbei bzw. durch die Erziehung hindurch gefunden. Es blieb dabei nicht unbeschädigt, wuchs im – heimlichen und offenen – Widerstand gegen die Erwachsenen gerade in Bezug auf sein Durchsetzungsvermögen heran und konnte dabei doch eine Menge Wissenswertes lernen.

3. Erfolgreiche Breitenwirkung trotz mehrfachen Scheiterns: Pestalozzi in Neuhof (1775–1779), Stans (1799) und Burg bzw. Yverdon (1810–1825)

Was motiviert einen Mann, dem ein Projekt nach dem anderen misslingt – landwirtschaftliche, fürsorgerische, unternehmerische, schriftstellerische, journalistische, erzieherische, schulpädagogische – dazu, immer wieder neue anzugehen? Wie kommt es, dass er trotz des *Scheiterns* etlicher dieser Projekte, erst als Schriftsteller, dann als Pädagoge immer bekannter und anerkannter wird? Was vollbringt er an Leistungen, die bewirken, dass ihm das Misslingen seiner praktischen (pädagogischen) Unternehmungen nachgesehen wird? Wer sorgt dafür, dass seine Leistungen bekannt gemacht und anerkannt werden? Kann man die Bereiche des Scheiterns und der Leistungen klar voneinander trennen und verschiedenen Bereichen zuordnen oder sind sie, wenn auch nicht auf den ersten Blick, doch miteinander verwoben? Beispielsweise der Bereich der Praxis und der der Theoriebildung? Stehen eigene Interessen dahinter, wenn Andere diesem Pädagogen trotz seiner Misserfolge die Treue halten und ihn fördern? Oder zieht er diese mit seiner Persönlichkeit und seinem Charisma in Bann? Wie deutlich registriert dieser Pädagoge die einzelnen Misserfolge im Lauf seiner Karriere? Erkennt er, woran er scheitert und warum? Und wie resümiert und reflektiert er als alter Mann seinen Werdegang und seine Leistungen über die Spanne seines Lebens hinweg? Welchen Platz räumt er selbst seinen Misserfolgen ein? Worüber äußert er sich stolz und zufrieden? Zeigt sich der „große Pädagoge" am Ende – gerade wegen der vielfach erlebten Misserfolge – als ein Meister in der Reflexion des Scheiterns?

Es muss heutige Pädagog:innen verwundern, kann sie mit Blick auf eigene Schwächen aber auch beruhigen, dass einem der weltweit bekanntesten Pädagogen ein so häufiges *Scheitern* attestiert wird. Dass Projekte schief gehen können, scheint demnach nicht so selten und für die eigene Reputation gar nicht so schlimm zu sein. Für Andere mag diese Zuschreibung aber mit einer Irritation verbunden sein. Vielleicht verdächtigen sie den Autor dieses Kapitels mutwillig ein anerkanntes Idol angreifen und beschädigen zu wollen? Wir werden darauf zurückkommen.

Im Kapitel über Pestalozzi, der ein fleißiger Schreiber war, wird der Schwerpunkt dieses Buches auf Projekt-Entwicklung als *Geschichte institutionalisierter pädagogischer Praxis* und die damit einhergehende Vernachlässigung von *Ideen-Geschichte* als Chronologie der Verflechtung von Theorieelementen besonders deutlich. Ich gehe nur auf die Theoriebausteine von Pestalozzi ein, die relativ unmittelbar für sein praktisches Handeln und sein Wirken in Institutionen relevant waren und lasse damit viele anthropologische und pädagogische Theoriebezüge, die bei Pestalozzi ein reiches Eigenleben führen, beiseite. Von seinen mehr als hundert Werken wird hier nur aus fünf zitiert und finden nur sieben eine Erwähnung. Sein Konzept der *Elementarbildung* mag zentral stehen (Böhm 2008), bleibt hier aber weitgehend unerörtert. Das bitte ich die Leser:innen zu berücksichtigen.

3.1 Pestalozzis Kindheit, Jugend und junges Erwachsenenalter

Johann Heinrich Pestalozzi wurde im Januar 1746 in Zürich geboren und starb im Februar 1827 im Alter von 81 Jahren in Brugg. Dass er einmal der berühmteste Pädagoge in West und Ost werden würde, hat er selbst sicher nicht gedacht. Schon deswegen nicht, weil er zunächst gar nicht Pädagoge werden wollte – aber davon später. Sein Vater, der als eine Art Hilfsarzt bzw. Bader arbeitete, starb mit nur 33 Jahren, als Pestalozzi selbst fünf Jahre alt war. Angeblich hat er auf seinem Totenbett der Magd das Versprechen abgenommen im Haushalt zu bleiben, weil er seiner Frau nicht genügend Ausdauer, Kraft und Lebensmut zutraute, es alleine mit den verbliebenen drei Kindern zu schaffen. Denn von den einst sieben waren vier bereits in jungen Jahren gestorben (Hebenstreit 1996, 20).

> *„Sein Bruder wird ihn später auf dem Neuhof um einen größeren Geldbetrag betrügen und damit anonym nach Amerika entschwinden; seine Schwester wird nach Leipzig gehen und dort heiraten"* und damit als Gegenüber keine große Rolle mehr für ihn spielen (ebd., 20). *„Johann Heinrich wird so von zwei Frauen, seiner Mutter und der Magd, erzogen. Wirtschaftliche Sorgen bestimmen seine Kindheit. Man will die Zugehörigkeit zur Mittelschicht in der Stadt nicht aufgeben, hat also ein Maß an Repräsentationskosten zu verkraften, doch innerhalb der Familie herrscht äußerste Sparsamkeit. Der alte Pestalozzi erinnert sich daran wie er und seine Geschwister im Haus gehalten wurden, um die Kleider beim Spielen auf der Straße nicht abzunutzen"* (ebd.).

Hebenstreit spricht Pestalozzi eine *„träumerische Kinderexistenz"* zu, die dazu geführt haben soll, dass er sich *„im rauhen Alltagsleben der Gleichaltrigengruppe nicht recht behaupten kann. Geborgenheit im inneren Kreis seiner unvollständigen Familie, steht der Abgeschlossenheit von der Welt außerhalb gegenüber"*. Ein gewisses Gegengewicht kommt mit dem Großvater ins Spiel, der als Pfarrer auf dem Land lebt.

> *„Mit fünf Jahren besucht er die Elementarschule und wechselt mit acht Jahren auf die Lateinschule über. Positive Erinnerungen sind es wenige, die er von seiner Schulzeit behält.*

Er scheint zunächst kein guter Schüler gewesen zu sein [...]. Er wird als Sonderling erlebt, der von den Schulkameraden gehänselt [...] wird" (ebd., 21).

Stadler, ein besonders akribischer Biograph, der viele Zeitzeugen-Äußerungen eingesammelt und festgehalten hat, zitiert einen Mitschüler:

„Der Schulmeister behauptete, es könne und werde nie etwas Rechtes aus ihm werden, und alle Mitschüler verlachten und verspotteten ihn wegen seiner unangenehmen Gesichtsbildung, seiner außerordentlichen Nachlässigkeit und Unreinlichkeit" (Stadler 1988, 40).

„Mit 17 Jahren wird Pestalozzi Student am Carolinum, eine Zürcher Akademie, die auf den Pfarrerberuf vorbereitet. [...] Nach zwei Jahren bricht er sein Studium ab, wobei die Gründe dafür im Dunkeln bleiben. Vielleicht gibt den Ausschlag dazu ein Disziplinarverfahren, weil er gemeinsam mit Mitstudenten einen Universitätsangestellten denunzierte" (Hebenstreit 1996, 21).

In seinen Studienjahren stößt er zu einer politischen Gruppierung, die sich die *„Patrioten"* nennen.

Man *„will sich abheben von den als korrupt empfundenen Erwachsenen, die einem nicht mehr als Vorbild gelten können. Man wählt bewusst asketische Ideale (kein Tee, Kaffee, Wein, Tabak) und will zurück zur ursprünglichen Einfachheit in den gesellschaftlichen Verhältnissen. Die Schriften Rousseaus stehen ganz oben auf der Liste der gemeinsam gelesenen und diskutierten Bücher. [...] Seine Idee Bauer zu werden, erhält hier eine ideenmäßige Vorbereitung, steht das Landleben doch gegen die Verderbtheit der Stadt [...]. Zunächst einmal aber kommt er durch die Zugehörigkeit zu dieser Vereinigung in gesetzliche Konflikte. Er wird der[...] Mitautorenschaft einer anonymen Flugschrift beschuldigt, die die politisch Mächtigen in Zürich herausfordert. Für einen Tag gerät Pestalozzi in Haft, aber man muss ihn freilassen, weil die Affäre immer weitere Kreise zieht und Söhne einflussreicher Zürcher Bürger mitbetroffen erscheinen"* (ebd., 21 f.).

Wie wirkt diese biographische Skizze auf uns? Sehr sympathisch erscheint Pestalozzi nicht. Eine Art von genereller Schwäche scheint ihm mitgegeben, ja beinahe aufgegeben könnte man konstatieren.

3.2 Stationen des Scheiterns und der Anerkennung

Winfried Böhm, einer der bedeutenden Allgemeinen Pädagogen in Deutschland, der sicher nicht im Ruf steht ein Nestbeschmutzer der Disziplin oder Profession zu sein, schreibt: *„Pestalozzi hatte mit keiner seiner praktischen Unternehmungen*

Erfolg; sein Scheitern war immer schon zu Beginn vorauszusehen" (Böhm 2016, 128). Ist das Urteil zu hart? Waren Misserfolge und Scheitern wirklich so absehbar und unausweichlich? Mit dieser Frage im Kopf betrachten wir die entscheidenden Stationen seines Wirkens aus der Nähe:

3.2.1 Auf dem Neuhof

1767, er ist 21 Jahre, ist das Jahr, in dem Pestalozzi eine Berufsentscheidung trifft:

> *„Er beschließt Bauer zu werden und macht eine Lehre auf dem Musterhof von Tschiffeli […]. Tschifelli hat sich dadurch in der Schweiz Ansehen erworben, dass er durch veränderte Anbaumethoden den traditionellen Landbau grundlegend reformierte".*
>
> Dieser Mann äußert sich rückblickend über seinen Lehrling: *„Unser lieber Freund Pestaluz ist voll Gefälligkeit und Eifer für mein Haus. […] Etwas Schüchternes in seinem Äußerlichen, und eine ein wenig unverständliche Rede machen den Meinigen den Umgang etwas weniger angenehm. Mir ist er recht wert, sein Kopf ist gut, sein Herz vortrefflich. Er ist aber die ganze letztere Zeit ganz und gar in Zürich, und da setzt es denn, nicht selten lange Stunden ab"* (Stadler 1988, 113).

> *Kommentar:* Tschifelli verteilt seinen Eindruck: sein eigener positiv; was ihm seine Familienmitglieder berichten, eher negativ. Aber das Entscheidende ist, dass Pestalozzi sich immer wieder längere Zeit „vom Acker macht". Die Entfernung zwischen Kirchberg in der Nähe von St. Gallen, dem Ort des Gutes, und Zürich beträgt nur 55 Kilometer. Aber so einfach kommt man um 1767, in der Zeit der Postkutschen, da nicht hin und zurück. Deutlich ist dem Brief anzumerken, dass sich der Lehrherr Sorgen darüber macht, dass der Lehrling andere Dinge wichtiger nimmt als seine Ausbildung.

Und das tut er auch: Denn Pestalozzi hat sich verliebt und versucht so oft es geht mit seiner zukünftigen Frau Anna in Kontakt zu treten. *„Eigentlich sollte die Ausbildung eineinhalb Jahre umfassen. Faktisch aber kam er Anfang September 1767 in Kirchberg an, und ist im Mail 1768 wieder in Zürich"* (Hebenstreit 1996, 23). *„Von diesen acht Monaten sind nochmal drei abzuziehen, die Pestalozzi gemeinsam mit Tschifelli in dessen Winterquartier in Bern verbrachte: noch nicht einmal eine Abfolge von Aussaat und Ernte"* (ebd.) also, was für einen zukünftigen Landwirt keinesfalls eine ausreichende Lehrzeit darstellte. Im Schwanengesang, seinem Altersrückblick, schreibt er dann auch:

> *„Ich ging mit vielen einzelnen großen und richtigen Ansichten über den Landbau als ein ebenso großer landwirtschaftlicher Träumer von ihm (Tschifell, M.S.) weg, wie ich mit vielen einzelnen großen und richtigen bürgerlichen Kenntnissen, Ansichten und Aussichten als ein bürgerlicher Träumer zu ihm hin kam"* (Pestalozzi XXVIII, 1977, 226).

Kommentar: Pestalozzi schildert sich selbst als einen Träumer: Erst einen bürgerlichen, den es aufs Land zieht – dann als einen landwirtschaftlichen, den es zur Praxis des Anbaus zieht. Aber er ist und bleibt ein Träumer. Jemand, der nicht genügend in der Realität verankert ist, trotz vieler wichtiger und richtiger Einstellungen. Dieses Urteil wird aus einer Distanz von beinahe 46 Jahren geschrieben.

Aber zunächst legt Pestalozzi los: Er möchte sich selbstständig machen, um eine Familie zu gründen. *„Da er kaum Eigenmittel hat, um einen Hof zu kaufen, und da er von den zukünftigen Schwiegereltern nichts zu erwarten hat, bemüht er sich um Kredite"* (Hebenstreit 1996, 23 f.). Er findet ein Grundstück, beginnt einen überdimensionierten Hausbau, kauft Äcker, anfangs zu realistischen Preisen, später überteuert. Und ja, er heiratet, und muss mit seiner Frau zunächst ein Übergangsquartier beziehen, da das eigentliche Wohnhaus noch nicht fertig ist. *„1771 zieht das Ehepaar auf den Neuhof um, ein noch nicht fertig gestelltes Gebäude und gegenüber den ersten Entwürfen sichtbar abgespeckt"* (ebd., 25). Verschiedene Gründe führen zum Scheitern als Landwirt:

„Da ist zum einen der Rückzug eines Kapitalgebers, der nicht in ein Faß ohne Boden und einen unfähigen Bauern investieren möchte und sein Geld – mit einigen Verlusten – zurückfordert. Hinzu kommt, dass Pestalozzi aufs falsche Pferd gesetzt hat. Er wollte Krapp anbauen, eine Pflanze, die als Färbemittel in der Textilindustrie Verwendung fand. Dies versprach auch wirtschaftlichen Erfolg, der jedoch eine längere Vorlaufzeit verlangt hätte. Diese aber steht dem kapitalschwachen Pestalozzi nicht zur Verfügung. Zum dritten zeigt sich, dass er sich bei Bodeneinkäufen übers Ohr hat hauen lassen: seine Äcker sind teilweise unfruchtbar. Probleme bekommt er auch, weil er einem Mann vertraut, der als Metzger und Wirt im Dorf lebt, und den Pestalozzi als Berater einsetzt. Heinrich Merki ist ein Schuft, was nicht nur seine verbrecherische Vergangenheit beweist, sondern auch die Tatsache, dass er Pestalozzi betrügt und finanziell hintergeht. Entscheidend ist aber, dass Pestalozzi zur Gigantomanie neigt: Haus und Hof sind für seine Verhältnisse völlig überproportioniert und auch die privaten Ausgaben, z. B. für die Bewirtung von Gästen, übersteigen bei weitem die Einnahmen" (ebd.).

Kommentar: Pestalozzi zeigt sich unklug in jeder Hinsicht: Was die Menschenkenntnis betrifft, die Qualität von Böden, die ökonomische Führung eines Haushaltes, eine realistische Wirtschaftsplanung.

„Ab dem Jahr 1773/74 stellt Pestalozzi seinen Betrieb um, indem er eine Armenerziehungsanstalt auf dem Neuhof gründet. Zunächst werden die Kinder als billige Arbeitskräfte gebraucht, doch als dies das Scheitern der Landwirtschaft nicht aufhält, versucht er durch die Verbindung von Kinderarbeit und der Ausbildung der Kinder eine neue wirtschaftliche Basis zu finden. Seine Rechnung geht dahin, dass er den Kindern für ihre Arbeit freie Unterkunft und Essen bietet und darüber hinaus auch noch für die Erziehung

der Kinder sorgt. Die so ausgebildeten Kinder, so dachte er, würden sicher über die Erziehungszeit hinaus aus Dankbarkeit auf dem Neuhof bleiben, um als billige Arbeitskräfte das in sie Investierte zurückzubezahlen. Die Kinder genießen die Vorteile und verstreuen sich dann in alle Winde. Bereits 1778 zeichnet sich der Misserfolg auch dieses Projekts ab, der noch mal dadurch aufgehalten werden kann, dass Frau Pestalozzi ihre gesamte Erbschaft investiert. Auch darüber wird er sich sein Leben lang Vorwürfe machen, dass er leichtfertig das Geld seine Frau durchgebracht hat. Zwei Jahre später, 1780, ist schließlich endgültig klar, dass auch das zweite Neuhofvorhaben, die Armenerziehungsanstalt, gescheitert ist. Die Kinder müssen den Hof verlassen, ein gutteil des Landes wird verkauft, aber Pestalozzi kann den Hof behalten, auch weil der Schwiegervater zuzahlt" (ebd., 26).

> *Kommentar:* Pestalozzi wird Pädagoge, weil er Kinder als Arbeitskräfte braucht und nutzen möchte. Das ist seine Primärmotivation. Daran muss nichts schlecht sein. Wenn man die Kinder gut behandelt und angemessen bezahlt, kann das in der damaligen Zeit für beide Seiten ein guter Deal sein. Und doch erstaunt dieser Umstand. Man hätte von dem großen Pädagogen eine andere Primärmotivation erwartet. Was mehr darüber aussagt, welches Bild von Pestalozzi etabliert wurde und wie man sich Pädagog:innen vorstellt: als selbstlose, den Interessen von Kindern hingegebene Wesen. Insofern stellt es eine interessante Irritation dar, dass Pestalozzi auf anderen Wegen zu seinem Pädagogentum gekommen ist. Dennoch interessierten ihn die Kinder und er begann sich mit ihnen zu beschäftigen, um irgendwann ihr Lehrer und Volkserzieher werden zu wollen.

Dennoch bleibt das Faktum, dass er die Kinder bzw. sich selbst verkannt hat. Eine so starke Bindung zu ihnen aufzubauen, dass sie weiter mit ihm zusammenleben und arbeiten wollten, ist ihm nicht gelungen. Vermutlich hat er die Spannung in der Anlage des Settings – zwischen Versorgung mit Blick auf Arbeitsleistungen, die erbracht werden müssen, und der Möglichkeit der Entwicklung einer davon unabhängigen Beziehung – nicht reflektiert. Für die Kinder muss unklar geblieben sein, was das Primäre ist.

Noch dazu erweist sich das ganze Konstrukt als finanzielles Desaster. Das Geld der Frau und das Geld des Schwiegervaters sind nötig, um die Komplettkatastrophe, Verschuldung und Obdachlosigkeit, abzuwehren. Bei den meisten Menschen würde das Schuldgefühle auslösen. Auch bei Pestalozzi? Im *Schwanengesang* (beinahe 46 Jahre später) reflektiert er sein Scheitern mit klaren Worten:

„[E]s gieng, mir wie es jedem, der also durch seinen Fehler arm wird. Ein solcher Mensch verliert mit seinem Geld gemeiniglich den Glauben und das Zutrauen zu dem, was er wirklich ist und wirklich kann. Der Glaube an die Kräfte, die ich für meine Zwecke wirklich hatte, gieng jetzt mit dem Glauben an diejenigen verloren, die ich mir in meinem Selbstbetrug irrend, anmaßte, aber wirklich nicht hatte. Ich kann es niemanden verargen, die Kräfte, die sich für meine Zwecke wirklich besaß, hatten Lücken, ohne deren Ausfüllung sie segenslos in mir selbst lagen" (Pestalozzi XXVIII, 1977, 234).

Kommentar: Pestalozzi nimmt eine klare Unterscheidung vor. Er hält trotz des äußeren Anscheins daran fest, über wirkliche Kräfte und Fähigkeiten zu verfügen; aber er gesteht sich und anderen gleichzeitig ein, dass er sich andere Kräfte und Fähigkeiten nur eingebildet und angemaßt hat. Mit dem Scheitern des Projekts geht nun der Glaube an beide Register von Kompetenzen und Ressourcen verloren. Gleichzeitig stemmt er sich gegen dieses Verlieren: Er möchte am Glauben an seine eigenen, nicht bloß eingebildeten Kräften festhalten. Dennoch räumt er ein, dass auch diese Kräfte *Lücken* aufwiesen. Das ist eine erstaunliche differenzierte Selbstanalyse, auch wenn er im Einzelnen nicht angibt, worin er seine Kompetenzen bzw. die Lücken sieht. Mit einem modernen Ausdruck könnte man formulieren: Angesichts einer schmerzlichen Niederlage wird sich Pestalozzi des *Unterschiedes zwischen seinem Real-Ich und seinem Ideal-Ich* bewusst. Er spürt die Versuchung sich angesichts der erlebten Kränkung für ganz und gar unfähig zu halten. Aber er sieht klar genug, dass er damit seinem *Real-Ich* nicht gerecht werden würde.

Diese Haltung ist umso erstaunlicher als Pestalozzi klar erkennt, dass er mit seinem Misserfolg zugleich einen sozialen Statusverlust erleidet:

„Das gieng so weit, dass meine besten Freunde, beklemmt von diesem Urtheil und voll von Mitleid, wenn sie mich oben an einer Gasse entdeckten, sich in eine andere zurückzogen, damit sie nicht in die Lage kommen, einem Menschen, dem durchaus nicht zu helfen sey, ein sie nur schmerzendes und mir nichts helfendes Wort zu verlieren; und Buchhändler Füßli, der beinahe noch der einzige Mensch war, mit der ich über meine Lage ein herzliches und theilnehmendes Wort reden konnte, sagte mir in diesem Zeitpunkt gerade heraus: meine alten Freunde halten es beynahe allgemein für ausgemacht, ich werde meine Tage im Spital, oder gar im Narrenhaus enden" (Pestalozzi XXVIII, 1977, 235).

Kommentar: Interessant ist, dass Pestalozzi diese Szenen auch im Abstand von 46 Jahren so gut erinnert. Dabei fokussiert er vor allem auf Mitleid und Rücksichtnahme, die seine Freunde und andere Bekannte dazu bringen, ihm aus dem Weg zu gehen. Sie wissen, dass sie ihm nichts Relevantes sagen können, also wollen sie lieber gar nicht mit ihm reden. Aber sie machen sich Sorgen um ihn und seinen geistigen Zustand.

Diese Konstruktion seiner Umwelt imponiert aus zwei Gründen: Zum einen wegen der Unterstellung positiver Gefühle wie Rücksichtnahme auf und Sorgen um ihn. Zum anderen aber weil er wenig über die eigenen Schuld- und Schamgefühle schreibt. Pestalozzis Problem ist nicht, dass er es nicht wagt, den Anderen unter die Augen zu treten aus Angst sie würden ihn anklagen oder beschämen. Und so fragt man sich, ob er sich überhaupt schämt? Oder eher Schuldgefühle empfindet? Seine oben angeführte nüchterne Analyse spricht gegen beides: Hier zeigt sich einer, der versagt hat, der daran *„zu beißen hat"*, aber klar genug ist, sich differenziert zu analysieren und sich affektiv nicht überrollen lässt (wie die Freunde sich von ihren Affekten überrollen lassen). Aus anderen Quellen wissen wir allerdings, dass das Versagen in Neuhof ihn unmittelbar danach und sein ganzes weiteres Leben umgetrieben hat (siehe den sog. Nikolovius-Brief in Stadler 1988, 333 f. oder 1993, 83). Hat er in diesem späten Rückblick einst brennende Schuld- und Schamgefühle beiseitegeschoben oder gar verdrängt? Wir werden darauf zurückkommen.

Das Abenteuer Neuhof dauert von 1771 bis 1780, also neun Jahre. Mit Ruhm bekleckert hat sich Pestalozzi dabei nicht, weder in landwirtschaftlicher Hinsicht noch als Leiter einer Art von Arbeitsheim. Wie geht es weiter mit einem Mann, den andere als verkrachte Existenz ansehen, um die man sich Sorgen machen muss?

3.2.2 Pestalozzi reüssiert als Schriftsteller und versagt als Vater

„Das Werk, das ihn vor allen anderen bekannt macht, ist der erste Teil des Volksromans ‚Lienhard und Gertrud'", 1781 erstmals erschienen. Es handelt sich um zwei miteinander verbundene Geschichten: zum einen die der tüchtigen Gertrud, die eigentliche Heldin des Buches (Heldinnen sind damals eher selten anzutreffen, M. S.), deren Mann Lienhard (immer noch an erster Stelle des Titels genannt) angefangen hat zu trinken. Es gelingt ihr ihn zu retten, indem sie verschiedene Bündnisgenossen gewinnt. Gemeinsam mit diesen geht sie gegen ungerechte Zustände im Dorf vor, deckt vergangene Verbrechen auf und es gelingt ihr so das Gemeinwesen und seine Bewohner in sozialer und sittlicher Weise zu verändern. Heute würde man sie als Gemeinwesenarbeiterin bezeichnen, wenn auch eine ehrenamtliche. Zum anderen geht es um einen Mann namens Hübelrudi, der nach dem Tod seiner Frau in bitterer Armut lebt und ums nackte Überleben kämpft. Die Kinder von Gertrud und Lienhard sparen sich das Essen vom Mund ab, um die Familie Hübelrudis zu unterstützen. Auch er und seine Familie profitieren bald von den Reformen im Dorf und können bald wieder ein menschenwürdiges Leben führen.

Die Geschichte weist, bei eindeutiger Verteilung von Gut und Böse, viele unerwartete Wendungen und Spannungsmomente auf und führt zu einem happy end. Auch wenn uns vieles heute konventionell bzw. klischeehaft vorkommt, muss man doch den großen Einfallsreichtum bezogen auf den Plot und die genaue Charakterisierung von Personen anerkennen. Allen voran von Getrud, einer echten Heldin, die sicher zu einem Vorbild für viele Frauen und weibliche Jugendliche der damaligen Zeit geworden ist. Wie kam das Werk zustande?

„Pestalozzi ist bei seiner Abfassung in einem rauschhaften Zustand" (Hebenstreit 1996, 37). Rückblickend schreibt er selbst:

> *„Lienhard und Gertrud, deren Geschichte mir, ich weiß nicht wie, aus der Feder floß, und sich von selbst entfaltete, ohne dass ich davon den geringsten Plan im Kopf gehabt hätte*

oder auch nur einen solchen nachdachte. Das Buch stand in wenigen Wochen da, ohne dass ich eigentlich wusste, wie ich dazu gekommen" (Pestalozzi XXVIII, 1977, 237).

„*Das Buch wird ein großer Publikumserfolg, es wird viel gelesen und auf den damals weit verbreiteten Kalenderblättern erneut abgedruckt. Der Name des Autors wird bekannt, so dass sich seine soziale Isolierung aufhebt, der Roman öffnet Türen zu einflussreichen Menschen, […] und er bringt auch Geld ein*" (ebd., 27).

Der Roman erscheint bis 1988 in siebzehn Auflagen und Ausgaben und wird in mehr als ein Dutzend Sprachen übersetzt (Stadler 1988, 181).

Kommentar: Auf einmal geht alles wie von selbst: Während er vorher seine landwirtschaftliche und fürsorgerische Praxis geplant und organisiert und dort selbst mit viel körperlichem Aufwand gerackert hat und doch gescheitert ist, findet er nun mit dem Schreiben nicht nur sein Ausdrucksmedium, sondern auch eine Quelle von sozialem und finanziellem Erfolg.

„*Doch das rasch aufgetauchte Glück scheint schnell wieder zu verschwinden, weil Pestalozzi andere Ansprüche hat. Er will nicht der Konsalik des 18. Jahrhunderts werden, sondern er hat eine politische und eine pädagogische Botschaft, die er der Öffentlichkeit vermitteln will. Sein Roman soll keine reine Unterhaltungslektüre sein, […][sondern er will auf die schwierige Lage des einfachen Volkes aufmerksam machen und Wege aus der Krise aufzeigen*" (Hebenstreit 1996, 28).

Pestalozzi schiebt Kommentare zu dem Roman nach, verfasst weitere Teile und nimmt zu aktuellen gesellschaftlichen Themen Stellung. 1783 erscheint seine Schrift „*Über Gesetzgebung und Kindermord*", in der er einfühlsam und kenntnisreich die Zwangslagen von in Armut lebenden, häufig von Männern verführten und missbrauchten Frauen schildert, die ihr Kind töten und verbindet seine Analyse mit Ideen für eine bessere Gesetzgebung und Prävention. Sein Fazit: Hilfe statt Strafe und Kampf den „*heuchlerischen Landessitten*", die Frauen an den Pranger stellen und zu wenig schützen. Er sieht sich nun als ein Sozialreformer (nicht als Revolutionär!) und bietet sich verschiedenen Fürstenhöfen in dieser Rolle an (Preußen, Österreich, Florenz). Obwohl es an vielen Orten gärt, bleibt er mit seinen Projektideen aber erfolglos. „Gut zu lesende, unterhaltsame und Hoffnungs-stiftende Romane bitte ja, zu viel reale Reformen danke nein", könnte man die sozialpolitische Stimmung dieser Tage charakterisieren.

„*Pestalozzi bleibt deswegen nichts anderes übrig, als sein Leben als Schriftsteller wider eigenen Willen fortzusetzen*" (ebd., 28). Dazu versucht er sich wieder als Unternehmer (Seidenproduzent), auch wenn er mehr mit Scheingeschäften verdient, indem er seinen Namen hergibt, als mit der eigenen Produktion (ebd., 27). 1789 ereignet sich die Französische Revolution und gibt seiner Analyse der überall anwachsenden gesellschaftlichen Spannungen Recht. Und, oh Wunder, auch in Paris, ist der Autor von „*Getrud und Lienhard*" bekannt und wird als eine Art von Vorrevolutionär verehrt. „*Der französische Nationalkonvent beschließt 1792 Pestalozzi gemeinsam mit siebzehn anderen Geistesgrößen Europas die französische Ehrenbürgerschaft anzutragen* (ebd., 29). Sofort wendet sich Pestalozzi an die dortigen Machthaber und dient sich ihnen als Berater für die dort neu zu etablierende Volksbildung an – und bekommt wiederum die kalte Schulter gezeigt. Zwei Jahre später wird er sogar persönlich nach Paris fahren, um seinem Anliegen Gehör zu verschaffen; Erfolg ist ihm wieder nicht beschieden.

In der Schweiz kommt es dagegen zu einer Art Bürgerkrieg: Die revolutionären Garden aus Frankreich okkupieren das Land und verordnen ihm eine Zwangs-Revolution von oben. In Teilen des Landes und der Bevölkerung werden sie als Befreier von antiquierten und ungerechten Regierungsformen begrüßt; in anderen, vor allem ländlichen und religiös-gebundenen Teilen und Gruppen dagegen gefürchtet und bekämpft. Pestalozzi bekennt sich eindeutig zur neuen helvetischen Republik (ebd., 32).

1798 „*will die neue helvetische Regierung seine schriftstellerischen Fähigkeiten nutzen, um für die Regierung Propaganda zu machen. Pestalozzi verfasst Flugschriften, in denen er die Bevölkerung der rebellischen Kantone im Sinne der Regierung aufklären soll. Pestalozzi schreibt für dieses Organ selbst Beiträge, die in ihrer absoluten Unterordnung unter die Regierung teilweise Peinlichkeit aufkommen lassen. Lange dauert diese Tätigkeit nicht, sein Redakteursdasein umfasst sechs Wochen: von Mitte August bis Anfang Oktober 1798. Dann wirft er hin. Insbesondere wird es ihm an organisatorischen Fähigkeiten gemangelt haben*" (ebd., 32 f.).

Noch ein anderer Misserfolg wird zu dieser Zeit deutlich:

„*Am 13. August 1770 wird der Sohn Hans Jacob (Jean Jacques) geboren. Er bleibt das einzige Kind der Eheleute Pestalozzi, und dazu haben sie nicht viel Freude mit ihm. Er erscheint geistig zurückgeblieben, was Pestalozzi zumindest zeitweise enthusiastisch zu begrüßen scheint: ‚Ich habe einen Knaben von 11 ½ Jahren; er kann keine zwei Linien Gebätter auswendig (Gebete, M. S.); er kann weder schreiben, noch lesen. Ich hoffe zu Gott, diese Unwissenheit, in welcher die Vorsehung mir erlaubt, ihn lassen zu können, werde das Fondament einer vorzüglichen Ausbildung und seiner besten Lebensgenießsungen seyn*'" (Pestalozzi, zitiert nach Stadler 1988, 148).

„*Pestalozzis Rousseauverständnis scheint hier durch: Wächst ein Kind bis in die Vorpubertät glücklich heran, ohne durch Schul- und Bücherbildung vom Gang der Natur abgelenkt zu werden, so ist die beste Basis für eine gesunder Entwicklung gegeben. Nur Hans Jakob ist weder glücklich, noch wird er sich gesund weiterentwickeln. Pestalozzi gibt den Sohn in eine befreundete Basler Familie, damit er dort recht erzogen wird, und mit deren Kindern geht er in den Elsaß, um dort eine kaufmännische Ausbildung zu erhalten.*

Doch Hans Jacob erweist sich auch hier als untüchtig, und als sich bei ihm Anzeichen von Epilepsie zeigen, wird Pestalozzi ihn mit 17 Jahren auf den Neuhof zurückholen. 1790 überschreibt er das Anwesen auf seinen Sohn, um es vor finanziellen Ansprüchen seiner Gläubiger zu schützen. Ein Jahr später verheiraten die Eltern ihren Sohn, der ihnen Enkelkinder schenken wird, von denen aber nur der 1798 geborene Gottlieb überleben wird. Am 15. August 1801, zwei Tage nach seinem 31. Geburtstag, stirbt Hans Jacob. Zeit seines Lebens wird sich Johann Heinrich Pestalozzi Vorwürfe über den Untergang seines eigenen Sohnes machen, dessen Scheitern er auch auf seine falsche, vernachlässigende Erziehung zurückführt" (Hebenstreit 1996, 25).

> *Kommentar:* Was auch immer Pestalozzi sich angesichts eines Kindes mit Behinderung konkret vorwirft. Auffällig ist die Ambivalenz mit der er seinen Sohn behandelt. Einerseits freut er sich einen intellektuell Eingeschränkten vor sich zu haben andererseits gibt er ihn aber weg zu anderen Eltern. Einerseits rühmt er dessen Unverbildetheit andererseits sollen andere Menschen ihn recht erziehen. Warum gibt er das Erziehen und Bilden ausgerechnet bei seinem Sohn aus der Hand? Er, der sich überall andient, um sich als Volksbildner unter Beweis zu stellen?

Volker Kraft, sicherlich der Biograph, der sich am intensivsten mit der Psychodynamik von Pestalozzi beschäftigt hat, vermutet, dass sich in der Erziehung seines Sohnes etwas Ungutes wiederholt, was Pestalozzi selbst erlebt hat. Über die frühe Phase, in der Pestalozzi seinen Sohn noch selbst erziehen wollte, schreibt er:

„Genauso wie seinerzeit Magd und Mutter versucht haben, sich seiner Person zu bemächtigen, genauso versucht er nun selbst, seinen Sohn zu beherrschen. Die zahlreichen, alle spontanen Impulse seines Sohnes missachtenden Zwänge, mit denen Magd und Mutter ihn festzuhalten versucht hatten, kehren nun in Gestalt des seinem Sohn auferlegten Lernzwanges wieder. [...] Pestalozzi hat sich [...] mit den Aggressoren seiner Kindheit identifiziert und fügt nun seinem Sohn zu, was er selbst schmerzhaft erdulden musste" (Kraft 1996, 198 f.).

3.2.3 Gastspiel in Stans

Wir steigen zunächst mit der Schilderung einiger grundlegenden Ideen ein, die Pestalozzi kurze Zeit vor seinem Einstieg in Stans entwickelt hatte und die er dort verfolgen würde (3.2.3.1). Danach schildern wir die Rahmenbedingungen des Projekts (3.2.3.2) und daraufhin den Verlauf, wie ihn Pestalozzi selbst darstellt. Zum Ende berichten wir von Reaktionen der Bevölkerung auf das Projekt (vor allem von Eltern) und den Umständen der Beendigung (3.2.3.4), um in einem Resümee zu untersuchen, was bei diesem Projekt als beispielhaft bzw. gelungen und was als Fehleinschätzung und Misserfolg bewertet werden kann.

3.2.3.1 Einsichten vor Stans und für Stans

> *"Pestalozzi ist beinahe 53 Jahre alt, als er sein Stanser Projekt beginnt. Er hat zwei Jahrzehnte davor eine bittere Niederlage einstecken müssen, als er mit seinem Konzept auf dem Neuhof gescheitert ist. In diesen langen Jahren hat er über das Wesen des Menschen nachdenken können: das Resultat seiner Nachforschungen ist in der gleichnamigen Schrift zu finden"* (Lüpke 2004, 50).

Was hat es mit diesen *„Nachforschungen über den Gang der Natur in der Entwicklung des Menschengeschlechts"* (Pestalozzi 1998a), erschienen 1779, auf sich? Ihr

> *"Ausgangspunkt ist die Frage nach den Widersprüchen im menschlichen Leben und die Suche nach ihrer Überwindung. Pestalozzi stellt sich den Menschen als Komposition vor von drei Zuständen: dem Naturzustand, dem gesellschaftlichen und den sittlichen. Der Naturzustand wird differenziert in unverdorben und verdorben. Im ersten existiert der Mensch völlig rein, zur Befriedigung seiner Bedürfnisse kann er sich der Natur bedienen ohne anderen einen Schaden zuzufügen"* (Lüpke 2004, 38).

> *"Der Mensch ist in diesem Zustand ein reines Kind seines Instinkts, der ihn einfach und harmlos zu jedem Sinnengenuß hinführt"* (Pestalozzi 1998a, 56).

Da der natürliche Freiheitsdrang von niemandem gehemmt wird, kann er sich ohne Einschränkung und ohne Gewalt als Mittel der Durchsetzung betätigen. Freilich handelt es sich dabei um einen fiktiven Zustand (denkbar z. B. in der intrauterinen Existenz). Pestalozzi hat bereits bei den Kindern auf dem Neuhof gesehen, dass diese sich bisweilen relativ brutal mit Gewalt gegen Andere durchsetzen. Daher nimmt er an, dass der „verdorbene Naturzustand" sich beinahe sofort nach der Geburt im Kontakt mit der Umwelt entwickelt:

> *"In diesem erlebt der Mensch seine Unzulänglichkeit und Schwäche, wenn er an die Objekte seiner Begierde nicht gelangen kann. Die ursprüngliche Harmonie ist verloren, da nun andere Menschen als Hindernis der Bedürfnisbefriedigung betrachtet werden. [...] Durch sein Streben nach Macht wird versucht das Unvermögen zu kompensieren, was den Menschen zu einem Triebwesen, einem Tier macht. Daraus resultiert [...] der Kampf aller gegen alle"* (ebd., 38 f.).

Pestalozzis Idee ist insofern originell als er diesen „verdorbenen Naturzustand" zugleich als einen gesellschaftlichen denkt. Denn er ist der Überzeugung, dass es vor allem die (ungerechten) Besitz- und Rechtsverhältnisse sind, die den Menschen dazu bringen, in diesen Kampf einzusteigen oder zumindest an ihm festzuhalten. Der tierische Zustand wird in der Gesellschaft, zumindest der derzeitigen, nicht überwunden, *"sondern nur mittels Recht und Gesetz kanalisiert"* (ebd.). Andersherum: Gesellschaft hält den tierischen Zustand aufrecht – auch und gerade durch die Mittel seiner Regulierung. Das ist ebenfalls ein origineller Gedanke, der später z. B. von Horkheimer und Adorno in der Dialektik der Aufklärung ganz ähnlich gedacht wurde (Adorno/Horkheimer 1947/1978). Der gesellschaftliche bleibt somit ein ambivalenter Zustand:

> *"Einerseits kann auf diese Weise* (die gesellschaftlich regulierte, M. S.) *das Verlangen Vieler besser befriedigt werden als in einer unorganisierten Welt; andererseits müssen im gesellschaftlichen Zustand […] Zwänge und Abhängigkeiten ausgehalten werden, weswegen die Zustände dort immer wieder widersprüchlich und labil erscheinen müssen"* (ebd., 39).

> Hier *"kommt nun der sittliche Zustand ins Spiel. Die Möglichkeit und die Notwendigkeit der freien Entscheidung für oder wider das Gute setzt den Menschen fortwährend der Gefahr aus, sich für das verwerfliche zu entscheiden und dem verdorbenen Naturzustand verhaftet zu bleiben. Hat der Mensch aber nicht nur seinen Vorteil im Sinn, sondern handelt er im Interesse der Anderen, und das aus freien Stücken, dann handelt er sittlich und ist 'ein Werk seiner selbst'"* (ebd., 40).

Soll heißen: Dann gewinnt er Freiheit und Autonomie; ganz ähnlich wie es in der Sittenlehre von Kant konzipiert ist.

> *"Die Gewöhnung an die Gesetze und ihre Einhaltung aus extrinsischer Motivation heraus, kann dabei als eine Vorstufe zu einem sittlichen Zustand gelten. Im Gegensatz zum Naturmenschen, ist der gesellschaftliche Mensch in der Lage seine Triebhaftigkeit zu kontrollieren, wenn auch oft aus Angst vor Strafe, also noch nicht aus einer inneren, selbst als richtig angesehenen Motivation heraus, welche den sittlichen Zustand charakterisiert"* (ebd.).

Pestalozzi erweist sich erneut als kluger Denker und genauer Beobachter seiner Mitwelt, dass er bei der analytischen Trennung der drei Zustände stehen bleibt:

> *"Die drei Zustände stellen keine zeitliche Folge im Leben des Menschen dar. Pestalozzi leitet vielmehr das Wesen des Menschen logisch-systematisch ab. Praktisch gesehen, ist der Mensch in jeder Phase seines Lebens 'Werk der Natur', 'Werk der Gesellschaft' und – zumindest potentiell – 'Werk seiner selbst'. Der tierische Zustand kann nie ganz überwunden werden, der Mensch bleibt fortwährend ein Gesellschaftsmitglied und muss ich fortwährend für oder gegen Sittlichkeit entscheiden. Seine grundlegende Frage lautet deshalb: Wie gelingt es aufbauend auf die Natur innerhalb der Gesellschaft die natürlichen Triebe zu befriedigen und den Menschen gleichzeitig sittlich werden zu lassen"* (ebd., 41).

Pestalozzis Anthropologie setzt an den Widersprüchen des Menschseins an, strebt aber eine Versöhnung der drei spannungsreichen Zustände an, kein dauerhaftes Unterworfensein unter ein abstraktes Sittengesetz. Wir werden sehen, wie Pestalozzi in Stans einen Moment des Übergangs zur Sittlichkeit bei seinen Kindern in Form einer Entscheidung, die er ihnen anträgt, mit hervorbringen und beobachten können wird – und insofern auch eine Bestätigung seiner Theorie erhält.

3.2.3.2 Rahmenbedingungen des Projekts

Mit dem Einmarsch der Französischen Revolutionstruppen sah sich die Regierung in Zürich 1797 gezwungen, auch sog. Nicht-Bürgern den Zutritt zu allen Ämtern sowie allgemeine Gewerbe- und Studierfreiheit zu gewähren und damit die vorherige Privilegierung der Schweizer Aristokratie zu beenden. In den Jahren davor war im Zuge der Industrialisierung zugleich eine Art von neuem Bürgertum entstanden, die aber weitgehend machtlose Unternehmer blieben, weil ihnen der Status Bürger verweigert wurde (Lüpke 2004, 42 ff.). Im April 1798 wird die helvetische Republik auf Druck der französischen Revolutionsgarden errichtet – freilich unter Gegenwehr der konservativ-klerikalen Kräfte im Land:

„Nach einem Aufstand der Bevölkerung gegen die herrschende Aristokratie wurde der Ort Stans – im Süden des Vierwaldstättersees gelegen – von den französischen Besatzungstruppen verwüstet; 712 Gebäude wurden zerstört, 259 Männer, 102 Frauen und 25 Kinder wurden getötet" (Böhm 2016, 132). *„So brachte die Revolution neben vielen Halbwaisen dort 77 elternlose Kinder hervor"* (Hebenstreit 1996, 42).

„Der größere Teil von Pestalozzis Kindern in Stans stammte aus verarmten Verhältnissen, war nicht ohne Obdach und formal nicht ohne Obhut. Die übrigen waren Opfer der Revolution" (ebd., 43). *„Die helvetische Regierung verspürte den Drang nach Wiedergutmachung an den Opfern, an deren Entstehung sie Mitverantwortung trug. Schließlich sollte das ganze Volk die Vorzüge der Freiheit für sich entdecken können, was sich schlecht vertrug mit den Kämpfen gegen die Widerständler in den Schweizer Urkantonen. Pestalozzi stand im Laufe des Jahres 1798 mit der neuen Führung in Verhandlungen über die Errichtung einer Armen- und Industrieschule, als sich im September die Brandkatastrophe von Unterwalden ereignete. Das war Pestalozzis Chance. Nach dem Desaster auf dem Neuhof hatte er sich 18 Jahre vergeblich um eine Möglichkeit bemüht, seine Ideen in die Praxis umzusetzen. Er hielt sich ‚nach wie vor für verkannt und verachtet'"* (Stadler, zitiert nach Lüpke 2004, 44).

„Die Rahmenbedingungen stellen sich für Pestalozzi zwiespältig dar. Einerseits stehen ihm zumindest anfangs genug finanzielle Mittel zu Verfügung, schließlich handelt er in offiziellem Auftrag. Andererseits ist schnelles Handeln erforderlich, die Situation in Stans

erlaubt keinen Aufschub, obwohl die Anstalt noch nicht bezugsfähig ist. Zudem hat er mit erheblichen Schwierigkeiten zu kämpfen, die ihm indirekt über die Gegnerschaft der Bewohner in Stans entgegenschlagen" (ebd., 46 f.).

Für diese ist er ein Freund der Französischen Revolution, der ihnen genau das Elend mit eingebrockt hat, in dem sie sich nun befinden.

Ein neues Nebengebäude eines alten Klosters wird für das Projekt hergerichtet. Aber als die Kinder am 14.1.1799 kommen, stehen nicht einmal genügend Betten zur Verfügung: „*Der Dunstkreis war ungesund, schlechtes Wetter schlug noch dazu, und der Mauerstaub, der alle Gänge füllte, vollendete das Unbehagliche des Anfangs*" (Pestalozzi, zitiert nach Stadler 1993, 79). Hinzu kommt die ungünstige Jahreszeit, so dass viele Kinder – ohnehin schon geschwächt – in den ersten Wochen krank werden (ebd., 80). Zudem es fehlt an Geschirr, Kleidung und bald auch schon an Geld (ebd.). Pestalozzi sammelt deswegen sogar in Gasthöfen Geld für das Projekt. Erschwerend kommt hinzu, dass Pestalozzi nicht auf genaue Buchführung achtet und deswegen auch nicht genau anzugeben weiß, was wofür ausgegeben wurde. Das Alter der Zöglinge reicht von fünf bis fünfzehn Jahren, wobei die meisten nicht älter als zehn Jahre sind (Morf 1966, 37):

„*Ein Kind ist Vollwaise, 28 sind Halbwaisen, und die anderen 16 der aufgeführten Kinder haben beide Elternteile [...]. Fast alle Kinder leben noch bei den Eltern oder dem überlebenden Elternteil, jedoch sieht sich die Familie nicht in der Lage, die Aufzucht ihrer Nachkommen zu gewährleisten. Die Revolution hat den Bezirk Stans völlig verwüstet und vielen Bewohner die Lebensgrundlage entzogen, so dass einige gegenüber einer Versorgung durch Pestalozzi zumindest positiv eingestimmt sind*" (Lüpke 2004, 48).

Kommentar: Keine leichte Rolle für die Eltern; viele hofften vermutlich auf die Verköstigung ihrer Kinder und deren sichere und warme Unterbringung und sind dabei auf einen Fremden angewiesen, dem sie Mitschuld an ihrer Misere geben. Manche werden dagegen frohgewesen sein, jüngere Kinder abgeben zu können, um sich um sich um die Größeren oder die Säuglinge oder sich selbst kümmern zu können. Die meisten Eltern werden einen Versorgungsauftrag mit dem Projekt verbunden haben, aber keinen umfassenden Erziehungsauftrag wie Pestalozzi sich ihn selbst gegeben hat (ebd., 46). Keine leichte Rolle aber auch für Pestalozzi, der Kinder bei sich aufnehmen muss, von denen einige doch lieber bei ihren Eltern geblieben wären bzw. deren Misstrauen dem Fremden gegenüber mitbekommen haben. Und das alles bei einem Anfang in prekären räumlichen Verhältnissen.

„*Anfangs waren es 43 Schützlinge, bald werden es 70 bis 80, u. a. weil im Zuge der Aufnahme von Kindern eines Nachbardorfes die Zahl um 20 wächst. Aus Mangel an Betten übernachten zeitweise nur 50 Kinder, der Rest kehrt abends ins Elternhaus zurück, was die Erziehung beträchtlich erschwert*" (ebd., 48). Pestalozzi schildert die Kinder: „*Die meisten dieser Kinder waren, da sie eintraten, in dem Zustand, den die äußerste*

> *Zurücksetzung der Menschennatur allgemein zu seiner notwendigen Folge haben muss. Viele traten mit eingewurzelter Krätze ein, dass sie kaum gehen konnten, viele mit aufgebrochenen Köpfen mit Läusen, viele mit Huddeln die mit Ungeziefer beladen waren, viel hager, wie ausgezehrte Gerippe, gelb, grinsend, mit Augen voll Angst, und Stirnen voll Runzeln des Misstrauens und der Sorge; einige voll kühner Frechheit, des Bettelns, des Heuchelns und aller Falschheit gewöhnt; andere vom Elend erdrückt, duldsam, aber misstrauisch, lieblos und furchtsam"* (Pestalozzi, zitiert nach Stadler 1993, 78).

Schon schwierig genug, gibt es auch noch eine Art von zwei Klassensystem zwischen den Kindern:

> *„Zwischenhinein einige Zärtlinge, die zum Teil vorher in einem gemächlichen (auskömmlichen oder sogar Wohlstands-)Verhältnis lebten; diese waren voller Ansprüche, hielten untereinander zusammen, warfen auf die Bettel- und Hausarmen-Kinder Verachtung, fanden sich in der neuen Gleichheit alles andere als wohl"* (Pestalozzi, zitiert nach Stadler 1993, 81). (Auch im Kinderheim Baumgarten bei Bernfeld gibt es solche einander fremde und feindlich gesonnene Gruppen von Kindern, s. Kap. 6.3.2.)

Wie ging Pestalozzi diese vielfältigen Herausforderungen an?

3.2.3.3 Pestalozzis Bericht über seine pädagogische Praxis im Stanser Brief

Nun endlich zur pädagogischen Praxis, die Pestalozzi von Januar bis Juni 1799 betrieb – bis dieses Projekt durch äußeres Einwirken beendet wurde. Pestalozzi hat seine Erfahrungen im *„Stanser Brief"* beschrieben; der Brief wurde allerdings nie abgeschickt, sein Empfänger ist bis heute fraglich. Erst ein späterer Mitarbeiter von Pestalozzi wird ihn mit seiner Zustimmung überarbeiten und Jahre später veröffentlichen (Lüpke 2004, 37).

> *„Der Stanser Brief wird gern als das prägnanteste Werk bezeichnet, wenn es um Pestalozzis Erziehungsgedanken geht. Er kann als praktische Anwendung der philosophisch-anthropologischen Anthropologie der Nachforschungen verstanden werden"* (ebd.).

Es sind insgesamt sechs konzeptionelle Grundideen, die Pestalozzi im Stanser Brief darstellt, die jeweils mit einem Settingelement in Verbindung gebracht werden können:

Settingelement 1: *Offener Anfang, Aushalten von Ungewissheit*

Pestalozzi steht vor einer großen Aufgabe und hat kein institutionelles Vorbild oder keinen anderen großen Pädagogen vor Augen, an das er sich anlehnen oder dem er folgen könnte oder möchte (später fährt er auf Drängen Anderer nur ungern und unwillig nach Zürich, um sich das dortige Waisenhaus anzuschauen). Aber er braucht das auch nicht. Er ahnt, viel mehr kann es nicht gewesen sein, dass der Anfang jeden umfassenden Lernens – sozialen, kognitiven, moralischen Lernens – offen und unbestimmt sein muss, damit sich etwas Neues entwickeln kann; da eine feste Form und zu viele Vorgaben die Möglichkeit eines kreativen Prozesses, der sich für alle, die ihn mitgestalten, stimmig anfühlen soll, behindern würde (Schäfer 1983, 233 ff., Ehrenzweig 1967/1974). Heutigen Projektmanager:innen stünden die Haare zu Berge: Ganz klar ist ein solcher Weg riskant, aber eben auch chancenreich. Gerade auch weil ein geplantes Vorgehen mit sicherem Gelände noch lange keine gute Projektentwicklung garantiert:

„Ich musste für die Ordnung des Ganges im Ganzen selbst noch ein höheres Fundament suchen und dasselbe gleichsam hervorbringen. Ehe dieses Fundament da war, konnte sogar weder der Unterricht noch die Ökonomie (damit meint er die Arbeitsstunden, M. S.) *und das Lernen der Anstalt gehörig organisiert werden. Beides sollte statt eines vorgegebenen Plans vielmehr aus meinem Verhältnisse mit den Kindern hervorgehen"* (Lüpke 2004, 38).

Aus dem ersten Settingelement geht das zweite fast automatisch hervor.

Settingelement 2: Pestalozzi strebt an „meinen Kindern alles in allem zu seyn"

„Ich war von Morgen bis Abend, so viel als allein in ihrer Mitte. Alles, was ihnen an Leib und Seele Gutes geschah, gieng aus meiner Hand. Jede Hülfe, jede Handbiethung in der Not, jede Lehre, die sie erhielten, gieng unmittelbar von mir aus. Meine Hand lag in ihrer Hand, mein Aug ruhte in ihrem Aug. Meine Tränen flossen mit den ihrigen, um mein Lächeln begleitete das ihrige. Sie waren auszer der Welt, sie waren auszer Stans, sie waren bey mir und ich war bey ihnen" (Pestalozzi XIII, 9, zitiert nach Stadler 1993, 81).

Pestalozzi hatte anfangs nicht geplant, alleine – unterstützt lediglich durch eine ältere, aber sehr tüchtige Haushälterin – für die Kinder zuständig zu sein. Er hatte vergeblich versucht Personal zu gewinnen, allerdings ohne Erfolg. Vielleicht hatte er aber auch keinen Erfolg, weil er sich nicht wirklich bemühte. Denn zumindest im Rückblick wird deutlich, dass er dieses Alleine-zuständig-Sein als eine Bedingung für seinen Erfolg ansah:

„Ob ich es also wollte oder nicht, ich musste erst eine Thatsache durch mich selbst aufstellen, und durch das, was ich that und vornahm, mir das Wesen meiner Ansichten klar machen, ehe ich auf fremde Unterstützung in dieser Hinsicht rechnen durfte. Es konnte mir in dieser Stellung im Wesentlichen kein Mensch helfen. Ich musste mir selbst helfen" (Pestalozzi, XIII, 25).

> *Kommentar:* Es scheint fast als habe Pestalozzi Angst davor gehabt, dass andere Mitarbeiter:innen ihm in die Entwicklung seines Projekts hineingeredet hätten und dass er nicht fähig gewesen wäre sich gegen diese durchzusetzen, wenn ihm die Ideen unpassend erschienen wären. Als hätte er das Alleine-Verantwortlichsein gebraucht, um seiner eigenen, inneren Spur ohne Ablenkung folgen zu können. Das würde bedeuten, dass alles Wesentliche in ihm angelegt war und er deswegen auch keine Ergänzung durch Andere brauchte. Es kann gut sein, dass die Erfahrung beim Schreiben von Lienhard und Getrud ihn genau in dieser Vision bestätigt hat: *„Es ist alles in mir und es wird schon zur rechten Zeit aus mir herausfließen"*. Es kann sich in diesem Alleine aber auch eine Unfähigkeit zur Abstimmung mit Anderen ausdrücken oder auch eine Unfähigkeit zum Spielen mit Ideen, an denen Mehrere beteiligt sind und die sich gegenseitig befruchten.

Pestalozzi hat mit seinem *Ein Mann, zwei Hände-Programm* eine enorme Arbeitsbelastung auf sich genommen und vom 15. Januar 1799 bis zum 7. Juni 1799, also beinahe sechs Monate, durchgehalten. Danach traf ein, was Hebenstreit schreibt: *„Die alleinige Verantwortung für 60 bis 80 Kinder für 24 Stunden am Tag"*, schien ihm zwar aus konzeptionellen Gründen notwendig, *„hat ihn aber schließlich auch physisch und psychisch überfordert"* (Hebenstreit 1996, 104). Wenn es kein Ende von außen gegeben hätte, wäre er mit an Sicherheit grenzender Wahrscheinlichkeit noch im Sommer, spätestens im Herbst des Jahres ausgebrannt oder krank zusammengebrochen. In der Zeit seiner Erholung in Gurnigl dämmerte das ihm selbst: *„Ich hatte sie nöthig; es ist ein Wunder, dass ich noch lebe. Aber es* (die Zeit, M. S.) *war dort nicht mein Ufer, es war ein Stein im Meer, auf dem ich ruhete, um wieder zu schwimmen"* (Pestalozzi XXVIII, 1976, zitiert nach Stadler, 93).

> *Kommentar:* Die poetische Metapher *„ein Stein im Meer"* erschließt sich nicht sofort. Im Gegensatz stehen hier „Ufer" als Ort des Ankommens und Ausruhens und der Stein im Meer als einer Art prekären Platzes, der einem eine kurze Auszeit gewährt. Wir werden auf sie zurückkommen angesichts von Makarenkos Schilderung, der sich in einem ähnlichen tiefen Erschöpfungszustand wünschte, *„ein Baum im Wald"* zu sein (s. Kap. 7.5.2).

Settingelement 3: „Allseitige Besorgung"

Indem ich aus diesem Begriff ein Settingelement mache, weiche ich von der konzeptionellen Systematik Pestalozzis ab. Denn für ihn stellt die *„allseitige Besorgung"* keinen Zweck für sich, sondern die erste Stufe in der sittlichen Erziehung dar – wir kommen auf den Zusammenhang mit dieser noch zurück. Ich propagiere diese *Besorgung* hier als ein eigenes Settingelement vor allem, um Parallelen zu den Projekten von Makarenko und Bernfeld aufzeigen zu können. Denn auch diese begannen inmitten von prekären Verhältnissen und teilweise offener Not und mussten erst einmal eine grundlegende Versorgung mit dem Nötigsten sicherstellen, bevor pädagogische Aufgaben angegangen werden konnten. Mit

„allseitiger Besorgung' meint Pestalozzi eine Befriedigung der Grundbedürfnisse der verwahrlosen Kinder. Eine warme Mahlzeit, saubere Kleidung, die Versorgung ihrer Wunden, einen sicheren Schlafplatz gehören dazu" (Lüpke 2004, 54). Aber sicher auch eine Grundversorgung in emotionaler Hinsicht, wie aus der Beschreibung des Augenkontakts, des Lächelns und der Tränen hervorgeht.

> *„Alle Augenblicke mit Gefahren einer gedoppelten Ansteckung* (durch sich selbst und andere, M. S.) *umgeben, besorgte ich durch die beinahe unbesiegbare Unreinlichkeit ihrer Kleider und ihrer Personen. Dadurch war es aber auch allein möglich, dass sich die Kinder allmählich und einige innigst an mich anschlossen, dass sie dem, was sie Dummes und Verächtliches über mich gehört hatten, widersprachen"* (Hebenstreit 1996, 21).

Pestalozzi kümmert sich um die Nöte seiner Kinder: Sie erleben sein Engagement, seine Hingabe und bilden sich ein eigenes Urteil über diesen Menschen. So einen haben sie bisher noch nie oder nur selten getroffen. Sie halten ihn aufgrund ihrer eigenen leibseelischen Erfahrungen mit ihm für einen guten Menschen und widersprechen deshalb auch anderen Urteilen über ihn.

Kommentar: Praktisch kaum vorstellbar wie ein einzelner Mann so viele Kinder, in so prekären Zuständen, wie er sie beschrieben hat, versorgt haben kann. Standen sie in langen Reihen an und warteten bis sie an die Reihe kamen? Oder versorgte er am Abend, die die übernachteten vielleicht direkt an ihrem Bett und die Anderen am Morgen, wenn sie von zu Hause zurückkamen. Wobei er darauf hinweist, dass die zuhause Schlafenden am nächsten Morgen erneut mit „Ungeziefer beladen" widerkehrten (Stadler 1993, 78). Und wie organisierte er dazwischen das Essen und all die anderen Aktivitäten, die er mit den Kindern durchführte? Schwer vorstellbar. Völlig verständlich, dass an so etwas wie eine Buchführung oder Dokumentation gar nicht zu denken war. Trotzdem schreibt er stolz: Ich *„war überzeugt mein Herz werde den Zustand der Kinder so schnell verändern, als die Frühlingssonne den erstarrten Boden des Winters, Ich irrte mich nicht; ehe die Frühlingssonne (also die Sonne im März/April) den Schnee unserer Berge schmelzte, kannte man meine Kinder nicht mehr"* (Pestalozzi XIII 1932, 6). So sehr hatten sie sich verändert: zunächst äußerlich, aber eben auch im Inneren.

Wenn Lüpke schreibt, dass die *„allseitige Besorgung"* bei Pestalozzi ein Mittel gewesen sei, *„um das Zutrauen der Kinder und ihre Anhänglichkeit zu gewinnen"* (Lüpke 2004, 52), kann er sich zwar, was das Ergebnis betrifft, auf Pestalozzis eigene Worte beziehen. Aber das Wort *„Mittel"* wäre diesem nicht in den Sinn gekommen. Die *allseitige Besorgung* ist kein Instrument, das eingesetzt wird. Oben schreibt Pestalozzi, was er geben und zeigen wollte: sein *Herz*. Denn hier schließt sich denn auch der Kreis mit seiner Idee von der „sittlichen Bildung": Diese wird nämlich auch angeregt durch die Liebe und Zuwendung einer nahen Person, die die Kinder erfahren – nicht durch das Predigen von Werten oder einen Katechismus etc.

Settingelement 4: Aufgaben und Arbeit

Es gibt noch einen weiteren Aspekt auf weiteres Personal zu verzichten: Offensichtlich sah es Pestalozzi selbst klar, dass er und seine Haushälterin alleine nicht in der Lage wären 50 bis 80 Zöglinge komplett zu versorgen (Lüpke 2004, 50). Lücken und Mängel entstanden, auch wenn er – wie er selbst schreibt – *„am Abend der letzte ist, der ins Bett ging und am Morgen, der erste, der aufstand"* (Pestalozzi, zitiert nach Stadler 1993, 22 f.). Pestalozzi macht aus der Not, kein Personal und prekäre Versorgung, eine Tugend: *„Und dann wirkt die Not und die Armut selbst viel Gutes"* (ebd.). Wie das? Weil sie merken, dass es an allen Ecken und Enden an mitschaffenden und hilfreichen Händen fehlt, *„setzen sich die Kinder bereitwillig dafür ein, bei der Bewältigung der täglich anfallenden Arbeiten mitzuwirken"*. Die dafür notwendige Arbeit fällt ihnen als unmittelbar *„gut in die Augen"* (Silber 1957, 109 f.). Bald schon kann, ja muss Pestalozzi Aufgaben verteilen und delegieren. Jedes Kind kann und soll nach seinen Kräften und Fähigkeiten mitarbeiten. Die Älteren werden dazu motiviert sich um die Jüngeren zu kümmern. So wird der Alltag für alle leichter, weil mehr Hände mehr Bedürfnisse befriedigen können. Pestalozzi gelingt es, *„die Erfordernisse jedes Einzelnen als eine Aufgabe der Gemeinschaft darzustellen"* (Lüpke 2004, 55)

Hausarbeiten wie Betten-Machen, Fegen, Spülen, Gemüse-Putzen, gelten Pestalozzi auch als Vorbereitungen für das Arbeiten überhaupt. Denn das ist sein erklärtes Erziehungsziel: Die Kinder sollen lernen sich durch ihre eigenen Hände zu ernähren – dazu müssen sie arbeitswillig und arbeitsfähig sein bzw. werden. Wir werden sehen, dass Makarenko in der Gorkij-Kolonie ein ganz ähnliches Konzept verfolgt hat und Bernfeld es für das Kinderheim Baumgarten konzipiert und vorbereitet hatte, es aber nicht mehr umsetzen konnte. So führt Pestalozzi nicht nur Haus- und Gartenarbeit in Stans ein, sondern lehrt die Kinder auch das Spinnen auf Webstühlen, weil er darin eine Zukunfts-sichernde Arbeit für viele von ihnen sieht.

Anders als Makarenko setzt Pestalozzi beim Arbeiten allerdings mehr auf allgemeine Schlüsselqualifikationen, wir würden heute sagen Soft skills, als auf bestimmte, manuelle Fähigkeiten oder Materialkunde. Als solche sieht er: *„Verdienstfähigkeit"*, also allgemeine Arbeitstugenden wie Pünktlichkeit und Fleiß, *„Übung der Aufmerksamkeit, der Bedachtsamkeit und der festen Erinnerungskraft"* (Pestalozzi 1998a, 34 f.). Deswegen achtet er auch darauf – anders als im Neuhof –, nicht auf einen tatsächlichen Arbeitsgewinn angewiesen zu sein. Die Arbeit der Kinder bringt ein, was sie einbringen kann, aber das Projekt ist und bleibt von diesen Einkünften unabhängig (Lüpke 2004, 55, Fußnote 153).

Settingelement 5: Lernen, Lehren und Lehren lassen

Pestalozzi möchte, dass seine Kinder die elementaren Kenntnisse von Lesen, Schreiben und Rechnen sicher beherrschen. Auch darin sieht er etwas

Zukunfts-sicherndes: „*Um seinen Schützlingen die Bedeutung des Schriftspracherwerbs klar zu machen, fragt er sie ‚Kennst du nicht Leute, die drei- oder viermal mehr verdienen könnten, wenn sie nur lesen und schreiben könnten'*" (ebd., 67, Pestalozzi 1998, 32).

Kommentar: Man mag diese Motivierung als zu extrinsisch betrachten und bemerken, dass sie für Kinder unter zehn Jahren wohl kaum überzeugend wirken wird; aber sie zeigt einen Pestalozzi, der die Welt kennt und der Realität zugeneigt ist: Seine Kinder werden da draußen nur eine Chance haben, wenn sie Grundqualifikationen mitbringen. Noch dazu könnten diese die einzige Chance darstellen wie sie sich von dauernder, harter Arbeit befreien können, weil sie einen qualifizierteren Arbeitsplatz als Schreiber, im Kontor oder der Verwaltung einnehmen können. Aber das Entscheidende an diesem Settingelement ist die Methode, die Pestalozzi erfindet, um seine Ein-Lehrer-Schule nicht scheitern zu lassen:

„*Kinder lehrten Kinder; Kinder lernen gerne von Kindern, und vorgerückte Kinder zeigten minder vorgerückten gerne und gut, was sie mehr wussten und besser konnten als sie. Wenn eines auch noch so klein war, wenn es auch nur einige Buchstaben kannte, so setzte es sich zwischen zwei andere und zeigte ihnen mit Schwester- und Bruderliebe, was es mehr konnte als sie*" (Pestalozzi XXXVIII, 1976, 248)

Kommentar: Ob es wirklich Liebe war, sei dahingestellt. Wir würden heute mehr darauf bauen, dass das Kind stolz darauf ist, was es kann und deswegen daran auch Freude entwickelt es weiterzugeben, weil es damit einen angemessenen Zuwachs an Status und Stolz empfinden kann. Aber was Pestalozzi offensichtlich gelungen ist, war Geschwisterlichkeit als Idee und als Praxis einzufordern und zu fördern. Wir lesen in einem zeitgenössischen Bericht:

„*Als ich das erste Mal in das sogenannte Waisenhaus zu ihm kam, fand ich ihn in einem großen Saal auf und abgehend. An einem langen Tische, der den Saal füllte, sassen bei hundert Kinder, alle still beschäftigt und mit solcher Andacht und Lust bei der Arbeit, dass sie kaum eine augenblickliche Neugier zu stillen, den Kopf nach mir umwandten. Die meisten wollten in einem Alter von vier bis zehn Jahren sein. Je drei saßen sie immer beisammen, das mittlere mit den Armen den Nacken der beiden kleineren Nachbarn umfassend und sie unterrichtend. Die Einen lernten Buchstaben, die anderen Zahlen oder regelmäßige Figuren (Geometrie, M.S.). Pestalozzi sprang von den Einen zu den Anderen. Er war in seiner Freude*" (Stadler 1993, 87).

Kommentar: Pestalozzis Lernarrangement, das sich auf das Lehren der Lernenden stützt, scheint praktisch aufzugehen. Es erreicht einen Ritualisierungsgrad, der es zum „natürlichen" Bestandteil des Schulalltags machen lässt. Wer erlebt hat wie lange es normalerweise dauert bis man eine solche soziale Ritualisierung eingeübt hat, muss staunen. Offensichtlich hat Pestalozzi hier ein Settingelement gefunden und erfunden, dem etwas

> in den Kindern selbst entgegenkommt, weshalb sie sich so schnell und so stetig darauf einlassen können. Ein kleines „Aber" bleibt: Die Hand in den Nacken der Kleineren zu legen, stellt eine polyvalente Geste dar. Sie kann die Haltung geschwisterlicher Zuneigung körperlich unterstützen; sie mag durch angenehmes Berühren gleichsam eine den Unterricht begleitende Massage ermöglichen – aber sie erlaubt auch der Hand des Größeren, mal rechts, mal links, zuzugreifen und den Schüler:innen Schmerz zuzufügen. Die Atmosphäre, die beschrieben wird, spricht dagegen. Aber was wir später über das Strafen hören werden, schwächt diesen Verdacht nicht ab.

Settingelement 6: *Sittliche Erziehung (u. a. via Gruppendiskussionen)*

„Das ‚Gute', gemeint ist sittliches Handeln, ist das Globalziel der Erziehung und darf nicht isoliert stehen vom Leben der Zöglinge. Vielmehr stellt es sich im Handeln der Kinder, wenn diese sich aus freien Stücken und aus innerer Überzeugung dem Willen des Erziehers unterordnen", z. B. indem dieser *„sie dazu animiert notwendige Aufgaben zu übernehmen, mit anderen Worten, zu arbeiten"* (Lüpke 2004, 59).

Arbeit und die Unterwerfung unter den Willen des Erwachsenen ist wirklich nur ein Beispiel: Ein anderes wäre das Bett oder die Suppe mit einem Kind zu teilen, weil es zu wenig für alle gibt; oder ein Kind mitspielen zu lassen, von dem man weiß, dass es das Spiel noch nicht so gut beherrscht und es mit ihm sicher nicht so viel Spaß macht wie mit den Spielkundigen. Bei diesen Beispielen wird klar, dass man einen eigenen egoistischen Impuls zurückstellen muss – zugunsten eines Anderen, auch wenn das kein Erwachsener sieht und belobigt.

Wir alle wissen, dass sich ein solcher *sittlicher Zustand*, wir würden heute etwas schlichter von *prosozialem Verhalten* sprechen, bei Kindern nur nach und nach entwickelt und immer wieder nur in Momenten erreicht werden kann. Das scheint auch durchaus die Einstellung Pestalozzis gewesen zu sein: Er trat den Kindern nicht mit dem Anspruch gegenüber, dass sie Heilige zu werden hätten. Wohl aber sah er immer wieder Möglichkeiten für Einzelne, Untergruppen oder die und die Gruppe eine solche Selbst-Überwindungsleistung auf sich zu nehmen. Wie viel Druck er dabei aufgebaut hat, vielleicht auch, ohne es zu wollen, wissen wir nicht.

In einer Geschichte können wir ihn aber relativ genau beobachten. Etwa vier Monate nach der Eröffnung der Anstalt, am 5. April 1799 ereignete sich im Nachbarort Altdorf eine Brandkatastrophe (Stadler 1993, 84). Mehrere Familien verloren ihr Haus in den Flammen, einige starben darin. Pestalozzi wusste, dass zwanzig Kinder zur Vermittlung anstanden. Obwohl zunächst niemand an ihn dachte, fragte er seine Kinder, ob sie zu einer solchen Aufnahme bereit wären (Lüpke 2004, 61 ff.). Er machte ihnen allerdings deutlich, dass das mit Nachteilen für sie verbunden sein würde:

> *"Denn mit der Vergrößerung der Anzahl der Kinder in der Anstalt ist keine Erhöhung des Etats verbunden, so dass Nahrung und sogar Betten geteilt werden müssten, und zudem mehr Arbeit anfallen würde. Zu Pestalozzis Freude und als Beleg für den sittlichen Zustand, den sie bei dieser Entscheidung erreicht haben, wurden die Bedürftigen bereitwillig unter vollem Bewusstsein der Folgen aufgenommen"* (ebd.).

Über die genauen Umstände der Entscheidungsfindung wissen wir nichts. Ob Pestalozzi bereits Elemente der *Schulgemeinde* in Form von offenen Gruppendiskussionen vorweggenommen hat (zu diesem Setting siehe Kap.6), bleibt unklar. Aber er hat den Kindern diese Entscheidung wohl weitgehend überlassen: Sie haben vor seinen Ohren, aber auch alleine darüber diskutiert und sich entschieden. Sicher werden sie geahnt haben, welches Votum er sich von ihnen wünschte. Aber er muss im Formulieren der Nachteile sehr deutlich gewesen sein. In diesem Prozess ist ihm etwas gelungen, was er vorausgeschaut und sich vorgenommen hatte: Dass der Aufstieg in den *„sittlichen Zustand"* nur möglich ist, wenn er freiwillig vollzogen wird. Auch in einem Akt der *Selbstüberwindung*, in dem man bereit ist, Nachteile für sich zu akzeptieren, wenn das Ganze mehreren anderen zum Wohl gereicht. Klar ist: Wenn Pestalozzi

> *"die Aufnahme der 20 Neuen eigenmächtig beschlossen [hätte], ergäben sich nur Widersprüche: in den Augen der eingespielten Zöglinge erschienen die Neuen als Störenfriede und Fremdkörper-Letztere würden als Ursache betrachtet werden, wenn eine noch größere Not herrschte. An eine Mitarbeit an den täglich anfallenden Aufgaben, wäre dann nicht mehr zu denken, und das von beiden Seiten. Die Neuen würden nicht als Mitglieder in der Gemeinschaft akzeptiert und als Störenfriede etikettiert auch keinen Willen zur aktiven Teilnahme entwickeln [...]. Die Gefahr einer Meuterei oder eines Kleinkrieges zwischen den Kindern wäre also sehr wahrscheinlich"* (ebd., 64). *"Tatsächlich bringt die Entscheidung die Altdorfer zu integrieren, die Gefahr, dass das gesamte Projekt in Stans schlicht aus materiellem Mangel zu scheitern droht. Insofern ist die Herausforderung für die Stanser Kinder unstrittig verbunden mit der Gefahr eines vorzeitigen Endes der ganzen Einrichtung"*.

Man mag mit Klafki denken, dass *"sittliche Erziehung einen Ernstcharakter tragen muss"* (Klafki 1998, 63). Sprich: wenn es um nichts geht, ist es auch keine wirkliche Entscheidung. Dennoch bleibt die Frage offen, wie weit man Kinder maßgeblich an Entscheidungen beteiligen kann, die sich für sie selbst desaströs auswirken können. Vermutlich einer der vielen Spannungsmomente von Pädagogik, die nicht aufgelöst werden können!

In gewisser Weise führt Pestalozzi mit seinen Kindern sogar eine Gruppendiskussion über die körperlichen Strafen, die er über sie verhängt. Womit wir beim nächsten Settingelement wären:

Settingelement 7: *Strafe und Körperliche Züchtigung*
„*Es hagelt Ohrfeigen ins Stans*", schreibt Mallet (Mallet 1990, 125). Auch wenn er es in seinen Schriften nicht zum Gegenstand konzeptioneller Überlegungen macht, Pestalozzi schlägt – und wenn man so oft schlägt wie er, dann wird das Schlagen zu einem Settingelement. Einem zwar unvorhergesehen, ungeplanten, aber doch wirksamen. Wobei Pestalozzi nichts verschweigt:

> *„Diese für ihn wenig schmeichelhafte Tatsache, lässt sich am Stanser Brief an mehreren Stellen belegen [...]. Er gibt seinen Zöglingen ‚mit harter Hand' seinen Unwillen zu spüren, wenn diese ein unsittliches Verhalten an den Tag legen. Körperliche Bestrafung wird so oft bzw. so sichtbar gegen die Kinder eingesetzt, dass ‚man im Dorf sagte, ich gehe zu hart mit ihnen um'"* (Pestalozzi 1998, zitiert nach Lüpke 2004, 78).

Pestalozzi weiß selbst, dass er sich mit dem Schlagen von seinen theoretischen Einsichten und Postulaten entfernt. Er fragt sich und seine Kinder:

> *„Kann ich ohne Ohrfeigen machen, dass ihr euch abgewöhnt, was so lange in Euch eingewurzelt ist?"* (ebd.). Er beantwortet die Frage klar: *„[D]er Eindruck körperlicher Strafen war wesentlich, und die Sorge, dadurch das Vertrauen der Kinder zu verlieren, ist ganz unrichtig. [...] Vater- und Mutterstrafen machen daher selten einen schlimmen Eindruck"* (ebd.).

> *Kommentar:* Pestalozzi unterscheidet zwischen Schlägen, die in der Sphäre der Familie ausgeteilt werden und solchen, die in einer Institution stattfinden. Schläge in der Schule findet er prinzipiell falsch; in der Familie dagegen nicht, weil das Kind dort die Gelegenheit hat, überwiegend die Liebe oder doch zumindest das Wohlwollen der Eltern und ihr Bemühen um eine gute Versorgung zu erleben und die Schläge so nur Momente in einem umfassenden Lebenszusammenhang darstellen, ähnlich wie einzelne Stimmen in einem Konzert. Lehrer dagegen, so Pestalozzi, wären Vertreter einer Institution und stünden damit außerhalb eines solchen. Diese Form der Legitimation seiner Schläge überzeugt insofern nicht, als Pestalozzi selbst auch der Vertreter einer Institution ist und den Kindern zwar einen vollständigen Lebenszusammenhang anbieten möchte, aber nicht wirklich über diesen verfügt. Er möchte ihnen Mutter und Vater sein, aber er ist es nicht. Da macht er sich etwas vor. Sowohl die Eltern der Kinder wie auch der Staat mit Blick auf Gebäude und Zahlungen können seine Ambitionen jederzeit beenden.

Trotz der schrägen Konstruktion ist durchaus glaubhaft, dass die meisten Kinder ihm seine Ohrfeigen nicht nachgetragen haben. Bei Strafen, selbst körperlichen, kam es für Kinder tatsächlich sehr lange nicht darauf an, worin sie bestehen, sondern in welche Gesamtatmosphäre sie eingebettet sind. Als unangenehme, schmerzhafte oder gar grausame Elemente in einem Gesamtzusammenhang, der ansonsten überwiegend wohlwollend und unterstützend erlebt wurde, wurden sie dem Erwachsenen – egal ob Lehrer oder Eltern – nachgesehen. Das hat sich inzwischen geändert, weil selbst Kinder schon wissen, dass das Schlagen per Gesetz verboten ist und es für Kinder schwierig ist, wenn die eigenen Eltern gegen Gesetze verstoßen. Aber das war zu Pestalozzis Zeit noch nicht gegeben. Die Kinder werden außerdem mitbekommen haben, dass Pestalozzi mit Körperstrafen offen umgegangen ist. Vielleicht sogar, dass man im Dorf darüber sprach und insofern ein gewisses Maß an sozialer Kontrolle existierte. Etliche werden ihn verteidigt haben, weil sie inzwischen wussten, welchen Vorbehalten er dort ausgesetzt war und dass er sich ihnen gegenüber überwiegend liebevoll verhielt.

Pestalozzi setzt aber noch eins drauf – er behauptet, die körperliche Bestrafung sei von vielen Kindern gewollt:

"Wonnevoll zeigten sie mir, dass sie zufrieden und über meine Ohrfeigen froh waren" (ebd., 29). Er fragt sie sogar: *"Kinder, ihr wißt wie lieb ihr mir seid: aber saget mir selber, wollt ihr, dass ich euch nicht mehr abstrafe?".*

Wie von ihm erwartet sprechen sich die Kinder dafür aus: *"Du hast gesehen, Freund* (wen er da anspricht ist unklar, eher jemand Fiktiven, M.S.) *wie sie unter deinen Augen ‚Behüt mir Gott d'Ohrfeigen' riefen und mit welcher Herzlichkeit sie mich baten ihrer nicht zu schonen"* (ebd., 30).

Kommentar: Obwohl wenn es vielen Leser:innen als skandalös erscheint: auch das ist glaubhaft. Vermutlich genossen manche Kinder die Schläge als ein Zeichen von Zuwendung durch den Vielbeschäftigten, weil sie zu einer Begegnung mit ihm führten. Weit mehr Kinder aber, die sich abweichend verhalten, hatten – und haben auch heute noch – ein Bestrafungsbedürfnis. Wie das? Sie geben sich dem triebhaften Impuls hin, aber sie plagt, wenn sie ihm nachgegeben haben, auch ein schlechtes Gewissen. Mit einer Ohrfeige büßen sie ihre Schuld ab – danach können sie sich wieder unbelastet fühlen, allerdings auch dem nächsten triebhaften Impuls hingeben. Die körperliche Bestrafung führt nicht dahin, dass sie eine innere Kontrolle errichten: Sie verlassen sich weiter auf die von außen kommende.

Und noch etwas: etliche Kinder werden gespürt haben, dass ihr „Vater" sich permanent fordert und immer wieder auch überfordert hat. Sie werden ihm Rückfälle in den *tierischen Zustand* nachgesehen haben, wie sie sich einen solchen selbst auch gegönnt haben. Sie werden vielleicht auch gespürt haben, dass er anschließend ein schlechtes Gewissen und ein Wiedergutmachungsbedürfnis empfand und/oder dass diese Aggressionsabfuhr sich sein Herz wieder von neuem mit Liebe füllen ließ. Das würde ich allen Kritikern von Pestalozzi zu bedenken geben, allen voran dem an dieser Stelle doch arg moralisierenden Lüpke (ebd., 77 ff.).

Die Rechtfertigung von Schlägen als vereinzelter Erziehungsmaßnahme, war von Seiten Pestalozzis nicht etwas, das sich nur auf Stans beschränkte. Noch 1809 schreibt er in einem Briefentwurf zur Verteidigung eines Lehrers, der ein bestimmtes Kind geschlagen hatte:

> *„Aber wenn er (dieser Mitarbeiter) unter den damaligen Umständen ihm (dem Kind) doppelt so viele Ohrfeigen gegeben hätte, so müssten wir ihm noch von Herzen dankbar sein dafür. Es gibt einen Grad von Unbesonnenheit und bösem Willen, den man selten ohne Schläge unterdrücken kann [...] da ist es zweifellos verzeihlich, wenn er einem Kind einige Schläge gegeben hat"* (Pestalozzi 1956, 81, zitiert nach Lüpke 2004, 78, Fußnote 184).

Mit Blick auf Stans muss freilich festgehalten werden, dass es Kinder gab, die Pestalozzi auch mit Schlägen nicht erreichte und die wegliefen. Wie viele das waren wissen wir nicht. Pestalozzi hat keine Statistik geführt; auch ob sie wegen der Schläge weggelaufen sind oder gespürt haben, dass sie von ihm und der Gruppe aufgegeben worden waren, wissen wir nicht. Und selbstverständlich bleibt der Hinweis geboten, dass er sich mit dem Schlagen einen Widerspruch einhandelt zwischen seinem Konzept und dessen Umsetzung. Denn wenn es theoretisch wird, kritisiert Pestalozzi immer die rohen Einwirkungsversuche von außen. Er wendet sich *„gegen das Einpredigen von Regeln und Vorschriften"*, ja mehr noch: *„Das Gute, zu dem du es hinführen sollst, darf kein Einzelfall seiner Laune und deiner Leidenschaft sein, es muss der Natur der Sache nach an sich gut sein und dem Kind als gut ins Auge fallen. Es muss die Notwendigkeit deines Willens nach seiner Lage und seinen Bedürfnissen fühlen, ehe es dasselbe will"* (Pestalozzi 1998a, 21). Und auch dann geht es immer noch um *„Selbstverleugnung"*, durch die der Mensch *„allein im Stande ist, das Wesen der Unschuld in sich wieder herzustellen und sich selbst wieder zu dem friedlichen, gutmütigen und wohlwollenden Geschöpf zu machen, das er [...] auch ist"* (ebd., 101). Diese *„Selbstüberwindung"* muss freiwillig geschehen und im eigenen Inneren stattfinden.

Genau diesen hehren Worten widersprechen die Schläge (es sei denn man liest oben, dass es nicht um *Erziehung* geht, sondern lediglich um das Unterdrücken des „bösen Willen"; wobei es fraglich ist, ob dieser sich tatsächlich unterdrücken ließe. Viele Kinder steigern die Verhaltensweisen, die man als „böswillig" bezeichnen könnte, nachdem sie geschlagen worden sind, weswegen man sie als eine weitere Eskalationsstufe im Konflikt Erzieher-Kind verstehen sollte. Siehe dazu Schwabe 2016). Das Kind reagiert darauf, dass es ein Anderer ist, der etwas durchsetzen will, was das Kind (noch) nicht möchte, vielleicht noch nicht einmal kann. Deswegen verstößt Pestalozzi mit der Bagatellisierung des Schlagens eklatant gegen seine eigenen theoretischen Einsichten.

Wobei man sich fragen darf, ob die Praxis des Schlagens zu kritisieren ist oder seine Theorie nichts taugt? Mir ist klar, dass das heute für die meisten Pädagog:innen keine Frage mehr ist. Aber vielleicht muss man sie deshalb gerade wieder stellen. Denn wie sollen wir damit umgehen, dass Pädagog:innen selbst oft nicht zu der *Selbstüberwindung* – hier in Bezug auf den eigenen Ärger und die eigene Wut – in der Lage sind, die sie von anderen fordern? Dass es immer wieder passiert, dass die, die Gewaltlosigkeit predigen, selbst zuschlagen, es aber nicht zugeben. Oder sich permanent durch das (aggressive, oppositionelle) Agieren der Kinder überfordert fühlen und aus dem Feld stehlen, aber weiter an ihren Forderungen an andere festhalten. Wir kommen bei Makarenko ausführlich darauf zurück (s. Kap. 7).

Fazit: Wenn man alle sieben Settingelemente neben einander stellt und überblickt wird deutlich, dass sich die ersten sechs in Bereichen bewegen, die wir einer *„guten Pädagogik"* oder einem *„idealen Pädagogen"* zuordnen können. Das siebte Element bringt dagegen einen Misston in diese Harmonie, eine Dissonanz. Und doch macht das siebte Element in gewisser Weise die anderen erst glaubhaft. Ohne das siebte Element, klänge der Stanser Brief zu sehr nach pädagogischem Wolkenkuckucksheim. Gerade dass Pestalozzi so offen über das Schlagen schreibt, macht die Darstellung der anderen sechs Elemente glaubhaft. Ansonsten hätte man an Selbstzensur gedacht, wie sie Bruno Bettelheim offensichtlich systematisch beim Schreiben über die eigene Erziehungspraxis hat walten lassen (Schwabe 2015). Insofern imponiert Pestalozzi als ehrlicher Pädagoge.

Wen er jedoch mit keinem Wort erwähnt ist seine Frau. Wollte sie nicht, konnte sie nicht mit ihm kommen? Wollte er sie nicht dabeihaben? Dachte er daran, die Ehe aufzugeben und nur noch seinen Kindern zu leben? Wie ging es ihr damit, dass ihr Mann sich so weit weg ausschließlich seiner Arbeit widmete? Hat sie das verstanden? Gebilligt? Oder musste sie es hinnehmen, da er sowieso nicht viel auf ihr Wort gegeben hätte? Oder war sie am Ende froh, den „alten Zausel" los zu sein und hat sich selbst ein schönes Leben ohne ihn eingerichtet? Wir wissen darüber nur Ungefähres (Stadler 1993, 74). Sicher ist aber, dass er sie nach ihrem Tod sehr vermisst hat. Sie starb mit 77 Jahren.

3.2.3.4 Das Ende von Stans

So wie ihn die Revolution nach Stans gespült hat, so reißt sie ihm Stans auch wieder weg. Inzwischen sind die Österreicher einmarschiert und kämpfen gegen die französischen Revolutionsgarden. Auch dieser Krieg fordert Opfer und die Verwundeten müssen versorgt werden. *„Nach einem halben Jahr ist die Zeit in Stans zu Ende. Das Gebäude des Waisenhauses muss als Lazarett […] genutzt werden, der größere Teil der Kinder geht zu ihren Eltern zurück und die Anstalt kommt an einem anderen Ort unter andere Leitung"* (Hebenstreit 1996, 34). Nach drei Jahren schließt sie auch dort.

> *„Stans ist für Pestalozzi eine Zeit dichtester Erfahrung, er saugt sich wie ein Schwamm voll, und die kommenden fast 30 Jahre seines Lebens sind Reflexion, Ausarbeitung,*

Modifikation und Variation dieses pädagogischen Urerlebnisses. Zuvor aber ist er erschöpft, ausgelaugt, sicherlich auch enttäuscht und traurig. Am 7.6.1799 verlässt auch er die Anstalt und erholt sich auf dem Gurnigel nahe Bern",

was gut einen Monat in Anspruch nimmt (ebd.). Doch schon im Juli schmiedet er neue Pläne. Er will Schullehrer werden. Vielleicht nicht zufällig ein Beruf, den man nur stundenweise ausübt, nicht mehr über Tag und Nacht.

3.2.3.5 Bilanz: Was hat Pestalozzi in Stans geschafft? Und was nicht?

Er hat seine Kinder gut versorgt, viele von ihnen sind aufgeblüht; er hat sie persönlich erreicht und ihnen vieles Nützliche auf eine Weise gelehrt, bei der sie sich selbst nützlich fühlen konnten. Er hat ihnen Entscheidungen aufgetragen und sich darüber gefreut, wenn sie in seinem Sinn ausgefallen sind. Freilich brachte er mit der Entscheidung der Kinder über die Aufnahme der Altdorfer Kinder das gerade eben etablierte Setting in eine große Gefahr. Es ist diese eine der Gefahren, die, wenn sie gut ausgehen, einen zum Helden machen. Wenn sie schief gehen und das ganze Projekt damit den Bach herunter gegangen wäre, steht man als verantwortungsloser Verführer da.

Pestalozzi hat ohne Frage viel geleistet, aber damit auch sich selbst überfordert und stand nahe an einem Zusammenbruch aus Erschöpfung (ähnlich wie der beinahe ebenso einsame Makarenko; ähnlich auch wie Wilker und Bernfeld, nur diese aus anderen Gründen) – er hatte ein Setting kreiert, das so keinen Bestand gehabt hätte. Es ist unrealistisch seinen Kindern alles sein zu wollen und niemandem zur Nachahmung zu empfehlen. Dieses Setting taugt nicht für die große Menge von Sozialpädagog:innen. Eine Art Inspektor, der die Anstalt regelmäßig besuchte, schrieb bereits im März 1799:

„Ich bewundere den Eifer des B. Pestaluzzi und seine rastlose Tätigkeit für diese Anstalt; er verdient Ehre und Dank; aber ich sehe auf der anderen Seite von Tag zu Tag mehr, dass er die Sache [...] in Ordnung und mit gutem Erfolg fortzusetzen [...] außerstande ist, und dass die Anstalt ihren Zwecke [...] verfehlen wird oder nach einem Plan [...] organisiert werden muss. Der gute Mann hat Festigkeit und Nachgiebigkeit; unglücklicherweise bedient er sich derselben aber mehrenteils am unechten Orhte" (Truttmann, zitiert nach Stadler 1993, 85).

> **Kommentar:** Licht und Schatten. Beides deutlich – und damit ein Projekt, das man als ambivalent einschätzen muss: mit Stärken und mit Schwächen.

Auch in der Bevölkerung, die das Projekt und seinen Gründer beobachtet haben, bleibt ein zwiespältiger Eindruck zurück: *„Die Einwohner von Stans [...] verstanden seine Sprache, seine Wünsche nicht, begriffen seine ungeheuren Aufopferungen* *nicht, und beurtheilten ihn bald wie einen Halbnärrischen, bald wie einen gemeinen Schulmeister [...] dessen sie sich ohnehin schämten. Dazu kam der Spott über sein ungepflegtes Äußeres"* (Zschokke, zitiert nach Stadler 1993, 91). Die Einsicht in die drei Zustände – den tierischen, den gesellschaftlichen und den sittlichen – hatte sich für den Lauf der Projektzeit als ein brauchbares anthropologisches Fundament erwiesen. Ob sich Pestalozzi aber auch des *Tierischen* in sich selbst gewahr wurde?

Seine etwas wolkigen und teils hochtrabenden Begriffe von Erziehung haben durch das Projekt eine Bodenhaftung bekommen. Manches, was er gedacht hatte, bewährte sich in der Praxis nicht. Vermutlich hatte er nicht damit gerechnet, dass das Schlagen für ihn ein probates Erziehungsmittel wurde (dann wäre er hier Makarenko sehr ähnlich, s. Kap. 7). Und er kann es auch nicht wirklich organisch einfügen in sein Theoriegebäude. Er weiß sich „halt" nicht anders zu helfen und zeigt sich hier nicht besser (auch nicht schlechter) als die meisten Eltern und Lehrer seiner Zeit. Aber er hat auch erfahren müssen, dass Pädagogik und Volksbildung, alles was ihm am Herzen liegt, kaum etwas zählt, wenn gesellschaftliche Tendenzen dagegenstehen. Krieg ist stärker, Finanzknappheit ist stärker, Kommunalregierungen mit ihren Anweisungen sind stärker als Pädagogik je sein kann. Pädagogik kann jederzeit zurückgefahren oder eingestellt werden, Krieg nicht. Der Kapitalismus nicht. Die triumphieren immer. Diese Einsicht wird erst Bernfeld – und das auch erst nach dem Baumgarten-Projekt – so nüchtern formulieren.

Fazit: Pestalozzi, sicher ein Ausnahmepädagoge mit Blick auf das was er wagt und auf sich nimmt. Ein schlechter Settingkonstrukteur, weil aus diesem Projekt kein Modell werden kann. Einer, der Freude hat an und mit Kindern. Der aber im Alltag und wenn die Kinder sich anders verhalten als er will, auf die gleichen Grenzen des Aushaltens stößt wie viele eher mittelmäßige Pädagogen auch. Noch dazu einer, der nicht zur Zusammenarbeit fähig ist. Kein Team-Mann, ein Solo-Player. Das ist was. Das war wichtig zu tun und aufgeschrieben zu werden. Aber macht ihn das wirklich zu einem der ganz großen Pädagog:innen?

3.2.4 Zwischenstopp als Lehrer

Am 23. Juli 1799 tritt Pestalozzi in Burgdorf einen Posten als Lehrer an:

> *„Auch diese Karriere bleibt nicht frei von Schwierigkeiten. Seine erste Stelle ist die eines Hilfslehrers in der Hintersassenschule des Schusters und Schullehrers Samuel Dysli. Man muss sich die Szene vorstellen: der Schuster, der Schule hält, wie es die Tradition vorschreibt und mit strenger Disziplin die große Kinderschar beherrscht, und daneben der bekannte, von einflussreichen Politikern und Persönlichkeiten geförderte Pestalozzi, dessen Kopf voller Ideen sind, die Pädagogik auf eine neues Fundament zu stellen. Diese*

Konstellation kann nicht gutgehen; auch die Eltern beschweren sich über den Neuerer, der seine Ideen lieber an Bürgerkindern ausprobieren soll. Pestalozzi hat Glück: er kann bei einer anderen Lehrperson als Hilfslehrer unterkommen" (Lüpke 2004, 35).

> *Kommentar:* Wirklich kurios. Einerseits muss er hinnehmen, dass für ihn keine eigene Stelle eingerichtet wird. Er muss sich wie eine Art Praktikant zu anderen gesellen, er ein anerkannter Pädagoge. Dass er es dort nicht schafft, zu beobachten und Feldforschungen zu betreiben, sondern sich in die bisherige Unterrichtspraxis einmischt, kann man gut nachvollziehen. Besonders klug ist es aber nicht. Kurios auch, wie er als Lehrer von anderen Kollegen geschildert wird. Einer von ihnen schreibt:

„Bei gewöhnlichen Prüfungen für Schulamtskandidaten wäre Pestalozzi wohl überall durchgefallen. Seine Aussprache war hart und in manchen Lauten unrein, seine gewöhnliche Schrift unleserlich […], seine Rechtschreibung theils veraltet, theils […] mangelhaft und die Interpunktion fiel gleich ganz weg. Auf Grammatik nach dem gewöhnlichen Zuschnitt, hielt er nicht viel […]. In Arithmetik kannte er die Zahlenoperationen im Allgemeinen, hätte aber kaum eine mehrziffrige Multiplikation oder Division zustande gebracht. Einen geometrischen Lehrsatz zu beweisen, hat er wohl noch nie in seinem Leben versucht. Von Zeichnen war gar keine Rede. An Pflanzen, Steinen und anderen Naturerzeugnissen fand er zwar ein großes Vergnügen, sammelte aber wie ein Kind, nur nach auffallenden Eigentümlichkeiten, ohne ihre Art oder das Geschlecht bestimmen zu können" (Stadler 1994, 110).

Als Schreib-, Sprech- und Rechen-Lehrer eher untauglich, didaktisch beinahe eine Null. Aber „*er kannte dagegen, was zahllosen Lehrern verborgen bleibt, den menschlichen Geist und die Gesetze seiner Entwicklung und Bildung, das menschliche Gemüt und die Mittel seiner Belebung und Veredelung, und schaute in tausend Tatsachen und Erfahrungen den Gang der Entwicklung des Menschengeschlechts*" (ebd.). Ein Licht geht von ihm aus, das seine Schwächen weit überstrahlt. Das dürfte bei vielen der Großen so sein (es passt auf jeden Fall auch zu Makarenko und Bernfeld, auch zu Wilker). Aber wie viel Anerkennung gebührt dem Kollegen, der das alles zu sehen und zu reflektieren vermag? Aber seinerseits das didaktische Knowhow beherrscht. Warum kennt heute keiner mehr seinen Namen?

3.2.5 Burgdorf

„Im Jahr der Jahrhundertwende wird schließlich die Zustimmung der Helvetischen Regierung erreicht, Pestalozzi das Burgdorfer Schloss zum Zweck der Gründung eines Erziehungsinstituts zu überlassen. In kurzer Zeit gelingt ihm jetzt der Aufbau einer Einrichtung, die europaweit berühmt wird und Besucher von weither anlockt" (Hebenstreit 1996, 36).

„Noch etwas ändert sich in Pestalozzis Leben. War er auf dem Neuhof und in Stans der isolierte, manchmal einsame Praktiker und Schriftsteller gewesen, so ist er jetzt zum Mittelpunkt eines Kreises von jüngeren Lehrern geworden, die er selbst ausgewählt hat oder die ihm durch Zufall oder aufgrund seiner zunehmenden Berühmtheit zufallen" (ebd.) *„Das Erziehungsinstitut floriert, Waisenkinder aus der ganzen Schweiz werden ihm zugeführt, Besucherscharen kommen hierhin, so dass die Einrichtung für die Stadt Burgdorf zu einem touristischen Wirtschaftsfaktor wird. Stadler spricht in seiner Biographie mit Blick auf Goethe, Schiller und von „einer Art pädagogischem Weimar"* (Stadler 1994, 183).

„In dieser Stimmung kann auch Frau Pestalozzi, die seit vier Jahren von ihrem Mann getrennt [...] lebt, nach Burgdorf ziehen und den Enkel Gottlieb mitbringen. Die Dinge scheinen gut zu laufen, und auch eine von Pestalozzi gewünschte regierungsamtliche Überprüfung durch den Helvetischen Staat liefet positive Ergebnisse" (Hebenstreit 1996, 37). Aber für Pestalozzi, der ja als Volksbildner und Sozialpolitiker wirken wollte, kommt es noch besser: *„Frankreich besetzt unter Napoleon erneut die Schweiz, und befiehlt eine Gruppe von Beratern nach Paris zu schicken, damit dort über die Verfassung der schweiz entschieden würde. Einer der Schweizer Delegierten ist Johann Heinrich Pestalozzi, der von seiner Stadt Zürich für diese Mission ausgewählt wird- Pestalozzi reist nach Paris, aber wirklichen Einfluss scheint er selbst in der Schweizer Gruppe nicht gehabt zu haben. Seine, wohl vor allem sprachliche ‚Unbehülftheit' und mangelndes politisches Verhandlungsgeschick steht ihm hier entgegen. Aber die Mitbestimmung der Schweiz bezüglich ihres eigenen Schicksals ist eh gering. Frankreich entscheidet hier diktatorisch"* (Hebenstreit 1996, 38).

Der Machtwechsel bringt ihn in das Ehrenamt, hat aber ansonsten nur negative Auswirkungen auf sein Institut: *„Die Versprechungen der vormaligen Regierung werden nicht eingehalten, vielmehr ist jetzt jedem Kanton freigestellt, das Institut zu unterstützen oder auch nicht. Unmittelbar härter treffen Pestalozzi die Ansprüche auf das Schloss. Es gehört jetzt [...] dem Kanton Bern, der seinen örtlichen Oberamtmann dort standesgemäß unterbringen möchte. Es kommt zu zähen Verhandlungen [...]. Doch das Ergebnis ist eindeutig: Zum 1. Juli 1804 muss Pestalozzi das Gebäude räumen [...]. Es ist das zweite Mal in kurzer Zeit, dass nach Stans äußere Faktoren Pestalozzi zum Auszug zwingen, und dieses Mal trifft es ein Institut, das sich im Aufwind befindet. Deprimiert verlässt er Burgdorf, seine Frau begleitet ihn nicht nach Münchenbuchsee (einem Interimsplatz für das Institut, M. S.), sondern zieht sich wieder auf den Neuhof zurück"* (ebd.).

Kommentar: Wieder einmal die politischen Machtverhältnisse, die selbst ein europaweit anerkanntes Institut wie Burgdorf wegfegen können. Wiedermal Pestalozzi als der sinnbildliche Sisyphos.

3.2.6 Die „Mütterbücher"

Man könnte meinen, dass Pestalozzi genug zu tun hat mit seinem Erziehungsinstitut. Aber er möchte als Volksbildner weit über einen Ort hinauswirken und er hat dafür ein gutes Medium gefunden: seine Bücher. Also schreibt er zwei Werke, die sich vor allem mit den für ihn wichtigsten Erziehungspersonen beschäftigen, den Müttern. Sie erscheinen 1801 und 1803. Wie *„Gertrud ihre Kinder lehrt"* besteht aus vierzehn Briefen, die er an seinen Verleger richtet.

> *„Diese Briefform ermöglicht es ihm Persönliches und Inhaltliches miteinander zu verschränken [...]. Pestalozzi begibt sich mit dem Briefadressaten auf eine gemeinsame Reise: er stellt seine Erkenntnisse nicht nur dar, sondern er zeichnet den Prozess seiner Erkenntnisgewinnung nach. So sehen wir ihn, wie er mit sich selbst ringt, um auf manchmal großen Umwegen zur Lösung seiner Probleme zu kommen"* (ebd., 112 f.).

> *„Der Titel [...] wurde von dem Verleger eigenmächtig hinzugefügt, weil er sich durch die anhaltende Popularität von „Lienhard und Gertrud" eine Umsatzsteigerung erwartete. In Wirklichkeit ist die [...] Schrift nichts weniger als ein Roman und ‚Gertrud' kommt an keiner Stelle in ihr vor. Auch der Untertitel des Buches ‚ein Versuch den Müttern eine Anleitung zu geben, ihre Kinder selbst zu unterrichten' – ist irreführend. Es wendet sich nicht an Mütter, dafür ist es schon sprachlich viel zu schwierig zu lesen, und es ist auch keine ‚Anleitung', die praktische Hinweise wie in einem Elternratgeber lieferte"* (ebd.). *„Pestalozzis Kritik an der traditionellen Schule richtet sich auf folgenden Punkt: Er wirft ihr vor, die Freiheit der Kinder unnötig einzuschränken und sie mit toten Buchstaben zu langweilen [...]. Das Kind könne in der Schule keine wirkliche Anschauung von den Dingen erwerben, so dass sein Kopf leer bliebe, und durch das Auswendiglernen von Definitionen angefüllt werde, deren Sinn die Kinder nicht verstehen"* (ebd., 114).

> *Kommentar:* Diese Kritik war damals hoch originell und wurde bis heute mehrfach wiederholt. Radikaler noch als manche Kritiker heute, denkt Pestalozzi die Lösung: Er misstraut den Reformen, die nur *„verkleistern"* und verschlimmbessern. Es bedarf einer kompletten neuen Basis für Bildung, die nur dann gelingt, wenn Natur und Kunst in das richtige Verhältnis gesetzt werden – in der Schule und anderswo. Ein großer Wurf, der heute noch auf seine Realisierung wartet. Die Idee einer notwendigen innigen Verbindung von *„Herz"*, *„Kopf"* und *„Hand"* aber weist die Richtung, die von ihm erstmals gewiesen wurde.

Pestalozzi hat wohl selbst gemerkt, dass er mit dem falschen Titel und Untertitel Leser:innen enttäuscht hat. Deswegen schiebt er gemeinsam mit einem Mitarbeiter noch ein Buch hinterher. Dieses Mal ein wirklich praktisches. Es trägt den Titel *„Buch der Mütter"*.

„Dieser Versuch ist ihm gründlich misslungen. Die dort vorgestellten ‚Übungen' zeichnen sich durch eine solche Künstlichkeit (im negativen Sinne verstanden) aus, dass sie jede Mutter-Kind-Beziehung abtöten müssten, würde jemals eine Mutter sie anwenden [...]. Pestalozzi ist ein schlechter Methodiker, und er scheint es auch gewusst zu haben, ist der geplante zweite Band des ‚Buches der Mütter' doch nie zur Ausführung gekommen" (ebd., 126).

„Überspitzt formuliert: man könnte der Mutter auch ein Anatomiebuch in die Hand drücken, um den gleichen Effekt zu erzielen. Durch die unendliche Aufzählung der einzelnen Körperteile, ihre Lage, ihrer Eigenschaften, der mit ihnen möglichen Verrichtungen wird eine Äußerlichkeit hergestellt, die weder mit der geistigen, noch emotionalen Entwicklung des Kindes zusammen gebracht werden kann, noch Aufschluss darüber geben kann, wie sich aus solchen gekünstelte Situationen eine affektiv bestimmte Mutter-Kind-Beziehung entwickeln soll" (ebd., 128f.).

Kommentar: Erst ein Theoriebuch, getarnt als „Anleitung"', dann eine Anleitung, die dazu nicht taugt. Der Versuch das Verhältnis von *Natur* und *Kunst* als innig verwoben und aufeinander angewiesen am Beispiel „frühe Erziehung" auszuweisen, muss als misslungen bezeichnet werden. Die Anleitungen klingen pedantisch und besserwisserisch: Er füllt den Kopf der Mütter mit eben den Abstrakta, die er beim Schulunterricht geißelt. So fällt ein Schatten auf beide Bücher: Pestalozzi beherrscht zwar den Theorie-Sound, verliert dabei aber die meisten seiner Leserinnen, die das Buch zur Hand genommen haben. Wenn er aber praktisch-methodisch anleiten möchte, wird er zum Schulmeister der kritisierten Art und lässt seine Schülerinnen, die Mütter, erschrocken und verwirrt zurück.

3.2.7 Glanz und Krisen in Yverdon

„Münchenbuchsee ist ein einjähriges Zwischenspiel, und ein ziemlich trauriges zudem, bevor Pestalozzi seinen Lebensfaden in Yverdon weiterspinnen wird. Man verspricht ihm zu helfen, indem man ihm, der praktisch-organisatorisch nicht gerade begabt ist, die ökonomische Leitung des Instituts abnimmt. Ein Vertrag wird geschlossen und Pestalozzi muss rasch erkennen, dass er faktisch vollkommen entmachtet worden ist. Er mag schriftstellernd theoretisieren, nur zu sagen, auch in pädagogischen Fragen, hat er nichts mehr" (ebd., 39).

Kommentar: Kann man das den Verantwortlichen vorwerfen? Haben sie nicht richtig erkannt, dass seine Stärken im Schreiben liegen und im spontanen Einzelkontakt oder gelegentlichen Auftritten in Klassen oder Gruppen von Kindern. Aber dass er nicht in der Lage ist, ein Institut in dieser Größenordnung zu leiten: weder bezogen auf die Dienst- noch die Fachaufsicht, geschweige denn in ökonomischer Hinsicht? Haben nicht auch einige Mitarbeiter in den letzten Jahren solche Mängel wahrgenommen und kompensieren müssen, aber eben auch gegenüber den Behörden offengelegt oder durchscheinen lassen? Haben einige inzwischen nicht auch die Geduld mit dem zwar berühmten, aber immer wieder auch einfältigen und leitungsschwachen Pestalozzi verloren?

„Resigniert zieht sich Pestalozzi zurück. […] Jetzt entbrennt ein heftiger Streit um die Lehrer und Schüler, den Pestalozzi seinen Gunsten entscheidet, da die Lehrerschaft sich geschlossen hinter ihn stellt. […] Pestalozzi kann in Yverdon an seine Erfolge von Burgdorf anknüpfen. Stetig steigt die Zahl der Schüler: 1805 sind es 20, ein Jahr später 80, nochmals zwei Jahre später 134. Im Jahr des äußeren Höhepunkts 1809 besuchen 165 Schüler das Institut, eine Zahl, die schon aus organisatorischen und ökonomischen Gründen, die Obergrenze bildet" (ebd.).

Kommentar: Also lag ich mit meinem Verdacht oben falsch? Geschlossen stehen seine Lehrer hinter ihm! Und vertrauen ihm offensichtlich... Warten wir ab.

„Auch die Zahl der Lehrkräfte steigt in Yverdon. Waren es Anfangs nur seine Getreuen, die den Umzug von Münchenbuchsee nach Yverdon mitmachten, so sind es 20 Lehrer im Jahr 1807 und zwei Jahre später 31. Hinzu kommt noch eine schwankende Zahl von Praktikanten, die sich in der Methode Pestalozzis ausbilden lassen wollen. Ihre Größenordnung wird zwischen 11 und 32 angegeben. Bei der […] Relation (Erwachsene zu Kinder, M.S.) ist allerdings zu bedenken, dass die Erzieher einen Dienst rund um die Uhr abdecken müssen – sogar die Brandwache in der Nacht zählt zu den Aufgabe. Zudem ist die Anzahl an Unterrichtsstunden beträchtlich: Von morgens früh bis abends spät ist die Zeit der Lehrer und Schüler mit Aktivitäten gefüllt" (ebd.).

Aber alles läuft gut – zunächst:

„Die Erfolge Pestalozzi's zeigen sich auch darin, dass bereits 1806 ein Töchterinstitut in Yverdon gegründet wird. Wieder sind es Besucherscharen, die zum Schloß pilgern, um sich hier ausbilden zu lassen oder einen Blick auf den Meister aus der Nähe zu werfen, obwohl hier immer wieder sein liederliches Äußeres […] abstoßend wirkt, und Mitarbeiter dafür sorgen müssen, ihn für den Empfang von höher gestellten Persönlichkeiten kleidungsmäßig auszustatten" (ebd., 38). *„Pestalozzis Tätigkeit ist jetzt nicht mehr die des täglichen Schulehaltens […], sondern die des Organisators, der einen großen Betrieb zusammenhalten muss, des Propagandisten, der seine Methode als Markenartikel nach Außen verkauft und die des Multiplikators. In täglichen Besprechungsrunden der Lehrer, Besucher und Praktikanten, die des Abends stattfinden werden pädagogische Probleme diskutiert, Schwierigkeiten einzelner Kinder besprochen, Perspektiven für die Weiterentwicklung des Instituts ins Auge gefasst. Pestalozzi ist das Herz eines sich zunehmend ausweitenden Kreises […], der auf eine Veränderung der pädagogischen Verhältnisse überhaupt zielt. Diesem […] Zweck dient auch die ‚Schweizer Gesellschaft für Erziehung', die 1808 in Lenzburg gegründet wird,*

und deren Präsident Pestalozzi ist" (ebd., 39). *"In kurzer Zeit hat sich die Lage also wieder stabilisiert. Frau Pestalozzi kann erneut zu ihrem Mann ziehen. Acht Jahre wird sie hier noch leben, bis sie [...] 1815 stirbt",* zwölf Jahre vor ihrem Mann.

So weit so gut, aber Pestalozzi wäre nicht Pestalozzi, wenn er ausruhen und genießen könnte. Die Idee einer Armenerziehungsanstalt lässt ihn nicht los. Denn die Kinder, die nach Yverdon kommen, haben zu einem Gutteil reiche und einflussreiche Eltern.

"Ab 1807 entwickelt er dazu Pläne [...] erst elf Jahre später kann er in Clindy, nahe Yverdon, eine entsprechende Einrichtung gründen, auch indem er eigenes Geld [...] zuschießt. Nur sechs Jungen und sechs Mädchen sind es am Anfang, doch steigt ihre Zahl schnell auf 30 an. Damit ist Pestalozzi aber finanziell überfordert und Clindy muss als eigenständige Einrichtung aufgegeben werden. Die Kinder erhalten die Möglichkeit nach Yverdon umzuziehen. Aber bis zu seinem Tod wird Pestalozzi die Hoffnung nicht aufgeben, auf dem Neuhof seine wichtigste Idee, armen Kindern zu einer richtigen Erziehung zu verhelfen" (ebd., 41).

Doch inzwischen kriselt es in der Stammeinrichtung: *"Je länger die Zeit in Yverdon dauert, desto schwieriger wird es, den großen Erfolg des Instituts festzuhalten. Bis Pestalozzi 1825 Yverdon verlassen wird, zeichnet sich ein allgemeiner Niedergang ab"* (ebd., 42).

Kommentar: Kein Wunder, wenn der Chef Zeit und Geld in andere Projekte investiert und damit zeigt, dass er das Institut nur noch mäßig interessant findet. Zumal er keinen Stellvertreter oder Nachfolger etabliert hat, der ihm den Rücken dort freihält.

"Zunächst sind es finanzielle Probleme, die Pestalozzi ein Leben lang begleitet haben. [...] Wieder hilft ihm seine Frau aus der Verlegenheit. [...] Noch tiefgreifender aber [...] wirkt der zwischen den Lehrern ausbrechende Streit untereinander, der letztlich zur Auflösung [des Instituts] führen wird" (ebd., 41).

Im Zentrum steht die Nachfolgeregelung bezogen auf den mittlerweile hoch in den Siebzigerjahren Stehenden. Zwei Antipoden stehen sich gegenüber: Schmid, ein Lehrer, eher ein Praktiker – und Niederer, ein Pfarrer, theoretisch-gebildet und mit klar formulierten Ansprüchen. Beide kompetent, wenn auch in verschiedener Hinsicht, beide wortgewandt, beide ehrgeizig. *"Schmid muss einer der Menschen gewesen sein, der überaus tüchtig und institutionell erfolgreich, eine menschliche Sensibilität vermissen lassen, so dass sie mit ihrer Härte und Sturheit ihr gutes Werk selbst zerstören"* (ebd.). Niederer überarbeitet die Schriften Pestalozzis und verhilft ihnen auch in universitären Kreisen zur Beachtung.

„Auch bei Niederer können wir einen typischen menschlichen Zug entdecken: Die engagierteste Anhängerschaft verwandelt sich schnell in rivalisierenden Hass, wenn der [...] Bewunderer nicht die Anerkennung des Meisters erhält, von der er meint, dass sie ihm gebühre" (ebd., 42). *„Hinzu kommt, dass der Streit nach außen dringt. Das Pestalozzische Institut wird verleumdet, die Schülerzahlen sinken"* (ebd.).

„Pestalozzi treffen die Auseinandersetzungen der beiden Männer in hohem Maße persönlich, verstärkt dadurch, dass er nach dem Tod seiner Frau alleine steht; er erkrankt depressiv und erholt sich nur langsam. Die Anerkennung, die das Institut so überreich genoss, zerfällt, auch wenn Pestalozzi im Jahre 1817 noch die Ehrendoktorwürde der Universität Breslau verliehen wird" (ebd.). *„Das Ende des Instituts kam gleichwohl recht überraschend. Pestalozzi selbst hat die Lawine in Bewegung gesetzt, in dem er seinem Hang zur Selbstdarstellung und Selbstbemitleidung fast bis zum Exzess nachgab"*, so der ihm eigentlich zugeneigte Stadler (Stadler1993, 534). *„Er kann deshalb nicht anders, als selbst Yverdon verlassen, ein Kapitel, das wiederum nicht ohne gerichtliche Auseinandersetzungen zwischen der Stadt und Pestalozzi, wegen finanzieller Angelegenheiten, abgeht"* (Hebenstreit 1996, 41).

Kommentar: Am Ende einer Erfolgssträhne also wieder Scheitern. Wir werden Pestalozzis Analyse dazu im nächsten Kapitel vorstellen und wiederum eigene Gedanken dazu formulieren.

3.3 Pestalozzis Resümee des eigenen Wirkens: Schwanengesang

Relativ bald nach dem Ende in Yverdon, das er selbst Iferten nennt, gibt Pestalozzi eine Anklageschrift gegen sich und andere heraus, in der er sich teils geißelt, teils aber auch andere frontal attackiert und beschuldigt (geschrieben 1824/25, erschienen 1826): *„Meine Lebensschicksale als Vorsteher meiner Erziehungsinstitute von Burgdorf und Iferten."* Die Abfassung erfolgt bezogen auf Fehler und Kränkungen zu rasch, als dass man sie gelten lassen könnte (auch sein Verleger Cotta hat sie zurückgewiesen) und dient im Subtext auch in erster Linie dazu Schmid den Rücken zu stärken und ihn von Schuld freizusprechen (Stadler 1993, 556). Man darf bei diesem „Schnellschuss" aber auch schon an Wilker und Bernfeld denken, die ebenfalls in den ersten Monaten nach dem Scheitern in ihren Einrichtungen Berichte verfasst haben, die streckenweise peinlich zu lesen sind. Pestalozzi hatte im Unterschied zu den beiden fünfzehn Jahre später die Möglichkeit zu einer etwas abgeklärteren Analyse.

1826, ein Jahr vor seinem Tod, erscheint das letzte Buch von Pestalozzi. Einige Passagen daraus haben wir bereits zitiert. Der Titel bezieht sich *„auf den auf Aischylos zurückgehenden Glauben, dass der Klagelaut des sterbenden Schwans* *wunderbar klinge"* (Knauer 1990, zitiert nach Hebenstreit 1996, 148). Es handelt sich um eine Bilanz, in der er aufrichtig und kritisch mit sich selbst sein möchte. Stadler schreibt: *„Der Lebensbericht ist schonungslos, aber ohne die peinlichen Selbsterniedrigungen der ‚Lebensschickale'"* (Stadler 1993, 566).

„Ich klage nicht mehr, im Gegenteil, ich erkenne die Ursachen meiner unglücklichen Schicksale mit Wehmut in mir selbst", so zumindest das selbstbetitelte Programm (ebd. XXVIII, 255). Rückblickend auf die Querelen in Yverdon schreibt Pestalozzi: *„Ich frage mich: Ist dann der Zweck meines Lebens wirklich verloren gegangen? […] der Zweck meines Lebens ist nicht verloren gegangen. Nein, meine Anstalten wie sie in Burgdorf gleichsam aus dem Chaos hervorgieng und in Iferten in namenlosen Unförmigkeiten gestaltete, ist nicht der Zweck meines Lebens. Nein, nein beyde sind in ihrer auffälligsten Erscheinung Resultate meiner individual-Schwächen, durch welche das Äußere meiner Lebensbestrebungen, meine vielfältigen Versuche und Anstalten sich selber untergraben und ihrem Ruin entgegen gehen mussten. Meine Anstalten und alle äußeren Erscheinungen ihrer Versuche sind nicht meine Lebensbestrebungen. Diese haben sich im Inneren meiner selbst immer lebendig erhalten und sich auch äußerlich in hundert Resultaten […] erprobt"* (ebd. XXVIII, 256).

Kommentar: Die teils gelungenen, teils misslungenen Projekte und der Schatten der über ihnen steht, sind nicht der *„Zweck seines Lebens".* Insofern ist mit dem misslichen Niedergang von Yverdon (Iferten) nicht Pestalozzis innerer Kern ge- oder betroffen; zumindest schreibt er das. Er gibt aber gleichzeitig zu, dass dieser Niedergang mit seinen *„Individual-Schwächen"* – wohlgemerkt im Plural – zu tun hat. Welche das sind, wird er später noch konkretisieren. Auch auf die hundert Resultate werden wir zurückkommen. Aber erst einmal halten wir fest: so richtig gescheitert sieht sich Pestalozzi nicht.

„Das Allerbedeutendeste in den Ursachen ihres unausweichlichen Misslingens (der Hoffnung von Burgdorf und Yverdon) ist unser Unternehmen selbst. Wir fiengen es an, ehe wir uns auch nur im Traume dessen bewußt waren, was es seyn und werden sollte, selber ehe wir wussten, was wir eigentlich wollten" (ebd., 257).

Kommentar: Das mag ein Grund für das *Misslingen* sein: fehlende Projektplanung und -abstimmung; zu wenig nachgedacht über die Ziele und Mittel. Aber erinnern wir uns, wie Pestalozzi seinen Start in Stans beschreibt: Da war es ihm mit gutem Grund sehr wichtig ohne zu viel Planungen und fertiges Konzept zu beginnen. Das hatte sich dort bewährt und wurde von ihm nachträglich sogar als Voraussetzung für das Gelingen begriffen. Also was nun? Muss man planen und konzeptionieren oder sich in den Prozess werfen und von den Strömungen, die er entfaltet, inspirieren und tragen lassen? Ein Unterschied könnte der sein: in Stans war Pestalozzi alleine; in Burgdorf und Yverdon hatte er ein Team um sich versammelt. Dieser Kontext darf bei der Beantwortung der Frage nicht unterschätzt werden.

"Unser Unternehmen an sich, wie es in Burgdorf entkeimte, in Buchsee sich zu gestalten anfieng und in Iferten in abentheuerlicher Unförmigkeit mit sich selbst kämpfend und sich gegenseitig zerstörend Wurzeln zu fassen schien: dieses Unternehmen war an sich in seiner planlosen Entstehung, auch unabhängig von meiner persönlichen Untüchtigkeit, unabhängig von der Heterogenität der Personen, die daran Theil nahmen, unabhängig von dem gegenseitigen Widerspruche [...] ein unausführliches Unding. Wenn wir alle unsere Fehler nicht gehabt hätten, wenn alle Umstände, die uns zuwider waren, nicht gewesen wären, ich sage sogar, wenn alle Gewalt, alle Geldmittel und alles Vertrauen besessen und uns auch in wissenschaftlicher Hinsicht nichts gemangelt hätte, [...] so hätte das Unternehmen [...] dennoch nothwendig scheitern müssen" (ebd., 255).

> *Kommentar:* Oben sprach Pestalozzi von *„unausweichlich"*, jetzt von *„nothwendig"* bezogen auf das Scheitern. Das hört sich nach *unvermeidbar* an. Aber diese Einschätzung widerspricht der Auflistung all der Fehler bzw. Schwächen, die er selbst festgestellt hat: Planlosigkeit, Heterogenität der Mitarbeiter, fehlendes Geld, zu viele eigenen Fehler, zu wenig Wissen etc. Dennoch behauptet er: Auch wenn es das alles nicht gegeben hätte, wäre das Projekt immer noch schiefgegangen. Aber warum? Weil die Götter ihre Hand nicht über dem Projekt gehalten haben?

Seine Analyse fällt ganz weltlich aus: *„Es war ein babylonischer Thurmbau, in dem jeder seine eigene Sprache redete und keiner den anderen verstand"* (ebd.).

> *Kommentar:* Der Turmbau der Babylonier mit denen diese den Himmel erreichen wollten, wurde von Gott als Anmaßung verstanden. Deshalb sendete er den Arbeitern und Architekten eine Sprachverwirrung (siehe auch den Exkurs 1 in Kapitel 13). Wahrscheinlich denkt Pestalozzi hier an das zweite Motiv: beim Turmbau wie in seinem Projekt gerieten irgendwann die Verständigungsmöglichkeiten in eine fundamentale Krise – Die Mitarbeitenden redeten aneinander vorbei, verstanden sich nicht und hörten einander auch nicht genügend zu. Interessant ist, dass Pestalozzi hier auf der *Kommunikation* als entscheidendem Faktor für das *Scheitern* fokussiert (s. a. Kap. 11). Er hätte ja auch auf das Wesen der beteiligten Charaktere abheben können oder die Heterogenität der Mitarbeiterschaft; aber das tut er nicht. Er denkt wohl, dass diese hätte überwunden oder sogar genutzt werden können, wenn man denn besser miteinander hätte kommunizieren können. Das ist ein sehr moderner Gedanke, dem wir in Kapitel 8 angesichts des Scheiterns eines ganz anderen Projekts, in der Analyse Gerd E. Schäfers wieder begegnen werden. Freilich eröffnet sich bei Pestalozzi damit auch eine Leerstelle: Wenn es an der *Kommunikation* lag, woran genau? Wer konnte sich wem gegenüber mit was nicht adäquat mitteilen?

„Unstreitig waren dabey einzelne große Kräfte in unserer Mitte; aber eine Gemeinkraft für unsere Zwecke war nicht da" und *„die naturgemäßen Anknüpfungspunkte des unermeßlichen Guten, das wir suchten, war in unserer Mitte nirgends da; hingegen die Trennungspunkte und Zerreißungsmittel des wenigen Guten, das wir wirklich besaßen,*

waren so belegt in unserer Mitte, dass sie wohl nirgends auf der Welt auf eine beunruhigendere und sich selbst gegenseitig zerstörendere Weise nebeneinander gefunden werden möchten" (ebd., 255).

> Kommentar: Pestalozzi spezifiziert die kommunikativen Probleme nicht. Er hebt auf das Fehlen von „Gemeinkraft" ab und auf das Gute, das *„in unserer Mitte nirgends da war"*. Man könnte sagen, es fehlte an Gemeinsinn, an einer gemeinsamen Phantasie und/oder Teamspirit als einer Grundlage für gelingende Kommunikation und an der Fähigkeit, die eigenen Kräfte mit denen der Anderen zu verbinden. Das ist nun wieder eine allgemeine Deutung, die wahrscheinlich für viele scheiternde Projekte zutrifft.

Die Idee, dass die daraus resultierenden, zerstörerischen Dynamiken ausgerechnet in Yverdon ihren weltweiten Kulminationspunkt gefunden haben sollen, mutet dagegen naiv an. Dieser „Scheiß" passiert eben sehr oft, wie wir heute wissen: Tolle, einzelne Menschen mit guten Kompetenzen bekriegen und zerfleischen sich gegenseitig, wenn sie sich im Team begegnen. Einen kleinen Hinweis auf die Spezifität der institutionellen Dynamik liefert Pestalozzi vielleicht: Er spricht von dem *„unermesslichen Guten"*, das stattfinden sollte und von dem *„Guten"*, über das man *wirklich* verfüge. Man kann daraus auf so etwas wie eine kollektive Idealisierung des Projekts schließen, das eben alles Gute in seiner höchsten Potenz in sich schließen sollte, aber damit eben auch alle überforderte, die lediglich über etwas „ein bisschen" Gutes in sich verfügen konnten. Demnach wäre es eine ins Höchste geschraubte Erwartung gewesen, die alle so empfindlich gegenüber Abweichungen gemacht hat. Das wäre eine schlüssige gruppendynamische Erklärung für das Scheitern.

Aber Pestalozzi kommt auch auf sich selbst zu sprechen: *„Alle äußeren Gestaltungen meiner Unternehmungen und Anstalten forderten den höchsten Grad der kraftvollen Regierungsfähigkeit, den je menschliche Unternehmungen erfordern konnten, und ich bin der allerunfähigste Mensch zum Regieren. Auch liegt in meiner Natur nicht die geringste Neigung dazu"* (ebd., 256). Hier spricht er nun selbst aus, was wir weiter oben, schon gedacht haben. Pestalozzi kann und will nicht leiten. Dazu fehlt ihm das Talent und er will es auch nicht lernen:

> *„Mit dem ersten Tritt, den mein Fuß auf die Schloßtreppe von Burgdorf gesetzt, habe ich mich in mir selber verloren, indem ich eine Laufbahn betreten, in der ich äußerlich nichts anderes als unglücklich werden konnte, da ich mich durch die Annahme der Stelle, die mich in dieses Schloß führte, in eine Lage gesetzt, die die mir mangelnde Regierungskraft wesentlich und notwendig voraussetzte"* (ebd.).

> Kommentar: Mehr noch. Angesichts der Aufgabe zu leiten, glaubt er sich selbst verloren gegangen zu sein. In anderen Zusammenhängen spricht er von dieser Aufgabe, der er sich nicht gewachsen sieht als einer *Galeerenbank*, auf der Sklaven für Jahre zum Rudern

verurteilt sind (ein ähnliches sich Verloren-Gehen wird Gerd E. Schäfer thematisieren in seinem Werk: Verlorenes Ich – Verlorenes Objekt, Kap. 8):

> *„Wahrlich, ich war auf der Galeerenbank meines Institutes selber vielseitig außer mich selbst und außer die Eigenheit der Kräfte und Anlagen, mit denen ich zum Dienst der Menschheit in meinen Umgebungen etwas Wesentliches hätte leisten können, wenigstens in gewissen Epochen, so viel als ganz hinausgeworfen und in meiner Wegwerfung dennoch drückend wider mich selbst mißbraucht"* (ebd.).

Während er hier von einer *Galeere* spricht, hat er an anderen Stellen sieben Jahre früher das Bild des Schiffes und Kahnes benutzt: *„Um auf weiten Meeren unter Stürmen und Mangel auf leckem Schiff umhergetrieben zu werden, sind 16 Jahre lang, sehr lang"* schreibt er in der älteren Fassung des Aufrufs zum Kauf der Gesamtausgabe seiner Werke: *„Ich hoffte immer einmal Land, einmal Ufer zu finden. Ich fand keines und gefahre mich heute, anstatt endlich mit meinem lecken Kahn an einem stillen Ufer zu landen, in meinem 72sten Jahr zu scheitern"* (Pestalozzi, zitiert nach Kraft 1996, 46).

Damals sah er sich noch in der Gefahr zu scheitern – diese Angst hat sich im *Schwanengesang* zu einer Gewissheit verdichtet. In diesem Kontext nimmt er aber auch seine Kollegen und Co-Leiter dafür in die Pflicht:

> *„Ebenso forderte die Natur meines Etablissements, beinahe wie keines anderen, daß seine Führer alle, vom ersten bis zum letzten, ein Herz und eine Seele hätten sein sollen. Ich wußte das wohl, aber ich vermischte in meinem Träumersinne die öde Leerheit eines großen Meinungsvereins mit der Realkraft von Männern, die durch den Besitz aller nötigen Anlagen, Kenntnisse und Fertigkeiten, die das Geschäft, um dessentwillen sie sich vereinigt haben, anspricht, die Mittel einer gesicherten Ausführung desselben zum voraus in sich selbst tragen. Ich war in meiner Stellung so sehr ein Kind, daß ich Luftschlösser, die meine Traumsucht in den Wolken schaffte, als auf ewigen Felsen gebaut, und träumerische Lobreden über die Solidität dieser Schlösser als Beweise ihrer festen Begründung ansah"* (ebd.).

Kommentar: Er startet bei den Ansprüchen an die Mitleiter, endet aber wieder bei sich selbst: Ihm ist etwas Träumerisches zu eigen, dass ihn immer wieder die Realität verkennen und Luftschlösser bauen lässt. Er ist nicht in der Lage eine schlechte Realität, z. B. Spannungen im Team oder drohende finanzielle Engpässe, realistisch wahrzunehmen und anzugehen. Er träumt sich die Realität schön, träumt die Konflikte weg. Und mehr noch: seinen ganzen Zugang zur Realität charakterisiert er selbst so: „[...] *so war mir überhaupt, ich darf nicht einmal sagen, das eigentliche Verstehen, sondern vielmehr das gefühlvolle Ergriffenwerden von den Erkenntnißgegenständen, die ich erlernen sollte, immer weit wichtiger, als das praktische Einüben der Mittel ihrer Ausübung. Dabey*

> *war mein Wille, einige Erkenntnißgegestände ausüben zu wollen, die mein Herz oder meine Einbildungskraft ergriffen, ob ich gleich die Mittel sie praktisch ausüben zu können, vernachlässigte, dennoch in mir selbst enthusiastisch belebt"* (Pestalozzi 1977, XXVIII, 221).

Pestalozzi charakterisiert sich als jemand, der rasch begeisterungsfähig ist und dabei die damit verbundene charakteristische Belebung genießt; aber er ist nicht der Mann, der die Sachbezüge durcharbeitet und sich Schritt für Schritt Methodenkenntnisse aneignet und einübt. Deutlich mehr ein genialisch Inspirierter als ein Könner im Alltag. Dafür schließt er erstaunlich zukunftsbezogen, so als bekäme er noch einmal eine Chance: Ich glaube,

> *„daß das einstweilige Stillstellen meiner Anstalten in Iferten wahrlich als eine glückliche Notwendigkeit, das innere Wesen meiner Bestrebungen auf ein gereinigteres Fundament zu bauen und gar nicht als ein Zeichen ihres Unwerts und der Unmöglichkeit der Erzielung ihrer segensvollen Resultate anzusehen ist. Nein, so wenig als die Natur selbst und ihr auf ewigen Fundamenten gegründeter Gang in der Entfaltung unserer Kräfte zugrunde gehen kann, so wenig kann irgendein Scherflein, das den Gang der Kunst in den Erziehungs- und Unterrichtsmitteln des Menschengeschlechts dem göttlich gegründeten Gange der Natur näher zu bringen, wahrhaft und kraftvoll geeignet ist, wie ein nichtiges Phantom wieder verschwinden, wenn es die Richtigkeit und Wichtigkeit seiner Resultate vor den Augen irgendeiner Zeitwelt, wie diese auch immer beschaffen sein mag, in dem Grad zutage gefördert und als solid und ausführbar dargestellt hat, als dieses bei einigen unserer wesentlichen elementarischen Versuche der Fall ist"* (ebd., 256).

Kommentar: Pestalozzi gibt sich zum Schluss optimistisch: Was gut war, kann nicht untergehen; seine Ideen zur Elementarbildung werden bleiben und wieder auf- oder hochkommen. Die Einrichtungen stehen nur *„einstweilig"* still, sie werden wieder in Gang kommen.

Kehren wir am Ende noch einmal an den Anfang zurück. Dort fragten wir, was denn das Eigentliche, das Zentrum seiner Bestrebungen gewesen ist, wenn nicht die Institute? Er antwortet: *„Das Wesen meiner Bestrebungen und der Mittelpunkt meiner Kraft bestand von jeher in dem in mir auf eine seltene Weise belebten Naturtriebe, den Volksunterricht in seinen wesentlichen Theilen und vorzüglich in seinen Anfangspunkten zu vereinfachen"* (ebd.).

Kommentar: Merkwürdig, dass er das für sich reklamiert. Wenn ihm eines nicht gelungen ist, dann ist es den *„Volksunterricht zu vereinfachen"*. Er hat ihn angereichert, komplexer gemacht, anspruchsvoller, kindesbezogener. All das hat er erreicht, auch wenn nicht in dem Umfang, in dem er wollte. Aber *einfacher*, scheint ein seltsames Ziel.

3.4 Fremdwahrnehmung: Was sieht und reflektiert Pestalozzi nicht?

So weit also Pestalozzis Resümee über sein Wirken und sich selbst. Zu Beginn des Kapitels fragten wir:

> *„Erkennt er, woran er scheitert und warum? Welchen Platz räumt er selbst seinen Misserfolgen ein? Worüber äußert er sich stolz und zufrieden? Zeigt sich der ‚große Pädagoge' am Ende – gerade wegen der vielfach erlebten Misserfolge – als ein Meister in der Reflexion des Scheiterns?"*

An Selbstreflexivität hat es Pestalozzi nicht gemangelt. Wie genau er analysiert, dass er als Leiter versagt und sich die Realität schön geträumt hat, muss imponieren. Beeindruckend auch sein Eingeständnis: Ich bin einer, der sich vor allem in emotionaler Hinsicht gerne ergreifen lässt von Ideen für zukünftiges Tun, aber jemand, der nicht gerne und nicht genügend übt und deshalb bezogen auf Praxis, die ich mir ausgewählt habe, nicht gut genug vorbereitet bin. Mein Enthusiasmus ist größer als mein Realitätssinn. Das ist beeindruckend. Wem gelingt es schon, sich so klar und nüchtern zu analysieren.

Gerade wenn man ihn mit Condillac (Kap. 2), aber auch mit Wilker (Kap. 5) und Bernfeld (Kap. 6) oder den politischen Parteien und Behörden, die beim Scheitern der geschlossenen Einrichtung Feuerbergstraße in Hamburg (Kap. 9) involviert waren, vergleicht, könnte man in ihm eher einen Meister in der Reflexion des eigenen Scheiterns sehen; freilich steht er damit Zwergen gegenüber. Vergleicht man seine Überlegungen mit der Analyse, der Gerd Schäfer sein Projekt unterzieht (Kap. 8) oder mit der des Fortbildners (Kap. 10), relativiert sich das. Aber es wäre unfair, seine Möglichkeiten anhand der analytischen Möglichkeiten des frühen 21. Jahrhunderts zu messen. Für seine Zeit kann er bezogen auf Reflexivität als ein Großer gelten.

Und doch fallen zwei Aspekte auf: Zum einen ein Fixiertbleiben auf das eigene Scheitern, das als das größte Scheitern der Welt imaginiert wird – gar in Superlativen und biblischen Metaphern wie der Sprachverwirrung von Babel. Wenn schon Scheitern, dann richtig und großartig könnte man das nennen. Noch dazu interessiert er sich nur für das eigene Scheitern: dass vor ihm schon Andere, dass nach ihm noch viele und eventuell aus anderen Gründen scheitern können, interessiert ihn nicht. Er bleibt seinem eigenen Scheitern egozentrisch verhaftet.

Zum anderen: man könnte denken, dass bei aller Selbstkritik und Verantwortungsübernahme die eigene Betroffenheit fehlt. Festmachen kann man das daran, dass das Scheitern kaum festgehalten wird; es wird sehr schnell wieder in ein *„ach das Gute bleibt und wird schon weitergehen"* umgemodelt. Vielleicht hat er für sich genug getrauert, um die unwiederbringlichen Verluste, die mit Neuhof und Yverdon verbunden sind? Um das definitive Versäumt- oder Verspielt-haben von

Möglichkeiten. Vielleicht hat er ja oft genug gelitten, so dass der abschließende Optimismus mehr eine Versöhnung mit sich selbst gleichkommt? Es kann aber auch sein, dass er hier den eigenen Schmerz nicht angemessen durchgearbeitet hat und sich die Realität doch wieder schön träumt (s. Kap. 14.1). Aber wer mag das beurteilen? Wer mag darüber richten? Wo sind die, die gescheitert sind und eine angemessene Balance gefunden haben zwischen dem Festhalten des Verlorenen, Trauer, Selbstkritik, Nachsicht mit den eigenen Schwächen plus einer Versöhnung mit den Widersacher:innen und widrigen Umständen?

3.5 Eine psychoanalytische Hypothese zu Pestalozzis Misserfolgs-Serie als Folge eines unbewussten Wiederholungszwangs

Immer und immer wieder scheitert Pestalozzi auf beinahe allen Gebieten, in denen er Unternehmungen angeht; und hat am meisten Erfolg in einem Bereich, den er selbst nicht so richtig ernst nehmen kann: der Literatur. *„Lienhardt und Gertrud"*, seine Sozialraum-Utopie mit feministischem Einschlag, wurde vom Publikum geliebt und hat ihn groß gemacht. Mit diesem Werk der *Empfindsamkeit* hat er sich ins Herz seiner Leser:innen geschrieben und um sich herum eine Aura kreiert, die ihn in einem besonderen Licht erstrahlen lässt (Krüger 1972). So hell, dass seine Schwächen sympathisch werden und ihm beinahe sofort vergeben werden. Sogar so hell, dass die sechs Monate in Stans ihm *„eine fast heiligenhafte Aureole"* zukommen lassen – was bei einem solchen Torso-Projekt und seinen deutlichen Schattenseiten sonst fast nicht zu erklären wäre. Seine theoretischen Werke, seine klugen Gedanken zu anthropologischen und sozialen Themen bleiben weit hinter dieser Strahlkraft zurück und werden von der akademischen Welt seiner Zeit nicht wirklich geschätzt. Und doch taumelt er vor und nach diesem Erfolg von einem Misserfolg zum anderen. Kann man, muss man seine Misserfolge nicht als eine Serie betrachten, eine Serie, hinter der ein unbewusster Wunsch oder Plan steht?

Stadler schreibt: *„Für Pestalozzi war Stans […] ein ganz persönliches Aufschwungerlebnis"* (Stadler 1993, 82), das er selbst mit diesen Worten feiert: *„Zerbrechet den Becher meines Elends und trinket aus einem Menschenglas auf meine Errettung, auf mein Werk, auf meine Besserung"* (Pestalozzi IV, 1929, 20 f.) – und das im Frühjahr 1799 als weder Erfolg noch Ende wirklich absehbar waren. Noch deutlicher wird er an dieser Stelle:

> *„Es geht, es geht in allen Teilen. Ich lösche die Schande meines Lebens aus. Die Tugend meiner Jugend erneuert sich wieder. Wie ein Mensch, der Tage lang im Moder und Kot bis an den Hals versunken seinen Tod nahe sieht und die Vollendung seiner dringendsten Reise vereitelt sieht, also lebte ich Jahre, viele Jahre in der Verzweiflung und im Rasen*

meines unbeschreiblichen Elends. Ich hätte der ganzen Welt, die um mich her stand und mich also sah, nur ins Gesicht speien mögen." (ebd., 20).

Diese Sätze legen nahe, wie lange und wie intensiv Pestalozzi unter den Folgen des Neuhof-Debakels litt, denn dieses bezeichnet er als „*Schande seines Lebens*" (Stadler 1993, 83):

> *„Er hatte sich damals ja prompt wieder aufgerafft, war daraufhin und vermutlich wegen des Fiaskos – das es ja zu kompensieren galt – zum angesehenen Schriftsteller geworden, aber das scheint ihm im Rückspiegel wenig bis nichts zu gelten; […]. Das ist nicht nur echt pestalozzisch. Das ist im Grunde auch gut schweizerisch: Ruhm als Theoretiker und Schriftsteller in Ehre, aber wirklich gültige Gleichberechtigung mit anderen erfolgreichen Menschen schafft doch erst die praktische Bewährung in einem tätigen Beruf"* (ebd.).

Im Rahmen meiner Hypothese einer unbewusst selbst konstellierten Misserfolgsserie, vermute ich als *„die Schande seines Lebens"* allerdings etwas anderes. Etwas, das ihn schon mit dem Neuhof-Projekt hat in die Irre gehen lassen; etwas, das ihn damals schon dazu verführt hat, das Projekt mit falschen Mitteln, falschen Ideen und den falschen Menschen anzupacken – so als lege er es aufs Scheitern an. Aber warum? Warum will ein Mensch den eigenen Misserfolg?

Weil ein Makel auf ihm liegt, den er sich und seiner Umwelt immer wieder zeigen muss, um ihn gleichzeitig durch Erfolge ausgleichen und auslöschen zu können. Es handelt sich um ein Selbst-Rehabilitationsprojekt, das immer wieder scheitern, aber auch immer wieder neu aufgelegt werden muss; und das im Laufe der Zeit neben dem wiederholtem Scheitern eben auch wiederholten Ruhm über ihn ausschüttet: Bestseller-Autor; von den französischen Revolutionären mit zum wichtigsten Denker Europas gekürt; Präsident des ersten Schweizer Erziehungsverbandes; Ehrendoktorwürde der Universität Breslau. Aber immer, wenn sich solche Erfolge einstellen, sorgt er wie unter Wiederholungszwang für den nächsten Misserfolg: Teils dadurch, dass er wieder schlecht plant wie in der Armenschule von Cluny, teils, dass er mehr möchte als er erreichen kann. So z. B. in seinem Verhältnis zu Goethe, dem er sich mehrfach an die Brust wirft, der ihm aber nicht antwortet oder im Verhältnis zu seinen Subskribenten, von denen er Einwilligungen in Abos erwartet, die diesen zu kostspielig sind etc. Er bekommt es immer wieder hin, dass er sich nicht anerkannt, nicht vollumfänglich rehabilitiert fühlen kann. Warum?

Meine Hypothese besagt, dass es der frühe Tod des Vaters ist, der ihn in eine lebenslange Krise gestürzt hat. Vater-los zu sein bedeutete für ihn schutzlos, aber auch ehrlos zu sein. So als habe er Schuld am Tod seines Vaters. Er büßt diese ab, indem er alles dafür tut, immer wieder schuldig zu werden und sich schämen zu müssen: Seine Ur-Schuld besteht in einer ödipalen Phantasie: den Tod des Vaters gewünscht zu haben. Eine zunächst ganz normale ödipale Phantasie, über die die meisten Jungen im Verlauf ihrer Entwicklung hinweg kommen. Was sie in seinem Unbewussten aber unauslöschlich fixiert hat, war der Umstand, dass sein Vater wirklich starb und der Fünfjährige mit dem, für diese Phase typischen magischem Denken, glauben musste, dass Wünsche zu Realitäten führen. Und deswegen Zeit seines Lebens immer wieder Beides unternehmen musste: Projekte, die scheitern und das Schuld- und Schamkonto damit weiter belasten und Projekte, die ihm Anerkennung und Ehre bringen sollten, um diese drückende Last zumindest zeitweise zu erleichtern. Wie Sisyphos, der ebenfalls eine Schuld verbüßt, kann er nicht dafür sorgen, dass die Steine, die er zu einem Fundament fügen möchte, nicht immer wieder den Berg hinunterrollen: Dass seine Projekte scheitern, dass er sich wieder und wieder rechtfertigen muss; der Mann braucht sein eigenes Scheitern. Er liebt es und hasst es zugleich. Er kann nie vollends scheitern – das wäre zu schmerzlich; aber auch nicht wirklich eine Erfolgsserie erreichen, denn das hätte er nicht verdient.

Wem diese Hypothese zu psychoanalytisch erscheint, dem empfehle ich einen anderen Zugang zum selbst konstellierten Misslingen bzw. Scheitern aus einer anderen Ecke. Schmid-bauer schrieb bereits 1977 über eine typische Form der Selbst-Sabotage, die er bei dem von ihm entdeckten Typus des *„Hilflosen Helfers"* ausmachte:

> *„Einerseits will der Helfer wirkungsvoll helfen, andererseits scheint er aber auch Angst vor dem eigenen Erfolg zu haben. Entweder weil er ihn sich selbst aufgrund des negativen Selbstbildes nicht gönnt; oder weil er Angst davor hat angesichts eines – sich und andere – beeindruckenden Erfolgs die Bodenhaftung verlieren und in grandioser Weise abdriften zu können; auch als Kompensation und Alternative zu den ständigen, hohen Ansprüchen an die eigene Verfügbarkeit im Dienst für andere. Dann doch lieber Misserfolg oder tägliches ‚Trockenbrot', d. h. mäßig erfolgreiches Herumdoktern* (Schmidbauer, zitiert nach Schwabe 2022a, 286 f.).

Gut möglich, dass es sich bei Pestalozzi ebenfalls um einen solchen *„hilflosen Helfer"* gehandelt hat.

4. Graf Nicolai Tolstoi und seine freien Schulen: Unverstanden von den Bauern, der Regierung verdächtig und ihm selbst überdrüssig geworden (1859–1863 und 1871–1873)

Was bewegt einen unverheirateten Adeligen dazu, dem Leben in der Stadt und seinen typischen männlichen Vergnügungen – Trinkgelage, Glücksspiel und Prostituierte – den Rücken zu kehren und sich in die Provinz zurückzuziehen; in das Dorf, in dem „seine" Leibeigenen leben? Um sich hier um die Sorgen und Nöte der Bauern zu kümmern und deren Kindern eine Schule anzubieten? Wie baut er, selbst ein trainierter und kampferfahrener Militär, eine solche Schule auf? Was bietet er den Kindern an Lehrstoff an? Welche Atmosphäre kreiert er dort? Auf welche Probleme stößt er in seiner Unterrichtspraxis und wie geht er damit um: mit didaktischen Fragestellungen und solchen einer angemessenen Führung von Schulklassen? Wie organisiert er sich das Wissen, das in anderen Ländern um diese Themen herum gesammelt wurde? Was davon integriert er in seine Schulen, was lässt er liegen? Wie geht er damit um, dass seine Freien Schulen schon bald als Bedrohung der etablierten Ordnung betrachtet werden? Und warum gibt er das in Schwung gekommene Schulprojekt nach weniger als drei Jahren wieder auf?

Graf Leo Nikolai Tolstoi (1828 bis 1910) unternahm drei Anläufe, um den Kindern „seiner" Bauern – bis 1861 herrschte in Russland Leibeigenschaft – die Möglichkeit zu geben, Bildung in der Form von Lesen und Schreiben zu erwerben sowie Wissen in Naturkunde, Geschichte und Religion zu sammeln. Den ersten Versuch startete er 1849 als 21-Jähriger, gab ihn aber nach wenigen Monaten wieder auf: Nur wenige Kinder waren – und die auch nur unregelmäßig – gekommen, weil sie ihre Eltern bei der Feldarbeit unterstützen mussten (Riemeck 2014, 287). Den zweiten Versuch unternahm er zehn Jahre später, nachdem Zar Alexander II. (1818 bis 1881) die junge russische Intelligenz mit der Hoffnung auf einen gesamtgesellschaftlichen Aufbruch durch Reformen des Bildungs- und Gesundheitswesen, aber auch in Hinblick auf die ungerechten Besitzverhältnisse mit neuen Hoffnungen erfüllt hatte (ebd., 288). Nach einem ersten Zyklus von sieben Monaten Unterricht, überließ er die Schule für knapp ein Jahr der Obhut gleichgesinnter Lehrer und machte sich zu einer Reise durch mehrere europäische Länder auf (1860/61), u. a. auch durch Deutschland, um sich über die jeweiligen Schulsysteme und Unterrichtspraxen zu informieren (Klemm 1984). Nach seiner Rückkehr kam es zu einer Welle von Gründungen weiterer Dorfschulen: Innerhalb kurzer Zeit entstanden im Gouvernement Tula (300 km südöstlich von

Moskau) insgesamt neunzehn solcher Schulen (Klemm 1984, 45; nach Birukof sogar 40, vgl. Birukof 1909, 248). Zusammengehalten und beflügelt wurde dieses neue Projekt durch eine Zeitschrift, die Tolstoi herausgab und die als Plattform zur Ermutigung und gegenseitigen Fortbildung von Lehrern (damals noch ausschließlich männlich) konzipiert war. Diese Zeitschrift hieß – wie sein Landgut und der Ort der ersten Schulgründung – *Jasnaja Poljana*. Nur weniger als zwei Jahre später scheiterte das Projekt erneut: Die russische Geheimpolizei verdächtigte Tolstoi mit den Schulen (und den dort angestellten Lehrern) revolutionäre Umtriebe zu verfolgen. Sein Haus wurde durchsucht, Gegenstände beschlagnahmt, weitere Repressalien angedroht. Tolstoi gab das Schulprojekt wütend, enttäuscht und wohl auch erschöpft auf und zog sich zu einer längeren Kur zurück (Birukof 1909, 123 f.).

Wenige Monate danach begann er mit dem Umwerben seiner späteren Ehefrau Sophie Andrejewna Behrs (1844 bis 1914). Diese hatte 1861 in Moskau als eine der ersten Frauen in Russland ein Hauslehrer-Examen abgelegt. Im September 1862 heirateten sie (sie sollte dreizehn gemeinsame Kinder zur Welt bringen). Unmittelbar nach der Eheschließung begann er mit dem Verfassen seiner Hauptwerke „*Krieg und Frieden*" und „*Anna Karenina*". Jahre später (ab 1870) entschloss sich Tolstoi für ein drittes Bildungsprojekt: er entwarf eine *Schulfibel* zum Lesen-, Schreiben- und Rechnen-Lernen (1871/72), die bis 1905 in zahlreichen Auflagen erschien und Millionen von Kindern in Russland erreichte. Gleichzeitig verstrickte er sich dabei in unproduktive Auseinandersetzungen mit den führenden Schulpädagogen seiner Zeit, so dass er auch dieses Projekt aufgab.

Tolstois Biographie ist reich an Brüchen und Neuorientierungen, ähnlich wie die von Bernfeld, Makarenko und Wilker. Aber keiner hat sich autobiographisch so offen und selbstkritisch zu seiner Lebensführung, seinen Verfehlungen und Schuldgefühlen bekannt wie er (außer vielleicht Pestalozzi). Nur Makarenko hat seine Erfahrungen mit dem Aufbau einer Erziehungsinstitution (bei Tolstoi geht es primär um Bildung) in eine ebenso so dichte, wenn auch ganz anders klingende, poetische Sprache transformiert wie dieser. Nur Pestalozzi hat noch mehr unterschiedliche, pädagogische Projekte begonnen, konnte aber keines so erfolgreich „in Serie" bringen wie es Tolstoi zumindest für fast drei Jahre mit seiner Schule gelungen ist.

4.1 Die handelnden Akteure und ihr politisches, soziales und kulturelles Umfeld

Russland im Jahr 1840/50 muss man sich als ein Agrarland vorstellen, dessen kleine Oberschicht bestehend aus Grafen, Fürsten und dem Zarenhaus von der Arbeit „ihrer" weitgehend analphabetischen Bauern lebt. Während man in Moskau und St. Petersburg in prunkvollen Palästen Empfänge und Bälle gibt, französisch spricht und liest (und am liebsten nach Paris reist) und sich für Ballettaufführungen begeistert, lebt die Masse der Bevölkerung weitgehend rechtlos, muss hart arbeiten und lebt doch immer nahe der Armutsgrenze in winzigen Katen aus Holz, meist abgeschnitten von medizinischer Versorgung. Immer wieder stürzt sich die Zarendynastie in Kriege oder wird in solche verwickelt – gegen die Türken, gegen Napoleon oder Preußen; Russland versucht sich als Weltmacht zu etablieren, hat aber oft schon im Binnenreich mit Aufständen der kaukasischen Bergvölker und Bauernrevolten genug an kriegerischen Unternehmungen am Hals. Das feudalistische System wird von der russisch-orthodoxen Kirche abgesegnet, die sich mit dem Adel gut stellt und den Bauern die eigene prekäre Existenz als Gottes Wille verkauft.

Schulbildung ist etwas, das nur wenigen zu Verfügung steht, eine öffentliche Schule gibt es nicht. Bis zur bolschewistischen Oktoberrevolution 1917 zählen 82 % der Einwohner:innen Russlands als Analphabeten (Riemeck 2014, 287). Die Kinder der Adeligen werden von Hauslehrern unterrichtet, durchaus auch die Mädchen, da auch von einer Gräfin oder Fürstin erwartet wird, dass sie französisch spricht und weiß was in Paris an den Theatern und in der Oper gespielt wird. Tanz- und Fechtlehrer sind in Familien der Adelskreise wie bei den Tolstois obligatorisch. Es gibt Gymnasien, in denen (nur Jungen!) nach strengen Vorgaben unterrichtet wird und die Prügelstrafe gang und gäbe ist – auch noch für 14- und 16-Jährige. Es gibt drei Universitäten im Land, aber wer reich ist und etwas auf sich hält, studiert im Ausland, etwa in Berlin, Wien oder Paris (Wilson 1988, 4). Dennoch fällt die Zeit der Schulprojekte Tolstois in eine Phase (1856–1866) neu auflebender bildungspolitischer Diskussionen in Russland. Dabei mischt Tolstoi in forderster Linie mit (Klemm 1984, 47).

Tolstoi, oder genauer Graf Lew Nikolajewitsch Tolstoi, stammte aus einem alten Adelsgeschlecht (wenn andere Autor:innen ihn „Tolstoj" schreiben, so passe ich mich diesen an). Seine Mutter starb als er zwei Jahre alt war im Kindbett; sein Vater als er neun Jahre alt ist, worauf er von den Schwestern des Vaters in deren Herrensitz in Kasan aufgenommen wird (im Südwesten Russlands an der Wolga). Eine Tante wird sein Vormund und organisiert für ihn und seine vier Geschwister eine standesgemäße Erziehung. In Kasan besucht er eine der wenigen Universitäten, die es zu dieser Zeit in Russland gibt und schreibt sich zunächst für orientalische Sprachen ein. Allerdings entdeckt Tolstoi kein Fach oder Thema, das sein Interesse nachhaltig weckt. Zudem erlebt er auch an der Universität repressive, kränkende Maßnahmen gegenüber den Studierenden, aber auch gegen sich selbst wie z. B. die Bestrafung mit Karzer wegen einer versäumten Prüfung (Bassinski 2012, 67). 1847 verlässt er die Universität ohne Abschluss, nachdem sich die Brüder den väterlichen Grundbesitz – 19 Dörfer mit den dazu gehörigen Leibeigenen – aufgeteilt haben. 350 Leibeigene gingen in seinen Besitz über (Birukof 1909, 131; Barlett spricht von 700, Barlett 2010, 88). Tolstoi zog es zunächst nach St. Petersburg und Moskau, wo *„er das übliche Leben eines jungen,* *nicht unvermögenden und unverheirateten Adligen jener Zeit führte: Das sind Wein, Karten, Zigeuner und Prostituierte"* (ebd., 65). Schon vorher als Student hatte er sich 1847 wegen einer Geschlechtskrankheit (Gonorrhoe), die er sich bei Prostituierten zugezogen hatte, im Krankenhaus behandeln lassen müssen (Barlett 2010, 79, Bassinski 2012, 70, Rowe 1986, 5). Mehrfach bringt er sich durch exzessive Glücksspiele – Karten und Roulette – an den Rand des finanziellen Ruins (Rowe 1986, 4, Barlett 2010, 120 und 140, Wilson 1988, 119).

Er ist erst 21 Jahre als er 1847 in seinen Geburtsort Jasnaja Poljana, im Distrikt Tula, zurückkehrt und bald darauf die bereits oben erwähnte Schule gründet, die nicht so richtig in Schwung kommen sollte, weswegen er seinen Landsitz nach gut einem Jahr wieder verlässt. In dieser Zeit hatte er ein leidenschaftliches Liebesverhältnis mit einer Bäuerin unterhalten und ein Kind mit ihr gezeugt (Barlett 2010, 138 f.). Einer ihrer Söhne (vermutlich sein Sohn) war bei seiner zweiten Bildungsoffensive eine Zeitlang sein Schüler (ab 1859) und wurde später als Kutscher auf seinem Landgut beschäftigt (Wilson 1988, 156).

Wie viele Adelige seiner Zeit fühlt sich Tolstoi hin und her gerissen: Einerseits sah er das Unrecht, das mit der Ausbeutung von Unfreien und mit seinem Lebensstil verbunden war. Andererseits genoss er seine Privilegien und wollte sich das Wasser nicht abgraben, das seine Lebensgrundlage darstellte. Dennoch gärt es im Land: Immer mehr Adelige und auch der Zar wissen, dass das Zeitalter der Leibeigenschaft ausläuft und Reformen anstehen. Aber die werden von Jahr zu Jahr verschoben. Zu groß ist der Widerstand der herrschenden Klasse.

Tolstoi schlägt zunächst eine Offizierslaufbahn ein und stürzt sich in militärische Abenteuer, erst im Kaukasus, später im Krimkrieg, den Russland verliert. Auch bei den Feldzügen begegnet er Bauern, die zum Militärdienst gezwungen wurden; und wieder erwecken sie sein Interesse. Im Unterschied zu vielen Adeligen, die den Kontakt mit den Bauern meiden, setzt er sich am Abend zu ihnen ans Feuer, hört ihnen zu, lauscht ihren Liedern und Geschichten und sieht wie sie miteinander umgehen. Das inspiriert ihn zu seinen ersten Erzählungen nach seinem autobiographischen Debut „Kindheit" (in mehreren Folgen ab 1851 erschienen): 1852 schreibt er *„Der Morgen eines Gutsbesitzers"* (1856 erschienen) und *„Der Überfall"*; von 1855 bis 1856 schreibt er an den *„Geschichten aus Sewastopol"*. Bald folgen diesen ersten weitere literarische Arbeiten, bis er um 1859 in Russland zu einem bekannten Schriftsteller geworden ist, der auch mit dem damaligen Star der Literaturszene, Turgenjew, in engem Austausch steht. Gleichzeitig erfährt Tolstoi mehrfach Eingriffe der staatlichen Zensur in seine Texte, die ihn ohnmächtig und wütend zurücklassen (Rowe 1986, 34). Vielleicht erklärt das, warum er das erste Geld, das er mit seinen Erzählungen einnimmt, sofort wieder verspielt (Barlett 2010, 140).

Nach dem Ende des Krimkrieges (1859) besinnt er sich erneut auf „seine Bauern" und kehrt nach Hause zurück. Rückblickend schreibt er später über die letzten zehn Jahre: *„Ich habe im Krieg Menschen getötet. Ich habe Duelle* *ausgefochten, um andere zu morden. Ich verlor beim Kartenspiel, vergeudete das Vermögen, das dem Schweiße der Bauern abgepresst war, züchtigte die Bauern wiederholt, schwelgte mit leichtsinnigen Weibern, und betrog deren Männer; Lüge, Raub, Ehebruch aller Art, Trunkenheit, Brutalität und üble Drohungen, fast jede Schandtat beging ich: nicht ein Verbrechen unterließ ich und nichtsdestoweniger galt ich unter den Leuten meines Standes für einen verhältnismäßig moralischen Menschen. Dieses Leben habe ich zehn Jahre geführt"* (aus Tolstoi „Wie ich gläubig wurde", zitiert nach Birukof 1909, 156).

Aber jetzt hat er Pläne, möchte sein Leben ändern und ein menschlicher Gutsbesitzer sein: Als erstes entlässt er seine Bauern aus der Leibeigenschaft (1859) – noch bevor der Zar sich zwei Jahre später zu einer halbherzigen Reform mit diesem Ziel durchringen kann –, aber die glauben ihm nicht. Sie halten seine Ankündigung für einen Versuch sie zu täuschen, um sie anschließend zu bestrafen. Sie bieten ihm weiter ihre Dienste an und küssen ihrem Herrn weiter die Hand. Ein anderes Leben konnten sie sich nicht vorstellen. Denn was wären die Alternativen für sie gewesen? In die großen Städte zu gehen, in eine der armseligen Mietskasernen zu ziehen und dort das langsam entstehende Industrieproletariat zu bilden, auf das sich später die kommunistische Bewegung stützen wird? Einige ergreifen die Gelegenheit, die meisten bleiben. Auch deshalb, weil sich viele Bauern im System der Abhängigkeit eingerichtet haben und es durchaus für ihre Zwecke zu nutzen wissen, was Tolstoi in seiner Erzählung *„Der Morgen des Gutsbesitzers"* beschreibt. Dabei schildert er einen solchen (im Grunde sich selbst mit 21 Jahren) als einen gutmeinenden, aber naiven Mann, der sich in unfruchtbare Diskussionen mit den Bauern verstrickt, sich von ihnen ausnützen lässt, aber wenig bewirken kann (Rowe 1986, 31). Birukof schreibt: *„Diese Geschichte enthält so viel autobiographisches Material im psychologischen Sinne, dass wir sie, wenngleich die Ereignisse, die er schildert, nicht mit allen, konkreten Ereignissen in seinem Leben übereinstimmen, als ein Kapitel seiner Biographie betrachten können"* (Birukof 1909, 157).

Tolstoi denunziert die Bauern dabei aber in keiner Weise, sondern macht deutlich, was die vielen Jahrhunderte der Knechtschaft und Unterwerfung aus den Menschen gemacht haben, und gibt seine Hoffnungen nicht auf. Einer am Zarenhof lebenden Verwandten (A. A. Tolstaja) schreibt er:

„Wenn ich eine Schule betrete und diese Menge zerlumpter, schmutziger, ausgemergelter Kinder mit ihren leuchtenden Augen [...] sehe, befällt mich Unruhe und Entsetzen, ähnlich wie ich es mehrmals beim Anblick Ertrinkender empfand. Großer Gott – wie kann ich sie nur herausziehen? Wen zuerst, wen später? [...] Ich will Bildung für das Volk einzig und allein, um die dort ertrinkenden Puschkins, [...] Lomonossows zu retten. Und es wimmelt von ihnen an jeder Schule [...]" (Michail Lomonossow, 1711 bis 1765, war ein aus einfachsten Verhältnissen stammender russischer Universalgelehrter und Literat, M. S.) (Tolstoi, zitiert nach Birukof 1909, 432).

4.2 Die Schule in Jasnaja Poljana: Gründung, Alltagsszenen, Settingelemente, Entwicklung und didaktische Reflexionen des Autors

Nach dem Scheitern der privat verfügten, quasi vorgezogenen Freilassung der Bauern, unternimmt Tolstoi einen zweiten Anlauf mit der Gründung einer Schule. Man muss mit den Kindern beginnen, das ist Tolstoi klar: Diese stellen die Zukunft des Landes dar und sie sind zumindest in ihren jungen Jahren noch nicht dermaßen an Knechtschaft gewöhnt, dass sie mit Freiheit nichts anzufangen wüssten.

Bezogen auf die exakten Daten der Gründung liegen verschiedene Angaben vor: *"Es war im Sommer 1859, im Frühherbst, als uns im Dorfe Jaßnaja Poljana die Kunde ward, dass es der Wunsch des Grafen war, eine zu Schule in seinem Dorf [...] zu eröffnen"*, schreibt Morosow, ein ehemaliger Schüler, der von Anfang an dabei war und überwiegend als eine sichere Quelle gelten kann (Morosow 1978, 5). Nach anderen Biographen dauert es allerdings bis Oktober, bis die Schule ihren regelmäßigen Betrieb aufnimmt (Barnett 2010, 140, Zorin 2020, 55).

"Über den ersten Schultag, an dem 22 Kinder mit ihren Eltern kamen", berichtet Morosow später in seinen Erinnerungen: *"Wir verließen die Schule, nahmen Abschied von unserem teuren Lehrer und versprachen ihm, morgen in aller Frühe wieder da zu sein. Unser Entzücken kannte keine Grenzen. Wir erzählten einander, immer wieder und gerade so, wie wenn nicht jeder einzelne ohnehin dabei gewesen wäre, wie Tolstoi herausgekommen sei* (anfangs fand die Schule wohl noch im Freien in einem Apfelgarten statt, Barlett 2010 und Wilson 1988, 168, M. S.), *was er uns fragte, wie er gesprochen, wie er gelächelt habe"* (Morosow 1978, 17).

Die ersten Monate verbrachten die Schüler mit dem Erlernen des ABC:

"Vier Monate waren noch nicht vergangen und unsere Schule gedieh vortrefflich. In dieser Zeit hatten wir schon fließend lesen gelernt und die Zahl der Schüler war von 22 auf 70 gestiegen. Es waren da Kinder aus allen Enden und Ecken unseres Landschaftskreises, Kinder von städtischen Kleinbürgern, kleinen Kaufleuten, Bauern und Leuten, die dem geistigen Stande angehörten" (ebd., 21).

Bis zum Winter scheint ein zweistöckiges Schulgebäude fertig gestellt und zwei Lehrer eingestellt worden zu sein (Barlett 2010).

Lesen wir nun zunächst wie Tolstoi selbst die Kinder als Teilnehmende an Schule und Unterricht schildert und wie er sich den idealen Lehrer vorstellt (4.2.1), welche Settingelemente, die Schule in Poljana ausmachen (4.2.2) und auf welche inhaltlichen Schwierigkeiten Tolstoi im ersten Halbjahr stößt, die ihn zu seiner Erkundungsreise nach Europa motivieren (4.2.3).

4.2.1 Szenen aus dem Alltag der Schule und von Bildungsbewegungen wie Tolstoi sie berichtet

Szene 1: Von der Unordnung zur Ordnung

Tolstoi schreibt in seinem Buch „*Die Schule von Jasnaja Poljana*" (erschienen 1861/1980):

> „*Der Lehrer betritt die Klasse, während die Jungen auf dem Fußboden liegen und schreien: ‚Die Menge ist zu klein!' oder „Halt ihr erdrückt uns' oder ‚Genug doch! Du schlägst mich auf die Schläfe!' usf. ‚Peter Michailowic', ruft eine Stimme von unten aus dem Haufen dem eintretenden Lehrer entgegen, ‚sag Ihnen er soll aufhören'. ‚Guten Tag, Peter Michailovic' rufen andere, während sie fortfahren sich zu balgen. Der Lehrer nimmt die Bücher aus dem Schrank und gibt sie denen, die mit ihm zum Schrank gegangen sind. Die Obersten vom Menschen-Haufen bitten noch am Boden liegend um Bücher. Der Haufen wird allmählich kleiner. So wie nun die Mehrheit die Bücher genommen hat, laufen auch die anderen zum Schrank und schreien: ‚Mir auch! Mir auch! Gib mir dasselbe wie gestern. Mir das von Kolzov' (ein russischer Volksschriftsteller, M.S.). Wenn zwei vom Kampf ganz Aufgeregte am Boden liegen bleiben, dann rufen ihnen die schon hinter den Büchern Sitzenden zu: ‚Was macht ihr da für einen Lärm! Man kann ja nichts hören. Genug!'. Die Erregten fügen sich, schlenkern noch eine Weile wild mit den Beinen, solange sich ihre Aufregung noch nicht gelegt hat. Der kriegerische Geist verschwindet, und der Geist des Lesens beginnt in der Stube zu herrschen. Mit derselben Begeisterung, mit der Mitka eben noch auf die Schläfe schlug, liest der Junge jetzt das Kolzovsche Buch, die Zähne nahezu geschlossen, mit blitzenden Augen und fast ohne die Dinge zu sehen, die ihn umgeben, außer seinem Buch. Um ihn vom Lesen wegzureißen, bedarf es jetzt großer Anstrengungen, wie vorhin beim Kampfe. Jeder setzt sich, wohin es ihm einfällt: auf die Bank, auf den Tisch, auf die Fensterbank, den Fußboden oder in den Lehnstuh [...]. Ich habe es nie bemerkt, dass während der Stunde geschwatzt, heimlich gekniffen, gelacht, in die Hände geklatscht worden wäre oder sich einer über den anderen beim Lehrer beklagt hätte*" (Tolstoi 1980, 22 f.).

> *Kommentar:* Die Schilderung beeindruckt, weil man sich sofort vorstellen kann, wie viel Geduld und Gelassenheit von Seiten eines Pädagogen bzw. einer Pädagogin nötig sind, um das anfängliche Chaos in ruhigere Fahrwasser zu lenken. Später werden wir allerdings sehen, dass Unterrichtsstörungen und Strafen durchaus vorkamen.

Interessanterweise handelt es sich bei der Schilderung oben nicht um den Beginn der Schule, sondern um eine zweite oder dritte Stunde, in der die Kinder sich bereits versammelt haben und auf den Lehrer warten. Damit wird deutlich, dass vor allem die Übergänge von einer Lernsituation (Fach, Raum, Gruppe etc.) zur anderen für die Kinder schwierig zu bewältigen waren. Vor einem solchen Übergang kann durchaus eine andere Atmosphäre geherrscht haben:

„Manches Mal sind Lehrer und Schüler so begeistert, dass die Lektion statt einer Stunde drei Stunden dauert. Es kommt vor, dass die Schüler selbst schreien: ‚Nein weiter, weiter!' und denen, die sich langweilen, verächtlich zurufen: Wenn Du Dich langweilst, dann geh doch zu den Kleinen!. An der Religionsstunde, die alleine regelmäßig stattfindet, weil der Religionslehrer zwei Werst weit von der Schule wohnt und nur zweimal in der Woche kommt, und an der Zeichenklasse nehmen sämtliche Schüler teil. Vor diesen Stunden sind die Bewegung, die Balgereien, das Geschrei und die äußere Unordnung gewöhnlich am stärksten. Hier schleppt einer eine Bank aus dem Zimmer ins andere, dort prügeln sich zwei, hier läuft einer nach Hause, um Brot zu holen, dort röstet einer Brot im Ofen; einer nimmt dem anderen etwas weg, ein anderer treibt Gymnastik, und auch hier ist es wiederum – wie bei den lärmenden Spielen am Morgen – viel leichter sie sich selbst beruhigen und zur natürlichen Ordnung übergehen zu lassen, als diese mit Gewalt zu erzwingen. Bei dem jetzigen Geist der Schule ist es einfach unmöglich, die Kinder äußerlich zur Ruhe zu bringen. Je lauter der Lehrer schreit – und das kommt vor – desto lauter schreien auch sie, sei Geschrei regt sie nur noch mehr auf; wenn es dagegen gelingt sie sich beruhigen zu lassen oder ihre Aufmerksamkeit auf etwas anderes zu lenken, so beginnt sich dieses kleine Meer immer schwächer zu bewegen, bis sich die Wellen nach und nach ganz legen. Gewöhnlich braucht man überhaupt nichts zu sagen. Die beliebteste Stunde, die Zeichenstunde, ist gewöhnlich mittags, wenn die Schüler schon hungrig sind, nachdem sie drei Stunden gesessen haben. Dabei müssen aber noch Stühle von einem Zimmer ins andere geschleppt werden, und dann erhebt sich ein schrecklicher Lärm. Und doch, wenn der Lehrer fertig und bereit ist, dann sind es auch die Schüler und der, der den Beginn der Stunde mit seinem Verhalten verzögert, wird von ihnen selbst dafür bestraft" (ebd., 24 f.).

Nur wenige Sätze nach diesen Schilderungen, schreibt Tolstoi:

„Meiner Meinung nach ist diese äußere Unordnung nützlich und unersetzlich (nur bei Riemeck 2014 im Fettdruck, 301), so seltsam und unbequem sie für den Lehrer zu sein scheint. […]. Erstens ist diese Unordnung, oder besser **freie Ordnung**, nur darum so erschreckend, weil wir an ganz andere Verhältnisse gewöhnt sind, in denen man uns erzogen hat. Und zweitens wird in diesen, wie in vielen anderen Fällen, die Gewalt von Pädagogen nur aus Übereilung und mangelnder Achtung vor der menschlichen Natur angewandt. Es scheint uns, dass die Unordnung wächst, immer größer und größer wird und keine Grenzen mehr kennt, – es scheint kein anderes Mittel zu geben, um ihr ein Ende zu machen, als die Anwendung von Gewalt, – und doch braucht man nur ein wenig zu warten, und die Unordnung (oder die Lebendigkeit) würde sich legen und in eine viel bessere und dauerhaftere Ordnung übergehen als die, welche wir erfinden. Die Schüler sind Menschen – zwar kleinere als wir, aber doch Menschen mit denselben Bedürfnissen, und sie denken nach denselben Regeln wie wir; sie wollen alle lernen, und deshalb gehen sie auch bloß in die Schule; daher werden sie auch viel leichter zu dem Schlusse kommen, dass man sich bestimmten Bedingungen fügen muss, wenn man lernen will. Aber mehr noch – es sind nicht nur Menschen, sondern eine Gesellschaft von Menschen, die durch einen Gedanken *verbunden ist. Wir wollen lernen. Und:* **wo zwei oder drei in meinem Namen versammelt sind, da bin Ich mitten unter ihnen!***"* (Tolstoi 1980, 26 f., Fettdruck im Original).

> *Kommentar:* Tolstoi scheint (zumindest über einige Monate hinweg, siehe unten) immer wieder die Nerven gehabt zu haben, den Übergang von chaotischem Raufen und Lärmen der Kinder in die irgendwann einsetzende stille Versenkung in Lesen und Lernen auszuhalten und abzuwarten, dass sich dieser Prozess wie von selbst organisiert. Vermutlich ist dafür seine Haltung entscheidend: Er sieht in den Kindern Wesen, die lernen wollen und deswegen über kurz oder lang bereit dazu sind, Strukturierungen einzufordern und Regeln einzuhalten, die ein ordentliches Unterrichten und ein gemeinsames Lernen ermöglichen. Sein Ziel ist, dass die Kinder sich selbst untereinander und mit dem Lehrer als eine Lerngemeinschaft entdecken und erleben können. Dafür wählt er Begriffe aus dem Bereich der Religion, die auf den Akt der Kommunion anspielen (siehe oben).

Sein Biograph Wilson kommentiert die Szene mit „*It all sounds a little too good to be true*" (Wilson 1988, 168). Vermutlich hat der Schriftsteller Tolstoi manche Szenen *fiktionalisiert* – ähnlich wie Makarenko im „*Pädagogischen Poem*" (s. Kap. 7.3), d. h. die realen Ereignisse literarisch überformt, um bestimmte Aspekte der Situation herauszustellen, denen er eine besondere Bedeutung verleihen wollte; dafür aber andere Aspekte, die andere Beobachter:innen erinnert hätten, weggelassen hat (siehe die Verarbeitungsform *Fiktionalisierung* in Kapitel 15.1). Wir werden aber weiter unten (in der Bestrafungsszene: dieses Kapitel 4.3.1 A) sehen, dass Tolstoi (wie Makarenko auch) ein sehr genauer Beobachter mit einem scharfen Erinnerungsvermögen war, der die Handlungsweisen seiner Schüler deshalb so gut nachvollziehen konnte, weil er ihre Motive genau analysiert hatte. Zugleich ist er (wie Makarenko auch) ein unerbittlicher Beobachter seiner selbst: Wenn er annimmt einen Fehler gemacht zu haben, stellt er diesen klar und deutlich heraus – auch wenn andere Beobachter:innen ihn übersehen oder verschweigen. Tolstoi weiß allerdings genau, dass es nicht allen Lehrern möglich ist, sich auf ein solches *Selbstorganisations-Konzept von Ordnung und Disziplin* einzulassen. Im Rückblick auf die letzten beiden Jahre (offensichtlich wieder zurück von seiner Reise) schreibt er:

> „*Wir haben vier Lehrer. Zwei alte, die bereits zwei Jahre an der Schule unterrichten, haben sich schon an die Schüler und ihre Tätigkeit, an die Freiheit und äußere Unordnung in der Schule gewöhnt. Zwei Lehrer, die die Schule vor Kurzem verlassen haben, sind Freunde der äußeren Ordnung, des Stundenplans, des Glockenzeichens, der Programme usw. geblieben. Und die Neuen haben sich noch nicht so in unsere Schule eingelebt wie die ersten*" (Tolstoi 1980, 91).

Interessanterweise fehlen Informationen darüber, wie Tolstoi seine Lehrer (wie damals üblich nur männliche) ausgesucht und auf die Art von Schule vorbereitet hat, die er verwirklicht sehen wollte und selbst auch zu verwirklichen in der Lage war. Offensichtlich sind einige Lehrer wieder gegangen oder konnten sich mit dem „System Tolstoi" nicht anfreunden oder wurden von ihm wieder entlassen (Heimann schildert so ein Wegschicken, in Heimann 2020, 24, Fußnote 22). Klar war, dass er bestimmte, was eine gute *Freie Schule* war und seine Lehrer sich an seine Maximen zu halten hatten. Etliche, welche die vorherrschende autoritäre Schule mit Prügelstrafe gewöhnt waren, werden froh gewesen sein, dass Schule auch andere als repressive Wege beschreiten konnte. Andere werden sich in die alten Strukturen zurückgewünscht haben. Hier ein Beispiel, das Tolstoi selbst schildert:

> *„Der neue Lehrer verstand das allgemeine Geschrei nicht, es schien ihm, dass die, welche während des Geschreis ihre Geschichte erzählten […] nur um des Geschreies willen schreien. Vor allem aber wurde ihm eng inmitten einer Menge von Knaben, die auf seinen Schultern saßen und bis zu dem Mund an ihm emporkrochen (um besser zu verstehen, müssen die Kinder ganz in der Nähe der Person sein, die spricht, jede Änderung ihres Gesichtsausdrucks und jede Bewegung beobachten können). […] Der neue Lehrer führte das Sitzen an den Bänken ein und dass jeder für sich antworte […]",* was aber offensichtlich nicht von dauerhaftem Erfolg gekrönt war (Tolstoi 1980, 89).

> *„Der neue Lehrer befolgte schließlich meinen Rat, erlaubte den Schülern die Bänke zu verlassen, wohin sie wollten, selbst ihm auf die Schultern zu klettern, und noch in derselben Stunde fingen sie an besser zu erzählen und auch im Tagebuch dieses Lehrers"* konnte man Fortschritte erkennen (ebd., 92 f.).

Trotz seiner eigenen, klaren Vorstellungen, scheint Tolstoi aber insgesamt eher gelassen gewesen zu sein, was das Verhalten der anderen Lehrer betrifft: wie den Kindern ließ er auch ihnen Zeit sich auf die Freie Schule ein- und umzustellen und dort ihren eigenen Weg zu finden. Freilich hielt sich Tolstoi immer für etwas Besonderes. In der Biographie von Wilson können wir aus einem (ins Englische übersetzten) Brief Tolstois lesen:

> *„The master teachers tried it according to my advice, but not very well after all, which the children feel. They love me more. And we begin conversing for three or four hours, and nobody is bored. One cannot describe these children. I have nver seen the like of thems amongst the children of our dear rank. Just think, that no boy and no girl was punished"* (Tolstoi 1862, zitiert nach Wilson 1988, 146).

Kommentar: Das „*sie lieben mich mehr*" nimmt sich für einen 32-jährigen zugleich selbstverliebt wie bedürftig aus. Denn auch wenn es stimmt, müsste Tolstoi reflektieren, dass er für die Kinder, auch wenn die Leibeigenschaft inzwischen aufgehoben ist, immer noch den adeligen Gutsherr verkörpert, dem man selbstverständlich Achtung und Respekt entgegenbringt, so dass er es beträchtlich leichter hat die Kinder zu führen und zu begeistern als die angestellten Lehrer – die eben nichts sind als Lehrer. Auf das Thema „Strafen", die angeblich nicht stattgefunden haben, kommen wir später anlässlich der Gründe für seine Europareise zurück.

Szene 2: Ein Lehrer-Kamerad auf Augenhöhe und doch der Graf

Um sich ein Bild vom Umgangsstil Tolstois mit seinen Schüler:innen machen zu können, lohnt es sich in den Erinnerungen von Morosow zu lesen. Die erste Begegnung beschreibt er so:

„[A]uf der Treppe erschien ein Mensch, der Grach, unser Lehrer. Alle entblößten ihre Köpfe und verneigten sich tief. [...] ‚Guten Tag. Ihr habt Eure Kinder hergeführt' wandte er sich an die Eltern. Zu Diensten antworteten die Eltern mit einer Verbeugung. ‚Nun ich freue mich sehr' sagte er mit einem Lächeln, indem er uns alle musterte. Und schnell ließ er seine Blicke über die Menge gleiten und fand die kleinsten heraus, die sich hinter Vater und Mutter versteckt hatten. Er trat mitten unter die Kinder und begann denm ersten besten Knaben zu befragen. ‚Willst du lernen?' – ‚Ich will' – ‚Wie heißt du denn?' – ‚Danilka' – ‚Und wie ist dein Familienname?' – ‚Koslow' – ‚Schön Danilka, wir werden also miteinander lernen'.

Und so wandte er sich auch an die anderen Knaben. ‚Wie heißt du?'" (Morosow 1978, 10)

Kommentar: Tolstoi ist der Graf und weiß, was sein Erscheinen an Reaktionen auslöst. Er dankt zuerst den Eltern und nimmt dann noch in deren Gegenwart zu den Kindern Kontakt auf. Sehr persönlich – und das mit mehreren Einzelnen. Zudem schafft Tolstoi exemplarisch seinen ersten Kontakt, der aber auch eine Frage beinhaltet: „Willst du lernen?", was er nach Morosows Schilderung jedes einzelne Kind fragte.

„Später: Nun, [...] ‚folgt mir alle! Ihr aber', sagte er zu den Erwachsenen, ‚geht mit Gott nach Hause. Diesen da werde ich die Schule zeigen. Schickt noch mehr Kinder her! Auch Mädchen sollen kommen. Wir wollen alle miteinander lernen!" Wir stiegen eine hohe Treppe empor und befanden uns bald in einem großen Zimmer, das hoch war wie die Dreschschäunen im Dorf. Die Decke war reinlich, ebenso der Fußboden sauber, sauberer als unsere Tische; an den Wänden hingen Bilder, ganz wie bei uns in der Kirche die Heiligen. Und doch sahen sie nicht wie Heilige aus. Das waren glatt rasierte Gesichter, und einer hatte einen langen Zopf. Einige von uns wollten sich bekreuzigen (wie man es bei Heiligenbildern machte, M.S.), der Lehre bemerkte es aber und sagte: ‚Das sind keine Heiligen, sondern Menschen, meine Verwandten und Bekannten'. Im zweiten Zimmer war es ebenso hell, sauber der Fußboden und die Decken, diese ebenso hoch. Bilder gab es hier nicht. Inmitten des Zimmers standen lange Tische. An den Wänden hingen

schwarze Tafeln. Daneben auf einem Brettchen lag Kreide. In der Ecke stand ein Schrank mit Büchern, Papier und Schiefertafeln. ‚Hier also werden wir unsere Schule abhalten, hier werden wir lernen. Wird's uns aber hier zu eng, dann können wir jenen Raum benutzen', er wies auf den Raum mit den Heiligenbildern. „Ich denke ihr seid noch nicht vollzählig beisammen, einge werden wohl noich zu Hause geblieben sein?" (ebd., 13).

„Sein Blick schweifte über unsere Köpfe und blieb mit fragendem Lächeln an mir hängen. Ich wurde verlegen und keiner von uns antwortete. Aber er bestand auch nicht auf einer Antwort, da er unsere Verlegenheit sah und sagte: ‚Heute wollen wir noch nicht lernen, wohl aber morgen' und er begann auf der schwarzen Tafel Buchstaben zu schreiben A, B. C, D, E, F. ‚Morgen werden wir anfangen auf diese Weise zu lernen. Jetzt aber kommt, ich will Euch zeigen, wo ich wohne'" (ebd., 14).

Kommentar: Tolstoi führt die Kinder in sein Haus, das ihnen wie ein Schloss vorkommt. Im Gegensatz zu den niedrigen, verrauchten Katen mit den geschwärzten Wänden ist hier alles hell und sauber. Die Kinder sehen das erste Mal in ihrem Leben Fotografien und wissen sie nicht zu deuten. Sie lernen die Schulräume kennen und ihre Ausstattung. Wie schon bei den Eltern wirbt Tolstoi auch bei ihnen um weitere Schüler:innen. Es scheint, dass er mit der Anzahl noch nicht ganz zufrieden ist, ehrgeizigere Pläne hatte. Ebenso bemerkt er, dass es einen Gender-Gap gibt: sehr viel mehr Jungen als Mädchen. Aber auch die sollen lernen dürfen, das macht er ganz deutlich; vielleicht möchte er deswegen an diesem Tag noch nicht anfangen mit dem Unterrichten. Immerhin vermittelt er ihnen eine erste Idee davon, was sie in Zukunft erwartet: A, B, C etc. Dann wechselt er den Kontext: Er bricht die Schule ab und öffnet den Kindern seine privaten Räume.

„Er öffnete noch eine Türe, trat ein, setzte sich in einen Sessel. Dieses Zimmer war kleiner als die anderen […] dafür gab es hier aber Divans, Lehnsessel, Stühle, Tische, Papiere, Bilder, auch irgendeine Figur, die nach einem Menschen aussah; hier hing ein Gewehr, ein geflochtenes Täschchen und noch vielerlei, was wir noch nie im Leben gesehen hatten. All das interessierte mich und meine Kameraden sehr. ‚Hier also wohne und schlafe ich. Setzt Euch,' sagte unser Lehrer heiter und lächelte uns freundlich an als wolle er den Schleier der Verlegenheit von uns ziehen. Unser Schweigen wollte ihm wohl etwas unbehaglich sein und so fing er an bald diesen, bald jenen zu befragen: ‚Koslow, wie alt bist Du?' – ‚Zwölf' – ‚Was hast du denn so über den Sommer gemacht?' – ‚Ich?' – ‚Ja' – ‚Gepflügt, geeggt' – ‚Das ist gut. Du hast also Deinem Vater geholfen'. – ‚Ja, geholfen. Er hat den Acker abgeteilt und ich bin mit dem Pflug darüber-gefahren'" (ebd.).

Kommentar: Der Eintritt in die Privaträume macht die Kinder noch befangener; aber zugleich enthüllt sich damit eben auch eine neue, interessante Welt und lässt Tolstoi sie diese kennenlernen, indem er den Kindern seine Räume und die diese ausstattenden Gegenstände zeigt.

"Nachdem er mit vier, fünf Kindern ins Gespräch gekommen war, schrieb er ihre Namen auf und zeigt das Papier den Kindern, was sein Bemühen um einen verbindlichen Kontakt mit ihnen deutlich macht: ‚So, es scheint, ich habe euch alle eingeschrieben, zweiundzwanzig Mann. Geht jetzt mit Gott nach Hause und kommt morgen rechtzeitig wieder. Und bringt noch andere mit, auch Mädchen. Wir werden dann anfangen zu lernen. Kommt nur, ich werde warten'" (ebd., 17).

Tolstoi hat gegen die üblichen Schulkonventionen der damaligen Zeit direkten körperlichen Kontakt zu seinen Schülern zugelassen und diesen wohl auch genossen. Morosow berichtet von ausgelassenen Spaßkämpfen und Schneeballschlachten vor und nach der Schule, bei denen sich Tolstoi als „Gegner" anbietet und ordentlich einstecken aber auch seine Kräfte beweisen kann. Hier ein weiteres Beispiel mit einem großen Pferdeschlitten:

„Er selbst ergriff den Schlitten am vorderen Teil. ‚Alle miteinander. Mit vereinten Kräften. Los!' Er zieht an und wir umwimmelnden Schlitten wie Ameisen, ziehen, schieben und helfen nach, so gut es geht. Draußen bindet lew Nikolajewitsch die beiden Deichseln zusammen […] und wie ein wackerer Gaul schleppt er den Schlitten über den Hof und hinaus, der Anhöhe zu. Unsere Heiterkeit wird ausgelassen. Während der fahrt springen wir alle auf den Schlitten; er aber spannt seine Kräfte an und zieht den Schlitten mitsamt dem Bubenvolk den Berg hinan. Oben angelangt sagt Lew Nikolajewitsch: ‚So jetzt setzt euch alle hinein. Noch mehr. Der Haufen ist noch zu klein'. Und wir stiegen in den Schlitten, einer wälzte sich über den anderen. Er gab dem Schlitten die richtige Richtung, stieß ihn von der Anhöhe ab, und wie ein Pfeil flog er hinunter […]. Dabei klammerten wir uns an Lew Nikolajewitsch kampfhaft an und drängten uns gegen ihn. Er war ganz in den vorderen Teil des Schlittens eingezwängt, so dass er sich nicht rühren konnte. […] Jählings, wie unter Dampf schossen wir den Abhang hinunter, gerade auf die Umzäunung zu. Ein Zusammenstoß war unvermeidlich. Ein Krach wie ein Schuss aus mehreren Flinten. Die Umzäunung barst. […] Wir wurden durch den Aufprall nach vorne geworfen, Schrecken fuhr uns in die Glieder, aber zum Glück ging alles glimpflich ab. ‚Das haben wir nicht gut gemacht', sagte Lew Nikolajewitsch. Mit seiner Hilfe setzten wir den Schlitten wieder instand und zogen ihn den Berg hinauf. Seinen Arbeitern befahl Lew Nikolajewitsch am nächsten Tag den Berg herzurichten. Man legte Dämme an, begoss sie mit Wasser, ließ sie gefrieren und so entstand ein geradliniger Weg, den wir später gefahrlos hinunterfahren konnten" (ebd., 73 f.).

> Meta-*Kommentar:* Sicher hat nicht alles so stattgefunden und schon gar nicht in wörtlicher Rede wie Morosow es hier schildert. Das meiste davon hat er im Abstand von zwanzig Jahren aufgezeichnet als Tolstoi bereits zu einer weltbekannten Geistesgröße avanciert war. Auch hier haben wir es also mit einer *Fiktionalisierung* zu tun (s. Kap. 15.1). Aber es wird deutlich, dass die Begegnung mit Tolstoi für viele Kinder etwas Außergewöhnliches dargestellt hat. Mit ihm tat sich jenseits der Enge des Dorfes eine neue Welt auf: die der Bildung, die einen besonderen Glanz dadurch erhält, dass ein Graf sie ihnen anbietet und dafür auch seinen

> privaten Lebensraum für sie öffnet. Auf der anderen Seite trafen sie in ihm einen Erwachsenen, der sie als Kinder sehr ernst nahm und selbst Freude daran hatte mit ihnen Kindliches wie Kämpfe und Schneeballschlachten zu unternehmen, aber auch Abenteuerliches wie das Schlittenfahren. Er dürfte der erste Erwachsene gewesen sein, der sich ihnen als Kamerad angeboten hat und der doch auch „der Lehrer" sein wollte und konnte – ein anderer, aber ohne autoritäre oder gräfliche Allüren. Die Stimmigkeit mit der Tolstoi das umgesetzt hat, muss viele Kinder tief und wie bei Morosow ein Leben lang beeindruckt haben.

Aber Vorsicht vor Idealisierungen: Tolstoi befand sich in einer Lebensphase, in der er „Gutes" tun wollte. Auch als Wiedergutmachung für seine zahlreichen Verfehlungen, die ihm Schuldgefühle bereiteten (siehe auch seine „Beichte" von 1882/1978). Die Gründung der Schule und der Kontakt mit den Kindern sind auch im Zusammenhang mit diesem Wiedergutmachungsprojekt zu sehen: Endlich wollte er, endlich konnte er Gutes tun und damit auch etwas von der Schuld abtragen, die er in seinen eigenen Augen auf sich geladen hatte. Aber sie steht auch im Zusammenhang mit einem *narzisstischen Projekt* (s. Kap. 13): Tolstoi wollte die schmerzhaft empfundene Lücke zwischen *Ideal-Selbst* und *Real-Selbst* ein wenig schließen. Er wollte Fremden mit seiner Schule beweisen wie fähig er war (er selbst spricht von „*kindlichem Ehrgeiz*" im Zusammenhang mit seiner Schule, Tolstoi in Blankertz 1980, 89). Und er wollte von den Kindern geliebt werden: Mehr als sie alle anderen Erwachsenen liebten, von ihren Eltern ganz zu schweigen. Zudem wird er als unverheirateter, kinderloser Mann ihre Zuwendung und Anhänglichkeit auch genossen haben. Die Kinder gaben ihm etwas, was ihn erfüllte und glücklich machte. Das alles sollte man sehen, um nicht in die übliche „Heiligenverehrung" zu verfallen, die in der Geschichte der Pädagogik lange Zeit praktiziert wurde (vgl. z. B. Gustav Landauer in Klemm 1984, 82 ff.). Jeder und jede hat seine bzw. ihre inneren Gründe für seine bzw. ihre Arbeit an und in wertvollen pädagogischen Projekten.

Szene 3: Erzählungen und (historische bzw. biblische) Geschichten

Das Erzählen von Geschichten und Geschichte, das wohl unmittelbar an das schriftstellerische Interesse von Tolstoi anknüpft, scheint in seiner Schule (zumindest so lange er dort aktiv unterrichtet) ebenso zentral für die Atmosphäre gewesen zu sein wie die Duldsamkeit gegenüber dem anfänglichen Chaos und sein kameradschaftlicher Umgangsstil. Für das Geschichten-Erzählen hatte er die Abendstunden reserviert:

> *„Die Stunde beginnt gewöhnlich noch während der Dämmerung. Der Lehrer steht oder sitzt in der Mitte des Zimmers; die Schüler nehmen rund um ihn amphitheatralisch Platz, ein Teil auf den Bänken, andere auf den Tischen, wieder andere auf den Fensterbänken [...] die ältesten und besten Schüler sitzen dem Lehrer zunächst und von den*

anderen nach vorne gedrängt mit erhobenen Köpfen da und sehen ihm gerade auf den Mund. Das selbstständige Mädchen vom Hofe sitzt mit besorgter Miene immer auf einem hohen Tisch und scheint jedes Wort geradezu zu verschlingen; die schlechten Schüler und die Kleinen sitzen etwas weiter weg: sie hören aufmerksam und mit einem beinahe finstern Ausdruck in ihren Gesichtern zu, sie benehmen sich ebenso wie die Großen, aber trotz ihrer Aufmerksamkeit wissen wir aus Erfahrung, dass sie anschließend nichts wiedergeben können, obwohl sie vieles behalten. Hier sitzt einer auf die Schultern des anderen gestützt, dort steht einer geradezu auf dem Tisch. Selten begegnen wir einem, der mitten im großen Haufen steht und damit beschäftigt ist, Buchstaben in den Rücken eines anderen zu malen. […] Beginnt eine neue Geschichte sitzt alles stumm da und hört zu. Wird eine Geschichte wiederholt, so lassen sich hier und da Stimmen Ehrgeiziger vernehmen, die sich nicht überwinden können und dem Lehrer die Worte aus dem Mund nehmen. Übrigens bitten sie den Lehrer, die alten Geschichten, die sie sehr lieben, noch einmal mit anderen Worten zu wiederholen, und sie dulden es nicht, dass der Lehrer dabei unterbrochen wird. ‚Na, kannst du wohl nicht den Mund halten? Schweig doch still!', schreien sie, wenn einer sich vordrängt. Es schmerzt sie, wenn der Charakter der Erzählung oder die Vortragskunst des Lehrers eine Störung erleidet. Zuletzt war es so mit der Geschichte vom Leben Jesu. Sie verlangen jedes Mal, dass sie ihnen ganz erzählt werde, von Anfang bis Ende. Erzählt man sie ihnen nicht ganz, so fügen sie die den Schluss, den sie besonders lieben, des Petri Verleugnung oder die Leiden des Heilands, selbst hinzu. Und mit seinem Tod wirken auch sie wie erstorben und nichts rührt sich, als wären alle eingeschlafen. […] Doch dann hat der Lehrer seine Erzählung beendet, alle erheben sich von den Plätzen, alle drängen sich nach vorne um den Lehrer und versuchen, indem sie sich gegenseitig überschreien, wiederzuerzählen, was sie behalten haben. Es erhebt sich ein schreckliches Geschrei, der Lehrer kann nur mit Mühe jedem Einzelnen folgen. […]. Andere wenden sich an einen Kameraden, an eine zufällig anwesende Person, ja selbst an den Heizer, sie gehen zu zweit, zu dritt aus einer Ecke in die andere und bitten jeden, ihnen zuzuhören, so sehr drängt es sie dazu es mit ihren Worten wiederzugeben. Selten erzählt einer alleine, sie verteilen sich selbstständig in etwa gleich große Gruppen und erzählen sich gegenseitig, indem sie sich aufmuntern, einander ablösen, sich verbessern. Wenn sie sich dann ausgesprochen und beruhigt haben, wird Licht gemacht in der Stube […]" (Tolstoi 1980, 13).

Tolstoi sieht die Kinder aber nicht nur als ergriffene und begeisterte Zuhörer und Rezipienten von Geschichten an, sondern bemerkt, dass sie auch selbst Freude daran haben sich Geschichten auszudenken und sie aufzuschreiben. Deswegen spielt das Aufsätze schreiben eine große Rolle für ihn und hat er zahlreiche (eher starke, aber auch schwache) in seinem Buch über die Schule veröffentlicht (Tolstoi in Blankertz 1980, 81 ff.). Hier knüpft er unmittelbar an die Schilderung seiner Motivation für die Schulgründungen oben an (aus dem Brief an seine Tante, siehe oben), in der er seiner Hoffnung Ausdruck verleiht, dass *ein Mehr an Bildung* auch zu *einem Mehr an bedeutenden russischen Literaten* führen würde.

4.2.2 Die elf zentralen Settingelemente und ihre Entwicklung

Es ist nicht einfach, sich bezogen auf den Schulalltag in Jasnaja Polanja und seine Gestaltung ein klares Bild zu machen: Das liegt daran, dass Tolstoi seine Schule und seine Unterrichtsmethoden immer wieder – in der ersten Zeit beinahe jede Woche, später nach einigen Monaten oder von Schuljahr zu Schuljahr – veränderte bzw. weiterentwickelte, aber keine Chronologie bestimmter Entwicklungsetappen verfasst hat. Die Zahl der Schüler wird schwankend angegeben: Nach Tolstoi sind es zu Beginn 40 (Stand 1859), *„aber selten sind mehr als 30 zusammen, sechs bis zehn Prozent Mädchen"* (Tolstoi 1980, 49), Nach Barlett waren es beim Start 1859 circa 20 Kinder, die bis Sommer 1860 auf 50 anwuchsen (Barlett 2010, 140, ähnlich Wilson 1988, 153); bei Klemm, der sich vermutlich auf Morosow bezieht, waren es „schon bald 70 Kinder", die unterrichtet wurden (Barlett 2010, 142, Klemm 1984, 45, Morosow in Klemm 1984, 70). Auch die Zahl der Lehrer variiert in den Schilderungen von Tolstoi selbst: Anfangs gibt es ihn und Gastlehrer, die zweimal die Woche kommen, z. B. um Religion zu unterrichten; als er 1860 am 3. Juli zu seiner großen Reise aufbricht, übergibt er die Schule dem Lehrer Pyotr Morozov in Stellvertretung (Barlett 2010, 140, Birukof 1909, 373); später in seinem Buch über die Schule spricht er von vier Lehrern (Tolstoi in Blankertz 1980, 53): Klemm schreibt von *„weiteren Lehrern und Studenten ab 1861"* (Klemm 1984, 45); auch Wilson erwähnt *„asisstant teachers"* (Wilson 1988, 154).

Tolstois Buch über den Schulalltag in Jasnaja Poljana ist anhand von Notizen im Rückblick zwei Jahre später verfasst worden und Ende 1862 erschienen (Tolstoi 1980, 17). Auch wenn sich Tolstoi um Genauigkeit bemüht, so vermischen sich dort Rekonstruktion, Reflexion und literarische Ausgestaltung. Manches scheint geglättet, Anderes wieder mutig offengelegt (so auch seine Strafpraxen oder sein „kindlicher Ehrgeiz", der ihn „plagt". Ob es eines Tages gelingen wird eine ebenso akribische Rekonstruktion der Entwicklung der Schule, ihres Personals und ihrer Methode zu erarbeiten wie es Götz Hillig für die Gorki-Kolonie geleistet hat (s. Kap. 7), ist derzeit nicht abzusehen. Heimann hat dazu bereits erste Anläufe unternommen (siehe Heimann 2020).

1) Startphase des Projekts: Wie oben bereits erwähnt scheint es, dass Tolstoi ganz zu Beginn (Spätsommer bzw. Oktober 1859) die Kinder täglich außer Sonntag um sich versammelte und sie zunächst alleine unterrichtet hat, im Herrenhaus, zu Beginn noch ohne eigentliches Schulgebäude (Barlett 2010, 140, Heimann 2020, 1). Nach Morosows Schilderung fanden die Lektionen in den ersten Wochen im Herrenhaus statt und wurden die Kinder jeden Morgen von einem Diener empfangen (Morosow nach Klemm 1984, 65 und 68). Wahrscheinlich wollte Tolstoi nach dem Scheitern des ersten Schulversuchs erst einmal prüfen, ob so etwas wie eine Klasse überhaupt zustande kam und ob die Kinder halbwegs regelmäßig kommen würden. Das scheint relativ schnell klar gewesen zu sein, so dass er im Jahr 1860 ein zweistöckiges Schulgebäude errichtet und eingerichtet hatte (Heimann 2020, 6). Auch Wilson gibt einen Neubau an (Wilson 1988, 169).

2) Länge des Schuljahrs: Der Unterricht in der Schule war nur jeweils von Mitte Oktober bis Ende März konzipiert, da die Kinder von *„Anfang April bis Mitte Oktober auf dem Feld arbeiten"* (Tolstoi 1980, 49). Diese Zeitbeschränkung auf 5–6 Monate macht klar, dass Tolstoi die Bauern und deren Arbeitsorganisation sehr gut kannte und genau wusste, in welchem Zeitfenster es schwer oder gar unmöglich sein würde, mit mehr als nur wenigen Kindern zu rechnen und einen Unterricht abzuhalten.

Ebenso wichtig in diesem Zusammenhang ist, dass Tolstoi alle Kosten für den Bau der Schule und ihre Erhaltung, auch die Beheizung, ohne jede staatliche Unterstützung selbst finanziert hat. *„Die Schule ist unentgeltlich"* (ebd.), was es vermutlich den meisten Eltern erst möglich machte, ihre Kinder dorthin zu schicken. Dennoch nahmen nicht alle Eltern dieses Angebot an und blieben Schüler auch nur solange es ihnen sinnvoll erschien. Tolstoi schreibt dazu:

> *„Viele von den ersten Schülern haben die Schule verlassen, weil ihre Eltern den Unterricht nicht für gut hielten; viele, die lesen und schreiben gelernt hatten, stellten den Besuch ein und nahmen eine Stelle auf der Station ein* (es scheint sich dabei um eine Art Sammelstelle landwirtschaftlicher Produkte aus verschiedenen Höfen gehandelt zu haben, die von den dort Angestellten registriert und weitergeleitet wurden, M. S.)" (ebd., 48).

3) Einteilung des Schultages: „Ein Schulalltag war in drei Unterrichtsblöcke eingeteilt *(Vormittags, Nachmittags und früher Abend)*" (Klemm 1984, 45). Dazwischen gingen die Kinder nach Hause oder verbrachten die Pausen in der Schule oder um sie herum. Nach Angaben von Tolstoi kommt man so auf sieben Stunden Unterricht am Tag, getrennt von zwei mehrstündigen Pausen. Häufig begleitete er sie gegen 21 Uhr selbst noch nach Hause (Tolstoi 1980, 43 ff.).

4) Gebäude, Unterrichtsbeginn und Schulglocke: Ohne exakte Zeitangabe, aber sicher mit Blick auf das später errichtete neue Schulgebäude, schreibt Tolstoi: *„Die Schule befindet sich in einem zweistöckigen Hause steinernen Haus"* (ebd., 8).

> *Kommentar:* Die Häuser der Bauern waren aus Holz. Stein stellt für die Bauernkinder in gewisser Weise ein besonderes Material dar, das sie, wenn überhaupt, nur vom Gutshaus oder offiziellen Gebäuden kennen. Alleine deshalb dürften sowohl das Herrenhaus wie auch das später errichtete Schulgebäude für sie etwas Eindrucksvolles dargestellt haben. Tolstoi hält aber auch das Ambivalente daran fest, wenn er später – nach Einführung der allgemeinen Schulpflicht – von *„wie Gefängnisse gebaute Schulen"* schreibt (ebd., 9).

„Zwei Zimmer werden von der Schule eingenommen; davon bildet das eine die Schulstube, während das andere den Lehrern gehört. Auf dem Flur unter dem Dach hängt ein Glöckchen mit einer an der Zunge befestigten Schnur. Die Ordnung des Unterrichts ist folgende: etwa um 8 Uhr schickt ein Lehrer, der in der Schule wohnt, ein Freund der äußeren Ordnung und Verwalter der Schule, einen von den Knaben, die fast immer bei ihm schlafen, hinaus um zu läuten" (ebd., 21).

Kommentar: Das in der Schule Schlafen, fällt uns heutigen Leser:innen sofort auf. Wir wissen, dass in Tolstois Schule auch Kinder aus entfernteren Dörfern aufgenommen wurden, deren Eltern eine Art Pensionsgeld entrichteten (ebd., 48). Es kann sich dabei aber auch um Kinder des Dorfes selbst gehandelt haben, die es vorzogen den überfüllten Katen zu entkommen und – zumindest zeitweise – in einer kleinen Schulgemeinde zu leben. Denn auch als die Schule gebaut wird (im Sommer 1860) *„schlafen mehrere Kinder in Basthütten"* (Tolstoi in einem Brief an seine Tante Alexandrowa Tolstoja).

„Im Dorf steht man auf und macht Feuer" (Tolstoi 1980, 21).

Kommentar: Um diesen späten Tagesbeginn (Aufstehen erst um 8.00 nach dem Läuten der Schulglocke) zu verstehen, muss man bedenken, dass Tolstoi in dem Bericht über die Entwicklung der Schule mehrfach zwischen den Jahreszeiten hin und herwechselt: Herbst (*„eine halbe Stunde nach dem Glockenzeichen sieht man in Nebel und Regen oder in den schräg einfallenden Strahlen der Herbstsonne dunkle Figuren zu je zweien, dreien oder auch einzeln von den Hügeln herabkommen; das Dorf ist durch eine Schlucht von der Schule getrennt"* (ebd., 21)) und Winter (ebd., 22). In einem der nächsten Sätze wird nämlich deutlich: Es liegt Meter-hoher Schnee und um 8.00 ist es noch dunkel. Die Bauern stehen erst so spät auf, weil sie im Winter weniger arbeiten als im Sommer und dazu auf das Tageslicht angewiesen sind, das erst ab 10 Uhr herrscht.

„Solange der Lehrer noch nicht da ist, sammeln die Kinder sich im Flur, stoßen sich von den Stufen herunter oder rutschen den festgefrorenen Weg hinab, einzelne tummeln sich in der Schulstube. Wenn es kalt ist, lesen, schreiben und spielen sie sich in der Schulstube, weil dort bereits ein Feuer brennt". Später ist von *„frisch hereingeschlepptem Schnee auf den Treppenstufen"* (ebd., 24), von *„gefrorenen Fensterscheiben"* (ebd., 35) und *„von der Schlittenfahrt nach Hause"* (ebd., 40) die Rede.

Kommentar: Das klingt nach einem relativ flexiblen Ankommen in der Schule. Die Kinder können das Klassenzimmer auch schon vor Unterrichtsbeginne nutzen, für was auch immer. Und: dieses ist beheizt, was ein basales, körperliches Wohlbefinden garantiert und von einem gewissen Grad an Organisiertheit zeugt. So haben wir in der Szene oben, in der die Kinder die Leidens-Geschichte Christi so begeistert weitererzählen, von einem *„Heizer"* gehört. Der scheint regelmäßig Holz und Kohle herangetragen zu haben, was aber nur dann Sinn macht, wenn es mindestens vier oder mehr Räume sind, die er zu bedienen hat.

(Wir werden später sehen wie die eiskalten Schulräume im Kinderheim Baumgarten 1919 in Wien das Lernen be- oder verhindern, s. Kap. 6.)

5) *Unbeschwert und ohne Hausaufgaben, aber mit Noten:*

„Keiner trägt etwas bei sich – weder Bücher noch Hefte. Häusliche Aufgaben gibt es bei uns nicht. Aber sie haben nicht alleine nichts in den Händen, sie brauchen auch nichts im Kopf zu haben. An keine Aufgabe, an nichts, was sie gestern getan haben, braucht sich der Schüler heute noch zu erinnern. Ihn quält nicht der Gedanke an die bevorstehende Lektion. Er bringt nur sich selber mit, seine empfängliche Natur und die Überzeugung, dass es in der Schule heute genauso lustig sein wird wie gestern" (ebd., 21 f.).

Kommentar: Wahrscheinlich ein Gebot der Klugheit den Kindern nichts mit nach Hause mitzugeben, weil es dort in den beengten Verhältnissen sowieso verloren gehen oder beschmutzt würde. Aber viel wichtiger ist, dass Tolstoi, vermutlich mit Blick auf sein eigenes Erleben als Schüler in einer autoritären Schule, möchte, dass seine Schüler:innen sich auf den Schulalltag freuen und ihn jeden Tag aufs Neue unbelastet und offen beginnen. Dennoch gibt es Noten, zumindest wenn man das möchte:

„Gegen zwei Uhr haben die Kinder Hunger und laufen nach Hause. Trotz des Hungers bleiben aber einige von ihnen noch einige Minuten zurück, um zu erfahren, welche Note ein jedes bekommen hat. Die Noten, welche gegenwärtig niemandem ein Vorrecht verleihen, beschäftigen sie auf das lebhafteste! […]. Die Noten dienen ihnen als Maßstab für ihren Fleiß, und sie sind nur dann unzufrieden, wenn die Schätzung nicht richtig ausfällt. […] Gegen schlechte, aber wohl verdiente Noten erhebt sich kein Protest. Die Sitte der Zensuren hat sich noch von der alten Ordnung her erhalten und beginnt von selbst außer Gebrauch zu kommen" (ebd., 34).

Kommentar: Ein sehr flexibler Umgang mit Noten, die Tolstoi als ein zu überwindendes, aber für manche Kinder wichtiges Zwischenstadium zur Bildung von Motivation einschätzt (im Gegensatz zu Bernfeld kann sich Tolstoi in seiner Schule sehr viel besser einlassen auf das, was die Kinder zu brauchen meinen, s. a. Kap. 6.4).

6) *Freiwilligkeit als zentrales Settingelement:* Tolstoi schreibt:

„Nie tadelt man einen Schüler, wenn er nicht gekommen ist, oder zu spät kommt, es kommen auch gar keine Verspätungen mehr vor; höchstens bei den Größeren, die die Eltern wegen einer Arbeit zuweilen zu Hause behalten" (ebd., 22.) Oder an anderer Stelle: *„Die Freiheit, plötzlich vom Unterricht wegzulaufen, ist etwas Nützliches und Notwendiges"* (ebd.).

Tolstoi beschönigt nichts und sieht durchaus die Schattenseite dieser libertären Praxis: Er beschreibt wie es ein, zwei Mal in der Woche zu plötzlichen und auch für ihn unerklärlichen, kollektiven Absetzbewegungen kommt:

„Es lässt sich nie ermitteln wie ein solcher Beschluss zustande kommt. Sie beraten sich nicht, treffen keine Verabredungen, plötzlich fällt es einigen von ihnen ein, nach Hause zu gehen und schon hört man den Ruf: Die Jungen gehen nach Hause. Sogleich ertönt auf der Treppe der Schritt der kleinen Füße; hier rollt einer die Stufen herab wie eine Katze, dort springen und stolpern sie durch den Schnee […]. So laufen die Kinder schreiend und lärmend nach Hause. Derartige Fälle wiederholen sich ein- zweimal die Woche; das ist sehr ärgerlich und unangenehm für den Lehrer, wer wird das nicht zugeben. Indessen muss man doch auch anerkennen, dass jeder der derartigen Fälle den fünf, sechs, oder auch sieben Stunden täglichen Unterrichts, die die Schüler freiwillig und gerne in der Schule verbringen, eine um so größere Bedeutung verleiht. […] Wenn die Frage so gestellt wäre: ‚Was ist besser: dass während des ganzen Jahres nicht ein einziger solcher Fall vorkommt, oder dass diese Fälle mehr als die Hälfte aller Stunden ausmachen?' so würden wir dennoch das letztere wählen. Ich für meinen Teil freue mich über diese Fälle, die sich in der Schule von Jasnajy Poljana einige Male im Monat wiederholen, obgleich den Schülern häufig eingeschärft wird, dass sie gehen können, wann sie wollen" (ebd., 38).

Kommentar: Tolstoi räumt ein, dass das spontane Weglaufen eine *Kränkung* für den Lehrer darstellt und das systematische Unterrichten bzw. Lernen verhindert. Die Angaben über die Häufigkeit schwanken selbst in der kurzen Passage zwischen *„ein- bis zwei Mal die Woche"*, *„einige Male im Monat"* und der potentiellen Häufigkeit von *„der Hälfte aller Stunden"*. Vermutlich hat die Häufigkeit geschwankt und wurde darüber keine Statistik geführt, so dass alle drei Angaben für verschiedene Zeitfenster stimmen könnten. Dennoch ist es Tolstoi wichtiger, die Tage und Stunden zu sehen, die die Kinder ganz aus eigenem Antrieb und gerne lernen. Ja mehr noch: Er sieht im Weggehen-Können die Voraussetzung dafür, dass die Kinder zu einer eigenen intrinsischen Motivation für das Lernen und den Schulbesuch finden und aufrechterhalten. Damit tritt er der Erwartung entgegen, dass Freiwilligkeit zwar anfangs gewährt werden kann, aber irgendwann zu Regelmäßigkeit führen soll oder muss. Freiwilligkeit muss in seinen Augen immer wieder auch getestet und erlebt werden, damit sich ein eigener, individuell und kollektiv als stimmig erlebter und variabler Rhythmus von Schulbesuch und Nicht-Besuch entwickeln kann. Die Kinder werden nur auf diese Weise wirklich zu den Regisseuren ihrer Lernprozesse (siehe dazu auch Heimann 2020, 20 ff.).

So beeindruckend das unzweifelbar ist, stellt sich doch auch die Frage, ob man den Anlässen und den Sinn dieser Absetzbewegung nicht ein wenig mehr Aufmerksamkeit hätte schenken können? Nicht um deren Anzahl zu reduzieren, aber um noch mehr über die Lernzyklen und kollektiven Lernvoraussetzungen der Kindern lernen zu können.

7) Gegenwirken und Wegschicken als Interventionsmöglichkeit des Lehrers:

„Trotz des überlegenen Einflusses des Lehrers hatte der Schüler immer das Recht, nicht in die Schule zu gehen, oder selbst, wenn er in die Schule ging, nicht auf den Lehrer zu hören. Aber der Lehrer hatte das Recht, sich die Schüler fern zu halten, und die Möglichkeit mit der ganzen Kraft seines Einflusses auf die Mehrheit der Schüler, auf die Gesellschaft, die aus den Schülern gebildet wird, einzuwirken" (Tolstoi 1980, 93).

Kommentar: Interessant erscheint hier der Hinweis auf das gleiche Recht von Schüler *und* Lehrer: dieser muss nicht kommen und auch nicht gehorchen oder mitmachen. Aber jener kann ihn wegschicken und kann versuchen die Mehrheit in der Klasse für sich und den Unterricht zu gewinnen. Weil es sich bei dem Erwachsenen um eine Autoritätsperson handelt (egal ob das Tolstoi oder die Lehrer an sich betrifft) schreibt er richtig vom „überlegenen Einfluss" des Lehrers. Das passt auch gut zu den beiden Bestrafungsgeschichten, die wir unten noch darstellen werden. Auch dort werden wir dem Wegschicken begegnen. Nota bene: auch eine Freie Schule arbeitet mit Exklusion! Ähnliches gilt auch für andere Formen der Gegenwirkung:

„Wenn aber die Lebhaftigkeit in einer großen Klasse so groß ist, dass es für den Lehrer unmöglich wird, die Klasse zu leiten, soll man auch da die Kinder nicht einmal anschreien und gegen diesen Geist angehen dürfen?" (ebd., 94).

Tolstoi antwortet mit einer Differenzierung: *„Wenn dieser Geist sich auf den Lehrgegenstand bezieht, so kann man sich nichts besseres wünschen; springt aber die Lebhaftigkeit auf einen anderen Gegenstand über, so ist der Lehrer schuld, der sie nicht zu benutzen und zu lenken wusste. Die Aufgabe des Lehrers […] besteht darin dieser Belebung immer neue Nahrung zu geben und ihr immer mehr die Zügel schießen zu lassen"* (ebd.).

Kommentar: Anschreien, um für Ruhe zu sorgen, bringt nichts, lautet die Schlussfolgerung. Denn wenn sich die Lebhaftigkeit der Kinder auf den Unterrichtsgegenstand bezieht und dieser anfängt sie auch persönlich zu beschäftigen, so dass sie in eine gewisse Erregung geraten, ist das dem Lernen dienlich. Wendet sich die Aufmerksamkeit der Kinder dagegen außer-unterrichtlichen Themen zu und fangen die Kinder an darüber zu schwatzen, so hat der Lehrer insofern versagt, als das seine Form des Unterrichtens oder des Gesprächs seine Schüler nicht mehr erreicht oder gar gelangweilt hat.

Kritisch anmerken würde ich allerdings, dass es auch in Sachzusammenhängen Formen der Übererregung und Verzweiflung gibt (wenn es einen packt oder man nicht versteht), die das Individuum nicht kontrollieren kann und die es auf eine Regulierung von außen hoffen lässt. Zudem stellt sich die Frage wie viel lernerregte Schüler:innen, die alle gleichzeitig antworten oder fragen wollen, eine

Unterrichtssituation verträgt. Ich fürchte, dass Frustrationen wegen Warten-Müssen unvermeidbar sind, und damit beinahe zwangsläufig in das Abwenden der Aufmerksamkeit führen. Insofern überzeugt mich Tolstoi an dieser Stelle nicht. Allerdings schiebt er noch etwas nach:

„Man muss darauf achten, dass das Vergnügen am Lärm nicht ihr Hauptziel und ihre erste Aufgabe werde. [...] Wenn die Zahl der Schüler zu groß ist, so muss man sie in Gruppen teilen und die einzelnen Gruppen anhalten, sich die Geschichten gegenseitig zu erzählen" (ebd., 95).

8) Aufteilung in Klassen, Curriculum:

„Anfangs ließ sich keine Einteilung, weder in Klassen noch Gegenstände, weder in Unterrichtsstunden, noch Ruhepausen finden, alles floß wie von selbst in eins zusammen, und alle Versuche, eine Ordnung einzuführen, blieben vergeblich. Jetzt gibt es schon in der ersten Klasse Schüler, die selbst danach verlangen, einem Stundenplan zu folgen und die unzufrieden sind, wenn sie während der Lektion gestört werden und die kleineren Schüler selbst wegjagen, wenn sie zu ihnen gelaufen kommen (ebd.).

Kommentar: In diesem Abschnitt, der rückblickend von 1862 stammt, schildert Tolstoi einen sehr dynamischen Entwicklungsprozess des Projekts: von durch Spontaneität geprägten, hoch energetischen, aber kaum regelbaren Anfängen hin zu einer klaren Struktur, die von den Schüler:innen selbst mit hervorgebracht wurde und auf die sie selbst Wert legen. Vergleicht man das mit den Anfängen der Gorkij-Kolonie, stoßen wir hier auf das Beispiel, das bei der Strukturbildung in einem neuen Projekt ohne Gewalt und zumindest weitgehend ohne Strafen auskam – wenn auch nicht ohne Autorität (s. Kap. 4.3.1.).

Bezogen auf das Setting ist es wichtig zu entdecken, dass es in den späteren Phasen (vermutlich ab dem Winter 1860, dem zweiten Durchgang) feste Klassen gab, aber keine Alterseinteilungen. Auch die wenigen Erwachsenen, die die Schule besuchten, wurden ihrer Klasse entsprechend ihrem Kenntnisstand zugewiesen (Klemm 1984, 45). In seinem *„Allgemeiner Bericht über den Charakter der Schule"* schreibt Tolstoi später:

„Anfänger gibt es bei uns nicht. In der untersten Klasse wird gelesen, geschrieben, werden Aufgaben über die ersten die Spezies der Arithmetik gelöst und Stücke aus der biblischen Geschichte wiedererzählt. Die Gegenstände gliedern sich daher nach dem Schulplan wie folgt: 1. Mechanisches und stufenweises Lesen. 2. Schreiben. 3. Kalligraphie (Schönschrift hieß das in meiner Kindheit, M.S.) 4. Grammatik 5. Biblische Geschichte 6. Russische Geschichte 7. Zeichnen 8. Reißzeichnen 9. Singen 10. Mathematik 11. Unterhaltungen über naturwissenschaftliche Gegenstände 12. Religion" (Tolstoi 1980, 21).

Kommentar: Wenn Tolstoi schreibt: *„Wir haben also 12 Unterrichtsgegenstände, drei Klassen, im ganzen 40 Schüler, vier Lehrer und vier bis fünf Stunden im Lauf des Tages"* (ebd., 23) wird sich das auf die Zeit nach der Rückkehr von seiner Reise im Sommer 1861 beziehen (siehe dazu die Unklarheiten oben).

9) Flexible Zeiten, Inhalte und Lern-Methoden:

„Nach dem Lehrplan werden bis zum Mittag vier Stunden gegeben, oft aber werden es nur drei oder zwei, und zuweilen sind auch die Lehrgegenstände ganz andere als sie der Lehrplan vorsieht. Der Lehrer beginnt mit Aritmethik und geht auf die Geometrie über. Oder aber er beginnt die Stunde mit der Biblischen Geschichte und beschließt sie mit Grammatik. Manches Mal sind die Schüler so begeistert, dass die Lektion statt einer Stunde drei Stunden dauert" (ebd., 24)

Kommentar: Offensichtlich hält Tolstoi einen Lehrplan und Fächer für sinnvoll, schätzt einen flexiblen Unterricht aber noch als viel wertvoller ein. Ein Unterricht, der dem konkreten Prozess der Wissensvermittlung in dieser Stunde und mit dieser Gruppe folgt (und sicher manchmal auch den Lieblingsthemen des Lehrers), aber auch den jeweiligen Interessen der Schüler.

Tolstoi und seine Mitlehrer machten immer wieder die Erfahrung, dass sie mit ihren Lehrmethoden, z. B. der Vermittlung des Lesen-Lernens bei einigen Kindern scheiterten, bei anderen dagegen Erfolg hatten. Daraus lernten sie:

„Die Aufgabe des Lehrers besteht nur darin, dem Schüler die Wahl zwischen allen bekannten und noch unbekannten Methoden zu ermöglichen, die ihm das Lernen leichter machen können" (ebd., 61).

Konkret sieht das für das Lesen so aus: *„Jetzt haben wir das mechanische Lesen ganz aufgegeben […] es ist jedem Schüler freigestellt, alle Mittel anzuwenden, die ihm bequem sind, und es ist merkwürdig, dass ein jeder eine oder mehrere aller mit bekannten Methoden verwendet: 1. das Lesen mit dem Lehrer, 2. das Lesen, um des Lesens willen, 3. das Lesen und Auswendiglernen, 4. das gemeinschaftliche Lesen in der Gruppe, 5. das Lesen mit dem Versuch, den Inhalt des Gelesenen zu begreifen"* (ebd., 59).

Kommentar: Die Entdeckung der für einen selbst „bequemen" Methode (oder die individuelle Methodenkombination) stellt für Tolstoi zugleich die effektivste Methode dar. Fürwahr eine Individuum-zentrierte Didaktik, die die Schulen von heute antiquiert aussehen lässt. Daneben gilt freilich:

„Das erzieherische Element etwa der Geschichte oder der Mathematik geht nur dann auf den Schüler über, wenn der Lehrer seinen Gegenstand leidenschaftlich liebt und gründlich kennt; nur dann gelingt es ihm seine Liebe dem Schüler mitzuteilen; nur dann wirkt

sie erzieherisch (müsste eigentlich „bildend" heißen, da Erziehung bei Tolstoi negativ konnotiert ist; siehe unten, M.S.). *Im umgekehrten Falle, d.h. da wo es im Voraus entschieden ist, dass ein bestimmter Lehrgegenstand eine erzieherische Wirkung besitzt, und wo der eine beauftragt ist vorzutragen, der andere dagegen zuzuhören, das erzielt der Unterricht ganz gegensätzliche Folgen d.h. er erzieht nicht zur Wissenschaft, sondern er wirkt abstoßend"* (ebd., 31).

Daraufhin verallgemeinert er: „*Wie also wird die Schule beschaffen sein, wenn keine Einmischung der Erziehung in das Werk der Bildung mehr stattfinden wird? Sie wird nichts anderes sein, als die allseitige und mannigfaltige, bewusste Einwirkung eines Menschen auf einen anderen mit dem Zweck der Mitteilung von Kenntnissen (instruction), ohne dass der Schüler geradezu oder mit Gewalt oder durch Diplomatie dazu gezwungen wird das zu lernen, was wir von ihm verlangen. Dann wird die Schule vielleicht nicht die Schule sein, wie wir sie verstehen, mit Bänken, Wandtafeln, Lehrstühlen und Professorenkathedern, sie wird vielleicht nur ein Puppenspiel, eine Bibliothek, ein Museum, oder eine Unterhaltung sein. Und so wird sich überall ein ganz anderes Wissenschaftssystem und ein ganz anderes Lehrprogramm herausbilden*" (ebd.)

10) Freie Platzwahl, Umgruppierungen je nach Fach und Selbstregulation bei Konflikten:

„*Jeder setzt sich, wohin es ihm einfällt: auf die Bank, auf den Tisch, auf die Fensterbank, den Fußboden oder den Lehnstuhl. Die Mädchen setzen sich immer zusammen. […] Wenn einer von ihnen* (den beliebten Schülern, M.S.) *sich in irgendeinen Winkel setzt, kriechen die Kameraden, sich stoßend und drängend zwischen und unter den Bänken hindurch, eilen nach demselben Winkel, und setzen sich. […] es spiegelt sich so viel Glück und Befriedigung auf ihren Gesichtern wieder, als ob sie nun ihr ganzes ferneres Leben zufrieden und glücklich sein müssten, nachdem sie hier Platz genommen haben. Ein großer Lehnstuhl, der zufällig in die Stube geraten ist, ist ein Gegenstand der Eifersucht für alle selbstständigeren Personen […]. Wenn einer sich in den Lehnstuhl setzen will, erkennt ein anderer diese Absicht schon an seinem Blick, und sie stoßen zusammen oder drücken sich umeinander herum. Der eine verdrängt den anderen, aber der Sieger[…] liest wie die anderen auch*" (ebd., 23 f.).

Kommentar: Das hier Beschriebene gilt zunächst nur für die Lesestunde. Aber auch aus den anderen Beschreibungen von Unterrichtsszenen lässt sich entnehmen, dass je nach Gegenstand des Unterrichts jeweils andere Sitzarrangements gewählt werden (so ergab sich z. B. beim Erzählen Biblischer Geschichten, dass der Lehrer in der Mitte des Raumes sitzt und *„die Schüler um ihn amphitheatralisch Platz nehmen"* (ebd., 34). Bei den chemischen und physikalischen Experimenten, die an einem zentralen Tisch stattfinden *„lagern sich die Älteren sternförmig auf den Tisch – die Köpfe zusammen, die Beine auseinander gestreckt"* (ebd., 39).

Das Prinzip des gemeinsamen Sitzens der ganzen Klasse in der Bank mit dem Tisch vor sich, wird bei Tolstoi nie beschrieben. Es wird, gerade auch bei den anderen Lehrern, vorgekommen sein. Aber die Art und Weise wie Tolstoi die freie Platzwahl als „Glück" beschreibt macht deutlich, dass die Ungezwungenheit, die für ihn so wichtig war, sich eben auch auf die Art und Weise des Platznehmens bezieht. Sie folgt kollektiven Interessen: bei den Mädchen wie den Jungen oder auch individuellen, wie in der Lehnstuhlszene. Ich vermute, dass man den häuslichen Sozialraum mitbedenken muss, um das Glück der Kinder zu verstehen. Zuhause gab es sehr wahrscheinlich wenige Stühle und waren diese den Erwachsenen vorbehalten. Die Kinder hatten sich dort hinzusetzen wo Platz war; aber keine Auswahl. In der Schule genießen sie es dagegen, sich ihren eigenen, für sie passenden Platz zu suchen. So wird dieser pädagogische Ort zu einem besonderen Ort der Freiheit.

Außerdem wird deutlich, dass Tolstoi es nicht vermeiden wollte, dass es zu Ungerechtigkeiten kommt. Der eine Lehnstuhl wird von mehreren begehrt. Der Sieger wird oft der Stärkere gewesen sein. Aber auch hier überlässt Tolstoi die Regulierung der Streitigkeiten den Kindern: So erhält die Freiheit bisweilen eben auch einen bitteren Beigeschmack, scheint sich aber doch auch „*das Gerechtigkeitsgefühl des Volkes*" durchzusetzen (ebd., 28). Gewaltexzesse und Verletzungen sind nach Tolstois Darstellung jedenfalls nicht oder nur sehr selten vorgekommen – ein Kind brach sich ein Bein, ein anderes erlitt eine Brandverletzung, doch beide Wunden verheilten innerhalb von zwei Wochen (ebd., 29f.).

11) Länge des Schulbesuches:

„*Viele von den ersten Schülern haben die Schule verlassen, weil ihre Eltern den Unterricht nicht für gut hielten; viele, die lesen und schreiben gelernt hatten, stellten den Besuch ein und nahmen eine Stelle auf der Station ein* (diese „Station" scheint eine Art Sammelstelle landwirtschaftlicher Produkte verschiedener Höfen gewesen zu sein, die von Angestellten registriert und weitergeleitet wurden, M.S.)" (ebd., 48).

12) Das Lehrertagebuch:

„*Die Lehrer führen Tagebuch, die sie Sonntags* (unterrichtsfrei, M.S.) *einander mitteilen, um danach den Lehrplan für die kommende Woche auszuarbeiten. Diese Pläne werden in keiner Woche ganz ausgeführt und werden jederzeit nach den Wünschen der Schüler abgeändert*" (ebd.).

Kommentar: An dieser Stelle bleibt unklar, wo und wie der Austausch vonstattenging und welchen Charakter er hatte. Könnten wir ihn eine *Teambesprechung* nennen oder ein Treffen unter Vorsitz von Tolstoi, in dem er sein Konzept erklärte? Oder handelte es sich um

> eine Art Sonntagsbrunch mit lockerem Austausch und einer bestimmten Zeit, die für Planungen reserviert war? Deutlich wird, dass Tolstoi von seinen Lehrern das Führen eines Tagebuches (wie er es selbst ein Leben lang tat) verlangt hat und vielleicht auch Einsicht in dasselbe. Und dass er ein Planungskonzept vertrat, gemäß dem Planungen zwar als sinnvoll erachtet wurden, aber flexibel gehandhabt werden sollten (Schwabe 2005/2019b).

Fazit und offene Fragen: Die skizzierten elf bzw. zwölf Settingelemente werden durch einen libertären und kameradschaftlichen Geist verbunden und integrieren sich so zu einem in sich stimmigen, komplexen und tragfähigen *Setting* (Müller/Schwabe 2006). Unklar bleibt, wie viele Stunden Tolstoi jeden Tag selbst unterrichtet hat bzw. wie lange er das gemacht hat. Wenn er von „der" oder „die Lehrer" schreibt (siehe z. B. oben: *„Die Lehrer führen Tagebuch…"*), weiß man nie, ob er sich dazu rechnet, oder die von ihm eingestellten Lehrer meint, die er angeleitet hat, bestimmte Abläufe einzuhalten. Nach meinem Eindruck ist es möglich, dass sich das auf den ersten sechsmonatigen Unterrichtszyklus von Oktober 1859 bis März bzw. April 1860, also den Zeitraum vor seiner Reise, bezog; es kann aber auch sein, dass er zwar alleine angefangen hat, aber bald an den ersten Lehrer übergeben hat und nur noch sporadisch, quasi als Highlight der Woche, unterrichtet hat.

Am wahrscheinlichsten ist, dass er bestimmte Unterrichtsfächer für sich reserviert hatte: Dazu zählen mit großer Wahrscheinlichkeit russische und religiöse Geschichte(n) (siehe die Schilderung oben und die der Geschichtsstunde in Tolstoi 1980, 75 ff.) und auch die „Gespräche" über naturwissenschaftliche Themen. Während wir beim Berichten heute auf solches „who did what" Wert legen würden, scheint das für Tolstoi nicht wichtig gewesen zu sein. Vielleicht sah er die Schule als ein Gemeinschaftsprojekt mehrerer Lehrer? Vielleicht war ihm aber auch daran gelegen, Häufigkeit und Dauer seiner aktiven Beteiligung am Unterrichten zu verschleiern. Seine Texte – vor allem die den Unterricht schildernden – klingen fast immer so, als ob er eine zentrale und omnipräsente Figur gewesen sei. Sicher war er das (phasenweise) auch, aber eventuell nur in den für ihn reservierten Domänen, die sein eh schon beträchtliches Image bei den Schüler:innen noch einmal verstärkt haben dürften.

4.3 Tolstoi stößt im ersten Schuljahr auf Probleme und macht eine Reise

Im Sommer 1860 verlässt Tolstoi seine Schule und kehrt erst im April oder Mai 1861 zurück. Klemm spricht von 9 Monaten (Klemm 1984, 29), Barlett von *„almost one year"* (Barlett 2010, 141). Angesichts der von ihm als begeistert geschilderten Schüler:innen muss man sich darüber wundern: Sein Projekt ist doch gut angelaufen – was motiviert ihn dazu, es so rasch wieder zu verlassen?

4.3.1 Gründe für die Reise

Was Tolstoi als Person auszeichnet und was auch heute noch unter Pädagog:innen selten anzutreffen ist, stellt sein scharfer, selbstkritischer Blick auf sein eigenes Wirken bzw. das Nichtaufgehen seiner Intentionen dar. An mehreren Stellen seines Buches schildert er didaktische Probleme, auf die er bei der Vermittlung von Wissen stößt oder gibt eigene Unsicherheiten und Fehlverhalten im Umgang mit den Kindern zu:

„Als ich ihnen erklärt hatte, dass die Erde rund ist und sich um die Sonne dreht unterbrach mich Sjomka, der Skeptiker, der von allen Schülern das beste Auffassungsvermögen hat. ‚Wie kann sich denn die Erde bewegen, wenn unsere Hütte immer am selben Ort steht. Sie müsste doch ihren Platz auch ändern'. Ich merkte, dass ich dem Klügsten mit meiner Erklärung um tausend Kilometer vorausgeeilt war: was hatten also die weniger aufgeweckten Schüler verstehen können? Also ging ich wieder zurück erklärte, zeichnete, brachte alle Beweise dafür vor, dass die Erde rund sei: die Rundreise um die Erde, das Sichtbarwerden eines Mastes vor dem Deck des Schiffes usw. usw. […] und ließ sie das Gelernte niederschreiben. Alle schrieben es auf: den ersten Beweis, den zweiten, den dritten hatten sie schon wieder vergessen. Man sah, dass es ihnen hauptsächlich darauf ankam die Beweise zu behalten, weil sie es sich am Ende doch nicht vorstellen konnten. Nicht bloß einmal, zehnmal, hundertmal kehrte ich zu diesen Erklärungen zurück, und immer ohne Erfolg. Beim Examen hätten alle Schüler befriedigend geantwortet, und sie antworteten auch immer befriedigend, aber ich fühle, dass sie die Sache nicht verstehen. […] Und am Ende kommt es nicht darauf an, zu wissen, dass die Erde rund ist, sondern den Weg zu kennen, auf dem wir zu diesem Wissen gelangt sind." (Tolstoi 1980, 125).

Eine andere Szene: *„[N]ach der physischen Geographie begann ich mit der Charakteristik der Weltteile. Aber auch hiervon behielten sie nichts, und wenn man sie nach diesen fragte, so schrien sie alle durcheinander: Asien, Afrika, Australien. Fragte man sie aber plötzlich: In welchem Erdteil liegt Frankreich (nachdem man ihnen eine Minute zuvor gesagt hatte, dass England und Frankreich in Europa liegen), so bekam man unbedingt zur Antwort Frankreich liegt in Afrika. Man liest in jedem erloschenen Blick, in jeden Ton der Stimme wozu? Wenn man mit dem Unterricht der Geographie beginnt. Aber diese traurige Frage findet keine Antwort"* (ebd., 126).

Es sind aber nicht nur *didaktische Themen*, die Tolstoi für sich als offene Fragen entdeckt, sondern auch Probleme bei der *Führung der Kinder* und der *Gestaltung von Konflikten* wie sie sich in jeder Klasse ergeben. Tolstoi verabscheute Gewalt gegenüber Kindern und auch Bestrafungen. Aber einmal passierte es auch ihm, dass er einen Jungen an den Haaren zog (Radosavlevic 1988, 35). Eine Unterrichtsstörung und die Reaktion von Tolstoi beschreibt ein ehemaliger Schüler, der Zeitzeuge Morosow, so:

"In der Schule herrschte bei uns ein guter Geist. Wir lernten mit Lust. Aber mit noch größerer Lust lehrte Lew Nikolajewitsch. Sein Eifer war so groß, dass er nicht selten sein Mittagessen vergaß. In der Schule trug er eine ernste Miene zur Schau. Von uns verlangte er dreierlei: Reinlichkeit, Ordentlichkeit und Wahrhaftigkeit. Er sah es nicht gern, wenn sich einer von den Schülern dumme Scherze erlaubte, und liebte die Spaßvögel nicht, die sich gewöhnlich durch ein albernes Gelächter bemerkbar machen. Hingegen liebte er es sehr, dass man auf seine Fragen ohne Umschweife und wahrheitsgetreu antwortete. Einst sagte mir ein Knabe – ich entsinne mich nicht mehr, aus welchem Dorf er war, doch war er nicht aus dem unsrigen – das denkbar gröbste Schimpfwort ins Ohr und versteckte sein grinsendes Gesicht hinter den vorgehaltenen Händen, um sich den Blicken Lew Nikolajewitschs zu entziehen.

‚*Was ist dort los, Glinkin, worüber lachst du?'* fragte Lew Nikolajewitsch.

Der Knabe wurde still und beugte sich über seine Arbeit. Bald jedoch sah er mich wieder an und fing aufs Neue an zu kichern. Lew Nikolajewitsch trat vor ihn hin und fragte ihn ärgerlich: ‚*Was ist denn das, Glinkin? Worüber lachst du?'* ‚*Ich…ich …weiß von nichts, Lew Nikolajewitsch!'* *Er insistiert:* ‚*Ich frage, worüber du lachst.'*

Glinkin fängt an zu flunkern, bringt etwas ganz anderes vor, als was er mir ins Ohr gesagt hat, und an dem, was er vorbringt, ist nichts Lächerliches. Ich sehe auch, daß Lew Nikolajewitsch unzufrieden ist und daß er gern die Wahrheit wüßte.

‚*Morosow, komm einmal her! Sag, was hat dir Glinkin ins Ohr geflüstert? Was gab's dabei zu lachen?'*

Ich kam in einen inneren Zwiespalt. Sollte ich lügen oder die Wahrheit bekennen? Lew Nikolajewitsch sah mir in die Augen. Nach einigem Zögern sah ich Glinkin an und sagte zu Lew Nikolajewitsch: ‚*Glinkin hat etwas Dummes gesagt, ich schäme mich, es Ihnen wiederzusagen.'*

‚*Sag, was war es?'*

‚*Er hat ein grobes Schimpfwort gebraucht.'*

‚*Das ist nicht gut, das ist albern. Wie konntest du über eine solche Albernheit kichern?'*

Da mischt sich Glinkin ein: ‚*Ich habe so was gar nicht gesagt. Morosow lügt.'*

Lew Nikolajewitsch stand eine Weile und dachte darüber nach, was da zu tun sei, und dann wandte er sich an die Schüler: ‚*Wisst ihr was? Wir wollen es einmal so probieren: Wenn jemand lügt, so wollen wir ihm einen Zettel mit der Aufschrift* ‚*Lügner'* *auf den Rücken kleben und ihn so durchs Dorf führen. Die Sache ließe sich ja gleich bei Glinkin in Anwendung bringen.'*

Alle waren damit einverstanden. Der Zettel wurde geschrieben und Glinkin auf den Rücken geklebt. Alle Schürer lachten. Sie traten herzu und lasen: ‚*Lüg-ner, Lüg-ner!'*

Glinkin stand wie ein Geächteter da; er wurde verlegen, errötete bis zu Tränen. Dies dauerte übrigens nicht lange, da Lew Nikolajewitsch bald befahl, ihm den Zettel wieder abzunehmen" (Morosow 1978, 43 ff.).

Hier sehen wir Tolstoi, der zunächst eine Unterrichtsstörung thematisiert, sich aber sehr viel mehr über eine für ihn offensichtliche Unwahrheit ärgert und zu einer sehr drastischen Form der Bestrafung greift. Nicht spontan, sondern nachdem er eine Weile nachgedacht hat. Damit hat er – gegen die eigene Überzeugung – eben auch moralisierend und beschämend agiert. Aber das Entscheidende in der Darstellung von Morosow ist nicht der Fehler, so schmerzhaft und demütigend er auch für Glinkin gewesen sein mag, sondern dass dieser Tolstoi anschließend offensichtlich beschäftigt hat und er ihn nicht mehr wiederholt oder sofort korrigiert.

> *„Es geschah einst, daß ein Schüler seinem Kameraden ein Federmesser gestohlen hatte. Der Schuldige wurde des Diebstahls überführt. Sogleich beschloss die ganze Schule, unter dem Vorsitz Lew Nikolajewitschs, den Schuldigen zu bestrafen, d. h. ihm einen Zettel mit dem Aufschrieb ‚Dieb' auf den Rücken zu kleben. Die Sache nahm jedoch plötzlich eine andere Wendung. Lew Nikolajewitsch stand da und sann nach, dann wandte er sich zu uns, als suche er diejenigen, die seiner Meinung beipflichten könnten. Er sah mich an und fragte: ‚Wie denkt ihr aber: Tun wir denn auch recht daran, einen Menschen der Schande preiszugeben, indem wir ihn mit einem solchen Zettel durchs Dorf führen? Alle werden ihn necken und verspotten. Und nicht nur jetzt, auch später, wenn er schon erwachsen sein wird, würde man über ihn spotten. Ihn aber so fürs ganze Leben zu verschimpfieren, das ist die Sache nicht wert.'*
>
> *‚Ist es auch nicht', stimmten einige bei.*
>
> *‚Sein Vater würde ihn ja totschlagen!' bemerkte Ignatka.*
>
> *‚Lew Nikolajewitsch, er wird doch mal heiraten und wird Kinder haben und dann würde man auch die Kinder verspotten und ihnen nachrufen: Euer Vater war ein Dieb!', fügte ein anderes Kind hinzu.*
>
> *Und so wurde denn beschlossen, Gnade für Recht ergehen zu lassen. Der Schuldige trug das Federmesser herbei und händigte es dem bestohlenen Kameraden aus."* (ebd., 47).

Auch Tolstoi schildert diese Szene, allerdings mit wichtigen Unterschieden:

> *„Der Dieb war ein Junge vom Hofgesinde aus einem fernen Dorfe. […] Wir schlugen ihnen (den Mitschüler:innen, M.S.) vor, die Strafe selbst zu bestimmen. Die einen verlangten, dass der Dieb durchgeprügelt werde; andere sagten, man solle ihm einen Zettel mit der Inschrift ‚Dieb' anheften. Zu unserer Beschämung hatten wir diese Strafe früher selbst angewandt und dieses Mal, war es derselbe Knabe, der vor einem Jahr einen Zettel mit der Aufschrift ‚Lügner' getragen hatte, der nun den Zettel für den Dieb forderte. Wir entschieden uns für den Zettel, und als ein Mädchen in annähte, sahen ihr alle Schüler mit Schadenfreude zu und spotteten über den Bestraften. Sie forderten noch eine Verschärfung der Strafe. ‚man solle sie (der Dieb hatte einen Komplizen) durch das Dorf führen und sie sollen ihre Zettel bis zu den Feiertagen behalten. Die Bestraften weinten […]. Das alles machte auf mich und all die anderen einen solchen Eindruck, als ob wir es zum ersten Mal sähen. Hass und Neugierde spiegelten sich auf ihren Gesichtern und das war es, was er als so schmerzhaft empfand. Als er (der Hauptdieb), ohne sich umzusehen mit gesenktem*

Kopf und einem, wie mir schien, besonders verbrecherischen Gang nach Hause schlurfte, und die Jungen in einem Haufen hinter ihm hergingen und ihn [...] verspotteten, wie von einem bösen Geit gegen ihren Willen getrieben, da sprach etwas wie eine innere Stimme in mir, dass es nicht gut sei, aber der Dieb ging ganze Tage lang mit seinem Zettel herum. Seit dieser Zeit schien er mir schlechter zu lernen und man sah ihn nicht mehr an den Spielen und Unterhaltungen mit seinen Kameraden teilnehmen" (Tolstoi 1980, 32).

Kommentar: Im Unterschied zu der für ihn äußerst vorteilhaften Schilderung von Morosow, korrigiert Tolstoi in seiner eigenen Schilderung der Szene die von ihm mitverhängte Strafe nicht. Aber er ist wach genug zu beobachten, dass es der „Lügner" von vor einem Jahr ist, der nun die Bestrafungsidee aufgreift und dem „Dieb" einen ähnlichen Zettel (es muss wohl ein Stofffetzen gewesen sein) ans Revers heften will. Dadurch dass an ihm diese Strafe exekutiert worden war, konnte Tolstoi ihm wohl schwer widersprechen und seinen Vorschlag zurückweisen. Aber er ist sensibel genug, um zu erkennen, dass dem kindlichen Dieb mit dieser Form der Bestrafung großes Leid zugefügt und er sozial isoliert wird mit der Folge, dass er wohl kaum noch lernt. Aber die Geschichte geht noch weiter:

„Als ich einmal wieder in die Klasse kam, erzählten mir die Schüler mit Entsetzen, dass der Schüler wieder gestohlen habe. Er hatte aus dem Zimmer des Lehrers 20 Kopeken in Kupfermünzen entwendet. [...] Wir hängten ihm wieder den Zettel um und die widerwärtige Szene wiederholte sich noch einmal. Ich fing ihn an zu ermahnen, wie alle Erzieher zu ermahnen pflegen. [...] Ich fing an, ärgerlich zu werden, fast fühlte ich etwas wie Wut über den Dieb. Ich sah dem Bestraften in das noch bleichere, leidende und verstockte Gesicht [...] und mich packte eine so tiefe Scham, ein solcher Ekel, dass ich ihm den Zettel abriss und zu ihm sagte, er möge gehen wohin er wolle [...] und mich plötzlich [...] davon überzeugte, dass ich kein Recht hatte, diesen unglücklichen Knaben zu quälen." (ebd.).

Kommentar: Bei Tolstoi also anders als bei Morosow keine Revision der Strafe vor der Klasse. Im Gegenteil: eine weitere Duldung der als falsch eingesehenen Bestrafung. Wochen später dann bei einer nächsten Begegnung sogar noch einmal die gleiche grausame Bestrafung. Dann erst die Einsicht, die aus dem Blick in den Augen des Jungen in Tolstoi Gestalt annahm. Dann aber keine Korrektur vor der Klasse, sondern eine Abbruch der Strafpraxis. Gleichzeitig aber auch eine Exklusion: Denn der Junge wird sich fortgeschickt fühlen und wohl nicht mehr freiwillig an die Stätte seiner Demütigung zurückkehren. Tolstoi hat daraus gelernt – es ist gut möglich, dass er das, was er selbst verstanden hat, später auch seinen Schüler:innen mitgeteilt hat, d. h. dass er seinen Fehler, den gemeinsam begangenen Fehler mit ihnen thematisiert hat. Morosow scheint daraus aber eine etwas idealisierte Geschichte gemacht zu haben, in der Tolstoi sehr viel besser wegkommt als in dessen eigener. Was Tolstoi ehrt!

Fazit zu den Gründen: Wir nehmen an, dass die ersten sechs bis sieben Monate (fast) täglicher (?) Schulpraxis (Oktober 1859 bis März oder April 1860) Tolstoi vor wichtige Fragen gestellt hatten, die er durch den Besuch anderer Schulen und durch Gespräche mit Lehrern zu klären hoffte. Der Zeitpunkt für seine Reise ab Juni/Juli 1860 war günstig, da die Kinder im Sommer sowieso ihren Eltern bei der Arbeit auf dem Feld helfen mussten und keine Schule stattfinden konnte (siehe oben). Parallel dazu kann man allerdings vermuten, dass er für sich selbst an ein erstes Ende seines Schulprojekts gekommen war oder doch zumindest eine Pause einlegen wollte: Seine engagierte Tätigkeit hatte ihn erschöpft und vermutlich hat er sie nach und nach auch als Routine und weniger stimulierend erlebt als in den ersten Monaten. Außerdem war er fast sein ganzes Leben daran gewöhnt gewesen, alle paar Monate den Ort bzw. die Szene zu wechseln. Und wenn wir hören, dass er auf dieser Reise auch Nizza und Florenz besucht hat, wird klar, dass es sich in mancher Hinsicht auch um eine Erholungs- bzw. Vergnügungsreise gehandelt hat (Barlett 2010, 142).

Kritisch kann man fragen wie es den Kindern und den Mit-Lehrern damit ging, dass er für mehr als neun Monate fort ging (Wilson schreibt „*almost one year*", Wilson 1988, 140), also auch für das neue Schuljahr ab Oktober 1860 nicht zu Verfügung stand? 1860 sollen es immerhin 60 Kinder, Jungen und Mädchen, aber auch einige Erwachsene gewesen sein, die lesen und schreiben lernen wollten (Barlett 2010, 142). Bei allem Teilen des Alltags mit seinen Schulkindern, auf dessen Beschreibung er wert legt, ist und bleibt er ein Privilegierter, der kommen und gehen kann, während die anderen am Projekt Beteiligten solche Möglichkeiten nicht haben. Unklar ist, ob die Dauer der Reise von vornehnerein klar abgesteckt war, oder Tolstoi erst einmal wegging und sie zwischendurch ausgedehnt oder auch verkürzt hat. Unklar auch, ob er seinen Kindern und/oder Lehrern in der Zwischenzeit geschrieben hat, oder es sich bei seiner Abwesenheit um eine Form totaler Funkstille gehandelt hat. Feststeht, dass er die Schule in die Hände von Pyotr Morozov, eines ehemaligen Theologiestudenten, gab, den er für einen geeigneten Stellvertreter während seiner Abwesenheit hielt (Birukof 1909, 433, Wilson 1988, 140).

4.3.2 Die Studienreise durch Europa und ihre wichtigen Stationen

Klemm fasst die Angaben von Birukof, der sich auf die Tagebücher von Tolstoi stützt, so zusammen:

> *„Er reiste neun Monate durch Deutschland, Frankreich, Italien, England, Belgien und die Schweiz und informierte sich über das westeuropäische Bildungssystem. Er hospitierte in deutschen und französischen Schulen und Kindergärten, besuchte Vorlesungen an der Berliner Universität und kam mit bedeutenden Pädagogen und Sozialkritikern seiner Zeit zusammen. Unter ihnen waren A. Herzen, I. Turgenjew, P. J. Proudhon und B. Auerbach. In Deutschland führte ihn die Reise nach Berlin, Weimar, Bad Kissingen, Dresden*

und Jena, wo er ‚vor Ort' an Schulen und Kindergärten wichtige Impulse für seine zukünftige Bildungsarbeit bekam. Es überwiegten hierbei seine negativen Eindrücke, und er war entsetzt über den ‚Zwangscharakter' der damaligen ‚fortschrittlichen' Pädagogik in Deutschland. In sein Tagebuch schrieb er am 29. Juli 1860: ‚War in der Schule. Entsetzlich. Gebet für König, Prügel, alles auswendig, verängstigte, seelisch verkrüppelte Kinder'" (Klemm 1984, 29 f.).

Bei Barlett erfahren wir einige wichtige Ergänzungen: Die Tour durch Europa war nicht so strikt als (Fort-)Bildungsreise angelegt wie Klemm oder auch Keller/Sharandak es darstellen (Klemm 1984, 29, Keller/Sharandak 2010, 36). Ein Grund für seinen Weggang ist sein Tuberkulose-kranker Bruder, um den sich Tolstoi große Sorgen macht, weil bereits ein anderer Bruder an Tuberkulose gestorben war, dem er nicht so beigestanden hatte, wie er sich es vorgenommen hatte. „*Dennoch musste der totkranke Nikolaj selbst nach Bad Kissingen reisen, um seinen Bruder zu sehen. Erst als es mit Nikolaj zuende ging, blieb Tolstoj an seiner Seite*" (Keller/Sharandak 2010, 37). Am 20. September 1861 stirbt der Bruder in seinen Armen (Barlett 2010, 141, Wilson 1988, 161, bei Keller/Sharandak wird als Ort des Todes Bad Kissingen, bei Barlett Hyeres in Südfrankreich angegeben). Tolstoi reagiert darauf mit tiefer Trauer, aber auch dem Bedürfnis nach dem Erleben von Schönheit und Unterhaltung: So reist er bald darauf in die Städte Rom, Florenz und Livorno (Januar 1861), Paris und Nizza (Februar 1861), auch um dort Museen zu besuchen, Theateraufführungen zu erleben und gut zu essen (Barlett 2010, 142).

> *Kommentar:* Im Zusammenhang mit den oben genannten Reisezielen und Personen wird deutlich, dass seine Besuche nicht nur Schulen galten und die Fragen, die er mit den Besuchten diskutierte, nicht nur pädagogische Fragen betrafen. *Pierre-Joseph Proudhon*, den er in Brüssel traf, war ein französischer Frühsozialist. Er gilt als einer der ersten Vertreter des solidarischen Anarchismus und setzte sich sehr grundsätzlich für die Abschaffung der Ausbeutung und der Herrschaft von Menschen über den Menschen ein. *Alexander Herzen* war ein russischer Philosoph, der schon damals in seinem Londoner Exil als Vater des russischen Sozialismus betrachtet wurde und als Vordenker der Sozialrevolutionäre und Nardoniki betrachtet werden kann. *Moses Baruch Auerbach* war dagegen ein deutscher Schriftsteller jüdischer Herkunft, der mit Büchern wie auf *„Auf der Höhe"* versuchte den Bauern in Deutschland eine Stimme zu geben, indem er ihr Leben und ihre Sorgen und Nöte schilderte und damit auch bewusst Einfluss auf Politik und Gesetzgebung nehmen wollte.

Eine interessante Episode, die zu Spekulationen bezogen auf Tolstois Persönlichkeit führt, berichtet uns Wilson: Tolstoi gab an im März 1861 Charles Dickens in London über Erziehung referieren gehört zu haben, „lecturing in education" (Wilson 1988, 160). Wilsons Nachforschungen haben ergeben, dass Dickens sich nie öffentlich zu Erziehungsfragen geäußert hat: Man kann entweder vermuten, dass das Englisch von Tolstoi so rudimentär war, dass er den Sinn der Lesung von

Dickens nicht verstanden hat (dieser las zumeist aus seinen eigenen Werken vor); es kann aber auch sein, dass Tolstoi die eigene Reise mit einem weiteren berühmten Namen schmücken und in einen direkten Zusammenhang mit Pädagogik bringen wollte, so als müsse er die Reise vor sich und/oder anderen legitimieren. Ob es sich um eine Ungenauigkeit, eine von seinem Unbewussten motivierte Fehlleistung oder (vor)bewusste Falschdarstellung handelt, muss offenbleiben.

Am 13. April 1861 kommt Tolstoi nach Petersburg zurück, um im Mai des Jahres wieder in Jasnaja Poljana zu sein. Betrachtet man die circa zehnmonatige Reise als Ganzes kann man formulieren: Ein bunter Mix an pädagogischen und politischen Themen mit touristischen Ausflügen, die der Unterhaltung bzw. der Beschäftigung mit Kulturgütern galten. Aber auch eine Reise in Sachen Familie mit einem Abschiedsbesuch beim sterbenskranken Bruder.

Etwa im Mai kommt Tolstoi nach Jasnaja Poljana zurück. Er scheint danach weniger oft praktisch unterrichtet zu haben, sondern sich vor allem der Neugründung von Schulen und der von ihm herausgegebenen pädagogischen Zeitschrift „Jasnaja Poljana" gewidmet zu haben, die ab 1862 in zwölf Ausgaben erschien und eine Verbindung zwischen den von Tolstoi und verwandten Geistern gegründeten Schulen leisten sollte und auch geleistet hat (Klemm 1984, 30 und 44).

4.3.3 Früchte der Reise: Die Gründung neuer Schulen

Meinem Eindruck nach brach Tolstoi als ein begeisterter, wenn auch erschöpfter und erholungsbedürftiger *Schulpraktiker* auf und kam als vielfältig inspirierter *Schulorganisator* mit weit reichenden Reformplänen zurück – und investierte fortan seine ganze Kraft in die Gründung neuer Schulen. Den Kindern, deren Verhaltensweisen er so eindrücklich geschildert hatte, kam er in dieser Phase wahrscheinlich nicht mehr so nahe wie in der Zeit davor. Zumindest nicht mehr so oft. Wie auch heute noch häufig zu beobachten, steigen Pädagog:innen, die die Freiheit der Wahl haben, mit Begeisterung in die Praxis ein, aber auch relativ rasch wieder aus und suchen Aufgaben mit einem gewissen Abstand zu dieser. Sie werden Bereichsleiter:innen, Fortbildner:innen oder Bildungsreferent:innen oder kehren an die Hochschule zurück, um zu promovieren. Die pädagogische Praxis scheint zum einen ein Ort der Bewährung zu sein, der einem die ganze pralle Fülle des Lebens mit Kindern eröffnet und zu beglückenden Begegnungen führt, aber eben auch ein Ort der Anstrengung und Ernüchterung, der einen dann wieder Abstand suchen lässt zu ihr. Die spannende Frage ist, ob man sich dieser Ambivalenz bewusst wird und sie reflektiert.

Für sein nun deutlich ambitionierteres Schulprojekt gewann Tolstoi tatkräftige neue Mitstreiter: Studenten aus Universitäten und schon ausgebildete Lehrer, und brachte es in kurzer Zeit auf eine erstaunliche Anzahl von 21 „Ablegern" (so die Zahl bei Barlett 2010, 145). In einer anderen Quelle lesen wir:

„Zwischen 1859 und 1862 kam es zur Gründung weiterer 20 dieser Schulen. Der Zeitraum von 1859 bis 1863 gilt heute als die Phase seiner intensivsten Beschäftigung mit pädagogischen Fragen. Daneben gab er auch eine eigene pädagogische Zeitschrift heraus, die von 1862 bis 1863 in zwölf Ausgaben erschien. Sie diente der Verbreitung seiner Erziehungs- und Bildungskonzeption und sollte im despotischen Rußland eine Reformdiskussion innerhalb des staatlichen Erziehungswesens anregen. 1862 wurden seine Schulen durch die Staatsgewalt geschlossen. Dies wurde damit begründet, sie seien „ein Hort von Anarchie, Negation und Chaos" (https://www.tabularasamagazin.de/die-paedagogik-tolstois).

Die Angaben über die Zeitschrift decken sich mit denen von Klemm (1984, 30). Sie stellte ein wichtiges Element in dem Bildungs-Netzwerk dar, das Tolstoi nach seiner Rückkehr aufbaute. Klemm schreibt in seinem Tolstoi-Buch von *„13 weitere Schulen"*, gibt aber auch *„12"* an (Klemm 1984, 45 und 18 bzw. 30). Die Unterschiede kann man sich dadurch erklären, dass die kleinere Zahl nur Tula, also den Bezirk betrifft, in dem Tolstoi maßgeblich mit zu bestimmen hatte (ebd.). Die größere Zahl bis 21 bei Barlett dürfte dagegen vermutlich auch Schulen meinen, die nach Tolstois Modell und mit seinem Wissen, aber an anderen Orten entstanden sind und dem Original mehr oder weniger treu gefolgt sind. Für diese These spricht auch die Aussage von Birukof: Zu diesem Zeitpunkt (1862) *„gab es 10 Schulen, die unter Tolstojis Jurisdiktion standen"* (Birukof 1906, 434).

4.4 Das Ende der Schulen: Krise, Heirat und Weltliteratur

Zum Ende des Schulprojekts, das Früchte in der Nähe, aber auch in umliegenden Provinzen „getragen" hatte, trugen wesentlich die Repressalien der zaristischen Regierung bei. Am 3. Oktober 1862 schrieb der russische Innenminister an das Unterrichtsministerium:

„Die sorgfältige Prüfung der pädagogischen Zeitschrift ‚Jasnaja Poljana', welche Graf Tolstoi herausgibt, führt uns zu dem Schlusse, daß diese Zeitschrift durch ihre Propaganda für neue Lehrmethoden und Volksschulgründungen häufig Ideen verbreitet, die nicht nur unrichtig, sondern auch schädlich sind" (zitiert nach Birukof 1909, 478).

Die Zeitung wird kritisiert, aber nicht verboten. Tolstoi beschuldigt man einer Verschwörung gegen den Zaren, was man zum Anlass nimmt, in seiner Abwesenheit sein Wohnhaus sowie seine wie auch siebzehn weitere Schulen und die Wohnungen von zwölf studentischen Lehrern zu durchsuchen (ebd., 475). Sie werden festgenommen und unter Arrest gestellt (Barlett 2010, 148). Von Seiten der verfolgenden Behörden hoffte man Beweise wie eine Druckerpresse und revolutionäre Schriften zu finden (Birukof 1909, 474). Dafür durchwühlte man den gesamten Hausrat in allen Stockwerken, auch im Keller und warf alles kreuz und quer und übereinander (ebd., 475). Und, wahrscheinlich am schlimmsten für Tolstoi, laß man seine privaten Tagebücher und Briefe, um dort Kompromittierendes zu finden (ebd.; Wilson 1988, 168). Tolstoi gibt an, dass er nach seiner Rückkehr „Mordphantasien" entwickelt habe (Birukof 1909, 476). Gefunden wurde am Ende aber nichts, was sich als Beweis für revolutionäre Umtriebe hätte verwenden lassen.

Damals wie heute müssen die Repressalien bei den Beobachter:innen Empörung auslösen: Tolstoi beschwerte sich über die Hausdurchsuchung mittels seine Tante sogar direkt beim Zaren (Wilson 1988, 189). Gleichzeitig darf man vermuten, dass die Geheimpolizei gut recherchiert hatte und Tolstoi solche oder ähnliche Maßnahmen gegen ihn und seine Schulen vorausgesehen hat oder vorausahnen hätte können (ebd., Barlett 2010, 147 f.). Wie oben deutlich wurde, machte er aus seiner gesellschaftskritischen Haltung keinen Hehl und veröffentlichte seine Gedanken in seiner und anderen Zeitschriften, so dass alle des Lesens Kundige sie lesen, diskutieren und weiterverbreiten konnten. Auch dass er ins Ausland gereist war und dort eben nicht nur Schulsysteme visitiert, sondern auch Anarchisten und Sozialisten getroffen hatte, die aus ihren Umsturzplänen für Russland keinen Hehl machten, war bekannt. Noch dazu *„holte er sich relegierte, also rausgeschmissene, aus politischen Gründen von der Universität verwiesene Studenten zur Hilfe"* (Riemeck 2014, 290, Keller/Shandarak 2010, 39). Auch das dürfte mit Argusaugen beobachtet worden sein, da diese Gruppe als besonders umtriebig und verdächtig galt und sich – zumindest einzelne – offen zur Notwendigkeit von Gewalt bekannten.

Wer waren diese Studenten (ausschließlich Männer) und wie hatten sie sich politisiert? Die meisten stammten aus wohlhabenden Kreisen und fühlten sich von den „Großen Reformen", die Alexander II. angekündigt und die sie mit Hoffnungen erfüllt hatten, enttäuscht. Für die Hälfte der Adeligen stellten sie einen Affront dar, weil der Verlust ihrer Privilegien beinahe zwangsläufig zu deren finanziellen Ruin führte (Tschechow hat dieser Gruppe mit dem *„Kirschgarten"* ein Denkmal gesetzt). Der anderen Hälfte ließen diese Reformen so viel Spielraum und Schlupflöcher, dass sie noch reicher wurden, während die „freien" Bauern noch enger an ihren ehemaligen Herren gekettet wurden, aber gleichzeitig verarmten. Diese Entwicklungen führen im ganzen Land, aber besonders bei den Studenten, zu Unruhen (Barlett 2010, 147 f.). In der Studentenschaft herrschte eine vorrevolutionäre Stimmung, in der auch radikal-demokratische und anarchistische Strömungen – die sogenannten Nihilisten, unter ihnen auch der junge Dostojewski – eine wichtige Rolle spielten. Die Vertreter dieser Linie schreckten, zumindest wenige Jahre später, auch vor Attentaten nicht zurück. Einem davon fiel Zar Alexander II. 1888 zum Opfer – es war von zwei Studenten durchgeführt worden.

Insofern ist es nicht verwunderlich, dass Tolstoi spätestens 1861 nach der Aufnahme der relegierten Studenten in seine Schulen in das Visier der staatlichen

Kontrollsysteme geriet. Noch mehr: es war abzusehen. Und für einen so intelligenten und in politischen Kreisen so gut vernetzten Mann wie ihn erst recht. Ob Tolstoi selbst diese Gefahr reflektiert hat, beantworten seine Biographen nicht. Birukof, der den von ihm verehrten Meister durchgehend schützt und idealisiert, schreibt:

> *„Er musste diese Tätigkeit (die Schulen, M. S.) aus verschiedenen Gründen aufgeben. Einmal hatte seine originelle und freiheitsliebende Tätigkeit den Verdacht der Polizei und der lokalen Behörden geweckt so dass bei ihm, in der Schule in Jasnaja Poljana und in anderen ihm unterstehenden Schulen Hausdurchsuchungen gemacht wurden. Dieser Umstand rief eine gewaltige Bewegung hervor, von der Tolstoi und ihm nahestehende Personen sich lange nicht erholen konnten. Dann war Tolstoi infolge der unermüdlichen Tätigkeit erkrankt (Burnout?, M. S.) und musste fortfahren, um eine Kur durchzumachen. Als er zurück kam heiratete er und seine neuen Lebensbedingungen gestatteten ihm nicht mehr, der Schule so viel Zeit zu widmen, die ganze Organisation zerfiel. Die Schulen existierten immer noch, aber der große Geist, der sie belebt hatte, entfernte sich von ihnen und wandte seine Tätigkeit in eine andere Richtung"* (Birukof 1909, 123 f.).

Im zweiten Band der Biographie schreibt Birukof: *„So schließt er am 15. Oktober (1962, M. S.) die Schule. Die Herausgabe seiner Zeitschrift ‚Jasjana Poljana' wird ihm lästig, das Blatt verspätet sich und er beschließt es ganz einzustellen"* (ebd., 11). Offensichtlich hatte man in den privaten Aufzeichnungen Informationen gefunden, die man gegen Tolstoi verwenden konnte. Wilson nimmt an, dass auch der Name seiner ehemaligen Geliebten, der Bäuerin mit der er einen unehelichen Sohn gezeugt hatte, in den Polizeiakten erwähnt wurde (Wilson 1988, 168 und 189). Festzuhalten ist allerdings, dass die Schule bzw. die Schulen nicht geschlossen wurden wie es bei manchen Autoren heißt (siehe z. B. oben; richtig dagegen Keller/Shandarak 2010, 39). Es war Tolstoi selbst, der sie aufgab und sich zurückzog:

> *„Es kam so weit, dass ich erkrankte, mehr an geistigem, denn an körperlichem Leiden. Ich gab alles auf, fuhr in die Steppe, um eine frischere Luft zu atmen, Stutenmilch zu trinken und ein rein animalisches Leben zu führen"* (zitiert nach Birukof 1909, 481, siehe auch Barlett 2010, 148).

Freilich fuhr er kurz darauf auch nach Moskau und verspielte dort in einer Nacht 1000 Rubel, was in etwa der heutigen Summe von 130.000 € entspricht (vgl. Erbe 2004). Die Schulden waren so beträchtlich, dass er Freunde und Familienangehörige um Darlehen bitten musste (Birukof 1909, 481, vgl. auch Erbe 2004, 153). Insgesamt betrachtet dürften für Tolstois Rückzug neben dem ministeriellen Erlass gegen die Zeitung und der stattgefundenen Hausdurchsuchung drei weitere Gründe eine Rolle spielen:

Der erste Grund: Tolstoi war – während seiner Abwesenheit auf der Reise – mit dem neu eingerichteten Amt des Friedensrichters beauftragt worden (siehe Birukof 1909, 422 und 433, Barnett 2010, 148, Wilson 1988, 167 f.), einem Ehrenamt, das bei Konflikten zwischen Bauern und Landadeligen angerufen werden konnte. Dieses Amt war ihm von Seiten der lokalen Regierung sehr wahrscheinlich nicht ohne Hintergedanken angetragen worden, galt er doch als ein „Freund" der Bauern. Klar war, dass die Übernahme dieser Aufgabe dazu führen würde, dass sich die Adeligen in seiner Umgebung eher gegen ihn stellen und weiter intrigieren würden (Wilson 1988, 167). Allerdings musste er während der Ausübung des Amtes feststellen, dass auch die Bauern zum Mittel der Falschaussage griffen, wenn es ihnen passte und sie ihn auf verschiedene Weise zu instrumentalisieren versuchten (Birukof 1909, 422 ff.). So geriet er immer wieder zwischen die Lager und musste zudem noch hinnehmen, dass die von ihm verkündeten Urteile von der nächsten Instanz wieder kassiert wurden. Damit endete auch diese Reformtätigkeit für ihn eher mit einer persönlichen Enttäuschung. 1862 gab er das Amt zurück (Barlett 2010, 147). Zu viele Frustrationen also im Bereich des öffentlichen Lebens, zu dem eben auch die Schulen gehörten. Dieser Einschätzung verleiht Tolstoi selbst Ausdruck, wenn er in seiner „Beichte", wobei diese als selbstkritischer Rückblick im Abstand von 20 Jahren entstanden ist, schreibt:

„Ein Jahr lang arbeitete ich als Friedensrichter, in der Schule und für die Zeitschrift und rieb mich dabei völlig auf, besonders deswegen, weil ich in eine Sackgasse geraten war: die Kämpfe, die ich als Friedensrichter auszufechten hatte, bedrückten mich schwer; meine Arbeit in der Schule brachte keine klaren Ergebnisse, meine Rolle in der Zeitschrift war mir zuwider geworden (nach wenig mehr als einem Jahr! M.S.) – *sie bestand immer nur aus dem ein und demselben: dem Wunsch alle belehren zu wollen und dabei zu verheimlichen, dass ich selbst nicht wusste, was ich lehren wollte"* (Tolstoi 1882/1994, 84).

Der zweite Grund: Auf einen anderen Grund, der die Adressat:innen selbst betrifft, macht uns Wassili Morosow, der uns bereits bekannte Schüler Tolstois, aufmerksam: *„Die Schule wurde in diesem Jahr* (1863, U. K.) *nicht eröffnet, irgendetwas kam ins Wanken. Die Feldarbeit war zu Ende, die Feldfrucht war eingebracht, die Schule hätte anfangen können, es war aber, als ob ein stiller Streik durchgeführt wurde: statt der früheren siebzig Schüler hatten sich bloß fünfzehn versammelt"* (Morosow 1978, 156). Morosow erklärt diesen *„stillen Streik"* damit, dass die Eltern der Schüler überzeugt waren, dass drei Jahre Schule genug wären und dass ihre Söhne und Töchter jetzt genug Bildung besäßen. Wenn das stimmt, würde das noch einmal ein neues Licht auf die Bauern und ihre damalige Lebenswelt werfen: Sie wünschen sich Bildung für ihre Kinder, aber es muss nicht zu viel sein und vor allem nicht zu lange dauern. Wozu auch, wenn die Kinder doch bleiben und wie ihre Eltern das Land bestellen und die Tiere pflegen müssen? Denn, dass die Kinder, einmal groß geworden, weggehen, z. B. in die Städte oder in die nach und nach entstehenden Industriezentren, einen Beruf erlernen und ein ganz anderes Leben führen würden wie sie, werden die Eltern entweder nicht gewünscht und/oder nicht geglaubt haben.

Auch Klemm schreibt: „*Als sich anfangs 1863 von den ehemals 70 Schülern nur noch 15 zum Unterricht versammelten, beschloss Tolstoi seine Schule zu schließen*" (Klemm 1984, 45). Damit wird unterstrichen, dass es zwar mehrere aus der Umwelt – Bauernschaft, Staat – stammende Anstöße zur Schließung der Schule gab, es aber letztlich Tolstoi selbst war, der sein Projekt und damit das Engagement für alle von ihm gegründeten Schulen aufgab. Darauf verweist auch Birukof, wenn er oben schreibt, „*die ganze Organisation zerfiel*" (Birukof 1909, 124). Ob und wieweit sich Tolstoi als gescheitert betrachtete, wissen wir nicht. Sicher ist lediglich, dass er sich erschöpft fühlte und, aller Vermutung nach, keinen Sinn mehr darin sah, weiterzumachen.

Der dritte Grund: Mit Blick auf die Biographie Tolstois gilt es allerdings noch einen anderen Aspekt zu berücksichtigen: Bei allem Respekt vor seinen kühnen Ideen und tatkräftigen pädagogischen Leistungen kann man angesichts seines weiteren Lebenslauf vermuten, dass Tolstois Fähigkeit und Leidenschaft darin bestand, Projekte und Bewegungen anzustoßen und dafür Mitstreiter:innen zu gewinnen. Diese *Projekte zu institutionalisieren*, jahrelang Alltags-Routinen auf sich zu nehmen oder Reform-Bewegungen längere Zeit und politisch klug anzuführen, war seine Sache nicht (auch um seine eigenen acht Kinder hat er sich nach Angaben mehrerer Biographen eher periodisch und personenbezogen gekümmert, deren Versorgung und die Vermittlung von Bildungsgrundlagen aber weitgehend seiner Frau überlassen). Dazu war er ein zu umtriebiger und erlebnishungriger Geist, den es bald zu neuen *Projekten* drängte, auch wenn ihn die Schließung seiner Schulen bekümmert hatte und ihm die Kinder, deren Schullaufbahn unterbrochen wurde, aufrichtig leidtaten.

Er scheint sich allerdings relativ rasch von seinem Erschöpfungszustand und seinen psychosomatischen Symptomen erholt zu haben und widmete sich bald zwei neuen Projekten: Zum einen der Suche nach einer geeigneten Frau zum Heiraten. Zum anderen dem Schreiben seiner großen Romane „*Krieg und Frieden*" (1867) und später „*Anna Karenina*" (1876). Wobei er pädagogische Interessen und den Wunsch pädagogisch zu wirken nicht aufgab.

4.5 Die Unterrichtsbücher als eigenständiges pädagogisches Projekt (1871)

Nach dem Erscheinen seiner beiden Hauptwerke scheint Tolstoi eine Pause vom Schreiben von Literatur bedurft zu haben. Während dieser Phase traten seine pädagogischen Interessen erneut in den Vordergrund. Birukof schreibt von einer „*zweiten erzieherischen Periode*" (Birukof 1909, VII):

"In der Zeit (nach der Aufgabe der Schule und während dem Verfassens der Romane, M. S.) *nahm Tolstoi zwar keinen Anteil am Schulwesen [...] aber er verfolgte doch aufmerksam, was auf dem Gebiet der Volksaufklärung geschah und war mit dem was vorging, nicht zufrieden. Dieser Umstand reizte ihn zu einer abermaligen kritischen Untersuchung der Lehrerausbildung und weckte den Wunsch in ihm, eine Anleitung zum Unterricht zu verfassen"* (ebd., 124).

Sein Ziel bestand zunächst darin, ein Lesebuch für Schulen zu verfassen, mit dem Kinder lesen lernen können. Dabei griff er auf seine Erfahrungen mit dem Unterrichten in seiner Schule zurück: Dort hatte er eine experimentierende Didaktik entwickelt, die sich aufmerksam auf das einließ, was er bei den Kindern, die mehr oder weniger leicht und freudig lernten, beobachten konnte. So kam es zu einer neuen Schule, die dieses Mal aber ausschließlich als Laborschule angelegt war, um das neue Lesebuch hervorzubringen (ebd.).

Ab 1871 lud er dazu eine relativ konstante Gruppe von 30 Kinder aus der näheren Umgebung in sein Haus ein, um dort nach Tisch das Erlernen des Lesens zu beginnen sowie in daran anschließenden Leseübungen mit Hilfe von Texten und Methoden, die unter seiner Regie entstanden waren, zu praktizieren (ebd., 129). Zentral war dabei die Idee, dass es sich um einfache und doch auch künstlerisch wertvolle Texte – kurze Erzählungen, Märchen, Liedtexte – handelte, von denen genug Strahlkraft ausgehen musste, um die Kinder bei diesem mühsamen Prozess bei der Stange zu halten. Dieses Mal bezog Tolstoi in diesen Prozess auch Verwandte mit ein, insbesondere seine Frau Sophie Andrjewna (die ein Lehrerdiplom besaß) und seinen Onkel Kostia – aber auch seine ältesten Kinder, die damals erst sieben und acht Jahre alt waren, doch bereits offensichtlich schon lesen konnten (ebd.)

In einem Brief an einen Freund schildert er die Vorteile dieser Hilfslehrerfunktion seiner eigenen Kinder: Seine Kinder freuen sich über die Besuche und vermitteln den Bauernkindern erste Grundlagen des Lesens und/oder lasen diesen vor: *"Die Bauernkinder bringen unseren Kindern Bauernkunststücklein zum Spielen mit, Lerchen die ganz ordentlich ausgeschnitten sind aus schwarzem Teig"* (ebd.).

Kommentar: Es kommt zu einem gegenseitigen Geben und Nehmen: Offensichtlich empfinden es die Kinder der Bauern als Privileg ins Gutshaus eingeladen zu werden, entwickeln aber das Bedürfnis auch etwas mitzubringen. Noch dazu etwas aus ihrer Kultur, das wiederum für die Tolstoi-Kinder etwas Besonderes darstellt.

Das ABC-Buch nimmt rasch Form an. Es sollte erstmals bei einer Messe in Moskau ausgestellt werden, doch technische Probleme auf Seiten der Druckerei, machten nur die Vorstellung einer sehr rudimentären Form möglich. Birufkov schreibt: *"Tolstoi war sehr verstimmt"* (ebd., 130). Tolstoi äußert sich dazu selbst:

„Mein ABC-Buch lässt mir keine andere Gelegenheit für andere Arbeiten. Ich hab doch meine ganze Seele in diese Arbeit hineingelegt (ebd., 131). *„Ich arbeite bis zur Bewusstlosigkeit an der Aritmethik. Multiplikation und Division sind fertig"* (ebd.). Als es endlich fertig ist und gedruckt vorliegt, schreibt er: *„Ich bin überzeugt mir mit diesem ABC-Buch ein Denkmal gesetzt zu haben"* – dabei vergleicht Tolstoi es ausdrücklich mit seinem opus magnum „Krieg und Frieden" (ebd., 135).

> *„Seine ABC-Fibel umfasst 600 Seiten, eingeteilt in vier Bücher. Jedes dieser Bücher gliedert sich in drei bzw. die vier Teile, die folgendermaßen aufgebaut sind. Der erste Teil des Buches enthält ein ABC mit Bildertafeln zu jedem Buchstaben sowie eine Anleitung zum Lesen und Schreiben lernen (dieser befindet sich aber nur im ersten Buch, die drei anderen enthalten nur drei Teile). Der zweite Teil eines jeden der vier Bücher besteht aus geschichtlichen naturwissenschaftlichen und populärwissenschaftlichen Erzählungen und Lehrstücken. Das nächste Kapitel enthält didaktische und methodische Anweisungen sowie Texte und Erzählungen für den Religionsunterricht. Der letzte Teil beschäftigt sich mit dem Elementarunterricht in Mathematik (Arithmetik und Geometrie)"* (Klemm 1984, 31 f.).

Es existiert sogar eine deutsche Ausgabe, die 1969 in der DDR herausgegeben wurde – allerdings ohne didaktische Empfehlungen für Lehrer:innen (ebd., Fußnote 11, 100).

Die ersten Reaktionen auf seine ABC-Fibel fielen kritisch bis vorsichtig positiv aus. Tolstoi schreibt in einem Brief am 12. November 1872:

> *„Das ABC-Buch verkauft sich nicht und in den Petersburger Nachrichten wurde darüber geschimpft, was mich wenig interessiert. Ich bin jedoch überzeugt, dass ich mir mit diesem ABC-Buch ein Denkmal errichtet habe"* (Birukof 1909, 131). Birukof schreibt: *„Tolstois ABC-Buch rief natürlich nicht wenige kritische Artikel hervor, aber fast alle waren sich darin einig, dass sie die vorgeschlagene Methode lesen zu lernen, verwarfen. Man nannte diese Methode vorsinnflutlich usw. Man war empört über die Verwerfung des neuen Lautiersystems, das sich zu jener Zeit in den russischen Schulen zu verbreiten begann"* (ebd., 146 f.).

> *„Nach Fertigstellung der wichtigsten Grundlagen in Buchform lud Tolstoi Schullehrer auf sein Gut ein, um ihnen seine Fibeln vorzustellen. Auf einer Sitzung der Lehrerschaft 1873 erklärt den Lehrern das System und wendete es sofort bei einer Kinderschar an, die man aus den umliegenden Dörfern bestellt hatte und die weder lesen noch schreiben konnten"* (ebd., 149).

Tolstoi kandidiert für den pädagogischen Rat der Provinz und erhofft sich darüber Einfluss auf das Bildungsministerium in Moskau gewinnen zu können. Immerhin erreicht er auf diesem Weg, sein didaktisches Vorgehen dort im

September 1874 vorstellen zu können. Allerdings hatten sich dort die Pädagogen vom Fach versammelt und erneuerten ihre bereits in den Rezensionen der ABC-Fibel zum Ausdruck gebrachte Kritik: *„Der Streit war heiß [...] und kam zu keinem bestimmten Resultat"* (ebd., 156).

Am 17. Januar 1874 versucht Tolstoi in einer Moskauer Fabrikschule die innovative Qualität seiner Lern-Methode zu beweisen und war damit offensichtlich so erfolgreich, dass man von Seiten des Ministeriums beschloss einen *„Versuch in größerem Maßstab zu machen"*, wozu er allerdings in direkter Konkurrenz zu dem Vertreter der Lautiermethode treten musste (ebd., 158). Bei diesem handelte es sich um Konstantin Uschinskij, der bereits 1864 in Russland das Lesenlernen revolutioniert hatte:

> *„Er veröffentlichte das erste Leselernbuch für Kinder, das die Phonemlernweise mit einem erklärenden Wörterbuch verband und außerdem in Massenauflage ausgegeben wurde. Als Pädagoge ergänzte er es außerdem um ein Lehrerhandbuch. Seine Fibel war es dann, mit der bis 1917 alle russischen Kinder das Lesen lernten. Es ist bis heute erhältlich und sogar online verfügbar"* (https://de.wikipedia.org/wiki/Konstantin_Dmitrijewitsch_Uschinski).

Kommentar: interessant für uns heute, dass bereits 1872 ein Experiment mit einem Methodenvergleich im pädagogischen Bereich konzipiert und durchgeführt wurde (ein wissenschaftliches Projekt). Freilich steckte das Wissen um valide Vergleichsunter-suchungen und ihre Voraussetzungen damals noch in den Kinderschuhen.

Der Nachweis für die Überlegenheit der Tolstoi-Methode misslang oder überzeugte nur wenige (Birukof 1909, 159 und 179). Beim Vergleich der Ergebnisse schnitt die Unschinskji-Methode besser ab, was Tolstoi aber – durchaus mit guten Gründen – nicht akzeptieren wollte (ebd., 162 ff.): Er führte an, dass die Versuchskinder im falschen Alter gewesen wären (zu alt); dass seine Methode von nicht hinreichend geschulten Lehrern angewandt wurde; dass sie nicht konsequent genug angewandt wurde; dass die Kinder aus den beiden Versuchsgruppen in vielfältigen Zusammenhängen untereinander Kontakt hatten und sich so gegenseitig beeinflussten konnten (teilweise stammten sie aus einer Familie etc.) (ebd., 167 f.). Seine Kritik mag bezogen auf die Nichteinhaltung notwendiger empirischer Standards durchaus berechtigt sein und beweist seine analytischen Kompetenzen, da er missliche Rahmenbedingungen aufdeckt, die von der empirischen Forschung oft erst 30 bis 60 Jahre später systematisch erfasst wurden (Liebig et al. 2017). Und doch erscheint Tolstoi in diesem Zusammenhang auch verbohrt und rechthaberisch (sein schon erwähnter *„kindlicher Ehrgeiz"*, wir übersetzen: seine narzisstische Bedürftigkeit, *„plagte ihn"* wieder einmal, Tolstoi 1980, 89). Er kann die Chancen der anderen Methode so gar nicht anerkennen, was seinem eigenen Konzept von Methodenpluralität, die vom Kind her entschieden werden muss bzw. Wahlmöglichkeiten für das Kind eröffnet, nicht zusammenpasst (siehe oben, Settingelement 9). Es entsteht leicht der Eindruck, dass ihm sein persönliches Prestige an dieser Stelle wichtiger war als ein stimmiges pädagogisches Konzept.

Gleichzeitig scheint er die Kritik der anderen Pädagogen an seiner Fibel ernst genommen zu haben: Bis 1875 überarbeitet er die erste Fassung gründlich (Birukof 1909, 185) und stellt sie in der neuen Version 1876 in einem Lehrerseminar vor, das dort begeistert aufgenommen wird (ebd., 187). Von dieser überarbeiteten Fassung erscheinen nach und nach 25 Auflagen. Allen kritischen Pädagogenkommentaren zum Trotz wird die Fibel bis 1903 1.500.000 Mal verkauft (ebd., 186). Wenn man bedenkt, dass es überwiegend von Eltern mit Blick auf deren mehrere Kinder erworben wurde und oft zehn Jahre und länger in einer Familie „gewirkt" haben dürfte, wird deutlich, dass Tolstois Fibel gut und gerne 8–10 Millionen Menschen erreicht haben kann. Wahrscheinlich diente es wegen der vielen, in ihm enthaltenen Geschichten, häufig auch als Vorlesebuch oder als Übungsbuch für Erwachsene, die als Kinder Grundzüge des Lesens (oder Rechnens) gelernt, es aber wieder verlernt hatten und/oder erneut an diese Grundlagen anknüpfen wollten. Aber die Fibel war noch mehr als ein Alphabetisierungsbuch, sie stellte mit Blick auf naturwissenschaftliche Erkenntnisse und Erklärungen ein volksnahes Nachschlagewerk dar, um sich auf den Stand des Wissens um 1880 zu bringen; und gleichzeitig wegen der Erzählungen ein Unterhaltungsbuch für die ganze Familie, wie es in Deutschland wohl die Märchen der Gebrüder Grimm waren, weil es kurze, aber spannende Texte enthielt. Auch wenn es keine Empfehlung vom Bildungsministerium oder den nachgeordneten Schulbehörden bekam (ebd., 187), wird es mehr Menschen erreicht haben als alle anderen Schulbücher der damaligen Zeit. Das ist unter Nachhaltigkeitsgesichtspunkten ein großartiger Erfolg: Tolstois Wunsch, sich mit seiner Fibel ein Denkmal zu setzen, ist also in Erfüllung gegangen.

4.6 Konstruktionsmöglichkeiten von Scheitern und Erfolg bezogen auf Tolstois Schulprojekte

Ist Tolstoi mit seinem Projekt der Freien Schulen gescheitert oder darf er für sein *pädagogisches Projekt* Erfolge reklamieren? Für Beides lassen sich Argumente anführen:

- Gescheitert nein, weil er nicht nur seine erste Schule in Jasnaja Poljana aufgebaut und entwickelt hat, sondern auch eine beeindruckende Anzahl weiterer Schulen direkt gegründet oder deren Gründung angestoßen hat (zwischen 20 und 40, siehe Barlett 2010, 145).
- Nein, weil es ihm gelungen ist, eine – wenn auch unbekannt große – Gruppe von Kindern, die sonst nie die Möglichkeit gehabt hätten, in eine Schule zu

gehen, als Lehrer und Mentor zu faszinieren und sie in ihren individuellen Lernprozessen zu unterstützen. Diese Kinder werden ihn und seine Schule Zeit ihres Lebens nicht vergessen haben.
- Nein, weil er mit seiner Zeitschrift ein Organ geschaffen hat, das eine der ersten wichtigen Reform-Bewegung im russischen Schulbereich unterstützt und zusammengehalten hat (Klemm 1984, 44).
- Nein auch deshalb, weil es ihm gelungen ist, seine Unterrichtserfahrungen so zu dokumentieren und darzustellen, dass andere später daran anknüpfen konnten. Klemm schreibt:

> *„Die Schulgründung war ein wichtiger Impuls zur Reform des Volksschulwesens in Russland Ende des 19. Jahrhunderts. Im Anschluss an diese pädagogische Tätigkeit Tolstois entwickelte sich in Rußland ein Kreis „Freie Erziehung", dem die fortschrittlichen Reformpädagogen I. I. Gorbun-Pasadov, K. N. Ventcel, und S. T. Sackij angehörten und der wegweisend für die frühsowjetische Revolutionspädagogik von S. T. Sacjij, N. K. Krupkaja (der Ehefrau Lenins, der wir als Gegnerin der Erziehungspraxen von A. S. Makarenko begegnen werden, s. Kap. 6, M. S.) und P. P. Blonskik nach 1917 wurde"* (ebd.).

- Nein, weil er seine praktischen Erfahrungen auch in theoretischer Hinsicht so reflektiert hat, dass seine Ideen heute noch Relevanz beanspruchen können. Sein unbedingtes Plädoyer für Freiwilligkeit und das Recht der Kinder auf Lebendigkeit stellt ein Konzept dar, das heute noch faszinieren kann und die Frage aufwirft, warum unsere Schulwirklichkeit auch über 150 Jahre nach Tolstoi oft immer noch so frustrierend für viele Kinder verläuft.
- Nein, auch in sozialräumlicher Hinsicht: Selbst wenn man annimmt, dass es in der Hauptsache die Bauern selbst gewesen waren, die sich mit der Weigerung, ihre Kinder weiterzuschicken, gegen die Fortsetzung der Schule entschieden haben, konnten diese beobachten, dass ihre Kinder nun Lesen, Schreiben und Rechnen konnten. Ob und wie sich das für deren weiteren Lebensweg ausgewirkt hat, wissen wir nicht. Aber ein ganzes Dorf wurde Zeuge einer Möglichkeit, auch wenn diese weniger wertvoll eingeschätzt wurde, als sie es verdient hätte.
- *Scheitern* scheint als Begriff auch deswegen unpassend, weil Tolstoi sich selbst dazu entschieden hat, sein Schulprojekt aufzugeben: Er hat sein Projekt begonnen und wieder beendet. Sicher gab es dafür zahlreiche äußere Gründe, allen voran die staatliche Repression. Solange man aber etwas selbst beginnt und beendet, bleibt man der Autor und Leader seines eigenen Projektes; und kann man selbst nicht als gescheitert gelten, es sei denn man sieht es selbst so. Was bei Tolstoi nicht der Fall gewesen zu sein scheint – sonst hätte er nicht acht Jahre später mit einem neuen Projekt aufgewartet, sonst hätte er sich von allem Schulischen zurückgezogen. Dass jemand ein Projekt anfängt

und drei Jahre später – angesichts widriger politischer Umstände – wieder einstellt, kann man niemandem vorwerfen. Tolstoi hat viel geleistet und hatte gute Gründe dafür sich neuen Projekten zuzuwenden: privaten und schriftstellerischen. Denn auch das Projekt Literatur hatte er einst als junger Mann begonnen und dann wieder aufgegeben oder liegen gelassen. Dass er zum Schreiben zurückkehren wollte, weil er sich bei dieser einsamen kreativen Tätigkeit nicht mit anderen Menschen und Behörden abstimmen musste und zumindest während des Entstehungsprozesses des Werkes ganz alleine sein Herr und Meister sein konnte (bis die Zensur bezogen auf das fertige Produkt zuschlug), scheint gut nachvollziehbar. Die Weltliteratur dankt es ihm bis heute. Dass er rastlos und erlebnishungrig war, dass er (fast) alle seine Projekte lediglich zwei bis vier Jahre verfolgte, wird man ihm auch deswegen ohne weiteres zugestehen.

- Nein aber auch deswegen, weil sein dritter Anlauf zu einem Schulbuch geführt hat, das bis 1903 in der 25. Auflage erschienen ist und 1.500.000 Mal verkauft wurde, die letzten Auflagen in einer Stückzahl von je 100.000 Exemplaren (Birukof 1909, 186). Sein ABC-Buch fand, auch wenn es keine Empfehlung vom Bildungsministerium bekam, mehrere Millionen Leser:innen. Damit kann es als ein eigenständiges Werk – auf gleicher Stufe mit seinen großen Romanen – stehen.

Gleichzeitig kann man das Projekt aus mehreren Gründen auch als gescheitert betrachten:

- Tolstoi scheint sich in einer so persönlichen, aber auch kraftraubenden Weise in seiner Schule engagiert zu haben, dass er sich schon nach dem ersten Unterrichtszyklus erschöpft fühlte. Er war – wie Pestalozzi in Stans auch – über seine Kräfte gegangen, so meine These, und brauchte Erholung. Dafür – und noch für sehr viel mehr – kam die Möglichkeit zu reisen und eine Pause einzulegen gerade Recht. Er hat später dann auch nie wieder so intensiv selbst unterrichtet wie im ersten Unterrichtsjahr 1859/60.
- Das zeigt, dass sein Verständnis von Kindern und seine Theoriebildung in einer oder mehrerer Hinsicht nicht gut genug zu ihm selbst, seiner Persönlichkeit und deren Möglichkeiten gepasst haben; oder zumindest nicht so durchgängig wie er sich das zu Beginn seiner Schultätigkeit vorgestellt hatte. Und/oder dass die Kerngedanken für den Umgang mit den Kindern in der Schule zwar gut klingen, aber viele, vielleicht die meisten Menschen, die sich darauf einlassen, über kurz oder lang überfordern. Hand aufs Herz: So viel an Unordnung und „*Geschreie*" wie er schildert, würden die meisten von uns nicht aushalten (wollen). Insofern könnte man Tolstoi eine Selbstidealisierung vorwerfen, die er nicht durchgehalten hat, was nicht weiter tragisch wäre. Problematischer ist, dass er den Zusammenhang von Selbstidealisierung und

Selbstüberforderung nicht reflektiert hat und damit zu den *„Hilflosen Helfern"* gerechnet werden muss (Schmidbauer 1977). Als solche gelten diejenigen, die sich vor allem aus inneren Gründen heraus, dem Bedürfnis geliebt zu werden, Schuldgefühle etc., dem Helfen oder sozialen Projekten verschreiben, dabei aber ihre Leistungs- und Zumutungs-Grenzen überschreiten und deswegen in ein Burn-out oder eine andere Form von Erschöpfungsdepression geraten (siehe Pestalozzi). Auch das ist häufig nicht zu vermeiden. Wenig Großes ist geschaffen worden, ohne dass dabei zweifelhafte Motivationen und zeitweilige Selbstüberforderung eine Rolle gespielt hätten. Aber erkennen sollte man die Zusammenhänge im Laufe seines Lebens schon.

- Das Projekt kann auch deswegen als gescheitert gelten, weil es den *fremden Mächten* gelungen ist, es zu zerschlagen. Eine komplexe Organisationsstruktur löste sich damit auf und mit ihr nicht nur viele Schulen, die Gebäude standen nun leer oder werden ungenutzt, sondern auch zahlreiche Hoffnungen vieler Menschen auf eine Veränderung des Bildungswesens und der ganzen Gesellschaft. In den Augen der zaristischen Regierung war es gelungen eine gefährliche Brutstätte der Revolution unschädlich zu machen, auch wenn bei der Hausdurchsuchung enttäuschend wenig Beweise dafür gefunden werden konnten. Dennoch wird man es in Regierungskreisen als Erfolg dieser Maßnahme angesehen haben, dass sich Tolstoi zurückzog, dass man ihm einen klaren Schuss vor den Bug seines Projekts gefeuert und ihn mürbe gemacht hatte.

- Damit stellt sich aber auch die Frage, ob er diese Entwicklung voraussehen und verhindern hätte können? In meinen Augen ist Tolstoi mit seinem Projekt gescheitert, weil er die Repressionswelle, die auf ihn zugerollt kam, nicht klar genug erkannt hatte. Gerade die Beschäftigung relegierter Studenten, die vorher an den revolutionären Protesten in Petersburg beteiligt waren, zeigt, dass er entweder naiv war oder wissentlich mit dem Feuer gespielt hat (Wilson 1988, 168 und 198). Für mich liegt nahe, dass Letzteres der Fall war. Als Bären- und Elchjäger und als kampferprobter Offizier „liebte" Tolstoi den Kampf mit Gegnern und mit diesem das Anschleichen, den geschickten Wechsel von Vorstoß und Rückzug, den Ausfall, die Provokation des Feindes, das Handgemenge. Im Kampf zu stehen vitalisierte ihn (aber ermüdete ihn auch). Er dehnte mit seinem Schulprojekt, der Neugründung an anderen Orten und der diese ermutigende Zeitschrift die Grenzen des Systems aus, testete aus, wie weit man ihn machen lassen und wann man eingreifen würde. Damit setzte er aber auch sein Projekt aufs Spiel – aber ein Spieler war er ohnedies: Ihn reizte das Risiko, er spielte mit hohen Einsätzen, und kannte gleichermaßen Gewinnen und Verlieren. Vielleicht spielte er insgeheim sogar mit dem Gedanken, dass ein Eingriff von außen ein eleganter Weg wäre, ihn von dem Klotz, den er sich mit seinem Projekt ans Bein gebunden hatte, zu befreien.

Meine These ist, dass er es darauf angelegt hat und auch seinem Projekt gegenüber zwiespältig eingestellt war. Es begeisterte ihn, aber es band auch 90 Prozent seiner Kräfte – und schließlich hatte er noch anderes vor im Leben.

Fazit: Wenn aber jemand unreflektiert selbst dafür sorgt, dass sein Projekt angefeindet und angegriffen wird, dann trägt er zum Scheitern dieses Projekts bei. Genauer: Nicht das Projekt ist gescheitert, wohl aber der Anspruch von Tolstoi ein Mann zu sein, der klar analysieren und denken kann und alles dafür tut, dass das von ihm als richtig Eingesehene auch verwirklicht wird oder weiterwachsen kann. Er kann als gescheitert betrachtet werden, weil er sein Projekt aufgrund von ihm selbst nicht durchschauten Gründen preisgegeben hat.

Dieses Urteil mag hart erscheinen. Es stellt eine *Konstruktion* dar (s. Kap. 13.1), die man aufgrund der vorgebrachten Argumente nachvollziehen kann oder auch nicht. Es sollte aber in jedem Fall in ein dialektisches Verhältnis zu dem oben geführten Plädoyer für das *Nicht-Scheitern oder Gelingen* gebracht werden. Man kann für Tolstois pädagogische Projekte mit guten Gründen Beides konstruieren: *Gelingen und Scheitern*. Wir haben diese Doppelwertigkeit – wenn auch in einer anderen Struktur – schon bei Pestalozzi herausgearbeitet und werden diese, in ganz unterschiedlichen Variationen, noch bei Makarenko, Wilker, Bernfeld und Anderen beobachten – und auch in Kapitel 14.3 in theoretischer Hinsicht als eine passende, wenn nicht notwendige Konstruktion für die Bilanzierung des Verlaufs vieler *pädagogischer Projekte* propagieren.

5. Karl Wilker im Lindenhof (1917–1920): Gescheitert an repressiv eingestellten Mitarbeitern, selbst generierten Polarisierungen oder an strukturellen Widersprüchen von Heim-Reformierungsbestrebungen, die bis heute persistieren?

Karl Hermann Wilker (1885 bis 1980) war ein aus der Jugend- und Wandervogel-Bewegung stammender deutscher Pädagoge und Arzt, der von 1917 bis 1921 die Fürsorgeeinrichtung *Lindenhof* in Berlin leitete. Dort konnte er gemeinsam mit Freunden und Bekannten einige seiner fortschrittlichen Erziehungsideen verwirklichen. Nach dreieinhalb Jahren reichte er allerdings seine Kündigung ein, weil er sich mit der weit größeren Gruppe der angestammten Mitarbeiter (alles Männer), in immer mehr und immer gravierenderen Spannungen verwickelt hatte und keinen Sinn mehr in der Zusammenarbeit mit diesen sah.

Was bewegt einen Mann aus der Jugendbewegung, ähnlich wie Siegfried Bernfeld (s. Kap. 6), eine leitende Stelle im Bereich der Fürsorgeerziehung zu suchen bzw. anzunehmen? Wie würde es ihm gelingen, die in der Jugendbewegung gepflegten Beziehungen auf Augenhöhe und die auf das persönliche Charisma der Führer gestützten Leitungsansprüche in den Kontext einer hierarchisch strukturierten, öffentlichen Anstalt einzubringen, deren Direktor er nun wurde? Wie weit würde er sich dabei verbiegen müssen oder seinen Haltungen treu bleiben können? Zum einen im Kontakt mit den in mehrfacher Hinsicht anderen, proletarischen und/oder verwahrlosten und/oder delinquenten Fürsorge-Jugendlichen? Zum anderen im Austausch mit den beruflich ganz anders sozialisierten Mitarbeiter:innen, Erzieher:innen und Handwerksmeistern, von denen dort viele schon zehn Jahre und länger gewirkt hatten? Worauf würde er als Leiter angesichts der Skandale im Bereich Fürsorgeerziehung, die in den vorangegangenen Jahren an mehreren Orten in Deutschland aufgedeckt worden waren, sein Augenmerk richten? Welche Aspekte der *Wandervogelbewegung* würde er in das Heim einbringen? Würden sie dort angenommen werden oder als unpassend abgelehnt? Wie würde es ihm gelingen, unterschiedliche Interessen und Einstellungen, die eigenen und die fremden – die der Mitarbeiter:innen und die der Jugendlichen – auszubalancieren?

Alle diese Fragen stellen sich, wenn man sich mit dem Wirken von Wilker im *Lindenhof* beschäftigt. Konkretisiert man sie – wie z. B. hinsichtlich der Freikörperkultur (beispielsweise gemeinsames nacktes Turnen) –, beanspruchen einige heute nur noch historisches Interesse. Andere dagegen weisen nach wie vor beträchtliche Relevanz auf: Denn auch heute noch stellt der Bereich der stationären Hilfen ein eigenes Feld dar, das mit offener Jugend- oder Jugendkulturarbeit kaum Berührungspunkte aufweist. Auch heute noch muss sich jeder Leiter/jede Leiterin, die Reformbedarfe in einer stationären Einrichtung sieht und Veränderungen anstoßen möchte, einer dreifachen Aufgabe stellen: Sie muss sich dafür an die Kinder und Jugendlichen wenden und beobachten, welche Umgestaltungsideen diese selbst haben oder welche sie zu ihren machen können, so dass die zunächst von außen angestrebten Veränderungen auch zu deren eigenem Projekt werden. Zweitens muss es ihr gelingen, die Mitarbeiter:innen aus dem Gruppendienst und der internen Schule bzw. der Hauswirtschaft oder Verwaltung für die Reformideen zu gewinnen. Und sie muss drittens zwischen den, durchaus auch unterschiedlichen Interessen der beiden Gruppen, zu vermitteln und moderieren verstehen (ohne die eigene Ideen aus dem Blick zu verlieren), damit aus den ersten Ideen ein gemeinsam getragener Entwicklungsprozess wird. Einerseits wird man als Leiter:in vermeiden müssen, durch ein zu großes Tempo oder zu forsches Infragestellen der eingespielten Machtbalancen, die eine oder andere Gruppe zu verlieren (Wolf 1999). Andererseits wird man verhindern müssen, dass durch solche Rücksichtnahmen die eigenen Reformvorhaben stecken bleiben und verwässert werden. Oder sollte man es riskieren, der einen oder anderen Gruppe gelegentlich vor den Kopf zu stoßen?

5.1 Karl Wilker im Kontext seiner Zeit

Karl Wilker (1885 bis 1980) stammte aus einer bürgerlichen, christlich-liberal eingestellten Familie (Pape-Balling 1989a für die Zeit von 1885 bis 1930 und Feidel-Mertz 1989b für die Jahre 1931 bis 1980). Sein Vater war Lehrer für Englisch am Gymnasium und ein Liebhaber der klassischen englischen Literatur. Seine Mutter war bei der Frauenrechtlerin Helene Lange erzogen worden und legte großen Wert auf einen gleichberechtigten Umgang von Mann und Frau (Pape-Balling 1989a, 221). Wilker pflegte als Kind und Jugendlicher sowohl naturkundliche wie künstlerische Interessen und wollte zunächst Maler werden. Er suchte Kontakte in diese Kreise, scheiterte aber mit dieser Idee am Widerstand seines Vaters, der für ihn ein Theologiestudium vorgesehen hatte. Immerhin lernte er in diesem Milieu Johanna Queck, die Witwe eines Malers, kennen, die er 1909 mit 24 Jahren heiratete und mit der er seine Interessen an Kunst, Kultur und Theater weiter vertiefen konnte. Seine Frau brachte zwei Kinder mit in die Ehe, was Wilker zu einem jungen Vater machte (sein erster Sohn wurde 1910 geboren, ebd., 254). Er studierte zunächst Botanik, Zoologie und Geologie, und damit Fächer, die ihm und seinen Interessen ganz entsprachen, um – worauf vor allem sein Vater drängte – Lehrer am Gymnasium zu werden, quittierte aber den Schuldienst in Chemnitz bereits nach zwei Monaten. In der staatlichen Schule wurde ihm zum ersten Mal schmerzlich bewusst, dass seine Vorstellungen von Bildung und Unterricht (an ähnlichen Modellen gewonnen wie auch Sigfried Bernfeld: allen voran an Berthold Otto und dessen Freier Schule in Berlin-Lichterfelde wie der Landerziehungsheimbewegung, vgl. Riemeck 2014, 384 ff.) beträchtlich von den Gepflogenheiten staatlicher Institutionen abwichen. Schule blieb ihm aber wichtig: In mehreren Artikeln setzte er sich für einen *„auf Ethik und Psychologie gegründeten erzieherischen Unterricht ein"*, für eine Reform der *„Versetzungs-Bedingungen"*, um Selbstmorden von Schülern entgegenzuwirken, und auch gegen die durch Verordnungen erzwungene Morgenandacht in den Schulen ein (ebd.). Wir sehen Wilker in seinen frühen Aufsätzen als einen jungen, engagierten Reformer, der institutionelle Verkrustungen aufbrechen möchte.

In der Zwischenzeit hatte er zwei neue Gruppen für sich entdeckt: Die Abstinenzler-bewegung, der er sich anschloss, weil er als Kind außerhalb des Elternhauses Szenen im Zusammenhang mit Alkohol erlebt hatte, die ihm diesen als große Gefahr erscheinen ließen. Als Student trat er in eine der sehr seltenen studentischen Verbindungen ein, in denen Alkohol verpönt war: Später im Medizinstudium sammelte er weitere Beweise für die Gefährdungen durch Alkohol, und zwar sowohl im Bereich embryonaler wie auch vererbbarer Schädigungen (Wilker 1912a, b, c). 1908 promovierte er im Alter von 23 Jahren über dieses Thema und machte sich Gedanken über vernünftige Formen der Suchtprävention: Das damals geltende Wirtshausverbot für Jugendliche, hielt er z. B. – da im Verbot der Reiz liege – für nicht geeignet (Pape-Belling 1989a, 252).

Die andere Gruppe, zu der er stieß, war die Wandervogelbewegung, in die er 1906 eintrat und der er die nächsten 15 Jahre sehr eng verbunden bleiben sollte: Diese stellte nur eine der vielen heterogenen Jugendbewegungen im damaligen Deutschland dar, in der Naturverbundenheit, regelmäßige Gruppenwanderungen und Übernachten in Zelten oder unter dem Sternenhimmel und Freikörperkultur zentral standen. Was die verschiedenen Bewegungen verband, war *„kein bestimmtes Programm, sondern ein bestimmtes Lebensgefühl. Die Auflehnung und der Protest gegenüber den starren Formen der Erwachsenenwelt, ihrer doppelbödigen Moral, ihrer Sattheit, die sich auch in ihrer Haltung gegenüber der Jugend spiegelte, die sie lediglich als eine unvollkommene Stufe auf dem Weg zum Erwachsenen begriff"* (ebd., 253). Der Sozialpädagoge Herrmann Nohl sah 1908 das Verbindende in dem *„gemeinsamen Bewusstsein von der Not der Kultur, der die innere Bindung an ein Ideal fehlt, und ein Wille, diese Not aus einem neuen Menschentum heraus zu beheben, dessen wesentlichster Zug ein neues Gemeinschaftsbewusstsein ist"* (Nohl 1965, 14).

Wilker fand Zugang zum sogenannten *Serakreis* in Jena, zu dem Eugen Diederichs, Gustav Wyneken (entscheidender Bezugspunkt auch für Siegried Bernfeld), Rudolph Carnap, Wilhelm Flitner, Paul Geheeb (später wegen Pädophilie angeklagt) und andere gehörten. Aus diesem Kreis, aber auch aus der Abstinenzlerverbindung in Jena, organisierte Wilker den ersten „Freideutschen Jugendtag" auf dem Hohen-Meißen am 10. und 11. Oktober 1913 maßgeblich mit, bei dem unter anderem auch Walter Benjamin, Sigfried Bernfeld, Wilhelm Flitner, Ludwig Gurlitt, Ludwig Klages, Paul Natorp, Hermann Nohl und Carlo Schmidt teilnahmen. Nachträglich betrachtet: *„alles Männer, die Kultur, Politik und Wissenschaft in Deutschland in den nächsten 20 Jahren und länger maßgeblich beeinflussen sollten"* (Pape-Balling, ebd., 232). Bald darauf lernte Wilker Ellen Key kennen, zunächst über ihr Buch „Das Jahrhundert des Kindes" (1902/1991), später auch persönlich, als sie ihm und seinen Freunden Märchen erzählte. Zehn Jahre später schreibt er über die Begegnung mit ihr:

„Wir, die wir damals uns stark fühlten, die ganze bürgerliche Alltagswelt umzustürzen, wurden still und schweigsam und wieder ganz kindhaft und ganz kinderklein vor dem Märchenerzählen dieser Frau. Es rührte an Dinge, die viel tiefer liegen in uns allen als die, um deren Durchsetzung wir so erbitterte Streiter und Kämpfer zu sein vorgaben. Kind-Sein... das war alles. Und Mutter-Sein [...] das war etwas noch Größeres" (Wilker 1916, 136).

Nachdem er den Schuldienst quittiert hatte, arbeitete er zunächst für einige Monate in dem heilpädagogischen Heim Sophienhöhe bei Jena, unter der Leitung von Johannes Trüper. Er unterrichtete dort als Aushilfslehrer und entdeckte wie *„die produktiven Kräfte, die in jedem Kind schlummern"* sich in den dort angebotenen Settings: Werkstätten, Schulgarten, umzäunte Äcker, Laboratorium, Zeichensaal, Kaninchen- und Geflügelställe, Aquarium, auch mehrfach behinderte Kinder entfalteten und sich *„allmählich zum Arbeitstriebe umwandelten"* (Pape-Belling 1989a, 234). Um 1913 herum muss Wilker etwas über die Junior Republic gelesen haben, die bereits 1895 von W. R. George in Freeville/USA gegründet worden war (Lüpke 2004, 81 ff.). Pape-Balling beschreibt die Wirkung auf Wilker: *„Er [...] träumte jetzt von einer Jugendrepublik, in der in der Mitte von Gleichgesinnten jeder die Möglichkeit hatte, sich frei zu entfalten. Er selbst wollte den Jugendlichen als Gleicher unter Gleichen begegnen, nicht Lehren, sondern Vorleben, Mitleben mit den Jugendlichen"* (ebd., 235).

Dieser Traum sollte ihn begleiten. Zunächst ging er aber mit Johannes Trüper nach Berlin und arbeitete dort als Redakteur in dem 1900 gegründeten ersten deutschen entwicklungs-psychologischen Publikationsorgan, der „Zeitschrift für Kindheitsforschung" (ZfK). Von 1912 bis 1921 war Wilker dessen Mitherausgeber und veröffentlichte dort und in anderen Zusammenhängen zahlreiche pädagogische Fachbeiträge (unter anderem gemeinsam mit Trüper/Wilker 1910). Später entzweiten sich die beiden Männer jedoch (Pape-Balling, ebd., 235). Ab 1911 studierte Wilker Medizin (und Psychologie im Nebenfach) (ebd., 228). In dieser Zeit stieß er zum „Vortrupp" und wurde dessen aktives Mitglied. *„Der Vortrupp war eine der Jugendbewegung nahestehende Vereinigung deren Ziel eine Lebensreform war. Eine*

Schlüsselstellung kam dabei der Kampf gegen Alkohol, Nikotin und gegen ‚Schundliteratur' zu. Teilweise wurden Bücher, die dieser Gattung zugerechnet wurden, öffentlich verbrannt" (Pansow/Hesse 1998, 36).

Wilker setzte sich die nächsten Jahre über für *„eine neue Pädagogik ein, die als interdisziplinäre Wissenschaft in Verbindung mit Psychologie, Psychiatrie, und Sozial- bzw. Heilpädagogik wirken sollte"* (Hesse/Ross 1998, 6). Bereits 1913 bewarb er sich das erste Mal mit 28 Jahren um die Leitung der Zwangserziehungsanstalt Berlin-Lichtenberg, wurde aber nicht eingestellt. Nach Kriegsausbruch meldete er sich freiwillig beim Roten Kreuz, um ärztliche und psychiatrische Tätigkeiten in Feldlazaretten auszuüben. In seine anfängliche Kriegsbegeisterung und nationalistischen Tiraden gegen England, mischte sich rasch das Erschrecken angesichts der Grauen des Krieges, wobei er noch im Juli 1918 (!) auf einen *„deutschen Sieg"* hoffte (ebd., 233). Ende 1916 wurde er aufgefordert sich als Kandidat für die Leitung der Fürsorgeanstalt Berlin-Lichtenberg vorzustellen (ebd.). Sein Vorgänger hatte dort vier Jahre gewirkt und sollte nun eine andere, neu gebaute Einrichtung übernehmen. Am 4. April 1917 trat Wilker dann die Leitung der ehemaligen Zwangsanstalt für Knaben an, die er bald in „Lindenhof" umbenannte. Wilker brachte mehrere Freunde und Bekannte aus der Wandervogelbewegung mit in die Einrichtung, die wie er vom Kriegsdienst freigestellt worden waren (aus der Zahl der Unterschriften bei der Demissionierung kann man schließen, dass es sieben Personen waren; Wilker 1921a, 94). Sie ersetzten dort Pädagogen und Handwerker, die zum Kriegsdienst eingezogen worden waren. Was Wilker im Lindenhof angegangen ist und aufgebaut hat und wie er dabei vorgegangen ist, werden wir später ausführlich schildern. Hier reicht es aus zu wissen, dass es im Lauf der Jahre zu immer größeren Spannungen mit der „alten „Belegschaft" kam. Am 15. Oktober 1920 schrieb er mit den ihm verbundenen Mitarbeiter:innen: *„Wir erklären, dass wir bei unserer Arbeit im Lindenhof zu der großen Mehrzahl der anderen Mitarbeiter im Gegensatz stehen und dass sich dieser Gegensatz immer mehr verschärft, so dass ein fruchtbares Zusammenarbeiten unmöglich und die Erziehung der Jungen ernstlich gefährdet wird"* (Wilker 1921, 91 f.). Wilker leitete den Lindenhof vom 4. April 1917 bis 28. Oktober 1920. Mit 32 Jahren fing er dort an und kurz vor seinem 35. Geburtstag schied er dort aus.

Wie ging es weiter? Wilker zog sich zunächst aufs Land zurück, publizierte weiter eine stattliche Anzahl an Fachartikeln (siehe das komplette Werkverzeichnis bei Feidel-Mertz 1989, 272 ff.: über 300 Fachartikel, von denen die meisten zwischen 1909 und 1932 erschienen sind) und unterzog sich einer Silberschmied-Ausbildung. 1921 traf er den, von ihm sehr verehrten, indischen Weisheitslehrer Rabindranath Tagore und wurde von diesem zur Mitarbeit in dessen, in der Nähe von Kalkutta gegründeten *Schule der Friedensstätte*, eingeladen. Wilker wäre gegangen; sein Umzug scheiterte aber an der Verweigerung der Einreise durch die britische Kolonialmacht (Hesse/Ross 1998, 36). Auf einem Bauernhof in der Rhön betrieb er Landwirtschaft und veröffentlichte intensive Naturstudien wie

z. B. „*Von Pferden, Hunden, Katzen und anderen Tieren*" oder „*Vom Unkraut*" oder *Für Kakteenfreunde*" (Feidel-Mertz 1989b, 280).

1929 übernahm er die Leitung eines neu errichteten, nach Bauhaus-Kriterien entworfenen Jugenderholungsheimes in Ottendorf, das „*als koedukative Freizeitstätte geplant*" war und mit 80 Jugendlichen an den Start ging. Das Programm

> „*bestand in gemeinsamen Tagesanfang und Essen, Wanderungen, Sport, Volkstänzen, Gesellschaftsspielen, Lesen, wobei das Angebot zu zögernd angenommen wurde. [...] Zu einem Hauptproblem wurde auch die gemeinsame Erholungszeit von Jungen und Mädchen. Wilker räumt selbst ein, dass man bei dem Wunsch ein koedukatives Heim zu gründen, nicht genügend berücksichtigt habe, dass Arbeitsüberlastung und Arbeitslosigkeit die Psyche der Jugendlichen grundlegend verändert hatten*" (ebd., 251).

Offensichtlich kam es auch in den koedukativen Zusammenhängen zwischen männlichen und weiblichen Jugendlichen zu erheblichen Turbulenzen, die ihn – neben der prekären finanziellen Situation – nach vierzehn Monaten zum Rückzug motivierten (ebd., 252). Später leitete er noch zwei andere Einrichtungen in Frankfurt a. M. und in der Schweiz, in die er 1933 emigriert war, wobei es in beiden zu Spannungen zwischen ihm und anderen Beschäftigten kam. Gleichzeitig war Wilker nahe daran, eine Professur in Pädagogik zu erhalten: „*Ein bereits eingeleitetes Verfahren, das Karl Wilker eine Professur für die Lehrerbildung eintragen sollten, kam nicht mehr zu einem positiven Abschluss*" (ebd., 259). Im Mai 1937 emigrierte er nach Südafrika, wo er beinahe 30 Jahre als Lehrer und Therapeut arbeitete und kehrte erst 1964 nach Deutschland zurück (ebd., 265 ff.). Zu seinem 80. Geburtstag wurde ihm die Ehrendoktorwürde der Universität Frankfurt verliehen.

> „*Wilker hatte 4 Kinder, zwei Söhne [...] und zwei Töchter [...]. 1931 heiratete er nach seiner Scheidung von Johanna Queck eine Mitarbeiterin aus Ottendorf*" (ebd., 254).

5.2 Fürsorgeerziehung im Kaiserreich und nach dem Ersten Weltkrieg

Dieses Überblickskapitel ist überwiegend aus einer praktischen Perspektive geschrieben: Was kam auf Jugendliche damals zu, die unfreiwillig und oft auch gegen den Willen ihrer Eltern in eine *Fürsorgeanstalt* aufgenommen wurden? Wie groß kann man sich die Bandbreite von Einrichtungen vorstellen? Waren sie alle durchgängig repressiv ausgerichtet oder gab es um die Zeit, in der Wilker gewirkt hat, auch schon Anstalten, die versuchten neue Wege zu gehen und bereits Reformen durchgeführt hatten? Im Vergleich zu meiner eher deskriptiven Auswahl von Informationen aus dieser Zeit geht Peukert bezogen auf unterschiedliche

Konzepte und Debatten innerhalb der Fürsorgeszene sehr viel systematischer ein, wobei die Ergebnisse seiner Studie von Dickinson einer gründlichen Kritik unterzogen wurden (Peukert 1986, Dickinson 2002). Letzterer stützt sich dabei auf eine sorgfältige und sehr lesenswerte Studie von Gräser (1995) (Zur Geschichte der Heimerziehung zwischen 1870 und 1926 siehe auch Münchmeier 1999).

Zunächst folgt knapp etwas zur Aufbruchsstimmung im Deutschen Reich in Verbindung mit einer neuen Gesetzgebung, aber auch unter dem Druck einer wachsenden Anzahl von Jugendlichen, die als Fürsorge-bedürftig gelabelt wurden (5.2.1). Dann blenden wir einen Textausschnitt Wilkers ein, in dem dieser zwei Fürsorgeskandale erwähnt (5.2.2), die damals die Fachwelt, aber auch weite Kreise der Gesellschaft erschütterten. Die Zustände in den angeprangerten Einrichtungen können auch heute noch minutiös nachvollzogen werden, weil es dazu Prozessakten gibt. Ans Ende stellen wir dann ein positives Beispiel (5.2.3), das gerade für Berlin und den Lindenhof eine herausragende Bedeutung erlangen sollte: der spätere Vorgesetzte von Wilker, der ihn 1917 zum Leiter auswählte, war selbst gut zehn Jahre zuvor als fortschrittlicher und erfolgreicher Heimleiter in Erscheinung getreten, und deswegen nach Berlin berufen worden, um das dortige Fürsorgewesen zu reformieren. Ein kurzer Ausblick über die weitere Entwicklung der Fürsorgeerziehung bis in den Nationalsozialismus hinein beendet das Kapitel (5.2.4)

5.2.1 Das Gesetz von 1901 und seine Folgen

„Mit der Inkraftsetzung des preußischen ‚Gesetzes über die Fürsorgeerziehung Minderjähriger' im Jahr 1901 war programmatisch ein Paradigmenwechsel beim Umgang mit straffällig gewordenen Kindern und Jugendlichen verbunden. Diese Neujustierung kam auch im Namenswechsel zum Ausdruck: Statt von der Zwangs- wurde nunmehr von der Fürsorgeerziehung gesprochen. Demzufolge sollte in den Anstalten weniger auf Strafe denn auf Erziehung Wert gelegt werden. So lehnte der Jugendrichter Julius Landsberg beim Jugendgerichtstag 1913 die Methoden der älteren Zwangserziehung mit folgenden Worten ab: ‚Die Wirksamkeit der staatlichen Strafe ist ein Wahn, von dem sich die Zukunft abwenden wird wie von Folter und Hexenprozess. […] Für die Jugend nicht Strafe, sondern Erziehung!'" (Oberwittler, zitiert nach Hamman/Lücke 2020, 14).

Das Gesetz war – anders als die bisherigen Regelungen zur Zwangserziehung – nicht allein auf straffällige und strafunmündige Kinder anzuwenden. Der Personenkreis wurde auch auf diejenigen jungen Menschen erweitert, bei denen die Fürsorgeerziehung wegen der *„Unzulänglichkeit der erzieherischen Einwirkung der Eltern oder sonstigen Erzieher oder der Schule zur Verhütung des völligen sittlichen Verderbens des Minderjährigen nothwendig ist"* (Oberwittler, zitiert nach ebd.).

Neu war also eine kriminal*präventive* Intervention bei denjenigen Kindern und Jugendlichen, die *noch nicht* straffällig geworden sind – auf Strafe sollte Erziehung folgen. Der qualitative Paradigmenwechsel von „*Bestrafen*" zu „*Erziehen*" war also zugleich mit einer Ausweitung des Personenkreises, der in das Visier dieser neuen staatlichen Sorge rücken sollte, verbunden. Besonders in den 1920er Jahren führte dies vor allem zu einem erheblichen quantitativen Anstieg von Fürsorgefällen. Dickinson weist diese Zahlen präzise aus:

> „*In 1900, 1402 children had been removed from their families under the law of 1878; in 1901, under the new legislation, 7787 were removed. That number fell to only 6470 in 1903/4, but then rose steadily to 10,000 by 1913. In 1900 there were 10,000 children in reformatories and foster families in Prussia (and only 30,000 had been removed from their families between 1878 and 1900); by 1914 there were 55.229.*" (Dickinson 2002, 169).

Bei Malmede können wir über die Zahlen aus Berlin lesen:

> „*Am 31. März 1901 befanden sich in Berlin 539 Zöglinge in staatlicher Fürsorgeerziehung, am 1. April 1913 waren es 4100; bis zum 1. April 1919 sollte die Zahl auf 6471 Zöglinge steigen, also das gut Zwölffache des Wertes von 1901. Insgesamt befanden sich 1914 in Preußen 56.464 Personen in der Fürsorgeerziehung*" (Malmede 2004, 138).

Diese große Zahl von Kindern und Jugendlichen musste nicht nur untergebracht und versorgt, sondern auch durch zu rekrutierendes Personal, damals noch weitgehend ohne pädagogische Ausbildung, beaufsichtigt, beschäftigt und erzogen werden. Damit waren nicht nur enorme finanzielle Ausgaben verbunden, sondern auch der Aufbau von Strukturen – neuen Einrichtungen, Trägern und Ausbildungsstätten – und das Anwachsen der Zahl der dort Beschäftigten.

> Dickinson schreibt: „*In this sense the law may be seen as expressing a fundamental optimism regarding the capacity of public policy to resolve the problems of children, of families, and indeed of modern society itself – an optimism that was characteristic of the period and, in retrospect, rather naïve. In fact, within a very few years correctional education in Prussia was mired in a severe and stubborn crisis*" (Dickinson 2002, 162).

Diese Krise besteht zunächst darin, dass sich ein Großteil der zwangsweise untergebrachten Jugendlichen, die vorher – zwar in prekären Armutsverhältnissen, aber doch ein relativ wenig reglementiertes, eher selbstbestimmtes Leben, oft verbunden mit zahlreichen Verstößen gegen Gesetze wie Schul- und Lehrstellen-Verordnungen, geführt hatten, häufig keinen Sinn in der zwangsweisen Unterbringung sahen und sich gegen diese wehrten: Durch Widerworte, durch Weglaufen, durch offensive Verweigerungen, die zu zahlreiche Konflikte mit den Erziehern führten. Die „*Objekte von Fürsorge*" wehrten sich gegen die Form, in der diese durchgeführt wurde, was wiederum die Erzieher – häufig angelernte ehemalige Soldaten und/oder Handwerker – gegen sie aufbrachte und zu brutalen Formen der Durchsetzung von „Recht und Ordnung" (ver)führte. Was wiederum zu Skandalen führte, die die Fürsorgeerziehung – auch in den Augen ihrer Protagonisten – in eine Legitimationskrise stürzte.

Hermann Knaut, einer der Reform-bereiten Praktiker, der für Wilker eine bedeutende Rolle spielen sollte (siehe unten, Kap. 5.6), räumte 1913 in einer Versammlung des AFET sehr offen ein: *„Unsere Erzieher sind oft zum Weglaufen schlecht"* (Knaut, zitiert in Gräser 1995, 114). Gleichzeitig muss man sich die Stimmung in der Bevölkerung gegenüber der Fürsorgeerziehung eher geteilt und ambivalent vorstellen (siehe auch die Aussagen des Prozessbeobachters unten). Breite Gruppen der Obrigkeits-orientierten, konservativen Bevölkerung fanden es richtig, dass die Jugendlichen aus den Städten entfernt und repressiv erzogen wurden. Je strenger, umso besser. Über die Folgen – bei Zöglingen und Erziehern – machten sie sich kaum Gedanken. Sozialdemokratische und kommunistische Abgeordnete wie Bürger prangerten dagegen die Verhältnisse in den Einrichtungen an und suchten nach Auswegen, polarisierten die Debatte dadurch aber auch.

5.2.2 Die Heim-Skandale um 1910 in den Augen Wilkers und im Spiegel von Prozessberichten

Auf den ersten Seiten seines Textes über den Lindenhof erinnert sich Wilker an seine Reaktion auf Skandale, deren Aufdeckung in seine Studienjahre gefallen war:

„Ein solcher Schrei war vor vielen Jahren an mein Ohr gedrungen ‚Mieltschin!' ‚Blohmsche Wildnis'. Da empörte sich der junge Student und schrieb scharfe Worte gegen diesen ganzen erbärmlichen Plunderkram einer Fürsorgeerziehung, die von Frömmigkeit triefte, aber gleichzeitig Mittel zur Zucht, wie man sich pädagogisch ausdrückt, nicht scheute, die teils stark nach mittelalterlicher Folter teils noch stärker nach irregeleiteter Sexualbefriedigung aussahen. Gewiss waren das nur Auswüchse. Aber waren diese nicht bezeichnend für die Wertung der jungen Menschen, die man erziehen wollte? Material war das. Nicht Menschen!" (Wilker 1921a, 10).

Die Ortsbezeichnungen *„Mieltschin"* oder *„Blohmsche Wildnis"* waren zu dieser Zeit in pädagogischen Kreisen so bekannt wie heute in Fachkreisen die aufgelösten Einrichtungen *„Haasenburg"* oder *„Friesenhof"* (vgl. Untersuchungskommission 2013 und 2019). Damit wird eine unerwartete Kontinuität von Missständen in Heimen deutlich, auch wenn die Systematik und Intensität von körperlichen Züchtigungen deutlich abgenommen hat (vielleicht äußern sich in dieser Kontinuität aber auch unlösbare Strukturprobleme und dauerhafte Ambivalenzen der

Heimerziehung; siehe dazu Schwabe 2020, 54 ff. und unten, Kap. 5.7 Hypothese 4; zu Mieltschin explizit siehe Dickinson 2002, 177).

1909 und in den folgenden Jahren stand die *Blohmesche Wildnis* im Zentrum reichsweiter Presseberichterstattung, nachdem der Leiter Friedrich Wilhelm Joachim Colander (seltener: Kolander) aufgrund von physischer Gewalt und sexuellem Missbrauch gegenüber mehr als 14 weiblichen Zöglingen zunächst zu acht Monaten Gefängnis verurteilt worden war. In einem nachfolgenden Prozess vor dem Amtsgericht Altona wurde Colander zusätzlich zu anderthalb Jahren Zuchthaus und drei Jahren Ehrverlust verurteilt, weil er die Überlebenden zu Meineiden angestiftet hatte. Die Vorfälle wurden anschließend jahrelang als eines der extremsten Negativbeispiele der Jugendfürsorge zitiert. (https://de.wikipedia.org/wiki/Blomesche_Wildnis)

Zu dem Strafverfahren gegen die in *Mieltschin* Verantwortlichen (Pfarrer, Pädagogen und Handwerker) liegt eine ausführliche, detailreiche und gut zugängliche Quelle vor: *„Interessante Kriminal-Prozesse von kulturhistorischer Bedeutung 1911-1921"* (Bd. 4, 159-228). Mieltschin ist im Zusammenhang dieses Kapitels von besonderem Interesse, weil die dort angesiedelte Einrichtung eine Zweigstelle der Knabenerziehungsanstalt Lichtenberg war, in welche das Jugendamt Jugendliche aus Berlin regelmäßig, häufig gefesselt, einweisen ließ. Mieltschin liegt immerhin 350 Kilometer von Berlin entfernt bei Witkowo im heutigen Polen, damals eines der östlichen Landkreise Preußens. Bei den damaligen Verkehrsverhältnissen bedeutet das etwa 10 bis 12 Stunden Transport unter Fesselung.

„Als im Juli 1909 der ‚Vorwärts' die Nachricht brachte: in der Fürsorgeerziehungsanstalt Mieltschin (Provinz Posen) werden die Zöglinge in bestialischer Weise mißhandelt, da zögerte der Patron dieser Anstalt, der Berliner Magistrat, auch dann noch, den Leitern dieser Erziehungshölle das Handwerk zu legen, nachdem amtlich festgestellt war, daß die vom ‚Vorwärts' geschilderten Vorgänge auf voller Wahrheit beruhten. Man konnte damals von Leuten, die sich zu den Gebildeten zählen und sich liberal nennen, die Äußerung hören: ‚Die Bengels, die den Abschaum der Menschheit bilden, können gar nicht genug Prügel bekommen.' Diese zur Zeit nicht seltene Redensart ist für den Menschenfreund geradezu beschämend" (Friedländer 1911, 159).

„Die Gräueltaten des Pastors Breithaupt […] riefen schließlich in der Öffentlichkeit eine derartige Empörung hervor, daß der Berliner Magistrat Veranlassung nahm, die der Anstalt überwiesenen Zöglinge zurückzurufen. Einige Eltern der mißhandelten Knaben erstatteten Strafanzeige. Aus diesem Anlaß wurde Pastor Breithaupt und seine ‚Aufseher' schließlich vom Amte suspendiert, die Mieltschiner Anstalt geschlossen und die Anklage wegen vorsätzlicher Körperverletzung mittels gefährlicher Werkzeuge und in einer die Gesundheit und das Leben gefährdenden Weise und wegen Freiheitsberaubung gegen sie erhoben. Zuständig wäre die Strafkammer in Gnesen gewesen. Da jedoch fast sämtliche

ehemaligen Mieltschiner Fürsorgezöglinge in Berlin und Umgegend wohnten, so wurde die Sache im fiskalischen Interesse an das Landgericht Berlin III verwiesen. Außer Breithaupt waren angeklagt: Kaufmann Julius Engels, Schneider Karl Wrobel, Bautechniker Martin Wendland, Tischler Adolf Brosinsky, Waschmeister Emil Schüler, früherer Erziehungsbeamter Max Riemschneider, Schneidergeselle Georg Lang und Kutscher Richard Habedank. Diese sollen, da bei den vielen Schlägen den Erziehern bzw. Aufsehern oftmals der Arm erlahmte, sich bei der Prozedur abgelöst haben" (ebd., 161).

Bemerkenswert erscheint, dass auch damals Professionelle als Sachverständige eingesetzt, aber zugleich betroffene Jugendliche vor Gericht gehört wurden:

„Es waren zu der Verhandlung Magistratsrat Dr. Voigt (Berlin), Pastor Matthies (Witkowo), Pastor v. Bodelschwingh (Bethel bei Bielefeld), Baron v. Lepel (Freystadt), mehrere andere Geistliche, Lehrer, Oberförster, Ärzte und über 70 Fürsorgezöglinge als Zeugen und mehrere Sachverständige geladen. Den Vorsitz des Gerichtshofes führte Landgerichtsdirektor Dr. Gockel" (ebd., 162). *„Der Angeklagte Breithaupt, ein mittelgroßer, schlanker, finster dreinschauender Mann mit schwarzem Vollbart, gab auf Befragen des Vorsitzenden an: Er sei 1877 als Sohn eines Pastors geboren. Er habe zunächst das Gymnasium bis zur Obersekunda besucht und sei alsdann Fahnenjunker geworden. Da er aber einen Herzfehler habe, sei er sehr bald vom Militär wieder abgegangen. Er habe alsdann nochmals das Gymnasium besucht, das Abiturientenexamen gemacht und Theologie studiert. Nachdem er das erste geistliche Examen bestanden hatte, sei er in der Bodelschwinghschen Anstalt Bethel bei Bielefeld, alsdann im Evangelischen Johannisstift in Plötzensee bei Berlin und darauf in der Bodelschwinghschen Arbeiterkolonie in Hoffnungsthal bei Berlin tätig gewesen. Einige Tage sei er in der Kolonie Wietingsmoor gewesen, um die Behandlung von Fürsorgezöglingen kennenzulernen. […] Die nötige Fähigkeit zu seinem Amt habe er sich zugetraut, obgleich er bis dahin noch in keiner Fürsorgeanstalt tätig gewesen war. Matthies habe vorher mit ihm über die Erziehungsgrundsätze gesprochen. Dabei habe er (Breithaupt) dessen Auffassung über den Erfolg milder Behandlung nicht teilen können, vielmehr habe er den Standpunkt eingenommen, daß man, wo mit Milde nichts zu machen sei, von Strenge mehr Erfolg zu erwarten habe. Bezüglich der Strafarten sei ihm nur gesagt worden, daß die Disziplinarvorschriften der Berliner Anstalt Lichtenberg anzuwenden seien. Gekannt habe er sie allerdings nicht; vergeblich habe er Pastor Matthies und auch den Inspektor Buth von der Anstalt Lichtenberg um Beschaffung eines Exemplares gebeten."* (ebd., 166).

Vor Gericht entwickelt sich folgender Dialog (M. S.):

Angeklagter: Getan mußte etwas werden, Vorschriften hatte ich nicht, da tat ich, was ich nach bestem Wissen und Gewissen für recht hielt.

Vorsitzender: Nun, Angeklagter Breithaupt, was für Strafen haben Sie aus eigener Machtvollkom-menheit festgesetzt?

Angekl.: In erster Linie straften wir mit Schlägen.
Vors.: In erster Linie mit Schlägen!?
Angekl.: In zweiter Linie mit Einsperrung, in dritter Linie mit Kostentziehung.
Vors.: Wäre es nicht zweckmäßiger gewesen, erst in dritter Linie mit Schlägen zu strafen? Als Pädagoge mußten Sie doch wissen, daß man mit den weniger strengen Strafen beginnt.
Angekl.: Das mag sein. Wir haben ja zuerst auch alles in Güte versucht. Dann haben wir zunächst wenig Hiebe gegeben.
Der Angeklagte gab weiter an: Zum ersten Mal sei nach 14 Tagen einer geschlagen worden, und zwar der Zögling Pekel, der Zigaretten gestohlen und Fluchtabsichten geäußert hatte. Er, Breithaupt, habe da geglaubt, mit Strenge vorgehen zu sollen.
Vors.: Mit Stock oder Peitsche?
Angekl.: Ich glaube, mit der Peitsche" (ebd., 168).

„*Der Vorsitzende zeigte zwei Reitpeitschen und eine Klopfpeitsche, die als Überführungsstücke vor ihm lagen. Die geflochtene Klopfpeitsche habe, so bemerkte der Angeklagte, anfänglich zum Kleiderreinigen gedient. Er selber habe im Vaterhaus manchmal mit solcher Klopfpeitsche Schläge bekommen, es habe ihm nichts geschadet. Als die Untersuchungskommission nach Mieltschin kam, war von dieser Peitsche zunächst gar nicht die Rede, erst später kam sie zum Vorschein. Er habe auch zweimal mit seinem Spazierstock geschlagen, einmal den Zögling Ehrlich, der sich bücken mußte, und einmal den Zögling Vollbrecht, bei dem er ‚hinschlug, wo es traf'. Daß auch Gummiknüppel in Gebrauch waren, gebe er zu"* (ebd., 169).

„*Auf weiteres Befragen des Vorsitzenden sagte Breithaupt: Er habe bis 50 Schläge geben lassen, daß bis 100 Schläge gegeben seien, bestreite er. 50 habe er nicht für zu viel gehalten. Daß er einmal 200 Schläge angeordnet habe, erkläre er für möglich, doch habe er nicht damit rechnen können, daß sie wirklich gegeben würden. 100 Schläge für Entwendung eines Hühnereies seien allerdings gegeben worden, aber gerade hier habe er Strenge für nötig gehalten, weil der Bestohlene der Lehrer Wendler war, der ihm nicht wohlgesinnt gewesen sei und sich sonst vielleicht beklagt hätte"* (ebd., 170).

Man könnte die Aussage „unfreiwillig komisch" nennen, wenn es sich nicht um so schwere Misshandlungen handeln würde:

„*Die Arreststrafen wurden anfangs in einem finstern Hauskeller verbüßt, erst später in einer auf dem Boden angelegten Zelle. In verschärften Fällen mußten die Arrestanten während der Nacht ohne Decke auf dem bloßen Fußboden schlafen. Bis zu 14 Tagen mußten manche diese Pein erdulden. Der Vorsitzende hob das hervor, Breithaupt versicherte, er habe das für nötig gehalten. Staatsanwalt Dr. Reiner wies darauf hin, daß in manchen dieser alten Hauskeller eine dumpfe Luft zu finden sei. Breithaupt rühmte seine Keller als luftig. Der Vorsitzende zeigte eine leichtere Fußkette und die sogenannte große*

Kette, mit der eine Hand und ein Fuß gefesselt und der Zögling an die Wand gekettet wurde. Diese Fesselungen sollen dazu gedient haben, Fluchtversuche zu verhindern. Der Vorsitzende stellte fest, daß weder aus dem Keller noch aus der auf dem Boden eingerichteten Zelle eine Flucht zu erwarten war. Die Beköstigung im Arrest war Wasser und Brot; nur an jedem dritten Tag sollte die gewöhnliche Kost eingehalten werden, aber auch das unterblieb zuweilen, so daß manche Jungen während des ganzen Arrestes nichts als Wasser und Brot, und dies auch noch in ungenügender Weise, bekamen. Herausgelassen wurden sie nicht zu einem Spaziergang, sondern nur zur Verrichtung ihrer Bedürfnisse. Straflisten wurden nicht geführt" (ebd., 170).

Im Laufe des Prozesses kommen grausame Bestrafungen und sadistische Quälereien von mehr als vierzehn Pädagogen zur Sprache. Mehr oder weniger zufällig anwesende Frauen bzw. weibliche Beschäftigte haben keinen mäßigenden Einfluss auf die Strafpraxen genommen:

„Nach siebenstündiger Beratung des Gerichtshofes verkündete der Vorsitzende, Landgerichtsdirektor Dr. Gockel, folgendes Urteil: Im Namen des Königs hat der Gerichtshof für Recht erkannt, dass der Angeklagte Breithaupt der gefährlichen Körperverletzung in fünf Fällen, davon in einem Falle in Idealkonkurrenz mit Freiheitsberaubung, ferner der Anstiftung zu gefährlicher Körperverletzung in 27 Fällen und Freiheitsberaubung in einem Falle schuldig und deshalb zu acht Monaten Gefängnis und 990 Mark Geldstrafe, im Nichtbeitreibungsfalle für je 15 Mark noch einen Tag Gefängnis zu verurteilen sei, der Angeklagte Engels der gefährlichen Körperverletzung in 31 Fällen schuldig und deshalb zu drei Monaten Gefängnis und 460 Mark Geldstrafe, eventuell für je 10 Mark noch 1 Tag Gefängnis, der Angeklagte Wrobel der vorsätzlichen Körperverletzung in 9 Fällen schuldig und deshalb zu einem Monat Gefängnis und 130 Mark Geldstrafe […]" (ebd., 222 f.).

Das Urteil wurde in Teilen der Öffentlichekeit als skandalös milde empfunden:

„Das Publikum im Zuhörerraum lauerte allabendlich auf der Straße in der laut ausgesprochenen Absicht, die Angeklagten, insbesondere den Pastor Breithaupt zu verbläuen. Die Angeklagten hatten jedoch rechtzeitig Wind davon erhalten und stellten sich beim Verlassen des Gerichtsgebäudes jedes Mal unter den Schutz der Polizei. Das Publikum überschüttete die Angeklagten, insbesondere den Pastor Breithaupt, stets, sobald sie vom Gerichtsgebäude auf die Straße traten, mit lauten Verwünschungen" (ebd., 227).

5.2.3 Reformbemühungen

Nun zu den positiven Beispielen, die häufig dem Engagement mutiger Einzelner zu verdanken sind. Eine Person ist für unser Kapitel über Wilker von zentraler Bedeutung und in mehrfacher Weise in das Wirken Wilkers verwickelt:

"Hermann Knaut (1872–1945) war 1899 ordiniert worden und dann 1906 Hilfsprediger in Scheesel/Hannover. Seit 1907 war er Leiter der Fürsorgeanstalt Hardehausen gewesen und wechselte 1914 zum Berliner Magistrat" (Schmidt, zitiert nach Hamman/Lücke 2002, 10 und 21). In den sieben Jahren seines Wirkens propagierte und realisierte er in Hardehausen bei Marburg ein Erziehungskonzept *"auf der Grundlage eines gegenseitigen Vertrauens zwischen Erzieher und Zögling"* (ebd., 113): So ließ Knaut z. B. die Vergitterungen in der Anstalt entfernen und verzichtete auf die Prügelstrafe – Maßnahmen, die sich auch durch die Aktenüberlieferungen zu Hardehausen im Staatsarchiv Detmold nachweisen lassen. Dem Kontakt zu den Eltern maß Knaut für die Entwicklung der Zöglinge ebenfalls eine besondere Bedeutung bei und grenzte sich von Polizeimaßnahmen als Erziehungsmittel ab (ebd.).

Unter dem Stichwort „*Selbstverwaltung und Selbstbefolgung*" führt er aus, dass man dort unter seiner Leitung großen Wert darauf legte, dass alle Jugendlichen *„sich selbst für die Ordnung und die Zucht des Hauses und für die Erziehung und Heranbildung eines jeden verantwortlich fühlten"* (ebd., 198). Er weist auf ein dem Jungenrat von Wilker vergleichbares Gremium hin: *„Vertrauensjungen genannt. Kein Gericht, aber mit Beratungen aller Art betraut"* (ebd.). Stolz schreibt er: *„Die Abschaffung jeglicher Züchtigung war damals etwas Neues"*. Denn Knaut gelang in „seiner Einrichtung", was man sich 1901 mit der Neuausrichtung der Fürsorgegesetzgebung erhofft hatte. Sein Ruf verbreitete sich im Lauf der nächsten Jahre, obwohl er kaum über seine Arbeit publiziert hatte, bis nach Berlin, wohin man ihn 1910 nach dem Prozess gegen die in Miltschien verantwortlichen Pädagogen berief, um die Erziehungsanstalt in Lichtenberg, in die Wilker später eintreten sollte, zu reformieren. Für seine Arbeit in Berlin reklamiert er auch in dortigen Anstalt die Prügelstrafe abgeschafft zu haben, Blumenschmuck auf die Tische gebracht und die Jungen im Einkochen von Obst und Beeren angeleitet zu haben: *„Lichtenberg wurde in den nächsten Jahren zur Handwerkerbildungsanstalt mit hellen, modernen Werkhallen umgebaut"* (ebd., 199).

Knaut erwähnt aber auch zwei weitere Einrichtungen, denen er attestiert, fachlich sehr gut zu arbeiten: „Am Urban" war eine kommunale, in Berlin-Zehlendorf 1891 gegründete Einrichtung mit mehr als 200 Plätzen, die vor allem in den Jahren 1901 bis 1920 vom theologisch gebildeten Direktor Plaß geleitet wurde. Warum sie 1920 aufgelöst wurde, konnte ich nicht herausfinden (Knaut 1921, 199). Weiter verweist Knaut auf die Fürsorgeabteilung des diakonischen Stephansstift in Hannover unter der Leitung des Pastors Backhausen (ebenfalls über 100 Zöglinge), die sich bereits 1901 zwangskritisch zu Wort gemeldet hatte (Knaut wusste wahrscheinlich nicht, dass Backhausen bei aller Aufgeschlossenheit noch 1920 der Prügelstrafe das Wort redete): *„Wer Mauern zieht, Fenster vergittert oder gar die Schlafkojen verriegelt, wird seinen Jungen schwer begreiflich machen, dass die Fürsorgeerziehung keine Strafe, sondern eine Wohltat ist"* (Backhausen 1901, zitiert nach Winkler/Schmuhl 2019, 81).

„Zudem, so argumentierte man damals im Stephansstift, verfehlten die geschlossenen Anstalten ohnehin ihren Zweck – „die Jungen laufen doch fort, sie fangen es da nur raffinierter an als in den offenen Anstalten. Die Mauern sind von vornherein ein Misstrauensvotum gegen die Ankömmlinge; darum sorgen sie auch dafür, dies Misstrauen zu rechtfertigen." Das Stephansstift sollte also „offene Anstalt" bleiben, „nur für ganz renitente Burschen oder unverbesserliche Ausreißer" sollten „geeignete Hindernisse" geschaffen werden. Das ursprünglich geplante „Arresthaus" wurde dann aber letztlich doch nicht gebaut, da sich innerhalb des ersten Jahres der Fürsorgeerziehung gezeigt hatte, dass man auch ohne ‚stille Zellen' auskam" (Backhausen, zitiert nach Winkler/Schmuhl ebd.)

Wilker selbst wird vermutlich auch die *Sophienhöhe* unter der Leitung von Johannes Trüper, in der er zwei Jahre mitgewirkt hatte, als eine menschlich geführte Einrichtung mit warmherziger Atmosphäre eingeschätzt haben – auch Trüper war ein engagierter Gegner der Prügelstrafe (Trüper 1906). Freilich stand diese Einrichtung einem etwas anderen Personenkreis zur Verfügung: Kindern und Jugendlichen mit geistigen Behinderungen.

Wir sehen, zumindest an wenigen Beispielen, dass damals eine andere Fürsorgeerziehung möglich war. Es wäre spannend zu rekonstruieren, warum Reformen an einigen Orten umgesetzt werden konnten, an anderen dagegen nicht? Festzuhalten ist in diesem Zusammenhang das Statement von Herrmann, eines Mitarbeiters von Wilker, der um 1930 einschätzte, dass nur etwa 30 % der Fürsorgeheime halbwegs fortschrittlichen, fachlichen Standards Rechnung trugen (vgl. Malmede 2004, 263).

5.2.4 Die weitere Entwicklung

Wie ging es in den nächsten Jahren weiter mit der Krise der Fürsorgeerziehung in der Weimarer Republik? Nicht so eindeutig wie Peukert die Entwicklungslinien konstruiert hat – nämlich als direkten Weg von der Versammlung von sozial Auffälligen in Anstalten zur Selektion von *„Kranken"* bis zur *„Vernichtung unwerten Lebens"* (Peukert 1986). Dickinson sieht die Linien eher verzweigter und vom Ergebnis her ambivalenter (Dickinson 2002). Drei Lösungsversuche wurden ihm zufolge damals ins Auge gefasst und umgesetzt:

- Der erste bestand darin, einen immer größeren Teil von Fürsorgezöglingen als *„unerziehbar"* und *„psychopathisch"* zu bezeichnen und Sondereinrichtungen zuzuführen (ebd. und Kölch 2002). Dickinson sieht darin aber auch positive Aspekte, weil die Einrichtungen, die diese Kinder/Jugendliche aufnahmen, kleiner, überschaubarer sowie besser ausgestattet waren und von Kinder- und Jugendpsychiatern begleitet wurden (Dickinson 2002, 187).

Auch Wilker wollte als Leiter des Lindenhofs die „*Psychopathen*" abgetrennt unterbringen, aber keinesfalls physisch vernichten (Pape-Balling 1989a., Wilker 1921a, 22f.).

- Eine zweite „Lösung" bestand im massiven Ausbau von präventiven Strukturen, allen voran den Erziehungsberatungsstellen, die in allen größeren Städten aus der Taufe gehoben wurden (Dickinson 2002, 193). Man wollte frühzeitig an die Probleme herankommen und setzte dabei auf die Eltern als maßgebliche Architekten des Familienlebens. Diese Entwicklung wurde in relativ kurzer Zeit energisch vorangetrieben, aber brachte nicht die Ergebnisse, die man sich davon erhoffte: die Zahl der Eingriffe in Familien und die der Herausnahmen und Überführung in Fürsorgeeinrichtungen ging dadurch nicht zurück.
- Eine dritte „Lösung" bestand in der Idee einer gesicherten Langzeitunterbringung für Integrations-unfähige bzw. -unwillige Jugendliche, die man „*Bewahrung*" nannte; sie entsprach vom Setting her in etwa dem heutigen Maßregelvollzug (ebd., 189): „*Obgleich das Bewahrungsgesetz nie in Kraft getreten ist, hat es als Desiderat die Gefährdetenfürsorge ein halbes Jahrhundert maßgeblich beschäftigt. In der Weimarer Republik gab es dazu mindestens elf Gesetzentwürfe [...]*" (Willing 2003, 12). Das diese Maßnahme begründende Gesetz wurde aufgrund unklarer Finanzierungszuständigkeiten zwischen Staat und Kommunen, aber auch durch den Widerstand liberaler bzw. linker Kräfte im Parlament immer wieder verhindert. Damit wurde dem Prinzip *Zwang* jedes Mal eine offizielle Absage erteilt. Erst mit dem Aufkommen nationalsozialistischer Erziehungsideen wurde der repressive Charakter der Jugendhilfe energisch verstärkt.

5.3 Die Zwangserziehungsanstalt für Knaben in Berlin-Lichtenberg

Die „*Zwangserziehungsanstalt für verwahrloste Knaben der Stadt Berlin*" wurde ab 1894 „*neu gebaut und reagierte auf ein wachsendes Heer von männlichen Jugendlichen in Berlin, die nicht mehr zur Schule gingen, alleine oder in Gruppen Delikte begangen oder während ihrer Lehre so auffällig wurden, dass sie von ihren Lehrherren angezeigt wurden* (Hesse/Ross 1998, 24). „*Die Anstalt umfasst 200 Betten und besteht aus dem Erziehungshause, dem Wirtschaftshause, der Turnhalle und dem Wohnhause. Sämtliche Gebäude umschließen einen Hof, so dass die ganze Anstalt leicht zu übersehen ist und der einzige Zugang vom Pförtner sicher überwacht werden kann*" (ebd., 25). Die Einrichtung wurde am 10. Juni 1896 unter dieser Bezeichnung (Zwangsanstalt) bezogen.

Auch damals wurden schon Statistiken geführt: Bis 1901 wurden 857 Zöglinge entlassen, von denen 108 wegen weiterer Vergehen in die Anstalt zurückgeschickt wurden. 237 wurden für längere Zeit an andere Anstalten vermittelt, 183 kehrten zu ihren Eltern zurück, 64 davon mussten *„zur weiteren Korrektur"* zurückkehren (ebd.). Ab dem Jahr 1901, in der das neue Fürsorgegesetzt beschlossen worden war, trug die Einrichtung die Bezeichnung: *„Fürsorgeanstalt Berlin-Lichtenberg"*. Während anfangs Jungen ab einem Alter von 12 aufgenommen wurden, wurde die Einrichtung ab 1. Januar 1903 nur noch von Schul-entlassenen Jugendlichen belegt (ebd.). Im April 1935 wurde die Einrichtung als Erziehungshilfeträger aufgelöst und diente von 1937 bis 1939 als *„städtisches Arbeits- und Bewahrungshaus"*, was bedeutet, dass hier bis zu 300 Erwachsene eingewiesen wurden, *„um sie vor Verwahrlosung und Straffälligkeit zu bewahren"* (ebd., 26). Ab 1939 wurden die Gebäude als Hilfskrankenhaus verwendet, 1942/43 erlitten sie gravierende Beschädigungen bei Bombardierungen durch die Alliierten. Ab 1951 dienten die wieder hergestellten Gebäude und das ganze Areal als Kinderkrankenhaus (ebd., 29.). Aber zurück zur Einrichtung um 1917. Ein enger Mitarbeiter Wilkers schreibt:

„Dort wo die gedrängten Wellen des Steinmeers Berlin an den ersten Wellenbrechern der grünen Wiesen sich spalten und zerschellen liegt der Lindenhof. Viel Grün umschließt ihn, und die Baumgruppen des Zentralfriedhofs und der Irrenanstalt Herzfelde geben einen freundlichen Hintergrund. Freilich, die jungen Menschen, die zum ersten Mal [...] zu ihm geführt werden, achten der Schönheit kaum; ihnen scheint [...] der Lindenhof wohl gar ein unangenehmerer Aufenthaltsort als die beiden benannten Nachbarn des Lindenhofs" (Behnke in Wilker 1921a, 107 f.).

Wilker hält fest: *„Da liefen nun nahezu 300 Burschen herum. [...] Und wenn man so sah wie sie ankamen: oft zerlumpt und zerfetzt und kaum gewaschen, von einem älteren Mann an der Hand geführt, aber nicht wie man Kinder führt, wie man einen lieben Menschen führt, nein an der ‚Longe', wie der Fachausdruck lautete, eine feste Schnur, eine Kette, die ums Handgelenk geschlungen wurde und dann ging's im Trab hinaus zur ‚Lichte'. So hieß im Berliner Volksmund die Erziehungsanstalt, an Lichtenbergs Grenze, sich fast versteckend im Walde von Herzfelde. [...] Und gefürchtet war die ‚Lichte' auch. Man erzählte ich abenteuerliche Sachen von ihr. Von einem Beamten, den man mal aufgehangen habe im Birnbaum. Von einem anderen, den man den Schädel eingeschlagen. Von Wächtern, die man deshalb mit Säbeln bewaffnet im Hof hatte spazieren lassen. Von Prügeln, die es reichlich gäbe. Von grausamen Erziehern. Von wenig Freuden. [...] Das war wohl alles mal gewesen, grad wie die Tische und Bänke und Stühlen noch vor wenigen Jahren mit Winkeleisen festgemacht gewesen waren. Märchen waren es nicht eben. Aber wie schon angedeutet: es war gewesen; human sein wollende Menschen hatten damit aufgeräumt"* (ebd., 15).

Als Wilker im April 1917, also noch mitten im Krieg, Direktor wurde, hatten die internen Verhältnisse bereits eine Entwicklung vollzogen. Einiges *„war gewesen"*: es war vorbei und doch noch atmosphärisch präsent.

Kommentar: Kryptischer liest sich der Satz von den *„human sein wollenden Menschen"*, die aufgeräumt hatten. Auf den nächsten Seiten wird dann auch deutlich, dass Wilker einen Vorbehalt gegen die angebliche Humanität dieser Menschen hegte: Sie wollen human sein, aber sie sind es nicht wirklich, weil sie damit lediglich modischen, gesellschaftlichen Konventionen folgen (ebd., 16). Wir werden später sehen, dass sich an der Frage, wie viel neuer Geist vor ihm schon eingezogen war und welcher Geist dennoch gefehlt hatte, eine Debatte zwischen ihm und seinem Vorgesetzen entzünden sollte (Kap. 5.6.2 und 5.7 Hypothese 3).

Immer noch hatte die Einrichtung eine Doppelfunktion zu bewältigen: Sie diente dem Jugendamt und der Polizei zur Einweisung von Jugendlichen, die im Rahmen von Schule und Ausbildung auffällig geworden oder angezeigt worden waren. Diese Jugendlichen, im Jahresdurchschnitt waren es nach Wilkes Angaben zu seiner Zeit bis 1.500, mussten aufgenommen werden ähnlich wie das heute in Jugendschutzstellen oder im Jugendnotdienst üblich ist. Sie wurden erstmalig registriert oder von einer vorangegangenen Unterbringung wiedererkannt, desinfiziert, ärztlich untersucht und diagnostiziert. Danach wurde entschieden, ob sie bleiben oder in eines der Berliner Heime weiter weg wie z. B. in Posen (Witikow etc.) geschickt wurden. Wilker selbst schreibt:

„Es wäre schließlich angegangen, wenn die nun ein Vierteljahr, ein halbes Jahr dageblieben wäre. Doch blieben sie oft nur Tage dar. […] Manche darunter zum zweiten, dritten, vierten Mal. […] Und seit ich weg bin, kam Groß-Berlin (seit dem 1. Oktober 1920, M. S.) *– und machte es noch schlimmer"* (ebd., 22).

„Was eine solche Unruhe bedeutet? Jede Stetigkeit in der Arbeit wird durch sie gefährdet. Ich muss immer wieder von vorne anfangen […] Erzieher und Kinder litten gleichermaßen darunter" (ebd.). Aber da *„waren Buben darunter, die waren lungenkrank und gehörten sofort in die Heilstätte. Man sollte meinen, das geht so ohne weiteres. Aber nein: behördlich dauert's Monate, und oft steht man Ängste aus, ob's überhaupt gelingt. Andere waren geschlechtskrank und mussten sofort ins Krankenhaus. Psychopathen, Schwachsinnige jeden Grades kamen. Die waren zu begutachten, ehe sie anderweitig unterzubringen waren"* (ebd., 22 f.).

Kommentar: Bei 1.500 Jugendlichen im Jahr bedeutet das einen mittleren Anfall von über hundert Neuaufnahmen jeden Monat, also etwa drei bis vier Jugendlichen pro Tag. Sicher gab es saisonale Schwankungen, im Winter gab es mehr Einweisungen, im Sommer konnten sich jugendliche Trebegänger besser entziehen und selbst versorgen etc. Man kann sich gut vorstellen, dass diese Arbeit alleine einen Direktor hätte ausfüllen können.

Wilker musste immer wieder entscheiden, wer von den Neuaufgenommenen bleiben und wer gehen musste:

„Mir galt dafür: wer unter seinen Kameraden leidet oder sie leiden macht, den tut man besser fort. Aber das Forttun dauerte oft so lange, bis wir uns nur noch schwer von solchen Buben trennten. [...] Und dann konnte es anderswo dazu kommen, dass man fragte: solche Jungen schicken die weg? [...] Ja sogar: mir persönlich unbequeme Jugendliche hätte ich in die Irrenanstalt gebracht (die damalige Jugendpsychiatrie Herzfelde lag um die Ecke, M.S.). *Ja – leider mussten wir dann und wann schwer erregte Jungen in die Irrenanstalt bringen, meist wenn sie selbstmordverdächtig waren. Andere behielten wir trotzdem, versuchten es immer wieder. Und andere holten wir nach kurzer Zeit wieder zu uns zurück"* (ebd.).

Dieses Zurückholen oder Bleiben-lassen war möglich, weil die Anstalt auf dem gleichen von Mauern umgebenen Gelände neben der „Aufnahme- und Verteilungsstation" über fünf Gruppenhäuser verfügte. 20 bis 30 Jugendliche lebten je in einem dieser Häuser, oft aber auch mehr (siehe unten, c). Das Ziel dieser Erziehungshäuser war es die Jugendlichen zu halten, d. h. in erster Linie das Weglaufen unmöglich zu machen, sie zu versorgen, an regelmäßiges Aufstehen und Arbeiten zu gewöhnen und wenn möglich eine Lehre beginnen und auch abschließen zu lassen. Leider gibt es kaum gesicherte statistische Angaben über die durchschnittliche Verweildauer dieser Zöglinge. Aus dem, was Wilker später schildert, geht hervor, dass es in der Regel um einen Zeitraum von ein bis zwei Jahren geht (in der Festschrift *„100 Jahre Lindenhof"* wird für die Jahre mit Wilker eine Belegung von 169 bis 213 angegeben; diese Zahl betrifft wahrscheinlich nur die in Gruppen aufgenommenen Jugendlichen (Pansow/Hesse 1998, 40)).

5.4 Wilkers Text über seine Arbeit im Lindenhof

Kommen wir nun zu der praktischen Arbeit, die Wilker geleistet hat. Wir lassen ihn diese überwiegend selbst darstellen, systematisieren seine Reformbestrebungen (1–9) lediglich (5.4.3). Dabei beziehen wir uns vor allem auf seinen zentralen Text *„Der Lindenhof: Werden und Wollen"*, der im zweiten Quartal 1921 erschienen ist (hier Wilker 1921a). Den ebenfalls 1921 erschienenen Artikel *„Fürsorgeerziehung als Lebensschule"* ziehen wir nur dort heran, wo er sich kritisch auf andere Stellungnahmen zu Wilkers Zeit im Lindenhof bezieht (Wilker 1921b). Zuvor führen wir in den Publikationszusammenhang und den damals typischen Schreibstil ein (5.4.1), weil uns heutigen Leser:innen schon in seiner Einleitung einiges unverständlich und/oder exotisch anmuten mag.

5.4.1 Textgattung, Sprachstil, Verlag und kulturelles Umfeld

Was Wilker über seine Arbeit im Lindenhof verfasst hat auf einen Begriff zu bringen, ist nicht einfach. Ein (Fach-)Buch ist es nicht, dazu enthält es zu viele heterogene Materialien: programmatische Erklärungen, zustimmende Zeugnisse von Kollegen, Zeitungsartikel, Briefe, expressionistische Holzschnitte etc. Für einen Sach-Bericht oder eine Dokumentation geht er zu wenig chronologisch vor und liefert auch zu wenig an Informationen, um sich den Verlauf des Projekts vorstellen zu können, vor allem nicht bezogen auf die Institutions-internen Dynamiken. Da das Werk „Der Lindenhof" bisher noch nie genau als Text untersucht wurde, aber erwartbar ist, dass schon aus dem Publikationszusammenhang und der Analyse der Textstrukturen Hypothesen für das Scheitern des Projekts entwickelt werden können, werde ich es hier genauer analysieren als bisherige Texte.

Wilker hat den Text vermutlich in den ersten Wochen bzw. Monaten nach seinem Ausscheiden aus dem Lindenhof verfasst, den er am 30. Oktober 1920 endgültig verlassen hatte, während sein Text bereits Mitte 1921 in der ersten Auflage erschien. Und zwar in einem Verlag in Heilbronn, der sich „Lichtkampf-Verlag" nannte und zwei Reihen herausgab: „Die erste Reihe: der Schönheit der Ruhe-Stunde gewidmet. Die zweite Reihe: der erneuernden Arbeit der Werk-Tags (sic!) dienend".

> *Kommentar:* Die grammatikalischen Ungereimtheiten scheinen dem Verleger nicht aufgefallen zu sein. Man würde sich „Ruhe-Stunde*n*" erwarten in Kombination mit „Werk-Ta*gen*", aber dem Verleger Hans Altermann scheint der Singular wichtig, auch wenn dieser bei „Werk-Tags" ein „des" verlangen würde.

Welchen Verlag hatte sich Wilker für seine Publikation ausgesucht? G. Emig schreibt:

„Zu den kurzlebigen Heilbronner Verlagen der zwanziger Jahre gehört der Lichtkampf-Verlag Hanns Altermann, der die Autoren der Jugendbewegung veröffentlichte" (Quelle, siehe unten). Über die beiden Reihen schrieb der Herausgeber Altermann: *„Die Lichtkampf-Bücher kämpfen den Geist des Lichts wider alle Mächte der Finsternis. Bausteine wollen sie sein zum Bau eines deutschen Hauses voller Licht und Sonne, errichtet mit frohstarkem Lebensmut für taterfülltes Leben seiner Männer und Frauen und für artedle Beschaulichkeit in den Feier-Stunden"* (http://www.guenther-emig.de/index.php/im-internet/miscellen/14-der-lichtkampf-verlag-hanns-altermann).

Um sich ein Bild von dem Verlag – und damit auch von Wilker – machen zu können, seien noch drei weitere Bücher aus dem Verlagsprogramm genannt, die auf den letzten Seiten des „Lindenhof-Buches" beworben werden:

„Band 1: ‚Es taget in dem Osten…' Gedichte neudeutscher Jugend. Gesammelt von Karl Albert Schöllenbach und Hanns Altermann. Mit ganzseitigen Schwarz-Weißbildern deutscher Jugendburgen. Heilbronn am Neckar: Lichtkampf-Verlag Hanns Altermann 1921. 133 S. Mit Beiträgen von Ernst Orloff, Hanns Altermann, Gerhard Bornitz

[...], Emil Engelhardt, Franziskus Hähnel, Kurt Kläber (1897–1959, Mitglied des Spartakusbundes, später der KPD, von der er sich 1938 abwandte), [...] und Karl Wilker (!, M. S.). – ‚ein sinniges und stattliches Geschenkbuch für alle Leute der Jugendbewegung, aus der es kommt'.

Band 2: Eva-Maria [...]: Der Schrei des Weibes. Miniaturen aus dem Frauenleben unserer Zeit. Mit 5 [eingedr.] Orig.-Holzschnitt-Drucken von Maria Heckert-Fechner. Heilbronn. Kettwig: Lichtkampf-Verlag Hanns Altermann 1921. 127 S.

Band 3: Bruno Wiehr: Der männliche Körper in Linien und Licht. 30 Naturaufnahmen männlicher Körperschönheit. Begleitender Text von Magnus Weidemann. Kettwig, Düsseldorf-Oberkassel: Lichtkampf-Verlag Hanns Altermann 1921. 29 S., 30 Tafeln".

Kommentar: Das Themenspektrum erscheint breit angelegt und doch konturiert: Eine Sammlung von Gedichten aus der Jugendbewegung (an denen auch Wilker mitgewirkt hat), Frauenbewegtes und ästhetische Bilder nackter Körper im Kontext der Freikörperkultur, die in Teilen der Wandervogelbewegung verbreitet war. Die Sprache mutet uns heute seltsam an. *„Es taget in dem Osten"* oder *„Weib"* für Frau, aber auch die offensichtliche Dramatisierung mit dem *„Schrei"* in Verbindung mit der *„Frauenknechtschaft"*. Auch Worte wie *„artedle Gesinnung"* oder ein *„sinniges Geschenkbuch"* würden wir heute nicht mehr verwenden. Es handelt sich um eine Sprache, die auch damals von der Mehrheit der Gesellschaft weder gesprochen noch verstanden wurde, aber einem engeren Kreis von Personen aus der Jugendbewegung durchaus geläufig war und als eine Art von sozialem Erkennungsmerkmal fungiert hat: „Lass mich hören wie du sprichst oder schreibst und ich weiß, woher du kommst und wohin du willst".

Dieses Mitsenden von über den Sachgehalt hinausgehenden Informationen gilt selbstverständlich für alle mündlichen und schriftlichen Kommunikationen und fällt uns hier zunächst nur auf, weil es sich um eine aus der Mode gekommene Sprache handelt. Darüber hinaus passt das Verlagsprogramm – wie wir noch sehen werden – zu Wilkers Persönlichkeit und Interessen. Auch zu seinem Frauenbezug, der gleich zu Beginn seines Textes deutlich wird:

5.4.2 Einleitung: Widmung und Programm

„Ich könnte dieses Buch widmen den Freundinnen, die-- wie nur Frauen es vermögen – zutiefst den Sinn meiner Arbeit und meines Wesens erfassten und fähig waren zu einer echten Gemeinschaft. Und sie sagen mir: gib dieses Buch zueigen allen Menschen, die eine Not noch verstehen können, die noch sehen können die Menschenleere, die Menschenlosigkeit ringsum" (Wilker 1921a, 9).

Neben dem Frauenbezug und den Gedichten aus der Jugendbewegung entspricht auch das dritte, oben beworbene Buch über den nackten männlichen Körper der

Einstellung Wilkers, der auch im Lindenhof nacktes Turnen und unbekleideten Dauerlauf einführen sollte, wobei es sich dabei in erster Linie um den Ausdruck von Freude am Körper und seiner Dynamik handelt (und nicht um seine erotische Aufladung), in gewollter Spannung zum als bedrückend empfundenen Puritanismus der wilhelminischen Gesellschaft stehend. Deren Lebensbedingungen, vor allem in den Städten, waren von der Wandervogelbewegung als überzivilisiert und körperfeindlich erlebt und angeprangert worden.

Wilker stammt aus diesem Milieu und bedient sich dessen Sprache ganz selbstverständlich. In seiner Einleitung nennt er den Akt des Schreibens als das *„Malen eines Bildes"*:

„[E]in Bild aus dem Leben sehnsuchterfüllter neuer Menschen, nicht nur in Deutschland, auf Erden überhaupt" (ebd., 7). Was sind das für Menschen? Sie sind *„durchdrungen von einer inneren Wahrhaftigkeit, die rücksichtslos ist gegenüber aller lügnerischen Konventionalität, mit der bisher das beste Bild abzugeben war in einer Gesellschaft, die auf Lüge, Hohlheit, Verfall – auf Seelenlosigkeit – aufgebaut ist"* (ebd.)

Was folgt daraus für seinen Text?

„Und nur so kann man den Lindenhof, kann man auch dieses Buch nur verstehen, wenn man immer dieses im Auge hat: hier handelt es sich nicht um Propagierung eines neuen Erziehungssystems, eines besonderen Erziehungsheims, um Rettung einer gefährdeten Sache, um Verherrlichung eines neuen Werkes… nein: nur um den Menschen, um den jungen Menschen, um diesen Menschen in erschütterndster Not, an dem Ihr anderen vorbeigegangen seid, ohne ihn zu merken, weil Ihr verlernt habt, den Menschen in seiner Nacktheit zu sehen, in seiner Kindhaftigkeit, in seiner Wesenheit als Mensch" (ebd.)

> *Kommentar:* Bereits auf der ersten Seite seines Textes begegnen wir einer expressiven Sprachgestaltung, die vor dem, was uns heute als Pathos erscheint, nicht zurückschreckt. Begriffe wie *„sehnsuchterfüllter neuer Mensch", „auf Erden überhaupt", „in seiner Wesenhaftigkeit als Mensch"* verdeutlichen den Anspruch, dass es hier um eine große, bedeutungsvolle Sache geht, die weit über Berlin und Deutschland hinausweist, ja die ganze Welt bzw. die ganze neue Zeit betrifft. Das passt gut zum Ende des Ersten Weltkrieges und zu der Stimmung der Notwendigkeit eines umfassenden Neuaufbruchs, der ansteht: Nicht Einzelnes, das Ganze kann und muss in Frage gestellt und endlich gut werden!

„Es geht um eine Lebensreform, die sich in neuen Formen gemeinschaftlicher Aktivitäten wie Wandern, Sport, Baden, aber auch eine neue Einstellung zum Kind und zum Heranwachsenden, zum anderen Geschlecht, zum Geschlechtlichen überhaupt ausdrücke sollte" (Kolb 1993, 105).

Aber selbst eine so breite Strömung wie die Lebensreform-Bewegung füllt den geistigen Horizont von Wilker nicht aus: Er steht Autoren wie Nietzsche, Martin Buber, Rabindranath Tagore aber auch Klassikern wie Goethe oder Laotse nahe, zitiert aus ihnen in seinem Bericht und liest sie gemeinsam mit interessierten Jugendlichen im Lindenhof (Wilker 1921a, 36 und 73 f.).

Wir stoßen gleich zu Beginn aber auch auf eine anklagende Sprache: *„Ihr"* seid achtlos vorbeigegangen, *„ihr"* habt nicht erkannt. *„Ihr"* habt verlernt; diese Form der Ansprache erhält angesichts dessen, um was es geht: *„erschütterndste Not"*, eine deutlich moralisierende Aufladung. Während einzelne wie Wilker erkennen und recht handeln, bleiben die anderen blind und in einer Gesellschaft gefangen, die auf *„Seelenlosigkeit"* aufgebaut ist.

Kommentar: Diese Einstellung, die sich selbst im Licht stehen sieht, die Anderen aber als verblendet und verirrt bezeichnet, kommt natürlich bei den Anderen, die angesprochen werden, nicht – zumindest nicht, wenn sie nicht schon selbstkritisch gesonnen sind – gut an. Man kann sich lebhaft vorstellen, wie sie darauf mit Abwehr reagieren. Zu Wilkers Ehrenrettung muss man anmerken, dass wir die Gefahren von Moralisierung und Polarisierung heute, 100 Jahre nach Wilker, sehr viel leichter erkennen und analysieren können (Omer et al. 2014). Wilker war – ähnlich wie die Anhänger der alternativen und/oder spirituellen und auch der politischen Bewegungen der Jahre 1965 bis 1985 noch ganz und gar davon überzeugt, dass eine solche Sprache aufrütteln und zum Überdenken des eigenen Lebens führen könnte. Damit folgen beide, zeitlich durch Zäsuren getrennt verlaufene, Alternativ-Bewegungen – wenn auch ungewollt und unerkannt – Kommunikationsmustern aus dem Bereich der Religion, insbesondere denen von Propheten und/oder Predigern. Auch diese wollten aufrütteln, belehren und zur Umkehr anstiften.

Wahrscheinlich würde Wilker zurückweisen, eine solche Rolle eingenommen zu haben; vermutlich würde er für sich reklamieren, vor allem Zeugnis ablegen zu wollen von der inneren Not junger Menschen, auch und gerade solchen in Erziehungsanstalten; und das Wenige darzustellen, was er für sie getan hat:

„Ein Schrei möchte sich losringen aus meinem Herzen. Der Schrei nach neuer Menschwerdung. Der Schrei, der aus hunderten, aus tausenden Jungensherzen in meine Seele dröhnt: hilf uns wieder Menschen zu werden!" (Wilker 1921a, 9). *„Wer anderes in diesem Buch sucht, wer eine Programmschrift erwartet oder einen Rechtfertigungsversuch, ein Pamphlet oder eine Hetzschrift, eine Gebrauchsanweisung oder ein Reformtraktätlein, der klappe es unbekümmert wieder zu. Denn es ist zu schlicht dafür."* (ebd.).

Kommentar: Wilker kokettiert hier ein wenig mit der Schlichtheit seines Werkes. Wir werden sehen, dass er selbst einiges an Ansprüchen mit diesem verbindet. Auch wenn er es negiert: Es handelt sich – wie wir noch sehen werden – eben auch um eine *Programmschrift*, einen Rechtfertigungsversuch, ein Pamphlet und ein Reformtraktat. Etwas zu leugnen,

> was man dann doch tut, stellt ein Stilmittel dar, genauer ein Selbststilisierungsmittel. Wir werden diesen Gestus auch bei Bernfeld und seinem „Bericht" kennenlernen. Man kann diese Strategie lächelnd zur Kenntnis nehmen, aber man muss doch auch die damit verbundene Gefahr benennen: Wenn man das zwei, drei Mal macht, werden Zuhörer:innen und Leser:innen immer weniger glauben was man sagt, weil sie mitbekommen, dass es entgegen der Ankündigung ja doch dazu kommt. Diese Form von Kommunikation entwertet sich a la longue. Ich schreibe das hier, weil ich vermute, dass Wilker so auch mit seinen Mitarbeitern kommuniziert hat.

5.4.3 Sozialpädagogische Reformen: Was hat Wilker vorgefunden, was hat er verändert?

Wilker war – anders als viele glauben und er zumindest ansatzweise in seinem Text selbst glauben machte (siehe oben das *„war gewesen"* und die Erläuterungen von A. Knaut in Kapitel 5.1. und 5.2.4) – nicht der erste Reformer der Lichtenberger Einrichtung, vermutlich aber der radikalste und politisch am weitesten links stehende; noch dazu der Einzige, der dort Ideen der Lebensreform und Wandervogelbewegung einbringen wollte. Das werden wir weiter unten noch genauer untersuchen (siehe: Knauts Sicht auf das Scheitern in Kapitel 5.6). Hier wird zunächst dargestellt werden, wie er seine eigene Arbeit und die von ihm angeschobenen Reformprojekte schildert.

1. Umgestaltungen zunächst auf der Verteilungsstation: Wie oben bereits ausgeführt, besitzt die „Fürsorgeerziehungsanstalt" eine doppelte Funktion: Sie dient einerseits als Einweisungsstätte für die Polizei und das Jugendamt und damit als Clearing- bzw. Verteilungsstelle und soll andererseits für einen größeren Teil der eingewiesenen Jugendlichen eine mittelfristig angelegte Erziehungseinrichtung darstellen, die über die Arbeit in Werkstätten und das Leben in Großgruppen korrigierend auf deren Lebensführung einwirken will.

Alle neu zugeführten Jugendlichen, Wilker spricht insgesamt von *„ständig"*, also täglich 25 bis 30 Jungen, oft aber auch 60 bis 70 (ebd., 20), kamen zunächst in die *„Verteilungsstation"* und durchliefen dort eine Registrierung und Eingewöhnungszeit (ebd., 20 f.).

> *„Erst hauste sie in einem Nebengebäude"*, wurde von Wilker aber in ein größeres Haus verlegt: *„Zwei Schlafsäle hatten wir, einen Wohnraum, einen Arbeitsraum und einen schönen hellen Gang davor. Grau war zwar alles. Grüngrau muss wohl mal die Farbe aller Anstalten gewesen sein. Aber wir hingen viel Bilder hin, bunte lachende Steinzeichnungen. Nahmen ab die blutrünstigen Kriegsbilder, nahmen ab den Kitsch. Dieser und jener schenkte mir gute Bilder oder Geld dafür. […] Vasen mit Blumen auf den Tischen. Weiße Bettlaken als Tischdecken; zu echten reichte ‚s Geld nicht. Blumen auf*

den Fensterbrettern, den Wandbrettern, in Körben, überall, möglichst viel [...]. Ein paar Karnickel tollten im Gang, Tauben gurrten" (ebd.).

Kommentar: Offensichtlich erhält die Aufnahmestation eine zentrale Lage und ein erweitertes Raumprogramm, aber noch wichtiger eine erhebliche atmosphärische Umgestaltung. Blumenvasen und Tischdecken, die allerdings schon Knaut für seine Amtszeit reklamiert hatte (Knaut 1921, 198), kann man noch als konventionelle Gestaltungsmittel betrachten. Aber Topfpflanzen in der beschriebenen Menge erstaunen, weil sie eben auch als Wurfgeschosse zu benutzen wären (ein Argument gegen Pflanzen in einer Wohngruppe, das ich noch 2005 gehört habe, M.S.). Am meisten aber erstaunen die Karnickel auf dem Gang und die gurrenden Tauben (Brieftauben?) vermutlich in unmittelbarer Nähe oder Innenvolieren mit Freiflugmöglichkeiten? Hier hat Wilker vermutlich Elemente aus der Sophienhöhe in Jena mitgebracht.

„Und dann kam gleich das Schmerztragen: ‚Runter mit der Tolle'. Immer gab das Kämpfe. Tränen bei den Buben: muss das sein? Bestehen beim Hausvater, bei der Schwester: ja auf dem Alexanderplatz gibt es Läuse. Und überhaupt diese langen Haare. Aber schließlich hatten wir's doch so weit, dass man die Haare nur, wenn es dringend not war, herunterschor. Und ich fragte mich immer wieder: muss diese Tortur sein?" (ebd.).

Kommentar: In vielen Fürsorgeinstitutionen gab es regelrechte Aufnahmerituale, die nicht nur dem offiziellen Grund, der Bekämpfung der Läuse, dienten, sondern der Uniformierung der Zöglinge dienen sollten und gerade da ansetzten, wo es den Jugendlichen am meisten weh tat: an ihrer Frisur. Sie zielten auf Entpersönlichung, wenn nicht Auslöschung ihrer Individualität und ihres Eigensinns. Hier beweist Wilker ein sensibel mitfühlendes Herz. Die Jungen hängen an ihren Haaren, ihrer Frisur. Sie tun ihm leid. Es gelingt ihm offensichtlich den Hausvater und die amtierende „Schwester" nach und nach zu überzeugen, dass diese Prozedur nicht regelmäßig erfolgen muss. Nur in Ausnahmesituationen z.B. bei Läusen oder Verfilzungen. Aber Wilker lässt offen, wie weit es mit diesem *„schließlich hatten wir's doch so weit"* gegangen ist: Immerhin scheint die von Wilker gewollte Veränderung für die beiden Angestellten eine Herausforderung gewesen zu sein. Wie viel Druck von seiner Seite dafür nötig war, wie weit die anderen innerlich mitgehen konnten, bleibt offen. Das *„wir"* verdeckt hier vielleicht anhaltende Unterschiede zwischen ihm und den auf dieser Station Verantwortlichen. Oder handelt es sich um einen „pluralis maestatis" nach dem Motto: „endlich hatte ich sie so weit"? Im Zusammenhang mit der Beschreibung der von ihm vorgefundenen Ist-Situation skizziert Wilker auch seine Utopie:

„[I]n der Mitte die Festhalle. Herum in kleinen Häusern Familiengruppen von 10 bis 12 Kindern, Buben und Mädchen, großen und kleinen; weiter kleine Schulgemeinschaften (womit Wilker Klassen meint, nicht eine ‚Schulgemeinde' wie Bernfeld); *Werkstätten aller Art; Ställe; Landwirtschaft, Gärtnerei; kleine Läden; Kranken- und Erholungsheime;*

alles was not tut. Es wäre das Reich der Jugend, ihre Republik gewesen. Aber: für Deutschland bleibt's ein Traum" (ebd., 24).

Vermutlich schreibt er diese Zeilen mit Blick auf die amerikanische George-Junior-Republic (Wilker 1913) und/oder die ihm ebenfalls bekannte englische Kinderrepublik von Homer Lane (Wilker 1929). Interessant ist, dass Bernfeld in dieser Zeit ebenfalls mit der Idee der Gründung einer Kinderrepublik befasst ist (s. Kap. 6.1 in diesem Buch).

Ganz frei von „*Verlegen und Abschieben*" (Freigang 1996) dürfen wir uns den Lindenhof auch unter Wilker nicht vorstellen, was auf den institutionellen Auftrag der Einrichtung mit Blick auf das kommunale Jugendhilfesystem zurückzuführen ist: Die Berliner „*Lichte*" war das zentrale Einweisungsheim mit Aufnahmeverpflichtung, einem heutigen Jugendnotdienst vergleichbar und deshalb auch mit der Aufgabe betraut, nach einer ersten Abklärung an andere Anstalten zu verteilen. Wilker schreibt:

„*Wenn der Hausvater der Verteilungsstation seufzte: wir haben keinen Platz mehr, dann musst ich sehen, wie und wo ich Platz schaffte. Und wenn man schließlich eine Anstalt gefunden hatte (wie z. B. Mieltschin, M. S.), dann ging's an ein Aussondern. Das war vielleicht die größte Grausamkeit, die schlimmste Vergewaltigung. Kaum einer ging gern. Und wenn's teilweise wohl auch nur die Nähe von Muttern war, die sie betteln ließ*" (Wilker 1921a, 25).

Wilker sieht klar, dass die kommunalen Aufnahmeverpflichtung zu strukturellen Widersprüchen bezogen auf die Motivierung der jungen Menschen führte:

„*Man hat mich oft gefragt, ob ich's verantworten könne, diese Jungen anderswohin zu geben, die da weinend wieder kamen und bettelten: lass mich hier- und ich durfte es doch nicht. Nein, aber sich musste sie ja weggeben, musste Platz schaffen für die immer neuen und neuen. Es gab kein: Es geht nicht mehr […] Und wenn unsere Arbeit nie das leisten konnte, was wir mochten, so lag's nicht zum wenigsten an der ewigen Angst vor diesem einer anderen Anstalt überwiesen werden. Keiner war sich seines Bleibens gewiß. Und manch einen hinderte das, auf unsere Ideen auch nur einzugehen*" (ebd.).

Die von ihm begonnene Reformbewegung ging aber weiter und erfasste auch die anderen vier Gruppenhäuser, die vorher noch Buchstaben-Bezeichnungen und Nummern vor den Türen getragen hatten und unter Wilkes Leitung in „*Familien*" umbenannt wurden:

„*In unseren ruhigsten Sommerzeiten kam's wohl mal vor, dass 15 bis 20 in einer Familie waren; meist waren es aber 40, oft bis zu 70.*" (ebd., 26). „*Wir haben uns oft darüber unterhalten, ob der Name Familie angebracht sei. Wir fanden keinen besseren.*

Gemeinschaft erschien unseren Kindern zu wertvoll. Gruppe zu militaristisch – also blieb's Familie" (ebd.).

Kommentar: Wilker hatte die Bezeichnung *„Familie"* vermutlich von der Sophienhöhe mitgebracht. Sie war aber auch schon im Rauhen Haus von Wichern eingeführt worden. Aber sein Argument überzeugt nicht: die Bezeichnung *Familie* erscheint ebenso fremd und unpassend wie die *Gemeinschaft*. Wenn diese Bezeichnung den Jugendlichen schon zu wertvoll erschien, wie sehr muss das für *Familie* gegolten haben, noch dazu wo die Familien der Jugendlichen unter Wilkers Leitung regelmäßig in die *„Lichte"* eingeladen wurden. Was mögen sich die Eltern gedacht haben, wenn die Jugendlichen von ihrer *„Familie"* sprachen und damit ihr Gruppenhaus meinten. Dagegen können wir uns heute kaum noch vorstellen, dass der Begriff *Gruppe* einen militärischen Beiklang aufgewiesen haben soll. Aber Wilker hat im Krieg, wenn auch als Arzt, gedient. Vielleicht hat ihn das geprägt? Bezogen auf diese Häuser schreibt er:

„Triste Melancholie [...] graugrüne Einheitsfarbe" (ebd.). (Vergebliche) *„Versuche zur Belebung: ein paar Blumenstöcke; ein paar Vasen, Tischdecken, wenige Bilder. Im Schrank ein paar zerlesene Bücher, ein paar abgenutzte Spiele"* (ebd.).

Kommentar: Immerhin stößt er auf Restezeugnisse vorangegangener Gestaltungsversuche. Wahrscheinlich ist vieles, was Knaut und Rake (sein Vorvorgänger und Vorgänger) angeschafft hatten, wieder zerstreut worden oder kaputt gegangen. Es gehört zu den *institutionellen Grunddynamiken*, dass jeder *neue Leiter/Leiterin* eher Mängel und Missstände sieht und weniger die Vorleistungen, auf denen er aufbauen kann. Wilker beschreibt im weiteren Verlauf wie ähnliche Verbesserungen (siehe oben) auch in diesen Gruppen nach und nach Platz greifen.

2. Wandlungen in den Werkstätten: Alle Jugendlichen, die bleiben konnten, mussten nach einer Stunde Schule am Morgen etwa sieben Stunden einer Arbeit nachgehen. Wilker hatte die Arbeitszeit bereits um eine Stunde verkürzt, um mehr Freizeit zu ermöglichen. Für viele Jugendliche war die Arbeit aber auch mit einer Ausbildung verbunden (ebd., 38). Diese vollzog sich in verschiedenen Werkstätten für Elektrotechnik, Buchbinderei, Stellmacherei, Schmiede, Schusterei, Gärtnerei, Tischlerei, Sattlerei, Schneiderei etc. (ebd., 28 ff.). Allen standen Handwerksmeister vor.

„Die haben sich einige Wandlungen gefallen lassen müssen in der ganzen wandelreichen Zeit" (ebd., 28); Wilker beschreibt, wie er manche Werkbereiche aus Randlagen in Kellern und aus Dachböden herausholt und ihnen attraktivere Standorte gibt. Manche Gewerke wie die Korbmacherei, Besenbinderei oder die Dreherei wurden aufgelöst, weil sie ihm zu mechanisch erscheinen und zur Abstumpfung beitragen würden. Die alte Sattlerei z. B. wurde in einen Desinfektions- und Badebetrieb umgewandelt, die Wäscherei von Hand- auf Maschinenwäsche umgestellt. Mit der Modernisierung ging auch ein Wandel in den Aufträgen

einher. Schlosserei und Schmiede, die vorher wohl ausschließlich für fremde Besteller arbeiteten, bekamen die Aufgabe auch interne Bedarfe zu decken und schlosserten z. B. für *„den Wohnraum der dritten Familie einen schönen Kronleuchter"* (ebd., 30).

> *Kommentar:* Mit Blick auf die späteren Konflikte fällt auf, dass Wilker schreibt: die Werkstätten haben sich Veränderungen *„gefallen lassen müssen"*. Damit depersonalisiert er den sozialen Zusammenhang. Nicht Personen, also die Gesellen und Meister, sondern *die Werkstätten* müssen sich Veränderungen gefallen lassen. Vielleicht unerheblich, vielleicht aber auch bezeichnend für ein Absehen von konkreten Vorbehalten konkreter Menschen, die Wilker doch sonst so am Herzen liegen.

Für alle diese Veränderungen setzt sich Wilker persönlich ein. So zieht er *„langsam und mühevoll"* die meisten Jugendlichen aus der als langweilig empfundenen Buchbinderei ab (ebd., 33).

> *„Und es blieben nur noch sechs, sieben, die wirklich Buchbinder werden wollten, die Lust hatten an ihrem Hand-Werk. Die banden Bücher, durften sich auch aussuchen welche und wie. Die machten nun auch Kästen und Schachteln. Die rahmten Bilder und hörten manchmal den Spott* (der alten Belegschaft, M. S.) *über Franz Marc, über Ludwig Meidner, über Cesar Klein […] weil man den Sinn ihrer Kunst, intellektualistisch-beschränkt nicht verstand"* (ebd.).

Da *„sind endlich die Schumacher. Ein Dutzend und mehr. Immer etwas in Gärung. Denn da war die Spannung zu groß. Kein rechtes Zusammenkommen. Zuletzt waren nur noch zwei Meister da. Da gings etwas besser […]. Ich sehe ganz von denen ab, die ich nicht brauchen konnte und wegschickte – Leuten, die in geheimnisvoll-ekeliger Lust prügelten"* (ebd., 34).

> *Kommentar:* Man kann sich vorstellen, dass solche Eingriffe in das Wo, Was und Wie der Produktion mit dem Ziel sinnvolles Arbeiten erlebbar zu machen, zu einigem Wirbel bei den alteingesessenen Handwerkern geführt hat, die zuvor bereits 10 oder 20 Jahre das Gleiche getan hatten und vermutlich keinen Reformbedarf sahen. Zugleich kommen sie mit dem neuen Leiter und einem neuen pädagogischen Stil in Kontakt, der Gewalt strikt ablehnt und konsequent mit Kündigungen ahndet; und noch dazu mit einem Kunststil, der nicht der ihre ist. Zu einem gravierenden Misshandlungsvorfall bei den Schustern, der hier nur anklingt, werden wir Wilker später noch hören, wenn er Lampels Buch *„Revolte im Erziehungshaus"* kommentiert (Wilker 1929, 51 f.).

Wilker schildert bei seiner Beschreibung der Atmosphäre in den Werkstätten wie stark diese von den Personen der Meister geprägt wurden: Den Meister der Druckerei, einen Herrn Perreaux schildert er z. B. so: *„Er, der Älteste von allen und doch der Jüngste. Zwei Dutzend Männer wie ihn, und es wäre eine Lust gewesen in* *unseren Werkstätten zu schaffen"* (ebd., 32). Einige solcher Männer gab es: *"Drei, vier Gärtner waren da. Ich habe sie geliebt. Die drei alten, treuen Seelen. Ganze Menschen"* (Wilker 1921a, 27).

> Kommentar: Mit der Sympathieerklärung für den Druckermeister und die Gärtner macht Wilker deutlich, was er unter „ganzen Menschen" versteht. Es kommt weder auf das Lebensalter noch die Ausbildung an, auch nicht auf eine akademische, sondern auf ein jung gebliebenes Gemüt und ein „Herz auf dem rechten Fleck". Mit Blick auf die Mehrheit der Angestellten äußert er allerdings:

„Und hier ist etwas weh in mir: wir haben zu wenige wirkliche Menschen unter unseren Handwerkern. […] Ich klage sie als Einzelne nicht an. Anklage ich nur die Gesellschaft, die in ihrer Armut und Verlogenheit diese liebleeren Menschen groß werden ließ und noch lässt" (ebd., 34). Und weiter: *„[…] ja dann hätten wir das Handwerk neu beleben können. Versuche dazu habe ich immer wieder gemacht. Aber sie fanden keinen Anklang, kaum Verstehen"* (ebd., 31).

> Kommentar: Damit macht er deutlich, wie wenige der Meister und Gesellen er für seine neuen Ideen gewinnen konnte.

3. Öffnung der Anstalt, endgültige Abschaffung der Prügelstrafe, Öffnung von Gittern und Zäunen: Auch wenn Wilker es nicht ausdrücklich erwähnt. Eine seiner ersten Maßnahmen bestand in der Wiederholung der strikten Anweisung auf alle körperlichen Formen der Bestrafung zu verzichten. Einer seiner Mitarbeiter schreibt: *"Die körperliche Züchtigung wurde ausnahmslos verboten; jeder Beamte, der sich doch einmal dazu hinreißen ließ, war der schärfsten Missbilligung Karl Wilkers gewiss"* (ebd., 109). Seine Biographin Pape-Balling spricht *"von sechs Entlassungen, mit denen er erst das Prügelverbot durchsetzen konnte"* (Pape-Balling in Wilker 1921a/1989, 236).

Auch sein Vorgänger (August Rake) hatte nach eigenen Angaben schon darauf gedrängt, aber vermutlich weniger konsequent als Wilker und hat „Rückfälle" vermutlich auch nicht so streng, mit Entlassung, bestraft. Rake reklamiert auch schon den Stacheldraht auf den Mauern rings um das Gelände und die Gitter im Innenbereich abgeschafft und überhaupt einiges an reformatorischen Ansätzen verwirklicht zu haben (Hamann/Lücke 2020, 11). Wilker selbst bilanziert: *„Ich fand Enge vor, gemildert durch Zugeständnisse an die Jungen, wo man sie hatte gewähren können ohne große Bedenken: gewisse Freiheiten, Blumen, Bilder, Lieder, Musik, Turnen, Sport (unterm Schlagwort militärische Jugendpflege)."* (Wilker 1921a, 46).

> Kommentar: Eine Würdigung von vorher Geleistetem, wenn auch unter dem klaren Verdikt „zu wenig"; und einem Hinweis auf den konservativ-reformatorischen Stil seines Vorgängers, auf den wir später noch eingehen werden (s. a. Kap. 5.7 Hypothese 3).

„Ich fand ein abgesägtes Fenstergitter im Treppenhaus vor, dafür aber ein verrammeltes Fenster. Ich fand einen Rohrstock vor, der nur noch wenig angewandt wurde. Ich fand Arrestzellen vor, die immer belegt waren. Und aus denen ich bitter- bittere Klagelieder hörte. Ich fand noch Gitter vor allen Fenstern der Außenwelt zu. Ich fand Drahtnetze überall dort, wo die Zwischenwände in den Schlafsälen errichtet, aber nicht an die Decke geführt worden waren. Und vieles andere mehr, das mich beengte, das meine Buben beengen musste" (ebd.).

„Das alles musste aber frei werden. Nicht etwa, weil irgendwelche sozialistischen Programme das gefordert hätten; nicht etwa, weil die Stadtverwaltung, weil irgendeine Behörde es gewünscht hätte; nicht etwa, weil mein Vorgänger es gewollt und angefangen hätte… nein einzig und allein, um dem Menschen wieder den Weg zum Menschen zu bahnen" (ebd., 46 f.)

Kommentar: Wilker nimmt nicht für sich in Anspruch der Erste gewesen zu sein, der Gitter in Fürsorgeeinrichtungen abschaffen wollte. Aber im Lindenhof, wo damit bereits angefangen worden war, setzt er es weiter und konsequenter um. Diese Form der „Abrüstung" wurde zu Wilkers Zeit nicht nur von ein paar fortschrittlichen Heimleitern (wie Knaut und Backhausen) praktiziert, sondern von verschiedenen, auch offiziellen Seiten (Landesjugendamt, AFET) gewünscht oder eingefordert. Wilker zweifelt aber am rechten Geist, der bisher hinter diesen Maßnahmen steht – dieser scheint ihm noch zu politisch bzw. zu behördlich bzw. zu programmatisch bedingt (wir kommen darauf unter f 4 zurück). Die einzig richtige Haltung scheint Wilker darin zu bestehen, dass der freie, ungehinderte Ein- und Ausgang eine existenzielle Notwendigkeit darstellt, um sich zu einem *„ganzen Menschen"* entwickeln zu können.

„Was am schlimmsten war, war all das Gitterwerk. Und als es nun in den ersten 14 Tagen vier Jungen gelang, trotz aller Gitter aus den Oberlichtern im Dachgeschoss herauszuturnen […]; als der aalglatte Fritz durch die geradezu kunstvolle Arrestzellenvergitterung doch den Weg nach draußen fand; als mir die Buben zeigten, wie man mit Ausdauer und Geschick und einem einzigen Taschentuch doch durch das Maschenwerk der Drahtnetze hindurch in des Nachbarn Bett gelangen konnte – da war mein Entschluss gefasst: herunter muss das alles. Und Gitter um Gitter wurden abgesägt. Unermüdlich waren die Jungen. Und Maxe, mein ‚psychopathisches Sorgenkind', freute sich immer wieder, wenn ein paar Zentner Eisen mehr auf dem Hof vor der Schmiede Platz fanden" (ebd.).

Kommentar: Diese Argumentation hört sich dagegen ganz pragmatisch an: „Die Gitter und der Maschendraht nutzen nichts. Also weg damit!". Auch wenn man damit etwas erleichtert, was vorher erschwert werden sollte, z. B. Entweichungen oder sexuelle Kontakte zwischen den Jugendlichen nachts in ihren Betten. Dazu so offen zu stehen war sicher nicht einfach. Aber entscheidend ist, dass es bei Wilker die Jugendlichen selbst sind, die die Gitter absägen. Das ist einerseits harte Arbeit, die sich über Tage hinzog; die aber eben auch als Arbeit an der eigenen Befreiung erlebt werden konnte und deswegen wahrscheinlich mit Eifer ausgeführt wurde. Freilich führte der weitere Abbau der Gitter auch zu einem Anstieg des Weglaufens. Einer seiner treuen Mitarbeiter schreibt:

„Das Ausrücken aus dem Lindenhof wurde eine Leichtigkeit. Zuerst rissen die Jungen auch zahlreich aus; denn sie begriffen noch nicht, wohin Wilker sie führen wollte. Als sein Geist zu ihnen durchdrang, nahm die Zahl der Ausreißer gewaltig ab; die Jungen blieben; viele blieben gern und achteten darauf, dass sich auch ihre Kameraden, der Freiheit würdig erwiesen. Der Lindenhof wurde ihnen Zufluchtsstätte, ja mehr noch: eine Heimat." (ebd., 109).

Kommentar: Es wäre wünschenswert hierfür empirische Belege zu haben. Es erstaunt sehr, dass wir diese für die Rate der Weglaufenden der Gorkij-Kolonie in der damaligen Sowjetunion vorliegen haben, aber nicht für den Lindenhof (Knaut hat zehn Jahre davor für Hardenhausen so eine Statistik geführt, siehe Knaut 1921, 199). Vieles, was man sich von einem Stadtarchiv erwarten würde, kann Berlin (mehrfach von mir angefragt, M.S.) nicht bieten. Sollten die Informationen tatsächlich nie archiviert und aufbereitet worden sein? Was Wilker und den Lindenhof und seine Zöglinge betrifft, wird noch einiges in den Archiven schlummern, so meine Vermutung. Es würde sich lohnen diese systematisch zu durchforsten – Stoff für mehrere Masterarbeiten!

4. Erweiterung der Freizeitangebote, Feste, Elternbesuchstage und neuer Name: Einen wichtigen Schritt zu einer neuen Kultur fand Wilker auch durch eine neue Gestaltung der Sonntage:

„Die Sonntage waren zu langweilig. Jeden ersten im Monat bekam man zwar auf zwei Stunden Besuch. Und unter Umständen gab's auch mal Urlaub. An den anderen freute man sich aber, wenn's Abend war" (ebd., 40).

Wilkers Anregung ist es *„Vortragsveranstaltungen"* durchzuführen: *„Gedichte, Lieder, irgendetwas zum Vortragen – nur für die Jungen und nur von ihnen"* (ebd.). *„Organisationstrieb ward wach. Ein Name wurde gesucht. Glückselig lächelnd kamen sie: ‚Karl's Freunde'. Ich lehnte ab. Sucht einen anderen. Nur keinen Personenkult! Nach einigem Suchen gelang's: ‚Gemeinschaft Jugendland'. Das mag im Mai 1917 gewesen sein. Aber genau weiß ich es nicht. […] Es kommt ja nur auf dieses an: Hier taucht der Begriff der Gemeinschaft bei den Jungen auf, die noch kaum davon gehört hatten. Er tritt auch nicht in der der Jugendbewegung hetzte eigentümlichen Art auf, sondern so: das ganze Heim bildet eine Gemeinschaft. Ganz ohne zu erwägen, ob wirklich ein Gemeinschaftserleben unter den Gliedern des Heimes bestand. Diese Gemeinschaft Jugendland wollte für gute Unterhaltung und für körperliche Betätigung in Turnen und Sport sorgen"* (ebd., 40 f.).

"Die Sonntags-Unterhaltungen wurden ausgebaut zu Eltern-Nachmittagen. Denn lag nicht eine Hartherzigkeit darin, die Eltern nur einmal im Monat ihr Kind sehen zu lassen? Ich höre wieder Gegenworte: aber der ungünstige Einfluß des Elternhauses! Ja, er mag ungünstig sein – aber ist dann nicht die Anlage dieser ganzen Arbeit falsch? Ist es dann nicht Unfug, eine Stunde vom Elternhaus entfernt eine Erziehungsanstalt zu bauen? […] Die Eltern kamen. Mit Kind und Kegel. Mit Vettern und Basen und – heimlichen Bräuten. Und auch die schmissen wir nicht hinaus. Wozu denn auch? Ist es nicht auch ein solcher Irrwahn unserer Zeit, man könne alle Erotik totschlagen. Man sollte lieber überlegen, wie man den Eros sich auswirken lasse im veredelnden Sinne. Und seid ihr wirklich so kurzsichtig, dass ihr nicht merkt wie die Liebe zum Mädel manch herrlichen Bub einfach raustreibt aus diesen engen Mauern" (ebd., 42).

Kommentar: Wilker lehnt den Vorschlag der Jugendlichen, die Sonntags-Unterhaltungen *„Karl's Freunde"* zu nennen, ab. Mit der Nennung seines Vornamens, wäre zu viel *„Personenkult"* verbunden, begründet er das. Aber dass die Zöglinge auf die Idee kommen, sich seine *„Freunde"* zu nennen, lässt er unkommentiert. Muss man das nicht als Indiz einer zu großen Nähe betrachten? Mit der Öffnung der Sonntagsveranstaltungen hin zur Lebenswelt – Eltern, Geschwister, „heimlichen Bräuten" = Freundinnen (!) – folgt Wilker wiederum Knaut und dessen Einrichtungspraxis in Hardenberg. Neu scheint aber, dass er die sexuellen Kontakte, die dabei möglich wurden, durchaus wahrgenommen und geduldet hat. Auf Eltern beschränkte Besuche und Elternabende gab es, wie Wilker selbst auch einräumt, schon bei seinen Vorgängern und anderswo (als Beispiel wieder Knaut 1921). Allerdings scheinen die *„Elternbriefe"* als Beilage der Monatszeitschrift *„Die Lindenblätter"* eine Erfindung und Neuerung Wilkers dargestellt zu haben. Die Idee, dass Eltern Auftraggeber und Unterstützer der Fürsorgearbeit sein können, wurde bereits propagiert, aber längst nicht überall ernstgenommen, geschweige denn umgesetzt (auch heute noch nicht!). Auch Wilker steht den Eltern ambivalent gegenüber (siehe seine Äußerungen in Kapitel 5.7 unter f2).

"Aus Elternabenden und -nachmittagen wurden Feste. Feste unter freiem Himmel. Feste im Hof unter unseren Linden. Feste auf der Spielwiese. Und bei einem der ersten dieser Feste feierten wir unseren Namen-gebenden Lindenbaum. […D]ie draußen sprachen immer nur von ‚der Lichte' oder der Anstalt. Was war dagegen zu tun? Einen anderen Namen geben! Aber welchen? Wir standen am Abend zusammen und grübelten darüber nach. Da kam einer – wer's war weiß ich nun wirklich nicht mehr – und brachte den Namen: Lindenhof." (Wilker 1921a, 44).

Kommentar: Die Namensänderung war sicher auch davon angeregt, das spart Wilker aus, dass 1917 der *Struveshof* gegründet worden war, eine vergleichbare Einrichtung des Berliner Jugendamtes (allerdings ohne Aufnahmestation) in etwa 10 Kilometer Entfernung. Auch wenn Wilker die bürokratischen Hürden bei der Umbenennung betont (*„Aber, wie* *lange folterte man uns. Umtaufen ist wirklich nicht so leicht"*, ebd., 44), so dürfte er sich des Rückhalts seines Vorgesetzten von Anfang an sicher gewesen sein. Aber sowohl der Name Lindenhof als auch die offizielle Bezeichnung „*Erziehungsheim*" kann gerade im Zusammenhang mit den Festen und Elternbesuchen sicher auch als Versuch betrachtet werden, die Bildung einer neuen Identität zu unterstützen. Die Jugendlichen sollten sich nicht länger als Insassen einer Zwangsanstalt fühlen müssen, sondern als Mitglieder eines Heim-Zusammenhangs, in dem sie vorübergehend leben und arbeiten, dabei aber zugleich Mitglieder ihrer Familie und Zughörige zu einem bestimmten Sozialraum in Berlin bleiben.

5. Der Jugendrat und das Jugendgericht:

„*Es hat gewiss und überall in Erziehungsanstalten Jungen gegeben, die besondere Rechte hatten: wir hatten sie ja auch: dem Hausvater half der Saalführer, der Schlafstubenälteste, der Tischansteller. Wir aber bekam mehr: eine regelrechte Selbstverwaltung. [...] Je zehn Jungen wählten einen Vertrauensjungen und deren Gesamtheit bildete den Jungensrat. Erst große Furcht bei den Beamten. Man sprach von Denunziation. Wollte dabei sein, mithören. War ärgerlich und verstimmt. Dann ließ man die Sache gehen. Und sie ging gut. Einmal in der Woche kommen alle Vertrauensjungen mit mir zusammen. Wir sprachen durch, was vorgebracht wurde. Kleidungsnöte, Arbeitsvorschläge, Wünsche. Erst wurden die Jungen ausgehend von Werkstattinteressen gewählt. Später fast nur nach ihrem Ansehen innerhalb der Familie* (der Wohngruppe, M.S.). *Alle zwei Monate fanden Neuwahlen statt*". (ebd., 51 und 111).

Kommentar 1: Woher das Modell „*je zehn Jungen wählten einen Vertrauensjungen*" stammt, konnte ich nicht herausfinden. Aus der Wandervogelbewegung? Interessant ist, dass Bernfeld, mit dem Wilker schon auf dem „Gesamtdeutschen Jugendtag" zusammengetroffen war, dieses Modell drei Jahre später für das *Kinderheim Baumgarten* übernehmen wollte. Bernfeld muss demnach vom Wilker'schen Jugendrat Kenntnis gehabt haben oder ebenfalls dessen Verfahrensvorbild gekannt haben.

Kommentar 2: An dieser Stelle werden „*die Gegenströmungen*", von der Wilker am Ende seines Textes schreiben wird, dass sie zu stark wurden, deutlich. Die „*Beamten*" werden als ihre Quelle eindeutig benannt und ansatzweise auch deren Motive geschildert: Furcht vor Denunziation, d.h. Angst von den Jugendlichen auf ungerechte Weise angeklagt werden zu können (das betrifft wohl in erster Linie das Jugendgericht). Angst davor von wesentlichen Treffen und Informationen ausgeschlossen zu werden. Denn offensichtlich sieht Wilker nicht vor, dass auch die Beamten bzw. Erzieher bei den Treffen von ihm mit dem Jugendrat vertreten sind. Damit setzt sich Wilker den Jugendlichen gegenüber an eine zentrale Stelle und schließt die anderen dort Beschäftigten aus dieser „intimen" Form der Kommunikation aus. Kein Wunder, kann man denken, dass diese „*ärgerlich und*

> *verstimmt"* reagieren. Aber Wilker erklärt diese Affekte als beinahe sofort wieder aufgelöst: dann ließ man die *"Sache gehen"*, klingt jedoch eher resignativ. In seinen Augen ging alles gut und damit spielten die Emotionen der Beamten keine Rolle mehr. Diesbezüglich wird er sich wohl getäuscht haben: die Beamten wehrten sich nicht mehr offen dagegen, aber sie sammelten insgeheim Munition gegen ihren Chef.

"Ich weiß wohl; man kann gegen diese Art der Selbstverwaltung unendlich viel einwenden. Den Radikalen ist sie nicht radikal genug. Den Konservativen ist sie zu radikal. Den Mittleren ist sie nur Spielerei. Mir selbst war sie bitter ernst. Und bezeichnend ist mir für ihre Bewertung durch unsere Jungen selbst: als ich ging, forderten sie Garantien, dass man sie ihnen sie nicht mehr nehme" (ebd., 50).

"Aus unserem Jungenrat ging später unser Jungensgericht hervor! […] Nicht plötzlich. Da musste wieder langsam etwas werden. Und dann hatten wir es. Wie von selbst eines Tages. Unser Jugendgericht […]. Und es arbeitete sofort mit wahrem Feuereifer. Das war 1917 schon." (ebd., 51).

In Wilkers Text folgt eine Satzung, die detailliert beschreibt, wer (*"auf Antrag eines Erziehers oder eines Jungen"*) wen wofür anzeigen kann und wie das Gericht dann vorgeht. Es bestand aus drei Vertretern des Jungenrates und weiteren Jugendlichen in den Rollen des Untersuchungsrichters, einem Ankläger und dem Verhandlungsleiter (ebd., 54). Leider führt er keine Beispiele für solche Gerichtsverhandlungen aus und schreibt auch nichts darüber, ob und wie oft diese Form der Anklage und Bestrafung von Vergehen oder Übergriffen und Verweigerungen auch von den Erziehern und Handwerksmeistern genutzt bzw. von diesen überhaupt verstanden und als Settingelement geschätzt wurde. Das Gericht selbst sprach Verwarnungen und Strafen aus. Als *"eigentliche Strafen"* werden von Wilker aufgelistet: Verweis, Abwaschen, Ausschluss von bestimmten Veranstaltungen, Verlust der Haare, Bettruhe (Dauer 3 bis 7 Tage), Paketsperre, Besuchssperre (Dauer 1 bis 3 Monate), Urlaubssperre (1 bis 3 Monate), Stellung unter Aufsicht, Deckung des Schadens aus vorhandenem Spargurhaben oder sonstigem Eigentum, Entfernen aus besonderen Ämtern (ebd., 55). Wilker führt als Argumente gegen solche Strafpraxen selbst an:

"Man kann mir entgegenhalten: Das alles widerspricht deinen Anschauungen über den Sieg des Gewaltlosen über den Gewaltigen. […] Wie mit Ausschluss von besonderen Veranstaltungen, von Euren Festen, wenn du sie für alle willst? Wie mit dem Verlust der Haare, der einer körperlichen Entehrung gleichkommt? […] Wie mit Paketsperre, wenn du weißt wie sehr sich der Bub sehnt nach dem Futterpaket von Muttern. […] Wie mit Besuchssperre, wenn er schon nur einmal im Monat die Seinen zu sehen Gelegenheit hat? […] Dem allen gegenüber ist zu sagen: nicht ich strafe, sondern die Jungen" (ebd., 56).

Kommentar: Einige der Strafen mögen hart oder sogar grausam erscheinen (Verlust der Haare, sieben Tage Bettruhe). Verstanden werden muss allerdings, dass 1 bis 3 Monate Elternkontakt- oder Urlaubssperre lediglich bedeutet, ein bis drei Mal die Eltern nicht zu sehen oder nicht nach Hause fahren zu können, da dies sowieso nur einmal im Monat möglich war. Entscheidend ist aber, dass die Strafen von den Jugendlichen selbst bestimmt und verhängt werden. Es könnte ein Problem heutiger Umsetzungen von Partizipations-programmen sein, dass die Erwachsenen den Kindern und Jugendlichen nicht auch die Macht verleihen ernsthafte Strafen auszusprechen, die wehtun (vgl. Schwabe/Thimm 2018). Es könnte sein, dass die Jugendlichen sich aber nur bei einer so weitgehenden Ausstattung mit Strafmacht wirklich ernst genommen fühlen und damit zugleich auch das Strafbedürfnis der Jugendlichen abgedeckt wird. Wilker hat vor den damit verbundenen Härten nicht zurückgeschreckt; ebenso wenig Bernfeld im Kinderheim Baumgarten. Sie ahnen wohl, dass das Strafbedürfnis ihrer Jugendlichen noch weit drastischere und archaischere Formen annehmen kann und dass selbst die strengsten offiziellen Strafen bereits einiges an Sublimierung und Zivilisierung in sich aufgenommen haben. Das scheint heute vergessen worden zu sein. Wilker zitiert in diesem Zusammenhang einen Jugendlichen, der gesagt haben soll:

„Bequemer wäre es schon wir ließen uns durch die Erwachsenen strafen, uns meinethalben verprügeln sogar, wenn sie meinen sie müssten das. Aber dann würden wir nie kommen zur Selbsterziehung, zur Selbstverantwortung. Dann würden auch immer wieder Barbareien vorkommen, wie etwa die ‚Saalplatten' (gemeinsame Formen des Verprügelns, M.S.) [...], dieses Zerprügeln nachts." (Wilker 1921a, 56).

Kommentar: Ob es sich wirklich um eine persönliche Aussage handelt, kann nicht nachgeprüft werden. Aber es demonstriert in jedem Fall den Geist, aus dem heraus Wilker diese Strafpraxen angewandt sehen wollte.

Freilich muss diese Form der Machtübergabe in die Hände von Jugendlichen einigen, wenn nicht vielen der damaligen Mitarbeiter:innen von Wilker Kopfzerbrechen und Unmut bereitet haben. Wilker führt oben zwar aus, dass die Sache *„gut ging"* (ebd., 50). Aber er teilt auch mit, wie die Erzieher gegen das Jugendgericht arbeiteten: *„[M]eist sind es Erwachsene, die dagegen arbeiten und aufputschen: was du lässt dich bestrafen von einem, der selbst noch bestraft werden muss? – Solche Äußerungen können alles um- und einreißen drohen."* (ebd., 57).

Kommentar: Dass er selbst mit zu dem Ressentiment dieser Erwachsenen gegenüber dem Jungen-Gericht beigetragen haben könnte, reflektiert er nicht.

Interessant ist auch der Absatz aus der Satzung: *„Für die Durchführung der Strafen sind der Saalführer, die Vertrauensjungen und weiter die ganze Familie zuständig"* (zitiert nach dem Originalfaksimile in: Pansow/Hesse 1998, 40, Wilker 1921a, 55).

Kommentar: Obwohl sich Wilker oben ein wenig despektierlich gegen die vor seiner Zeit eingeführten Mitregierungsfunktionen geäußert hat, zeigt der *Saalführer* wie wichtig manche alten Ämter geblieben waren. Interessant ist auch, dass die ganze Familie, also die Gruppe, die im Haus zusammenlebte, mit in die Verantwortung für die Durchsetzung der Strafe einbezogen werden. Mit keinem Wort ist aber der Heimleiter oder Direktor erwähnt. Hat sich Wilker tatsächlich so herausgehalten, heraushalten können? Wurde also die Durchführung ganz in die Hände der Jugendlichen gelegt, ganz ohne Supervision durch Erwachsene? Wir wissen es nicht.

6. Die Betreuung von Kindern und der Einfluss der Wandervogel-Bewegung: Wilker schildert, dass der Lindenhof in seiner Zeit auch mit Kindern belegt wurde, da die Waisenhäuser kriegsbedingt überfüllt waren und durch eine neue Welle von Fürsorgezöglingen an den Rand ihrer Möglichkeiten kamen. Er hat dort anfangs selbst aktiv an der Betreuung dieser 30 Kinder teilgenommen, die in einer eigenen Gruppe aufgenommen wurden, die „Schulabteilung" genannt wurde: *„Die Schulabteilung war vielleicht der geschlossenste Versuch, unsre Ideen zu verwirklichen. Sie war auch mein kleines Königreich. Und niemand redete mir da mit dazwischen"* (ebd., 59).

Kommentar: Man merkt den Zeilen förmlich an wie Wilker aufgelebt sein muss. Erst und nur bei den bzw. für die Kinder gab es noch keine festgefügten Strukturen und jahrelangen Routinen. So konnte er für diese Alters- und Zielgruppe endlich etwas Eigenes aufbauen.

„Und bald waren da gegen 30 unruhige kleine Geister da am Toben. ‚Vatter' (also Wilker selbst, M. S.) hielt Ordnung. Und bald kam Hausmutti dazu. Später war sie alleine da, mit 15 bis 20 noch. Und die hingen an ihr wie die Kletten. Hausmutti ging ihnen über alles. Hausmutti musste die erste Semmel aus dem Paket von daheim mit ihnen teilen, die aufgeweichten Bonbons mitlutschen, Streiche mitaushecken. Hausmutti bekam die ersten Blumen, die ersten Erdbeeren, Schoten, Möhren, Kartoffeln von den eigenen Beeten. […] Mit Hausmutti verband mich aber eine tiefinnere Freundschaft. Die allein ermöglichte vieles überhaupt nur. So: dass hier kein ‚Sie' mehr den Klang zueinander steif machte. Nur ‚Du' hieß es da. Rein menschlicher Klang!" (ebd.).

Kommentar: Man mag über den Ton erstaunt sein, der hier angeschlagen wird, denn er klingt wenig professionell. Aber es wird deutlich, dass Wilker im Zusammenhang mit den meisten Mitarbeiter:innen an der Steifheit der Beziehungen litt. Gegenüber *„Hausmutti"* scheint er einen Umgangsstil verwirklicht haben zu können, der ihm näher lag und den er sich insgeheim für alle wünschte. Später werden wir sehen, dass für Wilker, das *„Du"* für den freien Geist der Wandervogelbewegung steht. Sicher war es aber auch die gemeinsame Verantwortung für die *„Kleinen"*, die hier einen Mann und eine Frau in eine enge, berufliche Beziehung gebracht haben.

„Am liebsten – nun, ja – hätte ich die Schule abgeschafft, nur noch mit den Kindern gelebt. Wie hat uns reich gemacht, wenn wir nachmittags in der Sonne auf der Wiese lagen und horchten, was Herman Löns oder Sven Fleuron von den Tieren erzählten. Wenn wir dann hinauf schauten in den weiten Himmel! Wenn wir in der Blüten Geheimnisse eindrangen, der Spinne beim Netzbau zusahen, den Falter im bunten Kleid bestaunten. […] Und wie lerntet ihr alles Leben heilig achten. […] Ihr wagnet nicht mehr, mutwillig Leben zu vernichten; verhalft dem bunten Schmetterling, ohne ihn anzutasten, zum Weg in die Sonne, wenn er Euch im Zimmer besucht hatte: mochtet die Spinne nicht töten, die Fliegen, den Käfer nicht quälen." (ebd., 60).

Kommentar: Was hier und an vielen anderen Stellen zum Ausdruck kommt, ist Wilkers genuine Freude am Zusammensein mit Kindern, die sich nicht in erster Linie darum schert was dabei herauskommt, sondern sich mit ihnen gemeinsam auf eine Entdeckungsreise macht – wobei es durchaus der Erwachsene sein kann, der die Richtung dieser Reise vorgibt. Und so ganz nebenbei eine Grundlage der Gewaltprävention schafft: denn wer so das Leben achtet, auch das Leben eines Käfers, wird sicher davor gewappnet sein, andere Menschen zu schlagen oder zu quälen oder sich zumindest dabei unwohl fühlen, weil er seine eigene menschliche Seite damit verletzt. Freilich macht Wilker hier auch deutlich wie schwer er sich mit institutionellen Strukturen überhaupt tut. Nicht nur mit denen der Fürsorgeerziehung. Auch die Schule würde er am liebsten ganz abschaffen, zumindest für die Kleinen. Aber warum hat er dann ausgerechnet einen hoch institutionalisierten Bereich als Arbeitsplatz gewählt?

Wilker hat sich vermutlich in den Augen der anderen Mitarbeiter auffällig oft in der Kindergruppe aufgehalten. Und scheint dort über Wochen mitgelebt zu haben. Ob und wie er dieses Wohnarrangement mit seiner Ehefrau, die er 1909 geheiratet hatte, abgestimmt hat, wissen wir nicht. Aus ihren Grüßen an die *„lieben Jungen"* in der letzten Ausgabe der *„Lindenblätter"* kann man allerdings entnehmen, dass sie der Arbeit ihres Mannes aufgeschlossen gegenüberstand und diese voll und ganz mitgetragen hat (ebd., 138).

„Man hat mir bisweilen vorgeworfen, ich zöge die Schulabteilung (die Kindergruppe, M. S.) *vor. Es mag sein, dass es solche Zeiten gegeben hat. Denn mir drängte sich immer wieder die Überzeugung auf, dass bei den Kleinsten am meisten zu erreichen sei, dass bei ihnen alleine ich Tiefen-Wirkungen erzielen könne. Aber es ist letzthin noch nicht einmal ein Vorwurf: von den Kleinen strahlte etwas wie die Sonne auf alle anderen über."* (ebd., 64).

Kommentar: Es ist demnach nicht nur die unmittelbare Freude am Zusammensein mit den Kindern, sondern eben auch Erwägungen in welchem Alter Fürsorgeerziehung noch weichenstellend verändern kann. Was aber die Freude, die Wilker selbst empfunden haben mag, keineswegs schmälern muss.

Tiere scheinen nicht nur auf der Wiese eine große Rolle gespielt zu haben; die komplette Gruppe wurden mit Tierbildern ausgemalt und Besuche im Berliner Zoo und Aquarium scheinen häufig stattgefunden zu haben (ebd.): *„Was die Kleinen da lernten, das strahlte vielfach aus auf die Großen. Die lauschten – und wurden selbst wieder klein und zart in ihren manchmal etwas grob gewordenen Seelen"* (ebd.).

> *Kommentar:* Das liest sich gut und klingt doch ein wenig zu schön, um wahr zu sein. Denn sicher hat es bei den *„Großen"* auch Neid gegeben, wenn ihr Direktor sich so intensiv um die *„Kleinen"* gekümmert hat. Es ist kaum vorzustellen, dass es von Seiten der Jugendlichen nicht gelegentlich auch Übergriffe, welcher Art auch immer, auf die Jüngeren gegeben hätte. Der Lindenhof wäre das erste Heim, in dem so etwas nicht vorgekommen ist.

Im Mittelpunkt der Schilderungen Wilkers stehen aber die guten Erlebnisse, darunter auch durchaus Körperkontakte und Leib-bezogene Aktivitäten:

„Guten Morgen aufgewacht, eins, zwei drei – und schon sausten mir die kleinen Hemdenspatzen um den Hals. Turnen. So lange die Sonne schien, ging das draußen. Nackt natürlich" (ebd., 59). *„Und mitunter […] gab's auch warmes Wasser. Dann hieß es so lange ‚bitte, bitte, Herr Direktor, komm doch mit runter' bis ich mitten unter meinen 20 Buben plantschte und plantschte. Nun schüttelt Eure grauen Häupter, ihr Finsterlinge, aber das Schöne, das Frohe, das Gemeinsame dieser Morgenstunde, könnte ihr nicht zerstören, nicht bedrecken, nicht verekeln."* (ebd., 59 f.).

> *Kommentar:* Gemeinsames nacktes Turnen und zusammen nackt unter der Dusche. Wilker schreibt so offen darüber, dass kaum ein Verdacht aufkommen will, der heute selbstverständlich, ja reflexhaft entstehen würde, wenn ein Pädagoge/eine Pädagogin sich als Teilnehmer an einer solchen Szene beschreiben würde. Aber Wilker reflektiert durchaus was Andere anderes darüber denken könnten und dass ihm und seinen Getreuen erotische oder sexuelle Motive unterstellt wurden: Aber auch hiervon ließ er sich wohl nicht beirren. Nacktsein scheint auf der Kindergruppe, aber wie wir später sehen werden auch im Zusammenhang mit den Jugendlichen, häufiger stattgefunden zu haben.

„Schon, wenn man zur Sommerzeit eure braun gebrannten Körper sah! Da wusste man: die sind urgesund. Denn wozu sollten sie Kleider tragen. Aber auch da kam der böse Dämon mit dem Mantel des Sittenwärters angetan: der große Fritz, mein Freund, hatte eines Morgens an einem sonnenheißen Tag kurzentschlossen auch seine Sachen abgestreift und eine Wasserschlacht mitgemacht. Arglos und voll Lachen sahen ich und Muttile zu. Ahnten wir, dass man Sturm lief gegen uns Wandervögel? […] Wochen danach kam auf dem Instanzenweg der anonyme Brief. […] Wir waren ja immer wieder zu naiv. Und hatten vergessen, dass wir in Preußen-Deutschlands Hauptstadt lebten. […] Freilich: die Buben liefen weiter nackt. Die Sittlichkeit war nicht gefährdet, wenn nur wir Großen so etwas nicht machten" (ebd.).

Kommentar: Auf den anonymen Brief werden wir noch bei der Analyse der Gründe für das Scheitern zurückkommen. Er muss aus der Mitarbeiter:schaft gekommen sein, da Nachbarn keinen Einblick ins Gelände hatten. Und so unsinnig dieser Brief bezogen auf den konkreten Anlass sein mag, er zeigt zugleich, dass es Beobachter gab, die irritiert und verunsichert waren und sich wahrscheinlich auch untereinander darüber austauschten – und Wilker, wie er selbst schreibt, z. B. unterstellten *„besonders schöne Jungen"* um sich zu versammeln (ebd., 76). Wenn das für die Erwachsenen zutrifft, dann wird man annehmen müssen, dass auch unter den Jugendlichen solche Szenen nicht nur ohne Ambivalenzen beobachtet wurden. Vermutlich nicht mit der gleichen Empörung, aber wahrscheinlich doch mit einer Mischung aus Neid, Argwohn und Befremden – stammten die Jugendlichen doch auch aus eher prüden Milieus und hatten mehrere sicher schon Erfahrungen mit sexuellen Übergriffen durch Erwachsene machen müssen.

„Abends wurde gesungen und gelesen, Spiele oder Volkstänze gemacht, Theater gespielt und anderes mehr. Winters aber wurde gebastelt und geklebt […]. Und waren wir alle so echt froh gewesen, dann gab's auch noch einen Gute-Nacht-Kuss" (ebd., 62).

Kommentar: Wer *„der große Fritz"* war, wissen wir nicht. Vermutlich handelt es sich um Fritz Kabbert, den Wilker aus der Wandervogelbewegung kannte und der später wie Wilker in der Zeitschrift *„Die neue Erziehung"* publizierte. Mit dem Stichwort *„wir Wandervögel"* meint Wilker ein tief empfundenes Gemeinschaftsgefühl, das zwischen Jugendlichen und jungen Erwachsenen, aber auch zwischen Betreuer:innen und Kindern herrschen konnte. In dieser Form offener Beziehung gab es eben auch gemeinsames nacktes Baden oder bei Kindern einen *„Gute-Nacht-Kuss"*. Was im Lindenhof mit und über Wilkers Person zusammenkommt – ähnlich wie übrigens bei Bernfeld im Kinderheim Baumgarten –, ist der freie Geist der Jugendbewegung, der in den institutionalisierten Bereich der Fürsorgeerziehung eindringt und sich mit dieser vermählen möchte. Für viele sicher ungewohnt; und zudem eine praktisch und theoretisch hoch anspruchsvolle Mesalliance, die Wilker offensichtlich bezogen auf ihre Ungewöhnlichkeit nicht reflektiert hat. Gleichzeitig liegt eine solche nahe, denn Heimerziehung hat als Aufgabe die *Gestaltung von Alltag* und legt solche innigen Gesellungsformen anlässlich von gemeinsamen Spielen, Lesen, Rennen und Baden nahe. Wenn denn die Grundtendenz stimmt und die Generationenschranke hinsichtlich allem, was mit Erotik zu tun hat, eingehalten wird. Was an anderen Orten mit anderen Pädagogen nicht der Fall war (siehe Wyneken, Geheb usw.).

7. Kunst-, Kultur- und Lesekreisarbeit: Wilker hat schon bei dem Aufhängen von Bildern in den Wohngruppen deutlich gemacht, dass ihm die Kunst im Allgemeinen und insbesondere die damals moderne expressionistische Kunst von Franz Marc, Ludwig Meidner oder Cesar Klein, deren Werke zwanzig Jahre später von den Nationalsozialisten als „entartete" Kunst eingestuft wurden, am Herzen lag. So verwundert es auch nicht, wenn er mit seinen Jungen ins Museum geht. Beinahe verschämt, schreibt er über sich in der Er-Form:

"Und er geht, während der Arbeitszeit mit einem Dutzend Jungen ins Kaiser-Friedrichs-Museum, ins Kroninfantenpalais, in die Nationalgalerie, in die großen Kunstausstellungen. Er geht und redet nicht. Stellt nur junge Proletarier, werdende Menschen, vor diese Werke der Kunst. Wartet. Zittert. Wird was? Bleibt Dunkel? Er zittert... Möchte dem jungen proletarischen Bruder um den Hals fallen. Jauchzen: Ahnst Du Schöpferkraft?! [...] Ich ging hin mit diesen Jungen [...] und genoß Kunst. [...] In die Augen meiner Jungen aber kam ein Leuchten. Da war eine Welt: Schön. Groß. Reich. Da waren tausend Geheimnisse... Da war überhaupt letzthin: Leben" (ebd., 67 f.).

> *Kommentar:* Wilker beschreibt, wie sich die jungen Menschen nach und nach der Kunst gegenüber öffnen und sich für sie zu interessieren beginnen. Entscheidend wird gewesen sein, dass er es war, der sie in seiner und der Arbeitszeit der Jugendlichen dort hingeführt hat, dann aber schwieg und damit jedem ermöglichte, seine eigene Erfahrung zu machen. Ein ganz und gar nicht selbstverständliches Vorgehen und ein ganz und gar nicht selbstverständlicher Prozess: Wilker verstand sich vermutlich sehr gut auf die Kunst des sich Zurückhaltens, die leider gerade Pädagog:innen oft abgeht.

Eine Form den Jugendlichen moderne Denker und Kultur nahe zu bringen, bestand in der Form der Rezitation im Zusammenhang mit den morgendlichen Andachten, die Wilker säkularisierte:

"Ich konnte nicht konfessionell sein, ich konnte nicht kirchlich sein. Und ich wollte es auch nicht. Deshalb nicht, weil Jungen aller Konfessionen da waren und ohne. Das wäre Vergewaltigung gewesen" (ebd., 36). Aber: *"Oh meine Buben hungerten nach dem wahren Wort des Lebens, hungerten und hungerten wieder."* (ebd., 37). Und so: *"Zur Andacht [...] ein Lied, [...] ein paar Worte, gar nicht etwa aus der Bibel, oft frei aus unseren reichen Schätzen: Goethe, Schiller, Hebbel, Hebel, Flaischlein, [...], ja sogar Nietzsche, Laotse, Rabindranath."* (ebd., 36).

Später ging er zu Lesezirkeln über, die er für alle anbot, die Freude daran hatten, vorgelesen zu bekommen oder selbst vorzulesen:

"Ich las Leonhard Franks ‚Der Mensch ist gut'. Das wirkte tief. Wangen glühten. Augen funkelten. Wir wollten mehr von ihm lernen. Dann las ich ‚die Räuberbande'. Die war zu lang. Da gingen wir oben in ein kleines Zimmer. Hockten uns eng zusammen. Ganz eng. Nicht nur die Buben. Auch wer sonst mit uns fühlte. Das wurden immer mehr. Doris mit ein paar Arbeiterjungen kam. Ausländer waren unter uns. Dann wer zum Heim gehörte: Mutti, unsere Mädel, Annie, Grete, Käte [...]. Und als es geworden war, da ging auch gleich das Gerede los von Verschwörung, Kommunistenclub und so. Aber das war erst später. [...] Und nun folgten lange Abende mit Unterhaltungen über den Wert der Strafe, über die Todesstrafe, über das Gefängnis. Aus tiefster Not, eigner Not, war da vieles gedacht und gesagt, was manchem als ungehörig scheinen möchte. Und

dann kamen andere Abende. Franziskus von Assisis köstliche Legenden. Francis Jammes zarter Hasenroman war uns lieb. Rabindranath Tagore ward uns vertraut [...]" (ebd., 74 f.).

Neben dieser breit angelegten, aber eher rezeptiven Lesekultur, sorgte Wilker zudem dafür, dass seine Jugendlichen angeregt wurden, selbst in ein aktives Kunstschaffen zu kommen. In diesem Zusammenhang sei an den „*Irrlichtertanz*" erinnert oder die Aufführung von „*Julius Cäsar*". Eine andere Wirkungsstätte boten die „*Lindenblätter*", eine monatlich erscheinende „*Anstalts-eigene Zeitung*", die Wilker vorgefunden und fortgeführt hatte. Auch wenn er und seine getreuen Mitarbeiter:innen dort den Löwenanteil an Texten und Bildern (meist Holzschnitten) lieferten, so war und blieb die Zeitung für alle Beiträge der Jugendlichen offen. Wilker selbst sorgte dafür, dass diese auch eine „*Elternbeilage*" erhielt, die immerhin drei Jahre lang regelmäßig an alle Eltern aller Zöglinge versandt wurde (ebd., 156) und ebenfalls, neben Artikeln über pädagogische Themen, solche über Kunst und Kultur behandelte.

8. Leiblichkeit und Freikörperkultur: Sport und Spiel, alle Formen von körperlicher Bewegung, stellten für Wilker selbstverständliche Aktivitäten dar, die Lebendigkeit und Vitalität in die Anstalt bringen sollten: Von dem nackten Zusammensein mit den Kindern haben wir schon gehört. Interessant ist es, in welchen Zusammenhang er solches Nacktsein auch mit den Jugendlichen einbettet. Er entwickelt es aus der von ihm etablierten Kultur der Feste, die ebenfalls als bewegungsreich geschildert werden: „*Ich denke an unser Sommerfest: an den Umzug mit dem Maibaum, an Spiel und Sport, an den ‚Sommernachtstraum'* (eine Theateraufführung, M. S.), *an den ‚Irrlichtertanz'* (eine von den Jugendlichen zusammen mit Gästen aufgeführte Choreographie, M. S.)".

> *Kommentar:* Wesentlich für diese Gestaltungen waren bestimmte andere Jugendlichen (überwiegend wohl aus der Wandervogelbewegung oder anderen organisierten Jugendgruppen) von auswärts, die diese Inszenierungen mittrugen und/oder mitgenossen. Manche dachten:

„*[A]ha, da machen sich wieder mal die Wandervögel breit. Wie auf unseren Festen. Ja, freilich kamen sie da zu uns, die Buben wie die Mädel. Die Potsdamer um Walter Herrmann* (späterer Gründer der Reformjustizanstalt Hahnöversand, M. S.) *waren die ersten. Nowaweser dann. Berliner. Immer mehr und immer neue. Und was man vorher nicht geglaubt hat, hier gelang es; menschliches sich Finden. Das aber deucht mich der Höhepunkt des wahren Festes. Nicht konnte dekretiert werden es ist ein Fest zu feiern! Es musste von selbst kommen. Es kam auch*" (ebd., 69).

Schon über diese Begegnungen schreibt er jugendbewegt und alterskritisch:

> Wir waren *„am frohesten, wenn keiner der alten Griesgrame schaudernd unsere nackten Brüste sich straffen sah in Sport und Spiel. Sich dehnen und recken sah in Sonne […]. Gewiss wir warfen den letzten Zwang ab, wo wir konnten. Wir wussten nicht, dass es eine Sünde war, nackt zu sein. Wir liefen im ersten Morgendämmern in aller jugendlichen Frische durch Garten und Park. Gefrierfleischkolonne sagte Otto. Und jeder scherzte so. Wusste aber: dahinter steckt ein eiserner Will […]. Vielleicht war es ja doch Sünde? Denn natürlich wuchs dadurch die Freude am Schönen, wuchs die Liebe zum Körper überhaupt. […] Außerdem: das alles verstößt gegen die Gesetze der Sittlichkeit. O, ihr Heuchler, ihr Frömmlinge, die ihr so redet."* (ebd., 70).

Kommentar: Wilker bringt die *Freikörperkultur* in die Einrichtung. Die Jugendlichen machen mit – das kann man sich durchaus vorstellen. Gerade weil sie darüber eben auch Witze machen (dürfen) wie *„Gefrierfleischkolonne"*. Die Witze und Scherze zeigen aber eben auch den für viele ungewohnten und experimentellen Charakter dieses Tuns. Die Fürsorgezöglinge waren eben nicht schon in solche Praxen einsozialisierte Wandervogel-Jugendliche. So ganz wohl dürfte es deshalb einigen Jugendlichen dabei nicht gewesen sein. Ob mit Blick auf mögliche Zuschauer:innen (wo sich Garten und Park befinden bleibt unklar) oder eigene Affektlagen kann dabei unentschieden bleiben. Es zeigt aber, dass Wilker sich bei diesen Nacktläufen seiner Sache sicher war und deshalb den Jugendlichen, aber auch den möglichen Beobachter:innen, es eben zugemutet hat. Und Zumutungen können herausfordern und Neues in Gang bringen oder überfordern.

Ein letzter Aspekt noch zur Leiblichkeit – denn er betrifft auch die Grenze von Körperlichkeit und Gewalt speziell gegenüber den Jugendlichen:

> *„Um 5 Uhr im Sommer, um 6 im Winter wurde geweckt. Am liebsten tat ich's selbst […]. Bei manchem gab's einen Kampf um die Bettdecke. Mitunter ward der auch mal so erbittert, dass dabei die Betten umflogen. Wirklich – ich gesteh's auf die Gefahr hin, noch eines neuen revolutionären Vergehens geziehen zu werden. Und Otto […] war bisweilen trotz seiner nicht geringen Kräfte der Leidtragende".*

Kommentar: Wilker weckt, wenn es sein muss fordernd, drängend bis hin zu rabiat. Er wendet dabei Kraft an, es kommt gelegentlich zu Kämpfen und dabei fällt auch mal ein Bett um. Es müssen heftige Kämpfe gewesen sein, Körper gegen Körper, sonst wüsste er nicht, dass Otto ein kräftiger Junge ist, der sich zu wehren versteht. Aber alles geschieht öffentlich. Der ganze Schlafsaal schaut zu – und Otto wird benannt, was darauf schließen lässt, dass Wilker und er darüber gemeinsam gesprochen haben und ihren gemeinsamen Frieden mit dieser Form des Weckens gefunden haben. Stellt das nun Zwang dar? Oder Gewalt? Manche werden das in dieser Form der Körperlichkeit sehen wollen; ich persönlich kann es nicht. Mir kommt es eher wie ein engagiertes, pädagogisches Handeln vor, das sich eben auch vor körperlichem Nachdruck nicht scheut. Aber das Besondere daran ist, dass es der Direktor persönlich ist, der das tut. Derselbe, der seinen Mitarbeitern streng untersagt, die Jugendlichen zu schlagen oder sonst wie zu misshandeln. Und der legt nun selbst Hand an, ganz öffentlich: und ganz selbstbewusst. Zum einen kann man denken, dass Wilker sich mit solchem Handeln nicht nur bei den Jungen, sondern auch den Mitarbeitern Respekt verschafft hat. Wilker war kein „sozialpädagogisches Weichei"! Andererseits kann man sich vorstellen, dass solche Aktionen auch verunsichert haben. Nicht die Jugendlichen, aber die Mitarbeiter:innen. Was darf ich denn nun und was nicht? Dass das nicht eindeutig war, dass Wilker selbst eine Grenze verletzt hat, weiß er und gibt es ja selbst zu. Wobei das Eigenschaftswort *„revolutionär"* im Zusammenhang mit *„Vergehen"* an dieser Stelle ganz andere Fragen aufwirft, denn es handelt sich wohl nicht um revolutionäres im politischen Sinn: Eher von „anstößig" und „gegen die Konvention" mit Bezug auf die institutionellen Regeln. Haben auch andere Mitarbeiter:innen so geweckt? Hatten sie dafür Wilkers Rückendeckung? Oder haben wir es hier mit einem ähnlichen Phänomen zu tun wie bei Makarenko, der glaubt, dass er der Einzige oder einer der wenigen ist, der das Fragwürdige aus dem rechten Geist heraus vornimmt und deswegen durchaus zwischen einem gekonnten, legitimen und übergriffigen, nicht-legitimen Kämpfen beim Wecken unterschieden hätte. Leider gibt Wilker an dieser Stelle nicht so genau und offenherzig Auskunft wie Makarenko.

9. Aber das „Ganze": Läse Wilker heute, was ich bisher über sein sozialpädagogisches Wirken im „Lindenhof" zusammengetragen habe, so wäre er damit wahrscheinlich unzufrieden oder nur halb einverstanden. Denn um mehr als jedes einzelne Detail, so neu und mutig es auch immer gewesen sein mag, geht es ihm doch immer auch – oder sogar in erster Linie – um das große Ganze: Das ist zum einen das sich-Einlassen und Verstehen auf bzw. von jungen Menschen und die *„Arbeit am Mensch-Werden"* andererseits. Hier ein Beispiel für das Verstehen eines Jugendlichen in der Arrestzelle:

> *„Und manch einer von denen hatte es noch schlimmer. Lernte als Junge alles kennen. Auch Grausiges. Ließ sich alles zerschlagen. Alles. Sein ganzes Junge-sein. Alles, alles... Und nun saß er da in der Zelle und hörte allstündlich dieses wahnsinnig machende Glockenspiel der Klosterkirche, und schmachtete nach dem Leben, nach Walzerklängen, nach Rummelplatzmusik, nach seiner Zigarette, nach seinem Mädel, nach Wurst, nach Schokolade, nach Muttern, nach dem warmen Bette... Habt Ihr das je mitgelitten? Nur in einem tausendsten Teil mitgelitten? Und habt Ihr Euch je gefragt, wie kommt das alles?"* (ebd., 18).

> *„Und so kamen sie nun und kommen noch heute: Das Herz voll Hass. Die Seele voll Grauen. Die Ohren voll Summen verlorener Töne. Die Augen voll Tränen verbissener Wut. Die Nase voll vom Geruch süßlicher Desinfektion. Die Haut frostig-kalt. Die Glieder zitternd. [...] Geschlossen hat sich hinter ihnen das eiserne Tor mit dem Berliner Stadt-Bären darauf."* (ebd., 20).

„Arbeit am Mensch-Werden" meint in Wilkers Augen: *„[D]as war schließlich auch hier wieder das Wesentliche: nicht brave Kinder zu züchten, nicht tüchtige Staatsbürger zu erziehen – wohl aber wertvolle Menschen aufwachsen zu lassen. Und so wuchsen sie auf. […] Enttäuschungen? Oh gewiss haben wir bittere erlebt. Aber sie haben uns nicht davon zu überzeugen vermocht, dass unser Weg falsch gewesen wäre. Es kann doch nur eines alle Widerstände überwinden: immer neue Liebe, die nie groß genug sein kann"* (ebd., 63).

> *Kommentar:* Das klingt für unsere Ohren reichlich unprofessionell. Vielleicht sind es solche Äußerungen, die Bruno Bettelheim, der aus einem ähnlichen Milieu, wenn auch in Wien, emigrieren musste, im Ohr hatte, wenn er sein erstes Buch über seine Arbeit in der Orthogenic School *„Liebe allein genügt nicht"* (1970) genannt hat. Und doch muss man mit Wilker daran festhalten, dass es keine einzelne Maßnahme ist und auch kein Bündel von Maßnahmen, die darüber entscheiden, ob das Leben in einer Wohngruppe oder Einrichtung als fachlich gut (genug) gestaltet gelten kann, sondern alleine der gute Geist, aus dem jedes Einzelne getan wird und das die vielen einzelnen Handlungen und Kommunikationen und Settingelemente überspannt und integriert: *„Denn das war mir klar: der Lindenhof war etwas anderes als die Lichte. Nicht um der äußeren Dinge willen, sondern um des Geistes willen"* (ebd., 45).

5.5 Konflikte und Konfliktdynamiken in der Darstellung Wilkers und seiner Parteigänger bzw. der Presse

Wir schildern zunächst, wie Wilker selbst die Gegensätze und deren Dynamik in der Einrichtung schildert (5.5.1), systematisieren allerdings die Eskalationsstufen, die in seinem Schreiben nur angedeutet sind (5.5.2). Besonders imponiert dabei ein Zeitungsartikel, der eine Pro-Wilker-Solidaritätskundgebung schildert. Danach schildern wir wie Wilker die verbleibenden 80 Seiten seines Textes füllt (5.5.3) – da das für seine Person, aber auch seine Publikationsstrategie aufschlussreich erscheint.

5.5.1 Wilkers Darstellung der Konflikteskalation

„Ich könnte das Buch vom Lindenhof hier beendet sein lassen", schreibt Wilker auf Seite 91, *„denn es ist zwecklos Gegensätze zu vertiefen, nun sie gar nicht mehr anders wirken können als Haß erzeugend oder vermehrend."* (Wilker 1921a, 91). Dennoch folgen dieser Überlegung weitere 80 Seiten, wenn auch nur zu einem Drittel aus der Feder von Wilker selbst. Aber hören wir zunächst seine Konstruktion:

> *„Wer mit einem tieferen Blick als nur für das Äußere den Lindenhof kennenlernte, der merkte bald: es müssen in ihm starke Gegenströmungen bestehen: wo so viel Eigenartiges*

durchzubrechen versucht, muss auch eine Opposition bestehen. Sie bestand nicht bei dem Mann, der mir Vorgesetzter war: Direktor Knaut. Er hatte den Willen, das Werk jungen Menschen zu überlassen. Er hatte Verstehen für unsere Eigenart. Er hatte Mut zu uns zu stehen, als alle anderen sich gegen uns kehrten. Aber gegen uns neue Menschen waren die alten. Die sahen einen Wettlauf zwischen sich und uns. Und wollten ihn nicht aufnehmen" (ebd.).

> *Kommentar:* Wilker spricht von *„starken Gegenströmungen"*. Diese resultieren nicht aus Vorbehalten oder Kritik seiner Vorgesetzten. Sein Chef *„Direktor Knaut"* (wir haben bereits mehrfach von ihm gehört in diesem Kapitel) sei hinter ihm gestanden (vermutlich weiß Wilker zu dieser Zeit noch nicht, dass sich Knaut – solidarisch, aber auch kritisch – positionieren wird). Die *„Gegenströmungen"* gehen von den Mitarbeiter:innen aus. Freilich benennt Wilker sie nicht so: Er bezeichnet sich und seine mitgebrachten, gefolgstreuen Mitarbeiter als *„neue Menschen"* und die Erzieher und Werkstattangestellten- bzw. leiter als *„die alten"*. Sicher wird es richtig sein, dass Wilker und seine Gruppe deutlich jünger waren als die meisten der seit Jahren dort Tätigen (Wilker selbst ist 32 Jahre). So könnte man denken, dass es sich um einen *Konflikt der Generationen* handelt. Gleichwohl haben wir gesehen, dass Wilker mit dem *„neuen Menschen"* mehr meint als nur junge oder jüngere Menschen: Die *„neuen Menschen"* sind die wahren Menschen, die dem Zeitalter des Lichts zuzuordnen sind, die *„alten Menschen"* gehören zu der korrupten, verdorbenen Gesellschaft, ins Reich der Finsternis.

Er behauptet, dass diese Anderen *„einen Wettlauf"* einerseits *„sehen"*, aber andererseits nicht *„aufnehmen"*. Soll vermutlich heißen: Die *„alten Menschen"* hegen zwar Konkurrenzgefühle, scheuen aber das offen ausgetragene Messen der unterschiedlichen Kräfte. Freilich klingt das in meine Ohren so, dass sich auch Wilker und die Seinen in einer Konkurrenz zu dieser anderen Gruppe befanden. Doch in Konkurrenz um was? Vermutlich nicht um die Anerkennung der Jugendlichen! Denn aus dieser Konkurrenz wären Wilker und die seine Gruppe sicher als Sieger hervorgegangen. Worum dann? Eine Seite später bringt Wilker die *„Gegenströmung"* und damit den *„Wettlauf"* so auf den Punkt: *„Ich rief alle Jungen – von ihnen selbst gedrängt zusammen und sagte ihnen, was ich sagen musste: zwei Welten stehen sich hier gegenüber: Idealismus gegen Materialismus. Wählt Euch Euren Weg!"*. (ebd., 92).

> *Kommentar:* Haben wir nun eine Antwort bekommen? Geht es um die Konkurrenz zwischen den beiden weltanschaulichen Strömungen *Idealismus* und *Materialismus*? Das wären große Worte, aber was sollen sie konkret für die Praxis der Fürsorgeerziehung bedeuten? Was machen Materialisten anders, wenn sie zwei Jugendlichen streiten sehen oder einen, der gestohlen hat, bestrafen? Tun die einen nichts und verzeihen (die Idealisten), weil sie

> an das Gute im Menschen glauben, und prügeln die anderen, weil sie glauben, deutlich gespürte Schmerzen würden jemanden davon abhalten, wieder zu stehlen? Aber das wären Klischees! Dennoch sind mit der Benennung dieser beiden Pole auch schon Licht und Schatten verteilt; denn *Materialismus* kann ja nicht gut sein. Wilker verdeckt mit solchen Zuordnungen, dass es um eine *Konkurrenz* bezogen auf die richtige Auffassung von Erziehung und richtige Formen der sozialpädagogischen Praxis geht, denen falsche Auffassungen und Praxen gegenüberstehen. Vermutlich können beide Seiten Argumente für ihre Positionierung angeben, aber die Gründe der anderen Seite nicht zur Kenntnis nehmen oder sich nicht konkret damit auseinandersetzen. Somit wird deutlich: Hier wollen beide Parteien gegen die andere Recht haben und Recht bekommen. So könnte man den Subtext mit Blick auf die Dynamik deuten, die bei Wilker anklingt und zugleich verdeckt wird.

Dass Wilker die Jugendlichen über die Spannungen informieren möchte, kann man im Zuge seiner Mitbestimmungs- und Selbstbestimmungspädagogik gut nachvollziehen. Wenn er sie allerdings mit Kampfbegriffen wie „*Idealismus contra Materialismus*" in die eskalierende Dynamik miteinbezieht, kann man ihm Versuche der Manipulation bzw. Instrumentalisierung unterstellen, die gar nicht anders, denn als weitere Verschärfung des Konfliktes wirken kann. Konnte er, wollte er das nicht sehen?

Aber zunächst geht es im Text eher sachlich, wenn auch nicht besonders konkret, weiter in der Schilderung: „*Immer mehr merkte ich: Zusammenarbeiten im tieferen Sinne ist ganz unmöglich. Wiederholt kam es zu heftigen Auseinandersetzungen. Hitzig ging's oft genug zu.*" (ebd.). Später heißt es: „*Ich fühlte diese ganze unüberbrückbare Kluft und meine Jungens fühlten sie mit mir.*" (ebd., 95).

> *Kommentar:* Offensichtlich gibt es Konflikte, bei denen engagiert bzw. „hitzig" gestritten, andererseits wurde wohl trotzdem oder gerade deswegen bald deutlich, dass eine konstruktive Zusammenarbeit zwischen Wilker und den Beamten nicht möglich ist. Wann und wie sich die Konflikte angebahnt haben, bleibt im Dunklen.

Interessanterweise erwähnt Wilker in seinem Text eine Information nicht, die Pape-Balling übermittelt hat: Nach ihr habe er sechs Personen wegen des Schlagens von Jugendlichen entlassen (Pape-Balling 1989, 236). Erst in einem Aufsatz von 1929 erwähnt Wilker einige brutale Übergriffe im Lindenhof, von denen aber offenbleibt, ob er sie selbst erlebt oder berichtet bekommen hat. Hat Pape-Balling übertrieben? Oder haben die meisten Mitarbeiter:innen seine Entlassungen gebilligt, so dass es nicht dieses Thema war, das zu Spannungen zwischen ihnen und Wilker geführt hat? Auch hierfür liegen vermutlich Dokumentationen in Akten vor, da Wilker wahrscheinlich nur mit Zustimmung von Knaut Mitarbeiter entlassen konnte. Leider wissen wir nichts darüber.

5.5.2 Systematik der Konflikte und die Eskalationsstufen I–IV

Welche Themen führten zu Konflikten? Man muss die mehr oder weniger expliziten Hinweise und Andeutungen aus dem *„Lindenhof"*-Buch Wilkers zusammentragen:

- Umänderungen in den Werkstätten, die den alteingesessenen Handwerkern vor den Kopf gestoßen haben (ebd., 26 ff.);
- Skepsis gegenüber den neuen Organen Jungenrat und Jugendgericht, in denen die Erzieher:innen und Handwerker (anders als bei Bernfeld) keine Stimme haben (ebd., 50 ff.);
- Vorwurf der Bevorzugung der Kleinen und Vernachlässigung anderer Aufgaben gegenüber Wilker (ebd., 60 f. und 64);
- Kündigungen aufgrund von unerlaubten Züchtigungen (ebd., 109);
- Vorwurf von Entweichungen aufgrund des Abbaus der Gitter -die Öffnung des Eisentores habe das erst ermöglicht, ja dazu eingeladen (ebd., 109);
- Vorwurf des Ermöglichens sexueller Kontakte unter den Jugendlichen durch Abbau der Drahtgeflechte in den Schlafsälen (ebd., 47);
- Vorwurf der Vernachlässigung von Ordnung, die von Wilker aber als unnötiger „Drill" bezeichnet wird (ebd., 65);
- Unterschiede in der Bewertung der Bedeutung von Religion im Zusammenhang mit den Andachten (ebd., 36 f.);
- der anonyme Brief, der das Nacktsein des „Freundes Fritz" zum Gegenstand hat (ebd., 61);
- Bezichtigung der Sünde in Bezug auf die Nacktläufe (ebd., 62 und 70);
- Vorwürfe gegenüber Wilker zu viel Wandervogel-Anhänger zu sein und zu wenig Jugendfürsorger – und zudem die Anhänger dieser Bewegung zu massiv in die Einrichtung gebracht zu haben (ebd., 79, 113);
- Verdächtigungen kommunistischer Umtriebe (z. B. *„Kommunistenclub"*, ebd., 74).

All diese Hinweise auf das Konflikthafte rund um seine Reformaktivitäten findet man über Wilkers ganzen Text verteilt; aber die Themen werden von Wilker nicht ausgeführt: Es wird keine einzige Situation einer inhaltlichen Auseinandersetzung zwischen ihm und dem *„großen Teil"* der Anderen dargestellt. Man könnte behaupten: Weil Wilker zum Zeitpunkt des Schreibens seines Berichtes den Beschwerdebrief der ihn anklagenden Mitarbeiter nicht kannte (ebd., 95). Aber diese Begründung besticht nicht. Wilker hat dreieinhalb Jahre in der Einrichtung gelebt und gearbeitet – er hat in dieser langen Zeit beobachten können, womit er die Mitarbeiter erreicht und womit er sie verunsichert, vor den Kopf stößt und verärgert. Wilker hätte Phasen des Abwartens und der Zustimmung von solchen des stummen Protestes, der Resignation und der offenen Auflehnung unterscheiden können bzw. Themen, bei denen das eine möglich war oder das andere. Darüber lässt Wilker seine Leser:innen und sich selbst im Unklaren.

Der weitere Konfliktverlauf ist durch jeweils eskalierende Schachzüge der einen wie anderen Partei bestimmt, bis am Ende die Kündigung Wilkers angenommen wird:

- Anfang Oktober 1920: Schriftliche Aufforderung des Betriebsrats an Wilker die neuen (seine) Mitarbeiter zu entlassen, um Platz für die zum Kriegsende mobilisierten, alten Mitarbeiter zu machen (ebd., 91);
- 15. Oktober 1920: Kündigungsbrief von Wilker und seinen Mitarbeitern zum 1. April 1921, verbunden mit der Hoffnung, die nächsten Monate noch gemeinsam arbeiten zu können;
- Interne Konferenz der Beamten unter Ausschluss der Wilker-Mitarbeiter;
- Wilker spricht mit den Jugendlichen über seinen Weggang und benennt die Gründe *„beamtliches Neiden und Missverstehen zerschlägt da drüben unser junges Werk"* (ebd., 95);
- 16. Oktober 1920: aufgekochte Stimmung, es droht eine Revolte. Magistrat, Direktor Knaut (*Magistrat* entspricht heute der Senatsbehörde), muss kommen. Verhandlungen zwischen dem Jungenrat mit diesem und später auch den Beamten werden geführt, auf die diese sich anfangs nicht einlassen wollten;
- 22. Oktober 1920: Ein Beschwerdebrief der Beamten mit Blick auf Wilker und seine Mitarbeiter wird an die Adresse der Leiterin des (neugegründeten) Landesjugendamtes Dr. Klara Weyl übergeben;
- 29. Oktober 1920: Wilkers Abschiedsabend mit den Jugendlichen;
- November 1920: Offener Brief der aktuellen und einiger ehemaligen Jugendlichen an die Berliner Öffentlichkeit und insbesondere die Jugendbewegung;
- 21. November2020: Protest- und Solidaritätskundgebung der Berliner Jugendverbände im Lehrervereinshaus in Berlin (siehe Zeitungsartikel des Berliner Tagesspiegels vom 22. November 1920);
- 7. Januar 1921: Wilker erhält die Gelegenheit sich in einem Untersuchungsausschuss zu den gegen ihn erhobenen Vorwürfen zu äußern;
- 4. März 1921: Pressebericht über die Ergebnisse, der vom Magistrat veranlassten Untersuchung.

Nicht alle Eskalationsstufen und ihre Zeugnisse sind interessant. Wir greifen hier nur die zentralen Fakten heraus:

I)   den unmittelbaren Konfliktanlass;
II) den Kündigungsbrief von Wilker und seinen Mitarbeiter:innen;

III) den Zeitungsartikel, der am Tag nach der Protestveranstaltung der Berliner Jugend-verbände erschienen ist;
IV) die Ergebnisse des Untersuchungsausschusses aus einem Zeitungsartikel, den Wilker in seinem Text zitiert.

Zu I) Der unmittelbare Anlass für den offenen Ausbruch vieler latenter oder halboffener Konflikte besteht in einem Brief der Belegschaft, den diese mit dem Betriebsrat verfasst hat. In diesem wird Wilker aufgefordert seine Mitarbeiter-Freunde zu entlassen. *„Das Demobilisierungsgesetz verbiete ihre Beschäftigung. Der Obmann des Betriebsrates drohte mir gleich mit Zuchthaus, wenn ich nicht..."* (Wilker 1921a., 91).

> *Kommentar:* Die Belegschaft wählt als Ausweg aus dem Dauerkonflikt eine Strategie, die vor allem die Wilker-Getreuen betrifft – die sollen gehen; nicht Wilker selbst. Im Zuge des Heimkehrens von Millionen Soldaten aus dem Ersten Weltkrieg haben alteingesessene Mitarbeiter – Erzieher wie Handwerker, die zeitweilig Soldaten waren – das Recht, an ihren Arbeitsplatz zurückzukehren. Die für sie eingesprungenen müssen gehen. Den Direktor glaubt man wohl nicht loswerden zu können, vielleicht auch, weil man weiß, dass sein Vorgesetzter *„Direktor Knaut"* (siehe oben) hinter ihm steht. Wohl aber kann man ihm seine Hausmacht streitig machen, sein Team und damit seine Arbeitsgrundlage zerstören. Ob man darauf spekulierte, damit auch ihn loszuwerden, wissen wir nicht.

Bedauerlicherweise erfahren wir bei Wilker das Zahlenverhältnis der sich gegenüber-stehenden Konfliktparteien nicht. Wilker spricht selbst von einer *„großen Mehrzahl"* mit der er sich in *„scharfem Gegensatz"* sieht (ebd., 92). Mit ihm sind es insgesamt acht Personen die kündigen, sechs Männer und zwei Frauen. Diesen dürften aber in den fünf Gruppenhäusern und den Werkstätten mindestens das Vierfache, wenn nicht mehr an Mitarbeitern aus den fünf Häusern bzw. Abteilungen und den Werkstätten gegenübergestanden haben, die Verwaltungsangestellten nicht einberechnet. Leider sind uns nur die Unterschriften unter dem Wilker-Schreiben zugänglich, nicht die aus dem Beschwerdebrief der Opposition. Die Frage stellt sich, ob Wilker Monate- oder sogar Jahre-lang eine Art von *Minderheitenregierung* geführt hatte, der zwar viele – vermutlich die meisten Jugendlichen und seine Getreuen zugetan waren –, die aber von der *„großen Mehrzahl"* der Mitarbeiter:innen abgelehnt wurde. Eine Zeitlang werden diese abgewartet, geklagt, gestritten haben; doch jetzt reicht es ihnen. Unklar bleibt, wie viele Personen in der Opposition sich als strikte Gegner verstehen, die mit Wilker nichts mehr zu tun haben wollen, und welche eher als Wilker-skeptische oder ambivalente Mitläufer:innen gelten können.

Zu II) Noch bevor es zu den oben geschilderten Eskalationen kommt, haben Wilker und seine Mitarbeiter:innen für sich beschlossen, dass sie gehen werden. Er könnte bleiben, aber Wilker kann im Lindenhof nur wirken, wenn er Vertraute um sich und hinter sich hat. Ohne diese fühlt er sich *„wie der Rumpf ohne Glieder"* (ebd., 96). Weil er gegen die Entlassung seiner Gruppe nichts ausrichten kann, bleibt nur, zusammen zu gehen:

„Wir erklären, dass wir bei unserer Arbeit im Lindenhof zu der großen Mehrheit der anderen Mitarbeiter in unserem Heim in scharfem Gegensatz stehen und dass dieser Gegensatz sich immer mehr verschärft, so dass ein fruchtbares Zusammenarbeiten unmöglich und die Erziehung unserer Jungen ernstlich gefährdet wird", beginnt der Kündigungsbrief (ebd.).

„Wo die Zersplitterung zu groß ist, dass nach verschiedensten Richtungen hingearbeitet wird, hebt ein Einfluss den anderen auf, ist eine erfolgreiche, nachhaltige Beeinflussung der Jugendlichen nicht möglich." (ebd.). *„Den Gegensatz zwischen uns deuten wir als einen Gegensatz zwischen Alt und Jung – alt und jung in keinem anderen Sinne, als ein Mehr oder Minder an Lebensbejahung, Lebensfrische, Tatendrang, Unternehmensgeist, Verantwortungsfreudigkeit, Selbstständigkeit, Hoffnungsfreudigkeit, oder auch an Wagemut, Vertrauensseligkeit und gläubiger Zuversicht"* (ebd.).

Kommentar: Die Gegensätze werden klar verteilt auf die beiden Gruppen, wie wir es vorhin schon gelesen haben als Wilker von einem Kampf zwischen *„Idealismus und Materialismus"* sprach. Aber auch hier werden die Konfliktthemen nicht deutlich. Wir werden später bei der Analyse von Gerd E. Schäfer den Gedanken kennenlernen, dass solche unkonkreten Verallgemeinerungen in einen Zusammenhang gehören, den er als *„Prozess des Zerfalls von Subjekt und Objekt"* bezeichnet. Er besteht u. a. darin, dass bei Konflikten große, aber allgemeine Themen aufgemacht werden, die konkreten Sachthemen und eigenen Affekte, die damit verbunden sind, aber immer weiter wegrutschen, nicht mehr benannt und damit auch nicht mehr bearbeitet werden (können). Im Zuge dieser Dynamik konstellieren sich Polarisierungen, in denen Gut und Böse dichotomisch verteilt werden. Dazu passen auch die nächsten Zeilen.

„Wir wollen unseren Jungen immer wieder das Gute und Gesunde, und sei es auch noch so verborgen suchen und stärken, und glauben an dieses Gute auch in den scheinbar schlimmsten Jungen mit Inbrunst […]. Dazu werben wir um das Vertrauen und die Liebe der Jungen […]. Wir tun dies, auch wenn wir noch so oft getäuscht werden und enttäuscht sind. Es ist der einzige Weg zu den Herzen unserer Jungen; kein Anlernen, keine Gewöhnung, kein Zwang behält außerhalb der Anstalt bleibende Wirkung".

Und folgerichtig wird die andere Seite so charakterisiert: *„Auf der Gegenseite sehen wir das Betonen einer falschen Autorität und des Vorgesetztenverhältnisses. Ein Streben, das den Willen zu beugen, wenn nötig ihn zu brechen […]. Wir sehen ein Mahnen und Lehren, ein Warnen und Drohen, sogar ein unangebrachtes Strafen, statt Vor-Leben und durch Persönlichkeit und Beispiel Wirken."* (ebd., 93).

Kommentar: Damit sind richtig und falsch bzw. gut und böse klar verteilt. Allerdings kommt es noch zu einer Richtigstellung. Man könnte dem Text bisher entnehmen, dass Wilker und die Seinen es den Jugendlichen einfach und bequem gemacht hätten, indem sie ihnen mehr erlaubt und an Rechten zugestanden hätten. Aber auch hier stellt der Brief klar das größere Engagement und die moralische Überlegenheit der eigenen Gruppe heraus.

„*Wir sehen auf der anderen Seite ein nicht klares Erkennen der Gefahrenquellen für unsere Jugend oder doch wenigstens ein nicht rücksichtsloses, zu Zugeständnissen und Kompromissen bereites Ankämpfen. Zugeständnisse und Kompromisse dort wo wir nur ein Entweder – Oder für richtig halten können*" (ebd.).

Kommentar: Auch hier bleibt unausgeführt, um was es konkret geht. Man kann dabei an Alkoholkonsum, Rauchen oder das Lesen sogenannter Schundlektüre denken, was in der Wandervogel-Bewegung und auch von Wilker strikt abgelehnt wurde (dazu später mehr über sein Verhältnis zu Karl May) und/oder an Gewalt unter den Jugendlichen, die man entweder konsequent benennen und die Betroffenen damit konfrontieren oder durch Wegschauen und Duldung Vorschub leisten kann. Der Brief schließt:

„*[J]a, es wird uns mit aller Deutlichkeit gesagt, dass man mit uns kein Zusammengehen, nicht einmal mehr eine Arbeit nebeneinander, nur noch eine solche gegeneinander wolle. Darunter müssen aber unsere Jungen und unser Wirken hier so sehr leiden, dass wir es nicht mehr vor uns verantworten können, unsere Arbeit im Lindenhof weiter fortzuführen*" (ebd., 94, es folgen sieben Unterschriften).

Eigentlich ist damit alles klar: Die Ära Wilker im Lindenhof ist vorbei; dass Wilker in den nächsten Tagen auch die Jugendlichen über die Zerwürfnisse und das kollektive Kündigungsschreiben informieren möchte, kann man im Zuge seiner Mitbestimmungs- und Selbstbestimmungspädagogik gut nachvollziehen; dass er dieses Informieren aber im Zeichen von Kampfbegriffen wie „*Idealismus contra Materialismus*" vornimmt (siehe oben), bleibt fragwürdig. Was sollen die Jugendlichen damit anfangen außer einer vagen Idee davon, dass das eine Prinzip gut, das andere aber schlecht ist? Wilker zieht sie in die Konflikteskalation der Erwachsenen hinein, was nichts anderes als eine weitere Verschärfung des Konfliktes bewirken kann. Auch wenn die Jugendlichen um diese Polarisierung und ihre Zuspitzung schon länger wussten, hätte ein verantwortungsbewusster Leiter nicht noch Öl ins Feuer gegossen. Konnte er, wollte er das nicht sehen?

Zu III) Am 22. November 1920 erscheint im *Berliner Tagesspiegel* unter der Überschrift „*Gegen die Vorgänge im Lindenhof – Kundgebung der Großberliner Jugend*" ein Artikel, der mir so besonders erscheint, dass er hier in voller Länge zitiert werden soll:

"Der große Saal des Lehrervereinshauses bot am Vormittag des Totensonntags ein eigenartiges Bild: Jungvolk beiderlei Geschlechts füllte den großen Raum. Alle politischen Gruppen waren vertreten. Hier wehten die Fahnen der Hakenkreuzler, dort prangten die roten Banner der sozialistischen, kommunistischen und anarchistischen Jugendvereinigungen. In den Vorräumen und auf den Treppen priesen jugendliche Verkäufer die Zeitschriften und Broschüren ihrer jeweiligen Organisationen mit Aufwand erheblicher Stimmmitteln an. Oben am Vorstandstisch blutjunge Leute. Der Vorsitzende, ein Jüngling von 16 Jahren, handhabte seine Gewalt mit ruhiger Würde und Sicherheit. Die Versammlung folgte einvernehmlich seiner Leitung. Die Ursache der Kundgebung waren gewisse Vorkommnisse in der Fürsorgeanstalt Lindenhof, die zur Amtsniederlegung von Direktor Dr. Wilker und seiner Mitarbeiter geführt haben. Nahezu vier Jahre hat er dort gewirkt. Die Darlegungen einiger seiner Mitarbeiter und eines Zöglings der Anstalt ergaben ein klares Bild der Arbeit Dr. Wilkers, der aus der ehemaligen Zwangsanstalt Herzberge das freundliche Erziehungsheim Lindenhof gemacht hat. Leider ist die günstige Entwicklung im Lindenhof jäh gestört worden durch die Widerstände, die das alte Lehr- und Erziehungspersonal dem neuen Leiter dauernd entgegengesetzt hat. Man ist von persönlichen Verunglimpfungen des Direktors nicht zurückgeschreckt, die man in einer Denkschrift an das Jugendamt niedergelegt hat. Dieses Amt hat scheinbar die Partei der Gegner Dr. Wilkers ergriffen. Man hat von ihm die Entlassung der von ihm berufenen Mitarbeiter verlangt. Nach dieser Forderung wurden die Widerstände so stark, dass Dr. Wilker und seine Freunde ihre Stellung verlassen haben. Recht herbe Worte des Tadels fand das Verhalten des Jugendamtes, insbesondere aber der Vorsitzenden, des Stadtrats Frau Dr. Weyl, die eine Delegation von Zöglingen höhnisch abgefertigt haben soll. Der Lindenhof ist also in Gefahr, wieder in den alten Zustand zurück zu versinken. Wie es in Fürsorgeanstalten heute noch aussieht wurde durch das Verlesen von Hausordnungen deutlich, deren Zuchtmittel und Strafen doch recht mittelalterlich wirkten. Im Gegensatz zu diesem Verhalten des Jugendamtes steht die warme Anerkennung, die der Minister Hähnisch (damals Kulturminister in Berlin, M.S.) *in einem Schreiben an den Wohlfahrtsminister* (1919–1921 Adam Stegerwald, Zentrumspartei, M.S.) *der Arbeit und dem Charakter Dr. Wilkers zollt. Er ersucht den Wohlfahrtsminister die wertvolle Arbeitskraft Dr. Wilkers an anderer Stelle zu verwenden. Den Versuch die Versammlung in das kommunistische Fahrwasser zu lenken, wurde von dem Vorsitzenden und dem größten Teil der Versammelten widersprochen. Zum Schluss nahm man einhellig die folgende Forderung an:*

1. *Die Sicherung der Berliner Fürsorgeanstalt Lindenhof, der bisherigen Wirkungsstätte Karl Wilkers, die nicht wieder Prügelstätte und Gefängnis werden darf.*
2. *Die Errichtung freier Versuchsschulen und demnach einer anderen Wirkungsstätte für Dr. Wilker.*
3. *Die öffentliche Anerkennung und Durchsetzung einer freien Erziehungsweise, Achtung vor der Menschenwürde der Jugendlichen, und vor dem Recht der Jugend auf Selbstverwaltung und damit den endgültigen Bruch mit der bisher staatlicherseits bevorzugten Erziehung zum Knechtsinn durch das Infantip von Lohn und Strafe.*

Ein Hoch auf die entschiedene freideutsche Jugendbewegung beschloss die Versammlung, der ein Teil der Versammlung ein Hoch auf die kommunistische Weltrevolution folgen ließ. Dann ging man in Ruhe auseinander." (Quelle siehe oben).

> Kommentar: Zum einen verblüfft die Massenhaftigkeit und Einigkeit der Jugendbewegung in Sachen Wilker. Es dürfte in der Geschichte der Pädagogik einzigartig sein, dass die – nennen wir sie hier erzwungene – Kündigung eines Heimleiters so viel an Betroffenheit und Solidarität auslöst; dass einem Erwachsenen gegenüber so viel Vertrauen ausgesprochen wird hinsichtlich seiner Fähigkeit und Eignung ein Heim zu leiten; dass überhaupt ein Fürsorgethema ein so breites Echo erfährt. Hier wird deutlich, dass Wilker und die Seinen in der Berliner Jugendbewegung bekannte Größen sind und es zahlt sich aus, dass er den Lindenhof gegenüber diesen Gruppen anlässlich von Festen und Sportveranstaltungen geöffnet hat. Man kannte den Lindenhof und identifizierte sich mit den Jugendlichen dort oder zumindest mit deren Ansprüchen an eine freie und faire Erziehung. Bemerkenswert auch, dass dabei politische Gegensätze offensichtlich kaum eine Rolle spielten. So polarisierend Wilker auch im Lindenhof wirkte, so sehr stellte er anderseits eine Integrationsfigur dar. Das ist mehr als bemerkenswert. Ähnliche Bedeutung für so viele Jugendliche haben nur wenige Erwachsene erreicht wie z. B. der Jesuitenpater Sigmund Kripp in Innsbruck in den Siebziger Jahren (wie später in Fellbach) im Zusammenhang mit dem dortigen Jugendzentrum (Kripp 1973 und 1977).

Nichtsdestotrotz trägt der Artikel zu einer unkritischen Legendenbildung bei oder ist bereits Ausdruck derselben. Er übernimmt die gleiche Rollenverteilung, die schon Wilker und wahrscheinlich ein Großteil seiner Zöglinge im Lindenhof übernommen haben, ohne sich die Entwicklung der Polarisierung und die Beiträge beider involvierten Gruppen zu dieser, klar zu machen. Damit geht eine Idealisierung seiner Person einher, die man ihm gönnen kann, die aber zugleich auch seine Schwäche überdeckt: Denn besonders geschickt im Umgang mit Widerständen von und Konflikten mit Mitarbeitern war Wilker sehr wahrscheinlich nicht (s. Kap. 5.7). Interessant ist, dass es der Kultur- und Schulminister ist, der ihn seinem Ministerkollegen vom Wohlfahrtsministerium zu anderer Verwendung empfiehlt, wo dieser doch Wilkers oberster Dienstherr war und nicht jener. Die Forderung Wilke mit der Einrichtung freier Schulen zu beauftragen, wären allerdings unter das Resort von Kulturminister Hähnisch gefallen. Ob Wilker diese Aufgabe gereizt hätte, wissen wir nicht. Jedenfalls scheint ihm keine ihn interessierende Stelle angeboten worden zu sein. Er wechselte von der Leitung des Lindenhofs zunächst in eine überwiegend publizistische Tätigkeit. Allerdings ist anzunehmen, dass er bis zur Annahme seiner Kündigung im März 1921 seine Bezüge als Direktor weiter erhielt.

Zu IV) Die Ergebnis des Untersuchungsausschusses aus einem Zeitungsartikel vom 4. März 1921:

"Die Untersuchungskommission hat festgestellt, dass Direktor Dr. Wilker im Lindenhof zum Teil Maßnahmen getroffen oder zugelassen hat, die mit Rücksicht auf die besondere Erziehungsbedürftigkeit der zahlreichen Jugendlichen als bedenklich und die Entwicklung der Jugendlichen in mancher Hinsicht als gefährdend angesehen werden müssen. Durch diese Maßnahmen und mehr noch durch eine gewisse persönliche Ungewandtheit Dr. Wilkers im Verkehr mit Erwachsenen hatten sich die Beziehungen zwischen ihm und einem Teil der älteren Erzieher und Meister im Lauf der Zeit derartig zugespitzt, dass eine weitere Zusammenarbeit nicht mehr möglich erschien. Auf der anderen Seite muss zugunsten Dr. Wilkers darauf hingewiesen werden, dass er in seiner dreieinhalbjährigen Tätigkeit im Lindenhof unbestreitbare Verdienste um den Ausbau und die Geltung der Berliner Fürsorgeerziehung erworben hat, sowie ferner, dass es möglicherweise besser gewesen wäre, wenn von der Verwaltung auf Abstellung der aufgetretenen Übelstände hingewirkt worden wäre, ehe sich unüberbrückbare Schwierigkeiten daraus entwickelt hatten" (Berliner Tagesspiegel, 4.3.1921, 2).

> Kommentar: Ein um Fairness bemühtes Ergebnis. Wilker bekommt Tadel ausgesprochen für einige *„Maßnahmen"* – welche bleibt auch hier völlig offen –, aber mehr noch für seine Umgangsstil, der als *„ungewandt"* bezeichnet wird. Man muss sich selbst überlegen, ob das schroff oder arrogant und linkisch oder sonst etwas meint. Als besonders jovial ist er jedenfalls nicht empfunden worden. Gerade ihm, dem es so gut gelingt *„zum Herzen"* von Jugendlichen zu sprechen, werden Kommunikationsschwächen mit Erwachsenen zugesprochen. Die Untersucher:innen fokussieren auf den Generationenkonflikt zwischen dem jungen Wilker und den älteren Meistern und Erziehern. Andererseits wird das positive Wirken Wilkers durchaus benannt und anerkannt. „Er hat es halt leider nicht geschafft seine Mitarbeiter mitzunehmen", wird man unter der Hand gesagt haben, auch bevor es Knaut offen ausgedrückt hat (siehe unten). Zum Schluss wird noch ein Verwaltungsversagen deutlich gemacht: Man hätte früher eingreifen und *„Übelstände"* (welche?) beenden müssen. Ob mit dieser Rüge das Landesjugendamt gemeint ist, also Frau Dr. Weyl, oder der Direktor Knaut, bleibt unausgeführt.

5.5.3 Wie verabschiedet sich Wilker in seinem Text?

Wie wir gehört haben, wollte Wilker gehen: Nachdem seine Getreuen den Lindenhof verlassen mussten und die Konflikte sich weiter zugespitzt hatten, war er in seinen eigenen Augen gezwungen zu gehen. Sicher ist ihm das nicht leichtgefallen. Insofern ist es interessant zu beobachten, wie er im Rahmen seines Textes seinen Abschied nimmt bzw. wie er den Text dazu nutzt eine Art von Abschiedsfeier zu gestalten. Denn das scheint der Grund dafür zu sein, dass sein Text nach der Schilderung der letzten Konflikte aufhört ein Text aus seiner Feder zu sein und stattdessen zu einem vielstimmigen Forum wird. Vermutlich wird Wilker von mehreren Seiten ermuntert, vielleicht sogar bedrängt worden sein, andere Stimmen mit in seinen Text aufzunehmen. So besteht dieser Abschiedsteil vor allem aus dem Abdruck dreier Hefte (A–C), während sich Wilker nur gegen Ende selbst noch einmal persönlich zu Wort meldet.

A) Zunächst liest man eine Sonderausgabe, der von Elisabeth Rotten herausgegebenen *„Internationalen Erziehungs-Rundschau"* im Auftrag der *„Deutschen Liga für Völkerbund".* Diese hat anlässlich des Ausscheidens von Wilker eine eigene *„Lindenhof Nummer"*(!) (Wilker 1921a, 103) zusammengestellt. Unter der Überschrift *„Erziehungsheim Lindenhof. Ein Stück Tat gewordene Jugendbewegung"* (ebd.) führt Rotten selbst in das Heft ein und stellt die Arbeit Wilkers als *„Keimzelle eines neuen Menschentums"* dar (ebd., 107).

> *Kommentar:* Die Überschrift ist bezeichnend. Nicht *Fürsorgeerziehung* steht im Mittelpunkt, sondern die *Jugendbewegung*, aus der Wilker kommt. Hier wird vermutlich sein Programm für das Projekt Lindenhof deutlich: Trage den Geist der Jugendbewegung in die Heimerziehung, auch dort leben Jugendliche, auch die können im Rahmen der Jugendbewegung aufgefangen werden und dort eine neue Heimat bekommen – über das Heim hinaus. Dieser Gedanke besticht im Sinne von Netzwerkbildung; er scheint aber auch naiv und/oder waghalsig, weil er eine Jugendkultur, die teils aus dem Milieu eines zwar unruhigen, aber gebildeten Bürgertums stammt oder aus der Organisations-affinen Arbeiterjugend auf (proletarische) Fürsorgezöglinge übertragen möchte, denen diese Kultur zumindest in Teilen fremd und unverständlich sein muss. Es handelt sich zum Großteil um deklassierte, verwahrloste, delinquente, traumatisierte, von Behinderungen betroffene junge Menschen. Einerseits kann diesen eine Normalisierung – wie sie mit der Aufnahme in die Jugendbewegung möglich ist – gelegen kommen und gut tun; andererseits muss eine ordentliche Mitgliedschaft viele von ihnen überfordern. So normal sind sie eben nicht.

Selbstverständlich kommen in diesem Heft nur Mitarbeiter Wilkers zu Wort, die sich positiv, wenn nicht enthusiastisch über ihn und seine Arbeit äußern. Aber auch Stimmen ehemaliger Jugendlicher, einer dankbaren Mutter, sowie Stimmen aus dem Ausland, die deutlich machen (sollen), dass Wilker eine über Deutschland hinaus bekannte Persönlichkeit darstellt, die internationale Solidarität genießt (ebd., 114 ff.).

B) Gefolgt wird der Wiederabdruck der Zeitung durch einige persönlich gehaltene Statements von Wilker-Freunden.

C) Danach folgt im Text das letzte Heft der *Lindenblätter*, des Monat-Journals, das Wilker drei Jahre herausgegeben hatte. Das letzte Heft unterscheidet sich sicher von den vorangegangenen, als es hier nur von Wilker herausgesuchte Texte gab und nicht wie sonst auch Texte von Jugendlichen aus dem Lindenhof oder der Jugendbewegung. Wilker steuert selbst den Großteil der Texte bei und nimmt in diesen noch einmal Abschied von *„seinen Jungen";* aber auch seine Frau, die einen eigenen Gruß an die Jugendlichen verfasst hat. Den Abschluss bildet die Elternbeilage der Lindenblätter, selbst ein kleines Heft, in dem sich Wilker noch einmal an die Eltern wendet. Interessant ist hier ein kleiner Aufsatz mit der Überschrift *„Eltern bedenkt"*, in dem er Eltern fragt, ob sie ihren Kindern nicht zu viel erlaubt und zu wenig abgeschlagen haben und ob sie nicht heute statt mit der Fürsorgeerziehung gegen diese arbeiten würden und die Kinder genau das auch mitbekommen würden (ebd., 163 f.).

Kommentar: Es kann uns heute ein wenig weltfremd erscheinen, dass Wilker solche Themen in einer Zeitschrift anspricht, wenn man bedenkt, dass viele Eltern aus dem proletarischen Milieu stammten und oft nur wenige Jahre Schulbildung genossen haben und sicher nur zum kleinen Teil den Personenkreis darstellten, der sich durch Lektüre von Texten bildete. Dennoch wird in diesen Zeilen klar, dass Wilker niemand ist, der den Klient:innen nach dem Mund redet, sondern im Gegenteil den Mut hat, Eltern mit – für ihn – unbequemen Wahrheiten zu konfrontieren (und demnach Jugendliche wahrscheinlich auch). Er dürfte einer der ersten sozialpädagogischen Beobachter gewesen sein, der die typische Koalition von Eltern mit ihren Kindern gegen die Heimeinrichtung wahrgenommen hat und das dahinterstehende Motiv: ein schlechtes Gewissen gegenüber dem Kind und ein Versuch mit dem „gegen" auch wieder etwas gut zu machen. Freilich musste er damit rechnen, dass solche Gedanken auch sehr schnell als Vorwürfe gelesen werden können.

In beiden Heften stehen Hinweise und Ermahnungen Wilkers an seine „Klient:innen" an prominenter Stelle, aber auch Gedichte bzw. kurze Essays namhafter Denker:innen. Da-zwischen – und vom Übergang her oft nicht erkennbar – stehen letzte Reflexionen Wilkers für seinen Text. Er beendet ihn mit den Worten: *„Ich glaube an die Jugend […]. Dieser mein Glaube ist es, den ich mitnehme auf des Lebens Wanderfahrt, die nun von neuem angehoben hat. Ich glaube an den Menschen. Und an den Gott in ihm. An das: Menschsein"* (ebd., 171).

Kommentar: Man könnte denken, ein stimmungsvoller, würdiger Abgang, weil er ja zumindest durch die internationalen Stimmen so etwas wie „höhere Weihen" erhält. Ich habe mich beim Lesen aber gefragt, ob es nicht sinnvoller gewesen wäre, mehr aus dem Alltag zu berichten, von der konkreten sozialpädagogischen Arbeit im Lindenhof. Die predigerhaften Züge seines Schreibens weisen aus der Praxis heraus. Man fragt sich, ob es nicht auch Konflikte gegeben hat zwischen ihm und den Jugendlichen, die ihn an seine Grenzen gebracht haben; wie er ihnen gegenüber seine Enttäuschungen, von denen er ja berichtet, ausgedrückt hat, und wann er selbst hin und hergerissen war zwischen Abwendung und Hinwendung, ob und wann er wütend geworden ist und ob und wann es bei ihm Selbstzweifel oder schlaflose Nächte gegeben hat. Man kann sagen, dass er in diesem Moment seiner Niederlage dazu nicht in der Lage war: Dann stellt sich die Frage, warum er das nicht später nachgeholt hat? Jedenfalls scheinen die Seiten des schmalen Büchleins auf eine Weise gefüllt worden zu sein, von der man denken kann, dass sie Leerstellen überdeckt: Leerstellen der Selbstreflexion.

5.6 Konflikte und Konfliktdynamiken in der Darstellung von Wilkers Vorgesetztem Knaut und Wilkers Replik

Mit der Darstellung der Misslingensdynamik und ihrer Gründe aus der Sicht von Knaut gewinnen wir eine der seltenen Möglichkeiten, die Analyse einer misslungenen Projektentwicklung auch aus einer anderen Perspektive als der des Projektleiters lesen zu können; deshalb räumen wir ihr hier einen breiten Platz ein. Das fachliche Desiderat, dass das Scheitern von Projekten anschließend von mehreren, in unterschiedlichen Funktionen und auf unterschiedlichen Hierarchieebenen Mitwirkenden, getrennt und gemeinsam reflektiert wird, mündlich und schriftlich, wird bis heute kaum irgendwo umgesetzt (s. Kap. 15.3).

Herrmann Knaut, seit 1914 der Direktor des Berliner Fürsorgewesens und damit der Vorgesetzte Wilkers, der sowohl diesen als auch dessen Vorgänger August Rake (siehe Hypothese 3 in Kapitel 5.7) eingestellt hatte, nimmt zu den *„Vorkommnissen im Lindenhof"* in einer Zeitung Stellung, die damals bei den Jugendämtern weit verbreitet war (Knaut 1921, 198 ff.) Auch wenn er sicherlich einen möglichen Imageverlust bezogen auf seine Person und sein Amt abwenden möchte, spricht aus dem Text zumindest auch eine abgeklärt wirkende Persönlichkeit, die sich um Abwägung und Gerechtigkeit bemüht und wenig davon hält, nur eine Seite im Konflikt an den Pranger zu stellen. Dennoch wird Wilker Knaut noch im selben Jahr (Wilker 1921b) widersprechen und damit von seinem ersten Urteil über Knaut abweichen (Wilker 1921a, 91), dem er im Text davor noch attestierte hatte: *„Er hatte Verstehen für unsere Eigenart."* (ebd.). Es scheint, dass Wilker bestimmte Unterschiede in den Grundüberzeugungen Beider erst später aufgegangen sind.

Knauts Artikel lässt sich in drei Abschnitte teilen: Bevor er Wilkers Persönlichkeit und Leistungen in anerkennenden, menschlich zugeneigten Sätzen schildert (5.6.1), holt er zu einem historischen Exkurs aus, in dem er darstellt, was er in Hardehausen geleistet hat, wie er deshalb nach Berlin berufen wurde und was er damals im Lindenhof bereits neu auf den Weg gebracht hat (5.6.2). Auch die Verdienste von August Rake, seinem Nachfolger sowohl in Hardenhausen wie auch in Lichtenberg werden von ihm ausdrücklich gewürdigt (5.6.3). Erst dann geht er darauf ein, was Wilker im Lindenhof konkret getan hat und präsentiert dessen Entwicklungsweg als einen der zunehmenden innigen Nähe zu den Jugendlichen und der gleichzeitig zunehmenden Entfremdung bezogen auf die Beamten. Auch wenn er sich bemüht, die Verantwortung für die Eskalationen gerecht zwischen Wilker und den Beamten zu verteilen und auf die Verletzungen hinweist, die beide Seiten erleiden mussten, wird am Ende doch deutlich, dass er Wilker für grundsätzlich ungeeignet hält, eine große Fürsorgeeinrichtung zu leiten (5.6.4).

5.6.1 Knauts Würdigung Wilkers

Knaut schildert Wilker als einen sympathischen und durch und durch integren Menschen, dem die ihm anvertrauten Jugendlichen am Herzen liegen und der große Anstrengungen auf sich nimmt, um den Lindenhof in den Augen der Jugendlichen zu einer lebenswerten Einrichtung zu machen. Dabei benutzt er Beschreibungen, die auch vom Stil her, dem von Wilker geschätzten entsprechen, auch wenn man den Pastor hinter dem Jugendamtsmann hören wird:

> *„Ohne Frage hat Direktor Wilker mit größter Hingabe seiner geistigen, körperlichen und sittlichen Kräfte für die Jungen gerarbeitet. Er hat in bewusster Nachfolge dessen, der das unerreichbare Vorbild der Selbsthingabe ist, ein reiches Maß an Liebe, Aufopferung und Verständnis für das jugendliche Innenleben bewiesen. Er hat mit heiliger Begeisterung versucht, den Jungen das Beste zu geben, das er geben konnte, er hat sie nach seinen freideutschen Idealen zur Wahrhaftigkeit und zu Persönlichkeiten erziehen wollen, die die Verantwortung vor sich selbst tragen und in innerer Freiheit ihr Leben bestimmen. Ohne Zweifel hat er dabei insofern die besten Erfolge in der Anstalt gehabt, als er den Jungen, die gedrückt und scheu und innerlich zerrissen nach ‚Lindenhof' kamen ein Heim, ein Jugendland, ein Jugendglück schuf. Jeder, der nach ‚Lindenhof' kam, musste sich freuen über den herzlichen Ton, [...] über die Verehrung und Liebe, die in den Herzen der Jungen dem Direktor entgegenschlugen. In all dem lag aber nach Wilkers eigenen Worten kein neues Erziehungssystem, sondern das Einsetzen seiner ganzen Persönlichkeit."* (Knaut 1921, 200).

5.6.2 Knauts Sicht auf das Erbe, das Wilker antreten „durfte"

Den zweiten Teil startet Knaut mit Hinweisen auf Miltschien, den Fürsorge-Skandal (s. Kap. 5.2.2), der die Berliner „*Waisenkommission*" wie damals das Jugendamt noch hieß, in beträchtliche Bedrängnis gebracht hatte. Zur Rettung griff man auf einen Mann zurück, den er unerwähnt lässt; von dem aber alle Leser:innen wissen, um wen es sich handelt: um Knaut selbst. Erst schildert er, aufgrund welcher Leistungen er sich damals für die Berliner Waisenhausdeputation (das spätere Jugendamt) empfohlen hatte:. Hardenhausen war

- In Hardenhausen wurde *„eine familienartige Erziehung durchgeführt. Die Anstalt soll ein Heim sein, sich zu Hause, heimisch fühlt"* (ebd., 198). Der Anspruch lautete: *„[D]ass jeder Zögling individuell seiner Eigenart, seinen Anlagen, seinen Fähigkeiten und Interessen entsprechend behandelt werden soll."* (ebd.).
- *„[E]s hatte der Deputation gefallen, dass der Direktor mit seinen Zöglingen und Erziehern mit Erlaubnis des Ministers des Inneren die Gitter vor den Fenstern abgesägt hatte."* (ebd.).

- *„[D]er zweite Grundsatz, [...] war der der freiheitlichen Erziehung";* sie *„fand ihren Ausdruck in einer Selbstverwaltung und der Selbstbetätigung der Zöglinge"* (ebd.), aufgeführt werden der Jungenrat (Vertrauensjugendliche), der regelmäßig mit dem Direktor Ideen und Wünsche der Zöglinge berät, aber auch die Delegierten für ein Jugendgericht stellt. *„Ferner hatten sich Vereine sportlicher, literarischer und muskalischer Art unter den Zöglingen zu bilden begonnen".*
- *„Der dritte Grundsatz in Hardenhausen war der der möglichst gründlichen beruflichen Ausbildung der Zöglinge."* (ebd., 199).
- *„[E]ndlich legte man großen Wert auf die Ausbildung der Erzieher, die nicht Aufseher und Überwacher sein sollten, sondern Führer, Freunde, Kameraden, die bereit sind sich hinzugeben und die Jugendlichen in ihre Lebensgemeinschaft aufzunehmen"* (ebd.).

Stolz führt Knaut an, dass unter seiner Leitung die Rate der Weglaufenden/Entweichenden stark zurückgegangen ist: nur ein Jugendlicher, der noch dazu freiwillig wieder zurückkehrte. Das führt er u. a. darauf zurück, dass *„ein ungemein frischer, fröhlicher Ton in der Anstalt herrschte"* (ebd.).

Dann kommt er auf den von ihm selbst durchgeführten Neustart in Lichtenberg zu sprechen: *„Diese Grundsätze [...] sollten auch in den Berliner Anstalten durchgeführt werden"* (ebd.). *„In den folgenden Jahren wurden dementsprechend die Lichtenberger Einrichtung zu einer Handwerker-Bildungsanstalt mit hellen modernen Werkstätten umgebaut [...]."* Knaut schreibt allerdings nichts darüber, wie gut es ihm selbst in seinen drei bis vier Jahren Leitung (1910 bis 1913/14) gelungen war, „seine" Hardenhausener Prinzipien bzw. Reformideen auch in Lichtenberg umzusetzen.

Kommentar: Eine Leerstelle, die mehreres bedeuten kann. Will er sich nicht selbst loben? Oder hatte er – auch in den eigenen Augen – weniger umgesetzt als er sich vorgenommen hatte? War er vor allem der Umbau-Direktor gewesen, der die Werkstätten neu eingerichtet hat, aber wenig für die Umgestaltung der Atmosphäre oder eine Neuausrichtung der Haltungen geleistet hat? Für Letzteres sprechen seine Ausführungen zu Rake. Knaut äußert deutlich lobende Worte in Bezug auf diesen, den er in Lichtenberg zum zweiten Mal zu seinem Nachfolger gewählt hatte. Mit Blick auf Lichtenberg attestiert er ihm, dass er

„mit großem Eifer und unter Aufopferung seiner Gesundheit" dort drei Jahre gewirkt hat und *„alles dafür getan, die Anstalt innerlich* (!, M.S.) *gemäß den Wünschen der Waisenhausdeputation umzugestalten. Er begann damit Gitter von den Fenstern wegzunehmen und statt ihrer Blumenkästen anzubringen. Die Wände schmückten frohe Bilder und auf den Tischen standen die Blumenvasen mit den leuchtenden Blumen aus der Anstaltsgärtnerei. Der sangesfrohe Direktor sorgte mehrfach im Jahr für Sportfeste und Ausflüge in die Umgebung mit den Angehörigen der Zöglinge und der Erzieherfamilien"*

(ebd., 199). *„Berichterstattungen verschiedener Zeitschriften waren voll des Lobes über die Wandlung die in Lichtenberg vor sich gegangen war"* (ebd.) *„Nach zweieinhalbjähriger Wirksamkeit in Lichtenberg wurde der Direktor zum Leiter der Landwirtschaftlichen Erziehungsanstalt in Struveshof ernannt und an seine Stelle trat im April 1917 Direktor Dr. Wilker."* (ebd.).

> Kommentar: Rakes Verdienste werden so deutlich herausgehoben, dass man sich fragen muss, was Knaut in Lichtenberg geleistet hat. Die Ausflüge, an denen sowohl die Familien der Zöglinge wie auch die Erzieherfamilien teilnehmen muten uns heute noch modern an, weil sie die Möglichkeit bieten, sich auf einer Ebene, als Vater/Mutter/Onkel/Tante zu begegnen. Aber auch sonst zeichnet Knaut die Anstalt in einem positiven Licht: Manches, von dem wir dachten, dass es Wilkers Neuerung war, so z. B. die Blumen und neuen Bilder, manches von dem, was Wilker von Anderen als Leistung unterstellt wurde wie das Absägen der Gitter, geht wohl auf Rakes Wirken zurück.

Die Ausführungen Knauts gipfeln in dem Satz: *„Als er* (Wilker, M. S.) *sich Lichtenberg mit seinem neuen Geist und seinem freundlichen Schmuck angeschaut hatte, meinte er, man habe ihm ja nichts mehr zum Tun übrig gelassen; er sähe seine Ideen und Erziehungs-grundsätze hier bereits zu einem guten Teil verwirklicht."* (ebd., 200). Sein zukünftiges Wirken habe er mit Recht als ein *„Weiterarbeiten auf Wegen, die schon lange eingeschlagen sind"* bezeichnet (ebd.).

> Kommentar: In diesem Abschnitt seines Textes stellt Knaut eine Kontinuität her. Lichtenberg war nicht, wie manche in der Öffentlichkeit glauben machen wollen, ein Miltschien oder eine Blohmesche Wildnis (siehe 5.5.2), die Wilker hätte von Grund auf hätte umgestalten müssen. Die Anstalt in Lichtenberg war in seinen Augen eine, bereits seit mehr als sieben Jahren – über die Zeit seiner und der Leitung von Rake hinweg –, fachlich gute und gut geführte Einrichtung, Wilker konnte dort ein Erbe antreten und hätte dieses nur gut pflegen müssen.

Es ist kaum anzunehmen, dass Knaut an dieser Stelle Äußerungen Wilkers falsch wiedergegeben hat. Das hätte er sich in seiner Position und auch Wilker gegenüber nicht leisten können und nicht leisten wollen. Vermutlich glaubte Knaut selbst an die von ihm angenommene und auch von Wilker zunächst so aufgefasste Kontinuität. Wobei sich beide getäuscht haben können: Es kommt immer wieder vor, dass Leiter:innen meinen ein gutes Heim übergeben zu haben, aber ihre Nachfolger:innen Missstände entdecken, die vorher unerkannt geblieben waren oder als abgeschafft galten. Beispiel für solche zunächst übersehenen Missstände können die *„eisernen Hebel"* an den Schlafsaaltüren gewesen sein, mit denen sie nachts abgeschlossen wurden, die *„Gucklöcher"* an den Türen oder die *„aktenmäßige Nummerierung der Gebäude von A–F"* (Wilker 1921a, 26). Solche unterschiedlichen Wahrnehmungen und Bewertungen zwischen dem/r früheren und dem/r aktuellen Leiter:in sind nicht selten. Neue Leiter:innen sind in der Regel ehrgeizig und müssen geradezu „ungute" Zustände oder Haltungen finden, die sie für veränderswert halten.

Vielleicht hat Knaut aber auch ausgeblendet was er versäumt hat oder was an von ihm vorgenommenen Verbesserungen unter Rake wieder zurückgenommen worden war. Sei es, weil Rake nicht genau genug hingeschaut hat; sei es, weil es Kriegsbedingte Engpässe an Personal und Ausstattung gab, die durch rigidere Erziehungspraxen kompensiert worden waren; sei es weil Rake im Zweifelsfall eher zu seinen Mitarbeiter:innen gestanden ist als zu seinen Jugendlichen. Bleibt immer noch offen, wie Wilker damals zu seinem positiven Ersteindruck gekommen ist und damit zu einer Fehleinschätzung. Hat er sich durch den schönen Schein betrügen lassen? Gab es beim zweiten Hinschauen doch sehr viel mehr an Ungutem? Oder wurde Wilker zum Kritikaster, der nur noch sehen konnte, was nicht gut war, aber nicht mehr würdigen, was gut oder gut genug war?

Hören wir Wilker selbst, der Knaut – ohne ihn namentlich zu erwähnen – antwortet, vermutlich nachdem er dessen Artikel vom Februar 1921 gelesen hat: *„Ich habe weder etwas weiter, noch zu Ende geführt, sondern viel mehr neue Arbeit begonnen"* (Wilker 1921b, 15). Wie begründet er das?

> *„Die Einrichtung war gut-christlich, gut-national, gut militärisch. Sie kannte einige Freiheiten, hatte einigen Sinn für Musik, für Blumen und so. Aber – ich weiß mich frei von jedem Gedanken des Hasses und der Verbitterung gegenüber irgendeinem Menschen – Sinn für das Menschsein fand ich kaum. Die Jungen waren eben das Material, mit dem man umzugehen hatte, [...], vor dem man sich heimlich oder offen fürchtete. Denn es konnte ja mal sein, dass die Rolle des Gewaltherrschers wechselte."* (ebd.).

Hier wird es deutlich: Es geht um den Geist in der Einrichtung, den Wilker grundsätzlich für falsch hält, weil er in den Jungen zu bessernde *„Verkommene"* und *„Verrohte"* sieht, während er in ihnen den Menschen sieht, der gesehen und befreit werden möchten und nur dann. Deswegen sein *„dringendstes Ziel: Wir müssen den Jungen Freund und Kamerad, einem jeden sein."* (ebd., 19). Diesen grundsätzlich anderen Geist, den er in der Einrichtung nur schwach entwickelt sah und unbedingt ausweiten wollte, scheint etwas zu sein, dass der Institutionserfahrene Knaut so nicht mehr sehen konnte oder wollte, weswegen Wilker vermutlich ihm an erster Stelle mitteilt: *„Es zeugt von wenig Verstehen für den neuen Menschen, wenn man nur äußere Zustände und Maßnahmen betrachtet als Gradmesser für Gewolltes und Wollendes."* (ebd., 16).

> *Kommentar:* Freilich weist das auch darauf hin, dass es zwischen Wilker und seinem Vorgesetzten gewisse Verständigungsbarrieren gab: Hat Wilker nicht offen genug gesprochen? Hat Knaut nicht gut genug zugehört? Und Wilker nicht ernst genommen, solange er nur Zustände und Maßnahmen angeht?

5.6.3 Knauts Kritik an Wilker und seinen Getreuen

Die Liste der „*Gefahren*", die nach Knaut von Wilker ausgehen sieht, wird eingeleitet mit den Worten: „*Wo viel Licht ist, ist auch Schatten*" (Knaut 1921, 200). Vom Platz im Text her beansprucht sie etwa das Doppelte an Platz als die Würdigung und thematisiert drei Kritikpunkte:

A) Überbetonung der Freideutschen Art, Abwertung anderer Kulturen:

- Wilker und seine Freunde seien „*egozentrisch eingestellt*" gewesen und hätten in ihrer Selbstüberschätzung nur das wahrgenommen, was sie selbst für wichtig hielten;
- Wilker und seine Freunde seien „*idealistische Stürmer und Dränger*" und hätten damit für Polarisierungen gesorgt;
- eine dieser Polarisierungen beträfe den Gegensatz „*alt- jung*". Knaut zitiert einen Satz, den auch Wilkers Freunde promotet hätten: „*Die Alten mögen in der Wüste sterben, aus der Jugend müssen die Führer entstehen.*" (ebd.).
- „*Trotz aller Betonung der Männlichkeit, ein weicher, gefühlsbetonter, mystischer und stark ästhetischer Habitus, der sich auch in Kleidung, Körperhaltung und Geschmack ausdrückt*" (ebd.).

Kommentar: Die neu eingeführte Wandervogel-Kultur und die vorherrschende institutionelle Kultur passten nicht zueinander. Beide Seiten erlebten einen mehr oder weniger heftigen Kulturschock: Wilker sah an den Wänden die Bilder von Soldaten und die Verherrlichung von Schlachten (Rakes Stil, siehe Wilker 1929, 53), hörte den militärischen Kommandoton in den Werkstätten und erlebte, was er als Einstimmung auf den unbarmherzigen Takt der Arbeit empfand. Die Mitarbeiter:innen erlebten „*Jünglinge*" in kurzen Hosen mit einer Gitarre, die lieber sagen und tanzten, als bei der Arbeit anzuleiten. Gleichzeitig verachteten diese Jungen, was den Alten lieb war: ihr Feierabendbier, ihre Zigaretten und ihre Boulevard-Vergnügungen. Wobei diese Polarisierung Wilker nicht gerecht wird: Er konnte so Unterschiedliches wie Volkstänze, expressionistische Holzschnitte und Theaterstücke, Traditionelles wie das Errichten des Maibaums, aber auch Modernes wie Neue Sachlichkeit und (später) Bauhaus-Design zusammenbringen und abwechselnd genießen. Auch die Liste seiner intellektuellen Vorlieben liest sich enorm breit – und doch muss er zur Polarisierung der Kulturen beigetragen haben. Wilker wiederholt in seiner indirekten Replik, was er von den Beamten hält und steigert dabei noch mal den anklagenden Charakter:

„*Ich sah – und sehe auch heute noch – in der Beamtenschaft den natürlichen Feind der Jugend. Sie ist nicht für die Jugend dar, will ihr nicht dienen, sondern will bedient werden, will höher bewertet werden. Immer wieder und wieder bricht der Gewaltwille des Menschen in ihm durch, ungeachtet, dass er erfahren muss, dass er einen um so stärkeren Gewaltwillen bei dem Anderen dadurch auslöst*" (Wilker 1921b, 18).

B) Knaut moniert „*eine Neigung zur Kontemplativität, zum Reden, Lesen und zur Beschäftigung mit geistigen Problemen*" und damit eine Vernachlässigung von Alltag und Pflichten. Wilker und seine Freunde hätten allem anderen den Vorzug gegeben, nur nicht der täglichen Arbeit. Die Mitarbeiterschaft sei zunehmend unruhig darüber geworden, dass die Jugendlichen „*den Geschmack an der ständigen Arbeit verlieren*" (Knaut 1921, 201).

Kommentar: Dass Wilker in der Kernarbeitszeit, seiner und der der Jungen, mit ihnen ins Museum geht, haben wir oben gelesen und finden das richtig. Aber Wilker scheint zugleich eine Abwertung gegenüber redundanter und mechanischer Arbeit ausgestrahlt und ausgesprochen zu haben. Dabei waren das realistischer Weise die Formen von Arbeit, die die Jugendlichen erwarteten und für die sie in gewisser Weise vorbereitet werden mussten. Diesen Gesichtspunkt haben wohl die Mitarbeiter:innen gesehen und vertreten. An dieser Stelle widerspricht Wilker Knaut nun scharf:

„*[M]an warf uns vor, wir hätten kein Verständnis für die Arbeit. Das ist Unsinn. Einer von uns arbeitete in der Tischlerei […], ein anderer in der Buchbinderei. Und wenn nötige Arbeiten anstanden, dann haben wir alle sie freiwillig erledigt auch wenn sie über unsere Arbeitszeit hinausgingen. Allerdings gilt das nur für die Jungen* (nicht für die Beamten, M. S.)." (Wilker 1921b, 21).

Kommentar: Arbeiten konnten er und seine Getreuen und wenn nötig weit über das offizielle Pensum hinaus – dabei konnten sie als Modelle sogar einige Jugendliche damit motivieren, sich gleichermaßen freiwillig zu engagieren. Hier also wieder ein Unterschied ums Ganze: Knaut meint die stumpfe Alltagsarbeit. Wilker fokussiert auf die freiwillige, weil als sinnvoll und in einer Gemeinschaft sich gegenseitig Anerkennender erbrachte Leistung.

C) Wilker und seine Freunde hätten „*eine Überschätzung des Wertes der Freiheit und Geringschätzung der Autorit*ät" vorgelebt und propagiert (Knaut 1921, 201). Für Knaut – und die Mitarbeiter:innen – steht aber im Vordergrund, dass *man „zeitweilig nur durch Zwang von einem ‚ich muss' zu einem ‚ich will' kommt. […] Das schadet nichts, wenn der Zweck des Zwangs stets die Freiheit ist.*" (ebd.).

Kommentar: Eine heute noch aktuelle Debatte, auch wenn sich die Zahlenverhältnisse umgekehrt haben. Für die meisten Pädagog:innen heute hat Zwang in der Erziehung gar nichts verloren. Nur noch für eine Minderheit, zu der ich gehöre, stellt sie ein notwendiges Durchgangsmoment dar. Dabei setzen die Zwangsverweigerer häufig auf Zwänge ganz anderer Art (Polizei, Psychiatrie etc.), während die Zwangsbefürworter den Nachweis, dass es auch zu einer Entwicklung kommt, in der Zwang aufhört und Freiheit eintritt, schuldig bleiben. Be(un)ruhigend zu sehen, dass es hier seit 100 Jahren außer Verschiebungen in der Anzahl, kaum zu Bewegungen in der Argumentation gekommen ist (Schwabe 2009 und 2019).

5.6.4 Das Fazit von Knaut

„Dass dieser Gegensatz aber zu einem völligen Bruch und einer Katastrophe führten, liegt zweifellos an einem offen eingestandenen Mangel des Direktors. Er, der es ausgezeichnet verstand Jugendlichen zu begegnen zu leiten, zu behandeln, hat selbst darüber geklagt, dass er es nicht verstehe Erwachsene zu behandeln. Er hat sie, ohne es zu wollen, so stark verletzt und gekränkt, in ihnen so sehr das Gefühl erweckt, dass sie ihm nichts waren, seine freideutschen Freunde ihm aber alles bedeuteten, dass die Beamten ihm nicht nur innerlich entfremdet, sondern zu erbitterter Feindschaft getrieben wurden. So kam es in diesem Kampfe so weit, dass die Beamten nur noch die Schattenseiten des Direktors und seine Fehler sahen, dass sie die guten und schönen Seiten nicht mehr wahrnahmen, sondern glaubten, ihn und sein falsches System bekämpfen zu müssen. […] [I]nfolge der Kampfesstellung der Beamten wurde der überarbeitete und nervös angegriffene, in seinem Wesen impulsive und temperamentvolle Direktor Wilker in seiner Abneigung gegen die Beamten weiter bestärkt" (Knaut 2021, 200).

Kommentar: Klare Worte, Wilkers Schwächen werden deutlich aufgezeigt. Sie gehören zu ihm, können durch seine Vorzüge in der Regel mehr als kompensiert werden, erhalten aber in einer Eskalationsdynamik in den Augen der Anderen zunehmend Gewicht und lassen seine Kompetenzen in den Hintergrund treten.

Die Schlussempfehlung von Knaut spricht ebenfalls eine deutliche Sprache: *„Möge es ihm gelingen ein Landheim für 20 bis 30 Jugendliche zu finden und zu leiten. Wenn es an klugen und besonnenen Helfern nicht fehlt, wird er sich durch seine offene, hingebende, herzliche Art und mit seinen reichen Begabungen gelingen ein geliebter Führer und Erzieher zu sein."* (ebd., 201).

Kommentar: Kleiner soll die Einrichtung sein, gleichgesinnte Helfer:innen soll er um sich haben, die noch dazu *„klug und besonnen"* sind, dass sie die gelegentlichen Schwächen des Chefs einschätzen und aushalten können. Das ist der Ort, an den Wilker in den Augen von Knaut hingehört. Für die große Komplexeinrichtung Lichtenberg war er die falsche Wahl, was auch auf ihn, Knaut, der ihn ausgewählt hat, zurückfällt. Auch er hat sich getäuscht.

Fazit: Knaut stellt die Konfliktdynamik anders dar als Wilker und die ihm zugetanen Kreise. Folgt man dem Vorgesetzten, hat es sich Wilker mit seinen Mitarbeiter:innen verdorben, weil er sie und ihre Arbeit, aber auch ihre Kultur zu wenig wertgeschätzt hat, ihnen zu impulsiv und offensichtlich abwertend gegenübergetreten ist und seine Freunde aus der Wandervogelbewegung den anderen Mitarbeiter:innen gegenüber deutlich vorgezogen hat. Das führte nach Knauts Einschätzung zu Kränkungen und Groll auf der Seite der Mitarbeiter:innen. Knaut geht mit keinem Wort auf die möglicherweise guten Gründe ein, die Wilker gehabt hatte, um über einige Handlungen der Beamten entsetzt gewesen zu sein. Immerhin soll er sechs Entlassungen wegen Misshandlung von Schutzbefohlenen vorgenommen haben (Pape-Balling in Wilker 1921a/1989, 236). Stimmt das?

In einem Artikel von 1929 erwähnt er, dass ein Schuhmachermeister zum Zweck der Bestrafung einen Jungen vom 4. Stock aus dem Fenster herausgehalten und über dem zehn-Meter-Abgrund baumeln gelassen habe (Wilker 1929, 51 f.). War das vor oder während seiner aktiven Zeit? Wenn das zutrifft, muss man Knaut eine Unterschätzung der anhaltenden Übergriffspotentiale der Mitarbeiter:innen vorwerfen oder eine Verharmlosung der von ihnen ausgehenden Handlungen. Wilker hätte sicher gut daran getan, solche Missstände energisch anzugehen. Dafür dürfte er allerdings auch die Rückendeckung Knauts gehabt haben. Also warum erwähnt er diese Vorkommnisse nicht schon 1921 in seinem ersten Bericht?

Fest steht: Es ist Wilker in den über drei Jahren seiner Leitungstätigkeit nicht gelungen, die beiden Kulturen, die mitgebrachte und die etablierte, miteinander in Kontakt zu bringen. Stattdessen hat er immer wieder sein Ding gemacht – mit dem Jugendrat, mit dem Nackt-Läufen, mit seiner Form der säkularisierten Andachten –, ohne zu beachten, welche Befremdnis er damit auslöst und selbst zur Entfremdung der Mitarbeiter:innen von ihm beiträgt. So blieb er Vorbild und Führer in erster Linie für die Seinen, aber nicht für den *„großen Rest"*, der ihn nach und nach zu seinem Feind machte und ihn gerade da packte, wo es ihm weh tun musste: bei seiner Hausmacht, die Wilker nicht als Macht, sondern als seine *„Freunde"*, als die *„wahren Menschen"*, verstanden hatte.

5.7 Fünf Hypothesen zum Scheitern von Wilker im Lindenhof

Mit Abstand von beinahe 100 Jahren lassen sich fünf ineinander verschlungene Dynamiken rekonstruieren, die für das Scheitern von Wilker im Lindenhof ausschlaggebend gewesen sind. Ich persönlich halte sie für gleichermaßen wirkmächtig.

Hypothese 1: Es scheint von Anfang an ein Missverständnis zwischen Knaut und Wilker gegeben zu haben. Knaut sah in Wilker vermutlich eher den Arzt, der bereits Kranken-abteilungen geleitet hatte und nun eine große Fürsorgeeinrichtung leiten wollte. In jedem Fall einen Mann, der sich im Rahmen von größeren Organisationen (wie dem Militär im Krieg oder der Wandervogelbewegung) bewegen kann. Er sah die Einrichtung nach seinem und Rakes Wirken auf einem guten Weg. Diesen weiter zu gehen, hielt Wilker für geeignet. Was er nicht verstanden hat, war, dass er mit Wilker einen Institutionen-kritischen Wandervogel-Mann eingestellt hatte, der allen Jugendlichen, auch den Fürsorgezöglingen in erster Linie ein Kamerad und Freund sein wollte. Der sie prinzipiell und immer in einer *positiven Identität* ansprechen kann und will, auch wenn sie noch so oft oder weiter gravierende Verfehlungen begehen. Dass Wilker die Stelle mit einer grundsätzlich anderen Haltung antrat und entschlossen war, diese umzusetzen, hat Knaut vermutlich nicht verstanden. Aber hatte Wilker andererseits im Vorstellungsgespräch bzw. in den ersten Monaten auch nicht deutlich genug gemacht warum? Wilker wollte in die „*Lichte*", er hatte sich schon einmal um diese Stelle beworben. Vermutlich hat er manche Unstimmigkeit zwischen sich und Knaut zwar wahrgenommen, aber nicht weiterverfolgt. Die beiden Männer kannten sich schlecht.

Hypothese 2: Wilkers parteiliche Haltung und der Verlust der Mitarbeiter: Klar scheint – hier folgen wir Knaut –, dass Wilker einschneidende und sozialpädagogisch wertvoll Veränderungen durchgesetzt hat, aber kaum beobachtet hat, wie diese von seinen Mitarbeiter:innen erlebt und bewertet wurden. Er hat zu wenig darauf geachtet hat, ob diese auch zu Wandlungen im Bereich von fachlichen und affektiven Einstellungen führen. Bei den von ihm angestrebten Veränderungen hatte er zuerst und wahrscheinlich oft nur „seine" Jungen im Blick und trachtete danach mit diesen in einen guten Kontakt und Austausch zu kommen. Was ihm ja auch gelang. Die alt eingesessenen Erzieher und die Werkstattleiter hat er dagegen vernachlässigt. Die wurden von dem „Neuanfang" ausgenommen. Das konnte er, weil er sich einen Stab von „eigenen Leuten" mitgebracht hatte, mit denen er im Rahmen der *Wandervogelbewegung* gemeinsame Werte, aber auch langjährige Freundschaften entwickelt hatte. Zusammen mit diesen, so seine Hoffnung, würde es schon gelingen die Alteingesessenen, jahrelang schon Beschäftigten mitzunehmen und für das neue Projekt zu begeistern. Das gelang aber gerade nicht.

Leider schreibt Wilker kaum eine Zeile über die Entwicklung der Stimmung unter den Mitarbeiter:innen oder über deren Sorgen und Nöte. Seiner Schilderung nach waren diese vom Erstkontakt an für und mit ihm, so scheint es – oder gegen ihn eingestellt. Was er vermutlich unterschätzt hatte, war die Möglichkeit der Alteingesessenen sich zu organisieren. Hier scheint ein Betriebsrat eine wichtige Rolle gespielt zu haben: Er wurde zum Sprachrohr der Mitarbeiter:innen auch gegenüber der vorgesetzten Behörde.

In diesem Zusammenhang müssen wir noch einmal auf die Analyse von Gerd E. Schäfer verweisen. Er ist der Erste und Einzige mir bekannte Projektleiter, der die gruppendynamischen Prozesse unter den Mitarbeiter:innen des Heimes, in dem er tätig war, so in den Blick genommen hat, dass deren Verweigerung und schrittweiser Ausstieg aus dem Projekt nachvollziehbar werden. Auch bei Bernfeld kann davon keine Rede sein. Wilker und Bernfeld weisen ein erschreckendes Maß an Nicht-Reflexion bezogen auf die eigenen Beiträge zur Polarisierung auf.

Hypothese 3: Enttäuschte Mitarbeiter, die einen guten Chef verloren hatten und den neuen mit dem alten vergleichen: Eine ergänzende Hypothese setzt bei den Mitarbeitern des Lindenhofs an. Sie hatten bis zum März 1917 einen Leiter mit dem sie sich überwiegend gut verstanden hatten. Dieser Leiter hatte bereits erste Reformprozesse eingeleitet, aber offensichtlich anders als sein Nachfolger. Wer war dieser Mann, der Wilker vorausging?

August Rake (1884 bis 1952) war ein Theologe und – so würden wir ihn heute nennen – Sozialpädagoge, der im Bereich Fürsorgeerziehung tätig war. Erst mehrere Jahre neben Knaut in Hardenhausen, dann als dessen Nachfolger dort und später in Berlin-Lichtenberg. Später leitete er von 1917 bis 1932 die Erziehungsanstalt Struveshof, welche die Jungen und männlichen Jugendlichen beherbergte, die in der Lampel-Publikation „*Jungen in Not*" zu Wort kamen (Lampel 1929 und Werkstatt Alltagsgeschichte 2011, zum Theaterstück siehe unten). Nach einem kurzen Intermezzo im Berliner Magistrat 1932/33 übernahm Rake im März 1933 die Leitung des Arbeits- und Bewahrungshauses Rummelsburg (Hamann/Lücke 2020, 9 und 13).

Meine These ist, dass es August Rake von seiner Person, aber auch seiner deutsch-nationalen und konservativen Orientierung her leichter hatte, mit den Mitarbeitern zurechtzukommen als Wilker. Vermutlich ging Rake in seinen Reformansätzen, die ihm Knaut und Wilker attestieren, langsamer vor und zweitens stand er vom Alter, aber auch der Gesinnung her näher bei den Mitarbeiter:innen. Und er war kein *Wandervogel*-Mann, sondern ein Geistlicher. Das könnte ein Grund dafür gewesen sein, dass die Abschaffung der religiösen Inhalte (siehe oben) bei den Andachten den Mitarbeiter:innen aufgestoßen ist (Wilker 1921a, 37). Rake war bestimmt kein Mann, der nackt mit den Jugendlichen Dauerläufe unternommen oder expressionistische Kunstwerke aufgehängt hätte. Aus seinen Aktivitäten im Struveshof wissen wir, dass er mit den Jugendlichen nicht nur militärische Übungen wie das Exerzieren (wie auch Makarenko), sondern auch nach dem Ende des Krieges dort Schlachten nachgestellt hatte (Wilker 1929, 52). Damit verstehen wir auch, was Wilker bei seiner Ankunft in Lichtenberg bemerkt und moniert hat: „*Marschlieder auf Papptafeln*" (Wilker 1921a, 14) und „*blutrünstige Kriegsbilder*" an den Wänden (ebd., 21). Diese könnten aber für die Mitarbeiter:innen, die nicht ihren Mann im Krieg stehen konnten (oder wollten), eine Art von Identifikationsangebot dargestellt haben. Und wahrscheinlich für etliche Jugendliche auch.

Seltsam mutet allerdings an, dass Rake, der aufgrund einer Verletzung im Kindesalter auf einem Auge nicht sah, den Lindenhof nach nur zweieinhalb Jahren verließ, weil er „*krank*" bzw. „*überarbeitet*" war (so Knaut 1921, 199 und Wilker 1921, 13) – aber gleichzeitig eine andere neue Einrichtung übernahm. Vielleicht sahen die Mitarbeiter:innen gerade darin auch etwas Positives: Jemanden wie sie, der bis an seine Grenzen und über diese hinausgegangen war. Den die Arbeit in der Anstalt aufgezehrt hatte. Und der anders als der – in ihren Augen – gesundheitsstrotzende

Wilker von einem körperlichen Gebrechen gezeichnet war. Eher jemanden, den man schützen wollte und dem man gönnen konnte, wenn er sich zurückzog bzw. nicht überall einmischte (wie Wilker es in ihren Augen tat).

Rake kann aber kein schlechter Leiter gewesen sein. Sonst hätte ihm Knaut nicht „sein Werk" in Hardehausen anvertraut, nicht nach Berlin als seinen Nachfolger angeworben und auch nicht zum Leiter des neu gebauten Struveshof gemacht. Wir haben oben zitiert wie er ihn belobigt. Auch Wilker selbst, der Rake aus den Konferenzen der Berliner Direktoren von Fürsorgeeinrichtungen kannte, äußerst sich in einem Moment, in dem Rake aufgrund der *„Jungen in Not"* und des Theaterstückes *„Revolte im Erziehungsaus"* von vielen Seiten angefeindet wird, wohlwollend. Zunächst zur Einrichtung allgemein: *„Struveshof ist […] in 99 % unvergleichlich viel besser als das ‚Heim' derer, die hierher gebracht werden. Denn Berliner Dachwohnungen, Berliner Hofwohnungen, das sind Enge, Dreck, Elend, es ist das Milieu unserer ‚Jungen in Not'* (Wilker 1929, 52). Dann zu Rake konkret: *„Struveshof hat einen sicherlich politisch rechts orientierten Direktor, wie wahrscheinlich alle Direktoren und Vorstände aus der Zeit von vor zehn Jahren. Politische Rechtsorientiertheit ist noch kein Grund zu pädagogischer Unfähigkeit."* (ebd., 53). Rake sei ein theologisch vorgebildeter Direktor, der pädagogisch *„in vielem neue Wege gegangen"* sei. Um dann kritisch nach zuschieben: *„Bei mindestens 90 % der Jugendlichen, die der äußersten Linken angehören, muss es als Nonsense erscheinen, mit ihnen politische Erziehung nach rechts machen zu wollen. Ebenso scheren sich 90 % nicht einen Pfifferling um die Kirche"* (ebd.).

Rake ist also anders. Aber wie war Wilker oder präziser: wie wurde er von den Mitarbeiter:innen erlebt? Vielleicht kann uns das erwähnte Theaterstück dazu Anhaltspunkte liefern? „Revolte im Erziehungshaus" verdichtet Vorkommnisse aus verschiedenen Fürsorgeeinrichtungen der Zwanziger-Jahre in Deutschland. Im Mittelpunkt steht ein moderner, aufgeschlossener Fürsorgeerzieher, der in verschiedener Hinsicht an Wilker erinnert, und – wie ich hypostasiere – auch erinnern soll. Er wird in dem Stück in schroffen Gegensatz mit dem pädagogischen Leiter (Hausvater) und dem kirchlichen Direktor (Pfarrer) gebracht. Sein Bühnen-Namen lautet lediglich *Hospitant*.

> „*Pfarrer: Und der neue Hospitant?*
>
> *Hausvater hebt die Achsel, dann bedeutungsvoll: Lässt sich Onkel nennen. Vierzehn Tage ist er hier – Einige Jugendlichen sollen sogar ‚Du' zu ihm sagen.*
>
> *Pfarrer missbilligend: Diese Jugendbewegten. Wir müssen da ein bisschen aufpassen.*
>
> *Hausvater mit Entrüstung: Seit wann heißt ein Erzieher bei uns Onkel?*
>
> *Pfarrer: Was für versteckte Interessen haben diese Leute sich an uns heranzumachen? Er hat mir selbst gesagt, er sei ein Sozialist; – dabei war der Mann Offizier. Kann man sich das im Ernst vorstellen? Fest steht: er hat Medizin studiert, aber das Geld hat nicht gereicht. Vermutlich wird er durch sein Staatsexamen gefallen sein – Pause – rechnet deshalb auf eine Anstellung.*

Hausvater: Das Landesjugendamt hat dieser Tage eine zweite Hausvaterstelle für unsere Anstalt genehmigt. Lebendlänglich – mit Pensionsberechtigung und fünftausend Mark Endgehalt.

Pfarrer: Akademiker – vermute ich – werden bei solcher Einstellung bevorzugt

Hausvater: Endlich ist eine vernünftige Besoldung heraus und schon drängelt alles an die Krippe.

Pfarrer: Was hat der Neue denn für Aussichten?

Hausvater: Keine besonderen. Gestern sprachen wir darüber, dass unsere Arbeit immer schwieriger wird. Es werden fast nur noch erblich Belastete oder Psychopathen eingeliefert.

Pfarrer: Nun.

Hausvater: Er sagte, dann gehört für die Leitung ein erfahrener Psychiater her.

Pfarrer: Da haben wir's. Mit anderen Worten: man will mich und meinen kirchlichen Einfluss ausschalten" (Lampel 1929, 7 f.).

Kommentar: Wilker war Direktor, kein Hospitant, das ist völlig klar. Allerdings könnte Lampel Wilkers Text aufmerksam gelesen haben, denn ganz zu Beginn desselben stellt sich Wilker selbst als eine Art von Hospitant dar: *"Und so stand ich nun da. War Direktor und war's doch so recht nicht. Denn ein Herr Inspektor vertrat den Direktor. Und ich war eigentlich nur so geduldet. Ich sollte lernen – und lernte doch nichts"* (Wilker 1921, 13). In jeden Fall stellen die Anspielungen auf den Dienst im Ersten Weltkrieg, den Arztberuf, seine Bezeichnung als *Jugendbewegter*, die Ansprache als *Onkel* (passend zu Wilkers Bezeichnung der Gruppe als Familie) und die Bevorzugung des *Du* eine eindeutige Nähe zu Wilker her. Dann tritt der Hospitant selbst auf:

„Hospitant von hinten herein, er ist klein, beinahe schmächtig, Wandervogel, Hose kniefrei, offenes Hemd, lange, dünne Haare, nach hinten gestrichen, ohne Hut, frisch und natürlich. Alles geschafft, meine Herren. Der Graben ist fertig, die Jungens haben tadellos zugepackt.

Hausvaterspöttisch: So?

Hospitant: Prachtvoll, man müsste ihnen eine Zulage zum Abendessen geben" (Lampel 1929, 12 f.).

Kommentar: Wilker war nicht klein, sein Haar nicht dünn (es gibt wenig Fotografien von ihm; eine zeigt ihn im Lindenhof mit weißem Arztkittel, offensichtlich im Aufnahmehaus in Pansow/Hesse 1997, 25). Aber wie Wilker stellt sich der *Hospitant* immer wieder auf die Seite der Jugendlichen oder vertritt deren Interessen gegenüber, hier einer borniertern Leitung, dort gegenüber einer ebensolchen Mitarbeiterschaft. Diese Frontstellung auf einem Schwarz-Weiß-Hintergrund zieht sich durch, im Stück von Lampel ebenso wie im Leben Wilkers. Aber interessant ist wie der Mann, der als *"frisch und natürlich"* geschildert wird, sonst beschrieben wird. Nur ein Wort reicht dafür aus: *Wandervogel*.

Können uns diese Beschreibungen Informationen über Wilker liefern? Wahrscheinlich nur eingeschränkt. Lampel hat ihn mit aller künstlerischen Freiheit zugleich gezeigt wie verborgen. Aber selbst ein Zerrbild bzw. ein Klischee liefert noch Informationen: So kann er wahrgenommen worden sein; so könnte Wilker auch von den alteingesessenen Mitarbeiter:innen im Lindenhof erlebt worden sein. Anders, weil Wandervogel und Sozialist. Anders bis in die Kleidung. Anders im Umgang mit Kollegen (siehe Wilker 1929, 51). Und anders in Bezug auf den Umgangsstil mit Jugendlichen und seinen Blick auf sie. Deutlich anders. Schmerzlich anders, weil er damit bei den Mitarbeitern das eigene Bild von sich als Erzieher und von dem eigenen Umgang mit den Jugendlichen in Frage stellte. Ohne das laut zu reklamieren, zunächst einfach durch sein Modell. Wobei bei Wilker das Predigen des wahren Menschentums sicher dazu gekommen ist.

So ist es vermutlich kein Wunder, wenn die Mitarbeiter:innen ihn mit Rake verglichen haben und das Ergebnis in ihren Augen für Wilker negativ ausfiel. Vermutlich sahen sich viele eines guten Chefs beraubt und trauerten der Zusammenarbeit mit diesem nach. Oder wussten zumindest nach seinem Weggang und nach Wilkers Kommen was sie an ihm gehabt hatten.

Hypothese 4: Gründe, die in der Persönlichkeit von Wilker liegen: Meine Hypothese ist: Wilker bringt etwas mit, das ihn in verschiedenen Institutionen anecken und weggehen lässt. Etwas Persönliches. Wir haben es von der Schule in Chemnitz gehört, wissen es vom Lindenhof und hören, dass er auch an drei weiteren Stationen in Frankfurt und in der Schweiz jedes Mal gegangen ist. Enttäuscht oder im Ärger oder im Dissens mit seinen Auftraggebern. Man kann dieses Anecken sympathisch finden und als Ausdruck einer aufrechten Gesinnung würdigen. Viel zu viele Menschen passen sich an, verbiegen sich oder unterwerfen sich. Nicht Wilker! So weit, so gut. Wir wissen aber spätestens seit Bernfeld, dass auch eine sympathische, richtige Einstellung und Haltung neurotische Wurzeln haben kann. Bernfeld macht das am Beispiel eines Sohnes aus reichem Haus deutlich, der sich dem Kommunismus verschreibt, aber im Grunde damit in die Rivalität mit seinem Vater und seinen Ödipuskomplex verstrickt bleibt (Bernfeld 1929/2012, 255 ff.). Wilker hat nie zur Psychoanalyse gefunden und sich vermutlich auch bezogen auf seine eigenen Neurotizismen wenig hinterfragt.

Wir können heute klar erkennen, dass er sich selbst in berufliche Situationen gebracht hat, in denen er nur scheitern konnte. Wenn wir hören, dass er die Schule und das mechanische Arbeiten am liebsten abschaffen würde und die Fürsorgeerziehung in ihrer damaligen Form auch, dann muss man sich fragen, warum Wilker sich gerade auf den Posten eines Direktors einer hochgradig durchstrukturierten und hierarchisch geführten Anstalt beworben hat?

Es liegt nahe, den Charakter und die Psychodynamik von Wilker als Ausdruck eines Konflikts mit dem eigenen Vater zu betrachten. Dieser stellte viele Jahre lang das Gesetz dar für das Kind und den Jugendlichen Karl. Dieser konnte selbst den erwachsenen Karl noch davon abhalten Kunst zu studieren und Maler zu werden (siehe oben, Pape-Balling 1989a, 222). Die Worte von der „*brotlosen Kunst*" werden damals im Elternhaus gefallen sein. Dem gegenüber schien Gymnasial-Lehrer wie der Vater es war, eine abgesicherte Zukunft zu verheißen. Materielle Gründe also für die geforderte Berufswahl. Kein Wunder, dass für den jungen Karl Materialismus zu etwas Widerwärtigem wurde. Aber auch die Autorität, die so etwas vorschreibt bzw. autoritäre institutionelle Strukturen: erst in der Schule in Chemnitz, später im Lindenhof, aber auch in Ottendorf, Frankfurt und der Schweiz. Wilker eckte überall an, wo er Autoritäres spürte oder meinte zu spüren. So kam es vermutlich auch zum Bruch mit Trüper nach einer gemeinsamen Zeit und Arbeit in Berlin (ebd., 231). Gleichzeitig idealisierte er die Frauen und insbesondere Mutterfiguren wie Ellen Key oder die Kollegin des Kinderhauses im Lindenhof, die er „*Mutti*" nennt. Es gibt meines Erachtens genug Hinweise dafür, dass Wilker ein ödipal motiviertes Vater-Autoritäts-Problem mit sich herumtrug: Es sensibilisierte ihn einerseits für ungerechte Machtstrukturen und regte ihn dazu an, zu diesen in Widerstand zu gehen und für die zu kämpfen, die man unterwerfen wollte. Die innere Verstrickung mit dem Vater wies aber auch neurotische Züge auf und führte ihn in unproduktive Widerholungsschleifen mit anderen Autoritäten und trug zum wiederholten Abbruch von Arbeitsverhältnissen bei.

Wilker wollte, aber er musste auch anders sein als die Anderen. Wie fremd er sich im Kollegenkreis der anderen Direktoren gefühlt hat, schildert er neun Jahre später: „*Selbst keiner Partei verschrieben, fühlte ich mich wie ein Ausgestoßener in jeder unserer ‚Direktoren-Konferenzen' – und dieses Anderssein habe ich schmerzlich gespürt, als ich meine Arbeit übernahm*" (Wilker 1929, 53). Was so nicht stimmt. Denn auch Wilker gehört einer *Partei*, einer Bewegung an. Sich als Ausgestoßenen darzustellen, passt nicht zu dem in mehrfacher Hinsicht gut vernetzten Mann. Außerdem sucht er die Spannung und pointiert den Kontrast zu Männern, die er als anders einschätzt als sich selbst. Passend zu Freuds Hypothese von der *Brüdergemeinschaft* ist Wilker selbst in eine solche eingebunden und pflegt dort die Gegensätze und die Ressentiments gegen die, die anders sind als er und seinesgleichen (die „*Alten*", die „*Materialisten*", „*die Beamtenschaft*"). Das alles wäre in Ordnung und würde niemandem schaden, wenn er sich nur in seinen eigenen Zirkeln bewegen würde. Aber mit seinem Eintritt in die Fürsorgeanstalt in Berlin begibt er sich an einen anderen Ort mit einem ganz anderen Geist, den er besetzen und verwandeln möchte und erkennt nicht, dass darin – neben allem richtigen Willen zur Reform – auch Anmaßung und Hybris liegen. Aber wir wollen nicht zu streng sein: Bernfeld, der solche Verwicklungen und Ambivalenzen analysieren konnte, war auch nicht in der Lage diese Erkenntnisse auf sich anzuwenden. Als er selbst betroffen war, blieb er so blind wie Wilker. So viel zu den Grenzen der Selbstreflexivität: man könnte sagen willkommen im Club.

Hypothese 5: Reform von oben und außen als Dauerthema und Strukturambivalenz der Heimerziehung: Bisher sind wir überwiegend Personen-bezogen vorgegangen. Man könnte Wilkers Scheitern aber auch von einer ganz anderen Seite her begreifen: Als Ausdruck eines typischen und beinahe notwendigen Scheiterns, das aus der Dynamik von Heim-Reformierungsprozessen selbst resultiert (eine andere Art *strukturellen Scheiterns*, wie die die Barth mit Blick auf Bernfeld herausarbeiten wird, siehe die Kapitel 6 und 15.2). Wilker war nur einer von vielen Reformer:innen, die tatkräftig losgelegt haben und an den verhärteten Strukturen der Verwaltung und/oder der Engstirnigkeit ihrer Mitarbeiter:innen gescheitert sind. Sie verfügten oft über außergewöhnliches Charisma, sie verkörperten edle Ziele, sie besaßen offizielle Unterstützer:innen, sie warteten in Teilbereichen mit beeindruckenden Kompetenzen auf, insbesondere kommunikativen – und blieben mit ihren Reformvorhaben doch stecken.

Durchgreifende Reformen in den stationären Hilfen zur Erziehung scheitern seit mindestens 100 Jahren!

Dabei scheint das, was in der Heimerziehung fachlich nicht gut läuft, doch seit mindestens ebenso vielen Jahren offenkundig: Zu wenig Partizipation und Selbstbestimmung, zu viel Fremdbestimmung und Zwang, zu wenig hingebungsvolle Pädagogen, eine zu lieblose Atmosphäre, zu wenig Lebendigkeit und Buntheit im Alltag. Das alles hat Karl Wilker schon 1921 zu Protokoll gegeben, nachdem er sich die Zähne „am Großteil" seiner Mitarbeiter:innen im Lindenhof ausgebissen hatte – die ihm und seinen Reformideen getrotzt haben.

Was das Fehlende betrifft, sind sich alle Fachleute mit Anspruch einig: zu Wilkers Zeit, d. h. 1920, wie heute, 2023. Deswegen werden Reformprojekte gestartet, die damals „Abschaffung der Prügelstrafe", damals und heute „Partizipation und Selbstregierung" heißen, heute auch „Qualitätsoffensive" oder „Handlungssicherheit" oder „Prävention von Missbrauch". In einer ersten Welle wird für die neuen Fachstandards geworben und zumindest seit 50 Jahren Fortbildungen dafür zur Verfügung gestellt. In einer zweiten Welle – notwendig, weil die erste nicht genügend Wirkung entfaltet – werden vorhandene Gesetze um weitere Paragraphen ergänzt (Verbot zu schlagen, Verpflichtung zum Qualitätsdialog, Verpflichtung ein Schutzkonzept vorzuhalten, Verpflichtung zur Erarbeitung eines Selbstregierungs-Konzeptes in der neuesten Fassung des KJHG).

Mit den Reformvorhaben sind alle einverstanden! Alle? Wer stimmt zu? Mitarbeiter:innen der Heimaufsicht und in anderen Positionen der Landesjugendämter oder Senatsbehörden, Jugendhilfereferent:innen in den Fachverbänden (IGfH oder AFET oder EREV), die Jugendhilfepolitiker:innen in den Parteien und sehr wichtig, weil tonangebend für weite Kreise, die meisten Dozent:innen von Universitäten und Fach(hoch)schulen. Noch dazu alle Fortbildner:innen, da mit solchen Neuerungen immer flächendeckende Fortbildungsmaß-nahmen verbunden sind mit denen etliche ihr Auskommen verdienen.

Den Reformvorhaben stimmen etwa zur Hälfte auch die Leiter:innen und Bereichsleiter:innen von stationären Erziehungshilfeeinrichtungen zu. Aber die Zustimmung nimmt mit der Nähe zur Praxis, zur täglichen praktischen Arbeit in den stationären Gruppen, ab. Die unmittelbaren Frontline-Worker im Schichtdienst fühlen sich von den Ideen durchaus angesprochen, auch sie würden gerne „gut" sein, aber andere Themen sind ihnen im Grunde wichtiger:

- Wie man eine gewisse Ordnung in der Gruppe aufrechterhält, die man als ständig bedroht erlebt?
- Wie mit den Verweigerungen, Unverschämtheiten und Aggressionen der Kinder und Jugendlichen umgehen soll? Untereinander und gegenüber den Mitarbeiter:innen.
- Wie man Schichtdienst und Wochenendarbeit sowie Privat- bzw. Familienleben unter einen Hut bringt?
- Wie man es schafft nicht krank zu werden, wenn immer wieder Kolleg:innen ausfallen und man für sie einspringen muss?
- Wie man es bewerkstelligt einerseits Dokumentationspflichten und Qualitätshandbücher zu bedienen, all die täglichen To-Dos, und daneben noch Zeit hat mit den Kindern und Jugendlichen Unternehmungen zu starten, die Freude machen.

Die einen, die Reformer, können den anderen, den Frontline-Workern, sagen: „Macht doch das was wir an Reformen vorschlagen und ihr werdet sehen, ihr habt es viel einfacher in der Arbeit und mit euren Kinder und Jugendlichen". Aber das stimmt nicht. Von dem eigenen Machtüberhang Abstand nehmen, neue Machtkonstellationen mit den Kindern und Jugendlichen zu suchen und zu finden, hat in der Vergangenheit oft zu mehr Chaos und mehr Burn-out geführt. Zumindest in den Erfahrungs-Bilanzen der Mitarbeiter:innen. Deshalb sind sie vorsichtiger: Lieber zu viel Kontrollmöglichkeiten als zu wenige. Besser weniger Macht für die Kinder und Jugendlichen. Besser weiter Kontroll- und Eingriffsmöglichkeiten ohne lästige Diskussionen. Und damit sind alle oben genannten Reformvorhaben obsolet.

Noch dazu sagen die Frontline-Worker zu den Reform-Willigen: „Hört doch erst mal darauf was wir brauchen. Was unsere Nöte sind und ladet uns nicht noch mehr Ansprüche auf unsere Schultern. Ihr wollt, dass es die Kinder besser haben, aber wer kümmert sich um uns?" Schon die Vorhaben werden als drückend erlebt, wenn daraus auch noch Gesetz geschmiedet werden, erhöht das noch das Gefühl von Druck und Fremdbestimmung in der Arbeit. Tatsächlich fokussieren die um Reformen Bemühten auf die Kinder und Jugendlichen und stehen diejenigen, die den Alltag mit diesen gestalten und erleiden an zweiter Stelle. Insofern ist es kein Wunder, wenn die Frontline-Worker den Reformanleitungen skeptisch gegenüberstehen, Gründe dagegen vorbringen, dabei nur halbherzig mitmachen oder sie gar nicht umsetzen.

Die Reform-Bemühten stehen aber auch vor einem Problem: Viele der in der Heimerziehung Tätigen zeigen sich bedürftig, wenn man sich auf sie und ihre Wünsch einlässt. Mit den Bedürfnissen sind Kosten verbunden es soll schließlich nicht noch mehr Geld ausgegeben werden:

Das Geld, das für Reformen ausgegeben wird, stellt einen Bruchteil der Summe dar, die man in die Hand nehmen müsste, um die dringendsten Bedürfnisse der Frontline-Worker zu befriedigen: „Keine Gruppe größer als sechs Kinder und Arbeiten immer mit zwei Fachkolleg:innen und das vom Wecken und Frühstück bis zur Dokumentation am Abend: von 6 bis 22 Uhr. Zudem ein Springer:innenpool, der zuverlässig Ersatzleute stellt, wenn jemand wegen Krankheit oder Schwangerschaft ausfällt". Das wären ebenfalls Reformen, aber die kosten viel Geld; und weil man glaubt, die damit verbundenen Ausgaben auf der politischen Ebene nicht durchsetzen zu können, propagiert man fachliche Reformen, die gut klingen und deutlich weniger kosten.

Denn schließlich beinhalten die Forderungen der Mitarbeiter:innen an der Basis ein Manko: Kann man sich denn wirklich sicher sein, dass sie mit sechs Kindern und Doppeldienst wirklich besser im Sinn der oben genannten Reformvorhaben arbeiten? Dass sie dann wirklich offener, liebevoller und partizipativer mit den Kindern und Jugendlichen umgehen? Nein, kann man nicht. Man kann ihnen auch zutrauen, dass sie alle Verbesserungen ihrer Situation in Anspruch nehmen und genießen und sich dennoch den Kindern und Jugendlichen gegenüber weiter so verhalten wie immer: Mal zugewandter, mal liebloser, mal launischer, mal kontrollierter, mal engagierter, mal unengagierter. Denn zum sich verändern braucht es noch mehr als nur weniger Stress und Belastung. Man kann es sich auch in besseren Arbeitsbedingungen bequem machen. Damit wären die Kinder selbst nach den oben beschriebenen, entscheidenden Reformen immer noch die Leidtragenden.

Aber würden unter besseren Bedingungen nicht mehr und bessere Leute in die Heimerziehung hineinkommen? Auch hier wird seit 100 Jahren diskutiert: *„Fürsorgearbeit im Heim ist die schwierigste und verantwortlichste Erziehungsarbeit. Sie sollte auch die bestbezahlte sein, die nur den Höchstqualifiziertesten auf deren Antrag hin als besondere Aufgabe anvertraut wird, von der man aber jederzeit in eine normal Lehrestelle zurückkehren kann* (damals gab es noch keine regelhafte Ausbildung zur Sozialpädagog:in, M. S.). *Doppelanrechnung der Dienstjahre* (auf die Rente, M. S.), *längerer Urlaub, günstige Gehaltsregelung (sie sollte zu den höchstbezahlten Lehrern zählen)"*. Das schreibt Professorin Anna Siemens 1929 in der gleichen Zeitschrift, in der auch Wilker zu Martin Lampels Theaterstück *„Revolte im Erziehungsheim"* Stellung nimmt (Siemens 1929, 60). Sie fährt fort: Zu dieser Arbeit *„gehört sehr viel Verstehen, Geduld und innere*

Freiheit. Die kann ein Fürsorgeerzieher heute nur haben, wenn er ein Ausnahmemensch ist. Schaffen wir die Verhältnisse, die auch den Durchschnittsmenschen dazu befähigen." (ebd.).

Bis heute ist uns das nicht gelungen (siehe dazu auch Müller 1999). Gelingt es uns in den nächsten 100 Jahren? Schwer zu sagen. Einiges spricht allerdings dafür, dass Schichtdienst und Wochenendarbeit inzwischen nicht mehr zu den Vorstellungen junger Menschen passen, die eine für sich gelingende Work-Life-Balance anstreben. Demnach hätten wir es mit einem dreifachen Strukturproblem zu tun, was Reformen angeht:

a) Eines, das den falschen Zuschnitt von Reformen betrifft, die in erster Linie auf die Kinder fokussieren, aber die Mitarbeiter:inneninteressen aus dem Blick verlieren und gerade durch ihre *Parteilichkeit* für die Kinder/Jugendlichen deren Umsetzung verhindern.
b) Eines, das die psycho-soziale Formation normaler Heimerzieher:innen betrifft, die zuallererst Lohnarbeiter:innen sind und aufgrund fehlender Reflexionsfähigkeit und Anstrengungsbereitschaft auch unter besseren Bedingungen noch nicht wirklich gut geeignet wären für die Arbeit mit Kindern und Jugendlichen, die stationär untergebracht sind.
c) Und eines, das die mangelnde Attraktivität des Arbeitsplatzes stationäre Hilfe betrifft. Dort münden oft (nicht immer) eher die ein, die nicht wirklich etwas Besseres finden.

Wenn man bereit ist diese Gedanken in Erwägung zu ziehen, dann sieht man Wilker auf einmal mit anderen Augen: Als jemand, der Reformen wollte und von anderen – Hermann Knaut – durchaus tonangebenden Menschen in der Fürsorgeadministration angeworben und unterstützt wurde, um bisherige Reformen abzusichern, fortzuführen und weiterzutreiben. Der aber nicht erkannt hat, wen er als erstes dafür gewinnen müsste: die Mitarbeiter:innen. Und der auch nicht absehen konnte, was diese wollten und ob er sich darauf einlassen könnte. Oder ob das nicht das Ende aller seiner Reformanstrengungen wäre? Und der letztlich bei der Frage: Wie kümmern wir uns denn gut um die Mitarbeiter:innen auch im Stich gelassen wurde. Wilker würde auch heute scheitern.

5.8 Abschließende Einschätzung

Persönlich halte ich Wilker für einen grundsympathischen, aufrechten und breit wie tief gebildeten Mann – und für einen charismatischen Ausnahmepädagogen, der es verstand auch mit verschlossenen und misstrauischen Jugendlichen in Kontakt zu kommen. Wilker war jung als er die Stelle in der *Lichte* antrat: gerade mal 32 Jahre (wie Makarenko und Gerd Schäfer auch, Bernfeld war 28!).

Ich weiß aus eigener Erfahrung, dass man sich selbst als Leiter in diesem Alter für sehr klug halten und dennoch grobe Fehler gegenüber seinen Mitarbeiter:innen machen kann. Fehler, die einem, manchmal durchaus zu Recht, noch Jahre später angekreidet und nachgetragen werden. Also müssten wir sehr viel mehr auf seine Unerfahrenheit als Leiter abheben, als wir bisher getan haben? Was dagegen spricht und Wilker als schwierigen Charakter erscheinen lässt ist, dass er sieben Jahre nach dem Scheitern im Lindenhof kein bisschen nachdenklich klingt. Im Gegenteil: er meint, er wäre dort *„garnicht radikal genug"* gewesen (Wilker 1921a, 80) – also doch vor allem ein Sturkopf und Rechthaber (s. a. Kap. 15.1 Schritt 2).

Was ihn dazu bewegt hat, die Ideen der zwar vernetzten, aber doch freien Wandervogelbewegung in das hochgradig institutionalisierte und durch Formalia abgesteckte Feld der Fürsorgeerziehung, noch dazu in die Berliner *Lichte* mit ihrem besonderen Zuschnitt als Aufnahmeheim, hineintragen zu wollen, hat er nicht begründet. Am ehesten weist der Titel eines Aufsatzes den Weg: *„Fürsorgeerziehung als Lebensschule"* (Wilker 1921b). Dieses Programm macht durchaus Sinn: *Fürsorgeerziehung* soll keine besondere sozialpädagogische Abteilung sein, in der Kind/Jugendliche von Grund auf verändert werden sollen. Im Gegenteil: Fürsorgeerziehung soll eine ganz grundsätzliche Schulung für das Mensch-Sein und das Zusammenleben-Können von und mit anderen Jugendlichen sein. Eine Schulung, die jedem jungen Menschen guttut und am besten in koedukativen Formen wie in der Landschulbewegung eines Wyneken oder Geheb organisiert wird.

Aber kann das gut gehen? Lässt sich ein Apparat wie die Fürsorgeerziehung umbauen? Von einem Einzelnen und einigen wenigen seiner Getreuen? Wohl kaum! Das alleine für möglich zu halten, muss als naiv erscheinen. Und würde der neue Ansatz den Jugendlichen gerecht, die in solche Einrichtungen kommen? Proletarische Jugendliche, von denen die meisten einerseits von klein auf Vernachlässigung, Schläge, Hunger und beengte Wohnverhältnisse kennen und sich andererseits seit Jahren mit Kompensationen wie Zigaretten, Alkohol und käuflichem Sex getröstet haben? Einige scheint Wilker mit seiner *„Lebensschule"* angesprochen zu haben? Aber wie viele? Und wie ging es den anderen? Hielten sie ihn für einen Spinner? Für irrelevant? Oder eine neue Art von Prediger? Darüber wissen wir nichts. Aber darüber schreibt er auch nicht...

Sicherlich stellte die Aufgabe ein Aufnahmeheim und parallel dazu sechs Großgruppen plus Werkstätten und eine Krankenstation zu leiten eine Überforderung dar. Das ist eine Arbeit, die unter drei, vier Leiter:innen geteilt werden müsste. Wilker hat selbst die strukturellen Grenzen seiner Wirkungsmöglichkeiten beschrieben: Was konnte er für die Jugendlichen tun, die nur ein paar Tage blieben und weiter verteilt wurden? Nicht viel. Aber wieder stellt sich die Frage, was ihn dazu bewegt hat, sich sehenden Auges auf diese ungünstigen institutionellen Strukturen einzulassen, noch dazu mit einer Beamtenschaft, die diese kannte und sich damit arrangiert hatte. Die keinen Reformbedarf sah. War er an dieser Stelle naiv oder blind?

Wilker hat mit Blick auf die weitere Entwicklung der Heimerziehung organisatorisch nicht viel bewirkt und an sozialpädagogischer Theoriebildung wenig beigetragen, aber sicherlich viele Einzelne tief und etliche für den Rest ihres Lebens beeindruckt. Nüchtern gesprochen: In der Geschichte der Sozialpädagogik stellt er eine begabte, aber eben auch unglückliche Randfigur dar. Diese Einschätzung wird alle diejenigen ärgern, die nicht wahrhaben wollen, dass er nachträglich großgeschrieben wurde. Malmede weist zu Recht darauf hin, dass es Hermann Nohl war, der aus Wilker, Bondy und Herrmann ein *sozialpädagogisches Dreigestirn* gemacht hat (Malmede 2004, 253 ff.). Eine ziemlich abenteuerliche Konstruktion, die Nohl nicht gerade als einen ausreichend informierten und/oder realistisch denkenden Mann erscheinen lässt: Bondy und Herrmann haben gerade mal vier Monate in Hahnöversand gewirkt, noch dazu als „Unteraufseher" (ebd., 261). Beide sollten in anderen pädagogischen Projekten später einsehen, dass das Wesen der zur Erziehung gebildeten Gruppe in diesen Anstalten in einer „Zwangsgemeinschaft" bestand und damit dem „sozialpädagogischen Engagement enge Grenzen gesetzt" waren, die von beiden durchaus wahrgenommen und anerkannt wurden (ebd., 262 f.). Wilker hat es auf dreieinhalb Praxis Jahre gebracht. Das ist schon etwas; aber was Nohl ihm an Reformen unterstellt hat, geht zur Hälfte auf das Konto seiner Vorgänger Knaut und Rake zurück (s. Kap. 5.6). Die „Schattenseiten" von Wilkers Wirken hat Nohl gar nicht thematisiert. Nohl brauchte für seine (falsche) These von der „Sozialpädagogisierung der Gesellschaft" – so Malmede – Beispiele und Modelle (ebd., 258). Die erfand er sich in den drei Männern und alle, die nach ihm kamen, schrieben von ihm ab und haben diese drei Männer, allen voran Wilker, verehrt und zu einem Vorzeigepädagogen gemacht (Niemeyer 1998, 159 ff.).

Immer wieder wundern muss man sich über die Schreibweise von Wilker sowohl im „*Lindenhof: Wollen und Werden*" wie auch in „*Fürsorgeerziehung als Lebensschule*". Wenn man diese Texte mit dem „*Bericht*" von Bernfeld vergleicht, wird ihre Armut deutlich. Wo Bernfeld die Kinder genau beobachtet und Entwicklungsetappen minutiös analysieren kann, malt Wilker mit einem breiten, dicken Pinsel. Vor allem große Begriffe und Pathos kommen zum Ausdruck, ganz wenige Portraits von Personen und kaum eine genaue Schilderung einer Situation. Im Gegensatz zu Bernfeld mangelt es dem Bericht Wilkers an Realismus. Während Bernfeld (auch) das Gemeine, Stumpfe, Böswillige der verwahrlosten Kinder genau beschreibt (und versteht), herrschen bei Wilker die prächtigen *Jungens* vor, denen sofort alle Sympathie gehört, die aber auch seltsam unkonkret und blutleer bleiben.

Warum nur? Wilker konnte schreiben, das hat er an anderen Texten bewiesen. Wilker konnte genau lesen und analysieren, das hat er als Schriftleiter vom „*Fackelreiter*", in dem er monatlich Bücher rezensiert hat, gezeigt. Wilker konnte wissenschaftlich denken und schreiben, sonst wäre es nicht zu der Dissertation und seinen wunderbaren Naturbeobachtungen gekommen. Warum bringt er das alles nicht in die zentralen Texte ein? Noch im Schock angesichts des Misslingens? Narzisstisch gekränkt und nur noch ein halber Mann? Es bleibt ein Rätsel…

Für die überzogene Idealisierung, die erst Nohl und dann viele andere Wilker angedeihen ließen, kann dieser nichts. Dafür können nur die etwas, die sozialpädagogische Heldenfiguren brauchen; die den Beruf idealisieren und die Menschen, die ihn ausüben. Eine ganze Nummer schlichter und ambivalenter wäre nicht nur ehrlicher, sondern auch historisch wahrer: Aber dazu müsste man in sich gehen und sich mit seinen eigenen Größen selbst auseinandersetzen. Schließen wir mit den Worten Wilkers, die hier angemessen erscheinen: „*Und das tut not! Die Revolution der Seele!*" (Wilker 1921a, 160). Aber wie setzt man die in Gang?

6. Siegfried Bernfeld und das Kinderheim Baumgarten (1919/20): Scheitern an einer stupiden Verwaltung oder an falschen Einschätzungen eines revolutionär gesonnenen Pädagogen?

Was bewegt einen tonangebenden Anführer der jüdischen Jugendbewegung in Österreich, im Jahr 1919 die Leitung eines jüdischen Heimes für ca. 300 unbegleitete Flüchtlinge im Kindesalter zu übernehmen? Welche reformpädagogischen und/oder politischen Konzepte möchte er dort verwirklichen? Passen seine Ideen von Selbstbestimmung und *Schulgemeinde* auch für Kinder mit erheblichen Verwahrlosungserscheinungen, von denen viele ihre Eltern im Ersten Weltkrieg verloren haben und über Monate bedrohlichen Verhältnissen ausgesetzt waren – häufig in schwer umkämpften Gebieten oder als Augenzeugen von Pogromen? Wie weit helfen dem Leiter und seinem Team psychoanalytische Gedanken, das aggressive und gierige Verhalten dieser Kinder zu verstehen und in Kontakt mit ihnen zu treten? Wie arrangiert sich der Leiter, der aus seinem sozialistischen Gedankengut keinen Hehl macht, mit dem Träger des Projekts, der von den Spenden reicher, jüdischer Kapitalisten in Amerika abhängig ist? Und wie verhält er sich zu den zahlreichen jüdischen und zionistischen Gruppierungen in Wien, die sein Projekt aufmerksam beobachten, aber zum Teil ganz andere Vorstellungen davon haben, wie und für was man jüdischen Kinder erziehen soll? Wie konstituiert er ein Team von Lehrer:innen und Betreuer:innen, die beinahe alle Freunde und Bekannte sind und wie arbeitet dieses mit den nicht-jüdischen Beschäftigten zusammen? Wie reagiert er, wenn er und sein Team andere Leiter:innen vor die Nase gesetzt bekommen und er mehr und mehr seine Machtlosigkeit erkennen muss? Und welche Schlüsse zieht er aus dem Ende des Projekts, das er zwar nicht gewollt, aber unter den gegebenen, institutionellen Machtverhältnissen als unvermeidlich betrachtet hat? Für sich als Mensch, für sich als jüdischen Pädagogen, für sich als sozialpädagogischen Theoretiker?

Das sind Fragen, die sich stellen, wenn man sich mit Bernfelds Bericht über seine Zeit im Kinderheim Baumgarten beschäftigt. Das dort erlebte, unfreiwillige Ende (ob und wieweit es „Scheitern" genannt werden kann, s. Kap. 6.5) wird sein Denken und Schreiben in den nächsten Jahren inspirieren und in sein Hauptwerk „*Sisyphos oder die Grenzen der Erziehung*" (1926) einfließen. Über diese historische Verbindung hinaus sind viele der Fragen aber auch heute noch (oder wieder) relevant. Beispielsweise mit Blick auf minderjährige Geflüchtete aus Kriegsgebieten, die in Wohngruppen aufgenommen werden und dort aufgefangen werden sollen; aber auch bezogen auf die Frage, wie Angehörige einer Minderheitenkultur und deren Sprecher:innen (damals die jüdische Bevölkerung und Bernfeld, heute syrische oder afghanische Geflüchtete und ihre Interessensvertreter:innen) ein Zusammenleben organisieren können, das Einzelne und Gruppen dabei unterstützt, ihre eigene Identität zurückzugewinnen oder neu zu erfinden? Schließlich betrifft das Drama in Baumgarten auch den alten Traum der Pädagogik: Die Realisierung einer anderen, gerechteren Gesellschaft inmitten der alten Verhältnisse, die mit und bei den Kindern und Jugendlichen dieser Gesellschaft anfangen möchte: Welche Chancen darf man einem solchen Projekt einräumen, welche Risiken und Grenzen muss man dabei bedenken?

Siegfried Bernfeld (1892 bis 1956) war ein österreichischer, von der Jugendbewegung beeinflusster jüdischer Reformpädagoge, Psychoanalytiker und Mitbegründer der modernen Jugendforschung (Göppel 2013, 3). 1919 übernahm er im Auftrag des *„American Jewish Joint Distribution Committee"* (ab hier die Kurzform *Joint*) die Leitung eines Kinderheimes am Stadtrand von Wien, in dem ca. 300 jüdischstämmige Kinder zwischen drei und sechzehn Jahren untergebracht wurden, von denen die meisten ihre Eltern im Ersten Weltkrieg verloren hatten (Bernfeld 1929/2012, 10). Der Versuch endete nur acht Monate später: Einerseits war es Bernfeld und seinem Team gelungen mit der Mehrzahl der Kinder in einen guten Kontakt zu kommen und sie dazu anzuregen sich selbst Regeln für ihr Zusammenleben zu geben: Die Kinder hatten Gesetze erlassen, Wächter:innen bestellt, ein Gericht etabliert und eine Zeitung gegründet (ebd., 56 ff.). Andererseits musste sich Bernfeld mit einer Gesamtleiterin und einem Verwaltungsleiter herumschlagen, die, nach seiner Darstellung, nicht nur bei der dringend erforderlichen Versorgung der Kinder versagten, sondern auch seine pädagogische Arbeit aktiv behinderten. Auch der *Joint* stand nicht so hinter ihm wie er es erwartet hatte. Die monatelangen Querelen bewirkten, dass sich Bernfelds ohnehin angeschlagener Gesundheitszustand weiter verschlechterte und er ein Sanatorium aufsuchen musste. Seinem Stellvertreter erging es als Interimsleiter nicht besser und so kündigte die Mehrheit der Lehrer:innen und Erzieher:innen, nachdem ihr Ultimatum – entweder wir gemeinsam mit Bernfeld als alleinigem Leiter oder wir quittieren gemeinsam den Dienst – vom *Joint* abschlägig beschieden worden war (ebd., 136 ff.).

Bernfeld hat über seine Erfahrungen einen Text geschrieben, der den Titel *„Kinderheim Baumgarten – Bericht über einen ernsthaften Versuch mit neuer Erziehung"* trägt (1921 erstmals erschienen; im selben Jahr in dem auch Wilker seinen Bericht *„Der Lindenhof: Werden und Wollen"* veröffentlicht). Schon nach wenigen Seiten des Lesens, wird deutlich, dass Bernfeld mehrere Berichte schreibt:

- einen Forschungsbericht über die Erfahrungen mit den Kindern und die pädagogischen Versuche sie zur Etablierung einer selbst entwickelten, nicht auferlegten Ordnung anzuregen;

- einen Rechenschaftsbericht, der begründen soll, warum er was getan, aber auch bewusst unterlassen hat;
- eine Anklageschrift mit gravierenden Vorwürfen gegenüber seinen Kooperationspartner:innen;
- aber auch eine historisch-politische Analyse der Entwicklung des Judentums in Österreich, speziell nach dem Ersten Weltkrieg;
- und einen Konzeptentwurf für die sozialistische Erneuerung der jüdischen Pädagogik mit Blick auf die nächsten Generationen.

Dabei bindet er das Kinderheim bzw. die ihm dort anvertrauten Kinder in alle diese Bezüge ein. Sie erscheinen ihm in Gefahr mit Almosen betrogen zu werden (ebd., 16 ff.); sie stellen für ihn eine Großgruppe dar, die ein Recht auf die Entwicklung sozialer Kompetenzen hat und bilden für ihn eine Art von Kader für den Aufbau einer sozialistischen Gesellschaft, in Palästina oder wo auch immer (ebd.). Insofern überrascht der „*Bericht*" mit einer Vielzahl unterschiedlicher Anliegen und Themenstellungen und beinhaltet nebeneinander mehrere Textgattungen. Diese auseinanderzusortieren und ihre internen Spannungen wahrzunehmen, werden wir unter der sachkundigen Führung von Daniel Barth angehen, der eine großartige Dissertation über das Baumgarten-Experiment geschrieben hat (Barth 2010). Gleichzeitig stellt das Miteinander-Verknüpfen unterschiedlicher Themen und Ebenen die zentrale Stärke des Denkens von Bernfeld dar (Göppel 2013, 9 ff.): er war gleichermaßen an psychologischen wie soziologischen Analysen interessiert und bezog sich dabei konkret auf die Psychoanalyse und auf marxistisch inspirierte Autoren. Insofern stellt er einen der wichtigsten frühen Theoretiker für das „*Verhältnis von Psychologie und Soziologie*" dar (Adorno 1972) und wurde 2000 für seinen „*Sisyphos*" völlig zu Recht zum bedeutendsten erziehungswissenschaftlichen Autor des 20. Jahrhunderts gewählt (vgl. Horn/Ritzi 2000).

6.1 Wo kommt Bernfeld her? Und wo will er hin?

Bernfeld wurde 1892 in Lemberg (damals Galizien, heute Lwiw, Ukraine) geboren, wuchs aber in Wien auf, wo sein Vater einen mehrere Jahre florierenden Stoffhandel betrieb und die Familie in einer Villa lebte: „*Aufgewachsen im gut bürgerlichen jüdischen Milieu* (in Wien, M. S.) – *man kann getrost von einer glücklichen und sorgenfreien Kindheit sprechen, – folgten mit dem Eintritt in die Schule eher problematischere Jahre*" (Dudek 2012, 45). Offenbar wurde Bernfeld von Lehrern und Eltern als (besonders) begabt eingeschätzt, blieb aber hinter den Erwartungen an seine Leistungen weit zurück: „*Er erkrankte mehrfach für längere Zeit und musste sogar eine Klasse [...] wiederholen.*" (ebd.). Später – als 19-Jähriger – schreibt er selbst:

„Was ich auf dem Gymnasium nicht gelernt habe, war: Lernen. Das Gymnasium hat nur sehr wenig dazu beigetragen, in mir ethische und soziale Gefühle zu erwecken. […] Das Gymnasium ist ganz und gar ohne Berücksichtigung meiner inneren Entwicklung einfach an ihr vorbeigegangen. Es hat sich nicht einmal die Mühe gemacht sie zu verstehen" (Bernfeld 1924, 189).

„Es liegt auf der Hand, dass ihn Erziehungs- und Schulkritik in den folgenden Jahren umgetrieben und fast sein ganzes Leben beschäftigt haben. […] Was das Gymnasium ihm nicht nehmen konnte, waren seine Neugierde, seine Wissbegierde, seine unbändige Lust am Lesen und vor allem seine Liebe zur Natur." (Dudek 2012, 46).

„Von seiner Schwester Lilli wissen wir, dass Bernfeld ein eigenes Chemielabor hatte und eine große biologische und geologische Sammlung besaß, die er liebevoll pflegte und ständig erweiterte" (ebd., 47). Seine fehlenden schulischen Leistungen *„kompensierte er durch außerschulische Aktivitäten wie die Gründung eines Schülervereins und die Herausgabe einer Schülerzeitung. […] Zwei Jahre vor dem Abitur […] trat er als jugendlicher Herausgeber der Schülerzeitung Eos, Stimmung der Jugend hervor. […] Zu dieser Zeit wandte er sich auch erstmals brieflich an seinen späteren Mentor Gustav Wyneken."* (ebd.).

Kommentar: Eine starke Geste für einen 17-Jährigen, da der fast zwanzig Jahre ältere Wyneken (1875 bis 1964) als der führende Kopf der Jugendbewegung und als äußerst beschäftigter Mann galt.

„Die Jugendkulturbewegung war wohl der entschiedenste Ausdruck für die Versuche im Kaiserreich und in der österreichisch-ungarischen Monarchie eine Gegenöffentlichkeit zu Elternhaus, Schule und Universität herzustellen, in der bürgerliche Jugendliche ein Forum fanden, um ihre eigenen Probleme miteinander zu diskutieren. Ganz im Sinne Wynekens propagierten ihre Anhänger:innen Jugend nicht nur als Lebensalter, sondern als Lebensideal und verbanden den Jugendkult mit einer kulturellen Erneuerungsmetaphorik, suchten aber vergeblich den Anschluss an die Frauen- und Arbeiterbewegung als die großen sozialen Emanzipationsbewegungen um die Jahrhundertwende." (ebd., 52).

Nicht wenige der dort Engagierten hatten die Vision eines *„Ordens der Jugend"* als dem sozialen Ort jugendgemäßer Selbsterziehung (ebd.). Eines der zentralen Projekte dieser Bewegung war die *Freie Schulgemeinde* (siehe Bernfeld 1921/2012, 11 ff.).

„Die Jugendkulturbewegung, die kaum mehr als 3000 Anhänger hatte und in weiten Kreisen der Schüler- und Studentenschaft auf Ablehnung stieß […], rief jedoch eine erstaunlich große Resonanz in der Öffentlichkeit hervor und setzte sich dem Vorwurf revolutionärer Umtriebe und der Staatsgefährdung aus. Polizeiliche Beobachtung von Veranstaltungen bis zu ihrem Verbot waren die Folge ebenso wie die reichsweite Berichterstattung in der Presse beider Monarchien." (Dudek 2012, 53).

Bernfeld gab zusammen mit zwei Freunden die Zeitung „Der Anfang" heraus. 1912 gründete der 20-Jährige mit einigen Mitstreitern das „Akademische Committee für Schulreform" (ACS), zu dessen Aufgaben die Organisation einer unregelmäßig stattfindenden Veranstaltung mit dem Namen „Sprechsaal" gehörte. Damit war „ein offenes und thematisch nicht limitiertes Diskussionsforum Jugendlicher" gemeint, „in dem für jeden die Möglichkeit bestand sich mit Gleichaltrigen über alles auszusprechen" (ebd., 64). In der Zeitung und dem Sprechsaal wurde „leidenschaftlich über Kunst, Literatur, Sexualmoral, Frauen und Friedensbewegung, über Schulreform und Fragen der Erziehung und Selbsterziehung diskutiert", aber auch angesichts der Konflikte vieler Jugendlicher im Elternhaus und in der Schule praktisch darüber nachgedacht wie Lösungen für diese Probleme aussehen könnten. Dazu gründete Bernfeld die Organisation „Grüner Anker", ein Netzwerk für in Schwierigkeiten geratene Jugendliche:

„Bei Konflikten mit Eltern und Schule. Bei Fragen der Berufswahlfindung und des Sexuallebens, bei körperlichen und seelischen Misshandlungen standen dem Grünen Anker, Ärzte, Juristen, Pädagogen, Hochschullehrer, Abgeordnete und Journalisten als kompetente Ansprechpartner und Berater zu Verfügung" (ebd., 71, Dudek 2012, 71 f.).

Kommentar: Eine bemerkenswerte, präventiv angelegte Vernetzungsstruktur für die Stadt Wien, die man heute als Fall-unspezifische Sozialraumressource betrachten würde (Fahren/Hinte 2019). Gegründet von einem jungen Erwachsenen!

Dennoch geriet Bernfeld in der Jugendbewegung an den Rand: Zwar blieb er mit Wyneken und Benjamin weiter in regem Austausch, musste aber erleben, dass in der Freideutschen Bewegung nationalistische und antisemitische Stimmen an Gewicht zunahmen (Dudek 2012, 78 f. und 2014, 78 f.). Karl Wilker hat diese trotz seiner Nähe zur Wandervogelbewegung und seiner Mitgliedschaft im „Vortrupp" nicht unterstützt hat (s. Kap. 5). Warum die beiden Männer, die doch so viel an gemeinsamen Erfahrungen gemacht hatten, sich nicht darüber ausgetauscht haben, bleibt rätselhaft.

Doch halten wir fest: „Bernfeld wurde zwischen 1912 und 1914 zu einem der maßgeblichen Exponenten der österreichischen Kulturbewegung mit zahlreichen Kontakten nach Deutschland. Den Abschluss dieser Phase bildet die polizeilich verfügte Auflösung des Sprechsaals Wiener Mittelschüler vom 21.4.1914, nachdem vier Tage zuvor bereits eine vom A. C. S. organisierte Veranstaltung mit Gustav Wyneken behördlich verboten war." (Barth 2010, 53). Die Jugendbewegung, für die sich Bernfeld bis dahin engagiert hatte, war insofern eine zivilgesellschaftliche Bewegung, als an ihr junge Menschen jüdischer und nicht-jüdischer Herkunft gleichermaßen teilnahmen und diesen Unterschied gar nicht reflektierten bzw. für nicht besonders relevant hielten. In den nächsten Jahren wandte sich Bernfeld allerdings dezidiert dem Judentum zu. Anlass dazu gab ihm der „Flüchtlingsstrom, *der einsetzte, als die russische Armee (die kommunistische, M. S.) binnen weniger Wochen Ostgalizien und die Bukowina erobert hatte. 1916 hatten die Mittelmächte allerdings fast das ganze vorher verlorene Terrain zurückerobert."* (ebd., 55). Bernfeld standen beim Schreiben seines Artikels „Die Kriegswaisen" (1916) *„die chaotischen, ja anarchischen Zustände dort vor Augen, vor allem also Tausende jüdische Kinder, die ihre Eltern verloren hatten, entweder durch direkte Kriegseinwirkung oder durch Pogrome, die im Schutz der russischen Besatzung, vor allem von der polnischen Bevölkerung verübt worden waren"* (ebd.).

Bernfelds *„zionistische Entscheidung"* und die damit einhergehende Neuorientierung seines Lebens und Denkens dürfte vor allem mit diesen nach Wien strömenden Flüchtlingsmassen in Zusammenhang stehen (ebd., 56).

6.2 Politische Strömungen im Wiener Judentum und der jüdischen Jugendbewegung

Wir schildern zunächst die unterschiedlichen Strömungen im Wiener Judentum (6.2.1) und gehen dann auf die unterschiedlichen Gruppen innerhalb der jüdischen Jugendbewegung ein (6.2.2).

6.2.1 Gruppierungen im Wiener Judentum um 1920

Die Wiener Juden stellten um 1920 circa elf Prozent der Bewohner:innen der Stadt (ebd., 58). Darunter alteingesessene, seit Generationen schon in Wien lebende, zum Teil in den Adelsstand erhobene Familien, aber auch viele Migrant:innen aus den Ostprovinzen der kaiserlich und königlichen Monarchie. Man kann die Bevölkerung

> *„grob in drei Gruppierungen unterteilen, die im Folgenden kurz beschrieben werden sollen. Assimilierte, jüdisch-nationale und zionistische Juden haben in Bezug auf ihre Zukunft ganz unterschiedliche Vorstellungen. Diese verschiedenen Interessen spielen auch bezogen auf die Idee der Schulgemeinde und später innerhalb des Trägers des Kinderheim Baumgartens eine Rolle und prägen die Auseinandersetzungen im Vorfeld des Projekts ganz wesentlich."* (ebd., 60).

Die meisten der *„Assimilierten"* hatten ihr Judentum mehr oder weniger aufgegeben, zum Teil aus der Erfahrung heraus, dass Jüdisch-Sein das eigene Fortkommen behinderte, zum Teil aber auch, weil sie sich nicht in erste Linie als Juden fühlten, sondern als Österreicher:innen oder Wiener:innen oder Europäer:innen und darauf setzen als Teilnehmer:innen dieses größeren Kosmos anerkannt zu werden und dort ihren Platz zu finden. Sie erwarteten, dass man die rechtlichen und politischen Beschränkungen, die es für jüdische Bürger:innen noch gab mehr und mehr aufheben und sie allen anderen Gruppen gleichstellen würde. *„Jüdisch-national"* bedeutete dagegen, dass man auf die eigene Herkunft, auf jüdische Religion und jüdische Kultur gleichermaßen stolz war und für die eigenen Belange jüdische Körperschaften einrichten wollte: eine jüdische Schule, ein jüdisches Krankenhaus, ein jüdisches Pädagogium (aus dem Bernfeld später einige seiner Mitarbeiter:innen gewinnen sollte) etc. Diese Gruppe engagierte sich ab 1918 in Österreich in den *„Jüdischen Nationalräten"* und *„versuchte darauf einzuwirken, dass innerstaatliche Regelungen für die jüdische Minderheit möglichst vorteilhaft ausfielen."* (ebd., 61).

„Bernfeld wurde einer der Sekretäre des Jüdischen Nationalrats und entwickelte im Erziehungsamt zahlreiche Initiativen, welche die Autonomie und den rechtlich abgesicherten Minderheitsstatus der österreichischen Jugend rechtfertigen sollte." (ebd.).

Die dritte Gruppierung bestand aus den *„Zionisten"*, die sich für die Emigration entschieden hatten und für die Gründung und den Aufbau eines jüdischen Staates in Palästina arbeiteten, auch wenn sie sich dafür *„lediglich auf laue Zusagen vor allem der Engländer"* berufen konnten (ebd., 63). Nachdem es für viele hundert Jahre immer nur einzelne jüdische Familien gewesen waren, die in die „Heimat" zurückgekehrt waren, nahm diese Bewegung 1906 mit dem Erscheinen des Buches „Der Judenstaat" von Theodor Herzl enorm an Fahrt auf. Auch 1919, nachdem die Hoffnungen der jüdisch-nationalen in Österreich eher ausgebremst wurden und sich auch die Nationalräte als nicht zielführend erwiesen hatten, erhielt diese Gruppe erheblichen Zulauf. Im nächsten Kapitel werden wir sehen, wie sich diese großen Strömungen auch in der jüdischen Jugendbewegung wiederfinden und brechen.

Alle drei Gruppen unterhielten eigene Hilfswerke, die Spenden sammelten und im Sinne der jeweiligen Präferenzen verteilten. Den größten Beitrag zur Versorgung von Erwachsenen und Kindern in den österreichischen Kriegsgebieten, auch der nach Wien geflüchteten Menschen, leistete aber der *Joint*, der sich bereits 1914 gegründet hatte und die Notlagen der jüdischen Bevölkerungen im gesamten Mittleren und Nahen Osten in den Blick genommen hatte:

„Representatives of 40 US Jewish organizations met in New York in November 1914 to discuss the coordination of relief measures for beleaguered Jewish populations in central and eastern Europe and the Middle East. They were inspired in part by an August 31, 1914, cable from Henry Morgenthau, then US Ambassador to Turkey, to prominent US philanthropist Jacob Schiff requesting $ 50,000 to save the Jews of Palestine, then part of Ottoman Turkey, from starvation. Between 1914 and 1929, the JDC collected some 78.7 million dollars from Jews living in the United States." (New York Times, 12.11.1919, 1).

Bis 1937 wurde der *Joint* von Felix M. Warburg und Paul Baerwald geleitet, zwei ehemals aus Österreich stammenden New Yorker Bankiers. So effektiv der *Joint* beim Sammeln von Spenden war, so verdienstvoll das ehrenamtliche Engagement von vielen hunderten von jüdischen Frauen und Männern geschätzt werden kann, so heterogen waren die Menschen vor Ort, die die Gelder verteilten; sie waren zwar dem *Joint* Rechenschaft schuldig, konnten sich aber – wie im Fall der Wiener Pläne Bernfelds – oft nicht oder nur langwierig einigen, welche Projekte vor- oder nachrangig gefördert werden sollten. Zwischen der amerikanischen *Mutter* und dem Wiener Ableger gab es vermutlich einige Interessensgegensätze, Abstimmungsprobleme und informationelle Intransparenzen.

6.2.2 Gruppierungen in der (jüdischen) Jugendbewegung in Wien

> *„Die wichtigste und mächtigste Gruppierung innerhalb der jugendlichen Ostflüchtlinge war der linkszionistische ‚Haschomer Hazair' (hebräisch: Der junge Wächter, M. S.), der von galizischen Jugendlichen nach Wien gebracht wurde und bald zur größten Jugendgruppe avancierte. Dier Verelendung und der Verlust des traditionellen Umfeldes führten bei den Jugendlichen häufig zu einer Entfremdung von der Familie, welche die zum Teil schon in der Heimat begonnene Rebellion gegen das gesetzestreue Judentum verstärkte. Der Antisemitismus in der Schule und auf der Straße, die diese Jugendlichen erlebten, machte die Jugendbewegung zum einzigen Ort der Geborgenheit für sie. Ihre Mitglieder waren intellektuell orientiert, weshalb der von Buber beeinflusste Zionismus Bernfelds bei ihnen zunächst großen Anklang fand."* (Dudek 2012, 56).

Später entstanden Spannungen zwischen dieser Gruppe und Bernfeld, weil ihre Anhänger so schnell wie möglich nach Palästina ausreisen wollte und eine politische, ethische und kulturelle Vorbereitung für diesen Schritt für überflüssig erachteten – welche für Bernfeld und mit ihm überwiegend dem Großteil der Wiener Jugendbewegung weiterhin einen hohen Stellenwert einnahm. Für viele dieser heterogenen Gruppe erschien Palästina fern und wenig attraktiv (ebd., 57). Ihre Anhänger:innen bewahrten die Hoffnung, dass ein neues, gleichberechtigtes jüdisches Leben auch im Westen, gerade in Wien mit seiner großen Community aus Intellektuellen, Künstler:innen und Wissenschaftler:innen möglich sein würde – und auf mehr oder weniger revolutionärem Weg auch herzustellen sei.

Trotz der Kontroversen zwischen ost- und westjüdischen Gruppierungen, welche beim „Österreichischen-jüdischen Jugendtag" sehr heftig aufflammten, kommt es zur Gründung der Dachorganisation „*Verband der Jüdischen Jugend Österreichs*" und Bernfeld wird zu dessen Präsidenten gewählt (ebd., 58). Sicher hat dazu auch die Zeitung beigetragen, die er zwei Monate zuvor aus der Taufe gehoben hatte: „*Jerubal*", das „*Sprachrohr der rebellischen jugendlichen Avantgarde einer jüdisch-nationalen Massenbewegung*". Um diese Zeitung herum entstand ein „*Kreis Jerubal*" und ein „*Orden Jerubal*" (der *inner circle* um Bernfeld), der ein Stück weit als Geheimbund fungierte und faszinierte. An die Stelle der „*Sprechsäle*" traten nun „*Zirkel*". „*Aufgrund der zuvor erlebten polizeilichen Repression organisierte Bernfeld sie nun noch straffer.*" (Utterly 1975, 357 f.). Auch wenn das Wort „*Kader*" in Analogie mit dem Aufbau der kommunistischen Organisationen noch nicht fällt, so liegt es doch in der Luft. Die politische Struktur, die sich Bernfeld für das Kindheim Baumgarten wünschte (aber zum Teil auf ganz anderem Weg organisieren musste) stellt eine Variante dieses Konzepts eines Jugendordens dar. Damit lässt sich eine Kontinuität im Denken und Wirken Bernfeld erkennen: Die Jugendkulturorganisationen, die jüdische Jugendbewegung und schließlich das Kinderheim Baumgarten, in dem Kinder und Jugendliche zu einem „*Kader*" zusammenwachsen sollen (Dudek 2012, 59).

Freilich stellte das „*Kinderheim Baumgarten*" wie es Bernfeld 1919 angeboten wurde, in gewisser Weise seine „zweite Wahl" dar. Viel lieber hätte Bernfeld ein weit größer angelegtes Projekt gegründet, das er die „*Freie jüdische Schulsiedlung*" nennt und von der er auch im „*Bericht*" spricht (Bernfeld 1921/2012, 20). Damit meint er eine alternative Organisationsform zur bürgerlichen Familie, „*die nicht Schule und nicht Wohnheim ist, sondern ein möglichst autarkes ‚Kinder- und Jugenddorf', in dem wenige Erwachsene die überwiegende Mehrheit von Kindern und Jugendlichen dabei unterstützen ihr eigenes Zusammenleben, ihren eigenen Unterhalt und ihre Kooperationsbeziehungen untereinander und mit ihrer Umwelt zu entwickeln*" (ebd., 14). Sicher hat sich Bernfeld bei dieser Idee von der Kinderrepublik inspirieren ließ, die W. R. George in den USA gegründet hatte (Lüpke 2004, 81 ff.) und, wenn auch in kleinerem Maßstab, von Wyneken in Wickersdorf oder von Berthold Otto in Berlin ins Leben gerufen worden waren (ebd., 135). Ideen dazu zirkulierten in der progressiven jugendbewegten Szene. Davon berichtet Bernfeld später den Baumgarten-Kindern auf den ersten Schulgemeindesitzungen, um ihnen ein Bild vor Augen zu stellen, wie ihre Zukunft aussehen kann (ebd., 141). Auch Karl Wilker hat für eine Alternative zur hergebrachten Fürsorgeerziehung zeitgleich ein ähnliches Konzept skizziert (s. Kap. 5 und insbesondere Wilker 1921a, 24). Im „*Bericht*" malt Bernfeld dieses Projekt aus:

> „*[E]in großes Landgut, das einmal in Betrieb, die Wohn- und Verpflegungsgrundlage für einige tausende Kinder, Jugendliche und Erwachsene bieten könnte; fern genug vom Wiener Judentum, nah genug den kulturellen Bildungsmöglichkeiten der Großstadt. Landwirtschaft, Werkstätten und Schulen zu einem organischen Ganzen vereint, durch Schulgemeinde, befreite Jugend und gewählte Lehrer zur Autonomie entschlossen und reif.*" (Bernfeld 1921/2012, 19 f.).

Detailliert entwirft er diese Utopie im Aufsatz „*Das Jüdische Volk und seine Jugend*", wobei er später offenlässt, ob die Realisierung – wie zunächst gedacht – nur in Palästina stattfinden kann oder nicht auch hier in Europa. Primär geht es in der ersten neuen Einrichtungen dieser Art darum, „Kader" (!) für eine bessere Zukunft heranzubilden, wo immer diese auch stattfinden wird (für den Begriff „Kader" siehe Barth 2010, 25) Man sieht wie Bernfeld in dieser Frage selbst zwischen zionistischer und jüdisch-nationaler Ausrichtung seiner Utopie schwankt und sich beides vorstellen kann. Er selbst sollte später allerdings nicht nach Palästina (sondern nach Amerika) emigrieren, auch wenn er aus der Levante Angebote für eine Professur erhalten hatte (Dudek 2012, 518).

Die Idee zur Realisierung dieser ersten *„freien jüdische Schulgemeinde"* am Stadtrand von Wien ist das Vorzeigeprojekt des neu gegründeten Dachverbandes. An „Masse" fehlt es nicht: Immer neue Flüchtlingsströme drängen nach Wien, ein Ende ist nicht abzusehen. So kommt dieses große Projekt im Februar 1919 zunächst in Schwung, dann aber rasch wieder ins Stocken, obwohl Bernfeld angibt den Verkäufer eines geeigneten Grundstücks an der Hand zu haben und selbst bereits *„1,5 Millionen Kronen"* für die Gründung eingesammelt zu haben (Bernfeld 1921/2012, 25). Ob das stimmt und was mit dem Geld geschah, ist bis heute unklar. Es kann sein, dass es in der kriegsbedingten Inflation zusammenschmolz wie Butter in der Sonne (anders als die anderen). Bernfeld macht für die Stagnation die Kooperationspartner:innen aus dem Verband verantwortlich. Sowohl die Zionisten wie auch die assimilierten Juden fanden die Idee zwar gut, hielten sich später aber weitgehend zurück oder arbeiten sogar dagegen (ebd., 20 ff.). Auch das *Joint*, das in den vergangenen Jahren eine Reform der Spendenverwendung angegangen war, weg von der short-term Einzelfallhilfe hin zum Aufbau produktiver Strukturen vor Ort, die nachhaltig für mehr Autonomie und ein besseres Leben sorgen sollten (Barth 2010, 66), engagiert sich nicht, obwohl die Idee in das neue Konzept zu passen schien (Bernfeld 1921/2012, 24 f.).

Warum sich alle, relevante potentiellen Unterstützer:innen zurückziehen, wird bei Bernfeld nicht deutlich: Traut man es ihm, dem 27-Jährigen Jugendführer, der bisher vor allem Zeitschriften und Debattierclubs ins Leben gerufen hat, nicht zu, ein solches Projekt zu stemmen? Verdächtigt man ihn angesichts der angestrebten Größenordnung megalomanisch zu sein? Immerhin sprach Bernfeld von bis zu 3.000 Kindern und Jugendlichen. Erinnert das Ganze zu sehr an ein kommunistisch inspiriertes Kollektiv? Findet man die Idee zu radikal, auch wegen ihrer impliziten Familienkritik? Das könnte vor allem die Jüdisch-Nationalen verprellt haben. Wird die Spannung „in Wien gegründet, aber für Palästina gedacht" als eine zu große angesehen? Und macht es für die Zionisten einfach keinen Sinn hier in Europa damit anzufangen? Oder hält man das Ganze einfach für zu unausgegoren? Sehr viel übersichtlicher und dringlicher präsentiert sich deshalb die Idee der Gründung eines jüdischen Waisenhauses in Wien für die kriegsflüchtigen und überwiegend elternlosen Kinder. Ein Gebäude ist bereits erworben und Bernfeld wird die Leitung angetragen. Also hofft er, hier eine *Schulgemeinde* im Kleinen aufbauen zu können.

6.3 Das Erziehungsexperiment Baumgarten in der Darstellung Bernfelds

Ich stelle zunächst die Gründe vor, weswegen schon der Start des Projekts von Bernfeld als belastend empfunden wurde (6.3.1). Im Anschluss schildere ich die Baulichkeiten und die drei deutlich unterschiedliche Gruppen von Kindern, die zur Betreuung anstanden (6.3.2). In einem sehr langen Unterkapitel werden dann elf Konzept- und Settingelementen entwickelt, die als einzelne Stützen im Alltag zugleich das Rückgrat des pädagogischen Projekts gebildet haben (6.3.3). Im Anschluss (6.3.4) geht es dann um den Prozess des Scheiterns des Projektes und die Gründe dafür aus Bernfelds Sicht.

6.3.1 Einstieg und Beginn in ambivalenten institutionellen Strukturen

Der Einstieg verläuft gut und schlecht zugleich. Eine Frau P., die Bernfeld aus dem Trägerverein zur Schulgemeinde kennt, kommt auf ihn zu und bietet ihm die Leitung des neu einzurichtenden Kinderheims Baumgartens an: *„Ende Juni 1919 [...] teilte mir nun jene Leiterin mit, sie habe fünf Baracken im Baumgartner Kriegsspital erworben und bäte mich die Leitung zu übernehmen."* (Bernfeld 1921/2012, 28).

> *Kommentar:* Aufhorchen lässt, dass die von Bernfeld als *„Leiterin"* bezeichnete Frau ihn bittet, die *„Leitung"* zu übernehmen. Wir kommen darauf zurück. Klar scheint jedenfalls, dass sie über beträchtliche Geldmittel verfügte oder wusste wie man sich diese besorgt (eventuell besser als Bernfeld).

Wer ist Frau P.? Bernfeld charakterisiert sie als eine *„tantenhafte Wohltäterin"*, die sich von den von ihr Beschenkten *„Dankbarkeit"* erwarte (ebd., 28). Formal bezeichnet er sie als *„Exponentin des Joint"* (ebd., 136) bzw. dessen *„Referentin"* (ebd., 137, Barth 2010, 67 f.).

„Ob P. selbst eines der 100 Committee-Mitglieder war, bleibt offen. Möglicherweise formalisiert die Beziehungen zwischen Joint und P. (Abkürzung M.S.), obschon sie informeller waren. Dies ist um so wahrscheinlicher als Informalität die in Österreich vorherrschende Organisationsstruktur gewesen war. Im Memorandum der Lehrerschaft steht, dass Frau P. mit der ‚ehrenamtlichen Leitung' des Kinderheims ‚vom Joint' beauftragt war." (Barth 2010, 68).

„Die Kombination von betrauender (aber nicht verfügender) Trägerschaft und ehrenamtlichen Leitung könnte darauf hinweisen, dass Frau P. als unabhängige Privatperson

die Infrastruktur des Heimes gekauft hatte. Weil für den Betrieb aber amerikanische Gelder verwendet werden, muss die Heimleitung durch den Träger legitimiert sein. Durch die Ehrenamtlichkeit bleibt die Anbindung an den Joint jedoch lose. [...] Die Informalität von P.'s Autorisierung wird durch die Tatsache abgerundet, dass der Direktor des Joint ‚der Freund der Leiterin' ist." (ebd., 37).

Bernfeld gibt im Bericht an, klare Bedingungen gestellt zu haben:

„(1) ich bin der oberste Beamte der ganzen Unternehmung; alle in Baumgarten tätige Personen, das pädagogische und das Verwaltungspersonal, unterstehen ausschließlich mir (2) in allen pädagogischen und organisatorischen Dingen bin ich völlig unabhängig (3) in finanziellen Dingen unterstehe ich der Leiterin (4) in wirtschaftlichen Dingen wird sie mir hilfreich zur Seite stehen, jedoch geschieht alles unter meiner Verantwortung, daher meiner Entscheidung (5) Kinder werden nur von mir, mit entscheidender Zustimmung der Leiterin, aufgenommen, und entlassen" (Bernfeld 1921/2012, 29).

Kommentar: Einerseits klar und deutlich; Bernfeld scheint aus seinen Erfahrungen mit der Leitung von Zeitschriften und Komitees alles andere als naiv an die Sache herangegangen zu sein. Andererseits würden heutige Organisationsberater:innen vermutlich auf einige Fallstricke der Konstruktion hinweisen: Erstens seine Abhängigkeit von Frau P. in finanzieller Hinsicht – wer das Geld hat, hat die Macht. Das sollte eigentlich gerade ein marxistisch inspirierter Autor wissen. Zweitens: ihre Entscheidungshoheit über Aufnahmen und Entlassungen; beide kann sie blockieren und damit eventuell pädagogische Prozesse – auch in den Augen der betroffenen oder auch nur beobachtenden Kinder – so entscheidend gestalten, dass sie als die wahre Leiterin erscheint. Drittens: Eine gravierende Regelungslücke betrifft die Anwesenheit von Frau P. in Baumgarten. Hält sie sich dort regelmäßig auf oder kommt sie dann und wann zu Besuch? Und wen informiert sie über ihr Kommen und Gehen?

„Die Leiterin nahm diese Forderungen an, weil ich sie als unumgängliche Bedingung für meine Mitarbeit stellte, und die behielt somit die Funktion der Vertretung der Anstalt im Joint, das die nötigen Geldmittel sicherstellte." (ebd., 30).

Peter Dudek, der maßgebliche Biograph Bernfelds, liefert uns wichtige Zusatzinformationen zu Frau P.:

„E. P. (1871–1955) hatte sich während des Krieges in der bürgerlich zionistischen Wohlfahrtspflege einen Namen gemacht und hatte von Beginn an gegenüber dem jungen Wilden aus der Jugendkulturbewegung – allein schon vor dem Hintergrund ihrer langjährigen Berufserfahrung – eine gewisse Skepsis mobilisiert. Denn Bernfeld rekrutierte sein pädagogisches Personal vorwiegend aus jenem Bekannten- und Freundeskreis, der ihm schon in der Jugendkulturbewegung vor dem Ersten Weltkrieg gefolgt war." (Dudek 2012, 230).

Kommentar: Man sieht bereits aus diesen wenigen Worten, dass hier Spannungen angelegt sind. Hier der „junge Wilde" mit großen Plänen und einem Team, das sich aus Bekannten und Freunden zusammensetzt und eine starke Hausmacht bildet. Dort die zunächst für sich alleine stehende Frau P., die aber für viele Erfahrungen verfügt und bestens in die wichtigen geldgebenden Kreise vernetzt ist. Bezogen auf diese Kreise schreibt Barth und zitiert dabei eine Zeitgenossin, dass Bernfeld die Leitung mit *„einiger Angst"* übertragen wurde (Barth 2010, 221):

> „Die Akteure der jüdischen Wohlfahrtsorganisationen kannten Bernfeld als einen Kritiker ihrer Arbeit und ihres primär auf Almosen und individuellen Spenden beruhenden Verständnisses von Sozialhilfe. […] Diesem scharfzüngigen Kritiker nun die pädagogische Leitung eines Kinderheims anzuvertrauen, blieb wohl in ihren Augen von Beginn an ein Wagnis." (ebd., 222).

Vermutlich kam es auch deswegen von Anfang an zu einigen Einschränkungen, die Bernfelds weitgehende Pläne betrafen: *„Zunächst verbot einer der zionistischen Präsidenten des Joint, dass meiner Erziehung männliche Jugendliche über 14 Jahre anvertraut würden; an Kindern und Mädchen sei er nicht interessiert, aber männliche Jugendlich könne er nicht zulassen, da er wisse, dass sie von mir nicht im Sinne der Partei erzogen würden."* (Bernfeld 1921/2012, 32). Auch die auszubildenden Mädchen fielen bald weg.

Kommentar: Damit war eine wichtige Zielgruppe, die Bernfeld wie kein anderer kannte und die er unbedingt zum Aufbau seiner Schulgemeinde brauchte, weggefallen: Etwas ältere Jugendliche am Ende ihrer Schulzeit und an der Schwelle zum Berufseinstieg. Das waren schon die Jugendlichen gewesen, die seine *„Sprechsäle"* besucht hatten und für die er den *„Grünen Anker"* eingerichtet hatte. Und es waren jene, die er für die Idee eines Ordens und/oder Geheimbundes als empfänglich einschätzte. Mit diesen zusammen hätte er das Kinderheim – so zumindest seine Erwartung oder die derer, die ihm das untersagten – zu einer *„Kaderschmiede"* machen können. Barth schreibt:

> „Die von Bernfeld angestrebte Politisierung der Baumgarten-Kinder wird von der Trägerschaft mit weiteren strategischen Entscheidungen zu verhindern versucht. So wird nach einem Monat gleichsam von Geisterhand eine Position geschaffen, die […] in den Verhandlungen mit der Leiterin niemals erwähnt worden ist. Die Änderung der Organisationsstruktur wird nicht im Rahmen einer Diskussion beschlossen, sondern strategisch geplant. Zunächst wird Bernfeld und der Erzieherschaft der neue Posten des Verwalters als Entlastung von Frau P., die mit der Logistik des Heimes völlig überfordert war, schmackhaft gemacht" (Barth 2010, 137, 141).

Einen Tag vor Eintreffen des Verwalters nimmt sie diese Zusagen dann zurück (gemeint ist, dass Bernfeld der alleinige Leiter ist). Der Verwalter kommt einen

Monat nach Eintreffen der Kinder, d.h. circa am 15. November 1919 ins Heim. Von der formalen Hierarchie her „*ist Bernfeld als pädagogischer Leiter dem Verwalter [...] gleichgestellt*" (ebd., 296). Tatsächlich verliert er aber mit dessen Einsetzung seine Leitungstätigkeit bezogen auf die Verwaltungsangestellten und muss hinnehmen, dass die ehrenamtliche Leiterin von nun an jemanden an ihrer Seite hat, der mit ihr eine gemeinsame Politik für das Heim nach ihrem Gusto – und damit gegen Bernfeld – macht.

Kommentar: Systemtheoretisch kann man annehmen, dass dieser Schachzug mit den kritischen Beobachter:innen von Bernfelds Reden und Tun im weiteren Umfeld der jüdischen Wohlfahrtspflege und wahrscheinlich auch dem *Joint* abgestimmt war. Die Leiterin, die sich im eigenen Heim isoliert fühlte und Bernfelds Hausmacht fürchtete, holte sich einen starken Partner an die Seite und gewinnt so ihre Macht zurück. Noch dazu weiß sie die Mehrheit der Beobachter:innen außerhalb des Heimes hinter sich. Ein äußerst geschickter Schachzug. Aber noch einen Eingriff sollte Bernfeld hinnehmen:

„*Dann erklärte der Joint, er könne keine Pädagogiumshörer und freiwilligen Hilfskräfte dulden; ohne Begründung, unzweifelhaft auf Betreiben der Leiterin, die nur abhängig Angestellte oder wohltätig Beschenkte in ihrem Bereich [...] dulden konnte. Es waren zwar bis zur letzten Stunde ebenso wie einige Jugendliche auch solche Freiwilligen in Baumgarten, aber gegen die Anordnungen.*" (ebd., 112 f.).

Kommentar: Es verwundert, dass sich Bernfeld diese beiden für ihn so wichtigen Stützen für die Arbeit verbieten lässt und nicht daran denkt, sich angesichts solch massiver Misstrauensbekundungen und Eingriffe in seine Befugnisse zurückzuziehen. Offensichtlich hat er aber angebissen: Er will dieses Projekt, wahrscheinlich sogar unbedingt. Und er hat sich bereits für eine subversive Strategie entschieden. Er akzeptiert offiziell, aber er macht dennoch heimlich, was er für richtig hält. Wir werden sehen, dass das nicht unbemerkt bleibt und ihm auf die Füße fallen wird.

6.3.2 Baulichkeiten, unterschiedliche Gruppen von Kindern, erste Settingelemente

Eröffnet wurde das Kinderheim offiziell am 15. Oktober 1919. Ob bereits vorher Kinder aufgenommen und betreut wurden, lässt sich nicht feststellen. Baumgarten bestand in der Beschreibung Bernfelds „*aus fünf aneinandergrenzenden, sehr gut erhaltenen betonierten Gipsdielen-Baracken mit Holzverkleidung auf dem Gelände eines ehemaligen Wiener Kriegsspitals. Zwischen ihnen führen breite von Beeten eingesäumte Straßen.*" (Bernfeld 1921/2012, 36). Mit zum Kinderheim gehören ein Spielplatz, zwei Wiesen und ein Obstgarten. Zu Fuß gelangte man rasch in ein nahegelegenes Waldgebiet (ebd., 32 f.). Seine Beschreibung klingt nüchtern, aber man merkt ihr an, dass er die Anlage prinzipiell für geeignet hält. Auf dem Gelände des ehemaligen Lazaretts müssen sich auch andere Einrichtungen für Jugendliche befunden haben, die Bernfeld aber nicht weiter erwähnt (siehe z. B. die Fotografie, die der Einband von Barth (2010) zeigt). Bernfeld teilt diese Baracken wie in der damaligen Anstaltserziehung üblich nach Alter und Geschlecht der Kinder ein.

Es gibt eine Kleinkindbaracke mit 60 Kindern, *„einen Speisesaal zugleich als Tagesraum für Bewegungsspiele und vier kleinere Räume für die ruhigen Spiele der Kleinen; drei Krankenzimmer, die ärztliche Ordination (die Bernfeld's Frau für mehrere Monate übernahm), drei Wohnzimmer und allerlei Nebenräume."* (ebd.). Eine andere Baracke enthält die Küchen und Wirtschaftsräume, die Verwaltungskanzlei, eine Nähstube, den großen Speisesaal, in dem auch die Sitzungen der Schulgemeinde und die Gerichtsverhandlungen stattfinden – und eine Angestelltenwohnung. Zum Raumprogramm gehören ebenso zwei Festräume, in denen später die jüdischen Gottesdienste aber auch Feste stattgefunden haben, und anderem solche, die der *Joint* ausgerichtet hat bzw. die für den *Joint* in Szene gesetzt wurden (ebd.).

Eine andere Baracke steht den Jungen zu Verfügung: In einem großen Schlafsaal sind 50 Betten aufgestellt, in einem kleineren 36 und in einer noch kleineren Einheit 10. Bernfeld schreibt später, dass sich die Schlafsäle mit 50 und 60 Kindern durchaus bewährt haben (wir kommen später darauf zurück) – allerdings nur für Kinder bis etwa zum zwölften Lebensjahr. Weiter sind in dem Gebäude Nebenräume untergebracht, die als Rückzugsräume und zum geselliges Beisammensein für die Größeren am Abend gedacht waren, wenn die Kleinen bereits Bettruhe hatten. Die Mädchenbaracke war gleich bzw. symmetrisch dazu aufgebaut. Insgesamt gibt es in Baumgarten demnach Schlafplätze für 242 Kinder. Die Belegung scheint aber schwankend gewesen zu sein, weshalb phasenweise weniger, aber auch mehr Kinder dort lebten.

Eine fünfte Baracke war für die Schule gedacht: sie enthielt neun Klassenzimmer, Werkräume, einen Physikraum, Archiv, Direktion und die Wohnung von Bernfeld. Er und seine Frau lebten dort als Einzige der Beschäftigten. Die anderen Mitarbeiter:innen kamen am Morgen und gingen am Abend. Bernfeld bedauerte das sehr, weil er auch eine Gemeinschaftsbildung unter den Erwachsenen als wichtig für die Entwicklung einer Schulgemeinde ansah (ebd., 36).

Gerade weil die Schlafsäle groß waren und den Kindern kaum Privatsphäre erlaubten, plante Bernfeld zwei kompensatorische Settingelemente einzurichten. Das eine sollte in *„einem abschließbaren Kasten"* bestehen, in dem jedes Kind seine ihm wichtigen Besitztümer sicher verwahren hätte können. Leider ließ sich diese Idee nur in Ansätzen und für wenige umsetzen. Das andere Settingelement besteht in der Einrichtung von *Rückzugsräumen*. Bernfeld schreibt: *„Wir haben bei unseren Kindern sehr deutlich das Bedürfnis nach einer zeitweiligen Absonderung bemerken können. Es ist sehr schädlich, wenn für das Kind die* *einzige Möglichkeit, diese Situation herzustellen, nur gegeben ist, wenn es sich in sein Bett kuschelt und die Decke über den Kopf zieht. Es muss Gelegenheit haben, auch im wachen Zustand an einem die Sinne und den Intellekt anregenden Ort zu träumen."* (ebd., 37). Da auch dieses Settingelement erst im Frühjahr angeboten werden konnte als es das warme Wetter zuließ, sich solche Plätze im Freien zu suchen, und weil er bemerkte, dass die Toiletten als Kompensationsorte aufgesucht wurden, erlaubte Bernfeld den Kindern freie Ausgänge in die Stadt, ins Kino oder in die nähere Umgebung, um einen „anderen Ort", eine zeitweilige Alternative vom ansonsten dauerhaft aufgedrängten Gruppenleben zu ermöglichen (ebd.).

> *„Am 18. Oktober zogen an die 200 Kinder aus dem Flüchtlingsheim Engerthstraße [...] in unsere, teilweise noch unfertigen Baracken ein. [...] Wenige Tage später kamen an die 50 Mädchen aus der Waisenhaus Heimstätte am Estenplatz. Diese blieben der Grundstock der Baumgartner Kinder. Im Monat November erhielten wir Zuwachs aus dem Nikolsburger Flüchtlingsheim (in Mähren). [...] Einzelne traten aus, und ungefähr 100 waren abwechselnd jeweilig im Ausland, in Holland, Italien oder in der Schweiz."* (ebd., 38).

Dort wurden ihnen eine Art Kurzurlaub von wenige Wochen geboten, in denen sie vor allem kräftig verkostet wurden, um anschließend wieder nach Baumgarten zurückzukehren. Anfangs waren solche Verschickungen für die Kinder sehr attraktiv, später weigerten sich etliche das ihnen vertraut gewordene Heim zu verlassen (ebd., 56).

Bernfeld bemerkt schnell, dass die drei Kindergruppen bei allen individuellen Unterschieden, so etwas wie eine gemeinsame Sozialisation mitbringen: Alle Kinder hatten einmal auf der Straße oder in prekären Verhältnissen gelebt, aber waren mehr oder weniger schnell wieder in Institutionen aufgefangen worden. Die Kinder aus der Englerthstraße wiesen zwar viele Krankheiten auf, schienen aber auf den ersten Blick „erzogen". Sie waren vorher streng diszipliniert und bestraft worden und reagierten auf Kommandos mit Anpassung; aber nur für ein paar Minuten. Sie stammten meist aus Einrichtungen, in denen die Erwachsenen sich stark von den Kindern separierten und ein besseres Leben hinsichtlich Versorgung und Kleidung führten als die Kinder. So versteht Bernfeld, warum diese Kinder „*vor allem misstrauisch*" sind.

> *„Sie logen und stahlen skrupellos [...] von unglaublicher Wehleidigkeit gegenüber sich selbst, waren sie brutal gegen andere. [...] Für anale Hemmungen hatten sie keinerlei Sinn: Beschmutzen der Aborte, der Wege, ja auch der Betten war ihnen selbstverständlich. Ein Großteil ihrer Affekte konzentrierte sich auf die anale Zone, viele hielten sich am liebsten auf den Aborten auf [...] Masturbation, insbesondere mutuelle war häufig. Das absolute Zentrum ihres bewussten Seelenlebens war aber zweifellos das Essen, um das sie sich häufig prügelten und das sie stahlen, wo sie nur konnten."* (ebd., 40).

Die Mädchen aus dem Heim am Estenplatz waren dagegen nicht nur nicht verwahrlost, sondern sorgfältig gepflegt, *„sie hatten ein Übermaß an unmotivierter Zärtlichkeit und launischer Strenge erlebt"* und wiesen in Bernfelds Augen

> *„psychopathische Züge auf: Sie weinten, zankten, zeterten, waren missvergnügt, launisch, zimperlich und wehleidig."* (ebd.). Dagegen *„übertraf der Trupp, der aus Nikolsburg gekommen war, alles an Verwahrlosung, was uns je bis dahin bekannt geworden war: schmutzig, zerrissen, ohne Wäsche, mit Läusen und Ekzemen kamen die Kinder bei uns an. […] Sie waren so verprügelt, dass sie verhältnismäßig still, geduckt und leise dasaßen und vor sich hin stierten; andererseits waren vollkommene Verbrechertypen unter ihnen."* (ebd., 41).

Bernfeld und sein Team haben es demnach mit ganz unterschiedlichen Kindern zu tun, die sich auch untereinander fremd sind; und sich gegenseitig ablehnen sowie die Kooperation mit den Angehörigen anderer Gruppen verweigern. Keine leichte Aufgabe: vor allem, wenn man so etwas wie eine Schulgemeinde als Ziel vor Augen hat…

6.3.3 Das Erziehungsexperiment: Pädagogische Haltung, Interventionen und Entwicklung von Settingelementen a–k

Wie geht Bernfeld die Erziehung dieser Kinder an?

> *„Wir haben im Grunde nur sehr wenig ‚getan'. Dies macht den Vertreter der neuen Erziehung so wehrlos gegenüber den anderen, dass es nicht die einzelnen Maßnahmen sind, die ihn unterscheiden, als vielmehr seine ganze Gesinnung und Einstellung. Er tut überhaupt viel weniger, viel später und viel unauffälliger als der andere."* (ebd., 42).

So weit seine Selbstbeschreibung, die man bei näherer Betrachtung ein Stück weit korrigieren oder zumindest ergänzen muss: Denn Bernfeld und sein Team haben durchaus vieles sehr aktiv getan. Wir bleiben in diesem Kapitel aber zunächst auf einer deskriptiven Ebene und folgen Bernfeld in seinen Schilderungen aus dem „Bericht". Später werden wir mit Barth einige Ungereimtheiten aufdecken bzw. betrachten, wie Haltung und Interventionen in den Augen der anderen Beobachter:innen wahrgenommen wurden und wie diese das pädagogische Konzept und die Praxis bewusst oder aus Unachtsamkeit durchkreuzt, behindert oder sabotiert haben. Theoretisierungen zu Bernfelds Erziehungsarbeit – insbesondere die psychoanalytisch aufgeklärte Rekonstruktion seiner Praxis – sind dagegen kein Gegenstand dieses Kapitels. Sie sind hochgradig interessant (vgl. dazu Göppel 2013, Müller 2002, Müller 1992, Barth 2010 und Herrmann 1997), würden aber den Rahmen sprengen und stehen nicht eng genug mit dem Misserfolg bzw. Scheitern des Experimentes in Zusammenhang.

A) Mitmachen und mitgestalten

Bernfeld schreibt:

> „Die Kinder machten vom ersten Tag an, beträchtlichen Lärm im Speisesaal; sie schrien, rückten mit den Tischen, klapperten mit Tellern und Löffeln, rauften sich, riefen stürmisch nach ihrem Essen, störten die austeilenden Pflegerinnen und was dergleichen mehr ist. […] Die Lehrer, unter den Kindern verstreut sitzend, ‚lärmten' mit, d. h. sie plauderten mit den Nachbarn und lernten die Kinder so kennen." (Bernfeld 1921/2012, ebd., 43 f.).

> „Heute wurde beim Essen wieder gerauft", schreibt eine der Lehrerinnen, „um den Löffel und wer zuerst Brot bekam usw. Ich nahm mir nie einen Löffel, sondern wartete, und wenn ich einen bekam, reichte ich ihn sofort an das neben mir sitzende Kind weiter, ebenso das Brot und erst wenn alle alles hatten, fing ich mit dem Essen an. Die Kinder schauten mich zuerst misstrauisch und verwundert an, dann nahmen sie die Löffel mit einer gewissen verschämten Gebärde, das war schon ein großer Fortschritt, sie ahnten schon etwas. Und schließlich überboten sie sich darin, nichts von mir anzunehmen, sondern wollten mir sogar ihren Löffel und ihr Brot geben." (ebd.).

Kommentar: Leider kann man diesen Zeilen nicht entnehmen wie lange dieser Prozess an den jeweiligen Tischen gedauert hat, aber es scheinen eher Wochen oder auch mehr gewesen zu sein (später wird Bernfeld von drei Monaten sprechen, dabei aber die Gesamtgruppe meinen). Voraussetzung für die Wahrnehmung, kleiner aber feiner Veränderungen ist freilich, dass sich die Lehrkraft oder Erzieher:in jeden Tag an den gleichen Tisch setzt und die Kinder beobachten können, dass sie sich eben konstant so verhält und nicht nur aus einer Laune heraus. Was wiederum voraussetzt, dass sich die Betreuer:innen abgesprochen haben, wer für welchen Tisch zuständig ist.

Bernfeld schreibt weiter: „*Und so erging es jedem von uns* (wie dieser Lehrerin, M. S.). *Langsam, sehr langsam, aber ebenso merklich entstand Ordnung und Ruhe im Speisesaal, die von einzelnen Punkten, den Plätzen der Lehrer ausgehend immer weitere Kreise zog*" (ebd., 45). Damit ist die eine, die interaktive Aktivität dargestellt. Die andere besteht aber darin im Hintergrund dafür zu sorgen, dass bestimmte Voraussetzungen bzw. Settingbedingungen beim Essen beachtet werden. Man hatte rasch verstanden, „*dass zunächst genügend Teller, Tassen, Löffel da sein mussten; dass zügig und gerecht, in einer bestimmten, gleichbleibenden Reihenfolge ausgeteilt werden mussten, dass genügend zu essen da sein musste […].*" (ebd., 44).

Diese Versorgungsgarantie im Setting herzustellen und spürbar zu machen, war wichtig, hätte aber alleine wahrscheinlich nicht ausgereicht, diese massiv vernachlässigten Kinder, von denen die meisten bitteren Hunger erlebt hatten, zu erreichen. Aber die Kombination aus Settinggestaltung und interaktiver Kompetenz im *Face-to-face-Kontakt* zwischen Erzieher:innen und Zögling konnte schrittweise etwas bewirken. Barth schreibt:

> *„In derselben Funktion steht das Mittun an einer von den Erziehern als maßlos und übertrieben leidenschaftlichen Art des Fussballspielens"* (Barth 2010, 124) und zitiert Bernfeld: *„Wir haben nicht gestraft und nicht geschimpft, nicht gepredigt, sondern eifrig mitgespielt, wir haben uns mit den Knaben gefreut, wenn die Mannschaft des benachbarten Knabenhortes geschlagen war; mit ihnen uns vorgenommen besser und schöner spielen zu lernen, wenn wir geschlagen wurden. Aber wir waren immer dabei."* (Bernfeld 1921/2012, 45). Barth bemerkt dazu: *„Auch hier lässt sich die Erzieherschaft auf die mitgebrachte Fußballkultur der Kinder ein, obwohl ihr leichtathletische Aktivitäten lieber gewesen wären"* (Barth 2010, 124).

Das bedeutet aber nicht, dass die Erzieher:innen den Kindern verheimlicht hätten, was an Aktivitäten vorziehen oder gerne anders gestalten würden. Aber sie werben dafür, bestehen nicht darauf, weil Mitmachen die Kontaktbasis herstellt und zu diesem frühen Zeitpunkt wichtiger ist als alles andere.

B) Zuverlässigkeit

> *„Sie trauten uns nicht über den Weg. Als sie sahen, dass wir zum Mittagessen unter ihnen Platz nahmen, als wir nach ihnen unser Essen bekamen, genau das gleiche und so viel wie sie selbst, war ihnen das überaus unheimlich: was für eine neue Schikane ist nun dieses Verhalten wieder?"* (Bernfeld 1921/2012, 52). *„Der erste, entscheidende Schritt (zu mehr Vertrauen, M.S.) geschah durch etwas, das uns so selbstverständlich war, dass wir nie daran gedacht hätten, es könnte überhaupt anders getan werden. Wir hielten Wort. Wenn wir etwas versprochen hatten, wurde es ganz selbstverständlich erfüllt, ohne Anspruch auf Dank. Und konnte es nicht geschehen, so entschuldigten wir uns bei den Kindern. Fast jeder von uns erinnert sich, welch ungeheuren Eindruck das auf die Kinder gemacht hat. Es waren nur Kleinigkeiten, aber deren Summierung über mehrere Tage hindurch erzeugte bei den Kindern die erste Stufe von Vertrauen. Sie glaubten dem, was wir ihnen sagten."* (ebd.).

> *Kommentar:* Zuverlässigkeit gilt auch für die Zusagen, die Bernfeld den Kindern gemacht hat, auch wenn ihn das in Konflikt mit der Leiterin, Frau P., bringt. Dazu werden wir im nächsten Unterkapitel ein Beispiel sehen.

C) Freiräume eröffnen, Lügen überflüssig machen, ein Klima der Offenheit ermöglichen

> „Am zweiten Tag teilte ich mit, dass alle Kinder über neun Jahre unter gewissen Bedingungen Ausgang erhalten könnten. Ich notierte von jedem Kind, das ausgehen wollte, sein angebliches Alter und das Ziel, und wusste gleich mit unseren Daten nach einer halben Stunde, dass die meisten gelogen hatten; sie hatten sich zur Vorsicht ein paar Jahre älter gemacht, waren alle ‚um Brot zur Tante' gegangen. Auch hatten die Kinder sich Fahrgeld erschwindelt, die es gar nicht bedurft hätten. Nun hätte ich mich in meiner ganzen direktoralen Machtfülle zeigen sollen – so verlangte es die Verwaltung und mein beleidigtes Pädagogengemüt. Ich sagte den Kindern aber bloß, dass die meisten gelogen hätten, und dass das überflüssig sei, denn sie hätten ein Recht auf Ausgang, egal wohin sie gingen und wir brauchten die Adresse nur, um für den Fall ihres Ausbleibens, zu wissen, wohin wir uns zu wenden hätten. Und sofort wurde die Zahl der Lügen geringer[...] und ein paar Mutige führten mich in Versuchung. Einer sagte, er gehe ins Kino, ein anderer, er wolle ‚so ein bisschen in die Stadt gehen'. Das maßlose Erstaunen der anderen Kinder, als ich einfach dem einen eine gute Unterhaltung wünschte und den anderen auf die Kompliziertheit der Tramanschlüsse hinwies, lässt sich nicht beschreiben. [...] In Kürze hat alles Lügen bei der Ausgangserteilung ganz und gar aufgehört" (ebd., 48).

Resümierend schreibt er eine Seite später: „*Und ich meine, wenn uns etwas gelungen ist, so sicher der neue Ton im Verkehr mit den Kindern.*" (ebd., 49).

> *Kommentar:* Es ehrt Bernfeld, dass er die Versuchung die eigene Machtfülle einzusetzen, als Wunsch nicht nur den Angestellten der Verwaltung unterstellt, sondern selbst zugibt, angesichts der Lügen zumindest kurz gekränkt gewesen zu sein.

> Hier zeigt sich, was er meint, wenn er davon spricht, dass es der Pädagoge immer mit zwei Kindern zu tun hat: mit dem Kind ihm gegenüber, das seine Ziele verfolgt, und mit dem Kind in sich selbst, das leicht in Konflikt geraten kann mit dem Kind in der Außenwelt.

Das oben geschilderte Vorgehen handelt ihm aber auch Konflikte ein: „*Die Leiterin traf einmal zwei Kinder beim Tore und fragte natürlich, wohin sie gehen. [...] Die Kinder sagten einfach ‚ins Kino', so wie sie es mir gesagt hatten. Die Leiterin ‚wollte nicht glauben', dass ich das erlaubt hätte, und verbot es auf alle Fälle von sich aus.*" (ebd., 48 f.). Bernfeld konfrontiert sie anschließend (aber nicht vor den Kindern!) und hebt ihr Verbot wieder auf. Die Kinder reagieren dankbar und erleichtert darauf. Aber Bernfeld ist hellsichtig genug, um zu wissen, dass er sich durch seine Intervention die Leiterin zur Feindin gemacht hat: „*Man begreift, dass solche Vorfälle geeignet waren, Ressentiments in der Seele derer anzuhäufen, die der Meinung sind, Kinder seien dazu da, ihre unbewussten Macht[...]bedürfnisse [...] zu befriedigen."* (ebd., 49).

D) Anerkennen von Bedürfnissen und anhaltenden Mangelerfahrungen

„Aber im Großen und Ganzen war das Verhalten der Kinder uns gegenüber doch kühl. [...] Der Hauptinhalt ihres Verkehrs mit uns war Unzufriedenheit, Wehleidigkeit, Klagen. Ihr eigentliches Gesprächsthema war: Wir haben Hunger; uns ist kalt; wir sind krank; unsere Schuhe sind zerrissen: wir haben keine Taschentücher, Mäntel, Zahnbürsten, Schuhbürsten, wann werden wir endlich nach Holland oder in die Schweiz kommen. [...] Manchmal war jeder von uns einer Art von Verzweiflung nahe, wenn all seine Liebe und Freundlichkeit keinen anderen Widerhall in den meisten Kindern fand als die oft sehr ungerechten und übertriebenen, fast immer gehässigen und fordernden Klagen. Dazu kam, dass sich die Kinder, sowie sie erfahren hatten, dass wir [...] niemals straften, uns gegenüber [...] unfreundlich und unhöflich benahmen." (ebd., 52/53).

„Wir haben sehr deutlich gefühlt, dass die Kinder einfach recht hatten. Es gab zu wenig zu essen, es war bitter kalt, die primitivsten Anforderungen an Wäsche, Kleidung, Wohnlichkeit und Ausstattung blieben von unserer Verwaltung lange Zeit völlig unbefriedigt. [...] Wir waren in diesen Dingen rückhaltlos auf der Seite der Kinder [...] im wesentlichen anerkannten wir ihr volles Recht auf physisches Glück. Und wir froren ebenso wie sie; wir haben nie in Baumgarten vor den Kindern oder hinter ihrem Rücken bessere oder reichere Kost gehabt; wir haben ihnen aber auch nie vorgelogen über unsere häuslichen Verhältnisse und sie wussten, dass einige von uns zu Hause nachholten, was sie in Baumgarten versäumten." (ebd., 53).

Kommentar: Hier beobachten wir etwas, das auch Makarenko schon mit Blick auf die Jugendlichen in der Gorkij-Kolonie angeführt hat. Mangel herrscht vor und kann von den Verantwortlichen nicht gemildert werden. Aber dass die Erwachsenen ihn teilen, ihn mit aushalten, ihn nicht beschönigen schafft eine Symmetrie, auf deren Grundlage erste Ansätze von Sympathie und Respekt entstehen können.

E) Kompromissbildungen

„Die Kinder schrieben auf Tische, Bänke und Türen allerhand Zeichnungen, Worte, Verzierungen (sicher auch Obszönes, M. S.). *Gewiss wir waren einig mit der Verwaltung: das gehört sich nicht in einem guten Kinderheim. Aber wir schimpften und straften nicht; wir verboten es nicht einmal und hatten vielfach Vorteil davon. Welchen? Zunächst, die Kinder taten es vor unseren Augen; wir erfuhren so, was sie bewegte, wir sahen, wer es tat, wir beobachteten in welchen Situationen. Wir lernten auch solche kennen, die gegen solche Beschmutzungen waren und unterstützten sie und wir gaben den Kindern Papier*

zum Zeichnen, spannten an manche Wände [...] Zeichenpapier. Und die Unart hörte langsam auf, weil die Kinder langsam die Empfindung bekamen, dass sie selbst die Herren im Kinderheim sind, dass die Möbel ihnen gehören." (ebd., 45).

„Im Gruppen- und im Einzelgespräch haben wir unsere Meinung natürlich offen gesagt; wir heuchelten keine Begeisterung, wo wir angewidert waren; aber wir sprachen nie in jenem falschen, liebenswürdigen, ermahnenden und scheinbar frei überzeugendem Ton, den fixe Pädagogen gerne anschlagen, wenn sie wissen, geht es nicht so, dann werde ich eben zwingen." (ebd., 46).

Kommentar: Dieser Verzicht auf Zwang und die Durchsetzung der eigenen Ordnungsvorstellungen wurzelt in einem psychoanalytischen Konzept, das Bernfeld am Herzen liegt: das der *Kompromissbildung nach Freud*. Dabei kann er reklamieren der erste Pädagoge zu sein, der diesem Begriff einen zentralen Stellenwert in der Erziehung von Kindern zugewiesen hat. Wie kommt er dazu? Durch eine ebenso scharfe Analyse der nicht durchgängigen, aber doch strukturell angelegten Unvereinbarkeit zwischen dem, was Kinder wollen und was sich Erwachsene von ihnen wünschen:

„Die Antinomie zwischen dem berechtigten Willen des Kindes und dem berechtigten Willen des Lehrers löst keine Pädagogik auf, vielmehr besteht diese in dieser Antinomie. Aber es ist ein sehr wesentlicher Unterschied, ob das Resultat ein psychologsicher Kompromiss ist, in dem Teile von beiden Gegensätzlichkeiten eine innige und vom Kind zuletzt freiwillig bejahte Durchdringung eingehen, oder ob die Vergewaltigung des kindlichen Willens und die Durchsetzung des von ihm abgelehnten erwachsenen Willens stattfindet." (ebd., 64 f.).

Solche *Kompromissbildungen* sehen wir am Werk: Wenn die Pädagog:innen Fußball mitspielen, aber eben anders als die Kinder und ihre Fairnessgebote einbringen und für diese werben, so dass sich Kompromisse zwischen maximaler Durchsetzungsbereitschaft mit allen Mittel und gewiesen Rücksichtnahmen entwickeln; oder wenn sie das Malen nicht verbieten, aber dazu auffordern, es auf den Papierbahnen zu machen, die dafür aufgehängt wurden. Oder wenn die Erwachsenen im Speisesaal mitlärmen, aber durch gezieltes Schlagen einen Rhythmus einführen in das chaotische Geklapper, auf den sich die Kinder einlassen können und irgendwann mittun etc.

F) Aufbau von Selbstregierungsstrukturen: Die Verschränkung von äußerer Ordnung und inneren Strukturen

Das wichtigste und größte Projekt Bernfelds, von dem er sich am meisten für die Entwicklung der Kinder erhoffte, war und blieb doch der Aufbau einer *Schulgemeinde*:

"Bereits am zweiten Tag versammelte ich die älteren Kinder (etwa 50) und sagte ihnen zunächst mit wenigen Worten, was sie zunächst wissen mussten: dass es in Baumgarten etwas anders sein würde als bisher; wir wollten uns bemühen es ihnen so gut wie möglich zu machen; Strafen würde ich keine geben; wer ohne sie unverbesserlich sei, würde aus dem Heim entlassen werden. Das Recht, sie zu schlagen, habe niemand. Sie sollten sich sofort bei mir beschweren, wenn dies einmal vorkommen sollte. […] Hierauf forderte ich sie auf zu fragen und zu sagen, was sie wollten. Ein bisschen schüchtern, aber immer lebhafter, beteiligten sie sich nun an der Diskussion. Sie wollten alle hauptsächlich wissen, ob sie hier in die Schule gehen würden, was sie lernen würden, ob es hier Ausgang geben würde. […] Bei diesen Reden entstand ein ziemlicher Lärm und eines der Mädchen brüllte, ich möchte den Kindern doch sagen, dass nur eines reden könne. Ich fand das sehr vernünftig und die anderen auch. Man musste freilich noch öfter darauf zurückkommen. […] So kamen wir ein paar Mal zusammen. […] Dass den Kindern diese Zusammenkünfte irgendwie wichtig waren, zeigte sich, als nach einigen Tagen die Mädchen vom Estenplatz ankamen. Sie waren erst wenige Stunden da, als sie von mir verlangten, ich solle ihnen die ‚Schule erklären'." (ebd., 60 f.).

Diese ersten Besprechungen – für die meisten Kinder wahrscheinlich eine Novität – bildeten die Urzelle der späteren organisierten Zusammenkünfte. Bernfeld schreibt es seiner Zeitnot zu, aber vermutlich hat er es auch genau so gewollt, weil es sein Konzept von Schulgemeinde so vorsah: *"Ich musste mich bemühen, ein Vertretersystem, ebenso natürlich und organisch wie jene Zusammenkünfte aller, aber weniger zeitraubend und weniger an feste Zeiten gebunden, zustande zu bringen."* (ebd., 61). Wie geht er dabei vor:

"In Tischgesprächen war ihnen leicht klar gemacht, dass es unfruchtbar und unmöglich sei, wenn jedes sich einzeln an mich wendete, so gerne ich jedes einzelne anhören, zu befriedigen, zu beruhigen wünschte. Und ich überlegte an Hand der sehr konkreten Fälle mit den älteren Knaben, in deren Mitte ich meinen Platz am Speisetisch hatte, wie dem abzuhelfen sei. Ich schlug ihnen mehrfach eine Organisation nach Schlafsaal-Zehnerschaften vor. Sie lehnten dies ab, teils mit Argumenten, teils aus einem ihnen selbst unklaren Grund, teils aus Unverständnis." (ebd., 61 f.).

Nach Bernfelds Beschreibung verständigen sich die *„älteren Knaben"* darauf, einen aus ihrer Mitte, den ältesten und anerkanntesten, als Vertreter der Jungen zu bestimmen. Dieses Auswahlprinzip folgt der Idee eines Mannschafts-Kapitäns wie sie es aus Fußballvereinen, aber auch ihren eigenen Mannschaften kennen (Wilker kann im Lindenhof das Zehnersystem einführen; ob er mit Bernfeld aus einer gemeinsamen Quelle schöpft, und wenn ja aus welcher, bleibt unklar; siehe Wilker 1921a, 50). Auf der Seite der Mädchen ging das nicht so reibungslos, aber am Ende hatte auch sie zwei weibliche Abgesandte gewählt (mit Stimmzetteln etc.), eines davon die Schwester des Jungen-Abgesandten.

„Die Kinder hatten eine durchaus glückliche Wahl getroffen. Alle drei Mitglieder des Schülerausschusses gehörten zu jenen wenigen, für die die früher gegebene allgemeine Charakterisierung des psychischen und moralischen Zustands nicht galt. Ihr Rechts- und Verantwortungsbewusstsein war stark, ihre geistigen oder wenigstens sportlichen und nationalen Interessen waren sehr bemerkenswert." (Bernfeld 1921/2012, 65 f.).

Auch wenn sich diese Auswahl aus Wahlen ergeben hat, so wird doch deutlich, dass Bernfeld genau diese Jugendlichen auch vorher schon im Auge hatte und einiges an *„Suggestion und Willensdurchsetzung"* dafür aufgewandt hat (ebd.), dass sie gewählt wurden. Schließlich brauchte er geeignete Personen zum Aufbau der Schulgemeinde. Von Hilde Geiringer erfahren wir noch ein wichtiges Detail, das Bernfeld wahrscheinlich absichtlich unerwähnt gelassen hatte. Wichtig waren wenige *„Jugendliche, die aber nicht eigentlich dazugehörten, sondern nur im Haus wohnten, für uns aber sehr wesentlich waren bei der Bildung von Kameradschaften, Schülerausschuss usw."* (Geiringer 1921, 54). Barth schreibt dazu:

„Aus diesem Zitat kann man schließen, dass mindestens eines der drei Ausschussmitglieder zu den Jugendlichen gehörte, die sich ‚gegen die Anordnungen' (Bernfeld 1921a, 32) der Trägerschaft in Baumgarten aufhielten. Mit großer Wahrscheinlichkeit handelt es sich um Ka., eine der beiden weiblichen Abgeordneten. Mit 16 Jahren liegt sie über der […] berichteten Altersobergrenze von 15 (Geiringer) bzw. 14 Jahren (Bernfeld, Hoffer)." (Barth 2010, 248).

„Auch K. der jüngere Bruder von Ka., dürfte in etwa die Persönlichkeit und Ideologie aufgewiesen haben, welche Bernfeld in Baumgarten idealerweise anzutreffen hoffte, was ihn als männlichen Vertreter für den Schülerausschuss wählbar machte." (ebd., 249).

Bernfeld selbst reflektiert: *„Der Kern für Freiheit und Verfassung reifer Kinder, die Verantwortung im Schülerausschuss übernehmen kann"* ist quantitativ dünne: *„12 bis 14 Kinder von 300, also knapp 5 % oder jedes Zwanzigste."* (Bernfeld 1921/2012, 62. Barth 2010, 250).

Nach ein paar Beratungen im kleinen Kreis, folgt der nächste Schritt: *„In den letzten Tagen des Oktobers berief der Schülerausschuß eine Schulgemeinde ein: alle Kinder, mit Ausnahme des Kindergartens und der zwei untersten Schulklassen, und alle Erwachsenen zu einer gemeinsamen Besprechung. Ich eröffnete die Versammlung mit einer längeren Ansprache."* Dabei geht Bernfeld auf die Beschwerden der Kinder über Unordnung und Unrechtserleben ein und fordert sie auf sich selbst Regeln zu geben und Ordner zu wählen, die auf die Einhaltung dieser Regeln Acht geben und bei einem einzurichtenden Gericht öffentlich Beschwerde führen, wenn jemand dagegen verstößt:

"Man beschloss nun sofort damit anzufangen: und entsprechend dem allgemeinen, brennenden Interesse der Kinder wurde zunächst ein Speisesaalgesetz geschaffen, die Ordner unter Lärm und Jubel gewählt und das neue Gesetz sofort beim Nachtmahl durchgeführt." (Bernfeld 1921/2012, 68).

Bernfeld ist souverän genug, um zuzugeben, dass es bei allen demokratischen Prozeduren, doch letztlich er war, der das Herz und den Kopf des Ganzen darstellte: *"Ähnlich verlief auch die zweite und die dritte Schulgemeinde. Es sprach fast niemand außer mir, so sehr ich mich bemühte, den Kindern die Zunge zu lösen. Ihre Meinungen äußerten sie durch Zwischenrufe, Lärm, Klatschen und Geschrei. Die Gesetze wurden meistens von mir [...] vorgeschlagen."* (ebd., 69.). Aber das ist erst der Beginn. Die Kinder müssen die neuen Strukturen erst kennenlernen, um sie auch mit eigenen Anliegen und Inhalten füllen zu können (siehe Settingelement g).

Die einberufenen Treffen entwickeln sich von Mal zu Mal weiter. Für den weiteren Verlauf der Etablierung der Schulgemeinde unterscheidet Bernfeld drei Phasen:

(1) *"Die ersten Monate; vier bis fünf Schulgemeinden, Es waren im Grunde Unterrichtsstunden, Anschauungsunterricht im sozialen Lernen. Alle Initiative war bei mir. Debatten gab es keine. Alle Gesetze, die während dieser Phase gemacht wurden, haben die Kinder später wieder von sich aus eingebracht, so als wären sie noch nie in der Schulgemeinde behandelt gewesen, was beweist, dass sie später eine andere Vorstellung von der Schulgemeinde bekommen hatten. [...] Dennoch gab es auch schon Ansätze zu Neuem: meine Anträge wurden überstimmt, hier und da äußerte ein Kind eigene Vorschläge."* (ebd., 75).

(2) *"Dann kam eine Veränderung, die plötzlich einsetzte und einen ungefähr zwei Monate andauernden stationären Zustand schuf. Die Beteiligung war sehr rege geworden. [...] Die Kinder hatten durchaus und mit Recht das Gefühl, dass es sie waren, die die Gesetze machten. [...] Ausschuß und Ordner gewannen an Autorität [...] der Ausschuß wurde neu besetzt (4 Knaben und ein Mädchen). Die Zahl der erlassenen Gesetze ist beträchtlich. [...] Trotzdem blieb die Schulgemeinde unbefriedigend. Zunächst nur für uns Erwachsene. Wir waren aus der Jugendbewegung gekommen, so schwebten uns junge Menschen vor: deren Debatten und unbedingte Ethik, geistiges Niveau und hinreißende Sittlichkeit. Demgegenüber waren unsere Schulgemeinden dürr, matt und dürftig. [...] Es dauerte eine ganze Weile bis wir verstanden, dass die Kinderschulgemeinde etwas anderes ist als die Gemeindeversammlungen in der Jugendbewegung."* (ebd., 80).

Dennoch verspüren auch die Kinder mit der Zeit eine gewisse Flauheit:

"Gerade als die Debatten begonnen hatten, recht lebhaft zu werden, kam es vor, dass ein Gesetz wiederholt gegeben werden musste, weil es gänzlich unberücksichtigt geblieben war. Die Schulgemeinde war eine kurze Zeit in der Gefahr, ein Debattierclub zu werden.

[...] Andererseits wurden die wenigen wirklichen Arbeiten mit inadäquater Energie getan: Protokolle schreiben, Stühle rücken, Aufsperren, Läuten, Post austragen." (ebd.).

(3) *„Die Kinder überwanden diesen Zustand und führten die Schulgemeinde in die dritte Phase. [...] Es tauchten ganz neue Vorschläge auf: wir sollten ein Tischgebet einführen, Sabbat sollte festlicher gestaltet werden; man sollte mehr Schachbretter und Matadorbaukästen anschaffen und dafür das Kartenspielen unter allen Umständen verbieten; auch die Jugendlichen dürfen nicht rauchen. Die Erwachsenen wurden streng kontrolliert, ob sie auch alle Gesetze der Schulgemeinde einhielten. [...] All überall wurden Ansätze und Anläufe bemerkbar, nach der technischen Ordnung auch die moralische herzustellen, nicht nur den Lärm, sondern auch sich zu beherrschen und zu bändigen. [...] Aber das hat sich alles nur wenige Wochen entfalten dürfen. Die aufkeimende Sittlichkeit hat zunächst die äußere Ordnung sehr gefördert. Sie wurde mit neuem Ernst in Angriff genommen". [...] Aber die Kinder begannen auch „sich wirklich in die Verwaltung einzumengen. Sie fragten was mit dem übrig gebliebenen Essen geschähe, und legten eine Liste derer an, die keine zusätzlichen Essenslieferungen von Verwandten erhielten und erfanden ein vollkommen gerechtes System, diesen turnusmäßig Doppelportionen auszuteilen. Das Wichtigste von allem [...] war jedoch die beträchtlichen Ansätze zu einer allgemeinen Arbeitspflicht."* (ebd., 82).

Was bedeutet das? Die Kinder zeigten Interesse daran *„alle fürs Heim nötigen Arbeiten, die schweren, schmutzigen, langweiligen inbegriffen, selbst zu übernehmen [...] und dass sie sich eine Organisation wünschten, die sie dazu zwingen, anleiten und leiten würde."* (ebd., 83).

Kommentar: Zunächst ist es wichtig und richtig in Bernfeld den Denker und Praktiker zu sehen, der über das Konzept *Schulgemeinde* eine entscheidende Innovation in das sozialpädagogische Feld eingeführt hat: Es geht um nicht weniger als die Auflösung der Doppelrolle von Hilfe/Beratung einerseits und Kontrolle/Regeldurchsetzung/Bestrafen andererseits, in die alle Erwachsenen in mittelfristig angelegten Betreuungsverhältnissen gegenüber den ihnen anvertrauten Kindern geraten. Diese widersprüchliche und immer wieder mit Enttäuschungen auf beiden Seiten verbundene Doppelrolle wird dadurch aufgelöst, dass die komplette Sanktionsmacht den Kindern übertragen wird und damit die Verantwortung für die Einhaltung der Regeln selbst zu übernehmen und die dazu notwenigen Mittel auszudenken und anzuwenden (siehe dazu auch g). Zugleich muss man sehen, dass das ein Konzept ist, das von Bernfeld vertreten wird. Er möchte, dass es in der Form der *Schulgemeinde* umgesetzt wird und greift dafür auch auf manipulative und autoritative Beeinflussungen, sowie die ganze Palette seines Charmes, seines Charismas aber auch seiner Macht als Direktor zurück. Auch wenn sich eine *Schulgemeinde prinzipiell* von den erwachsenen Leitfiguren, die sie promotet haben, freischwimmen kann (und bei längerer Praxis bei Bernfeld auch freigeschwommen hätte), so startet sie zunächst als ein Kind des Leiters (und dessen Team) und wird im Hintergrund über längere Zeit von den

> Erwachsenen angeführt und dirigiert. Um den Widerspruch von *Fremdinitiative zur Selbstregierung* kommt Bernfeld nicht herum, aber er reflektiert ihn nur zur Hälfte. Dabei wäre es durchaus möglich daraus eine sozialpädagogische Dialektik zu entfalten, die beide Bewegungen aufeinander bezieht. Einfacher ist es freilich (und heute noch durchwegs üblich) Partizipation und Selbstregierung als Ideale zu propagieren, die ganz oder in erster Linie von den Kindern/Jugendlichen gewollt und getragen werden und die Macht der Erwachsenen, ohne die das nicht möglich wäre, zu unterschlagen. Das würde ich auch Barth entgegenhalten, der schreibt: Im „*Programm ‚Bernfeld, Schülerausschuss' liegt die wahre Machtzentrale, die Schulgemeinde ist dagegen pseudodemokratisches Feigenblatt.*" (Barth 2010, 252).

G) Das Kindergericht und seine Strafen

In engem Zusammenhang mit der Schulgemeinde und als ein integraler Bestandteil derselben entwickelt sich das Kindergericht. Es stellt insofern einen zentralen Baustein dar, als Bernfeld der Überzeugung ist, dass die Kinder auch das unattraktive Geschäft der Regelüberwachung und des Bestrafens selbst ausüben müssen. Übernehmen die Erwachsenen das Erinnern, Ermahnen und Sanktionieren, so führt das nicht nur dazu, dass die Kinder einen Teil ihres Tuns vor den Erwachsenen verbergen müssen, aber heimlich weiter praktizieren, sondern auch ihre eigenen (!) (Selbst-)Kontroll-ansprüche an diese delegieren. Zu einer wahren Selbstregierung gehört – wie im richtigen Leben – eben auch eine Judikative:

„Einige Tage nach der ersten Schulgemeinde erschien eine Kundmachung auf dem schwarzen Brett im Speisesaal, dass zur ersten Gerichtsverhandlung die und die als Angeklagte, Kläger, Zeugen zu erscheinen hätten. Ich glaube, dass kein Kind fehlte, sogar die allerkleinsten waren da, ließen sich nicht hinausweisen und so blieben sie. Alles war sehr gespannt, aber doch mit einer Beimengung von Heiterkeit und Ironie. Die Angeklagten musste eine eigene Bank beziehen; das war ihnen gar nicht recht. Sie waren mit sehr heiteren Gefühlen eingetreten: was kann mir schon geschehen? und nun begann es gleich mit einer Schikane; aber ihr Heiterkeitsausdruck wurde durch die aufsteigende Verlegenheit nur vermehrt. Dann erschien der Gerichtshof: der Schülerausschuß, der Schriftführer der Schulgemeinde mit einem schmalen Aktenbündel unter dem Arm, und ich als Vorsitzender. Ich verlas die Namen der Angeklagten; einige waren nicht erschienen. Der Schülerausschuss war mit mir der Meinung, dass diese Fälle sofort behandelt werden sollten, und so als ob die Angeklagten anwesend wären. Die Kläger wurden aufgerufen zu sagen, was sie vorzubringen hatten; der Angeklagte, der ebenfalls vor dem Tische stand, – falls er erschienen war – wurde gefragt, was er darauf zu erwidern wisse; die Versammlung wurde darauf aufgerufen Zeugen zu benennen. Die Zeugen sagten ihr Sprüchlein. Der Angeklagte durfte sich wieder setzen. Nachdem alle Fälle so durchgegangen waren, zog sich das Gericht ohne den Schriftführer zurück. Nun besprachen wir jeden einzelnen Fall, erwogen, ob der Angeklagte schuldig ist, ob er auch bestraft werden soll und wie.

[...] Der Gerichtshof kehrte wieder in den Saal zurück. Es stellt sich lautlose Stille her. Der Vorsitzende verkündete die Urteile, wo nötig mit Erklärungen und Motivierungen." (ebd., 70/71).

Kommentar: Auch bei Gericht weist sich Bernfeld anfangs eine zentrale Rolle zu, die später, als sich die Institution etabliert hatte, offensichtlich überflüssig wird (siehe den Brief von Geiringer). Aber sicher ist er es, der den Stil bzw. die Inszenierung des Gerichtes und das Settings zu Beginn geprägt hat wie kein anderer; z. B. mit der Idee von sich als Urteilsverkünder oder der mit der Extrabank für die Angeklagten. Das denken sich Kinder nicht aus, aber verstehen sofort die Bedeutung solcher Details und stimmen diesen zu.

„Die Strafen waren wenig mannigfaltig, und eigentlich wenig schmerzhaft: Verwarnung, Pranger (durch Anschrift des Namens am schwarzen Brett), Konfiskation, Ersatz, Ausgangsentzug, Spielverbot, als Letzter essen, Verbot eine bestimmte Unterrichtsstunde zu besuchen. Ausschluss aus der Schulgemeinde für kurze Zeit, zweimal wurde allgemeiner Boykott verhängt und durchgeführt (vermutlich sprach niemand mehr mit dem Verurteilten): dreimal wurde auf Ausschluss aus dem Heim erkannt und zweimal auch vollzogen. Im Grunde waren diese Strafen an sich unwirksam; und es ist kein Zweifel, dass die wenigsten Angst vor Strafe hatten, sondern sie hatten Angst vor der Verurteilung. [...] Nicht allein, dass man leibhaftig [...] in den anwesenden Kindern das Gute wachsen, Antlitz, Stimme, Gang erfassen sah, die Atmosphäre war nach jeder Gerichtsverhandlung wie gereinigt durch ein paar Blitzschläge" (ebd., 88). Weiter: *„Ich glaube, dass das Gericht für die Kinder das wichtigste Mittel war, die ihrem Alter sehr natürlich Wertung, Bewältigung und Ordnung ihrer Triebansprüche zu geben."* (ebd.).

„In den ersten Monaten war das Gericht durchwegs mit typischen Delikten befasst, neben kleineren und größeren Ordnungsübertretungen, waren es vor allem Raufereien der Kinder untereinander. [...] Diebstähle und Schwindeleien beim Essen. Für die Verbesserung des Verkehrstones hat das Gericht nichts getan, hier wirkten die Kwuzoth (siehe h). Aber die Diebstähle und das Schwindeln hörten vollständig auf, letzteres freilich erst nach recht langer Zeit und ganz und gar erst, als es gelungen war die Verwaltung zu einer gewissen Vermehrung des Essens zu bewegen." (ebd., 87).

Bernfeld zitiert in seinem Bericht aus einem Brief von Hilde Geiringer, den er bekam, als er bereits ins Sanatorium gegangen war (ab April 1920):

„Ich erinnere mich, welchen Eindruck die erste Gerichtsverhandlung auf mich machte. Eine Sache, die leicht in Gschaftigmacherei [...] und weil von Kindern, Lächerlichkeit ausarten könnte, war hier so etwas Natürliches und Selbstverständliches, als wäre es die einfachste Sache der Welt, dass Kinder sich ihre eigenen Gesetze geben und selbst Strafen zu erteilen, wenn sie dieselben nicht befolgen. [...] Und was das Wunderbarste daran war, dass sie sich auch diesen Strafen [...] ohne Murren unterwerfen und sie

auf sich nehmen, ohne dass es nötig wäre zu weiteren Machtmitteln zu greifen. [...] Selbstverständlich gab es auch eine Kehrseite, dass bei manchen Kindern jedes dritte Wort war: ‚ich zeig Dich an'. Aber die das so oft taten, waren zugleich die Feigesten und taten es nie, so dass die meisten Fälle, die vor Gericht kamen, immer wichtige waren." (ebd., 85).

Bernfeld resümiert: *„Die Wirkung des Gerichts war uns selbst ganz unerwartet. Wir dachten es nur als eine vorübergehende Einrichtung. [...] Wir fürchteten von ihm Angeberei und Feindschaft zwischen den Kindern. Dies erwies sich aber als gänzlich unrichtig. In den ersten zwei oder drei Verhandlungen waren einige Anklagen und Zeugenaussagen gewesen, die man vielleicht als böswillige Angeberei hätte bezeichnen können; sie wurden aber strenge bestraft und kamen nie wieder vor. Mir ist kein einziger Fall erinnerlich, das Feindschaft unter den Parteien oder gegen die Richter oder die Zeugen aus der Gerichtsverhandlung entstanden wäre. Die allermeisten Anklagen sind übrigens [...] nicht von Privatpersonen ausgegangen, sondern vom Ausschuß und von Ordnern, die zur Anklage verpflichtet waren, die sonst auch keine andere Möglichkeit hatten, Gesetzesübertreten beizukommen. Und ich halte es für ein bezeichnendes Symptom, dass die Ordner mehr und mehr die Selbstjustiz aufgaben und sich bei Übertretungen an das Gericht wandten."* (ebd.)

> **Kommentar:** Interessant ist, dass auch die Kinder das Anzeigen und Bestrafen nicht gerne praktizieren, sondern es überwiegend an Personen mit bestimmten Funktionen delegieren, die das auch tun müssen. Das spricht sehr für die oben aufgezeigte Argumentation von Bernfeld.

H) Die geschlechtsspezifischen Identifikations-Gemeinschaften

Wir haben bereits gelesen, dass Bernfeld in die Jugendbewegung die Idee eines Ordens bzw. Geheimbundes hineingetragen hat und sich von dieser Konzentration der Kräfte eine Stärkung der Bewegung erwartet hat. Kein Wunder, dass er daran anknüpft und dieses Settingelement auch im Kinderheim Baumgarten realisieren möchte. Auch hier verlässt sich Bernfeld auf eine Mischung von spontaner Entwicklung und bewusst von ihm und seinen Mitarbeiter:innen Angestoßenem. Die erste dieser Gemeinschaften ging aus einer *„Turnerriege"* hervor (ebd., 94); diese half einmal spontan bei einem Umzug der notwendigen Materialien in die neu fertig gestellte Schulbarracke aus.

„Und aus den Gesprächen dieses und des folgenden Tages entstand unter den Arbeitenden die Idee eines ‚freien Hilfbataillons'. Einer meinte, dass ihnen besondere Ehre gebühre, weil sie diese Arbeit alleine geleistet hatten. Und das war entscheidend. Die Affekte waren durchgebrochen und hatten ein Ziel gefunden. In wenigen Tagen wurden

> *die Grundeinrichtungen geschaffen, die im wesentlichen bis heute bestehen blieben: der hebräische Name, das Abzeichen (blau-weißes Band, Pfeife mit Schnur, Taschenlampe für den Führer), eine Art militärischer Diszplin-, Ehr- und Korpsgeist, Romantik, Arbeiten und Übungen."* (ebd., 94/95).

Dieser freie Zusammenschluss der männlichen Turnerjugendlichen wählte sich zwei männliche Erwachsene als Anführer. Bernfeld beschreibt wie sich auch diese Gruppe entwickelt, von freiwilligen Mitarbeitern *„fürs Grobe"* und Liebhabern wilder Geländespiele zu einer echten Verantwortungsgemeinschaft; untereinander, aber auch mit Blick auf die Arbeiten des Heimes. Was macht die Kraft solcher Gruppen aus, warum können sie so attraktiv werden?

> *„Die homoerotische Komponente spielte nicht nur in dieser Histadruth, sondern im ganzen Leben der Kinder eine wichtige Rolle. Offenbar geht der Weg von Ich zum Du sehr oft über den Freund, in dem noch ein ganzes Stück das eigene Ich geliebt wird; aber im Unterschied zum Narzißmuss doch schon ein anderes Ich außerhalb des eigenen."* (ebd., 97).

Bernfeld berichtet von insgesamt sieben solcher Kameradschaftszirkel (*Kwuzoth*). Am ausführlichsten ist die Kameradschaft beschrieben, deren Anführer Wilhelm Hoffer war (ebd., 98 ff.). Daneben gibt es eine Gemeinschaft der älteren Mädchen, eine koeduaktive Gruppe, eine weitere Mädchengruppe um Schwester Judith und eine Gemeinschaft, die aus älteren Jugendlichen und Hörer:innen des Pädagogiums (einer jüdischen Erzieher:innen-Schule) besteht und sich ein- bis zweimal in der Woche abends in der Wohnung von Bernfeld trifft. Hier wird auch eine andere Funktion der Gemeinschaften deutlich: neben den Sachthemen, die man anpackt, geht es eben auch um Geselligkeit, gemeinsames Singen, Musizieren, Diskutieren. Für viele Kinder werden diese kleineren, intimeren und engeren Gruppenbeziehungen eine völlig neue Erfahrung dargestellt haben.

Bernfeld sieht durchaus, dass das neue Settingelement der Gemeinschaften durchaus in Spannung mit den Zielen der Schulgemeinde geraten kann: Denn während diese auf ein Maximum an Offenheit und Transparenz hinarbeitet und alle egalitär sind, möchten die *Kwuzoth*, oder *Kameradschaften*, eigene, abgegrenzte Gemeinschaften sein, deren Eingang und Ausgang reglementiert ist. Man gehört nicht einfach dazu, man wird aufgenommen, kann aber auch ausgeschlossen werden. Und man steht in Konkurrenz zu den anderen Gemeinschaften, will die beste aller Gemeinschaften sein etc. (ebd.). Dennoch scheinen die Vorteile die Nachteile zu überwiegen; Bernfeld reflektiert angesichts der neu entdeckten Kräfte für die Gemeinschaftsbildung, dass auch die Schulgemeinde unbedingt eine zusätzliche Form der emotionalen Auflading braucht. Diese sieht er in den „*Festen*" gegeben.

I) „Die Jüdischen Inhalte"

Unter dieser Überschrift beschreibt Bernfeld die religiöse und kulturelle Erziehung der Kinder im Geist des Judentums, die für ihn in erster Linie eine Frage der Identitätsbildung war: *„Unser Kinderheim war ein jüdisches. Das war von Anfang an allen Beteiligten, den Kindern und den Erwachsenen klar. Fraglich war nur, was das bedeutete, was daraus folgte und wie es gelebt werden sollte."* (ebd., 123). Bernfeld sah klar, dass das Jüdisch-Sein für die Mehrzahl der Kinder anfangs entweder kein oder ein unangenehmes oder zumindest ambivalentes Thema darstellte:

> *„Sie wussten, dass sie Juden sind, […] aber es war ihnen sehr unangenehm, dass sie Juden waren, dass man sie als solche erkannte. Sie litten darunter, es gab welche die diese Tatsache hassten. Sie fühlten sich wegen ihres Judentums minderwertig gegenüber den anderen, bei manchen war es sogar krankhaft". Gleichzeitig verlangten – manchmal sogar dieselben Kinder – dass sie hebräisch lernen durften, dass ‚der Schabbes geheiligt würde' und es die Freitag-Abend-Feiern geben möge."* (ebd., 126).

> *„Beides lebte in den Kindern. Jedes in einer anderen Seelenschicht. […] Und da war nur eine Möglichkeit: durchzudringen zur verschütteten Sphäre, aber nicht mit Worten, Erklärungen und Ermahnungen. Werden die Menschen, die in der neuen Umgebung der Kinder sind, die Reste des verschütteten Affektlebens an sich knüpfen können. Nur wenn das gelingt – aber dies Gelingen kann nicht vorausgedacht, erzwungen, es kann nur erhofft und gewagt werden […] ist zugleich das Jüdische mitgerettet. Und es ist in Baumgarten gelungen."* (ebd., 127).

Daneben gab es dann aber doch auch eine systematische Unterweisung:

> Sie *„erfolgte bei uns in zwei Fächern – in Bibel und jüdischer Geschichte – und in einer Art ethischen Kursus, der keinen Namen hatte. […] Für die Kleineren war die Bibel die einzige Substanz, an der ihnen jüdische Vergangenheit und Kultur lebendig zu machen versucht wurde. Und es hat sich uns in der Erfahrung bestätigt, dass die Bibel das Buch schlechthin für Kinder ist. […] Was die Bibel für die Kleinen war, hätte die jüdische Geschichte für die Großen sein sollen. Aber es zeigte sich, dass ihnen die Bibel unbekannt war. So wurde auch für sie die Bibellektüre zum hauptsächlichen Inhalt der jüdischen Geschichtsstunde und mancher Deutschstunde."* (ebd., 129). *„Alle Sabbatvormittage versammelten sich die meisten Kinder von etwa 10 Jahren aufwärts – es geschah dies völlig freiwillig – zur Unterrichtsstunden, die ihnen der ansonsten bei uns nicht tätige Dr. J. Obmann hielt (ein jüdischer Religionswissenschaftler, kein Rabbiner, M.S.). Unter lebhafter Teilnahme und nicht selten mit Erschütterung der Kinder wurde da […] der Versuch gemacht ‚jüdische Religion' psychologisch und didaktisch zugänglich zu lehren: Religion als Selbstbeobachtung, Erklärung, Weiterund und Wertung der sittlichen und religiösen Phänomene."* (ebd., 130).

Bernfeld zieht bezogen auf Enkulturation und Identitätsbildung in Zusammenhang mit dem Jüdischen eine Bilanz, die den Erfolg betont. Diese ist umso glaubhafter, als er auch Schwächen einräumt: Darunter auch eigene, wenn er seine Freitagabendansprachen als „*unzulänglich*" bewertet (ebd., 132). Das gilt auch für den Hebräisch-Unterricht: Er „*war und blieb bei uns Schulsache. Darum war seine seelische Bedeutung gering.*" (ebd., 133).

J) Beschulung

Eine regelmäßige Beschulung fand in Baumgarten zu Beginn nicht oder nur ansatzweise statt. Zum einen fehlte es an Lehrer:innen, aber auch an Heften, Schulbüchern, Schreibgeräten etc. Bernfeld schildert die Anfänge:

„*So saßen 10 bis 30 Kinder um ein paar Tische, oder auch auf ihnen um den Lehrer gruppiert, der gewöhnlich die Stunde mit der Frage begann: ‚Was wollen wir jetzt besprechen?'. Die Kinder waren nach Überwindung der ersten Scheu, des ersten Erstaunens sehr begeistert, fragten sehr viel, sprachen lebhaft und lernten dabei viel. Wir aber sahen mit Erstaunen, dass sie die öffentliche Schule beinahe vergeblich besucht hatten; sie wussten buchstäblich nichts, wenigstens nichts gründlich, zusammenhängend anschaulich. […] Wir wussten zwar, dass dieser freie Unterricht nicht lange würde anhalten dürfen, […] aber es war so viel Schwung und Begeisterung in diesen Unterrichtsstunden vor allem bei den älteren Kindern, dass wir hoffen durften, das Interim würde fruchtbare und dauerhafte Wirkung in den Kindern erzeugen. […] Das war aber ein Irrtum: schon nach wenigen Tagen begannen die Kinder immer nachdrücklicher eine ‚richtige' Schule zu verlangen. Diese Forderung nahm immer heftigere Formen an und wirkte auch auf den freien Unterricht zurück […] bei den meisten wurden die Stunden matt und voll offener Resistenz.*" (ebd., 104).

Es ist dies ein Verdienst von Bernfeld, das er immer wieder solche Überraschungen im Umgang mit wirklichen Kindern beschreibt, und zeigt was und wie aus ihnen zu lernen ist.

„*Wir wussten die nicht recht zu erklären und blieben über diesen Punkt bis zuletzt geteilt.*" (ebd.) Bernfeld schildert, dass einige Kolleg:innen der Auffassung sind, dass diese Kinder tatsächlich eine disziplinierende Schule bräuchten. Andere waren davon überzeugt, dass sich die Kinder schon noch an diese offene Form von Unterricht gewöhnen würden:

„*Rückschauend freilich kann ich nicht umhin, den sicheren Eindruck festzuhalten, dass wir weder die Kinder, noch uns selbst richtig verstanden hatten, und dass wir in dieser Sache vielleicht den einzigen, wirklichen, grundsätzlichen Fehler gemacht haben. […] Wir waren ungeduldig und beleidigt. Wenn wir sagten: die Kinder wollen es so, […] so war darin ein übler Schulmeisterton. Wir hatten die Kinder beglücken wollen und sie lohnten es uns mit Undank und Auflehnung.[...] Der Grundsatz den Kindern ihren Willen zu lassen und ihn zu achten, hat eine scharfe Grenze, die nicht überschritten werden darf: Man muss auch seinen eigenen Willen behalten und darf sich von den Kindern so wenig zwingen lassen zu tun, was man nicht will, wie man die Kindern nicht dazu zwingen darf, dass ihnen durchaus fremd und ungemäß ist."* (ebd., 105 f.).

Bernfeld analysiert sehr scharfsinnig: *„Sie wollten* (damals in der Anfangszeit, M. S.) *nichts wissen.[...] Sie wollten viele Klassen absolvieren und ein Zeugnis bekommen, um damit in den Arbeitsmarkt eintreten zu können, aber unsere Heim- bzw. Privatschule schien ihnen nicht genügend Garantien zu geben für den sozialen Aufstieg. [...] Andere [...] hatten den Wunsch, als Arbeiter nach Palästina zu gehen."* (ebd.). Diese Kinder meinten eher physische Kraft und gesunden Menschenverstand zu brauchen als schulisches Wissen. Für die jüngeren Kinder meint Bernfeld aber einen anderen entwicklungspsychologischen Grund entdeckt zu haben: *„Sie wollten den moralischen Zwang, aber bloß dort, wo er weniger radikal, weniger einschneidend ins Triebleben ausgeübt wird: im Intellektuellen."* (ebd., 108). Bedeutet: Sie rufen nach einer ordentlichen und disziplinierenden Schule, um anderen Disziplin-forderungen, die sich ihnen stellen (hinsichtlich der eigenen Aggressionen, der oralen Befriedigungen, der analen Lust etc.) weiter ausweichen zu können, weil sie sich ja schon genug in die Pflicht nehmen (lassen). Um triebhaft an bestimmten Stellen bleiben zu dürfen wie man ist, muss man an anderen Stellen eine externe, gleichzeitig geschätzte wie verhasste Agentur der Fremd-Disziplinierung etabliert wissen.

Bernfeld berichtet, mit seinen Lehrer:innen nach und nach einen Kompromiss zwischen den Anforderungen an Schule von außen und von innen entwickelt zu haben, wobei das Innen aus zwei Parteien bestand, den Kindern und den Erwachsenen:

„Die einzelnen Lehrer bekamen so völlige Freiheit, diesen Kompromiss umzusetzen, wie es ihrer Anschauung und Persönlichkeit entsprach. [...] Einige Lehrer brachten das schwere Werk zustande, trotz der ungünstigen Situation einen innerlich freien Unterricht zu führen; anderen gelang das weniger gut und sie sahen [...] kein anderes Mittel, die schulmäßigen Anforderungen durchzusetzen, als Rückfall in die autoritative Methode (Bernfeld unterscheidet noch nicht zwischen autoritär und autoritativ, M. S.). *[...] Sonst aber galt als Regel. Wer nicht am Unterricht teilnehmen will, bleibt ihm fern oder entfernt sich aus ihm; wer den Unterricht stört, wird aus dem Zimmer gewiesen; wer ohne Entschuldigung dreimal vom Unterricht fernbleibt (oder aus ihm entfernt wurde) kommt vor Gericht. Soweit es die Stundeneinheiten, die Verteilung des Lehrstoffes auf Fächer und Fachlehrer erlaubten, entschieden jeweils die Kinder, was in der Stunde gelernt werden sollte und wann das Thema gewechselt wurde. Klagen der Lehrer kamen vor Gericht."* (ebd., 110).

Kommentar: Wir werden auf diesen „*Kompromiss*" später noch zurückkommen und sehen, dass er Widersprüche impliziert und transportiert, die nicht bearbeitet werden. Schon jetzt ist klar, dass es sich eher um ein „jeder wie er möchte" handelt, als um einen erarbeiteten Kompromiss mit verbindlichen Regeln für alle. Das hat Bernfeld wohl nicht wirklich gewollt. Hilde Geiringer, eine Lehrerin aus Bernfelds Team, ergänzt dessen Schilderungen um zwei wesentliche Elemente – einerseits die Armutsverhältnisse betreffend:

„*Ganz Wien hungerte in jenem Winter; die Nahrung unserer Kinder[…] war lange Zeit hindurch vollkommen unzulänglich. Die Kinder nahmen ab, teils langsam und stetig, teils rapide und stetig. […] Die riesigen Schlafsäle wurden damals fast nie, die Tagesräume und Schulsäle viel zu wenig geheizt. Es gab kein warmes Wasser. […] Manche trugen dieselbe schmutzstarrende Wäsche 3 bis 4 Wochen; es kam vor, dass sich einzelne einfach im Bett liegen blieben, weil sie sich weigerten, das schon wochenlang getragene Hemd wieder anzuziehen*" (Geiringer 1921, in: Bernfeld 1921/2012, 431).

Gleichzeitig relativiert sie den von Bernfeld zumindest überwiegend positiv gemalten Zustand:

„*Das anfängliche System, das eine Verbindung von freien Kursen und Berthold Ottoschen beweglichen Klassen darstellen sollte, wobei nach Art der Odenwaldschule gewisse Zeitperioden einzelnen Fächern ausschließlich gewidmet worden wären, konnte in Folge der menschlichen und sachlichen Verhältnisse nicht durchgeführt werden., Wir hatten schließlich eine Volksschule und eine vierklassige Einheitsschule, der um Großen und Ganzen der Lehrplan der österreichischen Einheitsschule zu Grund lag.*" (ebd., 436).

Es bestand zwar kein Schulzwang, „*doch hatte die Schulgemeinde beschlossen, dass auf dreimaliges Schuleschwänzen eine Anzeige an das Schulgericht stand, ebenso wie auf gewisse Formen der Stundenstörung. Im allgemeinen war also der Schulbesuch abhängig vom dem launenhaften Willen der Kinder, der natürlich beeinflusst war durch das Interesse und die Liebe zu einzelnen Lehrern. […] Es konnte geschehen, dass Kinder […] trotz Strafen* (durch das Gericht, M. S.) *zu einem Lehrer nicht gingen, während […] das Gericht über ein bitterlich weinendes Kind es als Strafe verhängen konnte, eines* (geliebten, M. S.) *Lehrers nicht besuchen zu dürfen.*" (ebd.). Das wirkt eher unklar und widersprüchlich. Man könnte beinahe von anomischen Strukturen sprechen. Aber auch hier waren es wieder die materiellen Verhältnisse, die an solchen unbefriedigenden Zuständen mitwirkten: „*Es kam vor, dass Kinder, oft sehr betrübt, einfach im Bett liegen blieben, weil sie keine Strümpfe hatten; dass Kinder es ablehnten, an Tagen an denen der Tagraum geheizt war, in die eisige Klasse zu gehen.*" (ebd., 439).

„*Die Feste, die die Verwaltung in schroffem Gegensatz zu uns, die wir da bestimmte Gestaltungsideen hatten, mit äußerem Prunk unter Zuziehung vieler Gäste und Vorführgen von Kindern im Heim beging, boten Konfliktstoff. Kamen fremde Gäste, Inspektionen vom Joint, wurde das ganze Kinderheim blank und blühend herausgeputzt, was uns sowohl taktisch unrichtig schien, da es unsere in Wahrheit so kläglichen materiellen Verhältnisse verschleierte, als auch vor allem der Kinder Begriffe von Wahrhaftigkeit verwirren musste."* (ebd.).

> Kommentar: Auf die Konflikte, die daraus resultieren, gehen wir später noch ein.

K) Das Team: Eine beinahe unerwähnte Säule des Projekts

Bernfeld hat die sozialpädagogische Arbeit in Baumgarten nicht alleine geleistet, auch wenn er sicher maßgebliche Interventionen geplant und durchgeführt hat und man diese wohl auch nur ihm zugetraut hat. Aber er hatte ein Team um sich versammelt, das ihn schätzte und auf das er sich verlassen konnte. Was Bernfeld beinahe komplett ausspart, sind Hinweise und Berichte von Teamsitzungen oder Gesprächen mit einzelnen Betreuer:innen, sei es zwischen Tür und Angel, sei es in der Form einer eingehenden Beratung oder Supervision. Das betrifft auch die Mitarbeiter:innen aus dem Pädagogischen Kolleg, das er gegründet und eine Zeitlang geleitet hatte. Aus diesem wurden ihm mehrere Praktikant:innen entsandt und sicher wird er auch diese betreut haben. Es muss demnach unterschiedliche Gesprächsformate gegeben haben; ohne sie wäre es nicht zu dem einheitlichen Vorgehen wie z. B. im Speisesaal oder auf dem Fußballplatz und dem gemeinsamen Ton im Umgang mit den Kindern gekommen. Sicher wurden in diesen Besprechungen auch (Selbst-)Zweifel und Kritik geäußert, wahrscheinlich kam es auch zu Meinungsverschiedenheiten und Konflikten. Wahrscheinlich musste die Bearbeitung dieser internen Spannungen häufig zurücktreten, zu Gunsten einer gemeinsamen Haltung gegenüber dem gemeinsamen Außenfeind, in Gestalt der Leiterin und der Verwaltung (dafür werden wir später noch Belege präsentieren).

Dennoch muss man Bernfeld zubilligen, dass es ihm über weite Strecken und über viele Themen hinweg gelungen ist ein Team aufzubauen, das Experiment Baumgarten als *Verantwortungsgemeinschaft* getragen hat und sicher auch als „*Container*" gewirkt hat (Bion 1998).

6.3.4 Die Konflikte und das Ende des Projekts aus der Sicht von Bernfeld

Dass es immer wieder Konflikte zwischen Bernfeld und seinen Mitarbeiter:innen auf der einen und den beiden Leitungskräften (Frau P. und dem von ihr berufenen Verwaltungsleiter) sowie der Verwaltung auf der anderen Seite gab, haben wir bereits mehrfach erwähnt. Die Gründe dafür werden wir im Anschluss analysieren. Doch zunächst übergeben wir das Wort an Bernfeld:

„Die Einfügung des Kinderheims in das erhaltende Comittee" war es, die dazu geführt hat, dass *„zahllose Störungen der pädagogischen Entwicklung Tag für Tag bemerkbar, und auch unmerklich, einwirkten und Niederschläge aufhäuften, die schließlich zu einem scharfen Konflikt zwischen ‚Pädagogik' und ‚Verwaltung' führten, dessen Ende die solidarische Kündigung aller irgendwie wesentlichen mit der Schule verknüpften war."* (Bernfeld 1921/2012, 95).

Schon im Februar 1920, nach nur knapp fünf Monaten, erwägt Bernfeld ernsthaft am 1. März zu kündigen, muss sich dann aber schon zuvor aufgrund seiner angeschlagenen Gesundheit in ein Sanatorium begeben. Zu diesem Zeitpunkt hoffte er noch, dass das Projekt Baumgarten weitergehen würde: mit oder ohne ihn. Als sein Team aber in seiner Abwesenheit feststellen musste, dass es weiter und noch mehr behindert wurde als zuvor, verfasste es einen Ultimatums-Brief an den *Joint*: Entweder wir weiter mit Bernfeld, aber als alleinigem Leiter oder Kündigung aller Mitarbeiter:innen. Der *Joint* gab der Kündigung den Vorzug. Innerhalb weniger Tage verließen die Pädagog:innen Baumgarten; traurige und/ oder wütende Kinder blieben zurück.

Bernfeld bezichtigt vor allem die Verwaltung der Unfähigkeit und Sabotage seines Werkes: und zwar sowohl die Administration des *Joint* wie auch die heimeigene Verwaltung. Zum *Joint* führt er aus: *„Schuld trägt die grauenhafte Unzulänglichkeit der an diesem Werk* (des Joints, M. S.) *beteiligten Menschen. Vor allem der Beamtenschaft."* (ebd., 108). Die Klient:innen müssen

„eine steile, kahle Nebentreppe im Hof benutzten, während die Herrschaften die teppichbelegte Luxustreppe hinaufsteigen; sie müssen stundenlang stehen und warten, angeschnauzt, hin- und hergewiesen, als sehr unbequeme Nebenerscheinungen eines im Übrigen sehr behaglichen Einkommens behandelt. [...] Es stimmt etwas nicht im Menschlichen der Beamtenschaft einer sozialen Institution, wenn sich die Klienten über die Nebengeschäfte der Sekretäre unterhalten, während sie auf die Erledigungen ihrer Anliegen in langen Reihen warten." (ebd.).

Kommentar: Das sind skandalöse Zustände. Man kann sich nur darüber wundern, dass die amerikanischen Geldgeber, gut organisierte Geschäftsleute mit großer Disziplin und den in Amerika zumindest halbwegs etablierten demokratischen Umgangsformen vertraut, so etwas dulden oder nicht klar genug wahrnehmen.

Dem *Joint* gegenüber beschwert sich Bernfeld in seinem Bericht auch bitter *„irregeführt"* worden zu sein:

„Ich habe die Bedingungen deutlich benannt, die mir von der Leiterin in Gegenwart seines Direktors zugestanden und mehrfach mündlich versichert worden sind. Auf die formelle schriftliche Bestätigung habe ich monatelang gedrungen. Ohne Erfolg. [...] Ich habe

erst später einsehen gelernt, dass der Direktor des Joint alles vergisst, was der Freund der Leiterin versprach und weiß nun: der Freund der Leiterin hat keine Erinnerungen an die Stunden, in denen er der Direktor des Joint ist." (ebd., 136/137).

> *Kommentar:* Ebenfalls skandalös. Auch weil man zwischen den Zeilen lesen kann, dass es hier ein privates Abhängigkeitsverhältnis gibt, vermutlich im Rahmen einer auch sexuellen Beziehung. Für Bernfeld sehr bitter, weil er entdecken muss, *„dass alles Abgemachte gar nicht abgemacht, sondern nur erwogen gewesen sei und zwar mit dem Ergebnis, dass es nicht abgemacht werden dürfe."* (ebd.). Umso bitterer als sich der neue Verwaltungsleiter als ebenso unfähig erweist wie Frau P.:

„Die Möbelwagen brachten durch Wochen hindurch in sehr unregelmäßigen Abständen einen sinnlosen Haufen von Dingen. Heute kamen Kasten, mehrere Tage später die dazugehörenden Bretter und Verschlüsse; einmal kamen Laden, ein andermal die dazu gehörenden Tische. Indes wir sehnlichst auf zehn Betten warteten, kamen 100 Sessel und wenn wir uns nach 300 Sesseln sehnsüchtig verzehrten, kam eine Kiste Lachs." (ebd., 61).

„Die Verwaltung war einfach schlecht; unbeschreiblich schlecht. Sie war [...] das Gegenbeispiel jeder vernünftigen Organisation. Es gab bis zuletzt kein brauchbares Inventar des Vorhandenen, keine annähernd richtige Aufstellung des täglichen Bedarfs. Es gab keinen organisierten Einkauf, keine irgendwie vernünftig organisierte Verteilung. Es wurde gewirtschaftet wie in einem schlecht geführten Einzelhaushalt. [...] Ohne Übertreibung, so wurde in Baumgarten gewirtschaftet: es fehlten 80 Teller und 300 Zahnbürsten, die Leiterin brachte zwei Dutzend Zahnbürsten; nun fehlten nur noch 276 Zahnbürsten und 80 Teller; schließlich brachte sie 30 Teller und noch zwei Dutzend Zahnbürsten. Damit war für eine ganz Zeit alles erledigt. Jede Mahnung wurde mit Entrüstung abgewiesen: ich habe ja massenhaft Zahnbürsten und Teller gekauft. [...] Es dauerte wirklich mehr als zwei Monate (!, M.S.) bis wirklich fast genügend Becher, Bürsten und Schächtelchen für das Zahnpulver [...] vorhanden und über den Waschtischen die Bretter befestigt waren, auf denen diese Utensilien abgestellt werden konnten." (ebd., 147/148).

Schlimmer noch als das Fehlen von Beschaffungskompetenzen, erlebt Bernfeld aber die Unklarheit bezogen auf das Bestimmen und die Regeln:

„Es gab keinerlei Dienstvorschriften, niemand wusste, was seine verantwortliche Pflicht sei und jeder wurde für alles zur Verantwortung gezogen. Niemand hatte bestimmte Arbeits- und Erholungszeiten, niemand wusste, wem er zu gehorchen und wem er zu befehlen hatte." (ebd., 153).

Bernfeld schildert zwei Beispiele von Hauswirtschafts-Mitarbeiterinnen, die Lebensmittel stahlen, aber trotz des Drängens der Kinder und von ihm, nicht entlassen wurden, weil sie von der Verwaltungsseite gedeckt wurden. Das führt so weit, dass eine davon auf frischer Tat ertappt, Bernfeld „*ins Ohr flüsterte ‚Leck mich am Arsch'*", weil sie genau wusste, dass der Diebstahl keine Konsequenzen für sie haben würde (ebd., 150). „*Gleichzeitig wurde eine von den Kindern sehr geliebte Pflegerin unter einem läppischen Vorwand entlassen.*" (ebd.).

Kommentar: Wer schon einmal erlebt hat, nicht einmal die Macht zu haben, die gröbsten Fehler und Unverschämtheiten von Mitarbeiter:innen abstellen zu können, weil diese sich einer Protektion sicher sein können, oder an einem/r guten Mitarbeiter:in nach einem geringfügigen Versagen festhalten zu können, wird verstehen, wie bitter sich das für Bernfeld angefühlt haben muss und wie stark solche Erlebnisse die eigene Gesundheit angreifen können. So kommt Bernfeld zu dem Schluss:

„*Wäre die Leiterin des Kinderheims um diese völlig unbekümmert ihren Vergnügungen nachgegangen, hätte der Verwalter seine Pflichten vernachlässigt, wäre die Verwaltung untätig gewesen [...] wir hätten Baumgarten nicht verlassen. [...] Aber Joint und Verwaltung wachten eifersüchtig auf die strenge Einhaltung der Kompetenzen. Das sie aber keinen Sinn für die organisatorischen Voraussetzungen solcher Kompetenzen hatten, kam es schließlich zu bewusster und eingestandener Sabotierung der Pädagogik durch die Verwaltung.*" (ebd., 148).

Es folgt eine Beispielsammlung solcher Gängelungen und Sabotagen und willkürlicher Entscheidungen, die einen beim Lesen ärgerlich machen können. Zudem schreiben die Mitarbeiter:innen in ihrem Ultimatum, das Bernfeld zitiert:

„*Wir Lehrer haben in unserem Bekanntenkreis gesammelt und außer allerhand Wollsachen, Wächsstücken, Spielsachen, Büchern usw. in wenigen Tagen fast 50.000 Kronen gesammelt und zum Teil für Dinge ausgegeben, die Sache der Verwaltung gewesen wären (Das Joint hat diese Sammlungen als seinen Ruf schädigend verboten, aber sonst keine Konsequenzen daraus gezogen).*" (ebd., 147).

Kommentar: Noch einmal ungeheuerlich und empörend.

Und doch: Bei allem Recht, dass Bernfeld hat, diese Zustände zu skandalisieren und bei aller schwer auszuhaltenden Tragik, dass solche Banalitäten die Verantwortlichen für eines der spannendsten pädagogischen Projekte des 20. Jahrhunderts zermürbt und in den Rückzug getrieben haben, dürfen wir ihm doch nicht unkritisch folgen. Auch für ihn gilt: „Wer im Glashaus sitzt, soll nicht mit Steinen werfen". Oder: „Was siehst Du den Splitter im Auge Deines Bruders, aber den Balken im eigenen Auge siehst Du nicht?". Bernfeld beschwert sich über unklare Leitungsstrukturen: Aber er ist zugleich derjenige, der Anweisungen unterläuft und missachtet. Das gesteht er selbst ein, wenn er schreibt (siehe oben), dass er gegen die Anweisungen doch ältere Jugendlichen aufgenommen und Hörer:innen des jüdischen Pädagogiums beschäftigt hat (ebd., 62f.). Insofern kommen wir nicht darum herum *„nach guten Gründen"* suchen, die andere für sich reklamiert haben können, sich ihm entgegenzustellen und ihn zu begrenzen. Durch diesen schmerzlichen Prozess wird uns später Daniel Barth führen (siehe Kap. 13.4).

6.4 Sechs Gründe für das Scheitern des „Versuchs einer neuen Erziehung" im Kinderheim Baumgarten

Handfeste Gründe für das Scheitern des Experimentes Baumgarten haben wir schon an verschiedenen Stellen identifiziert, hier werden sie gesammelt präsentiert (A-F):

A) Bernfeld hatte sich mit der ihm nur lose bekannten Frau P. auf eine Doppelleitung eingelassen und das mit einer Reihe von ungeklärten Aufgabenbereichen (s. Kap. 6.3.1). Vermutlich hatte Bernfeld am Anfang die Leitungsansprüche seiner Mit-Leiterin unterschätzt und geglaubt, diese mit seiner Hausmacht aus ihm ergebenen Fachkräften, abwehren oder überstimmen zu können. Auch die pädagogischen Einstellungen der beiden harmonierten nicht und führten zu Konflikten. Es werden Szenen gewesen sein, wie die, in der sie einem Kind verbietet das Gelände zu verlassen, weil sie einen Kinobesuch für zu abenteuerlich und gefährdend hält (das dürfte damals die übliche Haltung der meisten Eltern gegenüber dem noch neuen Medium Kino gewesen sein), aber erleben muss, dass Bernfeld ihr Verbot wieder aufhebt (siehe oben, Kap. 6.3.3 Settingelement c), in denen ihr ihre eigene Machtlosigkeit deutlich geworden ist (ebd., 49). Vermutlich spürte sie zusätzlich, dass Bernfeld sie (aufgrund ihrer Tantenhaftigkeit und ihres Anspruchs auf Dankbarkeit von Seiten der Kinder) nicht mochte (ebd., 28). Auf die Spannungen mit Bernfeld und ihren Verweis auf eine bloß unterstützende Rolle reagierte sie mit der Einrichtung einer neuen Stelle: der eines Verwaltungsleiters, den sie einstellte und der ihr treu ergeben war. Gemeinsam mit ihm konnte sie vor allem über das Organisieren oder die Nicht-Beschaffung von dringend Benötigtem, aber auch aufgrund ihres guten Verhältnisses zum Leiter des *Joint* in Wien ihren Macht- und Mitbestimmungsanspruch erneut deutlich machen und ihre Machtstellung ausbauen. Damit war allerdings auch klar, dass die beiden Mächtigen im Kinderheim Baumgarten – Bernfeld und sie – nicht zusammen, sondern gegeneinander arbeiten mit der ständigen Gefahr von (weiter) eskalierenden Konflikten.

B) Bernfeld möchte so viel wie möglich von seinem groß angelegten *Schulgemeinde*-Projekt in Baumgarten verwirklichen (siehe in diesem Kapitel 6.3.3 Settingelement f). Dafür braucht er als Keimzelle ältere und gebildete Jugendliche, wie er sie aus den Zusammenhängen der Jugendbewegung, insbesondere aus den Versammlungen der Sprechsaal-Bewegung, kennt. Der *Joint* verbietet ihm aber, genau diese Personengruppe aufzunehmen (ebd., 112), und zwar mit der Begründung, dass *„sie von mir nicht im Sinne der Partei erzogen würden"* (sehr wahrscheinlich handelt es sich um die Zionistische Partei, siehe ebd., 157). Oder anders: dass man ihm zutraue sie politisch zu indoktrinieren. Bernfeld setzte sich, wie wir von ihm selbst und von Hilde Geiringer gehört haben über dieses Verbot hinweg (Geiringer 1921, 54). Er kann zwar nicht so viele Jugendliche wie er möchte integrieren, aber doch so viele wie er haben zu müssen glaubt. Mit hoher Wahrscheinlichkeit bleibt das nicht unbemerkt (gut möglich, dass die Leiterin Frau P. selbst den Träger darüber informiert hat) und wird ihm das aller Vermutung nach als Ungehorsam, Anmaßung und wahrscheinlich auch Unehrlichkeit angekreidet haben. Auch wenn man deswegen nicht sofort und direkt gegen ihn Konsequenzen ergriffen hat, wird man dieses Fehlverhalten auf eine Art von imaginärem, aber minutiös geführten Minus-Konto „verbucht" haben Nach dem Motto: „Das ist ein ganz Gewiefter, den müssen wir unter Dauerbeobachtung stellen und ihm an anderen Stellen zeigen, wer hier das Sagen hat".

Dabei gilt das hier Formulierte (und auch das im nächsten Punkt angesprochene) vor allem für den *Vienna Branch* des *Joint* und die tonangebende *Wiener Jüdische Gesellschaft*. Die Amerikaner bekamen wahrscheinlich vieles nicht mit und wurden von den Wiener Vertreter:innen ein Stück weit geblendet, wie z.B. durch die Inszenierung der Feste. Aber sie könnten durchaus auch neuen Erziehungsformen gegenüber offener gewesen sein, weil sie in dieser Zeit bereits von Dewy und seinem Werk *Demokratie und Erziehung* (1916) gehört hatten und das Projekt der *Junior's Republic* bekannt und gerade unter Geschäftsleuten anerkannt war. Der aus Amerika entsandte Gutachter Taubel schreibt über seine Eindrücke im Kinderheim Baumgarten:

> „*The training and education oft he children is under the supervision ot the well known pedagoge Dr. Ziegfried Bernfeld, who has instituted a thoroughly democratic system. All the children constitute one unified autonomous school-society with its own schoolcourt. The child is not compelled to study. There are no regulations, which say that the little ones must lern just at this or that time and whatever the teacher wishes. On the contratry: the child learns just those subjects which interest him. And if a subject does not please him he may leave and go out to play. Neither may the teacher set himselfe up as a sole judge over the pupil to reproach him for his misconduct. All that belongs tot he pupils and the pupil-court, which even takes the liberty to judge the teacher. […]. Whether this system and method will proove successful is a question oft he future. As yet the period of experimentation ist too short to point out any definitive results. […] We must have faith in Dr. Bernfeld, who is an exceptional educator.*" (Taubel in Bernfeld 1921/2012, 425).

Kommentar: Völlig angemessen; das Projekt läuft ja erst seit drei Monaten. Aber der Mann wirkt keinesfalls geschockt, sondern interessiert und wohlwollend gegenüber der *„neuen Erziehung"* und vertraut offensichtlich in die Kompetenzen von Bernfeld.

C) Bernfeld verbindet mit dem Heim eine politische Stoßrichtung: Sie soll über die Arbeit in und an der *Schulgemeinde* zugleich als *Kaderschmiede* für eine künftige sozialistische Gesellschaft dienen, wo auch immer die realisiert werden kann oder soll. In seinem Bericht finden sich immer wieder Hinweise, die Anderen, Andersdenkenden Angst machen müssen. Allen voran dieses Zitat:

„Das Meiste von all dem (was wir in Baumgarten verwirklicht haben) blieb Ansatz, denn dem Bürgertum und seiner faulen Pädagogik wurde gar unheimlich beim Erwachen einer neuen Welt, die gleich in ihren ersten ‚Symptomen' richtig bewertet wurde als ‚bolschewistisch'. Denn wahrlich, was die Kinder hier zu erleben und zu erfinden begannen, war der Sozialismus, war jenes neue Gemeinschaftsgefühl, das irgendeinmal als Terror alle Ich-Geilheit, alle Macht- und Selbstgierigen auf Erden vernichten oder sublimieren wird." (ebd., 152).

Kommentar: Starke Worte! Eindeutiges Bekenntnis zu *„bolschewistisch"*. Beim Wort *„Terror"* schwingt *„Diktatur des Proletariats"* mit. Assoziationen zu Lenin und dem *„Roten Terror"*, den dieser damals (1920), kurz zuvor ausgerufen hatte, ploppen unwillkürlich auf. Nicht dass Bernfeld ernsthaft grausame Methoden zur Durchsetzung des Kommunismus propagiert hat. Im Gegenteil: er hat vor den neuen *„Hydrahäuptern"*, d. h. vor *„Herrschertum, Machtgier, Ichbesessenheit, dem ganzen wilden Imperialismus der Seele"*, die er schon in der jungen Sowjetunion beobachtet hat, gewarnt (ebd., 133). Auch darf man vermuten, dass Bernfeld solche Reden nicht vor den Mitgliedern des *Joint* geführt hat. Aber er hat vor und während seiner Baumgarten-Zeit mehrfach zu solchen markigen Formulierungen gegriffen und seine Anhänger:innen haben es goutiert. Das wird kolportiert und transportiert worden sein. Und er wiederholt diese Ideen in seinem Bericht ganz offen, so als wolle er den Kritiker:innen nachträglich beweisen, dass sie mit ihrer Skepsis und Vorsicht ihm gegenüber ganz richtig lagen. Dabei scheut er sich auch vor Demokratie-kritischen Einlassungen nicht:

„Was wollen die Wähler? Die Verteidigung ihrer Interessen, […] den Schutz ihrer gegenwärtigen wirtschaftlichen, sozialen und allerletztens kulturellen Bedürfnisse. Und dadurch wird die Partei in ihrer ursprünglichen revolutionierenden, geistigen Kraft gebrochen." Ihre Parteigänger:innen *„sind unzuständig, diese zu entscheiden. Sie werden immer, wenn es um irgendwie Wesentliches geht, die falsche Entscheidung treffen. Denn alles, was geschehen muss in jüdisch sozialen und kulturellen Dingen, muss gegen die Richtung des bewussten Wollens und vermeintlichen Interesses der Wähler geschenen, sie müssen national, kulturell und als Voraussetzung für Beides sozial und Kulturell revolutioniert, erzogen werden."* (ebd., 105 f.).

Kommentar: Nicht nur die Mitglieder:innen des *Joint* und der Verwaltung werden sich bedankt haben, als fehlgeleiteter Gegenstand von revolutionierenden Erziehungsverssuchen durch Bernfeld und Andere ausgewählt worden zu sein. Für andere Leser:innen werden auch schwächere Formulierungen schon Vorbehalte gegen seine Person und seine Pläne ausgelöst haben wie z. B.:

„Vorwürfe würden nur schaden; sie verschleiern die wahren Gründe für diese Verhalten (mangelnde Spendenbereitschaft des Wiener Bürgertums, M. S.), dass nämlich der Klassenkampf in die jüdische Gemeinde eingezogen ist, der Klassenkampf. […] Das Bürgertum verweigert ernsthaft jede ernsthafte Abgabe, von dem richtigen Gefühl geleitet, diesen Massen gegenüber nütze keine Spende mehr. […] Diese Massen wollen mehr; sie wollen das ganze Vermögen, die ganze Vermögensmöglichkeiten – sonst ist ihnen nicht geholfen." (ebd., 101).

„Muss die jüdische Bewegung nicht an einer inneren Unklarheit, an einem inneren Widerspruch gelitten haben, wenn sie nun, wo sie sich bewähren sollte, in steriler Unzulänglichkeit versandet? Muss nicht dieser ganze unheimliche Bann gebrochen werden? Und wie anders als durch eine Revolte der Jugend und ihrer Erzieher, durch eine Reihe von Revolten, die schließlich zur Revolution der Erziehung führt." (ebd., 109).

Kommentar: Dass er sich als einer der Erzieher:innen sieht, der die Jugend zu solchen Revolten führt, wird deutlich. Auch wenn alle historischen Vergleiche hinken: Bernfeld zum Heimleiter zu machen, ist als habe die Stadtverwaltung von Frankfurt a. M. Joschka Fischer in seiner Sponti-Zeit zu seinem solchen gekürt. Dafür könnte damals einiges gesprochen haben, wäre aber sicher auch mit Besorgnis verfolgt worden; und sicher hätte es auch für ihn eine Art Reißlinie gegeben. Interessant ist, dass Bernfeld, diese Zusammenhänge selbst, wenn auch nicht scharf genug reflektiert:

„Man beruhigte sich bei der Ausflucht, ich wolle eben alle Macht an mich reißen, und man könne mir, der ich ein sehr bedeutender Pädagoge sei, aber ein schlechter Organisator, […] [M]erkwürdig als dieselben Leute meiner als Erziehungsreferenten, der zionistischen Parteileitung überdrüssig waren, sagten sie es mir genau umgekehrt, nicht die Verwaltung über 100.000 Kronen monatlich anvertrauen." (ebd., 154).

Kommentar: Bernfeld sieht nicht scharf genug, dass man ihn zwar immer wieder braucht oder nicht an ihm herumkommt, aber eben in jedem Zusammenhang, in dem er tätig wird, bald auch wieder loshaben oder ihn aber einschränken oder beschneiden möchte. Erst wurde er der Zionistischen Partei als Erziehungsreferent zu viel, dann dem *Joint* als Heimleiter mit revolutionären Ambitionen. Dass diese Prozesse zusammenhängen, und dass er etwas dafür tut, kommt ihm nicht in den Sinn. Und wenn es nur seine, für uns auch heute noch richtige und beeindruckende *„revolutionäre Ungeduld"* wäre? Aber selbst die kann auf Kooperationspartner:innen sehr bedrohlich wirken. Meine Hypothese ist, dass gerade die Zionisten Bernfeld verdächtigt haben, das Pferd gewechselt zu haben. Trotz aller Lippenbekenntnisse zur Auswanderung nach Palästina, so könnten sie gedacht haben, plant Bernfeld einen Umsturz im „roten Wien". Einen Umsturz, der – wie oben beschrieben – von Kindern, Jugendlichen und Ihren Erzieher:innen ausgehen soll. Dass Bernfeld in der Lage wäre diese massenhaft zu organisieren, so wie er vorher Jugendliche massenhaft organisiert hatte, machte allen konservativen Kräften große Angst. Also musste man ihm – wieder einmal – das Handwerk legen. Darin waren sich die wichtigen Vertreter:innen einig und unterstützten die Politik des *Joint* und der Leiterin gegen Bernfeld. Sie kam ihnen mehr als willkommen. Die Frage stellt sich, warum der so kluge Bernfeld diese Zusammenhänge selbst nicht klarer sehen konnte. Umso mehr, als enge Mitarbeiter:innen diese klar durchschaut hatten:

„Das Joint, der Geldgeber, war äußerst uneinheitlich zusammengesetzt. Da waren einige wenige, die Bernfelds Ideen gegenüber ein passives Wohlwollen zeigten, eine große Reihe Gleichgültiger, und endlich nicht wenige, die aus den verschiedensten sachlichen (sprich pädagogischen, M.S.), *persönlichen, politischen* (Sozialismus, M.S.) *und zionistischen Gründen dem Projekt feindlich gegenüberstanden."* (Geiringer 1921 in Bernfeld 1921/2012, 443).

D) Bernfeld möchte die Kinder im Rahmen einer „*Alltagsorientierung*" – wie wir heute formulieren würden – zur (Mit)Verantwortung und tätigen (Mit)Arbeit in Haus und Hof erziehen (Bernfeld 1921/2012, 83 f.). Das Konzept der Verwaltung und wohl auch des *Joint* sieht dagegen vor, dass die Kinder dort in Baumgarten wie in einer Pension leben und versorgt werden (Barth 2010, 253 ff.): *„Niedrige" Arbeiten wie Spülen, Kleider Waschen, Reinigung der Zimmer, Säuberung der Toiletten, Heizen etc. werden von Arbeiter:innen erledigt. Von schlecht bezahlten, nicht-jüdischen(!) Arbeiterinnen wohlgemerkt*" (ebd., und im Ultimatum der Mitarbeiter:innen, 142).

Mit solchen Vorgaben verunmöglicht die Verwaltung, vermutlich ohne es anfangs zu bemerken, Bernfelds Konzept der *Erziehung zur Arbeit*, da sich die Kinder angesichts dieser Modelle (nicht-jüdisch und schlecht bezahlt) weigern solche Arbeiten auszuführen und es auch nicht einsehen, da sie bereits von Anderen erledigt werden. Bernfeld wiederum versteht es nicht sein pädagogisches Konzept so zu verkaufen, dass es auch der Verwaltung schmackhaft gemacht werden könnte, z. B. über Einsparungsmöglichkeiten. Als Fürsorgeerziehungs-Fremder versteht er vielleicht auch nicht, aus welchen Gründen die Verwaltung an *ihrer* „*Pensionatsorientierung*" hängt und den Kindern die Arbeit abnehmen möchte wie es in vielen Heimen damals üblich war (Barth 2010, 253 f.). Die beiden Paradigmen rund um das Thema *Arbeit und Versorgung* stehen sich unverstanden gegenüber. Ein Dialog kommt nicht zustande.

E) Bernfeld hat es mit einem typisch österreichischen Phänomen zu tun, das damals wohl in beinahe allen Amtsstuben, aber auch der Verwaltung von Krankenhäusern, Universitäten oder Gerichten gang und gäbe war. Barth schreibt dazu: *„Das Ausmaß an Schlendrian, an Protektionswirtschaft, und an Desorganisation innerhalb sämtlicher politischer Instanzen und Organisationen übertrifft alles uns heute Lebende noch Vorstellbare."* (ebd., 261). Auch wenn Bernfeld sich sehr zurückhaltend gegenüber Korruptionsvorwürfen äußert, so wird doch klar, dass er auch in seiner Verwaltung damit rechnet (Bernfeld 1921/2012, 150 f.).

F) Wir haben es mit einem Projektaufbau unter kollektiven Armutsbedingungen in einer wirtschaftlichen Krisenzeit, unmittelbar nach einem verheerenden Krieg zu tun (ähnlich wie bei Makarenko in der Ukraine). Vieles kommt nicht in Schwung oder wird behindert, weil es am Nötigsten fehlt: Essen, Kleider, Heizmaterial. Lieferketten sind kriegsbedingt immer noch unterbrochen, auf dem Schwarzmarkt werden sehr viel höhere Preise bezahlt als das Budget es vorsieht. Nachschub bleibt folglich aus oder kann nur in unbefriedigendem Ausmaß herangeschafft werden. Das alles belastet die engagierten Mitarbeiter:innen und zermürbt sie – führt aber auch dazu, dass man von ihrer Seite immer wieder Unmögliches von der Verwaltung verlangt bzw. die Verantwortung für das nicht Erhaltene an diese adressiert.

Diese sechs Gründe reichen bereits aus, um die Zunahme an Konflikten zwischen Pädagog:innen und Verwaltung, die schrittweise Vergiftung der Arbeitsatmosphäre, die erhebliche gesundheitliche Belastung von Bernfeld, seinen Weggang aufgrund von Erkrankung und die Ablehnung des Ultimatums seiner Mitarbeiter:innen durch den *Joint* zu verstehen. Und damit das bittere Ende eines *„ernsthaften Versuchs mit neuer Erziehung"* (so der Untertitel des Berichts). Wir hätten mit den sechs Gründen zugleich solche gesammelt, die mit unreflektierten Eigenanteilen von Bernfeld (B und C), mit interaktiven Dynamiken (A und D) und nicht zu beeinflussenden äußeren Bedingungen (E und F) zu tun haben. Damit wäre eine halbwegs befriedigende Analyse des Scheiterns erreicht (mehr dazu später bei den theoretischen Reflexionen in Kapitel 13.4).

Aber das war es noch nicht! Daniel Barth hat 70 Jahre später, ausgestattet mit einem differenzierten Set an Theorieelementen, die Bernfeld noch nicht zu Verfügung standen, eine beeindruckende Analyse vorstellt (siehe ebenso Kapitel 13.4), die ein ganzes Stück über die bisher dargestellten Gründe für das Scheitern hinausreicht. Überhaupt werden wir im Theoriekapitel an mehreren Stellen auf Bernfeld zurückkommen; auch die abschließende Würdigung, die Leistungen und Schwächen Bernfelds auf den Punkt zu bringen versuchen, haben wir – anders als für die anderen Projektverantwortlichen – in dieses Kapitel verschoben (bzw. Unterkapitel 13.4.2).

7. Durchbruch nach der Preisgabe pädagogischer Ideale: Anton S. Makarenko in der Gorkij-Kolonie (1920–1928)

In memoriam Götz Hillig (1938 bis 2019), dessen akribische Recherchen völlig neue Aspekte des Werkes und der Persönlichkeit von A. S. Makarenko enthüllt und so völlig neue Zugänge zu diesen ermöglicht haben.

Darf man als pädagogischer Leiter Gewalt gegen Zöglinge ausüben, um ein Projekt, das auf der Kippe steht, zu retten? Kann man die Gewalt nachträglich legitimieren, wenn das drohende Scheitern mit ihr abgewendet werden konnte und das Projekt zu einem Ort der Entwicklung für viele hundert Kinder und Jugendliche wird und später weltweit Anerkennung findet? Wie sollen Vorgesetzte, Aufsichtspersonen und/oder Kolleg:innen auf diese Gewalt reagieren, wenn sie davon erfahren? Können sie den verantwortlichen Leiter angesichts der positiven Folgen rehabilitieren oder müssen sie, aufgrund ihrer Schutz- und Kontroll-Funktion, seine Tat verurteilen und ihn entlassen? Und der Leiter selbst: Muss er sich seine Gewaltausbrüche als Fehler und situatives Misslingen anrechnen? Weil er Konflikte mit eskaliert hat, die Kontrolle über sich verloren und damit auch als Vorbild versagt hat? Oder weit darüber hinaus: Weil man befürchten muss, dass mit der Gewalt des Leiters diese gleichsam in die Grundstrukturen des Projekts eingewandert ist und von dort aus immer wieder virulent wird? Oder gehört ein Gründungsakt auf der Grundlage von Gewalt zu den zwar ärgerlichen und schmerzhaften, aber unvermeidbaren Ambivalenzen von Erziehung?

Diese Fragen stellen sich, wenn man sich mit Makarenko und seinem Wirken in der Gorkij-Kolonie beschäftigt. Auch er hat mit ihnen gerungen und bei mehreren Anlässen unterschiedliche Antworten darauf geben. Dabei wollen wir ihn beobachten und für uns prüfen, wie aufrichtig und wie stimmig bzw. theoretisch konsistent seine Antworten heute – im Abstand von gut 90 Jahren – erscheinen.

7.1. Einführung

Berühmt wurde Anton S. Makarenko (1888 bis 1939) mit dem „*Pädagogischen Poem*" (erster Teil erschienen ab 1932 bzw.1935 in Makarenko Gesamtwerke, Bd. 3), in dem er ab Dezember 1920 den Aufbau der Gorkij-Kolonie in Poltawa (heute Ukraine) schildert, einer Einrichtung, die nach und nach mehrere Hundert der circa 5 Millionen Heimat- und/oder Eltern-losen Kinder aufnahm, die nach der Oktober-Revolution in den Bürgerkriegskämpfen zwischen „Weißen" und „Roten" alleine oder in Banden durch die Sowjetunion zogen. Ausgerechnet von der Leitung dieses, mehrere Jahre als erfolgreich und beispielhaft eingeschätzten Projekts, wurde er acht Jahre nach dessen Gründung und nachdem er viele Jahre vor Ort mitgelebt hatte – mehr oder weniger unehrenhaft – entlassen (Weitz 1992, 50). Unter anderem wegen unterschiedlicher Gewaltvorwürfe, die 1927/28 gegen ihn erhoben wurden und deren Kenntnis bis ins Erziehungs-Ministerium nach Moskau vorgedrungen waren. Nadescha Krupskaja, die Lebensgefährtin Lenins und eine der einflussreichsten Pädagog:innen im Ministerium für Erziehung der jungen Sowjetunion, hatte im Mai 1928 das Projekt öffentlich angeprangert: *„Das ist nicht nur eine bourgeoise Schule, sondern eine Sklavenschule, eine Leibeigenenschule."* (Makarenko 1976, 114, Rüttenauer 1965, 123) und damit nicht nur die Person Makarenkos, sondern auch seine Aufbauarbeit diskreditiert und seine bereits vorher erfolgte Absetzung von ministerieller Seite bekräftigt (näheres zu den Vorwürfen gegen Makarenko weiter unten in Unterkapitel 7.3).

Parallel zu dieser Entwicklung geriet Makarenko Anfang 1928 auch als Leiter einer anderen Einrichtung für eine ähnliche Zielgruppe, der *Dzerzinskij-Kolonie*, unter Beschuss. Diese unterstand der GPU (der Nachfolgeorganisation der Tscheka), d.h. der kommunistischen Geheimpolizei. Sein für diese Organisation verfasstes Erziehungskonzept wurde von mehreren Erziehungswissenschaftler:innen stark angezweifelt, auch hinsichtlich der Ausübung von Zwang und Gewalt, deren Notwendigkeit er dort ganz offen vertrat – das Konzept musste umgeschrieben werden. Später bekam Makarenko dort einen Leiter vor die Nase gesetzt und musste sich mit dem Posten des *„weisungsgebundenen, pädagogischen Leiters"* zufriedengeben (Hillig 2002, 483, Weitz 1992, 21 und Makarenko GW 3 1982, 262, Fußnote 7). Ob und wie diese beiden Infragestellungen und die damit einhergehenden Degradierungsprozesse zusammenhängen, ist bis heute unklar. Klar ist: Makarenkos Stern, der einige Jahre geglänzt hatte, geriet in einen Sinkflug und stieg erst wieder nach dem Tod Lenins bzw. dem Aufstieg Stalins; einer Zäsur, die in mehrerer Hinsicht die Politik, aber auch die Kultur, die Stimmung und nicht zuletzt auch die Pädagogik in der jungen Sowjetunion veränderte.

Unter diesen neuen Bedingungen erschien das „*Pädagogischen Poem*" (der erste Band 1933/35) und wurde rasch zu einem – wir würden heute sagen – Bestseller, und zwar weit über pädagogische Kreise hinaus. Makarenko nennt es ausdrücklich *Poem*, um seinen Erinnerungen, die immerhin acht Jahre Erziehungsarbeit umfassen, einen angemessenen Spielraum zwischen *„Dichtung und Wahrheit"* bzw. zwischen nachträglichen Schwerpunktsetzungen und nüchterner Rekonstruktion von Fakten zu verschaffen. Aber auch, um einige Entwicklungen zu glätten und zu schönen. Wie keinem Pädagogen zuvor (und nur wenigen danach) gelingt es Makarenko in diesem Werk (vor allem im ersten Band), einen lebendigen Einblick in den Alltag einer im Aufbau befindlichen, stationären

Erziehungseinrichtung zu geben; mit all ihren Konflikten zwischen Erwachsenen und Zöglingen, aber auch unter den Erwachsenen und derer mit Vertreter:innen der Verwaltungsbürokratie bzw. den Bauern aus der Umgebung – dem Sozialraum wie wir heute sagen würden. Ein so breit angelegter und bis in die einzelnen Interaktionen hinein minutiös geschilderter, wenn auch fiktionalisierter Projektbericht ist bis heute einzigartig geblieben; auch und gerade, weil sich Makarenko – neben vielen originellen, warmherzigen und sozialpädagogisch klugen Handlungsweisen, die er von sich und seinem Team schildert und die heute noch Respekt und Nachahmung verdienen (siehe Exkurs 2 in diesem Kapitel) – als einen suchenden und fehlenden Pädagogen darstellt.

Eine Schlüsselszene nimmt dabei eine Gewalthandlung ein, die Makarenko wenige Wochen nach dem Projektstart begeht. Er schlägt einen Zögling dreimal zu Boden und bedroht andere, der Szene beiwohnende Jugendliche mit einem Schürhaken in der Hand, außer sich vor Wut und bereit sie zu erschlagen, wie er selbst einräumt. Makarenko weiß, dass er sich damit – auch unter den damaligen gesetzlichen Rahmenbedingungen – strafbar gemacht hat (sein später angeklagter Kollege Ospacenko erhält 1928 als Strafe für ähnliche Vergehen drei Jahre Gefängnis, siehe Hillig 1996, 56 und 1994, VII f.). Makarenko bedauert die Tat und schreibt später im Poem: *„Ich glitt auf dem hohen pädagogischen Seil aus und stürzte"* (Makarenko GW 1 1976, 21). Er weiß, dass er damit gegen alle modernen, kommunistischen Erziehungsprinzipien verstößt und in den Augen seiner Vorgesetzten damit in die Prügelpädagogik der Zarenzeit zurückgefallen ist; aber er rechtfertigt sein Handeln zugleich auch. Mehr noch: er stellt das dreimalige Niederschlagen des frechen Rädelsführers im Affekt als eine, wenn nicht *die* entscheidende Intervention dar, ohne die das ganze Projekt gescheitert und niemals zu einer Modelleinrichtung geworden wäre (ebd., 266, Bittner 2008, 25, siehe Unterkapitel 7.6 d). Gewalt wird bei Makarenko zu (s)einem unvermeidbaren Gründungsakt: Pädagogisch falsch, moralisch unschön – aber notwendig, im unmittelbaren Wortsinn und deswegen richtig.

Eine solche Konstruktion ist beispiellos in der Geschichte der Pädagogik. Auch Pestalozzi (s. Kap. 2) schlägt Kinder und hält das für erforderlich, aber nicht im Sinne einer Rettung und damit Konstituierung seines pädagogischen Projektes in Stans; er billigt das nur im Rahmen einer eng an Familienerziehung angelehnten Einrichtung (siehe Lüpke 2004, 77 ff., dieses Buch Kap. 3.2.3.3 Settingelement 7). Korczak dagegen bereute die ganz wenigen Entgleisungen, die er als junger Pädagoge begangen hatte sofort, und stellt klar, dass er solche Handlungsweisen ohne Wenn und Aber verurteilt (siehe Korczak 1967/2018, 247). Damit beherrscht er bis heute den normativen Diskurs. Gewaltfreiheit stellt heute (2024) das oberste Gebot und den unverzeihbaren Sündenfall jeder pädagogischen Praxis dar (siehe Schwabe 2019, 52 ff.). Wir werden zu prüfen haben, ob zu Recht.

Aber bei Makarenko kommt noch etwas hinzu. Götz Hillig verdanken wir bezogen auf die Gewalt-Episode eine aufregende Entdeckung, die uns ermöglicht den historisch-sachlichen Kern der Szene von seiner Bearbeitung durch Makarenko für das *Poem* zu unterscheiden (siehe Hillig 2002, 490). Die eigentliche Geschichte hinter der Geschichte war eine ganz andere, womit sich die Frage stellt, warum Makarenko sie so prominent gemacht hat? Warum er sich selbst als so zornig und brutal schildert?

Meine Hypothese ist, dass Makarenko diese Episode am Anfang des *Poems* schildert und zu einer *Schlüsselszene* macht, weil er damit auch seine späteren Gewalthandlungen im Projektverlauf rechtfertigen möchte. Er stellt sich damit als einen beherzten Pädagogen dar, der im rechten Moment alle pädagogischen Prinzipien über den Haufen wirft, und wie ein „*Mensch*" handelt und nicht wie ein „*Formalist*" (Makarenko GW 3 1982, 18, 267, Fußnote 5, Bittner/Fröhlich 2008, 7); als einer, der gerade mit dem authentischen Ausdruck heftiger Emotionen und auch mit Gewalt diejenigen erreicht, die sich ansonsten als unerreichbar erweisen würden. Und zwar im ausdrücklichen Gegensatz zu den führenden Pädagogen seiner Zeit, aber auch zu den Vertreter:innen der regionalen Heim-Aufsicht, dem staatlichen Ministerium in Moskau und der Partei. Um es jargonhaft zu formulieren: Im Grunde hält er die Vertreter dieser Organisationen mehr oder weniger für „*Schwätzer*", die von „der Praxis", dem realen Alltag im Heim, keine Ahnung haben, aber ständig über die, die in erster Reihe stehen und unter Zeitdruck handeln müssen, urteilen und sie mit unerfüllbaren und sinnlosen Forderungen traktieren.

Lediglich Strategien der Selbstrechtfertigung und Selbst-Stilisierung? Zum Teil sicher ja, aber nur zum Teil. Makarenko ist aufgrund eigener Erfahrungen wirklich überzeugt davon, dass es situativ notwendig und richtig sein kann, Zwang und Gewalt anzuwenden und drakonische Strafen zu verhängen, entweder um Entwicklungsprozesse anzustoßen oder um eine Grundordnung aufrechtzuerhalten, ohne die andere Formen von zugewandter Pädagogik gar nicht erst zustande kommen. Nicht als Erziehungsmittel, die offizielle Geltung beanspruchen können; nicht als Interventionen, die man jedem Pädagogen/jeder Pädagogin erlauben oder empfehlen kann; eher als eine Art von *Kunstgriff,* der, angewandt in bestimmten Situationen, von wenigen dazu Befähigten, die sich in den Augen der Kinder/Jugendlichen bereits bewährt haben müssen, Wunder zu bewirken vermag (aber in der Hand von mittelmäßigen Pädagog:innen dumm, falsch und schädlich bleiben).

Damit erteilt er Pädagogik im Sinne einer Werte- und Prinzipien-geleiteten Haltungs- und Handlungslehre mit allgemein geltenden Methoden, die sich empirisch-kontrolliert für eine größtmögliche Zahl von Zöglingen als sinnvoll ausweisen (müssen), eine Absage. Er setzt sie dagegen als eine situative Handlungskunst an, die im jeweiligen Moment (er)finden muss, was gerade für ein konkretes Gegenüber passt (vgl. Makarenko in Weitz 1990, 137 und Weitz 1992, 149 ff.). Und das kann alles sein. Wirklich alles!

Freilich stellt diese Überzeugung nur die eine Hälfte seines pädagogischen Credos dar, die erfahrungsbasierte, konfliktgeschulte, immer wieder ratlose, die häufig eher in Form von Geschichten aus dem Alltag und zwischen den Zeilen formuliert wird. Die andere Hälfte besteht auch bei ihm aus Forderungen und Leitlinien, die aus allgemeinen Prinzipien – Kollektiv, Selbstversorgung, Arbeit, Disziplin – abgeleitet werden und den Anspruch erheben eine theoretisch konsistente Erziehungslehre für den Aufbau der kommunistischen Gesellschaft darzustellen. In dieser werden Entgleisungen wie die oben geschilderten dann als Beispiele für die sogenannte „*Explosionsmethode*" stilisiert, obwohl sie doch alles andere als geplant stattgefunden haben (Makarenko GW 5 1982, 264).

Ob und wie stark Makarenko selbst die Spannungen zwischen und die Widersprüche in den beiden von ihm vertretenen, pädagogischen Linien wahrgenommen oder reflektiert hat, muss offenbleiben. Eher scheint es, dass er sich je nach Kontext und Publikum – mündlich/schriftlich, Praktiker:innen/Theoretiker:innen, Parteimitglieder:innen/Mitbürger:innen – mal mehr für die eine, mal mehr für die andere Seite seiner Überzeugungen ausgesprochen hat und sie selbst nicht zur Deckung bringen konnte. Ob man von einem in sich gespaltenen, „*doppelten Makarenko*" (oder mit Blick auf seine Stalin-Elogen gar einem dreifachen) sprechen sollte, möchte ich offenlassen. Für das Bild eines „*ambivalenten und nur lose gekoppelten*" Makarenko möchte ich allerdings dringlich werben (zum Begriff „*lose Kopplung*" siehe Weick 1985 und Baecker 2000, 74).

Mit seiner Alternativbestimmung von Pädagogik erweist sich Makarenko auch heute noch als zugleich verdächtig wie hoch aktuell: Denn auch uns bewegt die Spannung in der Sozialpädagogik zwischen „*strukturierter Offenheit*" und „*Ungewissheit*" auf der einen Seite (Böhnisch/Schroer/Thiersch 2005, Müller 2012, 23, Schwabe 2022a, 238 f.) und damit einem experimentierenden Vorgehen, das aus einem *Nicht-Wissen-Können* entspringt, was eigentlich „*Sache ist*" und was richtig wäre konkret zu tun oder zu lassen; und andererseits dem Anspruch Kinderrechte und fachlich anerkannte pädagogische Leitlinien zuverlässig umzusetzen und ethische Verpflichtungen auch in schwierigen Situationen aufrechtzuerhalten. Auch wir erleben immer wieder Frontstellungen und schwierige Vermittlungen zwischen den Praktiker:innen, die den Erziehungsalltag erleben, erleiden und so gut sie können gestalten und den Vertreter:innen von Behörden, Verbänden und Hochschulen, die scheinbar wissen was richtig ist – und über die Praxen der Praktiker wachen und urteilen. Häufig im gegenseitigen Unverständnis. Daran hat sich seit Makarenkos Tagen wenig geändert…

7.2 Die handelnden Akteure und ihr politisches, soziales und kulturelles Umfeld

1920 stellt für die Ukraine im Rückblick ein entscheidendes Jahr dar: Nach der Oktober-revolution 1917 erlebte das Land einen neunmaligen Wechsel der (provisorischen) Regierungen und der politischen Gesamtausrichtung des Landes, weil der Führungsanspruch der Bolschewiki und die Frage, was zur neuen Sowjetunion gehören sollte, lange strittig und umkämpft bleiben (Aschenbrenner in der SZ vom 19./20.3.2022, Giesecke 1996, Hillig 2002, 483 f.). Am Ende siegte die Rote Armee und übernahm die kommunistische Partei dauerhaft (bis 1991) die Führung des Landes. Das über drei Jahre andauernde Hin- und Her zwischen „Weißen" und „Roten", nationalistischer, sozialistischer, bürgerlicher oder kommunistischer Orientierung, die Hoffnung auf den Westen als Bündnispartner für die eigene Unabhängigkeit und das endgültige Scheitern dieser Hoffnung, aber auch die Kämpfe mit und zwischen marodierenden Banden und der sesshaften Bauernschaft, hatten das Land zutiefst erschüttert und zerrüttet. Nirgendwo wütete der sowjetische Bürgerkrieg (1917 bis 1921) so brutal und vernichtend wie in der Ukraine. Hier fanden die blutigsten Schlachten, die schwersten Epidemien, die meisten Judenpogrome statt (Hillig 2002, 483 f.).

Grausame Übergriffe und Morde aller Kriegsparteien waren an der Tagesordnung. Fast jede Familie hatte Tote zu beweinen, zivile Opfer und in den militärischen Auseinandersetzungen Gefallene. Viele Häuser, ganze Ortschaften waren kriegsbedingt zerstört. Die Produktion von Getreide und Lebensmitteln lag am Boden (Lüpke 2004, 153 ff.). Das prekäre Gleichgewicht, das sich im Zarenreich zwischen ukrainischer Mehrheit und russischer Minderheit etabliert hatte, war mehrfach aus den Fugen geraten, Nachbarn waren zu Feinden geworden und mussten sich nun doch wieder zusammenraufen. Die Zukunft blieb ungewiss, keiner konnte mit Sicherheit wissen oder behaupten, dass die Kämpfe nun vorbei sein würden. Zu alledem zogen Hunderttausende von Eltern- und/oder Wohnungslosen Kindern und Jugendlichen durch das Land (für die gesamte Sowjetunion liegt die Schätzung zwischen 5 und 7 Millionen, Weitz 1992, 18, Giesecke 1996, 35 ff.), häufig in Banden, die aus purem Hunger raubten und plünderten, um sich selbst so gut wie möglich zu versorgen; viele waren unmittelbar Zeugen von Gewalttaten gewesen und würden heute vermutlich als traumatisiert diagnostiziert werden (den Begriff gab es damals noch nicht). Dazu gehört auch, dass Opfer die selbst erlittene Gewalt an Schwächere weitergaben, um sich auf diesem Weg eine Art von Entlastung zu verschaffen.

Die Mehrzahl dieser Kinder muss man sich als verwahrlost vorstellen. Körperlich: Läuse und Krätze waren noch die harmlosesten Symptome dieser Verwahrlosung. Typhus, Tuberkulose, Cholera brachen immer wieder aus. Aber auch seelisch: Familien waren auseinandergebrochen, Elternteile getötet worden oder mit dem eigenen Überleben beschäftigt. Erwachsene wurden von den Kindern zumeist als Feinde und Konkurrenten wahrgenommen; moralische Erwägungen und Mitleid ein Luxus, den man sich nicht leisten konnte. In die Schule gegangen waren viele dieser Kinder jahrelang nicht oder noch nie. Dennoch gab es auch unter diesen Kindern und Jugendlichen einige Krisen-Gewinner, die sich dank der Beute, die sie gemacht hatten, satt essen und schick kleiden konnten und ihr relativ autonomes Leben so weiter führen wollten (Makarenko GW 3, 264 Anmerkung 26, Hillig 2002, 484).

Parallel zur weitgehenden Zerrüttung existierten aber überall in Russland – und auch in der Ukraine – halbwegs sichere Enklaven und verschont gebliebene Zonen, in denen das Leben weitergegangen und man außer dem Wechsel von Fahnen und Parolen unbehelligt geblieben war. In einer solchen Enklave lebte A. S. Makarenko 1919/1920 und arbeitete als Lehrer in einer Elementarschule (Hillig 1988, 212 und 2002, 481). Auch in dieser experimentierte er mit *„sozialer Gruppenarbeit"* wie z. B. in Theaterzirkeln, in denen er Stücke u. a. von V. G. Korolenko (zu den Narodniki gehörend, jener sozialrevolutionären Gruppe des zaristischen Russlands, die Alexander II. ermordete, s. Kap. 4.4) zur Aufführung brachte, aber – auf Anregung seines Bruders hin – auch dem Militär entlehnte Ritualen wie Marschieren mit Musik und Fahnenappell etc. (Hillig 1988, 23, Lüpke 2004, 143). Weil er offensichtlich einen guten Ruf als Lehrer und Schulleiter besaß, wurde ihm die Leitung eines Kinder- und Jugendheimes angetragen (das dann zur Gorkij-Kolonie wurde).

Anton Semenovic Makarenko (geboren am 1. März 1888), wuchs nicht in der Familie eines armen, analphabetischen Arbeiters auf (wie er um 1934 selbst angegeben hatte, um sich eine passende Biographie für seine weitere Karriere im kommunistischen Staat zuzulegen), sondern stammte aus einer standesbewussten bürgerlichen Familie (Hillig 1988, 208; die zusammenhängendste Biographie stammt von Edwards 1991, 55–113). Sein Vater arbeitete bei der Eisenbahngesellschaft als Facharbeiter; dazu muss man wissen, dass Eisenbahner damals in besonderen Siedlungen lebten, versorgt mit elektrischem Strom, die über eigene Schulen, Clubs, Ärzte, Apotheken, Krankenhäuser etc. verfügten (ebd.).

Makarenko sympathisierte – wie die meisten Jugendlichen seiner Zeit – mit den aktuellen anti-zaristischen und revolutionären Bewegungen in Russland, scheint sich dabei aber eher den Sozialrevolutionären als den Bolschewiki oder Sozialdemokraten nahe gefühlt zu haben (ebd., 210). *„Nach dem Scheitern der Revolution von 1905–1907 wandte er sich jedoch […] ganz von der Politik ab und konzentrierte sich auf seine Tätigkeit als Lehrer und seine schriftstellerischen Ambitionen."* (ebd.). Makarenko kannte die russische Literatur und war begeistert von Tolstoi, Turgenjew, Tschechow, aber vor allem von Maxim Gorkij. Auch wenn dieser die Veröffentlichung der ersten Erzählung Makarenkos abgelehnt hatte (Lüpke 2004, 143), blieb Makarenko seinem Vorbild in vielerlei Hinsichten treu und hoffte eines Tages selbst einen Beitrag zur Literatur leisten zu können. Wann auch immer, wie auch immer.

> *„Nach der Oktoberrevolution (1917, M.S.) verhielt sich Makarenko zunächst abwartend."* (ebd.). *„Im Sommer 1920, d.h. ein halbes Jahr nach der endgültigen Etablierung der Sowjetmacht in Poltawa, verfasste Makarenko als (Leiter einer Elementarschule und) Mitglied des Vorstands der Gewerkschaft der Lehrer an russischen Schulen zwei Eingaben zur Verbesserung der Sozialerziehung, organisierte ein Fest zur Eröffnung eines Kinderpalasts und war aktiv an der Reorganisierung der Arbeitsschulen beteiligt"* (ebd., 213).

Zu den *Bolschewiki* Lenins, seinen späteren Brotgebern, Vorgesetzten und Kontrolleuren, gehörte Makarenko damals aber auf gar keinen Fall (eher zu den *Menschewiki*, siehe Hillig 2002, 480). Noch 1922 bekundete er bei einem Antrag für ein Studium in Moskau Sympathie für den Sozialismus, ohne sich selbst als *Kommunisten* zu bezeichnen. Jedenfalls besaß er bis weit in die Dreißiger-Jahre keine Parteizugehörigkeit, beantragte sie spät (1939) und starb über das Warten auf ihre Autorisierung (Hillig 1988, 217) als *„Parteiloser"*.

Mit Sicherheit musste sich Makarenko an das neue Regime anpassen. Auch wenn er vor der Oktoberrevolution durchaus mit revolutionären Ideen sympathisiert hatte, stand er für die *Bolschewiki* auf der falschen Seite, da er für die inzwischen verbotenen *Menschewiki* kandidiert hatte (Lüpke 2004 mit Verweis auf Hillig 1992, 142). So war es ein Gebot der Klugheit möglichen Verdächtigungen präventiv zu begegnen bzw. sich als linienkonform darzustellen. Denn auch wenn es um 1920/21 in der Ukraine noch keine massenhaften „Säuberungen" gab wie zu Zeiten Stalins, denen Millionen Menschen zum Opfer fielen, existierte bereits eine Geheimpolizei und hatte Lenin die Order zum *Roten Terror* gegeben, was bedeutete, dass man als *„Abweichler", „Konter-Revolutionär"* oder *„Bürgerlicher"* verhaftet, gefoltert und getötet werden konnte. Also verheimlichte Makarenko in allen öffentlichen Zusammenhängen einige seiner biographischen Hintergründe: Erstens, dass er einen Bruder hatte, da dieser zu den „Weißen" gestoßen und später nach dem Sieg der „Roten" nach Frankreich emigriert war (Hillig 1988, 15). Zweitens, dass ihm die bürgerliche *„weiße"* Regierung unter Denikin im September 1919 anvertraut hatte die Schule zu führen, die er beim Machtantritt der Bolschewiki leitete (ebd., 212). Drittens, dass er fast 20 Jahre eine Liebesbeziehung mit Elizabeta Fedorovna unterhielt (im Poem heißt sie Ekaterina Grigorevna und wird im Zusammenhang mit dem historischen Kern der Zadorov-Geschichte eine wichtige Rolle spielen). Sein Bruder schreibt dazu: *„Anton Semenovic ließ sich mit ihr nicht kirchlich trauen und später auf dem Standesamt nicht registrieren – offenbar wollte er sich nicht kompromittieren, denn sie war sowohl die Tochter als auch die ehemalige Frau eines Popen"* (ebd., 25). Eine solche Beziehung konnte zur damaligen Zeit tatsächlich Verdacht erwecken und gefährlich werden.

Später verbarg er jahrelang seine Widerstände und erfolgreichen Verhinderungsversuche bezogen auf die Gründung einer Parteizelle in der Kolonie (einer sogenannten *Komsomolzelle*), weil er befürchtete von dieser ausspioniert und nicht-Parteigemäßer Erziehungspraxen überführt zu werden (Makarenko GW 3 1982, 315). Erst als es zur Pflicht gemacht wurde eine solche einzuführen, gab er 1925 dem offiziellen Druck der Partei nach (ebd.). Gleichzeitig war Makarenko immer auf der Suche nach Unterstützer:innen für seine pädagogischen, aber auch literarischen Pläne. Für deren Realisierung war er ab 1928 auch bereit, mit der Geheimpolizei zusammenzuarbeiten (die ebenfalls eine Erziehungseinrichtung gründen wollte) oder Elogen auf Stalin zu verfassen, wobei es sich hier durchwegs um strategische Anpassungen handelte, nicht um Überzeugungen (Hillig 1988,

219 ff. und 1996, Waterkamp 2018). Bevor man ihn dafür verurteilt, sollte man bedenken, dass 20 von 28 Personen, mit denen Makarenko während der Zeit in der Gorkij-Kolonie beruflich zu tun hatte, zwischen 1934 und 1938 inhaftiert und hingerichtet wurden (Hillig 1999, 13). Viele, nachdem sie durch Folter zu Geständnissen erpresst worden waren.

Wie kam die Kolonie zu ihrem Namen? Maxim Gorkij (1860 bis 1936) war zu der Zeit, in der Makarenko die Leitung der Kolonie antrat, einer der bekanntesten Schriftsteller der Sowjetunion. Mit Werken wie *Nachtasyl* (1901) oder *Die Mutter* (1907) hatte er schon zu Zeiten des letzten Zaren eine Popularität gewonnen, die es offiziellen Stellen verbat, ihn, den offenkundig revolutionär gestimmten Schriftsteller, zu verhaften oder festzusetzen. Massenproteste waren mehrfach die Folge solcher Versuche gewesen, weswegen er zu einer Art Ikone wurde mit der man sich besser nicht anlegte. Anfangs unterstützte Gorkij die Revolution mit allen seinen Kräften (Troyat 1987, 21. Kjetsaa 1995).

Gorkij war aber schon vor der endgültigen Machtübernahme auf Distanz zu Lenin gegangen (ebd., 51, Weitz 1990, Hillig 2002, 488). Weder billigte er die brachialen Durchsetzungsstrategien der *Bolschewiki* gegenüber den Mitrevolutionären, noch die Ermordung der Zarenfamilie, noch den Umgang mit Kirche und Religion. Als Mann des Volkes war er überzeugt, dass letztere Quellen darstellten, die für den Aufbau einer neuen Gesellschaft und vor allem für den Erhalt dessen, was gut war an Russland, unverzichtbar seien. Aber weder Lenin noch er ließen es auf einen offenen Konflikt ankommen (Kjetsaa 1996, 112). Gorkij zog sich, eine Tuberkulose war Grund genug, für mehr als acht Jahre nach Deutschland und Italien zurück, von wo aus er weiterarbeitete und Schriftsteller und Künstler unterstützte. Erst 1936 kehrte er ins Land zurück, von Stalin sofort vereinnahmt, gegen dessen Kontrollstrategien er sich vergeblich zu schützen versuchte (ebd., 127 f.). Zwar musste Gorkij, anders als die meisten Schriftsteller:innen und Künstler:innen, die sich nicht eindeutig zu Stalin bekannten, nie um sein Leben fürchten. Sein Ruf und seine Aura schützen ihn auch zu Stalins Zeiten, wahrscheinlich aber auch deswegen, weil er sich von diesem mehr und mehr benutzen ließ.

1922 als Makarenko beschloss Gorkij zu schreiben, um ihn zu bitten Namenspatron für die Kolonie zu werden, muss man sich Gorkij als Liebling des Volkes, aber gleichzeitig als misstrauisch beäugten Abweichler durch die kommunistische Partei vorstellen (Weitz 1990, 23, Hillig 2002, 488). Insofern war es mutig von Makarenko ihn für die Rolle des Namensgebers auszuwählen; andere, parteinähere Empfehlungen dazu hatte er ausgeschlagen. Mutig, aber auch schlau, da er mit Gorkij vermutlich einen Bündnisgenossen gewinnen wollte, dessen Person und Ruf auch ihn selbst schützen können würde, wenn es darauf ankäme. Sicher verehrte Makarenko Gorkij als Schriftsteller und eiferte seinem Vorbild später bis in den Stil und die Sujets hinein nach. Und doch wählte er ihn auch aus strategischen Gründen als Paten aus, die allesamt aufgehen sollten: Gorkijs Name und seine Besuche in der Gorkij-Kolonie brachten Presse und Prestige mit sich

(Weitz 1990, 193, Waterkamp 2018); sein Einfluss sorgte dafür, dass die Kolonie in mancher Hinsicht bessergestellt wurde als andere vergleichbare Einrichtungen.

Aber auch Gorkijs Image erfuhr durch die Kolonie und die Begeisterung, die ihm dort entgegenschlug, eine Aufwertung. Aufgrund seines tatkräftigen Engagements für die heimatlosen Kinder konnte er Stimmen entgegentreten, die ihn auf den schöngeistigen Exilanten reduzieren wollten, der sich im Ausland, auf Capri (!), ein vermeintlich angenehmes Leben machte, während man in seinem Heimatland mit mühevoller Aufbauarbeit beschäftigt war und sich im solidarischen Teilen von Not üben musste. In jedem Fall hat sich die Freundschaft, die sich zwischen den beiden Männern entwickelte, für beide gelohnt, auch wenn Gorkij 1928 die Entlassung Makarenkos trotz seines massiven Intervenierens nicht rückgängig machen konnte. Immerhin war aber Gorkij der Erste, der das Manuskript des *„Pädagogischen Poems"* sofort – und ohne jedes Wenn und Aber – als einen literarisch und pädagogisch wertvollen Text einschätzte und in mehreren Folgen (ab 1932) in seiner Literaturzeitschrift drucken ließ. Natürlich war eine solche Zusammenarbeit zu Beginn ihrer Freundschaft noch nicht vorstellbar, auch wenn man annehmen kann, dass Makarenko ab 1923 mit der Idee schwanger ging, seine Erlebnisse beim Aufbau der Kolonie später auch literarisch zu verarbeiten.

7.3 Projektidee, Träger und Finanzierung

Wusste der 32-jährige Makarenko, was mit der Leitung des *„Hauptkinderheim für moralisch defektive Kinder, Nr.7"* auf ihn zukam (Weitz 1992, 19)? Ja und Nein. Auch wenn Makarenko Lehrer war und über einige Jahre praktische Erfahrungen mit dem Unterrichten und dem Leiten einer Schule besaß, so war er doch auf die Aufgabe, eine Kolonie für mehrere Hundert wohnungsloser und verwahrloster Kinder einzurichten und zu leiten, nicht vorbereitet. Diese Aufgabe wurde ihm angetragen und er nahm sie, wahrscheinlich in einer Haltung aus aufrichtigen Interesses und Optimismus und vermutlich auch mit einem Schuss Naivität, an. Dabei wusste er sich als einer unter vielen, da zeitgleich oder in zeitlicher Nähe „seines" Heimes mehrere solcher Kolonien gegründet wurden. *„Insgesamt gab es deren auf dem Gebiet der Sowjetunion 6.000 mit mehr als 540.000 Insassen."* (ebd.). Makarenko wurde – würden wir heute sagen – verantwortlicher Mitarbeiter eines staatlichen organisierten Notversorgungsprogramms für entwurzelte Kinder und Jugendliche und hoffte darauf, bei der Ausübung seiner Aufgabe gut unterstützt zu werden. Worin er sich immer wieder enttäuscht sah. So schreibt er z. B. über die ersten beiden Jahre:

> *„Zwei Jahre lang mussten wir uns vor allem mit der Gouvernements-Volksbildungsabteilung herumschlagen. Wenn ich einmal ein alter Mann bin, werde ich mich nur mit Entsetzen an diese schreckliche Einrichtung erinnern. Alle zwei Monate wechselten dort die*

Leiter, Inspektoren und Instrukteure, und ein jeder kam mit neuen Formen von Barbarei und Ignoranz, oft in einem unvorstellbaren Ausmaß. Ich spreche schon gar nicht davon, dass keiner von ihnen daran gedacht hat, die Aufmerksamkeit auf den entscheidenden Punkt unseres Lebens zu richten – die Organisation der Versorgung unserer Kinder – und dass kein Einzelner von ihnen die Schinderei der Erzieher wahrgenommen hat." (Makarenko in Hillig 1999, 45).

Träger der Kolonien war das Volksbildungskommissariat im Gouvernement Poltava (Makarenko GW 3 1982, 260). Der von Makarenko geleitete Typ wurde offiziell als *"Kolonie für minderjährige Rechtsbrecher"* bezeichnet (ebd., 261 und 269), wechselte aber immer wieder die Bezeichnung (z. B. *"für moralisch Defektive"*, ebd., 21 f.). Die Versorgung mit Nahrungsmitteln und Kleidung war und blieb über weite Strecken prekär. Makarenko und seine Mitarbeiter:innen mussten, vor allem bei Projektstart, immer wieder das Gouvernements-Versorgungsamt aufsuchen, um dort mit Betteleien und Tricksereien die Basisversorgung sicherzustellen. Die Zöglinge ergänzten das Fehlende durch private Aktivitäten wie Fischfang, aber auch Diebstähle und Betteln etc. (ebd., 24). Etwas später wurde von der Verwaltung eine Art von *Entgelt* eingerichtet und zentral aus der Behörde in Moskau finanziert. Allerdings wurde diese Finanzierung wurde am 15. Juli 1922 im Rahmen der Neuen Ökonomischen Politik schon wieder umgestellt: *"Eine große Zahl von Kindereinrichtungen, die zuvor zentral finanziert und versorgt worden waren, wurden nun den Budgets der lokalen Verwaltungsorgane zugeordnet"*, was massive Konkurrenzen und Verteilungskämpfe zwischen den Einrichtungen, aber mehr noch zwischen den Kindereinrichtungen und allen anderen bedürftigen Institutionen mit sich brachte (Hillig 1999, 33). Es kam noch schlimmer: *"Mitte 1922 halbierte man, weil die Kosten untragbar wurden, die Plätze einfach auf gut 252.000 und warf die anderen Kinder wieder auf die Straße."* (Kamp 1995, 478). Nicht so in der Gorkij-Kolonie, in der Makarenko allen, die bleiben wollten, eine sichere Bleibe organisierte, auch wenn die Versorgung prekär war. In späteren Jahren (ab 1926) kehrte man wieder zu einem klar geregelten Entgelt zurück (Hillig 1994, 12).

Personal und Betreute: Die Anzahl der Erzieher:innen stieg mit der Zahl der Kinder und Jugendlichen, die aufgenommen wurden, aber schwankte im Laufe der Jahre stark. Zu Beginn, im Dezember 1920, startete Makarenko mit zwei Erzieherinnen und einem älteren Wirtschaftsleiter mit sechs (in anderen Quellen zehn) Jugendlichen (Lüpke 2004, 171). Ende 1921 lebten 30 Zöglinge in der Kolonie (Lüpke 1982, 269). 1924 sind es nach Angaben Makarenkos 100 (ebd., 172). 1925 sind es zwölf Pädagog:innen bei 130 Jugendlichen (Lüpke 2004, 170). 1926 erreicht die Kolonie durch die Übernahme von 280 stark verwahrlosten und undisziplinierten Jugendlichen einer anderen Kolonie die Zahl von 400 Mitgliedern (ebd., 172). 1928 galt als offizieller Betreuungsschlüssel 1:10, d. h. bei knapp 400

Kindern und Jugendlichen zwischen 9 und 19 Jahren (Schwerpunktalter 14–17 Jahre) hätten dort 40 Erzieher:innen arbeiten müssen, wobei nur 19 angestellt waren (Hillig 1994, XVI f. und 31).

Warum? Zum einen war es auch damals schon schwierig ausreichend Personal für die Arbeit in einer stationären Einrichtung zu finden, die das Leben und Wohnen vor Ort mit wenigen Tagen Urlaub im Jahr miteinschloss. Gleichzeitig erfolgte während der Phase der *„Neuen Ökonomischen Politik"* eine Entlassungswelle aus Schulen und Heimen, *„so dass viele Lehrer und Erzieher arbeitslos wurden"* (Makarenko, GW 3 1982, 312) und ein Einstellungsstop verfügt wurde. Zum dritten schien es Makarenko vorzuziehen mit wenigen, von ihm als geeignet anerkannten und ihm loyal ergebenen Pädagog:innen zusammenzuarbeiten, als mit einer vollen Besetzung, in der sich mehrere Ungeeignete oder „unsichere Kandidaten" befunden hätten. Genauso wichtig, wenn nicht sogar bedeutsamer, erachtete Makarenko ohnehin Handwerksgesellen oder Agrarökonomen, die tatkräftig bei der Sicherstellung der Versorgung mitwirken konnten.

Das Alter der Zöglinge reichte in der Regel von 12 bis 18 Jahren. Insgesamt haben zwischen 1920 und 1928 circa 2.500 Jugendlichen die Gorkij-Kolonie durchlaufen. Die Gorkij-Kolonie dürfte über mehrere Jahre die erste gewesen sein, die Koedukation in der Sowjetunion einführte (Lüpke 2004, 172, Makarenko GW 3, 1982, 298, Fußnote 12). Die reguläre und erwünschte Verweildauer betrug in der Gorkij-Kolonie etwa zwei Jahre, *„wobei einige erheblich länger verweilen"* (ebd., 173). Mit Blick auf den Eindruck, den die Jugendlichen bei der Aufnahme boten, schreibt Makarenko im Poem:

„Unsere Jungens stellten im Durchschnitt eine Kombination von sehr markanten Charakterzügen und einer sehr niedrigen Kultur dar. Gerade solche wollte man in unsere Kolonie schicken, die speziell für Schwererziehbare bestimmt war. Die allermeisten konnten nur wenig oder gar nicht lesen und schreiben, fast alle waren sie an Schmutz und Läuse gewöhnt. In ihrem Verhältnis zu anderen Menschen nahmen sie stets eine drohende und zugleich abwehrende Haltung ein, und sich selbst fanden sie in der Pose eines primitiven Heroismus am großartigsten." (Makarenko GW 3 1982, 56). Anderseits *„waren diese Kinder gar keine Idioten, im Grund waren es ganz normale Kinder, die das Schicksal in eine unglaublich dumme Lage versetzt hatte."* (ebd., 63 f.).

Auftrag: Der zentrale Auftrag bestand darin, die von der Behörde überstellten bzw. von der Polizei aufgelesenen Kinder und Jugendlichen aufzunehmen, zu versorgen, zu beschulen und zu beschäftigen. Dass es im Lauf von sieben Jahren bis zu 400 Kinder und Jugendliche werden könnten, konnte man anfangs bei der Gründung der ersten Kolonien noch nicht überblicken. Klar dagegen war die Erwartung, wenn nicht Verpflichtung, so bald so vollständig wie möglich zu Selbstversorgern zu werden, d. h. so wenig wie irgend möglich von staatlicher Fremdversorgung abhängig zu bleiben. Konkret bedeutete das: Eine Anfangsausstattung mit Betten, Tischen, Kleidern, Schuhen, Handtüchern etc. wurde gestellt, die Grundnahrungsmittel teilweise vorgehalten (man musste sie selbst an zentralen Stellen abholen). Andere notwendige Existenzmittel wie Holz zum Heizen oder Futter für die Tiere waren vom ersten Tag an selbst zu organisieren. Dem Geschick des Leiters und des Hausmeisters, später auch eines Ökonomen, blieb es überlassen, die Kinder und Jugendlichen so anzuleiten und auszubilden, dass sie selbst mit zu ihrem Lebensunterhalt beitragen konnten. Die Verpflichtung zur raschen Selbstversorgung umzusetzen, schien Makarenko leicht und schwer zugleich: Leicht, weil man darauf bauen konnte, dass Arbeiten-Müssen, um dafür regelmäßig und ausreichend zu essen zu bekommen, vielen Kindern und Jugendlichen als Sinngebung für den Aufenthalt in der Kolonie zunächst einleuchten würde. Schwierig, weil diese Kinder und Jugendlichen mehrere Stunden Arbeit am Tag nicht gewohnt waren und gelernt hatten, sich durch Diebstahl, (Mund-)Raub und Überfälle selbst zu versorgen. Was vielen von ihnen, wenn auch auf prekärem Niveau, durchaus gelungen war. Was ihnen – bei aller Gemeinschaftsbildung in den Banden und alternativen Organisationsformen – dennoch gefehlt hatte, waren ein dauerhaft sicherer und im Winter warmer Ort mit anständiger Verpflegung sowie eine Perspektive für die Zukunft. Nach etwa einem Jahr bilanziert Makarenko rückschauend: *„Gewissenhafte Arbeit war eines der ersten Errungenschaften der Gorkij-Kolonie, die wir viel früher erreichten als ausgesprochen moralische Erfolge."* (ebd., 288). Dieser erste große Fortschritt wird auch in den ersten Untersuchungsberichten bestätigt (siehe unten).

Settingelemente: Damit war klar, dass *Arbeit*, acht Stunden am Tag von Montag bis Samstag, im Sommer zur Erntezeit auch mehr, ein zwingendes, regelmäßiges Settingelement darstellen würde (in dieser Hinsicht weist die Situation der Gorkij-Kolonie viele Ähnlichkeiten mit der von Pestalozzi auf, der ein Gut gegründet hatte, das er mit den ihm anvertrauten Kindern bewirtschaften wollte und auch musste, da andere Formen der Versorgung nicht vorgesehen waren). Makarenko war klar, dass ein *pädagogisches Projekt* mit der Zielsetzung Selbstversorgung ein hohes Maß an *Disziplin* erfordern würde, die durch das Vorbild der Erwachsenen und/oder Kontrolle durch diese alleine nicht herzustellen war. *Disziplin* bedurfte deswegen einer *Organisationsform*, in der die Jugendlichen – oder anfangs zumindest Einzelne von ihnen – Verantwortung dafür übernehmen sollten, dass Arbeitszeiten und -anforderungen eingehalten und die anvisierten Tages-Ziele auch erreicht werden. Er setzte – wie wir das heute bezeichnen würden – also stark auf *Peer-Education*, allerdings auf eine strikt hierarchisch angelegte (Hillig 2002, 494). Die Älteren hielt die neu angekommenen zur Arbeit an. Bereits im zweiten Jahre unterstützten die älteren Zöglinge die Pädagog:innen, „*indem sie eine rote Armbinde am linken Ärmel trugen*" (Makarenko GW 3 1982, 77). Etwas später wählte Makarenko ihm geeignet erscheinende Personen als „*Kommandeure*" aus, die einer „*Arbeitsbrigade*" vorstanden und diese anleiteten. Der

Begriff *Kommandeur* stammt zunächst aus dem Bereich des Militärs, war den Jugendlichen aber auch aus einem anderen Zusammenhang vertraut: auch die Anführer von Banden und Partisaneneinheiten in den Revolutionswirren waren so bezeichnet worden und Makarenko nahm an, dass die Jugendlichen eher diese Bedeutung kannten als die primäre (Lüpke 2004, 188). Makarenko organisierte die Zuständigkeit für bestimmte Aufgaben so, dass es einerseits dauerhafte Zuordnungen wie die für die Bäckerei, Tischlerei oder Schuhmacherei gab, insbesondere in Bereichen, in denen es auf ein höheres Niveau von handwerklichem Können und Erfahrung ankam. Für andere Bereiche wie die Gärtnerei, die Feldarbeit, den Hausmeisterdienst oder die Küche und den Wachdienst nachts gab es andererseits wechselnde Einsatzgruppen, sowohl auf Seiten der Arbeitenden wie der zuständigen Kommandeure. Die *Kommandeure* kann man sich durchaus als Vertraute Makarenkos vorstellen, die mit ihm und den (anfangs) drei Erzieher:innen das Leitungskollektiv, den sogenannten „*Rat der Kommandeure*" bildeten (1923 begonnen mit sechs ausgewählten Jugendlichen, 1927 umfasst der Rat 25 Personen bei einer Gesamtbelegung von 351 Zöglingen; Hillig 1994, 12 ff.). Sicher kam Makarenkos Stimme dort eine hohe Priorität zu, weshalb man von einem zentralistisch gelenkten Führungsgremium sprechen sollte, das im Übrigen durchaus dem Modell der kommunistischen Parteiführung folgte.

Später wurde Makarenko dafür von mehreren Untersuchungskommissionen scharf kritisiert (Hillig 1994, XV ff. und 21 ff.) (siehe hier Kapitel 7.7.). Die für Kinderheime üblichen und später auch vorgeschriebenen *Partizipationsmöglichkeiten* (diesen Begriff gab es damals noch nicht und doch wurde ganz Ähnliches mit anderen Begriffen so gedacht) bestanden in Vollversammlungen, in denen Beschlüsse gemeinsam gefasst und Wahlen für bestimmte Ämter vorgenommen wurden. Makarenko machte nie ein Hehl daraus, dass er diese (für ihn pseudo-)demokratischen Prozeduren für die Entwicklung der von ihm präferierten Koloniekultur nicht für zielführend hielt (Makarenko GW 3 1982, 309): „*Der Wille der Allgemeinheit offenbart sich nicht so leicht. Versammelt man 120 Kinder in einer Vollversammlung so, können diese jeden beliebigen Beschluss fassen, es kommt nur darauf an wer sie beeinflusst.*" Und: „*Keine Gesellschaft, kein Staat, keine Partei kann sich auf den Willen der Masse stützen; jede gesunde Disziplin beruht auf einem System von Vollmachten, die von höher stehenden Organisationseinheiten an die hierarchisch darunter stehenden weitergegeben werden.*" (Makarenko GW 1 1976, 765).

Zum Aufbau und zur Absicherung von *Disziplin* wurden in der Gorkij-Kolonie drei Settingelemente eingeführt, auf die andere Kolonien verzichteten. Dazu zählten zum einen *militärische Rituale* wie das Strammstehen, Exerzieren und das Marschieren in Formation; der morgendliche Fahnenappell, zu dem alle antreten mussten und die Tageseinsatzbefehle verkündigt wurden; der Fanfarengruß am Morgen und Aufmärsche mit Musikunterstützung. Anfangs fanden diese Rituale noch mit Holzgewehren statt, später mit echten Waffen (Hillig 2002, 503 ff.):

Makarenko hatte schon zusammen mit seinem Bruder an der Schule in Poltawa entdeckt, dass den Kindern/Jugendlichen solche militärischen Übungen Freude machen. Vermutlich konnten sie sich auf deren spielerischen Charakter einlassen, sie mit Phantasien kombinieren („ich werde später einmal Soldat") und erfuhren die disziplinierende Funktion wie nebenbei. Wie wir später noch sehen werden, war Makarenko ein Meister darin, spielerische und sozialisierende Funktionen von Tätigkeiten miteinander zu verbinden (s. Kap. 7.5.5). Die Anlehnung an das Militär fand seinen Ausdruck auch darin, dass die einfachen Arbeiter „*Soldaten*" genannt wurden, die von *Kommandeuren* angeleitet wurden. Der Name „*Kolonist*" wurde erst nach einer Zeit verliehen, wenn man zum anerkannten Mitglied des Kollektivs geworden war.

Ein weiteres Settingelement stellten *Strafen* dar, die – anfangs noch von Makarenko – später von einem *Kameradschaftsgericht* verhängt wurden, dem neben vier Jugendlichen auch ein Erzieher angehörte. Dieses Gericht konnte annehmbare, faire, aber auch fragwürdige Urteile fällen, wie einen oder zwei Tage ohne Essen (siehe Untersuchungsbericht London unter f; einmal auch einen Monat bei Wasser und Brot ohne Befreiung von der Arbeit; Makarenko GW 3 1982, 270, Fußnote 8, und 271, Fußnote 16, und Hillig 1994). Aber auch die *Kommandeure* konnten spontan Strafen verhängen und führten die meist sofort, d. h. am Ort der Verfehlung, aus. Dazu zählte immer wieder auch „*eins in die Fresse*" (wir kommen ausführlich darauf zurück; Hillig 2002, 449 ff.). Die ultimative Strafe bestand in der Entlassung aus der Kolonie, die nur Makarenko persönlich vornehmen konnte. Dabei wurde den Entlassenen eine Summe Geld mitgegeben für die ersten Tage. Gleichzeitig wurde den meisten von ihnen gestattet nach frühestens zwei Wochen zurückzukommen und um Wiederaufnahme zu bitten. Straff organisiertes Arbeiten im Kollektiv, das von Erwachsenen aktiv durch Mitarbeit unterstützt wurde, Maßnahmen zur Erhöhung der Disziplin, Sanktionen und der „Freie Tag" zum Ausruhen, Schwimmen, Angeln, Eislaufen etc. sind im Lauf der Jahre zu den vier zentralen Settingelementen der Kolonie geworden (ab 1924/25).

In den ersten Jahren stellte der Kontakt zu Makarenko, die direkten Begegnungen mit ihm, sicher ein entscheidendes Settingmerkmal dar, wie auch die gemeinsam mit ihm und den Erzieher:innen verbrachten Abende mit Vorlesen, Spielen oder Theateraufführungen (Makarenko GW 3, 153, 189, 240 etc.; Lüpke 2004, 145). Sicher stellte ein so intensives Zusammensein mit Erwachsenen für viele Kinder und Jugendlichen eine neue Erfahrung dar. Makarenko wurde für viele Jugendliche der ersten und zweiten Generation zum bewunderten Vorbild, für viele zu einer Art von Vaterersatz, in jedem Fall aber zur respektierten Autorität, deren Anerkennung man erwerben wollte und/oder mit dessen persönlichen Interventionen man zu rechnen hatte.

In diesem Zusammenhang kann auch der Pate der Kolonie Maxim Gorkij als ein *Settingelement* betrachtet werden; nicht nur, weil seine Bücher in der Kolonie (vor)gelesen und lebhaft diskutiert wurden, sondern weil viele Zöglinge davon beeindruckt waren, dass ein so berühmter Mann Anteil an ihrem Leben und der Einrichtung nahm, die Zöglinge in seinen Briefen an Makarenko grüßen ließ und die Kolonie alle zwei, drei Jahre besuchte. Die *„schlimmste"* Strafe in den Augen vieler Zögling war, so Makarenko, die namentliche Meldung eines Vergehens an den Namenspatron der Einrichtung (Makarenko GW 3 1982, 303 und Hillig 2002, 488 f.).

Eine Besonderheit der Kolonie bestand darin, dass dort von Anfang an Jungen und Mädchen gleichermaßen aufgenommen wurden und miteinander lebten und arbeiteten (Makarenko GW 3 1982, 298) – etwa im Verhältnis zwei Drittel zu ein Drittel. Schulunterricht fand anfangs gar nicht statt und in späteren Jahren nur im Winterhalbjahr (ebd., 77). Das ist insofern erstaunlich, da Makarenko selbst Lehrer war. Aber es zeigt eben auch, wie er angesichts der prekären Versorgungslage Prioritäten setzten musste.

Gut achtzehn Monate nach Projektstart, am 22. September 1922, wurde die Gorkij-Kolonie das zweite Mal visitiert. Der zuständige Mitarbeiter – heute würden wir sagen: der „Heimaufsicht" – hieß Kotelnikov, war Heil- und Sonderpädagoge (damals Defektologe) genannt, ein Mann vom Fach. Seine Stelle war im Volkskommissariat für Bildung angesiedelt. Er selbst bekleidete den Rang eines Oberinspektors, dem wiederum zwei Gebietsinspektoren zur Seite standen. Die Gorkij-Kolonie hat er persönlich inspiziert und bezeichnete sie als die *„beste der von ihm besuchten sieben Einrichtungen"* (Hillig 1994, 6). Er verwies darauf, dass alle Kinder (damals 77, ebd., 6) in Abteilungen mit einem gewählten Vertreter an der Spitze integriert sind, der *„für die ordnungsgemäße Ausführung der Arbeit seiner Abteilung Verantwortung trägt"* (Makarenko GW 3 1982, 231 f.).

Außerdem weist Kotelnikov darauf hin, dass dort eine Ausbildung in militärischer Formation eingeführt worden sei, was den Zöglingen sehr gefalle und sich positiv auf die Aufrechterhaltung der Disziplin auswirke. Makarenko wird in diesem Bericht als *„ein sehr energischer, lebhafter Mensch, geschickter Pädagoge und Ökonom"* bezeichnet. Aufgrund seiner Beobachtungen schlägt Kotelnikov abschließend vor *„den Stellenplan entsprechend zu revidieren, die Instandsetzungen finanziell zu unterstützen und ein Gesuch zur Übergabe der ehem. Trepkeschen Mühle […] an die Kolonie zu unterstützen."* (ebd.). Alles Empfehlungen, die von fachlicher Zustimmung und Wohlwollen sprechen (ebd., 44). „*Er erreichte schließlich, dass die Kolonie Anfang 1923 als Versuchs- und Mustereinrichtung auf das zentrale Budget der Republik überging", was die finanziellen Möglichkeiten und Spielräume der Kolonie beträchtlich erweiterte"* (ebd., 314, Fußnote 20, und Hillig 1999a und 1994).

Makarenko wird das als Erfolg verbucht haben; auch als einen persönlichen. Trotzdem muss es ihm ähnlich wie Tolstoi gegangen sein (s. Kap. 4). Trotz aller Erfolge stellten sich ihm vermutlich tausend pädagogische Fragen und begleiteten ihn wohl ständige Zweifel. Deshalb reichte er nach der ersten positiven Begutachtung einen Antrag auf ein Studium in Moskau ein, der bewilligt wurde und das er berufsbegleitend absolvieren wollte. Nach nur sechs Wochen musste er es allerdings aufgeben und zurückkehren: Es war zu bedrohlichen Situationen in der Gorkij-Kolonie gekommen. Der Chef fehlte und musste vor Ort präsent sein, damit die Kolonie nicht in Anomie zurückfiel (Lüpke 2004, 144).

In einem Untersuchungsbericht aus dem Jahr 1924, die von einem Staatsanwalt namens London verfasst wurde (der alle Kolonien des Distriktes besuchte, nicht weil es Beschwerden oder Unregelmäßigkeiten gab, sondern weil man von seiner, ansonsten nicht in Erziehungsgeschäfte verwickelten Behörde ein unabhängiges Urteil erwartete) können wir lesen, wie erfolgreich das oben skizzierte Grundprogramm inzwischen umgesetzt worden war: *„Die Kolonie stellt einen schönen Ort dar, wo die Zöglinge wirklich die erforderliche Entwicklung nehmen und zu wirklichen Kolonisten werden, die begreifen, was „Arbeit" ist und Schmarotzer verachten."* (Hillig 1994, 11).

Bereits ab dem Herbst 1923 war eine beinahe vollständige Umstellung auf Selbstversorgung erreicht worden (ebd., 53). 1924 lebten 109 Zöglinge in der Kolonie (ebd., 10). Mit Blick auf Makarenko wurde ihr von London eine gute Führung bescheinigt (ebd., 24): Man verfüge dort – so heißt es im Bericht – über 56 Schweine, 60 Kaninchen, 4 Pferde (ebd., 10). In der Bäckerei buken Zöglinge selbstständig für den Eigenbedarf; das Korn dazu bekämen sie von einer saisonalbedingt unterschiedlich großen Gruppe von Jugendlichen geliefert, die es auf den Kolonie-eigenen Feldern ansäen, pflegen und ernten mussten. Dazu gehöre auch das Pflügen der Felder mit den Pferden. 173 Jugendliche seien mittlerweile wieder entlassen worden. Die meisten davon regelhaft und offiziell, weil sie z. B. das zwanzigste Lebensjahr erreicht hätten. 20 davon seien an die Arbeiterfakultät zu einem Fachstudium aufgebrochen, 14 wären in eine Militärschule eingetreten, um später bei der Roten Armee zu dienen (ebd.). Wenn man das liest, kann man ermessen, was Makarenko und sein Team in den ersten Jahren des Aufbaus geleistet hatten. Kein Wunder, dass sich der positive Ruf der Kolonie bis nach Moskau herumsprach und ganze Scharen von Besucher:innen diese besichtigen oder dort hospitieren wollten. Glaubt man Makarenko, waren es u. a. diese von ihm sogenannten *„Pilgerfahrten"*, die ihn dazu motivierten 1926 mit der Kolonie nach Kurjaz umzuziehen, um dort mehr Platz zu bekommen und näher an einer mittelgroßen Stadt mit Eisenbahnanschluss zu liegen (Hillig 2002, 482, Hillig 1999, 100).

Um ansatzweise zu greifen, wie mühsam und konfliktreich, aber auch wie inspirierend und gemeinschaftsbildend die tägliche Arbeit in der Kolonie war und wie kreativ die immer wieder entstehenden Engpässe und Notlagen bewältigt wurden, liest man das am besten im *Pädagogischen Poem* Makarenkos nach (etwa auf den Seiten 19–25, 42–44, 48–52, 81–101, 186–192 etc. in Makarenko GW 3 1982). Angemerkt werden muss allerdings schon hier, dass der Eindruck, den die Kolonie auf Externe machte, nicht so „rosig" bleiben sollte. Später werden wir uns mit sehr viel kritischeren Berichten beschäftigen, die aus den Jahren 1927 und 1928 stammen.

7.4 Ausübung von Gewalt durch Makarenko in der Gründungsphase des Projekts

In diesem Kapitel beschäftigen wir uns mit einer von Makarenko im *Poem* geschilderten Gewalttat (7.3.1) und ordnen sie bezogen auf den Schweregrad der Verfehlung ein (7.3.2). Anschließend analysieren wir wie Makarenko diese Gewalttat im *Pädagogischen Poem* einrahmt bzw. welche Darstellungsstrategien er dort verwendet, um sein Verhalten zu rechtfertigen (7.3.3). Ans Ende platzieren wir zwei *Exkurse*: einen über die „wahren" Hintergründe der Zadorov-Episode und einen über die (zumindest von mir behauptete) humanistische Grundhaltung Makarenkos. Ich lasse in diesem Kapitel Makarenko ausführlich zu Wort kommen, so ausführlich wie sonst keinen anderen, weil ich überzeugt davon bin, dass man ihn selbst gehört haben muss, um einen Zugang zu dem zu finden, was das Zentrale in diesem Kapitel ist: die Frage nach der Legitimität von Gewalt.

7.4.1 Die Gewalttat und Androhungen weiterer Gewalt

Im *Poem* heißt das Kapitel, in dem Makarenko seine Verfehlungen schildert: „*Die unrühmlichen Anfänge der Kolonie*" (Makarenko GW 3 1982). Am 4. Dezember 1920, also mitten im Winter, wurden die ersten sechs Zöglinge überstellt (ebd., 264, Fußnote 22). Makarenko schildert ihre Ankunft in der erst halbfertig eingerichteten Kolonie und ihre Begrüßung während eines Mittagessens im Speisesaal:

„*Ich hielt eine Ansprache über ein, neues auf Arbeit gegründetes Leben, darüber, dass man das Vergangene vergessen müsse und stets nur vorwärtsschreiten solle. Die Zöglinge hörten mir kaum zu, flüsterten dauernd miteinander, und mit spöttischem Lächeln musterten sie verächtlich die kasernenmäßig aufgestellten Feldbetten. […] Mitten in meiner Ansprache sagte Zadorov plötzlich ganz laut zu einem seiner Kameraden: ‚Durch Dich sind wir in dieses Schlamassel geraten.'"* (ebd., 10).

„*Den Rest des Tages widmeten wir uns den Plänen für unser weiteres Leben. Die Zöglinge hörten sich jedoch meine Vorschläge mit höflicher Lässigkeit an. Sie hatten nur eines im Sinn: so schnell wie möglich wieder von mir wegzukommen.*" (ebd.). „*In den ersten Tagen kränkten sie uns nicht einmal, sie beachteten uns einfach nicht. Gegen Abend gingen sie ungehindert aus der Kolonie weg und kehrten erst am nächsten Morgen wieder zurück. […] Nach einer Woche wurde Bendjuk wegen eines in der Nacht begangenen Raubmordes von einem Angehörigen des Gouvernements-Kriminalamts festgenommen.*" (ebd., 11).

„*An den langen Winterabenden war es in der Kolonie ganz unheimlich. Die Beleuchtung bestand nur aus zwei schwachen Petroleumlampen – eine im Schlafraum und eine in meinem Zimmer. In jenem Jahr setzen die Schneestürme früh ein, der Hof der Kolonie war mit Schneewehen bedeckt, und es war niemand da der die Wege, freischaufelte. Ich bat die Zöglinge darum, aber Zadorov sagte zu mir: ‚Die Wege könnte man schon freischaufeln, aber warten wir doch lieber bis der Winter vorbei ist, sonst schaufeln wir alles frei, und es schneit dann doch wieder. Verstehen Sie?' […] Er lächelte freundlich ging zu einem seiner Kameraden und hatte mich schon vergessen. Zadorov stammte aus einer Intellektuellenfamilie – das sah man sofort. Er sprach ein gutes Russisch und sein Gesicht zeichnete sich durch jene jugendliche Frische aus, wie man sie nur bei gut genährten Kindern findet. Volochov war ein ganz anderer Typ. Breiter Mund, breite Nasem weit ausstehende Augen – das alles und eine besonders feiste Beweglichkeit ergaben zusammen das Gesicht eines Banditen. Volochov hielt die Hände stets in den Taschen seiner Reithose, und in dieser Pose, trat er nun auch zu mir, der ich immer noch hoffte: ‚Nun man hat Ihnen doch gesagt, dass…'. Ich verließ den Schlafraum und der Zorn legte sich wie ein schwerer Stein auf meine Brust."* (ebd., 12).

Makarenko und ein Gehilfe (Kalina Ivanovic) machen sich nach dieser Abfuhr selbst ans Aufräumen des Schnees.

„Wir waren mit dem ersten Weg fast fertig, als Volochov und Taranec ihn betraten um in die Stadt zu gehen. „Das ist ja prima" sagte Taranec fröhlich. Hätte schon längst mal gemacht werden müssen', pflichtete ihm Volochov bei. Kalina Ivanovic stellte sich ihnen in den Weg: ‚Was heißt hier „prima"?, Du Lump wolltest nicht arbeiten und denkst wohl ich werde das für dich tun. Hier wirst du nicht gehen, du Parasit. Steig in den Schnee, sonst kriegst du eins über mit der Schaufel!'. Volochov ging weiter. Kalina Ivanovic holte mit der Schaufel aus, aber in demselben Augenblick flog die Schaufel weg in den tiefen Schnee, die Pfeife flog in die andere Richtung und bestürzt konnte Kalina Ivanovic die Burschen nur noch mit Blicken verfolgen, wie sie ihm von weitem zuriefen: ‚Die Schaufel musst du dir wohl selbst holen müssen'. Lachend gingen sie in die Stadt." (ebd., 13).

„Unser Leben wurde traurig und schwer. Auf der Hauptstraße nach Charkow hörte man jeden Abend Schreie „Hilfe!". Die beraubten Bauern kamen zu uns und baten unter Wehklagen verzweifelt um Hilfe." (ebd.). *„Die ersten Monate in der Kolonie waren für mich und meine Kollegen nicht nur Monate der Verzweiflung und hilfloser Anstrengungen, es waren auch Monate des Suchens nach der Wahrheit. Noch nie in meinem Leben habe ich so viele pädagogische Literatur gelesen wie im Winter 1920. Das wichtigste Resultat dieser Lektüre war für mich aber diese Einsicht: Ich war zutiefst von dem Gefühl durchdrungen, dass ich mich beeilen musste, dass ich keinen einzigen Tag mehr verlieren durfte. Die Kolonie glich immer mehr einem Ganovenasyl, einer richtigen Diebeshöhle; in ihrem Verhalten zu den Erziehern wurden die Zöglinge immer höhnischer, immer frecher. Schon begannen sie in Gegenwart der Erzieherinnen Zoten zu erzählen, barsch verlangten sie ihr Mittagessen, bewarfen sich im Speisesaal mit Tellern, demonstrativ spielten sie mit ihren finnischen Messern herum und fragten jeden spöttisch nach seiner persönlichen Habe."* (ebd.).

„*Ganz entschieden weigerten sie sich Brennholz für die Öfen zu schlagen, und in Gegenwart von Kalina Ivanovic brachen sie das Holzdach des Schuppens ab. Sie taten es mit freundlichen Scherzen und mit Lachen: ‚Solange wir hier sind, reicht es!' Und da geschah es. Ich konnte mich auf dem pädagogischen Seil nicht mehr halten. An einem Wintermorgen erteilte ich Zadorov den Befehl, für die Küche Brennholz zu schlagen. Ich bekam die übliche frech-fröhliche Antwort: ‚Mach's doch selbst, ihr seit genug Leute hier'. Das war das erste Mal, dass sie mich duzten. Von Zorn erfüllt und beleidigt, durch die vorhergehenden Monate zu Verzweiflung und Raserei gebracht, holte ich aus und schlug Zadorov ins Gesicht. Ich schlug fest zu, er konnte sich nicht auf den Beinen halten und flog gegen den Ofen. Ich schlug ein zweites Mal zu, packte ihn am Kragen, zog ihn hoch und schlug noch ein drittes Mal zu. Ich sah plötzlich, dass er furchtbar erschrocken war. Kreidebleich, mit zitternden Händen, setzte er hastig seine Mütze auf, dann nahm er sie wieder ab und setzte sie wieder auf. Ich hätte ihn wahrscheinlich noch weiter geschlagen, aber er flüsterte leise, stöhnend: ‚Verzeihen Sie, Anton Semenovic'. Mein Zorn war so wild und maßlos, dass ich spürte: Wenn jemand nur ein Wort gegen mich sagt, dann stürze ich mich auf sie alle, ich werde sie umbringen, ich werde dieses Banditenpack vernichten. In meinen Händen hielt ich plötzlich einen eisernen Schürhaken. Alle Zöglinge standen schweigend neben ihren Betten. Burun beeilte sich seinen Anzug etwas in Ordnung zu bringen.*" (ebd., 14).

„*Ich drehte mich zu ihnen herum und schlug mit dem Feuerhaken auf eine Bettkante: ‚Entweder ihr geht alle sofort in den Wald, zur Arbeit, oder ihr verschwindet aus der Kolonie und schert Euch zum Teufel'. Und verließ den Schlafraum. Ich ging zum Schuppen, wo unser Gerät aufbewahrt wurde, nahm eine Axt und schaute finster zu, wie die Zöglinge Äxte und Sägen herausholten. Blitzartig kam mir der Gedanken, dass es wohl besser wäre an diesem Tag kein Holz zu schlagen und den Zöglingen keine Äxte in die Hand zu geben, aber es war schon zu spät – sie hatten bereits alles, was sie brauchten. Ganz egal, ich war auf alles gefasst und beschloss mein Leben so teuer wie möglich zu verkaufen. In meiner Tasche hatte ich ja noch den Revolver. […] Wir gingen in den Wald […]. Zu meinem Erstaunen ging alles gut*" (ebd., 15).

„*In der Pause rauchten wir verlegen von meinem Machorkavorrat, Zadorov blies den Rauch bis zu den Wipfeln der Kiefer empor. Plötzlich brach er in Lachen aus: ‚Das war prima, ha, ha, ha, ha!'*
‚*Was war prima? Die Arbeit?*'
‚*Die Arbeit natürlich auch. Nein, dass, wie sie mich vertrimmt haben!*"
Zadorov war ein großer und starker Bursche, und er hatte allen Grund zu Lachen. Ich hatte mich sowieso schon gewundert, wie ich es wagen konnte, einen solchen Riesen anzurühren.

Er brach in Lachen aus, und, immer noch lachend, nahm er eine Axt und ging wieder an die Arbeit." (ebd.). „*Wir aßen zusammen zu Mittag, mit Appetit und mit Scherzen, ohne das, was am Morgen vorgefallen war, zu erwähnen. Dennoch war mir nicht ganz wohl zumute, ich hatte aber schon beschlossen, nicht nachzugeben, und nach dem Essen traf ich überzeugt meine Anordnungen. Volochov lachte selbstgefällig, doch Zadorov kam mit sehr ernstem Gesicht zu mir: „Wir sind nicht so schlecht, Anton Semenovic! Es wird noch alles gut. Wir verstehen..."* (ebd., 16).

Zadorov lacht: Er trägt es Makarenko nicht nach von diesem geschlagen worden zu sein. Und Makarenko wundert sich, gegen wen er da übergriffig geworden ist: einen deutlich stärkeren jungen Mann als er selbst. Diese Wende geht in der Darstellung von Makarenko eindeutig von Zadorov aus. Die Arbeit an der frischen Luft tut sowohl den Jugendlichen als auch dem eben noch hocherregten Makarenko gut und dass der Leiter mit ihnen seinen Tabak(ersatz) teilt, wird den Jugendlichen auch gefallen haben. Zudem haben wir hier wieder ein kleines Bravourstück in der literarischen Darstellung: nicht *dass* Makarenko ihn geschlagen hat bringt Zadorov zum Lachen, sondern *wie*. Und er nennt es umgangssprachlich *vertrimmt*. Zadorov kann die Szene wie von außen betrachten und im Nachhinein quasi das Filmische oder Slapstickhafte daran sehen: den bebrillten, nicht sonderlich starken, aber aufgebrachten Makarenko mit hochrotem Kopf und sich selbst, einen gestandenen Kerl, der plötzlich überrascht am Boden liegt. Der Witz ist: Wie es der Schwache versteht den Starken zu besiegen. So wie es Zadorov im Lauf seiner Bandenkarriere wahrscheinlich auch immer wieder gelungen war, stärkere Gegner mit Mut und Gewandtheit zu überraschen und auszuschalten. Weil er das kennt, nimmt er es diesem Leiter nicht übel. Er und dieser Makarenko haben mehr gemeinsam als gedacht. In bestimmter Hinsicht sind sie aus einem Holz geschnitzt. Er kann das Niedergeschlagen Werden als eine witzige Episode erinnern, die seiner Ehre keinen Abbruch tut und die er noch etliche Male zum Besten seiner überraschten Zuhörer geben wird. So viel Souveränität kann er sich leisten. Das schreibt Makarenko nicht, aber das deutet er an und lässt es zwischen Zeilen mitlaufen...

Aber mehr noch: Zadorov lacht nicht nur, er sieht es auch ein. Er geht als Erster der Jugendlichen auf Makarenko zu und wirbt dabei für sich und seine Kumpane: „Wir sind keine schlechten Kerle!". „Wir legen Wert darauf, was Sie von uns denken!" Und: „Auch mit uns ist es durchaus möglich etwas aufzubauen". Seine ungelenken Worte zeigen, dass er bereit ist mit Makarenko ein *Arbeitsbündnis* einzugehen.

So weit der Text aus dem Pädagogischen Poem in der Fassung von 1935 (Makarenko GW 3 1982).

7.4.2 Als wie schwerwiegend muss man seine Verfehlungen beurteilen?

Rekapitulieren wir die wichtigsten Fakten rund um diesen ersten Gewaltausbruch:

- es handelt sich um den Beginn der Arbeit in der Kolonie;
- die Jugendlichen sind von der Polizei aufgegriffen und überstellt worden. Sie haben sich die Kolonie als Lebensort nicht ausgesucht und sehen dort keine Zukunft für sich;
- es handelt sich um Jugendliche, von denen mehrere bereits mehrfach in Raub, Körperverletzung, Todschlag etc. verwickelt waren. Ihr Gewaltpotential muss man als hoch einschätzen;
- sie weigern sich mitzuarbeiten und lassen sich versorgen oder versorgen sich mit so wenig Aufwand wie möglich selbst;
- zudem gehen sie aus der Kolonie heraus weiter kriminellen Aktivitäten nach (nächtliche Überfälle) und versetzen die Bauern in der Umgebung in Angst und Schrecken;
- auch in der Kolonie verhalten sie sich zunehmend respektlos; sie kränken und bedrohen die MitarbeiterInnen und scheinen den Eindruck zu haben, dass diese ihnen nichts zu bieten, aber auch nichts entgegenzusetzen haben.

Das ist die Situation, in der Makarenko Zadorov, der als Anführer der Jugendlichen gelten kann, vor den Augen seiner Kameraden mehrfach niederschlägt, womit er alle so beeindruckt, dass sie mit ihm in den Wald zur Arbeit gehen und der Geschlagene deutlich macht, dass er ihm die Gewalt nicht nachträgt. Also ist doch alles gut? Wo kein Kläger, da kein Richter!

Damit würden wir den *sozialen Ort* unterschlagen, an dem diese Gewalthandlungen stattgefunden haben: In einer öffentlichen Einrichtung eines vor kurzem gegründeten Staates, der ein neues, besseres Leben für alle Bürger:innen erreichen möchte – auch für seine Minderjährigen und deswegen für Schulen und Erziehungseinrichtungen, nicht anders als heute, Aufsichtsbehörden eingerichtet hat. Für die dort Amtierenden gäbe es drei gute Gründe Makarenko als Leiter zu entlassen und vor Gericht zu bringen: Er übt Gewalt gegen Schutzbefohlene aus; er gerät in einen für ihn unkontrollierbaren Affekt, von dem er selbst einräumt, dass er in ihm in der Lage gewesen wäre weitere Personen zu verletzen oder gar zu töten; er maßt sich an, die von der Behörde eingewiesenen Jugendlichen wegzuschicken bzw. ihnen die Möglichkeit zu geben, die Kolonie zu verlassen.

Das waren auch damals schwere Verfehlungen, die sofort mit den schärfsten Maßnahmen, Kündigung und Anzeige, beantwortet worden wären. Völlig unabhängig davon was die Jugendlichen über die Episode und ihre affektiven Begleitumstände ausgesagt hätten. Makarenko wäre damit als Leiter untragbar gewesen. Und damit wird – im Rahmen seiner eigenen literarischen Darstellung – klar, dass er eine weitere Ungesetzlichkeit begangen hat: Er hätte sein Verhalten selbst dokumentieren und seine Vorgesetzten bzw. die Behörden davon informieren müssen. Das hat er unterlassen, weil er genau wusste, was die Konsequenzen gewesen wären.

7.4.3 Der doppelte Legitimationsrahmen

Wie stellt Makarenko im Poem den Vorlauf der Szene und ihren weiteren Ablauf dar? Zur Konstruktion der *ersten Rahmung* stellte Makarenko dem *Poem* und damit dem ersten Kapitel über die „Unrühmlichen Anfänge" ab seiner zweiten Ausgabe (1935) einen Vorspann voraus, vermutlich als Reaktion auf die Kritik, die anlässlich der ersten Auflage in der Zeitschrift Gorkijs (1934) auch an der Gewaltepisode geübt worden war. Ihr folgen zahlreiche andere Schilderungen, die direkt oder indirekt zu der eigentlichen Episode Stellung beziehen.

Zunächst zum Vorspann, der im *Poem* schlicht Kapitel 1 heißt: *„Im September 1920 bestellt mich der der Leiter des Gouvernements-Volksbildungsamtes zu sich […]"*. Dieser kennt Makarenko als einen engagierten Schulleiter, der sich schon häufig darüber beschwert hat, dass es seiner Schule am Nötigsten fehlt und der dort trotzdem seinen Mann steht. Für ihn stellen die meisten Lehrer:innen/Pädagog:innen bequeme Menschen dar, die nicht bereit sind unter den schwierigen Revolutionsbedingungen engagiert und mit beherztem Improvisieren die neue Gesellschaft aufzubauen. Auch nicht die dringend erforderlichen Erziehungskolonien für jugendliche Straftäter. Makarenko signalisiert, dass er dazu durchaus bereit wäre. Beide stimmen rasch in dem Punkt überein, dass es sich um eine neuartige Aufgabe handelt, die sich auf kein historisches Beispiel beziehen kann:

> *„,Das heißt, dass man den neuen Menschen auf eine neue Weise schaffen muss.'* (Makarenko antwortet, M.S.) *,Aber niemand, weiß wie….'*
> *,Auch du weißt es nicht?'* (fragt der Vorgesetzte, M.S.)
> *,Auch ich weiß es nicht!'*
> *,Also hier bei mir, da gibt es welche, im Volksbildungsamt, die es wissen…'*
> *,Aber dranmachen wollen sie sich nicht?'*
> *,Das wollen sie nicht, diese Halunken, da hast du Recht!'*
> *,Aber wenn ich mich dranmache, dann würden sie mich ins Grab bringen. Was ich auch tun würde, immer würden sie sagen. So nicht!'*
> *,Das würden sie sagen, die Schufte, da hast du recht!'*
> *,Und Sie, Sie würden denen glauben und nicht mir …'*
> *,Nein ich würde denen nicht glauben, ich würde sagen: Hättet ihr euch doch selbst dran gemacht!'* *,Nun, und wenn ich es wirklich falsch machen würde?'*
> *Der Leiter des Gouvernements-Volksbildungsamtes schlug mit der Faust auf den Tisch: ,Was kommst du mir dauernd mit deinem Falsch-machen, Falsch-machen. Nun, dann machst du es eben falsch. Was willst du eigentlich von mir? Meinst du ich verstehe das nicht? Mach's falsch, aber gemacht werden muss es. Dann wird man ja sehen!'"* (Makarenko GW 1 1976, 4).

Liest man diese Auftragserteilung in Zusammenhang mit der Gewaltepisode, bekommt sie folgende Bedeutung: Schaut her liebe kritische Leser, so klar war es am

Anfang, dass es sich um eine schwierige Mission handelt, die mir da angetragen wurde, die kein anderer in Angriff nehmen wollte. Mein Vorgesetzter war sich darüber vollkommen in Klaren: Ich sollte diese Aufgabe anpacken in dem gemeinsamen Wissen, dass es sich um eine völlig neue Aufgabe handeln würde, für die die richtige Haltung und die angemessenen Handlungen erst noch entwickelt werden mussten. Aber noch mehr: Von vorneherein war klar, dass es viele kritische Beobachter:innen geben würde, die an mir und meinen Handlungen herumnörgeln würden: typische Bedenkenträger und Klugschwätzer (Schufte/ Halunken), die immer alles besser wissen, aber nichts selbst tun wollen. Mein Vorgesetzter hat mir aber zugesichert, dass er zu mir stehen würde. Und dass auch Fehler – oder das, was meine Kritiker:innen als Fehler betrachten könnten – nicht dazu führen würden, dass ich gerügt oder entlassen werde. Er stand hinter mir und gab mir angesichts der zu erwartenden Probleme eine Art von Handlungsvollmacht.

Damit löst Makarenko das Problem, dass er für eine Behörde arbeitet, die sich an Vorschriften und Gesetze halten muss. Aber wenn selbst der Vorgesetzte und Behördenleiter zugibt, nicht zu wissen wie die Aufgabe zu lösen ist, und damit rechnet, dass es zu „*Fehlern*" kommt (Rüttnauer, die perfekt russisch sprach, weist darauf hin, dass es eigentlich „*Dummheiten*" heißen muss: dies. 1965, 108), dann werden diese Gesetze wie in Klammern gestellt. Abweichungen von der Vorschrift und Gesetzesbrüche sind dann keine mehr…

Die Entfaltung des *zweiten Legitimationsrahmens* ist auf mehrere Episoden verteilt. Sie beginnt mit dem Anfang des dritten Kapitels:

„Am nächsten Tag sagte ich zu den Zöglingen: ‚Im Schlafsaal muss es sauber sein. Ihr müsst Diensthabende für den Schlafsaal haben. In die Stadt dürft ihr nur mit meiner Erlaubnis. Wer ohne Genehmigung geht, braucht gar nicht erst wieder zu kommen, ich nehme ihn nicht mehr auf!'" (Makarenko GW 1 1976, 16).

Aufgrund seiner frisch erworbenen Autorität sieht sich Makarenko in der Lage Weisungen zu erteilen. Oder überprüft, ob das, was er gestern erreicht zu haben glaubt, sich heute (noch) bewährt. Dabei verbietet er nicht in die Stadt zu gehen, sondern möchte es lediglich genehmigen, aber sicher auch versagen, wenn es in seinen Augen andere Erfordernisse geben sollte. Und er macht deutlich, dass der Alltag ein gewisses Maß an Organisation verlangt: Es soll einen Diensthabenden geben, einen Verantwortlichen, den er ansprechen kann und der dafür sorgt, dass gewisse Standards eingehalten werden. Wie werden die Jugendlichen darauf reagieren? *„‚Oho!', sagte Volochov. ‚Und weniger hart geht es wohl nicht?' Darauf ich: ‚Überlegt Jungens, was Euch wichtiger ist. Ich kann nicht anders. In der Kolonie muss Disziplin herrschen. Wenn Euch das nicht passt, dann geht wohin ihr wollt. Wer jedoch in der Kolonie bleiben will, muss Disziplin halten. Ganz wie ihr wollt. Ein Ganovenasyl wird es hier jedenfalls nicht geben'"* (ebd.).

Auf den ersten, schon beinahe einlenkenden Widerspruch hin, legt Makarenko nach. Er fordert eine Entscheidung ein: Gehen oder bleiben. Wer bleibt, hat entschieden, bleiben zu wollen. Das ist für die bisher nur Geschickten – Steve de Shazer würde von „*Besuchern*" sprechen (de Shazer 1992) – ein Unterschied ums Ganze. Wer jetzt nicht geht, definiert sich als einer der etwas will und bereit ist mitzutun. Bei was ist ebenfalls klar: gewisse Forderungen einhalten, die nun allgemein auf die Formel „*Disziplin*" gebracht werden.

> *„Zadorov streckte mir die Hand entgegen. ‚Richtig so, meine Hand drauf. Und Du, Volochov, halt den Mund. Du bist in solchen Dingen noch zu dumm. Wir müssen hier ja doch durchhalten, wir wollen doch nicht ins Gefängnis. ‚Und in die Schule muss man unbedingt', fragte Volochov. ‚Unbedingt': ‚Und wenn ich nun aber nicht lernen will. Was hab ich schon davon!'. ‚In die Schule muss man unbedingt. Ob du willst oder nicht, das ist ganz egal. Siehst du, Zadorov hat dich gerade einen Dummkopf genannt. Man muss lernen, klüger werden.'* (ebd.).

Man kann es billig nennen wie glatt Makarenko hier die Intervention von Zadorov zu seinen Gunsten erfindet. Eine bessere Legitimation seiner Gewalt als die durch einen von ihn/sie geschlagenen Zögling kann sich kein/e Pädagog/in ausmalen. Gleichzeitig – und das, meine ich, belegt Makarenkos sozialpädagogische Kompetenzen – schildert er wie er Schritt für Schritt Terrain gewinnt. Dazu braucht es einen Zadorov, der zustimmt und mitmacht. Dazu braucht es einen Peergroup-Anführer als Bündnispartner, der sich das Recht herausnehmen kann, seine Kameraden als „*Dummkopf*" zu titulieren. Die Autorität auf Seiten der Jugendlichen und die Autorität des Erwachsenen müssen sich zusammenschließen, so lautet die implizit mitgeteilte Erkenntnis: anders hat man keine Chance.

Das ist eine nüchterne Botschaft, die die eigene Bedeutung ordentlich relativiert. Welcher andere Pädagoge neben Makarenko hat diese Form der Abhängigkeit der Erwachsenen vom aktiven Mittun von Jugendlichen so prononciert herausgestellt?

Beiläufig macht Makarenko klar, dass man bei scheinbar nebensächlichen Forderungen klar und unmissverständlich bleiben muss. Schulunterricht war noch gar nicht vorgesehen im Alltag der Kolonie. Aber Volochov fragt am Thema Schule an, ob es möglich sein wird, sich demnächst zu verweigern. Und Makarenko macht sofort klar: Nein! Und er schlägt bewusst einen Ton an, der auch damals schon von vielen Pädagog:innen kritisch gesehen wurde: „Ob du willst oder nicht, das ist mir ganz egal!". Auf das Spiel mit pädagogischen Begründungen wird verzichtet. Hier sagt ein Erwachsener an, was er verlangt, was sein muss. Und schiebt dann doch eine Begründung nach, eine sehr persönliche, die er der unmittelbar vorangegangenen Kommunikation entnimmt: „Gerade bist du doch als Dummkopf bezeichnet worden, willst du ewig als ein solcher gelten. Doch wohl nicht?".

Ich behaupte solche Dialoge kann man nur verfassen, wenn man so oder zumindest sehr ähnlich auch gesprochen hat. Und das muss man sich beim *Poem* immer wieder klar machen. Bis in die Wortwahl, Auslassungen und Pausen hinein, sehen wir hier einen Praktiker am Werk, der es versteht Jugendliche anzusprechen. So gut wie er können das Tausende von Pädagog:innen, aber so gut aufschreiben und für die Nachwelt erhalten, können es nur ganz, ganz wenige. Makarenko resümiert:

> *„Hinsichtlich der Disziplin war der Vorfall mit Zadorov ein Wendepunkt. Um ehrlich zu sein, ich hatte keine Gewissensbisse. Ja, ich hatte einen Zögling geschlagen, Ich empfand schmerzhaft die ganze pädagogische Ungeheuerlichkeit, die ganze juristische Ungesetzlichkeit dieses Vorfalls, aber zugleich sah ich, dass die Sauberkeit meiner pädagogischen Hände zweitrangig war im Vergleich mit der vor mir stehenden Aufgabe. Ich war fest entschlossen Diktator zu sein, wenn ich keine andere Methode finden sollte."* (ebd., 16 f.).

Makarenko sieht sein Gewalthandeln als *„Wendepunkt"* zum Besseren. Deswegen hat oder braucht er keine Gewissensbisse zu haben. Dennoch bleibt die Spannung bestehen: einerseits die wegweisende, befreiende Tat. Anderseits pädagogisches Versagen und ungesetzliches Handeln. Zur Aufhebung dieser Spannung greift Makarenko auf ein biblisches Bild zurück: Seine Hände bleiben nicht sauber wie die des Römers Pilatus, der nichts mit der Hinrichtung von Jesus zu tun haben möchte, sondern diese „dirty work" den Juden überlässt, auch wenn er es begrüßt. Damit spricht Makarenko diejenigen, die ihn verurteilen, als Pharisäer an: sie machen es sich einfach; sie leisten sich den Luxus von hehren Prinzipien und sauberen Händen, schieben aber gleichzeitig anderen, den Praktiker:innen, die „Drecksarbeit" zu. Die Legitimation, die sich Makarenko für das „Hände schmutzig machen" zuspricht, resultiert aus seinem Auftrag: die große Aufgabe, der er, der man sich doch nicht entziehen darf. Die man doch anpacken muss, auch wenn man dazu ein *Diktator* werden muss (der man von Hause aus nicht ist und nicht sein will). Zumindest solange bis man eine bessere Methode gefunden hat.

Auch hier wieder geschickte Rhetorik mit dem Ziel der Selbst- und Fremdlegitimation, auch hier wieder ehrliche Überzeugung: beides fließt ununterscheidbar zusammen.

Die zentrale Legitimationsfigur im Poem ist und bleibt aber Zadorov und seine Entwicklung. Im Grunde klappt der eben skizzierte Legitimationsrahmen jedes Mal wieder auf, wenn sein Name genannt wird. Das geschieht alleine im ersten Band des *Poems* noch weitere 45 Mal. Und jedes Mal erweist sich Zadorov darin als ein treuer Kolonist, der das Richtige will und ausführt und alles dafür unternimmt, dass die Kolonie sich gut entwickelt (ebd., 34, 62, 118, 137, 207, 240 etc.). Bald schon übt er die Funktion einer „rechten Hand" Makarenkos aus. Auf diese Weise wird die Botschaft vermittelt und mehrfach wiederholt: „Schaut her, was aus diesem Zadorov geworden ist! Meine Gewalt hat ihm kein bisschen geschadet. Im Gegenteil: sie hat ihn nachhaltig zum Positiven verändert. Der am heftigsten Geschlagene wurde mein bester Mann".

Die beiden vorgestellten Rahmungen dienen zweifellos der Selbstlegitimation. Sie sollen Makarenko vor der als besserwisserisch empfundenen Kritik der Behördenvertreter:innen und Parteimitglieder:innen à la Krupskaja schützen. Vielleicht sogar vor der Möglichkeit einer verzögert einsetzenden Verfolgung oder Bestrafung (wie sie seine Kolleg:innen ereilt hat). Sie könnten aber auch ein Ausdruck von schlechtem Gewissen und Selbstzweifeln darstellen, auch wenn Makarenko diese expressis verbis verleugnet (siehe oben). Zumindest reflektiert Makarenko das Prekäre und Gefährliche an seinem Vorgehen und läd den/die Leser:in dazu ein, diese Gedanken mit ihm zu teilen. Das möchte ich an zwei Episoden verdeutlichen, die uns Makarenko verschweigen könnte bzw. die er nicht hätte verfassen müssen, die er uns aber anbietet:

> *„Einige Zeit danach hatte ich einen ernsthaften Zusammenstoß mit Volochov, der als Diensthabender im Schlafsaal nicht aufgeräumt hatte, und sich nach meiner Aufforderung weigerte, es zu tun. Ich sah ihn zornig an und sagte: ‚bring mich nicht aus der Fassung! Räum auf!'*
>
> *‚Und sonst? Eins in die Fresse, wie? Sie haben kein Recht dazu!' Ich packte ihn am Kragen, zog ihn dicht an mich heran und zischte ihm ganz unverhohlen ins Gesicht: ‚Hör zu. Ich warne dich ein letztes Mal. Nicht nur in die Fresse, zum Krüppel schlag ich Dich. Und dann beschwer dich ruhig über mich; ich komme ins Gefängnis, aber das geht dich dann gar nichts mehr an!'.*
>
> *Volochov riß sich von mir los und sagte unter Tränen. ‚Wegen einer solchen Lapalie bringt man sich doch nicht ins Gefängnis. Ich räum schon auf, zum Teufel mit Ihnen!' Ich donnerte ihn an: ‚Wie redest du mit mir?'*
>
> *‚Wie soll ich denn mit Ihnen reden?, ja, also zum ....!'*
>
> *‚Na? Schimpf dich ruhig aus...'*
>
> *Plötzlich lachte er und winkte ab. ‚Das ist mir einer, sieh mal an... ich räum ja schon auf, aber schreien Sie nicht so."* (ebd., 17).

Kommentar: Die Episode macht einerseits klar, dass Gewaltandrohungen keine sofortige und nachhaltige Wirkung haben und ein gewonnener Zadorov noch lange keine gewonnene Gruppe bedeutet. *„Eins in die Fresse"* wird von den Jugendlichen rasch als Handlungsmuster erkannt und als billige Nummer angeprangert. Trotz dieser Entlarvung steigert Makarenko sein verbales Gewaltverhalten noch einmal mit *„zum Krüppel schlagen"* und macht erneut deutlich, dass es sich dabei um ein strafbares Verhalten handelt und er auch bereit ist, Gefängnis als Strafe auf sich zu nehmen (vermutlich denkt Makarenko in diesem Zusammenhang wieder an seinen stellvertretenden Leiter, der 1928 wegen ähnlicher Vergehen für drei Jahre ins Gefängnis musste, siehe Hillig 1996, 56 und 1994, VII f.). Es scheint diese Botschaft gewesen zu sein, die Volochov erreicht hat. Er hat so viel Vertrauen

> in die Kontrollbehörden, dass er die Möglichkeit Makarenko mit einer Beschwerde ins Gefängnis zu bringen, für real hält. Aber er macht klar, dass er das nicht möchte: Jemanden ins Gefängnis bringen, verstößt bei Jugendlichen wie Volochov, die lange in Banden und auf der Straße gelebt haben, gegen die Ehre. Konflikte macht man anders miteinander aus, durchaus auch mit Fäusten oder Messern. Aber Gefängnis, das ist etwas, was man niemandem wünscht und für niemanden betreibt.

Auch hier endet die Episode mit einem Lachen – auch weil Makarenko aus der weiteren Eskalation aussteigt. Als er bemerkt, dass Volochov gleich wieder den *Teufel* beim Namen nennen möchte, sieht er ein, dass er in der Sequenz davor überzogen hatte oder möchte nicht noch einmal den scharfen Hund geben und erlaubt (!) Volochov das Schimpfen, der daraufhin gar nicht mehr schimpfen muss. So findet eine erste Verständigung zwischen den Beiden statt.

Implizit macht Makarenko damit klar, dass die Gewalttat gegenüber Zadorov nichts grundgelegt hat, sondern Verständigungen wie er mit diesem und mit Volochov erreicht hat, mit jedem Zögling – oder doch fast mit jedem – gefunden werden müssen: *face to face mit dem Pädagogen/der Pädagogin*. Stellvertretend geht sicher auch, also ein Pädagoge für die anderen mit einem Jugendlichen stellvertretend für die anderen, aber meist erst zu einem späteren Zeitpunkt der Projektentwicklung. Zu Beginn des *Projekts* muss man jeden Einzelnen gewinnen. Diese Einsicht scheint ihm später verlorenzugehen, wenn man den kritischen Berichten von 1927 Glauben schenkt (s. Kap. 7.6). Trotz des Erfolges seiner Intervention, resümiert Makarenko, dieses Mal nachdenklicher:

„Ich muss darauf hinweisen, dass ich nicht einen Augenblick lang dachte mit der Gewaltanwendung so etwas wie ein pädagogisches Allheilmittel gefunden zu haben. Der Vorfall mit Zadorov kam mich teurer zu stehen als ihn selbst. Ich bekam Angst, dass ich den Weg des geringsten Widerstandes einschlagen könnte. Von den Erzieherinnen war es Lidija Petrovna, die mich ganz offen und mit Nachdruck verurteilte." (ebd., 17).

Er beschreibt folgenden Dialog mit dieser Kollegin:

„‚Sie haben also schon eine Methode gefunden? Wie im Priesterseminar?'
 ‚Hören Sie auf, Lidocka.'
 ‚Nein höre ich nicht. Sagen Sie mir, werden wir nun alle in die Fresse hauen? Darf ich auch? Oder dürfen nur Sie?'
 ‚Lidocka, ich werde es Ihnen später sagen. Im Augenblick weiß ich es selbst noch nicht. Warten Sie noch etwas ab.'
 ‚Also gut ich werde warten.'" (ebd.).
 Eine andere Kollegin teilt ihm mit: ‚Wissen Sie, was bei dieser Geschichte das Traurigste ist?'

> *'Das Traurigste?'*
>
> *'Ja, das Unangenehmste ist, dass die Burschen von Ihrer Heldentat mit Begeisterung sprechen. Die sind nahe dran, sich sogar in Sie zu verlieben, allen voran Zadorov. Was ist das? Ich verstehe es nicht? Ist es vielleicht, dass sie an das Sklavendasein gewöhnt sind?'"* (ebd., 18).

Während es mit den Jugendlichen scheinbar glatt verläuft, formiert sich Widerstand auf Seiten der Kolleg:innen. Wie auch nicht? Wie sollen sie mit dem Modell des Leiters umgehen? Ihm als Frauen folgen? Was die zweite Kollegin aufdeckt, ist nicht weniger als eine insgeheime Koalition zwischen dem Herrn und seinen Knechten: Er unterwirft sie und sie verehren ihn auch noch dafür. Erklären kann man sich das nur über eine Abwehrreaktion, die als *Identifikation mit dem Aggressor* bekannt geworden ist (Hirsch 1996): Indem man die eigene Wut über die Erniedrigung abspaltet und sich mit dem fremden Gewalttäter identifiziert und ihn gleichzeitig idealisiert, so dass man ihn nicht nur verehren kann, sondern von dessen Glanz und Größe auch noch etwas auf einen selbst abstrahlt. Spannend, dass solche von der Psychoanalyse nachgewiesenen Abwehrvorgänge bereits 1920 bzw. 1932 von einer pädagogischen Mitarbeiterin Makarenkos gedacht und beschrieben werden konnten.

Makarenko weist diese Hypothese zurück und behauptet, dass es in der Szene nicht um Unterwerfung geht:

> *„[H]ier geht es um etwas anderes. [...] Zadorov ist stärker als ich, er könnte mich mit einem Schlag zum Krüppel machen. Er fürchtet sich doch vor nichts. Ebenso wie Burun, Volochov und die anderen. Bei dieser ganzen Geschichte sehen sie nicht die Schläge, sie sehen nur den Zorn, den Wutausbruch eines Menschen. Sie wissen allzu gut, dass ich Zadorov, ohne ihn zu schlagen, als nicht besserungsfähig an die Kommission hätte zurückschicken können, ich hätte ihm viel schwerwiegendere Unannehmlichkeiten bereiten können. Aber das tue ich nicht. Ich habe mich für zu einer für mich gefährlichen, aber einer menschlichen und keiner formalen Handlung entschlossen. Und die Kolonie brauchen sie anscheinend doch. Das Ganze ist komplizierter. Außerdem sehen die Jungens, dass wir für sie arbeiten."* (ebd.).

Die Argumente, die Makarenko anführt, sind nicht von der Hand zu weisen (wir kommen auf sie später zurück). Das erste besagt: Entscheidend im Erleben der Jugendlichen ist nicht Gewalt, sondern Wut und Mut, die von den Jugendlichen als eine Form von *Engagement* wahrgenommen werden (besser: werden können). Das zweite darf auch heute noch Gültigkeit beanspruchen: Viele stationäre Einrichtungen sind stolz darauf nicht *„Hand an die Kinder zu legen"*, weder im Sinne von Festhalten noch im Sinne von Gewalt. Aber sie schicken diese Kinder, wenn sie sich querstellen und Randale machen, in die Psychiatrie oder entlassen sie. So stellt sich die Frage, was *„menschlich"* ist, noch einmal neu. Kritisch sehen muss man allerdings das Wort „*entschlossen*", das Makarenko für sich reklamiert; es klingt zu sehr nach Plan und Kontrolle und verleugnet das Spontane und den Affektdurchbruch, den er doch oben so deutlich beschrieben hat.

Auf einen anderen Zusammenhang hat Lüpke hingewiesen: In dem oben zitierten Rechtfertigungsversuch schreibt Makarenko am Ende lakonisch: „*Außerdem sehen die Jungens, dass wir viel für sie arbeiten.*" (ebd.). Lüpke folgert daraus, dass es das Timing der Intervention, sprich Gewalt, war, die sie so wirksam gemacht hat. Die Jugendlichen waren zu Beginn nicht nur offen und herzlich empfangen worden, sie hatten auch wochenlang erlebt wie gut sie in der Kolonie – im Vergleich mit dem Leben auf der Straße – versorgt wurden und beobachtet, wie engagiert die wenigen Erwachsenen für sie arbeiteten: Und dass diese sich selbst nicht mehr gönnten als sie auch den Jugendlichen gaben. All das, so Lüpke, hatte die Jugendlichen bereits erreicht und ihre Abwehr gegen das Leben in der Kolonie mürbe gemacht – und vermutlich erste Formen von Dankbarkeit und/ oder Schuldgefühlen in ihnen keimen lassen (Lüpke 2004, 182 f.). Erst vor diesem Hintergrund eines langsamen, vorbewussten sich bereits Eingelassen-Habens auf die Kolonie und ihre Mitarbeiter:innen, hat die Gewalt von Makarenko dann so positiv wirken lassen. Hätte sie früher stattgefunden, wären die Jugendlichen einfach wieder gegangen oder hätten Makarenko krankenhausreif geschlagen.

Exkurs 1: Historische Rekonstruktion der Zadorov-Episode

Makarenko hat die Schilderung seiner Gewalt gegen einen Zögling an einer prominenten Stelle im *Poem* platziert. In der ersten Ausgabe liest man sie gleich auf Seite drei; in den später um ein Einführungskapitel ergänzten Fassungen (zur Publikationsgeschichte siehe Makarenko GW 3 1982, 252 ff.) gleich in den ersten fünfzehn Minuten der Lektüre. Wir lesen die Episode in einem literarischen Werk, das bewusst zwischen Fiktion und rekonstruktivem Tatsachenbericht angesiedelt ist, und können uns deswegen fragen, in welcher Hinsicht sie erfunden ist und was ihren realen Kern ausmacht.

Diesen historischen Kern hat Götz Hillig in seiner geduldigen und akribischen Art nach und nach freigelegt (Hillig 2002, 498). Hier die entscheidenden Fakten: Eine ähnliche Szene hatte sich in den ersten Wochen tatsächlich abgespielt, aber in einem ganz anderen interaktiven Zusammenhang: Ein Jugendlicher, so die erste Version, war betrunken von einem Stadtgang zurückgekommen und hatte eine Erzieherin in sexueller Hinsicht bedrängt. Diese Frau – im Poem heißt sie *Lidija Petrovna* – war die damalige Partnerin von Makarenko, die mit ihm auch in der Kolonie offen zusammenlebte (Lüpke 2004, 143 f.). Er war dazu gekommen, hatte den jungen Mann zur Rede gestellt und ihn nach einer unverschämten Antwort geschlagen.

So könnte Makarenko die Szene erlebt haben und so hätte er sie berichten können: Ein erwachsener Mann beschützt (s)eine bedrohte Frau und verweist einen anderen, jungen Mann, der sich übergriffig verhält, in die Schranken. Dass der Übergriff ausgerechnet die Partnerin des Leiters betrifft, kann man als dreist bezeichnen und mag dessen mörderische Wut nachvollziehbar machen. Gleichzeitig wird man registrieren müssen, dass Makarenko diese intime Beziehung im *Poem* mit keinem Wort erwähnt und als erfahrener Pädagoge damit hätte rechnen müssen, dass das Zusammenleben mit seiner Partnerin die sexuellen Phantasien und das Begehren vieler männlicher Jugendlicher in der Kolonie anfachen würde. Dass er diese Beziehung im *Poem* vollständig verschweigt, könnte ein Hinweise darauf sein, dass sie auch im Leben der Kolonie tabuisiert war: Alle wussten davon, keiner sprach darüber, was die Brisanz dieser Beziehung verschärft haben dürfte. Der wegen seines Übergriffs geschlagene Jugendliche könnte damit einer gewesen sein, der einer Heimlichkeit mit einer anderen begegnet. Und dennoch könnte man der Gewalt von Makarenko damit auch einen positiven Aspekt abgewinnen: er hat eine, seine, Frau aus großer Bedrängnis gerettet!

Aber wie so oft im Leben, Parallelen zu dem Film *Rashomon* von Akira Kurosawa von 1950 liegen nahe, verbirgt eine Geschichte eine andere. Makarenkos damalige Partnerin, die ihm die Geschichte zunächst wie oben dargestellt erzählt hatte, berichtete 10 und 40 Jahre nach diesem Vorfall zwei jeweils vertrauenswürdigen Zeugen, dass es zwischen ihr und dem jungen Mann mit beidseitigem Einverständnis zu einer Annäherung gekommen war (Hillig 2002, 499): Sie hatte den Zögling attraktiv gefunden und dieser wohl auch sie. Zudem sah sie in ihm nicht „nur" mehr einen Zögling: Er hatte sich vor den Behörden, welche Parallelen eröffnen sich damit zu Geschichten von unbegleiteten minderjährigen Flüchtlingen, für seine Aufnahme in die Kolonie zwei, drei Jahre jünger gemacht und war als angeblich 18-Jähriger gerade so noch hineingerutscht. Hintergrund dafür wird gewesen sein, dass er zu einer Bande von kriminellen Erwachsenen gehört hatte, die verhaftet worden war. Einige Mitglieder waren zum Tode verurteilt und erschossen worden. Das hätte dem jungen Mann mit seinem tatsächlichen Alter von 20 oder 21 Jahren auch passieren können (ebd.).

Makarenko und seine Partnerin hatten, so nimmt Hillig an, von der Lüge und der Angst des jungen Mannes gewusst und ihn trotzdem aufgenommen oder behalten. Umso enttäuschter muss Ersterer gewesen sein, als sich gerade dieser von ihm geschützte junge Mann als Übergriffiger oder – falls Makarenko später doch noch eingeweiht wurde – als Rivale erwies.

Das ist also der historische Kern, auf den die Zadorov-Episode zurückgeht. Oder besser *ein* historischer Kern. Denn, so meine Hypothese, es muss noch andere reale Vorbildsituationen für die von Makarenko propagierte *rettende, weil zur Umkehr führenden Gewalt* geben. Diese sind vermutlich unerzählt geblieben, andererseits aber in die Zadorov-Episode eingewandert. Doch was haben wir mit dieser Rekonstruktion gewonnen außer der Faszination an einer für Heimerziehung relevanten Geschichte, in der es um ein Liebesverhältnis geht und der Möglichkeit ihrer Aufdeckung nach so vielen Jahren?

Makarenko hat die Episode mit Zadorov bewusst in einen *pädagogischen Zusammenhang* dargestellt und sich als einen handelnden Pädagogen. Nicht als einen Menschen, der mehr oder weniger zufällig in ein komplexes Beziehungsschlamassel gerät und entgleist.

Weitz, neben Hillig einer der besten Kenner Makarenkos, schreibt: „*Wer war Zadorov? Meines Erachtens handelt es sich weder um eine historisch-konkrete, noch um eine synthetische, sondern um eine rein fiktive Figur, wahrscheinlich die einzige des Poems: die Szenen mit Zadorov sind daher hinsichtlich der Ideen und Absichten des Autors besonders signifikant.*" (Weitz 1992, 48).

Was bedeutet das? Hat die Episode also, weil fiktiv, gar nicht stattgefunden? Nein. Sie hat so nicht stattgefunden, aber sie beschreibt konkrete Erfahrungen, die Makarenko im Zusammenhang mit eigener Wut, mit Affektdurchbrüchen und der Anwendung von Gewalt gemacht hat und veranschaulicht zentrale Überzeugungen, die Makarenko im Laufe seines Pädagogenlebens entwickelt hat. Ob sie für ihn schon vorher – im Schuldienst – relevant gewesen sind, wissen wir nicht. Er selbst siedelt den Ursprung dieser Überzeugung in der Gorkij-Kolonie an, und zwar zu deren Beginn. Diese Erfahrungen mit Wut und Gewalt sollten sich im Lauf der Jahre akkumulieren und zu einem festen Bestandteil seines pädagogischen Stils werden: So möchte Makarenko gleich zu Beginn des Poems darstellen, dass und warum diese Entwicklung sinnvoll und notwendig war.

Daran glaubt er und dazu bedient er sich einer literarischen Darstellung (siehe dazu auch den Begriff der *Fiktionalisierung* als Umgangsstrategie mit Fehlern und Scheitern, Kap. 15.1.), die man gleichzeitig als Versuch der Selbstvergewisserung wie Werbung für seine Person auffassen kann. Später allerdings spricht er, z. B. wenn er seine Handlung bei Vorträgen vor Lehrer:innen und Erzieher:innen verteidigt, von seiner Gewalttat gegen Zadorov als habe sie sich eins zu eins so zugetragen. Er „vergisst" den realen Kern komplett bzw. behandelt seine fiktive Geschichte als erlebte Realität. Zadorov war für Makarenko – so meine Hypothese – zu einer Figur seiner inneren Welt geworden, die sich für ihn genauso real und lebendig anfühlte wie die vielen Menschen der äußeren Welt, denen er tatsächlich begegnet war. So kann man vermuten: Makarenko wusste nach der Abfassung des Poems oft selbst nicht mehr, was er in der Gorkij-Kolonie erlebt bzw. was er wie umgearbeitet oder weggelassen hatte. Spannende Verkettung: Aus der tatsächlich erlebten Realität wurde später im *Poem* mit Abstand eine Fiktion, die im weiteren Leben wieder zur geglaubten Realität wurde (strenger urteilt Waterkamp 2018, 52, siehe auch das Zitat in Kapitel 7.9).

Exkurs 2: Makarenko als menschlich zugewandter, taktvoller und von „seinen" Jugendlichen geliebter Sozialpädagoge

Für Leser:innen, die Makarenko und seiner Arbeit hier zum ersten Mal begegnen, kann leicht der Eindruck entstehen, dass es sich bei ihm um einen merkwürdigen

Mann handelte, der überwiegend emotional agierte und in fragwürdige, repressive Praxen verstrickt war. Dass er bis heute, in meinen Augen völlig zu Recht, als ein studierenswerter und nachahmenswerter Klassiker der Pädagogik gilt,- mag dagegen befremdlich erscheinen.

Dieser erste Eindruck kommt durch die Schwerpunktsetzung meines Beitrags in diesem Buch zustande: Sie fokussiert auf Schwächen Makarenkos, aufgrund derer er und sein Projekt in verschiedener Weise als gescheitert gelten können. Daneben steht aber das Viele, das ihm als Leiter der Einrichtung und als Pädagoge gut gelungen ist, weswegen die Gorkij-Kolonie auch heute noch als in mehrfacher Hinsicht erfolgreiches Projekt betrachtet werden kann bzw. muss (vgl. Kap. 14.3 in diesem Buch). Der bisher entstandene Eindruck würde sich verschieben, wenn man das ganze *Poem* liest oder zumindest den ersten Band und mehr vom Lebensweg Makarenkos weiß. Weil wir seine Person hier nur ausschnittweise zitieren und kennenlernen können, möchte ich – vor der weiteren Vertiefung in kritische Berichte – drei Episoden einfügen, aus denen wir seine beeindruckende Menschlichkeit und Sensibilität herauslesen können, die als wesentliche Charakterzüge gelten können. So berichtet der ehemalige Zögling A. Kalabalin von Makarenkos persönlichem Einsatz während der Typhusepidemie im Februar 1922:

„Im Februar erkrankten alle Zögling an Typhus. Nicht erkrankt waren nur Anton Semeovic, der Wirtschaftsleiter Kalina Ivanovic, die Erzieherin Elizabeta Federovna, ich und das Pferd. Die Jungen lagen in den kalten Schlafräumen, hungrig. Zusammen mit Anton Semenovic und Kalina Ivanovic sägte ich Brennholz, heizte die Öfen und half Elizaveta bei der Zubereitung unseres kargen Essens. […] Abends unterhielt Anton Semenovic die Kranken mit Vorlesen, Erzählungen und Zukunftsträumen. Anton trat zu jedem ans Bett, ermunterte den einen mit einem Wort, lächelte einem anderen zu, brachte einem dritten die Decke in Ordnung, bei einzelnen aber, die in der Bewusstlosigkeit des Typhus erstarrt waren, legte er sich hinzu, um sie mit seinem Körper zu wärmen; das machte ich dann auch. Zusammen mit ihm fuhren wir unsere Typhuskranken in die Poltaver Typhusbaracken und verlangten von den Ärzten entschieden, dass sie alle unbedingt geheilt werden müssten. Anton war überzeugt davon, dass kein einziger Kolonist sterben würde. Und wir alle waren überzeugt, dass alle nur deshalb gesund wurden, weil Anton Semenovic es so gewollt hatte" (Makarenko 1982, GW 3,300, Fußnote 30).

Der Text spricht für sich, der Autor gilt als zuverlässiger Zeitzeuge. Dazu passt auch wie Gorkij Makarenko schildert, der ihn mehrfach in der Kolonie getroffen hatte:

„He is externally a stern and taciturn man with a large nose and sharp, intelligent eyes; he looks like a soldier and a village school master with ideas. He speaks in a hoarse and broken voice as if he were struggling with a cold; his movements are slow but he is always there at the right moment, sees everything, knows each of the children and can

characterize each in five words, providing, as it were, an instant photograph of the child's character. He obviously feels the need to unnoticeably show his kindness to a youngster, to have a friendly word for each one of them, to give a smile, to caress their closely cropped heads." (Gorkij, zitiert nach Edwards 1991, 215).

Eines der (vielen) großartigen Beispiele, die Makarenkos *sozialpädagogischen Ethos* beschreiben, ist die Geschichte seines Umgangs mit einem notorischen Dieb. Für alle diese Episoden gilt: auch wenn sie nicht genau so stattgefunden haben, sind sie erstens von einem dichten pädagogischen Geist durchdrungen, der sich bis in die kleinsten Details der Darstellung hinein offenbart; so dass man zweitens annehmen muss, dass, wer das schreiben kann, so etwas auch zu leben vermochte. Semen (zwischendurch wird er auch Karabanov, nach seinem Nachname genannt) war zusammen mit Mitjagin aufgrund von monatelangen, sich wiederholenden Diebstählen innerhalb und außerhalb der Kolonie derselben verwiesen worden, kehrte aber nach fünf Monaten von selbst zurück und bat um Wiederaufnahme, die Makarenko ihm gewährte. Während des Gesprächs, in dem Semen wortreich erklärt hatte, was er alles in der Kolonie gelernt hatte und warum er zurückgekehrt ist, kommt es zu diesem Dialog:

„*[…] ‚Sagen Sie mir ganz offen, vertrauen Sie mir denn überhaupt?'*
‚Ja, ich vertraue' Dir, sagte ich ernst.
‚Nein sagen Sie die Wahrheit: vertrauen Sie mir wirklich? ‚Zum Teufel mit Dir' sagte ich lachend ‚Ich denke, was gewesen ist, wird doch nicht mehr vorkommen?'
‚Da haben wir's. Sie vertrauen mir also doch nicht ganz.'
‚Du regst Dich umsonst auf, Semen. Ich habe zu jedem Menschen Vertrauen, zu dem einen mehr, zu dem anderen weniger: zu dem einen für einen Fünfer, zu dem anderen für einen Zehner.'
‚Und zu mir, für wieviel?'
‚Für hundert Rubel.'
‚Und ich vertraue Ihnen überhaupt nicht', schrie Semen ganz wild." (Makarenko GW 3 1982, 200).

Damit ist das Thema klar: Semen möchte, dass Makarenko – ein für ihn relevanter Andere – ihm ganz und gar vertraut, aber weiß zugleich, dass dieser das nicht kann, schon deswegen, weil er sich selbst noch nicht vertrauen kann. Er kennt sich gut genug, um zu wissen, dass ein Rückfall ins Stehlen und Lügen quasi um die Ecke lauert. Und auch Makarenko ist nicht naiv: Er relativiert Vertrauen zunächst als etwas, das eben nicht ganz oder gar nicht existiert, sondern mehr oder weniger. Aber er gibt doch mit den Hundert Rubeln einen gewaltigen Vertrauensvorschuss, an den Semen wiederum nicht so recht glauben kann. In den nächsten zwei Wochen arbeitet Semen vorbildlich in der Kolonie mit:

„Nach gut zwei Wochen rief ich Semen zu mir und sagte ihm einfach: ‚Hier ist eine Vollmacht. Du holst in der Finanzabteilung fünfhundert Rubel ab'.

Semen riss Mund und Augen auf und wurde blass und fahl und sagte: ‚Fünfhundert Rubel. Und was weiter?'

‚Weiter nichts, antwortete ich ihm und sah dabei in die Tischschublade ‚du bringst sie mir'.

‚Soll ich reiten?'

‚Natürlich. Hier einen Revolver, für alle Fälle.'

Ich gab Semen denselben Revolver, den ich im Herbst Mitjagin (dem Diebes-Komplizen von Semen) aus dem Gürtel gezogen hatte, mit denselben drei Patronen, die noch drin waren. Mechanisch nahm Semen den Revolver in die Hand, steckte ihn mit einer raschen Bewegung in die Hosentasche und ging, ohne noch etwas zu sagen, aus dem Zimmer […]."

„Gegen Abend kam Semen in mein Arbeitszimmer, gegürtet in dem Halbpelz des Schmieds, straff und schlank, aber finster. Schweigend legte er das Päckchen Banknoten auf den Tisch. Ich nahm das Päckchen uns fragte mit der gleichgültigsten Stimme, zu der ich fähig war. ‚Hast du's nachgezählt?'

‚Ja'

Nachlässig warf ich das Päckchen in die Schublade. ‚Vielen Dank für Deine Mühe, geh jetzt essen'. Semen schob den Gürtel auf dem Pelz von rechts nach links, rannte ein paarmal im Zimmer hin und her und sagte ganz leise ‚Gut'." (ebd.).

> *Kommentar:* Wie man sieht, vergisst Makarenko nicht, dass Semen die Vertrauensfrage gestellt hat und gibt ihm die Möglichkeit sich als vertrauenswürdig zu erweisen. Hatte er ihm pauschal für *„100 Rubel"* Vertrauen geschenkt, lässt er ihn jetzt 500 Rubel von der Verwaltungskasse holen, verfünffacht damit also sein Vertrauen. Wohlwissend, dass so viel Geld und dazu ein Revolver für Semen eine erhebliche Versuchung darstellen, die Kolonie wieder zu verlassen und erneut zum Räuber zu werden. Noch dazu händigt er ihm eine Waffe aus, die Semen bereits kennt. Es ist der alte Revolver, den er selbst mit seinem Komplizen für Raubüberfälle benutzt hat. Dieser alte *„böse"* Revolver kann im neuen Kontext zu einer *„guten"* Waffe werden, weil sie das Geld für die Kolonie schützen und sichern hilft; aber Semen auch wieder in die Verbrecher-Rolle zurückziehen. Genau diese Spannung, versucht zu sein und sich entscheiden zu müssen, baut Makarenko auf und hält sie mit Blick auf Semen für die einzig richtige – heute könnten wir sagen: Hilfeplanung, wenn auch eine riskante.

„Es vergingen zwei Wochen. Wenn wir uns begegneten, grüßte Semen mich etwas mürrisch, als ob meine Gegenwart ihn verlegen machen würde. Ebenso mürrisch nahm er meinen neuen Befehl entgegen: ‚Reit los und hol zweitausend Rubel'. Er sah mich lange, und voller Entrüstung an, während er den Browning einsteckte, dann sagte er jedes Wort betonend: ‚Zweitausend? Und wenn ich das Geld nicht bringe?' Ich sprang auf und brüllte ihn an: ‚Bitte keine idiotischen Reden. Du bekommst einen Auftrag, geh und für ihn aus.

Wir brauchen keine ‚Psychologie'. Karabanov zog die Schultern hoch und flüsterte unentschlossen: ‚Nun ja….'. Als er das Geld brachte, drängte er mich: ‚Zählen Sie's nach!'

‚Warum?'

‚Zählen Sie's nach, ich bitte Sie darum.'

‚Du hast es doch schon gezählt?'

‚Zählen Sie's nach, sag ich Ihnen.'

‚Lass mich in Ruhe!'

Er griff sich an den Hals, als ob ihm etwas die Kehle zuschnürte. Dann riss er sich den Kragen auf und taumelte: ‚Sie machen sich über mich lustig. Es ist unmöglich, dass Sie mir so vertrauen. Das kann nicht sein. Hören Sie, das kann nicht sein. Sie gehen absichtlich ein Risiko ein, ich weiß es, absichtlich'. Er schnappte nach Luft und setzte sich auf den Stuhl. ‚Deine Gefälligkeit kommt mir ja teuer zu stehen.' Semen sprang auf. ‚Wieso teuer zu stehen?'

‚Weil ich mir hier deine Hysterie anschauen muss.'

Semen hielt sich am Fensterbrett fest und brüllte ganz laut. ‚Anton Semenovic'. ‚Nun was ist mit Dir?', jetzt war ich erschrocken. ‚Wenn Sie wüssten. […] Als ich so ritt auf der Straße, dachte ich bei mir ‚Ach wenn es doch nur einen Gott gäbe. Und wenn er mir doch jemanden schickte, der mich überfallen wollte. Es könnten zehn oder noch so viele sein. Ich hätte geschossen, gebissen, wie ein Hund hätte ich gerissen, bis sie mich erschlagen hätten, aber ich hätte gekämpft, […] weil ich weiß doch: Sie sitzen hier und denken: bringt er's oder bringt er's nicht. Sie sind das Risiko eingegangen'. ‚Du bist ein komischer Kerl, Semen. Mit dem Geld ist es immer ein Risiko. Das Geld ohne Risiko in die Kolonie zu bringen ist unmöglich. Aber ich denk's mir so: wenn Du das Geld holst, ist das Risiko weniger groß. Du bist junge, du bist kräftig. Du reitest ausgezeichnet und kannst allen Banditen entkommen, mich aber würden sie leicht kriegen.' Vergnügt kniff Semen ein Auge zu: ‚Oh, Sie sind aber gerissen, Anton Semenovic!'

‚Wieso sollte ich gerissen sein? Du weißt jetzt wie man das Geld holt, und wirst es auch weiterhin holen. Mit Gerissenheit hat das nichts zu tun. Ich habe keine Angst. Du bist genauso ehrlich wie ich. Ich wusste das auch schon früher, hast du das nicht bemerkt?'

‚Nein, ich dachte Sie wüssten es nicht', sagte Karabanov, ging aus dem Zimmer und stimmte ein Lied an." (ebd., 202).

Auch hier zeigt sich Makarenko als ein Meister der sozialpädagogischen Handlungskunst: Er stellt das Geldholen und die Zuverlässigkeit Semens als etwas ganz Normales und Selbstverständliches dar – seine inneren Kämpfe interessieren ihn scheinbar nicht. Er tut sie mit „Psychologie" und „Hysterie" ab. Aber er ist natürlich Psychologe genug, um diese inneren Kämpfe zu wissen: Semen muss sich in die Rolle des von Banditen Verfolgten hinein phantasieren, um nicht selbst in Versuchung zu kommen mit dem Geld durchzubrennen. Er imaginiert sich als den Guten und Aufrechten, der das Geld verteidigen wird; die Anderen sind die Bösen, die es ihm rauben wollen. Mit dieser *Delegation der dissozialen Affekte an die Anderen* vollzieht er innerlich einen endgültigen Abschied vom Banditen, der er ja selbst noch vor kurzem gewesen war. Er gehört jetzt zu den Guten und will diesen auch beweisen, dass er wirklich dazu gehört. Aber Makarenko ist dieses neue Gut-Sein von Semen noch zu sehr mit Anstrengung und Selbstzweifeln behaftet: Er weigert sich das Geld zu zählen – er setzt es als selbstverständlich an, dass Semen ehrlich ist, er schreibt ihm eine ganz und gar *positive Identität* zu, die Semen ja auch selbst gerne hätte, die er nur noch nicht annehmen kann. Er braucht dazu eine väterliche Figur, die seine Kompetenzen anerkennt (Reiten, jung und stark), wirklich an ihn glaubt und die ihn schon lange für gut hält („wusstest du das nicht?"). Mit diesem ihn anerkennenden „*Vater*" im Rücken, kann er nun auch sich selbst vertrauen. Erst dadurch wandert etwas Gutes in ihn ein, das später auch von innen relativ anstrengungslos aus ihm heraus wirken kann. Vorher stellten die moralischen Anforderungen („sei ehrlich, stehle nicht!") noch von außen gestellte dar, keine eigenen aus ihm selbst. Aber zum richtigen Gut-Sein gehört – das weiß Makarenko –, dass dieses wie von selbst, scheinbar anstrengungslos aus einem fließt, weil es als Konzept in das *Kernselbst* aufgenommen wurde (Stern 2007, 106 f., Fernandes 2013).

Auch wenn Makarenko solche Zusammenhänge theoretisch nicht immer voll durchdringt, erspürt er sie doch und kann sein Verhalten genau auf diese komplexen inneren Dynamiken einstellen; mit großer innerer Sensibilität, die sich nach außen eher simpel und schroff gibt: Er inszeniert genau das passende Drama für Semen und lässt es ihn dabei seine eigenen Erfahrungen und Entdeckungen machen und steht ihm dabei gleichzeitig als Begleiter zu Verfügung.

Lesen wir noch eine dritte Passage, in der Makarenko sich als ein dialektisch denkender und (mit-)fühlender (!) Pädagoge zeigt, ausgezeichnet mit einer großen Sympathie für dissoziale Jugendliche: Im Kapitel „*Eine Amputation*" schildert Makarenko wie er das Diebesduo Mitjagin und Karabanov (Semen) entlässt, nachdem sie bewaffnete Überfälle begangen, wiederholt Melonenfelder und Bienenstöcke der Bauern geplündert und die Kolonisten beim Kartenspiel ausgenommen hatten etc.:

> „*Mitjagin musste so schnell wie möglich entfernt werden. Mir war klar, dass ich diese Entscheidung unverzeihlich lange hinausgeschoben und in dem Kollektiv schon seit längerem feststellbare Fäulnisprozesse übersehen hatte. Vielleicht war an dieser Melonenaffäre oder an der Plünderung des Bienenhauses gar nichts besonders Schändliches, doch das ständige Interesse der Kolonisten an diesen Dingen, die immer gleichen diebischen Unternehmungen […] bedeuteten einen Stillstand in der Entwicklung unseres allgemeinen Tons, bedeuteten also Stagnation.*" (Makarenko GW 3 1982, 181).

So war es auch kein Wunder, dass am Abend seiner Entlassung „*alle traurig waren. Fast die ganze Kolonie gab ihm das Geleit.*" (ebd.). Eine Nacht später muss auch Karabanov (Semen) gehen, der Mitjagin wieder in die Kolonie hineingelassen und dort mit ihm gemeinsam gestohlen hatte. Dabei kam auch ein Revolver, die Browning, ans Licht (siehe Geschichte oben). Damit ist Makarenko die beiden Diebe los, die aber bald auf den umliegenden Straßen weitere Überfälle begehen.

Bezeichnend für den Pädagogen Makarenko ist nun aber, dass er nicht von einer „*erfolgreichen Amputation*" spricht: Sie ist in seinen Augen „*notwendig*", aber er sieht auch, was sie für Nachteile hat und er versteht auch wie diese zu erklären sind: „*Die Ausweisung Karabanovs und Mitjagins erwies sich als eine äußerst schmerzhafte Operation. Dadurch, dass gerade die ‚tollsten Burschen' ausgewiesen worden waren, die bisher den größten Einfluss in der Kolonie ausgeübt hatten, verloren die Kolonisten die richtige Orientierung*" (ebd., 186). Das hört sich zunächst nach nüchterner Bestandsaufnahme an: die größten Verbrecher, waren eben auch als die tollsten Burschen anerkannt. Das schmeckt keinem Einrichtungsleiter, aber Makarenko sieht klar genug, um das erkennen zu können:

> „*Mit ihrem Weggang wurde es in der Kolonie plötzlich langweilig und eintönig […] die ganze Masse der Kolonisten hatte plötzlich den Ausdruck einer Gesellschaft von Erwachsenen angenommen. Abends war es schwierig, einen unternehmungslustigen Kreis von Jungen zusammen zu bringen – jeder war nur mit seinen Angelegenheiten beschäftigt.*" (ebd.).

Makarenko könnte zufrieden sein mit der Ruhe und Ordnung – doch er ist es nicht: Er kann wahrnehmen und zugeben, dass mit den beiden Dieben auch etwas verloren gegangen ist an Witz und Schwung. Ja noch mehr: Heute würden wir von einer *kollektiven Depression* sprechen, die sich der Kolonie bemächtigt hat. Mit der Amputation der Dissozialen ist auch Energie und Lebendigkeit abgeschnitten worden. Das kann Makarenko so sehen und bescheinigt den beiden Dieben auch sonst eindrucksvolle Kompetenzen:

> „*Sowohl Karabanov als auch Mitjagin waren ausgezeichnete Arbeiter gewesen. Karabanov konnte mit großem Schwung und Eifern an die Arbeit gehen, er konnte Freude an ihr haben und andere damit anstecken. Von seinen Händen sprühten förmlich Funken der Energie und Begeisterung. Nur gelegentlich schnauzte er Faule und Verschlafene an, aber das genügte schon, um selbst den schlimmsten Faulpelz zu beschämen. Mitjagin ergänzte ihn bei der Arbeit großartig. Seine Bewegungen waren von der Geschmeidigkeit eines echten Diebes, alles ging ihm glatt von der Hand, und ihm glückte alles. Dabei war er gutmütig und heiter gestimmt. Beide nahmen regen Anteil am Leben der Kolonie […].*" (Makarenko GW 3 1982, 182).

Es ist bemerkenswert, wie viel Positives Makarenko bei den Beiden sehen und mit wie viel Sympathie er sie betrachten kann. Ohne die „*tollen Burschen*" geht nicht nur Vitalität verloren, sondern wird zugleich deutlich, dass etliche andere ihre dissozialen Neigungen über diese Beiden und deren Bewunderung haben ausleben können, ohne so selbst zu Dieben werden zu müssen; und dass Dissozialität und das Gefühl der Lebendigkeit eben bisweilen zusammengehören

bzw. untrennbar miteinander verbunden sind. Welche/r heutige Sozialpädagog/
in, insbesondere Leiter/in einer stationären Einrichtung, denkt heute an diese
Zusammenhänge?

Makarenko stellt trotzdem die Entlassung der Beiden nicht in Frage. Er hält diese Spannung von: ‚einerseits war es richtig, aber andererseits stellt es eben auch einen großen Verlust dar', aus. (Für mich persönlich handelt es sich hier um eine ganz ähnliche, unaufhebbare Spannung wie die zwischen Gewalt als illegaler Handlung und ihrem gelegentlichen Nutzen als Entwicklungsanstoß.) So resümiert er nach einer Weile:

> *„Die Kolonie schritt vorwärts, ohne ein Lächeln und ohne Freude, aber sie bewegte sich in einem gleichmäßigen Rhythmus, wie eine tadellos funktionierende Maschine. Ich stellte auch positive Folgen meines Vorgehens gegen die beiden Kolonisten fest: Die Überfälle auf das Dorf hatten ganz aufgehört, und die Keller- und Melonenfeldoperationen konnte man sich gar nicht mehr vorstellen. Ich tat so als ob ich die bedrückte Stimmung der Kolonisten nicht bemerken würde, als sei die neue Diszipliniertheit und die Loyalität gegenüber den Bauern nichts Besonderes [...] und als bewege sich alles wie früher vorwärts."* (ebd.).

Aber das tut es nicht: Ein wirklicher Fortschritt ist noch nicht erreicht. Lediglich das Anpassungsniveau hat sich verbessert. Es ist noch nicht viel, aber auch das kann Makarenko schätzen: Und er hofft darauf, dass Freude und Lebendigkeit wieder zurückkehren; denn ohne sie, ist und bleibt Anpassung eben zu wenig. So etwas so klar zu sehen und aufschreiben zu können, macht Makarenko zu einem *humanistischen Pädagogen*, dem es auf inneres Wachstum und damit einhergehend einer Versöhnung von Lebendigkeit und den Ansprüchen des Kollektivs oder der Gesellschaft ankommt; und der um den inneren Sinn von Abweichung und Dissozialität weiß.

Diese wenigen Hinweise müssen hier genügen. Das Poem stellt eine Schatztruhe dar, in der man noch fünfzig, sechzig weitere solcher sozialpädagogischen Highlights findet, welche die Person Makarenko, seine Persönlichkeit und deren Denken und Handeln in hellem Licht erstrahlen lassen. Sicher sind sie nachträglich ausgewählt, angereichert oder verdichtet worden, aber sie sind so detailliert und stimmig geschildert, dass sie weit davon entfernt sind, als erfunden abgetan werden zu können.

7.5 Weitere Episoden mit Gewalt und andere interessante und/oder fragwürdige Praxen in der Gorkij-Kolonie

Zur Beantwortung der Frage, ob die von Makarenko ausgeübte Gewalt in der Gründungsphase in die Strukturen der Einrichtung eingewandert ist, ist es aufschlussreich sich weiteren Beispielen von Gewalt zuzuwenden und auch andere männlich-martialische Praxen zu untersuchen. Zu unterscheiden sind dabei ausgesprochene Gewalthandlungen, die von ihm ausgehen (7.5.1), gegen sich selbst gerichtete Gewalt (7.5.2), weitere ambivalent einzuschätzende Verhaltensweisen (7.5.3), Symptomtoleranz gegenüber Diebstahl und Gewalt auf Seiten der Kolonisten (7.5.4), die zu Eskalationen mit den Bauern und der Miliz führte, sowie Transformation von Gewalt im Spiel (7.5.5).

7.5.1 Weitere Gewalttaten und Wutausbrüche Makarenkos

Dezidierte *Gewalthandlungen* von Seiten von Makarenko findet man im ersten Band des *Poems* nur noch eine: In der Kolonie macht sich – wie damals in nicht wenigen Gebieten der Ukraine – Antisemitismus breit. Drei jüdische Zöglinge werden über einen längeren Zeitpunkt übelst drangsaliert, gedemütigt und gequält. Als der Haupttäter nach langen Ermittlungen endlich zur Rede gestellt werden kann, antwortet auf Makarenkos Frage, was er getan habe:

„‚Na, was denn schon? Was ist schon dabei? Drei mickrige Juden. Ich dachte, Sie wollten über etwas Ernsthaftes mit mir sprechen'. Da brach plötzlich der pädagogische Boden mit viel Krach und Gepolter unter mir zusammen. Ich war auf einmal nur noch ein Mensch. Das schwere Rechenbrett, das auf meinem Tisch lag, flog plötzlich auf Osadcijs Kopf zu. Ich verfehlte ihn knapp, das Rechenbrett schlug klirrend gegen die Wand und fiel auf den Fußboden. Ganz von Sinnen suchte ich auf dem Tisch nach irgendetwas Schwerem, aber plötzlich hielt ich einen Stuhl in den Händen und stürzte mich damit auf Osadcij. In panischer Angst sprang er zur Türe, aber da rutschte ihm die Jacke von den Schultern, er verfing sich darin und fiel hin.
Ich kam zu mir. Irgendjemand hatte mich an meinen Schultern gepackt. Ich dreht mich um – Zadorov sah mich an und lächelte: ‚Dieses Scheusal ist es nicht wert'." (ebd., 106/107).

Makarenko selbst reflektiert: *„Nach diesem erneuten pädagogischen Sturz konnte ich mein Gleichgewicht nicht wiederfinden. […] Und Ekaterina Grigorevna sagte einmal zu mir mit einem Gesichtsausdruck, als ob ich schwerkrank […] wäre: ‚Sie sollten sich nicht so quälen, es geht vorüber'."* (ebd., 108).

Auch hier wieder eine sehr offene Schilderung seiner eruptiven Wut und den Verlust der Impulskontrolle, durchaus mit der Gefahr, einen anderen schwer zu verletzen. Auch hier eine Rechtfertigung, weil das Quälen von Schwächeren wirklich wütend machen kann: Eine durch und durch menschliche, nachvollziehbare Reaktion. Sehr geschickt der Einbau von Zadorov in dieser Stelle: er, der ehemals selbst Misshandelte fällt Makarenko in den Arm, aber wohlwollend und entspannt. Was kann die Qualität der Beziehung dieser Beiden besser zum Ausdruck bringen?

Später heißt es: *„In der Kolonie ist es jetzt schön es ist irgendwie menschlich. Unsere Juden sind eine Pracht. Sie sind durch all das noch etwas verängstigt, doch sie arbeiten ausgezeichnet und sind schrecklich verlegen. Wissen Sie die Älteren kümmern sich jetzt um sie [...]."* (ebd.). Einmal mehr sehen wir die Doppelfigur von Zerknirschung und Selbstvorwürfen sowie den eindeutig positiven Folgen der Beinahe-Gewalt. Momente mit Jähzorn und von Unbeherrschtheit müssen sich bei Makarenko immer wieder einmal ereignet haben. Offensichtlich hat diese zeitweilige Unberechenbarkeit aber seinem Image unter den Jugendlichen nicht geschadet; wie überhaupt zu bedenken ist, dass das Ideal des/der beständig kontrollierten Pädagogen/Pädagogin eher kein russisches, sondern ein westliches und spätes Ideal in der Geschichte der Pädagogik darstellt. Wobei kein anderer Pädagoge so offen von dieser Schwäche/dieser Eigenschaft geschrieben hat.

7.5.2 Gegen sich gerichtete Gewalt

Makarenko berichtet im *Poem* allerdings auch von Momente *großer Verzweiflung*; Einmal scheint er ernsthaft versucht gewesen zu sein, sich in den Kopf zu schießen, wobei dieser Impuls ebenso Raptus-artig über ihn kam wie seine Wutausbrüche. Denn nach einer Serie von Einbrüchen in die Häuser von Bauern, kam es auch zu bewaffneten Überfällen auf der Landstraße, ein Vergehen, das bereits zwei Jahre nicht mehr vorgekommen war. Makarenkos Nerven waren bereits seit längerem angespannt:

„Eines schönen abends wurde die Türe meines Arbeitszimmers aufgerissen, und eine Schar von Jugendlichen stieß Prichodko hinein. Karabanov schleuderte ihn voller Wut gegen meinen Tisch. ‚Da!' ‚hat er wieder mit dem Messer?, ‚fragte ich müde. ‚Ach was, Messer! Er hat auf der Hauptstraße geraubt'. Die Welt stürzte über mir zusammen. Mechanisch fragte ich den schweigenden und zitternden Prichodko: ‚Stimmt das?'

‚Ja', flüsterte er kaum hörbar mit gesenktem Blick. In irgendeinem millionstel Teil eines Augenblicks trat die Katastrophe ein. In meinen Händen hielt ich den Revolver.

‚Ach! Zum Teufel! Mit Euch leben!'

Ich kam jedoch nicht dazu, den Revolver an die Schläfe zu führen. Eine Schar schreiender, weinender Jungen stürzte sich auf mich. Als ich wieder zu mir kam, waren Ekatarina Grigorevna, Zadorov und Burun bei mir. Ich lag auf dem Fußboden [...] ganz mit Wasser begossen. Zadorov hielt meinen Kopf [...] und sagte zu ihr: ‚Gehen Sie hinaus. Die Jungen, sie könnten Prichodko totschlagen...'. In einer Sekunde war ich auf den Beinen und draußen. Prichodko war blutüberströmt und schon bewusstlos, als ich ihn den Jungens entriß." (ebd.).

Auf der Ebene der Metaphern ist interessant zu sehen, dass Makarenko auch bei seiner Verzweiflungstat von einem *„Sturz"* spricht; nur ist es die ganze Welt, die über ihm zusammenstürzt (sonst stürzt er). Aus der geschilderten Szene können wir folgern, dass es für die Wutausbrüche von Makarenko einen Hintergrund gibt; sie dienen dazu das Gefühl von Ohnmacht, Verzweiflung und Schwäche abzuwehren. Aber diese Gefühle sind da und nagen an seiner Vision es mit diesen Zöglingen und dieser Kolonie zu schaffen. Wenn diese zerbricht, könnte er sich umbringen. Daran sieht man wie sehr ihm sein Projekt am Herzen liegt und wie er sich mit diesem identifiziert hat – aber eben auch wie es an seinen Kräften zehrt. Eine ähnliche Situation ereignet sich wenige Monate später. Wieder ist Makarenko am Ende seiner Kräfte und voller Selbstzweifel. Er geht in den Wald:

„Wo soll ich nur hin? Nun, was kann ich denn machen? Was soll ich machen?' Ich bog in den Wald ein. Hier gab es zur Mittagszeit keinen Schatten, aber stets sieht es hier aufgeräumt aus, man kann weit sehen und die schlanken Kiefern verstehen es sich harmonisch zu einer schlichten Kulisse unter dem offenen Himmel zu formen.

Obwohl wir im Wald leben, war ich noch kaum dazu gekommen, tiefer in ihn einzudringen. Die Arbeit mit den Menschen kettete mich an Tische, Werkbänke, Schuppen und Schlafräume. Die Stille und Reinheit des Kiefernwaldes, die mit Harzgeruch getränkte Luft zogen mich an. Es überkam mich der Wunsch, von hier nicht mehr fortzugehen und selbst so ein schlanker, weißer, wohlriechender Baum zu werden und [...] unter diesem blauen Himmel zu stehen." (ebd., 151).

Mit der Schilderung dieses intimen Moments gewährt uns Makarenko einen tiefen Blick in seine Innenwelt: Er hat kein anderes Zuhause als die Kolonie; aber die „frisst" ihn fast auf. Er sehnt sich nach Ruhe und Frieden und für einen Moment wird deutlich, dass er sich seine Kolonie ebenso *„aufgeräumt"* und *„harmonisch"* wünscht wie diesen Wald. Und weiß doch er, dass sie nie so ein wird. Worauf er sich selbst vorstellt, ein Baum in einem solchen Wald zu sein. Zunächst kann man das als eine Metapher für den Wunsch nach anhaltender innerer Ruhe und Frieden lesen, mit der sich Makarenko selbst beruhigt. Gleichzeitig wissen wir, dass das auch eine Vision sein könnte, die eine gequälte Seele zum Suizid führt, indem sie zum „ewigen Schlaf" verlockt. Genau diese Gefahr scheinen seine Zöglinge gespürt zu haben: Sie verfolgen ihn in den Wald, sachte und behutsam, um den von ihnen befürchteten Selbstmord zu verhindern. Schließlich bitten sie ihn, ihnen seinen Revolver auszuhändigen. Makarenko entscheidet sich für eine heitere Auflösung der Szene:

„Ach den Revolver, bitte sehr! Komische Kerle seid ihr. Ich kann mich auch aufhängen oder im See ertränken!" (ebd., 152).

Damit verleugnet er und gesteht zugleich, dass Suizid eine, näher oder ferner liegende, Möglichkeit für ihn darstellt; und schildert zugleich wie zärtlich die Jugendlichen an ihm hängen und wie feinfühlig diese oft so groben Rabauken sein können. Am wichtigsten scheint mir aber die Botschaft: Es gibt nichts, was man vor seinen Zöglingen verstecken muss: weder Wut noch Verzweiflung; weder mörderische noch selbstmörderische Impulse. Diese gehören zum Menschen, und weil sie zu ihm gehören, dürfen sie auch vom Pädagogen/von der Pädagogin empfunden und ausgedrückt werden. Erst mit der Kontaktaufnahme zu dieser emotionalen Bandbreite in sich selbst, erreicht man auch die Jugendlichen, welche die gleichen Affekte in sich tragen; nur noch impulsiver, noch sprachferner und noch weniger zugänglich für (nachträgliche) Reflexion.

7.5.3 Ambivalent einzuschätzendes Verhalten

Im Poem lässt uns Makarenko Anteil an eigenen Entscheidungen und Handlungen nehmen, die man als zwiespältig und ambivalent betrachten kann: Zum einen sind da seine Einladungen an die Jugendlichen zu Wächtern von Recht und Ordnung zu werden, um andere „Straftäter" in die Schranken zu weisen, und zwar im offiziellen Auftrag der Behörde. Einmal geht es darum Destillen zu zerschlagen, mit denen die Bauern heimlich Schnaps brennen (ebd., 61 ff.) – dabei lautet der Vorwurf nicht nur, dass sie die hohe Branntweinsteuer umgehen, sondern wertvolles Korn, das den Bäckereien zu Verfügung gestellt werden müsste, hinterziehen. Ein anderes Mal gilt es Holzdiebe auf frischer Tat zu ertappen und ihnen das illegal geschlagene Holz abzunehmen (ebd., 35 ff.). Beide Aktionen werden von Makarenko mit seinen, älteren Zöglingen durchgeführt, häufig bewaffnet. Dazu muss man in Höfe und Gebäude eindringen, Mauern übersteigen und im Haus Verstecke aufspüren. Dabei scheuen die Jugendlichen auch nicht vor Gewalt zurück (der Hund bekommt einen Knüppel auf den Kopf, der Destillenbesitzer wird geschubst etc.) – alles unter der Leitung von Anton Semenovic (ebd.).

Kritisch kann man einwenden, dass Makarenko damit die Beziehungen zu den Bauern im Sozialraum zerstört; wohlwollend kann man Makarenko unterstellen, dass er den Jugendlichen, ehemaligen Banditen, die Chance bieten möchte sich auf die Seite des Staates zu stellen und selbst in die Rolle von Kontrolleuren und Polizisten zu schlüpfen. Diese neue Rolle dürfte, gerade weil sie auch Elemente der alten Rolle mitaufnimmt (Eindringen in Gebäude, Drohungen, Gewalt), den Jugendlichen attraktiv erscheinen und könnte ihnen tatsächlich den Weg auf die andere – der Dissozialität entgegengesetzte – Seite erleichtern. In diesem Zusammenhang duldet Makarenko auch Gewalt einiger Zöglinge gegen andere, vor allem neue, denen sozusagen die „Spur eingestellt werden muss": Über einen Neuling Korneev, der sich verbotener Weise das Essen von schwächeren Jugendlichen in den Schlafsaal bringen lässt, was strikt verboten war, heißt es:

> „Zadorov war einer der wenigen, die keine Angst davor hatten, dass Korneev nach Gaunerart schnell mit dem Messer zur Hand war. […] Er nahm die Schüssel und schüttete die Suppe zum Fenster hinaus. ‚Hier gibt's keine vornehmen Herrschaften!'. Korneev sprang vom Bett auf, aber Zadorov versetzte ihm mit der Faust einen Schlag vor den Kopf und sagte: ‚Hör mal, du elende Kreatur, verschwinde heute noch aus der Kolonie, hier geht deine Rechnung nicht auf'. Er tat das, weil er gehört hatte, dass Korneev eine Bande in der Stadt organisiert hatte, die das Lager der Kolonie gründlich auszurauben. […] In der Nacht kamen Zadorov und sein untrennbarer Freund Volochov, sie setzten Korneev seine Dandymütze auf, führten ihn in den Wald und ‚pfefferten' ihm noch eine, wie sich Zadorov ausdrückte, und berichtete mir erst am Morgen ausführlich von dem von ihm ergriffenen Maßnahmen. Ich hielt es nicht für nötig, etwas dagegen einzuwenden." (ebd., 116).

Später besuchte besagter Korneev nachts ein Mädchen in der Kolonie, mit deren Einverständnis: „*Die Jungens, die von den nächtlichen Besuchen Kornevs Wind bekommen hatten, ergriffen ihn bei einem Rendezvous mit Raissa im Wald und verprügelten ihn ordentlich.*" (ebd.). Es ist nicht nur so, dass Makarenko nichts dagegen einzuwenden hat: Es wird deutlich, dass er solche Gewalt-Handlungen gutheißt. Vermutlich ist es kein Wunder, dass ausgerechnet Zadorov und Volochov von ihm gedeckt werden. Sie haben Gewalt bei ihm kennengelernt und bilanzieren für sich, dass es ihnen nicht geschadet, sondern geholfen hat. Warum sollten sie dann nicht dasselbe tun wie der von ihnen bewunderte Leiter. Noch dazu wo sie genau spüren, dass er damit einverstanden ist. Sie handeln – wenn auch nicht in unmittelbarem Auftrag und ohne vorheriges Wissen von Makarenko – in seinem Geiste oder können sich das zumindest einbilden. Wir werden später in den kritischen Berichten sehen, dass dieses Verprügeln von offen Oppositionellen deren Delikt aufgedeckt wurde, durch Makarenko-nahe Jugendliche oder heimliche Täter, sich offensichtlich im Lauf der Zeit weiter verbreitete und (beinahe) jeder in der Kolonie damit rechnen musste, dass ihm eine solche Bestrafung blühte.

Es gibt aber noch einen anderen Aspekt zu berücksichtigen, der weniger mit dem Vorbild, sondern mit dem Strafbedürfnis der Jugendlichen zu tun hat. Als Burun gravierender Diebstähle überführt wurde, bei denen er brutal vorgegangen war und die ein schlechtes Licht auf die gesamte Kolonie werfen, tritt ein Jugendlicher vor:

> „‚Man soll ihn aber nicht davonjagen. Jeder hier hat so einiges hinter sich. Ordentlich die Fresse polieren, das muss man aber tun'. Alle wurden still.
>
> Burun antwortete: ‚Mit meiner Fresse hast du noch lange nichts zu tun. Was bläht du dich so auf. Kolonieleiter, wirst du ja eh nicht! Wenn nötig, wird Anton mir die Fresse polieren, ist das etwa deine Sache'
>
> ‚Wie nicht deine Sache? Jungens, das ist unsere Sache oder nicht?'

> ‚Unsere Sache', schrien alle Jungens: ‚Wir werden dir selbst die Fresse polieren, noch besser als Anton!' Schon ging einer auf Burun los und fuchtelte mit den Händen: ‚Verdreschen sollte man Dich, verdreschen!'."

Makarenko und Zadorov schreiten ein und beruhigen die aufgebrachte Menge: „Burun senkte den Kopf: ‚Ich habe nichts hinzuzufügen. Ihr habt Recht. Lasst mich alleine mit Anton Semenovic, er soll mich bestrafen, wie er es für richtig hält'." (ebd., 31 f.). Makarenko ist aber selbst beinahe außer sich und schreibt:

> „Es war ganz still. Ich steuerte auf die Türe zu, ein Meer tierischer Wut erfüllte mich, und ich fürchtete, es könnte über die Ufer treten. [...] Mir war elend zumute. Burun kam mir vor wie der schlimmste Auswurf, den man auf dem Abfallhaufen der Menschheit finden konnte. [...] Wir kamen in meinem Zimmer an. Ich konnte mich kaum zurückhalten, um nicht mit einem schweren Gegenstand nach ihm zu werfen." (ebd.).

Zwei Aspekte daran sind bemerkenswert. Die Jugendlichen setzen sich dafür ein, dass der Dieb nicht gehen muss – das wäre die schlimmste Konsequenz. Aber eine Strafe muss sein: *„Fresse polieren"* scheint angesichts der noch drastischeren Bestrafung vertretbar, aber auch erforderlich. Der Dieb hat Wut ausgelöst; nicht nur Kränkungswut bezogen auf den schlechten Ruf der Kolonie, dem er Nahrung gegeben hat; nicht nur Wut über sein freches Leugnen, das er anfangs an den Tag legt; sondern auch Wut darüber, dass man seine eigenen dissozialen Neigungen mühsam unterdrückt, während der Andere sie frei spielen lässt. Gerade wenn man selbst dem Regelbruch nahesteht, muss man sehen und erleben, dass der Regelbrecher bestraft wird. Und am direktesten erlebt man das, wenn man ihn (kollektiv) schlägt. Diese Lust an der Bestrafung ist das eine: Nachträglich können wir erkennen, dass Makarenko mit den Schlägen, die er austeilt, den von ihm Bestraften vor der Wut der Gruppe schützt. Er übernimmt etwas, was die Gruppe sonst selbst – härter als er (*„noch besser als Anton"*) – tun würde. Würde er darauf verzichten, würde das in den Augen der Jugendlichen eine Ungerechtigkeit darstellen und sie müssten den Täter weiter bestrafen oder ihn irgendwann doch ausstoßen wollen. Nach der Strafe kann er aber wieder zur Gruppe gehören.

Das andere ist: Makarenko spürt den Bestrafungsimpuls auch in sich selbst: Auch für ihn trägt die Bestrafung zum Abebben *„des Meeres tierischer Wut"* bei. Und nur so funktioniert es: Nur weil die Jugendlichen spüren, dass auch Makarenko bestrafen will, können sie ihre Wut in seiner unterbringen. Würde er das nur für sie tun, nur um dem Täter die Härte ihrer Strafe zu ersparen, würden sie sich betrogen fühlen. Solche gruppendynamischen Zusammenhänge von Vergehen und Strafe werden heute kaum noch irgendwo gedacht – auch deswegen muss man den Klassiker Makarenko studieren!

7.5.4 Makarenkos Symptomtoleranz gegenüber Diebstählen

Ein weiteres Kapitel in diesem Themenkomplex kann man mit *Symptomtoleranz* überschreiben: Makarenko weiß sehr gut, dass einige seiner Zöglinge immer wieder auf Diebestour gehen; aber er lässt sie gewähren. Über die besonders Engagierten, die das frisch dazu gewonnene Trepke-Gut instand setzten, schreibt er:

„Diese Gruppen pendelten zwischen den Kolonien hin und her, was sie jedoch nicht daran hinderte, manchmal vom Weg abzuweichen und irgendeinem klassischen Rassehuhn nachzujagen, das vertrauensselig die Grenzen seines Hofs überschritten hatte, um etwas frische Luft zu schnappen. Der Fang eines solchen Huhns und viel mehr noch die völlige Verwertung all der darin enthaltenen Kalorien waren Operationen, die Umsicht, Kaltblütigkeit und Enthusiasmus erforderten." (ebd., 139).

Dieser humoreske, ganz und gar einverstandene Ton zieht sich über mehrere Seiten hin:

„Ohne große Überlegungen anzustellen […] drangen die Kolonisten auf direktem Wege in die Kammern und Keller ein und verfügten […] über die dort angesammelten Reichtümer. […} Solange sich mit dieser […] Sache die Karabanov's, Taranec's, Volochovs, Osaddjis und Mitjagins befassten, konnte ich ruhig schlafen, weil diese Leute sich durch Sachkenntnis und Gewissenhaftigkeit auszeichneten. Am Morgen kamen die Bauern nach einer kurzen Inventur ihrer Habe zu dem Schluss, dass zwei Krüge Milch fehlten oder zwei Töpfe Sahne […] aber das Vorhängeschloss an der Kellertüre war völlig unbeschädigt […] das Dach war ganz und in der Nacht hatte der Hund nicht einmal gekläfft" (ebd., 140).

Man hört deutlich den bewundernden Ton, mit dem Makarenko seine Meisterdiebe und deren Kompetenzen darstellt. Man fragt sich, wo der Umschlagpunkt kommt, an denen er die beiden Hauptakteure der Kolonie verweist, und ob Mitjagin und Karabanov ihn haben kommen sehen können? Denn hier gehören sie ja eigentlich zu den von Makarenko anerkannten Meisterdieben:

„Ganz anders wurde es, wenn die junge Generation das Studium der Diebeskultur antrat. […] Sie zerstörten Schlösser und setzen Brecheisen ein und kämpften mit den Wachhunden. Die unqualifizierte, grobe Arbeit unserer Knirpse führte dazu, dass sie die Verfolgung durch eine Bauern erleben mussten, der von besagtem Hund aufgeweckt worden war. […] Der dieser aufregung nicht gewachsene Knirps rannte natürlich in die Kolonie, was die ältere Generation niemals getan hätte. Der Bauer kam dann auch in die Kolonie, weckte mich und verlangte die Auslieferung des Verbrechers. Aber der lag schon im Bett und so konnte ich naiv fragen: ‚Würdem Sie den Jungen wieder erkennen?' ‚Ja wie soll ich

ihn denn wiedererkennen? Ich sah, dass er hierher lief!' ‚Vielleicht war es keiner von den Unseren?' schlug ich einen noch naiveren Kurs ein etc. So musste der geschädigte Bauer wieder abziehen, wahrscheinlich nicht ohne bemerkt zu haben, dass Makarenko seine Schützlinge deckte. Aber das hilft nur begrenzt [...].

Eines Abends kam plötzlich ein Zug berittene Miliz im Galopp in die Kolonie. Alle Ausgänge unserer Schlafräume wurden mit einem Posten besetzt, und es begann eine Hausdurchsuchung. Auch ich wurde in meinem Arbeitszimmer unter Arrest gestellt und gerade daran scheiterte die ganze Aktion der Miliz. Die Jungens gingen mit Fäusten auf die Milizionäre los und sprangen aus den Fenstern. In der Dunkelheit flogen schon die ersten Ziegelsteine, und im Hof kam es zu Schlägereien. Eine ganze Schar Kolonisten stürzte sich auf die vor dem Stall stehenden Pferde der Milizionäre, und die Pferde stoben in den Wald davon." (ebd., 143).

Zwischen den Zeilen ist deutlich zu lesen: „Schaut an, meine Teufelskerle, sind sie nicht prächtige Burschen!" Makarenko wird schließlich zu Hilfe geholt:

„‚Befehlen Sie Ihren Zöglingen sofort in die Schlafräume zu gehen und sich neben ihren Betten aufzustellen'

‚Mit welchem Recht führen Sie hier eine Hausdurchsuchung durch?'

‚Das geht Sie nichts an, ich habe meine Befehle'

‚Verlassen Sie sofort die Kolonie!'

‚Wieso denn verlassen?'

‚Ohne Genehmigung des Leiters des Gouvernments-Volksbildungsamtes lass ich eine Hausdurchsuchung nicht zu, lasse es einfach nicht zu, ich werde Sie mit Gewalt daran hindern' [...]

‚Na schön', sagte der Zugführer mit drohender Stimme, ‚Sie werden noch ganz anders reden müssen.' [...]

Nach dieser Razzia nahmen die Ereignisse eine stürmische Entwicklung. Die Bauern kamen entrüstet zu mir, sie drohten und schrien." (ebd., 143).

Auch wenn die weitere Entwicklung zu der bereits oben angedeuteten impulsiven Verzweiflungstat mit der gegen sich gerichteten Pistole führte, so erleben wir hier einen mit den Dissozialitäten *„seiner Jugendlichen"* offen sympathisierenden Makarenko. Er verhindert die Entdeckung von Diebesgut in den Schlafsälen, stellt die Legitimität der Miliz in Frage und droht diesen, vor den Ohren seiner Jugendlichen, offen Gewalt an. Insofern muss man konstatieren: Es ist mehr als Symptomtoleranz – es ist offene Parteilichkeit, die Makarenko hier praktiziert: für seine Jungens, gegen das Gesetz!

In jedem Fall fragwürdiges und grenzwertiges pädagogisches Handeln. Zu Gute halten muss man ihm, dass er mit einer auskömmlichen Versorgung seiner Jugendlichen immer wieder allein gelassen wurde (die späteren Untersuchungsberichte von 1926 und 1927 sprechen von Mangelernährung). Ein strukturelles

Versagen der Behörden! Also greifen seine Jugendlichen zur Selbsthilfe, was er nicht verhindern kann. Aber das ist nur der eine, nachvollziehbare Aspekt. Die unverhohlene Sympathie, die er ihnen gegenüber empfindet und ausdrückt, ist die gut bekannte eines Vaters, der weiß, dass sein Sohn in kriminelle Machenschaften verstrickt ist und Mist gebaut hat, der es aber vor den Anklägern, Bauern und Miliz, nicht zugeben kann. Warum? Weil er identifiziert mit ihm ist? Weil er selbst einen Hass auf die Reichen und die Polizei hat? Weil er sich selbst so oft ungerecht vom Gesetz verfolgt gefühlt hat, dass er dazu neigt sich über es zu stellen? Solche Fragen stellt Makarenko sich nicht...

Bei einer Diebestour, bei der drei Jugendliche auf frischer Tat ertappt werden, schnauzt er sie zwar an: „*Na, prima, jetzt habt ihr es ja geschafft, der Teufel soll Euch holen! Verprügeln werden ich euch jetzt, ihr Schufte. Und im Gefängnis werdet ihr sitzen*" und markiert selbstironisch „*nach dieser superpädagogischen Rede*" folgte ich den Anklägern – unter anderem dem Vorsitzenden des Kollektivs – in die Kanzlei. Der verlangt eine Bitte um Entschuldigung, die Makarenko seinen Jugendlichen nicht zumuten will, weil er weiß, dass sie es nicht können oder nicht ernst nehmen würden. Stattdessen wird er an ihrer Stelle als Leiter um Entschuldigung bitten: „*Aber während des Gesprächs ging mir ein blutrünstiger Gedanke durch den Kopf: Vielleicht wird man diesen Vorsitzenden einmal in einer dunklen Ecke erwischen und verprügeln. Ich komme ihm nicht zur Hilfe.*" (ebd., 39).

Wieder ein Makarenko, der zu seinen Jungen steht und die gleiche Gewalttätigkeit in sich entdeckt, die diese immer wieder an den Tag legen. Wobei man an dieser Stelle auch an eine Delegation seiner aggressiven Rache- und Bestrafungsimpulse denken kann: Nicht Makarenko wird diesen arroganten Vorsitzenden verprügeln, in seiner Phantasie werden das „*seine Jungens*" übernehmen. Wenn man diesen Gedanken ernst nimmt, wird klar, dass sich die Jugendlichen, wenn sie anderen Kolonisten gegenüber ihre Strafimpulse wegen mangelnder Mitarbeit oder Diebstähle auslebten, das dazu notwenige Aggressionspotential als von ihm „delegiert" erleben konnten. Auch in einem Untersuchungsbericht (weiter unten) wird deutlich, dass die Jugendlichen Makarenko manchmal körperliche Bestrafungen abnahmen, weil sie wussten, dass diese ihn in Schwierigkeiten bringen könnten, wenn er sie selbst ausführen würde (unten, ebd., 25). Darüber hinaus macht die Annahme Sinn, dass „*seine Jungens*" ihn für solche inneren Affinitäten und Auftritte zu ihren Gunsten „liebten"; und noch inniger als Autorität akzeptierten, weil sein Auftreten ausgereicht hatte, selbst die Polizei bzw. Miliz zum Rückzug zu bringen oder – im Fall seiner Entschuldigung beim Vorsitzenden – weil er bereit war, sich an ihrer Stelle zu erniedrigen. So etwas schafft Bindungen, so etwas führt zu Loyalitäten. Nennen wir die oben geschilderten Episoden also ein *ambivalentes Handeln*... Richtig und falsch zugleich oder „gut durchwachsen" (vgl. Schwabe 2020).

Symptomtoleranz auch gegenüber Gewalt: Bei einer Auseinandersetzung mit Bauern wegen der Grenzen des *Trepke-Gutes* hielten Makarenkos Zöglinge einen Jugendlichen fest, der Verstärkung heranpfiff, die sich mit Pfosten bewaffnete:

„Offensichtlich in der Meinung, dass die diplomatischen Beziehungen Verhandlungen beendet und nun der Augenblick des Handelns gekommen sei, stürzte sich Prichodko wie ein Wirbelwind auf die Feinde und ließ den Pfahl auf den Kopf von Großvater Andrij niedergehen und dann noch auf den Kopf des Vorsitzenden. [...] Prichodkos Schlag erschien allen gerechtfertigt." (ebd., 82). Makarenko fährt die Kolonisten zwar an, aber deeskaliert deren Zorn sofort, weil einige bereits dabei sind das Haus, in das sich die Bauern geflüchtet hatten, in Brand zu stecken:

„Jungens, ich bin ganz Eurer Meinung. So was darf man sich nicht gefallen lassen. Lasst uns in die Kolonie gehen und, dort sprechen wir darüber. So wie ihr das macht, geht das nicht- Was soll das ‚wir stecken alles in Brand'. Wir gehen jetzt in die Kolonie!" (ebd., 83).

Auf der nächsten Seite wird aus dem Pfahl ein Stock, später ein Stöckchen. Und als eine Untersuchungskommission eintrifft, hilft Makarenko den Jugendlichen dabei, den Stockschlag zu leugnen: *„Die Frage, ob ein Schlag mit dem Stock versetzt worden sei, blieb offen. [...] Dafür wurde sehr gründlich die Frage erörtert, ob unsere Gegner betrunken waren oder nicht."* (ebd., 85). Makarenko deeskaliert und wehrt schlimmeren Schaden ab, aber er deckt seine Jugendlichen auch. Der Gewaltvorfall verschwindet aus der Wahrnehmung. Insgesamt scheint auch Makarenko den Schlag als *„gerechtfertigt"* anzusehen – auch das Wort *unser*, bei *„unsere Gegner"*, spricht Bände.

Wenn man Makarenko sehr kritisch sieht, könnte man noch einen anderen Gewaltbezug herstellen, vor allem, was die flapsige, humoreske Schilderung der Konflikte mit den Bauern betrifft. Sie wurden von den Zöglingen und ihm *„Kulaken"*, d.h. reiche und Andere ausbeutende Bauern, benannt (Makarenko GW 3 1982, 146). Dazu muss man wissen, dass zwischen 1928 und 1932, den Jahren in denen das *Poem* entstanden ist, die von Stalin verordnete Zwangskollektivierung der Landwirtschaft einsetzte. In deren Verlauf wurden mehrere Hunderttausende Bauern, die generisch als *Kulaken* bezeichnet wurden, zwangsumgesiedelt und/oder erschossen. Es könnte sein, dass Makarenko auf die weit verbreiteten Ressentiments seiner Leser:innen gegenüber den *Kulaken* abzielte und diese bediente (ebd.). Damit würde er sich, wenn auch subtil, an einen staatlich initiierten, übergreifenden, brutalen Gewaltzusammenhang beteiligen. Aber dieser Anfangsverdacht wäre sehr genau zu überprüfen.

7.5.5 Transformation von Gewalt im Kontext Spiel

Ganz klar schätzt Makarenko die *Räuberspiele*, die die Jugendlichen immer wieder spontan inszenieren und übernimmt dabei auch ihm zugewiesene Rollen:

„Während Anton und zwei andere Jungens den Schlitten mit Reisig beluden, machten die anderen im Wald Jagd aufeinander; alles endete mit Kampf und Gefangenahme der

> Banditen. Die gefangenen ‚Waldmenschen' wurden von einer mit Äxten und Sägen bewaffneten Eskorte in die Kolonie gebracht und im Spiel in mein Arbeitszimmer gestoßen, und Osadice oder Koryto, der früher wirklich einmal bei Machno (einem landesweit bekannten Banditen) gedient und dabei sogar einen Finger verloren hatte, forderte lautstark von mir: ‚Kopf ab oder erschießen? Sollen wir weiter im Wald suchen, sicher gibt's noch mehr davon?'.

So ging das eine Weile hin und her und die Verurteilten zitterten um ihr Leben.

> „Es begann das Verhör: ‚Raus mit der Sprache" Wie viele Maschinengewehre habt ihr? Wo sind sie versteckt?" [...] Der Jugendliche tut so, als wüsste er nicht, was Maschinengewehre sind. Koryto schaut ihn mit schrecklicher Entrüstung an und wendet sich dann an mich [...]: ‚Aufhängen! Das ist ein schrecklicher Mensch, schauen Sie doch mal seine Augen an'. Ich entgegnete im selben Ton: Ja er verdient eine strenge Strafe! Führt ihn in den Speisesaal und gebt ihm zwei Portionen". ‚Eine schreckliche Strafe' sagte Koryto mit tragischer Stimme'." (ebd., 204 f.).

Wir sehen Makarenko hier als erfahrenen Spielgruppenleiter, der ein Spiel zugleich mitmacht, aber eben auch geschickt wieder in den Alltag, hier den Speisesaal, zurückzuführen vermag (siehe dazu auch Schäfer in Kapitel 8 in diesem Buch).

Einen ganz anderen Ausdruck findet die Gewalt in einem „*Spiel*", das scheinbar sehr beliebt war unter den Jugendlichen der Kolonie: Es besteht darin, dass geheim Rollen zugeteilt wurden (*Dieb, Denunziant, Untersuchungsrichter, Richter, Henker*) sowie ein Mitspieler, dem der jeweils Andere mit einem Lederriemen auf die Hände schlagen konnte, wenn er diesen verdächtigte, der *Dieb* zu sein. Hatte er Recht, wurde neu ausgelost. Wer aber falsch lag, wurde selbst geschlagen und musste den Schmerz aushalten. Wobei, wer am Ende den *Dieb* erwischte, am meisten Schläge abbekam. Makarenko verbat dieses Spiel nicht (wie z. B. das *Kartenspiel um Geld*, ebd., 72):

> „Da die Rollen der Spieler ständig wechselten und der Dieb bei der nächsten Runde Richter oder Henker wurde, bestand das Hauptvergnügen bei diesem Spiel im Wechsel von leid und Rache. Ein wütender Richter oder erbarmungsloser Henker, bekam es in der nächsten Runde hundertfach heimgezahlt, wenn er Dieb oder Denunziant wurde und zwar sowohl vom agierenden Richter als auch dem Henker." (ebd., 76). Makarenko und auch die beiden Erzieherinnen spielen dabei mit: „[A]ber die Jungens benahmen sich ihnen gegenüber ritterlich. Für Diebstahl bekamen sie lediglich drei, vier Kalte (leichte Schläge, M. S.) und während des Strafvollzugs setzte der Henker die zärtlichste Miene auf und strich mit dem Riemen nur ganz sanft über die zarte Frauenhand." (ebd.).

> „Wenn die Jungens mit mir spielten, interessierten sie sich ganz besonders dafür wieviel ich aushalten kann. [...] Als Richter verurteilte ich den Dieb zu derart hohen Strafen, dass sogar die Henker entsetzt waren. [...] Aber dafür bekam ich auch meinen Teil ab

und zwar gehörig: Jedes Mal ging ich mit geschwollener linker Hand nach Hause [...] die rechte brauchte ich ja zum Schreiben." (ebd.).

Das Spiel ist insofern kein Spiel, als es real schmerzt und es ihm an einer zugrunde liegenden Phantasie fehlt (vgl. Schwabe 2020). Es handelt sich um eine *ritualisierte Mutprobe*; sie wirkt aber insofern sozialisierend auf impulsives Gewalthandeln, als hier in einem verabredeten Rahmen geplant, gezielt und dosiert geschlagen wird: Der rohe Impuls wird gerahmt und einer gewissen Kontrolle unterworfen. Das ist nicht viel, aber das ist bereits der Anfang eines Transformationsprozesse. Zum anderen läd Makarenko durch seine Härte die Jugendlichen dazu ein, ihm mit gleicher Härte zu begegnen. Und zwar ohne Schuldgefühle, weil er ihnen gegenüber – zumindest vermeintlich – selbst auch keine hegt. Damit wurde es den Zöglingen möglich, einiges an Hassimpulsen (aufgrund anderer Härten und Einschränkungen, denen er sie unterworfen hatte) ihm gegenüber auszudrücken und in die Interaktion mit ihm einzubringen. Ob er das selbst so reflektiert hat, ist nicht bekannt.

Fazit: Alle die geschilderten Aktivitäten (7.5.1 bis 7.5.5) weisen mehr oder weniger direkte Bezüge zu Gewalt auf. Die Frage ist, ob man Makarenko damit bereits als eine gewaltaffine Figur bezeichnen und der Kolonie eine *„gewaltförmige Konstellation"* unterstellen soll oder muss (wie es z. B. Kessel mit der Einrichtung macht, die er untersucht hat; siehe Kessel 2016). Oder ob man in ihm (zumindest auch) einen Sozialpädagogen sehen kann, der an eine über Jahre hinweg eingeübte und vertraute *Gewaltkultur* der Jugendlichen anknüpft und deren aggressives Potential kanalisiert. Es handelt sich dabei um eine männlich-martialische Körperkultur, die mehreres aufgreift und integriert: explizite Gewalthandlungen, eine gewollte Eskalationsbereitschaft, glaubhafte Androhungen von Gewalt, Gewaltverherrlichung in Gesprächen, Selbstdarstellung als Macho und Lust am Schmerz-Zufügen und Schmerz-Aushalten als Beweis echter Männlichkeit. Darüber hat auch Volker Schuberth einen sehr lesenswerten Aufsatz geschrieben (vgl. Schuberth 2012).

Makarenko forderte von seinen Jugendlichen auf Gewalt im Alltag weitgehend zu verzichten, gab ihnen aber auch Gelegenheiten, diese immer wieder einmal kontrolliert bzw. begrenzt einzubringen. Das bedeutet, dass er mit Blick auf dissoziales Agieren/Gewalt in bestimmten Grenzen Symptomtoleranz übt, weil er weiß, dass er die Jugendlichen nicht von *„Schwarz"* (Gewalt, Machismo) zu *„Weiß"* (friedliche Konfliktlösung, anderes Männerbild) führen kann, sondern ihnen *Übergänge* und *Kompromissbildungen* anbieten muss, in denen sie Neues (Ordnung/Gesetzlichkeit) probeweise einüben, aber an Gewohntem (Gewalt, Diebstahl) noch festhalten können oder „Altes" in einen neuen Kontext einbringen können, wodurch es seine Funktion verändert (Destillen zu zerstören oder den Bauern Holz wegnehmen ist mit staatlichem Auftrag etwas Anderes als Sachbeschädigung und Raub). Insofern geht es im Projekt eben gerade nicht darum, Gewalt in allen ihren Formen klar und deutlich zu ächten, sondern eine *Kultivierung von Gewalt* anzustreben, d. h. Orte und Möglichkeiten zu schaffen, in denen Gewaltförmiges einen anerkannten und sinnvollen oder zumindest stimmigen Platz findet, ohne allzu bedrohlich und destruktiv zu wirken.

Makarenko kannte den psychoanalytischen Ausdruck *Kompromissbildung* Sigmund Freuds wahrscheinlich nicht. Aber ich vermute, das war genau das, was er als mögliche pädagogische Handlungsstrategie intuitiv erkannt hat und warum seine Interventionen wirksam wurden. Dass das eine ambivalente Strategie darstellt, wenn man dafür selbst eine gewisse Gewaltaffinität aufweisen muss und er zudem in manifester Gewalt verstrickt war, muss man sehen. Aber die Nähe von Eigenem des Pädagogen/der Pädagogin zu den inneren Bereitschaften der Jugendlichen, die Existenz eines Überschneidungsbereiches der Subjekte bei einem wichtigen Thema, war Makarenko bewusst und das werden die Jugendlichen gespürt haben. Sehr wahrscheinlich konnten viele Zöglinge ihn gerade deswegen interessant finden und als Gegenüber annehmen; und waren es nur wenige, die ihn deswegen verachten und ablehnen mussten. Und noch weiter: Ich denke, dass er auf solche aggressiven und gewalttätigen Anteile auch bei seinen damaligen Leser:innen des *Poems* gesetzt hat und sich mit der überwältigenden Masse dieser darin einig war, dass eine „saubere Linie" mit einem 100 %-igen Gewaltverzicht als unrealistisch einzuschätzen war und keinen gangbaren Weg darstellte.

Die spannende Frage ist, ob sich das bei heutigen Leser:innen, 100 Jahre später, verändert hat? Können Sie diese inneren Dramen um Wut und Gewalt und Bestrafungsbedürfnis nachempfinden? In sich selbst Anklänge oder Spuren solcher Konflikte finden? Sind Ihre eigenen Gewaltimpulse unter dem inzwischen weiter fortgeschrittenen Niveau der Zivilisierung verschwunden und gar nicht mehr virulent? Oder nur besser verdrängt und weitgehend tabuisiert? Oder spüren Sie sie gelegentlich noch, haben sie aber besser im Griff?

7.6 Kritik an Makarenko in den Untersuchungsberichten aus den Jahren 1927 sowie 1928 und deren Konsequenzen

Die Kritik an den Erziehungspraxen von Makarenko setzt leise ein, steigert sich nach und nach und endet in einem Gewitter. Während die Visitationsberichte unterschiedlicher Behörden 1922 und 1994 insgesamt positiv ausfielen – 1922 so gut, dass die Gorkij-Kolonie im Jahr darauf zu einer Mustereinrichtung erklärt worden war – tauchen in den Berichten ab 1927 massive Vorwürfe auf: Im Juni 1927 stellt der Charkower Stadtsowjet fest: *„In der Kolonie leben 351 Zöglinge, davon 298 Jungen und 53 Mädchen"* (Hillig 1994, 12). Überwiegend 15- bis 18-Jährige, aber auch einige 9- bis 13-Jährige. An Werkstätten werden aufgezählt: eine Schneiderei, eine Schuhmacherei, eine Tischlerei, die auch für Fremdaufträge arbeitet, eine Schmiede, eine Bäckerei, eine Wäscherei, ein Kraftwerk und eine Pumpstation. *"Die übrigen arbeiten auf dem Feld, im Gemüsegarten, besuchen eine Betriebsberufsschule oder erhalten eine Ausbildung in einer Fabrik."* (ebd.). Wie man an diesen wenigen Angaben sieht, ist die Kolonie kräftig gewachsen, hat ihren Charakter als sich weitgehend selbstversorgendes System weiter ausbauen können und bietet ein differenziertes System an Ausbildungen und Beschulungen an:

"In wirtschaftlicher Hinsicht ist die Kolonie ziemlich gut aufgestellt, sie hat 50 Desjatinen Land (entspricht etwa 55 Hektar, M.S.) und Gemüsegarten, 2 Traktoren und verschiedene unentbehrliche landwirtschaftliche Geräte. Zurzeit wird ein neuer Stall für 100 Schweine gebaut, es gibt 14 Pferde, 6 Kühe (eine Milchkuh), 40 Schafe, 40 Gänse etc. Im Schweine-, in Pferdestall und auf dem Feld arbeiten die Kinder selbstständig. [...] Der hygienische Zustand ist insgesamt zufriedenstellend. Der Speisesaal ist sauber und hell, die Schlafräume sind sauber, vor allem bei den Mädchen, die Betten werden jede Woche gelüftet. Der Hof ist sauber, es wurden Blumenbeete angelegt. [...] Die Leibwäsche wird zweimal im Monat gewechselt, ein Handtuch gibt es für 3–4 Mann, Kissenbezüge einmal zum Wechseln: große Enge herrscht in den Schlafräumen, man schläft zu zweit in einem Bett [...] für die Sauberkeit sorgt eine Hausmeisterabteilung aus Zöglingen." (ebd.).

"Der Gesundheitszustand ist zufriedenstellend, die medizinische Betreuung erfolgt durch einen Arzt. [...] An der Krätze erkrankt sind vor allem die neu eingetroffenen Kinder; großer Bedarf besteht an einem Zahnarztzimmer – im Kampf gegen die Malaria ergreift man Maßnahmen wie die Petroleumbehandlung der Teiche; die Kinder sind alle sonnenverbrannt." (ebd.). *"Die Ernährung ist ungenügend, die Kinder bekommen zweimal am Tag Tee mit Brot, sowie ein Mittagessen aus zwei Speisen, die erste aus Fleisch und die zweite aus Brei mit Mutter, außerdem Brot; für sie ist das nicht ausreichend, denn sie verbringen die ganze Zeit an der frischen Luft oder dem Feld und arbeiten"* (ebd.)

Auch der Leiter sagt, *"dass es für einen Verbesserung der Verpflegung gegenwärtig keine Möglichkeit gibt, weil alle Einnahmen der Kolonie in den Ausbau des Schweinestalls fließen, doch für den Herbst kann man eine Verbesserung erhoffen, weil dann geerntet wird."* (ebd., 13 f.).

So weit zu den äußeren Lebensbedingungen der Kinder. Jetzt zu den Beobachtungen bezogen auf die Pädagogik:

"Die Disziplin ist gut, alles gemäß der militärischen Struktur, aber die Kinder können ihre Initiative (zu) wenig selbst bekunden. [...] Das wichtigste Leitungsorgan ist der 25-köpfige Rat der Kommandeure, zu dem auch der Leiter und ein Erzieher gehören. Die Kommandeure, gleichzeitig Leiter der Arbeitsbrigaden werden vom Leiter ernannt, es gibt keine Wahlen." (ebd., 14).

Später heißt es dazu: *„Die Kommission ist der Auffassung, dass die Methode der Ernennung der Kommandeure nicht den Vorschriften zur Selbstverwaltung entspricht und dass dadurch die Initiative der Kinder und deren Selbstständigkeit völlig gelähmt werden."* (ebd., 17).

„[E]s gibt Fälle von Diebstählen, aber selten und dagegen werden Maßnahmen der Einwirkung ergriffen: Es gibt ein Kameradschaftsgericht, das aus vier Zöglingen und einem Erzieher besteht, man entzieht den freien Tag oder erteilt einen Verweis im Tagesbefehl. Für kleinere Vergehen oder Arbeitsverweigerung muss man mit geschultertem Gewehr stehen." (ebd., 14).

„Ein Entweichen gibt es vor allem bei jenen Kindern, die erst vor kurzem eingetroffen und weder imstande, noch bereit sind sich den Regeln der Kolonie unterzuordnen. […] Im Durchschnitt reißen 35 % der in die Kolonie geschickten Kinder wieder aus, 1926/27 waren das 60 Mann." (ebd., 15).

Erstaunlich liest sich auch heute noch wie genau die damalige „Heimaufsicht" hingeschaut und protokolliert hat. Der Eindruck im Juni 1927 ist insgesamt noch ein guter, auch wenn einige Beobachtungen kritisch gesehen werden, vor allem bezüglich der Versorgung mit Betten, Wäsche und Nahrungsmittel, aber auch betreffend der Selbstorganisation, die in den Augen der Untersuchenden eben keine darstellt. Es scheint sich eine Runde von Makarenko- Erwählten und Vertrauten um ihn gebildet zu haben, die ein effizientes Arbeitsmanagement und damit eine halbwegs funktionierende Versorgung gewährleisten kann, aber eben auch andere Jugendliche Übergebühr gemaßregelt und verprellt hat. Allerdings weist die hohe Zahl der Kinder/Jugendlichen, die der Einrichtung den Rücken kehren darauf hin, dass etwas nicht stimmt. Vor allem, weil es die „vor kurzem" Eingetroffenen sind, die aus welchen Gründen auch immer, sich dort nicht integrieren können bzw. nicht gut integriert werden.

Nur vier Monats später heißt es im Bericht des Charkower Bezirkskomitees vom Oktober 1927: *„Die Disziplin in der Kolonie ist äußerst streng, sie unterscheidet sich in nichts von der Disziplin in der Roten Armee."* Kritisch gesehen werden

„unverständliche Maßnahmen der Bestrafung, und zwar folgende: a) Stehen mit geschultertem Gewehr b) ohne Essen bleiben c) ein Verweis im Tagesbefehl d) eins in die Fresse (das ist natürlich nicht legitim" (zitiert nach Hillig 1994, 23). *„Die Kommandeure nutzen ihre Rechte zu 100 % aus, einschließlich Eins-in-die-Fresse und Haare Abschneiden bei den Mädchen. So wurden nach einer vom Kolonieleiter selbst durchgeführten Untersuchung (anonyme Befragung) 72 Fälle erwähnt, bei denen die Kommandeure ihre Soldaten (so werden die gewöhnlichen Kolonisten) geschlagen haben. […] Außer von den Kommandeuren werden die „Soldaten" auch vom Kolonieleiter geschlagen. Er selbst*

bestritt das in einem Gespräch mit Vertretern des Bezirkskomitees des Komsomol auch gar nicht, wobei der sogar die Auffassung vertrat ‚dass es da gar nichts Antipädagogisches gibt, dass ich die Kinder schlage, wenn das erforderlich ist, aber dass ich in einem solchen Moment nicht Pädagoge, sondern Staatsbürger bin'.

Ein typischer Fall Petja Antipov, ein 13-jähriger Zögling, erzählt: ‚Mir gab der Kolonieleiter dafür eine Ohrfeige, dass ich auf meinem Schreibheft einen Tintenklecks gemacht hatte'. Ein Mädchen berichtet nach langen Gesprächen, dass man sie zur Bestrafung geschoren haben. [...] Ältere Kolonisten, die sich um den Kolonieleiter gruppieren und von ihm bevollmächtigt wurden, schlagen die Kinder, weil es nicht immer ratsam erscheint, dass sie vom Leiter selbst geschlagen werden. Genau diese Erziehungsmethoden wurden auch von anderen Kolonien übernommen, die auf Makarenko's System übergegangen sind." (ebd., 24).

Der Tonfall wird schärfer, die Anzahl der Gründe für Kritik nimmt zu. Wie wir lesen können, bekennt sich Makarenko offen zu der von ihm ausgeübten Gewalt – er verzichtet dabei aber auf alle pädagogische Begründung. Wenn er schlägt, dann als *Staatsbürger* – soll heißen als ein spontan erzürnter Bürger –, der angesichts bestimmter Missstände gar nicht anders kann, als diese zu markieren und zu ahnden. In seinen Augen handelt es sich dabei um einen Akt von Zivilcourage (auch hier steckt *civis*, der *Bürger* drin). Auf diese Denkfigur werden wir weiter unten noch eingehen. Im Kontrast dazu steht die Geschichte von Petja, die das völlig Überzogene, Sinnlose und Barbarische des Schlagens belegt. Interessant ist, dass die Zöglinge – nach Beobachtung der Untersuchungskommission – das Schlagen in manchen Fällen für Makarenko übernehmen, weil sie genau wissen, dass es ihm angelastet werden kann, ihnen aber nicht. Insofern gibt es bezogen auf Gewaltanwendungen so etwas wie einen vorsorgenden Schutz des Leiters, was zeigt dass alle wissen, dass es sich um ungesetzliche Maßnahmen handelt. Am Ende des Berichtes steht die Forderung, den Leiter Makarenko abzulösen und die Gorkij-Kolonie einem Parteimitglied zu unterstellen (ebd., 28).

In einem Bericht aus dem Jahr 1928, der vier Monate später von der *Arbeiter- und Bauerninspektion* erstellt wurde, heißt es zwar zu Beginn:

„*Die Lage der Kolonie ist als zufriedenstellend anzuerkennen.*" Aber später: „*Es ist zu konstatieren, dass in der Vergangenheit, und zwar sowohl vom Leiter als auch von einzelnen Pädagogen, physische Maßnahmen der Einwirkung (Prügel) angewandt wurden. Dem Genossen Makarenko ist dafür eine Rüge zu erteilen.*" (ebd., 30).

Eine Seite später: „*Zu konstatieren ist eine Überlastung des pädagogischen Personals (anstelle der 40 Erzieher nach der Berechnung 1 zu 10, entsprechend dem Kollektivvertrag arbeiten insgesamt nur 19 Erzieher in der Kolonie), was gegen die im Kollektivvertrag fixierte Norm verstößt.*" (ebd., 31).

Eine Rüge bei offiziellen Stellen wird als eine zu harmlose Maßnahme erachtet – ein intensiver Beratungsprozess beginnt. In den Augen der Mehrheit liegt genug gegen Makarenko vor, um ihn zu entlassen. Aber es scheint auch gewichtige Gegenstimmen zu geben. So zieht sich die offizielle Entlassung bis Juli 1928 hin. Eine Intervention Gorkijs zu seinen Gunsten bleibt ohne Wirkung (Weitz 1992, 50).

Zwischenfazit: Überblickt man alle drei Berichte, wird man die Dichte und Genauigkeit der Überprüfung der Kolonie und die deutliche Sprache ihrer Berichte (wenn auch heute unklar ist, weshalb so viele unterschiedliche Kommissionen tätig wurden) beeindruckend finden. Für Makarenko bedeutet das freilich, dass sich seine Kolonie innerhalb von zwei, drei Jahren von *„der Musterkolonie"* zu einem Negativbeispiel entwickelt hat und Makarenko von einem *„Helden der Sozialerziehung"* (ab 1923, Rüttenauer 1965, 108) zu einem fragwürdigen Pädagogen degradiert wird, dem man unterstellte mit *„Folterknechten"* zu paktieren. Vermutlich hat Makarenko lange vom guten Ruf gelebt, den die ersten Kontrollbesuche ihm eingebracht haben – und sehr wahrscheinlich hatte er in den Behörden und Gremien auch Freunde, die einerseits an ihn geglaubt und andererseits alles, was an kritischen Stimmen aufkam, weggewischt haben. Noch 1926 bescheinigt ihm ein solcher Freund aus dem Volkskommissariat: *„Die Gorkij-Kolonie ist eine der besten Kindereinrichtungen nicht nur der Ukr. SSR, sondern der gesamten UDSSR."* (zitiert nach Hillig 1988, 77).

Was kommt an Gründen für diesen Umschwung und Niedergang in wenigen Jahren in Betracht?

- Das zu rasche Wachstum nach den ersten beiden bzw. vier erfolgreichen Jahren (siehe die positiven Berichte von Kotelnikov 1922 und London 1924, Hillig 1994). Schon die Übernahme des Trepke-Gutes stellte einen Kraftakt dar. Der Titel des entsprechenden Kapitels im Poem *„Der Abschaum der zweiten Kolonie"* zeigt die Schwierigkeiten an (Makarenko GW 3 1982, 211 ff.).
- Eventuell war es ein Fehler gewesen im Frühling 1926 die Kolonie in Kurjaz zu integrieren (Hillig 2002, 481), auch wenn Makarenko diese handstreichartige Übernahme im *Poem* als gelungen ausmalt: Immerhin verdoppelte die Kolonie damit ihre Bewohner:innen!
- Der Mangel an Fachpersonal (ausgeführt ist im Bericht vom Januar 1928, dass es 40 Erzieher:innen für rund 400 Zöglinge sein müssten, aber nur 19 dort arbeiten).
- Anhaltende Versorgungsmängel bezogen auf Nahrungsmittel und andere Ausstattungsgrundlagen (Betten, Handtücher) und die fehlende Unterstützung, die allerdings auf das Konto der verantwortlichen Behörden gehen, aber gerade die Neuankömmlinge besonders enttäuscht haben muss. Schließlich war ihnen die Kolonie als ein Ort angekündigt worden, wo man gut versorgt wird.

- Wahrscheinlich spielt auch die häufige Abwesenheit von Makarenko in der Kolonie eine Rolle; er hatte nach den ersten drei Jahren des erfolgreichen Aufbaus viele Anfragen erhalten Vorträge zu halten und Artikel zu schreiben; vermutlich träumte er immer noch von einer literarischen Karriere. Eine erste Fassung des *Poems* war bereits im Entstehen. Zudem hatte er ab Anfang 1927 eine neue Aufgabe erhalten (inhaltliche Zuständigkeit für alle Kinderheime), die er parallel zur seiner Leitungstätigkeit in der Gorkij-Kolonie bewältigte (Hillig 2002, 482). Sicher war er nicht mehr mit jedem neuen Kind bzw. Jugendlichen so in Kontakt wie er es mit den ersten gewesen war, die er Person für Person für sich und die Kolonie gewonnen hatte. Inzwischen handelte es sich um einen Betrieb, in den man sich einfügen konnte oder eben nicht. Die doch beträchtliche Zahl der Wegläufer (siehe oben) spricht für sich.
- Die Macht in der Kolonie und auch das Strafen waren im Wesentlichen an den „Rat der Kommandeure" übergegangen. Dieser war aber nicht mehr gewählt worden wie zu Beginn (wenn man dem Untersuchungsbericht von Kotelnikov Glauben schenkt), sondern bestand später aus etwa 20 Zöglingen, die sich um Makarenko geschart hatte und/oder von diesem ausgewählt worden waren (Hillig 2002, 495 ff.). Eine *privilegierte Gruppe von Vertrauten*, auf die er sich verlassen konnte und die von ihm mit Macht ausgestattet worden war – und diese teils im Einklang mit den Werten der Gruppe, teils aber auch willkürlich oder brutal nutzte. Kritisch könnte man sagen: wie sie es sich beim Leiter abgeschaut hatten.
- Sicherlich spielten aber auch nicht-fachliche Gründe eine Rolle und wurden Schwächen und Verfehlungen für seine Degradierung instrumentalisiert: Makarenko war in Fachkreisen bekannt geworden, hatte sich aber in politischer Hinsicht nicht eindeutig positioniert und z. B. keine Parteiaufnahme beantragt (Hillig 1991, XIV); er hatte sich mit mehreren mächtigen Personen in der Verwaltung der Kinderheime angelegt; seine Verschleppung der Gründung der Parteizelle (Komsomol) wird von Seiten der Partei wahrgenommen worden sein; vermutlich galt er politisch als ein „unsicherer Kandidat" und „Freigeist", den weder Teile der Partei noch der Verwaltung länger dulden wollten. Andererseits, war er als (in der Ukraine aufgewachsener, zweisprachiger) Russe, in der Phase der forcierten Ukrainisierung (zwischen 1921 und 1929) in Verdacht gekommen, nicht ukrainisch genug eingestellt zu sein und z. B. zuzulassen, dass man in der Kolonie vor allem russisch sprach (Hillig 1991, XIV). Zieht man in Betracht, dass er zur selben Zeit, in der die Untersuchungen laufen (1927), den Vorsitz der *„Verwaltung aller Internatseinrichtungen für Kinder und Jugendliche"* zugewiesen bekommen hat, kann man schlussfolgern, dass es in den Behörden und Gremien, vielleicht auch in der Partei, bezogen auf seine Person einen Kampf zweier Linien gab: einer Pro- und einer Contra-Makarenko-Linie, von denen sich die letztere irgendwann durchsetzte (ebd.).

- Wobei seine Freunde in der Verwaltung und die Gremien ihn mit hoher Wahrscheinlichkeit zu lange geschützt haben, auch noch als die ersten Beschwerden und Hinweise auf ungute pädagogische Praxen in der Gorkij-Kolonie dort eintrudelten. Sie haben diese im Gegenteil noch heruntergespielt oder komplett abgestritten. Einen solchen Freund hat Hillig identifiziert, der 1926 in einem offiziellen Brief eine Ehrenerklärung für Makarenko abgibt mit dem Inhalt, dass dieser niemals einem Kolonisten „*auch nur ein Haar gekrümmt*" hätte (Hillig 1999, 70). So etwas hätte vermutlich selbst Makarenko nicht behauptet. Wie man sieht haben seine „Freunde" kräftig mit dazu beigetragen, dass er sich selbst bezogen auf die ersten Vorwürfe in Sicherheit wiegen konnte, nach dem Motto „mir kann sowieso keiner an den Karren fahren". Dieser Umstand wirft noch einmal ein Licht auf den oben angesprochenen Kampf zwischen den Linien: Offensichtlich hat Makarenko polarisiert, aber wurde auch von bestimmten Fraktionen dazu benutzt gegen Andere Front zu machen. Dass Verfehlungen solcher Menschen, die zur eigenen Gruppe gehören, auch in der öffentlichen Verwaltung lange gedeckt werden, kennt man aus anderen Zusammenhängen (siehe Oelkers 2016). Diese Dynamik kann geradezu als typisch für diesbezügliche Misserfolgsdynamiken in *pädagogischen Projekten* gelten.

Aber der Himmel über ihm verdüstert sich weiter: Makarenko hatte irgendwann im zweiten oder dritten Quartal 1927 einen Auftrag bekommen, der ihm eine neue Möglichkeit eröffnete; weg aus der unruhigen und belasteten Gorkij-Kolonie, hin zu einem neuen Arbeitgeber, der nicht dafür bekannt war besonders zimperlich im Umgang mit Gewalt zu sein: der staatlichen Geheimpolizei, vorher Tscheka, die unter ihrem Leiter Feliks Dzierżyński von 1917 bis 1922 sprunghaft von 600 auf 300.000 Mitarbeiter:innen gewachsen war. Jener war im Juli 1926 gestorben und es sollte ein für ihn „*würdiges Denkmal*" erhalten bleiben (Hillig 1991, 85). Warum das ausgerechnet eine Kolonie für jugendliche Rechtsbrecher sein sollte, bleibt rätselhaft, wenn man die anderen Aufgabengebiete dieser Organisation betrachtet, die nichts mit Pädagogik zu tun haben. Makarenko wurde für die Leitung dieser neuen Kolonie berufen und startete dort, indem er einige seiner ihm treu verbundenen Jugendlichen aus der Gorkij-Kolonie mitnahm. Sie sollten dort als Vorbilder und sicher auch als genaue Beobachter der anderen Jugendlichen wirken. Für diesen neuen Auftraggeber erstellte Makarenko eine Konzeption. In dieser schreibt im Januar 1928: „*Die Erfahrung zeigt: Je direkter, aufrechter, und überzeugter Zwang ausgeübt wird, um so seltener muss man ihn anwenden.*" (Hillig 199, 110).

„*Dabei sind wir der Meinung: Damit dieser Zwang so selten wie möglich zur Anwendung kommt, […], muss er absolut sein, d. h. mit eiserner Unabdingbarkeit angewandt werden, sobald eine Vergehen vorliegt, ohne Zugeständnisse, ohne Zureden, ohne Nachsicht.*

Es ist völlig sinnlos zu glauben, dass dieser Zwang ohne Konflikte, ohne Gewaltanwendung und ohne Unannehmlichkeiten möglich ist. Der Wunsch der Gesellschaft, dass in einem Kinderheim alles ganz entschieden und jederzeit an ein glückliches Arkadien erinnern soll, ist umso vergeblicher, als wir es hier mit Kindern zu tun haben, die meist schwer vernachlässigt worden sind." (ebd., 10).

„Deswegen kann ‚Zwang' (prinuzdenie) ‚manchmal auch die Form der Gewaltanwendung (nasilie) annehmen kann, wenn es nicht möglich ist, ohne diese auszukommen. Dabei darf jeder Zwang nur durch hierfür bevollmächtigte Personen oder Organe erfolgen und unter unbedingter Billigung des Kollektivs". Und weiter heißt es in diesem Dokument: ‚Auch wenn wir entschieden gegen die körperliche Züchtigung sind, meinen wir doch, dass in einigen Fällen die Anwendung körperlicher Gewalt unumgänglich ist, hauptsächlich mit dem Ziel zu bremsen, Einhalt zu gebieten." (Makarenko, zitiert nach Hillig 1991, 11).

Es werden solche Stellen im Konzeptentwurf gewesen sein und sehr wahrscheinlich auch die Ergebnisse aus den oben geschilderten Berichten und die Tatsache seiner (bald anstehenden) Entlassung, die die Verantwortlichen im Gründungskomitee innehalten ließen (sie wird erst im Juli 1928 vollzogen). Um nichts falsch zu machen mit dem Konzept und dem neuen Leiter, wandten sie sich (wie es heute durchaus auch geschehen könnte!) an die Hochschule und die wichtigsten Erziehungswissenschaftler:innen der damaligen Ära in der Ukraine und baten diese um Kommentierung des Makarenko-Konzepts. Die Erziehungswissenschaftler:innen (das war ihre Disziplin, auch wenn sie damals noch nicht so genannt wurden) zeigten sich entsetzt und verfassten ein schriftliches Gutachten mit zahlreichen Kritikpunkten. Allerdings gingen sie dabei nur am Rande auf Zwang, Strafen und Gewalt ein. Sie fokussierten auf andere zentrale Begriffe im Konzept, auf *„Pflicht"* und *„Disziplin"* und *„Ehre"* und verwarfen sie als *„bürgerlich"*.

So kam es im März 1928 zu einer Diskussion, in der mehrere Professor:innen gegen Makarenko Position bezogen und er ihnen – durchaus auf Augenhöhe, was die Argumente und rhetorischen Fähigkeiten betrifft – entgegnete. Einigen konnte man sich nicht. Aber im Nachklapp zu dieser Diskussion kam es zu seiner Rückstufung vom alleinigen Direktor zum *„weisungsgebundenen pädagogischen Direktor"* der Dzierżyński-Kommune (Makarenko GW 3, 1982, 313, Fußnote 11, Hillig 1999b, 287). Sicher eine weitere schwerwiegende Kränkung, die Makarenko in seinen Vorurteilen gegen die universitäre Pädagogik seiner Zeit bestärkte; und ihn dazu motivierte, seine Gegenposition als denkender Praktiker im *Poem* darzustellen. Aber zunächst, d. h. im Frühling 1928, sieht er sich selbst als einen Gescheiterten *„das Meer bis ans Knie"* wie er selbst an seine Frau schreibt und *„nahe dran, alles hinzuwerfen"* (Hillig 1991, 110). Götz Hillig resümiert:

„Ab 1927 tauchen massive Vorwürfe bezüglich ‚außerordentlicher Maßnahmen der Einwirkung (Eins in die Fresse)' auf, und zwar nicht nur durch die Kommandeure und einzelne Erzieher, sondern auch durch den Kolonieleiter selbst. Entsprechende Vorfälle hätten bei einfachen Zöglingen zu Einschüchterung, Angst und Verschlossenheit geführt. [...] Es ist davon auszugehen, dass die Prügelstrafe von Makarenko nicht nur einmal (gegenüber Zadorov) angewandt wurde. Aufgrund einer [...] Befragung einzelner Kolonisten und des 1993 zugänglich gewordenen Briefwechselns Makarenko – Salgo (seine spätere Frau) lässt sich schließen, dass diese eher spontane Form der Einwirkung in der Gorkij-Kolonie durchaus zu der dort praktizierten breiten Palette von Strafen gehörte" (Hillig 1994, XIX). Hillig folgert daraus: *„Die Frage nach der Gewaltanwendung in der pädagogischen Praxis A. S. Makarenko's muss neu gestellt werden"* (ebd., XX).

7.7 Makarenkos Umgang mit den gegen ihn erhobenen Vorwürfen und Argumente, die seine Positionen stützen (A–E)

Wie reagiert Makarenko auf die Kritik – vor allem den Vorwurf Kinder und Jugendliche wiederholt geschlagen zu haben? Unterschiedlich! Mindestens vier Umgangsformen lassen sich rekonstruieren: Teils streitet er es ab und leugnet (A), teils gibt er die Vorwürfe zu und schildert sie als notwendig, verzichtet aber auf eine pädagogische Begründung (B); in einem langen Beitrag für eine Zeitschrift setzt er sich für den Leiter einer anderen Kolonie ein, der geschlagen hat und schildert dabei die ständigen, vermutlich auch seine eigenen, Schwierigkeiten im Alltag, denen man als Leiter einer solchen Einrichtung ausgesetzt ist und wirbt für mehr Verständnis; auch bezogen auf den Einsatz von Gewalt (C). Um später – ab 1935 – ganz offen zu Gewaltanwendung zu stehen (D), die sich zunächst auf mehrere, konkrete Situationen bezieht; aber auch auf die Gewalt der erfundenen Episode (mit Zadorov) aus dem *Poem*.

Schauen wir uns diese Einlassungen im Einzelnen an, bevor ich zusammentragen werde, was man trotz aller Skepsis an Zustimmendem für Makarenkos Handeln ins Feld führen kann (E):

A) Wenig schmeichelhaft für Makarenko fällt die Tatsache aus, dass er seiner zukünftigen Frau Galina Salko, damals noch eine Inspekteurin der Bezirkskinderhilfe, am 10. Mai 1928 über die Anschuldigungen gegen ihn schrieb:

„Ich habe keine Ahnung aus welcher Mücke man das alles gemacht hat. Zu mir gelangen nur bruchstückhafte Informationen. Es geht natürlich um das Prügeln. Irgendwelche Ausreißer sollen erklärt haben wegen des Prügelns weggelaufen zu sein und dass es überhaupt unmöglich sei in der Kolonie zu leben. Von diesen Jungens habe ich keine Ahnung.

Ich kann dafür verbürgen, dass vom Erziehungspersonal niemand jemanden auch nur ein Haar gekrümmt hat." (Makarenko in Hillig 1999, 172 f.).

Hierbei handelt es sich um eine Lüge, noch dazu eine ungeschickte bzw. dumme, weil er damit rechnen musste, dass die Angeschriebene Zugänge zu anderen Quellen und Informationen hatte, z. B. zu den drei später zitierten Untersuchungsberichten oder einfach nur als Zeitungsleserin von der Anklage gegen Ostapcenko (siehe unten) wissen konnte. Übrigens hat Makarenko sie auch Gorkij gegenüber als Übertreibungen abgetan (Hillig 1994, XVII) und auch diesen mehrfach im Unklaren gelassen oder belogen. Waterkamp verallgemeinert deshalb kritisch: *„Makarenko's pretense and use of half-truths seem to have become his second nature. He manifests a considerable degree of egocentrism which probably warns people who know of this against easy trust in him."* (Waterkamp 2018, 52).

B) Wir haben bereits gehört, dass Makarenko im Oktober 1927 gegenüber der Charkower Untersuchungskommission zugegeben hat, gelegentlich Gewalt anzuwenden, wenn er es für erforderlich hält. Dabei agiere er nicht als Pädagoge, sondern als *„Staatsbürger"* (siehe oben, Kap. 7.5), der eben nicht fachlich reflektieren muss, sondern den Anspruch der Gesellschaft spontan und mit Zivilcourage durchsetzen kann. Wir wissen nicht, an was Makarenko dabei konkret gedacht hat. Interessanterweise wird der Begriff *„Staatsbürger"* im Zusammenhang mit der Gewalttat gegen Zadorov variiert. Ein häufig überlieferter Satz aus dem *Poem* lautet: *„Ich handelte wie ein Mensch, nicht wie ein Formalist"* (Makarenko in Bittner/Fröhlich 2008, 7). Auch wenn die Übersetzung in dieser Ausgabe ungenau ausfällt (korrekt wäre *„ich habe mich zu einer [...] menschlichen und keiner formalen Handlung entschlossen"*, Makarenko GW 3 1982, 18), bringt sie doch die entgegengesetzten Pole auf den Punkt: *Mensch gegen Formalist, Staatsbürger gegen Pädagoge*. Mit solchen Gegenüberstellungen möchte Makarenko andere als die korrekten, offiziell vorgeschriebenen und als richtig proklamierten Handlungsansätze ins Spiel bringen; sie folgen einer anderen menschlichen Logik, die in den Augen Makarenkos zumindest als gleichrangig zu der offiziellen betrachtet werden sollte. *„Mensch"* und *„Staatsbürger"* reklamieren dabei jeweils das Spontane, Authentische wenn nicht sogar *„Natürliche"* für sich.

C) Ende Januar 1928 schreibt Makarenko an eine lokale staatliche Zeitung und gibt als Leiter der Gorkij-Kolonie eine Stellungnahme ab. Er wendet sich *„im Namen aller jener unglücklichen Menschen an die Gesellschaft, denen sie die gewaltige Aufgabe der Umerziehung der Verwahrlosten auferlegt hat, d. h. im Namen der Kolonieleiter"* (ebd., 39 f.).

Ob Makarenko dazu auch offiziell beauftragt wurde, lässt er offen. Ebenso, ob sich auch die Anderen als *„unglücklich"* bezeichnen würden. Aber wahrscheinlich trifft das zumindest immer wieder auf ihn selbst zu. Ziel seines Briefes ist es, sich für einen anderen „Unglücklichen", den wegen Misshandlung angeklagten Heimleiter-Kollegen Ostapcenco, einzusetzen, in der Hoffnung dessen Strafmaß reduzieren zu können (der Prozess sollte im Februar 1928 beginnen, Hillig 1994, 56). Er hatte ein paar Jahre mit Makarenko zusammengearbeitet und war später Leiter einer vergleichbaren Kolonie geworden, die Makarenko unterstellt war. Zunächst bekennt sich Makarenko klar und eindeutig dazu, dass es über *„körperliche Züchtigung als Methode, als pädagogisches Verfahren, keinerlei Diskussionen geben kann. Die Strenge, mit der das Gesetz dieses Verbot ausspricht, muss unbedingt gewahrt bleiben. […] Deswegen ist es unvermeidlich und unumgänglich, Ostapcenko, vor Gericht zu stellen."* (ebd., 40). Damit bekennt er sich klar zum Gebot der Gewaltfreiheit in der Erziehung:

„Ich behaupte allerdings, dass Ostapcenko einer der besten Leiter nicht nur im Bezirk Charkov ist. Ich weiß das aus seiner Arbeit in der Budyer Kolonie, wo er buchstäblich ein Wunder vollbracht und im Verlauf von zwei Monaten in einer schweren finanziellen Krise, ohne jemanden auch nur anzurühren, aus einer völlig undisziplinierten, randalierenden Kolonie, ein harmonisches, fröhliches Kinderkollektiv geschaffen hat […] Ostapcenko ist ein guter Pädagoge, und er liebt die Kinder, er ist kein Folterknecht (wie er von einem Journalisten bezeichnet wurde, M. S.)" (ebd., 41).

Danach entwickelt Makarenko ein Gegenbild: Unengagierte Leiter von Kolonien, *„in denen das Kinderkollektiv zerfällt und verfault; in schmutzigen Schlafsälen saufen verlauste, ungewaschene Verwahrloste und spielen Karten, verspielen ihr ganzes Hab und Gut bis aufs letzte Hemd"* etc. Die Leiter dieser schlechten Kolonien *„schlagen die Kinder niemals, aber sie sehen sie oft auch wochenlang nicht, sie haben reine Hände und ein gutes Gewissen, und die sowjetische Gesellschaft erhebt ihnen gegenüber keine Vorwürfe."* (ebd.).

Die Stoßrichtung ist klar: hier die disziplinierten Kolonien, in denen engagierte Leiter eben auch einmal schlagen (Makarenko umschreibt es mit *„in diesen Kolonien kommt es zu pädagogischen Absurditäten und zu pädagogischem Straucheln"*); dort die heruntergekommenen Kolonien, in denen zwar nichts Unrechtes geschieht, aber eben auch nichts Gutes entsteht, weil sie von faulen und feigen Leitern geführt werden. Um die Beschwerde nachzuschieben: Aber angeklagt werden nur die einen! Die Guten! Er beschwört die Leser:

„Man kann doch alle diese Ohrfeigen und diese Schläge […] nicht einfach mit bösem Willen oder kriminellen Neigungen erklären! Für sie (die Leiter) war das doch stets, bei jeder ihrer ungesetzlichen Handlungen, mit der offensichtlichen Gefahr von Gericht und Vergeltung verbunden." (ebd.).

Hier können wir bei Makarenko lesen, was und wie er in der Szene zu Volokov gesprochen hatte, als er ihm Prügel androhte und ihm anbietet, ihn dafür ins Gefängnis bringen zu können (s. Kap. 7.3.3). Auch damals war er sich des Risikos bewusst. Danach führt er einen neuen Gedanken ein, der auf die strukturellen Rahmenbedingungen abhebt: „Wurde ihnen (den Leitern) von der Gesellschaft nicht zu viel auferlegt?" (ebd.). Um sich an den mitverantwortlichen Leser zu wenden:

„Ihr habt uns hunderte von randalierenden, undisziplinierten Verwahrlosten übergeben, mit denen ihr es in der Stadt nur in Gegenwart eines mit einem Revolver bewaffneten Milizionärs aushaltet, ihr habt uns verfallene Gutsherrennester (gegeben), die eigentlich abgerissen werden müssten, ihr habt uns Hungerrationen und ein Minimum an Kleidung zugestanden und uns halbverhungerte Erzieher geschickt, [...] ihr habt von uns ein Wunder, ein Kunststück verlangt. Ihr habt verlangt, dass wir diese Kinder ohne Zwang und Strafe erziehen, einzig und allein mit dem Wort, mit Hilfe ihrer ‚Selbstdisziplin' und ‚Selbstorganisation'." (ebd., 43).

Mit anderen Worten: eine unmögliche Aufgabe, an der man nur scheitern kann. Scheitern muss, angesichts der knappen Ressourcen und angesichts der Widerständigkeit der Zöglinge, die sich eben nicht selbst disziplinieren können: „Kein einziger von Euch, von der ganzen Gesellschaft, hat sich die Mühe gemacht zu uns herabzusteigen und ein paar Tage mit uns zu verbringen und unser Leben kennenzulernen. Gewöhnlich kommt ihr für drei, vier Stunden zu uns, bestenfalls bis zum Abend." (ebd.). Makarenko spricht hier sehr klar die Doppelzüngigkeit der das Kinderelend beobachtenden Gesellschaft an: Einerseits statten sie die Einrichtungen nicht gut genug aus, sondern verwenden die finanziellen Ressourcen für Anderes, ohne sich darüber weiter zu grämen. Andererseits werfen sie sich, wenn es zu Schwierigkeiten kommt, zu Kritikern auf und wissen – zumindest theoretisch –, wie man mit diesen Kindern besser umgehen sollte. Dann kommt er auf die Aufgabe des Leiters zu sprechen:

„Er ist verantwortlich, wenn es keine Disziplin gibt, aber er ist auch für die Disziplin verantwortlich, denn obwohl man in der Disziplin etwas Segensreiches sieht, ist es bei uns zu einer Mode geworden, jegliche Disziplinierung in einem Kinderheim als Machtmissbrauch anzusehen." (ebd., 45).

> *Kommentar:* Auch hier wieder Doppelzüngigkeit und der Rekurs auf ein Dilemma: Wie man es als Leiter auch macht, man macht es falsch. Man kann immer wegen zu wenig und wegen zu viel Disziplin angeprangert werden.

„Bis auf den heutigen Tag zeigte die Gesellschaft ihr Interesse an uns nur dann, wenn einer von uns, von den unerträglichen Spannungen zur Verzweiflung gebracht oder

> *einfach durchgedreht, vom pädagogischen Seil abgestürzt ist und als ganz normaler Mensch irgendeinem minderjährigem Rowdy eine Ohrfeige gegeben hat. Ich spreche hier nicht von (systematischen, M.S.) Misshandlungen, die gab es nicht, die hat es einfach nicht gegeben. […] Ich spreche einzig und alleine von jenen Formen pädagogischer Unbeherrschtheiten wie eine gelegentlich erteilte Kopfnuss. […] Manchmal sind sie (die Ohrfeigen) das Ergebnis ganz besonderer Umstände, unter denen eine Ohrfeige demjenigen, der den Fall genau kennt, als nützlich und notwendig erscheint."* (ebd., 47).

> *„Deshalb halten Menschen vom idealistischen Typ, mögen das auch oft hervorragende Pädagogen sein, die Arbeit eines Kolonieleiters gewöhnlich nicht länger als ein, zwei Jahre aus. Und in den Kinderkolonien bleiben schließlich jene, die im Augenblick des Verlustes ihrer pädagogischen Unschuld nicht gleich in Ohnmacht fallen."* (ebd., 47 f.).

Auch hier – wie ein Vorgriff aufs *Poem* – das Bild vom abstürzenden Pädagogen und der Pädagogik als Drahtseilakt. Der schlagende Pädagoge ist ein „ganz normaler Mensch"; er begeht *„pädagogische Unbeherrschtheiten"*, eine seltsame, sprachlich kreative Koppelung, weil man Unbeherrschtheiten sonst eher nicht als pädagogisch charakterisiert. Er möchte damit wahrscheinlich sagen, Unbeherrschtheiten in einer pädagogischen Situation, die anschließend trotzdem auch (!) als pädagogische Interventionen gelesen werden können, auch wenn sie nicht als solche geplant waren.

Und wieder kommt die Sprache auf die besonderen Umstände, in denen die Ohrfeige oder wie die Gewaltanwendung auch ausfallen mag, entgegen aller Wahrscheinlichkeit, im Einzelfall, doch entwicklungsförderlich sein kann. Makarenko endet:

> *„Man kann all diese Menschen ins Gefängnis werfen, doch vor der Gesellschaft, der Presse, dem Volkskommissariat für Bildung, dem Verband für Bildungsarbeiter wird weiterhin die Aufgabe stehen: demjenigen, der ihren Platz übernimmt, eine menschenwürdige Aufgabe und weniger quälende Arbeitsbedingungen zu verschaffen. Denn im Moment lässt sich schwer feststellen, wo der ‚Folterknecht' aufhört und der ‚Gefolterte' beginnt."* (ebd.).

Es wird inzwischen deutlich geworden sein, warum er sich und seine Kolleg:innen als *„unglückliche"* bezeichnet. Verantwortlich dafür sind die miserablen strukturellen Bedingungen, aber eben auch die Anfeindungen durch besserwisserische Bürger:innen, aber vor allem durch Pädagog:innen und Kontrolleur:innen, die sich zu fein sind, um in den Niederungen der Praxis ihren Mann bzw. ihre Frau zu stehen, aber von denen, die es tun, Unmögliches verlangen.

Meine Hypothese ist, dass sich etliche Einrichtungsleiter:innen oder Bereichsleiter:innen und die meisten Frontline-Worker in stationären Einrichtungen in solchen Selbst- und Fremdbeschreibungen auch heute noch wiedererkennen können: unmögliche Aufgabe, schlechte strukturelle Ausstattung, dilemmatische Wertekonflikte, argwöhnisch beobachtende, hyperkritische (Fach-)Öffentlichkeit. Wenn das zutrifft, könnten wir schlussfolgern, dass sich die Sozialpädagogik auch nach 100 Jahren und noch eindeutigerer Gesetzeslage an der gleichen Grundspannung von *anerkannter Gewaltfreiheit* und gelegentlich *als sinnvoll reklamierter Gewaltanwendung* abarbeitet (siehe dazu auch Schwabe 2015 und 2022, 52 ff., vgl. zudem die Ausführungen zu Wilkers steckengebliebenem Reformversuch unter Kapitel 5.7 Hypothese 5). Die Kombination von Hilfe und Kontrolle, Kontrolle eben auch mit disziplinierenden Formen von Gewalt(androhungen) würde demnach den nicht auflösbaren Kern der Profession ausmachen, den Erziehungswissenschaftler:innen und praxisferne Pädagog:innen immer wieder weg oder schön reden möchten (Schwabe 2022a, 253 ff.). Ostapcenko ist übrigens trotz der Intervention von Makarenko zu drei Jahren Gefängnis verurteilt worden (Hillig 1994, XVIII).

D) Kommen wir nun zu den späteren, sehr offenen Bekenntnissen: 1934 schildert Makarenko in einem Vortrag vor Erzieher:innen, wie er mit einer schwierigen Situation in der Dzerzinskij-Kolonie umgegangen ist, als es dort zu einer Heiminternen Revolte gekommen war:

„*Zum Mittagessen berief ich eine Vollversammlung ein, wo ich erklärte, dass ich ihnen, falls erforderlich, wie früher (!), die Fresse polieren würde und außerdem, dass ich jedem Halunken der was abbekommen sollte, 25 Kopeken für die Fahrt nach Charkow in die Bezirksregierung geben würde – da kann er sich beschweren. In Bezug auf mich und den Pädagogischen Rat, stellte ich die Vertrauensfrage. Das Vertrauen wurde einstimmig angenommen. Am Schluss sagte ich zu ihnen: Also jetzt Schluss mit dem Gejammer.*" (Makarenko, zitiert nach Hillig 2002, 508).

In einem Brief vom 10. Juli 1936 an eine Leserin des *Poems* verteidigt Makarenko sein Vorgehen:

„*Die Ohrfeige, die ich Zadorov gab, war kein Fehler. Ich sage es noch grober: Ohne dieses in-die-Fresse-Schlagen hätte es keine Gorkij-Kolonie gegeben und auch kein Poem. Das sollte Sie aber nicht verwirren: Ich gebe ja zu, dass eine solche Ohrfeige ein Verbrechen ist. In die Fresse schlagen, das darf man nicht, obwohl das in manchen Fällen auch ganz nützlich wäre.*" (Makarenko GW 3 1982, 266, Fußnote 3).

Beide Zitate gleichen sich in ihrer Doppelstrategie: Zum einen wird die Gewalt offen als Gewalt markiert *(„in die Fresse schlagen", „Fresse polieren");* sie wird nicht beschönigt, aber gerechtfertigt: Beides Mal hängt das weitere Schicksal der Einrichtung an einem dünnen Faden und beides Mal ist es die nackte Gewalt (als Ausübung bzw. Androhung), die die Zöglinge beeindruckt und zum Einlenken bewegt. Aber Makarenko gibt noch mehr preis: Es handelt sich nicht um einen einmaligen Akt – Gewalt in pädagogischen Zusammenhängen kennen die Zöglinge bereits („*wie früher*"): Sie haben sie selbst erlebt oder wurden Zeugen derer, direkt oder durch Berichte noch am gleichen Tag. Erst durch die Möglichkeit sie, wenn auch selten, unmittelbar zu beobachten und zu erleben, erhält die Gewalt ihr Bedrohungs-Potential, das beeindruckt und wirkt.

Im Kontrast dazu aber werden offizielles Recht und Ordnung zitiert und in ihrer Unverbrüchlichkeit festgehalten: Solche Gewalthandlungen stellen „*Verbrechen*" dar, die geahndet werden können. Man kann sich mit Fug und Recht darüber beschweren und darf sogar erwarten, dass die Beschwerde nicht einfach nur verhallt. Wenn man sich so exponiert wie Makarenko, kann man das Vertrauen verlieren und muss man die Vertrauensfrage stellen. Das Kollektiv entscheidet, ob die Androhung erneuter Gewalttaten, hinter den wohl auch der Pädagogische Rat steht, zur Absetzung des Leiters führen soll oder nicht. Ihm wird offiziell das Vertrauen ausgesprochen.

Wir sehen einen scharfen Kontrast: Einerseits gesteht der Leiter ein Verbrechen, andererseits findet er dieses richtig, weil er es für wirksam hält und dazu steht. Man muss sich entscheiden: Möchte man in ihm den Verbrecher sehen und ihn anklagen? Oder kann man in ihm den Retter sehen, der mit einer Handlung, die er selbst als Verbrechen bezeichnet, eine Grundordnung (wieder)herstellt, die zu zerbrechen droht?

E) Makarenko bietet um 1930 eine dritte Möglichkeit an. Rückblickend auf die Gorkij-Kolonie schreibt er an einen Vorgesetzten in der Dzerzinskij-Kommune:

> „*Meine Arbeit besteht aus einer ununterbrochenen Kette zahlreicher Operationen, die sich manchmal über ein Jahr hinstrecken, manchmal in zwei Tagen durchgeführt werden, manchmal den Charakter einer blitzschnellen Entscheidung annehmen. […] Jede derartige Operation ist sehr komplex. Vor allem muss sie als Hauptziel verfolgen, die Einwirkung auf das ganze Kollektiv, zweitens muss sie bei dieser Einwirkung das gegebene Individuum im Augen haben und drittens muss sie sowohl mich wie das Erzieherkollektiv in eine harmonische Lage versetzen. […] In den meisten Fällen nimmt die Aufgabe dem Charakter einer Kollision ein, wenn es darum geht zu entscheiden, welche Interessen sinnvoller Weise in welchem Ausmaß geopfert werden können.[…] Dazu muss immer eine kolossale Spannung durchgestanden werden*" (Makarenko, zitiert nach Weitz 1992, 26f.).

Kommentar: Makarenko benennt drei Ziele (Stärkung des Kollektivs, Entwicklung des Individuums, Harmonie und Einigkeit im und zwischen den Pädagog:innen), macht aber sofort deutlich, dass es „*in den meisten Fällen*" zu einem Konflikt – zu einer *Interessenskollission* – zwischen diesen Zielen kommt und eines mehr oder weniger vollständig geopfert werden muss, damit das oder die anderen erreicht werden können. Insofern gerät man,

> das ist nun meine Formulierung, in ein *ethisches Dilemma: Etwas muss geopfert werden, damit etwas anderes realisiert werden kann.* Das kann ein pädagogisches Prinzip sein, ein Jugendlicher, eine liebgewordene Routine – die müssen zur Rettung eines anderen wichtigen Gutes fallengelassen werden. Übertragen auf den Konflikt mit der Gewalt: Wenn diese dazu dient, das Kollektiv zu stärken und dem Individuum einen Entwicklungsanstoß zu geben, dann muss man hinnehmen, dass sich die eigene Handlung für einen selbst und oder die Mitpädagog:innen nicht „*harmonisch*" anfühlt, z. B. weil, so ergänze ich, sie im Kontrast zu Vorschriften oder Gesetzen steht. An die muss man sich in der Regel halten, aber man muss sie eben manchmal auch opfern, wenn etwas anderes wichtiger ist wie z. B. die Zukunft des Kollektivs, das in diesem Moment auf der Kippe steht und gerettet werden muss. Solche *ethischen Dilemmata* konstellieren sich in der Praxis immer wieder; *sie sind nicht auflösbar.* Sie zwingen den Projektverantwortlichen zu unangenehmen Entscheidungen, die mit „*kolossalen Spannungen*" verbunden sind. Die muss man aushalten. Und am nächsten Tag noch in den Spiegel schauen können, ergänze ich – weil ich annehme, dass das auch Makarenko wichtig war.

So weit die Begründungen, mit denen Makarenko selbst sein Gewalthandeln rechtfertigt bzw. als ein ambivalentes, nicht weiter auflösbares Handeln beschreibt. Nun zu einigen pädagogischen Überlegungen von mir und anderen Autor:innen, die Makarenkos Gewalthandeln bei aller erforderlichen Skepsis eher positiv beurteilen oder ihm zumindest Verständnis entgegenbringen:

- Auch wenn es sich in den Augen externer Beobachter:innen eindeutig um Gewalt handelt, ist die Frage, ob diese auch im Erleben der Zöglinge im Vordergrund steht und wie sie diese bewerten? Schon Ostromenckaja, eine Journalistin, die einen Monat lang in der Kolonie mitgelebt hatte und die erste externe Zeugin von Gewaltvorfällen war, relativierte damals in ihrem Artikel: *„Für Kinder, die auf der Straße aufgewachsen sind, und dadurch mit grausamen Sitten vertraut sind, erweckt ein Schlag von einem geliebten Erzieher, nicht den Eindruck von Grausamkeit; von Seiten eines älteren Kameraden ist er erst recht nicht beleidigend, und Genosse Makarenko ist eben ein älterer Kamerad, kein Vorgesetzter."* (Hillig/Weitz 1979, 16 ff.). Hier handelt es sich um eine Charakterisierung von Makarenko, wie sie auch gut zu den von uns ausgewählten Episoden passt: Sicher nicht der ganze Makarenko, aber doch ein wichtiger Aspekt seiner Persönlichkeit.

Daran schließt sich die Frage an, ob es wirklich „*Gewalt*" ist, die im Erleben von Zadorov und den anderen Kolonisten in den beschriebenen Szenen im Vordergrund steht und sie dazu bringt ihm zu folgen? Mir scheint „nein". Eher erleben sie einen zwar wilden, aber auch beeindruckenden Mann. Beeindruckend; weil er sich spontan und authentisch verhält, unkontrolliert, aber auch direkt (siehe dazu Jäggi 2005 und Bittner 2008, 27); weil er Klartext spricht, und nicht das übliche Pädagog:innen-Geschwafel; weil er damit

Mut beweist – nicht nur, dass er alleine vor eine Mehrheit tritt, die ihn niederschlagen oder niederschreien könnte: Er muss damit rechnen angeklagt und abgesetzt zu werden oder selbst eins in die Fresse zu bekommen. Damit setzt er sich selbst der Gefahr aus. Mehr noch: er setzt alles auf eine Karte und kommuniziert dabei ohne Worte: „Entweder gehe ich hier und jetzt unter, das ist gut möglich, oder ihr erkennt meinen Führungsanspruch an". Damit wird eine Spannung aufgebaut und ein *„Kampf um Anerkennung"* (Honneth 1992) zugleich riskiert wie inszeniert, den Hegel für die Frage, wer in Zukunft bestimmen kann und wer gehorchen muss, für entscheidend hielt (siehe dazu Schwabe 2016). Es geht um die Begründung eines *Autoritätsverhältnisses*, das auf Anerkennung beruhen möchte, auch wenn es mit Gewalt operiert.
- Beeindruckend weiter, weil dieser Mann das pädagogische Gewalttabu bricht und sich damit mehr im Milieu der Jugendlichen verankert als in der disziplinierten, kultivierten Erwachsenen- oder besser Pädagog:innen-Welt. Seine Gewalt ist mit Blick auf die Herkunft der Jugendlichen *Lebenswelt-orientiert!* (ob Thiersch da mitgehen könnte?, M. S.). Mit Worten wie Gesten vermittelt er zugleich: „Ich bin kein Deut besser als ihr. Wenn ich nicht weiter weiß in einem Konflikt, dann liegt mir Gewalt ganz nahe". Beeindruckend auch, weil der Mann authentisch wirkt: er sagt, was er meint, und er tut, was er sagt.
- Meiner Auffassung nach steht die Gewalt, zumindest in der Zadorov- und Volochov-Episode, im Erleben der Jugendlichen nicht im Vordergrund. Was sie in erster Linie erleben, ist die Begegnung mit einem außergewöhnlichen, vom Mainstream abweichenden Pädagogen, der sie anspricht und ihnen Respekt abfordert. Er macht keinen Hehl daraus, dass er bestimmen will und alles dafür tun wird, sich durchzusetzen. Aber er verspricht ihnen auch – mit dem Gestus seiner Rede, nicht mit konkreten Worten –, ein guter, d. h. gerechter und fairer Bestimmer zu sein; und strebt diese Rolle nicht an, weil er sie unterwerfen möchte, sondern weil ihr Schicksal ihm am Herzen liegt, er überzeugt davon ist, dass sie sich anders verhalten können und er ihnen etwas zu bieten hat, wenn sie sich auf seine Forderungen einlassen. Sicher spricht dieser Mann nicht alle Jugendlichen, und nicht alle in dieser Weise an. Einige werden sich auch nur seinen Drohgebärden unterordnen, wie sie sich schon immer dem jeweilig Stärksten untergeordnet haben. Andere werden, wie wir gehört haben, weglaufen aus seinem Einflussbereich. Aber gerade unter den Pädagog:innen- und Heim-Erfahrenen werden etliche doch einen Impuls spüren wie: *„So einem Teufelskerl möchte man, muss man doch folgen!"*
- In diesem Zusammenhang scheint mir ein Zitat von Freud bedeutsam, das – wenn auch bezogen auf eine andere Berufsgruppe: auf Psychoanalytiker – von diesen als Erstes und Wichtigstes *„Leidenschaft"* fordert, noch vor (!) einer abgeklärten ethischen Einstellung. Das Zitat stammt aus seinem Briefwechsel mit O. Pfister: *„Wer ein guter Psychoanalytiker"*, oder eben Pädagoge sein

will, *"muss ein schlechter Kerl werden, sich hinaussetzen, preisgeben, verraten, sich benehmen wie ein Künstler, der für das Haushaltsgeld seiner Frau Farben kauft oder mit den Möbeln im Zimmer den Ofen für das Modell einheizt. Ohne ein solches Stück Verbrechertum gibt es keine richtige Leistung."* (Freud/Meng 1963, 36).

Wir können hier wiederfinden, was Makarenko selbst über das notwendige *"sich die Hände schmutzig machen"* geschrieben hat. Das Leidenschaftliche, Unkontrollierte birgt eben – neben all den bekannten Gefahren der Traumatisierung – auch die Chance verhärtete und blockierte Situationen aufzubrechen.

- Und noch etwas dazu Kontrastierendes: Meine Vermutung ist, dass Zwang und Gewalt in den Augen Makarenkos notwendige Elemente der Führung von Kollektiven waren und er seine Aufgabe in erster Linie darin sah, ein Kollektiv aufzubauen, das sich selbst in wirtschaftlicher Hinsicht erhalten und in sozialer Hinsicht regulieren konnte. Dazu passt der, vermutlich eher überpointierte, Satz aus einem Brief an Maxim Gorkij: *"Ich bin kein Pädagoge und kann Pädagogen nicht ausstehen."* (zitiert nach Weitz 1992, 156 Anmerkung 195). Ich glaube, dass sich Makarenko in erster Linie als Führer eines Kollektivs sah, ähnlich wie sich, auf einer hierarchisch höheren Ebene *Lenin* oder *Trotzki* (und später auch *Stalin*) als Führer der Partei und des Staates betrachteten und niemals davor zurückscheuten Gewalt zum Schutz des neuen Staates oder zur Verhinderung seiner Beschädigung einzusetzen. Makarenko, so meine These, hat nicht verstanden, warum und nicht akzeptiert, dass diese grundlegenden Führungspraktiken ausgerechnet in der Pädagogik keine Rolle spielen sollten. Warum soll ausgerechnet die Pädagogik ein gewaltfreier Raum sein, wenn doch ansonsten die Führung der Masse immer wieder auf Gewalt als Ordnungsprinzip angewiesen ist? Das hat Makarenko nicht eingeleuchtet. Er sah, im Unterschied zu der einflussreichen Gruppe um die Krupskaja, die im Moskauer Bildungsministerium zu Lenins Zeiten tonangebend war und das auch nach dessen Tod noch länger blieb, Pädagogik nicht als eine *gesellschaftliche Sonderzone*, in der *andere ethische Prinzipien* gelten, nur weil Kinder Kinder sind und keine Erwachsenen. Kinder waren für ihn Menschen und Menschen brauchen eine klare Führung. Dazu gehört sich als Führer selbst vorbildlich zu verhalten, die Menschen möglichst gut zu versorgen, ihnen Mitsprachemöglichkeiten einzuräumen – all das, was ein politischer Leader seinem Volk gegenüber leisten muss. Aber dazu gehört selbstverständlich auch Zwang und Gewalt, um Recht und Ordnung zu etablieren und um innere oder äußere Feinde unschädlich zu machen. Zwischen Pädagogik und Politik – so meine These – gab es für Makarenko keinen Unterschied, weil es beides Mal um die *Führung und Erziehung eines Kollektivs* geht, ob es sich dabei nun um ein Kinderheim, die Belegschaft einer Fabrik, eine militärische Einheit oder die Partei handelt. Und tatsächlich scheint es mir nicht so einfach, diese – auch pädagogisch inspirierte – Überzeugung mit pädagogischen Gegenargumenten zu widerlegen. Vermutlich war die Reflexionsfähigkeit von Makarenko, auch aus Mangel an Gesprächspartner:innen auf Augenhöhe, um 1930 noch nicht so weit entwickelt, um die Wirkungspotentiale seines Redens und Handelns so auszudeuten, wie ich es in f) versucht habe. Man kann aber auch denken: Gut, dass er darauf verzichtet hat. Gut, dass er die Spannung, siehe oben d und e, genauso aufgebaut und stehen gelassen hat. Dem gegenüber lassen meine Begründungsversuche die Möglichkeit einer Versöhnung von Theorie und Praxis aufscheinen, die es aber vielleicht so gar nicht geben sollte.

Dazu passt auch das Folgende: Offensichtlich handelt es sich bei Makarenkos Pädagogik um eine körperbetonte-, konfrontative, männliche Pädagogik (vgl. Schubert 2012), die weiblichen Pädagog:innen wohl nur schwerlich einleuchtet und/oder sogar abschreckt und verprellt – sowohl was das Konzept als auch die Handlungsweisen oder die Haltung betrifft. Es ehrt Makarenko, dass er die Kritik seiner Kolleg:innen expressis verbis festhält (siehe oben Kapitel 7.3.3) Auch damals schon eine Nicht-Versöhnbarkeit in den Positionen von männlichen und weiblichen Pädagog:innen (und trotzdem konnten sie gut zusammenarbeiten!). Ähnlich unüberwindbar schätze ich die Gegensätze ein, wenn man die Gewalt als Handlung in einer Institution oder eines Vertreters einer Organisation ins Auge fasst, als *organisationales Handeln* in einem *pädagogischen Projekt*. Es ist klar, dass Vorgesetzte in dem Arbeitsfeld, das sie verantworten, weder „Verbrechen" (so Makarenko selbst) noch die Androhung solcher akzeptieren können. Sie würden sonst ihrerseits in die die Kritik geraten mit einem Gewalttäter zu paktieren und/oder einen solchen zu decken (man denke nur an die aktuellen Missbrauchsdebatten). Insofern bringt ein Mitarbeiter, der handelt wie Makarenko, seine Vorgesetzten in Teufels Küche. So erfolgreich seine Intervention auch immer verlaufen mag, sie können die Mittel der Durchführung nicht dulden. Andernfalls landen sie bei einem gespaltenen Bewusstsein, ähnlich dem von führenden Politiker:innen, die sich auf der einen Seite für Recht, Versöhnung und zivile Umgangsformen einsetzen, aber ihren Geheimdienst damit beauftragen im Rahmen von „special operations" Auftragsmorde durchzuführen (aber für einen James Bond ist in der Pädagogik wohl kein Platz).

Bleibt am Ende nur das Dilemma, zu konstatieren, dass eine richtige, weil situativ angemessene und wirkungsvolle pädagogische Handlung, ungesetzlich und strafbar sein kann. Dafür hat der so Handelnde die Verantwortung zu tragen: Er wird abgemahnt oder gekündigt und/oder einem Gericht überstellt und sollte all das nicht beklagen, sondern tapfer auf sich nehmen. Gleichzeitig darf er sich, unter bestimmten Voraussetzungen, weiter als guter Pädagoge betrachten und darauf bauen, dass auch Andere (wenn auch nicht alle) ihn so sehen. Makarenko wollte beides: erfolgreich handeln und die nachträgliche Legitimierung eines „*Verbrechens*", wie er selbst Misshandlungen von Zöglingen nannte (siehe oben). Dass die Anerkennung ausblieb, was von den Vorgesetzten Fehler genannt wurde, was offiziell als Fehler gelten muss, und dieser entsprechend geahndet wurde, auch mit der Entlassung als Leiter, hat Makarenko sehr gekränkt. Damit konnte und wollte er nicht leben, und hat mit dem *Pädagogischen Poem* gegen dieses Urteil angeschrieben – bzw. wollte mit diesem seine Rehabilitation herbeiführen.

7.8 (Wieder-)Aufstieg unter neuen politischen Bedingungen

Wir sehen Makarenko angesichts der gegen ihn erhobenen Vorwürfe in dieser Zeit zunächst als Nach-Vorne-Verteidiger, der freimütig zugibt, was er getan hat; wie auch als Leugner, der unangenehme Tatsachen verschweigt oder vertuscht. Als jemanden, der mal pädagogisch argumentiert, und dann wieder alles Pädagogische verleugnet und nur als Bürger oder Mensch betrachtet werden will. Oder als Leiter mit einer Riesenverantwortung für eine unlösbare Aufgabe auf den Schultern, der um Verständnis wirbt.

Wir können vermuten, dass es die Jahre zwischen 1928 und 1932 braucht, bis sich der Aufruhr in ihm gelegt hat und er eine für ihn stimmige Strategie im Umgang mit den gegen ihn erhobenen Vorwürfen gefunden hat. 1932 jedenfalls schreibt er für das *Poem* klare und selbstbewusst klingende Schilderungen seiner Gewalthandlungen. Es liegt nahe zu denken, dass dieses Werk für ihn bezogen auf die dunklen Seiten seiner Tätigkeit als Pädagoge eine Art „*coming out*" darstellt. Nicht, dass er nicht auch vorher schon Gewalt zugegeben hätte, aber jetzt tut er es vor aller Welt. Jeder, ob er ihn kennt oder nicht, ob er ihn schätzt oder nicht, ob er mit ihm beruflich zu tun hat – als Vorgesetzter oder Kolleg:in – oder ihn lediglich als einen fremden Pädagogen wahrnimmt oder auch „nur" als Schriftsteller, kann lesen, was damals passiert ist. Gleichzeitig stellt er die Gewalthandlungen so dar, dass man sie – in jedem Fall – nachvollziehen kann. Wobei er vermutlich damit gerechnet hat, dass – zumindest bei seinen damaligen Leser:innen – die Mehrzahl diese auch billigt oder sie sogar als angemessen und legitim einschätzt: Manchmal hilft eben nur Gewalt bzw. all, das was hinter ihr steht; d. h. das authentische Ausdrücken von Wut, der Mut zum Regelbruch, das sich Kurzschließen mit lebensweltlich anerkannten rüden Formen von Machtausübung usw.

Warum konnte sich Makarenko solche Reaktionen erhofft haben? Die ersten, in vieler Hinsicht hyperkritischen Jahre der Revolution sind vorüber. Mit dem Tod Lenins und dem Antritt Stalins als dessen Nachfolger weht bereits seit ein paar Jahren ein neuer Wind in der Sowjetunion, der weite Teile des gesellschaftlichen Lebens, der Kultur und auch die Pädagogik umfasst (wie z. B. die Verurteilung der Pädologie, Anweiler/Meier 1961, 33 f., Lüpke 2004, 166). Ein selbstbewusster Wind, nach dem Motto: Wir schaffen das schon, auch wenn nicht alles so neu und großartig ist, wie wir uns das einst vorgenommen oder vorgestellt hatten (als man noch hoffte, Geld als Zahlungs- und Entlohnungsmittel komplett abschaffen zu können); ein hemdärmeliger Wind, der es mit Gewalt nicht so genau nimmt: „Wir sind halt alles nur Menschen und da rastet man eben auch mal aus.". Ein anerkennender Wind, weil gute Absichten gesehen und geschätzt werden und man sich auch mit halbguten Ergebnissen zufriedengibt. Aber wie wir heute wissen, ein ganz und gar unmenschlicher Wind, der aus der psychischen Verunsicherung und dem Verfolgungswahn Stalins in die Ermordung von Millionen von vermeintlichen Abweichlern führte und damit auch Makarenko vor neue Probleme stellte.

Als der erste Band des *Poems* erscheint (1932/1935), weiß man noch nicht, wie sich die Lage entwickeln wird. Makarenko lanciert seine Darstellung in eine ambivalente Situation, die sich dem Terror zuneigen kann oder aber einer neuen Aufbruchsstimmung.

„Lenins Nachfolger Stalin schlägt einen sehr viel härteren Ton an, führt die Zwangskollektivierung der Landwirtschaft und das System der Fünf-Jahres-Pläne ein" (ebd., 122). 1928 wird der eher liberale Bildungsminister Lunacarski abgelöst und durch den General (!) Bubnov ersetzt. Wissenschaft und Industrie werden von Stalin als *„zu erobernde Festungen"* definiert, *die von der Jugend zu nehmen seien* (ebd.). Rüttenauer bilanziert:

> *„Die Freiheit in der Bildung wird also zurückgedrängt gegenüber dem Plan zur Erfüllung der Forderungen. Forderungen aber schließen Disziplin ein, ebenso wie Organisation. Damit findet ein Wandel auch auf dem Gebiet der Erziehung im engeren Sinne statt, das ja Makarenko's eigentliches Arbeitsfeld. Während sich auf höchster Ebene diese Kehrtwendung vollzieht, wird Makarenko [...] noch Härte, Disziplin, Zwang in der Erziehung vorgeworfen – im gleichen Jahr wird er aus der Gorkij-Kolonie entlassen"* (ebd.)

Aber mit der Ukrainisierung ist es vorbei. Viele alte Gegner geraten mit der von Stalin forcierten Russifizierung ins Hintertreffen und ziehen sich zurück oder verstummen (solange man sie noch leben lässt). Makarenko setzt angesichts der neuen Stimmung darauf sich im *Poem* als Pädagoge so phantasievoll, aber auch so pragmatisch-hemdärmelig zeigen zu können, wie er sich häufig verhalten hat. Oder zumindest wie er sich selbst gerne sieht und gesehen werden möchte – und er bekommt die Anerkennung zurück, die ihm zwischen 1927 und 1929 entzogen wurde. Nach Erscheinen des *Poems* erntet er begeisterte Zustimmung für seinen Mut zur Offenheit und für seinen unermüdlichen Einsatz für die Gorkij-Kolonie: Makarenko wird berühmt; der Orden *„Held des Sozialismus"* lässt nicht lange auf sich warten (Hillig 2002, 483). 1935 wird ihm die pädagogische Leitung aller damals dem Innenkommissariat unterstellten Einrichtungen – darunter pikanterweise auch die der Gorki-Kolonie – anvertraut, erneut anvertraut (Hillig 1999b, 287). Der Gescheiterte ist zurück und auf einmal ist sein *pädagogisches Projekt* doch wieder gelungen. Zumindest in den Augen der damaligen Gesellschaft

(Rüttenauer 1965, 123). Der Stern der Krupskaja war gesunken, der Makarenkos neu erstrahlt. Anweiler formuliert:

„In zahlreichen Punkten hatte sich allmählich eine Übereinstimmung Makarenko's mit den neuen Maximen der kommunistischen Erziehungspolitik herausgebildet" (Anweiler 1963, 290).

„...im Laufe der nächsten Jahre – in denen unter anderem das Poem druckfertig geschrieben wurde – wurde Makarenko's Polemik immer mehr vom Triumph über seine Gegner gezeichnet" (ebd., 125).

7.9 Makarenko als ambivalente Persönlichkeit mit einem ambivalenten Projekt

Hat Gewaltfreiheit für Makarenko, zumindest zu Beginn seines *pädagogischen Projekts*, ein Ideal dargestellt? Ein Ideal, dem er selbst die Treue hatte halten wollen, aber aufgrund der Umstände und auch der eigenen Unbeherrschtheit nicht hat halten können? In diesem Fall kann man annehmen, dass er selbst darunter gelitten hat und er sich deswegen nicht nur vor Kritikern, sondern auch vor sich selbst, vor seinem idealen Pädagogen selbst rechtfertigen wollte. Es könnte aber auch sein, dass Gewaltfreiheit für ihn relativ bald ein pädagogisches Prinzip dargestellt hat, das zwar juristisch kodifiziert ist, aber für einen aktiv handelnden Pädagogen nicht wirklich verbindlich ist. Dann würde er für eine *„Dignität der Praxis"* (Schleiermacher 2000, 13) stehen, die sich auch im Gegensatz zur Gesetzgebung und der pädagogischen Theoriebildung behaupten kann und muss. In Spannung zu diesen, aber mit dem Anspruch auf eine *eigene Form* der Wahrheit bzw. eine eigene *Existenzweise* darzustellen (Latour 2004, siehe Kap.13.3).

Wir müssen die Frage nach dem *Scheitern des pädagogischen Projekts* offenlassen, können es aber auch. Denn das Urteil „gescheitert" würde ich, was Makarenko als Pädagoge und Leiter betrifft, auf jeden Fall fällen wollen, und zwar in zweifacher Hinsicht: Zum einen, weil er die in der Startphase des Projekts von ihm ausgehende und damit in die Strukturen eingewanderte Gewalt nicht so begrenzen und kontrollieren konnte, wie er es sich vorgestellt und gewünscht hatte. Sie brach bei anderen Pädagogen und bei den ihre Peers anleitenden Zöglingen, aber auch bei ihm selbst, immer wieder durch und nahm dabei Formen an, die nicht zu rechtfertigen waren und sind. Und führte dazu, dass das Projekt als es in eine reguläre Institution übergegangen war, für zu viele Kinder keinen *sozialen Ort* mehr darstellte, an dem sie bleiben wollten. Für viele, die blieben war es ein idealer Ort, weil sie dort mit ihren kulturellen Prägungen Fuß fassen konnten. Für andere wird es sich wohl eher um einen als ambivalent empfundenen *pädagogischen Ort* gehandelt haben, der von Anerkennung, aber auch von

Unterwerfung, von Einsicht in die Notwendigkeit von Arbeit, aber auch Zwang zur Arbeit geprägt war. Einzelne Beschwerden, aber auch die hohen Weglaufquoten alarmierten die Kontrollbehörden und die Öffentlichkeit über den Umweg der Presse, so dass ersteren nichts anderes übrigblieb als ihn abzusetzen. Tragisch ist das, weil Makarenko zum einen kein genereller oder naiver Befürworter von Gewalt war und die negativen Folgen seiner eigenen Gewalthandlungen fast immer ausbalancieren konnte – insbesondere durch anhaltendes Engagement, durch Gesten von aufrichtiger Menschlichkeit und pädagogischem Takt bzw. mit der ihm eigenen Mischung spannungsreicher Elemente viele junge Menschen ansprechen und erreichen konnte.

Gescheitert ist er aber auch an der Frage der Einordnung seines Handelns: Makarenko schwankte überwiegend zwischen Leugnung und Selbst-Rechtfertigung seiner Handlungen, und wechselte dabei zwischen pädagogischer Begründung und anti-pädagogischem Gestus, der ihn von pädagogischen Ansprüchen befreien sollte, hin und her. Nur selten gelingt es ihm sich selbst kritisch oder selbstironisch zu betrachten wie in dieser Szene: Nachdem er den Jugendlichen nach wiederholten Diebstählen eine Standpauke gehalten hatte, die in den Sätzen gipfelt:

„Verprügeln werd ich Euch jetzt, ihr Schufte", schreibt er, und „nach dieser superpädagogischen (!) Rede ging in zurück in die Kanzlei" (Makarenko, GW 3 1982, 150).

Aber es gelang ihm nicht zum eigentlichen Kern seines Problems durchzudringen: Sich einzugestehen, dass die seine Gewalt betreffenden Vorwürfe und die darauf erfolgende Absetzung, ihn zutiefst und nachhaltig gekränkt hatten. Auch weil sie etwas in ihm ansprachen, wovon er selbst enttäuscht war, ohne es zugeben zu können. Deswegen erklärte er einerseits seine Kritiker für dumm bzw. unwissend (was sie zum Teil wirklich waren) und schrieb mit dem *Poem* andererseits eine glättende Darstellung, die trotz der Widersprüche, die sie anspricht, hinter den realen Widersprüchen zurückbleibt, denen seine Praxis ausgesetzt war. Es gelingt ihm ein Werk von Weltrang zu schreiben und doch kann es seine verletzte Seele nicht heilen. Am Ende stirbt er – wie Weitz formuliert hat –*„1939 in Moskau an gebrochenem Herzen"* (Weitz 1992, 92). Wahrscheinlich hatte er den Anspruch an sich ein durch und durch guter Mensch zu sein und deswegen den Gedanken ein Anrecht auf volle und umfängliche Anerkennung seiner Person und seiner Leistungen zu erhalten. Aber diese umfassende und Ambivalenz-freie Anerkennung hat er zu Recht nicht und wenn von den Falschen erhalten.

Auch ich kann ihm diese vollumfängliche Anerkennung nicht gewähren: Makarenko bleibt für mich eine Person, die wir hin- und hergerissen betrachten müssen. Das gilt über seine Person hinaus auch für sein Werk: den Aufbau der Gorkij-Kolonie – Bewunderung und tiefer Respekt mischen sich mit Bedenken und Kritik, Sympathie und Solidarität mit Misstrauen und Distanzierung. Mit Blick auf Person und Werk nur auf die eine Seite zu gehen, wäre inhaltlich falsch und würde beiden nicht gerecht. Makarenko ist auf höchstem Niveau gescheitert.

Doch genau von solchen als ambivalent eingeschätzten *pädagogischen Projekten* können mehr fachliche Anstöße und mehr Faszination ausgehen als von vielen hundert ordentlichen Einrichtungen zusammen, denen man nichts Unfachliches vorwerfen kann, die aber eben auch nichts Neues oder Besonderes riskiert haben.

7.10 Fragen an den Leser/die Leserin zur eigenen Beantwortung

Wir haben eine Menge Material zusammengetragen und Makarenkos Gewalttaten von vielen verschiedenen Seiten beleuchtet. Ziehen wir nun ein Fazit: vierzehn Fragen, vierzehn Antworten ohne alles drumherum Gerede. Vielleicht macht es Sinn, zunächst die Fragen zu lesen, für sich selbst zu beantworten und meine Stellungnahme zunächst abzudecken. So würde sichergestellt, dass der Leser / die Leserin ihr eigenes Urteil fällt und es mit meinem vergleichen kann:

- Hat Makarenko das Scheitern des Projekts mit exemplarischen Gewalttaten abgewandt?
  - Sehr wahrscheinlich ja. Auch wenn die Zadorov-Episode so nicht stattgefunden hat, hat Makarenko in ähnlichen Situationen ähnlich gehandelt und damit glaubhaft einen deutlichen Trend zum Positiven eingeleitet.
- Hätte es in der zugespitzten Ausgangssituation, die im Winter 1920 die Grundlage bildete, Alternativen gegeben?
  - Wahrscheinlich nein.
- Hat er die Jugendlichen „von der Straße" mit seiner Gewalttat und dem Ruf gewalttätig werden zu können beeindruckt? Und damit zumindest einige relevante Anführer für sich gewonnen?
  - Ja.
- Hat er Kinder und/oder Jugendliche damit traumatisiert oder ernsthaft geschädigt?
  - Eher nicht, weil die von ihm praktizierte Formen von Gewalt damals gang und gäbe waren und die Zöglinge bereits häufig weit brutalere Formen von Gewalt erfahren hatten. Dennoch können die in der Kolonie erlebten Gewalttaten als schmerzhaft, ungerecht und enttäuschend erlebt worden sein.
- Hat es für viele Kinder gute Zeiten in der Gorkij-Kolonie gegeben und sind diese wesentlich auf die Tatkraft und das pädagogische Geschick von Makarenko zurückzuführen?
  - Ja, aber auch auf das Wirken der weiblichen Erzieherinnen.
- Kann man seine von ihm selbst beschriebenen Gewalttaten in der Gründungszeit deswegen als pädagogische legitim betrachten?
  - Das muss jede/jeder für sich entscheiden.

- Hat er selbst auch dumme und verletzende Formen von Gewalt angewandt, die vor allem aus Überlastung und fehlender Impulskontrolle heraus entstanden sind und pädagogisch nicht zu rechtfertigen sind?
  – Ja.
- Hat er mit seinen Gewalttaten auch weniger sinnvollen und legitimierbaren oder gar barbarischen Formen von Gewalt Vorschub geleistet – auf Seiten der erwachsenen Erzieher:innen und auf Seiten der ihm ergebenen Kommandeure?
  – Ja.
- Muss man daher folgern, dass mit den exemplarischen Formen von Gewalt seitens Makarenkos zu Projektbeginn, die Gewalt in die Strukturen eingewandert ist und deswegen ein Strukturmerkmal der Kolonie wurde?
  – Ja. Dennoch bleibt die Frage wie man das bewertet offen. Man kann das verdammen. Man kann das aber auch als eine schmerzhafte Ambivalenz des Projektes betrachten: vielleicht geht Gewaltarbeit mit Gewalttätern in stationären Gruppen nur mit Elementen von Gewalt? Das müsste man näher untersuchen... Aber es ist sicher kein Wunder, dass ähnliche Ansätze ähnlich ins Gerede gekommen sind wie die Arbeit Makarenkos (ich denke an das AAT und den heißen Stuhl oder das Boxprojekt von Lothar Kannenberg etc.).
- Ein Strukturmerkmal neben anderen, fachlich sinnvollen und nachahmenswerten?
  – Ja.
- Kann man die Gorkij-Kolonie zum damaligen Zeitpunkt mit Blick auf die meisten Kinder und Jugendlichen bei allen Härten und Fehlentwicklungen zumindest als „gut genug" (D. W. Winnicott) bezeichnen?
  – Für die, die geblieben sind, vermutlich ja. Aber es sind eben auch etliche wieder gegangen. Ob es diesen Kindern und Jugendlichen auf der Straße oder in anderen Einrichtungen besser oder noch schlechter ging, ist nicht zu beantworten. Feststeht: sie haben Makarenkos Einrichtung den Rücken zugewandt oder anders: er hat sie (ein gutes Viertel) nicht erreicht.
- Haben die Behörden gut daran getan, die Gorkij-Kolonie immer wieder zu visitieren und die dort wahrgenommenen Mängel anzuprangern und den Leiter erst zu rügen und dann zu entlassen?
  – Ja. Zugleich muss man den Mitarbeiter:innen der Aufsichtsbehörden unterstellen, dass sie es sich damit leicht gemacht haben. Sie haben es versäumt bzw. nicht erreicht, für ausreichend gute Strukturen hinsichtlich Versorgung und Personal zu sorgen. Sie haben dagegen unterstellt, dass es möglich sei, eine fachlich durchwegs gute Pädagogik auch in unzureichenden Versorgungsstrukturen durchzuführen. Genau das geht aber nicht. Insofern kann man sie der Arroganz und Anmaßung bezichtigen.

- Lohnt es sich das Poem zu lesen und kann man aus ihm so viel über Sozialpädagogik lernen, wie aus kaum einem anderen Buch?
  – Ja
- Kann man deswegen sagen, dass Makarenko als praktischer Pädagoge und als Mensch in mancher Hinsicht gescheitert ist und in anderer Hinsicht erfolgreich gewirkt hat, aber als sozialpädagogisch erfahrener Schriftsteller für Profession und Disziplin Großartiges geleistet hat?
  – Ja.

Damit schließt sich der Kreis und wir kehren wieder an den Anfang zurück:

Auch heute ist es weiter unklar, wieviel Gutes und Richtiges Pädagog:innen leisten können, ohne parallel dazu auch Mittelmäßiges, Fragwürdiges, Ambivalentes oder fachlich Falsches zu tun (Schwabe 2021a).

Unklar ist, was „gut genug" ist und wann eine Pädagog:in sich „gut genug" einschätzen darf? Manchen reicht es nie, was sie leisten, andere geben sich mit zu viel Mittelmaß und Fehlern zufrieden. Wer kann das beurteilen?

Allen, die in diesen Fragen meinen rasch und eindeutig und prinzipienorientiert urteilen zu können, sei ein Zitat von Nietzsche ans Herz gelegt: „*Mit euren Werthen und Worten von Gut und Böse übt auch ihr Gewalt, ihr Werthschätzenden: und dies ist eure verborgene Liebe und eurer Seele Glänzen, Zittern und Ueberwallen.*" (Nietzsche 1893, 165).

8. Ein Reformprojekt im Heim scheitert an Ängsten, inneren Vorbehalten und misslichen Kommunikationen (1978/1986)

Das *pädagogische Projekt*, mit dem wir uns in diesem Kapitel beschäftigen, wurde 1970 von einem Dozenten der Universität Tübingen initiiert, der Kontakte zu einer Heimeinrichtung suchte, um gemeinsam mit dieser neue Ideen für den sozialpädagogischen Umgang mit erziehungs-schwierigen Kindern in Schule und Heim zu entwickeln und auszuprobieren. Aus den dabei gewonnenen Einsichten sollten Reformimpulse resultieren, die auch andere Schulen/Heime anregen sollten, diesen Ideen zu folgen und/oder eigene Ansätze zu kreieren. Die geplante Projektdauer betrug drei Jahre, die reale etwa ein gutes Jahr. Danach wurde es – durchaus im Konsens – eingestellt, weil es niemanden mehr gab, der in einer Verlängerung einen Sinn sah. Auch wenn durch das Projekt viele Diskussionen angestoßen worden waren, hat es in der Bilanz der Mitarbeiter:innen und des Heimleiters wenig Früchte getragen.

Pädagogische Projekte, in denen sich Vertreter:innen der Universität und der Praxis gegenseitig befruchten wollen und doch aneinander scheitern, haben zu Dutzenden, wenn nicht Hunderten stattgefunden (eine frühe Studie dazu Schweitzer et al. 1976). Analysen, die vor allem die unpassenden bzw. überzogenen Erwartungen und Hoffnungen der Mitglieder dieser beiden so unterschiedlichen Systeme in den Mittelpunkt stellen und beobachten wie sich die Kulturunterschiede in Ankopplungs- und Verständigungsproblemen ausdrücken, können einiges an Plausibilität beanspruchen. Die Analyse des Misslingens in dem hier dargestellten Fall geht einen anderen Weg: Sie geht ihn so eigen und präzise, dass sie als ein *Meilenstein* und Vorbild für ähnliche Analysen gelten kann und das obwohl inzwischen gut 40 Jahre vergangen sind.

Das Besondere der *Schäfer'schen Analyse* besteht darin, dass sie die Gründe für das Scheitern nicht in erster Linie in Personen, Teamkonstellationen, Kulturen oder (institutionellen) Strukturen sucht oder deren ungünstigem Zusammenspiel, sondern aus dem Verloren-gehen von Subjekt- und Objektbezügen: *Subjekte* im vollen Sinne des Wortes, also wach wahrnehmende, kreative und lösungsorientierte, aber zugleich auch verletzliche menschliche Wesen können sich angesichts von Belastungen selbst verloren gehen, aber auch die Potentiale und Bedürfnisse anderer *Subjekte* aus den Augen verlieren. Damit, so die Pointe bei Schäfer, verlieren sie aber zugleich auch den Kontakt zu Sachthemen, Aufgabestellungen und Realitäten (den *Objekt-Aspekten*), weil sie in der Erörterung von

Gegenstandsbezügen (zu) allgemein bleiben und/oder pseudokonkret werden und scheitern so an der Erreichung ihrer Ziele. Parallel zu diesem Prozess leitet Schäfer das *Scheitern* aus den Tücken der *Entwicklung von Projekten selbst* ab – und noch weiter gefasst: Aus den unhintergehbaren Risiken und Ängsten, die mit *sozialem Lernen* verbunden sind. Das gelingt ihm auf überzeugende Weise, weil er dabei mehrere miteinander verbundene Labilisierungen entdeckt, die das Subjekt vor anspruchsvolle Ausbalancierungen stellen. Welche das sind? An dieser Stelle sei nur so viel vorweggenommen: Alle drei Herausforderungen – durch die Klient:innen, das Projekt und den Prozess des sozialen Lernens – führen zu Spannungen, auf die man sich als *Subjekt* einlassen, die man aber auch, aus Gründen des Selbstschutzes, abwehren kann. *Sich einlassen* führt zu labilen Zuständen, in denen man ins „Schwimmen" gerät und Angst aushalten muss; *Abwehr* führt dagegen zu rigiden Strukturen, hinter denen man sich verschanzen und in Sicherheit bringen kann, die einen aber auch von der eigenen Lebendigkeit bzw. den anderen Beteiligten entfremden können (ausführlich dazu in den Kapiteln 8.4 und 13.5). Einen Überblick über die unterschiedlichen Dynamiken und ihr Zusammenspiel bietet die Grafik am Ende von Kapitel 13.5.1.

Die Analyse wurde im Rahmen einer Dissertation verfasst, also in aller Ruhe, im Rahmen einer intensiven Auseinandersetzung mit dem während der Projektlaufzeit gewonnenen empirischen Material (Protokolle, Tonbandaufzeichnungen) und dem, was in der psychoanalytischen Fachliteratur als Theorierahmen für Prozesse des Misslingens zu Verfügung stand. Freilich mussten der Schock und der Schmerz angesichts des Scheiterns des Projekts (das ja auch ein persönliches Scheitern impliziert) erst einmal bewältigt werden. Deswegen hat es zunächst einige Jahre gedauert, bis der Projektdurchführende (in Zukunft: Projektleiter) diese misslichen Prozesse so weit verarbeitet und „verdaut" hatte, um sie dezidiert zum Gegenstand seiner Dissertation machen zu können. Dieser zeitliche Abstand und viel wichtiger, die nicht automatisch damit gewonnene Distanz stellt eine Grundbedingung dafür dar, dass die Analyse so fruchtbar ausfiel und sich weit über die Analyse der persönlichen Idiosynkrasien erhoben hat.

Und doch fragt man sich unwillkürlich: Geht das überhaupt? Kann man als Mitgestaltender sein eigenes Misslingen klar und scharf analysieren? Übertreibt man da nicht in die eine oder andere Richtung mit der Zuschreibung von Verantwortung: sich selbst gegenüber oder den Anderen? Muss man bei solchen Verwicklungen nicht mit so vielen blinden Flecken bei sich selbst rechnen, dass eine genaue wissenschaftliche Untersuchung, ja eine schonungslose Aufklärung eigener Fehlannahmen und Missgriffen unmöglich werden (die gleiche Frage stellt sich beim Fortbildner in Kapitel 10)? Der Verfasser der Analyse stand und steht der Psychoanalyse nahe. Er hatte bereits eigene Erfahrungen mit Balintgruppen-Arbeit gesammelt und sich nach dem Ende des Projekts, wenn auch aus unterschiedlichen Gründen, von denen einige nichts mit dem Projekt zu tun haben, in einen längeren, psychoanalytischen Prozess begeben. Und war damit zumindest auf einige seiner blinden Flecke vorbereitet. Gleichzeitig hatte er einen reichen Fundus an Dokumentationsmaterial gesammelt, unter anderem Protokolle und Tonbandmitschnitte von Sitzungen und Meetings – also eine solide empirische Grundlage geschaffen, die allen Leser:innen (wenn auch nicht voll umfänglich) zugänglich ist, so dass man überprüfen kann, wie er damit methodisch umgeht und was er davon ausschöpft bzw. liegen lässt…

Wir werden ihm trotzdem genau über die Schulter schauen wie er vorgeht. Auch deswegen, weil wir es auch im übernächsten Kapitel mit der Analyse eines Mannes zu tun bekommen, der beides war: Projektleiter und Analysierender des Scheiterns seines eigenen Projekts. Interessanterweise wollten bei beiden Projekten, die anderen Beteiligten zu der jeweiligen Analyse keine Stellung nehmen bzw. keinen eigenen Beitrag mit ihren Sichtweisen verfassen, obwohl sie dazu eingeladen worden waren. So muss man also konstatieren, dass es keine Analyse gegeben hätte, wenn sich diese beiden Männer nicht daran gemacht hätten. Und so gilt hier wie oft im Leben: besser ein Versuch als gar keine Form der Aufarbeitung.

8.1 Die handelnden Akteure und ihr politisches, soziales und kulturelles Umfeld

Das Projekt wurde Anfang der 1970er Jahre in Tübingen geplant und begonnen – einer altehrwürdigen und zugleich aufgrund der vielen Studierenden und ihrer liberalen bis progressiven Dozent:innen, aufgeweckten und von modernen Strömungen erfassten Universitätsstadt. Erinnern wir uns: Hier hatten knapp zweihundert Jahre zuvor *Schelling, Hegel* und *Hölderlin* studiert. *Ernst Bloch* hatte dort inzwischen hier eine Heimat gefunden, nachdem er der DDR enttäuscht den Rücken gekehrt hatte. *Gerd Schäfer* war zu dieser Zeit Assistent bei *Günter Bittner*, einem psychoanalytischen Pädagogen, der seinerseits Schüler von *Andreas Flitner* (einem *Herrmann-Nohl*-Schüler) war und mit diesem zusammen das Fach Pädagogik an der Universität vertrat. Flitner hatte ein DFG-Forschungsprojekt gestartet, an dem Bittner und Schäfer mitwirkten. Bittner und Schäfer kannten sich wiederum aus der PH in Reutlingen, an der Schäfer einen der ersten spezialisierten Ausbildungsgänge in *Sonderpädagogik für Erziehungsschwierige* belegt hatte und dort auf Bittner als Dozenten gestoßen war. Wenige Jahre später sollten die Sozialpädagog:innen *Herbert Colla, Hans Thiersch* und *Anne Frommann* als Wissenschaftler und *Martin Bonhöffer* als Praktiker nach Tübingen kommen und der Heimerziehungslandschaft in der Region und darüber hinaus in ganz Baden Württemberg wichtige Impulse vermitteln.

Der Lehrstuhl an der Universität war einer aufgeschlossenen, modernen Pädagogik verpflichtet, was eine möglichst repressionsarme, möglichst bei den Interessen der Kinder ansetzende, sie in jedem Fall beteiligende und kreative Kräfte freisetzende Erziehung und Bildung bedeutete. Das galt auch und gerade mit Blick auf die Heimerziehung: Diese war lange Zeit noch Anstalts-förmig organisiert gewesen, d. h. in zentralen Häusern, meist mit mehreren Gruppen neben- oder übereinander in einem großen Haus oder auf einem mehr oder weniger weitläufigen Gelände, mit wenigen, eingeschränkten Kontakten in die städtische Umwelt hinein und häufig einer eigenen Heim- oder Geländeschule. In den 1970er Jahren gab es in den Heimen zwar keine Schlafsäle mehr, aber Mehrbettzimmer und offene Gemeinschaftsduschen. In der Zeit vor dem *KJHG* bzw. *SGB VIII*, wie es Anfang der 90er Jahre des letzten Jahrhunderts verabschiedet wurde, stellt „*FE*", d. h. *Fürsorgeerziehung,* für die Heimunterbringung die hauptsächliche und häufigste Hilfeform dar: Das bedeutet, dass die Hilfe von Seiten des Jugendamtes oft gegen den Willen der Eltern verfügt wurde, weil man diesen absprach ihre Kinder selbst erziehen zu können und deswegen kommunale Mittel und Settings bereitgestellt wurden. Heute (2023) sind solche Eingriffe nur noch auf den Bereich der *Inobhutnahme* beschränkt, wenn eine unmittelbare *Kindeswohlgefährdung* angenommen werden muss, während damals auch abweichendes Verhalten von Eltern – bspw. Trinken bzw. mehrere wechselnde Partner, psychische Erkrankung oder Kleinkriminalität etc. – ausreichte, um eine *Fürsorgeerziehung* einzuleiten.

Bezogen auf die Bereitstellung der Angebote überwogen 1970 noch kirchliche Träger, nicht selten noch mit Mönchen und Nonnen als Mitarbeiter:innen oder Leiter:innen, auch wenn damals Erzieher:innen und Sozialpädagog:innen, die an kirchlichen oder staatlichen Fach(hoch)schulen ausgebildet worden waren, in diesen Einrichtungen bereits die größere Gruppe darstellten (Münchmeier 1999, Böhnisch 1999, 420). Die Konzepte beruhten überwiegend auf der Idee, den Kindern und Jugendlichen durch Anleitung und Betreuung durch Sozialpädagog:innen im Setting Gruppe eine korrigierende Erfahrung zu den bisher im Elternhaus eher negativ verlaufenen Prägungen zu vermitteln und die jungen Menschen auf einen Schulabschluss und eine Lehre vorzubereiten bzw. diese Schritte mit ihnen zu gehen. (Milieu-)Therapeutische Ideen zur Gestaltung des stationären Kontext, wie sie in den USA von Bruno Bettelheim (1963), Fritz Redl gemeinsam mit David Wineman (Redl/Wineman 1971) oder dem Trio Trieschman/Whittaker/Bendtro (1969) bereits seit den 1960er Jahren erfolgreich umgesetzt worden waren, wurden in Deutschland nur an wenigen Stellen praktiziert und hielten auch nur verzögert Einzug in die sozialpädagogischen Debatten der Zeit. Regelmäßige, gezielte Beratungskontakte mit den Eltern und der Versuch, eine Rückführung in den elterlichen Haushalt mit allen Beteiligten zu erarbeiten, stellten seltene Ausnahmen dar. Heimerziehung war überwiegend sozial-integrativ ausgerichtet, wobei man sich nicht davor scheute, diese Integration auch mit Strafen und Verboten durchzusetzen, da die Integration in die Heimgruppe und die Akzeptanz der alltäglichen Erfordernisse (Schulbesuch, Erledigung von Ämtern etc.) als zentrale Parameter dieser Integration erachtet wurden (Hartmann, K. 1997). Insgesamt betrachtet gab es aber in jenen Jahren – anders als es heute durch die vielen aufgedeckten Missstände im Rückblick erscheinen mag – eine große Bandbreite sozialpädagogischer

Einrichtungen: Eher überwiegend streng und repressiv ausgerichtete, aber auch wohlwollend regulierende und begleitende (z. B. in den Internaten, aber auch im Heim (Hartmann, I. 2017 bis hin zu Experimenten mit neuen, progressiven Ideen (siehe z. B. das „Haus auf der Hufe" in Göttingen, gegründet 1965 von Martin Bonhöffer und Herbert Colla oder das „Haus Sommerberg" im Rheinland, gegründet 1962 von Carl Klüwer). Das Spektrum war breiter als man heute gemeinhin glaubt.

Ende der 1960er, Anfang der 70er Jahre entstand mit Blick auf die Heimerziehung eine überwiegend von außen angestoßene Politisierungsbewegung, die vor allem von engagierten Studierenden und Dozent:innen getragen wurde und die repressiven Bedingungen in vielen Heimen anprangerte. Der Film „Bambule" (1970) (Drehbuch von Ulrike Meinhof) und das Buch „Fürsorgeerziehung, Heimterror und Gegenwehr" von Peter Brosch (1971) können im Rückblick als Anstöße gesehen werden, die zu Befreiungsaktionen von Heimjugendlichen in mehreren Städten führten oder später zu den spektakulären Auftritten der Nürnberger „Indianerkommune", z. B. auf dem Jugendhilfetag 1979 (Friedrichs 2017, 18). Eine als „Randgruppenstrategie" bezeichnete politische Konzeption sah gerade in den marginalisierten und entrechteten Bevölkerungskreisen, die in Obdachlosensiedlungen, Notunterkünften, psychiatrischen Anstalten oder eben Heimen lebten, das größte Potential für eine revolutionäre Bewegung. Die Aktionsgemeinschaft Sozialpolitischer Arbeitskreise (AG Spak), ein Netzwerk von über hundert Initiativgruppen, die mit solchen Klient:innen arbeiteten (auch wenn sie sie nicht als solche bezeichneten), organisierte in jenen Jahren deutschlandweit Tagungen zu Veränderungsmöglichkeiten von prekären Lebensbedingungen, aber auch der Gesellschaft als ganzer.

In einer solchen bereits „aufgewärmten" Aufbruchsstimmung fand die Vorbereitung und der Start des Projektes von Gerd Schäfer statt, wobei die Atmosphäre in Tübingen und Umgebung überwiegend fachspezifisch d. h. von pädagogisch-therapeutischen Themen geprägt war und weniger von politisch-kämpferischen.

8.2 Projektkonzeption, Ziele und Finanzierung

Die Projektidee wurde an der Universität geboren, nachdem *Andreas Flitner* ein finanziell gut ausgestattetes DFG-Projekt mit dem Schwerpunkt „Soziales Lernen" genehmigt bekommen hatte. Gerd Schäfer schrieb damals den Entwurf für „*sein*" Projekt, das zunächst auf eine Erweiterung des klassischen Unterrichts an den sogenannten „*Sonderschulen für Lernbehinderte*" bzw. „*Verhaltensgestörte*" zielte (Schäfer 1983, 13 ff.). Etwa drei Jahre lang sollte eine solche Schule und die dort beschäftigten Lehrer:innen darin unterstützt werden, die damals aktuellen Schlagworte „*partnerschaftlich*", „*auf Augenhöhe*" und „*gemeinsames Lernen auf der Grundlage eigener Interesse und selbst entdeckter Themen*" konkret umzusetzen. Eine konkrete erste Insel dafür sollten die freien Arbeitsgemeinschaften in einer solchen Schule darstellen: Jenseits des Klassenverbandes, in kleineren Gruppen, sollten attraktive Sachthemen wie das Anlegen eines Gartens, Bogenschießen oder der Bau eines Bogens, Kochen, der Bau eines Radios und anderer einfacher elektrische Apparate etc. unter der Leitung einer jeweils kundigen Lehrkraft den Schulalltag bereichern und zugleich handwerkliche Fähigkeiten wie Wissen wie Kooperation und Teamgeist fördern. Daneben entwickelte Schäfer die Idee mit sogenannten *Spielgruppen* den Bereich der Phantasie und des freien Rollenspiels für die Kinder zu erschließen, um ihnen die Möglichkeit zu geben, innere Themen in der Außenwelt zu inszenieren, sich aber bezogen auf diese abzustimmen, um ihnen damit jenseits des Individuellen auch einen sozialen Anschluss und gegenseitige Bereicherungen zu ermöglichen. Damit stand aber nun der Raum Schule in Gefahr zu viele Konturen zu verlieren, weswegen man die *Spielgruppen* am Nachmittag, d.h. die Zeit der Kinder in der Heimgruppe verorten wollte. Von beiden Gruppenangeboten an den beiden unterschiedlichen Orten erwartete man sich Impulse für eine Veränderung der Gesamtatmosphäre der Einrichtung, die in Richtung *therapeutisches Milieu* gehen sollte, d.h. eine sorgfältig gestaltete Umwelt, deren Teilbereiche (Schule und Wohngruppe) aufeinander abgestimmt sein sollten, mit dem Anspruch Wachstum und/oder Heilungsprozesse von entwicklungsverzögerten oder gar entwicklungsgestörten Kindern zu fördern (ebd., 16f.).

Wie man die Arbeitsgruppen und die Spielgruppen konkret aufbauen und führen sollte und wie die Rückwirkungen auf den übrigen Alltag, den Unterricht, aber auch das Essen oder Zusammensein mit den Erzieher:innen sein würden, war genau das Neuland, das man mit diesem Projekt betreten und erforschen wollte.

Als theoretische Orientierungspunkte im neuen, noch unübersichtlichen Gelände standen zwei Quellen zu Verfügung: Zum einen, was psychoanalytisch orientierte Pädagogen wie *August Aichhorn, Hans Zulliger, Siegfried Bernfeld, Fritz Redl* u.a. an Arbeitsformen bereits entwickelt hatten (Zulliger 1967, 1969, 1973, Bernfeld 1973, Redl 1971). Zum anderen was liberale Psychologen, allen voran das Ehepaar Tausch und Tausch, an Ideen von partnerschaftlichem Umgang von Pädagogen mit Kindern skizziert hatten (Tausch/Tausch 1965). Dass beide Quellen Brauchbares, aber eben doch noch zu wenig an verlässlicher Orientierung zu bieten hatten, wurde erst im Nachhinein deutlich. Schäfer hat sein gesamtes weiteres Forschen und Schreiben in den Dienst des Ausbaus und der Erweiterung dieser Quellen gestellt (Schäfer 1989, 1995, 2000, 2003, 2019).

8.3 Der Projektverlauf und seine zentralen Faktoren und Dynamiken

In dem einen Jahr lassen sich vier Projektphasen unterscheiden:

Projektphase 1: Zunächst nahm der zukünftige Projektleiter mit unterschiedlichen Heimeinrichtungen, die über eine Heim-interne Beschulung verfügten,

Kontakt auf und stellte dort seine Projektideen vor (Schäfer 1983, 21 ff.). Dabei wurde er von einigen ihm bekannten Lehrer:innen unterstützt, mit denen er die sonderpädagogische Ausbildung durchlaufen hatte bzw. die er noch vor seinem Abschluss kennengelernt hatte, die aber ihrerseits bereits den Schuldienst angetreten hatten. So war es kein Zufall, dass er auf einen Einrichtungsleiter stieß, dem die Ideen einleuchteten und der sein Interesse an einer Zusammenarbeit signalisierte, auch weil einige „seiner" Lehrer:innen den Projektleiter kannten und für diesen und sein Projekt geworben hatten. Er schien dem Projektleiter, damals schon oder in der Rückschau, das bleibt offen, *„bemüht, ein positives und progressives Bild von seinem Heim zu zeichnen, in welchem die Gedanken des Projekts auf fruchtbaren und bereits vorbereiteten Boden fallen konnten"* (ebd., 12). Voraussehbare Schwierigkeiten bei der Umsetzung wurden dagegen kaum thematisiert, wobei das den Projektleiter ebenso betrifft wie den Heimleiter. Man war offensichtlich auf beiden Seiten froh, einen interessanten und aufgeschlossenen Partner gefunden zu haben, von dem man sich etwas, wenn auch etwas Unterschiedliches, erwartete und prüfte den Anderen deswegen nicht auf Herz und Nieren. Warum denn auch sofort; das konnte ja noch später erfolgen…

„Die vorläufigen Pläne wurden den Lehrkräften und Erziehern vorgestellt." (ebd., 14). Sie waren zwar vorstrukturiert, aber an vielen Stellen noch offen und verhandelbar bzw. ergänzungsbedürftig. Allerdings wurde die Diskussion über die Ideen kaum genutzt: *„Stattdessen wurden die Gespräche mehr grundsätzlich als pragmatisch und sachbezogen geführt."* (ebd.). Dann kam es zu einer Abstimmung. Diese war notwendig, weil der Heimleiter vorher die einstimmige positive Entscheidung für das Projekt zur Bedingung seiner Realisierung gemacht hatte. Sie fiel, beinahe unerwartet, auch einstimmig aus. *„Es blieb ein Staunen über die unerwartete Leichtigkeit, mit der diese Entscheidung zustande gekommen war"*, schreibt Schäfer. Er schreibt sich zu, ein Warnsignal übersehen zu haben: Das Schweigen der Erzieher:innen trotz ihrer abschließenden Zustimmung. *„Dieses Schweigen wurde nie wirklich gebrochen und sollte eines der schwierigsten Probleme im Verlauf der gesamten Projektarbeit werden."* (ebd., 15). Aber das konnte man damals noch nicht wissen. Immerhin war eine Übereinkunft erzielt worden. Mit dem neuen Schuljahr im September sollte auch das Projekt starten:

„Nach den Sommerferien wurden die Vorhaben […] nochmals detaillierter dem Heim und seinen Mitarbeiterinnen vorgestellt, insbesondere die Pläne für die sozialpädagogische-therapeutische Gruppenarbeit. In der Diskussion wurde vor allem der Begriff der partnerschaftlichen Leitung dieser Gruppen angegriffen. Ein unglücklich gewähltes Beispiel im vorgelegten Diskussionspapier (offensichtlich des Projektleiters, M. S.) *erweckte bei den Erzieherinnen die Befürchtung, dass durch die Arbeit in diesen Gruppen vornehmlich aggressive Wünsche in den Kindern wiederbelebt, ausgelebt und toleriert werden sollten. Auch diese Diskussion war wesentlich durch die Argumente der skeptischen Lehrer getragen. Die Interessen der Erzieherinnen gingen unter."* (ebd., 18).

> „Vom Heimleiter jedoch wurde das Projekt mit großem Entgegenkommen gefördert. Er stellte reichlich finanzielle Mittel für die Gruppenarbeit in Aussicht und ließ dem Projektleiter freie Hand in der Auswahl einiger zusätzlicher Mitarbeiter, die vom Heim angestellt werden sollten." (ebd.).

Auf der einen Seite ist dieses Engagement bemerkenswert, weil es dem Mann offensichtlich gelingt, zusätzliche Gelder verfügbar zu machen und damit das Projekt noch besser auszustatten als es bereits geschehen war. Auf der anderen Seite kündigt sich hier bereits eine gewissen Überdehnung an: Die Neueinstellungen beinahe ganz dem Projektleiter zu überlassen zeugt von Vertrauen, stellt aber auch eine Gefahr dar – damit kommen neue Menschen in die Einrichtung, die mit dem Projekt und dem Projektleiter verbunden sind, aber nicht mit der Arbeit im Heim und den dort seit Jahren praktisch tätigen Mitarbeiter:innen. Dass diese Neuen misstrauisch beäugt werden würden, wäre zu erwarten gewesen. Ebenso, dass sie sich nicht ohne weiteres in die bestehenden Strukturen einfügen würden; nicht unbedingt wegen eigener abweichender Ideen, sondern aus schierer Unkenntnis über den dort herrschenden Geist.

Projektphase 2 zeichnet sich durch allerlei Komplikationen aus, die vorher so nicht abzusehen waren: Und zwar auf Seiten des Heimes, ebenso wie auf Seiten der universitären Unterstützer (ebd., 19). Diese regten eine umfassende Testung der Kinder an, um einerseits deren aktuellen Status bezogen auf Intelligenz, Entwicklung und Themen ihrer Innenwelt einschätzen zu können, um damit eine Basis zu objektivieren, auf deren Grundlage nach drei Jahren Projektlaufzeit vielleicht auch schon erste Veränderungen sichtbar gemacht werden könnten. Die Testung durchzuführen erwies sich jedoch als aufwändig und störend. Sowohl die davon betroffenen Kinder, aber auch die notgedrungen mit involvierten Erzieher:innen, reagierten darauf eher mit Besorgnissen und Ängsten: „Mehrere Kinder weigerten sich die Tests mitzumachen." (ebd., 20). Ausgerechnet so etwas Formales wie Testverfahren stellte für die Kinder die erste, konkrete Begegnung mit dem Projekt dar, dem sie auf diesem Weg wenig abgewinnen konnten. In der Einrichtung stand im September zunächst die Vorbereitung auf das regelmäßig im Oktober stattfindende Jahresfest im Vordergrund, zu dem wie jedes Jahr auch Eltern, Jugendämter und Förderer eingeladen wurden und bei dem die Kinder mit Aufführungen ihren Teil zur Gestaltung beitrugen.

So konnten die ersten AGs und Spielgruppen erst Ende Oktober, Anfang November beginnen, die Spielgruppen erst Ende November (ebd.). Schon vor Weihnachten, also nach sechs bzw. drei Wochen Laufzeit, wurden bereits die ersten Bedenken der Erzieher:innen deutlich:

> „Diese wurden dem Projektleiter von einem Mitglied des Lehrerkollegium, das das Vertrauen der Erzieherinnen besaß, vorgetragen. Die Kluft, die sich auftat, schien bereits erschreckend tief." (ebd., 21).

Darauf führte der Projektleiter eine Reihe von Gesprächen mit einzelnen Erzieherinnen. *„Die sachlich-freundliche Atmosphäre, in der diese Unterredungen stattfanden, schien zu signalisieren, dass der Graben denn doch nicht so tief war, wie die Schilderungen der Vertrauensperson befürchten ließen. Die sachlichen Einwände wurden durch diese Gespräche allerdings bestätigt. Man warf dem Projekt vor, dass seine Mitarbeiter die bisher im Heim geltenden Grenzen missachten würden. Verbote, die bestanden und allseits anerkannt wurden, würden nicht mehr eingehalten. Unsicherheit bei den Kindern sei die Folge. Zudem würden die Erzieher in eine Aufpasserfunktion hineingedrängt, die sie nicht einnehmen wollten, nur weil die Lehrkräfte und Spielgruppenleiter nicht bereit waren, gewisse Ordnungsfunktionen […] zu übernehmen."* (ebd.).

„In einer gemeinsamen Diskussion, Mitte Dezember 1970, legten die Erzieher ein Papier mit sieben Thesen vor, in welchem eine einheitliche Ausrichtung im Erziehungsstil des Heimes, die Einhaltung bestimmter […] Grenzen, intensive Zusammenarbeit und mehr Information gefordert wurden." (ebd., 22). In einer darauf angesetzten Sitzung wurden sie, unter anderem vom Projektleiter, gedrängt, das Papier näher zu erläutern. Das verweigerten sie mit dem Hinweis alles Wichtige doch dort schon „gesagt" zu haben. In meinen Augen eine wichtige Szene, die das Kommunikationsangebot, das die Erzieher:innen schriftlich unterbreitet hatten, zurückweist und sie zum Sprechen zwingen möchte – einem Terrain, auf dem sie sich offensichtlich unwohl fühlen, während die schriftliche Grundlage ihnen ein Gefühl von Sicherheit verleiht, auch weil es die Anderen zum Antworten zwingt.

„Inzwischen war auch eine Supervisionsgruppe für die Erzieherinnen angelaufen. Von ihr erhofften sich alle Beteiligten eine Erleichterung der angespannten Situation. Allein das Interesse daran versiegte bereits nach wenigen Sitzungen und so musste sie wieder abgesagt werden." (ebd., 23).

Kein Wunder könnte man als externer Beobachter denken: die Erzieher:innen haben keine praktische Funktion in dem Projekt. Sie waren weder an den AGs in der Schule noch an den Spielgruppen am Nachmittag beteiligt. Demnach nahmen sie auch nicht an den Supervisionen für diese Spezialisten teil. Ihnen eine Supervision anzubieten, könnte in diesem Zusammenhang als eine Art von Anschuldigung empfunden worden sein: „Auch wenn ihr selbst zum Projekt wenig beitragt, müssen wir Euch auch einbeziehen, weil ihr die verbleibende Zeit mit den Kindern anders nutzen müsstet als ihr das bisher tut.". Aber das Angebot scheint keinem eigenen Wunsch zu entsprechen; außerdem ist Supervision eine Lernform, in die man hineinfinden muss, in die man sozialisiert werden muss, um sie angemessen nutzen zu können. Ich nehme an, dass viele Erzieher:innen im Rahmen der anberaumten Supervision das erste Mal in Kontakt mit dieser Reflexionsform kamen und noch kein Bild davon besaßen, wie diese zu nutzen sei.

Projektphase 3 könnte man vom Ergebnis her gesehen überschreiben mit „*der Umschlag in Apathie*". Dem geht allerdings eine wechselhafte Geschichte voraus: „*Trotz einer gewissen Konsolidierung der Arbeit, nahmen die Vorwürfe gegen das Projekt auch von Seiten der Erzieher und einiger Lehrer bald weiter zu. Unter diesem Vorzeichen wurde wiederum eine gemeinsame Konferenz aller Mitarbeiter Ende Februar 1971 zusammengerufen, in der Hoffnung, die gegensätzlichen Standpunkte einander annähern zu können.*" (ebd., 24). Bei dieser Sitzung verhielt sich der Projektleiter bezogen auf eigene Lösungsideen eher abstinent und versuchte die Problemlösung „*immer wieder an die gesamte Diskussionsrunde zurückzugeben.*" (ebd., 25). Kritisch schreibt er über sein damaliges Vorgehen:

> „*Er (der Projektleiter, M.S.) verstand damals nicht die Unsicherheit, die aus den Problemen, Anwürfen und Fragen sprach. Er blieb eingeklemmt zwischen dem Anspruch der Erzieher, dass er schließlich genau wissen müsse, wohin die Reise geht und seiner eigenen Hoffnung zusammen mit interessierten Leuten fragend und probierend etwas zu entwickeln. Angesichts der ständig angespannten Arbeitssituation im Heim ist es eine hohe Forderung an Erzieher und Lehrer, wenn man von ihnen eine Suchen nach Antworten auf Fragen erwartet, die sie selbst gar nicht gestellt haben und die in dieser Schärfe und Brisanz auch noch gar nicht aufgetaucht waren. […] Freilich ist es oft auch der bequemere Weg, lieber in Arbeit zu versinken, als sich Distanz zu verschaffen und zu fragen, was wofür gut sein könnte.*" (ebd., 25).

Die Kritik am eigenen Vorgehen wird an dieser und vielen anderen Stellen ganz deutlich formuliert. Der Projektleiter schont sich bei der Reflexion des Scheiterns bezogen auf eigene Anteile in keiner Weise (siehe z. B. ebd., 142 bzw. 186). Und dennoch – und das scheint mir wichtig für eine solche Analyse – sieht er auch die Beiträge der Anderen bzw. wie sich Misslichkeiten und Fehler von verschiedenen Seiten miteinander verbinden und erst gemeinsam zu dem führen, was man *Scheitern* nennen muss. Immerhin hat der Projektleiter während oder nach der Konferenz etwas Entscheidendes erkannt: Es geht um Vertrauensbildung und das Ernstnehmen der Arbeit der Erzieher:innen auch jenseits des Projekts. So beschloss er,

> „*die Heimgruppen zu besuchen, doch nicht wie bisher, um dort Gespräche zu führen, sondern von jeweils zwei Tage lang von morgens bis abends mitzuarbeiten. Er wollte sich den gleichen Schwierigkeiten aussetzen wie die Erzieher, wollte mit ihnen Gelingen wie Misslingen der Arbeit teilen. Die Besuche wurden von ihnen auch als sehr entlastend empfunden und begrüßt. Die Beziehungen zwischen den besuchten Erziehern und dem Projektleiter wurden dadurch auf eine realistischere Ebene gestellt. Widerstände gegen die Person des von außen eindringenden Wissenschaftlers wurden so ein Stück weit abgebaut. Es stellte sich heraus, dass man ihn […] als unerbittliche, wissenschaftliche*

kontrolliertes Gewissen empfunden hatte, in einer Praxis, von der jeder der Beteiligten genau wusste, dass sie unzureichend war." (ebd., 26).

"Es blieb jedoch nicht nur bei verbesserten Einzelbeziehungen. Auf dem Frühlingsfest des Heimes konnten beim geselligen Miteinander viele der persönlichen Aversionen zwischen Lehrern und Erziehern, zwischen Projekt und Mitarbeitern abgebaut werden. Beide Seiten waren danach bereiter, sich als Personen zu respektieren. Vorschläge nach gemeinsamen Unternehmungen fanden auf einmal Gegenliebe, während sie früher oft uninteressiert abgelehnt worden waren. Jedoch kam keine der damals vorgeschlagenen Unternehmungen zur Verwirklichung. Und beinahe noch gravierender: Nach Ostern verstummte alle sachliche Kritik. Die Besuche des Projektleiters in den Gruppen setzten sich fort und fanden auch überall entgegenkommende Aufnahme; eine fast immer lockere Atmosphäre zwischen den Kindern und den Erziehern schien diese zu bestätigen. Doch schwelten dahinter immer noch Schwierigkeiten verdeckt weiter." (ebd., 27). *"Nicht nur die Kritik war verstummt, es unterblieben auch konstruktive Vorschläge zur Weiterarbeit. Alles in allem verstärkte sich ein Gefühl wachsender Apathie. [...] Diese schien direkt mit der Verbesserung der persönlichen Beziehungen zusammenzuhängen. Um die einmal gewonnene Basis gegenseitiger Verständigung nicht zu gefährden, verzichtete man darauf strittige Themen ans Tageslicht zu heben, und vergab so auch die Möglichkeit, neue Vorschläge in die Wege zu leiten."* (ebd.).

Dieser ruhige, zu ruhige Zustand hielt bis zum Ende des Schuljahres an (ebd., 28).

Projektphase 4: „Das Ende" (ebd.): In einer Planungssitzung im Sommer 1971, die den Fortgang des Projekts im neuen Schuljahr thematisieren sollte, bestätigte sich, *"dass die Apathie der letzten Wochen nur dazu diente, die immer noch bestehenden Meinungsunterschied zu verschleiern. Es waren im Wesentlichen drei."* (ebd., 29)

- große Unterschiede in den pädagogischen Ansichten von Lehrer:innen und Heim-Mitarbeiter:innen;
- Anfangsfehler in der Umsetzung konnten nicht wiedergutgemacht werden und werden immer noch als Hindernisse und Vorwürfe erlebt;
- eine sinnvolle Weiterarbeit hätte eine längere Phase gezielter Diskussionen und Einigungen verlangt, welche angesichts der täglichen Belastungen von Lehrern und Erziehern niemand wirklich leisten wollte.

In der Abschlussdiskussion richtete sich der Hauptvorwurf der Erzieher *"wie schon früher, gegen den ihrer Meinung in der Schule und im Projekt freiheitlich praktizierten Erziehungsstil, der die Kinder überfordere und die Arbeit auf den Heimgruppen untergrabe."* (ebd., 30). Schäfer resümiert: *"Die Ergebnisse dieser*

Diskussion bestätigten im Nachhinein nochmals den Abbruch des Projekts." (ebd., 31). So endet es kaum ein Jahr nach seinem Beginn.

8.4 Schäfers Modell der Fünf-Dimensionen-Analyse des Scheiterns

Gerd Schäfer legt (gemeinsam mit der von Barth erarbeiteten, s. Kap. 13.4) die komplexeste und tiefgründigste Analyse einer *Misslingensdynamik* vor, die bisher im Bereich der Sozialpädagogik erarbeitet wurde, indem er fünf Beobachtungs- und Reflexions-Dimensionen zunächst getrennt ausbuchstabiert und gleichzeitig miteinander verbindet (siehe dazu auch das Schaubild zu Beginn von Kap. 13.5).

8.4.1 Planungsfehler zu Beginn

In dieser Dimension geht es um Projekt-Entwicklung als einem Handwerk oder einer Technik, für die folgende Fragestellungen zentral sind:

> *Wer muss was mit wem in welcher Zeit klären, verabreden und vorbereiten, damit ein geplantes Projekt eine Chance erhält, erfolgreich durchgeführt bzw. etabliert zu werden?*

Wobei der Begriff *„Technik"* durchaus einschließt, dass es um komplexe Ein- und Abstimmungsprozesse zwischen handelnden Individuen mit unterschiedlichen Interessen geht, die im Mittelpunkt jedes Projektmanagements stehen: Projektleiter:innen oder Projekt-Teams können Projekte besser oder schlechter *„kommunikativ einstilen"*, d. h. während der Planungsphase mehr oder weniger Betroffene beteiligen und ins Boot holen, mehr oder weniger Verantwortungsbereiche vorab klären und festlegen, Projektgegenstände und -ziele mehr oder weniger genau definieren etc. (vgl. zu planungstheoretischen Gesichtspunkten auch Kap. 13.2). Schäfer selbst spricht für sein Projekt nicht von Fehlern, sondern von *„kritischen Punkten"* (ebd., 31).

Zu viele Teilprojekte, deren Inhalte noch zu unklar waren und deswegen Unsicherheit erzeugten, sollten auf einmal angegangen werden. Das trifft sowohl auf den *„partnerschaftlichen Unterricht"* zu – die Arbeitsgemeinschaften in der Schule und die sozialpädagogischen Spielgruppen im Freizeitbereich des Heimes. Insgesamt ging es um nicht weniger als die Umgestaltung einer klassisch arbeitsteiligen Einrichtung mit Normalisierungsansprüchen in ein sozialpädagogisches Milieu, in dem psychoanalytisch orientierte Grundhaltungen für alle Mitarbeiter:innen zentral sein sollten (ebd.).

"Das Projekt war vor allem vom Projektleiter vorweggeplant worden [...] im geistigen Klima eines Universitätsinstitutes [...], ohne dass die davon Betroffenen an dieser Planung mitgewirkt haben." (ebd., 31). *"Die Vorbereitung des Heimes auf das Projekt lief hauptsächlich über den Kontakt Projektleiter – Heimleiter."* (ebd.). Lehrer:innen und Erzieher:innen wurden zwar informiert, konnten oder wollten sich aber nicht weiter beteiligen. Ein wesentlicher Grund dafür: *"Der Respekt vor wissenschaftlicher Planung war zu groß, die Kluft zwischen wissenschaftlicher Theorie und eigner Praxis wurde als zu tief und als erschreckend empfunden."* (ebd.).

Noch dazu entwickelte sich eine Spaltung: Der Projektleiter – selbst Lehrer und Sonderpädagoge – wurde von mehreren Lehrer:innen der Heim-eigenen Schule durchaus als ein interessantes Gegenüber wahrgenommen, mit dem man gerne zusammenarbeiten wollte und sich etwas Förderliches für die eigene Arbeit versprach. Nicht aber von den Erzieher:innen und einem anderen Teil der Lehrerschaft. Diese standen dem Projekt von Anfang an skeptisch gegenüber und fokussierten vor allem auf die damit verbundenen Störungen der halbwegs sicher etablierten Routinen (ebd., 32). Gleichzeitig tauchten mit Projektstart studentische Lehramts-Praktikant:innen auf, die spezifische Aufgaben übernehmen sollten: als Tester der Kinder und als Spielgruppenanleiter; sie wurden von der skeptischen Gruppe als Fremdkörper und Eindringlinge erlebt (ebd.).

Im Nachhinein kann man es klar erkennen: Das war alles zu viel und die aufeinandertreffenden Personen aus unterschiedlichen Milieus einander zu fremd. Hätte man die oben aufgelisteten handwerklichen Fehler vermeiden können? Ja und Nein. Ja, wenn man an einen halbwegs erfahrenen Projektleiter denkt, der bereits zwei, drei solcher Praxisforschungsprojekt durchgeführt hat. Nein, wenn man den konkret agierenden Projektleiter betrachtet, gerade 32 Jahre, hoch engagiert, ergriffen von wissenschaftlichen Fragen, der aber über eben genau diese Erfahrungen noch nicht verfügte – und zudem von dem Heimleiter darin bekräftigt wurde, in der gefundenen Einrichtung einen schon gut vorbereiteten Standort für das Projekt gefunden zu haben (hier geht es ihm ähnlich wie Wilker, als er in den Lindenhof eintritt). Schäfer wählt für die Folgen der unzureichenden Projektplanung mit Blick auf die beteiligten Subjekte den Begriff der *"Entpersönlichung"*. Damit sind für ihn sechs Aspekte verbunden:

- *"Das Projekt wurde fern von den betroffenen Mitarbeitern und erst recht fern von [...] den Kindern geplant."* (ebd.). *"Damit wurde allen Betroffenen zugemutet sich an der Beantwortung von Fragen zu beteiligen, die sie nicht selbst gestellt hatten."* (ebd., 32).
- *"Heimleiter und Projektleiter waren diejenigen, die am weitesten entfernt von der praktischen Arbeit standen."* Dieser Abstand führte dazu, dass man sich auf einer vagen theoretischen Grundlange verständigen konnte, ohne auch die damit verbundenen Praxisprobleme bei der Realisierung ins Auge zu fassen.

- Die Erzieherinnen fühlten sich eher als „*Opfer des Projekts*" (ebd., 33), die es über sich ergehen lassen mussten und wenig Chancen darin sahen, es selbst auch nutzen zu können. Freilich hatten sie ihm einstimmig zugestimmt und so auch selbst ihr anfängliches Fremdheitsgefühl entweder nicht ernstgenommen oder zurückgestellt, um dem Heimleiter einen Gefallen zu tun.
- Das wechselseitige Fremdheitserleben in den beiden opponierenden Gruppen führte dazu, dass man vor allem die eigenen Einstellungen und Bedürfnisse wahrnahm, aber die der anderen Gruppe zunehmend ausblendete.
- All das erschwerte die beiden Leiter – den Heimleiter und den Projektleiter – als vielschichtige und wie auch immer reichhaltige Personen wahrzunehmen; sie wurden von den opponierenden Gruppen auf „*Feindbilder*" (ebd.) reduziert.
- Indem die Leiter mehr und mehr für ihre jeweilige Gruppe sprachen, entfernten sie sich aber auch von ihrer eigenen, inneren Vielschichtigkeit und verloren dabei zugleich den Kontakt zu sich (untereinander und mit sich selbst).

Wie man an dieser Auflistung sehen kann, verbindet Schäfer mit dem Begriff „*Entpersönlichung*" zwei Gedanken: Zum einen Erschwernisse in Bezug auf das Ernst- und Persönlich-Nehmen des Projekts und fortschreitende Entpersönlichung in der gegenseitigen Wahrnehmung andererseits (später werden wir sehen, dass sich die *Subjekte* in mancher Hinsicht auch selbst verloren gehen (8.4.3).

Eigentlich könnte die Analyse an dieser Stelle beendet werden. Es wurde deutlich, dass handwerkliche Fehler bei der Planung des Projekts zu ungünstigen Startbedingungen führten, die eine Opposition von zwei Gruppen hervorbrachte. So fehlte zumindest für eine Gruppe der persönliche Zugang zum Projekt, in dessen Startphase man sich wechselseitig immer weniger persönlich wahrnehmen und verständigen konnte. Damit scheint bereits alles Wesentliche zum Scheitern gesagt – zumindest, wenn man es auf der Ebene von Hypothesen belassen möchte. Das Besondere der Schäfer'schen Analyse ist nun, dass er diesen Prozess mit einem „*ethnographischen Blick*" betrachtet, um daraus „*dichte Beschreibungen*" (Geertz 2003) für verschiedene Prozessphasen und Knotenpunkte zu gewinnen. Der erste Schritt dazu: Die großen Linien des Scheiterns werden aus den empirisch beobachteten Kommunikationen rekonstruiert, die Hypothesen damit wissenschaftlich belegt.

8.4.2 Das Misslingen der Kommunikation

Ein wesentlicher Aspekt des Scheiterns besteht im Misslingen der Kommunikationen:

a) Diese kommen gar nicht erst zustande, weil mehrere Teilnehmer:innen schweigen, sich nicht trauen zu reden, unklar sprechen, sich damit auch passiv aggressiv verweigern. Für das über weite Strecken dominierende Schweigen

führt Schäfer sowohl quantitative wie qualitative Belege an (Schäfer 1983, 40 ff.).
b) Weil einige Projekt-Teilnehmer:innen meinen, für die Stillen sprechen zu müssen, sie damit aber eher schwächen als stärken. Schäfer weist in seinen Beobachtungen drei unterschiedliche Rollen aus: *„Steigbügelhalter", „Sprachrohr" und„ Dolmetscher"*, die alle drei gut gemeint sein mögen, aber den Prozess des ins Gespräch-Kommens eher weiter behindern (ebd., 55 ff.).
c) Weil andere, wie z. B. der Heimleiter, in unguter Weise über andere sprechen (z. B. über seine Mitarbeiterinnen), und zwar im Sinne von Idealisierungen. Die klingen zunächst gut, belasten den Idealisierten aber auch mit Ansprüchen und legen ihn auf eine bestimmtes Bild fest, in welchem er sich nur in verzerrter Form wiedererkennen kann (ebd., 70 ff.).
d) Weil das Kommunikationsangebot, das bisher schweigende Mitarbeiter:innen verfassen in dieser Form nicht anerkannt wird und durch Fragen wieder auf die mündliche Ebene gebracht werden soll (diese Beobachtung stammt von mir, M. S.).
e) Weil einige emotionale Botschaften eine generalisierte Sympathie und Zugewandtheit erwarten und als Voraussetzung von Kommunikation begreifen (ebd., 77 f.).
f) Weil Einige allgemein sprechen oder konkretistisch, aber nicht angemessen sachbezogen.
g) Weil einige vorwurfsvoll und anklagend sprechen und andere in eine Kommunikation der Verteidigung geraten (ebd., 83 f.).
h) Weil einige über Formalia und Organisatorisches sprechen wollen und nicht über unklare oder strittige Inhalte (ebd., 88 f.).

Für jedes dieser misslungenen Kommunikationen a–h liefert Schäfer überzeugende Passagen aus den Tonbandmitschnitten und den Protokollen der gemeinsamen Sitzungen. Die kommunikationstheoretisch erwartbaren Konsequenzen sind: Nicht-Verstehen, Nicht-Austausch, Nicht-Einigung, Reden über Abwesende, Selbststilisierung als Opfer, Dämonisierung von Anderen.

8.4.3 Verlust von Subjekt-Bezügen

Auf verschiedene, die *Subjekte* betreffende Dynamiken sind wir schon eingegangen (so z. B. auf die Dialektik von Idealisierung, die zu einer Schwächung des *Subjekts* führt, weil es sich in der Idealisierung nicht wirklich erkannt fühlt und sich mit dieser eben auch nicht identifizieren kann, ohne damit wichtige, andere Aspekte der eigenen Person aus den Augen zu verlieren und erneut auszubuchstabieren (ebd., 105 ff.). Ganz neu werden von Schäfer drei Themen entwickelt, von denen zwei unmittelbar zusammenhängen: Das betrifft erstens die *„Überdehnung* *des Subjekts durch Preisgabe von wichtigen Strukturelementen"* (ebd.; 80 ff.) und zweitens *„die Angst vor dem Chaos, die sich vor allem als Angst vor dem Zerfall des eigenen Ich"* herausstellt (ebd., 88 ff.).

Beide Themen verteilen sich auf verschiedene Gruppen im Projekt: Die Lehrer:innen, aber auch die in das Projekt aufgenommenen (noch) Studierenden neigen dazu, im Kontakt mit den Kindern die Übersicht zu verlieren, und zwar sowohl mit Blick auf außen wie nach innen. Aus dem Wunsch heraus, so partnerschaftlich wie möglich zu handeln, und der Hoffnung, durch Abstinenz von Grenzen-Setzen schon therapeutisch zu wirken, achten Mitglieder dieser Gruppe zu wenig auf Warnsignale, die in Richtung Entgrenzung gehen. Sowohl eigenes Unbehagen wie auch Anfänge von Überdrehung der Gruppe werden ausgeblendet, man hofft darauf, dass die Steuerung schon irgendwie von alleine entsteht. Bis das Chaos ausgebrochen ist und man entweder das Steuer herumreißen und doch noch rigide werden muss, oder zumindest klar und deutlich; oder bis man von der Energiewelle der Gruppe überwältigt wird und mehr oder weniger hilflos deren Agieren und deren Zerstörungen zuschaut. Was natürlich von den mitbeobachtenden Erzieher:innen als Schwäche erlebt und dem Projekt als Fehler angelastet wird.

Komplementär dazu bleiben die Erzieher:innen bei ihrer Angst vor dem Chaos, das Schäfer zunächst als Angst vor dem Auseinanderfallen des eigenen Ich begreift (ebd.). Die These ist, wenn ich mich gut genug auf mein Ich und seine Stärken verlassen kann, bleibe ich auch bei aufkommendem Chaos noch Steuermann – oder Frau bzw. Mann genug, um hilfreiche Impulse geben zu können. Nur wenn ich Angst habe, dass mich der Impuls zur Flucht oder zur Gewalt überwältigen kann, muss ich fürchten, dass die turbulente Situationen auch automatisch eskaliert. Und muss dem präventiv begegnen, indem ich bereits die Anfänge ersticke. Auch wenn Schäfer diese beiden Themen nicht direkt aufeinander bezieht, wird doch deutlich, dass sie die beiden Seiten einer Medaille darstellen: Beides ist ungünstig; beides operiert mit ‚entweder – oder'-Mustern bzw. Bewertungen; entweder keine Steuerung oder starke präventiven Kontrollen; entweder freiheitlich oder repressiv – statt mit kleinschrittigem Sowohl-als-auch bzw. Mehr-oder-weniger zu arbeiten. Und das Ungute: beide Kreisläufe verstärken sich gegenseitig. Aus den Beobachtungen, der in ihren Augen zu repressiven Erzieher:innen beziehen diejenigen, die einen neuen Umgang suchen, ihre Bereitschaft zum Wagnis; und aus den Beobachtungen des Scheiterns dieser Versuche, schließen die Erzieher:innen auf die Richtigkeit ihrer Position und verstärken sie vielleicht sogar.

Eine andere *„Überdehnung des Ichs und seiner Grenzen"* sieht Schäfer rückblickend im *„grandiosen Anspruch des Projekts"* (ebd., 100) (siehe dazu auch, was später als *narzisstisches Projekt* beschrieben wird in Kapitel 12.5). Er schreibt:

„Es waren 150 Menschen in die Projektarbeit einbezogen oder von ihr tangiert. Der größte Teil der Erwachsenen hatte mit dem Stamm der Kinder in der früheren Arbeit eine Tradition des Zusammenlebens im Heim entwickelt. Nun kam eine Handvoll Leute mit der Absicht, diese Tradition zu verändern. Schon daraus war zu ersehen, dass beträchtliche Unruhe zu erwarten war." (ebd., 102).

„Es scheint, bei der Vorbereitung des Projekts, eine ausgesprochene soziale Blindheit geherrscht zu haben in die Bedingungszusammenhänge der Heimwirklichkeit, in einer für den Wissenschaftsbetrieb nicht untypischen Weise. Das perfektionistische Streben mach einer formalen Veränderungsstruktur, die möglichst alle Teile des Lebensortes umfasst, das Bedürfnis nach exakter Erfolgskontrolle (siehe die Testung, M.S.) und die eben erwähnte soziale Blindheit, dürfen wohl als die treibenden Kräfte gelten, die diese Grenzen der Realität und damit auch die der Subjekte zu sprengen in der Lage waren." (ebd., 104).

Wieder eine Passage, die mit einer scharfen Selbstkritik einhergeht, um dann aber in der für Schäfer typischen Dialektik auch in eine Fragen an alle zu münden, die eben nicht nur Opfer dieser Dynamik waren, sondern auch gute Gründe hatten, sie mitzumachen oder sie nicht zu verhindern:

„Am Ende dieser Überlegungen taucht die Frage auf, ob dieses expansive Streben erst die Grenzen der überbeanspruchten Subjekte gefährdet und ins Wanken bringt, oder ob dieses Streben nicht dazu dient, bereits vorhandene Schwächen zu überdecken. Mit anderen Worten: ob nicht der grandiose Anspruch des Projektleiters (an sich, das Projekt und die Mitarbeitenden) eben auch mit einer die eigenen Grenzen ausblendende Grandiosität der Mitarbeiter:innen einhergeht und ohne eine solche gar nicht möglich wäre?" (ebd., 102).

8.4.4 Verlust von Objekt-Bezügen

In dieser Dimension des *Misslingens* steht wiederum die Sprache im Mittelpunkt: Denn es ist die Kommunikation, mit der wir uns gegenseitig unsere Erfahrungen mit konkreten Weltkontakten, beim Projekt Kontakte mit den Kindern und Kolleg:innen und der mehr oder weniger gelungenen Aufgabe diesen etwas zu vermitteln, mitteilen und gemeinsam planen wie wir mit den Widrigkeiten und Potentialen der Realität umgehen wollen. Wobei wir freilich das, was wir Realität nennen, nicht voraussetzen können, weil jeder diese ein Stück weit anders erlebt. Insofern stellen gemeinsame Definitionen, was denn *Sache ist* oder Thema werden soll, bereits einen komplexen Annäherungsprozess voraus. Genau da hapert es aber (ebd., 136 bis 198). Schäfer führt an Beispielen aus den Tonbändern und Protokollen vor, wie die Rede über Erlebtes und die daraus resultierenden Aufgaben misslingen kann, indem diese Rede:

- unklar und verworren bleibt (ebd., 138 f.);
- auf der Ebene von Andeutungen bzw. Anspielungen stecken bleibt (ebd., 140 f.);
- konkretistisch werden kann, d.h. sich im Klein-Klein von Einzelheiten und langatmigen Schilderungen von Einzel- und Sonderfällen verlieren kann, die das zugrundeliegende Thema gleichsam durch Fülle ersticken (ebd., 142);
- pseudo-konkret werden kann (Schäfer spricht hier von *konkreter Allgemeinheit*, ebd., 140 f.), d. h. zwar sachlich verfasst ist, aber ohne dass die relevanten Themen in dieser Rede deutlich werden würden; eher wird an Ersatzthemen gearbeitet oder finden Verschiebungen statt (siehe z.B. das Sprechen des Heimleiters ebd., 151 f., oder des Projektleiters, ebd., 142);
- allgemein werden kann in einem Ausmaß, dass die konkreten Fragen darin verschwinden (wie z. B. bei Zeitproblemen) (ebd., 146 und 170 und 178);
- so grundsätzlich werden kann, dass unweigerlich Lager und Polarisierungen entstehen müssen, ohne dass diese Grundsätzlichkeit von der Sache her zwingend gewesen wäre (ebd., 150 und 196);
- formalistisch werden kann, sowohl als Rede wie auch was das Thema betrifft, wenn es nur noch um Regelungen und Organisatorisches geht, in der Hoffnung, dass die strittigen Themen sich dadurch erledigen lassen (ebd.).
- Ergänzen möchte ich eine weitere Entfremdung von Realitätsgehalten: Diese findet immer dann statt, wenn das Reden vor allem der Selbstdarstellung dient bzw. narzisstische Bedürfnisse befriedigen soll (siehe bezogen auf den Heimleiter ebd., 162) oder auftrumpfend daher kommt, was durchaus auch als *„wissenschaftlicher Anspruch"* getarnt sein kann (so der Projektleiter selbstkritisch zu einem eigenen Beitrag ebd., 184). Die Beiträge mögen im Einzelnen durchaus sachlich dienlich sein, aber beinhalten das Problem, dass man als Zuhörer:in entweder den Gestus, in dem sie vorgetragen sind, und das Unangenehme, das damit verbunden ist, ausblenden muss oder genau an diesem Gestus hängenbleibt, und sich nicht mehr weiter mit dem Inhalt beschäftigt.

Alle diese kommunikativen Manöver (vielleicht mit Ausnahme des letzten Spiegelstriches), mit denen eine Phänomenologie des „*leeren Sprechens*" (Lacan 1954/1975) skizziert ist, resultieren – so Schäfer – aus einer Abwehr von *heißen* Themen (Schäfer 1983, 172). Sie führen dazu, dass man in Bezug auf die noch offenen und kontroversen Fragestellungen – hier im Bereich eines *pädagogischen Projekts* – nicht weiterkommt, weil dringend notwendige Klärungen unterbleiben.

8.4.5 Unvermeidbare Labilisierungen im Zusammenhang mit sozialem Lernen und Projektarbeit

Zu den bisher dargestellten Gründen für das Scheitern wird von Schäfer noch eine weitere, in der Literatur damals wie heute vernachlässigte, Quelle von

„*(Ver-)Störungen*" aufgedeckt. Was aus dieser strömt sind verschiedene Formen der *Labilisierung*, die von den Beteiligten als leise, aber stetige Formen der Verunsicherung, Bedrohung oder Gefährdung der eigenen (Berufs-)Identität erlebt werden. Mit einem Vergleich aus der Musik, könnte man das Rieseln oder Rauschen dieser Quelle als *Basso continuo* bezeichnen, das zu dem ohnehin schon polyphonen Konzert von Stimmen noch hinzutritt bzw. dieses grundiert. Genauer betrachtet, handelt es sich um fünf Formen, die sich vermischen und überlagern können:

A) Das Nicht-Gelingen von Kommunikation, das Nicht-Zustande-Kommen von Beziehungen und das Scheitern von Bildungsbewegungen trotz gutem Einsatz ereignen sich in der alltäglichen Praxis des Lehrers und Erziehers immer wieder und stellen damit eine Grunderfahrung des Berufes dar, die einen immer wieder an der eigenen Person und den Möglichkeiten der Profession zweifeln lässt (Schäfer 1984, 198 und 224, vgl. Schwabe 2020 und dieses Buch die Einleitung zu B, die dritte Grenze der Projektentwicklung und Kapitel 15.2).

B) Schon die Arbeit mit einem entwicklungsgestörten Kind kann und muss den Erwachsenen, der sich auf es einlässt, persönlich berühren. Berühren, aber eben immer wieder auch herausfordern, verwirren, verunsichern, auch weil von diesem Kind und seinem Agieren Schichten im eigenen Selbst angesprochen werden, die die eigene Kindheit betreffen und somit Phasen und Zustände einer noch ungesicherten Existenz (Schäfer 1984, 225).

C) Diese auch für Therapeuten im Eins-zu-Eins-Kontakt relevante *Labilisierung* wird in der Klasse und erst recht in der Wohngruppe im Heim, in der acht, zehn oder zwölf Kinder (wie damals im Projekt) zusammen leben, multipliziert und potenziert. Man kann sich gar nicht mehr auf alle Verunsicherungen, die von den Kindern und der Gruppe ausgehen, einlassen. Man muss gleichsam eine gewisse Menge von ihnen ausblenden und abwehren. Freilich sind sie damit nicht weg, sondern wirken sie weiter. Erst die Beschäftigung mit ihnen in einem geschützten Raum kann das *Subjekt* stärken. So aber bleibt es gefährdet und wird zu rigiden Abwehrmechanismen gedrängt (ebd., 228 f.).

D) Dazu kommen die Herausforderungen eines neuen Projektes, das zu der Alltagsarbeit hinzutritt und neue Ansprüche stellt. Sind die Ziele und/oder die Wege zur Zielerreichung unklar und müssen diese erst gefunden werden, fordert das noch mehr heraus, wird aber immer auch verunsichern. Dem kann man sich stellen, in der Hoffnung mit Anderen die Wege zu entdecken oder entziehen, weil man sich nicht noch weitere Verunsicherungen glaubt leisten zu können (ebd., 230).

E) Schließlich ist der Prozess des *sozialen Lernens*, soweit er Kreativität erfordert, einer, der erfordert, sicheres Terrain zu verlassen und Schritte in neue, noch ungesicherte Bereiche zu gehen. Das wird immer auch als bedrohlich erlebt, weil man dafür sowohl innere wie auch äußere Strukturen aufgeben oder zeitweise aussetzen muss, bis sich neue tragende gebildet haben, die dann noch stärker als bisher gemeinsam getragen sein können (von Lehrern und Erzieher:innen, von Kindern und Erwachsenen). *De-Differenzierung* heißt der entsprechende Terminus bei Ehrenzweig, den Schäfer erstmals in die Sozialpädagogik einführt (ebd., 233 und 237, Ehrenzweig 1967/1974). Äußere Strukturen wären im Heim eben auch bisher geltende Regeln und Grenzen gewesen; innere Strukturen loszulassen, hätte bedeutet den Kontrollanspruch beim Arbeiten ein Stück weit aufzugeben und sich selbst wieder mehr experimentierend zu verhalten. Entscheidend ist, dass Schäfer alle diese *Labilisierungen* für unvermeidbar, ja unverzichtbar hält: sie gehören zu der jeweiligen Aufgabe oder Ebenen mit dazu. Die verschiedenen Formen der *Labilisierung* stellen notwendige Passagen dar, wie sie in vielen Ritualen der Ermächtigung und Bildung der sogenannten Naturvölker vorkommen und den Übergang von einer individuellen Reifungsstufe, aber zugleich auch den von einer sozialen Statusgruppe in eine andere, markieren.

So weit die Analyse von Schäfer. Vielleicht lohnt sich jetzt nach dem Durchgang durch die Dimensionen noch einmal ein Blick auf die Übersicht. Mich persönlich hat die Betrachtung des Zusammenspiels der fünf Dimensionen immer wieder neu überrascht und bereichert. Klar wird, dass es nicht eine Dimension ist, die das Scheitern nachvollziehbar machen kann:

Das Scheitern besitzt kein Zentrum, es kommt interaktiv zustande in einem komplexen Netzwerk an Bezügen.

Darauf werden wir im Theorieteil zurückkommen (s. Kap. 13, insbesondere in 13.3, 13.5 und 13.6). Dort werden wir auch die Fruchtbarkeit der Schäfer'schen Analyse anhand der Anwendung auf andere Projektverläufe nachweisen.

8.5 Übersehene und ausgeblendete Gründe für das Scheitern

Die Analyse Schäfers ist so reich an Aspekten wie man sie sich nur wünschen kann. Dennoch gibt es in meinen Augen vier Themen oder Ereignissen, denen er zu wenig Beachtung schenkt:
Das erste betrifft die Abstimmung, die der Heimleiter vor dem Beginn des Projekts durchführen lässt, mit der Bedingung, dass sie *„einstimmig"* ausfallen muss, damit das Projekt stattfinden kann. Eigentlich würde man denken, dass ein solches einstimmiges Votum die beste Absicherung für ein Projekt darstellt,

die es geben kann. Vermutlich wird der Heimleiter so gedacht haben. Aber in dem von Schäfer berichteten Beispiel trifft das nicht zu: Trotz der Einstimmigkeit fehlen anschließend Entschlossenheit und Elan für die Umsetzung. Darüber kann und muss man sich wundern. Offensichtlich trägt der Anspruch nach Einstimmigkeit zu einer Tabuisierung von Zweifeln und Bedenken bei, die sich anschließend rächt. Leider wissen wir zu wenig über die Modalitäten der Abstimmung. Gut möglich, dass sie in einer Art von Vollversammlung öffentlich per Handzeichen stattgefunden hat. Dann könnte man verstehen, warum sie so eindeutig ausfiel: aufgrund des Gruppendrucks, der vorher aufgebaut worden war. Keiner wollte sich als Zweifler oder Saboteur des Projekts outen. So hätten viele trotz mehr oder weniger ungutem Gefühl dafür gestimmt und damit den ersten Verrat an sich selbst begangen. Eine solche öffentliche Abstimmung zuzulassen, wäre allerdings auch ein weiterer handwerklicher Fehler des Projektleiters gewesen. Aus Gründen des Schutzes für sein Projekt hätte er auf eine geheime Abstimmung drängen müssen. Aber auch eine solche kann stattgefunden haben. Freilich verändert dieser Modus die Interpretation. Die Mitarbeiter:innen wären mit einer solchen geschützten Abstimmung, so meine Hypothese, vor allem dem Willen ihres Leiters gefolgt.

Jede:r Mitarbeiter:in wusste, dass sie mit ihrer Stimme das Projekt verhindern kann. Aber keine:r wollte den Heimleiter mit einem negativen Ausgang der Abstimmung enttäuschen, weil deutlich geworden war, dass er sich das Projekt wünscht und seine Einrichtung dafür geeignet hält. Ein negativer Ausgang hätte ihn, aber auch sein Bild von der Einrichtung verletzt. Insofern könnte man von einer *narzisstischen Kollusion* (Jörg Willi) zwischen Einrichtungsleiter und Mitarbeiter:innen sprechen. Diese fühlen sich mit ihm so verbunden und haben ihn so idealisiert, dass eine Enttäuschung seiner Erwartungen auch sie betreffen würde. Eine vollkommene Zustimmung dagegen würde die Vorstellung *einer idealen Gemeinschaft* aufrechterhalten und befördern. Auch hierfür müssen die Mitarbeiter:innen abweichende Stimmen in sich unterdrücken. Sie dürfen sozusagen nur Gemeinschafts-orientiert wahrnehmen, fühlen und handeln. Auch damit würden sie sich als *Subjekte* verloren gehen. Als Lehre aus dieser Episode kann man ziehen, dass formal-demokratische Prozeduren der Zustimmung zu einem Projekt in vielen Fällen ungeeignet sind, um eine zuverlässige Basis für den Willen der Mehrheit in einer Einrichtung zu gewinnen. Organisationskulturelle Bindungen können demokratische Legitimationsprozeduren unterlaufen und obsolet werden lassen (siehe dazu auch Kap. 12 F). Das sollte jede:r Projektentwickler:in wissen.

Eine weitere Ergänzung ist weit spekulativer angelegt und betrifft die Person des Einrichtungsleiters und sein Verhältnis zum Projektleiter. Es gibt mehrere Zitate von ihm, die in diese Richtung weisen. Hier ein Beispiel:

„Eine Beobachtung, die ich bisher nicht zu Ende geführt habe: mir scheinen Schwierigkeiten zu bestehen, die beide vielleicht unterschiedlichen Führungsstile in der Klasse und in den AG's durchziehen. Beobachtung: Pause (gemeint ist die Schulpause, M. S.) [...] Mir scheint die Ordnung innerhalb der Pause im Moment in einer Weise missverstanden zu werden, dass diese notwenige (aber im Moment fehlende, M. S.) Ordnung innerhalb der Pause sich, nach meinen Beobachtungen und Erfahrungen, immer negativ auf den weiteren Unterricht auswirken muss." (ebd., 138).

Selbstverständlich kann und sollte ein Einrichtungsleiter ein Beobachter des Projekts sein, das in seinem Heim durchgeführt wird. Aber anhand seines Sprachduktus und der distanzierten Position, wie von außen, scheint er sich an dieser und anderen Stellen in eine Art von Beobachtungsrolle zu begeben, die man als systematisch und wissenschaftlich angelegt bezeichnen könnte. So kann man denken, dass der Einrichtungsleiter dem Projekt auch deswegen zugestimmt hat, weil er einen Kontakt zu Wissenschaft und Universität sucht, als einem *„andern Ort von Beobachtungen"* gemessen an der eigenen Praxis. Vielleicht erhoffte er sich davon selbst Lehrbeauftragter zu werden oder sich bei der angestrebten Publikation mit eigenen Beiträgen profilieren zu können. Das wären durchaus legitime Interessen, die man mit einem Projekt verbinden darf. Es stellt sich dabei allerdings die Frage, ob er bezogen auf kluge Beobachtungen nicht insgeheim mit dem Projektleiter konkurriert hat oder auch gerne ein Wissenschaftler gewesen wäre, vielleicht auch gerne schreiben würde oder gar an der Hochschule beschäftigt wäre. Damit brächte er den Projektleiter in eine schwierige Position. Nimmt dieser die Konkurrenz gar nicht wahr, steht er folglich so weit darüber, dass es dem mit ihm Konkurrierenden schmerzen muss. Geht er auf die Konkurrenz ein, muss er klar machen, dass er an dem Projekt nur als Wissenschaftler teilnimmt und damit eine exklusive Rolle einnimmt.

Aber auch darüber hinaus stellt sich die Konkurrenzfrage: Der Einrichtungsleiter ist älter als der Projektleiter. Im Heimbereich arbeiten nur Frauen, vermutlich auch mehrere junge, attraktive Frauen. So kann sich der Einrichtungsleiter auf vorbewusster Ebene als „Hahn im Hof" imaginieren, der nicht möchte, dass ein anderer Hahn, ein anderer attraktiver Man in die Rolle eines idealisierten Rivalen kommt. Diesem muss er frühzeitig und auch öffentlich zeigen, dass er auch etwas von Pädagogik und Wissenschaft versteht. In dem Moment, in dem die Stimmung gegen das Projekt umschlägt, verbündet er sich mit „seinen" Erzieherinnen gegen den Projektleiter bzw. wird es insgeheim genieße, wenn jener abgelehnt wird. Insofern könnte man beim Thema *Konkurrenzen* an Ausblendungen denken, die den Projektleiter während der Durchführung betreffen, aber auch den später Analysierenden.

Ein drittes Thema betrifft die Universität als *institutionellen Bezugspunkt bzw. Hintergrund* des Projekts. Die Lehrer:innen, vor allem die jungen, stehen dem *Wissenschaftsbereich* relativ nahe. Sie haben noch vor kurzem die Pädagogische

Hochschule besucht und können die unauflösbaren Spannungen von Wissenschaft und Praxis einschätzen bzw. haben Wissenschaft relativieren gelernt. Der Einrichtungsleiter wird, wenn auch vor längerer Zeit, studiert haben; das wird über die Art und Weise seiner Beiträge deutlich; welches Fach bleibt unklar. Am weitesten entfernt vom akademischen Betrieb befinden sich die Erzieherinnen. Für sie stellt die Universität einen völlig fremden Bereich dar. In diesem Zusammenhang stellt sich die Frage wie der Projektleiter, der Mann von der Uni, von ihnen erlebt wird, und zwar noch bevor er Sachzusammenhänge aufruft oder jenseits derselben. Alle anderen können ihn über eine Art von Überschneidungsbereich, den sie mit ihm teilen, einschätzen. Für die Erzieherinnen spielt dagegen die Frage, was das für ein *Subjekt* ist und ob sie dieses gelten lassen oder gar anerkennen können, eine zentrale Rolle. Insofern ist der Wunsch jenseits von sachbezogenen Kommunikationen erst einmal grundsätzlich wertgeschätzt zu werden, nachvollziehbar (siehe oben). Freilich zeigt er eben auch die – selbst konstruierte – Angewiesenheit dieser Gruppe auf Anerkennung ihrer Person. Die Tonbandmitschriften sind für damalige Wissenschaftsstandards ausreichend gut transkribiert. Bei heutigen Standards würde man dort allerdings auch Dialekt und Hochsprache unterscheiden können. Es könnte sein, dass sich durch solche Mikroanalysen auch auf der Ebene der Sprache ein Unterschied zwischen den Gruppen im Sprechen auftut. Alle Uni-näheren Personen beherrschen Hochdeutsch; je ferner man dieser Welt steht, umso fremder hört sich diese Sprache an und umso eher wird man den schwäbischen Dialekt sprechen. Solche Unterschiede werden im „Schwabenland" sehr genau wahrgenommen und mit Bedeutungen aufgeladen.

Ein anderes Thema betrifft die *Strukturqualität* der Arbeit. In der Heimgruppe leben fünfzehn Kinder, in einer Klasse der Heimschule werden zwölf Kinder unterrichtet, in den sozialpädagogischen AGs (und den Spielgruppen) werden sechs Kinder erreicht. Alleine an dieser Staffelung sieht man, welcher Arbeitsbereich welche Wertigkeit zugeschrieben bekommt. Gruppenpädagogik wird als etwas angesehen, was die am wenigsten spezialisierten Fachkräfte mit den meisten Kindern leisten können. Die nur halb so großen AGs und Spielgruppen werden von den am besten ausgebildeten Personen geleitet. Die Lehrer:innen in den Klassen stehen dazwischen. Es ist klar, dass damit Einschätzungen verbunden sind, die mit dem Wert und der Wichtigkeit der jeweiligen Aufgaben verbunden sind. Wenn man ernsthaft an der Schaffung einer alle Bereiche umfassenden milieu-therapeutischen Ausrichtung interessiert ist, müsste man unbedingt auch an den unterschiedlichen Strukturqualitäten ansetzen. Ansonsten stehen die einen als die privilegierten „Rosinenpicker" da, die nur die Kleingruppenarrangements übernehmen, während die anderen die „Kärnerarbeit" in den unattraktiven Settings leisten (s. a. Kap. 5.6 Gründe fürs Scheitern).

Und ein letzter Gedanke: Aus der eigenen Praxis der Einrichtungsberatung weiß ich, in wie vielen Systemen der Konflikt Schule/Heim relevant ist. Nach meinen Beobachtungen allerdings mit einer umgekehrten Dynamik: Die Lehrer:innen stellen sich als die Vertreter:innen der Leistungs- und Realitätsbezüge dar und verdächtigen die Erzieher:innen sich es in den Gruppen zu leicht zu machen und den unangenehmen Themen Lernen und Hausaufgaben aus dem Weg zu gehen. Die Erzieher:innen erleben die Lehrer:innen dagegen oft als rigide und meinen „ihre" Kinder gegen deren unangemessene Ansprüche verteidigen zu wollen und identifizieren sich mit der Abneigung der Kinder gegenüber Schule. Wie auch immer die Verteilung aussehen mag: zwischen Heim und Schule sind gegenseitige Vorurteile und Spaltungen erwartbar. Insofern könnte es sein, dass Konfliktlinien zwischen Heim und Schule auch in der von Schäfer gefundenen Einrichtung existierten und durch das Projekt lediglich verschärft wurden. Kein Wunder, da die Lehrer:innen mit dem Wissenschaftler einen weiteren Lehrer an ihrer Seite wussten, während die Erzieherinnen diesen beinahe sofort verdächtigten mit den Lehrer:innen zusammen das Ordnungs- und Anforderungsniveau ihrer Arbeit untergraben zu wollen.

Alles in allem ein weiterer Aspekt, der sich unproblematisch in die Systematik von Schäfer einfügen lässt. Grundlegende Ausblendungen oder blinde Flecken bei der Analyse kann ich nicht entdecken.

8.6 Was hat das Scheitern gekostet? Gab es Gewinne trotz Misslingen?

Die Kosten sind schwer zu kalkulieren, weil sie am wenigsten Geld und Güter betreffen, auch wenn die Arbeitszeit, die in die Sitzungen und Supervisionen und die Anstellung der externen Spielgruppenleiter:innen investiert wurden, natürlich auch Kosten verursacht haben. Diese wurden überwiegend aus dem Budget des DFG-Projektes bestritten. Das Geld war sowieso genehmigt und wäre in jedem Fall ausgegeben worden. Ökonomisch am folgenreichsten waren die Konsequenzen für den Projektleiter. Dieser verlor mit dem Projektende seine Finanzierungsgrundlage und musste in den Schuldienst zurückkehren, um seine Lebensgrundlage zu verdienen. Andere Kosten sind eher immaterieller Natur: Sie dürften im Bereich von ungelösten Konflikten, Rückzügen und Blockaden anzusiedeln sein, die sicher weit über die Projektzeit hinaus persistierten. Unter anderem hatten sich Vorurteile gebildet und bestätigt: zwischen Erzieher:innen und Lehrer:innen. Diese dürften noch längere Zeit gewirkt und die Zusammenarbeit erschwert haben. Aber auch zwischen den progressiv nach vorne Gewandten und den Bewahrer:innen, die gute Gründe dafür sahen zu bremsen oder auszusteigen, um die Kinder selbst, wie sie es sahen, und deren Entwicklung zu schützen. Eine Verständigung zwischen diesen Gruppen war wohl eher nachhaltig blockiert. So hat also eine ganze Generation an Pädagog:innen Schaden genommen. In diesem Zusammenhang ist der Titel *„Zerstörungsprozesse im pädagogischen Handeln"*, den man beim ersten Lesen als ein wenig zu plakativ erleben könnte, doch treffend, ja schonungslos, formuliert. Mit Blick auf die 1980er Jahre kann man allerdings sagen: Die Einrichtung hat später eine gute Entwicklung genommen. Das bedeutet, dass sie sich von den Rückschlägen und den negativen Eindrücken erholt haben muss. Vielleicht, aber das ist reine Spekulation, hat die Erinnerung an das Scheitern nicht so sehr im Bewusstsein als im Unbewussten mancher Beteiligten spätere Bemühungen fruchtbarer gemacht? Zwei weitere Gewinne sind beim Scheitern zu verzeichnen:

Gerd Schäfer hebt selbst hervor, dass sich die Mitarbeiter:innen, insbesondere die Erzieher:innen erfolgreich gegen ein Projekt gewehrt haben, das ihnen übergestülpt worden war. Sie haben ihre Berufsidentität gesichert, wenn auch um den Preis von Abwehr (ebd., 8). Der größte Gewinn dürfte aber in dem Prozess liegen, den der Autor selbst durchgemacht hat. Sicher ein schmerzlicher, begleitet von Selbstzweifeln und der erneuten Gefahr an dem Projekt ein zweites Mal zu scheitern, der dann aber zu einer fertigen Dissertation geführt hat. Nicht nur zu einer fertigen, sondern zu einem Meilenstein in der wissenschaftlichen Geschichte der Analyse des Scheiterns von Projekten. An die Seite zu stellen von Bruno Latours Analyse des Scheiterns, eines groß angelegten digitalen Projekts, das den gleichen Titel trägt wie das Buch: Aramis – oder die Liebe zur Technik (Latour 2011). So destruktiv und schmerzlich das Scheitern auch sein mag: Durch seine hingebungsvolle Aufarbeitung wird ein Reichtum geschaffen, der das Scheitern überstrahlt.

8.7 Wie wurde das Scheitern verarbeitet bzw. aufgearbeitet?

Interessanterweise fand sich schon vor Gerd Schäfer jemand, der das Scheitern des Projekts rekonstruieren und analysieren wollte:

> *„Von den Erzieherinnen, die damals beteiligt waren und heute noch [...] tätig sind, war lediglich eine bereit, unsere Arbeit zu unterstützen. Ich kann den Erzieherinnen aber auch nicht böse sein. Schließlich haben wir ja von vornherein damit gerechnet, in ein Näpfchen zu treten und an wunde Stellen zu rühren. Was mich einigermaßen betroffen gemacht hat, ist vielmehr das Unvermögen, das Projekt endlich zu bewältigen. Ich hätte nicht wirklich damit gerechnet, diesbezüglich so viele Emotionen zu wecken. [...] Dies schrieb ein ehemaliger Mitarbeiter des Heimes, der an der Projektarbeit sehr interessiert war, dem Projektleiter zwei Jahre nach Beendigung des Versuchs. Er wollte zu diesem Zeitpunkt die Nachwirkungen des Projekts im Heim in einer Zulassungsarbeit untersuchen."* (Schäfer 1983, 10).

Wir stoßen hier auf eine ähnliche Sprachlosigkeit bzw. Sprachverweigerung wie wir ihr auch in Kapitel 10 anlässlich des Berichtes des Fortbildners begegnen werden. Diesem wurde auf seinen Bericht so wenig geantwortet wie Gerd Schäfer auf sein Buch. Immer wieder begleiten *Verstummen* und *Abbruch der Kommunikation* das Scheitern eines *pädagogischen Projektes*, so dass man sie fast als *konstitutive Merkmale dieses Prozesses* beschreiben könnte. Freilich kann nach dem Ende auch ein Dauerstreit ausbrechen, der nie wirklich beendet wird, wie wir es in Kapitel 9 erleben werden.

9. Die Geschlossene Unterbringung Feuerbergstraße in Hamburg: Ein Projekt gerät zwischen politische Fronten und kämpft mit pädagogischen Herausforderungen (2002–2004)

Was bewegt Politik, insbesondere kommunalpolitische Parteien, auf die Gründung und/oder Beendigung eines sozialpädagogischen Projekts Einfluss zu nehmen? Wie weit machen sich die Entscheider:innen in den Parteien dabei von Stimmungen in der Bevölkerung und von Wahlen abhängig? Wie gut gelingt die Kooperation zwischen Politiker:innnen und den sozialpädagogischen Fachleuten, die ein politisch gewolltes Projekts umsetzen sollen? Lassen sich politische Forderungen einerseits und fachlich-sozialpädagogische Gesichtspunkte andererseits synchronisieren? Auch und gerade, wenn es sich um ein fachlich umstrittenes Projekt handelt? Oder erweisen sich diese verschiedenen Orientierungen als inkompatibel und bleiben die pädagogischen Fachkräfte, die das Projekt umsetzen sollen, einer fremden Macht unterworfen und müssen anschließend auslöffeln, was die Politik ihnen eingebrockt hat? Mit welchen pädagogischen Aufgaben und Problemen bekommt man es in einer neu gegründeten Einrichtung mit einem geschlossenen Setting zu tun? Wie reagieren regierende Partei einerseits und Opposition andererseits auf Fehler und Schwächen, die im Anfangsstadium eines Projekts entweder als normal oder als Planungsfehler eingeschätzt werden können? Welche Rolle spielt die Presse bei der Skandalisierung von Fehlern und wem dient sie damit? Und was trägt sonst noch zur Polarisierung angesichts eines umstrittenen Projekts in einem Sozialraum wie Hamburg bei?

Alle diese Fragen stellen sich, wenn man die Geschichte der Geschlossenen Unterbringung Feuerbergstraße (GUF) betrachtet. Im September 2002 von einer neu gewählten Regierung beschlossen und schon im Januar 2003 an den Start gegangen, durchlief das Projekt zahlreiche Schwierigkeiten bis es sich nach gut drei Jahren halbwegs stabilisieren konnte, ohne jedoch Vollbelegung zu erreichen und breite Kreise überzeugen zu können. Zwei Jahre später, nach den nächsten Wahlen, wurde das Projekt auf Wunsch eines wichtigen Partners bei den Koalitionsverhandlungen eingestellt.

Politisch gewollter Start und politisch gewolltes Ende. Beides Mal mit Blick auf Wähler:innen, nur jeweils andere; und dazwischen jede Menge Pleiten, Pech und Pannen in der Arbeit vor Ort, aus denen rasch, aber vielleicht nicht rasch genug gelernt wurde. Ein gefundenes Fressen für die Presse. Ein parlamentarischer

Untersuchungsausschuss wurde eingerichtet, der zahlreiche Vorwürfe und Verdächtigungen entkräften konnte, einige jedoch auch bestätigen musste – folgerichtig rollten Köpfe auf den ministeriellen Etagen.

Und die geschlossen untergebrachten Jugendlichen, überwiegend Mehrfachtäter ausschließlich männlichen Geschlechts mit langen Listen krimineller Straftaten? Für einen Teil stellte die GUF eine feindliche, gegen sie gerichtete Maßnahme dar, gegen die sie sich mit allen Kräften, auch mit Gewalt und Suizid(androhungen) wehrten. Andere passten sich dort für kurze Zeit an, um später weiter zu agieren wie zuvor. Für noch einmal Andere war die Zeit in der Geschlossenen Unterbringung mit erstaunlichen emotionalen und sozialen Stabilisierungen, regelmäßigem Schulbesuch und dem Beginn einer Ausbildung verbunden. Schatten und Licht also und jede Menge Grautöne. All das stellt bereits eine Bilanz dar, die in dem, damals wie heute, polarisierten Feld nicht unwidersprochen bleiben dürfte. Ebenso unklar und strittig ist, ob man vom *„Scheitern der GUF"* sprechen kann oder sollte. Oder lediglich von deren politisch gewollter Beendigung? Ohne fachlich zwingende Gründe. Mehrere Gruppen werden auf dem Scheitern bestehen, während die damalige Mehrheitspartei und mit ihr der Projekt-Träger (siehe unten) es anders sehen.

Über die Arbeit in der GUF liegen vier Berichte vor. Jeder von ihnen aus einer anderen Warte geschrieben und von anderen Interessen geleitet:

A) Der Bericht der Mehrheit des Parlamentarischen Untersuchungsausschusses (PUA), dem die das Projekt mitbegründende Partei vorstand. Er stammt von 2005.
B) Angehängt an diesen sind die Voten der beiden Oppositionsparteien, die aus den gleichen Sachstands-Ermittlungen und Zeugenbefragungen andere Schlüsse zogen.
C) Der Bericht einer Aufsichtskommission, welche die GUF zwischen 2005 und 2007 mehrfach besucht hatte und 2007 einen eigenen Bericht über ihre Eindrücke verfasst hat.
D) Der Bericht des städtischen Trägers, des LEB = Landesbetrieb für Erziehung und Bildung (Träger z. B. auch des Kinder- und Jugendnotdienstes etc.), der 2008 verfasst wurde, während die Koalitionsparteien bereits dabei waren sich auf die Schließung der Einrichtung zu verständigen; die der Träger hinnehmen musste, aber nicht gewollt hat.

Die Berichte unterscheiden sich in ihrem jeweiligen Fazit, aber auch hinsichtlich ihrer Ziele und der Art und Weise ihrer Datenerhebung und -auswertung. Das ist, abgesehen von einigen Glättungen und wissenschaftlich unseriösen Berechnungen, die der LEB-Bericht vornimmt, s. Kap. 9.3.4), erwartbar und in Ordnung. Denn damit gewinnen wir unterschiedliche Blicke auf ein- und dasselbe Projekt, die Verdienste und Mängel aus der Perspektive jeweils anderer Akteure und verschiedener Professionen reflektieren (was bei Bernfeld und dem Kinderheim Baumgarten bzw. Wilker und dem Lindenhof erst nachträglich realisiert wurde, s. Kap. 6 und 5). Was man sich für die Analyse jedes Projektes, insbesondere von *gescheiterten Projekten*, wünscht, hat für die GUF stattgefunden – wenn auch nicht im Rahmen eines abgestimmten Vorgehens oder gemeinsamer Reflexionen, sondern im Verlauf von Meinungsverschiedenheiten in der Wahrnehmung und Beurteilung von möglichem Fehlverhalten bzw. möglichen Belegen für Erfolge. Zugleich wird damit deutlich wie interessegeleitet Wahrnehmungen und Schlussfolgerungen sind und bleiben, Habermas lässt grüßen (Habermas „Erkenntnis und Interesse", 1974). Das Thema wird uns in Kapitel 13 vor allem im Unterkapitel 13.1 weiter beschäftigen.

9.1 Einordnung von GU/FeM in das System der Jugendhilfe und mögliche Alternativen

In 9.1.1 erkläre ich, was *Freiheitsentziehende Maßnahmen* sind und wie das Setting in solchen Einrichtungen aussieht. In 9.1.2 stelle ich Alternativen zur Geschlossenen Unterbringung vor, auch um die Leser:in abschätzen zu lassen, wie weit diese tragfähig sind.

9.1.1 Das Setting

Als „*Geschlossene Unterbringung*" wird eine *sozialpädagogische Intervention* bezeichnet, mit der Kinder bzw. Jugendliche (in der Regel zwischen 12 und 16 Jahren), die sich selbst oder Andere über längere Zeit massiv gefährden, gegen ihren Willen in einer Wohngruppe untergebracht werden. Ziel der Maßnahme ist es, ihnen im Rahmen einer Übergangsbetreuung Entwicklungsanstöße zu geben und sie nach ein bis zwei Jahren (in geschlossenen Clearingstellen nach drei bis sechs Monaten) in offene Settings weiterzuvermitteln. Die Kinder/Jugendlichen werden durch den geschlossenen Rahmen daran gehindert wegzulaufen. Zuvor hatten sich viele von ihnen wiederholt den für sie beschlossenen Erziehungsversuchen entzogen, weil sie diese als unzumutbare Eingriffe in ihr Leben erlebt haben und hatten sich an Orten aufgehalten, die Andere als gefährdend, sie selbst aber für sich als attraktiv verbucht hatten. Gewährleistet wird ihr Verbleib in der GU durch verschließbare Türen, ausstiegsgesicherte Fenster (bis in die 1970er Jahre vergittert), Zäune und kontrollierte Ein- und Ausgangsbereiche. Im Grunde kann (und möchte) man das Entweichen aber nur erschweren, nicht aber verhindern. Auch deswegen nicht, weil die Kinder und Jugendlichen innerhalb von wenigen Wochen wieder Ausgangsmöglichkeiten erhalten sollen, bei denen sie ohnehin weglaufen können.

Seit mehr als zehn Jahren wird der Terminus Geschlossene Unterbringung (GU) in Fachkreisen vermieden. Stattdessen hat sich in der Jugendhilfe die offizielle Bezeichnung aus dem Gesetzbuch *„Freiheitsentziehende Maßnahmen"* eingebürgert *(§ 1661b BGB)*. Da alle Berichte, die in diesem Kapitel zitiert und analysiert werden, von GU und GUF sprechen, behalten wir diesen „alten" Namen hier aber bei. Geschlossene Unterbringung von Kindern und Jugendlichen im Rahmen der Jugendhilfe wird bereits seit Anfang des letzten Jahrhunderts praktiziert, besitzt aber weit ältere historische Wurzeln (Peukert 1986). Häufig vollzog sich die Erziehung in solchen Einrichtungen in einer repressiven Atmosphäre kombiniert mit einem Sanktionen-Regime (Essensentzug, Karzer, Ecke stehen etc.) und heimlichen, auch damals schon verbotenen Übergriffen oder legitimierten Körperstrafen auf Seiten des pädagogischen Personals, weshalb die Öffnung von geschlossenen Heime schon seit über 100 Jahren eine Forderung sich als fortschrittlich verstehender Sozialpädagog:innen darstellt (vergleiche das Kapitel 5 über Wilker in diesem Buch oder das Theaterstück und den Film *„Revolte im Erziehungshaus"* aus den 1920er Jahren, in dessen Zentrum der Struveshof bei Berlin steht).

Kaum eine Debatte wurde und wird in der deutschen Jugendhilfe über so viele Jahre so kontrovers geführt wie die über den Sinn bzw. Unsinn von Geschlossener Unterbringung (vgl. IGfH 2003). Dabei betrifft das inzwischen lediglich circa 250 von insgesamt etwa 80.000 stationären Wohngruppen-Plätzen (vgl. Hoops/Permien 2006, 123, Statistisches Bundesamt 2017). Dennoch wird dieser kleinen Zahl ein hoher symbolischer Wert zugesprochen: Es geht um die Grundsatzfrage, ob die Jugendhilfe die Realisierung von systematisch angelegtem, institutionalisiertem Zwang für längere Zeit (sechs Monate bis zwei Jahre, selten länger) übernehmen oder verweigern soll. Strittig ist, ob es sich dabei um eine *„Hilfe"* handelt oder um einen *Verrat an grundlegenden Werten Sozialer Arbeit* wie Freiwilligkeit, Beziehungs-, Ressourcen- und Aushandlungsorientierung. Denn originär ist FeM keine Hilfeform aus dem Spektrum des SGB VIII (§§ 27–35a). Von den, sich als liberal und progressiv verstehenden Reformator:innen des Jugendwohlfahrtsgesetzes (JWG), das 1992 vom KJHG (Kinder- und Jugendhilfe-Gesetz = SGB VIII) abgelöst wurde, wurde GU bewusst nicht in dieses aufgenommen, durchaus in der Hoffnung, dass sich diese Interventionsform von alleine erledigen würde. Trotzdem existierten Geschlossene Einrichtungen, wenn auch in deutlich verminderter Zahl, auf der Grundlage anderer Gesetze weiter – und wurden im Rahmen der Gesetzgebung immer wieder, bis heute, mit differenzierten Verfahren (vgl. FamFG VII §§ 415–432) und juristischen Präzisierungen ausgestattet.

Die Einrichtung einer GU bzw. FeM für ein konkretes Kind/einen konkreten Jugendlichen bedarf eines Verfahrens nach § 1631b BGB in Kombination mit dem Gesetz über das Verfahren in Familiensachen (FamFG). Eltern oder gesetzliche Vormünder beantragen diese Intervention gemeinsam mit dem Jugendamt beim Familiengericht, das diese genehmigen oder ablehnen kann. Wenn den

Eltern die Personensorge aberkannt und ein Vormund eingesetzt wurde, kann dieser das auch ohne oder gegen deren Willen tun. Im Zentrum der richterlichen und gutachterlichen Prüfung geht es um die Frage, ob „Selbst- und Fremdgefährdung" akut vorliegen und ob es andere Mittel gibt diese einzudämmen; oder ob dafür ein geschlossener Rahmen mit hoher Kontrollintensität „notwendig" ist. Zur Entscheidungsfindung wird regelmäßig sowohl das Kind/der Jugendliche von der Familienrichterin befragt, ein Verfahrenspfleger bestellt und ein Gutachten eingeholt, das von einem Kinder- und Jugendpsychiater:in bzw. einer Psycholog:in oder einer anderen, mit der Zielgruppe vertrauen Fachkraft verfasst wird.

Einrichtungen, die Geschlossene Unterbringung praktizieren, wollen nicht mit Gefängnissen gleichgesetzt werden, sondern sehen sich als sozialpädagogische, in einzelnen Fällen auch pädagogisch-therapeutische Einrichtungen. In ihren Konzepten beschreiben sie demnach beides: einerseits Verbindlichkeiten wie feste Regeln, Ausgang nur begleitet, regelmäßigen Schulbesuch, Time-out bei Kontrollverlust in extra dafür eingerichteten Räumen etc.; aber auch die sozialpädagogische Gestaltung gemeinsamer Alltagsaktivitäten wie Essen, Kochen, Spielen, Basteln und Werken in der Gruppe oder alleine mit dem Bezugserzieher/der Bezugserzieherin, um eine Korrektur bisheriger negativer Beziehungserfahrungen zu ermöglichen; therapeutische Einzelgespräche und/oder andere Therapieformen, Gruppentrainings, z. B. zum Erlernen besserer Impulskontrolle, Familiengespräche, gemeinsame Ausflüge und Ferienfahrten etc. andererseits.

In der Regel beträgt die Phase der ausschließlichen Geschlossenheit einige Wochen bis max. drei Monate. Danach erhalten die Kinder und Jugendlichen die Möglichkeit begleitete und unbegleitete Ausgänge zu unternehmen, deren Dauer sich in der Regel steigert von einer Stunde in der Woche, über einen Nachmittag zweimal in der Woche bis drei Tagen im Rahmen eines Heimfahrtwochenendes. In einigen Einrichtungen werden Zahl und Dauer Ausgänge vom Verhalten des Kindes abhängig gemacht; es muss sich mehr Ausgänge „verdienen"; in anderen gewährt man den Ausgang nach einer gewissen Zeit jedem Kind, auch um zu testen, ob es diesen zum Weglaufen nutzt oder nicht. Den meisten Einrichtungen ist klar, dass sie nur dann eine Chance auf eine Zusammenarbeit mit dem Kind/Jugendlichen haben, wenn diese nach zwei, drei Monaten einen Sinn in dem erzwungenen Aufenthalt für sich sehen können und bleiben wollen, auch wenn sie das nicht offen aussprechen. Auch eine ambivalente, vorläufige Zustimmung zu diesem Ort nach dem Motto „mal schauen wie es ist, abhauen kann ich noch immer", kann einen ersten Schritt auf dem Weg zur Entwicklung eines solchen Arbeitsbündnisses darstellen. Sich im Zeitraum von einem bzw. anderthalb Jahren entwickeln (der richterliche Beschluss wird spätestens alle sechs Monate verlängert oder nicht), wird das Kind/der Jugendlich nur, wenn ein solches zustande gekommen ist. Ansonsten wird es/er/sie immer wieder weglaufen oder seine Zeit in der GU absitzen, um anschließend die selbst- und fremddestruktiven Verhaltensweisen fortzusetzen, die mit Hilfe der GU lediglich unterbrochen wurde.

Anfangs wehren sich viele Kinder und Jugendlichen, buchstäblich mit Händen und Füßen, gegen die Unterbringung in einer geschlossenen Einrichtung. Die tatsächlichen oder befürchteten Folgen des Einschlusses, die Konfrontation mit angeblichem Fehlverhalten durch die Betreuer:innen bzw. die Verunmöglichung der Anwendung von selbstentwickelten Strategien zur Stabilisierung ihres Selbstwerts mit Hilfe von Drogen, Bandenkriminalität etc. verunsichern sie in einem derart hohen Ausmaß, dass sie buchstäblich alles dafür tun, um sich dieser Unterbringung zu entziehen. Reaktanz, d. h. aggressive und auch gewalttätige Gegenwehr gegenüber dem Zwangssystem und die es verkörpernden Betreuer:innen und damit die Wiedererlangung von Kontrolle über ihr eigenes Leben (oder einer Kontroll-Illusion) erscheint vielen folgerichtig und gerechtfertigt (Kähler/Zobrist 2013). Die entscheidende Frage ist, wie die Betreuer:innen damit umgehen und ob es ihnen gelingt, trotz der anfänglichen Feindseligkeit glaubhafte Kontaktangebote zu unterbreiten und/oder an den Interessen der Jugendlichen anzuknüpfen. Das herausfordernde, aggressive und oft auch eruptiv gewalttätige Verhalten stellt jede Pädagog:in und das ganze System immer wieder vor große Herausforderungen. In vielen GU-Einrichtungen wurden deshalb sogenannte Time-Out-Räume eingeführt, in die man Kinder und Jugendliche, die Betreuer:innen oder andere Betreute körperlich attackieren, verbringen kann, bis sie sich beruhigt haben (Schwabe 2006). Gleichzeitig kann dieses institutionelle Mittel im Erleben – gerade der rebellierenden Kinder und Jugendlichen – eine Form der Aufrüstung darstellen, ein weiteres Machtmittel der ohnehin schon überlegenen Erwachsenen, das zu einer weiteren Steigerung von Abwehr und Reaktanz führt. Konflikteskalationen, mehr Gewalt, häufigere Verbringung in den Time-out-Raum, noch mehr Gewalt, sind dann häufig die Folge.

Angesichts der vorher kaum sicher zu prognostizierenden Reaktionen der Kinder und Jugendlichen auf die Verbringung in eine GU ist eine klare Indikation kaum möglich (vgl. den Versuch von Schwabe 2023). Fakt ist, dass die meisten Jugendämter, die solche Kinder und Jugendlichen in einer solchen Einrichtung unterbringen wollen, oft Monate lang nach einem Platz für sie suchen, während sich die Kinder/Jugendlichen in Inobhutnahme-, Jugendschutz- oder Clearingstellen in für sie unproduktiven Warteschleifen aufhalten. Die meisten offenen Einrichtungen lehnen die Aufnahme von Mädchen und Jungen ab, die durch Schulverweigerung, Gewalttaten, Drogenkonsum und sexuelle Übergriffe bzw. Prostitution oder durch totalen sozialen Rückzug, selbstverletzendes oder suizidales Verhalten und Verweigerung von Therapieangeboten aufgefallen sind und bereits aus mehreren Einrichtungen entlassen wurden. Kein Wunder, sind doch mit ihrer Aufnahme in eine Wohngruppe gravierende Risiken, auch im Hinblick auf die anderen dort untergebrachten Kinder/Jugendliche verbunden.

Freilich verhielten sich diese Kinder und Jugendlichen nicht immer so riskant, sondern wurden im Hilfesystem häufig zu schwierigen jungen Menschen gemacht, weil man ihre Nöte und Bedürfnisse nicht erkannt hat und/oder zu wenig auf diese eingegangen ist (Baumann 2019, Schwabe 2021, Groen et al. 2023). In beinahe allen Fällen, in denen eine FeM notwendig erscheint, lassen sich Fehler und Schwächen in der Hilfegeschichte identifizieren, die, häufig gleichermaßen, von Mitarbeiter:innen des Jugendamtes wie der Freien Träger zu verantworten sind (vgl. Hamberger 2008). Nichtsdestotrotz stehen diese Kinder und Jugendlichen zur Betreuung an und können weder den Eltern noch der Straße überlassen werden. FeM-Einrichtungen sind häufig die einzigen, die bereit sind, mit solchen Klient:innen zu arbeiten, und erscheinen alleine deswegen schon als „notwendig". Aber auch sie haben oft lange Wartelisten.

In der Vergangenheit kam es aber in Geschlossenen Unterbringungen – auch und gerade in der Zeit um die Gründung der GUF herum – immer wieder zu Formen von Machtmissbrauch, welche die Heimaufsicht alarmieren musste. Auch inzwischen (Stand 2023) fachlich gut und sehr gut arbeitende Einrichtungen wie das Martinistift Nottuln oder das PTI in Rummelsberg standen in jenen Jahren aufgrund der Häufigkeit der von ihnen ergriffenen Zwangsmaßnahmen oder eindeutig repressiver Vorgehensweisen in bestimmten Phasen in der Kritik und stellten damit „Sorgenkinder" der Heimaufsicht dar; durchaus verbunden mit der Androhung der Rücknahme der Betriebserlaubnis, was zu einer Schließung geführt hätte. Beide und andere Einrichtungen haben fremd- und selbstinitiierte Reformprozesse durchlaufen, die sie heute (2024 zu bundesweit geschätzten Einrichtungen mit langer Warteliste gemacht haben.

9.1.2 Alternativen zur Geschlossenen Unterbringung / Freiheitsentziehenden Maßnahme: Chancen und Grenzen beider Interventionsformen

Auch um das Jahr 2002/2003, das Gründungsjahr der GUF in Hamburg, gab es dort und in anderen Städten bereits Settings, die sich als Alternative zur GU verstanden. Zum einen waren das sogenannte Auslandsmaßnahmen und Reiseprojekte, die den riskant agierenden Jugendlichen anboten, gemeinsam mit einem Betreuer/einer Betreuerin eine Reise zu unternehmen oder im Ausland in einer Farm oder Ranch oder einem Bauernhof unterzukommen und dort mitzuarbeiten (Klawe/Bräuer 1998). Auch längere Segelturns unter der Anleitung von erfahrenen Skippern, die gleichzeitig Pädagog:innen waren, wurden als Alternative verstanden und setzen auf eine Mischung von Arbeit und Freizeit auf hoher See und nahe an Inseln im Kontext einer „Mannschaft" bzw. „Crew", d.h. unter Ermöglichung von positiven Gruppenerfahrungen mit Peers (so auf z.B. der „Outlaw", siehe Bräuer/Klawe 1996, 46 ff und auch DJI 2003 und 2006).

Einen ganz andere Zugangsweise versprach der Ansatz, den Jugendlichen eine eigenes, kleines Zimmer zu Verfügung zu stellen und ihnen einen möglichst großen Freiraum einzuräumen – bei gleichzeitiger niedrigschwelligen Versorgung (vgl. Bodenmüller/Piepel 2003, Schwabe/Stallmann/Vust 2016/2021b; Johannes-Falk-Haus 2018, andere Alternativen bei Hoops/Permien 2006, 52ff.). Die Erfahrung, die zu solchen Settings geführt hat, ist, dass das gefährliche und gefährdende Verhalten langsam aufhört oder weniger wird, wenn man diese Jugendlichen nicht in immer neue Regelkonflikte involviert, sondern die pädagogische Belagerung zurückfährt, ihnen aber gleichzeitig die Möglichkeit gibt freiwillig sogenannte *Anlaufstellen* aufzusuchen, wenn sie Beratung brauchen oder ihr Leben ändern möchten.

Freilich darf man in allen diesen Settings nicht erwarten, dass die Jugendlichen sich von einem Tag auf den anderen sozial konform verhalten. Auf GU-Gruppen wie auf Settings, die bewusst auf Zwang verzichten, kommt zunächst die ganze Wucht aggressiven und selbstdestruktiven Verhaltens der Kinder/Jugendlichen zu. Diese wird im Binnenraum einer geschlossenen Einrichtung von Pädagog:innen aufgefangen, die sich dem destruktiven Potential stellen und es mit Hilfe von Beziehungsangeboten, Zwangsmaßnahmen wie Time-out-Räumen und der Aussicht auf Belohnungen (Ausgang; attraktive Freizeitmöglichkeiten; Heimfahrten etc.) zu kanalisieren versuchen. Die gleiche aggressive Wucht entlädt sich in niedrigschwelligen Settings häufig in den Sozialraum, in dem die Jugendlichen fremde Menschen in ihrer Wohnumgebung bedrohen oder überfallen oder wo es, in den, den Jugendlichen zur Nutzung überlassenen Räumen zu massivem Alkohol- und Drogenkonsum kommt bzw. Konflikte unter den Jugendlichen häufig mit Gewalt ausgetragen werden. Gleichzeitig vermüllen diese Zimmer oft auf unvorstellbare Art und Weise. Hält man dieses Chaos sehenden Auges aus und bleibt mit den Jugendlichen in Kontakt, ebbt das selbst- und fremd-destruktive Verhalten in vielen Fällen nach einer Zeit mehr oder weniger ab (Schwabe/Stallmann/Vust 2016/2021b).

Bis dahin kann freilich viel passieren oder auch die Polizei eingreifen und die Hilfe durch Inhaftierung beenden. Das Problem des Jugendlichen wird zu einem der Justiz oder zum wiederholten Male zu einem der Psychiatrie, was manche Jugendhilfevertreter auch für richtig halten, weil damit die Jugendhilfe *„Hilfe"* bleibt und *nicht zur „Strafe" wird* (vgl. Schröder 2013).

In den letzten 10 Jahren, also erst nach dem Ende der GUF, dürfte sich in Fachkreisen endgültig herumgesprochen haben, dass es für hochriskant agierende Jugendliche keine Hilfeform gibt, die nicht selbst mit Risiken und unerwünschten Nebenwirkungen verbunden ist, die die positiven Potentiale des Settings ruinieren können. Das gilt für FeM und auf Freiraum und Aushalten setzende Angebote gleichermaßen wie für andere Alternativen wie Einzelbetreuungen und Auslandsprojekte oder für Arrangements, die auf Meister-Schüler-Beziehungen setzen (vgl. Müller/Schwabe 2009). Da das Aggressionslevel in einer FeM-Einrichtung ebenfalls beträchtlich groß sein kann und es auch im geschlossenen Rahmen trotz Überwachungskameras und drei Pädagog:innen im Dienst schon zu Vergewaltigungen bzw. schweren Verletzungen gekommen ist (vgl. Menk/Schnorr/Schrapper 2012), kann FeM auch nicht reklamieren, in jedem Fall das sicherste Angebot darzustellen. Auf Eltern und Verantwortliche in Jugendämtern kommt damit – damals wie heute – eine schwere Entscheidung zu: Alle Settings (wie andere vergleichbare auch) weisen gravierende Risiken auf und können mit Blick auf den konkreten Einzelfall seriöser Weise nichts versprechen. Umso dringender stellt sich die Frage, ob eines der Settings mittelfristig größere Erfolge für sich verbuchen kann?

GU- bzw. FeM-Einrichtungen gelingt es häufig, schneller erwünschte Effekte vorzuweisen: Die Jugendlichen gehen schon nach wenigen Tagen wieder in die (interne) Schule; ihr Drogenkonsum wird mit Hilfe der hohen Kontrolldichte deutlich reduziert (dafür wird eventuell mit Psychopharmaka gedealt); ihr Zimmer sieht halbwegs wohnlich aus; sie fangen an, sich im Rahmen von Punkte- und Stufensystemen alte Freiheiten neu zu verdienen und können ggf. schon nach zwei Wochen die Gruppe das erste Mal wieder alleine verlassen. Häufig zeigen sich Eltern sehr erleichtert, wenn solche ersten Veränderungen eingetreten sind und gehen wieder in positiver Weise auf ihre Kinder zu. Wenn alles gut läuft, bewirken solche ersten Effekte bei den Jugendlichen einen positiven Flow, d. h. sie erleben, dass ihnen doch sehr viel mehr gelingt als sie vorher dachten bzw. sie sehr viel weniger auf aggressive bzw. (selbst-)destruktive Strategien und Drogen angewiesen sind, als sie vorher überzeugt waren. Hoops und Permien sprechen hier von einem *„Rolltreppeneffekt"* (vgl. Hoops/Permien 2006).

Dieser positive Anfangseffekt kann durch die Untersuchungen der Universitären Psychiatrischen Kliniken (UPK) Basel inzwischen für die Mehrheit der Jugendlichen in den ersten sieben Monaten als empirisch gesichert gelten (vgl. Jenkel 2018). Die Stärke des geschlossenen Rahmens erweist sich darin, dass die Jugendlichen in seinem Binnenraum viele negative Angewohnheiten wieder aufgeben bzw. erste Erfahrungen mit Anpassungsleistungen machen können, die positive Rückmeldungen seitens ihrer Umwelten (Pädagog:innen; Peers; Eltern) auslösen und durch sie weiter bestärkt werden. Dabei ist freilich oft nicht klar – auch den Jugendlichen nicht –, ob sie sich in erster Linie dem äußeren Druck unterwerfen und das Belohnungs- und Bestrafungssystem bedienen oder ob sie spüren, dass ihnen das veränderte Verhalten auch selbst guttut und ihnen neue Wege eröffnet. Denn solche mittelfristigen Umsteuerungen gelingen keinesfalls allen Jugendlichen. Zehn bis 30 Prozent verweigern sich hartnäckig und werden entlassen oder entweichen so lange, bis die Maßnahme abgebrochen wird (so die von mir mündlich eingesammelten Rückmeldungen von vier Leiter:innen aus dem FeM-Bereich).

Zudem bleiben die beeindruckenden Veränderungen, die durchaus vielen Jugendlichen gelingen, oft an den geschlossenen Rahmen gebunden. Dessen Stärke erweist sich zugleich auch als seine Schwäche: Wenn die Jugendlichen diesen verlassen und in weniger kontrollierte Settings wechseln (in offene Wohngruppen oder zurück in die Familie), fallen sie häufig wieder in alte Verhaltensweisen zurück. Nicht zuletzt geschieht das wohl auch deswegen, weil sie die mittlerweile aufgebauten, Halt vermittelnden Beziehungen zu den Betreuer:innen wieder verlieren, da es bisher keiner FeM-Einrichtung gelungen ist, ein System der personalen Kontinuität über die geschlossene Phase hinaus zu etablieren. Einige Jugendliche entziehen sich nach einer FeM-Unterbringung oder mit Erreichen des 18. Lebensjahres dem Hilfesystem komplett, verschwinden mit unbekannter Adresse und holen all das nach, was sie während ihrer geschlossenen Unterbringung verpasst zu haben glauben (so Berichte von Streetworker:innen aus Hamburg und Berlin mit Blick auf Jugendliche aus Bayern oder Baden-Württemberg, die dort in FeM-Einrichtungen waren und anschließend in diesen Großstädten anlanden). Jugendliche, denen man in offenen, niedrigschwelligen Settings wie im ehemaligen Berliner BoB-Projekt (d. h. *„Bude ohne Betreuung"*, evaluiert von Schwabe/Stallmann/Vust 2016/2021b) oder im Johannes-Falk-Haus (siehe Visitation 11 in Schwabe/Thimm 2018 oder Schwabe 2021a, Kap. 11.2) die immer gleichen Konflikte um Regeln und Fehlverhalten erspart, denen man ein Zimmer und ausreichend Essen zur Verfügung stellt und die man ansonsten in Ruhe lässt, brauchen meist länger, um sich wieder auf Angebote und Strukturen einzulassen. Viele durchleben zunächst eine wilde Phase mit Dauerpartys, Alkoholexzessen und Kiffer-Delirien und können gar nicht fassen, dass sie jetzt all das dürfen (während es nur nicht aktiv verhindert wird), was sie bisher heimlich oder belastet durch Störungen besorgter Erwachsener ohnehin schon getan hatten.

Manche bleiben in dieser Phase stecken und erleben Abstürze bzw. erleiden aufgrund ihres Risikoverhaltens Unfälle und/oder Traumatisierungen, die sie irreversibel gesundheitlich und/oder psychisch schädigen (Birtsch/Kluge/Trede 1992). Aber etliche (mehr weibliche Jugendlichen als männliche, insgesamt gut ein Drittel; vgl. Schwabe/Stallmann/Vust 2016/2021b) empfinden im Erleben des gesicherten Freiraums ab einem bestimmten Moment auch bzw. mehr und mehr Langeweile und Überdruss; nach ca. drei bis acht Monaten fangen sie von alleine – ohne Einredungen von außen – an, sich über ihre Zukunft Gedanken zu machen, und beginnen, über neue Perspektiven für ihr Leben nachzudenken. Einigen gelingt es, diese anzugehen und auch mittelfristig umzusetzen; sie erreichen doch noch Schulabschlüsse, machen eine Ausbildung oder üben zumindest einen Job aus. Andere merken, dass sie den psychischen Anforderungen, die mit regelmäßiger Arbeit und halbwegs prosozialem Verhalten verbunden sind, nicht gewachsen sind bzw. sie geraten immer wieder in Konflikte und stellen Bemühungen wieder ein. Die Langzeitfolgen früherer Traumatisierungen aufgrund von Missbrauch und Misshandlung, von Drogenmissbrauch und chronifizierten psychischen Erkrankungen sind für diese Jugendlichen einfach zu einschneidend, als dass ihnen ein „bürgerliches Leben", auch wenn sie es ersehnen, offenstünde. Eine Stabilisierung auf niedrigem Niveau ist dann immer noch möglich, zumindest wenn sie wohnfähig geworden sind und ihren Drogenkonsum und ihre Aggressivität ein Stück weit herunterfahren konnten (vgl. Schwabe/Stallmann/Vust 2016/2021b, 188 bis 199).

Empirisch valide Zahlen für Fünf-Jahres-Verläufe (während und nach der GU) und Metastudien für halbwegs vergleichbare unterschiedliche Settings liegen derzeit nicht vor und stellen deswegen keine Entscheidungshilfe dar. Positive Langzeiteffekte ließen sich in einzelnen Studien nachweisen (vgl. Permien/Zink 1998, Stadler 2009, Schwabe Stallmann/Vust 2016/2021b für niedrigschwellige Alternativen), teils aber auch nicht (Menk/Schnorr/Schrapper 2012). Zudem hat man es immer mit positiven Stichprobenverzerrungen zu tun, weil sich überwiegend die Jugendlichen von Forscher-:innen befragen lassen, die erreichbar sind. Voraussetzung dafür ist, dass sie über eine Meldeadresse verfügen oder mit der „alten" Einrichtung noch in Kontakt stehen. Das ist aber sehr viel mehr bei denen der Fall, die sich stabilisiert und ein halbwegs geordnetes Leben führen. Die „*Dropouts*", verelendet auf der Straße oder mit ständig wechselnder Adresse bleiben häufig unerreichbar, ihre Erfahrungen und Bilanzierungen mit dem Hilfesystem können nicht erfasst werden.

So weit der Versuch einer ausgewogenen und sachlichen Bilanzierung der Chancen und Risiken von GU/FeM und ihrer Alternativen. Warum die Debatte um sie in Fachkreisen immer noch als Prinzipienstreit mit hoher emotionaler und ideologischer Auflading und feindseliger Lagerbildung geführt wird, stellt ein eigenes Thema dar und sagt vermutlich mehr über die Protagonisten und deren Diskursdynamiken aus als über die Interventionsform selbst (vgl. Schwabe 2019b).

Ein Wort in eigener Sache: Ich bin seit vielen Jahren ein Befürworter von FeM/Geschlossener Unterbringung als einer von mehrerer möglichen Alternativen, wenn sich Kinder und Jugendliche selbst- oder fremddestruktiv verhalten. Ich halte aber auch niedrigschwellige Angebote und anderen Erziehungshilfesettings für diese Zielgruppe für geeignet. GU kann für einige dieser Kinder ein passendes Setting darstellt, nicht für alle; nicht einmal für die Mehrheit. An dem Ziel für diese Zielgruppe herauszufinden, für wen welches Setting passender ist und welches weniger, arbeite und forsche ich seit vielen Jahren. Dieser Hinweis ist mir wichtig, weil ich mich in diesem Kapitel immer wieder kritisch zum Hamburger Konzept und zur Hamburger Umsetzung und deren Verteidiger der GUF äußern werde. Mit einer gut konzeptionierten und gut durchgeführten GU kann ich mich durchaus identifizieren.

9.2 Politische und fachliche Hintergründe der Neueinführung der Geschlossenen Unterbringung in Hamburg

Fachpolitische und parteipolitische Überlegungen, Debatten und Frontbildungen vermischen sich aus zwei Gründen: Zum einen bringen Parteien fachpolitische Themen gelegentlich in den Wahlkampf ein, in der Hoffnung, damit – je nachdem wie man sich zu ihnen positioniert – Stimmen gewinnen zu können.

Eines der zentralen Themen des Wahlkampfes 2001 in Hamburg bestand in der Frage, ob in den letzten zehn Jahren von Seiten der regierenden Parteien, der SPD und der Grünen Alternativen Liste (GAL), genug oder zu wenig zur Verhinderung von *Jugendkriminalität* in Hamburg getan worden sei. Damit standen auch die Jugendhilfe und ihr Umgang mit Kindern und Jugendlichen, die Straftaten begangen hatten, im Fokus. Der Option der Neugründung von GU-Plätzen im Hamburg kam im Wahlkampf 2000/2001 eine bedeutsame Rolle zu, sowohl auf Seiten der Befürworter (CDU) wie der Gegner (SPD und GAL).

Zum anderen werden die Leitungsstellen in den Fach-Ministerien wie Bildung oder Gesundheit oder Jugend/Familie etc. und häufig auch in Behörden oder Einrichtungen wie dem *Landesbetrieb Erziehung und Bildung (LEB)* in Hamburg abhängig vom Parteibuch besetzt. So traten immer wieder Fachfremde oder, zwar professionell einschlägig Sozialisierte, aber beruflich oder bezogene auf Leitungsthemen nicht besonders erfahrene Personen, an die Spitze eines Ressorts und machten dort Vorgaben oder erließen Richtlinien. Damit wollten die Parteien gewährleisten, dass die partei- und fachpolitischen Programmatiken, die im Wahlkampf eine Rolle spielten, zügig und erfolgreich umgesetzt wurden. In der Regel brachten diese leitenden Ministeriellen bzw. Senator:innen dafür einen Stab von Fachleuten mit oder suchten sich diesen unter der Maßgabe aus, dass sie die parteipolitische Programmatik respektierten und engagiert bei der praktischen Umsetzung des jeweiligen Projekts tätig wurden. Andere, die vorher in dem Amt oder der Behörde aktiv waren, wurden dagegen versetzt oder mussten ihren Hut nehmen. Solche personellen Umgruppierungen haben auch 2001 nach der Abwahl der rot-grünen Koalition bzw. der Neugründung der Koalition aus CDU, der Rechtstaatlichen Offensive und der FDP stattgefunden. So wurde z. B. die vorher amtierende Sozialsenatorin Vera Birtsch abgelöst und von der CDU-Kandidatin Birgit Schnieber-Jastram abgelöst und in diesem Zusammenhang zahlreiche Stellen neu besetzt (vgl. TAZ vom 3.9.2021, 3).

9.2.1 Die Parteienlandschaft in Hamburg um 2001

Hamburg war lange Zeit ein SPD-regierter Stadtstaat. Die Partei stellte von 1946 bis 1953 und von 1957 bis 2001 durchgehend den Ersten Bürgermeister in Hamburg; in einigen Wahlperioden sogar mit absoluter Mehrheit. Allerdings immer mit einer starken CDU-Opposition „im Nacken", die ebenfalls nach der Macht drängte. Bei den Wahlen 1997 gelang es den Christdemokraten das Ergebnis ihrer Partei auf 30,7 % zu steigern. Dennoch musste sie in der Opposition verbleiben, weil der SPD-Politiker Ortwin Runde erstmals eine rot-grüne Koalition in Hamburg bildete (https://de.wikipedia.org/wiki/CDU_Hamburg).

Das Zünglein an der Waage – sowohl für die Frage wer regieren wird wie auch ob es zur Einrichtung einer GU-Einrichtung kommen würde – spielten 2001 zwei kleine Parteien. Die GAL (Grüne Alternative Liste) auf der einen (SPD) und die Rechtsstaatliche Alternative (oft auch Schill-Partei) genannt auf der anderen Seite (CDU). Bereits bei der Bürgerschaftswahl im Juni 1982 hatte die GAL 7,7 % errungen und zog erstmals mit neun Abgeordneten in das Landesparlament ein. Es begann die Zeit der sogenannten *„Hamburger Verhältnisse"*, da neben einer Großen Koalition rechnerisch nur noch eine rot-grüne Zusammenarbeit möglich war. Nach Verlusten der SPD und Gewinnen der GAL (nun 13,9 % und 21 Sitze) bei den Bürgerschaftswahlen 1997 kam es zum ersten Mal zu einer rot-grünen Koalition in Hamburg.

Die Wahlen im September 2001 wurden von der rot-grünen Koalition dann allerdings verloren: Während die SPD ihren Stimmenanteil minimal steigern konnte, erlitt die GAL herbe Verluste und rutschte auf 8,6 % bzw. 11 Sitze ab, so dass Rot-Grün seine Mehrheit verlor. Die CDU unter der Führung von Olaf von Beust erreichte zwar nur 26,2 %, während die SPD mit 36,5 % stärkste Fraktion blieb. Mit der überraschend starken Partei Rechtsstaatlicher Offensive (Stimmenanteil 19,4 %) und der FDP (Stimmenanteil 5,1 %) konnte von Beust trotzdem eine Regierung bilden und wurde zum ersten Bürgermeister der Stadt (https://de.wikipedia.org/wiki/Ole_von_Beust).

Wer war 2001 der Wahl-entscheidende Gegenspieler zur GAL? Die „Partei Rechtsstaatliche Offensive", oft kurz „Schill-Partei" genannt, war eine rechtskonservative bzw. rechtspopulistische Kleinpartei in Deutschland, die von 2000 bis 2007 existierte. Gegründet mit Blick auf den nächsten anstehenden Wahlkampf im Juli 2000, war sie von Oktober 2001 bis März 2004 an der Regierung in Hamburg beteiligt und war in dieser Zeit maßgeblich durch das Wirken ihres Gründers und ersten Vorsitzenden Roland Schill geprägt, der während dieser Zeit als Aushängeschild der Partei galt. In ihrem Programm plädierte die Partei Rechtsstaatliche Offensive primär für die ihrer Ansicht nach notwendige Stärkung der inneren Sicherheit. Allgemein sollte dies durch eine konsequente Strafverfolgung und strenge Anwendung der Gesetze erreicht werden, wobei das *Recht der Opfer* eindeutig *Vorrang* vor dem *Recht der Täter* haben sollte. Eine andere Maßnahme stellte für die Partei eine restriktivere Ausländerpolitik dar. Zuwanderung sollte streng kontrolliert werden, Asylmissbrauch stärker als bisher bekämpft werden. In der Wirtschaftspolitik vertrat die Partei dagegen eher liberale Positionen, in der Sozialpolitik wurden soziale Themen betont. So lehnte die Partei Hartz IV ab. (https://de.wikipedia.org/wiki/Partei_Rechtsstaatlicher_Offensive).

Bei den Hamburger Bürgerschaftswahlen am 23. September 2001 wurde die Schill-Partei aus dem Stand mit 19,4 % der Stimmen zur drittstärksten Kraft und zog mit 25 Abgeordneten in die Hamburgische Bürgerschaft ein. Das als sensationell empfundene Ergebnis wurde auf mehrere Ursachen zurückgeführt: auf die Unzufriedenheit vieler Hamburger mit der langjährigen Politik der SPD in der Stadt; auf die langfristig wirkende, grundsätzliche Wechselstimmung, aber durch das von CDU und Rechtsstaatliche Offensive angefachte Schwerpunktthema innere Sicherheit, das einerseits auf die Kriminalitätsangst vieler Bürger:innen setzte und anderseits auf einfache, klare Lösungen bezogen auf deren Eindämmung. Dabei hatte sich Schill, selbst Jurist und Richter am Amtsgericht, einen Ruf als strenger Anwender der Gesetzte in Strafverfahren erarbeitet, der in dem Spitznamen „*Richter Gnadenlos*" seinen Ausdruck fand. Ein Name, der für die einen seine Qualitäten und sein Profil unterstrich, für die anderen seine Gefährlichkeit und Menschenverachtung.

Fazit: Einer starken SPD und einer geschwächten GAL, die zusammen aber immerhin noch auf 45 % der Gesamtstimmen kam, stand eine völlig neue Koalition gegenüber. Nur mit Unterstützung der Rechtstaatlichen Offensive hatte die CDU nach beinahe 40 Jahren Opposition endlich wieder die Möglichkeit regierende Partei zu werden. Dabei strotze die Rechtstaatliche Offensive als Newcomer und Aufsteiger vor Selbstbewusstsein und wollte ihren Wählerinnen zeigen, zu was sie fähig war, was sie zu einem beinahe ebenbürtigen und auf keinen Fall zu verprellenden Partner für die CDU machte. Beide Parteien stellten sich unter den Druck Neues auf die Beine stellen zu müssen, um angesichts der nächsten Wahlen nach vier Jahren mit Erfolgsbilanzen aufwarten zu können. Eines der neuen, der Bürgerschaft bereits versprochenen Projekte war die GU, deren Schicksal im Mittelpunkt dieses Kapitels steht.

Wie ging es nach der ersten gemeinsamen Regierungsphase weiter? Nach dem Auseinanderbrechen der Koalition wegen Konflikten zwischen CDU und Rechtsstaatlicher Offensive, kam es im Februar 2004 zu Neuwahlen, aus denen die CDU als stärkste Kraft hervorging und alleine regieren konnte. Die internen Probleme in der Startphase der GUF und die damit verbundenen Skandalisierungen durch die Presse, hatten der Partei, mit deren Namen das Projekt verbunden wurde, offenbar nicht geschadet. Auf Antrag der Oppositions-Parteien (SPD und GAL) wurde jedoch ein Untersuchungsausschuss (PUA) eingerichtet und eine Aufsichtskommission für die GU-Einrichtung bestellt. Wiederum vier Jahre später bei der nächsten Wahl 2008 hatte die CDU Stimmverluste hinzunehmen und ging, Schwarz-Grün war damals eine kleine Sensation, eine Koalition mit der GAL ein. Diese verlangte – mit Blick auf ihre linksliberalen, zwangskritischen Wähler:innen, aber auch aufgrund der Ergebnisse der PUA (bzw. deren Interpretation) – bei den Koalitionsverhandlungen die Schließung der GUF, quasi als Hochzeitsgeschenk. Darauf ließ sich die CDU ein und ließ ihr einstiges Lieblingskind sang- und klanglos fallen.

9.2.2 Fachliche und fachpolitische Diskussionen in Hamburg

Hamburg hatte seine Geschlossenen Einrichtungen innerhalb von wenigen Jahren zwischen 1981 und 1984 aufgelöst. Im PUA-Bericht, der insgesamt als sehr gut recherchiert gelten kann, heißt es dazu: *"Am 3. März 1981 gab es noch 108 Plätze, im Mädchenheim Feuerbergstraße (48 Plätze), im Jugendheim Wulfsdorf (36 Plätze) und im Jugendheim Osdorf (24 Plätze)."* (PUA 2007, 11).

Auf wessen Initiative die Abschaffung zurückgeht und ob sie eher fachlich oder eher politisch motiviert war oder beides zusammenspielt, konnte ich nicht recherchieren. Interessant sind freilich die Gründe, die im PUA-Bericht mit Hinweis auf eine Quelle angegeben werden. Diese stellt eine Antwort auf die Anfrage eines Parlamentariers dar: Die Gründe für die Abschaffung *„werden in der Kollision der ‚gesicherten Gruppen' mit anderen Zielen der öffentlichen Erziehung gesehen."* (Antwort des Senats auf die Schriftliche Kleine Anfrage des Abgeordneten Klaus-Peter Hesse (CDU) vom 2. September 2003 (Drs. 17/3264). Was ist damit gemeint?

1. *„[D]ie besondere Gruppenfrequenz* (gemeint ist die Gruppengröße von nur 6 Plätzen, M.S.) *und Personalausstattung liefert anderen Trägern der Heimerziehung Argumente für das Abschieben schwieriger Jugendlicher."* (PUA 2007, 11). Mit anderen Worten: weil es geschlossene Gruppen gibt und diese personell weit besser ausgestattet sind, können die offenen Gruppen mit größeren Gruppen und weniger Personal ihre schwierigen Jugendlichen dahin „guten Gewissens" abschieben.

> *Kommentar:* Das verkennt, dass offene Gruppen mit und ohne GU im Hintergrund aufgeben, wenn sie mit einem konkreten Kind/Jugendlichen zu sehr unter Druck geraten. Ob das Kind anschließend in eine andere offene oder eine geschlossene Einrichtung kommt, ist den abschiebenden Kolleg:innen meist egal (Freigang 1996) Zudem gibt es den behaupteten Automatismus nicht: Nach dem Aufgeben einer offenen Gruppe geht die Hilfeplanung zurück an das Jugendamt und hat dieses die Aufgabe eine passendere Lösung zu finden. Diese kann in allen möglichen Angeboten bestehen und muss nicht in eine geschlossene Gruppe führen. Zudem können geschlossene Gruppen nicht verhindern, dass eine offene Gruppe aufgibt.

2. *„[D]ie besondere Gruppenfrequenz und Personalausstattung ermöglicht Außenstehenden Erfolgserwartungen, die letztlich nicht einzulösen sind."* (PUA 2007, 11). Soll heißen: weil man geschlossene Gruppen besonders günstig ausstattet, weniger Jugendliche, mehr Personal, erwecken sie unangemessene Erfolgserwartungen. Heißt aber auch: sie halten nicht, was man sich von ihnen erwartet.

> *Kommentar:* Das könnte sein, aber diesen Erwartungen könnte man entgegentreten und sich auf der Grundlage seriöser Evaluationen mit der Zeit ein realistisches Erwartungsprofil erarbeiten.

3. *„[D]ie Zusammenfassung von Jugendlichen mit ähnlichen Erlebnis- und Handlungsmustern zu besonderen Gruppen potenziert die Schwierigkeiten erzieherischer Arbeit in diesen Gruppen"* (ebd.). Hier kommen praktische Erfahrungen mit der massiven Reaktanz der Jugendlichen als Antwort auf die für sie ungewollte Unterbringung noch dazu in einem geschlossenen Rahmen zum Ausdruck. Alle GU-Einrichtungen kennen aus ihrer Geschichte massive Gewalt aus der Gruppe heraus gegen die Mitarbeiter:innen und andere Untergebrachte, gemeinsame Ausbruchsversuche (in einem Fall auch mit Todesfolge für eine Betreuerin) und Verwüstungen der Gruppe und mussten daraus lernen.

> *Kommentar:* Das dritte Argument erscheint als einziges der drei fachlich stichhaltig. Warum so wenig überzeugende Gründe im PUA-Bericht für die Schließung der Hamburger GU-Einrichtungen angeführt werden, bleibt unklar.

Immerhin hat Hamburg nach diesem Abschied von GU über 18 Jahre (!) ganz auf Alternativen zu dieser Unterbringungsform gesetzt und konsequent auf den Zugriff auf GU verzichtet. Das erkennt auch der PUA an, wenn er schreibt: *„Seit 1984 hat Hamburg auch in anderen Bundesländern keine geschlossenen Unterbringungsplätze mehr in Anspruch genommen."* (ebd., 28). 1984 war demnach eine Trendwende abgeschlossen, deren Sinn und Stimmigkeit sich in den nächsten Jahren zunächst auch zu bestätigen schien: Vor allem deshalb, weil die Träger ihre Großheime auflösten, Stadtteil-nahe Wohngruppen etablierten und ihre Angebote diversifizierten (Wolf 1989). Hamburg besaß aufgrund seiner Reformen in den Jahren 1983 bis 2000 bezogen auf Jugendhilfe bundesweit den Ruf besonders progressiv und innovativ zu sein (ebd., 15 f.). Die Arbeit und Angebotspalette von Traditions-Träger wie dem „Rauhen Haus", aber von neu gegründeten, zum Teil basisdemokratischen Initiativen wie dem „Verein für Stadtteil- und Milieu-nahe Erziehungshilfen" (SME) – um nur zwei Beispiele zu nennen – wurden als Modell-haft angesehen. Das gleiche gilt für die Zusammenarbeit der Jugendhilfe mit der Kinder- und Jugendpsychiatrie in mehreren Kliniken (Köttgen 1998).

Ähnliches galt aber auch für das LEB, den Landesbetrieb als Träger von Erziehungshilfen, der in Hamburg lange Jahre noch über ebenso viele Plätze im Bereich stationäre Jugendhilfe verfügte wie die anderen Freien Träger zusammen: auch innerhalb des LEB wurde mit innovativen Formen der Wohngruppenbetreuung experimentiert, indem man diese z. B. aus den abgeschotteten Einrichtungen herausholte und in kleinen Einheiten im Stadtteil ansiedelte (vgl. dazu Wolf 1989).

Dennoch wurden in Fachkreisen in Hamburg nach und nach auch Probleme wahrgenommen, vor allem die (tatsächlich oder vermeintlich) angestiegene Jugendkriminalität (vgl. Enquette 2000) und das häufige Weglaufen und Untertauchen von Jugendlichen in der Stadt in abgeschotteten Szenen, die aus Punks, linken Wohngemeinschaften, aber eben auch Pädophilen oder Schleppern mit

Kontakten in das Hamburger Prostitutionsmilieu bestehen konnten. Eine Möglichkeit mit diesen Gefahrenlagen der Stadt für die Bürger:innen der Stadt umzugehen bestand darin, gefährdete Jugendliche extern unterzubringen. So entstanden Segelschiffprojekte, eine Zusammenarbeit mit Standlagern in Finnland (Kuttula) und Reiseprojekte häufig in einer 1:1-Konstellation. Neben ermutigenden Erfahrungen mit diesen Betreuungen, muss man einräumen, dass auch diese gelegentlich abbrechen konnten, was die Jugendämter vor die Frage stellte, was tun bzw. was konnte oder musste man als Nächstes anbieten, da man die Minderjährigen nicht der Straße überlassen konnte, es sei denn sie tauchen unter (IGfH 1995). Gleichzeitig gerieten die neuen Hilfeansätze in den Fokus der Presse, die vor allem deren gelegentliches Scheitern bei relativ hoch erscheinenden Kosten sensationslüstern ausschlachtete; mit Überschriften wie „*Kriminelle Jugendliche unter Palmen*" oder „*Steuerzahler finanzieren Urlaub für kriminelle Kids*" etc.

Mit ihrem Konzept „*Menschen statt Mauern*", welches für den sozialtherapeutischen Umgang mit jugendlichen Straftätern steht, geriet die Senatorin für Schule (Renate Raab) und die Senatorin für Jugend (Vera Birtsch) zunehmend in die Kritik. Der Jugendliche Dennis, der durch zahlreiche Autodiebstähle aufgefallen war, wurde im Alter von 14 Jahren nach einer Spritztour mit Todesfolge in das finnische Jugenddorf Kuttula geschickt. Auch die Option GU war diskutiert, aber verworfen worden (vgl. IGfH 1995). Nachdem er auf eigenen Wunsch 1995 nach Deutschland zurückgekehrt war und wieder Autos aufgebrochen hatte, wurde der zu dem Zeitpunkt 17-Jährige erneut nach Kuttula geschickt. „*Auch weil der Aufenthalt rund 40.000 DM im Monat kostete, wurde Kritik an Raabs Konzept laut.*" (Langer in *Spiegel Online*, 15. April 2002).

Ein besonders dramatischer Vorfall ereignete sich am 29. Juni 1998 mit der Tötung von Willi Dabelstein, einem älteren Kioskbesitzer. Er war von zwei 16-jährigen Jugendlichen, die wenige Tage zuvor aus der Untersuchungshaft in ein betreutes Wohnheim entlassen worden waren, bei einem Raubüberfall erstochen worden (PUA 2007, 12). Diese Straftat befeuerte die öffentliche Debatte über Jugendkriminalität und den Umgang mit jugendlichen Straftätern weiter. Unter anderem auch deshalb, weil es eine Senatsvorgabe mit Blick auf die Jugendgerichte gegeben hatte: keine Jugendlichen in U-Haft unter 16 Jahren. Diese Weisung hat darin ihren guten Grund, dass es keine U-Haft für jüngere Jugendlichen oder junge Erwachsene gibt, sondern alle in U-Haft genommenen unter denselben, eher strengen Haftbedingungen verwahrt werden; die man jungen Menschen mit einigem Recht nicht zumuten möchte. Auch die beiden Täter waren aus solchen Erwägungen heraus frühzeitig aus der U-Haft entlassen worden.

Der SPD-GAL-Senat reagierte auf den zunehmenden öffentlichen Druck in doppelter Weise: „*Im Zeitraum vom 1. November 1998 bis zum 30. April 1999 wurden zwei intensiv betreute Wohngruppen zur Vermeidung von Untersuchungshaft eingerichtet.*" (ebd.). Schon zuvor, am 3. Juni 1998 war eine Enquete-Kommission mit dem Namen „*Strategien gegen die anwachsende Jugend-Kriminalität und ihre gesellschaftlichen Ursachen*" unter Leitung des Hamburger Kriminologen Kastner eingerichtet worden. Wie man bereits aus dem Titel herauslesen kann, wird auch hier eine SPD-nahe Programmatik verfolgt: Fokussiert werden soll in dem Bericht nicht nur auf notwendig erscheinenden Strategien, sondern eben auch auf die „*gesellschaftlichen Ursachen*", was in Hamburg, einer Stadt mit seit vielen Jahren weiter auseinanderdriftender Einkommensstruktur durchaus nachvollziehbar ist. Wenn man Interesse daran hatte diese Strukturen verändern zu wollen, empfahl sich die SPD – zumindest in programmatischer Hinsicht – eher als die CDU. Der Kommission gehörten neben namhaften Professor:innen (P. Kastner, B. Ahrbeck, M. Kappeler) und Hamburger Richter:innen, Politiker:innen aus SPD, CDU und GAL an. Diese erarbeiteten sehr sorgfältig angefertigte Statistiken, so dass die Krenfrage, ob es wirklich einen Anstieg gab, eher problematisiert als entschieden wurde. Sie befragten zusätzlich ein breites Spektrum von Expert:innen aus Gerichten, Kriminologie, Sozialpädagogik, Psychologie und Kinder- und Jugendpsychiatrie in ganz unterschiedlichen Hierarchieebenen. So wurden auch ganz normale Wohngruppenpädagog:innen zu ihren Erfahrungen mit der Zielgruppe interviewt. Dennoch ist eine Schlagseite in der Kommission in Richtung (Hamburger) *Kritische Kriminologie* nicht von der Hand zu weisen. Namen wie Kastner und Kappeler etc. als ständige Mitglieder, aber auch die Befragungen von Helga Tress (Rauhes Haus) oder Martin Apitzsch (DWW Hamburg) etc. waren dazu geeignet die SPD-Linie abzusichern und sollten diesen Zweck wohl auch erfüllen: Es war von vorneherein klar, dass diese Kommission keine Empfehlung für GU aussprechen würde. Immerhin reisten einige Kommissionsmitglieder aber nach Bayern und Baden-Württemberg, um dort zwei geschlossene Einrichtungen in Augenschein zu nehmen (die PTI in Rummelsberg und das Schönbühl, eine geschlossene Einrichtung des Landeswohlfahrtsverbandes Baden-Württemberg (Kastner/Sessar 2001, 18).

Die Kommission, die intern durchaus kontrovers diskutierte, operierte bezogen auf den Abschlussbericht vom 30. Mai 2000 mit Mehrheits- und Minderheitenvoten. Während die Mehrheit der Mitglieder die Einrichtung von GU-Plätzen generell und erst recht mit Blick auf Hamburg ablehnte, gaben fünf Kommissionsmitglieder, darunter Prof. Dr. B. Ahrbeck ein abweichendes Votum ab. Der Bericht endete mit dem Satz: „*Dem radikalen, vor allem politisch motivierten Verzicht auf eine verbindliche Unterbringung kann nicht gefolgt werden. Die Einrichtung oder Nutzung einer begrenzten Anzahl von Plätzen mit verbindlicher Betreuung wird befürwortet.*" (ebd., 238). Bereits vor der Darstellung der Enquete-Ergebnisse am 19. April 2000 stellte die CDU-Fraktion in der Bürgerschaft einen Antrag zur „*Unterbringung von jugendlichen Intensivtätern in pädagogisch-therapeutischen Einrichtungen mit hoher Verbindlichkeit.*" (PUA 2007, 14).

Später wurde auch das Minderheitenvotum von der CDU noch einmal aufgegriffen und von dieser als Große Anfrage (Drucksache 16/5498) in die Debatte eingebracht. Am 20. Februar 2001 antwortete die amtierende Regierung aus SPD und GAL, dass sie die Einführung von Spezialeinrichtungen mit einer pädagogisch-therapeutischen Intensivbetreuung und der zusätzlichen Möglichkeit zu freiheitseinschränkenden Maßnahmen im Rahmen der Jugendhilfe nicht für sinnvoll halte. Alle Erfahrungen sprächen dafür, dass diese Form der Unterbringung den in sie gesetzten Erwartungen nicht gerecht werden könne (https://www.cdu-politiker.de/dokumente/ska/Drucksache_16-6559_Ergebnisse_der_Enquete-Kommission_Jugendkriminalit%C3%A4t.pdf).

Inzwischen hatte sich auch eine fachpolitische Initiative gebildet: „*Geschlossene Heime? Wir sagen NEIN! Für eine demokratische Kinder- und Jugendpolitik!*", die immerhin bis November 2001 1.700 Unterzeichner aus der Fachöffentlichkeit fand (Meiners 2003, 47). Darüber hinaus gab es diverse Stellungnahmen gegen die Einführung einer Geschlossenen Unterbringung – beispielhaft genannt seien hier das Diakonische Werk Hamburg, der Paritätische Wohlfahrtsverband Hamburg, die Kinderschutzzentren, der Margaretenhort oder ver.di. Während die SPD und GAL die Etablierung von GU also weiter ablehnten, befeuerten CDU und Rechtstaatliche Offensive (siehe unten) den Wahlkampf mit Vorwürfen gegenüber den regierenden Parteien, dass diese der zunehmenden Kriminalität in Hamburg nicht entschlossen genug gegenübertreten und gegen eine anerkannte und auf der Hand liegende Lösungsmöglichkeit – GU – mauern würden (ebd.).

Hier kommt nun die Fachbehörde ins Spiel. Im Senat für Jugend wurde – noch vor dem Ausgang der Wahlen 2001 – ein neues Fachkonzept entwickelt: die sogenannten *Familien-Interventions-Teams* (FIT). Diese Bezirks-übergreifende, eigene Abteilung innerhalb des Jugendamtes sollte regelmäßig von der Polizei und/oder Jugendgerichtshilfe oder den Bezirkssozialarbeiter:innen darüber informiert werden, wenn Kinder oder Jugendliche eine bestimmte Menge und Intensität von Straftaten überschritten haben. Die *FIT-Teams* sollten dann als Vertreter:innen des Jugendamts die Familien innerhalb weniger Tage aufsuchen, sie auf ihre Verantwortung für das Abstellen der Probleme hinweisen und ihnen zugleich Beratung und Unterstützung dafür anbieten. Als Zielgruppe galten demnach Hamburger Kinder und Jugendliche, bei denen durch die Begehung von Straftaten in wiederholten oder einzelnen schweren Fällen eine unmittelbare Kindeswohlgefährdung vorlag:

- Kinder bis zur Vollendung des 14. Lebensjahres (strafunmündig),
- Jugendliche 14 bis 18 Jahre (strafmündig)
- und deren Eltern/Personensorgeberechtigte (https://www.hamburg.de/sozialbehoerde/familieninterventionsteam/).

Ob und inwieweit die FIT-Teams bei ihrer ersten Konzeptionierung die einzige oder zentrale Neuerung für den Umgang mit der Zielgruppe der kriminell aktiven Kinder und Jugendlichen darstellen sollten, und die GU-Plätze erst nach den Wahlen in der dann maßgeblichen, engen Zusammenarbeit mit den FIT-Teams gedacht wurden, konnte ich nicht herausfinden. Im PUA-Bericht werden FIT-Teams und GUF als integrierte, aufeinander aufbauende Interventionen innerhalb eines Konzeptes vorgestellt: Nach Weitergabe von Informationen durch die Polizei, kommt zuerst die Ansprache der Familie durch das FIT-Team und die Einladung zum Nutzen von Hilfeangebote; wenn diese nicht ergriffen werden, wird die Familie aufgrund anhaltender Kindeswohlgefährdung zu einem Verdeutlichungsgespräch vor das Familiengericht zitiert; sollte auch das nicht fruchten und die Kooperation mit dem Jugendamt weiter ausbleiben, kann das FIT-Team – mit oder gegen das Votum der Eltern, die in diesem Fall mit einem Sorgerechtsentzug rechnen müssen – einen Antrag beim Familiengericht stellen, mit dem Zwangsmaßnahmen wie eine GU möglich werden (ebd.). Die FIT-Teams haben ihre Arbeit 2003 etwa gleichzeitig mit der GUF aufgenommen und zählen heute zu einer als unverzichtbar anerkannten Säule des Hamburger Jugendhilfesystems. Nach dem Ausfall der GUF haben die FIT-Teams Kontakte zu anderen GU-Standorten aufgebaut.

9.3 Die vier Berichte: Ihre jeweiligen Entstehungskontexte, Zielsetzungen, Konstruktionsmodi und Ergebnisse

Bei der Darstellung der vier Berichte verfolge ich ein doppeltes Erkenntnisinteresse: zum einen sollen deren zentralen Ergebnisse herausgearbeitet werden. Allerdings nicht in ihrer ganzen Breite, sondern bezogen auf das Thema dieses Buches: das *Scheitern von pädagogischen Projekten*. Das beinhaltet die Frage, wie deutlich Fehler werden und das Scheitern von Einzelaspekten oder des Gesamtprojekts belegt werden können oder ob Scheitern lediglich behauptet oder unterstellt wird, aus welchen Gründen auch immer. Diese Frage hat meine Selektionen von Informationen aus den vier Texten geleitet, auch wenn mir klar ist, dass die Begründungen für oder gegen Scheitern nie zwingend sein werden. Sie liefern Argumente, nicht mehr und nicht weniger. Über die Kommentare, die ich (wie schon bisher) angefügt habe, informiere ich den Leser/die Leserin, über meine Einschätzungen bezogen auf die Relevanz der dargestellten Sachverhalte bezogen auf das zentrale Thema. Bestimmte in der Öffentlichkeit oder z. B. im PUA als besonders relevant angesehene Gründe dafür oder dagegen (wie z. B. 9.3.1 g) werde ich bezogen auf ihre Bedeutung für die Frage des Scheiterns eher relativieren, andere eher höher ansetzen (z. B. c). Ich hoffe, diese Zusammenhänge bleiben für die Leser:innen nachvollziehbar. Zum anderen – gleichrangig damit – versuche ich aber auch die jeweiligen Entstehungskontexte dieser Texte und die daraus resultierenden Zielsetzungen und Argumentationsstrategien zu rekonstruieren, auch um Aussparungen und blinden Flecken auf die Spur zu kommen. Denn es ist klar, dass die Ergebnisse dieser Berichte nur zu einem Teil als Darstellungen objektiver Sachverhalte zu begreifen sind, sondern vielmehr – mehr oder weniger stark und offensichtlich – interessengeleitete Argumentationen und Suggestionen beinhalten (siehe dazu 9.3.1). Die Ergebnisse sind immer auch Konstruktionen. Insofern geht es für jeden Bericht um die komplexen Zusammenhänge zwischen *„Erkenntnis und Interesse"* (Habermas 1968).

Bei der Menge an Textmaterial – insbesondere was den PUA-Bericht betrifft (alleine 741 Seiten) – bitte ich den Leser/die Leserin, mir zunächst Glauben zu schenken, dass ich unvoreingenommen an die Berichte herangegangen bin und mich bemüht habe, die wichtigsten Themen-bezogenen Ergebnisse. Damit ist aber auch klar, dass ganze Themenblöcke und vor allem Details fehlen. Bei der Analyse der Konstruktionsweise der Texte habe ich versucht exemplarische Tiefenbohrungen vorzunehmen. Auch hier ist längst nicht alles ausgeschöpft, was eine empirische, Computer-gestützte Textanalyse hergegeben hätte. Zudem können meine Auswahlen und Schwerpunktsetzungen durch meine, eigenen Vorannahmen und blinde Flecken zustande gekommen sein. Genauer erkennen wird man diese Schwächen als Leser:in aber nur, wenn man sich selbst in diese Texte vertieft, die allen im Netz frei zugänglich sind. Insofern erwarte ich durchaus Kontrolle durch Externe, was meine Analysen betrifft, sowie kritische Rückmeldungen.

Ich habe mich für dieses Kapitel entschlossen, die Namen der damals agierenden Personen weitgehend auszusparen; sie werden im PUA-Bericht offen benannt und können bei Bedarf dort nachgelesen werden. Ich habe meist nur ihre Funktion und ihrem Ort in der Hierarchie benannt. Warum habe ich die Namen weggelassen? Nicht um zu anonymisieren. Dieses Ziel würde mit ein, zwei Blicken in die Berichte obsolet. Es geht in diese Kapitel nicht um Personen, sondern um *Prozesse, Dynamiken und Strukturen*. Die Personen halte ich diesbezüglich für austauschbar (siehe dazu auch die Einführung in Teil B: *Instituetik*). Die Prozesse sind aber strukturell angelegt und redundant. Außerdem leben und arbeiten die meisten der erwähnten Personen noch und sollen sich nicht noch einmal angegriffen und zur Rechtfertigung genötigt fühlen. An einigen Stellen freilich war diese Anonymisierung nicht möglich oder die Namen so offensichtlich (so wenn Schill von „Ole" spricht), dass ich diese übernommen habe.

9.3.1 Der PUA-Bericht mit Mehrheits- und Minderheitsvoten

9.3.1.1 Parlamentarische Untersuchungsausschüsse

Wie kommt es zur Einrichtung eines *Parlamentarischen Untersuchungsausschusses*? Er konnte und kann in Hamburg wie in den meisten Bundesländern auf Antrag eines Viertels der Abgeordneten eingerichtet werden (ebd.). Normalerweise setzt sich ein Untersuchungsausschuss aus zwei Gruppen zusammen: den von ihren Parteien proportional zu den Sitzen im Parlament entsandten

Abgeordneten a) und einem Arbeitsstab b). Der Arbeitsstab wird mit ausgewählten Verwaltungsbeamten besetzt, denen ein Vorsitzender vorsteht, der Jurist oder Richter sein sollte. Dieser Arbeitsstab sammelt Fakten, durchsucht Akten und liefert Informationen zu Fragen, die der Untersuchungsauftrag oder die Parlamentarier aufgeworfen haben. Ihm obliegt die Protokollierung der Sitzungen und er verfertigt den Abschlussbericht zumindest in den groben Zügen. Der Arbeitsstab steht für die Richtigkeit der aufgenommenen Sachverhalte und für die Einhaltung des Termins für den Abschlussbericht. Die in den PUA entsandten Parlamentarier diskutieren das ihnen präsentierte Material, ordnen es ein und befragen Zeugen, die sie für wichtig erachten. Da in einem PUA verschiedene Parteien vertreten sind, ist damit zu rechnen, dass sie aus den sachlich ermittelten Informationen oder den Aussagen von Expert:innen verschiedene Schlüsse ziehen und/oder zu den untersuchten Themen unterschiedliche Auffassungen oder Werthaltungen vertreten. Deswegen besteht die Möglichkeit an den Mehrheitsbericht (der von der Mehrheit beschlossen wurde) Minderheitenberichte anzufügen. In kaum einem Fall verständigt sich eine PUA egal zu welchem Thema auf einen durchgehend gemeinsamen Bericht. Das ist strukturell so angelegt: Denn in den meisten Fällen ist es eine Oppositionspartei, die einen PUA einberuft, weil sie davon ausgeht, dass die regierende Partei bzw. einzelne ihr unterstellte Ämter und Behörden (wie z. B. die Polizei oder das Finanzamt) Fehler gemacht hat, die von der Regierung zu verantworten sind oder nicht rechtzeitig aufgedeckt wurden oder nicht ernsthaft genug angegangen wurden. In der Regel versucht die Opposition der regierenden Partei solche Fehler nachzuweisen, während die bezichtigte Partei versucht korrektes Vorgehen für sich zu reklamieren oder die Verantwortung für Fehler zu zerstreuen. Da die regierende Partei zumeist auch über die meisten Stimmen im PUA verfügt, kann sie ihr Fazit und ihre Schlussfolgerungen an erster Stelle präsentieren.

Ähnliches sehen wir auch im PUA zur GU Feuerbergstraße, der entsprechend der Sitzverteilung neunköpfig mit fünf CDU-, drei SPD- und einem GAL-Abgeordnetenausgestattet war. Neben den detaillierten Untersuchungsergebnissen zu einzelnen Fragekomplexen wie Belegung und Krankheitsstand oder Kosten für den Sicherheitsdienst, die relativ hieb- und stichfest aus den Unterlagen und Akten gewonnen werden können, bleibt immer noch fraglich wie man diese einordnen soll: stellt z. B. der Umstand, dass externe Sicherheitsdienste beschäftigt wurden und hohe Kosten verursacht haben, ein Konzept- und/oder Leitungs- oder Mitarbeiter:innen-Versagen dar? Oder stellt dieser Einsatz einen flexiblen Umgang mit vorher nicht absehbaren Schwierigkeiten dar, die kreativ aufgefangen wurden und zur Konsolidierung des Projekts beigetragen haben? Das wird jede Partei am Ende so sehen wie sie es sehen möchte. Die Einen werden den Anderen daraus einen Vorwurf machen, die Anderen diesen zurückweisen und eine andere Bewertung präsentieren. Der ansonsten im Parlament in offenen Debatten stattfindende Hickhack wird im Untersuchungsbericht und Pressekonferenzen sehr viel deutlicher als in den Sitzungen selbst, die durchaus von einem gemeinsamen Erkenntnisinteresse geprägt sein können, in schriftlicher Form fortgesetzt.

Betrachtet man das ritualisierte Spiel von Vorwurf und Selbstlegitimierung, das aus den Berichten deutlich wird, kann man solche Untersuchungsausschüsse für sinnlos halten. Sie stellen dennoch ein wichtiges demokratisches Korrektiv zu Verfügung, das den Minderheiten im Parlament ermöglicht Mehrheitsentscheidungen oder Vorgehensweisen der Regierenden und der ihnen unterstellten Behörden zumindest im Nachhinein zu problematisieren. Dass es im Vorfeld und im Nachklapp zu übertriebenen Skandalisierungen und allzu platten Rechtfertigungsversuchen kommt, rahmt das politische Geschehen; dazwischen kann aber aus Akten oder über die Vernehmung von Zeugen und die Anhörung von Gutachter:innen Überraschendes zu Tage kommen und neue Informationen generiert oder zumindest ein halbwegs vollständiger Ablauf der Geschehnisse rekonstruiert werden. Alleine deswegen sind die PUAs den Aufwand wert, der mit ihnen betrieben wird. Man darf nur nicht zu viel von ihnen erwarten. Sie sind und bleiben Inszenierungen, mit denen Abgeordnete ihre Partei in Vorteil und eine andere in Nachteil bringen möchten. Was die Wahrheit ist, dass es eine solche gibt, glauben vermutlich beide Lager, ist zwischen den Parteien häufig auch am Ende so umstritten wie am Anfang. Als Externer, nicht in das Parteiengerangel verwickelter Bürger kann man durch das Studium der (leider oft sehr langen) Berichte dennoch zu eigenen, differenzierten Beurteilungen der Sachverhalte kommen und sich eine eigene qualifizierte Meinung bilden (siehe zum *Format* PUA auch Kap. 13.1).

9.3.1.2 Textgattung und Stil des Berichts

Wie stellt sich der Text selbst vor? Er beginnt mit:

„Der vorliegende Bericht ist das Ergebnis der Ermittlungen des Parlamentarischen Untersuchungsausschusses ‚Geschlossene Unterbringung Feuerbergstraße' (PUA). Der Ausschuss führte in der Zeit vom 27. April 2005 bis zum 5. Oktober 2007 insgesamt 59 Sitzungen durch. Es wurden insgesamt 59 Zeugen vernommen." (PUA 2007, 10).

Kommentar: Die Worte *„Ermittlungen"* und *„Zeugen"* lassen an eine Gerichtsverhandlung denken: Tatsächliche und vermeintliche Verantwortung bzw. Schuld für ein Versagen sollen geklärt werden. Deswegen muss man akribisch vorgehen und Abläufe und Aussagen minutiös untersuchen und dabei vollumfänglich transparent bleiben. Dazu gehört auch, dass man den Untersuchungsauftrag zeitlich eingrenzt: *„Die zu untersuchenden Geschehnisse und Sachverhalte beziehen sich auf den Zeitraum vom 18. Dezember 2002 bis zum 13. April 2005."* (ebd., 11)

Nach meinem Eindruck gelingt es dem PUA-Bericht über weite Strecken diesen Anspruch an die eigene Arbeit und den Bericht zu erfüllen, was vermutlich als Verdienst des sehr gut arbeitenden Arbeitsstabes gewertet werden darf (zu systematischen Aussparungen siehe 3). Eine Transparenz-Lücke leistet er sich allerdings. Diese betrifft die Kosten einer solchen genauen Ermittlung. In diese Lücke springt ein anderer Bericht, der des LEB (D), indem er die Summe nennt, die für „*2500 Stunden*" aufgewandt wurden: circa 2 Millionen Euro. Der Kontext in dem der LEB-Bericht, diese Summer „outet" werden wir weiter unten untersuchen. Die oben rekonstruierten partei- und fachpolitischen Spannungen rund um die GUF werden im PUA-Bericht so wiedergegeben:

> *„Die kontroverse politische Diskussion über die Einführung der Geschlossenen Unterbringung für Jugendliche fand sich auch in dem Bericht der Enquete-Kommission ,Jugendkriminalität und ihre gesellschaftlichen Ursachen' wieder. Strittig blieb in der Kommission die Frage nach der Notwendigkeit einer ,verbindlichen Unterbringung.'"* (ebd., 12).

Im Wahlkampf 2001 gehörte die Wiedereinführung geschlossener Heimunterbringung zu den wichtigsten Forderungen von CDU, der Partei Rechtsstaatlicher Offensive und der FDP. Der Berater der CDU für Sicherheitsfragen Senator Dr. Roger Kusch vertrat im Wahlkampf die These

> *„Erziehen kann man nur den, der da ist"* (ebd.): *„Im November 2001 löste ein Senat aus Mitgliedern der CDU, Partei Rechtsstaatlicher Offensive und FDP den bis dahin regierenden SPD/GAL-Senat ab. Im Koalitionsvertrag der drei Regierungsparteien heißt es unter dem Punkt: ,Jugendgerichtsbarkeit': ,Jugendliche, die Straftaten begehen, müssen frühzeitig ihr Unrecht vor Augen geführt bekommen sowie zeitnah und konsequent zur Verantwortung gezogen werden, um eine kriminelle Laufbahn zu verhindern. […] Für Intensivtäter (insbesondere Gewalttäter und Dealer) wird die erforderliche Zahl von Plätzen in geschlossenen Einrichtungen bereitgestellt."* (ebd.).

Kommentar: Eine weitgehend um Sachlichkeit und Informationsbreite bemühte Darstellung.

> *„Am 2. Juli 2002 stellte die Senatorin N. N. (CDU) daraufhin das vorläufige Senatskonzept für geschlossene Heime zusammen mit der Einsetzung des sogenannten Familien-Interventions-Teams (FIT) vor. Dabei war von ,90 sicheren Plätzen' in der Geschlossenen Unterbringung in Hamburg die Rede und von ,unverzüglichen Hausbesuchen bei Eltern'. Laut Senatorin N. N. sollte zukünftig auf kriminelles Verhalten von Kindern und Jugendlichen […] ,schnell und konsequent, und mit der gebotenen Härte reagiert' werden, […] um die Minderjährigen vor sich selbst und die Bürger vor ihren Taten zu schützen."* (ebd.).

Kommentar: Beide Passagen entsprechen inhaltlich den von mir rekonstruierten Zusammenhängen (siehe oben). Sie scheuen sich nicht davor Äußerungen zu benennen, die man als populistisch bewerten könnte wie das Zitat von Kusch oder die 90 geforderten Plätze, die später auf 12 schrumpfen sollten oder die Formel *„mit der gebotenen Härte"*. Ob der von der CDU-Mehrheit dominierte Ausschuss vor allem wahrheitsgemäß berichten wollte oder sich nicht darüber im Klaren war, dass manche der dargestellten Äußerung auch kritisch gelesen werden und gegen die Partei verwendet werden könnte, ist mir nicht klar. Als Hintergründe *für die Einsetzung des PUA werden folgende Vorkommnisse benannt:*

„Am 12. Februar 2003 gelang einem tags zuvor in der Geschlossenen Unterbringung untergebrachten 16-jährigen Jugendlichen die Flucht trotz Nachtbereitschaft. Er hatte eine magnetgesicherte Tür mit Hilfe eines abgebrochenen Henkels des Mülleimers aufgehebelt und konnte durch ein Fenster im ungesicherten Treppenhaus entweichen.

Am 4. März 2003 entwich ein seit dem 27. Februar 2003 in der GU lebender 14-Jähriger während der Frühstücksvorbereitungen. Der Jugendliche verschaffte sich Zugang zum Mitarbeiterbüro, das kurzfristig wegen Reinigungsarbeiten nicht verschlossen war und konnte durch ein offenes Fenster die Einrichtung verlassen. Der 14-Jährige war bereits am Abend zuvor im Außengelände der Feuerbergstraße seinen Betreuern entwichen, wurde aber am selben Abend von der Polizei wieder in die Einrichtung zurückgebracht.

Am 7. März 2003 entschied das Familiengericht, den Beschluss zur geschlossenen Unterbringung für einen am 7. Februar in der GUF untergebrachten Jugendlichen nicht zu verlängern. Begründung: Seitens der Jugendhilfe seien nicht alle Möglichkeiten im Vorfeld ausgeschöpft worden. Die gesetzlichen Bestimmungen des § 1631 b BGB jedoch sähen die geschlossene Unterbringung erst als letzte Möglichkeit vor. Der 16-Jährige wurde daraufhin in einer Wohngruppe untergebracht.

Am 11. März 2003 gelang zwei Jugendlichen die Flucht aus der Geschlossenen Unterbringung. Es handelte sich um einen am 6. März 2003 dort untergebrachten 16-Jährigen sowie einen am 27. Februar 2003 dort untergebrachten 14-Jährigen.

Am 24. April 2003 kam es erneut zu einer Entweichung. Drei Mitarbeiter waren mit drei Jugendlichen (14, 14, 16 Jahre) zum Holzhacken in ein zwar eingezäuntes, nicht aber gesichertes Waldstück gegangen. Auf dem Rückweg in die Einrichtung trafen sie auf Bewohner des Kinder- und Jugendnotdienstes. Von einem dieser Jugendlichen liehen sich die beiden 14-Jährigen aus der Geschlossenen Unterbringung ein BMX-Rad und fuhren den Mitarbeitern davon. Einer der 14-Jährigen kehrte am selben Abend um 22.00 Uhr freiwillig zurück. Der andere 14-Jährige wurde in der Nacht zum Freitag gegen 2.30 Uhr von Polizisten der Wache in Rahlstedt in Gewahrsam genommen. Mitarbeiter der Geschlossenen Unterbringung holten ihn dort ab und brachten ihn in die Einrichtung zurück.

Am nächsten Tag entwichen diese beiden Jugendlichen erneut. In der Einrichtung hatte sich im Verlauf des Tages eine aggressive Stimmung aufgebaut. Um eine Entlastung der Situation zu erreichen, gingen zwei Sozialpädagogen gegen 16.00 Uhr mit den beiden 14-Jährigen nach draußen, nicht jedoch in den gesicherten Innenhof des Atriums, sondern in den Außenbereich der Einrichtung. Der für diesen Bereich seit längerem geplante drei Meter hohe Zaun war noch nicht fertig gestellt, der alte Zaun recht schnell zu überwinden. Hinzu kam, dass in diesem ungenügend gesicherten Außengelände Holz und Teile des neuen Zauns lagerten. Die beabsichtigte Entspannung der Situation trat nicht ein, stattdessen bedrohten die Jugendlichen die Mitarbeiter und flüchteten gegen 18.20 Uhr über den Zaun.

Infolge dieser erneuten Entweichungen bat [...] der Geschäftsführer des Landesbetriebs Erziehung und Berufsbildung (LEB), den Staatsrat der Behörde für Soziales und Familie (BSF), [...] ihn von seinen Aufgaben als Geschäftsführer zu entbinden.

Am 29. Mai 2004 löste ein brutaler Raubüberfall in Farmsen-Berne eine neue Diskussion um die GUF aus. Der 15-jährige Täter, der einen Wirt mit einem Messer verletzt hatte, war zuvor in der GUF untergebracht. Senatorin Birgit Schnieber-Jastram kündigte an, künftig bereits 12-Jährige bei Straftaten in das geschlossene Heim einzuweisen" (ebd., 13).

> *Kommentar:* Die Äußerung der Senatorin muss als peinlich bewertet werden. Man kann niemanden in ein geschlossenes Heim *„einweisen"*. Damit suggeriert sie rasche Eingriffsmöglichkeiten, die es so nicht gibt. Die spannende Frage ist, ob sie es wirklich nicht besser weiß oder ob sie trotz besseren Wissens als Politikerin agiert, die in einer aufgeregten Situation zeigen möchte, dass sie über Ideen und Interventionsmöglichkeiten verfügt. Ebenso bleibt unklar, ob die Mitglieder des PUA die Senatorin hier vorführen, oder lediglich zitieren. Denn es ist fast sicher, dass die Mitglieder des PUA die gesetzlichen Möglichkeiten und Restriktionen einer GU kennen.

„Am 6. Dezember 2004 entwichen zwei Jugendliche aus der GUF und erhoben schwere Vorwürfe gegen die Leitung: Sie seien gefesselt, unter Medikamenteneinfluss gesetzt oder geschlagen worden. Die Verhältnisse in der Feuerbergstraße seien ‚schrecklich', erzählten sie. Wer ‚Stress macht', würde niedergerissen, gefesselt und mit dem Kopf auf den Boden geknallt. Wer nicht schnell genug Holz hacke, werde angebrüllt. Die Vergabe von Psychopharmaka sei üblich. Die beiden Jungen sollen bei dem geheimen Gespräch sogar mit Selbstmord gedroht haben, falls sie ins Heim zurückkehren müssten. Der Leiter des LEB, [...] wies die Vorwürfe zurück. Seiner Meinung nach versuchten die Jungen, über diesen Weg aus dem geschlossenen Heim zu kommen. Eine Fesselung habe es in einem Fall gegeben. Einem Jugendlichen, der ‚ausgerastet' war und auch nicht von drei Betreuern gebändigt werden konnte, wurden die Füße mit Klettband zusammengebunden. Ansonsten gebe es bei Fluchtgefahr Fesselungen auf dem Weg zu Ärzten oder Gerichten. Von den 22 Minderjährigen, die bislang in der Einrichtung waren oder sind, hätten acht Psychopharmaka oder Beruhigungsmittel, deren Einnahme von Ärzten angeordnet worden sei, bekommen. Gewalt gebe es nicht – außer zur Selbstverteidigung. Laut [...] dem Leiter der GUF, seien in 35 Fällen Angriffe auf Betreuer verübt worden. Am 21. Dezember 2004 forderte die Opposition Akteneinsicht in die Akten der GUF, des LEB und der BSF. [...] Als am 25. Februar 2005 bekannt geworden war, dass die Sozialbehörde den wiederholten Ausbruch eines 14-Jährigen aus dem geschlossenen Heim wochenlang verschwiegen hatte und die Senatorin N. N. selbst auf einer Pressekonferenz und in einer

Pressemitteilung zur Bilanz des Heimes den Vorfall keines Wortes gewürdigt hatte, kommentierte die SPD-Abgeordnete N.N: ‚Entweder ist die Senatorin uninformiert oder sie vertuscht'." (ebd.).

„Schließlich räumte Staatsrat N.N. als Fehler ein, die Flucht im Januar nicht publik gemacht zu haben. ‚Aus heutiger Sicht halte ich es für falsch, die Flucht eines Jungen Ende Januar nicht gleich öffentlich gemacht zu haben. Ich nehme die Verantwortung für die Geschichte auf mich', so der Staatsrat [...] Laut behördeninternen Aufzeichnungen haben sich die Jugendlichen von Februar 2003 bis Februar 2005 in 35 Fällen unerlaubt entfernt. Staatsrat N.N. hatte jedoch von 19 Entweichungen gesprochen. Die SPD forderte daraufhin am 2. März 2005 die Einsetzung eines PUA. Am 15. März 2005 forderte auch die GAL einen PUA zur Geschlossenen Unterbringung in der Feuerbergstraße" (ebd., 13ff.).

> *Kommentar:* Die akribische Aufzählung der Vorkommnisse, die zur Einsetzung der PUA geführt haben, besticht durch Genauigkeit und ausgewogene Sprache. An einigen Stellen merkt man, dass der Bericht von Personen geschrieben wurde, die sich sehr gut in die Materie Jugendhilfe eingearbeitet hatten, aber dennoch an einigen Stellen noch zu wenig wissen, oder eben keine Personen mit Insider-Kenntnissen sind: *„Hingegen geht die Internationale Gesellschaft für erzieherische Hilfen (IGfH) von einer Gesamtzahl von 146 Plätzen in geschlossener Unterbringung aus. So unterschiedlich diese Zahlen auch sind, so zeigen sie dennoch, dass diese Unterbringungsform bei insgesamt über 105.000 Plätzen in Einrichtungen der (teil-)stationären Erziehungshilfen eine zumindest quantitativ randständige Bedeutung hat."* (ebd., 58 bzw. 74).

> *Kommentar:* Das stimmt grundsätzlich, nur die Kontrastzahl 105.000 Plätze ist schlecht gewählt, weil hier Tagesgruppenplätze (§ 32 teilstationär) und stationär § 34 (Heimerziehung über Tag und Nacht) in einen Topf geworfen wurden. Wer die jeweiligen Arbeitszusammenhänge kennt, weiß dass sich Heimerziehung diametral von Tagesgruppenarbeit unterscheidet. Insofern müsste man die große Zahl 105.000 um mindestens 25.000 verringern. Aber das sind Kleinigkeiten. Diese wenigen Textstellen müssen genügen, um mein durch zahlreiche andere Überprüfungen gefestigtes Urteil, dass dem Bericht ein Maximum an Genauigkeit und Seriosität zu konzedieren ist, zu belegen. Dieser Stil ändert sich erst mit der Formulierung der jeweiligen Resümees der Parteien (siehe 9.3.1.4 und 9.3.1.5).

9.3.1.3 Die wichtigsten Themenkreise und Ergebnisse

Für die Darstellung der als relevant erachteten Themen, weiche ich von der Chronologie und den Überschriften (Gliederungspunkten) des Textes ab und ziehe unterschiedliche Informationen, die ein Thema betreffen, aus verschiedenen Kapiteln zusammen. Als die relevantesten neun Themenkreise des Berichtes zur Entscheidung der Fragen – Scheitern ja oder nein bzw. Scheitern in welchem Sinne und in welchem nicht – erachte ich:

a) Thema: Entweichungen und der von Seiten des Senats aufgebaute Druck zur Verhinderung;
b) Thema: Planungsunsicherheit im Hinblick auf „Neubau" oder „Umbau";
c) Thema: Schwachstellen des pädagogischen Konzepts;
d) Thema: Überforderte Mitarbeiter:innen, Krankenstände, Kündigungen und fehlende Unterstützung im Alltag;
e) Thema: Gewalt gegen sich und Andere und weitere besondere Vorkommnisse;
f) Thema: Notnagel Sicherheitsdienst;
g) Thema: Versäumnisse bei der Einholung von elterlichen Zustimmungen für die Vergabe von Psychopharmaka und für HIV-Blutuntersuchungen;
h) Thema: Unterschreitung der geplanten Auslastung, massiver Kostenanstieg;
i) Thema: Klare Widerlegungen von Anklagen und Verdächtigungen;

Zu a) Thema: Entweichungen und der von Seiten des Senats aufgebaute Druck zur Verhinderung

Der PUA-Bericht resümiert nach 12 Seiten Detail-Darstellung:

„Zusammenfassend gab es während des Untersuchungszeitraumes kein geschlossenes, als solches schriftlich fixiertes Sicherheitskonzept für die GUF. Vielmehr ergingen mehrere bauliche Vorgaben, Dienstanweisungen und Einzelmaßnahmen zum Teil in unkoordinierter Weise." (ebd., 111 f.). *„Die zuständige Senatorin N. N. (seit 7. März 2004 Bgm II) teilte mit, dass sie nach jeder der ersten drei Entweichungen Staatsrat N. N. die Anweisung erteilt habe, die GUF ausbruchsicher zu machen."* (ebd., 112).

> *Kommentar:* Mit dieser politisch motivierten Weisung dürfte eines der größten Probleme für die weitere Arbeit der GUF entstanden sein, welches zu massiven Kooperationsproblemen innerhalb des LEB und mit anderen Fachressorts geführt hat. Und noch gravierender: Zu einem mit jeder weiteren Entweichung steigenden Druck auf den Leiter der GUF und seine Mitarbeiter:innen (siehe unten). Dazu muss wissen: Keine GU-Einrichtung in Deutschland hätte damals und würde heute formulieren, dass sie *„ausbruchssicher"* sei. Man kann das Weglaufen wesentlich erschweren, aber nicht mehr. Das macht auch pädagogisch-konzeptionell viel mehr Sinn. Offensichtlich wusste die Senatorin das nicht und hatte sie auch niemanden in ihrem Umfeld, der über dieses Wissen verfügt hätte. Intern wurde offensichtlich nur wahrgenommen, dass Weglaufen von Jugendlichen von der Presse als eine Blamage für das groß angekündigte Projekt und damit für die CDU bzw. die Senatorin hoch gespielt wurde. Statt informierter Gelassenheit also angewiesener Aktionismus.

Um die GUF *„ausbruchssicher"* zu machen, bedurfte man der Expertise von Fachleuten aus Justizanstalten. Diese stellten diese zunächst auch bereitwillig zur

Verfügung, kritisierten die vorhandenen Maßnahmen und schlugen detaillierte Maßnahmen vor:

> *„Weiter habe er* (der Experte von der Justiz, M. S.) *vorgeschlagen, die Heizkörper abzusichern, bruchfestere Glasscheiben zu installieren, die besonders spitzen Küchenmesser wegzuschließen und Oberlichter sowie das Atrium gegen Hinausklettern zu sichern. Weiter empfahl er, die Kellerschächte abzudichten, keine Glaslampen zu verwenden und den Zaun in das Erdreich zu vertiefen."* (ebd., 117).

> *Kommentar:* Die Maßnahmen sind in technischer Hinsicht konsequent und aus dem Blickwinkel des anderen Systems (Justiz = zuständig für Gefängnisse) auch geboten. Sie erschreckten aber die LEB-Mitarbeiter:innen, da sie dem Eindruck eines *„Kinderknasts"* (so der Ausdruck in der Presse), d. h. einer repressiven, auf Verwahrung fokussierenden Einrichtung sowohl nach innen wie außen – gegenüber der Fachwelt in Hamburg und den Fachleuten im LEB und Senat – entgegentreten wollten. Dabei wird ein aktuell typisch-deutscher und vor allem typisch sozialpädagogischer Umgang mit Zwang deutlich: „Ja wir wollen ihn, aber bitte nicht so klar und hart, sonst wären wir ja Unmenschen!". Die Ablehnung der gut gemeinten Vorschläge durch die LEB-Vertreter wurde wiederum von den bereitwillig kooperierenden Justizexperten als In-den-Wind-Schlagen von als notwendig erachteten Maßnahmen erlebt und mit Ärger und zukünftiger Kooperationsverweigerung quittiert (ebd., 118). Besonders, weil den Berater:innen aus den anderen Ämtern später von der Presse die Mitverantwortung für weitere Fluchten unterstellt wurde:

> *„Während der Leiter der Bau- und Grundstücksabteilung des LEB, […], in seinem von einem der beteiligten Justizbehörden-Mitarbeiter genehmigten Protokoll erklärte, die erfolgten Sicherungsmaßnahmen seien als ausreichend angesehen worden, meldete das ‚Hamburger Abendblatt' am 13. März 2003, ein Sicherheitsspezialist der Justizbehörde habe bereits im Februar schwere Sicherheitsmängel in dem Heim festgestellt. Die vorgeschlagenen Nachbesserungen wurden von der Sozialbehörde jedoch abgelehnt – mit dem Hinweis, es handele sich bei dem Heim nicht um ein Gefängnis."* (ebd., 115).

Es bleibt auch in den Vernehmungen der Zeugen unklar (ebd., 111 ff.), ob der zuständige Staatsrat Angst davor hatte, der Senatorin klar zu machen, dass ihr Ansinnen einer ausbruchssichern GU-Einrichtung unsinnig ist. Oder selbst an die Realisierungsmöglichkeit einer beinahe totalen Sicherung geglaubt hat, und diese dem LEB-Leiter als Aufgabe übertragen hat. Dann hätte dieser entweder energisch widersprechen oder unter Anleitung der Justizexperten konsequent liefern müssen.

> *Kommentar:* Es kann sein, dass er entweder einen Schlingerkurs gefahren hat, der dazu geführt hat, dass zwar nachgebessert, aber nicht wirklich Flucht-verhindernd nachgerüstet wurde. Oder dass der LEB-Leiter das zwar energisch wollte, das Ansinnen von

> LEB-Mitarbeiter:innen eine Hierarchiestufe tiefer aber abgebremst und unterlaufen wurde. Durchaus aber mit Zustimmung der LEB-eigenen Bauleitung, der solche hoch gefahrenen Sicherheitserfordernisse ebenfalls unsinnig vorkommen.

Im weiteren Verlauf der Untersuchungen wird deutlich unter welch hohem Druck die Sozialsenatorin selbst stand und gestellt wurde:

> *„Der Zeuge Schill beschrieb in seiner Vernehmung, dass er die Sozialsenatorin in drei Stufen unter Druck gesetzt habe: Zunächst habe er über Gespräche mit ihr und ihrem Staatsrat [...] versucht, mehr Tempo in die Entwicklung der Geschlossenen Unterbringung zu bringen. Schließlich sei er dazu übergegangen, sich in den Senatsvorbesprechungen – also in Anwesenheit der übrigen Senatsmitglieder – über die, angeblich zu langsame, Entwicklung des Projekts zu beklagen. ‚Und die dritte Stufe des Druckes war dann, dass ich explizit Ole* (den Bürgermeister Ole von Beust, M.S.) *angesprochen habe und ihn gebeten habe, seine Sozialsenatorin zu disziplinieren'."* (ebd., 429f.).

> *Kommentar:* Auch wenn man Herrn Schill unterstellen kann, dass er sich auch an dieser Stelle in Szene setzen wollte und dafür seine damalige Macht als Wahlentscheider noch einmal genüsslich demonstriert, wird man ihm im Kern Glauben schenken müssen. Die Einrichtung der GUF war ein zentrales Wahlversprechen. Alle, die es vorher vollmundig gegeben hatten, standen nun unter Druck.

> *Kommentar:* Die Senatorin hat diesen Druck weitergereicht und damit Andere unter Druck gesetzt, die entweder zu wenig Fachleute bezogen auf GU waren, diesen Druck mit guten Argumenten zurückweisen zu können; oder die wider besseres, sozialpädagogisches Wissen den Druck an Andere weitergegeben haben, um ihre Position in der Hierarchie nicht zu gefährden. Beides Mal ein Armutszeugnis bezogen auf alle Beteiligten.

Für den massiven Druck innerhalb des LEB spricht die Ansage des damaligen Leiters der GUF: *„Für die nächsten sechs Wochen, also bis zu den Wahlen, steht der Sicherheitsaspekt bei Ausgängen im Vordergrund."* Gemeint waren die Bürgerschaftswahlen im Februar 2004. Auf Vorhalt dieser Passage aus einer Dienstbesprechung erinnerte sich ein damaliger Mitarbeiter der GUF, dass diese Anweisung von der Leitung kam. Diese habe eine derartige Weisung damit begründet, *„dass es politisch sehr unklug wäre, wenn in dieser Zeit etwas passieren sollte, da es möglicherweise unser aller Arbeitsplätze gefährden könnte."* (ebd., 381).

> *„Zu Ausgängen erging in einer Dienstbesprechung vom 14. Januar 2004 die folgende Anordnung: ‚Für die nächsten sechs Wochen, also bis zu den Wahlen, steht der Sicherheitsaspekt bei Ausgängen im Vordergrund. [...] Ausgänge nach Hause können maximal 1-mal in der Woche stattfinden, Begleitungen können nur von zuverlässigen Personen geleistet werden. (Die Psychologin) entscheidet, wer als zuverlässig gilt..."* (ebd., 239).

> *„Eine Mitarbeitern bestätigte dies bei ihrer Zeugenbefragung mit der Anmerkung, dass generell vor Wahlen und bei anderen politischen Einflüssen der Druck innerhalb der GUF immens angestiegen sei."* (ebd.).

Kommentar: Wenn solche fachfremden Erwägungen die Alltagspädagogik in Bezug auf Heimfahrten und Ausgänge bestimmen, muss man sich nicht wundern, wenn die Jugendlichen sich *„unerreichbar"* zeigen, weil sie spüren, dass es nicht um das Ausprobieren von Kontaktmöglichkeiten und das Eingehen auf ihre Interessen geht, sondern ihre Betreuer:innen mit anderen Themen besetzt sind und unter Druck stehen. Damit wird alles, was mit Entweichung zu tun hat, für die Jugendlichen noch interessanter.

Diese „anderen Themen" betreffen Kooperationshindernisse und -ärgernisse auf mehreren Ebenen – zum einen (I) die zwischen GUF und Kooperationspartnern:

> *„Aus dem fehlenden Mitspracherecht seitens der GUF bzw. den in den Gesprächen zur Aufnahme eines Jugendlichen zu Tage getretenen Auffassungsunterschieden resultierten in mehreren Fällen Unstimmigkeiten zwischen FIT und GUF. […] Nämlich dann, wenn eine Aufnahme eines Jugendlichen nach Auffassung der GUF nicht angezeigt war, aber auf Drängen des FIT dennoch vorgenommen wurde. Da nach Ansicht der Einrichtungsleitung der GUF, diese kein Mitspracherecht bei der Aufnahme hatte, führte dies dazu, dass man sich dort darauf zurückzog, über die Kriterien (des FIT), die zu einer Einweisung in die GUF führten, nicht im Bilde gewesen zu sein."* (ebd., 176).

Kommentar: Eine rasche Belegung der GUF zu gewährleisten, wurde als Aufgabe auch den FIT-Teams angetragen, die wiederum selbst beweisen wollten, wie effizient sie arbeiten. Sie haben deswegen so rasch es ging, geeignete, aber in den Augen der GUF eben auch ungeeignete Jugendliche „geliefert". Auf dem Dienstweg war von Seiten des Senats per Dienstanweisung verfügt worden, dass die FIT-Teams ihre Belegungsabsichten gegenüber den GUF-Mitarbeiter:innen durchsetzen können (ebd., 177). Daran änderte auch eine Intervention des damaligen Leiters nichts:

> Er *„bemerkte zu dieser Entscheidung in einer E-Mail ohne Datum an (Senat): ‚Träger müssen scheitern, wenn ihnen Jugendliche in die Einrichtung gedrückt werden, die dort nicht hingehören oder bei denen man nicht bereit ist, die erforderliche Rahmenbedingungen herzustellen'."* (ebd., 238).

Kommentar: Vermutlich war diesem Mann klar, dass damit die dringend erforderliche einvernehmliche kollegiale Zusammenarbeit zwischen FIT und GUF verunmöglicht wäre und ein gemeinsames Lernen aus eher passenden und eher unpassenden Aufnahmen nicht stattfinden könnte – auch das eine Folge des hohen Drucks im System und der anhaltenden Idee der Senatsspitzen Unklarheiten und Konflikte mit Weisungen regeln zu können.

Diese Kooperationshindernisse betreffen zum anderen (II) aber auch die Außendarstellung des Projekts und die oberen Hierarchieebenen: Bei einer Pressekonferenz im März 2003, die zu der bisher als erfolgreich durchgeführten Arbeit der FIT-Teams anberaumt wurde, wurde der Staatsrat auch zur GUF und insbesondere zu Entweichungen befragt. Er gab an, dass in einem bestimmten Zeitraum keine mehr stattgefunden hätten. Später wurde aber aufgedeckt, dass doch drei weitere stattgefunden haben. Bei der Zeugenvernehmung im PUA gab der Staatsrat offen zu, dass er die Tatsache damals bewusst verschwiegen hatte und die Entweichung auch nicht an die Justizsenatorin weitergegeben hatte (ebd., 302). Er wurde in der Presse öffentlich angeprangert und musste seinen Abschied nehmen.

> *Kommentar:* Die Episode zeigt noch einmal wie hoch der Druck im gesamten System war. Dass Menschen bewusst lügen, um ein *pädagogisches Projekt* besser dastehen zu lassen, als es tatsächlich ist, weil eine Vorgesetzte sich sonst blamiert fühlen könnte, kann man sich kaum vorstellen. Aber es geschieht in Deutschland im Jahr 2003.

Zu b) *Thema „(Un)Geeignete Räumlichkeiten und Planungsunsicherheit im Hinblick auf Neubau oder Umbau"*

Unter dieser Überschrift wird aufgeführt:

> „Obwohl das Senatskonzept einen Neubau nicht explizit vorsah, gab es insbesondere in der Führungsspitze des LEB Überlegungen für einen Neubau. Zwar hat N.N. (der dem LEB nach dem oben zitierten Schreiben schon am 13. März 2003) erklärt, dass ein Neubau für eine größere Einrichtung nicht mehr zur Debatte stünde. Dennoch erörterte (der spätere LEB-Leiter) in Vermerken an (den kommissarischen LEB-Leiter) vom 7. Mai 2003 und 12. Mai 2003 wieder, dass eine Kosten-Nutzen-Analyse einen Neubau als eine bessere, langfristigere Variante erscheinen lasse. In dem Vermerk vom 12. Mai 2003 führte er wörtlich aus: ‚So lange hinsichtlich der GU noch nicht abschließend zwischen Ausbau und Neubau entschieden ist, sollte [...]'." (ebd., 235).

> *Kommentar:* Tatsächlich bricht hier der Satz ab. Was genau „*sollte"* bleibt unklar; vermutlich geht es darum, dass bis dahin nicht zu viel investiert werden soll. Denn dieser Mann hält an der Idee eines Neubaus fest:

> „Im Vermerk vom 7. Mai 2003 stellte er dies besonders ausführlich mit dem Ergebnis dar, dass ein Neubau nur 300.000 Euro mehr, nämlich 3.100.000 Euro statt 2.800.000 Euro, kosten, aber modernste Standards hinsichtlich Sicherheit und pädagogischen Rahmenbedingungen herstellen würde. Trotzdem würde ein Anstaltscharakter vermieden und Gebäudeteile könnten auch für eine nicht geschlossene Einrichtung genutzt werden. Hierdurch sei die Einrichtung für ein sehr viel breiteres Zielgruppenspektrum kurz- und

langfristig nutzbar. [...] LEB 21, schrieb zu dem ‚Projektauftrag Erweiterungsplanung Geschlossene Unterbringung, Bauliche Sofortmaßnahmen, Erweiterungsplanung auf 25 Plätze' ohne Datum, dass ein Umbau ohne Berücksichtigung der Kosten für den Umzug des gesamten KJND lediglich 200.000 Euro weniger (2.800.000 Euro statt 3.000.000 Euro) als ein Neubau kosten würde und die Flächen in der Feuerbergstraße auch nach einem Umbau keine optimalen Bedingungen für den Betrieb einer geschlossenen Einrichtung darstellen würden." (ebd., 235 f.).

„*In einem weiteren Schreiben vom 14. Mai 2003 von (LEB-Leiter) an [...] FS 12* (Senats-Mitarbeiter, höher gestellt) *heißt es, diese Situation sollte bis zur Entscheidung über einen Ausbau oder Neubau aufrechterhalten werden (vier Monate). Dann wurde bei der Begehung am 2. Juni 2003 gegenüber [...]* (Senat, höhergestellt, M. S.) *detailliert von einer namentlich nicht bekannten Person geschildert, dass der LEB die Absicht habe, einen Neubau für die geschlossene Unterbringung auf dem angrenzenden eigenen Gelände an der Feuerbergstraße zu errichten; bei einer Bauzeit von rund 20 Monaten und einer angestrebten Fertigstellung des Neubaus noch im Laufe des Jahres 2005 erscheine die Ausweitung des umzäunten Geländes verzichtbar.*" (ebd.).

Der von mehreren Beteiligten immer wieder als notwendig erachtete Neubau wurde jedoch aufgrund der niedrigen Belegungszahlen nicht errichtet. Dieser war für eine wesentlich höhere Zahl von Betreuten geplant (im Senatskonzept ging man noch von 50 zu schaffenden Plätzen allein für Jugendliche aus).

„(X.) (erster, wegen Pannen um Entweichungen entlassene LEB-Leiter) *wies in seiner E-Mail vom 27. März 2003 darauf hin, dass auf den Fortbildungsmaßnahmen zur Vermeidung und Deeskalation von Gewaltsituationen deutlich geworden sei, dass ein wesentlicher Aspekt die Vermeidung von körperlicher Nähe bzw. das Herstellen von Distanz sei. Dieses Ziel lasse sich in den Räumen der Feuerbergstraße nur unzureichend umsetzen. Die Kosten für einen Umbau und eine Erweiterung entsprechend den sicherheitstechnischen und pädagogischen Notwendigkeiten sei nach ersten Schätzungen vergleichbar mit den Kosten für einen Neubau. Hinzu kämen die Folgekosten für den Umzug anderer Dienststellen und einen Ersatz für den KJND, weshalb erneut dringend ein Neubau empfohlen wurde. In einer von N. N. genehmigten E-Mail vom 28. März 2003 wurde darauf geantwortet, dass sich eine Neubaulösung anböte, wenn erkennbar sei, dass eine Belegung von zwölf Plätzen in absehbarer Zeit erreicht werde.*" (ebd.).

Kommentar: Es wird deutlich, dass das Gebäude in der Feuerbergstraße vor allem unter dem Umsetzungsdruck der Politik zur Realisierung ausgewählt worden war, es aber von Anfang an Vorbehalten gegen diese Tatsache gegeben hatte. Ferner wird deutlich, dass mehrere Personen auf mittlerer und hoher Ebene des LEB und des Senats jeweils andere Prioritäten verfolgten und sich damit gegenseitig blockierten. Mehrere Monate (mindestens Februar 2003 bis März 2004 ebd., 237) lang konnte man sich weder voll und ganz auf

> das vorhandene Gebäude einlassen, noch sich auf einen Neubau und eine Verbesserung der Verhältnisse in zwei, drei Jahren verlassen. Jede Seite brachte gute Argumente für ihre Option vor, aber man kam nicht zusammen. Relativ schnell aber wurde klar, dass die von der Politik vorgegebene Größenordnung von 50 Plätzen alleine für Jugendliche überzogen war. Das weist darauf hin, dass man im Senat keine genauen Rücksprachen mit den Hamburger Jugendämtern gehalten hat, was denn deren prognostizierter Bedarf sei. Diese hätten diese hohe Zahl als am eigenen Bedarf vorbei qualifizieren können. Offensichtlich hielt man sich im Senat aber immer noch an die politisch aufgebauschten Zahlen. Aber selbst die Zahl 12, ab der man hätte darüber reden können, wurde nicht erreicht. Das war spätestens im Dezember 2004 absehbar, wurde aber offensichtlich nicht oder nicht deutlich genug an die Senatsspitzen kommuniziert.

Zu c) *Thema: Konzeptionelle Schwachstellen*

Im Bericht werden detailliert drei Konzepte, vom Senat, von der Behörde für Soziales und Familie (BSF) und dem LEB vorgestellt und miteinander verglichen. Die Abweichungen stellen sich als geringfügig dar. Problematisch ist etwas anderes, was der PUA klar benennt:

„Die BSF erstellte daraufhin ihrerseits ein Konzept, mit dem sie das vom Senat beschlossene und in der Umsetzung befindliche Konzept ausführt. Die BSF darf das Konzept des Senats konkretisieren und umsetzen, ihm aber keinen völlig neuen Regelungsgehalt geben. Basierend auf dem Senatskonzept und dem Konzept der BSF erstellte der LEB als Einrichtungsträger das LEB-Konzept. Der LEB konnte und musste dabei als Einrichtungsträger in seinen Ausführungen noch konkreter werden als bereits die BSF selbst. Auch hier gilt jedoch, dass der LEB nicht völlig neue Regelungen schaffen konnte." (ebd., 53).

> *Kommentar:* Damit ist klar, dass die übergeordneten Behörden, die in der Regel über weniger praktische Erfahrungen mit der Zielgruppe und weniger konkretes Handlungswissen, auch im Sinne von differenzierten Typologien und methodischen Ansätzen verfügen, den inhaltlichen Rahmen vorgeben, den die Anderen, die über solches Wissen und solche Erfahrungen verfügen (könnten), nur noch ausmalen, aber nicht grundsätzlich gestalten können. Sehr viel sinnvoller wäre es gewesen, ein zirkuläres Verfahren mit mehreren Rückkoppelungsschleifen zwischen diesen Ebenen unter Hinzuziehung externer Fachleute zu etablieren. So wurde es eine Top-Down-Konzeption.

Einer der zentralen Eckpunkte der BSF-Konzeption betrifft die *„Verhaltenstherapeutische Orientierung"*, innerhalb derer *„die Minderjährigen mit den Folgen ihrer Taten für die Opfer konfrontiert werden und durch Verhaltenstraining lernen, sich in Zukunft in Konfliktsituationen gewaltfrei und sozial angemessen zu verhalten."*

(ebd., 62). Im LEB-Konzept heißt es dazu: *„Für die Arbeit mit den Jugendlichen sei „ein Verstehen der bisherigen Funktion ihrer grenzverletzenden Verhaltensweisen erforderlich, um deren Dynamik einordnen zu können."* (ebd., 65).

> Kommentar: Mit Verhaltenstraining einerseits und dem Verstehen der Funktion des Verhaltens andererseits liegen zwei konträre sozialpädagogische Grundorientierungen vor. Diese scheint niemand zu reflektieren. Wahrscheinlich wird dieser Widerspruch auch in die praktische Arbeit eingewandert sein.

Unter der Überschrift *„Zentrale Merkmale der Geschlossenen Unterbringung Feuerbergstraße"* wird u.a. das „Phasenmodell" dargestellt. Dieses gliedert sich in vier Phasen auf: *Eingewöhnungs- und Orientierungsphase, Konsolidierungsphase, Erprobungsphase* und *Reintegrationsphase*:

„In der Eingewöhnungs- und Orientierungsphase sollen die Jugendlichen u. a. das Leben in der Wohngruppe kennen lernen. In dieser Phase sollen nur anlassbezogene Ausgänge möglich sein. Die Ausgänge sollen mit den Jugendlichen geplant und vorbereitet werden. Besuche sollen die Jugendlichen von Angehörigen und Bezugspersonen mit ihrer Zustimmung und nach vorheriger Absprache erhalten können. Diese Phase soll beendet sein, wenn es dem Jugendlichen gelungen ist, vier Wochen lang die ‚zentralen Regeln' einzuhalten. […] In der Konsolidierungsphase haben die Jugendlichen die Möglichkeit, an zwei Nachmittagen bis zum Abendbrot die Einrichtung zu verlassen. Zu Beginn dieser Phase soll der Ausgang nur in Begleitung stattfinden. In dieser Phase soll das Anti-Gewalt-Training/Konfliktgruppe als Gruppenangebot eingeführt werden. Jugendliche, die den Anforderungen der Konsolidierungsphase mindestens drei Monate gerecht werden, sollen die nächste Phase, die Erprobungsphase, erreichen. In der Erprobungsphase sollen individuell abgestimmte Wochenendbesuche der Jugendlichen zu den Eltern und Angehörigen möglich sein. Die Teilnahme am internen Unterricht bzw. an internen Beschäftigungsangeboten soll entfallen, wenn externe Angebote wahrgenommen würden. In dieser Phase sollen die Jugendlichen bei der Suche und Aufnahme sozialer Bezüge unterstützt werden. Erlangen die Jugendlichen in dieser Phase die Fähigkeiten, ihre Alltagsgestaltung ihrem Alter entsprechend selbstverantwortlich zu gestalten, sei die Erprobungsphase abgeschlossen. Als vierte Phase soll die Reintegrationsphase folgen, die nach etwa einem Jahr oder früher erreicht werden soll. Regelungen und Einschränkungen sollen individuell abgesprochen werden. Schule und Beschäftigung sollen verbindlich bleiben. Die Jugendlichen sollen bei der Suche nach einer geeigneten nachfolgenden Betreuungseinrichtung bzw. nach eigenem Wohnraum oder bei der Rückkehr in die Familie unterstützt werden. Die Reintegrationsphase soll mit einer Erziehungskonferenz im bezirklichen Jugendamt enden, wenn die Jugendlichen ihrem Alter entsprechend in externe Bildungs- und Beschäftigungsmaßnahmen integriert seien und den Anforderungen der Reintegrationsphase gerecht werden können." (ebd., 65 f.).

> *Kommentar:* Schon alleine diese wenigen Ausführungen lassen Schwächen in allen drei Konzepten erkennen. Vor allem deswegen, weil man im LEB-Konzept richtigerweise zwar von sehr unterschiedlichen *„Funktionen ihres grenzverletzenden Verhaltens"* ausgeht, die erst einmal zu verstehen wären ausgeht, dann aber für alle Jugendlichen einen geradlinigen Anpassungsweg entwirft, der von allen gleichermaßen in vorgegebenen Zeiträumen, aber in jeden Fall innerhalb eines Jahres, durchlaufen werden kann bzw. soll. Diese Schwächen betreffen im Einzelnen:

c1) Der Leiter der GUF führt dazu aus:

> *„Es ging da um Schwierigkeiten, die wir auch immer wieder in der Einrichtung hatten mit der Zielgruppe, dass das Konzept, welches wir geschrieben haben, einst auf Jugendliche ausgerichtet war, die pädagogisch erreichbar waren, wir immer wieder festgestellt haben im Verlauf, dass diese Stadt mit Jugendlichen konfrontiert wird und Probleme hat, die auch schwere Persönlichkeitsstörungen aufweisen und wir darauf nicht in dem Sinne vom Konzept her richtig aufgestellt waren und da nachsteuern mussten."* (ebd., 143).

Auch der Leiter des LEB räumte ein, dass bei der Sicherheitsplanung der GUF und darüber hinaus die Art von Gewalt und Vandalismus unterschätzt worden sei, die *„Jugendliche in dieser Einrichtung entfaltet hätten"* (ebd., 240):

> *„Die bisherige pädagogische Ausrichtung, klare Grenzen, Regeln und Strukturen zu vermitteln, hat bei Jugendlichen mit schweren Persönlichkeitsstörungen zu ausgeprägten Eskalationen geführt. Zu starre Grenzen und Sanktionen, die aufgrund der Störungsbilder nicht realisiert werden konnten, hatten zur Folge, dass ein kaum zu durchbrechender Kreislauf an Widerstand, Gewalt immer weiterer Grenzüberschreitung und entsprechenden Gegen-Reaktionen in der Einrichtung entstand."*

Ob und inwieweit Konsequenzen aus dieser Einschätzung gezogen wurden, entzieht sich der Kenntnis." (ebd., 409).

> *Kommentar:* Zum einen wird deutlich, dass die Verantwortlichen bezogen auf die Zielgruppe generell eher naiv darauf vertraut haben, dass die Jugendlichen, wenn sie erst einmal da sind, auch ansprechbar sind. Das zu erwartende Ausmaß an Reaktanz (siehe 1.1) und die damit einhergehende Gewaltbereitschaft wurden von allen – im Senat, im LEB und in der GUF – anfangs unterschätzt. Wie kann man sich diese Naivität und die daraus resultierende mangelnde Vorbereitung, auf das was mit den Jugendlichen auf einen zukommt, erklären? Die Frage stellt sich ob die Vertreter:innen der besuchten GU-Einrichtungen ihre Erfahrungen mit ihren Klient:innen wirklich offen weitergegeben haben oder den Hamburger Besucher:innen eher ein geschöntes Bild ihres Alltags vermittelt haben.

Denn das Problem massiver Reaktanz kennen alle GU-Einrichtungen. Ideen zu Typologien liegen bereits seit vor 2001 vor (vgl. Schwabe 2001 und 2002). Auch daran hätte man sich orientieren können.

Kommentar: Es muss als diagnostisch unterkomplex bis einfältig betrachtet werden, die Jugendlichen zwischen *„pädagogisch erreichbaren"* und *„psychisch Erkrankten"*, insbesondere an *„Persönlichkeitsstörungen"* Erkrankten aufteilen zu wollen. Beinahe alle Jugendlichen, die in eine GU kommen und vorher eine Kinder- und Jugendpsychiatrie besucht haben, wurden auch als psychisch krank eingeschätzt und haben eine psychiatrische Diagnose erhalten. Die Frage, ob sich ein Jugendlicher – auch mit massiver psychischer Erkrankung – erreichen lässt oder nicht, hängt überwiegend von seinem Gegenüber ab und den Forderungen, die dieser stellt oder nicht stellt. Ansprechbarkeit und auch Erziehbarkeit muss man erst – äußerst mühsam und mit sehr viel Geduld – herstellen (siehe auch Barth 2010). Durch das Konzept waren aber Festlegungen in Bezug auf Ansprüche an die Jugendlichen getroffen worden, die für alle galten und an alle herangetragen wurden. Einige wenige Jugendliche haben sich angepasst (wie kurzfristig auch immer) und diese erfüllt; andere haben sich gegen diese Forderungen zur Wehr gesetzt. Ansprechbar sind Jugendliche nicht per se. Sie werden ansprechbar, wenn sie den Eindruck haben, dass man auf sie zugeht, ihre Situation verstehen und mit ihnen eine für sie passende Perspektive erarbeiten möchte. Was beispielsweise mit der Methode *„Sozialpädagogische Diagnose"* nach Mollenhauer/Uhlendorff angegangen werden kann (Mollenhauer/Uhlendorff 1999). Ich persönlich habe noch nie einen Jugendlichen getroffen, der dazu nicht bereit gewesen wäre, ein solches, in diesem Rahmen erforderliches Interview zu führen. Die Frage ist, ob man solche Methoden konzeptionell und praktisch vorsieht oder nicht. Und ob man das Konzept so schreibt, dass es ein erstes Clearing vorsieht, das eher flexibel gehandhabt wird, bis man halbwegs begriffen hat, was den Jugendlichen innerlich bewegt und ob er und gegebenenfalls unter welchen Bedingungen er oder sie zu einer Kooperation bereit ist. Dazu gehört aber auch die Freiheit ihn oder sie nach vier Wochen bis drei Monaten entlassen zu können, wenn den Mitarbeiter:innen kein Zugang gelingt und der Jugendliche auch nach zwei, drei Monaten zu keinerlei Kooperation bereit zu sein scheint. So etwas konzeptionell zu denken oder gar umzusetzen, schien in Hamburg angesichts des massiven Erfolg Drucks, gar nicht erst denkbar. Der Preis dafür sind aufgebrachte Jugendliche mit mörderischen Impulsen, die sich gegen die Mitarbeiter:innen, die das Konzept umsetzen möchten, mit allen Mitteln zur Wehr setzen und diese völlig überfordern. Stellvertretend sei hier aus einem Versetzungsantrag eines Mitarbeiters zitiert:

„Wie sehr Jugendliche unter der hier praktizierten Form der Konfrontation leiden, zeigt die erhöhte Aggressivität, Gewaltbereitschaft und die Häufung von Selbstverletzungen. Ich sehe meine pädagogische Arbeit gefährdet und kann diese nicht fortführen, wenn es kein pädagogisches Konzept gibt, das meinen Anforderungen entspricht. Ich vermisse hier Klarheit, ich vermisse Strukturen und ich vermisse Unterstützung." (ebd., 296).

c2) Das Konzept sah zu Beginn vor, dass die jungen Menschen damit motiviert werden können über schrittweise Anpassungen ihres Verhaltens bzw. Regelkonformität von der Stufe 1 bis zur Stufe 3 aufzusteigen.

> *Kommentar:* Solche Konzepte können im Rahmen von GU durchaus sinnvoll sein (vgl. Schwabe 2014 und 2022); aber nur für Jugendliche, die prinzipiell in der Lage sind, ihr Verhalten halbwegs selbst zu regulieren bzw. die es bisher nicht getan haben, weil die erlebten Gewinne aus dissozialem Verhalten weit größer waren als die von angepasstem. Das sieht auch der Leiter der GUF nach wenigen Monaten:

„Wir haben ja auch Jugendliche aus der Psychiatrie aufgenommen. Wir waren aber in der Einrichtung als pädagogische Einrichtung mit einem pädagogischen Konzept, wo wir ein verhaltenstherapeutisches Konzept fahren, waren diese Jugendlichen nicht richtig untergebracht, weil diese Jugendlichen aufgrund ihrer Persönlichkeitsstörung und Beziehungsstörung nicht in der Lage sind, rationell mit Konsequenzen, mit Beziehungen umzugehen. Von daher muss dort ein eher psychotherapeutischer Ansatz praktisch angesetzt werden und gearbeitet werden. Das geht aber nicht in einer gemischten Gruppe. Man kann nicht in einer Gruppe auf der einen Seite psychotherapeutisch arbeiten und auf der anderen Seite pädagogisch arbeiten. Von daher hatten wir die Not, wie wir damit umgehen. Und dieses Problem habe ich thematisiert und gesagt: Wir müssen hier irgendetwas bewegen, weil, so kann es nicht funktionieren. Und daraufhin wurde dann die Überlegung angestellt, eine Binnendifferenzierung durchzuführen, um in der einen Gruppe nach verhaltenstherapeutischen Grundsätzen zu arbeiten, auf der anderen nach psychotherapeutischen Grundsätzen zu arbeiten." (ebd., 140).

> *Kommentar:* Dem Leiter ist unbedingt zuzustimmen. Stufenkonzepte mit Regeleinhaltungs-ansprüchen machen keinen Sinn für junge Menschen mit Impulskontrollschwächen und depressiver Grundstimmung, die aggressiv abgewehrt wird. Beide Gruppen wünschen sich zwar sich anpassen zu können und versuchen es immer wieder, werden aber immer wieder von Impulsen oder depressiven Stimmungen überschwemmt werden, denen sie weitgehend hilflos ausgeliefert sein. Nach mehreren Versuchen geben sie es dann auf. Auch nicht für Jugendliche, die in erster Linie ihren Selbstwert daran festmachen, ob es ihnen gelingt Regeln und Grenzen brechen und/oder zu unterlaufen und die Regel-konformes Verhalten als Unterwerfung erleben oder deuten. Für alle drei geschilderten Typen stellt allerdings auch der neue Konzeptionsbaustein *„Konfrontative Pädagogik"*, der von dem stellvertretenden Leiter in die GUF mitgebracht und propagiert wurde, kein probates Mittel dar (PUA 2007, 321 f.).

Die Alternativen einer Binnendifferenzierung werden zwar angedacht, aber nicht oder nur ansatzweise umgesetzt, auch weil das Personal fehlt, das mit solchen differenzierten Ansätzen zu arbeiten vermag. Stattdessen wird von fehlender *„Erreichbarkeit"* gesprochen, das Problem des Zugangs also ausschließlich den

Jugendlichen zugeschoben. Bei so vielen klugen Sozialpädagog:innen, die dem Konzept zugestimmt und anschließend die Nicht-Passung beobachten konnten, wundert es, dass das nicht deutlicher zum Ausdruck gebracht wurde und nicht rascher energischer umgesteuert wurde. Das liegt vermutlich auch daran, dass ein solches Umsteuern von der Politik als Eingeständnis von Versagen und Schwäche gedeutet worden und vermutlich auch nicht unterstützt worden wäre.

c3) Es reicht, dazu das Fazit aus der Sichtung der besonderen Vorkommnisse zu lesen:

„Es verwundert aus diesem Grunde (der Vorbelastungen der Jugendlichen, M. S.) *nicht, dass während des pädagogischen Prozesses das Ausmaß und die Alltäglichkeit von Gewalt von Jugendlichen gegen sich selbst, gegen andere Jugendliche und gegen ihre Betreuer sehr hoch war. Weit über 100 solcher Vorkommnisse wurden in zwei Betriebsjahren in der Feuerbergstraße gemeldet. Solche Vorkommnisse reichten unter anderem von Suizidversuchen bis hin zu strafbaren Handlungen gegen oder von Kindern und Jugendlichen. In dem Zeitraum vom 20. März 2003 bis 21. Februar 2005 sind in der GUF über 160 solcher Vorfälle bekannt. Im gleichen Zeitraum wurden in den übrigen Jugendhilfeeinrichtungen in Hamburg 288 Fälle gemeldet. Verdeutlicht man sich allerdings, dass die Kapazität der GUF nach der Konzeption auf die intensivpädagogische Betreuung von einem Dutzend Jugendlicher ausgerichtet war, und die tatsächliche Belegung stets unter der Kapazität lag führt dies unweigerlich vor Augen, welches Ausmaß an Gewaltbereitschaft in der GUF herrschte und wie dieses andauernd zu einer Situation in der Einrichtung führte, die als prekär und besorgniserregend zu bezeichnen ist. Nicht zuletzt die hohe Mitarbeiterfluktuation kann als Indiz für eine problematische Gesamtsituation herangezogen werden. In einer Einrichtung wie der Feuerbergstraße kommt einer qualitativ guten und konstanten Personalsituation allerdings eine maßgebliche Bedeutung zu. Ob eine ausreichende Erziehung bei hohem Personalwechsel überhaupt gewährleistet werden kann, darf im Falle der Feuerbergstraße mindestens bezweifelt werden."* (ebd., 297).

Kommentar: In diesen Passagen ist alles Wesentliche zu dem Thema gesagt. Ich empfehle zusätzlich noch einmal die Seiten mit den Anlässen für die Gründung des PUA zu lesen. Auch dort wird deutlich wie unvorbereitet die Gründer und Leiter- und damit auch die Mitarbeiter:innen – in Bezug auf das waren, was mit den Jugendlichen unter GU-Bedingungen auf sie zukam.

c4) Der PUA-Bericht führt aus: *„Kontraindikationen für eine GU können*

- *ein ausgeprägtes Borderline-Persönlichkeitsprofil,*
- *ausgeprägte Gruppenunfähigkeit,*
- *hochgradige geistige Behinderung*
- *und ausgeprägte Suchtstörungen sein"*

und wundert sich, dass diese Gesichtspunkte keinen expliziten Eingang in die Konzeptionen gefunden haben (ebd., 43).

Von Kooperation mit der Kinder- und Jugendpsychiatrie ist lediglich in der Stellenbeschreibung der Psycholog:in die Rede, ohne dass dies genauer ausgeführt wird: *„Kooperation und Zusammenarbeit mit den Abteilungen der Hamburger Kinder- und Jugendpsychiatrien, Vermittlung externer therapeutischer Maßnahmen."* (ebd.). Deutlich wird in der Konzeption, dass es solche Bedarfe geben kann: *„Zur Unterstützung der Mitarbeiterinnen und Mitarbeiter kann in Krisensituationen auch psychologische Hilfe bzw. psychiatrische Hilfe herangezogen werden."* (ebd., 103).

„Die Erfahrung zeigt, dass in Einzelfällen auch Hilfestellung durch Polizei und Psychiatrie erforderlich ist. Die Polizei ist hilfreich bei der direkten Gefahrenabwehr (SOG). Dies kann auch für die Psychiatrie gelten, die darüber hinaus bei z. B. psychotischen Schüben auf der Grundlage des PsychKG tätig werden kann." (ebd., 81).

„Suizidgefahr als Ausschlusskriterium wird expressis verbis (erst) im Konzeptentwurf vom 15. März 2005 genannt." (ebd., 169).

Kommentar: Dass ein Großteil der Jugendlichen, die in die GU kommen, aus dem Grenzbereich Jugendhilfe und Kinder- und Jugendpsychiatrie stammen war zu erwarten. Darüber hätte man sich auch bei den anderen GU-Einrichtungen informieren können. Um das Gewalt- und Verstörungspotential dieser Jugendlichen aufzufangen, hätte es einer intensiven Zusammenarbeit mit der Kinder- und Jugendpsychiatrie bedurft, die über die Vergabe von Medikamenten hinausgeht. Gemeinsame Fallbesprechungen, zeitlich begrenzte Kriseninterventionen in der Klinik, Bereitschaft von Kinder- und Jugendpsychiater:innen und niedergelassenen Therapeut:innen auch in die Einrichtung zu kommen und dort Gespräche mit den Jugendlichen zu führen, wären nötig gewesen. Die im Konzept festgeschriebene Trennbarkeit zwischen den Klient:innen beider Systeme ist illusorisch. Freilich scheint es auch von Seiten der Kinder- und Jugendpsychiatrie Verweigerungen gegeben zu haben, aktiver beim Aufenthalt einiger Jugendlichen in der GUF mitzuwirken. Was noch einmal zeigt, dass die Kooperation nicht breit genug aufgestellt war und strukturell zu wenig abgesichert war (z. B. über einen Vertrag über konziliarische Beratung und Hilfen in Krisen). Der PUA hält an dieser Stelle, einer der wenigen fachlich schwachen, lediglich fest:

„Es wurden also entgegen dem gültigen Konzept vom 15. September 2003 Jugendliche mit starken psychischen Problemen bzw. starken Persönlichkeitsstörungen aufgenommen, die einer psychiatrischen Behandlung bedurften, und nicht mit pädagogischen Mitteln erreichbar waren." (ebd., 186).

c5) Wenn man eine GU anbietet, ist man auch verpflichtet für gute Übergänge in andere Einrichtungen zu sorgen, die bereit und in der Lage sind, mit diesen Jugendlichen zu arbeiten. Dazu gehört auch, dass man aus der GU heraus mit

Jugendlichen solche Einrichtungen aufsucht und dort tageweise mit dem Bezugserzieher:in hospitiert etc. Wenn diese Einrichtungen fehlen, muss man sie gegebenenfalls schaffen. Das war in Bezug auf die GUF früh bekannt:

> Der „*Geschäftsführer des Landesbetriebes Erziehung und Berufsbildung […] hatte in einem Vermerk an die Sozialbehörde am 26.04.2004 Lücken im Jugendhilfesystem benannt, die insbesondere die Hilfeübergänge betrafen. Er schlug unter anderem die Einrichtung einer Nachsorgeeinrichtung für die GUF vor. Die Sozialbehörde lehnte im Mai 2004 eine solche Nachsorgeeinrichtung für die GUF ab; dies sei fachpolitisch nicht gewünscht."* (ebd., 136).

Warum? Weil es sich dabei um eine „*Spezialeinrichtung*" handeln würde.

Kommentar: Übergänge waren als fachlich notwendig erkannt worden, wurden aber aus *fachpolitischen* (!) Erwägungen als unerwünscht beurteilt. Dazu muss man wissen, dass Spezialgruppen in den Augen vieler (vermeintlicher) Jugendhilfeexpert:innen in Landesjugendämtern und Fachverbänden abgelehnt werden, weil sie angeblich zu Sammelbecken von „schwierigen Jugendlichen" würden und diese sich in Bezug auf ihre Probleme dort gegenseitig bestärken würden. Praktiker:innen aus Jugendämtern suchen aber immer wieder händeringend nach Plätzen in solchen Spezialeinrichtungen und haben oft gute Erfahrungen damit gemacht. Auch hier ein leider allzu verbreitetes Verhalten im Jugendhilfesystem: von oben herab Anweisungen geben und Ignorieren, was die Basis für sinnvoll hält. Skandalös!

> „*Wie oben bereits erwähnt, schreibt die Dienstanweisung des FIT mit der GUF vom 9. September 2004 vor, dass drei Monate vor Beendigung der Unterbringung des Minderjährigen in der GUF ein Hilfegespräch zu führen ist, das die Beendigung der Maßnahme und die Anschlussunterbringung plant. Dies ist jedoch nur dann erforderlich, wenn sich der Jugendliche mindestens drei Monate in der GUF befand."* (ebd., 211).

Kommentar: Die Idee, dass für Jugendlichen in einer GU die Hilfeplanung erst nach drei Monaten einzusetzen habe, lässt sich fachlich nicht begründen. Gerade für riskant agierende Jugendliche ist es von größter Wichtigkeit ihnen attraktive Perspektiven innerhalb der Jugendhilfe aufzuzeigen. Damit kann man nicht früh genug beginnen. Das scheint aber weder in der GUF noch den sie belegenden FIT-Teams und Jugendämtern fachlicher Konsens gewesen zu sein.

Zu d) Überforderte Mitarbeiter:innen, Krankenstände, Kündigungen und fehlende Unterstützung im Alltag

Der PUA resümiert: „*Die Arbeit der GUF war im Untersuchungszeitraum durch eine erhöhte Personalfluktuation […] und überdurchschnittlich hohen Krankenstand […] geprägt*" (ebd., 222). Die Hoffnung, dass der LEB als großer Träger über genügend flexibles Personal verfügt, um bei Engpässen auszuhelfen, erwies sich als irrig:

„Es war einer der Gründe, warum der LEB Träger geworden ist, denn er verfügt über einen großen Mitarbeiterstamm, um entsprechend kurzfristig personelle Engpässe in der Geschlossenen Unterbringung ausgleichen zu können. […] Im Zeitraum von Januar 2003 bis März 2005 waren 36 Mitarbeiter erkrankt. Durch diese Krankmeldungen sind insgesamt im erwähnten Zeitraum 2270 Krankheitstage angefallen. Das entspricht einem durchschnittlichen Krankenstand von sieben Wochen pro Mitarbeiter jährlich." (ebd.).

Exemplarisch seien hier die Aussage eines Beschäftigen wiedergegeben: *„Ich kann aus meiner persönlichen Erfahrung sagen, dass es* teilweise schwierig war, den Dienst aufrechtzuerhalten aufgrund von nicht vorhandenem Personal und teilweise auch hohen Krankenstände."* (ebd., 224). Des Weiteren schilderte er, dass es eine sehr hohe Fluktuation im Hause gab. Es gestaltete sich sehr schwierig, ein Team aufzubauen und eine kontinuierliche pädagogische Arbeit zu leisten: „Ich kann mich an Situationen erinnern, wo Kollegen lange vor Ende der Einarbeitungsphase gesagt haben, dass sie dort wieder aufhören möchten zu arbeiten." (ebd.).

> *Kommentar:* Damit ist alles gesagt. Der große Druck von oben und der nicht weniger massive Druck, den die Jugendlichen ausüben, führten zu einer Überforderung der Mitarbeiter:innen, die krank werden oder sich krank melden und kündigen. Die Jugendlichen registrierten den Schwund und hörten auf Kontaktwünsche zu bestimmten Betreuer:innen zu entwickeln oder fingen erst gar nicht damit an. Ansätze zur Teambildung, die Sicherheit vermitteln hätten können, wurden immer wieder unterbrochen. Unter solchen Bedingungen kann sich kein Setting entwickeln und möchte niemand arbeiten.

Zu e) Gewalt gegen sich und andere und andere besonderen Vorkommnisse

Gewalt gegen sich und andere – unabhängig ob von Mitarbeiter:innen gegenüber Jugendlichen, Jugendlichen gegen über Mitarbeiter:innen oder Jugendlichen gegenüber anderen Jugendlichen – stellen *„besondere Vorkommisse"* dar, die unbedingt dokumentiert werden sollten, um nicht in den Verdacht zu geraten, solche Vorfälle verschwiegen oder vertuscht zu haben.

„Gewalt gegen andere Jugendliche und gegen die Betreuer und Sicherheitsdienstmitarbeiter spielte bei den Besonderen Vorkommnissen der GUF die größte Rolle. Der Arbeitsstab zählt 73 ‚Besondere Vorkommnisse', die in Zusammenhang mit Straftaten oder Regelverletzungen standen, 144 angezeigte Straftaten der Jugendlichen, 4 Strafanzeigen gegen die Mitarbeiter. Es kam zu 68 Strafverfahren vor den Jugendgerichten und mindestens 8 verhängten Jugendstrafen mit einem Strafmaß zwischen 8 Monaten und 2 Jahren. In den überwiegenden Fällen wurde wegen Körperverletzung ermittelt. […] Fast alle Jugendlichen verübten oder erlitten Gewalt in der GU Feuerbergstraße; nur drei Eingewiesene tauchen insoweit nicht auf – nicht zuletzt, weil sie nur wenige Tage in der Einrichtung

wohnten. 59 Mitarbeiter der GUF und des Sicherheitsdienstes erlitten körperliche Angriffe." (ebd., 477).

> Kommentar: Das Ausmaß an Gewalt ist – auch verglichen mit Meldungen anderer GU-Einrichtungen – als hoch einzuschätzen. Man darf vermuten, dass Gewaltbereitschaft und Angst vor Gewalt die Atmosphäre geprägt haben. Nicht ständig, aber immer wieder.

In der Regel haben die Mitarbeiter:innen gut dokumentiert, was es im Nachhinein erleichtert Auffälligkeiten einzuordnen, wie z. B. die, dass es in der zweiten Jahreshälfte 2004 zu einer Verzehnfachung der dokumentierten *„Besonderen Vorkommnisse"* gekommen ist (ebd., 288):

„Von den insgesamt 57 Besonderen Vorkommnissen im Zusammenhang mit Regelverletzungen, Gewalt und Straftaten entfallen alleine 31 auf die Jugendlichen J 17 und J 16. Dies sind 54 Prozent, mithin über die Hälfte der Fälle. Insofern konzentriert sich die Häufigkeit der Fälle maßgeblich auf diese Jugendlichen. Auffällig ist ebenfalls, dass der Jugendliche J 05 für sieben Besondere Vorkommnisse verantwortlich war, wobei seine Aufenthaltsdauer knapp zehn Wochen betrug. In dem Kapitel ‚Soll-Ist-Vergleich des Konzepts und sonstiger Vorgaben' wurde herausgearbeitet, dass J 17 in beiden Fällen seiner Unterbringung in der GUF hinsichtlich seiner Person und seines Vorlebens dem konzeptionellen Rahmen der GUF entsprach. Entsprechendes gilt auch für J 05. Trotz fehlender Frustrationstoleranz, Affektsteuerung und explosiver Aggressivität gehörte J 05 zu der von der GUF avisierten Zielgruppe. J 16 und J 20 hingegen wurden in der GUF untergebracht, obwohl Zielgruppenkonformität jeweils nicht gegeben war." (ebd., 289).

> Kommentar: Interessant zu beobachten, dass ein ungewöhnlich hohes Ausmaß an Gewalt sowohl bei den Jugendlichen vorkommt, die der Zielgruppenbeschreibung entsprechen (J 5 und J 17) wie ihr widersprechen (J 16 und J 20).

Unter dem Stichwort *„Autoaggression, Suizidversuche"* listet der PUA *„28 Vorfälle von autoaggressivem Verhalten unter den Jugendlichen [...] innerhalb des Untersuchungszeitraums"* auf (ebd., 264).

„Hiervon allein neun Vorfälle im Monat November 2004. In der Liste mit autoaggressivem Bezug sind zumindest zwei Fälle bekannt, in denen es den äußeren Umständen nach zu ernsthaften Suizidversuchen gekommen ist (siehe hierzu sogleich). Im Übrigen verteilen sich die Vorfälle innerhalb des Untersuchungszeitraums wie folgt: In 20 Fällen kam es zu Selbstverletzungen, vorwiegend in Form von Schnittverletzungen. In zwei Fällen wurden Selbstverletzungen von den Jugendlichen angedroht, in einem weiteren Fall wurde eine Selbstverletzung versucht. Sechsmal wurden Suizidversuche geäußert bzw. angedroht. In drei Fällen gab es Kombinationen von Suizidandrohungen und Selbstverletzungen. 25 von 28 in den Besonderen Vorkommnissen geschilderten Fälle von

Autoaggression sind vier Jugendlichen zuzurechnen: J 17 (neun Fälle), J 05 (acht Fälle), J 20 (fünf Fälle) und J 16 (drei Fälle)." (ebd.).

„Im Folgenden sollen die gravierendsten Vorfälle mit autoaggressivem Bezug beispielhaft dargestellt werden: Zu nennen ist hier insbesondere ein Vorkommnis vom 22. Februar 2004. In diesem Fall ging es um einen besonders dramatischen Suizidversuch des Jugendliche J 20. Es handelt sich hierbei um das Besondere Vorkommnis Nr. 33. Aus dem Vermerk geht hervor, dass der betreffende Jugendliche zunächst Streitigkeiten mit einem anderen Betreuten hatte, in dessen Verlauf er von zwei Pädagogen gelegt werden musste. Gegen 19.30 Uhr begleitete die ebenfalls an diesem Abend diensthabende Pädagogin [...] einen ihrer Kollegen zum Ausgang, während sie plötzlich bemerkte, wie J 20 das Oberlicht in seinem Zimmer auf Kipp stellte. Dieser war gerade dabei, ein Schlüsselband hieran zu befestigen. Hierauf eilte die Pädagogin in das Zimmer des Jugendlichen und sah, dass er bereits das Band um den Hals gelegt hatte, seine Füße aber noch auf dem Heizungsrohr Halt fanden. Die Pädagogin packte den Jugendlichen sodann an den Beinen und hob ihn hoch, während sie gleichzeitig um Hilfe rief. Hierauf kam ein Jugendlicher aus der Einrichtung zur Hilfe und befreite J 20 aus dem Band. Dieser wurde schließlich auf ein Bett gelegt. Die Pädagogin konnte schließlich den Puls des Jugendlichen fühlen. Dieser war nach einiger Zeit ansprechbar." (ebd., 265).

„Zu diesem Suizidversuch wurde die Pädagogin [...] auch als Zeugin vernommen. Zum Hergang des Vorfalles befragt, schilderte sie, dass der Jugendliche mit Strümpfen an den Füssen bekleidet auf Zehenspitzen auf einem Heizungsrohr stand mit einem Strick um den Hals. Auf Nachfrage, ob es sich bei dem Suizidversuch um einen ernsthaften gehandelt habe, gab sie an, dieses mit Gewissheit nicht beurteilen zu können. Sie nahm aber an, dass der Jugendliche verzweifelt gewesen sei." (ebd.).

Kommentar: Solche Situationen kommen in allen FeM- bzw. GU-Einrichtungen vor, wenn auch selten. Sie können in erster Linie mit individuellen Dynamiken zu tun haben, was bedeutet, dass der/die Jugendliche auch an anderen Orten wie einer offenen Wohngruppe einen Suizdversuch unternommen haben könnte. Bezogen auf die in GUF stattgefundenen Selbstverletzungen und Suizidversuche muss man sich allerdings fragen, ob sie nicht zum Teil oder überwiegend der Atmosphäre einer massiven institutionellen Verunsicherung und in anomischen Verhältnissen stattgefunden haben, in denen der Schutz Einzelner nicht mehr garantiert werden konnte und deswegen der innere Druck auf ein unaushaltbares Niveau angestiegen war.

Zu f) „Notnagel" Sicherheitsdienst

In der angespannten Personalsituation, in der sich die GUF bereits sechs Monate nach Eröffnung befand, wurde ein Rettungsmittel gesucht und gefunden, auch wenn damit neue Probleme verbunden waren; gemeint ist der Sicherheitsdienst:

„Seit Juli 2003 wurden in der GUF auch Mitarbeiter eines privaten Sicherheitsdienstes eingesetzt." (ebd., 68).

„Hintergrund dürfte sein, dass personelle Engpässe die Durchführung von Nachtwachen gefährdeten bzw. die Durchführung der Nachtwachen durch fachlich ausgebildetes Personal sich nachteilig auf die übrigen erzieherischen Aufgaben auswirkten. Durch den Einsatz des Sicherheitsdienstes sollte sichergestellt werden, dass das pädagogische Personal lediglich Bereitschaftsdienst leisten musste, also im Schlafraum der Betreuer nächtigen konnte und nur im Problemfall eingesetzt wurde. Die anstrengende Nachtwache, die sich auf Sicherheitsaspekte und ein reines Beobachten erstreckte, übernahmen dabei die privaten Sicherheitskräfte. Soweit es bei dieser Aufgabenteilung blieb, kann diese Abweichung im Konzept des LEB noch als konkrete Ausgestaltung der Vorgaben durch BSF und Senat angesehen werden" (ebd.), stellt der PUA fest.

Dass die Nutzung eines Sicherheitsdienstes zunächst nicht eingeplant war, sieht man an den Kosten, die für das Jahr 2003 als *„nicht eingeplant"* bezeichnet wurden (ebd., 127). Sie betrugen geschätzt 60.000 Euro. *„Ab 2004 wurden die Aufwendungen für die Dienste der Fa. Securitas in den Entgeltkalkulationen und in den Entgeltvereinbarungen zwischen dem LEB und der BSF berücksichtigt. Hierbei wurden 24,05 Euro pro Tag und Jugendlichen angesetzt. Insgesamt waren also für das Jahr 2004 103.000 Euro an Ausgaben für die Dienste der Fa. Securitas eingeplant."* (ebd., 128). Die Kosten für 2005 beliefen sich auf 247.219 € (ebd., 130). Bei der Planung des Personals und der Personalkosten waren 10 ausgebildete Mitarbeiter:innen für den Tagesdienst auf den beiden Gruppe vorgesehen und immerhin acht für die Nachtwachen, wobei man dafür auch auf Studierende und Nicht-Ausgebildete zurückgreifen wollte (ebd., 92).

> *Kommentar:* Sicherlich eine Fehlplanung, da man in GU-Zusammenhängen eben auch nachts mit schwierigen Situationen rechnen muss, die eine ausgebildete Fachkraft erforderlich machen. Viele Jugendliche dieser Zielgruppe leiden an Schlafproblemen, nächtlichen Ängsten, Albträumen und agieren die damit verbundenen Spannungen eben auch nachts aus.

Der PUA-Bericht deckt auf, dass man die halbwegs mit den Jugendlichen vertrauten Nachtwachen später aufgrund des massiven Krankenstandes auch für den Tagesdienst brauchte. Weswegen für die Nacht dann gar kein Personal zu Verfügung stand. Wie prekär die Personalsituation war, wird durch ein anonymes Schreiben deutlich

„mit dem Betreff ,Informationen zur GU und FIT'. Dieses enthielt u. a. die Mitteilung, dass vier Sozialpädagogen von Jugendlichen körperlich angegriffen worden seien, woraufhin nahezu sämtliche Kollegen sich krank gemeldet hätten. Drei Mitarbeiter hätten einen

Versetzungsantrag gestellt, ein weiterer Mitarbeiter habe gekündigt. Um den laufenden Betrieb aufrechterhalten zu können, habe man zwei Studenten, die keine pädagogische Ausbildung hätten, in der GUF eingesetzt. Beide Studenten seien vorher als Nachtwachen in der GUF tätig gewesen." (ebd., 193).

Kommentar: Hamburg hat mit dem Sicherheitsdienst für die GUF neue Wege bestritten. In der GUF wurde ein solches Personal zum ersten Mal über längere Zeit eingesetzt. Inzwischen (2022) geschieht das an vielen Orten mit durchaus günstigen Effekten, wenn denn die Schnittstelle ‚Fachkräfte – Sicherheitsdienst' genau beobachtet und supervidiert wird. Die Idee dazu kann deswegen durchaus als kreativ und zukunftsweisend bezeichnet werden. Trotzdem handelt es sich im Rahmen der Entwicklung der GUF um einen *Notnagel*, der aufgrund von strukturellen Schwächen und Fehlern bei der Projektplanung notwendig geworden war. Angesichts der prekären Personalsituation kommt es zu Aufgabenvermischungen:

„In seiner Vernehmung am 13. Oktober 2006 erklärte der stellvertretende Einrichtungsleiter N. N. hierzu, dass es zwar Tage gegeben habe, an denen sich Mitarbeiter der Securitas allein in der Gruppe aufhielten, Betreuungsaufgaben hätten sie aber nicht wahrgenommen." (ebd., 193).

„Dagegen sagte der Betreuer Jens Koch aus, dass es zu einer Vermengung zwischen den pädagogischen Tätigkeiten und den eigentlichen Aufgaben der Mitarbeiter der Securitas gekommen sei. Beispielhaft dafür seien die Abendmahlzeiten, bei denen die Mitarbeiter der Securitas am Tisch gesessen und im Grunde genommen die Aufgaben der Pädagogen wahrgenommen hätten. Dies sei jedoch eine pädagogische Arbeit gewesen. Jugendlichen der dritten Gruppe, die als besonders schwierig und gruppenunfähig galten, sei jeweils ein Mitarbeiter der Securitas zur Seite gestellt worden, der mit dem jeweiligen Jugendlichen gespielt und damit pädagogische Tätigkeiten verrichtet habe. Der Betreuer habe gelegentlich nach dem Rechten geschaut. Deshalb sei auch eine kontinuierliche Zusammenarbeit mit den Betreuern und den Jugendlichen nicht möglich gewesen." Die Psychologin führt hierzu aus, *„dass sich die Anwesenheit der Sicherheitsdienst-Mitarbeiter im Laufe der Zeit steigerte. Teilweise seien bis zu vier Mitarbeiter anwesend gewesen, wofür das Gebäude zu klein sei. Diese massive Präsenz der Sicherheitsmitarbeiter habe schließlich zu einer Veränderung der Stimmung bei den Jugendlichen innerhalb der Einrichtung geführt."* (ebd.).

Kommentar: Die Pädagog:innen befinden sich im Sommer 2004 auf dem Rückzug, Sicherheits-Mitarbeiter:innen werden zu den zentralen Bezugspersonen. Auch der PUA resümiert, dass es sehr wohl Vermischungen zwischen Sicherheitsrelevanten und pädagogischen wie auch anderen Aktivitäten gegeben habe.

„Zusammenfassend kann daher festgehalten werden, dass die Vergabe von Psychopharmaka an die Jugendlichen von Betreuern, aber auch von Securitas-Mitarbeitern durchgeführt wurde." (ebd., 249).

„Das Thema der Überschreitung der Befugnisse der Securitas stellt sich auch im Zusammenhang mit der Entweichung von Jugendlichen aus der GUF. Gemäß Ziffer 6 des Sicherheitsdienstleistungsvertrags beschränken sich die zu ergreifenden Maßnahmen bei Fluchtversuchen auf die Nacheile. Wenn der Betreute gestellt werden kann, sind die Maßnahmen beschränkt auf das Festhalten, bis der Pädagoge eintrifft. Auch in diesem Punkt waren die Befugnisse der Sicherheitsmitarbeiter eindeutig geregelt und die Befugnisse klar festgelegt. Aus den Aktenbeständen geht allerdings hervor, dass dieser Aufgabenzuweisung in einigen Fällen zuwidergehandelt wurde. Ein besonders augenfälliges Beispiel stellt die Rückführung des entwichenen Jugendlichen J 17 vom 8. Dezember 2004 dar. Am 6. Dezember 2004 hatte der Sicherheitsmitarbeiter [...] in der Einrichtung die Frühschicht übernommen. [...] legte den Schlüssel auf einen Schreibtisch im Securitas-Büro. Der Schlüssel wurde nicht, wie vorgesehen, an den diensthabenden Sozialpädagogen übergeben, damit dieser ihn in den Schlüsselkasten einschließt. Der Schlüssel wurde sodann von einem der Jugendlichen mitgenommen. Beide Jugendliche ergriffen schließlich die Flucht. In der Einrichtung wurden daraufhin sämtliche Schlösser der Außentüren gegen neue Schlösser ausgetauscht. Die anschließende Rückführung des Jugendlichen erfolgte sodann durch zwei Securitas-Mitarbeiter. Der Ausschuss vernahm zu diesem Vorfall die Mitarbeiter. Ein Mitarbeiter schilderte zunächst das Geschehen, machte dann jedoch von seinem Zeugnisverweigerungsrecht Gebrauch. Der andere Mitarbeiter verweigerte von Anfang an zu diesem Themenkomplex die Aussage. Die Schilderungen lassen einen Verstoß gegen Ziffer 6 der Securitas-Dienstanweisung nahe liegend erscheinen." (ebd., 248).

„Innerhalb der GUF scheint das Thema der Rückführung von entwichenen Jugendlichen durch die Securitas als zulässiges Mittel angesehen worden zu sein." (ebd.). Dabei wurden Jugendlichen auch gegen ihren Willen und zum Teil gefesselt mit Klettbändern zurückgebracht. Für diese Praxen scheint sich niemand ernsthaft interessiert zu haben. Auf eine Anfrage eines Mitarbeiters, antwortete der Leiter der GUF *„es sei ein Teil der Aufgabe der Securitas, die Jugendlichen wiederzufinden und zurückzubringen, wobei dieser davon ausging, dass die Rückführung ohne Gewalt erfolgt sei."* (ebd., 247 f.).

Zu g) Versäumnisse bei der Einholung von elterlichen Zustimmungen für die Vergabe von Psychopharmaka und für HIV-Blutuntersuchungen

Im Laufe der Ermittlungen wurde deutlich, dass es wiederholt versäumt worden war, die Vergabe von Psychopharmaka, die von Kinder- und Jugendpsychiater:innen festgelegt worden waren, auch von den Eltern erlauben zu lassen. Ähnliches gilt für die Untersuchung des Blutes der Jugendlichen auf HIV-Belastung. Der Hauptgrund dafür lag darin, so schilden es mehrere dazu Vernommene, dass die Mitarbeiter:innen der GUF sich hier auf die Ärzte und deren fachliche Autorität verlassen hatten, während die Ärzte davon ausgegangen waren, dass die Mitarbeiter:innen die Zustimmung der Eltern eingeholt hätten.

Öffentlich geworden waren diese Vorwürfe durch zwei Jugendliche, die am 6. Dezember 2004 aus der GUF entwichen waren und von einer Journalistin einer lokalen Nachrichtenagentur vor laufender Kamera interviewt wurden.

> Sie „*erhoben schwere Vorwürfe gegen die Leitung: Sie seien gefesselt, unter Medikamenteneinfluss gesetzt oder geschlagen worden. Die Verhältnisse in der Feuerbergstraße seien ‚schrecklich', erzählten sie. Wer ‚Stress macht', würde niedergerissen, gefesselt und mit dem Kopf auf den Boden geknallt. Wer nicht schnell genug Holz hacke, werde angebrüllt. Die Vergabe von Psychopharmaka sei üblich. Die beiden Jungen sollen bei dem geheimen Gespräch sogar mit Selbstmord gedroht haben, falls sie ins Heim zurückkehren müssten."* (ebd., 14 und 202 ff.).

Kommentar: Juristisch betrachtet, handelt es sich sicher um ein Versäumnis. Nach meiner Einschätzung allerdings um eines minderer Schwere. Die meisten Eltern behaupte ich, hatten kein Interesse an solchen juristischen Feinheiten. Entweder waren sie mit sich beschäftigt und kümmerten sich nicht um die medizinische Versorgung ihrer Kinder und waren vermutlich auch von Seiten der Mitarbeiter:innen nur schwer erreichbar oder nicht in der Lage z. B. eine schriftliche Zustimmung mit der Post zu versenden. Oder aber sie waren dankbar, dass sich jemand um ihre Kinder kümmerte, und vertrauten diesen Autorität:en, d. h. den Ärzten wie den Pädagogo:innen, oder waren zumindest froh, diesen die Verantwortung abgeben zu können. Das Beispiel oben zeigt allerdings, dass es auch Eltern im Kampfmuster gab, die ihre Kinder gegen die GUF unterstützten und auf Fehler und Schwächen dieser Betreuung geradezu warteten (Euteneuer et al. 2020). Denn das Interview mit den Entwichenen war von der Mutter eines der beiden Jungen arrangiert worden (PUA 2007, 417 bzw. 433).

Abschließend heißt es dazu im Bericht des PUA: „*Im Hinblick auf die HIV-Tests im Bereich der GU Feuerbergstraße hat die Staatsanwaltschaft im Übrigen kein Verfahren eingeleitet, da sie – nach den ihr vorliegenden Erkenntnissen – keinen Anfangsverdacht für eine Straftat sah.*" (ebd., 425).

Zu h) Unterschreitung der geplanten Auslastung, massiver Kostenanstieg

Der PUA-Bericht geht in seiner Mehrheitsfassung, die von der CDU verantwortet wird, weder auf die Auslastung noch auf die Gesamtkosten ein, die die GUF pro Betreuten verursacht hat. Hier springt der SPD-Minderheitenbericht in die Bresche:

> „*Belegungsdichte: Bis zum 1. September 2004 war die Einrichtung auf eine Belegung mit zwölf Jugendlichen ausgelegt. Ab diesem Zeitpunkt wurde in baulicher Hinsicht die Einrichtungskapazität auf 18 Plätze erweitert. Im Untersuchungszeitraum ist aber zu keinem Zeitpunkt die Belegung von elf Plätzen überschritten worden. Die durchschnittliche*

monatliche Belegung lag im Untersuchungszeitraum bei 6,75 Jugendlichen. Zu Beginn des Untersuchungszeitraumes lag die Belegung bei durchschnittlich vier Jugendlichen monatlich. In den letzten Monaten des Untersuchungszeitraumes liegt die durchschnittliche monatliche Belegung bei knapp fünf Jugendlichen. Mithin war die Einrichtung zu keinem Zeitpunkt überbelegt. Vielmehr gab es insbesondere zu Beginn und zum Ende des Untersuchungszeitraumes eine deutliche Unterbelegung. Im Durchschnitt war die Einrichtung knapp zu einem Drittel ausgelastet." (ebd., 327).

Das wird detailliert für die ersten drei Jahre belegt:

„Vom 1. Januar 2003 bis zum 30. Juni 2004 war die Einrichtung mit durchschnittlich 6,5 Jugendlichen im Monat belegt. Ab dem 1. Juli 2004 bis zum Ende des Untersuchungszeitraumes lag dieser Durchschnitt bei 7,1 Jugendlichen pro Monat." (ebd., 328).

> *Kommentar 1:* Das bedeutet aber auch, dass man die realen Kosten für einen Platz in der GUF hochrechnen muss. Wie man lesen kann, war dieser für 2004 mit 251 Euro kalkuliert ebd., 253). Mit 12 Jugendlichen hätte die GUF ihre Kosten gedeckt. Geht man von 6 oder 7 im Durchschnitt belegten Plätzen aus, belaufen sich die Kosten pro Platz auf mindestens 600 Euro pro Tag, was zum damaligen Zeitpunkt eines der höchsten Entgelte für einen HzE-Platz in Deutschland gewesen sein dürfte.

> *Kommentar 2:* Sicher war es angesichts des akuten Personalmangels und der immer wieder ausbrechenden Gewalt und Autoaggressionen von Seiten einiger Jugendlichen vernünftig mit kleineren Gruppen zu arbeiten als von der Belegungsplanung vorgesehen. Nur so konnten die Mitarbeiter:innen auf die Jugendlichen eingehen und sich schrittweise als Team stabilisieren. Dennoch erstaunt die geringe Auslastung und fragt man sich, ob diese so gesteuert wurde oder aufgrund mangelnder Nachfrage zustande kam. Haben die FIT-Teams nicht mehr geliefert, weil sie einschätzten, dass eine gute Betreuung in der GUF nicht gewährleistet war? Oder hatten die Vorgesetzten einen Aufnahmestopp verhängt, um eine Konsolidierung zu ermöglichen? Oder gab es schlicht nicht genug Anfragen von Seiten der Jugendämter und des FIT-Teams. Falls das zutrifft, wären selbst 12 Plätze für die GUF überdimensioniert gewesen, geschweige denn 25 oder 50. Leider gehen auf diese Fragen weder der Mehrheiten- noch der Minderheitenbericht ein.

Zu i) Entkräftung von Vorwürfen und/oder Einstellung von Ermittlungsverfahren

Der Bericht des PUA hat nicht nur Schwachstellen in der Planung und Fehler im Handeln aufgedeckt oder den Verdacht auf das Vorliegen solcher erhärtet, sondern auch Vorwürfe entkräftet und zurückgewiesen bzw. deutlich gemacht, dass diese zwar erhoben, aber nicht hinreichend belegt werden konnten: Die improvisierte und von der Mutter eines Jugendlichen arrangierte *„Pressekonferenz"* am 14. Dezember 2004 hatte staatsanwaltschaftliche Ermittlungen zur Folge.

Immerhin stand im Raum, dass Minderjährige von Seiten ihrer Betreuer:innen mit Gewalt behandelt, gefesselt und zur Einnahme von nicht verordneten Psychopharmaka gezwungen werden (ebd., 13). Dieses und ein Großteil dieser Ermittlungsverfahren wurden eingestellt. Auch die *„vier gegen die Betreuer eingeleiteten Ermittlungsverfahren wurden in drei Fällen mangels hinreichenden Tatverdachts gemäß § 170 Abs. 2 stopp eingestellt. Bei einem Ermittlungsverfahren konnte den zur Verfügung gestellten Akten kein Abschluss entnommen werden."* (ebd., 287).

Gegenstand der Ermittlungen waren in den meisten Fällen Beschwerden der Jugendlichen aufgrund von Gewalt von Betreuer:innen gegen sie. In den meisten Fällen war dem Körperlichwerden der Betreuer:innen aber Gewalt der Jugendlichen vorausgegangen:

„Darüber hinaus ist darauf hinzuweisen, dass oben dargelegt wurde, warum in einer Vielzahl von Fällen die Jugendlichen fixiert, festgehalten oder zu Boden gebracht und dort festgehalten wurden. Alle diese Zwangsmaßnahmen und physische Gewalt zum Nachteil der Jugendlichen wurden nach den schriftlichen Darstellungen der Betreuer in den Besonderen Vorkommnissen angewendet, um entweder Betreuer und andere Jugendliche vor weiteren Angriffen zu schützen oder den Jugendlichen vor sich selbst. Ausweislich der Darstellung in den Besonderen Vorkommnissen endeten Fixierungen stets, sobald der Jugendliche sich beruhigt hatte." (ebd., 286).

Offensichtlich gelang es den von den Jugendlichen beschuldigten Mitarbeiter:innen bei den Ermittlungen der Staatsanwaltschaft als vertrauenswürdig zu erscheinen. So wie in diesem konkreten Fall:

„Die Staatsanwaltschaft hielt die Aussage der Betreuer für glaubhafter. Der so zugunsten der Betreuer zugrunde zulegende Sachverhalt lasse kein strafbares Verhalten erkennen. Hinsichtlich des Tatbestandes der Körperverletzung fehle es bereits an einer körperlichen Misshandlung. Eine nicht nur unerhebliche Beeinträchtigung des körperlichen Wohlbefindens oder der körperlichen Unversehrtheit sei nicht gegeben. Ob der Tatbestand der Freiheitsberaubung vorliege, könne offen- bleiben, da jedenfalls der Rechtfertigungsgrund der Notwehr vorläge. Das kurzfristige Festhalten auf dem Sofa sei angemessen, erforderlich und verhältnismäßig gewesen, um den vom Anzeigenden ausgehenden Angriff auf die körperliche Unversehrtheit der Beschuldigten abzuwehren." (ebd., 286).

Oder in diesem Fall: *„Laut Staatsanwaltschaft seien durch die Aussagen der Beschuldigten und weiterer Zeugen die Vorwürfe entkräftet. Sämtlichen Aussagen folgend sei davon auszugehen, dass entweder J 17 bewusst seinen Kopf gegen den Boden geschlagen habe oder dass dies aufgrund seiner Gegenwehr gegen die Fixierung geschehen sei."* (ebd.).

Fachliche und rechtliche Zweifel an dem sogenannten „*Rollkommando*", einer gezielten Aktion mehrerer Betreuer:innen unter Anführung des stellvertretenden Leiters zur Demonstration von Macht und Stärke gegenüber den Jugendlichen, bleiben allerdings bestehen (ebd., 274 und 291 ff.). Dass eine solche Aktion nach dem Motto: „Jetzt zeigen wir es Euch mal!", mindestens einmal stattgefunden hat, ist klar. Wobei nicht abschließend geklärt werden konnte, wer in diesem Zusammenhang die Verantwortung für was trägt. Bestätigt und moniert wurde von der Staatsanwaltschaft auch das auch das Fehlen von Protokollen zu vier *„Besonderen Vorkommnissen"* (ebd., 274). Allerdings waren es auch nur vier (!) von 154 (siehe Anlage *„BV gesamt"*). Das kann insgesamt als eine hohe Dokumentationsquote gewertet werden.

„Schließlich wurde im Januar 2006 durch einen Hamburger Anwalt Strafanzeige wegen Freiheitsberaubung, Körperverletzung und Verletzung des Postgeheimnisses gestellt, welche offenbar in die bestehenden Vorermittlungen Eingang gefunden hat. Im Hinblick auf die HIV-Tests im Bereich der GU Feuerbergstraße hat die Staatsanwaltschaft im Übrigen kein Verfahren eingeleitet, da sie – nach den ihr vorliegenden Erkenntnissen – keinen Anfangsverdacht für eine Straftat sah." (ebd., 425).

Fazit: Auch dazu dient eine PUA. Sie kann offizielle Vorwürfe entkräften.

> *Kommentar:* Auch mein Eindruck ist, dass erstaunlich wenige Rechtsverstöße nicht nur nicht nachgewiesen werden konnten, sondern offensichtlich auch nicht geschehen sind. Dennoch ist ernst zu nehmen, wenn sich Jugendliche als Opfer eines ungerechten Systems erleben und in diesem Erleben eben auch manches an zusätzlichen Übergriffen hinzuphantasieren.

9.3.1.4 Das Fazit der CDU

Wie zu erwarten, fällt das Fazit der Parteien unterschiedlich aus. Die Mehrheit im Untersuchungsausschuss, die CDU-Abgeordneten verabschieden u. a. dieses Votum:

„Die geschlossene Unterbringung Feuerbergstraße ist für die schwerstverhaltensauffälligen Jugendlichen die einzige Maßnahme, die sie vor einem weiteren Abgleiten in die Kriminalität bewahren kann. Das Senatskonzept stellt somit einen wichtigen Bestandteil der modernen Jugendhilfemaßnahmen dar, weil es sich von den überholten Konzepten einer unverbindlichen Pädagogik verabschiedet.

Die GUF war in ihrer Anfangsphase pädagogisches Neuland, da es keine vergleichbare Einrichtung für solche Klientel in Deutschland, insbesondere im Großstadtmilieu, gab und gibt. Trotz dieser Anfangsschwierigkeiten und der fortlaufenden Entwicklung des Konzeptes einer geschlossenen Unterbringung war und ist die Geschlossene Unterbringung Feuerbergstraße alternativlos." (ebd., 348).

Kommentar: Bei allem Verständnis für die Treue zur eigenen Partei und ihrer vorangegangenen Planung fällt das Votum angesichts der vielen Schwächen und Ungereimtheiten von Konzeption und Praxis, die der PUA aufgezeigt hat, zu eindeutig aus. Es erscheint auch deswegen zweifelhaft, weil die gleiche Partei diesen „*wichtigen Bestandteil einer modernen Jugendhilfe*" nur drei Jahre später – nach der Wahl 2008 sang- und klanglos aufgibt. Was vorher als „*alternativlos*" bewertet wurde, scheint also doch verzichtbar. Die Frage ist, ob die Abgeordneten selbst daran geglaubt haben? Oder lediglich ein Ritual bedienten, in Erwartung dessen, dass auch die andere Seite ihre Position ebenso undifferenziert formulieren wird? Dass es der GUF auch nur in einem Fall gelungen sei, einen der untergebrachten Jugendlichen vom „*weiteren Abgleiten in die Kriminalität*" bewahrt zu haben, konnten die Abgeordneten zum damaligen Zeitpunkt nicht belegen. Die Behauptung bleibt Ausdruck eines reinen Wunschdenkens. Im LEB-Bericht lesen wir fast drei Jahre später von durchaus glaubhaft berichteten positiven Entwicklungen einiger Jugendlicher. Aber der PUA kann den Beweis für diese Behauptung nicht führen. Schon deswegen nicht, weil Alternativen, die das „*einzig*" rechtfertigen könnten, in systematischer Form weder ausprobiert noch evaluiert wurden. Immerhin sprechen einige Einlassungen und Handlungsempfehlungen von einem inzwischen durchlaufenen Lernprozess und dem Eingeständnis bestimmter Schwächen:

„Die bereits in der Praxis durchgeführte dauerhafte Evaluierung des Konzeptes sollte regelhaft alle zwei Jahre von einer wissenschaftlichen Untersuchung ergänzt werden." (ebd., 348).

Kommentar: Was mit der dauerhaften internen Evaluierung gemeint ist, bleibt unklar. Aber immerhin öffnen sich die Abgeordneten auch der Möglichkeit einer externen Evaluation.

„Die Vernetzung mit anderen Trägern der Jugendhilfe hinsichtlich der Anschlussmaßnahmen sollte ausgebaut und intensiviert werden." (ebd.).

Kommentar: Hier wird die Einsicht formuliert, dass auch die beste GU nachhaltig nicht viel bewirken kann, wenn es keine guten Übergänge in geeignete, passende Anschlusshilfen gibt.

„Das System der Erkennung der Konzeptkompatibilität sollte dahingehend optimiert werden, dass frühzeitig mit weiteren Trägern ggf. andere Unterbringung oder Maßnahmen angestrebt werden." (ebd.).

Kommentar: Das kann als Eingeständnis gelesen werden, dass GU eben nicht für alle straffälligen Kinder und Jugendlichen das Konzept der Wahl ist und man weiter mit Settings für diese Zielgruppe experimentieren sollte.

„Die Einrichtung sollte grundsätzlich personell für zwölf Jugendliche ausgelegt sein." (ebd.).

Kommentar: Damit wird zugestanden, dass der ursprünglich angesetzte Bedarf mit 50 Plätzen viel zu groß gewesen ist. Ein Eingeständnis, dass man von einem viel zu großen Bedarf ausgegangen ist, fehlt allerdings.

> „Die bisher eher zurückhaltende Arbeit der Aufsichtskommission muss intensiviert werden. Sie dient insbesondere der frühzeitigen Erkennung von Problemlagen." (ebd.).

Kommentar: Hier wird eingeräumt, dass eine kontinuierliche Begleitung und externe Blicke auf die Entwicklungen der GUF sinnvoll und nötig sind.

So weit, so gut. Es gibt aber eine Passage im Votum der CDU, die alle positiven Ansätze desavouiert. Auf das erste Hören/Lesen harmlos klingend, wird diese Empfehlung formuliert: *„Die Weiterbildung des Personals in der GUF sollte stärker systematisiert werden. Dazu gehört zur Entlastung der Mitarbeiter eine intensive Supervision."* Wer könnte schon gegen Fortbildung und Supervision sein? Diese Empfehlung leitet sich allerdings aus einem Statement weiter oben ab, in welchem das Denken der Abgeordneten deutlich wird:

> „*Dies* (die Notwendigkeit zur Evaluation und Fortbildung, M.S.) *gilt im besonderen Maße, wenn nicht nur der innere Druck einer pädagogischen Fortentwicklung vorhanden ist, sondern auch ein äußerer Druck durch eine besonders kritische Haltung der Fachöffentlichkeit und Teilen des Parlamentes. Diese besondere Situation hat sich in den ersten zwei Jahren negativ auf die Einrichtung ausgewirkt. Ein großer Teil der Personalfluktuation und des hohen Krankenstandes ist auf die unterschiedliche Bewertung von pädagogischen Notwendigkeiten zurückzuführen. Mitarbeiter, die nur wenige Wochen nach Übernahme ihrer Stelle die Einrichtung wieder verließen oder aber überfordert waren, sind hierfür ein klares Indiz. Darüber hinaus bestand für alle Mitarbeiter eine besonders belastende Situation, da sie wussten, dass ein großer Teil ihrer Kollegen, diese Einrichtung aus ‚weltanschaulichen' Gründen ablehnte. Dies machte darüber hinaus ein weiteres personelles Problem aus, da die Personalrekrutierung nur schleppend funktionierte.*" (ebd., 362 bzw. 345).

Kommentar: Dieses Statement muss man angesichts des Drucks, der von Seiten des Senats und des LEBs aufgebaut wurde und der massiven Konzeptschwächen, denen die Mitarbeiter:innen ausgeliefert wurden, als infam (!!!) bezeichnen. Infam, weil hier eine Umkehr der Druck erzeugenden Ursachen stattfindet: Nicht der regierende Senat und seine strikten Weisungen an den LEB und die Mängel in der Konzepterstellung sind dafür verantwortlich, dass die Mitarbeiter:innen von Anfang an überfordert waren und rasch ausbrannten, sondern die kritische Haltung der Opposition und der Fachöffentlichkeit zu dem Projekt. Zudem hätten *„weltanschaulichen Gründe"* vieler Kolleg:innen aus anderen Einrichtungen hätten dazu geführt, dass die GUF-Mitarbeiter:innen aufgegeben haben und kein Ersatz für sie gefunden werden konnte. Als seien diese Kulturkämpfe um die Frage,

> ob GU sinnvoll ist oder nicht, das entscheidend Verunsichernde und Demotivierende gewesen und nicht das Fehlen einer angemessenen Personalausstattung und einer als hilfreich erlebten Unterstützung von Seiten aller die mit der GUF zu tun haben: Von der Leitung der GUF, über die Leitung des LEB, bis hin zu den Senatsspitzen.

Vermutlich haben die Abgeordneten ihrer eigenen Argumentation Glauben geschenkt. Vielleicht auch, weil sie eines gespürt haben: Den Kulturkampf um den Sinn und Unsinn von GU hatten sie verloren, und zwar in weiten Teilen der Stadt Hamburg und im Inneren in der GUF auch. Aber der Kulturkampf war die Begleitmusik, nicht das eigentliche Konzert.

9.3.1.5 Das Minderheiten-Votum von SPD und GAL

Das Minderheiten-Votum der SPD und der GAL erstreckt sich jeweils über mehr als 100 Seiten und liest sich streckenweise wie eine verschärfte Version des PUA-Berichtes. Es enthält substantiell keine neuen Informationen; diese sind lediglich anders eingeleitet, gruppiert und choreographiert und (vor allem im SPD-Votum) in einer umgangssprachlicheren Schreibweise verfasst, was beiden Voten eine anklagende Schärfe verleiht. Andererseits sind die aufgeführten Informationen im Einklang mit dem PUA-Bericht. Durch Weglassungen – wie z.B. die, dass die Strafverfahren gegen Mitarbeiter:innen der Einrichtung allesamt eingestellt wurden (ebd.) – entsteht ein noch negativeres Bild, als es sich aus dem PUA-Bericht ergibt.

Bei der SPD wird die parteipolitische Zielstellung deutlich: es geht darum den Politikern der anderen Parteien, die das Projekt zu verantworten haben, Fehler und Schwächen nachzuweisen, in der Hoffnung, dass diese daraus die Konsequenzen ziehen und zurücktreten. Rücktritte werden zwar nirgendwo offen gefordert, aber sie werden implizit nahegelegt. Warum man von offenen Rücktrittsforderungen zurückgescheut ist, hat sich mir nicht erschlossen. Diesbezüglich erscheint der GAL-Bericht sachlicher und deutlicher stärker auf die Zukunft der Jugendhilfe bezogen.

I Das SPD-Votum: Die SPD-Abgeordneten haben noch einmal akribisch an den Veränderungen gearbeitet, die die CDU-Mehrheit an dem PUA-Bericht vorgenommen hatte. Dazu hat sie einen eigenen Teil verfasst, der in tabellarischer Form alle Unterschiede auflistet, die zwischen Sachbericht des Arbeitsstabes bestehen und der von der CDU-Mehrheit akzeptierten Fassung des Abschlussprojektes. Darin wird deutlich, dass der offizielle PUA-Bericht etliche Glättungen und Auslassungen aufweist. Das Fazit lautet:

> *„Das Experiment der Geschlossenen Unterbringung Feuerbergstraße ist gescheitert, ein Neuanfang erforderlich. Der Senat ist mit dem Versuch, eine Einrichtung der*

geschlossenen Heimerziehung isoliert nur für Hamburg verantwortungsbewusst einzurichten und erfolgreich zu betreiben, gescheitert – zulasten der betreuten Jugendlichen, auf dem Rücken der Mitarbeiter der GU und auf Kosten der Hamburger Steuerzahler." (ebd., 425).

„Überhastete Inbetriebnahme
Die Eröffnung der Einrichtung im Dezember 2002 erfolgte übereilt und unter anhaltendem Druck aus CDU und Schill-Partei. Der politische Erwartungsdruck führte dazu, dass

- *die Standortfrage niemals vorurteilsfrei geprüft wurde,*
- *zu keinem Zeitpunkt ernsthaft nach erfahrenen privaten Trägern gesucht wurde,*
- *konzeptionell die Erfahrungen süddeutscher Einrichtungen nicht ausreichend verarbeitet wurden,*
- *von vornherein keine systematische Evaluation geplant und eine unabhängige professionelle Begleitung vermieden wurde.*

Undurchsichtige In-sich-Geschäfte
Ein weiterer Grundfehler war, die GUF als Einrichtung der Stadt zu betreiben. Die undurchsichtige Gemengelage aus politischer Leitung der Sozialbehörde, Fachabteilungen, Heimaufsicht, Landesbetrieb Erziehung und Berufsbildung (LEB) und der GUF selbst führte erkennbar zu „In-Sich-Geschäften", Absenkungen der Standards der Heimaufsicht und unzulässigen politischen Beeinträchtigungen des pädagogischen Alltagsgeschäfts. Eine solche Konstruktion wäre außerhalb Hamburgs, zum Beispiel in Bayern und Baden-Württemberg, nicht geduldet worden.
    Systematische Rechtsverstöße [...]." *(ebd., 425ff.)*

„Ein Fall für den Rechnungshof
Die Kosten der Unterbringung beliefen sich im Untersuchungszeitraum pro Minderjährigem und Monat auf circa 25.000 Euro. Die Fortführung einer Einrichtung unter dieser – bundesweit sicher einzigartigen – finanziellen Belastung kommt einer Verbrennung von Steuergeldern gleich. Diese Kosten der GUF wurden an keiner Stelle in den Haushaltsansätzen der Hilfen zur Erziehung im Übrigen ausgeglichen und waren deshalb im Ergebnis aus den Budgets der bezirklichen Jugendämter zu tragen. Die Last der Show-Politik des CDU-Senats wurde den Eltern und Minderjährigen in den sieben Bezirken auferlegt, die die Unterstützung des Staates brauchen" (ebd., 427).

Kommentar: Eine neue Information stellt die Berechnung dar, dass jeder Platz in der GUF den Steuerzahler im Durchschnitt 25.000 € gekostet hat. Wie diese Summe, die durchaus zutreffen kann, wenn man alle Kosten summiert und mit 25 teilt – rechnerisch zustande kommt, bleibt aber offen. Diese Zahl wird später von der GAL wiederholt (ebd., 493).

"Die unangemessen hohen Kosten der GUF gehen vorrangig auf zwei Faktoren zurück:

- *Zunächst verursacht der Einsatz eines privaten Sicherheitsdienstes erhebliche Kosten. Ein solcher Sicherheitsdienst in einer Einrichtung der Jugendhilfe ist bundesweit einmalig und ist insbesondere nicht geeignet, Gewalteskalationen zu verhindern. In diesem Einsatz lag der pädagogische Offenbarungseid einer Behördenleitung, die offenbar keinen Weg mehr sah, die Probleme mit pädagogischen Mitteln in den Griff zu bekommen.*
- *Finanziell gravierend wirkt sich angesichts stabiler Fixkosten zudem aus, dass die Einrichtung in der Feuerbergstraße aus rein politischen Gründen am Bedarf vorbeigeplant und ausgebaut wurde. Das Problem der strukturellen Unterauslastung war bekannt; es wurde bereits in einem Strategiepapier der Innenbehörde aus dem Frühjahr 2003 angesprochen, das Senatskanzlei und die Leitung der Sozialbehörde spätestens im Sommer 2003 erreichte. Seit April 2005, dem Zeitpunkt der Einsetzung des Untersuchungsausschusses, wird versucht, der Unterauslastung mit der Aufnahme Minderjähriger aus anderen Bundesländern zu begegnen. Die Kosten können auf diese Weise kaum aufgefangen werden."* (ebd., 427).

Kommentar: So weit die erwartbare Kritik, die durchaus durch den PUA-Bericht abgedeckt erscheint und damit stichhaltig. Unerwartet dagegen die folgenden Aspekte:

„*Finanziell betrachtet ist die GUF überdimensioniert; unter dem Aspekt einer sinnvollen pädagogischen Binnendifferenzierung bei vernünftigem Personaleinsatz, der die festgestellten gravierenden Fehler vermeidet (übermäßige Fluktuation, hohe Leistungsverdichtung, unverantwortliche außerordentlich hohe Krankenstände), ist sie hingegen zu klein. Dieses Dilemma ist einer isolierten Hamburger Einrichtung nicht zu beheben.*

Der Standort war und ist nach wie vor ungeeignet. Die Geschlossene Unterbringung Feuerbergstraße ist umgehend zu schließen. In Kooperation der norddeutschen Bundesländer ist eine neue, moderne Einrichtung der geschlossenen Heimerziehung zu schaffen. Diese soll Minderjährigen, deren Kindeswohl (zum Beispiel durch Verwahrlosung) bedroht ist, den betroffenen Eltern und der Öffentlichkeit diejenigen Hilfen gewähren, die nach dem Sozialgesetzbuch VIII der soziale Rechtsstaat unseres Grundgesetzes gewähren will und muss, und zwar

- *kostengünstig,*
- *unter strikter Wahrung der Rechte der Betreuten und rechtsstaatlicher Grundsätze im Übrigen bei gleichzeitiger Wahrung der legitimen Interessen der Allgemeinheit am Schutz gegen Straftaten,*
- *im Rahmen des Systems der Hilfen zur Erziehung nach dem Sozialgesetzbuch VIII und nicht als ‚Kinderknast',*
- *auf hohem pädagogischen Niveau und fachkundig begleitet."* (ebd., 427 ff.).

> *Kommentar:* Während die CDU-Abgeordneten noch auf den alten Kulturkampf fokussieren und diesen für das Scheitern der GUF verantwortlich machen, hat sich der politische Gegner inzwischen bewegt. Keine pauschale Absage mehr an die GU an sich. Lediglich die Schließung der GUF wird gefordert. Gleichzeitig zeigt sich die SPD bereit einen neuen Versuch mit GU zu wagen. Im Verbund mehrere Städte, in Freier Trägerschaft und mit einer pädagogisch klugen Binnendifferenzierung. Das erstaunt: Offensichtlich hat auch die SPD in der Zwischenzeit verstanden, dass der Ruf nach verbindlicher Unterbringung der CDU Stimmen eingebracht hat. Die Prognose der SPD-Parteistrategen scheint zu lauten: „Wenn der CDU etwas schadet, dann ist es die GUF. Wenn uns etwas nutzt, so ist es ein neues Bekenntnis zu einer guten GU".

Insofern hätten beide Parteien, wenn man das Ende von 2008 mitbedenkt, in dem Prozess doch etwas gelernt: Die CDU, dass die Umsetzung einer konkreten GU ein Projekt ist, mit dem sie sich Probleme einhandelt und riskiert, einst damit gewonnene Wählerstimmen wieder zu verlieren. Die SPD, dass ein Lippenbekenntnis zu GU, insbesondere einer fachlich gut gemachten GU außerhalb von Hamburg und von mehreren Städten verantwortet, gut ankommen kann.

II Das Minderheiten-Votum der GAL: Es besteht ebenfalls in einem Zusammentragen der wichtigsten Fehler und Schwächen, die beim PUA deutlich geworden sind, dabei sprachlich eher zugespitzt. So lautet das Fazit erwartbar:

> **„Die GAL-Fraktion fordert vor diesem Hintergrund die Abschaffung der geschlossenen Unter-bringung in Hamburg** (fett auch im Original, M. S.). *Mehr als das physische Festhalten oder die stationäre Unterbringung kommt es im Umgang mit delinquenten und gefährdeten Kindern und Jugendlichen darauf an, individuelle Hilfen zu konzipieren und die Betreuungskontinuität zu gewährleisten. Aufgabe von Jugendhilfepolitik muss sein, Strukturen zu schaffen, die bedarfsgerechte, individuelle und flexible Betreuungssettings für den konkreten Einzelfall ermöglichen.*
>
> *Zur Verbesserung der strukturellen Rahmenbedingungen im Umgang mit jugendlichen Mehrfach- und Intensivtätern schlägt die GAL-Fraktion die Einrichtung bezirklicher Clearingstellen und die Schaffung eines Kooperationsverbundes aus Trägern der Jugendhilfe vor. Als geeignete Unterbringungsform betrachtet die GAL-Fraktion unter anderem die Betreuung in Intensiv-Betreuten-Wohngruppen."* (ebd., 498).

Auch die GAL bleibt die Berechnung, dass jeder Platz in der GUF den Steuerzahler im Durchschnitt 25.000 Euro gekostet hat, schuldig. Sie scheint sie lediglich vom SPD-Votum abgeschrieben zu haben (ebd., 493).

9.3.2 Der Bericht der Aufsichtskommission April 2005 bis April 2007

Zunächst wird rekonstruiert, wie die Aufsichtskommission zustande kam (9.3.2.1) und danach ihre wichtigsten Ergebnisse erläutert (9.3.2.2)

9.3.2.1 Zustandekommen und Besetzung

Die Forderung nach der Einrichtung einer *ständigen Aufsichtskommission* resultiert nicht aus dem PUA-Bericht, sondern der Zeit davor. Rechtsgrundlage dafür ist der § 27a. Abs. 1 des Hamburger Gesetzes zur Ausführung des SGB VIII, das für diesen Paragraphen ab 26. Juni 2020 gilt (das Gesetz insgesamt wird auf 25. Juni 1997 datiert). Der Paragraph ist mit Blick auf GU konzipiert, und zwar sowohl für die in einer Hamburger GU-Einrichtung Untergebrachten wie für alle anderen in einer Einrichtung in Deutschland aufgenommenen Jugendlichen. Die Rechtsvorschrift sieht vor, mindestens einmal im Jahr diese Einrichtungen zu besuchen, „in der Regel unangekündigt", um sich vor Ort ein eigenes Bild darüber zu machen, ob die Rechte der Jugendlichen gewahrt werden. Vermutlich sollen sie dazu auch befragt werden. Sie und ihre Eltern, aber auch die Einrichtungen bzw. deren Mitarbeiter:innen können sich bei Beschwerden an die Aufsichtskommission wenden.

Einige Personen, die in diese Aufsichtskommission bestellt wurden (wann genau ist unklar), kennen wir bereits aus anderen Berichten (Aufsicht, ebd., 4). So nimmt Prof. Dr. Ahrbeck wieder teil, den wir aus dem Bericht der Enquetekommission kennen, und zwar von seinem Minderheitenvotum, das zwar keine GU für Hamburg empfiehlt, aber die Einrichtung einiger weniger Plätze für sinnvoll hält. Dem Kinder- und Jugendpsychiater Dr. Ralf Radizi kennen wir aus dem Bericht der PUA, in dem er als Sachverständiger vernommen wurde und bezogen auf Vergabe von Psychopharmaka klare Aussagen gemacht und diese robust gegen die Einwendungen seiner Kollegin Dr. Köttgen verteidigt. Neu im Geschäft ist der Vorsitzende der Aufsichtskommission, Prof. Dr. Lindenberg, Professor für Kriminologie und Sozialpädagogik an der Fachhochschule des Rauhen Hauses. Bekannt auch damals schon als ein Gegner der Geschlossenen Unterbringung (vgl., wenn auch deutlich später, Lindenberg/Lutz 2018).

Für die Zusammensetzung der Kommission ist der Präses Jugendhilfe verantwortlich. Ob der Paragraph noch vom SPD-Senat geschaffen wurde, auch mit Blick auf die „drohende" Eröffnung der Feuerbergstraße ist unklar. Auch warum diese Kommission ihre Arbeit erst 2005 aufgenommen hat und nicht gleichzeitig mit der Eröffnung der Feuerbergstraße. Ist das schlicht vergessen worden? Wie es auch immer zu erklären ist: Mit dem Vorsitzenden Lindenberg wird ein Gegner der GU in die Kommission berufen und ihm ein vorsichtiger Befürworter an die Seite gestellt. Damit ist klar, dass diese „Doppelspitze" eine gewisse fachlich Spannung aufweist, auch wenn aus dem Auftreten beider Männer (ich hatte die Gelegenheit, sie kennenzulernen, M. S.) schlussfolgern kann, dass sie im Allgemeinen freundlich und respektvoll kommunizieren und eher nicht zum offenen Polarisieren neigen. Schwieriger dürfte dieses neue institutionelle Gegenüber für die Leitung und die Mitarbeiter:innen der GUF gewesen sein, denen damit erstens eine Aufsichtskommission mit hochrangigen Vertreter:innen aus Pädagogik, Recht und Medizin „vor die Nase" gesetzt wurde und die Herrn Lindenberg zweitens bereits als aktiven Gegner von GU kennengelernt hatten. Damit dürfte im inneren Erleben der GUF-Protagonisten neuer Druck verbunden gewesen sein.

9.3.2.2 Die wichtigsten Ergebnisse

Auch was die Komprimierung der Ergebnisse aus diesem Bericht betrifft, folge ich den Bemerkungen zur *„Schwerpunktsetzung in Bezug auf Scheitern"*, die ich zu Beginn der Auswertung der vier Berichte gemacht habe (siehe 9.3). Festzuhalten ist, dass in diesem Bericht Fakten deutlich werden, die das Votum der CDU im PUA-Bericht und einige Auskünfte aus dem LEB-Bericht (vor allem hinsichtlich der Verweildauer und dem Nachlassen der Besonderen Vorkommnisse, siehe 9.3.3.3) in ein kritisches Licht rücken. Hierin liegt meines Erachtens die größte Relevanz des Berichtes:

a) Belegung, Personal und Fluktuation: Dankenswerterweise haben die Kommissionsmitglieder eine lückenlose Belegungsstatistik angefertigt: Die Belegung von der Eröffnung im Januar 2003 bis Dezember 2004 betrug bei einer Referenzgröße von 12 Plätzen Vollbelegung 57, 64 %. Von Januar 2005 bis August 2006 betrug die Belegung 33, 89 %. Und von September 2006 bis Oktober 2007 50 % (Aufsicht, ebd., 10 f.).

> *Kommentar:* Dafür, dass die Kommissionsmitglieder zunächst komplette Jahresauswertungen präsentieren, dann aber zu Zuschnitten übergehen, die mitten im Jahr einsetzen und einmal 18 Monate umfassen, das andere mal 12 Monate, bietet sich folgende Hypothese an: Sie wollten sich und den Leser:innen jeweils einen Überblick über längere Zeiträume verschaffen und haben dabei die Besonderheit des letzten Jahres berücksichtigt, in dem die Schließung bereits feststand (ab wann bleibt allerdings unklar). Wir werden später sehen, dass der LEB-Bericht mit Informationen und Statistiken operiert, die auf dem Hintergrund der Belegungsstatistiken der Aufsichtskommission mehr als fragwürdig erscheinen.

Bei einer offenbar wachsenden Personalausstattung (die Anzahl der durchschnittlich Beschäftigten nimmt vom ersten Halbjahr 2004 bis zu 2. Halbjahr 2005 insgesamt um drei bis fünf Stellen zu) bleibt es bei relativ hohen Vakanzen (unbesetzten Stellen) vom zweiten Halbjahr 2005 bis zum ersten Halbjahr 2006 (es fehlen zwischen zwei und vier Stellen). Die Fluktuation bleibt von 2003 bis 2005 mit durchschnittlich 30 % des Personals, das wechselt, hoch, sinkt dann aber. Die Krankenstände sind für 2004 und 2005 noch hoch (über einen Monat pro Person) und sinken 2006 auf die Hälfte ab. Warum die Zahlen nicht auch für das Jahr 2007 erfasst wurden, bleibt unklar.

b) Besuche in der Einrichtung: Es fanden acht Besuche in der Einrichtung statt, sechs angekündigte und zwei unangekündigte (ebd., 14). Offensichtlich waren einige Male auch mehrere Kommissionsmitglieder beteiligt. Obwohl die Besuche in der Kommission ausführlich besprochen wurden (siehe Arbeitsplan), erfährt man von den Eindrücken und Beobachtungen der Kommissionsmitglieder nichts. Vermutliche gab es nichts (Gravierendes) zu beanstanden, aber auch nichts was besonders als Qualität imponiert hätte. Vermutlich ist es aber zu verbalen Rückmeldungen in der Einrichtung gekommen.

c) Aktenführung: Wie ernst die Kommission ihre Aufgabe nahm, aber auch wie viel Misstrauen sie transportiert hat (ob bewusst und berechtigt oder nicht, können wir nicht beurteilen), zeigt sich an ihrer wiederholten Forderung, dass Akten der Jugendlichen und andere Ordner paginiert sein müssen (ebd., 15 ff.). Begründung: Nur wenn alle Dokumente laufend mit Ziffern versehen werden, kann man sehen, ob aus einer Akte Schriftstücke entnommen wurden, um dokumentierte Tatsachen oder Abläufen vor den Augen kritischer Leser:innen zu entziehen. Nach mehrfachen Ermahnungen wurde das Prinzip ab 12. Januar 2007 als „umgesetzt" angegeben.

> *Kommentar:* Dass das in einer GU-Einrichtung sinnvoll sein kann, weil man mit Ermittlungen rechnen muss, ist nachvollziehbar. Ich behaupte jedoch, dass es dieses Paginierungsprinzip bis heute längst nicht in allen GU-Einrichtungen gibt und sich darin eben auch ein strukturelles Misstrauen ausdrücken kann.

d) Beschwerden: Im Berichtszeitraum wurden drei Beschwerden bearbeitet (ebd., 18 ff.). Zwei davon betreffen die Feuerbergstraße. Bei diesen geht es um Postkontrolle, die von den Kommissionsmitgliedern nach Prüfung der Argumente als pädagogisch gerechtfertigt eingeschätzt wurde und den Wunsch auf Akteneinsicht bzw. Erneuerung des psychiatrischen Gutachtes, dem stattgegeben wurde.

> *Kommentar:* Summa summarum – nichts Gravierendes.

Die Kommissionsmitglieder bedauern am Ende, dass sie bzw. ihre Arbeit nicht mehr Bedeutung entfalten konnten und auch von den Mitarbeiter:innen nicht genutzt wurde (ebd., 22).

Kommentar: Das dürfte angesichts der Kontroll- und Überwachungsaufgabe, die man innehat, auch weiterhin schwer sein. Hier drückt sich aus, was für alle Arbeitsbereiche der Sozialen Arbeit gilt: Die Vermischung von Unterstützung und Kontrolle baut erst einmal Hürden auf. Das sollten Sozialpädagog:innen wissen; und auch solche befanden sich in der Kommission eigentlich wissen.

9.3.3 Der LEB-Bericht, seine Intentionen und Ausblendungen

Der Bericht des LEB umfasst einen deutlich weiter ausgedehnten Beobachtungsraum als der PUA-Bericht und der der Aufsichtskommission: die komplette Zeit der Arbeit in der GUF von der Aufnahme des ersten Jugendlichen am 24. Januar 2003 bis zur Entlassung der letzten beiden Jugendlichen aufgrund der beschlossenen Schließung am 12. November 2008. Insbesondere die letzten 18 Monate der GUF wurden hier das erste Mal erfasst. In der gesamten Zeit (Januar/2002 bis November/2008) wurden insgesamt 50 Jugendliche in der GUF aufgenommen und haben dort länger oder kürzer gelebt.

In diesem Gesamtüberblick liegt eine große Chance. Man hätte sie für eine selbstkritische Reflexion nutzen können, mit Blick auf erreichte und nicht erreichte Ziele bzw. absehbare und unabsehbare Schwierigkeiten bei der Einrichtung der GUF und vermeidbare und eher unvermeidbare Problemkonstellationen, die sich ergeben, wenn man sich auf GU einlässt. Und natürlich hätte man noch einmal reflektieren können, was die Vor- und Nachteile der Anbindung der GUF an das LEB gewesen sind. Das was im SPD-Minderheiten-Votum mit dem Ausdruck *„in-sich-Geschäfte"* genannt hatte (PUA 2007, ebd., 422). Leider wurde diese Chance weitgehend vertan (zur Ausnahme unten).

9.3.3.1 Die GUF – eine fachpolitische Entscheidung?

Der LEB-Bericht trägt auf jeder Seite oben den Vorsatz *„Informationen zur Geschlossenen Unterbringung Feuerbergstraße"*, was einen sachlichen Text erwarten lässt. Er beginnt mit dem Kapitel *„Zur Schaffung der Einrichtung"*, dem direkt die Überschrift *„Fach-politische Grundsatzentscheidung"* folgt (LEB 2008, ebd., 3).

Kommentar: Damit soll in den ersten Zeilen die Richtung des Berichts klar gemacht werden: Es war eine *fachpolitische* Entscheidung. Aber was bedeutet das? Was unterscheidet eine „fachpolitische" von einer „parteipolitischen" oder „politischen" Entscheidung? Darüber vermeidet der Text jedes Statement. Auch die Differenz zwischen der Fach-Behörde (Senat für Jugend) und der Senatskanzlei, die von der Senator:in für Jugend und deren Arbeitsstab gebildet wird, bleibt unklar. Ebenso unausgeführt bleibt, ob der LEB selbst mit zur *Fachpolitischen Sphäre* gehört, oder lediglich auf fachliche Weise umzusetzen

> versucht, was die Parteien ihm mit ihrer Fachpolitik vorgegeben haben. Es wird der Eindruck erweckt, als ob es für die Einrichtung der GU und der GUF einen großen Akteur im Hintergrund gegeben hat oder sich alle daran beteiligten Akteure immer einig gewesen wären, was *fachpolitisch* angesagt und richtig ist. Warum wird dieser Eindruck erweckt? Ich nehme an, dass mit dem Begriff „*fachpolitisch*" der Annahme entgegengetreten werden soll, dass die GUF lediglich *parteipolitisch* gewollt war und den Fachleuten aufgedrängt wurde. Eine solche schwache Stellung gegenüber der Politik möchte sich das LEB vermutlich nicht nachsagen lassen. Dazu passt es auch, dass alle parteipolitischen Manöver vor und nach den Wahlen, die mit dem Thema GU zu tun haben, unerwähnt bleiben.

Unmittelbar danach wird eine fachpolitische Begründung genannt, die wir schon kennen. Sie bezieht sich auf die bereits im PUA-Bericht zitierte Enquete-Kommission und das dort veröffentliche Minderheitenvotum: *„Dem radikalen, vor allem politisch motivierten Verzicht auf eine verbindliche Unterbringung kann nicht gefolgt werden. Die Einrichtung oder Nutzung einer begrenzten Anzahl von Plätzen mit verbindlicher Betreuung wird befürwortet."* (ebd., 238). Dass es sich um ein *Minderheitenvotum* handelt wird erwähnt, aber nicht, dass sich die Mehrheit der Kommission explizit gegen GU ausgesprochen hat. Auch die Quelle, aus der das Zitat stammt, muss man sich erst in der Fußnote suchen. Dann wird die folgende Rahmung für die fachpolitische Entscheidung entwickelt:

„In Hamburg wurde, anders als im Bundesgebiet, die Frage des Einsatzes freiheitsentziehender Maßnahmen in der Erziehung und damit des Betriebes einer geschlossenen Einrichtung bis zur Jahrtausendwende nicht diskutiert. Erst in der Enquete-Kommission zur Jugendkriminalität der Hamburgischen Bürgerschaft hatte sich damals eine Gegenposition herauskristallisiert, die freiheitsentziehender Maßnahmen als Rahmen für eine moderne Pädagogik für in offenen Einrichtungen nicht mehr erreichbare Minderjährige befürwortete." (ebd.).

> *Kommentar:* GU soll mit dem Hinweis auf „*moderne Pädagogik*" herausgelöst werden aus dem Image einer *vormodernen, repressiven Pädagogik* zu entspringen. Was eine *moderne Pädagogik* ausmacht, bleibt unausgeführt. Hamburg wiederum wird ein vormoderner Status zugewiesen, weil man hier den Einsatz von GU bis zur „*Jahrtausendwende*" nicht diskutiert hat. So als ob Hamburg damit den Anschluss an eine Debatte verloren hätte, die anderswo fachlich in Schwung gekommen wäre. Tatsächlich hat eine solche ergebnisoffene, Vor- und Nachteile abwägende Diskussion nirgendwo stattgefunden. Sie wurde beinahe überall in einer polarisierten Art und Weise mit viel Schwarz-Malerei geführt. Und beinahe überall wurde Einrichtung oder Nicht-Einrichtung von GU politisch, d. h. von Parteien entschieden. Korrekt wiedergegeben wird der Auftrag der Politik: *„Für die Kinder und Jugendlichen, für die eine geschlossene Unterbringung angezeigt ist, sollten entsprechende Plätze in Einrichtungen geschaffen werden, und zwar 10 Plätze für Kinder und 25 Plätze für Jugendliche."* (ebd.).

Kommentar: Hier wird mit dem Wort „*sollen*" deutlich, dass es sich um einen verbindlichen Auftrag handelt. Warum man sich nie an die Schaffung der Plätze für Kinder gemacht hat, die ja im „*soll*" enthalten waren, wird allerdings nicht erläutert. *Parteipolitische* Motive werden erst an einer sehr viel späteren Stelle erwähnt und in einem anderen inhaltlichen Kontext. Unter der Überschrift „*Bewertung in der Öffentlichkeit und in den Medien*" heißt es:

„An der Zuspitzung der Auseinandersetzung hatten allerdings auch die politischen Protagonisten ihren Anteil. So forderte die seinerzeit an der Regierung beteiligte Partei Rechtsstaatlicher Offensive ‚die Einrichtung eines Heimes für den harten Kern von Intensivgewalttätern unter Kindern und Jugendlichen mit 100 Plätzen.' In der Koalitionsvereinbarung aus dem Jahr 2001 hieß es: ‚Jugendliche, die Straftaten begehen, müssen frühzeitig ihr Unrecht vor Augen geführt bekommen sowie zeitnah und konsequent zur Verantwortung gezogen werden, um eine kriminelle Laufbahn zu verhindern.' Obgleich der pädagogische und psychologisch-therapeutische Ansatz einer geschlossenen Einrichtung ebenfalls erwähnt wurde, setzte sich der kriminalrepressive Aspekt in der Öffentlichkeit durch." (ebd., 25).

An dieser Passage fällt zweierlei auf. Es wird auf die Rechtsstaatliche Offensive, die Schill-Partei fokussiert, nicht aber auf die CDU, deren spätere Sozialsenatorin im Wahlkampf ganz ähnliche Erwartungen geschürt hatte. Warum? Weil Schill verschwunden ist und man sich auf ihn als abwesenden Buhmann einigen kann?

Zweitens werden Ursache und Verantwortung für die Stimmung, die Mischung aus populistischer Erwartung und Straforientierung, umgedreht: Nicht die Parteien sind für den „*kriminalrepressiven*" Fokus zuständig unter der die GUF wahrgenommen wird, sondern die Öffentlichkeit, die den „*psychologisch-therapeutischen Ansatz*" ausgeblendet hat. Dabei steht diese Charakterisierung im Gegensatz zu der ausführlichen Konzeptdarstellung im Bericht, in der das „*psychologisch-therapeutische*" nur am Rand vorkommt. Eine *psychologisch-therapeutische* Einrichtung für jugendliche Straftäter wäre in der aufgeheizten Stimmung vor und nach der Wahl undenkbar gewesen. Eine ähnliche Verdrehung gilt auch für diesen Abschnitt:

„Die Wiedereinführung der Geschlossenen Unterbringung in Hamburg war in der interessierten Öffentlichkeit von Beginn an umstritten. Seit Aufnahme des Betriebes im Dezember 2002 stand sie unter kritischer Beobachtung der Medien, der politischen Opposition in der Hamburgischen Bürgerschaft und eines kleiner gewordenen jedoch sehr aktiven Kreises in der Fachwelt der Jugendhilfe. Der dadurch entstandene Druck hat sich in den ersten zwei Jahren negativ auf die Einrichtung ausgewirkt und wirkte danach in Form verfestigter, aber nicht oder nicht mehr sachgerechter Kritik fort." (ebd., 25).

In polarisierten Zusammenhängen sind solche verfestigten und nicht mehr sachgerechten Kritiken leider die Regel. Aber auch hier stellt sich erneut die Frage, wie die Polarisierung zustande gekommen ist. Erstens haben im Wahlkampf CDU und Rechtsstaatliche Offensive die vorher Regierenden wegen der Nicht-Umsetzung der GU massiv angegriffen und ihnen vorgeworfen, untätig zu bleiben. Zum zweiten hat die CDU-Senatorin selbst den Druck mit angekurbelt, indem sie fachlichen Äußerungen wie *„Weglaufen gehört zur GU mit dazu und lässt sich nicht ein für alle Mal unterbinden"* kein Gehör geschenkt hat und weiter auf das abschreckende, repressive Image der Einrichtung gesetzt hat. Und zum dritten war der *„kleine Kreis"* der Fachwelt in Hamburg, die die GUF abgelehnt haben, nicht so klein wie hier suggeriert wird. Zwar gab es in Hamburg durchaus militante Gegner, die zur Verhinderung von GU auch auf massive Protestformen zurückgegriffen haben. Andererseits gab es in der Hamburger Trägerlandschaft einen weitgehenden Konsens: *„Wir finden das falsch. Wir machen da nicht mit. Wenn der LEB es macht, dann soll er schauen wie er damit klar kommt"*. Beispielsweise haben das Rauhe Haus, einer der großen Hamburger Traditionsträger oder der damals in Hamburg maßgeblich in den Heimreformen engagierte Klaus Wolf so argumentiert (siehe Wolf 1998).

Fazit zur Entstehungsgeschichte
Auch wenn man es im LEB -Bericht so konstruiert: Es waren in erster Linie (!) nicht rational nachvollziehbare, *fachpolitische* Erwägungen, sondern *parteipolitische Entscheidungen* mit Blick auf Wähler:innen und der Druck, unter den sich die siegreichen Parteien gestellt hatten, der nach einer schnellen Realisierung der geschlossenen Plätze drängte. Insofern suggeriert der LEB-Bericht hier eine Kontinuität in den fachpolitischen Zielen und eine eigene fachpolitische Entscheidungsmacht, die dieser Behörde nicht zukommt. Warum die zehn Plätze für die geschlossene Unterbringung von Kindern, auch ein Teil des Senatsbeschlusses, nie umgesetzt wurden, bleibt offen. Wahrscheinlich gab es an diesem Punkte doch weit mehr Widerstand in den eigenen Reihen des LEB.

9.3.3.2 Wiedereinführung in Hamburg – längst überfällig mit Blick auf andere Bundesländer?

Parteipolitische Dynamiken und Zusammenhänge werden auch in diesem historischen Abriss zu Beginn des Berichtes ausgeklammert:

> *„Im Rahmen des Prozesses zur Reform der Hilfen für Kinder, Jugendliche und ihre Familien und speziell der öffentlichen Erziehung in Heimen, dessen Wurzeln in der gesellschaftlichen Umbruchsituation Ende der 60er Jahre liegen, wurde im September 1980 die gesicherte Unterbringung in Heimen des Amtes für Jugend in Hamburg bis auf wenige,*

> *am Einzelfall orientierte Ausnahmen aufgehoben: eine heftig diskutierte und von ihren Gegnern öffentlich scharf kritisierte Entscheidung. Fachlich und ethisch beruhte sie auf der Ablehnung der bis dahin, weitgehend praktizierten Pädagogik der Nachkriegsjahre, die modernen Erkenntnissen und Ansprüchen nicht mehr standhielt.*
>
> *In Hamburg wurde, anders als im Bundesgebiet, die Frage des Einsatzes freiheitsentziehender Maßnahmen in der Erziehung und damit des Betriebes einer geschlossenen Einrichtung bis zur Jahrtausendwende nicht diskutiert. Erst in der Enquete-Kommission zur Jugendkriminalität der Hamburgischen Bürgerschaft Maßnahmen als Rahmen für eine moderne Pädagogik für in offenen Einrichtungen nicht mehr erreichbare Minderjährige befürwortete.*" (ebd., 3f.).

Zunächst wird die Abschaffung der GU in Hamburg in einen gesellschaftspolitischen Zusammenhang gestellt: den der 68-ziger Bewegung, die die damals weit verbreitete Repression in der Heimerziehung angeprangert hatte, allen voran in der GU. Das war zunächst richtig räumen die Verfasser:innen des LEB-Berichtes ein. Aber dann hat Hamburg etwas verpasst: *„anders als im Bundesgebiet"* wurde in Hamburg nicht über die Wiedereinführung diskutiert. Das stimmt so nur zum Teil, denn in Bayern und Baden-Württemberg, traditionellen CDU-Ländern war GU nie abgeschafft worden und musste deswegen auch nicht wieder eingeführt werden. Lediglich im Land Hessen war es damals zu einer intensiven Debatte gekommen, die GU aber (zunächst) weiter abgelehnt worden. Fachverbände wie die IGfH sprachen sich 1980 (und davor) und um 2000 weiter und gegen die Einrichtung von GU-Plätzen aus. Welche fachpolitische Debatte Hamburg verpasst haben sollte, wird demnach nicht klar.

Auch der *„massive Widerstand"*, den es in Hamburg bei der Abschaffung der GU gegeben haben soll, klingt übertrieben. Zum damaligen Zeitpunkt war es in SPD-regierten Bundesländern, in Fachkreisen und weiten Teilen der sich als liberal verstehenden Bürgerschaft *common sense*, dass man GU nicht mehr braucht und/oder nicht mehr will. Siehe dazu auch den Hinweis in der Einleitung zu diesem Kapitel, dass die „Väter" des KJHG (SGB VIII) in ihren Gesetzesentwürfen die GU mit keinem Wort erwähnt hatten. Fachlich nachvollziehbar ist das Argument, dass man mit der Einrichtung der GUF eine Lücke schließen möchte, weil etliche Kinder und Jugendliche *„von der etablierten Jugendhilfe mit ihren offenen Gruppen nicht erreicht wurden"*. Diese von den Jugendämtern gemachte Erfahrung hatte schon einige Jahre zu Unzufriedenheit bei etlichen der dortigen Mitarbeiter:innen geführt. Vermutlich dürften in den Jugendämter die stärkste Gruppe von Befürworter:innen gesessen haben. Warum diese Interessensgruppe und ihr Votum nicht klarer herausgestellt werden, bleibt unklar. Außerdem bleibt das Argument *„nicht erreicht"* zwiespältig: denn es gilt damit auch für GU generell, und auch für die GUF. Auch die muss sich daran messen lassen, wie viele der ihr überstellen Jugendlichen sie erreicht oder nicht (siehe 3.3).

> *Kommentar:* Die eigenwilligen Geschichtskonstruktionen der Verfasser:innen des LEB-Berichtes möchten erstens klar stellen, dass GU in Fachkreisen schon seit längerem ein offenes Thema war und damit eine fachlich zwar umstrittene, aber durchaus naheliegende und die anderen Angebote sinnvoll ergänzende Erziehungsform dargestellt hat. Und zweitens, dass die Initiative zur Wiedereinführung in erster Linie aus fachlichen Gründen erfolgt ist. Dass man selbst in dieser Frage seine Haltung verändert hat, dass man, wie es manche Kritiker:innen der GU sehen (vgl. Meiners 2003), auch im LEB vom Gegner zum Befürworter „umgekippt" sei und sich der Politik willfährig angedient habe, dieser im Diskursraum stehenden Verdächtigung, möchte man mit dieser Darstellung entgegentreten. Damit werden zugleich auch die internen Debatten im LEB verschleiert. Denn es gab dort auch Stimmen, die vor diesem Projekt gewarnt haben oder ihr „ungutes Bauchgefühl" zum Ausdruck gebracht haben (mündliche Mitteilung zweier ehemaliger LEB-Mitarbeiter:innen gegenüber dem Autor). Solche Positionen waren auch in Hamburg registriert worden. So wird in einem Zeitungsartikel konstatiert: „*[H]eute sollen genau die Träger, die früher für fortschrittliche Ansätze in der Sozialpolitik gestanden haben, die Maßnahmen der Reaktion umsetzen. Ansonsten drohen Kürzungen, Schließungen und Entlassungen. Sich in einer solchen Situation zu widersetzen, ist angesichts der existenziellen Auswirkungen sicher nicht einfach.*". Verwiesen wird dabei explizit auf den damaligen Leiter des LEB: „*[…], Geschäftsführer des Landesbetriebs Erziehung und Berufsbildung, hat noch 1995 entschieden gegen die geschlossene Unterbringung Position bezogen. Heute soll und will er sie umsetzen*" (vgl. ak, analyse & kritik, zeitung für linke Debatte und Praxis, Nr. 465, 4). Der LEB-Bericht suggeriert demnach mehr Kontinuität und Geschlossenheit in der Fachbehörde als vorhanden war.

9.3.3.3 In der Nach-PUA-Zeit wurde alles besser?

Durch den weiteren Bericht zieht sich der Tenor: „*Der GUF lag ein kluges Fachkonzept zugrunde, es hat sich in der Umsetzung fachlich bewährt – wenn auch nicht so rasch wie erhofft. Es gibt keine fachlichen Gründe dafür, dass die GUF beendet wurde.*" (ebd.).

Um diese Einschätzung zu belegen, wird es als erforderlich erachtet auf bestimmte kritische Vorhaltungen aus den PUA-Berichten einzugehen. Diese werden nicht als falsch bezeichnet, aber als verfrüht, da dem LEB-Bericht eine um drei Jahre längere Beobachtungszeit zugrunde liegt als dem PUA-Bericht (dieser 16. Januar 2003 bis 28. September 2005; jener 29. September 2005 bis 12. November 2008). Die Thesen, die dabei entwickelt werden, heißen:

- *These 1: Die Aufenthaltsdauer der Jugendlichen war nicht so kurz, wie das in den PUA-Berichten dargestellt wird.*

Zunächst erscheinen die präsentierten Zahlen als klare Erfolgsanzeige: Während im PUA-Bericht bemängelt wird, dass die Verweildauern mit Blick auf das

Konzept zu kurz gewesen seien, um Fortschritte erzielen zu können, wartet der LEB-Bericht hier mit neuen Zahlen bezogen auf die 50 Jugendlichen auf, die in der GUF aufgenommen wurden: Nur 10 kurze Verläufe (im Mittel 12 Tage), 8 mittlere (im Mittel 91 Tage), 21 lange (im Mittel 235 Tage) und 24 sehr lange Aufenthaltsdauern (im Mittel 390 Tage). Der Bericht formuliert selbstbewusst:

„Die Länge der Aufenthaltsdauer ist ein Faktor für die Chance einer wirksamen und nachhaltigen pädagogischen Intervention. Kurze Aufenthalte ergeben sich durch Inobhutnahmen oder Aufnahmen, die mit einer Klärung des Falles (z. B. Erstellung eines psychologischen Gutachtens) verbunden sind. Bei 32 Betreuten kann von längerfristigen Aufenthalten gesprochen werden." (ebd.).

Kommentar: Es soll hier nicht in Abrede gestellt werden, dass sich im Fünfjahres-Berichtszeitraum tendenziell günstigere Zahlen ergeben haben als in dem der PUA. Aber zwei Gesichtspunkte lassen Bedenken aufkommen: Die kürzeren Verweildauern ergeben sich nicht in jedem Fall einem klaren, begrenzten Clearingauftrag und damit einer geplanten kurzen Verweildauer. Etliche kommen durch Abbrüche zustande. Dafür sprechen auch die hohen Zahlen bei den Besonderen Vorkommnissen in der Kategorie „kurz". Wie viele bei den kurzen Verweildauern Abbrüche sind, bleibt unklar.

Zweitens muss man schlussfolgern, dass die Verfasser der Statistik für die langen und sehr langen Verweildauern die Zeiten der Jugendlichen in der GUF addiert haben, d. h. drei kurze Aufenthalte oder einen kurzen und einen mittleren zu einem langen verdichtet haben. Mit Blick auf die von der PUA gelieferten Fallangaben ist das sonst rechnerisch bei 50 Jugendlichen gar nicht anders möglich. Dabei kann es durchaus sein, dass sich mehrere Aufenthalte am Ende zu einer stimmigen und erfolgreichen Intervention verdichtet haben. Aber das muss nicht sein. Und noch etwas anderes: Fragt man Fachleute aus dem GU-Bereich mit langjährigen Erfahrungen so würden diese einen Aufenthalt von 7 oder 8 Monaten (ergibt circa 235 Tage) nicht als *lang* bezeichnen. Und einen Zeitraum von mindestens einem Jahr (also mehr als 365 Tage) (1,5 Jahre oder zwei) als günstige Voraussetzungen für eine positive Entwicklung empfehlen. Was gut mit den Evaluationen von offenen, stationären Gruppen zusammenpassen würden (siehe vor allem die JES-Studie 2002, 190 ff.).

- *These 2: Eindrucksvoll präsentiert sich zunächst die Zahl der rückläufigen Zahl von „Besonderen Vorkommnissen". Parallel zur Länge des Aufenthalts gehen sie zurück. Das kann man zunächst als Beleg dafür werten, dass sich bei längeren Aufenthalten die Chance erhöht, dass irgendwann ein Arbeitsbündnis zustande kommt, das die Jugendlichen dazu motiviert, mehr mit den Betreuer:innen zu kooperieren und an sich zu arbeiten als aggressiv und regelbrechend zu agieren.*

Kommentar: Und doch gebietet es wissenschaftliche Seriosität auch hier genau hinzuschauen: Im PUA-Berichtszeitraum 13. Januar 2003 bis 28. September 2005 wurden in 33 Monaten 30 Jugendliche betreut. Im erweiterten Berichtszeitraum des LEB von 37 Monaten wurden dagegen nur 20 Jugendliche betreut (sonst stimmt die Zahl 50 nicht). Das bedeutet, dass im zweiten, längeren Beobachtungszeitraum 33 % weniger Jugendliche betreut wurden als im ersten. Die Dichte der Betreuung durch die Mitarbeiter:innen dürfte nicht abgenommen haben (das wird auch aus dem Bericht der Aufsichtskommission deutlich). Insofern werden die beiden GUF-Gruppen über längere Zeit kleiner gewesen sein – bei einer gleichzeitigen dichteren Betreuung. Vielleicht wurde erst im zweiten Berichtszeitraum das passende Verhältnis Betreuer-Betreute gefunden. Dass es unter solchen günstigeren Bedingungen, die mehr 1:1-Kontakte zulassen und ruhigere Gruppensituationen am Tisch mit nur drei, vier oder fünf Jugendlichen ermöglichen, schneller zu nachhaltigeren Arbeitsbündnissen kommt und damit zu erfolgreicheren Verläufen oder zumindest mit weniger besonderen Vorkommnissen liegt nahe. Nur sollte man diesen günstigeren Rahmen von Strukturqualität auch klar benennen. Vor allem, wenn man dazu denken muss, dass man geschult durch die Erfahrungen des Anfangs nicht mehr jeden Jugendlichen aufgenommen hat. Der zweite Durchlauf mit 20 Jugendlichen zeigt also nicht die GUF wie sie geplant war, sondern eine vorsichtig agierende, auf kleinere und dichter betreute Gruppen setzende Praxis (mit und ohne dafür veränderte Konzeption?), was die Gesamtausgaben pro Platz natürlich nach oben treibt. Warum legt man das nicht offen?

Denn so könnte man auch ein weiteres Ergebnis besser einordnen, dem ich zunächst Glauben möchte: „Fluktuation gesenkt" und „gute personelle Kontinuität". Auch hier gilt: Wenn man weniger Jugendliche sehr viel häufiger zu zweit betreuen kann, haben auch die Mitarbeiter:innen mehr Chancen angenehme und dichte Situationen mit den Jugendlichen zu erleben und haben ergo mehr Freude an der Arbeit. Das liegt aber nicht an den Mitarbeiter:innen oder einem konsolidierten Projekt, das sich endlich entwickelt und stabilisiert hat, sondern an außergewöhnlichen Rahmenbedingungen, die durch Unterbelegung zustande gekommen waren. Sie wären so in den nächsten Jahren aus Kostengründen nicht mehr realisiert worden.

Kommentar: Prinzipiell wären solche Zahlen für alle GU-Einrichtungen in Deutschland von großem Interesse. Im LEB-Bericht werden aber alle relevanten Hintergrundinformationen weggelassen und der Eindruck suggeriert, man wäre nach drei Jahren auf einem besseren Weg gewesen. Man fragt sich, ob die Verantwortlichen für diesen Bericht, diese eigenwilligen, schönfärberischen Berechnungen vorgenommen haben, weil sie damit rechnen, dass diese von den Leser:innen ungeprüft hingenommen werden. Das würde bedeuten, dass man die Leser:innen für dumm einschätzt. Oder konnte man mit den Zahlen nicht anders umgehen, weil Kenntnisse von empirischer Sozialforschung fehlten? Das würde für Personen sprechen, die einen solchen Bericht nicht hätten schreiben dürfen.

Wissenschaftlich seriös wären Berechnungen gewesen, die genau solche Zusammenhänge offenlegen. Zusammenhänge zwischen Auslastung und Verweildauer im Setting, besonderen Vorkommnissen und Kontinuität im Beschäftigungsverhältnis und Krankenstand der Mitarbeiter:innen. Auch der Durchschnitt von Ausgaben für die ersten 30 Jugendlichen und für die weiteren 20 mit Blick auf die Auslastung der Gruppen wäre interessant gewesen, um dieser ominösen Zahl von 25.000 € aus den Voten der SPD und der GAL etwas entgegenzusetzen (siehe PUA 2007, 423 und 474). Das Fazit hätte dann lauten können: Wir haben als Fachbehörde zu Beginn einiges zu blauäugig gesehen und Fehler gemacht, aber wir haben unter besseren Bedingungen Hinweise auf die möglichen, positiven Potentiale von FeM- Einrichtungen und die wollen wir darstellen.

9.3.3.4 Glättungen und Suggestionen in anderen Passagen und ein Lichtblick

Andere Passagen weisen erhebliche Glättungen auf, wenn man den Sachermittlungen des PUA-Berichts folgt: So heißt es z. B., *„die Mitarbeiterinnen und Mitarbeiter reagierten auf solche Gefährdungen unter Wahrung der Verhältnismäßigkeit. Ein Eingriff mit physischen Mitteln erfolgte grundsätzlich ohne technische Hilfsmittel"* (ebd., 11), wobei wir vier Zeilen später erfahren, dass *„Klettbänder kurzfristig"* eingesetzt wurden (ebd.). Aus dem PUA-Bericht haben wir allerdings erfahren:

> *„Ob eine ausreichende und die Grundsätze der Verhältnismäßigkeit berück-sichtigende Erziehung bei hohem Personalwechsel überhaupt gewährleistet werden kann, darf im Falle der Feuerbergstraße mindestens bezweifelt werden. Folgende Schreiben des in der Einrichtung beschäftigten Personals mögen diese Annahme rechtfertigen: ‚Die Tätigkeit in der GUF ist als äußerst anspruchsvoll und bisweilen auch belastend zu beschreiben, weil [...] ein hohes Maß an Aggression und Gewalt den Arbeitsalltag bestimmen kann. Diese Einrichtung beklagt beispielsweise eine außergewöhnlichhohe Fluktuation von Mitarbeitern. Viele dieser Abgänge sind durch eine allgemeine Arbeitsunzufriedenheit zu erklären. Dies hängt mit der vorherrschenden hohen Stressbelastung zusammen. Die chronische Unterbesetzung des pädagogischen Kernteams, sowie der stete Wechsel der Lehr- und Hauswirtschaftskräfte ließen geregelte Arbeitsabläufe anfangs schwer realisierbar werden'.*
>
> *‚Wie sehr Jugendliche unter der hier praktizierten Form der Konfrontation leiden, zeigt die erhöhte Aggressivität, Gewaltbereitschaft und die Häufung von Selbstverletzungen. Ich sehe meine pädagogische Arbeit gefährdet und kann diese nicht fortführen, wenn es kein pädagogisches Konzept gibt, das meinen Anforderungen entspricht. Ich vermisse hier Klarheit, ich vermisse Strukturen und ich vermisse Unterstützung'.*
>
> *‚In den letzten Monaten beobachte ich aus einer Überforderung und Überlastung der Mitarbeiter heraus einen pädagogischen Prozess, der von immer mehr restriktiven Maßnahmen geprägt wird [...] bei den Jugendlichen erlebe ich im Rahmen meiner psychologischen Betreuung dadurch Leidensdruck, der sich in aggressivem Verhalten, wie verbalen*

Bedrohungen, körperlicher Gewalt, Selbstverletzungen und depressiven Verstimmungen zeigt'.

‚Herr (Leiter der Einrichtung) berichtete mir heute, dass eine weitere Kündigung eines Mitarbeiters ansteht. Dieser soll gesagt haben, er sehe die Gefahr, dass er bei dem angeschwollenen und mittlerweile konstant hohen Gewaltpegel auch gegen Mitarbeiter nicht mehr sicherstellen kann, dass er in allen Situationen pädagogisch angemessen reagieren kann. Ich denke das ist ein weiteres deutliches Signal für die Situation in der GUF'." (PUA 2007, 297 f.).

Kommentar: Solche Äußerungen aus dem PUA-Bericht nicht zur Kenntnis zu nehmen, stellen geradezu ein Paradebeispiel für *„institutionelle Abwehr"* dar (siehe dazu Kap. 11 f.) und lassen erahnen, welche internen Dynamiken im LEB, virulent waren, die offensichtlich zu solchen Ausblendungen führen. Meiner Vermutung geht es um die Abwehr zentraler Emotionen von Scham und Schuld, die aber nicht wahrgenommen werden dürfen.

Eigenwillig auch diese Einordnung: *„Anders als in manchen anderen geschlossenen Einrichtungen gab es in der GUF aus pädagogischen Gründen keinen Isolierraum, in den ein Betreuter in einer Krisensituation verbracht wird."* (LEB 2008. 11).

Kommentar: Man kann darüber streiten, ob das eine kluge Entscheidung war. Man hat damit immerhin Erfahrungswerte mehrerer anderer GU-Einrichtungen unbeachtet gelassen und dachte, dass man in Hamburg darauf verzichten könne. Vielleicht auch, weil man nicht noch ein Settingelement vorhalten wollte, das die Gegner sofort an einen *„herzlosen Kinderknast"* denken lassen würden (ebd., 12)? Vermutlich wäre es gerade am Anfang an besser gewesen aus pädagogischen Gründen über einen solchen zu verfügen? Außerdem erfahren wir aus dem PUA-Bericht, dass der anfangs als Ruheraum eingerichtete Ort mehrfach im Sinne eines klassischen Time-Out-Raums genutzt wurde. Bis hier hin also viele mehr oder weniger inkonsistente Darstellungen und wissenschaftlich unseriöses Jonglieren mit Zahlen. Zur Ehrenrettung des LEB sei gesagt, dass der Bericht an einer Stelle eine sehr deutliche Sprache spricht und von einem Lernprozess Zeugnis ablegt:

„Die Erfahrungen haben in erster Linie gezeigt, dass die Jugendlichen – dem pädagogischen Konzept entsprechend – die erforderlichen Mindestvoraussetzungen erfüllen müssen, um erreichbar und selbst zur Mitwirkung in der Lage zu sein. Das Grundprinzip der pädagogischen Arbeit ist die Vermittlung sozialer Werte, Normen und Regeln mit dem Ziel, dass die Jugendlichen Grundwerte des sozialen Handelns verinnerlichen und Selbstverantwortung übernehmen können. Hierfür ist Voraussetzung, dass die Jugendlichen über ein Mindestmaß an emotionaler Belastbarkeit, Kritikfähigkeit und Frustrationstoleranz sowie Beziehungsfähigkeit verfügen. Für Jugendliche, die über diese Voraussetzungen aufgrund von Beeinträchtigungen in der Persönlichkeitsentwicklung nicht verfügen, war der pädagogische Ansatz der GUF nicht geeignet und konnte sich sogar Symptom verschärfend auswirken. Je nach Störungsbild wurden die Konfrontation und

die Auseinandersetzung mit dem eigenen Verhalten als äußerst bedrohlich empfunden und lösten Abwehr in Form von Verweigerung bis hin zu aggressiven Ausbrüchen aus, ohne dass hier eine notwendige Stabilisierung auftrat. In diesen Fällen setzte funktionales Verhalten i. d. R. nicht ein. Für diese Jugendlichen wäre ein anderes, stark auf ihre individuellen Möglichkeiten abgestimmtes Setting mit einem sozialtherapeutischen Ansatz eher Ziel führend gewesen." (ebd., 23).

Kommentar: In diesem Statement drückt sich die Fachlichkeit aus, die man vom LEB erwartet.

Drei Passagen müssen noch erwähnt werden:

a) Im Zusammenhang mit der besonderen Achtsamkeit, deren eine GU-Einrichtung bedarf, wird auch die Einrichtung der Aufsichtskommission und der PUA erwähnt (ebd., 15 f.). Beides mal klingt deren Einberufung so, als sei sie von vorneherein so geplant gewesen und einvernehmlich gewünscht worden. Dabei wissen alle Beteiligten, dass es um diese Kontroll-Gremien erhebliche Auseinandersetzungen gegeben hat. Warum die Aufsichtskommission ihre Arbeit erst 2005 angefangen hat und warum sie bereits 2007 wieder damit aufgehört hat, bleibt unerwähnt.

b) In einer anderen Passage stellt der LEB völlig sachlich dar, was der PUA gekostet hat: *„Lt. Bürgerschaftskanzlei vernahm der Ausschuss 56 Zeugen, tagte 2.500 Stunden in 59 durchgeführten Sitzungen und kostete (geschätzt) 2 Mio. Euro."* (ebd., 16).

Kommentar: Solche Zahlen zu veröffentlichen ist sinnvoll. Die Frage ist, ob sie auch einem strategischen Zweck dienen? In der Passage, in der sie stehen, handelt es sich um eine Sachinformation. Aber innerhalb der Gesamtstrategie des LEB-Berichtes erhalten selbst solche Sachdarstellungen eine Aufladung bzw. einen Unterton. Die Leser:in kann die Info auch als Hinweis verstehen, dass „eine riesengroße Menge Geld" für etwas ausgegeben wurde, was eigentlich nicht notwendig war. Besser man hätte der GUF die Zeit eingeräumt, die sie brauchte. So wäre – wie jetzt im Bericht deutlich wird – von ganz alleine deutlich geworden, dass doch alles im Grunde einen guten Weg geht.

(c) Zu guter Letzt: Der Text wird – im Unterschied zu allen anderen Berichten – ohne Namen der Mitarbeiter:innen, die an seiner Erarbeitung beteiligt waren, veröffentlicht. Lediglich der Leiter des LEBs steht auf dem Deckblatt.

Kommentar: Damit versteckt sich der LEB noch einmal und verdeckt, wer der vielen Beteiligten inzwischen wie denkt. Dabei kann sich jeder, der die Entwicklung verfolgt hat und die anderen Berichte kennt, ausrechnen, wer die anderen Verfasser:innen sind. Aber auch

> hier wird der *politische Weg* gewählt. Die Mitarbeiter:innen erscheinen nicht als Subjekte, sondern als Funktionen in einem Apparat und spielen deshalb als Personen keine Rolle. Als solche sind sie austauschbar und müssen nicht namentlich bekannt werden. Nur der Chef/die Chefin steht auf dem Titel. Er/sie dürfte den Text in Auftrag gegeben und ihn abgesegnet haben. Ob er eine Zeile davon selbst geschrieben hat, bleibt offen.

Fazit: Der LEB-Bericht hat seinen guten Grund darin, dass er eine längere Zeit als der PUA-Bericht überblickt. Und für die GUF in Anspruch nehmen dürfte (auch wenn er das an keiner Stelle formuliert), dass es eben mindestens drei Jahre braucht bis ein neues Setting einigermaßen rund läuft und dass drei Jahre noch zu kurz sind, um alle seine Potentiale entfalten zu können. Das würde jede halbwegs erfahrene Projektgründer:in bestätigen können. Die ersten zwei bis drei Jahre sind die schwersten und beinahe jedes Projekt erlebt in dieser Zeit einen oder mehrere *schwarze Freitage*, nach denen man es am liebsten wieder beenden würde und nur weiterführt, wenn man im Bilde darüber ist, was man falsch gemacht hat und in Zukunft anders angehen wird.

Aber der LEB-Bericht verschenkt seine Chancen, weil er die Fragen, welche die interne wie externe Beobachter:innen im Diskursraum bewegen bis auf eine Ausnahme nicht offen legt, sondern nur indirekt anspricht und die tatsächlichen oder vermeintlichen Vorwürfe der anderen Interessensgruppen mit halbgaren Argumenten zu entkräften versucht. Diese relevanten Fragen wären gewesen

- Wie viel konnte der LEB bei der Etablierung der GUF fachlich denken und realisieren und wo musste er zähneknirschend die Direktiven der Parteien, vermittelt über die Leiter:innen von Fachressorts hinnehmen oder deren für das Projekt ungünstigen Verlautbarungen nach außen erdulden, ohne offensiv widersprechen zu können?
- Wie groß waren die LEB-internen Spannungen bei der Umsetzung der GUF und was wurde auch intern kontrovers diskutiert? Was davon verdankt sich jeweils unterschiedlichen fachlichen oder politischen Orientierungen? Denn auch innerhalb des LEB gibt und gab es SPD- und GAL-Anhänger:innen, die bei der Etablierung der GUF gegen ihre politische Überzeugung handeln mussten oder zumindest zwischen der eigenen fachlichen und ihrer politischer Orientierung hin und her gerissen waren.
- Wie ging es dem LEB damit, ein Konzept umzusetzen, das die Mehrheit der Freien Träger in der Stadt, darunter auch namhafte, bundesweit bekannte Fachleute ablehnte? Fühlte man sich dabei als fachliche Elite oder musste man als Senatseigener Landesbetrieb in den sauren Apfel beißen oder hat man versucht das Beste aus den Vorgaben zu machen?
- Wie und wo haben internes Kompetenzgerangel, Konkurrenzen und Abstimmungsschwierigkeiten die umfängliche Unterstützung der Akteure vor Ort eine raschere Entwicklung des Konzepts und der Einrichtung behindert?

- Wie und wo hat die Verwaltungsebene Prozesse behindert oder blockiert und hatte das LEB zu wenige Weisungsbefugnisse, um deren Mitarbeit einzufordern oder diese zu disziplinieren?
- Wie klar oder unklar war es, dass man als Anschlussmaßnahmen auf die Freien Träger angewiesen war, aber die Jugendlichen dort auf ganz andere Kulturen und Strukturen treffen würden? Hätte es demnach einer dezidierten LEB-Nachfolgeeinrichtung bedurft? Und wie ist man damit umgegangen, dass eine solche Spezialeinrichtung für entwickelte GU-Jugendliche vom Senat als fachpolitisch unerwünscht abgelehnt wurde?
- Was würde man heute nach den von fünf Erfahrungen konzeptionell und praktisch anders machen in einer Einrichtung für GU? Kurz: Was hat man gelernt?
- Und ist man am Ende im LEB darüber froh, die GUF wieder losgeworden zu sein? Wenn auch nicht aus eigener Kraft und aus eigenem Willen.

Durch das Ausblenden und Vermeiden solcher und anderer Fragen und das fragwürdige Jonglieren mit Zahlen erhält der Bericht eine selbst-legitimatorische Schlagseite und zeigt damit einen zwischen Parteipolitik, eigenen Fachlichkeitsansprüchen und Verwaltung eingeklemmten LEB. Um das eigene fachliche Profil ringend und doch weit davon entfernt fachlich frei und offensiv agieren zu können. Man kann einwenden, dass ein landeseigener Träger wie der LEB aufgrund seiner politischen Einbindung in die Senatsbehörde einen solchen offenen Bericht gar nicht schreiben kann. Dann wäre ein ehrliches für den Innenkreis verfasstes Papier zur Selbstreflexion, jenseits aller Veröffentlichungsabsichten besser gewesen. Oder gar kein Bericht.

9.4 Fazit des externen Beobachters: Inwiefern kann man von Scheitern sprechen und inwiefern nicht?

Meines Erachtens lässt sich diese Frage nicht mit einem einfachen Ja oder Nein beantworten. Die GUF wurde auf Drängen eines Koalitionspartners geschlossen (s. Kap. 9.1.2). In einer anderen Parteienkonstellation, z. B. mit einer aus der Wahl 2008 gestärkt hervorgegangenen CDU plus einer starken FDP, wäre sie wahrscheinlich weitergeführt worden. Und hätte so die Möglichkeit erhalten, sich weiterzuentwickeln. Vielleicht hätte sie das Problem der Betreuung von Jugendlichen mit Persönlichkeitsstörungen und einem hohen Bedarf an psychologischer Expertise im Rahmen eines anders angelegten Konzepts anders angehen können? Vielleicht hätte die GUF sogar irgendwann einen Neubau erhalten? Und wäre zu einem Zentrum für GU in Norddeutschland geworden mit nicht mehr, aber auch nicht weniger Problemen wie andere GU-Einrichtungen? Bezogen auf die Frage Scheitern und Nicht-Scheitern bieten sich für mich sieben Differenzierungen an:

1. Gescheitert ist die Idee bzw. Hoffnung bestimmter Parteien und ihrer Wähler:innen mit einer solchen Einrichtung alle oder auch nur viele Probleme mit Kindern und Jugendlichen, die Straftaten begehen oder sich anderswie selbst- oder fremdgefährdend verhalten, lösen zu können. Es wurde deutlich, dass es sehr herausforderungsvoll ist, eine Einrichtung zu gründen und dass man sich mit ihr in jedem Fall eine Menge schwer lösbarer Probleme einhandelt, denen im besten Fall eine kleine Zahl von Kindern und Jugendlichen gegenübersteht, bei denen Entwicklungen wieder in Gang gekommen sind. Und wenn es nur für eine bestimmte Zeit in ihrem Leben war (Hauptsache diese endet nicht mit dem Übergang in die nächste offene Einrichtung). Ich bin mir aber sicher, dass es neue politische Konstellationen gibt, in denen genau diese Fehler wiederholt werden. Populistisches Gedankengut in Bezug auf die Macht zur Eindämmung von Kriminalität oder anderen Problemen von Kindern und Jugendlichen, die einfache Lösungen propagieren, stellen eine Art von Droge dar, die immer wieder gerne konsumiert wird.
2. Gescheitert ist insbesondere die Leitung des LEB und der Senatsbehörde daran, einen Dialog mit der Politik zu führen, in dem sie klar macht, was fachlich sinnvoll ist und welche Erwartungen der Politik man als überzogen zurückweisen muss. Der Eindruck bleibt bestehen, dass es die Politik war, die die GUF bestellt hat, und dass die nachgeordneten Stellen und Behörden und so auch die Leitung des LEB gehorcht haben und liefern wollten und sich dabei völlig übernommen haben: Auf Kosten der Mitarbeiter:innen in der GUF und der dortigen Leitung. Ob es Ehrgeiz und Karriereaussichten waren, persönliche Feigheit und/oder Scheu vor Konflikten, eigene politische Einbindungen oder andere Rücksichtnahmen, wissen wir nicht. Auf jeden Fall hätte es Alternativen zum Weiterreichen des Drucks gegeben, mehr Möglichkeiten zur solidarischen Gegenwehr etc. Damit, dass das Ungute dieser Systemdynamik von den durchaus klugen und fachlich versierten Personen nicht erkannt wurde, haben sie durchaus persönliche Schuld auf sich geladen.
3. Gescheitert ist aber auch die Leitung der GUF (und des LEB) insofern, als es ihr nicht gelungen ist, die Mitarbeiter:innen in der schwierigen Situation des ersten Jahres zu unterstützen und gegen falsche Erwartungen in Schutz zu nehmen. Der Druck im System wurde auch von ihr an die Mitarbeiter:innen weitergeleitet. Zudem hatte sie die Mitarbeiter:innen nicht angemessen darauf vorbereitet, was mit der Arbeit in der GUF auf sie zukommen würde. Im Grunde hätten die ersten Kernteams in andere GU-Einrichtungen fahren müssen, um dort mindestens zwei Wochen zu hospitieren, um sich nach ihrer Rückkehr darüber auszutauschen, was sie gesehen und gelernt haben und welche Schlüsse sie für ihre Arbeit daraus ziehen. Der hohe Druck zur raschen Realisierung und die Deckelung des Konzeptes, von dem zu viel bereits vorgegeben war, haben ein solches Lernen und Mitgestalten verhindert. Ein durch Lernen entstandenes eigenes Konzept, vielleicht sogar in zwei

Variationen, um Erfahrungen mit Alternativen zu sammeln, hätte sicher zu einem anderen Ergebnis geführt.
4. Die Menge und Intensität an Gewalt, die in der GUF zum Ausdruck kam, stellt keinen zwingenden Indikator für Scheitern dar. Das gilt auch, wenn ein Teil dieser Gewalt durch die Fehler der Leitung und die Schwächen des Konzepts erst richtig in Schwung kam. Aber *Reaktanz* und auch extreme Formen der Gegenwehr gegen Zwang, stellen etwas Erwartbares dar (Kähler/Zobrist 2013, Schwabe 2008). Damit müssen alle GU-Einrichtungen rechnen und sollten alle, die das Konzept für vertretbar halten, auch rechnen.
5. Als gangbaren Weg und insofern nicht als Ausdruck von Scheitern, würde ich das Experiment einschätzen, mit Sicherheitskräften von außerhalb zusammenzuarbeiten. Es zu probieren war vernünftig, aber spät und geschah anfangs zu zögerlich. Zu diesem Zeitpunkt gab es bereits eine hohe Fluktuation und einen massiven Krankenstand. Die Securitas-Mitarbeiter:innen wurden in dieser prekären Lage ähnlich verheizt wie vorher die pädagogischen Mitarbeiter:innen. Sie konnten gar nicht anders, als ihre Befugnisse zu überschreiten. Auch sie wurden nicht wirklich geschult und unterstützt.
6. Gescheitert ist der in Behörden offensichtlich übliche Weg, gewünschte Vorgehensweisen und Ablaufplanungen auf den oberen Etagen zu beschließen und per Dienstanweisung an die Leitung und die Mitarbeiter:innen weiterzugeben. Zumindest dann, wenn man vorher nicht aktiv in Erfahrung gebracht hat, was diese Mitarbeiter:innen denken und sich wünschen.
7. Nicht gescheitert ist die Erziehungshilfe GU (auch wenn es keine offizielle Erziehungshilfe ist). In der GUF wurden zahlreiche Fehler gemacht; noch mehr bei der Erstellung des konkreten Konzeptes und der Einrichtung der GUF. Dass eine konkrete Realisierung einer GU scheitern kann, bedeutet nicht, dass man auf sie generell verzichten kann. Dass die SPD diesen Lernprozess vollzogen hat, muss man ihr hoch anrechnen.

Wie geht es weiter: Wir werden in jedem der vier Kapitel in *Teil B: Zur Instituetik des Scheiterns* auf Teilaspekte der Misslingensdynamik der GUF zurückkommen. Ich empfehle aber auf jeden Fall die Ausführungen zu GU und zur GUF zu lesen, die in Kapitel 13.3 zu finden sind. Dort wird die GUF im Zusammenhang mit der *Akteurs-Netzwerk-Theorie* von Bruno Latour erörtert. Siehe ebenso die Einschätzungen des Grades des Misslingens/Gelingens für alle neun vorgestellten Projekte in Kapitel 15.2.

10. Multiple Verstrickungen und Aggressionen unter leitenden Erwachsenen in einem Projekt für gewaltbereite Jugendliche (2010/2011)

Was bewegt einen gut situierten, fest angestellten Fortbildner dazu, sich wieder in die unmittelbare, praktische Auseinandersetzung mit Jugendlichen in einer Wohngruppe zu begeben, insbesondere mit solchen, die als aggressiv und gewaltbereit gelten? Was hat die langjährige und sehr erfahrene Einrichtungsleiterin dazu motiviert, eine Zusammenarbeit mit diesem Mann einzugehen und ihm die Konzeptionierung und Durchführung eines neuen Projektes für diese Zielgruppe anzuvertrauen? Wie kommen die beiden erfahrenen Fachkräfte, die es beide gewohnt sind, zu entscheiden und zu bestimmen, miteinander aus? Können sie sich im Verlauf des Projekts wechselseitig anerkennen und respektieren oder geraten sie in Konkurrenz um Prestige oder Macht? Oder in ganz andere Konflikte? Welche Rolle spielen dabei die Jugendlichen, vor denen andere Mitarbeiter:innen in der Jugendhilfe eher Angst oder Respekt haben? Was haben die beiden Initiator:innen des Projekts mit Blick auf diese Zielgruppe gut miteinander vorbereitet, was haben sie vernachlässigt, was überfällt sie unerwartet? Welche anderen, vorher wenig beachten oder vernachlässigten Akteure werden sonst noch wichtig und spielen auf einmal eine entscheidende Rolle im Projekt?

Das sind Fragen, die sich anlässlich unseres letzten und aktuellsten Beispiels stellen (aus der Zeit 2010/2011). Mit diesem stehen die Gründung und die Startphase eines Projektes im Mittelpunkt der Betrachtung, das der Betreuung einer als herausforderungsvoll und anstrengend geltenden Zielgruppe dienen sollte: aggressiv und gewalttätig agierende Jungen im Alter zwischen 12 und 15 Jahren, die aufgrund ihres Verhaltens bereits mindestens einmal aus einer Schule und einer Wohngruppe entlassen und mindestens einmal in einer Kinder- und Jugendpsychiatrie behandelt worden waren (Konzept 2010, 12). Diese sollten in einer kleinen Wohngruppe mit nur sechs Plätzen Schritt für Schritt lernen, andere Mittel und Wege zu finden, Bedürfnisse anzumelden, Ärger und Wut auszudrücken und Konflikte zu regeln, auch wenn sie unter Druck bzw. in Stress gerieten. Damit sollte das Projekt einen Bedarf decken, der sowohl in der Einrichtung selbst immer wieder festgestellt worden war (Zitat Bereichsleiterin *„diese Jungen entlassen wir dann nach der dritten Gewalttat"*, Bericht, 34) aber auch in den Anfragen vieler Jugendämter an die Einrichtungsleiterin immer wieder formuliert wurde. Das Projekt wurde nach einem Jahr und sechs Monaten eingestellt (und das Haus für eine andere Zielgruppe umgewandelt), nachdem sich die wichtigsten Protagonisten zerstritten hatten und bereits acht bzw. zehn Monaten nach Aufnahme der praktischen Arbeit die beiden zentrale Projektverantwortliche, der Teamleiter und der Gruppenberater (Fortbildner, siehe unten), entlassen worden waren.

Als Quellen für dieses Kapitel liegen uns leider nur die Reflexionen eines der maßgeblich Beteiligten vor. Konkret: Ein hundert Seiten langer „Bericht" des damaligen Gruppenberaters vor Ort (wir nennen ihn im Weiteren *Fortbildner*, warum wird noch deutlich) und eine „Zusammenfassung" der von ihm für maßgeblich gehaltenen Gründe für das Scheitern des Projekts (zitiert werden diese im Folgenden als „Bericht 2011" oder „Zusammenfassung 2011"). Einrichtungsleiterin und Schulleiterin hatten die Einladung des *Fortbildners,* diesen Bericht mit ihm zu diskutieren bzw. diesen schriftlich zu kommentieren und zu ergänzen abgelehnt. Beide hielten es angesichts des Abbruchs für überflüssig, den Prozess mündlich oder schriftlich zu reflektieren. Die Einrichtungsleiterin hatte auch dreizehn Jahre nach dem Aus des Projekts kein Interesse daran, dem Verfasser dieses Buches (mir) für ein Interview zur Verfügung zu stehen, um ihre *„Sicht der Dinge"* darzustellen.

10.1 Einrichtung, handelnde Protagonisten im Projekt und deren fachliches sowie sozialräumliches Umfeld

Die überwiegend stationär ausgerichtete Einrichtung mit circa 80 meist dezentralen Plätzen (plus mehreren Tagesgruppen) war im ländlichen Raum eines der neuen Bundesländer angesiedelt. Die beiden Leiter:innen – Einrichtungsleiterin und (die ihr unterstellte) Schulleiterin – stammten aus Westdeutschland, beinahe zwei Drittel der Mitarbeiter:innen waren dagegen noch in der DDR sozialisiert worden. Während die Gesamtleiterin schon seit über 20 Jahren die Geschicke der Einrichtung lenkte, war die Schulleiterin erst zwei Jahren vor Projektbeginn dazu gestoßen, mit der Option die Nachfolgerin der Einrichtungsleiterin zu werden. Für alle in der Einrichtung betreuten Kinder und Jugendlichen gab es die Möglichkeit, zumindest für die erste Zeit der Betreuung, eine interne Beschulung zu nutzen, die zusammen mit der Verwaltung, den Therapiemöglichkeiten und dem Sportplatz auf einem gemeinsamen Stammgelände etc. angesiedelt waren. Bei der Schule handelte es sich um eine *Förderschule für soziale und emotionale Entwicklung,* zu der die Kinder, die nicht in einer Wohngruppe auf dem Gelände wohnten, am Morgen gebracht wurden und zum Mittagessen wieder zurückgebracht wurden.

Die erste Idee zur Konzeptionierung des Projekts stammte von der Leiterin, die bei den umliegenden Jugendämtern den Ruf genoss, auch als „schwirig" geltende Kinder und Jugendliche fachlich gut zu versorgen. Sie hatte im Verlauf mehrerer Jahre festgestellt, dass es immer wieder Aggression und Gewalt von Seiten der Zielgruppe waren, oder besser die Überforderung ihrer Mitarbeiter:innen und die Gefährdung anderer Kinder angesichts dieser, die zu Entlassungen von Kindern und Jugendlichen geführt hatten, denen sie nur mit großem Bedauern zustimmen konnte. Da es sich neben der laufenden Tätigkeit als Einrichtungsleiterin als schwierig erwies auch noch die Entwicklung eines avancierten neuen Projekts voranzutreiben, suchte sie sich Unterstützung bei einem Dozenten einer landeseigenen Einrichtung, der zu diesem Thema auch schon in ihrer Einrichtung Fortbildungen durchgeführt hatte, die bei den Mitarbeiter:innen gut angekommen waren (deswegen die Bezeichnung *Fortbildner*). Dieser Mann (der spätere Gruppenberater) galt mit Blick auf die Zielgruppe, auch überregional, als praktisch erfahrener und theoretisch versierter Experte.

Die Heimleiterin selbst hatte schon einige Jahre davor damit begonnen, mit neuen Methoden und Konzepten zu arbeiten. Bezogen auf die Einbindung von Eltern galt die Einrichtung als vorbildlich und gehörte die Leiterin zu einem Kreis von systemisch Fortgebildeten, die an verschiedenen Orten neue Wege in der Arbeit mit Eltern ging, aber auch untereinander noch immer den Austausch pflegte und sich gegenseitig beriet. Neue Wege war sie auch darin gegangen, dass sie für den oben beschriebenen Personenkreis in zwei ihrer Wohngruppen sogenannte *Auszeiträume* eingerichtet hatte (siehe Schwabe 2006). Damit sind verletzungsarm gestaltete Räume gemeint, in die man Kinder bringen kann, die extrem aggressiv agieren und dabei sind sich oder Andere zu verletzen. Eine interessante Erfahrung, die sie dabei gemacht hatte, war, dass alleine schon die Einrichtung eines solchen Raumes, den Mitarbeiter:innen eine Interventionsmöglichkeit an die Hand gab und Sicherheit vermittelte, so dass die Nutzung des Raumes gar nicht so oft vorkam wie man vorher gedacht hatte (kritisch zu *Auszeiträumen* z. B. Häbel 2014, 257 ff.).

Nach drei gemeinsamen Treffen zwischen der Leiterin und dem Fortbildner wurde der Leiterin klar, dass sie nicht wie anfangs vorgesehen ihr *„eigenes Projekt"* mit dem Fortbildner in der Rolle als Berater und Resonanzgeber würde umsetzen können, sondern dass sie auf ihn als jemanden angewiesen war, der das Projekt Schritt für Schritt konzeptionieren und bis zum Start begleiten sollte. Daraufhin schlug der Fortbildner der Einrichtungsleiterin vor, selbst in das Projekt einzusteigen, um dort praktisch mitzuarbeiten. Er würde sich für fünf Jahre von seiner aktuellen Stelle beurlauben lassen und in diesen Jahren das Projekt mit allem, was dazu gehört: Konzeptentwicklung, Entgeldberechnung, Suche eines geeigneten Hauses, Umbau, Einstellung von Mitarbeiter:innen, Absprachen mit dem Landesjugendamt etc. an den Start bringen und es in den ersten Jahren begleiten. Freilich waren damit seine Aufgaben und seine Rolle im Projekt noch nicht klar bestimmt. Nach kurzer Bedenkzeit stimmte die Leiterin zu. Zunächst wurden die finanziellen Rahmenbedingungen geklärt: Der Fortbildner sollte nicht mehr, aber auch nicht weniger verdienen als in seiner aktuellen Stelle. Klar war, dass der Fortbildner zunächst die Rolle eines *Projektleiters* innehaben würde, bis das Projekt an den Start ging. Die Leitung selbst wollte er nicht übernehmen, weil er bereits acht Jahre eine Erziehungshilfeeinrichtung geleitet hatte und wusste, dass damit Einsätze und Belastungen am Abend, in der Nacht und am Wochenende verbunden sein würden. Dazu fühlte er sich, mit mittlerweile 54 Jahre, nicht mehr in der Lage. Deswegen sollte es mit dem Projektstart einen eigenen Gruppen- und Teamleiter geben, während der Fortbildner drei zentrale Aufgaben übernehmen sollte. Die Durchführung:

- eines Anti-Gewalt-Trainings zweimal die Woche (das auch auf Video aufgenommen werden und systematisch mit Hilfe einer externen Fachkraft ausgewertet und weiterentwickelt werden sollte);
- die Gestaltung aller Elterngespräche;
- und die Beratung des Teams in Sachen Fallverstehen und Erziehungsplanung.

Alles in allem könnte man von der Rolle eines *Fachdienst-Mitarbeiters* ohne Personal- und Finanzverantwortung sprechen. Die Einrichtungsleiterin fungierte in diesem Modell als Vorgesetzte sowohl des (noch zu findenden) Teamleiters wie auch des Fortbildners, und würde sich regelmäßig mit den beiden Männern zusammensetzen, um die Entwicklungen im Projekt zu beraten und weitere Entscheidungen zu fällen, weil das Projekt ihr selbst nach wie vor am Herzen lag und sie damit rechnete, dass es auch eine beträchtliche Außenwirkung entfalten würde. Diese Leitungsstruktur wurde als „*Triumvirat*" bezeichnet (Bericht 2011, 12)

Die Absprachen zu den bisher geschilderten Themen verliefen reibungslos und in einer offenen Atmosphäre. Beide schätzen den Anderen bezogen auf seine/ihre Fachlichkeit und freuten sich auf die gemeinsame Realisierung dieses Projekts. Der Fortbildner hatte inzwischen ein, auch über die fünf Jahre hinaus gehendes Interesse entwickelt, die er dort praktisch involviert sein würde: Er stellte sich vor, damit eine Modelleinrichtung aufbauen zu können analog der Laborschule in Bielefeld und dieser auch später im Rahmen seiner Fortbildungstätigkeit zur Verfügung zu stehen bzw. diese als Ort nutzen zu können, an dem Weiterzubildende hospitieren bzw. trainiert werden könnten (ebd., 34). Weiterhin erhoffte er sich davon, über seine Erfahrungen Artikel bzw. ein Buch schreiben zu können, um damit auch seine eigene Expertise weiter unter Beweis stellen zu können. Für die Leiterin, die wusste, dass ihre Stärke nicht in öffentlichen Auftritten lag, bot die Zusammenarbeit mit dem Fortbildner zusätzlich die Möglichkeit, dass ihre Einrichtung in der Öffentlichkeit mehr bzw. so wahrgenommen werden könnte, wie sie es in ihren Augen verdient hatte. Gleichzeitig bezeichnete sie alles, was über die fünf Jahre hinausging als „*ungelegte Eier*" (ebd., 36).

Zum zeitgeschichtlichen Hintergrund ist zu ergänzen, dass das Projekt in einer Phase gegründet wurde, in der die Profession in Bezug auf die Anwendung von Zwang im Rahmen von Erziehungshilfen in zwei Lager gespalten war (s. a. Kap. 9). Der weitaus größere Teil der Sozialpädagog:innen lehnte Zwang in jeder Form, auch in der Form einer gerichtlich angeordneten „*Freiheitsentziehenden Maßnahme*" (FeM) ab. Eine kleine Gruppe von Einrichtungsleiter:innen arbeitete aber entweder in diesem Bereich (FeM) oder hatte angefangen mit Zwangselemente wie „*Auszeiträumen*" oder „*verpflichtende Arbeitseinsätze*" oder „*Körpereinsatz*" zu experimentieren, um auch Kinder/Jugendliche weiter betreuen zu können, die ansonsten oft verlegt oder in die Kinder- und Jugendpsychiatrie gebracht wurden. Auch der Fortbildner stand solchen Versuchen offen gegenüber, so dass die Einrichtungsleiterin und er sich gemeinsam in der kleinen Gruppe derer wiederfand, die für solche fachlich umstrittenen Interventionsformen offen war.

10.2 Projektideen (Konzept und Setting), Trägerschaft und Finanzierung

Das Projekt sollte für die Zielgruppe aggressiv agierender Jungen zwischen 12 und 15 Jahren zugeschnitten sein. Als zentrale Settingelemente waren konzeptionell vereinbart (mir liegen umfangreiche Konzeptpapiere vor, die hier so weit dargestellt werden, wie die Anonymität der Einrichtung möglichst gewahrt bleibt):

- Gewalthandlungen werden passieren, aber sind kein Grund für die Entlassung eines Jungen. Jede Gewalttat wird intensiv aufgearbeitet. Dabei geht man davon aus, dass es häufig mehrere sind, die einen Konfliktanteil hatten und mit zum Ausbruch der Gewalt beigetragen haben. Das gilt sowohl für die Jungen wie auch die Mitarbeiter:innen.
- Zweimal die Woche gibt es Anti-Gewalt-Training (AGT), in dem alle aggressive Vorkommnisse der letzten Tage reflektiert, nachgespielt und neuen Lösungen zugänglich gemacht werden sollten. Für die Entwicklung des AGT waren eigene Fördermittel bei der Stiftung Jugendmarke genehmigt worden. So wurde der Fortbildner und ein externer Anti-Gewalttrainer darüber finanziert, wie auch ein dritter Fachmann, der sich die Trainingsstunden (zweimal zwei Stunden), die auf Video aufgenommen wurden, anschaute und den Trainern dazu Hinweise und Rückmeldungen gab. Als Einstieg ins AGT-Training wurde von allen Teilnehmenden (auch den Erwachsenen) eine menschengroße Uhr bedient, auf der man mit zwei Zeigern 36 verschiedene Gefühlszustände einstellen konnte, um zu zeigen wie man sich aktuell fühlte. Raufen nach Regeln, Boxen und Sitzfußball waren ebenfalls Elemente des AGT. Jeder Junge sollte im Rahmen der Gruppe eine Gewalttat darstellen, die er erinnerte und für die er sich verantwortlich fühlte.

- Im AGT und im Haus waren alle Jugendlichen aufgerufen, sich bei allen aufkommenden Konflikten so zu positionieren, dass es nicht zu Gewalthandlungen kam. Sollten diese trotzdem einsetzen, war jeder Junge aufgerufen, den Angegriffenen zu schützen, indem man sich vor ihn oder um ihn herum stellte.
- Wer einen anderen körperlich angreift, musste die Gruppe verlassen und wurde mit dem Auto zu einem circa 100 Kilometer entfernten Ort im Wald gebracht. Von da aus wanderte er in Begleitung eines Pädagogen zurück in die Gruppe. Während dieser Zeit überlegte er sich seine Konfliktanteile und was er bereit war, an Wiedergutmachungen zu leisten. Die Wiederaufnahme in der Gruppe, je nach Tempo des Wanderns zwischen drei und fünf Tagen, geschah im Rahmen einer Sitzung des AGT-Trainings. Weigerte sich ein Junge ins Auto einzusteigen, wurden seine Eltern mobilisiert. Halt auch das nichts, wurde körperlicher Zwang durch drei Personen angewandt (der mit Video festgehalten wurde). Führte das zu einer Eskalation wurde der Versuch abgebrochen und der Junge bekam ein Zelt auf dem Gelände aufgeschlagen. Dort lebte, aß und schlief er, bis er bereit war, die Zwangswanderung anzutreten.
- Die Zimmermöblierung bestand aus festen, nicht verschiebbaren Möbeln, die auch massivem Acting-out standhielten. Auch Zimmertüren und Zargen sind so stabil, dass sie beinahe unzerstörbar sind. Die Mitarbeiter:innen können sich bei Angriffen in eine Glaskanzel zurückziehen, die eine Panzerglassicherung aufwies.
- Von Oktober bis April wurde die Heizung im Haus auf 17/18 Grad gedrosselt. Zusätzlich musste eine Holzheizung bedient werden, damit es angenehm warm wird. Das war jeden Tag die Aufgabe eines anderen Jungen. Um genügend Holzvorräte vorzuhalten, fanden zwei Mal im Jahr sogenannte *Holzcamps* im Freien statt (auch im Winter), bei denen Holz geschlagen auf Waldstücken geschlagen wurde (mit Sägen und Äxten), die der Förster dafür ausgewiesen hatte.
- Das Haus besaß kein Wohnzimmer, sondern einen großen Saal, in dem man auch Sport machen konnte. Unter anderem waren hier ein Tischkicker, eine Tischtennisplatte und ein großer Boxsack untergebracht. Hier fand auch das AGT-Training statt. Zwei andere kleine Zimmer beherbergten Fernseher und verschieden Playstations. Diese Räume konnten nur betreten werden, wenn man eine ausreichende Menge von Chips 0 Tokens gesammelt hatte.
- Nach jeder Leistung, die sie erfüllt hatten (pünktlich aufgestanden, Schulunterricht, beim AGT teilgenommen, Essen in der Gruppe, Ruhezeit eingehalten etc.) bekamen die Jungen Tokens ausgeteilt, die sie am Gürtel oder in ihrem Zimmer sammeln konnten. Die Anzahl der Tokens entschied über die Art und Qualität der Abendbeschäftigung. Bei einer ausreichenden Anzahl konnten Playstation benutzt und Fernsehen gesehen werden. Für die mit weniger Punkten standen Brettspiele und Tischtennisplatte zu Verfügung.

- Im Garten, in dem sich große Bäume befanden, wurde ein Klettergarten installiert, der in der Freizeit genutzt werden konnte. Dazu sollten, nachdem die Jugendlichen entsprechende „Führerscheine" gemacht hatten, auch die Kinder und Jugendliche aus der Einrichtung eingeladen werden, um unter der Anleitung der Jugendlichen des Projekts den Hochseilgarten zu benutzen.
- Die Eltern kamen alle zwei Wochen zu Elterngesprächen. Sie wurden über jeden Gewaltvorfall informiert und gebeten ihr Kind bei der Aufarbeitung und Wiedergutmachung zu unterstützen. Gleichzeitig erklärten sie sich dazu bereit, ihre Familiengeschichte nach gewaltfördernden Episoden und Strukturen durchleuchten zu lassen. Aufgenommen wurden nur solche Jungen, deren Eltern bereit waren, sich diesen Erwartungen zu stellen. Verweigerten sie das später, so konnte das einen Abbruchgrund darstellen (nicht die Gewalt des Kindes).

Bezogen auf das Konzept *„Zwangswandern"* wurde Kontakt mit dem Landesjugendamt aufgenommen. Dass der damit verbundene Eingriff in die Freiheitsrechte von Kindern genehmigungsbedürftig ist, war allen Beteiligten klar. Das Landesjugendamt ließ sich unter zwei Bedingungen für eine Experimentphase von einem Jahr auf dieses Settingelement ein: Erstens musste jedes Zwangswandern beim Antritt gemeldet werden und anschließend ein Bericht verfasst werden. Zweitens musste die Einrichtung nachweisen, dass sie das zuständige Familiengericht informiert und um nachträgliche Zustimmung zu diesem Eingriff gebeten hatte (ob und wann das Familiengericht antwortete, war nicht Sache der Einrichtung). Ebenfalls wurde die örtliche Polizeidienststelle von der Eröffnung der Einrichtung und dem Konzept informiert, da man damit rechnen musste, dass Nachbarn oder Passanten das zwangsweise Verbringen in den Wald als „Entführung" oder sonst eine Straftat wahrnehmen und zur Anzeige bringen konnten. Die Polizei sicherte ihre Kooperation zu.

Kommentar: Wenn man die Konzeptbausteine und Settingelemente betrachtet, wird deutlich, dass sie sich auf verschiedene theoretische Ansätze beziehen:

- Psychoanalytische Gedanken (bezogen auf Affekte von Wut und Kränkungen angesichts eigener nicht-berücksichtigter Bedürfnisse);
- Lern-theoretische (Punkteprogramm, Zwangswandern als Sanktion);
- Anerkennungs-theoretische (Leistung wird belohnt, Wiedergutmachung wird gefordert, Klettergartenführerschein, Jugendliche als Anführer für andere Peers);
- Theory of Mind und Affektlogik (die Emotionenuhr, Sortieren verschiedener Konfliktanteile, Versprachlichung von zunächst überwiegend Affekt-dominiertem Geschehen etc.);
- Peer-Education (alle stehen füreinander ein bzw. dafür, dass es nicht zu Gewalt kommt);
- Familiendynamische (Elternarbeit).

> *Kommentar:* Die Frage, ob und inwieweit diese Konzeptelemente zusammenpassen oder sich als zu heterogen herausstellen würden, konnte wegen der Kürze der Projektlaufzeit nicht geklärt werden. Es handelte sich aber in jedem Fall um ein spannendes, innovatives Projekt, das – wahrscheinlich auch unabhängige von den Entwicklungen der Jungen – zu Diskussionen in der Fachwelt geführt hätte.

Die ursprüngliche Konzeption sah vor, dass es für die Jugendlichen möglich sein sollte, im Garten zu rauchen (um solche Jugendlichen zu integrieren, die vorher bereits länger geraucht hatten). Nach den Wanderwochenenden und dem Holzmachen etc. sollte es zur Begrüßung in der Gruppe ein Festessen geben, bei dem auch ein Glas Bier und Wein getrunken werden durfte. Für die Zeit der Mittagsruhe und am Abend, wenn sich die Jugendlichen alleine auf ihrem Zimmer aufhalten mussten, sollte ein Rollwagen mit verschiedenen Magazine, Büchern bzw. Hörspielen und Musik-Kassetten bereitstehen, aus denen die Jugendlichen auswählen konnten, mit was sie sich in dieser Zeit beschäftigen wollten. Dazu sollten auch Sex-Magazine wie Playboy etc. gehören (keine pornographischen Darstellungen). Die Nutzung eines eigenen Handys sollte möglich sein, wenn man genügend Tokens gesammelt hatte. Diese Konzeptelemente, die bereits verschriftlicht waren, wurden auf Wunsch der Einrichtungsleiterin nicht umgesetzt. Sie sah sich zu vielen Nachfragen von Bereichsleiter:innen und Jugendlichen anderer Gruppen ausgesetzt, die *„das auch haben wollten"*. Das war für sie aber für die anderen Gruppen undenkbar (wir zitieren später aus einem Brief des Gruppenberaters an sie). Der Träger hatte ausreichend finanzielle Rücklagen gebildet, so dass ein schrittweiser Aufbau dieser Gruppe und eine schrittweise Umsetzung des Konzepts möglich war. Der Start sollte mit drei Jungen erfolgen. Erst drei Monate später sollten die nächsten Jungen aufgenommen werden.

10.3 Der Projektverlauf und seine zentralen Faktoren und Dynamiken

Der Umbau des Hauses nahm mehr Zeit in Anspruch als vorauszusehen war, so dass Aufnahmezusagen ebenfalls hinausgezögert werden mussten (Bericht 2011, 3). Das Projekt startete im Dezember 2010 mit zwei Jugendlichen im Alter von 14 Jahren. Im Januar 2011 wurde ein Dritter (13 Jahre) und im März zwei weitere Jungen (13 Jahre) aufgenommen. Ein anderer Junge, der erst 12 Jahre alt war, und nicht in die Zielgruppe passte, aber von einer anderen Wohngruppe des Trägers entlassen worden war, wurde auf Drängen der Leiterin ebenfalls in die neu gegründete Gruppe aufgenommen (ebd., 11).

Den ersten Konflikt gab es zwischen dem Fortbildner und der Schulleiterin: Eine Frau, die bei ihm eine systemische Ausbildung absolviert hatte, hospitierte für vier Wochen in der Einrichtungseigenen Schule, um zu klären, ob sie dort mitarbeiten könnte. Offiziell galt sie als Praktikantin. Diese Frau wandte sich nach zwei Wochen an den Fortbildner und berichtete ihm von nach ihrer Einschätzung *„unhaltbaren Zuständen"* in der Schule: Dort würden jeden Tag mindestens vier, fünf Kinder vom Schulpersonal festgehalten und niedergerungen. In ihren Augen handele es sich dabei um *„Gewalt gegen Kinder"*. Der Fortbildner informierte die Schulleiterin über dieses Gespräch in einer Mail und bat sie die „Praktikantin" doch von ihrer Seite noch besser darüber aufzuklären, warum diese Praxis nötig war oder eben einzuräumen, dass zurzeit nicht alles so liefe, wie sie es sich selbst wünschen würde.

In seinen Augen hatte er diese Mail ganz offen formuliert, ohne für die Sichtweise der Praktikantin Partei zu beziehen (ebd., 16). Daraufhin habe er von der Schulleiterin eine aggressiv klingende Antwort erhalten nach dem Motto: „Kümmern Sie sich um Ihre Angelegenheiten!". Die Schulleiterin habe die „Praktikantin" einbestellt und *„runtergeputzt"* (ebd., 17). Er habe daraufhin an alle in der Schule Arbeitenden einen Brief geschrieben, in denen er sie bat, doch gemeinsam zu schauen, was man mit der Praktikantin wie besprechen oder ihr zugestehen könnte, weil er ansonsten befürchte, dass diese ihre aktuelle Sichtweise der Betreuungs-Situation in Schule auch nach außen trage. Bereits jetzt sei klar, dass sie nicht an der Schule arbeiten wolle. Dieses Vorgehen hatte er mit der „Praktikantin" abgestimmt, nicht aber mit der Einrichtungsleiterin.

> *Kommentar:* Die Schulleiterin fühlte sich offensichtlich von dem ihr noch weitgehend unbekannten Fortbildner angegriffen und unterstellte ihm vermutlich gemeinsam mit der Praktikantin gegen die Schule zu arbeiten. In jedem Fall muss es als ein schwerer Fehler des Fortbildners bewertet werden, sich in dieser Situation nicht mit der Einrichtungsleiterin zu beraten. Den offenen Brief an alle in der Schule Tätigen musste die Schulleiterin als Einmischung in ihr Ressort erleben. Auch wenn sie vorher versucht hatte, ihn „wegzubeißen", so hat er damit das Konfliktsystem beträchtlich erweitert und die Eskalation angeheizt. Im Anschluss an seinen Brief kam es zu einem Austausch zwischen ihm und den Lehrer:innen, in denen diese ihre Sichtweisen schilderten und er seine Motive für sein Intervenieren erläuterte. Moderiert wurde diese Sitzung von Vertreter:innen der MAV, die sich als Mediatoren verstanden. Danach ging man – in seinen Augen – in beruhigter Stimmung auseinander (ebd., 32). Die Schulleiterin selbst hatte an diesem Treffen nicht teilgenommen. Deswegen blieb der Konflikt zwischen ihr und dem Fortbildner auch weiterhin offen.

Der zweite Konflikt entspann sich um die Aufnahme des ersten Jungen (es handelt sich um X., 14 Jahre, der im Projektverlauf noch eine wichtige Rolle spielen wird). Dieser lebte nach der Entlassung aus dem letzten Heim bei seiner Großmutter, die ihn am ausgemachten Tag in die neue Wohngruppe bringen sollte. Da sie kein Auto besaß, musste sie eine umständliche Fahrt von 90 Minuten mit Bussen antreten. Noch dazu stürzte sie zwei Tage zuvor und hatte ein Bein in einem Gipsverband. Daraufhin bot der Fortbildner (inzwischen der Gruppenberater) an, sie und den Jungen mit seinem Auto abzuholen und in die Wohngruppe zu bringen (mit dem Auto ein Aufwand von 30 Minuten). Das untersagte ihm die Einrichtungsleiterin: Für sie gab es ein ehernes Gesetz, das besagte: „Entweder sind Eltern in der Lage ihr Kind zu uns zu bringen oder wir nehmen nicht auf". Den Akt des ins Heim-Bringens schätze sie als einen unverzichtbaren ein, weil die Eltern nur so zeigen würden, dass sie die Aufnahme aus ganzem Herzen wünschen und es deswegen auch aus eigenen Kräften schaffen diesen Akt herbeizuführen. Alle Aufnahmen, bei denen man auf diese aktive Leistung der Eltern verzichtet hätte, wären – so ihre Erfahrung – rasch darauf gescheitert. Der Gruppenberater (Fortbildner) akzeptierte diese Vorgabe, wenn auch zähneknirschend, weil der die Anweisung als unbefugte Einmischung erlebte und sich sicher war, dass die Großmutter von X. auf Hilfe angewiesen war.

Kommentar: Fachlich kann man in dieser strikten Anweisung durchaus etwas Richtiges sehen und/oder auch nur die langjährige Erfahrung dieser Frau respektieren. Entscheidender ist aber, in was sich die Einrichtungsleiterin einmischt und wie genau sie die Arbeit der Gruppe kontrollieren möchte. Das passt nicht zu der Freiheit, die sie zugesagt hatte. Sie hätte an dieser Stelle ihre Meinung kundtun können, aber sie durfte hier keine Anweisung geben. Das musste den Gruppenberater gegen sie aufbringen.

Einen weiteren Konflikt zettelte der Gruppenberater (Fortbildner) wenn auch unbeabsichtigt an (ebd., 43). Bei einem Hilfeplangespräch im Jugendamt, hatte die Großmutter von X. der Fallzuständigen Frau L. vom Jugendamt mehrfach mitgeteilt, dass sie schlecht höre und dem Gespräch nicht folgen könne. Nachdem sie zweimal vertröstet worden war, aber nichts geschah, ergriff der Fortbildner, nachdem er kurz um Erlaubnis gefragt hatte, die Initiative, indem er das Stuhl-Tisch-Arrangement umstellte, so dass die Großmutter direkt neben der Jugendamts-Mitarbeiterin saß. Dazu hatte er deren Praktikantin auf einen anderen Platz verwiesen. Obwohl er sich nach dem Gespräch bei Frau L. für sein forsches Eingreifen entschuldigt hatte, beschwerte sich Frau L. sofort nach dem Gespräch telefonisch bei der Einrichtungsleiterin und bat darum, diesen Mann doch bitte nicht mehr zu Hilfeplangesprächen zu schicken. Frau L. hatte den Fortbildner bereits vorher durch eine detaillierte 30-seitige Fallanalyse kennengelernt, in der er Muster und Dynamiken aufgedeckt hatte, die den Fall X. schon seit Jahren begleiteten, aber bisher unberücksichtigt geblieben waren. Diese betrafen auch die Zusammenarbeit von Frau L. mit der Großmutter.

Kommentar: Frau L. hatte sich vermutlich schon vor dem Umarrangieren der HPG-Situation von dem ihr unbekannten neuen Mitarbeiter, dem Gruppenberater, abgewertet gefühlt. Sie hatte zwar schon von ihm gehört und angesichts seines Rufes durchaus Respekt empfunden, aber doch auch einen gewissen Widerwillen. Nun bedrängte er sie erneut und wagte, in ihren Diensträumen Möbel umzugruppieren. Das stellte für sie ein absolutes No-Go dar.

> In gewisser Weise wird sie gehofft haben, mit ihrem Telefonat dafür sorgen zu können, diesen neuen unliebsamen Kooperationspartner loszuwerden. Da sie die Einrichtung seit Jahren belegte und noch drei andere Kinder dort untergebracht hatte, entschloss sich die Einrichtungsleiterin auf ihren Wunsch Rücksicht zu nehmen. Auch sie hatte das Verhalten des Gruppenberaters im Jugendamt als unpassend und verunsichernd nachvollzogen. Sie wies ihn an, bei den Hilfeplangesprächen mit dieser Frau nicht mehr mit dabei zu sein.

Zwei Monat nach Aufnahme der praktischen Arbeit, entschloss sich die Einrichtungsleiterin den Teamleiter zu entlassen. In ihren Augen hatte er im Kreis der anderen Bereichsleiter:innen ein *„schwaches Bild"* abgegeben. In den Gruppen, in denen er drei Monate ersatzweise gearbeitet hatte (wegen der Verzögerungen des Umbaus und damit der Eröffnung), hätte man ihn als ungeschickt im Umgang mit den Kindern und Jugendlichen erlebt. Auch in den gemeinsamen Treffen mit dem Fortbildner erlebe sie ihn als *„wenig eigenständig"* und *„wirr"*. Sie sei zu dem Schluss gekommen, dass er anderen Mitarbeiter:innen keine Orientierung geben könne und das Projekt damit gefährden würde (ebd., 22). Daraufhin stellte auch der Fortbildner seine Stelle zur Disposition. Er tat das auch deswegen, weil er befürchtete, dass die Einrichtungsleiterin einen anderen Mitarbeiter, einen, der sich in ihren Augen bei anderen Projekten in B. bewährt hatte, zum Teamleiter machen wollte. Der Fortbildner sah aber die Realisierung seiner Ideen mit diesem „Einrichtungs-Mann" nicht als möglich an, mit Herrn B., dem Externen, den er selbst ausgesucht hatte, dagegen schon. Die Einrichtungsleiterin war verblüfft: Sie hatte damit nicht gerechnet, beide bisher zentrale Verantwortliche für das neue Projekt zu verlieren und zog deshalb ihre Kündigung (in der Probezeit bedurfte es keiner Gründe) zurück. Allerdings sagte sie mit als drohend empfundenen Unterton: „So etwas kommt zwischen uns nicht mehr vor, Herr A. (der Fortbildner). Ich habe noch nie eine meiner Entscheidungen zurückgenommen. Das nächste Mal gehen Sie!" (ebd., 23).

> *Kommentar:* Ein schwerer Konflikt, in dem der Fortbildner seine Machtposition nutzt, um den Teamleiter zu decken und zu halten. Allerdings ein Pyrrhussieg, da er damit – zumindest in ihren Augen – die Autorität der Einrichtungsleiterin in Frage gestellt hatte. Zum anderen aber auch, weil er damit den eh schon abhängigen Teamleiter noch weiter von sich abhängig gemacht hat. Wie sollte dieser bei den bereits aufgekommenen Spannungen zwischen der Einrichtungsleiterin und dem Fortbildner eine halbwegs eigene Position finden können, wenn er von ersterer abgelehnt wurde und dem Fortbildner etwas schuldig war? Wahrscheinlich wäre es an dieser Stelle für alle Beteiligten besser gewesen, sich zu trennen.

Auffällig war im Verlauf, so der Fortbildner, dass es in der Wohngruppe relativ gut gelang, die aggressiven Tendenzen der Jugendlichen zu bezähmen und zu begrenzen. In der Schule zeigten die Jugendlichen aber relativ schnell und ungebremst ihr ganzes aggressives Potential, weswegen sie von dort abgeholt werden mussten und/oder Schulausschluss erhielten. Von den Mitarbeiter:innen wurde verlangt, dass sie das Verhalten der Jungen in der Schule auf der Wohngruppe bestraften (kein Fernsehen etc.). Gleichzeitig waren die Lehrer:innen aber nicht bereit, sich mit den eigenen Konfliktanteilen auseinanderzusetzen, wie es das Konzept vorsah. Diese Spannung explodierte, als ein Jugendlicher in der Schule beim Onanieren entdeckt wurde und die darüber schockierte Schulleiterin dieses Verhalten im Affekt auch den anderen Schülerinnen preisgab. Daraufhin wurde sie von dem Jugendlichen angegriffen und gewürgt. Es bedurfte drei anderer Lehrkräfte, um ihn von ihr herunterzuziehen (ebd., 45, siehe auch die Schilderung des Fortbildners/Gruppenberaters im Zusammenhang mit der Zusammenfassung der Konfliktgründe). Solche Konflikte und ihre fehlende Aufarbeitung führten laut Gruppenberater/Fortbildner zu gegenseitigen Verdächtigungen: In der Schule meinte man wahrnehmen zu können, dass das Verhalten der Jugendlichen in der Schule von den Wohngruppenpädagogen nicht ernst genug genommen und nicht eindeutig genug verurteilt und sanktioniert wurde. In der Wohngruppe fand man die Weigerung der Lehrkräfte, sich mit den eigenen Konfliktanteilen auseinanderzusetzen, fachlich bedenklich und hatte den Eindruck, dass man deren ungeschicktes Mitagieren am Morgen in der Schule am Nachmittag in der Wohngruppe ausbaden musste (ebd., 74). Zusätzlich dürfte der alte Konflikt zwischen Fortbildner und Schule und Schulleiterin weiterhin eine verschärfende Rolle gespielt haben. „Der war ja schon immer gegen uns eingestellt" wird man auf Seite der Schule empfunden haben; „Die haben ja noch nie ihre Aufgaben auf die Reihe gebracht", gab der Fortbildner nachträglich zu, gedacht zu haben.

Eine (letzte) Konfliktschilderung: In der Gruppe war der 13-jährige Holger aufgenommen worden, dessen großer Bruder bei einer Loveparade gut zwei Jahre zuvor im Drogenrausch (und psychotisch?) 12 Menschen mit einem Messer – teils lebensgefährlich – verletzt hatte. Dieser war verhaftet und in den Maßregelvollzug eingewiesen worden. Seine Tat brachte die gesamte Familie in ihrem Lebensumfeld in Bedrängnis, weil diese von mehreren Nachbarn offen angefeindet wurde. Auch die drei jüngeren Brüder waren in der Schule übler Nachrede und Mobbing ausgesetzt. Dennis hatte darauf mit massiver Gegengewalt reagiert, mehrfach Mitschüler und Lehrer tätlich angegriffen, und war deswegen aus der Schule entlassen worden. Andere Schulen weigerten sich ihn aufzunehmen, weswegen er in B. zur Aufnahme angefragt worden war. Die Eltern waren anfangs strikt gegen eine Unterbringung in einem Heim und konnten nur mit massivem Druck dazu gebracht werden, dieser Unterbringung zuzustimmen. Sie sahen sich bzw. ihre Familie überwiegend als Opfer einer ungerechtfertigten Verfolgung durch die Öffentlichkeit an. In den Augen des Jugendamts gefährdeten die Eltern ihre Kinder, weil sie die Taten des großen Bruders verleugneten und verharmlosten und sich und die anderen Kinder in eine selbst gewählte Isolation brachten. Mittlerweile ging keines der drei zu Hause lebenden Kinder mehr zur Schule.

Trotz dieser schwierigen Voraussetzungen war es, so der Gruppenberater (Fortbildner) gelungen mit der Familie einen guten Draht aufzubauen, so dass diese nach und nach einen Sinn darin sehen konnte, dass ihr Sohn dort lebte und lernte. Wie alle Familien wurden auch sie zum Sommerfest der Einrichtung eingeladen. Wenige Tage vor diesem Fest meldeten sie sich und berichteten, dass ihr großer Sohn, nach zwei Jahren geschlossenem Maßregelvollzug zum ersten Mal einen *„Ausgang alleine"* absolvieren dürfe. Sie würden ihn gerne zum Sommerfest mitbringen oder aber, wenn das nicht möglich wäre, selbst auch nicht kommen, da die Zeit für seinen Besuch knapp bemessen sei. Für den Gruppenberater war klar, dass das eine gute Gelegenheit wäre, die Familie weiter kennenzulernen und dass es für diese wichtig war, unabhängig von den dramatischen Taten ihres großen Sohnes, eben auch als „normale" Familie, sogar als „gute Familie" angesehen zu werden (bzw. sich selbst so zu präsentieren). Deswegen stimmte er der Einladung des großen Bruders zu. Der kam auch und bewegte sich unauffällig im Rahmen des Festgeschehens. Der Gruppenberater suchte das Gespräch mit ihm und konnte nach eigenen Angaben auch zu ihm einen guten Draht aufbauen, den er später auch für die Arbeit mit dem jüngeren Bruder glaubte, nutzen zu können (ebd., 56).

Als er der Einrichtungsleiterin wenig später (eher beiläufig) davon erzählte, fiel diese aus allen Wolken. Sie war entsetzt darüber, dass er einen landesweit bekannten Gewalttäter zu einem Familienfest eingeladen hatte; einem Fest, das doch in mancher Hinsicht einer „Loveparade" nicht unähnlich sei. Noch dazu befürchtete sie, dass das Wissen um die Identität des jungen Mannes bei vielen Gästen hätte Abwehr und Panik auslösen können. Auf jeden Fall aber hätte der Gruppenberater sie vorher informieren und um Erlaubnis bitten müssen. Eine Erlaubnis, die sie aber, nach Angaben des Fortbildners, niemals gegeben hätte. Auch deswegen nicht, weil bei diesem Sommerfest auch Mitarbeiter:innen des Jugendamtes eingeladen worden wären. Es wäre zwar niemand von dort auf sie zugekommen, aber es hätte gut sein können, dass jemand aus diesem Jugendamt den jungen Mann erkennt und sich erschrickt und verunsichert worden wäre.

> *Kommentar:* Beide Handlungsweisen und ihre fachlichen Begründungen sind zunächst fachlich nachvollziehbar. Die eine fokussiert auf die Familie und die Arbeit mit ihr und dem Jungen. Die andere stellt die Einrichtungsinteressen und die Schutzinteressen der anderen Eltern und Kinder in den Mittelpunkt. Das Problem besteht darin, dass der Gruppenberater die Einrichtungsleiterin nicht von der anstehenden Entscheidung informiert hat. Er gibt im Text zu, dass er es auch deswegen nicht tat, weil er fürchtete, dass sie das ablehnen würde. Im Nachhinein habe es sich ja auch so bestätigt. Trotzdem stellt sich die Frage, ob er an dieser Stelle nicht seine Informationspflichten strafwürdig verletzt hat.

Solche und ähnliche Konflikte ereignen sich noch mehrere Male in den kurzen acht Monaten der praktischen Arbeit, die der Fortbildner/Gruppenberater mitgestaltete. Sicher gab es, darauf weist der Fortbildner in seinem Bericht mehrfach hin, immer wieder auch gelungene Aktivitäten und Entwicklungen, die das einlösten, was das Projekt versprochen hatte, aber eben auch immer wieder Konflikte (ebd., 45 f.). Diese führten dazu, dass es zunehmend auch zu Spannungen unter den Mitarbeiter:innen kam und der Team- und Bereichsleiter (Herr A.) ein behandlungsbedürftiges, schweres Magengeschwür entwickelte (ebd., 42) und krankheitsbedingt abgelöst werden musste. Nach Aussagen des Gruppenberaters hatte sich bei einigen Mitarbeiter:innen eine skeptische Haltung gegenüber dem Teamleiter und Gruppenberater entwickelt, während andere die beiden unterstützten. Einige Mitarbeiter:innen waren aber auch einfach nur verunsichert und verwirrt, weil sie nicht verstanden, welche Konflikte da im Hintergrund ausgetragen wurden. Dem Gruppenberater wurde angekündigt, dass er eine neue Vorgesetzte erhalten würde, die einen Teil seiner Aufgaben (Elternarbeit, Teamberatung) übernehmen würde. Als es auch mit ihr zu Konflikten kam, wurde ihm ein Hausverbot erteilt und ihm nahegelegt, seinen Abschied zu nehmen.

Er setzte durch, dass die Einrichtungsleiterin und er die Jungen gemeinsam von dieser Entscheidung informieren würden und er ein Abschiedskaffee mitgestalten konnte. In dieser gemeinsamen Sitzung legten die beiden Protagonisten auch den Jugendlichen gegenüber ihre Differenzen offen. Beide fanden anschließend, dass es ihnen gut gelungen war, d. h. ohne den Anderen zu diskreditieren. Die Jugendlichen nahmen die Entscheidung der Chefin mit gemischten Gefühlen auf. Einige fühlten sich mit dem Gruppenberater eng verbunden und brachten ihre Besorgnis zum Ausdruck, dass es ohne ihn für sie schwieriger werden würde (am stärksten X.); gleichzeitig hatte sich die Einrichtungsleiterin bereits an mehreren anderen Stellen als die maßgebliche Entscheiderin gezeigt, so dass man es sich – nach dem Ausscheiden des Teamleiters und dann des Gruppenberaters – nicht mir ihr verderben wollte; so die Schilderung des Fortbildners (ebd., 82 ff.).

> *Kommentar:* Interessant und unbedingt festzuhalten ist, dass das Projekt nicht an der Zielgruppe gescheitert ist. Die Intensität und Anzahl von Gewalttaten, mit denen man es in der Wohngruppe zu tun hatte, ließ sich gut bewältigen. Das Zwangswandern musste im Lauf von sechs Monaten insgesamt nur dreimal durchgeführt werden, jedes Mal mit dem gleichen Jungen.

Viele der Konzeptbausteine wie das AGT-Training, das Holzmachen im Wintercamp, das Zwangswandern, das Token-Leistungs-System mit Zugang zu verschiedenen Freizeitmöglichkeiten am Abend etc. ließen sich nach Aussagen des Fortbildners gut umsetzen. Sie können wegen der Kürze der Zeit (8 bis 6 Monate) noch nicht als „bewährt" gelten, aber zumindest als „gangbare Methoden". Bewährt hat sich die Aufforderung einen Schutzkordon um den Angegriffenen zu bilden. Dieser kam mindestens sechs Mal zum Einsatz: auch dann, wenn Erwachsene angegriffen wurden. Das Versprechen, dass kein Jugendlicher aufgrund einer Gewalttat entlassen wird, konnte eingehalten werden.

Gescheitert – darin dürften wohl alle, die vom Projekt Kenntnis hatten, einig sein – ist das Projekt an den Erwachsenen. Damit bleiben aber zwei Fragen offen: Erstens, ob dafür einige der beteiligten Personen (der Gruppenberater, die Einrichtungsleiterin, die Schulleiterin?) mehr Verantwortung trugen als die anderen oder alle gleich beteiligt waren? Und zweitens, was die unerkannten, eigenen und/oder gemeinsamen emotionalen Themen waren, die dafür offensichtlich eine Rolle spielten und nicht oder nicht adäquat bearbeitet wurden? Dazu bezieht der Bericht des Gruppenberaters (Fortbildners) Stellung.

10.4 Gründe des Scheiterns aus der Innenperspektive

Wir stellen erst die Zusammenfassung der Gründe für das Scheitern aus der Feder des Gruppenberaters dar (4.1), leiten daraus ein Analyse-Modell für das Scheitern von Projekten ab (4.2), das dort wie angelegt erscheint.

10.4.1 Der Bericht des Fortbildners und dessen implizites Analyse-Modell

Bezogen auf das Scheitern des Projekts liegt ein 100-Seiten Papier (hier „*Bericht*" genannt) mit einer minutiösen Analyse der einzelnen Schritte und Vorkommnisse vor, die zu den Konflikten und deren Eskalation unter den Verantwortlichen geführt hatten (der Verfasser hat es uns überlassen, nachdem wir ihm eine weitgehende Anonymisierung zugesichert haben). Es wurde kurz nach seinem Ausscheiden von dem Fortbildner verfasst und der Einrichtungsleiterin übergeben. Auch mit der Bitte, dass diese es kommentieren oder ergänzen möge oder ihm eine eigene Darstellung an die Seite stelle. Die Einrichtungsleiterin wollte sich aber zum damaligen Zeitpunkt nicht länger mit dem Fortbildner auseinandersetzen. Die Schulleiterin zeigte sich ebenfalls nicht bereit dazu. So blieb es bei seinem Papier. Daraus werden wir an der einen oder anderen Stelle zitieren. Zudem gibt es eine Zusammenfassung des Berichts, den wir hier in ganzer Länge veröffentlichen (hier „*Zusammenfassung*" genannt), weil wir in ihm ganz verschiedene Konfliktgründe und Verbindungen zwischen diesen vorgestellt bekommen. Diese dürften für das Scheitern auch anderer Projekte eine Rolle spielen.

Acht Konfliktströmungen, die den Willen zur Zusammenarbeit unterspülten und mit sich fortrissen

> *„Wer vom Hass beseelt eindränge auf seinen verhasstesten Widersacher und bis in das Tiefstinnerste desselben gelangte, der würde in diesem zu seiner Überraschung sich selbst entdecken."* (Arthur Schopenhauer).

Wie konnte es nur so weit kommen? Wie konnte die Zusammenarbeit zwischen zwei Fachkräften mit jeweils hoher fachlicher Reputation und die Arbeit an einem neuen, von beiden Seiten innig gewünschten und gut vorbereiteten Projekt so dramatisch und so gründlich scheitern? Es ist nicht nur bedauerlich; dieses Scheitern ist auch dramatisch. Zum einen sind Personen verletzt und beschädigt worden, in ihrem Inneren aber auch in der öffentlichen Wahrnehmung (Herr A. = der Teamleiter, Frau W. = die Einrichtungsleiterin, ich = der Fortbildner). Ambitionierte Pläne liegen in Schutt und Asche. Für Herrn A. ist die Leitungsposition weg und seine Arbeitsstelle, er muss in die Arbeitslosigkeit; in meinem Fall ist ein berufliches Herzensanliegen mit Selbstverwirklichungs- und Forschungscharakter gescheitert; bei Frau W. die Hoffnung am Ausbau ihrer Einrichtung und das Schließen einer Betreuungslücke, unter der sie seit Jahren gelitten hat. Jugendliche wurden in den Konflikt mit Erwachsenen hineingezogen und sind enttäuscht worden. Manche von ihnen wie X (einer der Betreuten, der eine Schlüsselrolle innehatte) haben wieder einmal einen Abbruch erlebt, bei anderen wurden Trennungserfahrungen reaktiviert.

Zusätzlich sind mindestens 100.000 € an materiellem Schaden entstanden. Dieses Geld muss für Gehälter aufgewandt werden für Menschen, die nicht mehr arbeiten, aber versorgt werden müssen. Das ist etwas, was mich mit tiefem Bedauern erfüllt und schmerzt: ich dachte nie, Teil einer solchen Verschwendung von öffentlichen Geldern werden zu können. Aber ich muss einsehen, dass ich es bin. In diesem Papier geht es mir darum, die von mir wahrgenommenen Konfliktlinien und ihre mutmaßlichen Hintergründe „holzschnittartig" zu beschreiben. Belege für meine Schlussfolgerungen gibt es im ausführlichen Bericht mehr als genug (Zusammenfassung 2011, 1 f.). Die Darstellung des Fortbildners wird an dieser Stelle unterbrochen. Ich stelle ihr eine Passage aus dem Bericht zur Seite, die mir an dieser Stelle wichtig erscheint:

„Eines kann ich uns zugute halten: Vieles haben wir richtig gemacht, vor allem dass wir uns für die Planung ausreichend viel Zeit genommen haben und dabei sorgfältig vorgegangen sind. Alle relevanten Punkte, die das Konzept und die Haltung betrafen, wurden zwischen Frau W. (der Einrichtungsleiterin, M.S.) und mir bei drei Treffen ausführlich und offen diskutiert; dabei kamen auch mögliche Stolpersteine und Konflikte zur Sprache. Mit dem Landesjugendamt haben wir vor allem die Konzeptelemente geklärt und in rechtlicher Hinsicht abgesichert, die Zwang und Eingriffe betrafen; so dass man uns nicht vorwerfen konnte, wir würden hier wild und ungeplant Zwang anwenden. Das Haus war rasch gefunden worden, der Umbau achtsam geplant und ausgeführt, auch wenn mir der Streit mit Handwerkern und Architekten einiges abverlangt hat. Es hat sich im weiteren Prozess als wirklich geeignet herausgestellt. Das Entgelt war sorgfältig berechnet und hat sich als auskömmlich erwiesen. Die Schulleiterin war informiert und wusste, wann sie uns wie viele Lehrkräfte zu Verfügung stellen sollte. Die Mitarbeiterauswahl war im Rahmen eines Assessments durchgeführt worden; alle Mitarbeiter standen rechtzeitig bereit

und waren motiviert. Auch haben die Kollegen das Konzept und zentrale Eckpunkte wie die Punkteplanung vor Aufnahme der ersten Jugendlichen kritisch geprüft und für gut befunden. Auch wenn sie es nicht mitentwickelt hatten, konnten sie sich doch weitgehend damit identifizieren und waren willig es Konzept-getreu umzusetzen. Wir waren planerisch gut, ich würde sogar meinen, sehr gut aufgestellt. Und wenn mich meine Erinnerung nicht täuscht, wurde mir bzw. uns das auch von mehreren Seiten explizit bestätigt. In jedem Fall erinnere ich einen Abend in XY (anonymisiert), an dem Frau W. (die Einrichtungsleiterin) und ich auf einer Tagung mit einem Glas Wein anstießen und Phase 1 als vorbildlich abgeschlossen feierten." (Bericht 2011, 3).

Wir fahren mit der Zusammenfassung fort:

„[…] was ist schiefgelaufen? Und warum? Ich halte alle acht ineinander verschlungenen Konfliktströmungen für wesentlich; ich habe im Moment keine Idee davon, welche Linie wie stark oder wie bedeutungsvoll war und wie man sie untereinander gewichten sollte. Ich sehe sie vom Gesamtpanorama her wie die Laokoon-Gruppe in Rom (die antike Statue eines Priesters und seiner Söhne, die von bösen Schlagen angegriffen und erwürgt werden, M. S.). Diese Gestalt sieht man hinter lauter, sich um ihn windenden Schlangen gar nicht mehr. Laokoon ist unser Projekt; die einzelnen Konfliktströmungen sind die Schlangen. Vor lauter Schlangen sieht man den Laokoon nicht mehr. Unser Projekt wurde erdrückt." (ebd.),

Konfliktströmung 1: Ein biographisch belasteter Mann

Ich habe mich in B. (dem Ort, an dem sich die Einrichtung befand) mit mehreren Frauen „verkämpft", daran gibt es wenig zu deuten. Ich kenne dieses destruktive Muster aus meiner Biographie, aber es ist ganz offensichtlich vitaler und virulenter, als ich angenommen habe. Das Muster besteht darin, dass ich mich von Frauen herausgefordert fühle, die ich als mächtig wahrnehme, und die mich – tatsächlich oder vermeintlich – kontrollieren, einschränken und begrenzen wollen. Insbesondere sind das Frauen, die sich – tatsächlich oder nur in meiner Wahrnehmung – mit der Anerkennung von Männern oder des Männlichen schwer tun. Und die glauben alleine Recht zu haben oder alleine das Gesetz darstellen zu können, und damit auch Männern einschüchtern oder herausfordern. Wo immer ich Spuren davon in Frauen wahrnehme, gehe ich in eine kämpferische Haltung und lege mich mit diesen Frauen an. Ob die Frauen die von mir wahrgenommenen Züge tatsächlich aufweisen (also mehrere andere Personen diese auch wahrnehmen) oder ich diese in sie hineinschaue, kann ich nicht immer sicher unterscheiden. Es ist auch egal: Denn meine Aufgabe wäre es, solchen Frauen entweder von vorneherein aus dem Weg zu gehen oder mit ihnen geschickter umzugehen. Auf keinen Fall kann es eine gute Lösung sein, gegen sie Krieg führen zu wollen.

Aber genaue das mache ich, immer wieder und immer noch, vermutlich im Auftrag meiner männlichen Vorfahren, die allesamt ihre Schwierigkeiten mit diesem Thema hatten. Man kann es auch anders herum sehen: Diese Männer hatten Schwierigkeiten starke Frauen anzuerkennen und damit auch ich.

Dieses Muster war in meinem Leben mehrfach Gegenstand von Krisen und Therapien; ich dachte, ich hätte es in den drei (!) Phasen von Psychoanalyse, die ich unter anderem deswegen auf mich genommen habe, gut genug durchgearbeitet. Aber dieses Muster hat mich wieder voll erwischt. Zu diesem Muster gehören manchmal auch drei: ein warmherziger, aber schwacher Mann, eine starke Frau und ich. Ich kämpfe dann nicht nur für mich, sondern auch für den warmherzigen, schwachen Mann. In dieses Muster habe ich Herrn A. (den Teamleiter, M. S.) mit eingesponnen und Herrn N. (den wirtschaftlichen Leiter, M. S.). Oder anders, beide Männer haben mir – zumindest in meiner inneren Realität – Gelegenheit gegeben, sie im Rahmen meiner Inszenierung zu verwenden: Herr A. hat es in meiner subjektiven Wahrnehmung nicht geschafft, sich selbst klar und angemessen von Frau W. und ihren Ansprüchen abzugrenzen. So bin ich auch für ihn mit eingesprungen und habe auch für ihn mit Krieg geführt. Und Herr N. hat mir im Gespräch einen Quasi-Auftrag erteilt, den ich als Einladung zu einer Irritation der Einrichtung verstanden habe („ein paar neue Anstöße tun uns sicher gut, Frau W. ist hier schon seit vielen Jahren die Einzige, die den Ton angibt."). Ich glaube, dass er die Einrichtung und Frau W. schätzte, aber auch um die dunklen Seiten von B. (Name der Einrichtung, M. S.) wusste oder diese zumindest intuitiv erfasste. Dass dieser Auftrag mich in Konflikte mit der Einrichtungsleiterin führen würde und könnte, hat er sicher geahnt, vielleicht sogar gewünscht. Aber er hat sicher nicht gewollt, dass die Chefin und ich uns in diesen Konflikten gegenseitig verbrennen.

Am Ende musste ich gehen. Etwas Ähnliches habe ich tatsächlich in meiner Kindheit erlebt: ich hatte den unausgesprochenen Auftrag meines Vaters, meine nach allen Richtungen hin übergriffige Mutter zu begrenzen. Als der Konflikt eskalierte, wurde ich weggeschickt, ins Internat. Auch weil mein Vater ratlos war, wie er zwischen meiner Mutter und mir vermitteln konnte. Wir hatten uns „wund" gekämpft. Ich finde es zugleich spannend wie auch traurig zu sehen, wie sich 43 Jahre später etwas Ähnliches wiederholt. Dabei trifft keinen anderen eine Verantwortung als mich. Das sind meine „*Geschichten*", die ich nach B. mitgebracht habe, die dort reaktiviert wurden, ohne dass ich diese Reaktivierung stoppen konnte (mein Unvermögen!) und die man, wenn man meine Geschichte kennt, dort auch in den Konflikten wiederfinden kann.

Ob und inwieweit Frau W., Frau Q. (die Schulleiterin, M. S.), Herr A. oder Herr N. andere eigene, zu meinem Thema passende oder ganz und gar neue, meine Geschichte aber befeuernde eigene biographische „Geschichten" mit eingebracht haben, weiß ich nicht. Dies zu reflektieren, ist ihre Sache.

Konfliktströmung 2: Unklare Leitungsstrukturen

Wir haben es immer wieder gesehen: die Leitungsstrukturen waren von Anfang an nicht gut bedacht worden. Das müssen sich Frau W., Herr N. und ich uns vorwerfen lassen. Für mich war immer klar, dass ich nicht die operative Leitung ausüben (den 50–60-Stunden-Job), aber gerne an allen wichtigen Entscheidungen beteiligt sein wollte. Für mich war klar, dass dies nur in einem *Triumvirat* gehen würde (einer in der Antike für viele hundert Jahre bewährte Institution): Einrichtungsleitung = Frau W., Teamleitung = Herr A., Konzept- und Konzeptumsetzungsleitung = ich; eine komplexe Triangulierung, die uns immer zur Ausbalancierung herausfordern würde; immer mit der Gefahr, dass einer der drei „hinten runter kippen" könnte. Was ja auch geschehen ist. Was ich auch gesehen und thematisiert habe, mehrfach.

Aber das Dreigestirn oder später – nach meinem erzwungenen Rückzug aus Leitungsfunktionen – die „Doppelspitze" passten nicht in das Leitungsschema der Einrichtung; dieses war so ausgelegt, dass im Bereichsleiter-Team, das stark von Frau W. geprägt war, die Stimmung in Bezug auf zu entscheidende Sachverhalte (pro und contra) erhoben wurde, und dann direkt von der Chefin entschieden wurde. Dass Herr A. nicht nur Teamleiter für unser Projekt, sondern auch Bereichsleiter mit Blick auf die Gesamteinrichtung sein bzw. werden sollte, ging mir zu spät auf bzw. ich verstand zu spät, was sich mit dieser Definition alles verband. Später war es diese Struktur, die es Frau W. unsinnig erscheinen ließ, sich neben dem Bereichsleiter-Gremium mit mir und Herrn A. extra zu treffen. Eine Zeitlang hat sie das gemacht und das ging m. E. auch ganz gut. Aber eben nur eine Zeitlang. Herr A. sollte und musste sich immer mehr in die Struktur der Gesamteinrichtung integrieren, ich war in diese Struktur immer weniger einzuordnen. Ein Systemfehler, der bereinigt werden musste. Und so hieß es: Ab in die Beraterrolle, zurück ins Glied. Aber das ging nicht:

A) *„Weil ich ein bundesweit anerkannte Fachmann für Intensivgruppen mit diesem Personenkreis bin; als dieser konnte ich mich nicht auf einen zurückgelehnte Beraterposten beschränken, wie z. B. der Therapeut Herr T. in B. Therapie (oder auch Beratung) machen konnte und sich keine Gedanken darüber machen musste, was Schule und Heim mit dem Kind sonst noch tun.*
B) *Wichtiger war mir noch: Ich wollte darüber wachen, dass das Konzept, so wie ich es geschrieben und wir es verabschiedet hatten, auch umgesetzt wird. Und hatte dabei den Anspruch in meinen Domänen, Vormittag mit Einzelstunden mit den Jungen, Elternarbeit und den beiden wöchentlichen AGT völlig frei agieren zu können. Wachen meinte ich auch zu müssen, weil es ja schon Einschränkungen gegeben hatte, die mir weh getan hatten (Rauchen, Handy, Sex-Magazine etc.).*
C) *Und noch ein Punkt: Ich hatte in der Zeit vor dem Start sechs Monate lang den Hut auf gehabt für alles: Haus, Konzept, Mitarbeiter etc., inklusive der Suche des*

Teamleiters etc. Und nun, da ich alles eingerichtet, geschrieben und gefunden hatte, sollte ich mich bei der Umsetzung auf den Platz des Beraters beschränken, der nur redet, wenn er gefragt wird. Das ging nicht. Aber meine Idee vom Triumvirat ging auch nicht. Was wäre gegangen?" (Zusammenfassung 2011, 3 ff.)

Die nächsten drei Punkte 3 bis 5 lassen sich unter die Überschrift „*Organisationskultur*" zusammenfassen. Dieser Begriff ist mir erst in B. so richtig klar geworden. Jede Einrichtung entwickelt eine eigene Kultur: ein Set von geschriebenen, aber noch mehr an ungeschriebenen Regeln und eigenen Kommunikationsformen; ein Set an Werten, Präferenzen und an Umgangsstilen, die alle Ebenen der Einrichtung von der Spitze bis zur Basis prägen. Diese werde fachlich selten reflektiert; sie sind eher vorgegeben und bestimmen nicht nur den Umgang miteinander, sondern auch den mit der Fachlichkeit. Die Punkte 2–5 beziehen sich jeweils auf unterschiedliche Facetten dieser Organisationskultur. Die B'sche ist mir an vielen Stellen fremd. Auf sie trifft zu, was wir alle mittlerweile denken: „Fortbildner und B. passen einfach nicht zusammen!".

Konfliktströmung 3: Ein unmögliches und dann auch gebrochene Versprechen

Schon sehr früh wurde deutlich, dass es zwischen Frau W. und mir erhebliche inhaltliche Differenzen in pädagogischen Alltagsfragen gibt. Diese drehten sich um Fragen von angemessener Kontrolle (Rigidität versus Laxheit) und dem bewussten Zulassen von „schwierigem" Verhalten (Symptomtoleranz versus Symptomunterdrückung). Unsere Debatte machte sich an drei „heiligen drei Kühen" fest: kein Rauchen, kein Alkohol, keine Handys. Ich hatte das alles als integrale Bestandteile des Lebens in der Gruppe geplant. Frau W. wollte das nicht, weil sie befürchtete, dass andere Gruppen davon erfahren würden und diese Ungleichheit sie rebellisch machen würde. Mir wurde die Zusage gemacht, dass die Rücknahme dieser drei Elemente, für mein Konzept bereits erhebliche Einschränkungen, die einzigen blieben und ich ansonsten einen großen Autonomiespielraum für von der B.-Linie abweichende Ideen hätte. Nach und nach wurden aber von Frau W. mehr und mehr „heilige Kühe" ins Rennen geschickt; immer mehr B.-Regeln sollten auch für uns gelten und zusätzlich behielt sie es sich als Chefin vor, jederzeit von außen in das Tagesgeschäft hineinregieren zu können. Mit wachsendem Misstrauen ihrerseits wurde das mehr und mehr, was durchaus verständlich ist. Aber bereits vorher wurde mir das Versprechen aufgekündigt und der Spieß umgedreht; ich musste nachweisen, warum ich eine B.-Regel nicht übernehmen wollte; nicht mehr sie, warum sie mir diese aufdrängen wollte.

Warum hatte sich Frau W. überhaupt auf eine solche Zusage mir gegenüber eingelassen? Wenn sie so ein „Kontroll-Freak" war, wie ich ihr früh und ganz offen bescheinigt habe, und wie sie es selbst zugeben würde, warum dann ein solches Entgegenkommen? Warum dann dieses Signal von Autonomie und Freiheit für mich und für ein neues, abweichendes Konzept in B.? Hat sie unterschätzt wie sehr ich abweichen würde? Hat sie ernsthaft gedacht, die von ihr entwickelte B.-Linie wäre zwingend und müsste mir ganz oder überwiegend einleuchten? Warum hat sie mir zu Beginn so viel Freiheit beim Schreiben der Konzeption und der Gestaltung des Hauses gegeben? Dachte sie, dass sie im richtigen Moment mich schon bremsen und wieder einschränken können würde? War das von Anfang an ihr Plan, mich erstmal machen zu lassen und dann wieder „einzufangen"? Mich dagegen muss ich fragen, warum ich die früh wahrgenommenen, deutlichen Signale von Enge und Rigidität nicht sehr viel ernster genommen habe? Wieso ich trotzdem geglaubt habe, in B. „mein Ding" machen zu können?

Ich glaube, dass das Verhalten von Frau W. mit einer Abwehr zusammenhängt, einer persönlichen und einer, die im ganzen System wirkt: es geht um die Abwehr von Chaos bzw. der Angst vor dem Chaos. Eine solche ist bei den Kindern und Jugendlichen, die in B. leben, durchaus berechtigt. Ich kenne sie gut. Deswegen wird auf Seiten der Mitarbeitenden so viel kontrolliert und unterbunden, von oben und unten, und rechts und links. Ich glaube allerdings, dass es sinnvoller wäre einen offenen Umgang mit dieser Angst und Ratlosigkeit zu pflegen. Eben nicht immer so zu tun, als hätte man alles im Griff und wüsste auf alles eine Antwort. Dann müsste man aber seiner eigenen Angst und seiner eigenen Ohnmacht sehr viel direkter ins Gesicht sehen. Ich glaube, dass ich das sehr viel besser kann als Frau W. Und dass ich ihr diesbezüglich fremd und unverständlich geblieben bin; und dass wir da wirklich anders sind.

Auffällig ist, dass unsere dramatischsten Konflikte sich um Nebenschauplätze drehten: wird die Oma von X. mit ihrem Gipsbein von mir abgeholt oder nicht? Ist der Entwicklungsbericht für das Jugendamt gut genug oder nicht? Eigentlich Lappalien! Mir scheint, dass unsere inhaltlichen, pädagogischen Konflikte, die bei P. und X. und auch bei M. und seiner Mutter deutlich wurden, von ihr eher klein gekocht oder verschoben wurden; dort wo es um Art und Dauer von Strafen, Verbote, Wegnehmen, Überwältigen etc. geht, liegen die größten Differenzen zwischen uns. Frau W. diskutierte da gar nicht mehr mit mir, sondern entschied. Sie setzte ihre Auflagen durch Herrn A. um oder diktierte sie direkt in den Alltag hinein, über Mitarbeiter:innen, die nicht in der Position waren, ihr zu widersprechen. Die Spannung zwischen uns, die aus diesen fachlichen Konflikten herrührten, wurden über Nebenschauplätze abgehandelt – so scheint es mir. Unsere fachlichen Konflikte wurden nie sauber diskutiert und geklärt: nicht zu Beginn und nicht im Verlauf. Ich behaupte, dass Frau W. da auch wenig Interesse dran hatte; sie machte lieber ihre scheinbare bewährte Pädagogik weiter, als sich mit mir offen auseinanderzusetzen.

Zugeben will ich gerne, dass die B.-Linie für die Hälfte oder vielleicht sogar für noch mehr Kinder, die nach B. gelangen „gut genug" ist. Bei diesen Kindern ist es eher eine Geschmacksfrage, ob man eine so eng kontrollierende, so stark auf Außensteuerung fußende Pädagogik gut findet oder nicht. Sie hat Vorteile, aber eben auch Nachteile. Jede andere Pädagogik auch! Aber bei den Kindern, die nicht in das B.-Erziehungsschema passten wie P., X., L., vielleicht auch T. und J.), wurde es dramatisch. Statt zu sehen, dass das eigene Schema nicht passte, wurde der Druck erhöht und aller Misserfolg dem Kind und den Eltern angelastet; nur nicht der eigenen Pädagogik. In solchen Situationen wurde zu wenig Zeit und Energie in eine Umsteuerung des Fallverstehens investiert. Man hielt eher an der Linie fest, als dass man sie mutig in Frage stellte. Das hielt ich für fatal. Dass ich mit den genannten Kindern ebenfalls in Schwierigkeiten geraten würde, ist klar; ich weiß auf Anhieb eher was ich nicht machen würde, als wie es denn anders ginge mit ihnen. Sicher geriete ich in andere, aber ganz sicher auch dramatische Situationen mit diesen Jungen: aber es wären für mich annehmbarere Schwierigkeiten; nicht so offensichtlich „hausgemachte", oder vielleicht doch? Ich weiß es nicht.

Was ich der Einrichtung dringend empfehlen würde, wäre eine sorgfältige und ehrliche Analyse der Abbrüche (der klaren und der unklaren, in denen mehr die Eltern agiert haben, aber die Einrichtung auch ihrem Beitrag geliefert hat) in den letzten 2–4 Jahren; das neue ABI-Projekt des EREV liefert dafür wichtige Erkenntnisse.

Konfliktströmung 4: Frauen und Männer in B.

B. ist weiblich und beruht auf Beziehungen von Frauen und Solidarität. Zwischen Frauen – Männer können da eine Rolle spielen, wenn sie sich den Frauen unterordnen oder sich ihnen an die Seite stellen, wie es H. vorlebt, der männliche Sekretär, den alle mögen, der aber auch das „Mädchen für alle ist". Aber Männer als notwendige Ergänzung von Frauen, als Kontrast und/oder Widerspruch zur Weiblichkeit sind erst mal nicht vorgesehen. Erwünscht und vielleicht sogar ersehnt mögen Männer durchaus sein. Aber wenn sie da sind und es mit ihnen nicht immer einfach ist, oder es hart auf hart kommt, setzt sich das Prinzip der Frauenherrschaft durch. Dann werden die Männer abgesetzt oder weggeschickt. So wie bei Prof. J., den Frau W. zunächst angeheuert hatte, um alle Mitarbeiter:innen in Sachen Bindungsmuster fortbilden zu lassen, der dann aber in Ungnade gefallen war, als seine Hinweise als kritisch erlebt wurden. So ein *Frauen-Regime* hat bei 75 % Prozent weiblichen Mitarbeiterinnen im pädagogischen Bereich durchaus Vorteile. Ich unterstelle: Frauen sind sich in vielem ähnlich und wissen, wie die andere tickt. Männer sind anders, komplizieren die Zusammenarbeit und gefährden evtl. auch die Einigkeit durch aufkommende Konkurrenzgefühle. Ein von allen Frauen anerkannter Mann, gar ein verehrter „Hahn im Korb", ist so ziemlich das letzte, was man sich in B. vorstellen kann.

Wie konnte sich Frau W. nur auf zwei fremde Männer (Herrn A. und mich) einlassen? Sie, die bisher wie eine Königin regiert hatte und sich ihre Arbeitsbienen selbst herangezogen hatte und sich immer die besten unter ihnen herausgesucht hatte für neue Leitungsstellen neben ihr? War das nicht klar, dass es mindestens eine Bereichsleiterin bräuchte, damit ein solches neues Projekt überhaupt gehen könnte?

> *„Wir* (gemeint sind der Fortbildner und sein Kollege Teamleiter, M. S.) *wurden dort in eine weibliche Umwelt eingepflanzt, sollten und wollten uns dort einnisten und zu eine, weiteren Kind der Einrichtung entwickeln, aber keine Beschwerden machen. Als unser Projekt dann aber fremd und fremder erlebt wurde, glaubte man dort würde ein gefährliches Monster entstehen und so wurde das Projekt und wir oder wir Männer und unser Projekt rasch abgetrieben."* (ebd.).

Uns Männer – Herrn A. und mich – hat das System jedenfalls als untauglich und unverdaulich ausgespuckt. Oder anders: wir wurden dort in eine weibliche Umwelt eingepflanzt, sollten und wollten uns dort einnisten und zu einem weiteren Kind der Einrichtung entwickeln, einem braven, aber keine Beschwerden machen. Als unser Projekt dann aber fremd und fremder erlebt wurde, glaubte man, dort würde ein gefährliches Monster entstehen und so wurde das Projekt und wir oder wir Männer und unser Projekt rasch abgetrieben. Ich glaube bei unseren Konflikten ein Mann-Frau-spezifisches Muster zu erkennen: Frauen – nicht alle, aber die von mir erlebten – steigen nicht so heftig in Konflikte ein wie Männer, gebärden sich dabei nicht so aggressiv, aber erreichen irgendwann einen *„point of no return"*. Männer – auch nicht alle, aber viele – dreschen im Konflikt munter weiter, aber sehen die Beziehung oder die Beziehungsmöglichkeit nicht so schnell so existentiell gefährdet. Und wundern sich dann, wenn sich die Frauen „plötzlich" zurückziehen. So ging es mir mit Frau Q., Frau L. und auch mit Frau W., die mir lange Zeit die Stirn geboten haben und die ich auch weiter für belastbar hielt. Die hatten mich und meinen Widerspruch aber irgendwann so was von über…

Im Übrigen glaube ich, dass das Frauenregime problematischer für die männlichen Jugendlichen ist als für die Mitarbeiter:innen; für die Jungens ist diese Dominanz der Frauen immer wieder schlimm. Beispiele wie mit dem Onanieren in der Schule oder dem Ausschneiden von nackten Frauen aus Schulbüchern, dem Niederschreien von Jungen und der Ausblendung von eigenen Fehlern sind im Text genug zu finden. Die tun Jungen besonders weh.

Und noch etwas, was mir exemplarisch erscheint: in unseren besten Zeiten haben sich Frau W. und ich gemocht und anerkannt; sie hatte gute Ideen und ich hatte gute Ideen und wir konnten diese durchaus sehen und schätzen. Aber wir haben selten oder nie Ideen gemeinsam entwickelt, uns gegenseitig durch Zustimmung und Widerspruch stimuliert und uns zu neuen Erkenntnisebenen hoch gesteigert. Sie hat für sich gedacht und ich für mich. Aber wir haben es nicht geschafft, miteinander in einen spielerischen, kreativen Prozess zu kommen. Und das scheint mir auch mit der dominanten Frauenkultur in B. zusammenzuhängen: Frauen spielen dort gut und gerne mit Frauen (Männer vielleicht auch mit Männern). Aber es gibt kein Zusammenspiel (eine Ausnahme habe ich erlebt: Frau S. = Qualitätsmanagerin und ich, wir konnten ganz gut zusammen) zwischen Männern und Frauen, da scheint ein ganzer Bereich von Spielmöglichkeiten wie blockiert.

Konfliktströmung 5: Schule zentral und sakrosankt

Die Schule ist für B. wichtig und zentral: Über die Zusicherung, dass ihr Kind in dieser Schule einen Abschluss machen kann, erreicht B. viele Eltern und damit auch ihre Kinder (und Jugendämter). Und dafür tut die Schule und insbesondere Frau Q. (= Schulleiterin) eine Menge. Das ist für die Jugendlichen, die im schulischen Bereich eine echte Chance haben und lernen können, gut und motiviert sie auch. Zudem ermöglicht die Schulzeit das Zusammensein mit einer interessanten Gesellschaft, den Peers, und damit genügend Möglichkeiten den Schulalltag auch zu genießen – bis es dann wieder enger wird in den Wohngruppen. Deswegen hat die Schule und die Schulleiterin in B. eine unangefochtene Stellung und ist die Schule für B. unverzichtbar. So weit, so gut.

Aber erstens gibt es Kinder, die von dieser Form der leistungsbezogenen Schule überfordert sind; sie bedürften eines sehr viel einzelfall-spezifischeren Mix aus Schule, Arbeit, Einzel- oder Kleingruppenbetreuung und Projektunterricht. Projektunterricht entlang der eigenen Neigungen; bei X. z. B. James Bond oder Keyboard oder auch Waffen. Aber alle Kinder müssen sich in diese leistungsbezogene Schule einordnen. Erst wenn sie über Jahre scheitern, überlegt man sich Alternativen, aber nicht von vorneherein. Bezogen auf Schule hat eine klare Abweichung vom Konzept stattgefunden. Im Konzept war klar verankert, dass wir zunächst eine interne Beschulung nur für unser Haus haben würden (mit einem Lehrer als Teil unseres Teams) und dass dann geschaut würde, für welchen Jungen in die öffentliche Schule gehen können und für wen nur die B.-Schule in Frage kommt.

Die zentrale Stellung der Schule und ihre überwiegende Leistungsorientierung ist dann aber auch voll und ganz auf unser Projekt angewandt worden. Alle Jungen sollten möglichst mehrere Stunden Arbeitsblätter bearbeiten. Ein eigener Lehrer wurde uns nicht zugeteilt, aus Mangel an Ressourcen an der Stammschule, der uns Anfang September bekannt gegeben wurde, als wir noch im November an den Start wollten. Ausgerechnet Frau Q. übernahm den Unterricht in unserer Gruppe: zugegebenermaßen zu Beginn mit viel Power. Aber sie scheiterte rasch an drei Gründen: Ihrer eigenen knappen Zeit, einem verärgerten Team, das sich den Vormittag anders vorgestellt hatte und dem die Heranziehung als Hilfslehrer:innen nicht passte und zuletzt wohl auch den Jugendlichen, die sie massiv ablehnten. So ergibt sich für mich das Bild einer von Kindern und Mitarbeitern überfordernden Frau Q., die sich nun selbst beleidigt zurückzog: „Na dann kommen eben alle in die Stammschule!".

Unsere Hausbeschulung wurde dadurch zur Strafschule für die, die in der Stammschule nicht guttun: X. und L. (zwei Jugendliche, M. S.). Damit wurde eine wichtige Weiche für das Scheitern unserer Zusammenarbeit gestellt: Denn mein Wunsch war es, gemeinsam mit einem Lehrer und dem Team für jeden einzelnen Jugendlichen seinen eigenen Bildungsweg entwickeln und gestalten zu können. Deswegen wäre gemeinsames Fallverstehen zwischen Lehrern und Mitarbeiter:innen, die alle in einem Haus arbeiten, unabdingbar gewesen. So etwas kam nie zustande. Frau W. ließ ihre Schulleiterin machen. Dummerweise legte ich mich mit Frau Q. an bevor das Projekt richtig losging. Ich ergriff für die junge Praktikantin (die bei mir Jahre zuvor eine Fortbildung besucht hatte) Partei, die sich an mich gewandt hatte, weil sie vieles als unverständlich und hart erlebte, was sie in der Schule mitbekam. Frau Q. erlebte das zu Recht als Einmischung in ihren Bereich und so stiegen wir beide in einen „kalten" Krieg ein.

So kam es, dass mir jede Kritik an Schulangelegenheiten und/oder an der Person von Frau Q. von Frau W. verboten wurde. Frau Q. und die schulischen Interessen waren sakrosankt. Frau W. brauchte Frau Q., so dass sie diese nicht verprellen wollte und das müsste sie tun, wenn sie sich mehr für unser Konzept eingesetzt hätte oder mehr auf meine Kritik gehört hätte. Noch dazu dürfte es für sie unmöglich gewesen sein, herauszufinden, welche meiner Kritikpunkte ernst zu nehmen seien und welche „nur" Munition in unserem „kalten Krieg" waren. In gewisser Weise hatte ich mich selbst als Kritiker von Frau Q. verbrannt, weil ich mich zu sehr mit ihr verstrickt hatte. Und noch schlimmer war, dass wir in keiner Hinsicht eine gemeinsame Sprache oder Vision für die Arbeit fanden. Zwischen Frau Q. und mir gähnten tiefe fachliche, aber auch menschliche Abgründe. Wahrscheinlich mochten wir uns von Anfang an nicht... ja das kann ich einräumen, ich fand sie schon beim ersten Kennenlernen ziemlich unsympathisch und habe mir gewünscht so wenig wie möglich mit ihr zu tun haben zu müssen. Leider kam es ganz anders....

So wie die Schule im Moment in B. aufgestellt ist, wird aus der Vormachtstellung leicht ein Hemmschuh für die Entwicklung anderer Lernformen für die Kinder, die in der B.-Schule noch nicht ankommen können. Und damit unter Umständen ein Entwicklungshindernis für ganz B. Die Struktur von Förderschulen wird in den nächsten Jahren evtl. noch mehr aufgelöst; in ganz Deutschland stehen die Zeichen für eine inklusive Schule. Eine Qualifizierung der Schule in Sachen Fallverstehen scheint mir dringend nötig.

Konfliktströmung 6: Der Fall X., oder: Ansteckung des Systems mit dem Virus der Spaltung

Der Fall X. hat uns immer wieder beschäftigt und immer wieder entzweit. Das liegt an uns Fallzuständigen, unseren weit darüber hinaus gehenden Konflikten, aber zu einem gewissen Anteil auch am Fall selbst. Dieser Fall hat etwas an sich bzw. in sich, das beinahe unweigerlich eine mörderische Spaltungsdynamik entfaltet. Das ist kein Wunder, da es in diesem Fall um eine komplexe Drei-Generationen-Dynamik geht, in der sexueller Missbrauch, Totschlag, ein ungeklärten Todesfall (Mord, Unfall?) und schwere Gewalt in der Paarbeziehung ging. Und um das Motto: „Einer ist immer der Arsch und weiß nicht mal warum, einer bleibt immer übrig und keiner schert sich drum!".

Ich habe diese Spaltungsdynamik gesehen und analysiert (und allen Interessierten die Analyse zu Verfügung gestellt), aber in ihrer zerstörerischen Macht völlig unterschätzt. Ich dachte naiv „Gefahr erkannt, Gefahr gebannt!". Aber es war, wie wenn ein Virus in ein Computerprogramm eindringt und Schicht für Schicht den gesamten Computer infiziert und lahm legt. Ich habe den Virus mit meiner Anmaßung gegenüber Frau L. (die für den Fall zuständige Jugendamts-Mitarbeiterin mit der sich der Fortbildner überworfen hatte) ins System hineingetragen, sie hat ihn sich ausbreiten lassen, Frau W. hat mich aus der Elternarbeit und Zusammenarbeit mit dem Jugendamt ausgestoßen und seitdem ist der *deadly dance* am Laufen (siehe Streek-Fischer 1992). Keiner vermochte ihn bisher zu stoppen. Er dreht und dreht sich immer weiter und immer tiefer; längst hat es die Schule erreicht, die Lehrer und die Pädagog:innen, und fordert immer neue Opfer. Ich mache mir Sorgen, was aus X. wird. Gerade jetzt, wo ich weggehen muss. Ich fürchte, dass er der nächste sein wird, der gehen muss (tatsächlich war das wohl auch der Fall, M. S.). Für mich war es erschütternd zu erleben, wie mit ihm umgegangen wurde, nachdem er Frau Q. gewürgt hatte (eine Szene, die merkwürdig an *„Einer flog über das Kuckucksnest"* erinnert).

Dass Frau Q. in diesem Moment Todesangst ausgestanden hat, kann ich durchaus nachvollziehen; und dass sie eine strenge Bestrafung dieser Attacke reklamierte auch. Aber nachträglich alle Verantwortung für das eigene, ungeschickte Verhalten von sich zu weisen und alle Schuld nur dem Jugendlichen zuzuschreiben, fand ich fachlich schwach. Immerhin war sie es, die das Onanieren von X. im Unterricht Klassen-öffentlich gemacht und damit den Jungen vor den Augen aller massiv beschämt hatte. Damit hätte man anders umgehen können; oder auch nicht. Denn wer kann sich von uns schon immer vollständig kontrollieren angesichts dessen, was die Kinder und Jugendlichen uns zumuten? Ich sicher nicht! Aber souverän wäre es gewesen, ihm anschließend zu sagen: „Ich hatte ja keine Ahnung, was du da unter der Bank treibst. Ich war einfach so überrascht und geschockt, dass ich es laut rausposaunt habe! Das war vermutlich schlimm für Dich. Aber weißt du, wenn du an solchen Orten wie Schule onanierst, dann musst du auch damit rechnen, dass jemand nicht so toll damit umgehen kann. Meine Äußerungen tun mir leid, aber ich fand dein Handeln auch eine schlimme Zumutung für mich: sowohl das Onanieren wie deine Gewalt". Aber über die eigene Ungeschicklichkeit oder über solche fachlich besseren Lösungen war mit ihr nicht zu reden. Das hat sie glatt weg abgelehnt.

Konfliktströmung 7: Der „renommierte Fortbildner" als Brandbeschleuniger

Sicher war es für das System B. nicht einfach, mich als einen landesweit bekannten Fachmann mit einer gewissen Nähe zum Ministerium in seine Reihen aufzunehmen. Zum einen, weil mich ja nicht wenige aus einer anderen Rolle kannten. Zum anderen war ich die einzige Person in der Einrichtung mit einem Doktor-Titel; man muss dazu sagen, in einer Einrichtung, die zu 80 % aus nicht akademisch gebildeten Personal besteht. Für mich spielte der Titel keine Rolle. Ich sagte allen Kolleg:innen aus den Gruppen und er Verwaltung, dass ich „Herr B." sei, unterschrieb nur offizielle Papiere mit Dr. B. und duzte mich mit allen Kolleg:innen im Haus und manchem anderen Kollegen auch. Ganz übergehen wollte und konnte man den Dr. nicht; Frau W. nutzte ihn ja auch, um das Konzept zu promoten. Aber im Alltag ständig präsent halten, das ging auch nicht. Das wollte niemand.

Aus heutiger Sicht glaube ich, dass wir alle unterschätzt haben, was dieser Titel bei den Mitarbeiter:innen in B. und auch in den Jugendämtern auslöste, die mich zum Teil aus anderen Zusammenhängen kannten (Fortbildungen, Supervision, wissenschaftlichen Untersuchungen etc.). Ich vermute, dass diese Titel vor allem ambivalente Gefühle ausgelöst haben. Ich glaube, dass viele auf mich die Idee eines fachlichen Oberschiedsrichters projizierten: einer, der es besser weiß und besser kann als sie. Und der bald entdecken wird, dass ihre Arbeit nur halb gut wäre; also machte ich Angst. Diese Angst vor der eigenen Abwertung mobilisierte jedoch sofort auch die Abwertung des vermeintlichen Kritikers: der kann ja so klug nicht sein, oder wenn dann vielleicht schlau reden, aber nicht klug handeln. Was ist schon so ein Doktor, eigentlich doch nur ein aufgeblasener Klugschwätzer. Auf- und Abwertung, Höher-Stellung und Verächtlich-Machen werden von vielen Menschen gegenüber Professoren empfunden und auch gezeigt. Und dann komme ich, der auch als Person glaubt, nicht nur klug zu sein, sondern auch noch gut handeln zu können oder zumindest den Anspruch hat, die Praxis von den Hausschuhen bis zum Konflikttraining selbst bestimmen zu können.

Ich glaube, dass ich insbesondere bei Frau Q. und Frau L. (der für X. zuständigen Frau vom Jugendamt) große Ängste vor Fremdbewertung ausgelöst habe; und dass ich diese Personen ja tatsächlich kritisch beäugt habe: aber wie ich meine, nicht als Herr Doktor, sondern als Kollege. Aber die von mir Beäugten haben ihre eigenen Selbstzweifel an ihrer Arbeit auf mich projiziert und in mir vergrößert und zugleich abgewehrt. Als ein selbstbewusster Kollege, ohne Angst vor Konflikten, ohne Zwang zur Rücksichtnahme auf die eigene Karriere, aber eben als ein Kollege! Ich glaube, dass Frau L. und Frau Q. in mir mehr gesehen haben; oder besser „weniger und mehr zugleich".

Konfliktströmung 8: Dämonisierung von Abweichlern und Ausschluss als Lösung, nebst der Nicht-Einbeziehung von Externen zur Konfliktklärung

Zum Einstieg in diese letzte Strömung, möchte ich mich selbst zitieren:

> *„Die Beobachter-Abhängigkeit allen vermeintlichen Erkennens gilt selbstverständlich auch für mich und meine Beobachtungen des ‚Systems B.': auch ich habe Einzelne bzw. das System so irritiert, dass ich verunsicherte Menschen beobachte, die nicht auf der Höhe ihrer Fähigkeiten operierten, sondern sich von mir kritisch beäugt fühlen mussten. Genau das lässt sie eventuell ‚schlechter' handeln als sie handeln könnten und lässt so auch für mich weniger ihre Ressourcen als ihre Defizite deutlich werden. Ich glaube das gilt uneingeschränkt für meinen ganzen Bericht: die pädagogische Arbeit in B. ist vermutlich nicht so ‚schlimm' wie ich es hier darstelle. Eher stimmt: Wir haben uns gegenseitig in eine negative Wahrnehmung vom jeweils anderen hineinmanövriert. Aber genau um diesen Prozess des wechselseitigen „Blendens" im Sinne von Nicht-mehr-Sehen-Könnens geht es mir hier; genau den möchte ich rekonstruieren und stecke doch zugleich mitten drin, so dass meine Beobachtungen und meine Verschriftlichung immer auch schon ‚angesteckt' sind von dieser negativen Kalibrierung und diese fortsetzen. Das kann ich nicht deutlich genug sagen."* (Bericht 2011, 85).

Dieses Zitat ist mir wichtig, weil es m. E. gut zeigt, was passiert ist: wir haben uns am Ende nur noch als negative Karikaturen unserer selbst wahrgenommen; und daran habe ich mitgewirkt. Aktiv und blind und dumm. Ich lege jedoch Wert darauf, dass ich mit Blick auf dieses Problem immer wieder externe Hilfe angefordert habe (Supervision, Konfliktmediation) sowohl im Zusammenhang mit Frau L., Frau Q., Herrn A. und Frau W. Mein Gefühl war immer wieder, dass meine Konfliktpartner:innen Angst davor hatten, externe Berater:innen in das (Konflikt-)System hineinschauen zu lassen. Natürlich ist nicht gesagt, dass die Externen etwas hätten helfen können. Ich selbst habe den Rat der Supervisorin, zu der ich gemeinsam mit Frau W. ging und die ich selbst bezahlt habe, erst angenommen, dann aber immer mehr „in den Wind geschossen". Diese Zurückhaltung war es nicht, das war keine Lösung für mich. So etwas kann man mit jedem externen Berater erleben und die Frage ist, ob es an diesem oder der eigenen Vernageltheit liegt, wenn man die klugen Hinweise und Ratschläge nicht umsetzen kann oder will.

Mein Gefühl ist allerdings, dass es im System B. einen gut geölten Weg gibt, der vom Konflikt, über die Dämonisierung des Konfliktpartners, zur Ausstoßung desselben führt. Und dass dieser Weg schon oft beschritten wurde mit verschiedenen Personen (dem Professor B., dem Schulleiter K., und …?). Ich konnte mir vorher gar nicht vorstellen, was es heißt, ein Einrichtungs-bekannter Sündenbock zu sein. In den letzten vier Wochen, als wohl für Frau W. schon klar war, dass ich gehen müsse, wurde jeder Gang in die Verwaltung, jedes Telefonat mit einer anderen Gruppe, ja selbst mit dem Hausmeister für mich zu einem Kraftakt. Man grüßte mich nicht mehr, man behandelte mich eisig, ließ mich warten. Es war klar, dass ich mich mit der großen Chefin angelegt hatte und dass ich dafür bestraft werden müsse. Das hat Frau W. nicht gewollt und niemandem vorgeschrieben. Ich glaube sogar, es gefällt ihr gar nicht oder sie kann es sich gar nicht vorstellen, welche Macht ihr zugeschrieben wurde und wie die Menschen oft in vorauseilendem Gehorsam etwas tun, von dem sie glauben, dass sie es möchte. Aber vielleicht noch wichtiger: Ich fürchte, dass man sich in B. zu schnell darauf festlegt, wer einen Fehler gemacht hat und was der Fehler war. Dass es eine nur gering entwickelte Kultur der genauen Fehleranalyse und der angemessen breiten Fehlerverteilung gab und schon gar keine der Einbeziehung Externer bei diesen Aufgaben. In diese gut geölte Maschine eines rigiden Systems bin ich hineingeraten…

Am Ende wurde ich wahrhaft dämonisiert, mir wurden die vermeintlichen Fehler wie Mühlsteine an den Hals gehängt und dann wurde ich ausgestoßen. Auch ich habe meine Gegner gehasst und mit bösen Augen verfolgt; aber ich habe immer auch die Seite der Selbstzweifel in mir gepflegt, Fehler zugegeben und gezeigt, dass ich weiter machen will. Natürlich habe ich den B.-Ungeist gegeißelt und verdammt; und natürlich habe ich mir ernsthaft überlegt, ob ich das mit mir und meinem Gewissen vereinbaren kann, dort zu arbeiten; immer wieder. Aber ich sah immer wieder Licht und Möglichkeiten, bis zum Schluss. Dennoch fühle ich mich in diese gegenseitige Abwertungsdynamik voll verstrickt: auch ich hatte immer weniger einen Blick für das Gute und Gelungene bei Frau W., Frau G. (die als neue Bereichsleiterin für das Projekt berufen und mir vor die Nase gesetzt wurde wurde) oder überhaupt in B. Und Gutes gibt es dort.

Mein persönliches Fazit: Ich bin nicht besser und nicht schlechter als diese Frauen (das gilt auch für Frau Q). Und sie sind nicht besser und nicht schlechter als ich. Ich halte mich für einen Menschen, mit vielen Fehlern und großen Fähigkeiten. Und für ebensolche dürfen sie sich auch halten! *„So das war es von mir. Wie immer hat mir das Schreiben zu mehr Klarheit verholfen. Ich höre von Ihnen oder auch nicht, ganz wie Sie es für sich entscheiden. Ich grüße Sie."* (Zusammenfassung 2011. 4 ff.).

So weit die Zusammenfassung des Berichts. Ich habe den Fortbildner so ausführlich zu Wort kommen lassen, weil wir bei ihm – zumindest implizit – eine weitere Analyse des Scheiterns finden, die ich als modellhaft bezeichnen möchte. Die Umrisse dieses Modells möchte ich festhalten, um dann in einem zweiten Schritt (siehe e) zu schauen, welcher Stilmittel sich der Autor bedient und ob man auch ihm blinde Flecken unterstellen kann oder muss.

10.4.2 Das implizite Analyse-Modell

Der Fortbildner hat mir gegenüber (M. S.) ausgeführt, dass er seinen Bericht innerhalb von vier Tagen beinahe rauschhaft „*heruntergeschrieben*" habe. Er hätte sich vorher kein Konzept zurechtgelegt: Natürlich hätte er in den Wochen und Monaten davor, schon häufig über die „*missliche Entwicklung*" nachgedacht; und auch mit anderen darüber gesprochen. Dann habe er aber alles spontan niedergeschrieben; es habe sich beim Schreiben so gefügt und am Ende stimmig angefühlt.

Wenn wir einen Schritt zurücktreten und uns den Bericht vergegenwärtigen, wird dennoch ein *implizites Konzept* deutlich: Es beruht auf der Grundidee, dass es mehrere unterschiedlichen Faktoren sind, die eine destruktive Dynamik entfesseln, dass das Projekt scheitern muss bzw. Scheitern in hohem Ausmaß wahrscheinlich ist. Diese Faktoren sind:

1) Biographische Belastungen, die die Protagonisten in den Arbeitsprozess mitbringen und die zu gegenseitigen Übertragungen und Gegenübertragungen führen

> *Kommentar:* Es ist beeindruckend mit welcher Offenheit der Fortbildner Details aus seinem privaten Leben offenlegt. Man kann vermuten, dass auch die anderen Protagonisten solche ungelösten biographischen Konflikte in die Dynamik eingebracht haben. Die Entlassung eines ebenfalls angeworbenen, männlichen Fachmanns (des Prof. J.), wirft ein Licht auf die innere Situation von Frau W. Es könnte gut sein, dass sie ein komplementäres Problem mit sich herumträgt wie der Fortbildner. Und auch was Frau Q. betrifft wird deutlich, dass sie sich in hohem Maße engagiert, aber auch „hinschmeißt", wenn nicht alles so läuft, wie sie es sich vorgestellt hat – ihren Umgang mit Macht muss man bedenklich finden. Unklar bleibt, was an diesen biographischen Belastungen Themen sind, die die Protagonisten mit sich herumtragen und immer wieder einbringen, egal in welche Zusammenhänge, denn das könnten ja auch Freundschaften sein, Dynamiken in einer Reisegruppe oder Arbeitsgruppenzusammenhänge; und was davon spezifische Projektentwicklungsthemen sind, die aus der Labilisierung des Projektprozesses und des sozialen Lernens stammen. Sicher ist das nicht immer klar zu unterscheiden.

2) Unklare Leitungsstrukturen bzw. paradoxe Vorgaben für Leitung

> *Kommentar:* Der Verfasser analysiert nachvollziehbar, warum Leitung ein Thema war, an dem sich Konflikte konstellieren mussten. Er selbst wollte nicht der Leiter sein, aber alles Wesentliche mitbestimmen. Die Einrichtungsleiterin wollte überall das letzte Wort haben und nahm die Freiheitsspielräume, die sie eingangs zugesichert hatte

wieder zurück. Der Teamleiter wurde Bereichsleiter und bekam dadurch neue und andere Funktionen in der Gesamtorganisation, die ihn in Gegensatz zum Fortbildner brachten, was auch zwischen den beiden Männern für Spannungen sorgte. Damit ist ein eigenständiges Thema angesprochen.

3) Enttäuschte Erwartungen in Beziehungen

Kommentar: Alle Protagonisten hatten sich etwas erhofft von ihrem Gegenüber und sahen sich um diese Hoffnungen betrogen. Am meisten hatten die Einrichtungsleiterin und der Fortbildner voneinander erwartet. Aber beide hatten auch Erwartungen an den Teamleiter, denen dieser nicht gerecht werden konnte. Am Ende waren alle von allen enttäuscht. Nur die Schulleiterin könnte man als eine „Konflikt-Gewinnerin" bezeichnen. Sie sitzt nach dem Ende des Projekts noch sicherer im Sattel und hat einen prominenten, aber unliebsamen Kritiker vom Hals. Der Fortbildner behauptet, dass ihm Rechte zugebilligt wurden, die später kassiert wurden (Rücksichtnahme nur auf *„drei heiligen Kühe"*, die interne Beschulung, die Konstruktion eines Triumvirats etc.). Er beruft sich hier auf mündliche Zusagen der Einrichtungsleiterin. Er kann aber keine schriftlichen Zusagen vorweisen. Umgekehrt wäre offen, was er in ihren Augen an Zusagen nicht eingehalten bzw. nicht geleistet hat. Auch hier bleibt offen, was interaktive Verstrickungen sind.

4) Institutionelle Machtkonstellationen, die (zugesagte) Möglichkeiten (nachträglich) begrenzen

Kommentar: Bei diesem Analyse-Kriterium geht es um die Frage der Macht: Wer hat wie viel Macht und wer sieht sich auf wen als Unterstützung bzw. Ressource angewiesen? Es ist klar, dass sich die Einrichtungsleiterin und die Schulleiterin die Macht teilen und beide mit Blick auf den Fortbestand der Einrichtung aufeinander angewiesen sehen. Das einzelne Projekt ist dagegen ersetzbar. Der Fortbildner stellt im und für das Gesamtgefüge eine interessante Ergänzung dar, aber keine *zentrale Figur*. Er ist immer wieder auf die Zustimmung und Mitarbeit der Frauen angewiesen, z. B. bei der Frage wie die interne Beschulung verwirklicht oder der Hochseil-Klettergarten eingerichtet werden kann. Dazu braucht er die Zustimmung und Zuarbeit der Frauen. Diese verweigern sie ihm, vermutlich, weil sie ihn ihrerseits als mächtig und übergriffig erleben. Sie wollen ihn in seine Schranken weisen und lösen damit seine biographischen Idiosynkrasien aus.

5) Unreflektierte Prägungen der Organisationskultur – Institutionelle Abwehrmechanismen

Kommentar: Unter dieser Überschrift werden drei unterschiedliche Themen angesprochen: a) Das Männer-Frauen-Verhältnis in der Organisation mit eine überwiegend

> weiblichen Führungsriege b) Der institutionelle Umgang mit Abweichlern und Fehlern, der diese an bestimmte Personen bindet und diese ausstößt c) Die Ambivalenz gegenüber akademischer Ausbildung und akademischen Titeln; einerseits neugierig beäugt, andererseits abgewertet, weil Angst auslösend.

6) System-Verwicklungen mit agierenden Klient:innen, die zu Spaltungen führen

> *Kommentar:* Hier werden verschiedene Namen ins Feld geführt, aber eine zentrale Person benannt: X. Mit diesem Kriterium bekommen auch die Adressat:innen der Einrichtung, die Kinder und Jugendlichen, eine aktive Rolle in den Konflikten zugwiesen. Ihnen wird unterstellt, dass sie Dynamiken mitbringen, die die Beziehungen der Erwachsenen infizieren und diese in feindliche Lager „schieben". Auch wenn das im Bericht nicht expressiv verbis belegt ist, wird klar, dass das von Seite der Kinder und Jugendlichen unbewusst geschieht. Zum anderen macht der Fortbildner deutlich, dass diese Infizierung von den Erwachsenen angenommen werden und ausgeführt werden muss, und dass diese die alleinige Verantwortung dafür zukommt, ob solche Infizierungen stattfinden und was aus ihnen wird. Gleichzeitig macht der Fortbildner deutlich, dass die Analyse alleine noch nicht zu einer Überwindung der Spaltungsgefahren ausreicht. Eine ähnliche Verwicklung auf der Klient:innenebene sehen wir bei der Familie von P. und insbesondere der Frage, ob der Bruder – eine Art von Amokläufer – beim Sommerfest anwesend sein kann oder nicht. Der Fortbildner/Gruppenberater achtet hier nur darauf, was für die Familie und den betreuten Jungen gut ist. Er kann sich die Angst, die die Anwesenheit auslösen kann, nicht vorstellen. Man könnte aber auch denken: er delegiert die Angst ans System. Was noch dazu kommen muss, dass die Erwachsenen sich eben nicht verstricken lassen, bleibt offen.

7) Wahrnehmungsfokussierungen auf Negatives und Ausblendungen von Positivem in einer fortgeschrittenen Phase der Konflikteskalation

> *Kommentar:* Mit diesem Kriterium ist ein allgemeines systemtheoretisches Konstrukt benannt. Fritz Glasl, auf den das Modell der sieben Eskalationsstufen zurückgeht, hat bereits 1978 darauf hingewiesen, dass ab Stufe fünf des Eskalationsprozesses Ausblendungen und Fokussierungen stattfinden, die die eigene Person und Position legitimieren und die Position und Person der anderen, feindlichen Konfliktteilnehmer:innen diskreditieren sollen und wollen. Es handelt sich dabei um Wahrnehmungsverzerrungen. Statt ‚sowohl – als auch' denken und fühlen zu können herrscht eine Konstruktionsweise vor, die mit ‚entweder – oder' operiert. So kann man auch die Tendenzen, die bisher als organisationskulturell gelten, eher als vorübergehende Verblendungen in einem Konfliktgeschehen theoretisieren. Mit diesen sieben Analyse-Kriterien gewinnt man ein zugleich breit angelegtes wie offenes System zur Analyse von *Misslingensdynamiken*. Es handelt sich dabei allerdings um solche Kriterien, die

> sich genauso gut für die Analyse von Konflikten in und/oder zwischen Organisationen anwenden lassen. Kurz zusammengefasst geht es dabei um sechs Ebenen:
>
> A) Personen und ihre Biographien
> B) Machtverteilungen in Organisationen (inklusive Leitungsstrukturen)
> C) Organisationskulturelle Besonderheiten
> D) Institutionelle Abwehrmechanismen
> E) Zunehmende Wahrnehmungsverzerrungen im Prozess des Scheiterns bzw. der Konflikteskalation
> F) Klient:innen und deren Einfluss auf Konflikte in der Organisation und Spaltungen, die die Organisation erleidet, wenn Mitarbeiter:innen unvorsichtig mit Klient:innen agieren

Erinnern wir uns an das Bild der Schlangen, die Laokoon erwürgen (siehe dazu auch den Exkurs 1 in Kap. 13). In der vom Fortbildner/Gruppenberater vorgestellten Analyse geht es – anders als bei Schäfer, bei dem die Gründe aus der Projektentwicklung selbst stammen – um teils unabhängige bzw. lose gekoppelte, eher zufällig sich miteinander verbindende Kräfte aus unterschiedlichen Sphären. Identisch ist ihnen lediglich, dass sie alle destruktiv wirken. Wir hätten es bei Schäfer mit einer *Projekt-Prozess-immanenten Theorie des Scheiterns* zu tun, die typisch ist für soziales Lernen; während wir es bei der Analyse des Gruppenberaters mit einer *additiven Dimensionen-Theorie* zu tun haben. Beide haben ihren Reiz und können sich wahrscheinlich ergänzen (wir kommen darauf im Theoriekapitel zurück).

10.5 Weitere Gründe des Scheiterns: Blicke von außen auf den Bericht und seine Aussparungen

Der Bericht des Fortbildners scheint an Kriterien wie Wahrhaftigkeit, Offenheit und Selbstreflexion orientiert zu sein. Mehrfach weist er sich selbst Verantwortungen für eigenes Fehlverhalten und Fehleinschätzungen zu. Mehrfach weist er darauf hin, dass er sich als Teil des Konflikts sieht, dass auch er im Rahmen seiner Analyse „konstruiert" und „ausblendet". Er erhebt nicht den Anspruch, die Wahrheit zu kennen und zu vertreten. Das lässt ihn zunächst als vertrauenswürdig erscheinen. Der Tenor des Berichts lautet: Wir sind alle verantwortlich für das Scheitern. Ich nicht mehr und nicht weniger als die anderen auch.

Was der Bericht nicht thematisiert, ist die Häufigkeit, mit der der Fortbildner mit allen möglichen Systemteilnehmer:innen in Konflikte gerät: der Leiterin, der Schulleiterin (aufgrund der Parteinahme für eine Praktikantin), einer Jugendamts-Mitarbeiterin, mindestens einer anderen Bereichsleiterin, eingeschlossen auch Herrn A. Im Laufe seiner Schilderungen stellt sich einerseits der Eindruck eines Mannes ein, der sehr genau weiß, was er will, aber auch was (fachlich) richtig und falsch ist und der sich nicht scheut seine kritische Sicht von Zuständen oder Abläufen deutlich zu machen; der das aber offensichtlich auf eine Art und Weise macht, die anderen vor den Kopf stößt. Ein „Diplomat" scheint er nicht gewesen zu sein (siehe diesen Begriff in Kapitel 13.3. bei Latour). Freilich kann man ihm zu Gute halten, dass er mutig war und Missstände, die sich in der Einrichtung und im Jugendamt eingespielt hatten, als solche gesehen und benannt hat und dabei die Interessen und Notlagen von Kindern und Jugendlichen im Blick hatte. Denn das scheint ein anderes, kaum thematisiertes Motiv für sein Handeln gewesen zu sein: Die in B. betreuten Kinder taten ihm immer wieder Leid, weil sie in seinen Augen sowohl in den Wohngruppen wie auch der Schule einem Übermaß an Strukturvorgaben und Einschränkungen ausgesetzt waren. Er wäre von sich aus zu mehr Zugeständnissen und einem höheren Grad der Bedürfnisorientierung bereit gewesen (siehe seine Vorschläge zum Rauchen, Alkohol, Handys), vor allem zu mehr Symptomtoleranz.

Ob es ihm aber tatsächlich um die Kinder ging oder in erster Linie um eine Selbst-Inszenierung als kluger Aufdecker von Missständen und zumindest potentieller Reformer derselben – und damit als – mit Blick auf Frau W., den besseren Einrichtungsleiter (immerhin hatte er diese Rolle acht Jahre selbst ausgefüllt), kann offenbleiben. Ebenso die Frage, warum er sich auf das Engagement eingelassen hatte, obwohl er wusste, dass wenige Jahre zuvor ein Professor und dessen Fortbildungskonzept gescheitert waren. Offensichtlich hatte er von sich selbst eine hohe Meinung nach dem Motto: So etwas kann anderen passieren, aber nicht mir.

Auf die Metaphern „*Laokoon*" und „*Abtreibung*" und andere Stilmittel der Darstellung werden wir in Teil B im Exkurs 1 in Kapitel 13 noch genauer eingehen.

10.6 Was hat das Scheitern gekostet? Wie wurde das Scheitern aufgearbeitet?

Der Verlust von Vertrauen und Anerkennung untereinander und in der Fachwelt sind der Preis, den das Scheitern beide – die Einrichtungsleiterin und den Fortbildner – gekostet hat. Die destruktive Projektdynamik hat Personen und die Einrichtung in immaterieller Weise beschädigt; stellte aber auch in finanzieller Hinsicht einen Schaden dar. Als Summe nennt der Gruppenberater/Fortbildner 100.000 €. Das ist auch für eine Einrichtung mit 100 Plätzen kein geringer Betrag. Wie er die Summer berechnet hat, ist unklar. Mündlich hat er mitgeteilt, dass ihm auf seine Forderung hin acht Monate lang sein Gehalt weiterbezahlt wurde (circa 50.000 €), die für ihn eine Art von Abfindung darstellte, da er auf seine alte Stelle nicht zurückkehren konnte (zumindest nicht vor Ablauf der Fünf-Jahresfrist).

Dass das Projekt in irgendeiner Hinsicht auch ein Erfolg gewesen sein könnte, wird an keiner Stelle erwähnt und vermutlich auch von niemandem so gedacht. Immerhin wurde ein komplettes Haus nach eher ungewöhnlichen Gesichtspunkten eingerichtet und mehrere, pädagogische Experimente gewagt, die sich zumindest nicht als unrealisierbar oder schädigend herausgestellt haben (das Zwangswandern, die zweite Heizung mit Holz, die die Holzcamps im Winter erforderlich gemacht hat etc.). Immerhin gibt es auch einen Bericht über die ersten 8 Monate des Anti-Gewalt-Trainings, das von der Stiftung Jugendmarke finanziert worden war; die zwei Sitzungen pro Woche waren regelmäßig mit Video aufgezeichnet worden; alle vier Wochen hatten sich die beiden Leiter (der Fortbildner und eine externe Kraft) mit einer externen Fachkraft zusammen gesetzt, um die Entwicklungen der Jugendlichen im Training und notwendige Anpassungen des Trainingskonzeptes nachzubesprechen. Mündlich teilte der Fortbildner mit, dass es durchaus beispielgebende Trainingselemente gab und besondere Highlights. Freilich hat er bis heute Abstand davon genommen, darüber in Form von Fachaufsätzen etc. zu berichten.

Wie wurde das Scheitern verarbeitet bzw. aufgearbeitet?

Zu einer gemeinsamen Aufarbeitung des Scheiterns kam es nicht. Der Gruppenberater/Fortbildner wurde entlassen und hat direkt im Anschluss an sein Ausscheiden seinen Bericht geschrieben und versandt. Wie er selbst angibt, in der Hoffnung, dass auch die anderen Konfliktteilnehmer:innen ihre Sicht verschriftlichen würden und es zumindest auf diese Weise noch einmal einen Gelegenheit zum Austausch von Berichten kommen würde. Der Bericht des Fortbildners stellt einen Meilenstein in der Reflexion von Misslingensdynamiken dar und stellt ein bleibendes Verdienst dar. Zynisch gesprochen könnte man sagen: Krachend gescheitert, aber glänzend analysiert und beschrieben. Aber das würde seiner Leistung nicht gerecht werden.

Bei der Erwartung, dass auch die Anderen einen Bericht, ihren Bericht verfassen sollten, wird ein blinder Fleck des Fortbildners deutlich: Offensichtlich schreibt er selbst gerne und gut. Er geht davon aus, dass dieses Medium auch von anderen genutzt werden kann; damit dürfte er sich täuschen. Nach allem, was wir von den anderen Konfliktteilnehmer:innen wissen, scheint ihnen das schriftsprachliche Medium nicht gleichermaßen gut zu liegen wie ihm. Gleichzeitig genießen sie nicht das Privileg bei Fortzahlung der Bezüge tagelang (oder sogar über Wochen) in Ruhe reflektieren und schreiben zu können. Man könnte ihm unterstellen, dass er die anderen Konfliktteilnehmer:innen mit dem Vorschlag zu schreiben auf ein Terrain locken wollte, auf dem er ihnen überlegen ist. Vielleicht wiederholt er damit etwas, das er auch in B. so gemacht hat: Kolleg:innen einerseits als seinesgleichen behandeln und zugleich wissen, dass diese ihm argumentativ, verbal und schriftlich, eher unterlegen sind. Vielleicht deswegen auch der radikale Abbruch der Beziehungen und der Verzicht auf weitere Diskussionen mit ihm. Wobei auch hier wieder – ähnlich wie bei dem „Doktor" – eine Dialektik von Unterlegenheitsgefühlen und Abwehr zum Tragen gekommen wäre. Aber das sind Spekulationen, die sich bestenfalls als Hypothese anbieten.

Wir werden die Diskussionen um dieses Projekt in den Kapiteln 11, 12 und 13 wieder aufnehmen…

11. Querschnittthemen aus den Kapiteln 2 bis 10

Bevor wir den Teil A schließen und in Teil B theoretischen Fragestellungen nachgehen, möchte ich die *Phänomenologie der Projektdarstellungen* damit abschließen, dass ich rekapituliere, welche Themen in den neun dargestellten Projektberichten auffallend häufig, d. h. bei mindestens sechs von neun vorkommen bzw. von mir dort fokussiert wurden. Diese Themen müssen nicht unbedingt etwas mit *Dynamiken des Misslingens* zu tun haben: Sie können Themen der Sozialpädagogik darstellen, die sich in den letzten dreihundert Jahren wiederholt konstelliert haben. Vielleicht handelt es sich um thematische Dauerbrenner und heiße Eisen der Sozialpädagogik über die Grenzen von Ländern und Zeiten hinweg? Dann gäben sie dieser *„etwas anderen Geschichte der Sozialpädagogik"*, die ich angestrebt habe, ein eigenes Profil. Vielleicht handelt es sich aber auch nur um *meine* Themen, die ich in fast jedem Projektverlauf entdecken würde? Ihre Häufung kann sich auch zufällig aus der relativ unsystematischen Auswahl der neun Projekte ergeben haben (siehe Einleitung, Kap. 1.2). Gut möglich, dass aus fünf oder acht zusätzlichen Projektdarstellungen andere Querschnittsthemen konstruiert werden oder ins Auge springen könnten. Ich bleibe jedoch zunächst bei meiner Idee, dass es sich nicht nur um relevante Themen der Geschichte der Pädagogik handelt, sondern dass sie auch heute noch als *Aufgaben für Kopf, Herz und Hand* anstehen. Die sechs von mir identifizierten Querschnittsthemen sind:

A) Für den Projektverlauf ungünstige *Formen politischer Einflussnahme*, lassen sich als bedeutsames Thema in den Projektberichten von Badinter über den Infanten von Parma (Kap. 2), bei Pestalozzi (Kap. 3), bei Tolstoi (Kap. 4), Makarenko (Kap. 7) und der GUF (Kap.9) entdecken; nicht in den Berichten von G. E. Schäfer (Kap.8) oder dem Fortbildner (Kap.10). Auch bei Wilker und Bernfeld spielt die aktuelle politische Lage eine entscheidende Rolle: Sie wird von ihnen als *Aufbruchssituation* wahrgenommen (nach ersten revolutionären Bestrebungen), erweist sich aber als unbeweglicher als gedacht (Kap. 5 und 6).
B) Hinweise auf *misslingende und zunehmend verzerrte Kommunikation* zwischen den Projektverantwortlichen spielen in vielen Projektberichten eine zentrale Rolle, allen voran bei Schäfer (Kap. 8) und dem Bericht des Fortbildners (Kap. 10), aber auch bei Pestalozzi (Kap. 3), Bernfeld (Kap. 6), Wilker (Kap. 5) und der GUF (Kap. 8); nur am Rande hingegen bei Badinter und Makarenko.
C) In allen pädagogischen Projekten stellt sich die Frage, wie viel *Fremdregulierung* der Kinder und Jugendlichen zur Erreichung pädagogischer Ziele als

nötig erachtet wird und wie *Selbstregulierung* entwickelt und unterstützt werden kann? Dabei bewegen sich die Pädagog:innen häufig wie zwischen Skylla und Carybdis: Ein Zuwenig an Fremdregulierung kann zu chaotischen Zuständen führen, in denen die Kinder „aufdrehen" und „durchdrehen" und die eher Brutalen das Heft des Handelns in die Hand nehmen, weil ihnen starke Gegenüber fehlen. In solchen anomischen Zuständen können dann weder Kinder noch Erwachsenen ausreichend sicher leben. Ein Zuviel an *Fremdregulierung* verhindert nicht nur die Entwicklung von *Selbstverantwortung und Selbststeuerung*, sondern unterdrückt vitale Impulse und individuellen Eigensinn, was zu Groll und Heimlichkeiten führt (wie beim Infanten) oder zum Ausstieg aus dem Projekt: einer inneren Abwendung, oder einer tatsächlichen, indem man das Projekt verlässt (wie immerhin über 30 % der Kinder bei Makarenko).

D) *Gewalt* imponiert als Thema von Handgreiflichkeiten von Erwachsenen gegenüber Kindern und Jugendlichen in den Berichten über die Erziehung des Infanten von Parma (Kap. 2), bei Pestalozzi (Kap. 3), Makarenko (Kap. 7), Wilker (Kap. 5) und der GUF (Kap. 9). Gewalt ist aber auch in einer indirekten, aber dennoch wirkmächtigen Form in den Projektberichten von Schäfer (Kap. 8) und des Fortbildner (Kap. 10) präsent: Als ein im Moment eingehegtes, aber latentes Potential, das nach der Erwartung mehrerer Protagonisten jederzeit wieder ausbrechen und zu chaotischen Zuständen führen kann. Nur bei Tolstoi und Bernfeld stoßen wir nicht auf das Thema Gewalt.

E) Verquere *Psychodynamiken*, die dazu führen, dass Projektgründer, ohne es zu bemerken, ihr eigenes Projekt behindern und gefährden und/oder Projektverantwortliche sich miteinander verhaken und gegenseitig in Konflikte verstricken, haben wir bei dem Fortbildner (Kap. 10), aber auch bei Pestalozzi (Kap. 3), Wilker (Kap. 5), Bernfeld (Kap. 6) und Makarenko (Kap. 7) entdecken können. Für das Projekt jeweils ungünstige *Psychodynamiken* muss man aber auch auf Seiten der Politiker:innen und den Projektverantwortlichen bei der Entwicklung der GUF annehmen (Kap. 9), auch wenn man sie aus den Sachberichten nur indirekt erschließen kann.

F) Formen der *institutionellen Abwehr* spielen in den Projekten eine Rolle, die Schäfer und der Fortbildner geschildert haben (Kap. 8 und 10); sie lassen sich aber auch in den Projektrekonstruktionen entdecken, die sich mit dem Infanten von Parma (Kap. 2), mit Wilker im Lindenhof (Kap. 5) und Bernfeld im Kinderheim Baumgarten (Kap. 6) zu tun haben. Das gilt auch für den Projektbericht, den der LEB zur Entwicklung der GUF verfasst hat (s. Kap. 9.4).

Zu A) Politik nimmt in Bezug auf die *pädagogischen Projekte* verschiedene, oft miteinander verbundene Funktionen wahr und trägt in sieben von neun Projektschilderungen maßgeblich zum Ende oder zum Scheitern bei. Unterscheiden lassen sich dabei:

- Eine *autorisierende Funktion der Politik* wie am Königshof in Parma, an dem der Bildungsweg des Infanten beschlossen und organisiert wird. Freilich wird die weltliche Autorität zugleich auch in Frage gestellt: Sowohl von der Kurie bzw. dem Klerus wie auch von anderen Machteliten, die sich von der offiziellen Machtelite – dem Herzoghaus und seinem starken Minister – nicht mehr repräsentiert sehen und ihre Machtpolitik dagegensetzen (Kap. 2). Ähnlichem sind wir im Zusammenhang mit der kantonalen Verwaltung begegnet, von der die Einrichtung des Waisenhauses in Stans zunächst als eine Art Wiedergutmachungsleistung gegenüber der durch Kriegswirren erschütterten Bürgerschaft betrachtet wurde. Dieses Projekt wurde Pestalozzi anvertraut, aber auch wieder entzogen, als neue politische Entwicklungen zu anderen Prioritäten führten: Am Ende ist ein Lazarett für Soldaten und damit ein Kriegs-relevantes Projekt wichtiger als ein soziales (Kap. 3).
Der parteilose Makarenko wird am Anfang von Verwaltung und Politik umworben und gefördert, aber immer wieder auch hängen gelassen, wenn es um die Versorgung der Kolonisten geht. Dennoch bedarf er für viele Schritte seiner Projektentwicklung der ausdrücklichen Zustimmung der Verwaltung bzw. der politischen Gremien, wenn nicht der Partei. So z. B. für die Übernahme des Trepke-Gutes oder den Umzug nach Kurjaz (Hillig 1984, 66 ff., 2002, 480). Politiker:innen und hohe politiknahe Verwaltungsbeamt:innen autorisieren ihn, aber kontrollieren ihn auch und reklamieren für sich die Macht ihn auch wieder abzusetzen (Kap. 7.6).
Die Geschlossene Unterbringung Feuerbergstraße verdankt ihre Gründung ebenfalls einem Akt politischer Willensbildung, der sich gegen anderslautende Voten anderer Parteien durchsetzt und sehr viel stärker an Wählerstimmungen orientiert ist als an pädagogischen Inhalten. Aber auch hier wird das pädagogische Projekt rasch abgewickelt, als es für die politischen Ziele nicht mehr nützlich erscheint (Kap. 9).
- *Kontrollierende Funktionen und reglementierende* Funktionen seitens der Politik konnten wir im Zusammenhang mit den Freien Schulen von Tolstoi beobachten. Der Geheimdienst beobachtete genau, wer dort unterrichtete und führte eine gründliche Hausdurchsuchung durch, die die Familienangehörigen in helle Aufregung versetzten. Tolstois Zeitschrift zur Schulreform wurde verboten (Kap. 4). Ebenfalls in Russland, gut fünfzig Jahre später, gerät Makarenko aufgrund nicht näher zu klärender Umstände immer mehr ins Visier von parteinahen Kontrollbehörden. Ob diese in erster Linie das Wohl der Kinder und Jugendlichen im Auge haben, oder vor allem dem übermächtig erscheinenden und kritischen Makarenko, der offen andere Wege geht als die Partei vorschreibt, an den Karren fahren möchten, bleibt unklar. Makarenko wird von zwei leitenden Positionen entbunden (sowohl was die Gorki-Kolonie betrifft, wie auch von zunächst alleinigen Leitung der Dzerzinskij-Kommune), weil man ihm Fehler und Versäumnisse vorwerfen kann.

Im roten Wien des Jahres 1920 formiert sich die konservative, bürgerliche, jüdische Mehrheit gegen die politischen Ziele von Bernfeld. Die Netzwerke im Hintergrund, in denen Gelder und Macht bewegt werden, beäugen seine Aktivitäten im Kinderheim misstrauisch und haben kein Interesse daran, seine revolutionären Bestrebungen zu unterstützen. Er stößt auf immer mehr Widerstände und wird kaltgestellt (Kap. 6).

- Im Zusammenhang mit dem Infanten von Parma, der von seinen Lehrern hart herangenommen wird, aber auch bei der GUF stoßen wir auf eine *legitimierende Funktion* der Politik. Trotz kritischer Bedenken im Inneren der Familie, bei Schwester Isabella, muss diese als Frau und Heiratskandidatin Rücksicht auf übergeordnete politische Interessen nehmen (Kap. 2). Auch wenn bei der GUF am Anfang vieles aus dem Ruder läuft, hält die Politik ihre schützende Hand über das Projekt und findet sich sogar bereit dazu, unangenehme Tatsachen wie die Quoten von Entweichungen zu verschleiern. Nur dient sie damit nicht in erster Linie dem *pädagogischen Projekt*, sondern eigenen Interessen (Kap. 10). Ähnliches kann auch für die Gorkij-Kolonie beobachtet werden: nach dem Gründungsakt mit Gewaltanwendung durch den Leiter und nach kräftezehrender Aufbauarbeit wird sie als Modelleinrichtung anerkannt und protegiert. Nur kann man in politischen Zusammenhängen, besonders aber unter Bedingungen einer Diktatur, genauso schnell in Ungnade fallen wie zum pädagogischen Helden stilisiert werden (Kap. 6).
- Auch *finanzierende Funktionen* gehören in den Bereich der Politik. Nur Tolstoi und Bernfeld sind nicht auf öffentliche Geldgeber angewiesen. Alle anderen sind es. Manchmal fließen diese Mittel reichlicher wie bei Wilker, andere Male fehlt oft das Notwendigste wie bei Pestalozzi und Makarenko. Die Versorgung von Kindern und Jugendlichen, auch mit dem Notwendigen, wird häufig nicht so ernst genommen, wie man annehmen sollte. Im Konkurrenzkampf um knappe Mittel haben und hatten Jugendhilfeprojekt oft das Nachsehen. Nicht selten übersteigen aber auch die Kosten den Umfang des ursprünglich Geplanten wie bei der Feuerbergstraße in Hamburg. Mit einen Grund für die Beendigung des Projekts stellen oft die explodierenden Tagessätze und die Summern dar, die für Security Personal ausgegeben werden mussten.

Pädagogische Überlegungen erscheinen im Kontext von Politik immer wieder als *nachrangig* gegenüber politischen Zielen (Heiner 2007, 274). *Pädagogische Projekte* werden häufig instrumentalisiert, um Wähler:innen zufrieden zu stellen oder die Bevölkerung (so in Stans). Pädagog:innen erleben sich immer wieder als ohnmächtig gegenüber Parteien, Behörden und politischen Kommissionen. Sie sprechen aber auch häufig nicht deren Sprache oder sind nicht klar und mutig genug, um unsinnigen politischen Forderungen entgegenzutreten. Hier stellt Makarenko eine Ausnahme dar. Er findet einen Weg, über das „*Poem*" sich zunächst in der Öffentlichkeit, damit aber auch in politischen Zusammenhängen zu behaupten und zu rehabilitieren. Freilich gerät er damit auch in politische Begehrlichkeiten seitens der Stalinisten, mit denen er wenig gemein hat, die aber über Leben und Tod bestimmen und an die er sich deswegen anpassen muss (Kap. 7). Auch Tolstoi verteidigt seine Schulen gegenüber den staatlichen Eingriffen; aber er muss rasch erkennen, dass er keine Lobby hat und zieht sich erschöpft und resigniert zurück. Dafür verachtet er die politische Sphäre zunehmend (Kap. 4).

In aktuelleren politischen Konstellationen wie bei den Projekten von Schäfer (Kap. 8) oder dem Fortbildner (Kap. 10) lässt man Pädagog:innen machen – hier hat die Politik ihren inhaltlichen Leitungsanspruch an Behörden abgegeben, die eher nur noch Rahmenbedingungen, nicht mehr Inhalte propagieren. Im Windschatten von Politik scheinen sozialpädagogische Projekte am besten zu gedeihen. Massive politische Aufmerksamkeit tut ihnen eher nicht gut.

Zu B) Kommunikation: Das Ziel jeden Projektes liegt darin über eine gelungene Projektentwicklung irgendeine Form von Erfolg und/oder Anerkennung zu erreichen. Dass es dafür auch Formen *gelingender Kommunikation* bedarf, scheint aus mindestens drei Gründen klar: Erstens weil Projektverantwortliche verschiedene Mit-Zuständige informieren und motivieren wie auch die Aufgabenerledigung zwischen den Akteuren vor Ort koordinieren müssen; zweitens weil *Koordination* zur Erreichung des Ziels oft nicht ausreicht, sondern *Kooperation* gefragt ist (siehe Schwabe 2021 Kap. 15), d. h. eine reflektierte Zusammenarbeit, die diese regelmäßig auch zum Gegenstand von Kommunikation macht; und drittens, weil verschiedene, evtl. sogar einander entgegenlaufende Interessen der Beteiligten wahrgenommen und oft mühsam aufeinander abgestimmt werden müssen.

Die spannende Frage ist, ob die Protagonisten das selbst so sehen oder zur Kommunikation ein naives Verhältnis unterhalten nach dem Motto: *„Es wird mir schon gelingen so zu sprechen, dass die anderen mich verstehen und mir zustimmen oder mich zumindest machen lassen."* Pestalozzi zählt zu denen, die eingesehen haben, dass gelingende Kommunikation nichts Selbstverständliches ist; er sieht die Projektentwicklung in Burghof und Yverdon zumindest nachträglich als eine Aufgabe an, die er mit dem *Turmbau zu Babel* vergleicht (Kap. 3.3). Um ein solches Projekt in Angriff nehmen zu können, muss man sich vorab verständigen; sodann im Bauverlauf arbeitsteilig zusammenarbeiten und miteinander kooperieren, was auch den Umgang mit Konflikten impliziert. Aber – so fragt er zurecht – wie soll man das umsetzen, wenn einem eine einheitliche Sprache fehlt? Oder fehlt diese Sprache, weil es keinen einheitlichen Geist gibt?

Gegenüber dieser avancierten Sicht muten Makarenko, Wilker, Bernfeld gerade zu naiv an; alle drei haben Erfahrungen mit Kommunikation, weil sie in verschiedenen Formen auf diese angewiesen waren: Makarenko als Lehrer und Schulleiter;

Wilker als Anführer in der Wandervogelbewegung, aber auch als Stabsarzt an der Front oder in dem Heim für Kriegstraumatisierte; Bernfeld als Führer der Freien Jugendverbände und als Organisator der Sprechsäle oder des Netzwerkes „*Grüner Anker*". Sie alle müssen begnadete Redner gewesen sein; und doch reflektieren sie nicht, dass die von ihnen gewählten Formen der Kommunikation in entscheidenden Phasen der Projektentwicklung nicht ankommen oder so aufgefasst werden, dass die Widerstände gegen ihre Ideen nur noch stärker werden.

Ähnliches gilt für die Protagonisten der GUF-Entwicklung in Hamburg (Kap. 9): Weder kommunizieren die Politiker:innen, die ihren Wähler:innen das Projekt versprochen haben, auf eine sinnvolle Weise mit den Projektumsetzenden auf Seiten der pädagogischen Behörden noch jene mit diesen. Es kommt zu *Einbahnstraßenkommunikationen* entlang der Hierarchieketten. Der Druck wird dabei von oben nach unten verlagert und führt so unvermeidbar zu Kommunikationsbarrieren und Missverständnissen zwischen unterschiedlichen Ressorts so z. B. zwischen Bauamt, Justizbehörde und dem LEB. Aber auch die Leitung der GUF findet keinen guten Weg mit den Mitarbeiter:innen zu kommunizieren. Weder im Vorfeld: Was kommt auf Euch zu? Noch in der Startphase als es rasch zu Krisen kommt. Das Ergebnis: Die Mitarbeiter:innen fühlen sich ungehört und unverstanden und quittieren den Dienst.

Erst Schäfer und der Fortbildner reflektieren Kommunikation als Herausforderung (Kap. 8) und ihr eigenes Kommunikationsverhalten, vor allem bezogen auf Beiträge zu emotionalen Verwicklungen (Kap. 10.3 und 10.4.2) oder zum alles erstickenden Schweigen (Kap. 8.4. b). Wir werden das Thema Kommunikation allerdings noch vertieft behandeln (siehe die Kapitel 13.1 und 13.3.3) und am Ende begreifen, dass Kommunikation nicht so *verfügbar* ist wie gemeinhin angenommen (siehe Einleitung zu Teil B und Kapitel 15.2).

Zu C) Wenn wir uns *Selbst- und Fremdregulierung* als zwei Orientierungspole vorstellen, so positioniert sich Tolstoi klar an dem einen Pol: dem der Selbstregulierung. Kein anderer Pädagoge hat so viel Geduld aufgebracht und so viel Sinn im Abwarten und im Aushalten von chaotischen Situationen gesehen wie er. Er steht an diesem Pol relativ alleine. Denn schon Bernfeld strebt Selbstregulierung an, geht dabei aber direktiv und strategisch vor. Makarenko und Pestalozzi, aber auch Keralio und Condillac haben kein Problem mit Fremdregulierung und reflektieren auch nicht, dass ein Zuviel and Fremdregulierung der Entwicklung von Selbstregulierung abträglich ist. Wilker nimmt hier eine Zwischenposition ein: er meint, dass sich das Problem von Verhaltensregulierung von alleine löst, wenn sich das Kind/der Jugendlichen nur gesehen und wergeschätzt fühlt. Dann – so könnte man sein Credo umschreiben – findet eine Humanisierung statt, durch die der Zögling von ganz alleine von seinen dissozialen Handlungen Abstand nehmen wird.

Zu D) Gewalt: Für Makarenko stellt das eigene *Gewalthandeln* einen entscheidenden Gründungsakt dar, ohne den es die Gorkij-Kolonie nicht gegeben hätte. Nach seiner Darstellung wäre die junge Einrichtung von den ersten, an Gewalt gewöhnten und mit Gewalt operierenden Jugendlichen schon bald dominiert worden und in Anomie versunken (siehe dazu ausführlich Kapitel 7). Auch für Pestalozzi erscheint *Gewalt* ein unverzichtbares Element seiner Praxis. Küsse, Ohrfeigen und Unterhaltungen gehören für ihn in der *Wohnstubenpädagogik* zusammen (Kap. 2). Beide Pädagog:innen verfügen aber darüber hinaus über ein sehr reichhaltiges Repertoire an pädagogischen Handlungsmöglichkeiten und sind durchaus in der Lage die ihnen anvertrauten Jugendlichen bzw. Kinder zu begeistern und zu motivieren: Verantwortung in der Gruppe zu übernehmen, etwas zu leisten und sich auf basale Bildungsprozesse einzulassen. Deswegen sollte man den Beiden keine generalisierte, repressive Erziehungshaltung unterstellen. Im Gegenteil: beide können mit Blick auf pädagogisches Handeln als innovativ und humanistisch gesonnen gelten. Und haben sich dennoch fragwürdiger Bestrafungs- bzw. Führungspraxen bedient.

Diesen Beiden stehen andere Männer gegenüber, die Gewalt verabscheuen: Tolstoi, Wilker, Bernfeld. Alle drei kennen systematische Prügelpraxis aus Schulen und Heimen und haben beschlossen ohne solche Mittel auszukommen, was ihnen auch gelingt. Tolstoi setzt auf Freiwilligkeit, Wilker auf Beziehung und Bernfeld auf die Selbstregulierung von Kindern in eigens dafür geschaffenen Gremien: der *Schulgemeinde*. Gleichzeitig operieren alle drei durchaus mit *Bestrafungen* und halten diese für sinnvoll. Gleichzeitig sollen es Strafen sein, die mit und von den Kindern beraten und beschlossen werden. Das können auch einschneidende Strafen sein, von Tagen, die man im Bett verbringen muss (wie im Lindenhof) oder ein Monat bei Wasser und Brot (wie in der Gorkij-Kolonie) bis zum Ausschluss aus der Einrichtung (in allen drei Projekten). Man könnte die Unterschiede zwischen diesen beiden konträren Haltungen in Bezug auf Gewaltanwendung mit den jeweiligen Gegenübern erklären. Dann hätten es Makarenko und Pestalozzi mit Kindern zu tun gehabt, die für Sozialisierungsvorgänge besonders schwer zu erreichen gewesen wären. Diktatorisches Regieren schien zu Beginn der einzig mögliche Weg mit diesen Kindern eine Grundordnung zu etablieren. Man kann das *vorpädagogisch* nennen oder als pädagogisches Kerngeschäft begreifen (Schwabe 1998). Aber dieser Gedanke überzeugt nicht wirklich. Eher hat das Gewalthandeln der Erwachsenen etwas mit dem institutionellen Kontext zu tun: Pestalozzi arbeitete weitgehend alleine und auch Makarenko war neben einem älteren Hausmeister der einzige Mann vor Ort. Über Wochen und Monate hinweg (s. Kap. 3.3 und Kapitel 7.2). Zwar unterrichtete auch Tolstoi (zumindest zeitweise) alleine, konnte aber jeden Abend nach Hause gehen und sich von den Strapazen des Tages erholen. Pestalozzi und Makarenko lebten dagegen mit der jeweiligen Gruppe der Kinder bzw. Jugendlichen über Tag und Nacht zusammen und waren damit einem langanhaltenden Stresstest ausgesetzt, der gelegentlich eben auch zu Entgleisungen führen konnte. Obwohl es schmerzt, müssen wir darin eine nicht ohne weiteres zu vermeidende Besonderheit von stationären Kontexten sehen (Schwabe 2022a, 58 ff.).

Aber auch Bernfeld lebte mit den Kindern im Heim (wenn auch nicht auf der Gruppe) und hatte es dort ebenfalls mit traumatisierten und zum Teil schwer verwahrlosten Kindern zu tun; aber er konnte sich zugleich auf eine handverlesene Gruppe von Jugendlichen verlassen, die gute prosoziale Modelle darstellten und auf eine zahlreiche und hoch motivierte Erzieherschaft, der es gelang von unten und von der Seite für Ordnung zu sorgen und zu werben (s. Kap. 6.3). Wilker wurde früh mit den Prügelskandalen in Fürsorgeeinrichtungen konfrontiert. Aufgrund seiner liberalen Haltungen wurde er für die Leitung einer großen Fürsorgeanstalt für Jugendliche ausgewählt, die aufnehmen musste, wen die Polizei brachte oder das Jugendamt überwies (vgl. Kap. 5.3). Seine Mitarbeiter:innen prügelten im Vergleich zu den Praxen am Anfang des Jahrhunderts nur noch selten, litten aber offensichtlich unter dem Machtverlust, den der erzwungene Verzicht auf dieses Machtmittel für sie darstellte (Wolf 1999). Damit kommt eine grundsätzlich andere Dynamik ins Spiel: Wenn es andere Pädagog:innen sind oder Behörden oder Gesetzgeber, die einem vorschreiben auf *Gewalt* zu verzichten oder *Gewalt* als Anlass nehmen, jemanden zu entlassen, fühlt sich das anders an, als wenn man selbst Gewaltfreiheit als Leitstern für das eigene Handeln gewählt hat – so wie unser Dreigestirn. Gewaltfreiheit wird damit zu einem *fremdbestimmten Prinzip*, dem man sich zu unterwerfen hat. Selbst wenn man anfangs prinzipiell damit einverstanden ist, wie Makarenko oder vermutlich auch die Mitarbeiter:innen von Wilker, beginnt man dagegen zu opponieren, wenn man sich zu oft zu ohnmächtig fühlt gegenüber den Jugendlichen, einem die Umsetzung der Gewaltfreiheit nicht gelingt und/oder man fürchten muss Nachteile zu erleiden, wenn einem doch einmal „die Hand ausrutscht". Und zwar umso mehr zu opponieren, je parteilicher und unempathischer und damit ungerechter sich die kontrollierenden Gegenüber in den eigenen Augen verhalten. So erlebte Makarenko die ihn kontrollierenden Behörden, als praxisferne Bürokraten und Partei-Getreue, die sich nicht im Entferntesten einem so harten Alltag stellen mussten wie er. Und so fühlten sich die Mitarbeiter:innen von Wilker ausgenommen von seiner Menschenfreundlichkeit, die sich offensichtlich nur an junge Menschen wandte, aber vor ihnen Halt machte.

Solche Dynamiken gehören mit zur Dialektik des *reformierenden Gestus* (s. Kap. 5.6 Hypothese 5) und werden von den Reform-Interessierten nicht reflektiert. Dazu gehört auch, dass viele von ihnen übersehen und nur selten hautnah erlebt haben, dass Kinder und Jugendliche durchaus ein hohes Erregungslevel und ein eigenes Gewaltpotential in die Institution mitbringen, die in familialen Zusammenhängen entstanden sind, auch wenn sie sich nicht selten in repressiven Heimbedingungen weiter aufgeladen haben. Wenn dieses Potential ausbricht, wendet sich die Gewalt gegen Pädagog:innen und/oder andere Kinder und Jugendliche und/

oder auch Externe, durchaus auch in brutalen und sadistischen Formen. Drei, vier Erlebnisse mit Gewalt schaffen ein Klima von Unsicherheit und Angst. Diese führen häufig entweder zu einer unklaren, konfliktscheuen, nachgebenden Pädagogik, die hofft den Ausbruch latenter Spannungen dadurch verhindern zu können; oder zu ihrem Gegenteil: Einer beständig kontrollierenden Praxis, die die bereits erste Anzeichen von Gewalt rigide unterbindet und sanktioniert. Beides führt zu Dauerspannungen, die schnell ins offene Chaos münden können. Dieses Gewaltpotential nüchtern zu erkennen, es halbwegs kontrollieren und einzudämmen ohne selbst zu Mitteln der Gewalt zu greifen, stellt eine große Herausforderung für Pädagog:innen dar. Damals wie heute. Angewiesen ist man dabei auf die Etablierung einer selbst nicht gewalttätigen Gegenmacht. Eine solche haben Wilker und Bernfeld mit ihren Jugendgerichten institutionalisieren können. Ganz sicher eine erfolgversprechendere Strategie als die, bei der die Erwachsenen die ganze Verantwortung für Kontrolle und Sanktionierung an sich ziehen und dabei zu Mitteln der Repression oder Gewalt greifen. Aber eben auch eine mühsam zu entwickelnde Strategie, die Zeit und Gelegenheiten benötigt. Pestalozzi und Makarenko haben sich für einen anderen Weg entschieden; sie dafür zu kritisieren, ist einfach – es anders zu machen, bleibt schwierig. Was sich Reform-Willige, Gewalt-abstinente Pädagog:innen à la Wilker abschminken sollten, ist parteiliches Moralisieren, Besserwissen und Belehrungen von oben und außen. Die dahinter stehende Haltung wird von den pädagogischen Mitarbeiter:innen als anklagend und repressiv erlebt und verhärtet genau das Bewusstsein, das man doch ansprechen wollte. Vor allem, wenn sie von Hierarchieebenen oder professionellen Orten aus vorgetragen wird, die selbst der Regulierung von Spannungen und Konflikten im Erziehungsalltag mit Kindern entbunden sind.

Zu E) Projektgründer bringen *eigene, ungünstige Psychodynamiken* in den Projektverlauf ein: Emotional grundierte Themen, die mit biographischen Belastungen der Kindheit in Verbindung stehen und diese im eigenen Leben als Erwachsener fortsetzen und verlängern. Reflektiert und dokumentiert haben ihre *Eigenthemen* vor allem Pestalozzi (Kap. 3) und der Fortbildner (Kap. 10). Bei ersterem war es sein Hang zum Träumen und seine Unfähigkeit zum Leiten. Bei dem Fortbildner waren es sich wiederholende Verstrickungen mit Frauen, insbesondere solchen, die ihm als mächtig imponieren. Solche Verstrickungen konnten wir aber auch bei Wilker aufdecken, der ein ungelöstes Vater- und Autoritätsproblem mit in den Lindenhof brachte (Kap. 5.7). Oder bei Bernfeld, der es gewohnt war, andere einflussreiche Menschen überreden und becircen zu können, mit diesen Strategien aber im Kinderheim Baumgarten keinen Erfolg hatte. Makarenko beeindruckte durch eine *Psychodynamik*, die beinahe zwanghaft dafür sorgte, dass er die ihm zustehende Anerkennung bekam und von Kritik freigesprochen zu werden. Statt sich mit Halbgutem und Ambivalenten zufrieden geben zu können, musst er die Lücke zwischen Real-Ich und Ideal-Ich als inexistent oder geschlossen darstellen.

Ungünstige eigene Psychodynamiken, die im Projektverlauf zu Tage treten, laden zwangsläufig auch andere Menschen dazu ein, ihre verqueren Eigenthemen einzubringen. Wer damit angefangen hat, ist im Nachhinein oft nicht mehr feststellbar. Entscheidend ist, dass unbewältigte Kindheitsthemen zu Ansteckungen und Verknäulungen führen: wenn z. B. der eine eine Vater-Autoritäts-Problematik ins Projekt hineinträgt, führt das bei anderen zu aggressiven Angriffen auf diesen, die eine späte Rache an den eigenen Eltern stattfinden lässt und bei Dritte zu Beschützer:innen-Verhalten führt, das sie sich als Kinder gewünscht, aber bei ihren Eltern nie erlebt haben. So können drei Eigenthemen aus drei Familiengeschichten sich „wunderbar" ergänzen, weil jeder der Beteiligten gute Gründe dafür hat, die Dramatisierung seiner biographischen Verletzungen oder Schwächen mit den Anderen weiter fortzusetzen.

Die unterschiedlichen Psychodynamiken können *symmetrischer Natur* sein (der Fortbildner hat Probleme mit Frauen, die Einrichtungsleiterin hat Probleme mit Männern) oder komplementärer (Wilker hat Probleme mit Männern, die in seinen Augen autoritär auftreten; seine Mitarbeiter:innen haben Probleme mit Männern, die in ihren Augen uneindeutig oder gar effeminiert auftreten). Die Themen können aber auch in ganz unterschiedliche Richtungen gehen: Wilkers Mitarbeiter:innen fühlen sich von ihm kritisch beäugt und zurückgesetzt, während er dem nachgeht, was er am besten kann: sich an junge Menschen wenden und sie ansprechen und begeistern. Dann hätte er die Mitarbeiter:innen einfach übersehen, aber eben nicht aus einer psychodynamischen Motivation kränken oder provozieren wollen. Letztlich verbleiben alle unsere psychodynamischen Überlegungen Hypothesen, die noch genauer untersucht werden müssten. Viele Konflikte können überdeterminiert sein, d. h. aus mehreren, ganz unterschiedlichen Quellen befeuert worden sein.

Entscheidend ist, dass mitgebrachte biographische Belastungen im Lauf der Projektentwicklung angetriggert werden, aufbrechen und handlungswirksam werden. In der Regel haben mehrere Beteiligte Schritt für Schritt für neue Ärgernisse und Steigerungen in der Intensität und Quantität von strittigen Themen gesorgt. So kommen Konflikteskalationen in Gang, die immer mehr Personen betreffen und über Abwertungen zu Lagerbildungen auch bei der übrigen Mitarbeiterschaft führen (siehe bei Schwabe 2017 den Begriff der *institutionellen Eskalation*). Am deutlichsten haben wir das bei Pestalozzi in Yverdon gesehen, im Heimreformprojekt von Schäfer und im Projekt des Fortbildners. Psychodynamiken und die daraus resultierenden Verhakungen stecken das System an, umso mehr als diese Personen mit Leitungsverantwortung betreffen. Mitarbeiter:innen werden oft zu Mitspieler:innen in diesen Konflikten und befeuern diese häufig dann eben auch mit ihren biographischen Vorbelastungen. Fakt ist, dass damit immer mehr irrationale Kräfte das Projektgeschehen bestimmen und die Gefahr von Abweichungen vom Geplanten und vom Erforderlichen im Sinne des Projekts und damit Scheitern immer wahrscheinlicher werden.

Eine besondere Form von ungünstiger Psychodynamik haben wir bei den Politiker:innen aufdecken können, die der Hamburger Wählerschaft das Projekt GUF versprochen hatten. Diesen selbst kreierten Druck gaben sie an die Projektverantwortlichen weiter, die die GUF innerhalb weniger Monate an den Start bringen sollten. Diese waren ihrerseits unfähig den Ordern der Hierarchie fachlich etwas entgegenzusetzten. Sie gaben den Druck wiederum an die praktisch Ausführenden vor Ort weiter, die aufgrund der ungünstigen Arbeitssituation rasch ausbrannten und die Stelle wechselten. Wie das Muster „*Druck weitergeben*" mit individuellen Psychodynamiken zusammenhängt, könnte man nur klären, wenn man tiefenpsychologisch angelegte Interviews mit den damaligen Protagonisten führen könnte. Es scheint aber auch heute noch in Behörden eine Tendenz dazu zu geben, nach unten zu treten und nach oben zu buckeln, was Adorno u. a. als Ausdruck eines *autoritären Charakters* analysiert hatten. Dass dieser auch in den 2000er Jahren in Hamburg noch virulent ist, mag befremden und überraschen, scheint aber dennoch möglich.

Zu F) Institutionelle Abwehr: Die Termini „*inter-personale und institutionelle Abwehr*" wurden von dem Psychoanalytiker Stavros Mentzos geprägt (Mentzos 1983). Im Gegensatz zu *den individuellen Psychodynamiken*, die Einzelne in einen Projektentwicklungsprozess einbringen, fokussiert *inter-personale Abwehr* auf ein Geschehen, an dem von vorneherein mehrere Personen aus einem institutionellen Kontext beteiligt sind: so z. B. im Rahmen einer Universität, an der mehrere ältere Professoren, die sich z. B. eher als „von gestern" und „schwach" fühlen, dafür sorgen, dass sich die Studierenden, die sie insgeheim wegen ihrer Jugend und deren Möglichkeiten beneiden, immer wieder schwach und ausgeliefert erleben. Das wird z. B. dadurch erreicht, dass die „Alten" hohe Anforderungen stellen und Prüfungen streng gestalten und die Jungen dabei häufig Misserfolgserlebnisse verbuchen müssen. Das ursprünglich eigene Problem: Sich schwach fühlen, das mit Unlust- und Schamgefühlen verbunden ist, wird so verarbeitet, dass die eigenen Gefühle abgewehrt werden, und zugleich an andere – hier an die Studierenden – geschoben und von diesen empfunden werden.

Abwehrvorgänge können aber die gesamte Institution und beinahe alle ihre Mitarbeiter:innen erfassen. Unangenehme Gefühle und Ängste, die bei der Arbeit entstehen, werden so behandelt, dass sie nicht mehr wahrgenommen werden müssen, aber zugleich an Abweichende in der Organisation oder andere Personengruppen außerhalb der Institution delegiert werden. Jugendämter können z. B. die eigenen Ohnmachtserfahrungen, den Eindruck oft genug wenig oder gar nicht helfen zu können bzw. die heftigen Aggressionen, denen sie bisweilen von Klient:innen ausgesetzt sind, aus der internen Kommunikation ausklammern und tabuisieren, so dass auch tatsächlich nicht mehr darüber gesprochen wird. Dazu passt, dass man von sich selbst, der eigenen Institution, ein Gegenbild entwickelt und im Rahmen der eigenen Organisationskultur pflegt bzw. propagiert:

Wir sind ein gutes Jugendamt, bei uns ist Fachlichkeit ganz großgeschrieben. Als unfähig oder wenig hilfreich werden dagegen andere Institutionen etikettiert: die Polizei oder Schulen oder die Kinder- und Jugendpsychiatrie. Oder aber auch: Schuld und unfähig sind die Klient:innen, die nicht bereit sind, Hilfe anzunehmen, oder denen die Disziplin fehlt, Veränderungsprozesse durchzuhalten.

In meinem Buch „Die dunklen Seiten" habe ich elf institutionelle Abwehrformen untersucht und dabei entdeckt, dass – wie beim Individuum auch – alles im Binnenraum der Institution in den Dienst der Abwehr treten kann. Das mögen so bekannte Manöver sein wie die Suche nach dem Sündenbock oder halbherzige Fehlerbehandlung, die lediglich das eigene schlechte Gewissen beruhigt, aber nicht die Klient:innen erreicht. Das gilt aber auch für fachlich durchaus Wünschenswertes wie Fortbildungen, Qualitätsentwicklung oder Supervision (Schwabe 2022a, 186 ff.). Wie das? Die Frage ist, ob man sich Emotionen wie Ohnmacht, Angst, Unlust, Aggression, Sadismus, die in der Institution zirkulieren gemeinschaftlich stellt und sie miteinander angeht, oder ob Leitungspersonen (oder Mitarbeiter:innen) eine Art von „Abwehrzauber" veranstalten und ihren Mitarbeiter:innen Fortbildungen, Qualitätsentwicklung oder Supervision verordnen, in der Hoffnung, dass diese Gefühle damit „weggemacht" werden. Die unterschiedliche Haltung, mit der man solche Entwicklungsmaßnahmen angeht, macht einen großen Unterschied aus.

In unseren Projektberichten sind wir zweimal auf *Formen institutioneller Abwehr* gestoßen. Zum einen im Projekt von Gerd E. Schäfer, der in seinen Analysen nachweisen konnte, dass es vor allem Angst auf Seiten der Erzieher:innen war, die dazu führte, dass ein Projekt zur interessanten Bereicherung des Heimalltags nicht umgesetzt wurde (Kap. 8). Die Angst der Erzieher:innen, die vom Heimleiter aufgegriffen und verstärkt wurde, bezog sich vordergründig vor allem auf das Chaotisierungstendenzen, die sie in der ersten Phase des Projekts wahrgenommen hatten. Sie konnten diese nicht als Übergangsphänomene erkennen und halbwegs gelassen aushalten, weil das Projekt auch von ihnen persönliche Veränderungen erforderte, denen sie lieber ausweichen wollten. Auch mit diesen hätten sie sich persönlichen Ängsten in Bezug auf Kontrollverlust und Neuorientierung stellen müssen.

Die zweite *institutionelle Abwehr* betraf das Projekt des Fortbildners. Die Einrichtung wollte sich einerseits erweitern und verändern, gleichzeitig gab es Ängste davor, wohin diese Veränderungen führen könnten. Angesichts der Gefahr vor Aufweichungen von tradierten und halbwegs abgesicherten Grundordnungen im Alltag, beharrte die Einrichtung auf ihren rigiden Regeln und erlebte die Projektverantwortlichen immer stärker als Gefährder der alten Ordnung. Diese Personen mussten entweder erfolgreich eingemeindet oder bekämpft werden. Nachdem ersteres nicht gelang, fand zweiteres statt. Das Projekt, das sich soeben in der Schleimhaut der Einrichtung eingenistet hatte, wurde bald wieder abgestoßen;

die es repräsentierenden Männer mussten gehen. Die alte, bewährte Frauenherrschaft konnte fortgesetzt werden. Die Ängste vor den Folgen von Veränderungen und die damit einher gehenden Unsicherheiten wurden erfolgreich abgewehrt.

Für das Projekt von Wilker würde ich von *interpersoneller Abwehr* sprechen und sie auf beide antagonistischen Gruppen beziehen: Die Gruppe der alten Mitarbeiter:innen reagierte auf die weiteren Reformvorschläge und den vorauspreschenden Stil des neuen Leiters Wilker mit einer Art kollektiver Abwehr. Im Grunde wehrten sie die eigene Verunsicherung ab und bezichtigten Wilker und seine Gruppe eine solide, gute Ordnung auflösen zu wollen. Umgekehrt haben Wilker und seine Getreuen die Ängste und Vorbehalte der Mitarbeiter:innen abgewehrt und diese als Gruppe pauschal verdächtigt an alten, repressiven Strukturen zu hängen, die dringend aufgelöst werden müssten. Beide Gruppen richteten sich in ihrer jeweiligen Abwehrhaltung ein, stellten sich gegenseitig immer mehr in Frage und konnten am Ende nicht mehr miteinander arbeiten (Kap. 5.7).

Intrapersonale Abwehrprozesse lassen sich auch bei Bernfeld im Kinderheim Baumgarten ausmachen: Hier scheinen narzisstische Kränkungen im Mittelpunkt zu stehen: Die Mitleiterin mischt sich in die pädagogischen Direktiven von Bernfeld ein (wie z. B. offener Ausgang auch ins Kino etc.), stellt aber nicht zur Verfügung, was die Kinder an Versorgung brauchen. Damit kränkt sie Bernfeld in doppelter Weise: als pädagogischen Leiter und als jemand, der auch von seinem eigenen Ich-Ideal her darauf angewiesen ist, den Kindern ein gutes Heim zu Verfügung zu stellen. Bernfeld kränkt wiederum die Mitleiterin, weil sie spürt, dass er sie ablehnt und für überflüssig und schädlich hält. Sie holt sich deswegen einen Bündnisgenossen ins Haus, mit dem sie den in ihren Augen übermächtigen Bernfeld auf ein erträgliches Maß zurückstutzen möchte. Er seinerseits aktiviert sein Team, um eine klare Gegenmacht zu konstituieren und übernimmt organisatorische Aufgaben hinsichtlich der Versorgung der Kinder, was die anderen als Einmischung in ihr Resort erleben. Beide Parteien wehren eigene Selbstzweifel und damit verbundenen Schuld- und Schamgefühle ab und sorgen gleichzeitig dafür, dass die andere Seite sich als schwach und wenig wirkungsvoll fühlen muss (Kap. 6.6).

Vermutlich ließen sich auch bei den anderen Projekten Muster von interpersonalen und/oder institutionellen Abwehrprozessen entdecken. Wir gehen ihnen hier aber nicht weiter nach und schließen mit der Erkenntnis, dass diese Abwehrvorgänge ein wichtiges Thema für alle Aufgabengebiete der Sozialpädagogik bzw. Sozialen Arbeit darstellen.

Dieses Kapitel findet seine Fortsetzung in der Einführung zum Teil B, wo es um den Begriff der *Instituetik* geht und in Kapitel 12, in dem die Gründe für das Scheitern im Mittelpunkt stehen.

Anhang zu Teil A:
Neun Steckbriefe zum Scheitern der Projekte aus Kapitel 2 bis 10

1. Die Erziehung des Infanten von Parma

Wer? Projektverantwortliche?	Die Eltern des Infanten von Parma und die von ihnen beauftragten Pädagogen: Keralio und Abbé De Condillac
Wann und wo?	Parma 1756–1769
Womit gescheitert? Zentrales Ziel des Projekts	Mit dem Auftrag, den Infanten von Kindesbeinen an so zu erziehen und zu bilden, dass er sein späteres Leben und Regieren an rationalen Prinzipien orientieren, sein Wissen in sinnvolle politische und wirtschaftliche Projekte investieren und konservativen wie kleinstaatlichen Interessensgruppen entgegentreten bzw. die Macht entziehen würde. Mit diesem umfassenden Bildungsprojekt war ebenfalls intendiert, dass der Infant zwar die Religion respektiert, aber immun gegenüber dem grassierenden Aberglauben bzw. den magischen Praxen der damaligen Zeit werden sollte.
Woran? An welchen für den Projekterfolg relevanten Aufgaben bzw. Zwischenschritten?	– An der Verständigung mit dem Zögling bezogen auf dessen Neigungen, Ängste, Bedürfnisse, Lüste; – An der (Ver)Bannung magischer Faszinosa und Rituale (Reliquien); – An der Planung, Durchführung und prozessbezogenen Evaluation eines Bildungsprogrammes, das an den Interessen und Fähigkeiten eines Kindes orientiert ist und dieses nicht überfordert oder nur einseitig fördert; – An der Verständigung mit anderen mächtigen Gruppen in Parma bzw. im Schloss; – An der Verständigung mit der später dazu gekommenen Ehefrau des Infanten
Warum? Gründe	– Fehlende Bereitschaft sich für die Neigungen und Faszinationen des Kindes zu interessieren und diese zu ergründen bzw. diese mit in den Bildungsprozess zu integrieren; – Fokus auf kognitive Kompetenzen trotz besseren Wissens; – Starke anti-aufklärerische, konservative Gegenkräfte in Parma; – Falsche Einschätzung der Machtverhältnisse und Beharrungskräfte im näheren Umfeld des Infanten auf Seiten der Lehrer und des Ministers
Dynamik	Eskalation von Konflikten und zunehmende Polarisierung zwischen zwei einander feindlich gegenüberstehenden Lagern: „die und wir". Die Lager weisen unterschiedliche Besetzungen auf: a) der Infant und seine geheimen Obsessionen versus seine Erzieher; b) der Infant und seine Ehefrau gegen Minister du Tillot; c) der Infant und seine politische Clique gegen die spanischen und französischen imperialen Interessen. Auflösung des Konfliktes durch Resignation und Kompromisse

Gegenspieler der Projektbefürworter	Unmittelbar: der Infant und seine Bedürfnisse, welche er zunehmend in die Heimlichkeit verschiebt bzw. in inoffiziellen Nischen lebt Indirekt: Bedienstete des Palastes, insbesondere beim Wachpersonal Direkt: Konservativer Adel und Klerus in Parma und Umgebung
Wie vollständig gescheitert?	Der Infant hat sich wesentlich anders entwickelt als gewünscht. Er hat – trotz vieler und drakonischer (Körper-)Strafen – keinen größeren Schaden genommen an Leib und Seele. Als Jugendlicher hat er sich modernen Verfahren wie z. B. der Pocken-Impfung geöffnet. Als Erwachsener galt er zwar als verschrobener, aber durchaus gebildeter und weltoffener Regent seines Fürstentums.
Folgen für die Projektverantwortlichen	Keine. Vorwürfe wurden nur von wenigen Personen erhoben; ihnen wurde kein Gewicht gegeben. Die Projektverantwortlichen Keralio und Condillac wurden – wie vereinbart – großzügig entlohnt und mit Pensionen ausgestattet.
Mitgescheitert?	Die Eltern sowie andere fortschrittliche Gruppen im Hofstaat bzw. im Herzogtum Parma
Gewinne trotz Scheitern	Institutionell betrachtet keine. Aber immerhin hat der Infant viel Wissen erworben und konnte seine Studien später alleine fortsetzen.

2. J. H. Pestalozzi und seine (pädagogischen) Projekte

Wer? Projektverantwortlicher?	J. H. Pestalozzi
Wo und wann?	Schweiz 1771–1825
Womit gescheitert?	– Aufbau einer Einrichtung (Neuhof), die die Versorgung, Erziehung und Bildung von Kindern mit deren Arbeitsleistungen verknüpft – Aufbau einer Anstalt (Stans) für Kinder ohne Eltern oder die von ihren Eltern weggeschickt worden waren – Leitung einer Erziehungs- und Bildungsanstalt (Yverdon) für Kinder aus bürgerlichen Familien – Aufbau eine Anstalt für Kinder aus armen Familien (Clindy)
Woran?	– An fehlenden landwirtschaftlichen und ökonomischen Kenntnissen und Kompetenzen (Neuhof und Clindy) – An mangelnder Selbstfürsorge bzw. gesundheitsschädlicher Selbstausbeutung – An fehlenden Leitungskompetenzen und zögerlichem Umgang mit virulenten Konflikten zwischen leitenden Mitarbeitern
Warum?	– Mangelnde Fähigkeit zur Einschätzung der mit den Projekten verbundenen Anforderungen, fehlende Planungskompetenz – Hang zum Träumen bzw. vorschnellem Start von Projekten, ohne die Bedingungen der Realisierung hinreichend geklärt zu haben – Wechselnde politische Konstellationen, in denen er mal ein Mandat erteilt dann aber wieder entzogen bekommt (Stans, Yverdon) – Primat der Politik gegenüber der Pädagogik (Stans)

Dynamik?	Trotz Misserfolgen immer wieder Start von neuen Projekten. Trotz Misserfolgen in der Praxis zunehmende Anerkennung als Schriftsteller, Beobachter der Gesellschaft (Gründe für Kindermorde) und Theoretiker; auch rationalisierende, praktische Belange verkennende (z. B. einer Mutter) Traktate schmälern diese nicht. Ihm gelingt die Prägung von Schlagworten „Kopf, Herz und Hand" oder „Wohnstuben-Erziehung". Rasch einsetzende Idolisierung als „Vater der Armen" etc.
Gegenspieler?	Mehrere, wechselnde in Behörden, Ministerien, aber auch unter Mitarbeiter:innen
Wie vollständig gescheitert?	Vollständig im Neuhof. Das Kinderheimprojekt in Stans wurde wegen veränderter, kommunalpolitischer Prioritäten geschlossen, von ihm selbst und seinen Zeitgenossen aber überwiegend als gelungen betrachtet. Yverdon erlebte einen jahrelangen, graduellen Niedergang bis zur Schließung. Das Projekt in Clindy musste nach wenigen Monaten eingestellt werden.
Folgen und Konsequenzen für den Projektverantwortlichen?	Pestalozzis Reputation war nach dem Scheitern mit dem Neuhof beschädigt. Er konnte sie vor allem mit dem Schreiben von Romanen und Reflexionen zurückgewinnen. Als Gründer und Leiter von Einrichtungen waren ihm sowohl Anerkennung und Erfolg beschieden wie auch Misserfolge und interne wie externe Konflikte
Mit-Gescheiterte?	Kantonale Schweizer Erziehungsbehörden
Gewinne trotz Scheitern	Seine gesammelten Werke; Weiterwirken über Schüler wie Fröbel

3. Leo Tolstoi und seinen Freien Schulen in Russland

Wer?	Leo Tolstoi
Wo und wann?	Rußland (Tula) 1861–1863
Womit gescheitert?	Aufbau eines ambitionierten, auf Freiwilligkeit beruhenden Bildungssystems für die Kinder von Bauern, das sich primär auf Einsicht und Freude am Lernen stützt und die Kinder über mehrere Jahre hinweg mit dem Weltwissen der damaligen Zeit „versorgt" und sie unterstützt sich selbst ausdrücken zu können: sprachlich, aber auch musisch im Sinne von Musizieren, Singen, Zeichnen und Geschichten schreiben. Gescheitert später auch mit einer bestimmten Methode von Lesen-Lernen, die er in seiner mehrbändigen Schulfibel vertreten hat.
Woran?	– An der Verständigung mit dem zaristischen System, das die Ausbreitung der Schulen und der Tolstoi'schen Bildungskonzeption zunehmend misstrauischer beobachtete und als gefährlich ansah
Warum?	– (Nachvollziehbare) Angst des zaristischen Regimes, dass Bildungsprogramme wie das von Tolstoi revolutionäre Umtriebe befördern können – Fehlende Bereitschaft oder Unfähigkeit von Tolstoi die Wirkung seiner Schulprojekte und seiner schriftlichen Äußerungen auf das verunsicherte zaristische System abzuschätzen; er hätte vorhersehen können, dass er damit vorhandene Ängste verstärkt und sein Projekt zerschlagen wird

	– Anstellung von relegierten Studenten in seine Schulen, die wegen revolutionärer Umtriebe in Petersburg bekannt geworden waren oder solchen Studenten nahestanden – Falsche Einschätzung Tolstois hinsichtlich der Bereitschaft der Bauern ihre Kinder dauerhaft (länger als zwei Jahre) für die Schule freizustellen – Falsche Einschätzung der eigenen Kräfte; zunehmendes Gefühl von Überlastung und Genervtheit über die Hemmnisse und Gegner; Überdruss am alten Projekt, Lust auf Neues
Dynamik?	Zunehmende Spannungen und Polarisierung zwischen zwei einander misstrauisch beobachtenden Parteien: „die und wir". Hier: progressive Kräfte versus an ihren Privilegien festhaltende Adelige; Tolstoi und seine Lehrer versus Geheimpolizei und deren Verdächtigungen.
Gegenspieler?	Unmittelbar: Der Geheimdienst und die Geheimpolizei; ängstlich gewordene Adelige am Hof und in hohen Positionen Indirekt: die Bauern, die sein Schulprojekt nur so lange für ihre Kinder nutzten, wie es ihnen persönlich nützlich zu sein schien
Wie vollständig gescheitert?	Vollständig vor Ort; aber wichtige Anstöße für viele Schulprojekte für viele Jahre in Russland und vieler anderer Länder bis heute.
Mit-Gescheiterte?	Das zaristische Russland und seine zaghaften Reformanstrengungen Die Bauern rund um Tula, die ihren Kindern weitere Bildungsbewegungen versagt haben
Gewinne trotz Scheitern?	Freiwilligkeit und Eigenmotivation beim Lernen stellen bis heute einen faszinierenden, aber uneingelösten Anspruch im Feld der Regelschule dar. Seine „Schulfibel" mit ihren Geschichten wurde millionenfach gelesen, hat die russische Kultur geprägt wie kaum ein anderes Buch und enthält auch für Kinder von heute noch interessante Geschichten

4. Karl Wilker im Lindenhof, Berlin

Wer? Projektverantwortlicher?	Karl Wilker
Wo und wann?	Berlin 1917–1921
Womit gescheitert?	– Aufbau einer weitgehend repressionsfreien und partizipativen Fürsorgeeinrichtung – Integration von Elementen der Wandervogelbewegung in den hochgradig institutionalisierten Kontext von Heimerziehung – Anstöße für weitere Reformanstrengungen im Bereich Fürsorgeerziehung
Woran?	– An der nicht gelungenen Verständigung mit dem pädagogischen Personal in Bezug auf Ziele, Stile, Menschenbild, sozialpädagogische Methoden und Umgangsformen – Am nicht Ernstnehmen von Widerständen und Konflikten, das zu einer Verschärfung derselben geführt hat, bis Beziehungsabbruch die einzige Option zu sein schien.

Warum?	– Fehlende Bereitschaft von Wilker die Mitarbeiter:innen genauso ernst zu nehmen mit ihren Bedürfnissen wie die Jugendlichen – Falsche Einschätzung der Beharrungskräfte in der Einrichtung – Fehlende Vermittlung durch Dritte (z. B. Direktor Knaut); der Konflikt hatte sich zu lange heiß gelaufen. Beide Parteien haben zu lange gewartet, um Dritte einzuschalten
Dynamik?	Eskalation von Konflikten und zunehmende Polarisierung zwischen zwei einander feindlich gegenüberstehenden Lagern: „die und wir", „alt und jung", „richtig und falsch", „Beamte und weltoffene Pädagogen
Gegenspieler?	Unmittelbar: Die Beamten in der Einrichtung; höher gestellte Beamte im Jugendamt, denen Wilker zunehmend verdächtig vorkam (Schöngeist? Kommunist?, destruktiver Charakter, Pädophiler?) Indirekt: Direktoren-Kolleg:innen, die sich in ihren Einrichtungen mit ihren Mitarbeitern arrangiert hatten und keinen Grund sahen Wilker zu unterstützen bzw. ihn selbst für gefährlich hielten.
Wie vollständig gescheitert?	Vollständig im Lindenhof, da Wilker und sein Team gingen. Nicht vollständig, da weite Kreise der Jugendbewegung ihm das Vertrauen aussprachen und ihn als Opfer des repressiven Systems betrachteten.
Folgen und Konsequenzen für den Projektverantwortlichen?	Wilkers Reputation blieb unbeschädigt, vor allem in den Kreisen der Jugendbewegung und der sich als fortschrittlich verstehenden Pädagogenschaft bekam er den Status eines gescheiterten Helden oder gar Märtyrers zugesprochen.
Mit-Gescheiterte?	Der Berliner Senat für Fürsorgeerziehung: Die Reformierung der kritisierten repressiven Haltungen und Praxen wurde aufgeschoben bzw. nur halbherzig weitergeführt. Modernisierungsschub für die kommunalen Heimeinrichtungen wurde verpasst. Die Mitarbeiter:innen: neue Lernprozesse und die damit verbundenen Herausforderungen wurden abgewehrt; damit aber Entwicklungsmöglichkeiten und die Chance auf mehr Freude bei der Arbeit
Gewinne trotz Scheitern	Wilker, Bondy und Hermann wurden von H. Nohl und Weniger und anderen als Helden der Sozialpädagogik stilisiert. Diese Idolisierung von Wilker stellt m. E. keinen Gewinn dar. Sehr wahrscheinlich hat Wilker viel gelernt und konnte diese Lerngewinne an anderen Wirkungsstätten realisieren, wenn auch nicht an der nächsten und übernächsten.

5. Siegfried Bernfeld im Kinderheim Baumgarten

Wer? Projektverantwortlicher?	Siegfried Bernfeld
Wo und wann?	Wien 1919–1920
Womit gescheitert?	– Mit der Etablierung einer weitgehend repressionsfreien und partizipativen Fürsorgeeinrichtung, obwohl diese gut gestartet war – Mit der Idee einer unmittelbaren Übertragung von Jugendbewegungskonzepten auf die Heimerziehung – Mit der Idee mit der Entwicklung des Kinderheims Baumgarten Anstöße für weitere Reformprojekte im Bereich Fürsorgeerziehung geben zu können

Woran?	– An der nicht gelungenen Verständigung zwischen Bernfeld und seinem Team und der Mitleiterin bzw. dem mit ihr verbündeten Verwaltungsleiter – Am nicht Ernstnehmen von Widerständen und Konflikten von Mitverantwortlichen (im Joint, von Seiten der Mitleiter:innen), das zu einer Verschärfung derselben geführt hat, bis Beziehungsabbruch die einzige Option zu sein schien.
Warum?	– Bernfeld verschreckt mögliche Bündnispartner mit radikalen Parolen; – Er setzt sich über Anweisungen seines Vorgesetzten hinweg – Falsche Einschätzung der Machtverhältnisse in der Einrichtung und der Rückendeckung, die seine Gegner durch den Joint haben – Fehlende Vermittlung durch Dritte; der Konflikt lief zu lange heiß. Beide Parteien haben zu lange gewartet, um Dritte einzuschalten
Dynamik?	Eskalation von Konflikten und zunehmende Polarisierung zwischen zwei einander feindlichen Lagern: „die und wir". Hier: „die guten Pädagogen und die unfähige Verwaltung", Selbstversorgung versus Fremdversorgung als kontrastierende Leitideen
Gegenspieler?	Unmittelbar: Die Leiterin und der Verwaltungsleiter; höhergestellte Beamte im Joint, denen Bernfeld zunehmend verdächtig vorkam (Revolutionär?) Indirekt: Joint-Administration in Amerika, die wohlwollend auf Baumgarten schaute, aber ihm nicht eindeutig den Rücken stärkte
Wie vollständig Gescheitert?	Vollständig im Kinderheim Baumgarten; an Bernfeld und sein Team wurde später nicht wieder angeknüpft. Nicht gescheitert, da weite Kreise der Jugendbewegung und der sich als fortschrittlich verstehenden Pädagogen-Szene ihm das Vertrauen aussprachen und ihn als Opfer des repressiven Systems betrachteten
Folgen und Konsequenzen für den Projektverantwortlichen?	Bernfeld und sein Team verlieren ihre Stellen und müssen sich eine neue Arbeit suchen; Bernfelds Reputation blieb in seinen Kreisen, aber auch darüber hinaus (z. B. bei M. Buber, S. Freud etc.) erhalten; teilweise erhielt er den Status eines gescheiterten Helden der Pädagogik oder gar Märtyrers zugesprochen.
Mit-Gescheiterte?	Der Joint verliert mit Bernfeld seinen besten Pädagogen Die zionistische Bewegung verliert ein dezidiert die Auswanderung vorbereitendes Projekt Die Wiener jüdische Gesellschaft verliert ein Projekt, welche das Jüdischsein den Kindern zugänglich macht und es aufwertet
Gewinne trotz Scheitern	Das Werk „Kinderheim Baumgarten: Versuch mit neuer Erziehung" stellt bis heute einen bleibenden Gewinn für die Sozialpädagogik dar. P. Lazarsfeld knüpft daran mit Sommerkolonien in Wien an (Barth (2010, 509). Wichtige Erfahrungen für Bernfeld, die in sein Hauptwerk „Sisyphos" einfließen

6. Makarenko in der Gorki-Kolonie

Wer? Projektverantwortlicher?	A. S. Makarenko
Wo und wann?	Russland (heute Ukraine) 1920–1928
Womit?	– Aufbau eines gewaltfreien Erziehungskollektivs (das offizielle Ziel, das Makarenko zumindest am Anfang geteilt hat) bzw. einer gewaltfreien Peer-Education, bei der ältere, weiterentwickelte Kolonisten den Neuaufgenommenen Haltungen (Ehrlichkeit, Disziplin, Anstrengungsbereitschaft) und Schlüsselkompetenzen vermitteln. – Formulierung einer schlüssigen Selbstlegitimation für das eigene Gewalthandeln (zunächst wurde diese mit dem „*Poem*" erreicht; später aber immer wieder in Frage gestellt und von der Forschung demontiert) – Der Etablierung einer offen auf Zwang und Gewalt sich stützenden Pädagogik in der Sowjetunion (das erste Konzept für die Dzerzinskij-Kommune wurde kritisiert, die Umsetzung verboten).
Woran?	– An der fehlenden Verständigung mit den Kontrollbehörden und deren zunehmenden Misstrauen gegenüber dem Führungsstil von Makarenko – Am öffentlichen Widerspruch von praxisfernen, besserwisserischen Fachkollegen aus dem akademischen Bereich oder der Verwaltung – An der Wiederkehr bzw. Verlängerung seiner Gewalt auf Seiten von Zöglingen und Erziehungspersonal in der Gorkij-Kolonien bzw. an anderen Orten, an denen Makarenko-sozialisierte Pädagogen Leiter waren – Am Aushalten und Stehenlassen der Widersprüche zwischen richtigem pädagogischem Handeln und Beachtung von Gesetzen bzw. Verboten. Makarenko wünscht sich auch bei seiner spannungsreichen, ambivalenten Praxis (gut und schlecht zugleich) das Absehen von Kritik bzw. die volle Anerkennung seiner Leistungen; diese bleibt ihm verwehrt.
Warum?	– Mangelnde Impulskontrolle bei Makarenko selbst – Deckung bzw. Carte blanche wurden Makarenko von Seiten seiner Vorgesetzten und der Partei entzogen – Gewalthandeln in der Kolonie ließ sich nicht so eindämmen wie Makarenko erwartet hatte – Ehemalige Mitarbeiter ziehen die Aufmerksamkeit der Kontrollbehörden wegen Gewalt auf sich, weswegen auch Makarenko in Verdacht gerät – Kontrollbehörden fokussieren auf Schwächen statt auf Stärken
Dynamik?	Erst Anerkennung der Arbeit Makarenkos mit Zügen von Idealisierung; danach zunehmendes Misstrauen und immer unverhohlene Kritik. Sein Stern steigt auf; sein Stern sinkt, aber gewinnt in neuen politischen Verhältnissen unter Stalin neuen Glanz, ohne dass Makarenko sich vollkommen rehabilitiert und anerkannt fühlen würde

Gegenspieler?	Kontrollbehörden der Bildungsverwaltung und der örtlichen Parteiorganisation; Krupskaja-Anhänger:innen im Moskauer Ministerium für Bildung und Erziehung Bestimmte Journalisten, die Übergriffe skandalisiert hatten Unsichere Politkommissare in der Tscheka bzw. der Verwaltung der Dzercinskij-Kommune
Mit-Gescheiterte?	Die Kontrollbehörden, die einen ihrer engagiertesten Einrichtungsleiter verloren haben
Gewinne trotz Scheitern?	Das „Poem", bis heute eines der wichtigsten Texte über den Aufbau eines Erziehungsprojektes und ein Schlüsseltext für die Sozialpädagogik

7. Ein Projekt zur Modernisierung der Heimerziehung in den 1970er Jahren

Wer? Projektverantwortlicher?	Projektleiter (G. E. Schäfer) und Heimleiter, der den Auftrag zur Durchführung des Projekts vergeben hatte
Wo und wann?	Stuttgart 1970/71
Womit gescheitert?	– Reformierung eines Heimes durch Integration von therapeutischen Elementen in den Alltag von Schule und Heim – Motivierung der Mitarbeiter:innen sich auf das Projekt einzulassen
Woran?	– An der nicht gelungenen Verständigung zwischen dem Wissenschaftler und seinem Team von Studierenden auf der einen Seite mit dem pädagogischen Personal und dem Heimleiter auf der anderen Seite in Bezug auf Ziele, Stile, Menschenbild, sozialpädagogische Methoden
Warum?	– Fehler bei der Vorbereitung des Projekts: zu wenig Beteiligung der Mitarbeiter:innen zu Beginn – Falsche Einschätzung der Ängste und Beharrungskräfte in der Einrichtung – Spannungen zwischen Schule und Heim, die auch vorher schon virulent waren; Spannungen zwischen Lehrer:innen – Fehlende Vermittlung bei den Konflikten durch kompetente unabhängige Dritte – Verdeckte Konkurrenzspannung zwischen Projektleiter und Heimleiter
Dynamik?	Fortschreitende Aushöhlung der kommunikativen Grundlagen für Verständigungsprozesse. Innerer Rückzug einiger Teilnehmer:innen, Pseudo-Konkretion bei anderen; die Sachbezüge lösen sich zunehmend auf. Damit sterben Energie und Engagement ab.
Gegenspieler?	Unmittelbar: Die Erzieher:innen in der Einrichtung, die sich zu wenig gesehen und anerkannt fühlen Indirekt: Unklare und wechselnde Koalition des Heimleiters mit dem Projektleiter und/oder „seinen" Erzieher:innen
Wie vollständig gescheitert?	Zunächst vollständig; später wurde an einigen Ideen wieder angeknüpft

Folgen und Konsequenzen für den Projektverantwortlichen?	Der Projektleiter verliert seine Stelle im DFG-Forschungsprojekt und muss zurück in den Schuldienst. Es braucht Jahre bis er sich von dem Misserfolg erholt hat und ihn aufarbeiten kann
Mit-Gescheiterte?	Das Heim und seine interne Schule; der Heimleiter und die Erzieher:innen und Lehrer:innen
Gewinne trotz Scheitern?	Erfahrungen, die in Form einer Dissertation in eine hervorragende wissenschaftliche Aufarbeitung und Theoriebildung münden.

8. Die Etablierung der GUF in Hamburg

Wer ist gescheitert? Projetverantwortlicher?	Der Senat für Jugend und Familie von Hamburg und die verantwortlichen Projektmanager:innen für die Etablierung der Geschlossene Unterbringung in der Feuerbergstraße, insbesondere die Projektverantwortlichen des LEB (Landesbetrieb Erziehung Beratung).
Wo und wann?	Hamburg 2002–2005
Womit gescheitert? Ziele	– Aufbau einer GU für Jugendliche in Hamburg – Gelingende Kooperation zwischen Politiker:innen und Fachbehörde bzw. Fachkräften der Basis – Sinnvolle Erweiterung der Jugendhilfeinfrastruktur für Hamburg
Woran? Aufgaben	– An der nicht gelungenen Verständigung zwischen Politiker:innen und pädagogischen Fachkräften hinsichtlich dessen was gewollt, wünschenswert und fachlich sinnvoll und möglich ist – An der mangelnden Vorbereitung der Fachkräfte hinsichtlich der komplett neuen Aufgabe, die mit der Arbeit in der GUF verbunden war – An einer raschen, störungsfreien Kommunikation zwischen Fachressorts
Warum? Gründe	– Überzogene Erwartungen an die Kurzfristigkeit der Umsetzung und damit verbunden hoher Zeitdruck – Überzogene Erwartungen hinsichtlich der Unmöglichkeit zu entweichen und damit verbunden hoher Druck auf Mitarbeiter – Politische und Jugendhilfe-politische Erwägungen dominieren, fachliche Gesichtspunkte kamen zu wenig zu tragen
Dynamik?	Ein überstürzter Start, der zu gravierenden Schwierigkeiten vor Ort mit den Jugendlichen und rascher Erschöpfung auf Seiten der Mitarbeiter:innen führt. Teils geschickte, teils ungeschickte Versuche zur Nachsteuerung und Reparatur durch die Projektverantwortlichen. Skandalisierung einzelner Vorfälle durch die Presse. Anhaltende Debatten in der Öffentlichkeit, die zur Einrichtung eines PUA führen. Neue Wahlen führen zu neuen Machtverhältnissen und verlangen einer der Parteien „das Opfer" GUF ab.
Gegenspieler?	Die „Grünen" in Hamburg, das „Bündnis gegen GU", die Fachverbände in Hamburg (insbesondere Paritätische Wohlfahrtsverband und Diakonie), andere Fachverbände auf Bundesebene (IGfH etc.). Teile der Presse.

Wie vollständig gescheitert?	Wie vollständig bleibt bis zum Schluss (bis heute) umkämpft. Während der LEB behauptet die GUF befand sich auf einem guten Weg, behaupten die Gegner, dass das Projekt von Anfang gar nicht sinnvoll und zum Scheitern verurteilt war. Während einige auf einige gute Entwicklung von Jugendlichen hinweisen, fokussieren andere auf die vielen, massiven Gewalttaten und mögliche Traumatisierungen.
Folgen und Konsequenzen für den Projektverantwortlichen?	Leiter und Psychologin verlieren nicht nur ihre Stelle; ihre Reputation ist in bestimmten Kreisen in Hamburg beschädigt
Zwei Rücktritte in hohen Positionen (Staatsrat und LEB-Leiter)
Mit-Gescheiterte?	Politische Parteien, deren Glaubwürdigkeit gelitten hat.
Der LEB bezogen auf seine fachliche Autonomie gegenüber der Politik und seine Reflexionsfähigkeit (durch den Eigenbericht)
Gewinne trotz Scheitern	Die Etablierung der FIT-Teams; der PUA-Bericht, der in seinem Berichtsteil als Musterbeispiel für seriöse Recherche und gute Sortierung von Argumenten gelten kann

9. Eine neue Intensivgruppe für aggressiv agierende Jugendliche

Wer? Projektverantwortliche?	Der Fortbildner und die Einrichtungsleiterin (EL) und damit beide Projektleiter
Wo und wann?	2010/2011 an einem Ort in den neuen Bundesländern
Womit gescheitert?	– Am Aufbau und der Etablierung einer neuen Intensivgruppe
– An der Integration neuer Ideen, Methoden und Umgangsstile in die Einrichtungskultur
– An der Erweiterung der Angebotspalette und speziell der Versorgung von aggressiv agierenden Jungen in der Region
Woran?	– An der nicht gelungenen Verständigung zwischen EL und Fortbildner in Bezug auf Ziele, Stile, Menschenbild, sozialpädagogische Methoden und Umgangsformen
– An einer angemessenen Behandlung von Konflikten der Jugendlichen im Bereich Schule und der Verständigung mit der Schulleiterin
Warum?	– Unklare Leitungsstrukturen
– Nicht eingehaltene Versprechen
– Passungsverhältnis des neuen Projekts zu den anderen Settings in der Einrichtung und der Einrichtungskultur war nicht gegeben;
– Nicht gelungene Vermittlung durch Dritte; solche Versuche hat es zwar gegeben, aber sie waren nicht effektiv genug
Dynamik?	Eskalation von Konflikten zwischen EL und Fortbildner bzw. diesem und Schulleiterin; zunehmende Lagerbildung auch bei den Mitarbeiter:innen; Verschleiß von Dritten, die zwischen den Fronten zerrieben wurden; Abwehrdynamiken in der Einrichtung: die neue Einrichtung und die Männer, die sie leiteten wurden als unpassend erlebt; das Projekt „abgetrieben".
Gegenspieler?	Unmittelbar: EL und Schulleiterin auf der einen, der Fortbildner auf der anderen Seite
Indirekt: andere Mitarbeiter:innen, die sich durch das Projekt und neue Ideen irritiert fühlten und mitagiert haben

Wie vollständig gescheitert?	Vollständig; die für das Projekt angestellten Ideengeber und Leitungskräfte wurden entlassen; das Projekt eingestellt, das Haus anderweitig genutzt.
Folgen und Konsequenzen für den Projektverantwortlichen?	Der Fortbildner musste sich eine neue Stelle suchen, bekam aber eine ausreichende Abfindung und konnte sich dafür Zeit lassen
Mit-Gescheiterte?	EL und Schulleiterin; die Einrichtung, die eine konzeptionelle Lücke nicht zu schließen vermochte; das von Jugendämtern gut angefragte Projekt brach weg; damit auch Lücke in der Jugendhilfeinfrastruktur der Region
Gewinne trotz Scheitern	Der Bericht des Fortbildners; einige Konzeptelemente können als interessant und weiterführend gelten

Teil B: Theoretische Reflexionen: Beiträge zu einer Instituetik des Scheiterns

Einführung: Was meint Instituetik des Scheiterns?

An den Beginn von Teil B „*Theorien des Scheiterns*" habe ich den Begriff der *Instituetik* gestellt, der für eine „*Theorie der pädagogischen Praxis in Institutionen*" steht, die hier zu einer „*Theorie der gelingenden bzw. scheiternden Durchführung von pädagogischen Projekten*" erweitert werden soll. Dazu möchte ich zunächst den Begriff erläutern und anschließend prüfen, ob die Erweiterung, die ich vorhabe, sinnvoll und statthaft ist.

Bernfeld hat den Begriff *Instituetik* nur an einer Stelle im Sisyphos erwähnt (1925/2013, 30). Dort kritisiert er die in seiner Zeit übliche Reflexion über Schule und Unterrichten, die überwiegend auf den Lehrer oder dessen Interaktionen mit den Schülern fokussiert. Für ihn stellt das eine Engführung dar, weil er davon ausgeht, dass es nicht die Lehrer:innen sind, die erziehen/bilden, sondern die *Institution Schule* (ebd., 31). Auch wenn Lehrer:innen in bestimmter Hinsicht durchaus als *Akteure* ihres Unterrichts betrachtet werden können, sind und bleiben sie aber in erster Linie *Funktionäre* der Institution Schule. Deswegen muss man, wenn man über Pädagogik/Erziehung sprechen möchte, zunächst diese Institution, ihre Voraussetzungen, ihren Aufbau, ihre Regeln und Rituale, ihr *hidden curriculum und die „irrationalen Kräfte"*, also die eigentlichen „*Determinanten*" der Erziehung in der Schule etc. analysieren (ebd., 30):

A) Um zum einen herauszufinden, um was es in den Interaktionen wirklich geht… – denn die Konflikte, aber auch die Bündnisse zwischen Lehrern und Schüler:innen, aber auch die zwischen Lehrer:innen auf der einen und unter Schüler:innen auf der anderen Seite, werden mindestens so viel (wenn nicht mehr) mit der *Verfasstheit dieser Institution* zu tun haben als mit der der jeweiligen individuellen Verfasstheit der Personen, die sich dort begegnen; wissen wir doch alle, dass sich Personen in einem bestimmten *institutionellen Kontext* häufig ganz anders verhalten – sehr viel stereotyper und rollenförmig, weniger kreativ und selbstironisch etc. – als wir sie in einem anderen Kontext, z. B. als Familienmitglieder oder Freunde etc., kennengelernt haben.

B) Um zum anderen herauszufinden, was die *Institution Schule* leisten kann und was nicht, d.h. wo sie sich mit Vorsätzen schmückt, deren Realisierung an ihrer primären Funktion vorbeigehen oder wo sie mit Ansprüchen von außen konfrontiert wird, die von ihr etwas fordern, das sie nicht leisten kann. Dabei kommt es darauf an, den Suggestionen der für die *Institution Schule* Verantwortlichen zu widerstehen. Diese propagieren häufig Ideologien. Sie beginnen mit Sprüchen wie: „*non scholam, sed vitam discimus*" – ein Diktum, das durch die Erfahrung jeden/jeder Schülers/Schülerin widerlegt wird – und enden in langatmigen Ausführungen zum Bildungsauftrag der Schule, des sie erfüllen möchte, aber nicht kann etc. Bernfeld, der sich gegen solche Blendungen wehrt, erkennt: leisten kann Schule das Hineinsozialisieren junger Menschen in ein außerfamiliäres System, in dem es feste Regeln und Rituale gibt, die für alle gelten, aber auch die Möglichkeit als Schüler:in in Bezug auf Leistungen im Rahmen Schule über Noten bewertet und in Bezug auf Verhalten insofern nachhaltig kritisiert zu werden, weil es dafür ein System von stufenweisen Exklusionsandrohungen und Exklusionspraxen gibt. Leisten kann die Institution eher weniger, Kinder darin zu unterstützen sich Bildung und Lernen Schritt für Schritt in ihrem Tempo und selbstorganisiert zu erschließen, obwohl das in verschiedener Hinsicht sehr wünschenswert wäre. Schule kann kaum Lust auf mehr Bildung machen. Leisten kann sie auch nicht, so können wir nach 100 Jahren Schulexperimenten ergänzen, dass alle Schüler:innen in diesem System, unabhängig von ihrer Herkunft und den ersten sechs Jahren, die sie bereits Erfahrungen in dieser Welt gemacht haben, dieselben Chancen haben. Sehr viel wahrscheinlicher ist, dass Schule – allen äußeren Verlautbarungen zum Trotz – dazu dient, genau diese Unterschiede zu legitimieren und festzuschreiben. Mithin kann man erkennen wie Schule für eine Gesellschaft erzieht und diszipliniert, die an kognitiven und kommunikativen Leistungen ihrer Mitglieder interessiert sind, aber auch an halbwegs zuverlässig abrufbaren Anpassungsleistungen in einem System, das nicht mehr Familie und noch nicht Arbeit ist. Das herzustellen ist die Aufgabe von Schule.

Die Stelle Bernfeld, in der er den Begriff *Instituetik* einführt, lautet:

"Indessen die Didaktik versucht, den Unterricht des einzelnen Lehrers [...] zweckrational zu denken, bleibt die Schule als Ganzes, das Schulwesen als System ungestört, ungedacht. [...] Diese Lücke müsste die Didaktik erst schließen. [...] Sie muß sich durch eine Disziplin ergänzen, die man Instituetik nennen könnte. Sie hätte zweckrational die Institution, die wir in ihrer Gänze Schulwesen nennen, umzudenken auf die wechselseitigen Abhängigkeiten zwischen pädagogischen Organisationen und den Praktiken sowie Erfahrungen ihrer Akteure." (ebd.).

Wenn man das erkannt hat, kann *Instituetik* als kritisches Erkundungsprogramm für alle Bildungs- und Erziehungsinstitutionen angewandt werden. Bernfeld hat es für die Institution *Schule* umgesetzt, einen wichtigen Komplex im Bildungs- und Erziehungssystem. Man kann aber auch nach der *Instituetik des Jugendamts* fragen, von Heimeinrichtungen oder des Jugendhauses; aber auch nach einer *Instituetik einer Strafanstalt* oder eines *Krankenhauses* (näheres dazu unten). Um jeweils zu herauszufinden, was die Möglichkeiten und Grenzen dieser Institutionen sind, aber auch um zu beobachten, welche Interaktionsmuster sich jeweils im Viereck – *Gesellschaft (a), Institution (b), Klient:in/Nutzer:in (c) und Professionelle (d)* – entwickeln. Wobei man davon ausgeht, dass der Seite Gesellschaft (a) und Institution (b) ein Primat zukommt, gegenüber dem jeweiligen „Doppelpack" von Lehrer:innen/Schüler:innen, Ärzt:innen/Patient:innen, Sozialarbeiter:innen/Klient:innen, Therapeuten/Klient:innen etc. Denn beide, so die These, werden im Umgang miteinander immer und vor allem von dem *institutionellen Rahmen*, in dem sie sich begegnen: der Schule, dem Krankenhaus, der Anlaufstelle der Sozialberatung, der ärztlichen Praxis etc., durch deren Regeln und Funktionen bestimmt.

Den institutionellen Rahmen müssen wir dabei relativ genau ins Auge nehmen, und zwar hinsichtlich seines jeweiligen *sozialen Ortes* (Bernfeld) und dessen zentraler Bestimmungsstücke. Hier geht *Instituetik* über Systemtheorie hinaus (Müller 2002, 161, Honig 2002, 187). Denn einerseits ist Schule immer Schule und weist viele gemeinsame Merkmale auf und doch macht es einen Unterschied, ob es sich um ein Gymnasium oder eine Förderschule für kognitive Entwicklung handelt, um eine Dorfschule oder eine große Stadtteilschule, um eine gut geführte, sichere Schule in einem bürgerlichen Stadtteil oder eine Brennpunktschule, in der Security-Beamte zu Schulbeginn die Taschen und Jacken kontrollieren und sich häufig mehrere Lehrer:innen krank melden, weil sie zu viel an Angst und Ohnmachtsgefühlen erleiden. Schule hier oder dort wird jeweils ganz anders verlaufen und anders erlebt werden, von den Schüler:innen, Lehrer:innen, Eltern, abhängig von der jeweiligen Situation am konkreten Ort. Diese genaue Bestimmung gilt auch für die Institutionen, die im Rahmen von Sozialer Arbeit sogenannte „Hilfen" anbieten: Denn ob man zum Jugendamt geht/oder gehen muss oder in die Beratungsstelle eines Freien Trägers macht z.B. einen großen Unterschied in Bezug auf das, was sich dort in der Kommunikation mit dem jeweiligen Gegenüber entwickeln kann und was nicht.

Bernfeld hat die Entwicklung der Reflexionsebene *Instituetik* für die Schule eingeführt, die sonst allzu leicht Ideologien und Intentionen und Wünsch-Dir-was-Programmen verhaftet bleibt, während er eine „*Tatbestands-Gesinnung*" fordert (Bernfeld 1925/2013, 19). Michael-Sebastian Honig hat eine *Instituetik der Kindertageseinrichtungen* entwickelt (Honig 2012, 2014 und 2020) und das Buch von Fend über Schule als eine „*Instituetik von Schule*" gelesen und promotet (Fend 2006). Wir besitzen auch schon eine ethnographisch inspirierte *Instituetik des Jugendhauses* (Cloos et al. 2009) und ich bin überzeugt davon, dass Stephan Wolff mit „*Die Produktion von Fürsorglichkeit*" schon 1983 eine *Instituetik des Jugendamtes* vorgelegt hat, freilich ohne den Begriff zu benutzen. Das Gleiche gilt für „*Machtprozesse in der Heimerziehung*" (1999) von Klaus Wolf, auch wenn das Programm *Instituetik* dort nur für Teilbereiche durchgeführt wird.

Nun also eine *Instituetik des Scheiterns*? Um es gleich einzuräumen: die plakative Überschrift passt nicht zum Konzept des Begriffs. Sie macht nur als ein erster Arbeitstitel Sinn. Was ich meine ist, dass sich *Projektentwicklung* und damit sowohl das (partielle) Scheitern wie auch das (teilweise) Gelingen von Projekten jeweils in Institutionen vollziehen bzw. in bestimmten Gesellschaften, in denen diese Projekte entwickelt werden sollen. Diesen Nachweis habe ich in den Kapiteln 2 bis 10 Projekt für Projekt geführt, weswegen wir dem Hof von Parma (der Infant), den Revolutionswirren in der Schweiz (Pestalozzi), dem zaristischen Russland (Tolstoi), der Fürsorgekrise in der frühen Weimarer Republik (Wilker), dem „roten Wien" mit seinen vielen jüdischen Kriegsflüchtlingen (Bernfeld), dem nachrevolutionären Russland (Makarenko), der Reform-freudigen Atmosphäre in Tübingen (Gerd. E. Schäfer), der Parteienlandschaft in Hamburg (GUF) und dem ländlichen Raum in einem der neuen Bundesländer (Projekt Intensivgruppe) Aufmerksamkeit geschenkt habe.

Wir haben in Teil A immer wieder beobachtet wie Einzelne (unsere neun Projektentwickler) ausziehen, um ein Projekt zu realisieren. Dabei haben sie nicht nur sich und ihre (pädagogischen) Kompetenzen getestet, sondern immer auch den jeweiligen gesellschaftlichen, politischen und institutionellen Rahmen, in dem das Projekt stattfinden sollte. Das haben sie meist bewusstlos oder unreflektiert getan. Sie haben nicht die Frage gestellt: „Ich möchte einmal sehen, was dieser Rahmenkomplex so hergibt für mein Projekt und wiefern er ihm abträglich ist?" Sie haben das Projekt begonnen, ohne sich den Rahmen für die jeweilige Projektentwicklung überhaupt bewusst zu machen. Und wenn sie auf ihn gestoßen sind, haben sie eher gefragt: „Wie kann ich diesem Rahmen erweitern und umbauen oder, zumindest, wie kann ich ihm begegnen, dass er für mein Projekt eine Nische öffnet und ich dieses dort ansiedeln und entwickeln kann?" Kaum aber: „Hat mein Projekt überhaupt eine Chance auf Entwicklung bei diesen institutionellen und politischen Rahmenbedingungen? Und was steht ihm alles entgegen?".

Dass Projektentwickler:innen zu allen Zeiten so denken, ist in Ordnung. Wahrscheinlich gewinnen sie nur aus dieser Haltung heraus den Mut, das Projekt überhaupt anzugehen. Aber die Vernachlässigung des institutionellen (und auch politischen) Rahmens für das eigene Projekt hat eben auch in vielen Fällen zum Scheitern geführt. Wie z. B. Karl Wilker in der „Lichte" mit seiner alt eingesessenen Mitarbeiterschaft, die alles andere als „Reform-freudig" orientiert war oder in Hamburg mit den prekären Mehrheitsverhältnissen zwischen den Parteien als Startbedingung für die GUF, wobei doch klar war, dass die in fünf Jahren wieder anders aussehen können etc.

Deswegen nun in Teil B Theorieangebote, die ich als „Beiträge zur Instituetik der Projektentwicklung" verstanden wissen möchte. Sie sollen die Erfahrungen aus den neun Projekten mit Hilfe verschiedener theoretischer Perspektiven durchleuchten, mit dem Ziel mehr über die Chancen und Grenzen von Projektentwicklung in Erfahrung zu bringen, wobei der Schwerpunkt eher auf den Grenzen liegt, was mit dem Entwicklungsschicksal der neun Projekte zu tun hat. Aber auch die Möglichkeiten und Chancen werden nicht zu kurz kommen. So weit das Programm. Welche neuen Perspektiven *Instituetik* auch in theoretischer Hinsicht eröffnen kann, soll an einem Kerngedanken von Bernfeld vorgeführt werden. Er fundiert seine *Instituetik von Schule* mit der Formulierung von *drei Grenzen*, die jeglicher Erziehung gesetzt sind. Diese möchte ich aufgreifen und in *Grenzen* umformulieren, die für die *Möglichkeit jeder Projektentwicklung* anzusetzen sind bzw. deren Vernachlässigung ihr Scheitern plausibel machen.

Hier also die drei Grenzen *pädagogischer Projekte* (B) parallel zu den Grenzen, die Bernfeld für *Erziehung* (A) aufgestellt hat:

1 A: Die erste Grenze liegt für Bernfeld in der Person des Erziehers/der Erzieherin: Es sind *seine/ihre affektiven Schwachstellen,* die unverarbeiteten Erfahrungen der eigenen Kindheit entstammen und ihn/sie auch am Ort Schule, Heim oder Jugendhaus einholen und zu Konflikten mit Kindern/Jugendlichen und Kolleg:innen führen. Das bedeutet, dass der Pädagoge, wenn er in solchen Institutionen interaktiv wird, immer zwei Kindern begegnet: den realen jungen Menschen, die ihm in der Schule oder im Jugendhaus gegenübertreten, aber auch dem Kind in sich selbst (Bernfeld 1926/2013, 118). Dieses mengt sich ungefragt in die Interaktionen ein und spielt dabei, wenn auch uneingeladen, in prominenten Rollen mit (Müller 2002, 161 f.), indem es den Lehrer/die Pädagogin mit Affekten konfrontiert, die diese längst zu überwunden geglaubt hatten. Mit diesem Kind in seinem Inneren bzw. als dieses Kind, wird der Pädagoge zornig und sadistisch oder ängstlich und konfliktscheu und möchte im Grunde doch nur von allen – Kindern bzw. Jugendlichen – anerkannt, wenn nicht geliebt werden. Die durch das innere Kind konstellierten Verwicklungen führen nicht (oder eher nur zufällig) zu produktiven Konflikten, die an diesem sozialen Ort durchaus einen Platz haben sollten und sowohl den jungen Menschen wie seine Erzieher:innen in ihrer Reifung weiterführen könnten oder dazu beitragen, den institutionellen Rahmen (gemeinsam) weiterzuentwickeln; das ist möglich, aber selten und kann methodisch nicht inszeniert werden, weil es oft unbewusste Affekte sind, die sich nach ihrer eigenen Logik artikulieren und nicht abrufen lassen. Mit größerer Wahrscheinlichkeit werden Konflikte, die aus solchen unbewussten, destruktiven Dynamiken der Vergangenheit resultieren, auch zu negativen Interaktionsschleifen im Hier und Heute führen, in deren Verlauf sich jemand – das Kind oder die Pädagog:in – ohnmächtig, gedemütigt und/oder ungerecht behandelt fühlt und affektiv überreagiert. So dass das Arbeitsbündnis, das vielleicht schon geknüpft war oder zumindest anfing sich zu entwickeln, erst einmal wieder zusammengebrochen ist.

1 B: Die Übertragung dieser ersten Grenze auf das Feld der Projektentwicklung ist einfach: Wir müssen nur das Wort Erzieher:in durch Projektentwickler:in ersetzen und das Wort Kinder/Jugendliche mit Kolleg:innen, Vorgesetzte und

Kooperationspartner:innen. Damit wird klar, dass eben auch Projekte in Institutionen immer wieder zu Bühnen von Konflikten aus der Kindheit werden, mit der wichtigen Ergänzung, die wir gemacht haben, dass Institutionen ihre Mitarbeiter:innen zusätzlich eben auch zu Formen *„institutioneller Abwehr"* einladen bzw. dazu anstiften können (s. Kap. 11 E).

2 A: Die zweite Grenze wird von Bernfeld als die *soziale Grenze der Erziehung* bezeichnet und als *„wirkliche, unübersteigbare Grenze"* bezeichnet (Bernfeld 1925/2013, 103): *„Jede Erziehung ist in Bezug auf die erziehende Gesellschaft konservativ organisiert"* und zugleich *„in Bezug auf die Machttendenzen der erziehenden Gruppen intensivierend (ausbreitend und vermehrend"* (ebd.). So ist es z. B. eine zentrale, gesellschaftliche Funktionen des Bildungssystems, Lehrende und Lernende in ein System einzubinden, dass soziale Ungleichheit verlängert und zementiert sowie soziale Disziplinierung in einem Raum bewirkt hervorbringt, der sich nicht länger auf die Liebesgebote der Familie verlassen kann und möchte. Diese Funktionen soll erhalten, nicht verändert werden (ebd.).

2 B: Auch hier können wir den ersten Teil mit einer geringfügigen Umformulierung übernehmen: Projektentwickler:innen und ihre Partner:innen sind und bleiben in ein gesellschaftliches System eingebunden, das Reformen und neuen Projektideen gegenüber widersprüchlich und ambivalent gegenübersteht. Einerseits sind Innovationen erwünscht und gelten als notwendig, damit Institutionen mit den sich verändernden, gesellschaftlichen Anforderungen – Stichworte *Globalisierung* und *lebenslanges Lernen* etc. – Schritt halten können; andererseits dürfen diese Innovationsvorhaben nicht zu viele Anfragen an brüchige gesellschaftliche Konsense stellen, dürfen nicht den Eindruck erwecken systemverändernd sein zu wollen und dürfen nicht zu offensichtlich und zu parteilich in Macht- und Verteilungskämpfe eingreifen; weder in solche zwischen gesellschaftlichen Gruppen noch in solche zwischen verschiedenen Professionen, d. h. zwischen Ärzten, Sozialarbeiter:innen, Lehrer:innen etc. Wenn immer Projekt in den Geruch kommen, das zu tun, werden sie sabotiert, offen oder subtil angegriffen und geschwächt und erleiden über kurz oder lang Schiffbruch. Insofern bleiben Projektentwickler *Funktionäre* des Bestehenden bzw. Möglichen und müssten einem Selbstbild als Akteure der Innovation bzw. der Gesellschaftsveränderung widerstehen.

Paradebeispiele für diese Grenze sind das Bildungsprojekt, das Keralio und de Condillac auf Wunsch der Eltern des Infanten, aber gegen den Willen der politisch mächtigen Kasten in Parma durchführen und deswegen scheitern, weil diese ihre Privilegien und Macht dadurch bedroht sehen und das „Objekt der Begierde", den Infanten, für sich und ihre Interessen einnehmen (Kap. 2). Oder das Schulprojekt von Tolstoi für die Kinder der Leibeigenen, der mit seinen libertären Ideen, die er für das Unterrichten und das Zusammensein mit den Kindern propagiert, den Verdacht erweckt Kräften zuzuarbeiten, die das Herrschaftsgefüge des Zarentums umzustürzen drohen (Kap. 4). Grenzen der Innovation wurden auch im Kinderheim Baumgarten deutlich, als Bernfeld dort Beteiligungsformen einführte, die den Kindern Mitbestimmungsmöglichkeiten verschafften, aber viele andere, das Projekt beobachtende Erwachsenen beunruhigten; erkannten sie doch klar, worauf diese Versuche hinausliefen: die Selbstermächtigung von jungen Menschen, die damit auch fähig würden eine Revolution durchzuführen (Kap. 6). Grenzen der Reformierbarkeit haben wir auch auf mehreren Ebenen im Kapitel über Wilker im Lindenhof analysiert (Kap. 5, insbesondere 5.7). Grenzen der gesellschaftlichen Innovationsbereitschaft wurden aber auch in Hamburg deutlich. Nur quasi unter umgekehrten Vorzeichen: Hier hat eine konservative Elite zusammen mit einer populistischen Strömung versucht die Geschlossene Unterbringung erneut einzuführen. Dieses Novum wurde von bestimmten Gruppen und zumindest einer „kleinen" Partei als antimodern und rückschrittlich erlebt. Weil die stimmenstarken Konservativen unbedingt regieren wollten, opferten sie das eigene Projekt, weil die „kleine" Partei sonst keine Koalition mit ihnen eingegangen wäre (Kap. 9).

3 A: Die dritte Grenze der Erziehung ist die *Grenze der Erziehbarkeit*. Sie wird aber nicht nur durch Gattungsgeschichte und Vererbung gezogen, sondern auch von den Kindern selbst (Bernfeld 1926/2013, 120 ff.). Das Problem der Erziehbarkeit ist ein Problem der Verfügbarkeit bzw. Unverfügbarkeit von Kindern oder mit anderen Worten: ihrer Erreichbarkeit bzw. Unerreichbarkeit (das hat Honig noch einmal besonders klar herausgearbeitet, ders. 2012). Denn nur weil Kinder anwesend sind, was man mit Hilfe von Schulzwang relativ zuverlässig herstellen kann, sind sie noch lange nicht erreichbar. Dafür müssen sie sich öffnen und einlassen wollen und haben oft ihre guten Gründe dafür, es nicht zu tun. Gleichzeitig hat die Pädagogik keine zuverlässigen Mittel, um das zu erreichen. Bernfeld thematisiert hier etwas, das Luhmann/Schorr 50 Jahre später als *„Technologie-Defizit"* in der Pädagogik konzeptualisieren werden (Luhmann/Schorr 1982). Bernfeld formuliert so:

> „Wäre selbst die Beeinflussbarkeit unbeschränkt, so bleibt doch die Prognose unsicher. [...] Es nützt ihr (der Pädagogik) wenig, zu wissen, dass jede Erziehungsmaßnahme – wenn es denn so wäre – einen sicheren Einfluss auf das Kind hat, sich in seinem künftigen Charakter, seinem erwachsenen Verhalten nachwirkend bemerkbar macht; sie müsste wissen, welchen Einfluss eine bestimmte Maßnahme, welchen spezifischen Erfolg sie haben wird. Und solche Prognose ermöglicht uns auch die fortgeschrittenste Psychologie nicht..." (ebd., 121 f.).

3 B: Auch diese dritte Grenze können wir mit einer Veränderung übernehmen: Wir ersetzen *Erziehbarkeit*, die zentrale Voraussetzung von Erziehung, durch

Kommunikation. Für die Entwicklung von Projekten (egal ob pädagogische oder technische) ist *Kommunikation einerseits zentral und andererseits nicht immer zuverlässig* herstellbar wie es nötig wäre, damit der Projektverlauf zielführend verläuft. Weder im Projekt noch mit Blick auf die Kooperationspartner. Kommunikation ist hoch voraussetzungsreich: sowohl dafür, dass sie stattfindet wie auch, dass sie gelingt: Gefragte müssen sich nicht angesprochen oder als zuständig betrachten und brauchen deswegen nicht antworten; sie werden von einer Kommunikation verstehen, was sie verstanden haben, was häufig nicht dem entspricht, was die Intention des Gegenübers war, und antworten deswegen auf Fragen, die so nicht gestellt worden waren und schweigen zu Themen, für die man ihre Expertise oder Zustimmung gebraucht hätte; Kommunikationen, die nötig werden, finden oft nicht statt: oder werden so ausgeführt, dass sie missverstanden werden; Kommunikationen mehrerer verselbstständigen sich und führen zu Ergebnissen, an denen alle kommunikativ beteiligt waren, die aber keiner gewünscht hat.

Auch auf diese Grenze sind wir mehrfach gestoßen: Ein Beispiel par excellence hat uns Gerd E. Schäfer in Kapitel 7 geliefert, ein anderes der Fortbildner, der den schrittweisen Zusammenbruch der Kommunikation zwischen ihm und den Leiterinnen schildert. Ein anderes wird uns Bruno Latour in Kapitel 13.3 präsentieren.

Auf eine vierte Grenze möchte ich an dieser Stelle hinweisen, auch wenn sie nicht aus dem Sisyphos, wohl aber aus den Erfahrungen von Bernfeld aus dem Kinderheim Baumgarten ableitbar ist: Die meisten Projekte sind an verschiedenen Stellen von mehreren anderen Behörden oder Institutionen oder Finanziers abhängig. Diese können sich an entscheidenden Stellen mir ihrer Unterstützung zurückhalten und diesbezüglich auf andere verweisen, die dafür zuständig wären oder aber ihre Leistung davon abhängig machen, dass andere die ihre zuerst einbringen etc. So ging es Bernfeld schon bei seinem ersten Versuch eine *Schulgemeinde* zu gründen und auch später bezogen auf die Konflikte vor Ort zwischen ihm der Verwaltung, dem *Vienna Branch* und der „Mutter" des *Jewish Committee* in den USA (Bernfeld 1921/2012, 19 f., hier Kap. 6.2.2). So ging es aber auch Makarenko als er für den Aufbau der Kolonie auf Unterstützung bezogen auf so Dringliches angewiesen war wie Nahrung, Kleidung und Schuhe etc. und von den Behörden von einer Stelle zur anderen geschickt wurde (Makarenko in Hillig 1999, 43 f., hier Kap. 7.3). Aus dieser strukturellen Unterversorgung gingen sehr rasch Selbstversorgungsversuche hervor, legale wie Fischefangen und illegale wie Einbrüche bei den Bauern der Umgebung. Vor allem letztere brachten die Kolonie aber in einen Dauerkonflikt mit der Bevölkerung und Makarenko in das Dilemma, diese Raubzüge innerlich gutzuheißen, aber nach außen so zu tun, als ob er davon nichts wüsste.

Mir scheint, dass es sich hier um eine autonome vierte Grenze handelt, die nicht mit Widerständen erklärt werden kann, die aus Grenze 2 oder 3 resultieren, sondern in einer strukturell bedingten Verweigerung von bürokratisch organisierten Verwaltungen begründet ist. Deren Eigenlogik besteht darin auf eine Art von Doppelauftrag verpflichtet zu sein: „Erkläre Dich für nicht zuständig, wenn jemand von Dir etwas fordert, um (Deine) Ressourcen zu sparen! Aber erkläre Dich für zuständig etwas zu entscheiden, das andere umsetzen müssen, insbesondere wenn diese Anderen zu viel Macht zu gewinnen scheinen". Verwaltungen scheinen sich in einem ständigen Hin und Her zwischen Machtanspruch und Ressourcenschonung zu bewegen. In dieser Eigenlogik gefangen, können sie jedes Projekt am langen Arm absterben lassen, ohne dass dabei Zielstellungen oder Inhalte irgendeine Rolle spielen würden.

> Fassen wir zusammen:
>
> – Re-inszenierungen von Affekten und Konflikten aus der Kindheit der Beteiligten während der Projektdurchführung,
> – die gesellschaftliche Ambivalenz gegenüber Innovationen, die mit Projekten verbunden sind,
> – die prinzipielle Nicht-Steuerbarkeit von Kommunikation
> – und die zu Behinderungen führende Eigenlogik von Verwaltungsbehörden zwischen Machtanspruch und Ressourcenschonung
>
> stellen demnach die *Grenzen der Möglichkeit von Projektentwicklung* dar und erhöhen die Wahrscheinlichkeit, dass man bei der Durchführung eines Projekts scheitert (siehe dazu auch den Schluss von Kapitel 15.2).

„*Grenzen*" bedeutet nun aber nicht, dass sie unüberwindbar wären. Die vier Grenzen stecken einen Rahmen ab, den man unbedingt kennen sollte. Aber Grenzen fordern immer auch heraus, sie in Frage zu stellen, ihre Beweglichkeit auszutesten, sie auszudehnen und vielleicht sogar zu überwinden. Insofern bedarf es im Umgang mit ihnen einer doppelten Strategie: Man muss sie von Vorneherein im Auge haben und ständig beobachten, aber zugleich in jedem Projekt versuchen genauer herauszufinden, wo sie verlaufen. Dazu muss man dosierte Grenzverletzungen wagen, um zu sehen, was dann passiert. Zurückrudern kann man dann noch immer. Die Frage ist, ob man das schnell und geschickt genug hinbekommt oder ob die Grenzverletzung von anderen markiert wurde und sie bereits Gegenmaßnahmen eingeleitet haben (siehe dazu auch 15.3).

Wenn wir die theoretische Position näher untersuchen, aus der heraus Bernfeld (und in seiner Folge ich), zur Formulierung dieser Grenzen kommen, wird deutlich, dass es ihm nicht um eine soziologische und auch nicht systemtheoretische Bestimmung von Schule geht (abgesehen davon, dass das letzte Theorieangebot ihm noch gar nicht zu Verfügung stand), sondern eine *sozialpsychologische,* die sowohl die Individuen wie die Strukturen und die Verflechtungen zwischen

Beiden in den Blick zu nehmen versteht (siehe dazu auch Honig 2002, 187, Bernfeld in Barth 2010, 475 ff.). So wie das Adorno in seinem Aufsatz „*Zum Verhältnis von Soziologie und Psychologie*" (1955/1974) gefordert und vorgeführt hat. Weder kann man die handelnden Menschen nur als Funktionäre und Exekutierende der gesellschaftlichen Verhältnisse darstellen noch nur als selbstbestimmte Akteure betrachten: sie sind beides. Und häufig sowohl mehr gesellschaftlich bestimmt als sie ahnen und zugleich mehr von inneren undurchschauten Psychodynamiken beherrscht als sie wissen. Genau so wenig darf man sich die gesellschaftlichen und institutionellen Verhältnisse als etwas den Handelnden Äußeres vorstellen, sie sind immer auch in deren Inneres eingewandert, so dass sich die Frage, was ist gesellschaftlich und was individuell gar nicht mehr beantworten lässt. Das scheint mir der Clou bei Bernfeld zu sein.

Beispielhaft konnten wir dieses innige Verwobensein anhand den Begriffen „*institutionelle Abwehr*" und „*interpersonale Abwehr*" beschreiben (Kap. 11 E). Bernfeld kannte sie noch nicht und Mentzos kannte vermutlich Bernfeld nicht; aber ich bin mir sicher, dass die Begriffe von Mentzos für eine *Instituetik* der Projektentwicklung von entscheidender Bedeutung sind (Mentzos 1987, hier Kapitel 11 F).

So weit eine erste These zu den *Grenzen der Projektentwicklung*, die ganz nahe an Bernfelds Begrifflichkeiten zeigen wollten, was der Begriff *Instituetik* zu leisten imstande ist und was eine *Instituetik der Projektentwicklung* leisten kann.

12. Gründe für das Scheitern von pädagogischen Projekten

In diesem Kapitel fassen wir *Gründe* für das Scheitern von *pädagogischen Projekten* ins Auge (siehe dazu auch die ganz anders angelegte Sammlung in: Chaos 2020, Section III). Wir erweitern dafür den Beobachtungshorizont und nehmen neben den Gründen, die in den neun Projektberichten bereits deutlich geworden sind, zusätzliche in den Blick, die wir bei der Beobachtung anderer pädagogischer Projekte kennengelernt haben. Dabei versuchen wir alle aufgespürten bzw. von und oder anderen konstruierten Gründe in eine systematische Betrachtung einzuordnen. Diese ist so angelegt, dass auch Erfahrungen mit pädagogischen Projekten aus den letzten Jahren und damit aktuelle Jugendhilfebedingungen mit einbezieht (12.1). In einem daran anschließenden Unterkapitel thematisiere ich *Meta-Gründe* und leite über zu den *Theorien des Scheiterns* (12.2).

Ebenen und Faktoren für Gelingen und Scheitern

In den meisten Fällen scheitert ein Projekt nicht aus einem Grund (mono-kausal), sondern werden mehrere Faktoren, die unterschiedlichen Ebenen zugeordnet werden können, eine Rolle spielen. Sicherlich gibt es Faktoren, deren Vorhandensein sich immer negativ für den Prozessverlauf auswirkt wie z. B. mangelnde Personalausstattung oder zu niedrige Qualifikation der Mitarbeiter:innen. Manchmal können diese Negativ-Faktoren durch andere Faktoren kompensiert werden (z. B. hohe Identifikation mit dem Projekt), manchmal nicht.

Jede Projektentwicklung stellt einen Prozess dar, in dem viele Faktoren zusammenwirken und eine besondere Dynamik entfalten. Da die Faktoren zudem aufeinander einwirken und sich gegenseitig abschwächen, aber auch verstärken können, kann es durchaus sein, dass einzelne Faktoren in anderen Zusammenhängen durchaus positiv hätten wirken können. Dass sie aber im Kontext dieses konkreten Projekts und im Zusammenspiel mit diesen und/oder jenen anderen Rahmenbedingungen und Faktoren hinderlich oder destruktiv geworden (!) sind. Was bei diesem Projekt den Erfolg begünstigt (z. B. die Tatkraft eines Einzelnen), kann bei einem anderen zum Scheitern beitragen (z. B. aufgrund der zu großer Dominanz eines Einzelnen, die die Anderen abhält sich mehr zu engagieren, so dass das Projekt überwiegend auf seinen Schultern ruht). Jeder Projektzusammenhang ist demnach einzigartig, wobei die vier Grenzen, die wir in der Einleitung zu B aufgezeigt haben, zugleich für alle gelten).

Ich schlage *vierzehn Reflexionsebenen* vor, die beanspruchen, sowohl für das Gelingen als auch das Scheitern eines Projektes eine maßgebliche Rolle spielen zu können. Vierzehn Ebenen, auf denen wiederum mehrere unterschiedliche Faktoren (einzelne Gründe) wirksam sein können. Oft reicht das Zusammenspiel von vier, fünf Faktoren auf zwei oder drei Ebenen, dass ein Projekt nicht wirklich in die Gänge kommt und/oder rasch wieder aufgegeben wird. Wann und durch wen es daraufhin auch als *„gescheitert"* bezeichnet wird, ist eine andere Frage (s. Kap. 13.1).

In diesem Text geht es zunächst nur darum, die Ebenen (A–N) und einzelne Faktoren (auf der jeweiligen Ebenen) zu verdeutlichen. Deren Zusammenspiel und deren Dynamik, die bei jedem Gelingen und Scheitern als spezifisch gelten kann, muss entweder nachträglich aus konkreten Projektberichten herausgearbeitet werden, wie wir es exemplarisch in den neun Projektberichten vorgeführt haben, oder bei noch laufenden Projekten (mit und ohne Krise) immer wieder neu untersucht werden (s. a. Kap. 15). Am Schluss ordne ich diese 14 Faktoren drei Umwelten zu, die für jedes Projekt eine Rolle spielen. Wo es passend erscheint, stelle ich Bezüge zu dem oben eingeführten Begriff der *Instituetik* her:

A) Ebene: Konzept

Für jedes Projekt gibt es ein Konzept. Dieses kann schriftlich mehr oder weniger ausführlich niedergelegt und bekannt gemacht worden sein oder auch nur im Kopf des Projektgründers (wie bei Tolstoi und seinen Freien Schulen) existieren. Es kann bezüglich seiner Inhalte in sich logisch und stimmig sein oder (unerkannt) einander widersprechende Ziele verfolgen oder einander ausschließende Teilkonzepte mit unterschiedlichen Philosophien und pädagogischen Grundideen zusammen zwingen, so dass es später bei der Umsetzung in die Praxis zu Spannungen und Brüchen kommen kann, die von den Mitarbeiter:innen und/oder den Klient:innen wahrgenommen werden. Das wäre z. B. der Fall, wenn ein Konzept gleichzeitig an systemischen, aber auch an psychoanalytischen und Ideen des Neurolinguistischen Programmierens (NLP) orientiert sein möchte; oder *„strikt erzieherisch"* angelegt sein soll, aber auch ein *„therapeutisches Milieu"* darstellen möchte. Ein und dieselbe Person oder eine ganze Gruppe würden sich in diesen Fall über Unvereinbares im Konzept täuschen. Das Konzept kann aber auch als eine Art von Kompromiss angelegt sein, in das unterschiedliche Verfasser jeweils persönliche Schwerpunktsetzungen eingebracht haben, ohne ausreichend reflektiert zu haben, dass sie untereinander konfligieren.

Ähnliches gilt für die Elemente, aus denen ein *Setting* zusammengefügt wurde (Müller/Schwabe 2007, Schwabe 2021, Kap. 1.3). Auch diese müssen zusammenpassen und eine stimmige Einheit ergeben. Eine kombiniertes Punkte- und

Stufensystem (Element 1) kann mit regelmäßig angesetzten offenen Gesprächskreisen (Element 2) nur dann zusammenpassen, wenn die Verhaltensweisen, die beurteilt werden, und das Ausmaß der erwünschten Umsetzung immer wieder debattiert und verändert werden kann. Ansonsten kann man zwar alles Mögliche diskutieren, aber eben nicht die zentrale Struktur für den Alltag (vgl. Schwabe 2022b).

Beispiele

Unerkannte Unstimmigkeiten in konzeptionellen Fragen scheinen für die späteren Konflikte zwischen dem Fortbildner und der Einrichtungsleiterin eine Rolle gespielt zu haben: sie hatte zwar früh einzelne Elemente, die ihm wichtig waren, moniert und deren Streichung veranlasst (Kap. 10.3). Aber sie hat vermutlich den Geist seines Konzeptes nicht klar genug wahrgenommen, um zu verstehen, dass es in wichtigen Teilbereichen in Spannung zu dem steht, was sonst in „ihrer" Einrichtung gedacht und gelebt wird.

Einen ähnlichen Konflikt habe ich vor kurzem in einer Einrichtung erlebt, in der die Einrichtungsleitung bei der Neugründung einer Kindergruppe sehr stark auf Partizipations- und Selbstregierungselemente gesetzt hatte, denen die Erzieher:innen auch zustimmen konnten. Als es an die Umsetzung ging, legten die Erzieher:innen allerdings viele Regeln einseitig fest und führten immer wieder Kontrollmaßnahmen durch, die die Leitung für überflüssig oder aber schädlich hielt. Nachdem der Teamleiterin deswegen in der Probezeit gekündigt wurde, zogen sich auch andere Mitarbeiter:innen zurück und zerfiel das Projekt. Dieser Verlauf erinnert gleichzeitig stark an den Projektbericht von Gerd E. Schäfer (Kap. 8).

In einer anderen Einrichtung sollte ein Projekt für U-Haft-Vermeidung umgesetzt werden. Eine neu eingestellte Fachkraft, die die Leitung übernehmen sollte, konzipierte das Projekt im Einvernehmen mit der Einrichtungsleitung, dem belegenden Jugendamt sowie dem Landesjugendamt so, dass man dort so weit wie möglich auf Zwang verzichten wollte. Als die Jugendlichen aber in den ersten Monaten die Grenzen des Angebots testeten, Mitarbeiter:innen bedrohten und/oder entwichen, wurde deutlich, dass sich alle Beteiligten die Unterbringung sehr viel abgesicherter vorgestellt hatten. Rückblickend wurde klar, dass es einen paradoxen Auftrag an die Leiterin gegeben hatte: „Schaffe uns eine Einrichtung mit verbindlichen Regeln und Zwang, aber ohne Zwang!". Daran konnte sie nur scheitern.

Bei allen schriftlichen Konzepten stellt sich die Frage, ob sie beanspruchen einen verbindliche Leitfaden für Haltungen und Handlungen im praktischen Umgang mit Klient:innen und Kooperationspartner:innen darzustellen, oder um eine erste Absichtserklärung, in der man alle möglichen theoretischen und methodischen Ansätze zitiert, ohne sie wirklich umsetzen zu wollen (vgl. Schwabe/Thimm 2018, 72 ff.).

Ob Konzepte überhaupt zu *Wirkfaktoren* in einem Projektverlauf werden, hängt von mehreren Begleitumständen ab. Immer wieder bleiben Konzepte

„bedeutungslos" im Hinblick auf die Gestaltung von Alltag. Damit muss das Projekt noch nicht scheitern, aber erfährt zumindest keine Unterstützung, die ein gutes Konzept bieten kann. Ein Konzept kann von einer „klugen" bzw. ambitionierten Person geschrieben sein, die dort alles an eigenen Erfahrungen und Reflexionen hineingelegt hat und anschließend anderen, an der Mitwirkung interessierten Mitarbeiter:innen relativ fertig vorgelegt werden. Oder es kann von einer Gruppe von Menschen entwickelt und von mehreren geschrieben worden sein. Meist sind die ersteren Konzeptionen die „schöneren", die zweiten aber die wirkungsträchtigeren. Oft entscheidet der Prozess der Konzeptionsentwicklung schon darüber, ob dieses später umgesetzt wird oder nicht. Man bekommt jedenfalls die Mitarbeiter:innen über das Konzept alleine „nicht in die Spur", die das Konzept verfolgt und schon gar nicht in die Identifikation mit dem Projekt.

Ein anderer Grund für das Wirkungslosbleiben von Konzepten ist häufig in der Organisations-kultur verankert: Es gibt bei Einrichtungen ausgesprochene Schriftkulturen, die schriftliche Planungen ernstnehmen und darüber Verbindlichkeit herstellen; es gibt aber auch ausgesprochen diskursiv angelegte Einrichtungen, in denen eher situativ flexibel gehandelt wird und jeweils von den Akteuren vor Ort bestimmt wird, was getan wird. „Papiere" gelten in diesen Einrichtungen, die nicht schlecht arbeiten müssen, nicht viel. Sie sind eher etwas, das man für den Verkehr mit Jugendamt, Behörden, Geldgebern braucht, aber nicht für die eigene Arbeit im Inneren der Organisation. Wenn ein:e Vertreter:in einer Schriftkultur, den an Konzepte glaubt, an eine:n Vertreter:in einer Diskursiv-Kultur gerät, dem Konzepte nicht viel bedeuten, können sich daraus schwere Konflikte bis hin zum Scheitern ergeben. Diese Spannung konnten wir in dem Projekt des Fortbildners beobachten, der das Verfassen von Texten sehr wichtig genommen hat, während die Einrichtungsleiterin gewohnt war immer wieder von Planungen abzuweichen, wenn ihr das durch praktische Erfordernisse geboten schien (s. Kap. 10), während er mit jedem Wegfallen oder jeder Einschränkung des ursprünglich Geplanten (z. B. bei der internen Beschulung oder beim Hochseilgarten) das Projekt ernsthaft gefährdet sah.

B) Ebene: Lage, Gebäude und Ausstattung

Für bestimmte Personengruppen bzw. Zielstellungen sind bestimmte örtliche Situationen mehr oder weniger geeignet oder gar nicht geeignet. Räumlichkeiten und Gebäude können vom Zuschnitt und vom Raumprogramm her die Ziele der Konzeption unterstützen oder bei ihrer Verwirklichung Schwierigkeiten bereiten. Ein Haus kann zu eng und verwinkelt sein und damit zu viele schwer einsehbare und kontrollierbare Situationen entfalten: oder mit weitläufigen Verkehrsflächen (z. B. Gängen) und großen Räumen ohne Rückzugsmöglichkeiten und Privacy, ungemütlich wirken und an ein Krankenhaus oder Gefängnis erinnern.

Bestimmte technische Ausstattungen können die Arbeit erleichtern (Aufzüge, bruchsichere Scheiben, tragbare Telefone), ihr Fehlen sie erschweren. Das kann bis zum Scheitern gehen (wenn die Jugendlichen z. B. die Rigips-Wände zwischen den Zimmern eintreten können). Die Ausstattung kann angemessene Vorsicht zum Ausdruck bringen (Schlösser, Spiegel aus Edelstahl statt aus Glas etc.) oder zu viel Misstrauen, so dass die Jugendlichen erst recht anfangen zerstörerisch zu agieren.

Konkrete örtliche Lagen sind mit jeweils anderen Sozialräumen und Nachbarschaften verbunden, die den Pädagog:innen, die für das Projekt verantwortlich sind und es entwickeln sollen, das Leben schwer oder leicht machen können.

> *Beispiel*
>
> Das von uns evaluierte Projekt BoB für jungen Menschen, die als Systemsprenger:innen galten, konnte auch in Berlin nur in einem Stadtteil wie dem Wedding verwirklicht werden, in dem sich auch andere „auffällige" Gruppen bewegten und bei der Mehrheit der Bevölkerung eine überdurchschnittliche Toleranz gegenüber Lärm, Belästigung und Drogenkonsum bestand. Um zu verhindern, dass die Jugendlichen in ihren Zimmern ständig Gäste aufnehmen, wurden die Räume aufwändig verkleinert und die Zugänge zu den Balkons vermauert. Man wollte schlichte Einraumwohnungen für einen Übergang schaffen, aber diese so klein und ungemütlich halten, dass sich die Jugendlichen dort nicht für immer wohnen wollen und einen Wunsch nach bequemeren Wohnformen entwickeln (Schwabe/Stallmann/Vust 2006).

Bestimmte Lagen sind immer für bestimmte Aspekte günstig und für andere ungünstig; so sind z. B. stadtferne Gebäude mitten in der Provinz mit einem kleinen Bahnhof in der Nähe, ideal um das Weglaufen bzw. Entweichen der jungen Menschen zu minimieren, weil man sie schnell wiederfindet noch bevor sie sich weiter entfernen konnten; aber ungünstig für die regelmäßigen Elternkontakte und für eine angemessene Freizeitgestaltung, die auch Kino- und Schwimmbadbesuche etc. einschließen möchte. In Randlagen von Städten oder der Provinz haben die Jugendlichen immer wieder das Gefühl abgeschoben zu sein und verweigern ihre Mitarbeit. Dafür sind diese Orte sicherer, was Eingriffe und Gefährdungen von außen (Drogendealer) bzw. durch andere Gruppen betrifft. Aus jeder Lage können Probleme entstehen…

Dieser Gesichtspunkt gehört in jedem Fall in eine Theorie der Praxis von Projektentwicklung, deren Bedeutung wir oben unter dem Stichwort *Instituetik* propagiert haben. Orte, egal ob als Lagen, Gebäude oder eingerichtete Räume sind keine „Gehäuse", sondern *Aktanten* wie Latour das nennen wird (s. Kap. 13.3).

C) Ebene: Projektentwicklungs-Prozess-immanente Faktoren

Jeder Projektaufbau stellt ein hoch komplexes Unterfangen dar und wird durch immanente Faktoren geprägt, die Herausforderungen an die Psyche der Beteiligten, aber auch an die Organisation stellen: *Prozess-Immanente psychische Faktoren* sind die von Gerd E. Schäfer in Kapitel 8 beschriebenen: Sie führen zu nicht vermeidbaren Ängsten und Verunsicherungen, da jede Projektentwicklung die daran Beteiligten herausfordert, gewohnte Handlungs- und Kommunikationsformen in Frage zu stellen und sich auf die Entwicklung neuer einzulassen. Die damit verbundenen Unsicherheiten kann man nicht verhindern, man kann sich ihnen lediglich stellen und dafür Unterstützungen anbieten. Freilich muss man dafür um sie wissen. Schäfer ist bisher der einzige Autor, der diese Art von Prozess-immanenten psychischen Faktoren herausgearbeitet hat. *Prozess-immanente organisatorische Faktoren* sind vielfältig: Für jeden Einzelfall stellen sich mehrere Fragen: Wie viel Vorlauf braucht es für den Projektstart? Was muss bis dahin alles eingerichtet und geklärt sein, damit der Start gelingen kann? Welche Risiken geht man ein, wenn man verfrüht an den Start geht? Gibt es aber auch einen Zeitpunkt, an dem man die Vorbereitungsphase nicht weiter ausdehnen sollte? Bleibt es nicht immer ein „Sprung ins kalte Wasser"? Einen verfrühten Start und seine negativen Folgen haben wir in Kapitel 9 im Zusammenhang mit der GUF in Hamburg kennengelernt. Ich kenne aber aus eigener Erfahrung ein Team, das fast fünf Monate intensives Kennenlernen, gemeinsame Erarbeitung der Konzeption und das Einrichten des Hauses zu Verfügung gestellt bekam, und trotzdem im ersten Jahr der praktischen Arbeit auseinandergebrochen ist.

Eine andere Frage: Was kann und muss man in der Projektvorbereitungsphase planen, was kann und muss man aber auch offenlassen (Über- oder Unterstrukturierung sind beide ungünstig; s. a. Kap. 15.3)?

Eine andere Prozess-immanente Fragestellung, ergibt sich aus dem Umstand, dass: fast jedes Projekt den geplanten Termin seines Starts verschieben muss, weil bestimmte Voraussetzungen noch nicht gegeben sind (wie z. B. Fertigstellung des Hauses) oder aber sich gezwungen sieht verfrüht zu starten. Probleme bezogen auf den verzögerten Start sind: Was passiert mit den bereits zu Verfügung stehenden Mitarbeiter:innen in der Zwischenzeit? Wie gut lassen sie sich ausgewählten Mitarbeiter:innen anderweitig in der Einrichtung beschäftigen? Was kann man von ihnen verlangen? Was können sie als „nicht adäquat" ablehnen? Wie viele springen ab, wenn sich der Start wiederholt verschiebt? Wie geht man mit den Spannungen um, die in der Gesamtorganisation durch Verzögerungen entstehen? Was denken andere Mitarbeiter:innen an anderen Orten über ein „ewig lange" beratenes, aber noch immer nicht gestartete Projekt? Was die externen Partner:innen? Wem wird die „Schuld" an den Verzögerungen gegeben? Zurecht oder zu Unrecht? Und was leitet sich aus diesen für den weiteren Verlauf an Hypotheken ab (finanziellen oder menschlichen?). Andere Prozess-immanente Faktoren betreffen

- die Frage, wie eng man das neue Angebot an Bedarfe orientiert hat, die immer wieder beobachtet wurden, aber nicht befriedigend bedient werden konnten. Hatte man dabei nur die eigene Einrichtung im Blick oder Sondierungsgespräche mit anderen Einrichtungen und Jugendämtern geführt? Wie geht man damit um, dass trotz vorherige Zustimmung beim Start Belegungsschwierigkeiten auftreten;
- die Frage, ob die Leiter:in des neuen Projekts aus der Einrichtung stammen und dort bereits einsozialisiert sein soll oder auch eine Externe dafür geeignet ist, vielleicht sogar besonders geeignet;
- etc.

Die Liste ist nicht vollständig. Es wird aber deutlich geworden sein, dass man mit allen möglichen Problemen rechnen muss, aber zugleich auch nur rechnen kann, wenn man über ein gewisses Maß an Erfahrungen im Aufbau von Projekten besitzt. Insofern ist Erfahrung im Bereich Projektentwicklung wahrscheinlich einer der entscheidenden Gelingensfaktoren. Zugleich haben wir oben in der Einführung zu Teil B von den immanenten Grenzen gesprochen, die zumindest für alle, denen der Begriff *Instituetik* einleuchtet, beachtenswert sind. Das gilt für beide Formen von Prozess-immanenten Faktoren.

D) Ebene: MitarbeiterInnen, Personal

Auf dieser Ebene kommen verschiedene Faktoren zum Tragen:

- *Personalausstattung*, quantitativ: Hier ist nicht nur die Frage, ob im Konzept ausreichend Personal eingeplant wurde, sondern auch ob es bei Projektstart auch zur Verfügung steht? Starten alle Mitarbeiter gemeinsam oder muss man alleine aus wirtschaftlichen Erwägungen hinaus bei den ersten Fällen mit einem Kernteam beginnen, das nach und nach ergänzt wird. Wenn das Personal analog der wachsenden Belegung eingestellt werden soll, bedarf es klarer Absprachen; was macht man, wenn die Belegung anfangs nicht gut läuft, man aber schon Zusagen für Mitarbeiter:innen gemacht hat?
- *Qualifikation des Personals*, qualitativ: Die Mitarbeiter:innen müssen nicht nur fachlich gut sein, sondern gut genug für das spezifische Klientel, das betreut werden soll. Über bestimmte Qualifikationen (Konfrontations- und De-Eskalationstraining) müssen alle verfügen, ansonsten wird man für viele Projekte eine bunte Mischung (Zusatzqualifikationen für Kanu, Klettern, erste Hilfe, Schulassistenz, Traumapädagogik) finden. Das Gesamt-Qualifikations-Paket, das sich aus den mitgebrachten Kompetenzen und Weiterbildungen aller Mitarbeiter:innen zusammensetzt muss für das Ziel des Projekts stimmen. Zur Qualifikation gehört unbedingt, über seine eigenen biographischen

Belastungen und Schwachstellen Bescheid zu wissen. Die Bereitschaft sich diese im Rahmen von Supervision und/oder Eigen-Therapie anzuschauen, muss vertraglich abgesichert sein. Ähnliches gilt für Nachqualifikationen in bestimmten Bereichen.
- *Engagement, Identifikation:* neben der fachlichen Qualifikation müssen die Basistugenden (Pünktlichkeit etc.) und die Einsatzbereitschaft stimmen.
- *Persönlichkeiten, Charaktere, Unverträglichkeiten* (mit oder ohne Übertragungshinter-grund): Welche Personen kommen in einem Team/Arbeitsbereich zusammen und wie vertragen die sich? Wie merkt man rechtzeitig, dass zwei Personen nicht miteinander können oder von einer direkten Zusammenarbeit entlastet werden müssen (ein bestimmter Pädagoge und ein bestimmter Lehrer). Wo langt es zu sagen „die Chemie stimmt nicht", wo gibt es Übertragungs- und Gegenübertragungsbeziehungen, die biographisch motiviert sind und für die jeder die Verantwortung übernehmen muss. Und wer kontrolliert das? Was ist in diesen Fällen die Aufgabe von Leitung?
- *Konflikte:* Teamdynamik, Dynamik mit Leitung, unter Leitungspersonen: hier geht es speziell um Teamdynamiken auf Mitarbeiter:innen-, aber auch auf Leitungsebene bzw. Dynamiken zwischen Teams und Leitung. Hier können sehr viele unterschiedliche Konfliktdynamiken entstehen und den Prozess der Zusammenarbeit nach und nach verunmöglichen (siehe weiter E).

> *Beispiel*
>
> Fehlende Mitarbeiter:innenausstattung und mangelhafte Qualifikation für den Umgang mit den schwer belasteten und heftig agierenden Jugendlichen haben für heftige Turbulenzen in der GUF gesorgt (s. Kap. 9). Zwar musste die Einrichtung nicht geschlossen werden, aber haben viele Jugendliche das Vertrauen in die Betreuer:innen verloren, weil diese immer wieder ohne Vorwarnung kündigten und verschwanden.

E) **Ebene: Stimmigkeit von Aufgabenverteilung und Über-/Unterordnung, passende Leitungsstrukturen und dazu passende Informations-Wege bzw. „Konferenz-Systeme"**

Auf dieser Ebene geht es um die Frage, wie eine sinnvolle *Leitungsstruktur* für die Projektentwicklungsphase, aber auch die ersten Jahre des Projekts aussieht. Wie wir in Kapitel 10 erfahren konnten, bedarf es dabei nicht nur einer passenden Leitungsstruktur für das neue Projekt, sondern auch einer angemessenen Einbindung des Projektleiters/der Projektleiterin in die schon bestehenden Leitungsstrukturen der Einrichtung. Eine Projektstruktur kann in sich stimmig sein, aber dennoch in Spannung mit den Einrichtungsstrukturen stehen. Die entscheidenden Fragen bei der Entwicklung der Leitungsstruktur: Wer soll beim

Projektaufbau für was verantwortlich sein? Welche Entscheidungsbefugnisse liegen jeweils bei den Mitarbeiter:innen, der Team- oder Bereichsleiter: in, der Gesamtleiterin etc.? Wer muss bei welchen Fragen, Problemen, Entscheidungen wen informieren und/oder beteiligen? Gibt es so etwas wie ein Veto-Recht und von wem kann es beansprucht werden? Zu berücksichtigen ist dabei, dass formelle und informelle Leitungsrollen dabei eine mehr oder weniger große Rolle spielen können. Bei vielen Projekten wäre es z. B. ungünstig, dass ein neuer, von außen kommender junger Mann der Chef von sechs oder acht seit Jahren in der Einrichtung bewährten Kolleg:innen wird und mit diesen zusammen ein neues Projekt aufbauen soll. Aus den verschiedenen Voraussetzungen ergäben sich Unstimmigkeiten zwischen der formellen Hierarchie auf der einen und der Ebene der Erfahrung und institutionellen Bindung auf der anderen Seite.

Erfahrene Kolleg:innen können beim Projektaufbau nicht immer in alle wichtigen Entscheidungsprozesse einbezogen werden, aber sie brauchen Orte an denen sie gehört werden und sich auch angehört erleben; ansonsten passiert es leicht, dass sie die offizielle Projektleitung untergraben. Weitere Komplikationen für den Projektaufbau können sich aus dem unabgestimmten Agieren – Kungeln – einer Leitungsebene/Abteilung mit einem Einzelnen oder Team gegen eine andere Leitungsebene ergeben. Das kann auch die Verwaltung (Finanzhoheit) und die pädagogische Gesamtleitung betreffen. Ebenso schwierig wird das Hineinregieren einer anderen Ebene in die als eigen definierte Domäne erlebt, ohne dass das klar abgesprochen ist. Schwierig wirkt es sich zudem immer beim Projektaufbau aus, wenn ein Leiter/eine Leiterin eher Sympathieträger sein möchte und sich vor unliebsamen Entscheidungen und klaren Anforderungen an die Mitarbeiter:innen herumdrückt.

Die Klarheit von Strukturen stellt bezogen auf eine möglichst günstige Entwicklung des Projekts nur die halbe Miete dar. Genauso wichtig ist das Thema *Vertrauen*: Oft lässt die Gesamtleitung den Projektverantwortlichen zunächst einen großen Entscheidungsspielraum, wenn bzw. weil sie Vertrauen hat und reduziert diesen, wenn das Vertrauen schwindet. Oder umgekehrt: Erst kontrolliert die Gesamtleitung viel und beansprucht lückenlos informiert zu werden, wenn sich die Projektverantwortlichen als kompetent erweisen, gewährt sie ihnen mehr Autonomie. Hier stellt sich die Frage, woran das Verspielen oder WenigerWerden von Vertrauen oder die Zunahme desselben festgemacht werden und wie offen diese Prozesse kommuniziert werden.

> *Beispiel*
>
> Das Scheitern der neuen Intensivgruppe (Kap. 10) verdankt sich auch einer zunehmenden Auflösung des anfänglichen Vertrauensverhältnisses zwischen der Einrichtungsleiterin und dem Fortbildner. Wann und wie dieses Vertrauen verlorenging, haben beide vermutlich zu wenig registriert, reflektiert und auch nicht kommuniziert.

Insbesondere stellt sich hier auch die Frage, welche Rückendeckung die Team- oder Bereichsleitung von der Gesamtleitung erhält; oder das Team von Seiten der Leitung. Auch mit Blick auf Leitungs-Kolleg:innen: Das Scheitern des einen, kann dem anderen auch gelegen kommen, weil es ihn im internen Machtkampf nach vorne bringt oder zurückfallen lässt.

> *Beispiel*
>
> Das oben beschriebene Projekt für U-Haft-Vermeidung wurde von keinem der alteingesessenen Bereichsleiter übernommen. Dafür wurde eine neue Fachkraft eingestellt. Weil klar war, dass es sich bei diesem Projekt um das „Kind" des Gesamtleiters handelt, war der Druck es zum Gelingen zu führen sehr hoch. Zugleich fand die Projektleiterin bei den männlichen Kollegen kaum Unterstützung. Deren Haltung war eher: Schau mal wie Du mit diesem Projekt klarkommst. Als sie gescheitert war, spürte der Gesamtleiter bei einigen seiner Bereichsleiter so etwas wie Entspannung und Genugtuung.

F) Ebene: Organisationskultur der „Stammeinrichtung", gerade im Zusammenhang mit einem neuen Projekt

Jede Einrichtung entwickelt im Laufe der Zeit eine eigene *Organisations-Kultur*: ein Set von geschriebenen, aber noch mehr an ungeschriebenen Regeln und eigenen Kommunikationsformen; eine Reihe von Werten, Präferenzen und Umgangsstilen, die alle Ebenen der Einrichtung von der Spitze bis zur Basis prägen (Schein 2003, Merchel 2012, 62 ff.). Siezt man sich überwiegend oder duzt man sich? Gehören lautstarke Auseinander-setzungen, in deren Verlauf auch mal „Scheiße" gerufen wird, mit zur Organisationskultur Kultur oder stellen sie No-Gos dar? Präsentiert man sich als Mitarbeiter:in eher als klug und intellektuell und pflegt dieses Image auch in Konferenzen oder inszeniert man besser ein wenig hemdsärmelig, aber dafür als die Praktiker:in mit dem Herz auf dem rechten Fleck, für die ein Bier mit den Kolleg:innen am Feierabend wichtiger ist als das Lesen von Fachliteratur? Kommt der Chef überwiegend mit Schlips und Anzug oder eher in Jeans und offenem Hemd? Parkt die Leiterin den neuen, schicken Dienstwagen für alle sichtbar auf dem Gelände, am besten noch auf einem für sie reservierten Parkplatz oder vermeidet sie die Zurschaustellung solcher Statusprivilegien? Siezt man sich überwiegend oder duzt man sich? Gehören lautstarke Auseinandersetzungen, in deren Verlauf Scheiß gerufen wird, mit zu dieser Kultur oder stellen sie No-Gos dar? Präsentiert man sich insgesamt eher als klug und intellektuell und pflegt dieses Image auch in Konferenzen oder hält man sich für „die Praktiker:innen mit dem Herz auf dem rechten Fleck", für die der Stammtisch wichtiger ist als das Lesen von Fachliteratur?

Alle solche Elemente stehen mit dem *„Geist der Institution"* oder eben einer *„Organisationskultur"* in Verbindung und werden von dieser ermöglicht und unterstützt oder als peinlich und unpassend etc. qualifiziert (Schein 2003, Beck-Engelberg et al. 2015, 91 f.). Die Bedeutung der jeweiligen Organisationskultur für das Verhalten der Beschäftigen wird durch Metaphern wie „Skript" und „Mentalität" deutlich (Merchel 2012, 62 ff.): *Skript* meint, dass die Kultur-adäquaten Vorschriften wie in einem *Drehbuch* vorliegen, an das sich alle halten, auch wenn es nirgendwo nachgelesen werden kann. *Mentalität* spielt auf etwas Übergeordnetes an, das auch sehr verschiedene Individuen auf der Einstellungs- und Handlungsebene miteinander verbindet so wie die meisten Nordeuropäer und Südeuropäer bei allen Unterschieden doch gleiche Verhaltensweisen zeigen.

Organisationskulturen werden von Vorgesetzten und Mitarbeiter:innen nicht regelmäßig und explizit und auch nicht bewusst gepflegt wie – um eine Metapher zu bemühen – Pflanzen in einem Gewächshaus, sondern stellen dar, was aus dem Boden unter den Gewächshäusern durch mehrere Schichten von Erde nach oben dringt, und das Wachstum der Pflanzen beeinflusst wie z. B. Humusschichten, Nährstoffreichtum, Wasser-haltende oder -ableitende Schichten oder unsichtbare Kontaminierungen. Die mehr oder weniger inhomogenen Elemente einer Organisationskultur sind oft schwer zu thematisieren, prägen aber die Atmosphäre und bestimmen den Umgang der Mitarbeiter:innen oder zwischen Leitung und Mitarbeiter:innen. *Scheitern* kommt zustande, wenn es auf dieser Ebene zu viele Unverträglichkeiten zwischen den Protagonisten des Projekts gibt oder zwischen den Projektverantwortlichen und anderen Kulturträgern in der Einrichtung. Auch das Zusammenspiel von Männern und Frauen stellt ein wichtiges organisationskulturelles Element dar (s. a. Kap. 10.3).

Hier ein paar Hinweise auf Faktoren, die scheitern mitbewirken können (siehe auch Kap. 12 F):

- Passung der organisationskulturellen Sozialisationen: Kommen bei dem neuen Projekt Individuen zusammen, die über eine ähnliche Organisationskultur verfügen oder bisher ganz andere Kulturen gewohnt sind, als die für das Projekt bestimmende, vor allem, wenn man zur Rekrutierung des Personals auf altbewährte, interne Kräfte und zugleich auch auf neue externe Fachleute zurückgreift, ergibt sich eine spannende Mischung, die kann gut für das Projekt sein oder explosiv; z. B. wenn die neuen sich nur anpassen müssen und sich keine neue Kultur etablieren darf.
- Geheime Regeln und Lehrpläne in der Organisation; eine mögliche Verführung kann es darstellen, sich Leute von außen zu holen, damit sie etwas Neues machen, aber im Grunde will man keine Irritation durch Neues, sondern das Bewährte weiter machen. Die von außen kommende Fachkraft will innovativ wirken, bekommt das auch als Auftrag; aber der ist eben ambivalent und mehrdeutig. Das alte Prinzip „Wasch mich, aber mach mich nicht nass", das man aus Supervision etc. kennt, kann auch bei einem neuen Projekt eine Rolle spielen. Ein geheimer Auftrag kann aber auch darin liegen, dass im neuen

Projekt viele gescheiterten Fälle der anderen Gruppen aufgenommen werden sollen: „Richtet ihr, was die anderen nicht schaffen!" oder auch „Nehmt uns die Schwierigen" oder „die sexuelle Missbrauchten" ab, ohne dass das konzeptionell so ausgewiesen wäre.
- Aufgabe und Rolle des neuen Projektes in der „alten" Einrichtung; dem neuen Projekt können auch offiziell Aufgaben und Rollen zugeschrieben werden, die die anderen Angebote oder die Arbeit an anderen Standorten in einem anderen Licht erscheinen lassen.

Beispiel

Organisationskulturelle Unverträglichkeiten haben im Projekt von Wilker eine entscheidende Rolle gespielt: Beamtentum auf der einen Seite und Wandervogelbewegung auf der anderen fanden nicht zusammen (Kap. 5.6 und 5.7). Ähnliches gilt für den Sprechsaal-Geist der Jugendbewegung, den Bernfeld verkörperte und das etablierte Wiener Bürgertum, das von den beiden mit ihm konkurrierenden Leiter:innen vertreten wurde (Kap. 6.5). Auch Makarenko bekam es sowohl mit der Kommunistischen Partei, aber auch dem pädagogischen Universitätsmilieu und den Bauernräten jeweils mit ganz anderen Organisationskulturen zu tun, die er als fremd, kontrollierend und bürokratisch erlebte und an die er nur schwer anknüpfen konnte. Ähnliches erlebte der Fortbildner in der Einrichtung, für die er ein Projekt aufbauen sollte. Auch dort gab es organisationskulturelle Besonderheiten, mit denen er nicht gerechnet hatte, obwohl er vorher geglaubt hatte, die Einrichtung relativ gut zu kennen (s. Kap. 10.3).

G) Ebene: Kooperation, d. h. Schnittstellen nach innen (z. B. zur Verwaltung, zur internen Schule) und nach außen (zum Jugendamt, zur Polizei)

Kooperation beginnt in der Einrichtung, zu der das Projekt gehört. Es muss klar sein, welche Unterstützungen das neue Projekt intern bekommen kann und muss. Ebenso muss man die Kooperationserwartungen und Kooperationsmöglichkeiten anderer Berufsgruppen klären und wenn möglich in schriftliche Vereinbarungen „gießen". Funktionieren die Schnittstellen nicht zur gegenseitigen Zufriedenheit wird es über kurz oder lang zu Konflikten und Verweigerungen kommen. Diese werden häufig über die bzw. auf dem Rücken der Klient:innen/ jungen Menschen ausgetragen. Mit Blick auf *Instituetik* hätten wir es bei diesen Beispielen mit der oben beschriebenen Grenze B 2 Nicht-Verfügbarkeit von Kommunikation zu tun. *Kapitel 10 zeigte uns, wie eine von Anfang an belastete Kooperation zwischen dem Projektleiter und der Schulleiterin zu sich aufschaukelnden Konflikten und tiefen Zerwürfnissen führte, die bis zum Ende des Projekts andauerten.* Kooperationen nach außen betreffen z. B. die Kinder- und Jugendpsychiatrie und/oder die Polizei. In vielen pädagogischen Projekten ist man auf sie angewiesen und muss einiges dafür unternehmen, dass die dort Arbeitenden verstehen, warum das Projekt wie arbeitet, welchen Zielen es dient, und warum es dort zu Spannungen und Problemen kommen kann, die andere Formen der Unterstützung erforderlich machen.

> *Beispiel*
>
> In dem Projekt, das der Fortbildner schildert (Kap. 10) gab es das Konzeptelement Zwangswandern, um Gewalttäter sofort nach jeder Gewalttat aus der Gruppe herauszuziehen und für einige Tage zu isolieren. Die Rückkehr in das Gruppenhaus sollte mit einer Entschuldigung und Wiedergutmachungs-Zusagen von Seiten des Täters verbunden sein, die während der Wanderung mit dem Jugendlichen erarbeitet wurden. Obwohl es sich um sechs gewaltbereite Jugendliche handelte, kam es im ersten Projektjahr zu keinem Polizeieinsatz. Aber die Polizei wusste wie die Gruppe arbeitet und wurde z. B. auch von Passanten darüber informiert, dass Jugendliche – offensichtlich gegen ihren Willen – mit drei, vier Pädagogen als Bewachung aus dem Haus geführt und weggefahren wurden. Was in ihren Augen wie eine Entführung aussah, stellte ein Settingelement dar. Die Polizei konnte aufgrund der Informationen und eines Besuches im Haus und nach Gesprächen mit den Jugendlichen mit den Sorgen der Beobachter:innen adäquat umgehen. Das Projekt wurde von Seiten der Polizei sogar als vorbildlich dargestellt, da sie die Erfahrung gemacht hatten, dass andere Jugendhilfewohngruppen nach Gewalttaten eher hilflos agierten und die Polizei zur Hilfe riefen. Was in Ordnung ist, aber eben auch gut erklärt werden muss.

Anhand des letzten Beispiels sehen wir, welch enorm wichtiger Faktor Kommunikation mit Kooperationspartner:innen darstellt. Freilich haben wir in den Kapiteln 5 Wilker, 6 Bernfeld, 8 Schäfer, 9 GUF und 10 Fortbildner viele Beispiele dafür gesehen, was das Aussetzen oder Fehllaufen von Kommunikation zum Scheitern beitragen kann. So dass wir diesem Faktor bereits in dem Kapitel 11 mit der Hitliste von projekteigenen Themen einen zentralen Platz eingeräumt haben (B und E). Mit Blick auf *Instituetik* hätten wir es bei diesen Beispielen mit der oben beschriebenen Grenze B 2 *Nicht-Verfügbarkeit von Kommunikation* zu tun.

Auch die Grenze vier „*Öffentliche Verwaltung zwischen Machtanspruch und Ressourcenschonung*" und die Beispiele, die ich in der Einführung zum Teil B erinnert habe, sei hier ausdrücklich hingewiesen.

H) Ebene: Auswahl der aufzunehmenden Fälle, Falleingangsphase

Die Frage ist, ob man auch die Zielgruppe aufnehmen kann bzw. die Fälle zur Aufnahme vorgeschlagen bekommt, für die das Konzept gemacht. Häufig werden spezialisierte Gruppen mit Anfragen für vom Konzept abweichenden

„Störungsbildern" konfrontiert. Einerseits ist das Konzept für diese Kinder und Jugendlichen nicht angelegt und ausgewiesen. Andererseits muss ein Projekt ins Arbeiten kommen und kann nicht erwarten genau die Richtigen zu bekommen. Die Frage ist, ab welchem Belegungsdruck man Fälle abweisen oder dann doch annehmen muss. wer entscheidet das? Wer sortiert die Anfragen, führt die Aufnahmegespräche, in denen oft wichtige Weichenstellungen erfolgen? Ein Projekt kann durchaus auch an der Zusammenballung spezifischer Störungsbilder bei einzelnen „jungen Menschen" scheitern; ein oder zwei Jugendliche mit „Persönlichkeitsentwicklungsstörung" hätte man noch handeln können, aber drei oder vier nicht mehr etc. Insofern kommt es zur Verhinderung von unbewältigbaren Konstellationen auf eine passende Mischung an.

> *Beispiel*
>
> Die Einrichtungsleiterin erlaubte dem Projekt des Fortbildners eingangs die Jugendlichen nach und nach aufzunehmen. Nach einer gewissen Zeit erhöhte sie jedoch den Aufnahmedruck, auch wenn die Angefragten nicht der Zielgruppe aus dem Konzept entsprachen. Noch einmal später überwies sie zwei jüngere Jugendliche aus anderen Gruppen in das Projekt, was die Gruppendynamik völlig veränderte. Vor allem, weil diese beiden zwar sehr auffällig agierten, aber nicht im Bereich Aggression und Gewalt. Für diese beiden machte das zweimal in der Woche stattfindende Anti-Gewalt-Training wenig Sinn, was sich wiederum auf ihre Motivation dort mitzumachen auswirkte.

l) Ebene: Interaktionsdynamik im neuen System insbesondere unter den Kindern/Jugendlichen und zwischen den Jugendlichen und den Mitarbeiter:innen

Mit Beginn der praktischen Ebene entwickeln sich vor Ort häufig neue bisher unbekannte Dynamiken, an denen man scheitern kann, aber aus denen auch neue Initiativen entstehen können, die den Projektverlauf begünstigen können. Denken wir nur an die Dynamik zwischen den Kindergruppen im Kinderheim Baumgarten, die insofern günstig als die später Angekommenen die gleichen Informationsrechte einklagten wie die bereits Anwesenden und Bernfeld damit die Gelegenheit gaben, sie kennenzulernen und auf seinen pädagogischen Stil einzustimmen (s. Kap. 6.3). Oder an die Gruppendynamik der von Pestalozzi betreuten Kinder in Stans, die sich bereiterklärten, die von einer Brandkatastrophe betroffenen Kinder eines anderen Ortes in ihre Mitte aufzunehmen (s. Kap. 3.4.).

Freilich muss man auch mit negativen Dynamiken rechnen: Im Bericht der Parlamentarischen Untersuchungskommission (PUA) haben wir z. B. von einem nicht erwarteten Ausmaß an Reaktanz auf Seiten der Jugendlichen gegenüber dem Zwang gelesen, die sich u. a. in vielen Gewalthandlungen gegenüber den

Mitarbeiter:innen ausgedrückt hat. Aber auch auf Seiten der Mitarbeiter:innen scheint es zu Lagerbildungen und „Rollkommandos" gekommen zu sein nach dem Motto. „Denen müssen wir es mal zeigen." Unerwartet ist häufig auch, dass Jugendliche mehr auf andere, profilierte junge Menschen hören als auf die Mitarbeiter:innen (Kap. 9.3.1.3 unter h). Eine andere unerwartete Dynamik: Spaltungen des Teams entlang von Gruppen von Jugendlichen: ein Teil der Mitarbeiter:innen findet die eher passiven, ein wenig Zurückgebliebenen Jugendlichen sympathischer, ein anderer die eher aggressiven, intelligenten jungen Menschen. Tatsächlich müssen die beiden Gruppen unterschiedlich angesprochen werden und haben durchaus unterschiedliche Bedürfnisse.

Interessant ist, dass einige Projekte an einem einzigen „schlimmen Ereignis" scheitern; andere aber nicht. Wie dieser *„schwarze Freitag"* oder *„worst case"* aussieht, kann ganz unterschiedlich sein: Gruppenrandale, die auch mit Einsatz der Polizei kaum zu beenden ist (so auch in dem Theaterstück *„Aufstand im Erziehungsheim"*, s. Kap. 5); der Tod eines jungen Menschen oder ein:e schwer durch einen Jugendlichen verletzter Mitarbeiter:in; wiederholte Entweichungen mehrerer Jugendlicher, die den Aufbau von Beziehungen verhindern oder… Fast jedes Projekt kennt einen oder mehrere *„schwarze Freitage"* oder auch länger andauernde schwere Krisen; nicht alle geben deswegen auf. Insofern stellt dieses Phänomen weniger einen handfesten Grund dar, als einen weiteren Grund in einer anhaltenden Serie von negativen Beurteilungen, eigenen und/oder fremden.

J) Ebene: Zielgruppen-spezifische Themen und Übertragungs-Fallen

Mit bestimmten zentralen Themen der Jugendlichen stehen immer auch Themen im Raum, die das ganze Projekt atmosphärisch durchdringen können. Bei aggressiven, gewalttätigen Jugendlichen dominiert meistens das Thema Angst und Angstabwehr. In der Regel neigen Mitarbeiter:innen dazu, entweder sich zu ängstlich zu zeigen (dann geben die Mitarbeiter:innen zu oft nach, weichen zurück, befürchten dauernd Gewalt und lassen sich so lähmen) sein oder ihre eigenen Ängste völlig abzuwehren (dann werden die Mitarbeiter:innen den Jugendlichen gegenüber zu oft zu körperlich und verhalten sich rigide und feindselig). Beide Grundtendenzen sind unproduktiv: Man muss die eigene Angst und zeitweiligen Kontrollverlust zulassen, diese aber immer wieder auch in den Griff bekommen. Nur auf diesem Weg wird die Angst mit der Zeit weniger…

Ähnliche übergeordnete, typische Themen konstellieren sich auch im Zusammenhang mit Suchtabhängigen, mit Traumatisierten, mit Wohnungslosen, mit Vernachlässigten, mit Missbrauchten. Man muss sich diese Gruppenthemen immer wieder vergegenwärtigen und die eigene Praxis im Lichte des jeweiligen Themas reflektieren bzw. die unproduktiven Alternativen – wie z. B. zu viel Angst, gar keine Angst – wahrnehmen und thematisieren (näher dazu Schwabe 2021, Kap. 8.2, Lütjen 2020, Kunz/Scheuermann/Schürmann 2009). Mit Blick auf *Instituetik* hätten wir es bei dem Themenkomplex J also mit den Grenzen B 1 ‚Affektbildungen' und B 3 ‚Nichtverfügbarkeit' zu tun (siehe Einleitung zu Teil B).

K) Ebene: Interne und externe Unterstützung (Fallberatung, Supervision, Zugriff auf Leitung, Hausmeister, konziliarisch beratender Psychiater etc.)

Pädagogische Projekte brauchen nach meiner Erfahrung etwa fünf Jahre bis sie halbwegs stabil laufen und sich ein Bewusstsein dafür entwickelt hat, was man im Rahmen des Projekts leisten kann und was nicht. Fünf Jahre, in denen man, alles, was passieren kann, gemeinsam erlebt, bewältigt und überlebt hat. Dazu gehören die sich wiederholenden Krisen und Konflikte, aber auch einmalige Ereignisse wie ein Brand, ein Unfall oder ein Betreuter, der an einer Überdosis Heroin stirbt. Jedes Projekt in der Aufbauphase bedarf mehr Beratung und Supervision oder auch Konflikt-Mediation als Projekte, die bereits fünf Jahre und mehr laufen. Es braucht zugleich mehr an interner Beobachtung und Beratung, aber auch mehr an externer Beobachtung und Feedback, von Menschen, die einen Einblick in die Aufbauarbeit haben, der „tief genug" sein muss (oft haben Begleitkreise diesen Einblick nicht). Sicher kann es auch ein Zuviel an Beratung geben, weil die Gefahr besteht, dass „zu viele Köche den Brei verderben"; denn auch Fachleute sind sich ja häufig nicht einig, und manchmal sieht und empfiehlt beinahe jede Berater:in den Projektverantwortlichen etwas anderes; auf der anderen Seite kann man aber auch den eigenen „Laden zu dicht machen", d.h. zu wenig Fachleute von außen hineinschauen lassen oder immer nur dieselben, die auch schon „betriebsblind" sind. Neben solchen fachlichen Hilfestellungen sind aber auch ganz praktische Unterstützungsleistungen notwendig wie eine gute Grundausstattung, schnelle Reparaturen von Türen und Mobiliar, was aber zugleich in die Ebene G „interne Kooperation" gehört.

Besonders wichtig ist Beratung, wenn erste Anzeichen dafür deutlich werden, dass Konflikte eine Intensität und/oder Häufigkeit entwickeln, an denen das Projekt scheitern könnte oder zu scheitern droht. Die Frage ist, wie schnell man darauf reagiert und wie sinnvoll die Maßnahmen sind, die dazu dienen sollen Des-Integrations-Prozesse im Projektverlauf zu stoppen.

Beispiel

Im Projekt des Fortbildners gab es Supervision und Umstrukturierungen hinsichtlich der Leitung des Projekts. Damit waren aber jedes Mal eher Verschlimmbesserungen verbunden (s. Kap. 10).

Mit Blick auf große Organisation kann man formulieren, dass immer etwas dafür spricht, das Scheitern eines einzelnen Projekts in Kauf zu nehmen, weil die Rettung desselben mit dem Schlachten von „heiligen institutionelle Kühe" verbunden wäre. Denn oft verweist das Scheitern in einem Projekt auf Schwachstellen im ganzen System oder an einem anderen Ort im System. In diesem Zusammenhang können Systemaufstellungen sinnvoll und nützlich sein, die der Frage nachgehen: Was bedeutet das Projekt im Rahmen der Gesamtorganisation und wie bzw. aus welchen *guten Gründen* wird es von anderen Teilen der Gesamtorganisation so wenig unterstützt oder behindert? Diese Frage wird aber nicht diskutiert, sondern im Raum visualisiert, in dem einer der Projektverantwortlichen Strukturen und Protagonisten von Stellvertreter:innen verkörpern lässt (Tapken/Wübbelmann 2021).

L) Ebene Finanzierung

Jedes Projekt kostet Geld und muss finanziert werden. Dabei kann man sich auf private Einnahmen stützen wie Tolstoi, Spender:innen finden und aktivieren wie es weit über hundert Jahre in der Rettungshausbewegung üblich war oder Anträge auf öffentliche Mittel von Seiten der Kommunen oder des Staates stellen. Jedes neue Projekt erfordert freilich Vorlaufkosten bis die Finanzierung abgesichert ist und es an den Start gehen kann. Auch diese Kosten können privat oder öffentlich finanziert werden. Im Rahmen der Jugendhilfe sind die meisten neuen Projekte für den Träger damit verbunden, dass er für ihre Etablierung auf Rücklagen zurückgreift, die er in den Jahren davor gebildet hat. Meist rechnet der Träger damit, dass sich das Projekt in den ersten Jahren noch nicht vollständig selbst tragen kann. Wie lange es ein Zuschussbetrieb bleiben kann, sollte allen Beteiligten vor dem Start klar sein. Klare und verbindliche Stopp-Regeln geben an, ab wann man ein Projekt abbrechen muss, weil es zu viel Geld verschlingt und andere Bereiche der Organisation gefährdet. Viele Projekte scheitern, weil sie von den belegenden Jugendämtern nicht so angenommen und belegt werden, wie man sich das auf Seiten des Trägers erwartet hatte und werden damit zur Quelle von ungedeckten Kosten. Sichere Finanzierungen durch Belegungsgarantien werden von den Jugendämtern oft abgelehnt. Wenn sie gewährt werden, entsteht für den Träger zwar ein Mehr an Sicherheit, dafür aber auch eine Einschränkung der Autonomie, weil das mitfinanzierende Jugendamt jederzeit einfordern kann einen oder seinen Platz belegen zu können, auch wenn der zur Aufnahme anstehende Kandidat nicht in die Gruppe oder das Konzept passt.

Die Höhe von Rücklagen und Vorlaufkosten entscheidet auch darüber, welcher Träger sich die Entwicklung eines neuen Projekts leisten kann. In der Regel sind es eher große Träger, was durchaus zu Neid und Missgunst in der Trägerlandschaft führen kann. Freilich kann ein gescheitertes Projekt eine Einrichtung auch schwer belasten oder gar ruinieren. Einen ständigen, klaren Blick auf die Finanzen zu richten, stellt deswegen ein Muss für jeden Projektverantwortlichen dar. Die Frage ist, ob er dafür selbst ausreichend Kompetenzen besitzt oder sich diese bei anderen abholen muss. Aus den gescheiterten Projekten von Pestalozzi in Neuhof und Clindy konnten wir lernen, wie wichtig Planungskompetenzen in finanzieller Hinsicht sind (s. Kap. 3.2.1 und 3.5).

Für die Mitarbeiter:innen eines neuen Projektes wäre von Seiten der Projekt-Verantwortlichen eine gute Mischung zwischen Gelassenheit auf der einen Seite („Klar schreiben wir im ersten Jahr noch keine schwarzen Zahlen, damit haben wir gerechnet!") und klaren Anforderungen („In x Monaten müsst ihr weitere Klient:innen aufnehmen/betreuen und die Startphase mit Sonderregelungen beenden"). Darüber sollte möglichst von Anfang an Klarheit herrschen.

M) **Ebene Sinnstiftung: Wer verbindet mit dem Projekt welche Ziele, Hoffnungen und Wünsche (bezogen auf fachliche Weiterentwicklung, das eigene Leben, die eigene Karriere)?**

Projekte können unterschiedlichen Motivzusammenhängen entspringen, die sie zu jeweils unterschiedlichen Projekten machen. Die meisten Projekte lassen sich in einem der vier hier vorgestellten Typen zuordnen:

Strategische Projekte verfolgen mit der Realisierung des Projekts langfristige Ziele, die über das Projekt selbst hinausweisen. Solche Ziele haben wir bei der Erziehung des Infanten von Parma gesehen, die den zukünftigen Regenten nicht nur Regierungs-fähig machen sollte, sondern das *„Licht der Aufklärung"* in die italienische Provinz tragen wollte (Kap. 2). Bernfeld verfolgte mit dem Kinderheim Baumgarten die Gründung einer ersten *Schulgemeinde*, der weitere und weit größer angelegte folgen sollten mit dem Ziel die politische Situation in Wien oder Palästina grundlegend zu verändern (Kap. 6). Wilker wollte die Fürsorgeerziehung mit dem Gedankengut der Wandervogel- und Abstinenzbewegung kurzschließen und so von der bisherigen Programmatik her deutlich erweitern (Kap. 5). Die GUF in Hamburg sollte nicht nur schwierige Jugendliche betreuen, sondern der CDU einen Vorsprung unter den Parteien verschaffen nach dem Motto: „Die tun was gegen Jugend-Kriminalität" (Kap. 9). In allen diesen Projektbeispielen geht es immer um etwas, das über das konkrete Projekt hinausweist: Es dient als Mittel zu einem übergeordneten Zweck.

Funktionale Projekte sind überwiegend Sach-bezogen motiviert und angelegt. Sie haben einen bestimmten Missstand im Auge, einen Mangel, der durch das Projekt eine sinnvolle Antwort erhalten soll. Damit ist die Hoffnung verbunden, dass sich die erste oder die ersten Realisierungen als so zielführend erweisen, dass sie als Vorbild gelten und in Serie gehen können. Diesen Projekt-Typus kann man der gesamten *Rettungshausbewegung* unterstellen. Man kann ihn aber auch für den Fröbel'schen Kindergarten ansetzen, auch wenn die Etablierung dieser pädagogischen Einrichtung in der Breite lange gestockt hat und beinahe zum Erliegen gekommen war (Bernfeld 1925/2013, 14 ff.). Als Fröbel starb, waren die Kindergärten gerade verboten worden (Riemeck 2014, 102). Ein aktuelleres Beispiel für ein funktionales Projekt stellen die Tagesgruppen nach § 32 SGB VIII dar. Sie sollten die Lücke zwischen der stationären Heimerziehung und der ambulanten Familienhilfe schließen. Tagesgruppen starteten beinahe zeitgleich an mehreren Orten in Form von Projekten, konnten dann aber mit der Neufassung des KJHG 1990 in Serie gehen. In diesem Buch kann das Projekt des Fortbildners als *funktionales Projekt* eingeordnet werden, zumindest aus der Sicht der Einrichtungsleiterin (siehe Kap.10), die damit die Bandbreite an Unterbringungsmöglichkeiten für verschiedene Zielgruppen in ihrer Einrichtung erhöhen wollte. Ähnliches gilt für den Vorgesetzten von Wilker (siehe Kap.5); er vermutete nicht, dass Wilker mit dem Lindenhof etwas Neues kreieren wollte: eine Verbindung von Jugendbewegung und Fürsorgeerziehung; ihm lag es an der Fortsetzung eines in seinen Augen bereits gut ins Laufen gekommenen vorsichtigen Reformierungsprojekts, das *funktional* angelegt sein sollte.

Als *Narzisstische Projekte* möchte ich die bezeichnen, bei denen sich von Anfang, d. h. schon mit der Idee oder in der ersten Gründungsphase ein dringendes Anliegen verbindet, das sich entweder aus dem Größenselbst speist: man will damit berühmt werden oder es den Kritikern/Gegnern endlich beweisen oder aus einem Schuld- und/oder Schamkomplex: man möchte mit dem Projekt etwas gut machen, zeigen, dass man nicht so unfähig oder schwach ist, wie andere von einem denken. Dabei kann es sich auch um eine Gruppe handeln, die ein gemeinsames Größenselbst entwickeln oder sich gemeinsam beweisen müssen. Mithin würden wir bei narzisstischen Projekten mit den Affekten zu tun bekommen, von denen oben bei der Einführung des Begriffs *Instituetik* die Rede war im Zusammenhang mit den Grenzen jeder Projektentwicklung (siehe oben: Grenze A und B 1).

Pestalozzi z. B. wurde seit seinem Scheitern in Neuhof von Schuld- und Schamgefühlen umgetrieben. Er wollte sich mit einem neuen Projekt vor sich selbst, aber auch seiner Umwelt rehabilitieren. Dafür kam ihm der Auftrag in Stans ein Waisenhaus aufzubauen gerade recht (siehe dieses Buch Kapitel 3 2.1 und 3.5). Eine ähnliche Schuldthematik spielte auch für Tolstoi eine wichtige Rolle (Kap. 4.2). Bei Makarenko ist es nicht die Gorkij-Kolonie an sich, die ein narzisstisches Projekt darstellt, dafür aber sein Hauptwerk: das *Pädagogische Poem* (Kap. 7). Makarenko hatte sich beim Aufbau der Gorkij-Kolonie vom Ideal der Gewaltfreiheit abgewandt und auf Formen von physischem Zwang eingelassen. Dafür war er von Seiten anderer Pädagog:innen, sowohl aus Behörden wie auch dem Bereich der universitären Pädagogik, aber auch von Seiten der

Kommunistischen Partei heftig kritisiert worden. Diese Vorhaltungen kränkten ihn sehr. Er litt unter dem Bild des gewalttätigen Leiters, das von ihm kolportiert wurde, vor allem auch weil sein ehemaliger Stellvertreter für ähnliches Verhalten zu einer Gefängnisstrafe verurteilt worden war. Während er sich beim Aufbau der Kolonie überwiegend spontan und pragmatisch verhalten hatte, führten die anhaltende Kritik und die spätere Absetzung als Leiter dazu, dass er den Aufbau nachträglich als so und nicht anders möglich darstellen wollte. Das *Pädagogische Poem* wird für Makarenko zu einem *narzisstischen Projekt*, in dem er mit seinen Widersachern abrechnet und sich selbst, auch und gerade mit seinen Fehlern, als allen anderen weit überlegenen Pädagogen darstellt, der sich selbst nichts vorzuwerfen hat. Diese nachträgliche Projekt-Konstruktion überdeckt die „wahre" Geschichte des Aufbaus, der wie an vielen anderen Orten eben auch von erwartbaren Fehlern und Ambivalenzen geprägt war. Auch beim Fortbildner könnte man ein narzisstisches Motiv vermuten: Er war als Fortbildner in der Region bekannt und angesehen. Aber um den nächsten Schritt in seiner Karriere zu machen, musste er sich und anderen beweisen, dass er nicht nur in der Lage war als Fortbildner zu lehren, sondern auch einen grundlegenden Beitrag zur Reformierung der Praxis leisten konnte; eine, die durch ihn und andere eine wissenschaftliche Evaluation erhalten sollte. Vermutlich bewegten ihn aber auch genuin fachliche Motive.

Als experimentierende Projekte wollen wir die bezeichnen, die sich in erster Linie der Reformierung bestehender Praxisformen und zugleich der Wissenschaft verschrieben haben. Das neue Projekt möchte entweder zu einem neuen besser passenden Setting für eine bestimmte, als schwierig erachtete Zielgruppe führen; oder den Nachweis erbringen, dass eine bestimmte Methode oder ein bestimmtes Vorgehen mit Blick auf bestimmte Probleme zu besseren Lösungen beiträgt als bisher; dabei kann es auch um neuartige Lehrformen oder Trainings gehen, z. B. zur Verbesserung der Impulskontrolle. Freilich machen diese neuen Praxisformen nur Sinne, wenn ihre Anwendung oder Etablierung auch beobachtet und dokumentiert werden. Möglichst in einem wissenschaftlich halbwegs kontrollierten Zusammenhang, einer Evaluation, die auch zu neuen wissenschaftlichen Erkenntnissen führen kann. Neue Erkenntnisse und neue Praxisformen können bei *experimentellen Projekten* als zirkulärer Zusammenhang gedacht. Deswegen muss der Projektaufbau mit seiner Suche nach den neuen Praxisformen in Gestalt von Protokollen und schriftlichen Beobachtungen oder Filmmaterial etc. genau dokumentiert werden, um sie später einem Analyse- und Auswertungsprozess unterziehen zu können. Diesen Modelltyp konnten wir in Reinform bei Gerd E. Schäfer studieren (Kap. 8). Aber auch Bernfeld hat mit Blick auf die Schulgemeinde im Kinderheim Baumgarten ein *experimentelles Projekt* ins Auge gefasst (Kap. 6) und sich deswegen laufend Notizen gemacht. Ähnliches gilt für den Fortbildner mit Blick auf die neue Intensivgruppe für aggressiv agierende

Jugendliche (Kap.10). Auch Makarenko wollte mit der Gorki-Kolonie einen Beitrag zur Schaffung des *„neuen Menschen"* leisten und hat sich dafür auch die Einwilligung eingeholt experimentieren zu dürfen (Kap.7). Freilich hat er sich für die Dokumentation nicht um wissenschaftliche Standards bemüht.

Manche der in diesem Buch behandelten Projekte lassen sich eindeutig einer der vier Projekt-Typen zuordnen. Bei einigen Projektverantwortlichen sehen wir verschiedene Motive am Werk, zwei oder drei nebeneinander. In wieder anderen Fällen haben mehrere Beteiligte unterschiedliche Interessen und arbeiten aus unterschiedlichen Motiven heraus bei diesem Projekt mit. Es wäre oft hilfreich, wenn das allen Beteiligten klar wäre.

In jedem Fall ist es legitim mit einem neuen Projekt eigene, durchaus persönliche Ziele und Wünsche zu verknüpfen. Auch wenn damit der Nachteil verbunden ist, dass mit dem Scheitern des Projekts nicht nur ein Sachzusammenhang aufgegeben wird und Hoffnungen der Betreuten enttäuscht werden, sondern auch eigene Visionen und Hoffnungen einen Rückschlag erleiden oder endgültig aufgegeben werden müssen. Andererseits ist das typisch und erwartbar für Prozesse des Scheiterns.

Beispiele:

Pestalozzi brauchte den Erfolg von Stans um sich von dem Ruf eines gescheiterten Projektverantwortlichen, der er ja war, zu emanzipieren (Kap. 3.2.1). Fraglich ist, ob es ihm dabei eher um die Wiederherstellung seiner Ehre gegenüber seinen Mitbürger:innen und auch seiner Frau ging, deren Vermögen zu einem nicht geringen Anteil im Neuhof aufgebraucht worden war. Oder ob es für ihn in erster Linie darum ging, eine langanhaltende Selbstwertkrise und die damit verbundenen Gefühle von Scham und Schuld zu reparieren.

Auch Tolstoi hat seine Freien Schulen ein Stück weit als Möglichkeit gesehen, eigene schuldhafte Verstrickungen aus seiner Lebensgeschichte wieder gut zu machen, indem er Kindern die Chance gibt, lesen und schreiben zu lernen und sich zu bilden. Er glaubte damit aber auch der Gesellschaft einen Gefallen zu tun, da er erwartete, dass aus den Bauernkindern der eine oder andere Schriftsteller oder Philosoph oder Wissenschaftler hervorgehen würde. Der Fortbildner schildert, dass er mit dem Projekt die Hoffnung verband, dass dieses zu einer Art Laboreinrichtung für den Personenkreis gewaltbereite Jugendlichen werden könnte analog der Laborschule in Bielefeld (s. Kap. 10.1). Dort wollte er und seine Fortbildungsteilnehmer:innen weiter lernen und neue Methoden entwickeln. Insofern hatte er ein experimentelles Projekt im Sinn, während die Einrichtung es eher funktional betrachtet hat.

Gerd Schäfer lässt durchblicken, dass mit dem Scheitern des Projekts in dem Stuttgarter Heim auch seine Dissertation – sein Wissenschaftsprojekt – zunächst gescheitert war. Mit dem Ende des Projekts wurde er arbeitslos und musste in die Praxis, den Schuldienst, zurückkehren, dem er doch den Rücken zukehren wollte.

Eigene Ziele und Hoffnungen können aber, wenn sie selbst nicht reflektiert werden oder den anderen unbekannt bleiben, auch zu Problemen in der Projektentwicklung führen. Sie lassen den dafür Verantwortlichen auf bestimmte Aspekte des Projekts fokussieren, und evtl. andere vernachlässigen. Auch wenn es zu Konflikten kommt, kann die Bindung an ein eigenes, vielleicht sogar unklares und nicht bewusstes Ziel, Lösungen für Konflikte oder Teillösungen erschweren oder blockieren. Je mehr eigenes Herzblut und Visionen in das Projekt Eingang gefunden haben, umso günstiger für oder in manchen Situationen, aber auch umso ungünstiger für andere Situationen. Vor allem wenn das Scheitern droht oder unabwendbar geworden scheint, werden die Personen, die am meisten Energie investiert haben, besonders ärgerlich auf den- oder diejenigen, die in ihren Augen Verantwortung oder Schuld am misslichen Ende des Projekts tragen und einem – scheinbar maßgeblich – die eigenen Träume „verhagelt" haben.

N) Politik und Verwaltung: wie viel Unterstützung, wie viel Auflagen und Druck, wie viel notwendige Kontrollen bekommt ein Projekt von dieser Seite?

Projekte können politisch gewünscht sein oder nicht (s. a. Kap. 11 A). Die Geschlossenes Unterbringung in Hamburg war von den Parteien, die die Wahlen gewonnen hatten, erwünscht und wurde von diesen mit Hochdruck an den Start gebracht (s. Kap. 9). Tolstois Freie Schulen wurden dagegen von der zaristischen Regierung und ihrem Geheimdienst beinahe von Anfang an misstrauisch beäugt, bespitzelt und durch polizeiliche Maßnahmen in Aufregung und Misskredit gebracht (Kap. 4). Das Gleiche gilt für Bernfeld im Kinderheim Baumgarten, der dem einflussreichen Wiener Bürgertum, aber auch Teilen des Joint aufgrund seiner politischen Zielsetzungen ein Dorn im Auge war (Kap. 6). Auch Makarenko geriet ins Visier der Kommunistischen Partei der jungen Sowjetunion und ihrer mehr oder weniger gleichgeschalteten Aufsichtsorgane in der Verwaltung (Kap. 7). Teils zu Recht, wenn wir an sein Gewalthandeln denken, aber teils auch aus anderen, eher politischen Gründen, weil er nicht in der Partei war und deren Richtlinien an einigen Stellen abgelehnt oder unterlaufen hatte.

Kommunalverwaltungen können ein Projekt unterstützen oder aber seine Etablierung oder weitere Entwicklung einschränken, behindern oder gar sabotieren. Dabei spielen manchmal nicht einmal fachliche pädagogische Fragen eine Rolle (wie bei Makarenko), sondern Ressortkompetenzen. Ein Kreisbrandschutzmeister kann den geplanten Umbau einer Scheune be- oder verhindern oder Auflagen erteilen, die zu hohen Folgekosten und/oder langen Verzögerungen hinsichtlich des Projektstarts führen und/oder massiv in das pädagogische Konzept eingreifen. Das gilt aber auch für die Heimaufsicht oder die Denkmalschutzbehörde oder das Gesundheitsamt. Freilich können diese Behörden immer Wege aufzeigen, wie das Projekt trotzdem zu realisieren wäre, oder eben sich auf ihre bürokratischen Vorgaben und formalen Prinzipien berufen und das Projekt behindern oder so stören, dass es aufgebeben wird. Auch wenn politischer Wille ein Projekt beflügeln und dabei nützlich sein kann, mit der Verwaltung zu einvernehmlichen Lösungen auf dem kurzen Dienstweg zu kommen, birgt diese Unterstützung auch Risiken. Politiker:innen, die sich mit einem pädagogischen Projekt identifizieren, erwarten davon auch einen Benefit für ihre Partei oder die eigene Karriere. Sie lassen ein Projekt auch wieder fallen, wenn sie argwöhnen, dass der Projektverlauf ihrem Ruf schaden kann. Insofern birgt politische Unterstützung immer auch Risiken und Nebenwirkungen. Von Seiten der Projektverantwortlichen setzt der Umgang mit Politik und Verwaltung bestimmte kommunikative Kompetenzen und ein persönliches Standing voraus. Mit einem Landrat oder einem leitenden Verwaltungsbeamten handelseinig zu werden, ist nicht einfach und bedarf einerseits Fingerspitzengefühl, andererseits aber auch Unerschrockenheit und Direktheit voraus. Das gilt umso mehr, als sich eben auch die öffentliche Verwaltung häufig durch unterschiedliche Interessen auszeichnet, und man zwischen diesen Fronten aufgerieben werden kann. Hier haben nur Projektverantwortliche eine Chance, die selbst erfahrene Leiter:innen von Einrichtungen waren oder bedürfen diese jener zumindest als aktive Unterstützer:innen. Aber auch dann kann man auf Grenzen stoßen, wie sie im Rahmen der von uns skizzierten Instituetik der Projektentwicklung deutlich wurden (siehe oben die Einleitung zu Teil B).

Alle Faktoren und Gründe für *Scheitern und Gelingen* A–N resultieren aus der Interaktion des Projektes mit seinen *Umwelten*. Für jedes Projekt sind dabei *drei Umwelten* relevant, denen A–N sich jeweils zuordnen lassen, womit eine erste Verantwortlichkeit definiert wird hinsichtlich der Frage: Wer ist dafür (A–N) zuständig (am sinnvollsten ist es dafür alle drei Umwelten in den Blick zu nehmen, weil sie bezogen auf diese Faktoren miteinander interagieren; aber für viele Themen ist es ausreichend, wenn man weiß, wer der Erstzuständige ist)?

- *Umwelt 1* wird durch die Projekt-Mitarbeiter:innen und ihre Interaktionen untereinander und mit den im Projekt Betreuten konstituiert. Der *Umwelt 1* lassen sich unmittelbar folgende für Gelingen und Scheitern relevanten Faktoren zurechnen: A) Aufnahme-relevante Kriterien J) Zielgruppen-spezifische Themen und Übertragungs-Fallen, H) Gestaltung der Falleingangsphase, I) Interaktionsdynamik im neuen System insbesondere zwischen den Jugendlichen und den Mitarbeiter:innen, aber auch unter diesen (Teamdynamiken).
- Die *Umwelt 2* stellt die Institution dar, in der ein Projekt entwickelt wird. Für die meisten Projekte existiert eine solche (z. B. bei Wilker das Amt für Fürsorgeerziehung in Berlin und seine Direktoren-Kollegen etc.). Nicht dagegen bei

Tolstoi, der einen *institutionellen Zusammenhang* erst mit seiner „Zeitschrift" geschaffen hat (vgl. Kap. 3). Zu dieser Umwelt gehört das Leitungssystem, aber auch die anderen Mitarbeiter:innen, die in dieser Institution in anderen etablierten Gruppen oder ebenfalls in neuen Projekten arbeiten. Und damit auch die Interaktionen zwischen Projekt-Mitarbeiter:innen und ihrer Leitung und ihren Kolleg:innen. Mit dieser Umwelt verbinden sich bestimmte Anforderungen an das Projekt: Tolstoi musste niemandem eine Konzeption vorlegen oder einen Finanzierungsplan aufstellen oder sich in eine Organisationskultur einfügen. Für die meisten Projekten ist dagegen klar, dass diese Anforderungen für sie relevant sind und für die Projektentwicklung eine wichtige Rolle spielen werden. Der *Umwelt 2* lassen sich die Faktoren A (Konzept), B (Lage, Gebäude Ausstattung), D (Personalauswahl und Fortbildung), E (Stimmigkeit von Aufgabenverteilung und Leitungsstrukturen), F (Organisationskultur), K (interne und externe Kooperation) und ein Teil von L (Finanzierung/Finanzverwaltung) zuordnen. Die Faktoren E (Projektentwicklungs-immanente Gründe) und M (Sinnstiftung) lassen sich je nachdem auf die Mitarbeiter:innen in *Umwelt 1* oder die Institution *Umwelt 2* oder auf beide beziehen.

- *Umwelt 3* meint das politische und administrative System, aber auch die (Fach-)Öffentlichkeit, die die Projektentwicklung in der Institution beobachtet und die spätestens relevant wird, wenn es zu Krisen oder gar Skandalisierungen kommt. Man könnte in der *Umwelt 3* auch die Nachbarn ansiedeln, die den Projektalltag immer wieder hautnahe miterleben und mit dem Projekt in Konflikt geraten können wie z. B. die Bauern die Gorkij-Kolonie. Klarer wäre es Nachbarn und Freunde (wie die wichtigen Getreuen bei und für Wilker, Kap.5) einer eigenen Umwelt zuzuordnen. Aus den Interaktionen *mit Umwelt 3* konstellieren sich die Faktoren L (Finanzierung) und N (politisches System).

Meta-Gründe

Die einzelnen Faktoren aus den Ebenen A–N lassen zwar das Scheitern (oder Gelingen) nachvollziehbar erscheinen, sie liefern gute Gründe dafür, aber sie lassen doch vieles noch offen; denn häufig scheitert ein Projekt zwar auch an einzelnen Faktoren, aber gleichzeitig auch an etwas Grundsätzlichem. Überlegungen dazu möchte ich hier als *Meta-Gründe* bezeichnen. Dazu hier einige Vorschläge:

A) Die Entwicklung einer in sich konsistenten, mehrere Beteiligte integrierende und tragenden Idee ist nicht gelungen. Stattdessen blieb das Projekt ein Projektionsraum, in den jeder der Beteiligten (fachliche) Phantasien und Hoffnungen eingebracht hat, aber unter Vermeidung und/oder Verleugnung von Konflikten und damit verbundenen Ängsten.
Eine etwas andere Variation dieses Grundgedankens lautet:

B) Die Etablierung von gemeinsamen pädagogischen Leitlinien und Haltungen, die sich richtig anfühlen und zumindest auch zu ersten Erfolgen beim Umgang mit den Kindern und Jugendlichen führen, ist misslungen. Stattdessen kommt es im Projekt-Team zu Richtungs- und Flügelkämpfen oder im Inneren der Einrichtung aufgrund von Uneinigkeiten und/oder Spaltungen, die nach innen und außen (in Richtung junge Menschen) zu Unklarheiten und zu Verwirrungen führen. Auch die betreuten Kinder und Jugendlichen bekommen das mit und reagieren darauf. Diese Turbulenzen finden auch in der *Umwelt 3* Resonanz.

Der gleiche Grundgedanke, aber bezogen auf ein anderes zentrales Thema:

C) Die Etablierung eines gemeinsamen Fallverstehens, aus dem sich Handlungen und Haltungen ergeben in Kombination mit einem angemessen gelassenen Umgang mit zeitweiliger (!) Ratlosigkeit und Ohnmachtsgefühlen, hat nicht stattgefunden. Stattdessen kommt es zu unterschiedlichen Ansätzen im Fallverstehen oder der Ablehnung von komplexen Fallverstehensbemühungen („bringt ja doch nichts") oder zur Abwehr von Ratlosigkeit, die zu hektischem Aktionismus führt, statt zur Anerkennung von gemeinsamen Nicht-Wissen und dem Durchschreiten von mühsamen Suchbewegungen.

Zwei weitere Variationen bezogen auf die Bedeutung von Einrichtungskulturen:

D) Die Etablierung einer Kultur der gegenseitigen Anerkennung und Achtung zwischen den Projekt-Protagonisten oder zwischen den Projekt-Promotor:innen und der politischen und behördlichen Umwelt ist misslungen (siehe dazu auch die Wiederholung in den Steckbriefen am Ende von Teil 1; dort ist sechsmal von *misslungener Verständigung* die Rede). Stattdessen hat sich ein Umgangsstil entwickelt, der zunehmend von Konkurrenzen und/oder (gegenseitig) fehlender Anerkennung geprägt ist oder in Folge dessen auch von zunehmender (einseitiger oder gegenseitiger) Missachtung.

Der Hintergrund dafür ist häufig, dass die Etablierung einer gemeinsam getragenen Differenz- und Dissenskultur nicht zustande kam. Eine solche würde implizieren: das Geltenlassen können von verschiedenen Realitäten, die immer ein Stück disparat und widersprüchlich bleiben: ökonomische, pädagogische, menschliche Dimensionen (Struktur-Differenzen) und doch in eine dynamische Balance gebracht werden müssen.

E) Ein ganz anderer Meta-Grund könnte man nach D. W. Winnicott formulieren: Was nicht gelungen ist, ist einen gemeinsamen *intermediären Spielraum* zu eröffnen, in dem am Projekt Beteiligten ihre durchaus auch unterschiedlichen Fähigkeiten und Neigungen und Überzeugungen und Intuitionen einbringen können; in diesem könnte ein spielerischer Umgang mit Gemeinsamkeiten und Unterschieden stattfinden, und sich die Ideen gegenseitig gegenseitig durchdringen und zu neuen gemeinsamen Einsichten führen. Statt- dessen entwickelten sich *Verhärtungen von Positionen und Abschließungen von Personen*

(Winnicott 1974). Was braucht man, damit ein intermediärer Spielraum entsteht, in der Arbeit immer wieder auch zu einer Form des *kreativen Spielens* wird? Vertrauen in die Mitspieler:innen, wechselseitige Anerkennung, Neugier auf neue Aspekte, (probeweises) Aussetzen von Routinen und festen Überzeugungen und Offenheit für den Prozess. Winnicott thematisiert diese Voraussetzungen unter dem Stichwort „Objektverwendung" versus „Objektbeziehung" (Winnicott 1987, 102 f.).

Es wird deutlich geworden sein, was Gründe von *Meta-Gründen* unterscheidet und inwiefern letztere noch einmal mit einem vertieften Reflexionsniveau verbunden sind. Was aber erwartet uns nun Neues, wenn wir uns im nächsten Kapitel mit *Theorien des Scheiterns* beschäftigen. Mit dem Benennen von Gründen möchte man erklären, warum ein Projekt scheitert oder gescheitert ist und setzt dabei mehr oder weniger auf Kausalität: das Wirken einzelner oder miteinander verbundener Faktoren auf den Projektverlauf. Theorien – so behaupte ich – möchten dagegen zunächst nichts erklären. Sie reflektieren die vorgebrachten Gründe im Rahmen einer bestimmten theoretischen Setzung und untersuchen sie auf ihre Stringenz und Plausibilität. Während die Benennung von Gründen additiv bleibt, beschäftigen sich Theorien mit der Frage, wie und warum Gründe zur Wirkfaktoren werden und warum verschiedene Faktoren bestimmte Formen von Verbindungen miteinander eingehen. Alle drei Reflexionsebenen – Gründe, Meta-Gründe, Theorien – stehen jeweils für sich, schließen sich aber nicht aus, sondern ergänzen sich.

13. Theorien zum Scheitern von pädagogischen Projekten

In diesem Kapitel stehen Theorienansätze im Mittelpunkt, die beanspruchen begrifflich fassen zu können, wann von *Scheitern/Gelingen* gesprochen werden kann, wie es zum *Scheitern eines Projekts* kommt und was die Dynamiken ausmacht, die dazu führen. Zum Teil sind diese Ansätze induktiv bei der Untersuchung des Scheiterns eines konkreten Projektverlaufs entwickelt worden und werden hier auf ihre Relevanz für die Beobachtung des Scheiterns anderer Projekte hin geprüft (so der Ansatz von Schäfer in Kapitel 8 oder der von Daniel Barth für das Projekt von Bernfeld, den wir in 13.4 vorstellen). Zum Teil zirkulieren diese Ansätze aber auch schon geraume Zeit und werden hier deduktiv angewandt, d. h. erneut auf (rekonstruierte) Projektverläufe bezogen (s. Kap. 2 bis 10) in der Hoffnung damit zu einem besseren Verständnis von Projektentwicklungen, -ergebnissen und (Nach-)Steuerungsmöglichkeiten zu gelangen (z. B. der Begriff der *wicked problems* von H. Rittel in 13.2 oder die *Akteurs-Netzwerk-Theorie* von Latour in 13.3 etc.).

Einige der hier vorgestellten Theoriebildungen sind aber auch dazwischen angesiedelt. Die Autoren, die das Projekt untersucht haben, verbanden keinen Anspruch damit auch einen theoretischen Ansatz zu entwickeln. Mit einer theoriesensiblen Brille kann man jedoch erkennen, dass sie bei ihren Untersuchungen Theorieelemente genutzt und diese – reflektiert oder nicht – miteinander verbunden haben. Den Berichten liegt demnach eine *implizite Theorie* zugrunde (siehe z. B. den Ansatz des anonymen Fortbildners aus Kapitel 10), die wir hier herausarbeiten möchten.

Der Unterschied zwischen den *Theorien* und den *Gründen*, die wir in Kapitel 12 vorgestellt haben, liegt zum einen daran, dass die „*Gründe*" aufgreifen, was im phänomenologischen, d. h. vortheoretischen Teil der Arbeit entwickelt wurde; zum anderen beanspruchen Theorien mehrere Gründe hinsichtlich ihres Zustandekommens und ihrer inneren Verbindungen darstellen zu können, während „*Gründe*" lediglich Hypothesen für einen Kausal-Zusammenhang vorstellen wollen und die Darstellung mehrerer Gründe additiv bleibt.

Einige Theorieansätze werden hier so entfaltet, dass wir sie Schritt für Schritt mit Beispielen aus den neun Prozessen begleiten (z. B. beim konstruktivistischen Kommunikations-theoretischen Ansatz in 13.1.). Bei anderen Ansätzen werden zunächst deren zentrale Theoriebausteine dargestellt und anschließend ihre Bedeutung für einen oder zwei der neun Prozesse erläutert (z. B. bei 13.3 Akteur-Netzwerk-Theorie).

13.1 Konstruktivistisch-kommunikationstheoretischer Ansatz

In dieser Theorieperspektive stellt das *Scheitern* eines Projekts kein Faktum, sondern ein *Beobachter-abhängiges Ereignis* dar. Scheitern finden statt, wenn es jemand beobachtet und so bezeichnet und diese Markierung von mindestens einem/r Kommunikationspartner/in aufgegriffen und bestätigt wird (Simon 2006, Glasersfeld 1997). Scheitern kann aber auch negiert werden und als Nicht-Scheitern (von Förster 1999, von Förster/Pörksen 2022) oder sogar Erfolg behauptet werden. Als jeweilige Konstrukteure kommen die Personen in Frage, die das Projekt durchgeführt haben, aber auch Auftraggeber:innen, die für das Projekt zuständigen Behörden oder auch Wissenschaftler:innen, die das Projekt untersucht haben. Bei so unterschiedlichen Beobachter-Perspektiven ist eher zu erwarten, dass der gleiche Projektverlauf bzw. das Ergebnis des Projekts variantenreich eingeschätzt wird, d. h. dass man als Beobachter:in bei anderen Beobachter:innen mit abweichenden Konstruktionen rechnen sollte oder mit teils ähnlichen und teils anderen. Deswegen stellen sich drei Fragen:

1. Wer sind die Person(en) und/oder Instanzen, die das Projekt einschätzen und mit welchen Interessen haben sie den Projektverlauf und dessen Ende/Ertrag beobachtet? Aber auch: An wen adressieren sie ihre diesbezüglichen Urteile? Wer soll sie zur Kenntnis nehmen? Die Verantwortlichen für die Durchführung, die Nachwelt, der Wissenschaftsbereich oder…?
2. Wie fällt das Urteil aus? Dafür kommen fünf Möglichkeiten in Frage (Schwabe 2022a, 24 ff.):
   a) gescheitert: zwischen vollständig, überwiegend, teilweise oder bezogen auf bestimmte Aspekte
   b) erfolgreich: zwischen vollständig, überwiegend, teilweise oder bezogen auf bestimmte Aspekte
   c) sowohl gescheitert als auch erfolgreich: in jeweils unterschiedlicher Hinsicht
   d) ambivalent, d. h. das Gelungene im Projekt enthält zugleich Problematisches/Negatives. Und/oder: Problematisches/Negatives enthält zugleich etwas Konstruktives, Neues, das es zu beachten gilt oder wirft zumindest interessante Fragen auf.
   e) Unentscheidbar/nicht kategorisierbar, d. h. die Behauptung wird erhoben, dass sich das Projekt einer eindeutigen Einordnung in a–d entzieht. Stattdessen wird propagiert, dass es schillert und/oder die Beurteilung *unscharf* bleiben muss. Begründen kann man solche Einschätzungen damit, dass man selbst noch zu wenig über das Projekt und seine Entwicklung weiß und es weiter erforschen muss. Oder weil man vermutet, dass auch in Zukunft mit *Ungewissheit* bezogen auf die Beurteilung des Projekts zu rechnen ist.

3. Innerhalb welchen *Kontextes* und in welchen *Formaten* die beobachtenden Systeme ihre Beobachtungen und Urteile kommunizieren (1). Daran schließt sich die Frage an, ob unterschiedliche Beobachtungen und Kommunikationen einander kreuzen, d.h. welche Kommunikation von wem aufgegriffen und fortgeführt oder trotz Kenntnis davon liegengelassen wird (2). Das führt auch zu Beobachtungen darüber, was sich aus den Kreuzungen der Kommunikationen ergibt und ob bzw. wie sie sich zu *Diskurstraditionen* in Bezug auf das tatsächliche oder vermeintliche Scheitern entwickeln.

In einem *Exkurs* werden wir untersuchen, im Rahmen von welchen Narrativen und mit Hilfe welcher Metaphern Scheitern oder die Verneinung des Scheiterns konstruiert werden.

13.1.1 Wer konstruiert in welchem Format was?

Es sind sechs *kommunikative Kontexte*, in denen das Thema Fehler bei der Projektplanung bzw. Durchführung und Scheitern von Projekten zum Gegenstand von Beobachtung und Urteilsbildung gemacht wird (vgl. dazu auch den Begriff *Fehlerkonzept* bei Biesel 2011):

1. A (Person oder System) kann das eigene Projekt beobachten (A → AP) und als erfolgreich oder als gescheitert betrachten. Oder als weder gelungen noch misslungen, sondern als etwas Drittes (siehe oben c bis e). Dabei kann man sich als Einzelner und in den Projekt Verlauf Verwickelter mit der Festlegung der eigenen Einschätzung schwertun: Das eigene Urteil kann sich bei wiederholter Betrachtung verändern, wobei man das als angemessen betrachten kann oder sich jemanden herbeiwünscht, der das Urteil endlich *feststellt* (Schwabe 2022a, 24 ff.). Die Instanz mit der A die Beobachtung und Untersuchung seines eigenen Projektes durchführt, ist ihr *kritisches Bewusstsein* (Simon 2018). Kritisch deswegen, weil man bei jedem/jeder, der/die ein Projekt durchgeführt hat, eine Stimme im eigenen Selbst erwarten kann, die es gerne als gelungen oder zumindest halb gelungen eingeschätzt haben möchte. Aber auch eine Stimme, die dem eigenen Urteil kritisch gegenübersteht. A kann das Ergebnis der eigenen, kritischen Untersuchung annehmen oder abwehren also beispielsweise weiter oder wieder Gelingen behaupten, auch wenn er/sie kurz zuvor das Scheitern anerkannt und sich selbst gegenüber eingeräumt hatte. Mit der Abwehr gegen diese Einsicht gehen Einsichten in Bezug auf das eigene Scheitern wieder verloren. Und melden sich eventuell doch wieder zu Wort.

A kann auch hin- und hergerissen bleiben, ob er bzw. sie seiner bzw. ihrer eigenen Einschätzung trauen kann oder nicht. Auch wenn die Mehrheit aller Individuen eher dazu neigt, die Einsicht in das eigene Scheitern und das das damit einhergehende Versagen wegen der damit verbundenen Selbstwertminderung oder auch aufgrund von Schuldgefühlen Anderen gegenüber abzuwehren oder abzuschwächen oder zu neutralisieren, gibt es auch eine Reihe von As die systematisch dazu neigt, sich auch dort Scheitern zuzusprechen und sich diesbezüglich Vorwürfe zu machen, wo andere denken würden, dass A doch Erfolg gehabt habe oder nur teilweise gescheitert sei. Wir stoßen hier demnach auf individuelle bzw. gruppale Neigungen und Tendenzen in der Urteilsbildung, auf *Muster*, die über verschiedene Situationen hinweg eher stabil bleiben und noch anderen Gesichtspunkten folgen, nicht nur den aus der Beobachtung des Projekts gewonnenen. Wenn man mit solchen quasi *eingespurten Urteilsbildungen* rechnet, wird deutlich, dass das bleibend Ambivalente des Projektverlaufs und seiner Ergebnisse für ein bestimmtes Individuum (eine Gruppe) ebenso anstrengend und schwierig auszuhalten sein kann wie das eigene Scheitern einzusehen oder sich von dem Vorwurf des Versagens freizusprechen.

In welchen *Formaten* finden diese Kommunikationen von A über sein eigenes Projekt statt? Bleibt A für sich und denkt über sein Projekt nach, ohne seine Gedanken aufzuschreiben, dann besteht das *Format* im *Nachdenken*, d. h. *der Beobachtung und Kommentierung des eigenen Bewusstseinsstroms* zu diesem Thema. Manchmal entfalten diese eine Eigendynamik und zwingen A dazu wahrgenommen zu werden und sich mit ihren Botschaften zu beschäftigen. Das nennt man *Grübeln*. Meist entwickelt sich aber eine Art von *innerem Zwiegespräch*, in dem man seine Gedanken zum eigenen Projekt entwickeln, aber auch wieder in Frage stellen kann und mehr oder weniger elaborierte Urteile fällen kann. Anfangs mag es dabei turbulent zu gehen, weil man zu jedem Gedanken einen Gegengedanken entwickeln kann und das Nachdenken die Komplexität der eigenen Perspektive auf das Projekt steigern wird: Die Verurteilung eigener Handlungen, die Einsicht in eigene Fehler und Schmähungen der eigenen Person können Sekunden später durch Angriffe auf andere Mitakteure und die Zurückweisung der von ihnen vorgebrachten Argumente abgelöst werden: Hin und Her. Und doch führen solche *inneren Zwiegespräche* in der Regel mit der Zeit zu einer *Selbstklärung*. Häufig ergeben sich nach dem Ende eines Projekts mehrere Phasen, in denen man über „sein" Projekt auf unterschiedliche Weise nachsinnt. Dabei kann man mehrere Perspektiven hinsichtlich der Frage einnehmen, ob man gescheitert ist oder Erfolg hatte oder inwiefern man gescheitert ist und wie vollständig (vgl. dazu auch Kap. 15.2.).

Schreibt A seine/ihre Gedanken auf, plant aber, sie nicht zu veröffentlichen, so handelt es sich bei dem Text um einen *Selbstbericht*, ähnlich einem Tagebuch, in dem man mit sich selbst in schriftlicher Form kommuniziert. Der Vorteil dieses *Formats* liegt darin, dass A mit dem Aufschreiben in der Regel Abstand zum Prozess des tatsächlichen oder vermeintlichen Scheiterns gewinnt, die innere Verarbeitung bewusst unterbrechen kann und seine/ihre Gedanken später wieder aufgreifen und ergänzen und/oder neue Aspekte hinzufügen kann.

Sobald man sich imaginäre Leser vorstellt und erst recht, wenn man an eine *Veröffentlichung* denkt, wechselt man den Kontext und tritt in eine öffentliche Form der Kommunikation ein (siehe Kontext 3). Dieser neue Kontext ist deswegen relevant, weil er auf das, was man und wie man es schreibt, aber auch auf das, was und wie man es denkt, zurückwirkt (*rekursive Rückkoppelung*). Für eine Veröffentlichung schreibe ich immer zugleich mehr wie weniger auf, als ich für mich gedacht habe und gehe immer auf bestimmte imaginäre Andere ein.

Blick auf einige der neun Prozesse: Das einsame für sich Nachdenken der Projektverantwortlichen, können wir in allen neun Projekten hypostasieren. De Condillac und Keralio in Bezug auf den Infanten, Tolstoi, Bernfeld, Makarenko, die Verantwortlichen für die Umsetzung der Geschlossenen Unterbringung in Hamburg, der Fortbildner und die Heimleiterin, sie alle haben – wie kurz oder lang auch immer – ihr kritisches Bewusstsein aktiviert und über die Frage nachgedacht, ob und woran und wie vollständig ihr Projekt gescheitert ist und auch ob und inwiefern sie dabei versagt haben. In Wilkers Selbstbericht (Kap. 5) ist davon nichts zu lesen. Und ob Keralio und/oder Condillac jemals über die Möglichkeit eigener Beiträge zum Scheitern ihres Erziehungsprojektes nachgedacht haben, wissen wir nicht. Vermutlich ist es sinnvoll mit zweierlei zu rechnen: Erstens, dass diese sehr wohl selbstkritisch nachdenken konnten, aber die Ergebnisse dieses Nachdenkens für sich behalten und auch nach außen nicht erkennen lassen wollten, dass man solche Gedanken hegte. Zweitens, dass Individuen solche Gedanken von sich wegschieben können, in eine vorbewusste Latenz, in der sie lange oder auch für immer schlummern können. Die Auflösung des sozialen Zusammenhangs, in den das Projekt eingebettet war, die häufig mit dem Scheitern des Projektes einhergeht, macht es möglich, dem Projekt im wahrsten Sinn des Wortes den Rücken zu kehren. Und doch besitzen Gedanken gelegentlich eine Eigendynamik und ist es so gut möglich, dass sie sich wieder zu Wort melden.

2. A beobachtet B (kann ebenfalls eine Person wie ein System sein) bei der Durchführung eines Projekts oder rekonstruiert den Projektaufbau durch B und kann im Verlauf der Beobachtung die Überzeugung gewinnen, dass B das Projekt erfolgreich realisiert hat oder damit gescheitert ist (A → BP). A kann diese Beobachtung mitteilen oder für sich behalten. Es kann gute Gründe dafür geben, jemandem nicht mitzuteilen, dass man sein Projekt für ein gescheitertes hält: Takt, Angst vor dessen Reaktionen, das Wissen, dass der Andere das nicht hören möchte etc. Wenn man die eigene Einschätzung mitteilt, kann B der Einschätzung von A zustimmen oder nicht. Abweichend von A's Urteil könnte sich B als gescheitert sehen oder als erfolgreichen Projektmanager; A und B hätten dann unterschiedliche Urteile gebildet. Vermutlich werden sie andere Beobachtungen aus dem Projektverlauf und seinen Ergebnissen selegiert haben und so zu

abweichenden Urteilen gekommen sein. A kann aber auch B dazu einladen, ihm/ihr seine/ihre Beobachtungen, die er/sie entwickelt hat, mitzuteilen (A → B → AP); B kann dem nachkommen oder nicht. Was er zu sagen hat, kann A zufrieden stellen, egal ob es zustimmend oder kritisch ist, aber auch verärgern.

Die Frage ist, ob sich A und B darüber verständigen wollen oder müssen oder diesen Unterschied einfach so stehen lassen können. Das Thematisieren von unterschiedlichen Einschätzungen führt nicht automatisch zu einem *guten Gespräch*, das mit einem Mehr an Einsichten und Urteilsrevisionen bei A oder B verbunden sein muss. Die Thematisierung von Unterschieden kann auch mit Formen der Belehrung verbunden sein, die abgewehrt werden (von A oder B). Die Abwehr kann wiederum mehr mit dem Abwehrenden zu tun haben oder der Form, mit der ein Dissens vorher markiert und thematisiert wurde. Konfrontationen mit abweichenden Einschätzungen können jemanden erreichen, müssen es aber nicht. Vermutlich kommt es dabei wesentlich auf das Wie der Thematisierung inklusive einer impliziten Beziehungsklärung an, die Unterstützung oder Solidarität möglich erscheinen lässt und Beschämung, wie gut das möglich, ist vermieden.

Beinahe alle Personen, die ein Projekt durchgeführt haben und damit gescheitert oder in den Ruf gekommen sind, damit gescheitert zu sein, werden die Kommunikation mit sich irgendwann öffnen und mit anderen darüber sprechen wollen. Der Kontext, in dem das stattfindet, ist eine Form von *Beziehung*, die in einer Freundschaft bestehen kann, aber auch einer spontanen Bekanntschaft, wie sie z. B. auf einer Bahnreise entsteht, in der man einem relativ Fremden auch Persönliches anvertrauen kann; oder zwischen Nachbarn. Das *Format* dazu ist das *Gespräch*: In diesem kann man versuchen vor allem Bestätigung für das zu erhalten, was man bisher selbst gedacht hat oder es überprüfen zu lassen, weil man hofft mit Hilfe des/der Dialogpartners/Dialogpartnerin neue Einsichten zu gewinnen, sei es, dass der Andere diese neuen Aspekte aufbringt, sei es, dass das Sprechen mit ihm, neue Gedanken in einem selbst anregt. Auch hier kann man – wie oben bei den Urteilen – mit *Mustern* rechnen, die Menschen in das *Gespräch* mitbringen, hier die Erwartungsmuster *Bestätigung* oder *Anregung*. Diese Muster können von dem/der Gesprächspartner:in bedient oder durchkreuzt werden und auch man selbst kann im Gespräch das eigene Muster über Bord werfen und sich selbst überraschen. Allerdings gilt diese Offenheit der Entwicklung zunächst nur für das *Gespräch* unter Freunden oder mit Menschen, die nicht in die Projektentwicklung eingebunden waren und/oder zu denen diesbezüglich keine Abhängigkeit besteht. Das alles gilt auch für private Korrespondenzen – also Briefe –, in denen miteinander Vertraute sich gegenseitig relevante Informationen kommunizieren. Immer stellt sich die Frage, ob und wieweit Offenheit und Spontaneität in den mündlichen oder schriftlichen Äußerungen möglich sind oder möglich gemacht werden oder eher schwinden. Zu der Ehefrau eines Mannes, der sich in einem Projekt verausgabt und aufgerieben hat, besteht z. B. eine Abhängigkeit, wenn sie von den Belastungen durch das Projekt mit betroffen war und sie mithin gegenüber dem Projekt eine eindeutige Stellung eingenommen hatte. Was z. B. zwischen Pestalozzi und seiner Frau der Fall war. Mit ihr konnte er nach dem Scheitern vom Neuhof nicht mehr gut über neue Projekte sprechen (Kap. 3.2). Längere Trennungsphasen waren – zumindest für ihn – wichtig, sowohl für die Durchführung eines Projekts (Stans, Yverdon) als auch danach, wenn er den Projektverlauf verdauen und einschätzen wollte. Erst musste erst sein eigenes Urteil bilden, bevor er sich mit ihrem auseinandersetzen konnte.

Blick auf einige der neun Prozesse

Die Schwester des Infanten hat ihre Beobachtungen über den in ihren Augen fehlerhaften und die Erziehung ihres Bruders gefährdenden Umgangs wahrgenommen, aber lange Zeit nicht kommuniziert. Wahrscheinlich hielt sie sich als junge Frau für nicht kompetent genug ein Urteil zu fällen (Kap. 2.3. Phase 2). Aber sie hat ihre Gedanken ihrem Tagebuch anvertraut sie sind erhalten geblieben, so dass Badinter uns von ihnen berichten konnte.

Als Pestalozzi in Neuhof scheiterte, haben Bekannte und Freunde über ihn geredet. Manche haben sich auch Sorgen um ihn gemacht, auch über seinen mentalen Zustand. Nur ein Freund hatte den Mut ihm seine Beobachtungen, die eigenen wie die Beobachtungen der anderen Beobachter, von denen, er wusste, mitzuteilen. Pestalozzi litt selbst unter seinem Scheitern, das er sehr klar erkannt hatte. Er konnte die Zurückhaltung der Bekannten und Freunde bezogen auf die Kommunikation ihrer Urteile eher als Rücksichtnahme einordnen (s. Kap. 3.2). Allerdings hat er sie sich doch auch zu Herzen genommen und über fast zehn Jahre versucht seinen angeschlagenen Ruf durch die Durchführung eines erfolgreichen Projekts zu rehabilitieren. Nur ein erfolgreicher Schriftsteller zu sein (mit *„Lienhard und Gertrud"*) hat ihm nicht genügt.

Als Makarenko 1927/1928 mit schweren Vorwürfen konfrontiert wird, schreibt er sowohl an Gorkij wie auch an seine spätere Frau Salgo Briefe, in denen er ihnen seine Nöte und seinen Ärger mit Vertreter:innen der Verwaltung und der politischen Kommissionen mitteilt (Kap. 7.7). Dabei stellt er sich überwiegend als einen aufrecht Handelnden dar und beschuldigt die anderen Parteien ihn vernichten zu wollen. Er nutzt Briefe, um Zustimmung von Bündnisgenossen zu erhalten. Seine Briefpartner:innen scheinen diesen Wunsch bedient zu haben. Zumindest in einem Brief belügt er seine zukünftige Frau aber auch (Kap. 7.7 a). Vermutlich schien es ihm im Prozess des Werbens um ihre Hand nicht zuträglich das Schlagen von Zöglingen zuzugeben, zu dem er sich in anderen kommunikativen Kontexten offen bekannt hat. Wem wir was mitteilen, hat eben immer auch damit zu tun, was wir von dieser Person wünschen und welche Reaktionen wir vorwegnehmen. Immerhin war sie nicht nur seine zukünftige Frau, sondern seine Vorgesetzte aus einer Kontrollbehörde.

Interessanterweise haben wir wenige Belege dafür gefunden, dass Projektverantwortliche mit Freunden, Bekannten und Familienangehörigen über den Projektverlauf und die

> Einschätzung von Erfolg bzw. Misserfolg sprechen. Wir nehmen an, dass das bei jedem Projekt der Fall ist. Aber außer im Fall von Briefen, gibt es darüber kaum Aussagen (weder von den Projektverantwortlichen wie den Freunden). Aufgrund der vielen erhaltenen und inzwischen publizierten Briefe von und an Pestalozzi, wird deutlich, was Briefe von Wilker oder Bernfeld eventuell noch enthalten könnten.

Mit allen direkt in das Projekt Verwickelten bewegt man sich in einem anderen, einem *institutionellen Kontext (siehe unten 3.)*. Die Geschichte des Projekts und die verschiedenen Interessen, die es umgeben, werden in dem *Gespräch* eine Rolle spielen, auch wenn sie nicht direkt zur Sprache kommen. Es findet demnach kein *offenes Gespräch*, sondern ein *Interessen-geleitetes* statt (Habermas würde von *strategischer Kommunikation* sprechen, Habermas 1968, 196). Oder besser: Auch, wenn es zu einem offenen Gespräch kommt, so ist dieses durch institutionelle Abhängigkeiten und Rücksichtnahmen präformiert. Aber auch in der Institution kann man sich eine:n Gesprächspartner:in suchen, bei dem man sich der Zustimmung sicher sein bzw. mit dem man gemeinsam „Wunden lecken" und sich über Andere ereifern kann oder einen, mit dem man schon im Projektverlauf Konflikte hatte oder anschließend, wenn es um die Bildung von Urteilen geht. Solche Auswahlen entscheiden wesentlich über den Gesprächsverlauf und seine Ergebnisse.

Trotz solcher Überschneidungen halte ich es für wichtig, die beiden Kontexte *Dialog mit nicht-Beteiligten (2)* und *Gespräch im institutionellen Kontext (3)* zu unterscheiden. Wichtige Unterschiede bestehen darin, dass *Gespräche* im Kontext 2 von beiden Seiten beendet werden können (auch wenn man damit unter Umständen die Beziehung belastet wird), ohne dass das Konsequenzen für das Projekt oder dessen öffentlichen Ruf hätte. Im Kontext 3 bestimmen dagegen häufig Andere, insbesondere leitende Funktionsträger:innen, ob bzw. wie oft und wie lange über das tatsächliche oder vermeintliche Scheitern gesprochen wird und was davon nach außen, d. h. in eine bestimmte Form von Öffentlichkeit kommuniziert wird. Zum anderen werden in der Institution alle Gespräche beobachtet – sowohl von Ranghöheren als auch von Gleichgestellten – und unwillkürlich als Hinweise auf Projekt-spezifische Koalitionen oder Oppositionen etc. gedeutet. Ihnen kommt bezogen auf die weitere institutionelle Beschäftigung mit dem Scheitern ein Gewicht zu. Im privaten Bereich gibt es dagegen selten eine Person, die systematisch beobachtet, mit wem der oder die vom Scheitern Betroffene und daraus ihre Schlüsse zieht (auch hier stellen Partner:innen, mit denen man zusammen lebt, eine Ausnahme dar). Gespräche in einer Institution müssen immer als *potentiell öffentliche* behandelt werden, auch wenn sie hinter vorgehaltener Hand oder verschlossener Türe stattfinden. Im Vergleich dazu finden private Gespräche abgeschirmteren Räumen statt und unterliegen bezogen auf den Schutz ihrer Inhalte familialen Loyalitätserwartungen, die nachhaltiger sind als kollegiale.

3. Institutioneller Kontext: Bisher hatten wir es mit Personen/Systemen zu tun, die nicht voneinander abhängig sind und zumindest über eine relative Freiheit verfügen, miteinander reden zu können oder nicht. Da ein Projekt immer in einem institutionellen Kontext stattfindet (s. a. Kap. 1.2), ist zu erwarten, dass mehrere Funktionsträger:innen aus dem institutionellen Kontext (= I, I2, I3 etc.) dieses Projekts, aber auch aus anderen Behörden II oder Gremien III die Durchführung eines Projekts von Anfang an beobachten und zu diesem – gefragt oder nicht – Stellung beziehen: verbal in Form von *Kommentierungen* gegenüber dem Projektverantwortlichen oder Anderen in der Institution oder indem sie in den Projektverlauf *intervenieren* oder indem sie dem Projekt *Kontrollbesuche* abstatten und *Berichte* über ihre Eindrücke verfassen: (I + I1 → (A → AP); die Klammer markiert, dass Beobachtung und Kommunikation aber auch die Projektdurchführung in einer Institution stattfinden). *Institutionelle Thematisierungen, institutionelle Eingriffe* und *institutionelle Kontrollen* sind demnach die *Formate*, in denen mit den Projekten bzw. den dafür Zuständigen in diesem Kontext kommuniziert wird.

I erfüllt in der Institution oder der dieser übergeordneten Behörde die Funktion einer Dienst- und/oder Fachaufsicht, die sie legitimiert, diese *Formate* zu nutzen. Qua der ihr zugesprochenen Verantwortung muss er/sie überlegen, wie sie das Projekt P, das von A durchgeführt wird beobachtet und wann und wie sie bezogen auf das Projekt aktiv wird. Intern wird das über Konzepte und Richtlinien oder informelle Entscheidungen im Rahmen der Einrichtungskultur entschieden. In Zusammenhang mit externen Beobachter:innen (Behörden, Heimaufsicht etc.) ist das über Verfahren geregelt, die z. B. Überprüfungen, deren Inhalte und Häufigkeit etc. festlegen. Weiterhin muss jede/jeder vorgesetzte Vertreter von I oder II entscheiden, wie viel Konsens oder zumindest verbale Zustimmung er/sie im Rahmen der Dienst- oder Fachaufsicht er/sie von dem Projektverantwortlichen A erwarten muss, wenn er seine/ihre Hinweise in einem der drei Formate kommuniziert (siehe oben). Oder wie viel Dissens oder Unklarheit bezogen auf Übereinstimmung in der Konstruktion und Zustimmung zu seinem Urteil er/sie zulassen kann.

Institutionelle Beobachter:innen können aber auch gleichberechtigte Kolleg:innen (A') sein, sei es aus dem Projekt, sei es aus andern Abteilungen der Institution (B): ((A → A'P)) oder (B → (A'P)). Auch wenn A ein mit-beobachtendes Teammitglied ist, wird er/sie überlegen müssen wie er/sie seine/ihre laufenden Beobachtungen über die Projektentwicklung an die anderen Teammitglieder kommuniziert und wie sie/er mit Unterschieden in der Wahrnehmung und der Beurteilung des Projektverlaufs oder der Projektergebnisse umgeht. Kann er/sie eventuelle Unterschiede tolerieren oder sieht er/sie sich darauf angewiesen, diese Fragen weiter zu klären, z. B. weil er sich auf A' als Teammitglied oder Leiter:in I in bestimmten Zusammenhängen angewiesen sieht und damit bestimmte Erwartungen an dessen/deren Handeln einhergehen? A wird sich bei Abweichungen also überlegen müssen, ob und wo und wie er die Debatte mit A' weiterführt, besonders in Situationen, in denen er ein drohendes Scheitern konstatiert wie es z. B. die weibliche Kollegin gegenüber Makarenko getan hat, die ihn wegen der von ihm ausgeübten Gewalttaten kritisiert hat, und zwar genau bezogen auf die Auswirkungen dieser Handlungen auf den weiteren Projektverlauf (Kap. 7.3.3).

Auch im *institutionellen Kontext* kommt es wesentlich darauf an, aus welcher Haltung heraus etwas kommuniziert wird und aufgenommen wird. Beobachtungen Anderer werden häufig so vorgebracht, dass die Projektverantwortlichen sich davon angegriffen fühlen oder den Sinn der an sie gerichteten Botschaften nicht verstehen.

Denken wir z. B. an Bernfeld, der sich gegen die Einmischung der Mitleiterin wehrt, die die von ihm konzipierte Ausgangsregelung für die Kinder in Frage stellt und abändert (Kap. 5.3.3. Settingelement d). Oder an die Erzieher:innen, die schriftlich kommuniziert haben, was sie am Projektverlauf stört, aber bei der nächsten Zusammenkunft aufgefordert werden, es mündlich zu wiederholen und das nicht einsehen (Kap. 8.2.2). Oder an die Einrichtungsleiterin, die es dem Fortbildner untersagt die Großmutter und ihren Enkel zur Aufnahme in die Einrichtung abzuholen, obwohl die Frau einen Gips trägt. Das erschien ihm unsinnig (Kap. 10).

Allerdings kann man sich als Projektverantwortlicher solchen Beobachtungen und den daran anschließenden Interventionen auf Dauer nicht entziehen.

Man kann die Fremdbeobachter:innen aus der eigenen Institution ignorieren (wie Bernfeld anfangs versucht hat seine Mit-Leiterin Frau P. zu ignorieren Kapitel 6.2), seine eigenen Maßnahmen dagegensetzen (wie Bernfeld es z. B. mit der Aufhebung des Ausgangsverbots von Frau P. gemacht hat Kapitel 6.3.3 d) oder die Beurteilungen der das Projekt visitierenden Gremien zurückweisen (wie es Makarenko getan hat Kapitel 7.6) etc.

Was beinahe immer zur Folge hat, dass die nicht gehörten kritischen Beobachter:innen ihre Beobachtungen Anderen mitteilen, in der Hoffnung bei bzw. mit diesen eine Gegenmacht zur Projektleitung zu etablieren und Einfluss auf den Projektverlauf zu gewinnen oder ihre Hinweise qua Machtbefugnisse der eigenen Position oder des (Behörden-)Apparates durchsetzen.

Aus dem Zusammenspiel mehrerer Funktionsträger und Organisationen mit Blick auf Klärungen von Fehlern und dem sich daraus ergebenden Prozess der Infragestellung (-) des Projekts oder der Projektleiter:in, ergeben sich oft komplexe Dynamiken (die man so darstellen könnte: $I1+ I2 +I3$ (A, A' $\to$ P -). Die Geschichte der Sozialen Arbeit ist reich von Beispielen, in denen mehrere Funktionsträger (I und $I1$ etc.) einer und/oder mehrerer Organisationen/Institutionen einem System oder einer Person A oder mehreren A vorwerfen eine Situation nicht als

Fehler betrachtet zu haben und/oder mit dem Projekt gescheitert zu sein und/ oder in fachlicher und/oder moralischer Hinsicht versagt zu haben. Obwohl sich A in dieser Frage einer Mehrheit gegenüber sieht, kann er/sie darauf bestehen, die Situation selbst besser einschätzen zu können als die Beobachter:innen und in fachlicher wie moralischer Hinsicht gut genug bewältigt zu haben. Oder sich einen bestimmten Typ eines Wertekonfliktes zugestehen, einem *Dilemma*, und dieses zumindest so gut es geht, abgewogen und entschieden zu haben (siehe Schwabe 2022a, Kap.5). Auch wenn sich A also verdächtigt und verurteilt sieht, kann er/sie gegen das Urteil der Anderen ankämpfen. Womit er diese Anderen überzeugen kann, so dass er mehr oder weniger rehabilitiert wird. A kann aber die Anderen auch noch stärker zusammenschweißen. *Moralische Kommunikationen* in einem solchen System neigen dazu, immer weitere Kreise zu ziehen (Schwabe 2022a, 33 ff.). A, A1 usw. wenden sich an Andere, um von ihnen Bestätigung für ihr Urteil und ihre Verurteilung zu bekommen; aber auch I unternimmt das. Die Debatten über die Dissense können dabei in offiziellen Meetings verhandelt werden, zu denen einige Zugang erhalten und andere Interessierte ausgeschlossen werden; oder aber eher in inoffiziellen Zusammenhängen stattfinden, im sogenannten „*Flurfunk*" verhandelt werden, wobei unterschiedliche Gruppen unterschiedlicher Hierarchieebenen der Position von F zustimmen oder der Mehrheit gegen die Position von F zustimmen können und damit der Verurteilung seines Handelns.

Blick auf einige der neun Projekte

Keralio und Condillac konnten nicht verhindern, dass ihr Erziehungsprojekt des Infanten von allen möglichen, befugten und dazu nicht befugten Mitgliedern des Hofstaates, intern und extern, beobachtet und kommentiert wurde. Von Anfang an, gab es Personen, die den Infanten gegen die Erziehungsmaßnahmen in Schutz nehmen wollten, sei es mit Blick auf die vielen Stunden, die er lernen musste, sei es bezogen auf die Intensität und Häufigkeit der Schläge, die er bekommen hat. Natürlich verfolgten manche Kritiker überwiegend ihre eigenen Interessen oder wollten ihn auf ihre Seite ziehen, was schließlich den konservativen Kräften in Parma auch gelang (Kap. 2.3).

Ganz sicher hat Frau P., die Mitleiterin Bernfelds, durch das Weitertragen ihrer Beobachtungen an ihren Freund vom Joint eine solche Gegenmacht etabliert (s. Kap. 6.3.3). Ähnliches hat Frau Q. in Kapitel 10 gemacht, als sie die Kritik einer Praktikantin an der Schule an die Lehrer:innen weitergegeben oder sich mit Frau W. gegen den Fortbildner zusammengeschlossen hat (Kap. 10).

Die genaue und kontinuierliche Beobachtung von Seiten der Behörden, mit der Makarenko beim Aufbau der Gorki-Kolonie rechnen musste, haben wir ausführlich beschrieben (s. Kap. 7). Zunächst attestierten ihm diese Beobachter:innen Gelingen und sogar Modellcharakter. Später kamen mehrere Untersuchungskommissionen zu kritischen oder teilsteils-Einschätzungen. Sie führten dazu, dass Makarenko entlassen wurde. Makarenko

> stellte sich den Berichterstatter:innen und argumentierte gegen sie. In deren Augen waren seine Handlungen bzw. Versäumnisse allerdings so gravierend, dass sie sich in der öffentlichen Wahrnehmung und bei den Entscheidungsträgern mit ihren Sichtweisen durchsetzen konnten. Zumindest für ein paar Jahre. Denn Makarenko wird mit dem Poem eine Trendwende einleiten (Kap. 7.8).

Wenn jemand einen *Projektbericht schreibt* und man annehmen kann, dass er/sie ihn *veröffentlichen* wird, intern oder intern und extern, werden *zwei Kontexte eröffnet*: Der *institutionellen*, weil der Bericht, auch wenn er woanders veröffentlicht wird, doch auch innerhalb der Institution, von der er berichtet, gelesen werden kann und zumindest als relevant für die Außenwahrnehmung der Institution eingeschätzt wird, wenn nicht auch für interne Dynamiken. Und der *Kontext der Öffentlichkeit (siehe 5.)*, weil jeder Bürger/jede Bürgerin des Gemeinwesens den Bericht zu Kenntnis nehmen kann, in welchem *Format* auch immer: Buch, Zeitschriftenaufsatz, Interview, Blog etc. Alles schriftlich Fixierte kann öffentlich zirkulieren, wenn man es nicht strikt davor schützt wie es z. B. bei einem Tagebuch möglich ist, aber nicht garantiert werden kann.

> *Blick auf untersuchte Prozesse*
>
> Mit dem Poem, das er sehr geschickt zwischen einem Tatsachen- Bericht und Fiktion platzierte, schrieb Makarenko nicht nur einen Rechenschaftsbericht, mit dem er sich selbst und sein Handeln nachträglich legitimieren wollte; er schrieb auch einen Gegenbericht, in dem er die meisten Kritiker:innen – gerade die aus den Behörden – als besserwisserische „Theoretiker:innen" darstellte, ihnen also die Kompetenz absprach überhaupt über ihn und die Kolonie urteilen zu können. Und er schrieb einen Bestseller, der ihn erste Sowjetunion-, bald aber auch weltweit bekannt machte. Aus dem geschassten Leiter wurden eine weithin anerkannte Erzieherpersönlichkeit und bald darauf ein Klassiker der Pädagogik. Wenn das keine erfolgreiche Kommunikation war...
>
> Bei allen, die später einen Bericht geschrieben haben, mit dem sie sich an andere wenden (Pestalozzi im „Schwanengesang", Wilker, Bernfeld, Makarenko im Poem, darf man vermuten, dass sie mit einem Nachdenken über den Projektverlauf für sich angefangen haben, vielleicht auch schon im Format einer inneren Verteidigungsrede und diese später zu Papier gebracht haben. Sie haben sich damit mehr an die Fachöffentlichkeit gewandt als an die Kolleg:innen aus den Institutionen, mit denen sie zusammengearbeitet haben. Wilker und Bernfeld wollten dabei auch Gerüchten entgegentreten, von denen sie mutmaßten, dass sie von den ehemaligen Kolleg:innen in Umlauf gebracht wurden und die in der Öffentlichkeit zirkulierten. Wilker, Bernfeld und auch Makarenko sahen sich in einem Kampf um die Deutungshoheit bezogen auf den Sinn und den Wert ihrer Arbeit in den Institutionen (Lindenhof, Kinderheim Baumgarten, Gorkij-Kolonie).
>
> Alle drei räumten ihr Scheitern ein, allerdings wiesen Wilker und Bernfeld die Verantwortung dafür ganz eindeutig den anderen Beteiligten zu. Bernfeld der Mitleiterin Frau P.,

dem Verwaltungsleiter, der gesamten Verwaltung und dem Wiener Joint. Wilker den Beamten im Lindenhof. Makarenko weist mit seinen Gewalttaten und Gewaltandrohungen auf Fehler hin, die gemeinhin als Fehler gelten und mit denen man als Pädagoge gescheitert gilt, auch weil man sich damit außerhalb des Gesetzes stellt. Aber er sieht sich selbst als erfolgreichen Pädagogen oder zumindest als erfolgreichen Leiter eines Erziehungskollektivs, das er aufgebaut und erweitert hat und in das er andere Einrichtungen integriert hat. Er schildert auch etliche der Anschuldigungen, die gegen ihn vorgebracht werden (nicht das Schlagen von Zöglingen ohne relevanten Grund wie es der Bericht aufgedeckt hat). Aber das Poem ist so konstruiert, dass diese Fehler klein und die Anschuldigungen irrelevant aussehen. Makarenko kann sich nicht dazu entscheiden, das eigene Projekt als teilweise erfolgreich und teilweise misslungen oder als ambivalent zu beurteilen (sieh oben e oder d). Er weist es eindeutig der Kategorie a zu.

Tolstoi hat eine Art von Zwischen-Bericht geschrieben zu einer Zeit, in der er das eigene Projekt als erfolgreich eingeschätzt hat (Tolstoi 1980). Er berichtet voller Stolz über dessen Entwicklung, wohlwissend, dass er dort neue, ungewöhnliche Wege geht, die alles andere als selbstverständlich sind. Er hofft damit andere für sein Projekt und das Initiieren weiterer solcher Projekte zu gewinnen. Er ahnt vermutlich nicht, dass genau dieser Bericht im Bildungsministerium und von der Geheimpolizei sehr genau, aber auch sehr kritisch gelesen wird und diese Instanzen gegen ihn aufbringt. Was er als richtig und erfolgreich ansieht, wird dort als falsch und umstürzlerisch wahrgenommen. Ein und derselbe Bericht führt zu völlig anderen Schlüssen.

Auch Gerd Schäfer tritt mit seiner Dissertation, in der er sein Scheitern, das inzwischen 10 Jahre zurückliegt, in die Öffentlichkeit (siehe Kap.10). Aber er kann damit rechnen, dass kaum einer der damals Beteiligten mitbekommt, dass er ein Buch veröffentlicht hat. Außerdem schreibt er in einem anderen Kontext, dem wissenschaftlichen, den wir gleich vorstellen werden.

Der Fortbildner schreibt seinen Projektbericht (Kap. 10) nur für seine institutionellen Partner:innen. Unaufgefordert, für sich, aber auch in der Hoffnung, dass diese ihn lesen und etwas damit anfangen. Ob das geschieht, kann er nicht beobachten. Es findet auf jeden Fall ohne ihn statt. Seine Hoffnung, dass auch die Anderen einen Bericht schreiben, der sich an seinem reibt und diesen ergänzt oder widerspricht, geht nicht in Erfüllung. Die ehemaligen Projekt-Partner:innen entziehen oder verweigern sich bezogen auf die schriftliche Kommunikation. Sie wollen die Kommunikation mit ihm vor allem beenden. Geredet wurde genug; und ohne Ergebnis. Jedes weitere Wort, jeder Satz erscheint ihnen als zu viel. An einer Verständigung mit ihm ist ihnen nicht (mehr) gelegen.

Interessant ist, dass die Position der *Ambivalenz*, wie wir sie oben beschrieben haben, im Rahmen eines institutionellen Kontexts (oben 3.) und im Verlauf der sich entfaltenden Dynamiken in diesem Kontext eher immer seltener eingenommen wird. Institutionelle Kontexte neigen dazu die Polarisierung von Debatten über das Vorliegen von Fehlern/Schwächen/Scheitern voranzutreiben; sie beschränken die Urteile häufig auf einen binären Code, d.h. auf eine Zuschreibung von richtig oder falsch (+ oder -) und tendieren damit zu *moralischer Kommunikation* wie sie Luhmann beschrieben hat (Luhmann 1998, 396 ff., Schwabe 2022a, 53 ff.). Institutionen produzieren laufend Ambivalenzen bezogen auf ihre Erscheinung und ihr Wirken, neigen aber eher dazu ihre Selbst- und Fremdbeobachtung mit Kategorien von *richtig* oder *falsch* aufzuteilen, weil sie die mit Ambivalenzen einhergehenden Unsicherheiten als Gefahr für die Organisation ansehen.

Warum? Mitarbeiter:innen in Institutionen, geraten mit der Annahme, dass sie selbst oder andere (Mitarbeiter:innen oder Kolleg:innen) Fehler gemacht haben, die das bereits eingetretene oder sich abzeichnende Scheitern eines Projekts befördert haben, in Krisen, die sie in einen Modus der Erregung versetzen. In diesem sind sie vor allem mit der Absicherung ihrer eigenen Position und Reputation und der Abwehr von Vorwürfen beschäftigt. In solchen Situationen erscheint Unsicherheitsabsorption prioritär, weswegen man Komplexität reduziert und zu einseitigen Beobachtungen und polarisierenden Beurteilungen neigt (Omer et al. 2014). Entweder hält man deshalb an dem Projekt und dessen Leiter:in zu lange fest oder – noch häufiger – erklärt man diesen zum Sündenbock und „treibt ihn aus", um das Projekt zu retten (Schwabe 2022a, 191 ff.).

4. In diesem Zusammenhang wird ein neuer Kontext interessant, der zu den bereits stattfindenden Debatten eine *Meta-Position* einnimmt: M → (I A, B, C, D) VO. (Das V steht für Verfahren, da spätestens in diesem Format nicht nur Personen, sondern auch Verfahren und Organisationsstrukturen O in den Blick geraten; das kann aber auch schon im Kontext Institution einsetzen.) Das kann entweder im Rahmen wissenschaftlicher Untersuchungen stattfinden, die alle bislang getroffenen Urteile in einem Fall zunächst suspendieren, historisieren (in Schritt für Schrittfolgen zerlegen), analysieren und neu bewerten. Freilich können auch solche Meta-Konstruktionen unterschiedlich ausfallen. Kein Wunder, da bei der (nachträglichen) Beobachtung und Bewertung des Projektverlaufs und der Handlungen seiner Protagonisten von den Wissenschaftler:innen verschiedene Theoriebrillen verwendet werden. Wichtiger als neue Festlegungen vorzunehmen, wäre es allerdings neue Fragen zu stellen, die vormalige Sicherheiten irritieren und so neue Kommunikationen über den Projektverlauf möglich machen.

Das gilt auch für die *Meta-Positionen*, die im Rahmen von institutionellen Prozeduren angestrebt werden, bei denen Dritte, Außenstehende als Berater:innen, Gutachter:innen, Mediator:innen oder Konfliktschlichter:innen eingeschalten werden, wenn man es für angemessen hält für strittige Beobachtungen und umkämpfte Urteile zunächst Öffnungen von Festlegungen und später ein Mehr an Konsens zu entwickeln. In beiden neuen *Rahmen* wird Komplexität zumindest vorläufig erhöht und neue Urteile gefällt, die den bisher involvierten Parteien bescheinigen teils richtig, teils falsch geurteilt zu haben, und/oder erneut die Idee von Ambivalenz oder Unentscheidbarkeit eingebracht (siehe oben d und e). Freilich können die bisher Involvierten die neuen Beobachtungen und Urteile der externen Expert:innen anerkennen oder an ihren alten festhalten. Expert:innen aus dem Kontext 4 verfügen meist nicht über die Macht ihre Urteile handlungsrelevant werden zu lassen bzw. durchzusetzen.

> Wissenschaftliche Untersuchungen haben wir bisher bei Schäfer kennengelernt, der sein eigenes Scheitern in seiner Dissertation aufgearbeitet hat. Der Abstand von fast zehn Jahren wird dabei hilfreich gewesen sein. Für Schäfer steht fest, dass das Projekt gescheitert ist; er analysiert den Prozess wie es dazu gekommen ist hinsichtlich seiner Meilensteine, aber auch seiner Protagonisten, und zwar der beredten ebenso wie der Mehrheit, die immer wieder geschwiegen, aber eben doch auch damit kommuniziert und auf den Projektverlauf eingewirkt hat. Man kann nicht nicht kommunizieren, gilt auch im Rahmen eins Projekts (gehört in die Theorie). Daniel Barth hat uns eine ebenso komplexe Theoretisierung bezüglich des Projektverlaufs im Kinderheim Baumgarten vorgelegt. Er beschreibt ihn dabei als strukturelles Scheitern, das er von einem persönlichen Scheitern unterschieden haben möchte (siehe in diesem Buch Kapitel 13.4). Im Gegensatz dazu fokussiere ich in meinen Analysen bei Tolstoi, bei Wilker, bei Bernfeld, bei Makarenko auch auf das persönliche Scheitern bzw. untersuche inwiefern sie für die Konfliktdynamiken im oder um das Projekt herum mitverantwortlich gemacht werden können. Mit der Fokussierung auf persönliche Anteile, widerspreche ich damit auch anderen Untersuchern, was uns später noch beschäftigen wird (siehe das Zitat von Herrmann zu Bernfeld in Kapitel 13.4.2). Damit stehen meine Hinweise aber auch in Spannung zu anderen Ansätzen wie z. B. der Akteurs-Netzwerk-Theorie (s. Kap. 12.2).
>
> Meta-Positionen kann man für sich reklamieren, muss sie aber nicht unbedingt zugestanden bekommen. Der Bericht des Landesbetriebs Erziehungshilfen in Hamburg hat einen eigenen Projektbericht zum Verlauf der Etablierung der Geschlossenen Unterbringung in Hamburg vorgelegt (vgl. Kap. 9.3.3). Dieser Eigenbericht operiert u. a. mit Statistiken und gibt sich einen wissenschaftlichen Anstrich. Weil er kaum selbstkritische Fragen stellt und überwiegend zu Selbstrechtfertigungen tendiert, hat er mich als Leser und Untersuchenden nicht überzeugt. Als neuer Kommunikationsteilnehmer im Feld GUF weise ich seinen Anspruch zurück. Hier haben wir es mit einem Beispiel zu tun, das uns später noch beschäftigen wird. Eine Kommunikation kreuzt die andere und kann den von ihr transportierten Urteilen zustimmen oder widersprechen. Diesen Faden nehmen wir in Kapitel 13.2 auf.
>
> Meta-Positionen, zu denen aus der Institution heraus Experten eingeladen werden, konnten wir in den von uns untersuchten Projekten kaum finden. Der Fortbildner und die Einrichtungsleiterin sind zusammen in eine Supervision gegangen, in welcher die Konflikte zur Sprache kamen, aber nicht geklärt werden konnten (s. Kap. 10). Im Prozess des Scheiterns von Wilker im Lindenhof, musste der Vorgesetzte aus dem Senat, Herr Knaut, anreisen, um die hochgeschlagenen Protestwellen unter den Jugendlichen, zu glätten (Kap. 5.4.). Er tat das auf Bitten von Wilker, der die Eskalationsdynamik allerdings mit angeheizt hatte. Es gelang ihm die Jugendlichen zu beruhigen, ohne dabei jedoch als externer Experte anerkannt zu sein, was er als Gesamtleiter aller Berliner Fürsorgeeinrichtungen auch nicht war.

5. Die relative Machtlosigkeit von Expert:innen führt zu einem weiteren Kontext, der eine ähnliche Arbeit der Untersuchung und Neubewertung durchführt, aber über entsprechende Machtmittel verfügt. Das sind zunächst *Gerichte*, die angerufen werden können, wenn Fragen über das richtige oder falsche Führen eines Projektes oder einzelne im Projektverlauf stattgefundene Handlungen eine Relevanzschwelle erreichen, die einer der Beteiligten mit Begriffen wie *„strafbar"* oder *„rechtlich zu überprüfen"* verbindet. Ob diese Relevanzschwelle gegeben ist, entscheidet die Staatsanwaltschaft die eine diesbezügliche Anzeige daraufhin untersucht, ob ihr nachgegangen werden muss oder nicht: G → I (A) VO.

Eine zweite Instanz, die solche Fragen thematisiert. sind *Untersuchungskommissionen*. Sie werden von politischen Gremien eingesetzt, um zu klären, ob es bei der Gestaltung öffentlicher Aufträge zu *„unprofessionellem"* und *„unfachlichem"* Handeln gekommen ist und ob dieses zu Schäden und/oder Nachteilen geführt haben. Im Fall von Untersuchungskommissionen, die Jugendhilfethemen untersuchen, wird möglichen Schäden im Bereich Kindeswohlgefährdungen und/oder Entwicklungseinschränkungen bei Klienten oder im Bereich Verschwendung oder betrügerische Verwendung von öffentlichen Mitteln nachgegangen. Diese werden aufgedeckt, auch wenn sie unterhalb der Schwelle von justiziablen Folgen bleiben. Untersuchungskommissionen untersuchen den Zwischenbereich zwischen *„nur fachlich falsch"* und *„strafbarer Handlung"*. Sie rekonstruieren Prozesse, sortieren Handlungen und geben Empfehlungen für den weiteren Umgang mit den von ihnen aufgedeckten Zusammenhängen vor allem mit Hinblick auf strukturelle und organisatorische Reformen: PUA → I (A, B, C, x …) VO.

Die Gorkij-Kolonie wurde mehrfach von Untersuchungskommissionen besucht. Mit zunächst sehr positiven Ergebnissen. Später wurden aber Missstände, Versäumnisse und Mangelhaftes thematisiert, die zur Entlassung von Makarenko führten und seine Reputation beschädigten, was vermutlich auch Auswirkungen auf seine Position in der soeben von ihm gegründeten Dzerzinskij-Kommune hatte. Auch dort wurde er bezogen auf seine Entscheidungsbefugnisse herabgestuft. Auch ein Gerichtsverfahren spielt dabei eine Rolle. Ein ehemals bei ihm beschäftigter stellvertretender Leiter, der eine eigene Kolonie übernommen hatte, war wegen des Schlagens von Zöglingen angeklagt worden und wurde auch zu einer zweijährigen Gefängnisstrafe verurteilt. Makarenko versuchte zu seinen Gunsten zu intervenieren, vermutlich auch weil er wusste, dass man ihm ähnliche Handlungen vorhalten könnte. Die Nähe der beiden Männer zueinander, trug sicher auch zu dem kritischen Fokus der Untersuchungskommissionen bei.

Eine Aufsichtskommission spielt auch in der Geschlossenen Unterbringung Feuerbergstraße in Hamburg eine wichtige Rolle (s. Kap. 8.3.2). Deren Mitglieder hätten sich ein offeneres Verhältnis zu den dort Arbeitenden gewünscht, was aber wegen der juristischen und politischen Rolle, die ihr zukam nicht möglich war.

6. Ein weiterer *Kontext* eröffnet sich mit dem Interesse von *Medien (Zeitung, Fernsehen, Rundfunk, Podcasts etc.; das Kürzel sei P)* für Themen, die moralische Krisen und damit den ge- oder misslungenen Umgang betreffen. Dabei beschränken sich Medien nicht nur auf Berichterstattung, sondern kommentieren und bewerten häufig auch den Umgang dieser InS mit diesen Themen: P → I (A, B, C, x) VO: Personen und Institutionen/Organisationen geraten in den Fokus der medialen Berichterstattung, aber auch Gerichte und Untersuchungskommissionen, vor allem, wenn man ihnen Fehlverhalten unterstellen und dieses skandalisieren kann. Insofern kommt der Presse hier auch eine Meta-Position zu. Über genaue journalistische Recherchen kann sie Schwächen und fehlerhaftes Handeln in Projekten aufdecken, aber auch auf solche fokussieren, selbst wenn es noch mehr und durchaus auch Positives zu beobachten gegeben hätte. Über mehr oder weniger bewusste Vorannahmen und Selektionen, die Kritik und Skandalisierung möglich machen, sichern sich Medien Anteile am knappen Gut der Aufmerksamkeit und hoffen so Leser:innen oder Zuschauer:innenzahlen zu steigern (Luhmann 2017, 107 ff.). Dazu dienen Komplexitätsreduzierungen und Polarisierungen, die zu eindeutigen Urteilen und Positionierungen führen. Damit schwindet erneut die Chance, dass Ambivalenzen, Ungewissheit und moralische Unschärferelationen thematisiert werden. Diese Kontext-Dynamik ist für die davon Betroffenen von großer Bedeutung, da mit *negativer Presse* die eigene Reputation beschädigt wird. Selbst wenn sich später die eigene Nichtverantwortlichkeit oder Unschuld (bei gerichtlichen Verfahren) herausstellt, ist die Angst derer, die in den Medien als fehlerhaft und/oder unverantwortlich Handelnde dargestellt werden, berechtigt, dass etwas davon an ihrer Person hängen bleibt.

Auf mediale Berichterstattungen und ihre Rolle im Prozess der Bewertung eines Projekts und seiner Protagonisten sind wir bei vielen unserer Projekte gestoßen. Tolstois Unterrichtsmethoden wurden mehrfach Gegenstand von Presseartikeln. Er selbst gründete eine Zeitung mit dem Ziel der gegenseitigen Informierung unter und weiterer Verbreitung von Schulmodellen, die seinem nacheiferten oder zumindest ähnlich konzeptioniert waren. Freilich rief dieses Organ auch den Geheimdienst auf den Plan und führten dessen Verdächtigungen zur Einstellung der Zeitschrift.

Der unfreiwillige Weggang Wilkers vom Lindenhof war Gegenstand von Presseartikeln und zumindest einer großen öffentlichen Zusammenkunft der Berliner Jugendbewegung, die wiederum von der Presse beschrieben wurde und an dessen Ende auch eine Presseerklärung stand. Wilker selbst nutzte das Verlagswesen zur Veröffentlichung einer Verteidigungsschrift (Der Lindenhof: Werden und Wollen, s. Kap. 5.3.1), die wiederum Briefe, Statements und Artikel anderer Beobachter:innen enthielt, die seine Arbeit positiv beschreiben und seiner Version einer zunehmenden Behinderung seiner Arbeit durch andere zustimmten. Wilker bekam auf medialem Weg aber auch Gegenwind in Form eines Artikels in einer wichtigen Fachzeitschrift, in der sein ehemaliger Vorgesetzter seine Sicht der Abläufe darstellte und ausführlich auf die Fehler und Schwächen von Wilker einging.

> Auch über die Gorkij-Kolonie wurde mehrfach in Zeitungen berichtet, sowohl zustimmend-belobigend wie auch kritisch (Hillig 1994).
>
> Die Presseartikel im Zusammenhang mit der GUF in Hamburg sind Legion. Sie reichen von Zustimmung zu den endlich beschlossenen Maßnahmen zu Beginn bis zu sehr kritischen Stellungnahmen im Verlauf und gegen Ende. Teilweise wurde die Presse auch von Betroffenen instrumentalisiert. So im Fall einer Mutter, die ihren Sohn vor einer Journalistin aussagen ließ, dass er in der GUF geschlagen worden sei. Halbwegs glaubhafte Vorwürfe in der Presse werden von Mitgliedern des politischen Systems aufgenommen und in Form von Rücktrittsforderungen verarbeitet (Kap. 9.3.1.3 h). Aufgrund der medialen Berichterstattung musste in der Projektzeit der GUF in Hamburg ein Staatssekretär zurücktreten, weil er der Presse gegenüber falsche Informationen über die Anzahl der Entweichungen mitgeteilt hatte (wohl durchaus wissentlich) und ein Leiter des Landesbetriebs Erziehungshilfen. Presseartikel können einem aber auch erspart bleiben. So spielen sie z. B. bei dem Projekt von Schäfer in Stuttgart (Kap. 8) und dem des Fortbildners (Kap. 10) keine Rolle.

Erste Schlussfolgerungen aus dem konstruktivistisch-kommunikationstheoretischen Ansatz sind:

a) Jeder Projektverlauf und jedes Ende eines Projektes stellt einen Beobachtungszusammenhang zur Verfügung, der potentiell unausschöpfbar ist. Jede/jede Beobachter:in muss auswählen und sein/ihr Ergebnis konstruieren. Was wirklich war – Verlauf und Ergebnis –, wird nie festgestellt werden können. Konstruktionen können aber von anderen Beobachter:innen bezogen auf ihre Selektionen und Auslassungen hin beobachtet werden. Man kann annehmen, dass jede Beobachtung *blinde Flecken* aufweist. Durch Mehrfach-Beobachtungen und kommunikative Kreuzungen werden diese blinden Flecke aber immer wieder aufgedeckt und finden Ergänzungen und Erweiterungen statt. Insofern ist es absolut wünschenswert, dass Projektverläufe und die Berichte über Projektverläufe mehrfach dargestellt und untersucht werden. Dabei kommt der Beobachtung der Beobachter:innen eine wichtige Bedeutung zu.

b) Die Frage, ob Scheitern oder Erfolg oder etwas Drittes (siehe oben a–e) festgestellt werden soll, sollte man nicht behandeln, ohne den Kontext mit zu thematisieren, in dem diese Frage aufgeworfen wird. Für sich nachdenken bedeutet einen gänzlich anderen Zugang zu einem Projektverlauf als eine innerinstitutionelle Thematisierung, eine Debatte in einem Universitätsseminar oder in einem Presseartikel. Jeder dieser Kontexte weist Besonderheiten auf, die Auswirkungen auf die Möglichkeiten und Limitierungen der Beobachtungen haben.

c) Die sechs vorgestellten Kontexte führen zu acht unterschiedlichen Untersuchungs-Formaten bezogen auf Projektverläufe, die jeweils andere Möglichkeiten und Chancen eröffnen, aber auch mit unterschiedlichen Risiken und Schließungen verbunden sind. Die acht Formate sind:

- Kontext 1: Kritisches Bewusstsein bzw. inneres Zwiegespräch mit dem Ziel von Selbstklärung;
- Kontext 2: Offenes Gespräch, in dem eine gemeinsame Untersuchung stattfinden, aber auch jederzeit abgebrochen werden kann;
- Kontext 3: Intra- oder inter-institutionelle Untersuchung, die sich an den jeweiligen Logiken und Prinzipien der Profession und Disziplin orientiert;
- Kontext 4a: Wissenschaftliche Untersuchung durch anerkannte Spezialist:innen;
- Kontext 4b: Professionelle Behandlung in einem spezialisierten Setting (z. B. Mediation);
- Kontext 5a: Öffentliche Untersuchung durch ein Gericht;
- Kontext 5b: Untersuchung im Rahmen einer Untersuchungskommission, die in einen Bericht mündet;
- Kontext 6: Mediale Thematisierung (Presse, Funk, Fernsehen, Twitter, aber auch in Form eines Theaterstücks, siehe Lampel 1929 etc.) zwischen sachlicher Berichterstattung, Werbung in eigener Sache und Skandalisierung.

d) Unterschiedliche Kontexte und Formate legen unterschiedliche Formen der Urteilsbildung nahe und machen andere eher unwahrscheinlich. Wenn in mehreren Kontexten parallel oder nacheinander Erörterungen stattfinden, führt das zu Interferenzen, d. h. zu Rückkopplungsschleifen in den anderen Kontexten: so kann z. B. eine eigene Gewissensuntersuchung zurückgenommen oder verändert werden, wenn das dabei behandelte Problem auch in einer Institution thematisiert wird, oder vor Gericht oder in einem Presseartikel. Externe Anklagen können eigne, interne Anklagen bekräftigen oder steigern und zur Verstärkung von moralischen Krisen führen oder zu Schuldabwehr und (Selbst-)Rechtfertigungsbemühungen führen oder auch zu Gegenanklagen. Diese Rückkoppelungseffekte sollten beobachtet werden, weil sie häufig verdecken, dass Einschätzungen und Urteile in eigener Sache (Kontext 1) sich häufig verändern und in der aktuellen Situation anders aussehen können als sie in der Zeit vor der Thematisierung in anderen Kontexten.

e) Die Behauptung, dass ein Projekt gescheitert sei oder nicht gescheitert sei, stellt häufig eine Kommunikation dar, die als Antwort auf andere Behauptungen verstanden werden möchte (oder sollte). Dass ein Projekt vollständig gescheitert oder vollkommen gelungen sein soll, ist möglich, aber unwahrscheinlich. Halbwegs genaue Untersuchungen werden eher von unterschiedlichen Graden von Gelingen und oder Misslingen (eher gescheitert, eher gelungen) sprechen oder Aspekte differenzieren „*gescheitert hinsichtlich…*" und gleichzeitig „*gelungen hinsichtlich…*".

Nur bei relativ klaren normativen Vorgaben, von denen Abweichungen festgestellt werden können, macht es Sinn von *Scheitern* zu sprechen (s. a. Kap. 14).

Ansonsten stellen die Begriffe *Scheitern* aber auch *Erfolg* eine Art atmosphärisches Sammelbecken dar, in dem sich Stimmungen und Meinungen verdichten. Viele Kommunikationen müssen in eine Richtung – negativ oder positiv – gehen, damit sich der Ruf des Scheiterns/des Gelingens etablieren kann. Trotzdem macht es Sinn den Projektverlauf unabhängig von seinem Ruf zu untersuchen oder das Zustandekommen eines Rufes zu rekonstruieren. Anders als im technischen Bereich gibt es bei *pädagogischen Projekten* die Möglichkeit einer immer wieder neu einsetzenden Weiterentwicklung auch nach Pannen, auch nach Katastrophen nicht (s. Kap. 13.7)

f) Wenn wir sehen, wie erfolgreich das *technische Projekt* Fliegen (von Menschen in Apparaten) entwickelt wurde, so müssen wir in Erwägung ziehen, dass das heute so aussieht; nach den ersten tödlichen Abstürzen bei Flugexperimenten und der Häufigkeit solcher in der Erprobungsphase sah das anders aus. Pestalozzi, Wilker und Makarenko haben eine zweite und dritte Chance gewollt und erhalten. Bernfeld wollte diese nicht, wie auch Gerd E. Schäfer und der anonyme Fortbildner zunächst nicht mehr. Und dennoch stellen diese zweiten Chancen etwas anders dar als die Weiterentwicklung einer Flugmaschine. An anderer Stelle werden wir noch darauf eingehen (Kap. 15).

g) Die sechs Kontexte beinhalten eine Art von Klimax: Nicht nur nehmen von Kontext 1 bis 6 immer mehr Personen in immer mehr Rollen mit häufig unterschiedlichen Interessen daran teil, womit die kommunikative Komplexität und die Interferenzmöglichkeiten zunehmen. Ob man etwas nur zu zweit verhandelt (Kontext 2) oder in einer Institution (Kontext 3) oder einem Uni-Seminar (Kontext 4) oder vor Gericht (Kontext 5) macht einen Unterschied aus. Aber auch die Relevanz, dass mit dem Ansteigen von gesellschaftlicher Relevanz auch der Druck steigt, eindeutige Urteile zu fällen. Damit werden Ambivalenzen, Ungewissheiten und moralische Unschärferelationen in Kontexte abgedrängt, die in privater, individueller Hinsicht abgedichteter sind (auch ein Universitätsseminar oder eine Monographie = Kontext 4 stellen im Unterschied zu Presseartikeln = Kontext 6 oder Gerichtsurteilen = Kontext 5 abgedichtete Kontexte dar). Man kann den Zusammenhang aber auch so formulieren: Differenzierte Analysen bezogen auf Erfolg und Scheitern sind nur in einigen Kontexten zu erwarten, in anderen wie z.B. öffentlich zugänglichen (Presse, Rundfunk etc.) dagegen eher nicht.

13.1.2 Kreuzungen von Kommunikationen und die Entwicklung von Diskursen und Traditionslinien

Wie inzwischen deutlich wurde, wird über Fehler und das Scheitern von Projekten in mehreren Kontexten mehrfach kommuniziert: innerhalb eines für andere nicht wahrnehmbaren, weil stummen Selbstklärungsprozesses; in Form von

Gesprächen, Briefen, institutionellen Debatten, wissenschaftlichen Untersuchungen, in den Berichten behördlicher Untersuchungskommissionen, in Presseartikeln etc.

Es bleibt nicht aus, dass sich diese verschiedenen Kommunikationen *kreuzen bzw. überschneiden*. Im Raum der Institution, aber auch in der Wahrnehmung einer interessierten Öffentlichkeit, die Zeitschriften liest oder Medien konsumiert, da Teile derselben beobachten, wer zu diesem Thema was mitteilt. Auch im Freundeskreis kann man beobachten wie oft und mit wem ein:e Freund:in über das Scheitern seines/ihres Projektes oder sein/ihr Scheitern spricht. Als Bewusstseinseinheit stellt das Individuum, das einen Projektverlauf reflektiert, wahrscheinlich die am dichtesten „befahrene" Kreuzung von Kommunikationen dar, zumindest wenn sie sich nicht abschottet und mitbekommen möchte, wer und wo zum Projektverlauf und dessen Ende kommuniziert. Um ein Projekt herum etabliert sich, schon in der Institution, aber erst recht, wenn darüber öffentlich kommuniziert wird, ein *System von Projekt-relevanten Kommunikationen*, das größer oder kleiner sein kann. Wenn man an ein Projekt wie die GUF in Hamburg denkt (Kap.9), so gibt es wahrscheinlich niemanden, der dieses Kommunikationssystem aktuell vollständig zu überblicken vermag. Auch im wissenschaftlichen Bereich können diese Systeme eine große Ausdehnung erreichen. Nur ausgewiesene Spezialisten können z. B. noch überschauen, was zu Pestalozzi und seinen verschiedenen Projekten geschrieben wurde oder zu Bernfelds „Scheitern" mit dem Kinderheim Baumgarten. Meistens geben Spezialisten selbst zu, die Übersicht inzwischen verloren zu haben. Kein Wunder bei der Flut von Fachartikeln…

Schauen wir uns die Entwicklung dieser Kommunikationssysteme und die dafür relevanten Meilensteine für den Infanten von Parma, für Wilker, Bernfeld, Makarenko und Schäfer an:

Das große Verdienst von Badinter (Kap. 2) ist es, mit ihrer Untersuchung des Erziehungsprojektes in Parma ein verstummtes und deswegen vergessenes Kommunikationssystem wieder zum Leben erweckt zu haben, zumindest, was dessen schriftliche Formate betrifft (Badinter 2010a). Um uns an den damals stattgefundenen Debatten teilnehmen lassen zu können, hat sie mehrere Archiven durchsucht und reichhaltiges Material vor allem in Form von Briefen und Depeschen entdeckt, die das Projekt der Erziehung des Infanten und die Turbulenzen, die es ausgelöst haben, betreffen; dafür hat sie hunderte, wenn nicht tausende Seiten von Schriftstücken gelesen und ausgewertet; aber auch Korrespondenzen, die aus dem diplomatischen Dienst der beteiligten Königreiche stammen, aus Frankreich, Österreich und Spanien. In dem in ihrem Buch rekonstruierten System kann man sich als Leser:in bewegen und mitbeobachten, wer der Beteiligten zu was Stellung bezieht und wer darauf wie antwortet. Nur das Liegenlassen von Kommunikationen ist schwer zu beobachten, da man nie weiß, welche schriftlichen Dokumente verloren gegangen sind. Leerstellen in der Kommunikation können daraus resultieren, dass jemand etwas hört, aber nicht darauf antwortet. Oder darauf, dass seine Antwort nur mündlich erfolgt ist und von niemandem festgehalten wurde. Oder zwar dokumentiert wurde, das entsprechende Schriftstück aber verloren gegangen ist. Das betrifft auch die Kritiken an Keralio und Condillac, die nach deren Weggang, als sich der *„wahre Charakter"* des Infanten zeigte, zumindest vermutlich aufgekommen sind. Wurden diese offen kommuniziert oder hinter deren Rücken? Haben sie davon gehört oder sich unangenehme Rückmeldungen geschickt vom Leib gehalten? Haben sich die beiden Männer noch einmal getroffen und bezüglich der gegen sie erhobenen Vorwürfe eine gemeinsame Strategie beraten oder sich gegenseitig eingestanden, was Fehler gewesen sein könnten. Angesichts der Fülle des Aufgedeckten und zugänglich Gemachten sind das freilich Randthemen. Historiker verlebendigen einen Kommunikationszusammenhang, wenn auch nie vollständig, der verstummt zu sein schien. Bis sie kommen und die Zeugnisse (oder wie bei Makarenko Zeitzeugen) zum Sprechen bringen. Bei Badinter ist das so überzeugend gelungen, dass ihr Buch mehrfach gerühmt wurde, ihr aber bisher niemand widersprochen hat. In diesem Buch findet der von ihr wieder aufgegriffene Kommunikationsprozess einen vorläufigen Abschluss, bis jemand meine Gedanken kommentiert.

Auch bei Wilker und dem Lindenhof gestaltet sich das *Kommunikationssystem* halbwegs überschaubar (Kap. 5): Lange Zeit erstreckt es sich auf den Raum der Institution und betrifft die Kommunikation mit den Beamten, die Wilkers Wirken argwöhnisch beäugen und deren Wirken er kritisch sieht. Zu diesem frühen mündlichen System gehören freilich auch seine Kommunikationen mit den Kindern und Jugendlichen, die er in mehrfacher Hinsicht fördert und von denen Etliche ihn nach seinen eigenen Angaben schätzen und verehren. Das ist durchaus glaubhaft, wenn auch die konsequente Nicht-Kommunikation von Konflikten mit Kindern und Jugendlichen in seinen schriftlichen Reflexionen auffällig erscheint (vgl. Kap. 5.4). Darüber schweigt er sich in seiner schriftlichen Darstellung aus, woraus wir schlussfolgern können, dass er dieses Thema auch in der Kommunikation mit den Beamten ausgespart hat. Freilich werden diese untereinander über ihre Konflikte mit den Jugendlichen gesprochen haben; und über die gemeinsamen Konflikte, die sie mit dem neuen Direktor verbanden. Untereinander und mit Freunden und Familienangehörigen, die diese Konflikte kommentiert haben werden. Auch die Kinder und Jugendlichen werden über den Lindenhof und das Wirken von Wilker und der Beamten mit ihren Familienangehörigen und mit anderen Jugendlichen gesprochen haben; vermutlich überwiegend so, dass sich Wilkers guter Ruf in Teilen der Stadt Berlin verbreiten konnte, und es so zu einer massenhaften Solidarität mit ihm kommen konnte (vgl. Kap. 5.5.2 II). Im Binnenraum der Institution kommuniziert Wilker überwiegend mit seinen Getreuen und seinem Vorgesetzten Direktor Knaut in Dienstbesprechungen. Eher weniger, jedenfalls nicht offen oder interessiert mit seinen unmittelbaren Kolleg:innen, den Direktoren anderer Einrichtungen wie wir aus der Passage eines Aufsatzes entnehmen können (vgl. Wilker 1929). Die Äußerungen der von Wilker selbst angeworbenen und angestellten Mitarbeiter:innen werden ihn eher in seinem Sinne bestärkt haben. Knaut hat ihn vielleicht nicht deutlich genug auf die Gefahren seiner unabgestimmten, forschen Reformen und seiner als abweisend bzw. empfundenen Haltung gegenüber den Beamten hingewiesen. Knaut schreibt:

> *„Daneben hat Wilker sicher auch mit seiner Frau und mit Freunden und anderen aus der Jugendbewegung über seine Erfahrungen im Lindenhof und sein zunehmendes Unwohlsein angesichts der immer unüberwindbarer erscheinenden Konflikte gesprochen. Als die schwelende Eskalation mit der Ankündigung seines Weggangs explodierte, erweitert sich auch der Raum der Kommunikation beträchtlich: die Presse wird aufmerksam und berichtet."* (Knaut 1921, 200).

Die großen Jugendorganisationen rufen zu einer Solidaritätskundgebung auf, die beeindruckend gut besucht wird (Kap. 5.2.2 II). Das zeigt, wie aufmerksam Wilker und der Lindenhof insgesamt beobachtet wurden und wie viele Menschen dabei interessiert mitschwangen und mitdiskutierten. Vermutlich wirken die Lindenhof- und die in Verbänden organisierten Jugendlichen dabei in hohem Maße Resonanz-verstärkend, wenn auch in unterschiedlichen Kreisen und Sozialräumen. Nach der Pressekonferenz anlässlich der Solidaritätskundgebung ebbt die öffentliche Aufmerksamkeit aber rasch ab. Neue Räume tun sich mit den beiden Publikationen von Wilker auf, denen später noch zwei, drei Thematisierungen seiner Arbeit im Lindenhof in anderen Aufsätzen folgen (Wilker 1921a und b und 1929). Anlässlich seines Ausscheidens, das deutschlandweit in der Fürsorge-Szene wahrgenommen wird, erscheinen mehrere Kommentierungen seines bisher wahrgenommenen Wirkens; eindeutig unterstützende, die für ihn Partei ergreifen. Eine zurückhaltende von einem prominenten evangelischen Kollegen (Backhausen), der sich bewusst kein Urteil über Wilkers Verantwortung für das unrühmliche Ende im Lindenhof anmaßt (Harvey 1993, 246). Und eine von seinem Vorgesetzten, der der Darstellung von Wilker deutlich widerspricht und ihm Schwächen und Fehler attestiert (Knaut 1921). Danach wird es still um Wilker. Aber sein Bericht wird gelesen und erscheint bald in der zweiten Auflage. Mit ein paar kleinen Veränderungen, die eher für „ich bleib dabei" als für „mir sind Zweifel gekommen" sprechen.

Das Theaterstück *„Revolte im Erziehungsheim"* (Lampel 1929) zeigt aber, dass das Thema der Reformierbarkeit der Fürsorgeerziehung mit Wilker assoziiert bleibt, auch wenn seine Person dort keine direkte Erwähnung findet, sondern nur angedeutet wird (vgl. Kap. 5.7 Hypothese 3). Das Stück gibt Wilker noch einmal einen Anlass sich über das Theaterstück hinaus, auch in eigener Sache zu äußern (Wilker 1929). Danach wird es wieder still um ihn, auch wenn er publizistisch weiter aktiv bleibt. Eine neue Form der Öffentlichkeit entsteht erst mit der anerkennenden Thematisierung des Wirken Wilkers durch Hermann Nohl und Otto Weniger (Malmede 2004, 253 f.). Damit setzt seine Kanonisierung ein, die ihn zu einem unverstandenen Reformer macht, der alles richtig gemacht hat und alleine am Widerstand der konservativen Beamten gescheitert ist. Feidel-Merz und Pape-Balling schließen an diese Legendenbildung an und setzen sie fort (Feidel-Merz und Pape-Balling 1989).

Unüberschaubar ist dagegen das Kommunikationssystem, das sich um Makarenko und sein *„Poem"* entwickelt. Dreier-Horning (2022) hat eine sehr fleißige und kompetente Rezeptionsgeschichte dazu vorgelegt (Dreier-Horning 2022) Sie hat allerdings die in diesem Buch für relevant gehaltenen Themen – Gewaltanwendung, Gewaltandrohung, Gewaltstrukturen und deren Legitimation durch Makarenko – nur gestreift. Bezogen auf diese Themen war es Götz Hillig, der in akribischer Kleinarbeit 60 Jahre alte Berichte von Untersuchungskommissionen ausgegraben hat und das *Kommunikationssystem* der Jahre 1927 und 1928 rekonstruiert hat (Hillig 1988, 1994, 2002). Er hat die Zeitzeugin ausfindig gemacht, die die Geschichte hinter der Zadorov-Episode aus dem *Poem* aus nächster Nähe erlebt und mit hervorgebracht hat. Ihm ist es gelungen ihr ein Geheimnis zu entlocken, über das sie Jahrzehnte geschwiegen hat und das einen Einblick in die *Konstruktionslogik* des *Poems* erlaubt (Hillig 2002, 509 f.). Seine ausgiebigen Recherchen zu den Vorwürfen, die von verschiedenen Kommissionen gegen Makarenko erhoben wurden, münden in den Satz: *„Die Frage nach der Gewaltanwendung in der pädagogischen Praxis A. S. Makarenko's muss neu gestellt werden."* (Hillig 1994, XX).

Bezogen auf das Scheitern von Gerd E. Schäfer im Heim in Stuttgart gab es nach dem Abebben der institutionsinternen Debatten, längere Zeit keine Kommunikationen mehr (Kap.8). Ein Versuch eines damals Beteiligten den Projektverlauf im Rahmen einer Facharbeit aufzuarbeiten, scheiterte am Desinteresse der Kolleg:innen (Schäfer 1996, 4). 1986 erschien sein Buch *„Verlorenes Ich – Verlorenes Objekt"* als Kommunikationsangebot, das jedoch kaum kommentiert und schon gar nicht rezensiert wurde; auch aus dem Heim hat er keine einzige Rückmeldung zu seinem Buch erhalten (Schäfer, mündliche Mitteilung auf Anfrage).

Die Kommunikation, die der Fortbildner mit seinem Bericht fortgeführt hat, wurde von niemandem der am Projekt Beteiligten aufgegriffen – sie hat vermutlich nur interne Kommunikationen ausgelöst, unter den Personen, die ihn gelesen haben (Kap.10). Sein Bericht hat zehn Jahre in seinem PC geschlummert und wurde mir von ihm im Rahmen eines Zufallsgesprächs am Rande einer Tagung zur Verwendung in diesem Buch angeboten. Daraus entwickelte sich eine Zusammenarbeit für das Kapitel 10.

Fazit: Wie wir gesehen haben können sich bezogen auf Scheitern und Gelingen große bis unüberschaubare Kommunikationszusammenhänge etablieren oder diese Systeme klein bleiben oder auf kleiner Flamme „vor sich hin köcheln". Es ist aber nie zu spät, eine Kommunikation über Gelingen/Scheitern zu beginnen, wenn dafür halbwegs gesicherte Dokumentationen zu Verfügung stehen oder erarbeitet werden können. Ergo: noch jede Menge Raum für neue Untersuchungen…

Exkurs 1: Metaphern und Narrative rund um das Scheitern

Schon in der Einführung sind wir der *Metapher des Schiffbruchs* begegnet und fanden sie treffend, weil sie sowohl den materiellen Schaden der mit dem Untergang eines Schiffes verbunden ist, deutlich macht, bis hin zum Verlust von Leben, aber auch Emotionen heraufbeschwört: Anspannung und Angst, während das Schiff noch mit den Wellen kämpft oder der Kollision an den Felsen einer Küste zu entkommen versucht; der Kampf um das eigene, nackte Leben, indem man sich an Planken geklammert wird, immer die Möglichkeiten des Ertrinkens vor Augen. Was kann das Zerbrechen von Hoffnungen und die innere Not am Ende eines gescheiterten Projekts besser ausdrücken als diese Bilder?

Im Verlauf der Untersuchung der *Misslingensdynamiken* von neun Projekten sind wir zwei Mal auf die Verwendung dieser Metapher gestoßen. Einmal bei Pestalozzi und ein anderes Mal bei Bernfeld. Pestalozzi erleidet zwar keinen Schiffbruch, aber treibt mit einem lecken „*Kahn*" durchs Leben (bzw. einen guten Teil desselben): „*Um auf weiten Meeren unter Stürmen und Mangel auf leckem Schiff umhergetrieben zu werden, sind 16 Jahre lang, sehr lang*" heißt es in der älteren Fassung des Aufrufs zum Kauf der Gesamtausgabe seiner Werke: „*Ich hoffte immer einmal Land, einmal Ufer zu finden. Ich fand keines und gefahre mich heute, anstatt endlich mit meinem lecken Kahn an einem stillen Ufer zu landen, in meinem 72sten Jahr zu scheitern und nicht einmal meine Papiere in Ordnung bringen zu können.*" (Pestalozzi, zitiert nach Kraft 1995, 46). Kraftvolle und eindeutige Bilder für die Krisen und das sie durchlebende Selbst an einer Stelle, wo man sie nicht erwartet: beim Aufruf zum Erwerb seiner Werke. Möchte Pestalozzi damit das Mitleid potentieller Käufer erwecken? Wohl nicht. Eher scheint er sich des Wertes seiner Schriften so sicher zu sein, dass er offen zugeben kann, wie mühsam sie schwierigen Erfahrungen abgerungen sind.

Bernfeld greift die Metapher auf, aber bricht sie zugleich ironisch. Er schildert die Mängel des Schulunterrichts im Kinderheim Baumgarten so offen und drastisch, dass er einen imaginären Rezensenten schreiben sieht, dass Bernfelds „*Prinzipien einen jämmerlichen Schiffbruch erlitten*" hätten (Bernfeld 1921/2012, 111). Freilich sieht er selbst das anders. Die Stelle zeigt, dass die Schiffbruch-Metapher bei vielen präsent ist und beim Stichwort *Scheitern* beinahe sofort aufgerufen wird. Andere Metaphern, auf die wir gestoßen sind oder die ich selbst ins Spiel gebracht habe:

A) Bei der Darstellung des Erziehungsprojekts, das aus dem Infanten einen aufgeklärten Fürsten machen soll, habe ich selbst angesichts der verschiedenen

Gruppen, die Einfluss auf den Infanten zu nehmen versuchten, spontan die Metapher *„viele Köche verderben den Brei"* verwendet. Dieses Bild scheint mir durchaus geeignet, um einen wesentlichen Aspekt von Projektentwicklung zu erfassen. Man kann sich jedes neue Projekt wie ein Gericht oder ein Menü vorstellen, das zubereitet werden muss. Zutaten müssen eingekauft oder beschafft werden. Ein Rezept muss vorhanden sein, das den Kochvorgang anleitet (Konzept). Es bedarf verschiedener Zutaten. Sicher sind das bei einem Brei nur wenige. Aber auch bei diesem muss das Verhältnis bzw. die Mischung der Zutaten stimmen. Am Ende muss abgeschmeckt werden, damit das Gericht, die für ihn typische Süße oder Schärfe oder was immer erhält. Alle diese Vorgänge können prinzipiell auf mehrere Schultern bzw. Hände verteilt werden. Aber *„viele Köche verderben den Brei"* macht unmissverständlich klar, dass es nötig ist, dass einer den Hut beim Kochen aufhat und dirigiert. Kochen, zumindest einfacher Gerichte, kann man am besten alleine. Wenn man im Team kocht bedarf das strikter Hierarchien, da sonst der eine Koch dem anderen ins Handwerk pfuscht. Die Gefahr besteht immer, weil jeder der Köche seine eigene Idee davon besitzt, wie das Gericht schmecken und aussehen soll. Paare, die zusammen kochen können, sind sehr selten. Oder anders herum: gemeinsames Kochen führt oft zu Streit bei Paaren. Häufig ist es am besten, der Andere verlässt die Küche oder fügt sich darin nur mit Handlangerdiensten beteiligt zu sein.

Die Grenzen der *Köche-Metapher* liegen vermutlich in ihrer impliziten Planungstheorie, die man als unterkomplex einschätzen kann. Projektarbeit lässt sich eben nur in bestimmten Phasen in aufeinander aufbauende, kontrollierbare Handlungsschritte zergliedern (wie wir bald sehen werden; s. Kap. 13.2). Was aber imponiert ist die Idee, dass man mit einem Projekt in praktisch handelnd in eine Beziehung treten muss, so wie eine Köchin mit dem Essen in Kontakt kommt, seinen Geruch wahrnimmt, Dichte und Textur beim Rühren spürt und immer wieder einen Löffel in den Mund nehmen muss. Später wird noch von den richtigen Mischungsverhältnissen die Rede sein (Kap. 15.3). Auch die könnte man auf das Kochen und Köch:innen beziehen.

Eine andere von mir eingebrachte Metapher lautet: *„Das Projekt kommt zunehmend zwischen die Fronten"* (s. Kap. 2.2 und Kapitel 9 dort auch in der Überschrift). *„Zwischen die Fronten"* kommt man in *kriegerischen Auseinandersetzungen*. Die Metapher denkt die Konflikte, in die man bei der Entwicklung eines Projekts geraten kann, von der Dynamik her als ebenso heftig und destruktiv wie man das aus Kriegen kennt. Das geschieht auch, weil der Andere zum *„Feind"* oder *„Gegner"* erklärt und auch so behandelt wird.

Ebenso aus kriegerischen Zusammenhängen leitet sich das Wort *„Lager"* ab, weil hier ursprünglich die Lager von Heeren gemeint sind, die aufgeschlagen werden, um sich noch einmal auszuruhen und zu verköstigen, um am nächsten Tag in die Schlacht zu ziehen. Später werden daraus *„Lager"* von verfeindeten Parteien, die sich nur noch metaphorisch bekriegen. In diesem Zusammenhang habe ich die Metapher in Kapitel 2, aber auch bei Wilker und seinen Mitarbeiter:innen, Bernfeld und seiner Verwaltung verwendet. Gerd Schäfer nutzt sie selbst und spricht dabei auch von einer „*Kluft, die sich auftat*" (Schäfer 1983, 21).

B) Bei Pestalozzi sind wir im Rahmen seines „*Schwanengesangs*" der Metapher vom „*Turmbau zu Babel*" begegnet als er diese Lehrgeschichte mit der Situation in Yverdon verglich und für das Projekt eine ähnliche Sprachverwirrung konstatierte wie sie im Bibeltext beschrieben wird. Die Handwerker, die aus allen Herren Länder zusammengeströmt waren, um ein Mega-Projekt zu realisieren, konnten sich nicht mehr verständigen und arbeiteten deswegen aneinander vorbei, was zu Unfällen und zum Ende desselben führte. Wir haben darauf abgehoben, dass die Metapher-Verwendung bei Pestalozzi auf das Phänomen der *Kommunikation* fokussiert (s. Kap. 3.3). Anders als in der Bibel, in der die Menschen als anmaßend beschrieben werden und mit ihrem Bau Gott herausfordern, betrachtet Pestalozzi den *Turmbau zu Babel* zunächst lediglich als ein großes und komplexes Projekt, an dem viele beteiligt sind und sich abstimmen und einigen müssen. Was in Yverdon nicht gelingt: dort hatte man sich heillos zerstritten. Während der Turmbau in Babel mit einer gemeinsamen Sprache und einer gelungenen Verständigung bezogen auf die Projektziele beginnt und Gott die Sprachenvielfalt als Mittel zur Zerstörung dieser gemeinsamen Grundlage über die Bauleute kommen lässt, bleibt bei Pestalozzi offen, ob die Abstimmung in Yverdon nicht gelingt, weil man keine gemeinsame Sprache findet hat oder weil die Ideen, die ins Projekt eingebracht werden, zu unterschiedlich sind, es also an einer gemeinsamen Vision fehlt. Wenn er in diesem Zusammenhang vom „*Geist*" spricht, scheint er eher das Letztere zu meinen.

Auch wenn Pestalozzi selbst bezogen auf sein Projekt nicht an Anmaßung und *Hybris* denkt, kann man auch als moderner Projektentwickler diesen Gedanken oder vielleicht besser dieses Gefühl als Projektentwickelnder durchaus hegen. Viele technische Projekte bedürfen einer großen Portion Mut sie überhaupt ins Auge zu fassen, weil ihre Realisierung anfangs unmöglich erscheint und/oder mit hohen Risiken für Leib und Leben verbunden ist. Denken wir nur an die Motor-angetriebene Bewegung, an das Telefon oder den Flug auf den Mond. Das gilt – wenn auch mit eingeschränkterem Risiko – auch für *soziale Projekte* wie eine Volkszählung, oder die Durchführung einer Wahl oder eine Massenimpfung. Alle, die solche und ähnliche Projekte angehen, sind wild dazu entschlossen, etwas, das es vorher noch nicht gab, in die Welt zu setzen und möchten der Welt ihren Stempel aufdrücken. Das zeugt von Selbstbewusstsein und Wagemut, aber eben auch von einer gewissen Sorglosigkeit gegenüber den Grenzen, die Menschen gesetzt sind und deshalb von Anmaßung bzw. Vermessenheit. Spätestens mit der Moderne haben wir uns weitgehend abgewöhnt solche Grenzen in Erwägung zu ziehen. Wer soll sie uns denn setzen? Ganz anders noch die Situation des Infanten von Parma, der sich als erster seiner Familie und seiner Umgebung wagt, sich mit den Pocken inokulieren zu lassen, um einen Impfschutz zu erreichen. Die Kirche riet damals dringend davon ab, weil sie darin einen Versuch sah in die Macht Gottes eingreifen zu wollen, dem alleine es überlassen sein sollte, über Leben und Tod zu bestimmen (Kübler 1901/2022, Tshisuaka 2005).

Auch das können wir uns heute kaum noch vorstellen. Aber tief im historischen Gedächtnis der westlichen Welt schlummert noch die in der Antike gegenüber den Göttern verbreitete Haltung, die diese als potentiell argwöhnische Beobachter:innen der Menschen betrachtete, und zwar gerade wenn diese hochfliegende Pläne machten und damit in den Augen der Götter zu hoch hinaus wollten und/oder ihnen zu viel gelang. Immer dann musste man damit rechnen, dass man als Mensch den *Neid der Götter* (und anderer Menschen) provozieren konnte und die Bestrafung auf den Fuß erfolgte. Diese insgeheim empfundene Furcht wird in Sätzen ausgedrückt wie

„Der Blitz sucht sich immer die höchsten Bäume" etc. Bei Pindar und Aischylos findet sich der göttliche φθόνος als angemessene Korrektur im Sinne der Weltordnung, die dann nötig wird, wenn die Sterblichen ungetrübtes Glück genießen. Die Gottheit wird hier nicht als moralisch handelnde Person gedacht, sondern als Naturmacht, die ein Gesetz der Weltordnung vollzieht. Bei Herodot zeigt sich die geläufigere und volkstümlichere Form des N. der Götter: mißgünstiges Versagen als Reaktion auf menschliche Überhebung (ὕβρις)" (Hoefer 1909, 2473 f., Nusser in: https://www.schwabeonline.ch/schwabe-xaveropp/elibrary/start.xav?start=%2F%2F*%5B%40attr_id%3D%27verw.neid%27%20and%20%40outline_id%3D%27hwph_verw.neid%27%5D)

Für *Projektentwickler:innen* würde sich in diesem Zusammenhang *Ikarus* als warnendes Beispiel anbieten. Er wollte fliegen wie die Vögel. Etwas das den Menschen von ihrer Natur her nicht gegeben ist. Schon dadurch, dass er es so dringend wollte, begann er die Grenzen, die den Menschen gesetzt sind, zu überschreiten. Aber noch mehr, als er hartnäckig versuchte seinen Traum in die Realität umzusetzen. Als er schließlich zu fliegen vermochte – aufgrund von Federn, die mit Hilfe von Wachs und Schnüren zu stabilen Flügeln zusammengefügt und mit Lederriemen an den Körper geschnallt waren –, wurde er immer mutiger und mutiger. Dabei kam er einmal auch der Sonne zu nah, das Wachs schmolz, die Flügel lösten sich hoch im Himmel auf und er stürzte zu Tode. Ikarus hat sich selbst mit seiner Grenzüberschreitung ins Verderben geführt.

In anderen Geschichten sind es allerdings die Götter, die bestrafen, wenn die Menschen zu hoch hinauswollen und sich Fähigkeiten oder Dinge aneignen, die den Göttern vorbehalten bleiben sollen. Denken wir nur an *Prometheus*, der das Feuer stahl und für diesen Frevel nicht nur lebenslang an einen Felsen angekettet, sondern dort auch noch in eine Position gebracht wurde, dass jeden Tag ein Adler kommen konnte, um von seiner Leber zu fressen. Eine lange anhaltende Qual, die an einen anderen Bestraften denken lässt: an *Sisyphos*, der sein Leben lang in der Unterwelt den selben Felsen den Berg hochrollen muss und ständig weiß, dass er damit nie Erfolg, dass es nie ein Ende geben wird, weil dieser sich ihm immer wieder entzieht und den Berg herunterrollen wird.

Das Schicksal von Ikarus, Prometheus und Sisyphos können als metaphorische Warnung für Projektentwickler:innen verstanden werden: Wage nicht zu viel! Wer zu viel wagt, stürzt ab! Wer zu hoch hinaus will, ruft Gegenmächte auf den Plan, die dafür sorgen werden, dass er/sie scheitert. Auch wenn uns diese Ideen heute fremd erscheinen, dürften sie im kollektiven Unbewussten noch immer eine Rolle spielen. Oder zumindest als Bildhintergrund noch präsent sein und für neue Verwendungen offenstehen, so wie wir es bei Pestalozzi gesehen haben, der das ursprüngliche religiöse Motiv der Turmbau-Gesichte säkularisiert hat. Da muss kein Gott mehr eingreifen. Die Menschen sind es selbst, die sich angesichts der Heterogenität ihrer Interessen, Haltungen und Ideen nicht verständigen können und daran scheitern.

C) Aus Makarenkos Feder haben wir eine Metapher kennengelernt, die sein Scheitern betreffen und eine, die ihn als Hochbelasteten zeigt und seine Sehnsucht nach Ruhe und Frieden. Die das Scheitern Betreffende stammt aus einem Brief an seine Frau Salgo: *„Das Meer bis an die Knie und nahe dran alles hinzuwerfen."* Wenn wir an die Schiffbruch-Metapher denken, klingt *„das Meer bis an die Knie"* direkt harmlos. Denn immerhin kann man da noch im Wasser stehen und waten, während man beim Schwimmen im Meer allen festen Grund unter den Füßen verloren hat. Angemessener wäre wahrscheinlich eine Formulierung gewesen wie: „Ich stecke tief in der Scheiße". Meiner Vermutung nach verflacht Makarenko mit seiner Metapher die Dramatik seines eigenen Erlebens. Er ist soeben als Leiter geschasst worden und am nervlich am Ende. Acht Jahre Projektaufbau enden mit seiner Entlassung und es droht ihm – wenn es dumm läuft – ein Gerichtsverfahren und eine Gefängnisstrafe wie seinem ehemaligen Kollegen Stellvertreter Ostapcenco (der aber für Vergehen in einer anderen Einrichtung mit 3 Jahren Haft bestraft wurde, Hillig 1999, 56). Auch der Halbsatz *„kurz davor alles hinzuwerfen"* drückt aus, dass er derjenige, noch immer derjenige ist, der Entscheidungen fällt und handlungsmächtig ist. Damit macht er sich etwas vor: Das Heft des Handels liegt bei anderen.

Die Metapher für den *Wald als Ort der Ruhe* und dem Wunsch sich in einen *Baum* zu verwandeln, haben wir in Kapitel 7.5.2 ausführlich besprochen. Ich erinnere hier an sie, weil dieses Sehnsuchtsbild mir für viele Projektverantwortliche typisch erscheint. Mit dem Aufbau eines *pädagogischen Projekts* und dem Erleben des ständigen Gefordertseins gerät man immer wieder an Grenzen der eigenen Belastbarkeit.

D) In Kapitel 10 konnten wir mehrere Metaphern aus der Feder des Fortbildners beobachten. Die Wichtigste betrifft sein Fazit hinsichtlich der Misslingensdynamiken: Er schilderte sieben Gründe, die nach seiner Auffassung für das Scheitern des Projekts „neue Intensivgruppe für Gewalt-bereite Jugendliche" verantwortlich waren, und bezeichnet diese dann als *„Schlangen"*, die den *Laokoon und seine Söhne* immer enger umwanden und schließlich erwürgten. Die Metapher imponiert, weil es schon im Mythos mehrere Schlangen waren, die, die auf den überlieferten Abbildungen und Skulpturen muskulös dargestellten Männer – den Vater und seine beiden Söhne – erdrosselten. Eine alleine hätte es nicht vermocht, wie ein Grund alleine nur sehr selten zum Scheitern führt. Beeindruckend auch, weil es verschiedene Personen waren, die erwürgt wurden, so wie in einem Projektzusammenhang, der scheitert, meist mehrere Personen Beschädigungen erfahren und leiden. Laokoon und seine Söhne wurden auf Geheiß der Götter erwürgt, als Strafe für frevelhaftes Handeln; die Gründe dafür variieren je nach antikem Schriftsteller. Sehr wahrscheinlich dachte der Fortbildner aber nicht daran, dass sein immer wieder ungebührliches Verhalten im Projektverlauf nach einer Bestrafung verlangte oder dass das Projekt scheiterte, weil er oder es den Zorn mächtiger Schicksalsgötter heraufbeschworen hatte. Vermutlich steht für ihn persönlich im Mittelpunkt der Metapher das *Hineingezogen* und *Verstricktwerden* in eine qualvolle, scheinbar unentrinnbare Misslingensdynamik, die sich aus mehreren Quellen speist und immer destruktivere Züge annahm und nicht mehr zu stoppen war. Wie ein Blick auf ein Foto der antiken Laokoon-Gruppe (heute im Vatikanischen Museum in Rom) sind es besonders die Schmerzen im Gesicht des Vaters, die Angst (im Gesicht eines Sohnes) bzw. das Erstaunen (im Gesicht des Anderen) die auffallen. Alle drei Affekte werden Menschen, die Scheitern erlebt haben, bekannt sein. In der Ausgestaltung der antiken Laokoon-Gruppe wird deutlich, dass die drei Männer noch kämpfen, aber auch, dass sie schon lange gekämpft haben und mittlerweile erschöpft sind. Nahe am Ende.

Im Bericht des Fortbildners werden aber noch andere Metaphern verwendet. Alle drei betreffen den Bereich des Körperlichen/Leiblichen. Im Zusammenhang mit der *„Strömung 4: Männer und Frauen in B."* schreibt er zunächst, dass er und sein Kollege in der Einrichtung als *„unverdaulich"* erlebt und wieder *„ausgespuckt"* wurden. Dieses Bild scheint ihn beim Schreiben zu einem weiteren angeregt zu haben, das wir ausführlicher betrachten wollen:

„[W]ir (gemeint sind der Fortbildner und sein Kollege Teamleiter, M.S.) *wurden dort in eine weibliche Umwelt eingepflanzt, sollten und wollten uns dort einnisten und zu einem weiteren Kind der Einrichtung entwickeln, einem braven, aber keinen Ärger machen. Als unser Projekt dann aber fremd und fremder erlebt wurde, glaubte man mit uns würde ein gefährliches Monster entstehen und so wurde das Projekt und wir oder wir Männer und unser Projekt rasch abgetrieben."* (Zusammenfassung 2011, 44).

Interessant scheint zweierlei: Zum einen, dass ein Projekt als *das Kind einer Einrichtung* betrachtet wird. Folgerichtig muss es gezeugt werden und sich die Frucht im Uterus der Einrichtung „*einnisten*". Wobei der Fortbildner an dieser Stelle so tut als ob es sich in Bezug auf das Projekt nicht um eine normale Schwangerschaft gehandelt habe, sondern um eine Insemination. Zumindest spricht „*wurden wir eingepflanzt*" dafür. Mit der Passivform überspringt er auch, dass er sich dort selbst „*eingepflanzt*" hat. Das Einpflanzen ist in seinem Bild gelungen, aber dann wurde die Frucht als etwas Gefährliches betrachtet, als „*Monster*". Und weil man als Einrichtung zwar ein „*braves Kind*" aber kein Monster auf die Welt bringen möchte, wurde es „*abgetrieben*" – zweifellos findet damit eine emotionale Aufladung statt. Denn Abtreibung meint eine Form der aktiven Tötung. Wobei man der Abtreibung eines *Monsters* wahrscheinlich eher zustimmen kann wie der eines (braven) Kindes. Das zweite Interessante an der Metapher ist die Identifikation von Person und Projekt. Die Abtreibung betrifft beide „*das Projekt und wir oder wir Männer uns unser Projekt*". Dabei sind es Frauen, die dieses männliche Projekt abtreiben. Ein schweres Geschütz in den Ohren der Frauen, die das angeblich zu verantworten haben. Aber auch ein spannendes und wahrscheinlich zutreffendes Bild für den Mann, der dort gescheitert ist. Freilich gibt es wie bei Abgetrieben-werden keine Passiv-Form von Scheitern. Aber das ist auch nicht der Tenor des Berichts: Der Fortbildner weiß sehr gut, was er selbst dazu beigetragen hat, als er „*als fremd und fremder erlebt wurde*".

Und noch eine körperbezogene Metapher: „*Der Virus der Spaltung erfasst das System*", schreibt der Fortbildner im Rahmen der Spannungen, die ein bestimmter Klient in das Projekt hineingetragen hat (s. Kap. 10). „*Spaltung*" meint in diesem Zusammenhang einen bestimmten *Abwehrvorgang*: Viele traumatisierte Kinder (und Erwachsene) können auch kleine Quanten von Frustration und Enttäuschung nicht aushalten (ein verschobener Termin, Pudding statt Eiscreme zum Nachtisch etc.). Alle diese „Fehler" scheinen persönlich gegen sie gerichtet, bösartig und ungerecht. Die Personen, die ihnen diese Frustrationen zumuten oder deren Stellvertreter:innen werden von ihnen deshalb angegriffen, häufig mit heftigen Aggressionen und ohne Erbarmen, so als befänden sie sich in einer lebensbedrohlichen Situation (wie damals beim Eintreten des Traumas). Weil Frustrationen sich aber wieder und wieder ereignen und sie nicht alle Menschen ablehnen können, wählen sie sich Einzelne aus ihrer Umwelt aus, die sie als „gut" und andere die sie als „böse" erleben. Mit den „Guten" wollen sie sich gegen die „Bösen" verbünden. Deswegen umwerben sie die „Guten" und gehen mit diesen exklusiv anmutende Beziehungen ein, durchaus auch solche, in denen sie über längere Zeit Frustrationen erdulden, um andererseits noch empfindlicher gegen die „Bösen" zu werden, die sie noch aggressiver behandeln und noch konstanter ablehnen. Das zugewandte und kooperative Verhalten diese Klient:innen gegenüber den (momentan) „guten" Personen, löst nun häufig Misstrauen und quälende Fragen bei den anderen, mit diesem Kind befassten,

Personen aus: „Warum verhält sich X gegenüber dem und dem so anders, und behandelt nur mich (uns andere) so gemein?" Mit solchen Fragen beginnen häufig Auseinandersetzungen zwischen den verschiedenen Personen in der Umwelt des Kindes (z. B. im Team oder in der Familie). Sie erleben das Kind grundverschieden und können sich nicht vorstellen, warum sich dieses jeweils so anders verhält. Die „Guten" weisen die Probleme bald mehr dem ungünstigen Verhalten der Anderen zu als dem Kind, weil sie es überwiegend als „gut" kennen und erleben. Diejenigen, die häufig heftige Auseinandersetzungen mit dem Kind haben, verdächtigen den Anderen das Kind zu verwöhnen und/oder mit ihm gegen das Team/die Familie zu arbeiten. So fangen die mit dem Kind Befassten also an, sich gegenseitig zu misstrauen und zu verdächtigen. Aber auch auseinanderzusetzen und zu streiten, was nicht unbemerkt bleibt. Für das Kind stellen die Anfeindungen, die der von ihm auserkorene „Gute" von den „Bösen" erfährt, nur eine weitere Bestätigung seiner Einschätzung. Im günstigsten Fall bekommt jeder im System mal die Rolle des „Guten" und mal die des „Bösen" zugesprochen, weil es dem Spaltenden kaum gelingt, die Illusion vom „nur Guten" lange aufrechtzuerhalten. Deswegen wechseln die Rollen oft mehrfach am Tag hin und her.

Eine solche multiple Spaltungsdynamik war nach Angaben des Fortbildners von einem Jungen in die Einrichtung hineingetragen worden: es gab eine Spaltung zwischen ihm („gut") und anderen im Team („böse"), eine zwischen Team („gut") und Schule („böse") und eine zwischen Mitarbeiter:innen („gut") und Leitung („böse"). Die Metapher *Virus* macht deutlich, dass es sich um eine Ansteckung handelt, die kaum zu vermeiden ist und alle im System erfasst, die mit dem Kind in Berührung kommen. Und dass die Spaltung wirkmächtig ist wie ein Virus, der einen zunächst Gesunden erfasst, der krank wird und sich gezwungenermaßen zurückziehen und auskurieren muss: Ähnlich zwingt der Virus der Spaltung die einen Mitarbeiter:innen in diese („gut"), die anderen in jene Rolle („böse"); zumindest, wenn man nicht aktiv dagegen arbeitet und diese Spaltung durch Austausch überwindet. Von diesem Virus angesteckt gelang es im Projekt nicht mehr sich zu verständigen, was denn im Umgang mit dem Jungen das Richtige sei: Symptomtoleranz oder strenge Strafen, Spielzeugpistolen-Gebrauch ja oder nein, mehr Ausgang mit dem Risiko von Diebstählen oder noch mehr Stunden unter Aufsicht im Haus etc. Alle diese Themen führten zu erbittertem Streit unter Erwachsenen, auch unter solchen, die ansonsten halbwegs gut miteinander kooperieren konnten. Die Spaltung fand ausgehend vom Jungen auch von Seiten der Einrichtung gegenüber der Großmutter des Jungen statt (die Mutter war einer Überdosis Heroin gestorben) und äußerte sich in Fragen wie „abholen von zu Hause" oder „trotz Gipsbein bringen lassen" oder „mehr oder weniger Besuch" etc. (siehe Kap.10). Am heftigsten wirkte sich die Spaltung auf den Fortbildner und die Schulleiterin aus; beide konnten ineinander nur noch verantwortungslose und dumme Monster sehen.

Im Zusammenhang mit einem *gescheiterten Projekt* ist die Metapher „*Virus der Spaltung*" so wichtig, weil sie eine Systemdynamik auf den Punkt bringt, die ausgehend von einem einzigen Kind ein ganzes System bzw. Projekt erfassen und zerstören kann (wobei man nicht ernsthaft glaubt, dass es nur dieser eine Klient gewesen ist!). Das Projekt wird als Körper imaginiert, der über zu wenige Abwehrkräfte verfügt, angesteckt wird und schwer erkrankt. Wichtig wäre – übertragen gesprochen –, eine Impfung gegen das Virus zu finden, was den meisten Einrichtungen, die mit solchen Kindern/Menschen arbeiten, auch gelingt. Das Stichwort „*Spaltung*" reicht meist aus, dass alle Betroffenen innehalten und sich darauf besinnen, dass ihre Zusammenarbeit, für was auch immer, Vorrang haben muss. Schwierig wird es allerdings, wenn ein Projekt-Teilnehmer, gar ein Projektverantwortlicher, Spaltungsdynamiken mitbringt und in das Team oder das Projekt hineinträgt. Oder wenn Spaltungsvorgänge der *institutionellen Abwehr* dienen, das heißt das Mehrere sich schon darauf verständigt haben, dass sie selbst zu den „Guten" zählen, d. h. den Befähigten, die es „blicken" und können; Andere aber, interne oder externe Kooperationspartner:innen, insofern „böse" sind, als sie unfähig, unengagiert, unqualifiziert etc. sind. An der Spaltung hängt die eigene Aufwertung als besondere Gruppe; diese aufzugeben und zu sehen, dass man selbst nicht besser, aber auch nicht schlechter ist, als die Anderen, fällt dann sehr schwer, weil man damit auch ein Selbst- und Gruppenbild aufgeben müsste.

E) Im nächsten Kapitel werden wir erleben wie häufig und kreativ sich Bruno Latour im Zusammenhang mit Projekten verschiedener Metaphern bedient. Einige davon nehmen wir hier schon vorweg: Auch Latour arbeitet mit Blick auf Projekte und ihre Dynamiken mit Metaphern, die sich auf Personen bzw. deren Körper/Leib beziehen. Ganz am Anfang seines Buches über das Projekt „*Aramis*" stellt er die Frage: „*Who killed Aramis?*", oder anders: „Wer ist für das Ende, metaphorisch gesprochen für den Tod des Projekts verantwortlich?". Das Projekt hatte bereits am Start von den Projektverantwortlichen einen Namen verliehen bekommen: *Aramis*. Keine Gestalt aus der Mythologie, sondern den Namen eines der drei Musketiere aus dem Roman von Alexandre Dumas. Damit stellt sich die Frage, wo denn die zwei anderen Mitstreiter von Aramis bleiben und warum es ihnen nicht gelungen ist, ihren in Not geratenen Freund – so wie im Roman mehrfach vorgeführt – zu retten. Schließlich war ihr Motto doch: „Alle für einen, einer für alle!".

Vermutlich interessiert dieser Aspekt Latour aber nicht. Was ihn umtreibt ist die Idee, dass Techniker und Politiker, wie alle Projektentwickler auch, mit ihrem Projekt eine verschworene Gemeinschaft eingehen, ja ihr Projekt „lieben" wie man einen Freund, aber auch ein Kind oder einen Partner lieben kann. Und dass sie das Ende des Projekts mit Trauer und Schmerzen erfüllt, wie der Tod eines Kindes oder die Trennung in einer langjährigen Beziehung. Damit nahm Latour 1979 beim Erscheinen des Buches in einer überwiegend von technischen und wissenschaftlichen Bezügen geprägten Projektwelt eine Außenseiterposition ein. Er spitzt die Frage aber noch zu: „*Who killed ...?*", ist die Frage aus einem Krimi. Und tatsächlich erlebt Latour als er mit den Projektverantwortlichen Interviews durchführt, dass sie davon überzeugt sind, dass jemand das Projekt „*gemordet*" hat, „*ihm den Todesstoß versetzt hat*", „*ihm das Wasser abgegraben*", „*es immer schon abgelehnt hat*" etc. (Latour 1997, 8). Damit gerät Latour in die Rolle eines Detektivs oder Kommissars, der das „*Who'd done it?*" zu untersuchen hat und die möglichen Motive der Beteiligten.

Freilich widersteht er dieser Versuchung. Für ihn ist relativ schnell klar, dass es ein ganzes Bündel von Gründen gibt, die zum Aus des Projekts geführt haben. Ähnlich den „*acht Schlangen*", von denen der Fortbildner sprach (siehe oben). Über den Gebrauch der in den Interviews geäußerten Metaphern wird ihm klar in welcher Atmosphäre sich sein Auftrag, die wissenschaftliche Untersuchung der Gründe für das angebliche Scheitern eines Projekts, stattfindet. Mehrere Andere, die es sehr gut kennen, haben bereits ihre Sicht der Dinge dazu entwickelt und warten darauf diese bestätigt zu bekommen. Ähnlich wie es innerhalb des Projekts verschiedene Gruppen mit disparaten Interessen gibt, muss man auch am Ende damit rechnen, dass unterschiedliche Hypothesen über die Bedeutung oder die Beendigungsgründe im Umlauf sind und diese bereits eine emotionale Aufladung erhalten haben. Insofern kommt die Beantwortung der Frage „*who'd done it?*" einem Kriminalfall sehr nahe. Denn auch bei Fragen nach der Beteiligung jedes Einzelnen im Verlauf und am Ende eines Projekts greifen Projektverantwortliche zu Mitteln wie „*vorzugeben nichts zu wissen*", „*Verdächtigungen streuen*", „*(falsche) Anschuldigungen machen*", „*sich aus der Affäre ziehen*", „*sich ein Alibi verschaffen*" bzw. „*seine Hände in Unschuld waschen*" (ebd.).

Im Verlauf seiner Untersuchung verleiht Latour dem Projekt *Aramis* weitere Namen, die so von den Beteiligten zwar nicht genannt wurden, sich aber sehr eng an das von ihnen Beschriebene anlehnen können. So wird das Projekt *Aramis* als „*Monster*" bezeichnet, das von Unverantwortlichen, die damit dem genialen, aber auch verrückten Dr. Frankenstein gleichen, in die Welt gesetzt wurde. Damit entsteht das Problem wie man aber wieder loswerden kann, z. B. weil es monströse Summen von Geld verschlingt (ebd., 173). Oder als „*Minotaurs im Labyrinth nebst Ariadne*". Hier ein Monster aus der Mythologie, das sich in ein Versteck zurückgezogen hat und dort verstörende Dinge unternimmt. Nur ausgewählte, aber versklavte und abhängige Personen wie Ariadne kennen den Eingang und Ausgang und finden Zugang zu ihm (ebd., 174). Wie Dr. Frankenstein sein Monster hegt und pflegt, aber dessen Gefährlichkeit herunterspielt, wird jedem Projekt Hege und Pflege von Seiten der ihm Zugewandten teil, die an ihm hängen wie Ariadne an dem Minotaurus und vielleicht auch eine lange Zeit stolz darauf sind als Einzige einen Zugang zum Projekt zu besitzen und als einzige wissen, was es braucht.

Wenige Zeilen davor heißt es „*Aramis is a rock, rolling down Sysiphos*" (ebd.): eine Metapher, die die unzähligen Bemühungen und ihre Ergebnislosigkeit auf den Punkt bringt, die auch ein Projekt betreffen können. Es macht sich selbstständig und überrollt die für es Zuständigen. Immerhin läuft das Projekt Aramis, als Latour es untersucht, schon mehr als zwölf Jahre. Zu dieser Zeitspanne passt auch das Bild eines gealterten Körpers. Latour schreibt, dass das Projekt nicht mehr als *„frisches Kind"* erlebt wird, das es einmal war, als es begonnen wurde, sondern inzwischen *„dem Körper einer alten, verlebten Frau gleicht"* (ebd., 176 Übersetzung von mir). Faszination und Attraktivität sind im Lauf der Jahre verschwunden. Man kann die Anwendung dieser Metapher als frauenfeindlich erleben; gleichzeitig beschreibt das Bild eines erschlafften Körpers, der Spuren des Alterungsprozesses trägt, vielleicht auch Wunden und Blessuren, sehr treffend die Unlust und den Überdruss, die im Projektverlauf, gerade wenn er von Misserfolgsdynamiken geprägt ist, gegenüber dem Projekt entstehen können.

Fazit: Damit bin ich am Ende dieses Exkurses angekommen. Mir war wichtig zu zeigen, dass man über Projektverläufe nicht nur sachlich sprechen kann und auch nicht nur sachlich sprechen sollte. Viele Projekte besitzen von Anfang an eine emotionale Bedeutung für die an ihnen Beteiligten, die es sinnvoll macht, sich beim Sprechen über das Projekt auf Metaphern einzulassen. Aus zwei Gründen: Nur über diesen Weg artikulieren sich die häufig vor- und unbewussten Bedeutungen, die ein Projekt für die Verantwortlichen und Ausführenden besitzt. Freilich muss man dafür die Bilder lesen können. Zweitens regen Metaphern eine kreative, phantasievolle Form des Denkens und der Kommunikation an, die auch hinsichtlich sachlicher Probleme im Projekt zu Problemlösungen beitragen können, auf die man sonst nicht gekommen wäre.

Aber Vorsicht: Gleichzeitig nutzen Projekt-Teilnehmer:innen – bewusst oder nicht – Metaphern, um damit ihre häufig partikularen Interessen und einseitigen Perspektiven zu transportieren; Metaphern zeigen mit dem bildhaften Verweis auf Anderes *(Turm von Babel, Mord, Virus)* bestimmte Aspekte einer Situation auf, aber blenden aber andere, ebenso wichtige Zusammenhänge aus. Und sie versuchen den/die Zuhörer:in/Leser:in für diese beschränkte Sichtweise und die damit verbundenen (politischen) Interessen einzunehmen. Insofern darf man Metaphern nicht für bare Münze nehmen, muss sie hinterfragen und kann sie auch zurückweisen oder mit anderen Metaphern konfrontieren; und kann sie doch auch spontan und kreativ nutzen wie der Fortbildner oder Latour, weil man damit einen Mehrwert an Bedeutung schafft.

13.2 Klassische Planungstheorie und planungstheoretische Dilemmata bei „wicked problems"

Es liegt nahe zur Erklärung von *Scheitern* planungstheoretische Gesichtspunkte mit heranzuziehen. Das werden wir in diesem und im nächsten Kapitel angehen

(13.3.2). Hier stelle ich zunächst vor, welche Ansprüche rationale Planungstheorien an Projektplanung stellen, aber auch was deren *blinde Flecken* ausmacht. Einer davon betrifft die Ausblendung von sogenannten *„wicked problems"*, die aber in vielen Projektplanungsprozessen eine wichtige Rolle spielen (13.2.1). Die Beschreibung dieser Problemkategorie entstammt einem organisationssoziologischen Klassiker von Rittel und Webber von 1973. Der Text wurde immer wieder neu entdeckt und ihm wird auch heute noch große Relevanz bescheinigt (10.000 Zitierungen in den letzten 3 Jahren nach Pesch/Vermaas 2020, 590). Zudem regt immer noch zu Neuinterpretationen an (siehe z. B. Glanville 2015). In einem zweiten Schritt betrachten wir welche der bisher beschriebenen Projekte gescheitert sein könnten, weil sie sich unreflektiert, und damit schlecht aufgestellt, der Lösung von *„wicked problems"* verschrieben haben (13.2.2).

13.2.1 Rationale Planungstheorie und „wicked problems"

Eine notwendige Ergänzung zur Einordnung von Planungsaufgaben, die mit Projekten verbunden ist: Horst Rittel war Mathematiker und Soziologe und hat zwischen 1965 und 1990 an der Design-Hochschule in Ulm und später an der Universitäten Berkeley in den USA und Stuttgart unterrichtet und geforscht (Glanville 2015, 166). Er galt mehrere Jahre als Anhänger strikt rationaler Planungstheorien, bis ihn das Scheitern von Projekten, die er bei ihrer Entwicklung begleitet hatte, eines Besseren belehrt hat. Es ist spannend zu beobachten, dass im Bereich avancierter Planungstheorien schon sehr früh – 1973 – kreative Ideen entwickelt wurden, die bis heute im Bereich pädagogischer (Projekt-)Planung kaum angekommen sind. Hier wie auch in der Hilfeplanung dominieren bis heute an vielen Orten rationalistische Planungsansätze, die dort bereits seit mehr als 50 Jahren eher zur Seite gelegt oder zumindest ergänzt wurden. Gemeint ist damit vor allem das rationalistische Planungsmodell auch als *„erste Generation"* von Planung bezeichnet, das einen Step-by-Step-Planungsprozess propagiert hatte. Die Schrittfolge ist dabei bis heute mehr oder weniger die gleiche geblieben:

1) Problem und Aufgabenstellung definieren
2) Zielformulierung: Was soll mit dem Projekt erreicht bzw. verändert werden?
3) Informationssammlung: Was muss man alles über das Problem und mögliche Lösungen wissen? Wo wurden ähnliche Probleme schon gelöst, mit welchen Erfolgen, aber auch mit welchen Risiken und Nebenwirkungen?
4) Erarbeitung mehrerer alternativer Lösungsstrategien auf der Basis von 3)
5) Abwägung und Bewertung der Lösungsstrategien, insbesondere bezogen auf die Kalkulation von Arbeits-, Zeit- und Kostenaufwänden für unterschiedliche Lösungsstrategien, aber auch bezogen auf die damit verbundenen Risiken und Nebenwirkungen dieser spezifischen Lösung

6) Entscheidung über die konkret umsetzbare Lösungsstrategie, die zumindest vorläufig angegangen werden soll
7) Planung von Meilensteinen (1 bis x) zur Zielerreichung
8) Planung der Meilenstein-spezifischen Verfügbarmachung von Ressourcen: Personal, Geld, Materialien, Maschinen etc. Wann braucht man von wem was und wie viel?
9) Finanzierung und Beschaffung der Ressourcen (8)
10) Abarbeiten von Meilensteinen 1–x mit Zwischenkontrollen und Nachsteuerungen. Die Nachsteuerungen können unscheinbar sein oder aber auch zu einer Verwerfung des ersten Projektangangs führen. Unter Umständen mehrfach.
11) Erreichen des Ziels
12) Erstellung eines Berichts: Reflexion der förderlichen und hinderlichen Prozessfaktoren

Ein solches Planungsmodell leuchtet zunächst ein. Es wird sich im weiteren Verlauf der Reflexion der neun Projekte als unverzichtbar, aber auch ergänzungsbedürftig erweisen. Zunächst zu den unbestrittenen Vorteilen: Denken wir z. B. an die Ausgangssituation für die Planung der GU in Hamburg (Kap. 9): Hätten die Politiker:innen dort ein solches Planungsmodell zugrunde gelegt, wäre mit hoher Wahrscheinlichkeit für den Umgang mit Jugendkriminalität in der Stadt noch mehr und anderes geplant worden als eine GU-Einrichtung oder die sogenannten FIT-Teams (s. Kap. 9.3). Oder aber eine GU-Einrichtung, aber mit einer ganz anderen Art von Vorbereitung (siehe die Schritte oben 2 und 3 und 4) und wahrscheinlich mit sehr viel besseren Ergebnissen. Man hätte z. B. mindestens drei andere GU-Einrichtungen besucht und sich vor Ort ein Bild von den Problemen gemacht, die mit einer solchen Einrichtung verbunden sind, aber auch davon, wie zumindest einige von ihnen präventiv zu lösen sind und wie ein halbwegs sicherer Umgang mit ihnen aussieht. Und man hätte von vorneherein einen sehr viel längeren Planungszeitraum beansprucht. In drei Monaten war dieses Projekt in planungstheoretischer Sicht schlichtweg nicht umzusetzen. Erfahrene Projektmanager wären der Politik und dem Zeitdruck, der von dieser ausging, offensiv entgegengetreten.

Andererseits würden wahrscheinlich der Fortbildner und die Einrichtungsleiterin für sich beanspruchen etwa in der oben skizzierten Weise vorgegangen zu sein (s. a. Kap. 10). Immerhin formulierte er:

„Vieles haben wir richtig gemacht, vor allem dass wir uns für die Planung ausreichend viel Zeit genommen haben und dabei sorgfältig vorgegangen sind. Alle relevanten Punkte, die das Konzept und die Haltung betreffen, wurden zwischen Frau W. (der Einrichtungsleiterin, M. S.) und mir bei drei Treffen ausführlich und offen diskutiert; dabei kamen auch mögliche Stolpersteine und Konflikte zur Sprache. Mit dem

Landesjugendamt haben wir vor allem die Konzeptelemente geklärt und in rechtlicher Hinsicht abgesichert, die Zwang und Eingriffe betrafen; so dass man uns nicht vorwerfen konnte, wir würden hier wild und ungeplant Zwang anwenden. Das Haus war rasch gefunden worden, der Umbau achtsam geplant und ausgeführt, auch wenn mir der Streit mit Handwerkern und Architekten einiges abverlangt hat. Es hat sich im weiteren Prozess als wirklich geeignet herausgestellt. Das Entgelt war sorgfältig berechnet und hat sich als auskömmlich erwiesen. Die Schulleiterin war informiert und wusste, wann sie uns wie viele Lehrkräfte zu Verfügung stellen sollte. Die Mitarbeiterauswahl war im Rahmen eines Assessments durchgeführt worden; alle Mitarbeiter standen rechtzeitig bereit und waren motiviert. Auch haben die Kollegen das Konzept und zentrale Eckpunkte wie die Punkteplanung vor Aufnahme der ersten Jugendlichen kritisch geprüft und für gut befunden. Auch wenn sie es nicht mitentwickelt hatten, konnten sie sich doch weitgehend damit identifizieren und waren willig es Konzeptgetreu umzusetzen. Wir waren planerisch gut, ich würde sogar meinen, sehr gut aufgestellt. Und wenn mich meine Erinnerung nicht täuscht, wurde mir bzw. uns das auch von mehreren Seiten explizit bestätigt. In jedem Fall erinnere ich einen Abend in XY (anonymisiert), an dem Frau X (die Einrichtungsleiterin) und ich auf einer Tagung mit einem Glas Wein anstießen und Phase 1 als vorbildlich abgeschlossen feierten." (Bericht 2011, 2).

Und doch ist dieses Projekt krachend gescheitert (wir gehen im Theoriekapitel 13.6. noch genauer darauf ein). Kein Wunder: Das Modell basiert auf der Vorstellung eines rational handelnden *homo oeconomicus*: Die Planer:innen sind und bleiben Ergebnis-orientiert; alle, die ihr Wort gegeben haben, diesen oder jenen Beitrag zu liefern, halten ihre Versprechen ein; Konflikte werden rechtzeitig erkannt, angemessen angesprochen und sachlich gelöst; ungute Beziehungsdynamiken und heftige Affekte kommen nicht vor, und wenn doch werden sie bereinigt oder die einen – unpassend erscheinenden, weil z. B. zu emotional oder zu konfliktscheu – Mitarbeiter:innen durch andere ersetzt. *Grenzen für die Möglichkeiten der Projektentwicklung*, wie wir sie in der Einführung zu Teil B entwickelt haben – Re-Inszenierung affektiver Verwicklungen, Ambivalenz in Bezug auf Reformen oder Nicht-Verfügbarkeit in Kommunikation – werden nicht thematisiert (s. a. Kap. 15.1 am Schluss).

Die wenigen Annahmen machen deutlich, dass hier eine Ausgangssituation für Projektentwicklungsprozesse beschrieben wird, die vieles von dem, was Menschen per se und insbesondere Menschen in Institutionen ausmacht, ausschließt oder abschneidet: Menschen sind eben auch leidenschaftliche Wesen, die sich oftmals ohne lange nachzudenken spontan und kopfüber in ein Projekt stürzen, sich häufig mit Haut und Haaren einem Projekt verschreiben, persönlich damit identifizieren, Veränderungen im Projekt rasch als Angriff auf sich erleben und seinen Fortgang mit Zähnen und Klauen gegen die verteidigen, die ihnen dabei in die Quere zu kommen scheinen; und vor allem Menschen, die heftig darunter leiden, physisch und psychisch, wenn sie entlassen werden oder das Projekt beendet wird (siehe dazu auch Latour 1997 und hier Kapitel 13.3).

Mit einer solchen Beschreibung hätten wir allerdings nur das eine Menschenbild, den *homo oeconomicus*, mit einem anderen ausgetauscht, nennen wir ihn den *homo passionis*, wie ihn z. B. die Psychoanalyse konzipiert. Sinnvoller wäre es vermutlich zu sehen, dass Individuen im Kontext von Organisationen prinzipiell zu Beidem in der Lage sind, zu rationalem Planen, aber eben auch zu irrationalen Abweichungen von diesem aufgrund von emotionalen Verwicklungen oder intuitiven Eingebungen. Wobei die Energie und Kreativität, die eine erfolgreiche Projektentwicklung braucht wahrscheinlich aus einem Zusammenspiel beider Kräfte stammt (Bateson 1972, 140 ff.). Die grundlegende Kritik des rationalistischen Planungsmodells von Rittel und seinem Kollegen setzt aber an einem ganz anderen Punkt an. 1974 (!). Sie nahmen Pleiten, Pech und Pannen, die sie selbst erlebt und vermutlich auch mit verursacht hatten, ernst und theoretisierten sie in ihrem Aufsatz „*Dilemmas* (sic!) *in einer allgemeinen Theorie der Planung*" (1973, deutsch 1992) vor allem in Form des neuen Begriffs „*wicked problems*", den man unpassend mit „*bösartigem Problem*" übersetzt hat. Treffender wäre gewesen von „*vertrackten*" oder „*verhexten*" Problemen zu sprechen wie Rittel selbst schreibt (ebd., 21).

Von seiner Grundausbildung her Mathematiker (er hatte auch theoretische Physik studiert, siehe Glanville 2015) wurde ihm klar, dass es zwei grundsätzlich andere Formen von Problemen gibt, die jeweils einen anderen planerischen Angang verlangen. Er unterscheidet zwischen *wissenschaftlich-technischen* einerseits und *gesellschaftlichen* Problemen andererseits. Technische und wissenschaftliche Probleme sind in der Regel *gut definierbar*; einzelne *Problemkomponenten können separiert* werden und der Lösungsweg in aufeinander *aufbauende Schrittfolgen* aufgeteilt werden (ebd.). Dieser Typ von Problemen entspricht z. B. einer Schachaufgabe: Wie muss man vorgehen, um bei einer bestimmten Stellung auf dem Brett den Gegner in fünf oder sieben Zügen matt zu setzen; was kann auf dem Weg dorthin alles passieren? Auf welche Gegenzüge muss man sich einstellen? Ist das Vorhaben überhaupt realistisch? Auch bei einem Gegner, der selbst sehr gut Schach spielt? So komplex das Problem auch ist, es lässt sich untersuchen und angehen, weil alle zentralen Informationen darüber, was Schach ist, vorhanden und klar definiert sind. Und ebenso wichtig: Es lässt sich herausfinden, ob eine Lösung möglich ist; wenn auch bei hoher Komplexität nur mit Hilfe einer Computersimulation. *Komplexität erhöht die Schwierigkeit einer Problemlösung, aber stellt keinen Ausschlussgrund dar, dabei Erfolg zu haben.* Diese Form von Problemen werden von Rittel und Webber „*zahme Probleme*" genannt.

Gesellschaftliche Probleme werden von Rittel erstaunlich weit gefasst: darunter fallen z. B. der Bau einer Schnellstraße in einem Wohngebiet, die Festsetzung der Höhe einer Steuer, Maßnahmen zur Verbrechensbekämpfung oder die

Veränderung eines Curriculums für Grundschulen. Nicht alle *gesellschaftlichen Probleme* sind automatisch auch *„wicked problems"* (in Zukunft WP). Auch in diesem Bereich sind *zahme Probleme* durchaus denkbar. Beispielsweise solche, die sich klar definieren lassen und bei denen sicher ist, dass die an der Realisierung interessierten Partner:innen in den nächsten x Jahren bis zum Umsetzungsende die zuständigen Entscheider:innen bleiben, ihre Zusagen einhalten und eventuelle Kostensteigerungen bis zu einem bestimmten Umfang aufgefangen werden können. Der Bau einer Autobahn z. B. oder einer Zugverbindung kann (!) unter solchen Voraussetzungen ein *zahmes Problem* darstellen; das ändert sich aber sofort, wenn eine seltene Spezies von Lurchen entlang der Trasse entdeckt wird, Umweltschützer gegen die Autobahn protestieren, Wahlen anstehen oder eine ökonomische Krise droht.

Für eine erste Sortierung als WP kommen alle in Frage, die *„schlecht definiert"* gelten können und mit *„unzuverlässigen politischen Entscheidungen für einen Lösungsbeschluss"* einhergehen. Rittel legt großen Wert darauf – und hier interveniert eine erste theoretische Annahme –, zwischen *Lösungsbeschluss,* d. h. der Auswahl eines spezifischen Weges, um zu einer Lösung zu kommen, und *Lösung* zu unterscheiden. Denn: Soziale Probleme lassen sich nie ein für alle Mal lösen: *„Bestenfalls erreicht man für sie von Seiten der Politik einen Lösungsbeschluss."* (ebd., 22). Für soziale Probleme werden von Zeit zu Zeit immer wieder neue Lösungsideen vorgebracht und diskutiert und entschieden; sie sind und bleiben unsicher, weil sie immer wieder auch zurückgezogen und umentschieden werden. Diese *Unzuverlässigkeit* macht den Projektpartner Politik aus. Anders sollte man sich diesen nicht vorstellen.

Wir werden später anhand eines anderen Projektes (*Aramis*) sehen, dass Politik sich nicht immer in der Lage sieht, einen eigenen *Lösungsbeschluss* zu fällen und vorzieht einen solchen an Expert:innen zu delegieren. Vor allem, wenn mit einem solchen Lösungsbeschluss die Angst vor Einbußen von Wähler:innenstimmen verbunden ist. Aber wir haben in Hamburg auch gesehen, dass drei Parteien sich für den *Lösungsbeschluss* Geschlossene Unterbringung entschieden und dessen Realisierung durchgesetzt haben, weil sie mit dieser Idee im Wahlkampf geworben und damit Stimmen gewonnen haben. Wir haben in Hamburg aber auch gesehen (Kap. 9), wie dieses Projekt wieder aufgegeben wird, wenn eine neue Koalition, an der man teilnehmen möchte, das fordert. Machterhalt auf Dauer ist wichtiger als ein einzelnes Projekt. Das macht die *Unzuverlässigkeit* der Politik aus, die von Rittel und Webber aber nicht gegeißelt wird, sondern wie bei Luhmann als selbstverständlich für dieses System vorausgesetzt wird (Luhmann 1999).

So weit zur Vorauswahl für eine Kandidatenschaft für ein WP. Im weiteren Verlauf ihres Aufsatzes, stellen die Autoren zehn Eigenschaften dieser Problem-Kategorie vor:

1. „Bei einem „wicked problem" gibt es keine definitive Formulierung dafür, was das Problem ausmacht und wie es beschrieben werden kann." (ebd., 22).
„Für jedes beliebige zahme Problem kann eine erschöpfende Formulierung gefunden werden, die die gesamte Information enthält, die der Problemlöser für das Verständnis des Problems und die Lösung braucht." (ebd.). Vorausgesetzt er ist eine Expert:in auf diesem Gebiet. „Finden Sie heraus wie man diese zwei Aminosäuren synthetisieren kann" z. B. oder „Teilen Sie mit unter welchen Bedingungen ein Matt in drei Zügen möglich ist" enthalten sowohl eine hinreichende Definition des Problems wie auch der Lösung. Denn das „Synthetisieren" zeigt bereits eine Methode auf so wie die Schachregeln alle Regeln enthalten, unter deren Geltung endliche Variationen von Zügen möglich sind und ausprobiert werden können. Das ist bei einem WP anders: *„Die Informationen, die nötig sind, das Problem zu verstehen, hängt von den jeweiligen Vorstellungen ab, wie es zu lösen ist."* (ebd.) *„Problemverständnis und Problemlösung gehen Hand in Hand."* (ebd.).

Wenn man „Kriminalitätsbekämpfung" als Aufgabe stellt, so stellt das eine Art Rätsel dar. Nur wenn man bereits Lösungen im Kopf hat, wie z. B. „Hebung des Lebensstandards und Teilhabe an Luxus für alle Bürger:innen" oder „mehr Polizisten auf Streife Tag und Nacht und möglichst zu Fuß, häufige, positive Kontakte zur Bevölkerung auf Nachbarschaftsfesten und in Schulklassen, um deren Kooperationsbereitschaft zu steigern" werden Lösungswege deutlich. Aber die eine geht nicht nur von anderen Vorannahmen aus, sondern auch in eine ganz andere Richtung als die andere. Einmal setzt die Lösung an der Idee an, dass kriminell werden mit Armut und Neid zu tun hat (Bernfeld würde von einer *Tantalos-Situation* sprechen); das andere Mal, dass Gelegenheit Diebe macht und eine massive Polizeipräsenz und eine gut gelittene Polizei potentiell Kriminellen das Agieren schwer macht Damit beißt sich die Katze *(Problemlösung)* aber in den Schwanz *(Problemdefinition)* und kreist um sich selbst. Genau das, was bei einer *gut definierten* Problemstellung gewünscht ist, mehrere alternative Lösungswege zu entwickeln, die noch nicht auf Vorannahmen beruhen ist, um sich dann für einen zu entscheiden, ist hier nicht möglich. Deswegen kommen die Autoren zu dem Ergebnis:

> *„Die Formulierung eines WP ist das Problem. Der Prozess der Problemformulierung und der, sich eine Lösung auszudenken sind identisch, da jede Spezifizierung des Problems auch eine Spezifizierung der Richtung ist, in der man sich eine Behandlung des Problems vorstellt."* (ebd., 23).

2. *„Bösartige Probleme haben keine Stoppregel"* (ebd., 24).
Ein Aspekt von „schlecht definiert", der in jedes WP einwandern kann, ist der Umstand, dass man nicht weiß, wann das Projekt beendet werden kann. Beim

Bau einer Autobahn weiß man, wann sie fertig ist. Nämlich, wenn die ersten Autos darüberfahren. Bei Kriminalitätsbekämpfung weiß man dagegen nicht, wann es genug damit ist. Wenn die statistische Rate von Einbrüchen in Häuser gesunken ist oder auch die von Handtaschenraub oder Betrug oder von Gewalt von Jugendlichen gegen Jugendlichen? Reichen 20 % Absenkung oder sollten es 50 % sein? Soll man dafür Polizeistatistiken nutzen oder Beratungen bei der Bevölkerung durchführen? Falls man Befragungen zugrunde legt, reicht es, wenn 50 % der Bevölkerung sich sicherer fühlen oder müssen es mehr sein.

> *„Der Planer beendet die Arbeit an einem bösartigen Problem nicht aus Gründen, die in der Logik des Problems liegen. Er hört aufgrund von Überlegungen auf, die außerhalb des Problems liegen: Er hat keine Zeit, kein Geld oder keine Geduld mehr."* (ebd., 24).

Er oder andere sagen irgendwann „Es ist genug" oder „es ist das Beste, was unter diesen Projektbedingungen herauszuholen war". Die Stoppregel liegt nicht in der Aufgabe begründet – Operation vollzogen/Patient entlassen oder Autobahn fertig/Verkehr rollt –, sondern wird gesetzt. Meist so, dass Etliche, die z. B. in dem Projekt arbeiten oder daran verdienen, gerne weitergemacht hätten, aber Andere das Projekt schon länger verdächtigen, nicht das zu bringen, was man sich von ihm erwartet hat. Aber was war das noch mal?

3. *„Lösungen für bösartige Probleme sind nicht ‚richtig' oder ‚falsch', sondern ‚gut' oder ‚schlecht'"* (ebd., 24).

Für *zahme Probleme* gibt es anerkannte, offizielle Kriterien dafür, ob die entwickelte Lösung richtig oder falsch ist. Entweder können Fachleute das überprüfen (fachgerecht durchgeführt und funktionstüchtig) oder aber der erfolgreiche Abschluss ist evident: der operierte Patient, der auf einer Trage eingeliefert wurde, kann das Krankenhaus auf eigenen Füßen verlassen und wieder zur Arbeit gehen. Die Synthetisierung von Aminosäuren ist gelungen und hat eine neue Verbindung hervorgebracht, die im Zusammenhang mit xy anwendbar ist. Der Verkehr rollt und die Fahrer berichten von einer problemlosen Fahrt auf der neuen Autobahn.

> *„Für bösartige Probleme gibt es keine richtigen und falschen Antworte. Normalerweise sind viele Beteiligte gleichermaßen ausgerüstet, interessiert und/oder befähigt, die Lösungen zu beurteilen, obwohl keiner die Macht hat, formale Entscheidungskriterien festzulegen, um die Richtigkeit zu bestimmen. Ihre Urteile differieren in Übereinstimmung mit ihren Gruppen- oder persönlichen Interessen, ihren speziellen Wertesystem oder ihren ideologischen Vorlieben. Ihre Einschätzungen vorgeschlagener Lösungen lauten Urteile ‚gut' oder ‚schlecht' oder wahrscheinlich ‚besser' oder ‚schlechter' oder ‚unbefriedigend' oder ‚gut genug'"* (ebd., 25).

Die Verschiebung von „richtig" und „falsch" zu „gut" und „schlecht", geht mit persönlichen Bewertungen und damit häufig einer emotionalen Aufladung einher. Luhmann hat diese Form des Sprechens/Urteilens als *„moralische Kommunikation"* bezeichnet (Luhmann 1998, 396f., Schwabe 2022, 33ff.).

4. *„Es gibt keine unmittelbare und keine endgültige Überprüfungsmöglichkeit für die Lösung eines bösartigen Problems"* (ebd.).

Man kann einen Rückgang von Kriminalitätsbelastung eines Stadtteils oder einer ganzen Stadt feststellen, weiß aber oft nicht, wie dieser zustande gekommen ist: durch den Ausbau von Stadtteil- und Jugendzentren, durch mehr Polizeipräsenz auf den Straßen etc. Aber man kann feststellen, dass es weniger Kriminalitätsbelastung gibt. Aber sind die getroffenen Maßnahmen erfolgreich, wenn es 20% weniger Einbrüche gibt, oder erst bei 50%? Wann soll man damit aufhören? Und was macht man, wenn die Kriminalitätsbelastung mit bestimmten Maßnahmen erst herunter geht, dann aber wieder ansteigt? Soll man dann mehr von den ersten Maßnahmen machen oder sind dann andere, neue Maßnahmen erforderlich? Und was fängt man damit an, dass zwar die Kriminalitätsbelastung gesunken ist, aber das Unsicherheitsgefühl der Bevölkerung, der Eindruck es gäbe mehr Kriminalität, gleichgeblieben oder sogar gestiegen ist. Kann man erst aufhören, wenn sich niemand mehr Sorgen macht, dass bei ihm eingebrochen wird?

5. *„Jede Lösung eines bösartigen Problems ist eine one-shot-operation d.h. ein einmaliger Vorgang mit nur einer Chance. Das bedeutet auch, dass es keine Möglichkeit gibt über Versuch und Irrtum zu lernen. Jeder Lösungsversuch zählt und hat irreversible Konsequenzen."* (ebd., 25).

Hier kommt eine neue Qualität ins Spiel. Wenn wir betrachten, wie viele Anläufe gemacht wurden, bis wir halbwegs sicher fliegen oder Autofahren oder telefonieren konnten, so wird deutlich wie wichtig das *„Versuchs- und Irrtums-Prinzip"* für die Entwicklung neuer Qualitäten ist. Von der Idee zur Realisierung ist es ein weiter Weg. Das man fehlgreift und in die Irre geht, ist wahrscheinlich und zeigt sich am Ende, wenn das Projekt erfolgreich abgeschlossen ist, sogar als notwendig. Freilich kann es auch hier Opfer geben wie z.B. die, die mit ihrem Fluggerät abgestürzt sind. Aber sie haben dennoch einen Beitrag geleistet, aus dem die anderen, die es fortsetzen, lernen können. Der Bau großer öffentlicher Gebäude z.B. ist dagegen irreversibel. Man kann etwas wie die Elbphilharmonie nur ein einziges Mal bauen. Verzögerungen sind möglich, sogar die Einstellung des Projekts; aber dann bleibt eine Ruine stehen. Einen zweiten Anlauf wird es nicht geben. Auch wenn man ein pädagogisches Projekt startet, gibt es dafür meist nur einen einzigen Anlauf: Wenn dieser scheitert, ist das Vertrauen in die Projektverantwortlichen erwartungsgemäß auf Jahre hinaus enttäuscht, das Geld häufig aufgebraucht, die Mitarbeiter:innen frustriert und müssen die Kinder aus dem Projekt in andere Gruppen verteilt werden.

6. *„Bösartige Probleme haben weder eine zählbare (oder erschöpfend beschreibbare) Menge potentieller Lösungsmöglichkeiten noch gibt es eine gut umrissene Menge erlaubter Maßnahmen, die man in die Planung einbeziehen kann."* (ebd., 26).

Um diesen Punkt zu verdeutlichen weisen die Autoren bezogen auf Reduzierung von Gewalt-Kriminalität auf so unterschiedliche Maßnahmen hin wie: die Polizei entwaffnen wie in England seit mehr als 80 Jahren praktiziert oder Lehrer:innen mit Waffen ausrüsten wie in den USA propagiert wird und wurde oder alle Gewalttäter:innen über längere Zeit im Gefängnis festsetzen (wie z. B. aktuell in Nicaragua versucht). Alle diese Maßnahmen stellen Lösungen dar, aber nur für eine bestimmte Gruppe, selbst wenn sie auf Erfolgsraten verweisen können; in den Augen einer anderen Gruppe sind diese Maßnahmen verrückt, weil zu riskant oder unethisch.

7. *„Jedes bösartige Problem ist auf seine Weise einzigartig."* (ebd., 27).
„Zur Behandlung bösartiger Probleme gehört die Kunst, nicht zu früh zu wissen, welcher Lösungsweg einzuschlagen ist." (ebd., 27). Dieser Satz steht in einer gewissen Spannung zu Eigenschaft 1, die festlegt, dass man das WP nur definieren kann, wenn man bereits eine Lösung im Kopf hat. Ich verstehe den Hinweis so, dass es erstens denkbar ist, WP lösen zu wollen und dass man wohl auch nicht umhinkommt, schon Ideen im Kopf zu haben, dass es aber über längere Zeit darauf ankommt, beweglich zu bleiben und Hin- und Her zu springen, oder einen einmal eingeschlagenen Lösungsweg wieder verlassen zu können. Mit neuen Erkenntnissen, die man im Lauf des Prozesses gewinnt, eröffnen sich neue Möglichkeiten das Problem zu definieren und daraus ergeben sich wieder neue Lösungsmöglichkeiten. Wir kommen darauf zurück.

8. *„Jedes bösartige Problem kann als Symptom eines anderen Problems angesehen werden."* (ebd., 28).
Ich ergänze: Lösungsmöglichkeiten eines WP können zu einer Problemverschärfung beitragen und jede Lösung birgt das Risiko ein oder mehrere neue Probleme hervorzubringen.

Wir haben das bereits gesehen: Kriminalität kann als Symptom von gesellschaftlicher Ungleichheit gesehen werden; gesellschaftliche Ungleichheit als Symptom für den Kapitalismus. Spätestens die Aufgabenstellung den Kapitalismus abzuschaffen, stellt aber ein WP dar. Das Gleiche gilt, wenn man Kriminalität als Symptom von zu schwacher Verankerung von Werten im Inneren der Individuen betrachtet und diese wiederum als Symptom für den Zerfall des Sozialen. Wie dieser zu stoppen oder verändern ist, stellt ein WP dar. Aber auch der zweite Teil scheint mir wichtig: Wenn man Kriminalität dadurch abschaffen möchte, dass man mehr Polizei auf die Straße schickt, kann diese Maßnahme das Problem verstärken: durch mehr Polizei werden mehr Delikte offenkundig, mehr Personen strafrechtlich verfolgt, mehr Männer inhaftiert, fehlen in Familien mehr Väter, wachsen mehr Kinder ohne Väter auf mit schädlichen Auswirkungen auf deren Entwicklung. Das Kreieren neuer Probleme durch Versuche sie zu lösen lässt sich gerade im pädagogischen Bereich beobachten: Wenn ein Jugendlicher Drogenschulden hat und sich aus Angst vor Verfolgung nicht mehr auf die Straße und in die Schule traut, kann das sinnvoll sein, ihm das Geld zu geben, damit er die Schulden zurückzahlen und nicht länger von Dealern verfolgt wird. Damit erhöht sich aber auch die Wahrscheinlichkeit, dass Dealer ihre Schuldner mit großem Druck und eventuell Brutalität verfolgen, damit andere deren Schulden bezahlen; eventuell lernt der Jugendliche bei dieser Lösung auch, dass er weiter Schulden machen kann, weil andere schon dafür aufkommen werden. Zumindest das Risiko besteht.

9. *Bei WP sind bestimmte Verfahren zum Ausschluss von Lösungen, die bei wissenschaftlichen Problemen oder bei zahmen Problemen möglich sind, ausgeschlossen oder nicht sinnvoll (diese neunte Eigenschaft formuliere ich um, weil mir der Kern, in dem Folgenden zu bestehen scheint* (vgl. ebd., 30).

Hier treten die beiden Autoren als Naturwissenschaftler in Erscheinung, die sowohl mathematische/physikalische wie soziale Problemkonstellationen überschauen können.

> „*Straßenkriminalität kann erklärt werden durch zu wenig Polizei, durch zu viele Kriminelle, inadäquate Gesetze, durch zu viel Polizei, kulturelle Unterdrückung, ungünstige Umstände, zu viele Waffen im Umlauf, geistige Abnormität. Jede dieser Erklärungen bietet eine Richtung für die Bekämpfung der Straßenkriminalität. Alle Erklärungen können eine gewisse Evidenz beanspruchen. Aber welche davon ist richtig? Es gibt Feld sozialer Probleme keine Regel oder Vorgehensweise, um die richtige Erklärung oder die Kombination von richtigen Erklärungen herauszufinden. Der Grund liegt darin, dass es bei der Behandlung bösartiger Probleme einige Möglichkeiten mehr gibt Hypothesen abzulehnen als in den Naturwissenschaften erlaubt ist.*" (ebd., 29 f.).

Am Ende einer längeren wissenschaftstheoretischen Argumentation (siehe ebd., 30) steht die Erkenntnis: "*Die Leute* (auch die Wissenschaftler, M. S.) *wählen jene Erklärungen, die ihnen am plausibelsten erscheinen*" und forschen auch in Richtungen und mit Methoden, die ihnen die Bestätigung ihrer Annahmen möglich machen bzw. blenden unerwartete oder gegenteilige Ergebnisse häufig aus.

10. „*Bei WP hat der Projektplaner kein Recht darauf unrecht zu haben.*" (ebd., 31). Auch die Formulierung dieser Eigenschaft hat damit zu tun, dass Rittel und Webber auch oder sogar in erster Linie Naturwissenschaftler waren. Diese Eigenschaft bezieht sich auf das Vorgehen bei wissenschaftlichen Problemen, die meist *zahme Probleme* sind. In diesem Feld können Hypothesen nie endgültig verifiziert

werden; aber sie können falsifiziert werden. Wer das leistet, hat einen Beitrag zur Wissenschaft geleistet, auf den er stolz sein kann. Das Gleiche gilt aber auch für denjenigen, der eine Hypothese in den Raum gestellt hat, auch und gerade mit dem Risiko, dass sie falsifiziert wird. Ein solches konstruktives Zusammenspiel von Vorschlag und Entgegnung, Hypothese, Kritik und Gegenbeweis, gibt es im Bereich sozialer Planungen nicht. *„Entscheidungen der Projekte Planer sind verantwortlich für die Konsequenzen von falschen, schlechten oder unzureichenden Planungen. Die auf Menschen können beträchtlich sein."* (ebd., 31).

Rittel und Webber schließen ihren Aufsatz mit der These einer wachsenden Differenzierung in modernen Gesellschaft in Verbindung mit Gruppenbildungen, in denen man sich gegenseitig bestätigt (1973!):

„Stellen Sie sich die verschiedenen Arten von Konflikten zwischen Gruppen vor, die bei der Stadterneuerung, beim Straßenbau oder der Lehrplangestaltung an öffentlichen Schulen auftauchen können. […] Verschiedene Gruppen von Bürgern haben verschiedene Werte: was die einen zufriedenstellt ist für die anderen schrecklich, was für die einen eine Problemlösung darstellt, erzeugt für die anderen gerade Probleme." (ebd., 33).

Deswegen sind WP in sozialen Zusammenhängen, wenn schon nicht die Regel, so doch wenigstens in hohem Maße erwartbar. Wir kommen auf dieses Problem zurück, da es auch bei Latour eine wichtige Rolle spielen wird und wir betrachten können, was er, aber auch Habermas und Luhmann zur Lösung dieser Art von öffentlichen Problemen beigetragen haben (Kap. 13.3.5).

Für dieses Kapitel sind zwei Hinweise zunächst ausreichend. Zum einen der Vorschlag von Lindblom, den dieser schon 1959 vorgestellt hat, noch ohne WPs so genau definieren zu können, wie es unsere beiden Autoren vorgeführt haben. Aber auch Lindblom sprach schon von *„ill defined problems"* und empfahl für diese eine Strategie, die er als *„muddling through"* bezeichnet hat (Lindblom 1959, Schwabe 1999). Im Deutschen wird sie meist als sich „Durchwurschteln" übersetzt und damit banalisiert. Denn *„muddling"* kommt von *mudd* und bedeutet Schlamm. Angemessener wäre es also sich vorzustellen, wie man bei der Projektentwicklung durch den Problem-Schlamm robbt und dabei nicht umhinkommt, sich in Widersprüche zu verwickeln, umsteuern zu müssen, ohne alle mitnehmen zu können, d. h. sich bezogen auf die Abweichung von moralischen und oder fachlichen Kriterien *schmutzig* zu machen. Gemeint ist damit aber auch eine Strategie, die immer wieder die Richtung wechselt, was bedeutet Ziele und/oder Partner:innen umzudefinieren, aber den Kontakt mit der Realität hält, sich anpasst, aber auch testet, was an Vorwärtsbewegungen möglich ist und dabei das aktuelle Ziel nicht aus den Augen verliert. Die Lösung des Problems muss im Rahmen dieser Strategie auch nicht gut sein; es ist ausreichend, wenn sie *„gut genug"* ist (Glanville 2015, 174). Es bedeutet auch irgendwann zurückschauen zu können, um den Zick-Zack-Kurs noch einmal zu betrachten. Aus der Position des Erfolgs oder aber des Misserfolgs heraus, je nachdem was man sich zurechnet.

Der zweite Hinweis bezieht sich auf den fundamentaler Wandel im Planungsverständnis mit der Hinwendung der Planungstheorie und -praxis zur Bürgerbeteiligung, der mit den 1970er Jahren einsetzte. Die Theorie *kommunikativer Planung* beschreibt im starken Gegensatz zur rationalistischen Theorie eine Entwicklung von Planungszielen und -inhalten durch kommunikatives Handeln unter Einbeziehung möglichst weiter Kreise der von einer Planung Betroffenen. Dieser Ansatz bezieht sich wesentlich auf die Theorie des kommunikativen Handelns von Jürgen Habermas. Wir werden noch sehen, dass auch dieser Ansatz in neue Dilemmata führt (s. Kap. 13.3.4).

13.2.2 Wer versuchte „wicked problems" zu lösen und ist daran gescheitert?

Betrachten wir nun, wem von den bisher vorgestellten Projekt-Entwicklern (Kap. 2 bis 10) ein WP zugeschoben wurde oder wer von ihnen sich selbst ein WP kreiert hat, ohne das und die damit verbundenen Risiken zu reflektieren? Eine solche Zuordnung ist deswegen bedeutsam, weil sie das Scheitern dieser Projekte erklären kann. WPs sind zwar nicht zum Scheitern verdammt, aber die Wahrscheinlichkeit ihres Scheiterns muss als wesentlich höher angesetzt werden als die bei *zahmen Problemen*. Auch in diese Kategorie könnten einige der dargestellten Projekte (Kap. 2 bis 10) gehören. Damit steht die Frage im Raum, ob alle zehn Kriterien erfüllt sein müssen, damit man von einem WP sprechen kann oder ob dazu auch schon fünf oder sieben ausreichend sind? Da ich das Ergebnis von der Anwendung auf die Projekte abhängig machen möchte, stelle ich diese Frage zunächst zurück.

Beginnen wir mit dem Aufbau der Intensivgruppe für die Zielgruppe der 14- bis 16-jährigen Jugendlichen, die mit Gewalttaten in Erscheinung getreten waren (Kap. 10). Dieser Auftrag scheint zunächst *gut definiert* worden zu sein und es sich um ein *zahmes Problem* zu handeln. Dazu passt auch, dass der Projektleiter selbst ein klares Bild davon hat, was er planen muss, mit wem er die Planungen abstimmen muss, und hierbei einem klaren Arbeitsplan folgt. Wir haben ihn oben dazu gehört. Als *unklar definiert* muss das Projekt dennoch gelten, weil der Auftrag eben nicht nur im Aufbau einer neuen in sich funktionierenden Gruppe bestand, sondern auch in der Integration dieses Angebots in die Gesamteinrichtung und vor allem in deren Beschulungssystem an einem zentralen Ort. An dieser Schnittstelle setzen die Probleme ein: Der Fortbildner muss Abstriche beim Konzept machen. Rauchen und Alkohol und Sex-Magazine können nicht deshalb nicht realisiert werden, weil sie prinzipiell pädagogisch falsch oder nicht sinnvoll wären, sondern weil sie die Jugendlichen und Pädagog:innen der anderen Gruppen in der gleichen Einrichtung irritieren würden. Hier passt sich der Fortbildner an die Vorgaben der Einrichtungsleiterin an, nimmt ihr aber das Versprechen ab, dass es bei diesen Einschränkungen bleibt und keine weiteren „heiligen Kühe" hinzukommen (s. Kap. 10); aber sie kommen – und im Grunde ist es auch erwartbar. Denn der Auftrag lautet nicht: „Gründen Sie eine neue Gruppe, die vor allem durch innovative, kreative Methoden besticht und es vor allem schaffen muss, dass die Jugendlichen im Binnenraum der Gruppe ihre Gewalttaten einschränken und untereinander halbwegs friedlich leben." So hat der Fortbildner den Auftrag verstanden. Die Einrichtungsleiterin hatte aber immer als erstes den Gesamtzusammenhang der Einrichtung im Kopf und im Blick – und dann die einzelnen Gruppen. Jede neue Gruppe muss sich in dieses Ensemble einfügen. Damit folgt sie ihrer Rolle als Einrichtungsleiterin. Der Fortbildner hatte aber zuerst „seine neue Gruppe" im Blick und erwartet, dass die Einrichtung einem „Exoten" wie ihm die Türen öffnet und sich bereitwillig mit diesem schmückt.

Insofern steht von Anfang an ein Auftragsmissverständnis im Raum. Mit dem falschen Versprechen, dass dem „Exoten" (ich denke hier den Fortbildner als eine Art von Papageno oder gar Paradiesvogel) und seinem Konzept nur „drei Federn" gezogen werden müssen, er bzw. es aber ansonsten bunt und ungezähmt bleiben darf, hat die Einrichtungsleiterin einen großen Fehler gemacht. Nicht im moralischen Sinn. Sondern im Sinn von *Unzuverlässigkeit* (siehe oben). Als Leiterin darf sie sich angesichts einer noch unklaren Projektentwicklung nicht festlegen lassen, sondern muss offenbleiben. Mit der Erwartung, dass sein Projekt eine Sonderrolle spielen könne, hat sich der Fortbildner aber auch getäuscht und selbst betrogen. Mit seinen Erfahrungen als Heimleiter hätte er wissen können, dass Nischenprojekte wie das seine im Rahmen einer Institution gar nicht oder nur unter bestimmten Bedingungen möglich sind. Halten wir fest: So lange es um das Suchen des Hauses, dessen Umbau, die Entgeltberechnung, die Rekrutierung des Personals etc. ging, handelte es sich bei dem Projekt um ein *zahmes Problem*, das mit klassischen Projektentwicklungskompetenzen abgearbeitet werden konnte und mit der Eröffnung und der Aufnahme der ersten Jugendlichen erfolgreich abgeschlossen wurde. Die Integration der neuen Intensivgruppe in die Einrichtung stellt dagegen ein WP dar: Integration ist eine unklare Definition (Kriterium 1), es gibt keine richtige oder falsche Integration, sondern nur eine mehr oder weniger gelungene (Kriterium 2), keine Stoppregel für gelungene Integration (3) und keine klaren Indikatoren, wann sie erreicht ist (4); jeder Konflikt, der als Nicht-Integration wahrgenommen wird, ist irreversibel und hat Konsequenzen (5), das Problem der Integration eines so ambitionierten Projekts mit einem so ambitionierten Fortbildner ist einzigartig in der Geschichte der Einrichtung (7). Damit ist klar, dass dieses Projekt (dass Projekte überhaupt) – in verschiedenen Phasen und mit Blick auf unterschiedliche Aufträge beides sein kann (sein können): *ein zahmes Problem und ein bösartiges*.

Man kann auch noch einen Schritt weiter gehen: WPs sind Probleme, in deren Formulierung sich eine *Paradoxie* eingeschlichen hat (Selvini-Palazzoli 1978/1994). Im Fall der Intensivgruppe (Kap.10) lautete der paradoxe Auftrag an den Fortbildner: „*Konzeptionieren und realisieren Sie ein neues Angebot für eine Zielgruppe, an der wir bisher gescheitert sind; aber tun sie das so, dass diese Gruppe vollständig in die bisherigen Strukturen der Einrichtung passt und deswegen problemlos in diese integriert werden kann.*" Warum enthält dieser Auftrag eine Paradoxie? Wenn die Zielgruppe bisher nicht gut versorgt werden konnte, so weist das auf Grenzen und Schwächen der Einrichtung und ihrer Haltungen und Methoden hin. Diese Limitierungen soll die neue Gruppe erweitern; damit ist aber klar, dass sie mit neuen und anderen Methoden und Haltungen arbeiten muss, um ihr Ziel zu erreichen. Damit kann sie aber nicht mehr vollständig in die bisherigen Strukturen passen und deswegen muss man bei der Integration dieser Gruppe in die Einrichtung auch mit Problemen rechnen. Beides – Veränderungen einführen, aber nicht anecken, oder: sich integrieren und zugleich vom Bisherigen abweichen – geht nicht.

Auf solche Paradoxien in den Aufträgen haben Mara Selvini-Palazzoli und ihr Team bereits 1978 hingewiesen. Auch wenn sie selbst nicht von WPs spricht, so bin ich mir doch sicher, dass Paradoxien wie die eben formulierte einen weiteren Hinweis auf das Vorliegen eines WPs liefern. Mit diesen Erkenntnissen fällt es leichter die anderen Projekte einzuordnen:

Pestalozzi hatte es im Neuhof, in Stans und Clindy mit *zahmen Problemen* zu tun (Kap. 3). Für den Neuhof und für Clindy kann man ihm eindeutige Planungsfehler nachweisen: Schlechtes Ackerland für zu viel Geld gekauft, ein viel zu großes Haus in Auftrag gegeben, schlecht kalkulierte Kosten, was die Landwirtschaft angeht, unrealistische Erwartungen an die Bindungswilligkeit und Bindungsfähigkeit der Kinder an den Neuhof. Ineffektiver Umgang mit Geld- und Zeitressourcen auch für Clindy. Auch in Stans hat er einige Planungsfehler gemacht. Aber er hat dort ein oder zwei WPs erfolgreich gelöst: Zunächst die Auftragsunklarheit, die darin bestand, dass er für Waisen da sein sollte, von denen einige aber durchaus noch Eltern hatten und die teils bei ihm, teils in ihren Elternhäusern übernachteten und auch als Gruppe mit dieser heterogenen und wechselnden Zusammensetzung zurechtkommen mussten. Zum zweiten hat er es geschafft, die Kinder ohne massive Beeinflussung dazu zu bringen, Nachteile für sich in Kauf zu nehmen, um Vorteile für andere Kinder zu ermöglichen. Eigentlich stellt Moralerziehung für Kinder, die von Armut betroffen sind, ein WP dar. Aber Pestalozzi hat damit einen guten Umgang gefunden. Das ist beachtlich. Stans ist denn auch nicht an ihm, sondern *der Unzuverlässigkeit der Politik* gescheitert: In der einen politischen Situation war es wichtig, ein Waisenhaus einzurichten, auch weil die Regierung in der Region Leid angerichtet und etwas gut zu machen hatte. Unter einer anderen politischen Konstellation war ein Lazarett für Soldaten wichtiger als ein Kinderheim und die Kinder mussten schauen, wo sie blieben (s. Kap. 3.3.2).

Auch für Yverdon können wir Pestalozzi eine Mischung aus *zahmen Problemen* und WPs zubilligen. Die Gründung der Einrichtung und ihren Aufbau, ein *zahmes Problem*, hat er erfolgreich gemanagt. So erfolgreich, dass er in dieser Zeit zum Präsidenten des ersten Schweizer Erziehungsverbandes berufen wurde (siehe Kap.3.2.2.). Aber die Führung der Mitarbeiter:innen und die Übergabe der Leitung der Einrichtung in die Hände eines anderen Leiters stellte offensichtlich ein WP dar: Unklare Definition, was Leitung bedeutet (Kriterium 1), fehlende Stopp-Regel, weil Pestalozzi nie ein Datum anvisiert hat, bis wann er selbst leitet und wann er geht (Kriterium 3), zu viele widersprüchliche Interessen Konkurrenzen unter den Mitarbeiter:innen und damit Unklarheit, was denn eine gute Leitung sei und wer für eine zukünftige Leitung in Frage kommt (Kriterium 4), unklare Kriterien dafür, was einen guten Nachfolger ausmacht (Kriterium 5), einzigartiges Problem, weil noch nie die Leitung eines so bekannten Pädagogen in die Hände eines anderen gelegt worden war (Kriterium 7) etc. Damit ist aber auch klar: Das Führen von Mitarbeiter:innen und die Übergabe der Leitungsverantwortung an einen Nachfolger stellen nicht an sich WPs dar; erst, wenn diese komplexe Aufgabe unter bestimmten Bedingungen angegangen wird oder vollzogen werden muss (z. B. unklare Terminierung, massive Konflikte unter den Mitarbeiter:innen etc.) werden sie zu einem WP.

Eindeutig mit WPs mussten sich Makarenko (Kap. 7), die Verantwortlichen für das GU-Projekt in Hamburg (Kap. 9) und Gerd Schäfer mit dem Heimprojekt in Stuttgart (Kap. 8) herumschlagen: Makarenko wurde gleich mit mehreren WPs konfrontiert und würde sich vermutlich als jemanden bezeichnen, der das erkannt hat und deshalb die Strategie des *„muddling through"* wählen musste (Lindblom 1959, Schwabe 1999). Zunächst wurde er mit dem Problem konfrontiert, dass er in der neugegründeten Kolonie mit Jugendlichen arbeiten sollte, die auf der Straße lebten und in diesem Sozialraum kriminelle Aktivitäten unternahmen, weswegen sie ein Problem für die Gesellschaft, insbesondere die Bauern, aber auch die Partei und ihre Behörden darstellten. Viele dieser Jugendlichen hatten für sich Überlebensstrategien entwickelt, mit denen sie halbwegs gut über die Runden kamen. Vor allem die Jugendlichen, die Makarenko ganz zu Anfang aufgenommen hatten, gehörten in die Gruppe der gut organisierten, relativ erfolgreich operierenden Bandenmitglieder, was die Qualität ihrer Kleidung, ihrer Schuhe und ihre Frisuren belegten (Makarenko GW 3 1982, hier Kapitel 7). Sie waren zwangsweise der Kolonie überstellt worden und Makarenko musste sie dortbehalten, auch wenn sie deutlich ihre Widerstände zeigten und auch offen mit Gewalt drohten. Gleichzeitig war die Versorgungslage in der Kolonie schlecht bis katastrophal. Auch für die Jugendlichen stellte sich die Frage, ob sie auf sich gestellt mit Diebstählen und Überfällen nicht besser versorgt wären als in der Kolonie. Damit geriet Makarenko in ein WP, das er auf seine Weise, mit drastischen Gewalthandlungen und Gewaltandrohungen löste und den Jugendlichen freistellte, die Kolonie wieder zu verlassen (Kap. 7.3.3). Damit löst Makarenko das

Problem ihrer offenen Widerständigkeit, geriet aber gleichzeitig in ein nächstes WP, in Form eines Dilemmas: Wenn er seinen Vorgesetzten ordnungsgemäß berichtet hätte, was er getan hatte, wäre er wahrscheinlich sofort entlassen werden. Schon seine Mitarbeiterinnen hatten sich entsetzt über sein Vorgehen gezeigt. Wenn er es für sich behalten würde, müsste er damit rechnen, dass es später ans Licht kommt und ihm sowohl die Gewalt wie auch ihre Vertuschung vorgeworfen wird. Tatsächlich kam es so, wenn auch mit sieben Jahren Zeitverzögerung; zwar wurden ihm nicht mehr die initialen Gewalthandlungen vorgehalten – die waren tatsächlich vergessen, dafür aber später ausgeübte, eigene wie fremde, die, wenn auch über weite Prozesskettenglieder, in Verbindung zu diesen Anfangstaten standen. Ihm wurde gekündigt, seine Ehre stand auf dem Spiel. Das Problem der in seinen Augen ungerechtfertigt erhobenen Vorwürfe – er hatte ja nur angesichts eines unlösbares Problems die Strategie des *muddling through* gewählt (Lindblom 1959) – hat er mit dem Schreiben des „*Poems*" gelöst, in dem er darstellte, dass er vor seiner Zusagen die Leitung zu übernehmen eine Art von Generalvollmacht bekommen hatte. Der Leiter der Behörde – so Makarenko – hätte zugegeben, dass er auch nicht wüsste wie man die Aufgabe eine Kolonie mit dieser Zielgruppe zu leiten angehen sollte und dass es dabei unweigerlich zu Fehlern kommen würde. Wenn man dem Glauben schenkt, handelte es sich auch hier um ein *schlecht definiertes* Problem: „Holen Sie die Jugendlichen von der Straße und erziehen Sie sie zu neuen Menschen; aber ich weiß auch nicht wie das geht und welche Maßnahmen dabei erlaubt und verboten sind" (s. a. Kap. 7.3 und Makarenko GW 3 1982). Ganz klar ein WP, weil hier alle Kriterien erfüllt sind: „*der neue Mensch*" ein unklares Ziel (Kriterium 1), keine Zeitbeschränkung, das Ziel zu erreichen kann ewig dauern (Kriterium 2), unklare Maßnahmen (Kriterium 3), nur die Möglichkeit es besser oder schlechter zu machen, aber nicht richtig oder falsch (Kriterium 4), umstrittene Ergebnisse ohne klare Kriterien (Kriterium 6), one- shot-Situation mit irreversiblen Konsequenzen (Kriterium 5), kein Recht auf Irrtum (Kriterium 10).

Mit dem Schreiben des *Poems* konnte sich Makarenko vom Vorwurf reinwaschen, eigenmächtig und brutal gehandelt zu haben; und handelte sich mit dieser Lösung zugleich das das nächste Problem ein: Vorwürfe über seinen Erziehungsstil und seine pädagogischen Handlungskonzepte. Aber eben auch Anerkennung und Weltruhm.

Gerd Schäfer hat sich mit seinem Heim-Projekt selbst ein WP geschaffen (Kap. 8) (ich verzichte hier auf den Verweis auf die Liste der Kriterien). Klar war nur, dass das Leben im Heim neu und anders gestaltet werden sollte, mit Öffnungen hin zu einem Mehr an Verstehen kindlicher Verhaltensweisen auf Seiten der Pädagog:innen, hin zu therapeutischem Spiel und zu neuen Formen der Beschäftigung mit Werkstoffen in Kleingruppen auch im Bereich der Schule. Bezogen auf *„neu und anders"* ergeben sich in mehrerer Hinsicht Definitionsprobleme: zum einen, was da genau geschehen soll, aber auch, was dieses Ziel für die Arbeit davor bedeutet: war sie schlecht? Zwar gab es ein zeitliches Ende für das Projekt, aber dieses war von außen gesetzt: das Modellprojekt war befristet. Es würde unabhängig davon, was und wie viel man erreicht hat, aufhören. Ob das, was man in dieser Zeit erreichen würde, viel oder wenig, besser oder schlechter sein würde, dafür gab es keine Kriterien. Klar war, dass es sich um ein einzigartiges Projekt handelte und der Angang ein einmaliger sein würde, ohne Versuch und Irrtum, mit irreversiblen Konsequenzen. Zudem war unklar, wie das Verhältnis der von Schäfer mitgebrachten, von ihm angeleiteten Student:innen und den im Heim sozialisierten, eingesessenen Mitarbeiter:innen aussehen würde – wer hier gegenüber wem den Vorrang hätte. In dieser Beziehung wird sogar eine *Paradoxie* virulent oder doch zumindest eine erhebliche Spannung: „Wir kommen zwar von außen, sind jünger und haben weniger Erfahrung als ihr, und haben in der Hierarchie keine klare Position, aber wissen besser als ihr, was ein gutes Heim ausmacht und was ihr verändern und lernen müsst."

Sehr deutlich um ein WP handelt es sich bei der GUF in Hamburg (Kap. 9). Es gibt ein Problem „Jugendkriminalität", das man als ein *schlecht definiertes* Problem bezeichnen muss (siehe oben). Es gibt hunderte von Möglichkeiten es anzugehen. Aber die Politik entscheidet einen ganz spezifischen Lösungsweg, den der Etablierung einer Geschlossenen Unterbringung. Wie diese genau dazu beitragen kann, die Jugendkriminalität zu senken, bleibt unklar. Ebenso um wie viel sie sinken müsste, damit man von einer erfolgreichen Eindämmung derselben sprechen kann. Käme es zu ihr, wüsste man nicht, ob das mit der Etablierung der GU zusammenhängt oder mit anderen Faktoren (wie der Veränderung der Anzeigebereitschaft oder massivem Zustrom vom männlichen Migranten mit höherer Kriminalitätsbelastung auch aufgrund ihrer unsicheren und marginalisierten Stellung als Asylantragsteller etc.). Die Etablierung einer GU in Hamburg ist ein umstrittenes Projekt: Es wird nicht möglich sein, sie richtig oder falsch zu machen, lediglich besser oder schlechter. Es ist vorauszusehen, dass die Beurteilungen aufgrund der mitgebrachten Werte und Ideologien unterschiedlich bleiben. Die Etablierung ist zumindest mit Blick in die nähere Zukunft ein einmaliges Unternehmen. Jede Entscheidung, z. B. für ein bestimmtes Gebäude, für ein bestimmtes Konzept, für die Inanspruchnahme von Dienstleistungen eines Security-Service hat irreversible Konsequenzen. Dazu kommt, dass die Politik zwar mächtig drängt und einen enormen Zeitdruck entfaltet, dass die GU realisiert wird, aber gleichzeitig einen unsicheren Partner darstellt. Wenn es der Machterhalt verlangt wird das Projekt gekippt.

Fazit und Kritik

1. Das Konzept der „*wicked problems*" ist ein theoretisch überzeugendes Konzept mit hohem praktischem Erklärungswert. Gleichzeitig ist es anschlussfähig für andere Ansätze wie das der „*widersprüchlichen*" oder „*paradoxalen*"

Aufträge, die von systemischen Psycholog:innen mit Blick auf ihre Arbeit in Institutionen entwickelt wurden (Selvini-Palazzoli 1978/1994) oder – wie wir noch sehen wollen – für die ANT von Latour (s. Kap. 13.3).

2. Dennoch macht das binäre Schema, das Rittel und Webber mit Blick auf die Aufgabenstellung eines Projekts anlegen, mit Blick auf viele, evtl. sogar die meisten Projekte keinen Sinn. Warum? Die meisten Aufgabenstellungen für Mitarbeiter:innen in Projekten sind nicht entweder „*zahm*" oder „*bösartig*". Bei jeder Projektentwicklung gibt es Teilbereiche, die aus *zahmen Problemen* bestehen und systematisch abgearbeitet werden können. Man werfe nur einen Blick auf die zu Beginn des Kapitels zitierte Schilderung des Fortbildners, der stolz darüber schreibt wie gut sie bis dahin das Projekt geplant hatten. Auch wenn es sich bei der Gründung der neuen Gruppe in anderer Hinsicht um ein *wicked problem* gehandelt hat, so konnte in der ersten Phase doch sehr vieles an Arbeitsschritten und To-Dos sehr genau bestimmt und im Rahmen eines Terminplans erfolgreich erledigt werden. Das bedeutet: Die Praxis der Projektentwicklung ist komplexer, als Rittel und Webber sie geschildert haben: Die meisten Aufgabenstellungen beinhalten Phasen und Bereiche, in denen lineare und rationale Planungsstrategien erforderlich sind und Sinn machen. Und Zonen bzw. Phasen, in denen unklare, multiple und widersprüchliche Interessen und Logiken der Protagonisten zum Gegenstand von Planungsstrategien werden müssen. Ob sie dann durch Meta-Kommunikation zu bewältigen sind oder durch „*muddling through*" oder eine andere Management-Strategie ist offen. Zumindest kann man auch daraufsetzen, dass sich manche Probleme auch im Schatten von Planungsprozessen, in informellen Gesprächen oder von alleine erledigen. Wichtig ist es, bei Projekten mit beiden Aufgabenstellungen zu rechnen.

13.3 Die Netzwerk-Akteur-Theorie (ANT) von B. Latour und deren Beitrag zum Scheitern von Projekten

Latour hat im Verlauf von über 30 Jahren ein komplexes Theoriesystem entwickelt, das er mit seinem Buch „*Existenzweisen: Eine Anthropologie der Modernen*" (2014) gekrönt hat. Ein Opus Magnum, das Werken wie „*Die Gesellschaft der Gesellschaft*" (1998) von Niklas Luhmann oder der „*Theorie des kommunikativen Handelns*" (1968) von Jürgen Habermas in nichts nachsteht. Dieses Kapitel versteht sich aber nicht als Einführung in sein Werk. Es möchte lediglich einige seiner zentralen Theoriebausteine vorstellen und mit Blick auf das Thema *Projektentwicklung* und mutmaßliches *Scheitern von Projekten* zur Anwendung bringen. Dieses stellt insofern ein Kernthema für Latour dar, weil er die Grundzüge der ANT während der Untersuchung der Gründe für das Scheitern eines *technischen Projekts* (*Aramis*) weiter ausgebaut hat (Latour 1997 und 1998,

Kap. 13.3.1). Anschließend blicke ich durch die ANT-Brille zurück auf das Setting *Geschlossene Unterbringung* und die Entwicklung der GU Feuerbergstraße in Hamburg (s. Kap. 9) und skizziere, welche neuen Sichtweisen dadurch entstehen (Kap. 13.3.2). Danach führe ich in das Buch „*Aramis – oder die Liebe zur Technik*" ein (1998 auf englisch erschienen) und fokussiere dabei darauf, welche Gründe Latour bezogen auf das Scheitern von Aramis für maßgeblich hält und worin er eine spezifische Paradoxie von Projektentwicklung erkannt haben möchte (13.3.3). Diese Einsichten prüfe ich in Bezug auf ihre Relevanz für die Entwicklung und das *Scheitern* der GUF in Hamburg (siehe Kap.9). Zum Schluss skizziere ich in welcher Form Latour seine Ideen später weiterentwickelt hat und wie diese Erkenntnisse für eine nachhaltige Form von Projektentwicklung nutzbar gemacht werden können (13.3.4).

13.3.1 Grundelemente von ANT

Die meisten soziologischen Theorien stellen sich zum einen vor, dass *Menschen* als Mitglieder von Gruppen und von Organisationen auf Herausforderungen ihrer Umwelt hin aktiv werden und *handeln* und damit soziale Wirklichkeit hervorbringen. Zum anderen gehen sie davon aus, dass auf diese Weise relativ langlebige Strukturen entstehen (Macht- und Genderstrukturen, Institutionen, Rituale, Systeme des Wirtschaftes etc.), die wiederum auf Personen, Gruppen und Organisationen zurückwirken, bis sich neue Umwelten herausgebildet haben, die neue Handlungen und Strukturen erforderlich machen.

Latour bricht mit diesen Vorstellungen an zwei Punkten: Erstens sind es nicht nur Menschen und deren spezifische Formen der Vergesellschaftung, die handeln, sondern auch materielle Zusammenhänge, dingliche und technische, mit denen Menschen *Assoziationen* eingehen (A). Zweitens *handeln* Menschen nicht in dem Sinne, dass sie Handlungen hervorbringen, sondern sind deren Handlungen in *Netzwerke* eingebettet, die darüber entscheiden, ob Handeln wahrgenommen wird, was als Handlung angesehen wird, wie es aufgefasst wird und wozu es führt (B). Da beide Punkte eng zusammenhängen, werden wir sie auch hier in einem Hin und Her entwickeln: „*Für Latour besteht das Charakteristikum der modernen Gesellschaft darin, dass es gelungen ist, Interaktionen und Strukturen mithilfe von Artefakten zu härten und auf Dauer zu stellen. Ohne Ausweise, Ampeln, Preisschilder, Geldscheine, Gesetzesbücher oder Türen müssten soziale Regeln und Machtverhältnisse jeden Tag aufs Neue ausgehandelt werden. Normen allein generieren keine Erwartungssicherheit, denn sie sind zu flüchtig, wenn sie nicht durch den Beitrag der nichtmenschlichen Wesen signalisiert und konserviert werden.*" (Laux 2014, 273)

Dinge (der Begriff scheint mir passender als *Artefakte* und wird auch von Latour verwendet) beinhalten nicht nur geronnene Interaktionen, sie gelten bei Latour auch als *Akteure*, die zusammen mit menschlichen *Akteuren* in netzwerkartigen

Handlungszusammenhängen agieren können. Ein einfaches Beispiel dafür ist der hybride Akteur „*Mensch-Pistole*", der aus dem Zusammenwirken zweier unterschiedlicher Akteure entsteht und nicht auf einen dieser beiden reduziert werden kann. Ein Mord mit Hilfe einer Schusswaffe wird weder nur von einem Menschen noch nur von einer Pistole hervorgebracht. In dem Moment, in dem geschossen wird, realisieren sie ihr jeweiliges Potential verschmelzen zu einem *Aktanten* (Latour 2001, 123). An anderen Stellen spricht er von *Hybridbildungen*, die Menschen und Dinge miteinander eingehen (Latour 1998, 169). Von diesen Hybridbildungen gibt es inzwischen viele Tausende, ohne dass ihnen, in den Augen Latours, bisher die gebührende Aufmerksamkeit zugefallen ist.

Was bedeutet es, dass Menschen und Dinge zusammen handeln?

> *„Handeln ist bei Latour kein individuelles Ereignis, sondern Effekt assoziierter Entitäten. Selbst wenn wir geneigt sind, einem Akteur ‚die Rolle des ersten Bewegers' zuzuschreiben, können wir den Gehalt und Verlauf einer Handlung nur dann verstehen, wenn wir die verschiedenen Kräfte identifizieren, die zu ihrem Gelingen beitragen."* (Latour 1999b, 221).

> *„Sobald die Dinge offiziell als Akteure anerkannt sind, ist kaum noch eine Aktivität denkbar, in die nur ein oder zwei Akteure verstrickt sind. So ist es offenkundig eine Verkürzung, wenn behauptet wird, dass „der Mensch fliegt", denn ‚Fliegen ist eine Eigenschaft der gesamten Assoziation' und dazu gehören neben den Piloten, Passagieren und Stewardessen ebenso Kerosin, Startpisten, Maschinen, Flughäfen oder Ticketschalter."* (ebd.).

> *„Es handelt sich um eine phänomenologische Kurzschrift, sobald einzelne Akteure als alleinige Träger einer Handlung identifiziert werden."* (Latour 2007, 81, Laux 2014, 273).

> *„[I]nnerhalb der Handlungsketten lassen sich einzelne Akteure punktualisieren und separieren. Sie gelten in der ANT als „Mittler", die einer Handlung etwas hinzufügen, ohne dass ihr Beitrag in seiner mentalen Genese transparent, in seinem Gehalt determiniert oder in seinen Konsequenzen vorhersehbar wäre."* (ebd., 274).

Solche Mittler:innen sind z. B. Flugbegleiter:innen, die in einen Streik treten; oder z. B. Rohölpreise, die angesichts eines Krieges plötzlich beträchtlich ansteigen.

> *„Mittler übertragen Kräfte, „die andere Mittler dazu bringen, Dinge zu tun. ‚Dazu bringen' ist nicht dasselbe wie ‚verursachen' oder ‚tun'."* (Latour 2007, 374).

> *„Keine Entität hat die Kontrolle über das Geschehen, da individuelle Inputs an jedem Knotenpunkt des Netzwerks übersetzt werden, ‚wann immer wir etwas machen, haben wir nicht das Kommando: Wir werden von der Handlung leicht überrascht, wie jeder Baumeister weiß'."* (Latour 1999b, 345, Laux 2014, 275).

> *„Im Gegensatz dazu sind ‚Zwischenglieder' keine Akteure, denn sie fungieren lediglich als verlässliche Medien und Passagepunkte, die genau das ausführen, was man von ihnen verlangt. Die bisherige Soziologie verortet alle Objekte in dieser Kategorie. In Latours Welt ist diese Zuordnung hingegen keineswegs ausgemacht, es gibt zahlreiche Situationen, in denen Tiere oder Softwareagenten sehr viel mehr tun als intentionale Subjekte. Darüber hinaus sind Zwischenglieder in der ANT ohnehin die absolute Ausnahme. Ein passives und getreues Zwischenglied ist nämlich nur um den Preis sorgfältiger Konstruktion und aufwendiger „Programmierung" zu haben (also z. B. folgsame Gefängnisinsassen, gesetzestreue Bürger, lernwillige Schüler, zuverlässige Computer, gesunde und funktionstüchtige Körper oder gehorsame Hunde)." (Laux 2014, 275).*

Mit der Pointe, dass wir alle wissen, dass solche Programmierungen zwar dauernd versucht werden, aber immer wieder nur ansatzweise und für kurze Zeiträume gelingen.

> *„In Latours Prozesssoziologie verwandeln sich Akteure in Akteur-Netzwerke und Handlungsakte verschwinden zugunsten von Handlungsketten. Eine Handlung ist dislokal und verschoben, sie verteilt sich auf verschiedene Akteure, Zeiten und Orte." (Laux ebd.).*

> *„Latour geht davon aus, dass Handlungen keinen singulären Autor haben, dass sie nicht der Kontrolle des Subjekts unterstehen und dass sich die Grenzen einer Aktion nur mit einem gewissen Maß an Willkür bestimmen lassen. […] Latours Akteure sind Effekte gesellschaftlicher Kommunikationsprozesse und performative Kräfte zugleich. Eine Handlungsquelle kann sich nur dann als Adresse von Zuschreibungen stabilisieren, wenn sich zeigen lässt, dass sie etwas tut. Latour schlägt ein figurationstheoretisches Handlungsmodell vor, das durchaus in der Lage ist, zwischen mechanischer Wirksamkeit und intentionalem Handeln zu unterscheiden. Hierfür wird keine präskriptive Vorauswahl der zulässigen Entitäten getroffen, sondern es gilt, die Zuschreibungen der Akteure zu protokollieren." (ebd., 276.).*

Was bedeutet das? Dass man das soziale Feld – oder besser die Netzwerke – nicht von außen mit vor ab feststehenden Kategorien vermessen sollte, nach dem Motto „Die Gruppe der Studierenden" oder „die Dozent:innen" oder „das Ministerium", sondern die Akteure befragen muss, wen sie als Handlungsträger wahrnehmen. Für soziologische Untersuchungen ergeben sich aus diesem Modell vier Leitfragen, mit denen man jede Gruppe, z. B. die Beteiligten an einem Projekts befragen kann, welche Ideen sie in Bezug auf die relevanten Akteure hegen:

> *„Welche Kräfte werden in der Praxis wahrgenommen? Welche Handlungsträger werden intersubjektiv als zulässige Metaphysik (gemeint ist als Realität, auf die man sich einzustellen hat) anerkannt? Wer aus dieser Gruppe wird als verantwortlicher Akteur figuriert? Und welche Handlungstheorien sind in Gebrauch, also wer wird in einer konkreten Situation als Zwischenglied oder Mittler ausgeflaggt?*

Entlang dieser Fragenbatterie wird es möglich, „die vielen verschiedenen Welten nachzuzeichnen, welche die Akteure füreinander entwickeln". (Latour 2007, 87, Laux 2014, 277).

Doch wie kann eine solche möglichst vorurteilsfreie Erfassung von Akteur-generierenden Figurationspraktiken gewährleistet werden? An dieser Stelle kommt die zweite Säule der ANT ins Spiel: die Netzwerke. Das Netzwerk einer Universität besteht z. B. aus Student:innen, Dozent:innen und deren Ideen in und außerhalb der in die Seminare eingebrachten mündlichen und schriftlichen Äußerungen, aber auch aus der Prüfungs- und Hausordnung etc. ebenso wie aus dem Campus mit seinen Räumen und Technologien, z. B. Tafeln, Laptops, Stiften, Getränkeautomaten und Toiletten etc. Zusammen bilden diese heterogenen Elemente ein einziges Netzwerk namens „Universität". Innerhalb dieses Netzwerkes entwickeln sich nun bezogen auf bestimmte Themen, die Handlungen erforderlich machen verschiedene *Figurationen*. Bei der Frage, wie viel Beteiligung die Studierenden bei der Auswahl neuer Professor:innen haben sollen, kann es quer zu den formal angenommenen Gruppen – hier die Professor:innen, dort die Studierenden – ganz unterschiedliche Gruppenbildungen geben. Einige Professor:innen sind sich mit einigen Studierenden einig, dass die Studierenden mehr Mitbestimmungsmöglichkeiten erhalten sollen. Andere Professor:innen und andere Studierende sind dagegen; die meisten sind an dieser Frage aber eventuell gar nicht interessiert. Sie werden deswegen auch wenn sie die Mehrheit darstellen nicht als Handelnde in Erscheinung treten. Vielleicht auch weil in ihren Handlungstheorien die für sie entscheidenden Fragen bezogen auf Studium und Lehre mit dem Thema Beteiligung bei der Auswahl der Professor:innen zu wenig zu tun haben. Dennoch bringen sie ein bestimmtes Handlungsergebnis mit hervor: z. B. dass eine gut vernetzte Minderheit ihre Ideen durchsetzen kann.

„Als einen Teilaspekt betrachtet die ANT deswegen explizite Strategien, die dazu dienen, verschiedene Elemente zusammen in ein Netzwerk zu integrieren, damit sie nach außen hin als ein kohärentes Ganzes erscheinen, aber auch wie diese Netzwerke wieder zerfallen können. Denn gemäß der ANT sind solche Akteur-Netzwerke eher nicht stabil. Sie befinden sich in ständigem Wandel und dauernder Wiedererschaffung. Dies bedeutet, dass bestimmte Beziehungen wiederholt vollzogen werden müssen, da sich das Netzwerk ansonsten auflösen würde. Bezogen auf das Beispiel Universität müssen die Studenten täglich Lehrveranstaltungen besuchen, die von den Dozenten angeboten werden müssen und die Computer müssen in Gebrauch bleiben etc." (https://de.wikipedia.org/wiki/Akteur-Netzwerk-Theorie; abgerufen 1.10.2023).

Bei Netzwerken handelt es sich in der Regel nicht um spannungsfreie Räume; im Gegenteil sie entfalten beinahe automatisch Konflikte und Debatten, über die sie gleichzeitig Verbindungen herstellen und verdichten. So könnte sich ein gespanntes Verhältnis zwischen Studierenden und Dozent:innen entwickeln oder Inkompatibilitäten zwischen unterschiedlichen Computersystemen, was wiederum zur Einrichtung von Arbeitsgruppen führen kann oder zur Organisation von Protesten und damit zu weiteren Verdichtungen im Netzwerk.

13.3.2 GU und die GUF Hamburg im Lichte der ANT-Theorie

Bisher habe ich bei der Darstellung der Entwicklung der GUF in Hamburg ein übliches Schema bedient: Erst habe ich das Konzept vorgestellt (was ist GU?), dann die fachlichen Debatten rund um dieses Konzept, dann die politische Situation in Hamburg, die im Wahlkampf 2002 von Kriminalitätsangst geprägt war, dann das darauf sich beziehende Versprechen bestimmter Parteien kriminelle Jugendliche sicher verwahren zu können, dann das Gebäude und die Arbeit in diesem etc. Diese Form der Darstellung geht davon aus, dass wir schon wissen was GU ist und, dass sie überwiegend von Menschen bzw. Organisationen und deren Kommunikationen bestimmt und insbesondere von Machtverhältnissen bestimmt ist. In der Akteur-Netzwerk-Perspektive wird aber zunächst ein anderer Schwerpunkt gesetzt.

Was steht im Mittelpunkt von Geschlossener Unterbringung? Ein *materieller und zugleich sozialer Zusammenhang*: Es gibt Schlüssel und Schließanlagen und Türen, die man auf- und zuschließen kann, die möglich machen, das eine Gruppe von Menschen eine andere Gruppe Menschen in bestimmte, für den Einschluss vorbereitete Räume einschließen kann und die sich von dort nicht entfernen können. Damit entstehen zwei Gruppen verteilt auf zwei Räume: Die Menschen hinter den geschlossenen Türen, die diesen Ort nicht verlassen können und die Menschen, die über Schlüssel und Schließanlagen verfügen, mit denen man Menschen eingeschlossen halten kann, die selbst aber ein- und ausgehen können. Damit entsteht zugleich ein *prinzipieller Antagonismus* zwischen den beiden Gruppen: die Eingeschlossenen wollen raus; die Einschließenden wollen sie eingeschlossen halten. Was wiederum eine bestimmte Beziehung nahelegt: einen Kampf darum, wer sich mit seinem Ziel durchsetzen kann. Er führt dazu, dass die Einschließenden mit Angriffen der Eingeschlossenen rechnen und sich absichern wollen: sie benutzen dazu z. B. tragbare Geräte, sogenannte Pieper, mit deren Hilfe sie einen Alarm auslösen können, der sofort andere Einschließende auf den Plan ruft. Man kann leicht nachvollziehen, dass dadurch in der Wahrnehmung der Eingeschlossenen ein *Hybrid-Wesen* entsteht: der Mensch-Schlüssel-Alarmknopf-Träger; mehr als ein Mensch, aber eben auch nicht mehr nur *ein Mensch*, sondern ein technisch ausgestattetes Wesen, das einen Auftrag durchführt und die Geschlossenheit aufrechterhält. Ein solches Hybridwesen kann aber auch in der *Phalanx aus Körpern* gesehen werden, die als Einheit agieren, weil sie vorher dafür in Kursen geschult wurden, einen Angreifer überwältigen zu können.

Wehrt dieser sich weiter, bringt diese Phalanx den Überwältigten in einen sogenannten *Time-out-Raum*. Einen dafür ausgestatteten, verletzungsarmen Raum, in dem der sich Wehrende austoben kann, ohne Andere zu gefährden. Dieser Raum ist mit Sichtfenster und/oder Kamera ausgestattet. Weil sie über die Nutzung dieses Raumes verfügen, wird er zu einem Teil der Mitarbeiter:innen bzw. sie ein Teil dieses Raumes. Als Einschluss im Einschluss zeigt er eine Handlungsoption auf, die mit Hilfe von materiellen (Türen, Polstern, Kamera) und *Körper-Techniken* abgesichert wird. Damit soll ein eindeutiger Machtüberhang hergestellt werden, der das unerlaubte Verlassen der Räume, in denen man eingeschlossen ist, ausschließt.

Sieht man sich selbst als Eingeschlossener einem solchen Machtüberhang gegenüber, kann man sich ihm unterwerfen oder ihn in Frage stellen; und sei es nur punktuell. Das geschieht über Provokationen und Verweigerungen gegenüber den Einschließenden, über Versuche, eine partielle Macht über sie zu gewinnen, evtl. auch dadurch, dass man sie zu ungesetzlichem Handeln bringt, z. B. dazu, einen zu schubsen und zu schlagen. Worüber man sich beschweren kann, weil es dazu Vordrucke und Verfahren gibt, die von den Einschließenden bedient werden, aber von anderen, außerhalb der Einrichtung kontrolliert werden. Man kann aber auch gegenüber Miteingeschlossenen die Rolle eines Anführers einnehmen oder diese drangsalieren und erpressen, um so das Gefühl von Machtlosigkeit zu kompensieren. Stillere Charaktere verlegen sich häufig darauf, unter Aufwendung aller ihnen zur Verfügung stehenden Geschicklichkeit *Projekte* durchzuführen, um die materiellen Bedingungen ihres Eingeschlossenseins in Frage zu stellen oder um sich und anderen Reste von Kontrollmöglichkeiten aufzuzeigen: Toiletten werden verstopft und so lange die Spülung gedrückt, bis sich das Wasser in den Flur ergießt. Steckdosen werden geöffnet und Türklinken unter Strom gesetzt, so dass die Einschließenden einen elektrischen Schlag erhalten, Gummiumwandungen um Fenster werden in nächtelanger Arbeit aufgelöst, so dass die Scheiben herausfallen, wenn man das Fenster öffnen möchte etc. Auch die Möglichkeit der spontanen oder geplanten Überwindung von Zäunen oder Dächern mit Hilfe von Seilen, Tischen etc. stellt – für Einzelne oder Gruppen, die sich dafür zusammentun – eine Option dar.

Scheinbar lückenlose materielle Einschlussmöglichkeiten werden mit phantasiereichen Gegenstrategien konfrontiert, die ebenfalls mit *Dingen operieren* oder *an Dingen* ansetzen. Der prinzipielle Antagonismus lässt die Eingeschlossenen in einer Art von Kampf eintreten, in welchem jedes Mittel der Gegenwehr erlaubt scheint, z. B. sich selbst zu verletzen, so dass man in ein Krankenhaus verlegt werden muss (so geschehen auch in der GUF, siehe PUA 2007, 269 ff und Kap. 9.3.1.3 c2).

In der Wahrnehmung der Beteiligten kommt es zu parallelen *Hybridbildungen:* die Eingeschlossenen werden zu *Multi-Tool-Einheiten*, die darauf wartet ihren Körper und Gegenstände (z. B. ein geschärftes Eisen zum Bedrohen oder

Herauslösen von Gummiumrandungen) einzusetzen, um an den Schlüssel heran zu kommen oder die Mauern zu überwinden oder auch nur um den vermeintlich totalen Machtüberhang punktuell zu negieren. Konnten die Eingeschlossenen schon aufgrund der ihnen bescheinigten *„Selbst- und Fremdgefährdung"* als gefährlich gelten, so werden sie im geschlossenen Raum zusätzlich gefährlich, weil sie hier auf Chancen zum Ausbruch oder Angriff auf den Machtüberhang lauern und dafür bereit sind, sich und andere zu gefährden. Die pädagogischen Mitarbeiter:innen werden dagegen zu *Schlüssel/Alarmknopf/Time-out-Raum/Körperphalanx-Einheiten.* Ein materieller Raum figuriert die Beziehung derer, die sich dort begegnen. Verschiedene materielle Objekte werden zu Akteuren und im Zusammenhang mit ihrer Nutzung zu Aktanten.

Bisher unterscheidet sich in meiner Darstellung die spezifische Struktur, die sich in einer GU ausbildet, in keiner Weise von einem Gefängnis oder von einer geschlossenen psychiatrischen Station oder dem Maßregelvollzug. Alle diese Institutionen sind durch den gleichen materiellen-sozialen Zusammenhang bestimmt. In der GU passiert nun aber etwas Neues: die Türen werden geöffnet, die Jugendlichen erhalten nach wenigen Wochen (manchmal schon Tagen) erneut die Möglichkeit zum Ausgang; häufig zunächst begleitet, später unbegleitet. Die GU möchte nicht als Ort für eine dauerhafte Verwahrung hinter Gittern betrachtet werden wie das z. B. bei einer Gefängnisstrafe in einer Justizvollzugsanstalt der Fall wäre, sondern als ein Raum, der zwar kontrolliert geschlossen ist, aber auch regelmäßige Öffnungen erlaubt. In den offenen Zeiten sollen sich die Jugendlichen nach draußen gehen und sich dort bewähren, d. h. zeigen, dass sie in der Lage sind sich in offenen Räumen zu bewegen, ohne erneut straffällig (oder selbst- und fremdgefährdend) zu agieren. Je häufiger ihnen das gelingt, umso häufiger dürfen sie die geschlossenen Räume verlassen bzw. die geschlossene Einrichtung als solche verlassen und an offene Orte wie in der Familie oder einer Heimeinrichtung zurückkehren. Jeder der befristeten Ausgänge stellt ein Risiko dar: Die Jugendlichen können ihn dazu nutzen, nicht mehr zurückzukommen oder um in dieser Zeit Straftaten zu begehen etc. Dieses Risiko kann man nur sehr eingeschränkt minimieren: Jemandem, der nicht freiwillig zur ausgemachten Zeit zurückkommt, kann man weitere Ausgänge verwehren, wenn er denn gefunden und zurückgebracht wird. Dafür muss man auf Seiten der Einschließenden Telefone einsetzen, Suchmeldungen formulieren und Aktennotizen machen. Für die Rückholung setzt die Polizei Fahndungsfotos, Streifenwagen, Sprechfunkgeräte, Passkontrollen, Körpergriffe, Fesselungen etc. ein. Diese Aufgaben obliegen der Polizei, die mit der materiellen Ausstattung, die sie dafür benötigen ebenfalls zu einem *Hybridwesen* werden. Als eigenständige *Aktant* geht die Polizei in bestimmten Situationen mit der GU eine eigene *Figuration* ein: Wenn jemand flieht oder nicht zurückkommt stellt die Polizei die Suchenden und Zurückführenden. Die Polizei stellt in dieser Hinsicht einen typischen *Mittler* dar (siehe oben). Die Einschließenden sind die Verwahrenden, aber auch Öffnenden. Die

Polizei-GU-Mitarbeiter:innen stellen aber zugleich auch eine abgestimmte wie spannungsreiche *Assoziation* dar.

Mit der Zuständigkeit der Polizei für das Suchen und Zurückbringen verwandelt sich für Rückkehr-verweigernde Jugendliche der Raum außerhalb der geschlossenen Einrichtung: Es handelt sich nicht mehr um den Ort der Freiheit, sondern einen unsicheren Raum, da man überall gesucht, aufgespürt und zurückgebracht werden kann. Nicht mehr zurückzukommen vom Ausgang ist mit einem Risiko verbunden: der zwangsweisen Rückführung und dem Verlust von Freiräumen und der Verlängerung von Einschluss. Aber einem Risiko, das einzugehen sich lohnen kann: Im guten Fall verbrachte man zwei Wochen unerlaubt draußen, konnte Freund:innen sehen, Drogen konsumieren, Sex praktizieren etc. Die Zeit kann gut gewesen sein, auch wenn sie begrenzt war. Hier entsteht nun eine Symmetrie mit den Einschließenden: Für diese stellt das Ausgang-Gewähren ein Risiko dar, aber ebenfalls eines, das sich lohnen kann: die Jugendlichen können zurückkehren; sie können den zeitlich begrenzten Freiraum dazu nutzen sich zu bewähren und damit zeigen, dass man sie aus der Geschlossenheit entlassen kann. Sie können diese Chance aber auch zugunsten anderer Optionen, die in unmittelbarer Bedürfnisbefriedigung und dem Gefühl von Selbstbestimmung bestehen, aufgeben oder für irrelevant erklären. Mit der Chance zum Ausgang und zur Bewährung beim Ausgang, der auch rechtzeitiges Zurückkommen beinhaltet, tritt die bisherige und durchaus parallel dazu andauernde antagonistische Beziehung zwischen Einschließenden und Eingeschlossenen in eine andere *Figuration* ein: die GU-Mitarbeiter:innen sind diejenigen, die drinnen bleiben und – wenn auch nicht eingeschlossen – warten. Die vormals Eingeschlossenen können sich zeitbegrenzt frei bewegen. Sie können draußen an die drinnen Wartenden denken oder nicht. In jedem Fall denken die drinnen Wartenden an die, die sich draußen bewegen. In dieser *Figuration* werden die Einschließenden zu Gegenübern, die man vergessen und damit enttäuschen kann oder an die man denken und in deren Augen man sich bewähren kann. Auch die Eingeschlossenen denken an die zeitlich befristeten Freigänger als Gegenüber, die enttäuschen oder sich bewähren können. Die aufgerüsteten Hybridwesen verwandeln sich in dieser Konfiguration in menschliche Wesen zurück. Alle technische Aufrüstung ist suspendiert. Jeder ist gespannt was passiert. In der Regel wissen die Jugendlichen nicht, was ihnen draußen begegnet und wie sie sich angesichts unerwarteter Optionen entscheiden werden. Die Situation ist offen. Vertrauen kann entstehen, aber auch verloren gehen. Alles ist möglich.

Allerdings nur bis zur Rückkehr. Die Einschließenden rechnen damit, dass die wieder Einzuschließenden Dinge mitbringen, die sie nicht haben sollen: Zigaretten, Feuerzeuge, Handys, Messer, Geld etc. Alles Dinge, die den Machtüberhang der Einschließenden punktuell unterlaufen und aushebeln würden; alles Dinge, die kleine, aber wichtige und daher unerwünschte Freiräume in der Geschlossenheit eröffnen würden. Alles verbotene Dinge, mit deren Finden bei der Leibesvisitation am Eingang oder später im Zimmer die Bewährung verloren gehen würde. Auch hier wieder eine Frage des Abwägens von Risiken und Chancen. Auch hier wieder die Rückverwandlung der Einschließenden in Hybridwesen ausgerüstet mit Handschuhen und eingeübten Kontrollbewegungen, mit denen Kleider und Taschen gefilzt werden. Während sich die Freigänger in Spezialisten für das Verbergen von Gegenständen in Kleidern und Körperöffnungen verwandeln.

So weit eine erste Beschreibung von GU in einer ANT-Perspektive, die bisher vor allem darauf fokussiert wie Menschen Assoziationen mit Gegenständen und Räumen eingehen. Sie ist auf keinen Fall vollständig und sehr grob. ANT-Studien beschäftigen sich in der Regel mit realen Situationen an ausgewiesenen Orten (nicht mit GU als solcher) und mit konkreten, namentlich identifizierbaren Menschen in *Mensch-Objekt-Zusammenhängen*. Sowohl die Einschließenden wie die Eingeschlossenen würden befragt; aus ihren konkreten Antworten/Erzählungen würden Schlüsse gezogen, nicht wie hier aus von mir gesammelten Erfahrungen an verschiedenen Orten. Im Zusammenhang mit diesem Kapitel ging es mir nur darum, einen ersten Einblick zu geben.

In einer zweiten Runde versuche ich nun den zweiten Aspekt, die *Netzwerk-Ketten* und die unweigerlich auftretenden Konflikte und Debatten deutlich werden zu lassen. Dabei wird es auch um das Thema *Macht* gehen, aber vermutlich anders als erwartet:

Mit den verschiedenen Risiken, die die Einschließenden und Eingeschlossene in einer GU eingehen und abwägen, entsteht nicht nur ein Zusammenspiel von zwei Gruppen, sondern auch Konflikte, weil diese Risiken gleichzeitig von anderen Gruppen von Akteuren in dem Netzwerk GU beobachtet werden. In den Augen der einschließenden *Mitarbeiter:innen* vor Ort ist es unvermeidbar und sogar notwendig das Risiko einzugehen, weil es sich um Jugendliche handelt, die sich entwickeln können und sollen. Das ist die Perspektive der *Fachleute*, die an die Chancen von GU glauben. Weite Kreise der *Bevölkerung* erscheint dieses Risiko aber zu hoch: Sie würden eine längere Zeit der Verwahrung befürworten und vor allem eine längere Zeit der Verweigerung von Ausgängen nach einem Weglaufen und/oder erneuten Straftaten. Für sie ist die GU zu wenig geschlossen.

Andere Gruppen der Fachwelt sehen den Antagonismus der mit Geschlossenheit verbunden ist, als eine permanente Quelle für weitere, gefährliche Taten an. Für sie bringt die Figuration ‚Einschließende – Eingeschlossene' erst die Probleme hervor, die sie zu lösen verspricht. Für diese Gruppe stellt GU eine falsche Lösung dar, weil sie geschlossen ist. Für die *Familienrichter*, die Geschlossene Unterbringung beschließen, stellt diese einen Eingriff in Freiheitsrechte dar, der so kurz wie möglich dauern soll. Wenn die akute Selbst- und Fremdgefährdung abgeebbt ist, sollte der Jugendliche wieder aus der Geschlossenheit entlassen werden. Für die die GU befürwortenden *Mitarbeiter:innen vom Jugendamt*, stellt die GU eine mittelfristige Form der Unterbringung dar. Jugendliche, die vorher viele Probleme gemacht haben, die von Schulen, Eltern und Polizisten an das Jugendamt gemeldet wurden und einen gewichtigen Teil ihrer Arbeitszeit in Anspruch genommen haben (ohne zu wollen, dass das Jugendamt das macht), sind nun untergebracht und sollen da so lange bleiben wie möglich. Lange, weil sie dort weniger Arbeit machen als in offenen Zusammenhängen (Familie, Straße, offenes Heim); lange aber auch, weil man der GU mit ihrem Bewährungsansatz und der sich wiederholenden Thematisierung von Vertrauen/Misstrauen zutraut, so etwas wie eine Nacherziehung zu leisten. Polizist:innen wundern sich oft darüber, dass sie Jugendliche wiederholt suchen müssen oder zu Einsätzen in die GU kommen müssen: Ihrer Auffassung nach gehen die Mitarbeiter:innen zu viele unnötige Risiken ein und könnten viele Probleme intern lösen. Stattdessen delegieren sie sie an die Polizei. *Politiker:innen*, die mit Blick auf Kriminalitätsangst in der Bevölkerung Geschlossene Unterbringung als klare Antwort auf kriminelles Verhalten von Jugendlichen propagiert haben, werden sich eher für längere Phasen der Geschlossenheit aussprechen und geraten so in eine Spannung zu Familienrichtern und den GU-kritischen Fachleuten, aber auch den Verantwortlichen vor Ort. Die Politiker:innen hatten sich die Pädagog:innen als *Zwischenglieder* vorgestellt, die machen, was sie sollen. Stattdessen mussten sie sich mit *Mittlern* herumschlagen, d. h. mit Akteuren, die beim Handeln selbst etwas hinzufügen oder weglassen und somit dem Handeln andere, oft unerwünschte Impulse gaben. Die Eltern werden die Geschlossene Unterbringung für ihr Kind je nachdem als falsch oder richtig betrachten und sich deswegen eine sofortige Entlassung oder einen längeren Verbleib dort wünschen. Wenn sie einen längeren Verbleib für richtig halten, können sie von ihren Kindern beschuldigt werden, zuerst in Bezug auf Erziehung und Versorgung versagt zu haben, um sie jetzt erneut abzuschieben. Jugendliche werden in jedem Fall den Wunsch äußern, so schnell wie möglich die GU wieder verlassen zu können. Einige wenige werden vermutlich aber auch erkennen, dass der geschlossene Rahmen sie mehr oder weniger zuverlässig davon abhält Straftaten zu begehen oder selbst- und fremdgefährdend zu agieren. Die wenigsten werden das offen äußern, weil es in einem fundamentalen Gegensatz zu dem Antagonismus stehen würde, den sie erlebt haben; aber auch, weil sie sich selbst damit als gefährlich und besser einzuschließen, definieren würden.

Mit diesem Abschnitt wollte ich zweierlei deutlich machen. Zum einen die lange netzwerkartige Kette von Akteuren, die im Zusammenhang mit einer GU relevant ist. Ein ANT-Bericht würde versuchen diese Ketten und ihre Verzweigungen im Rahmen eines Projektberichts möglichst genau und in chronologischer Form darzustellen (wer war am Anfang da, wer kam dazu etc.?), was ich hier in abgekürzter Form vorstelle (abgekürzt auch deswegen, weil ich hier als Akteure wieder überwiegend Personen/Institutionen vorstelle und die Zwischenglieder, die Hybrid-Bildungen, die sie mit Dingen und anderen Akteuren eingehen vernachlässige):

Eltern → Kind/Jugendlicher → Schule → Kinder/Jugendliche → Polizei → sich bedroht fühlende Bürger:innen → Jugendamt → Eltern → gescheiterte Hilfe 1 → Kinder- und Jugendpsychiatrie → Gangbildung von Kindern/Jugendlichen → sich bedroht fühlende Bürger:innen → mediale Berichterstattung → Wahlen → Politik → GU als politische Lösungsidee für Hamburg → gescheiterte Hilfe x –> Jugendamt → Gründung einer GU-Einrichtung in der Feuerbergstraße → Kinder/Jugendliche → Polizei → Familien-Gericht → Gutachter:innen → Aufnahme in die GUF → Konflikte in der GUF → kritische Fachleute → Politik → GUF-Mitarbeiter:innen → Fachverbände → Protestveranstaltung der GUF-Gegner → Kinder/Jugendliche → Konflikte unter GUF-Mitarbeiter:innen → Kinder/Jugendliche → Universitätsseminar → mediale Berichterstattung → Eltern → Vorfälle in der GU → Politik → mediale Berichterstattung → Untersuchungskommission →Wahlen → neue Koalition → Einstellung der GUF

Alle Akteure = Kettenglieder (es sind 17 verschiedene) haben in unserem GUF-Bericht eine Rolle gespielt (und noch mehr, s. Kap. 9). Wir haben sie dort aber nur ansatzweise als miteinander verschränkte Glieder einer Kette vorgestellt, deren Aktivitäten auseinander resultieren und aufeinander einwirken und gemeinsam die GUF hervorbringen. Die GU Feuerbergstraße in Hamburg ist deswegen mehr als eine Adresse, mehr als das, was in dieser Einrichtung stattfindet. Mehr auch als das, was in anderen Geschlossenen Einrichtungen stattfindet. Die GUF in Hamburg ist ein einmaliger sozialer Zusammenhang, den mehrere Akteure und ihre Aktionen hervorgebracht und später abgeschafft haben. Sowohl beim Hervorbringen wie beim Abschaffen haben unterschiedliche Gruppen zusammengewirkt: abgestimmt und unabgestimmt. In der Regel haben sie dabei als *Mittler* gewirkt, d.h. eigene Interessen eingebracht und vorgesehenen Handlungen etwas hinzugefügt oder weggenommen, auch wenn sie als *Zwischenglieder* gedacht waren. Ein echter ANT-Bericht würde versuchen diese Ketten und ihre Verzweigungen und Mittler möglichst chronologisch und graphisch nachvollziehbar darzustellen, was ich hier nur ansatzweise leisten kann:

Genauso wichtig wie diese Kette von Akteuren ist für den ANT-Ansatz aber, dass Konflikte zwischen den Akteuren erwartbar sind, sozusagen das *Normalste auf der Welt*. Und – das ist die Pointe – dass es keinen Sinn macht, irgendeiner Perspektive eines der Akteure den Vorrang vor der eines anderen zu geben. Was in *Soziologie 1* gang und gebe ist, nämlich einen oder mehrere Akteure grundsätzlich zu verdächtigen (den Politiker oder die Polizei oder die kriminellen Jugendlichen oder die ihre vernachlässigenden Eltern) und andere eher als Opfer zu begreifen (die Jugendlichen, die Eltern, die Bevölkerung) und/oder das Handeln der einen aus vorher schon festgestellten Strukturen abzuleiten (Basis und Überbau, Vernachlässigung von Kindern als Folge von Armut und Ungerechtigkeit in der Gesellschaft, Institutionen der Repression wie Gefängnisse und Heime zur Absicherung von Herrschaft, Rechtsprechung als Stütze des Staates etc.), gilt in der von Latour als *Soziologie 2* propagierten Form als unerwünscht.

"Latours erklärter Lieblingsgegner ist das Projekt einer ‚kritischen Soziologie', welches für sich einen privilegierten Beobachterstandpunkt reklamiert, von dem aus gesellschaftliche Verblendungszusammenhänge durchschaut und öffentliche Kontroversen mit der Waffe der Wahrheit beendet werden können." (Laux 2014, 268).

Den Bürger:innen wird von ANT-Forscher:innen zugestanden, sich von Jugendlichen, die Straftaten begehen, bedroht zu fühlen; den Politiker:innen wird zugestanden, den Bürger:innen bei den Wahlen Lösungen anzubieten; den Jugendämtern wird zugestanden, bestimmte anstrengende Jugendliche für ein, zwei Jahre loswerden zu wollen; den Richter:innen wird zugestanden, den Eingriff in die Freiheitsrechte ernst zu nehmen und die Zeiten in der GU eher kurz zu halten; den Jugendlichen wird zugestanden, sich in der GU eingeschränkt zu fühlen und sich gegen das System, wie sie es wahrnehmen, zur Wehr zu setzen. Den Mitarbeiter:innen in der GUF wird zugestanden, der vielen Kontrollaufgaben überdrüssig zu sein und dafür eine Security einstellen zu wollen etc. Allen Akteuren wird zugestanden, eine eigene Perspektive zu entwickeln und gute Gründe dafür benennen zu können. Allen etablierten Erklärungsversuchen, die einer Gruppe implizit oder explizit einen Vorrang einräumen, wird eine Absage erteilt: *„To simplify, unify, make coherent the multitude of reasons, is, so as to impose a single theory of action."* (Latour 1997, 167f.).

Im Rahmen der *Soziologie 2* geht es erst einmal darum die *Aktanten zu versammeln* und in einem zweiten Schritt zu schauen, welche *Gruppenbildungen* und *Bündnisse* sie eingehen, welche *Debatten* sie entfalten, welche *Gegnerschaften* sich zwischen ihnen herausbilden, wobei man damit rechnen muss, dass manche von diesen relativ stabil sind und andere eher kurzfristig eingegangen und rasch wieder aufgelöst werden.

> So entstand in der Geschichte der GUF z. B. ein kurzfristiges Bündnis zwischen einer Mutter, deren Sohn aus der GUF entwichen war mit diesem und einem anderen entlaufendem Jugendlichen und einer Journalistin (Kap. 9.3.1.3 h). Dieser gegenüber gaben die Jugendlichen an, geschlagen worden zu sein (was sich anschließend als Falschinformation herausstellte). Alarmiert von diesen Berichten, befragte die Journalistin die Jugendlichen weiter und fand heraus, dass in der GUF Medikamente gegeben und medizinische Untersuchungen durchgeführt wurden, ohne dass die Eltern dem ausdrücklich zugestimmt hatten. Diese Information musst von Seiten der GU bestätigt werden. Das im Vergleich zu anderen Vorfällen und Fehlern eher geringfügige Versäumnis schlug hohe Wellen und brachte die GUF, aber auch die dort behandelnden Ärzte in Misskredit und alarmierte die Politiker:innen, die die GUF durchgesetzt hatten. Die GUF erschien in der Berichterstattung als ein abgeschirmter Raum, in dem alles Mögliche möglich war, u. a. auch Experimente mit Kindern. Die daran ansetzende mediale Skandalisierung beeinflusste die Stimmung in der Bevölkerung. Bürger:innen, die vorher die GUF befürwortet hatten, wandten sich nun ab. Die GUF-Gegner:innen erhielten Auftrieb. Die Politiker gerieten in die Defensive. Nach

> wenigen weiteren Vorfällen wurde eine Parlamentarische Untersuchungskommission eingerichtet. Ein Schmetterlings-Flügelschlag (das initiale Interview) hatte einen Orkan entfacht. Die gleichen Zeitungen, die vorher Kriminalitätsängste angefacht und die GUF als notwendig dargestellt hatten, trugen nun dazu bei, dass die GUF einen schlechten Ruf erhielt. Das Bündnis zwischen der Mutter und der Journalistin dauerte aber nur kurze Zeit an; auch Mutter und Sohn zerstritten sich in häuslichen Konflikten; bald war der Jugendliche wieder alleine unterwegs. Das kleine Netzwerk existierte nur kurze Zeit, hat in dieser aber sehr wirkungsvoll gehandelt.

Zurück zu der Einsicht, dass Konflikte und Debatten in *Netzwerken* erwartbar sind. Erinnern wir uns an einige Konflikte und Debatten, die im Rahmen der GUF geführt wurden:

- Stellt GU ein Setting und Konzept zur Verfügung, das geeignet ist Jugendliche, die selbst- und fremdgefährdend sind, davon abzuhalten; falls ja, ist dieser Weg über Einschluss fachlich und ethisch vertretbar? *Beteiligte:* verschiedene Parteien, die Fachverbände in Hamburg, Fachleute aus der Aufsichtskommission, die zu unterschiedlichen Voten kamen, der Landesbetrieb Erziehungshilfen (LEB), Bürger:innen, Journalist:innen etc.
- Wie groß soll man die Anzahl von Kindern und von Jugendlichen in Hamburg ansetzen, für die eine GU in Frage kommt? *Beteiligte:* die befürwortenden Parteien, die Senatorin für Familie, Staatssekretäre, Jugendamts-Mitarbeiter:innen, Fachverbände, LEB-Mitarbeiter:innen, Journalist:innen etc.
- Wie schnell kann eine GU in Hamburg an den Start gehen? Wie viel Vorbereitungszeit ist unverzichtbar, wie lange kann man die Öffentlichkeit hinhalten, ohne das Gesicht vor ihr zu verlieren? *Beteiligte:* Befürwortende Parteien, Senatorin für Familie, Staatskanzlei, LEB-Mitarbeiter:innen verschiedener Hierarchiestufen
- Ist das Gebäude in der Feuerbergstraße für eine GU geeignet? Gibt es besser geeignete Gebäude? Oder sollte ein Neubau entstehen? Wie viel Geld kann/soll/muss für einen ordnungsgemäßen Betrieb GUF ausgegeben werden? *Beteiligte:* Befürwortende Parteien, Senatorin für Familie, Staatskanzlei, LEB-Mitarbeiter:innen verschiedener Hierarchiestufen, Liegenschaftsamt, Finanz- und Baubehörde, Senator für Finanzen, andere auch Oppositions-Parteien etc.
- Wie ausbruchssicher muss eine GU sein? Müssen die Zaunpfosten einen Meter tief in der Erde versenkt werden und die Zäune vier Meter hoch und von Stacheldraht begrenzt wie es die Fachleute aus dem Senat für Justiz vorschlagen? Oder reicht es aus, das Entweichen schwierig zu machen? *Beteiligte:* Senatorin für Familie, Staatskanzlei, LEB-Mitarbeiter:innen verschiedener Hierarchiestufen, Senat für Justiz und dessen Mitarbeiter:innen, Baubehörde etc.

- Wie klar kommuniziert man gegenüber der Öffentlichkeit, dass die GUF kein Gefängnis ist, sondern eine Erziehungseinrichtung? Wie vermeidet man gleichzeitig gegen Fachprinzipien zu verstoßen ohne die Bevölkerung mit hohen Zahlen von Wegläufern zu enttäuschen? *Beteiligte:* Senatorin für Familie, Staatskanzlei, Pressesprecher:innen, LEB-Mitarbeiter:innen verschiedener Hierarchiestufen, Journalist:innen
- Was stellt die GUF in den Augen und im Erleben der Eltern und Jugendlichen dar? *Beteiligte:* Eltern, Jugendliche, deren Freunde, Mitarbeiter:innen der GUF
- Für welche Jugendlichen ist eine GU grundsätzlich geeignet? Auch für solche mit Persönlichkeitsstörungen? Falls nein, was tun mit diesen? *Beteiligte:* LEB-Mitarbeiter:innen, GUF-Mitarbeiter:innen, Jugendamts-Mitarbeiter:innen, Fachverbände etc.
- Was können und sollen Security-Mitarbeiter tun, was dürfen sie nicht tun; was unterscheidet sie von pädagogischen Mitarbeiter:innen? *Beteiligte:* LEB-Mitarbeiter:innen, GUF-Mitarbeiter:innen, Leiter:in der Security-Firma, Mitarbeiter:innen der Security-Firma, Polizei, Gerichte.

Diese Liste ist unvollständig; sie umfasst etwa die Hälfte der strittigen Themen, die während der Entwicklungszeit der GUF aufkamen. In der ANT-Perspektive sind es nicht Personen oder Institutionen, die existieren und sich vernetzen, sondern solche Debatten, die die beteiligten Personen, Gruppen und Institutionen in eine Vernetzung bringen. Vernetzung alleine garantiert aber noch nicht *koordiniertes Handeln*. Dieses findet nur unter bestimmten Bedingungen statt.

13.3.3 Das Scheitern des Projekts Aramis und die Analyse von Latour

Den Leser:innen ist in diesem Kapitel aufgetragen hin- und herzuspringen. Sie sollen sich einerseits gedanklich auf ein technisches Projekt einlassen, *Aramis*, diesen Prozess aber immer wieder unterbrechen, um erneut bestimmte Situationen der GUF ins Auge zu fassen. Am Ende dieses Hoppings steht die Aussicht auf einen Ertrag: Was lernen wir mit Hilfe von *Aramis* neu über die GUF? Es handelt sich dabei wahrscheinlich um eines der ersten Male, dass ein technisches Projekt darauf hin untersucht wird, ob und welche Erkenntnisse es für ein pädagogisches Projekt erbringt. Was ich aber schon hier in Aussicht stellen kann, ist das das technische Projekt zu einer pädagogischen Fragestellung führt und wahrscheinlich auch das pädagogische Projekt sich als etwas Hybrides herausstellen wird.

In seinem Buch „*Aramis oder die Liebe zur Technik*" (englisch 1997, auf Deutsch erst 2018) untersucht Latour die Frage ob und wie es den durch Debatten vernetzten Akteuren gelingen kann, trotz unterschiedlicher Perspektiven und Interessen, ein Projekt erfolgreich durchzuführen. Unter dem Namen „*Aramis*" geht es um ein modernes Verkehrsprojekt, das Computergestützt die Verkehrsströme der Pendler:innen nach Paris und aus Paris dadurch lenken und leiten soll, dass die Pendler:innen Kabinen besteigen, die nach und nach zu größeren Einheiten verkoppelt werden, so dass ganze Züge in der Stadt ankommen. Am Abend verlassen diese Züge in verschiedenen Richtungen die Stadt, bis sie am Ende als Einzelkabinen an den entferntesten Orten des Systems ankommen. Es handelt sich um ein anspruchsvolles technisches Projekt, das das Ziel verfolgte, die morgendlichen und abendlichen Staus zu verhindern und allen Anreisenden eine entspannte An- und Abreise zu ermöglichen.

Die Ausgangssituation für Aramis war eher günstig: Alle Akteure wünschten sich die Realisierung dieser avancierten technischen Lösung für das Problem des täglichen Verkehrskollaps auf den Pariser Autobanen: Bürgermeister, Politiker:innen, Behörden, Firmen, Techniker:innen, Forscher:innen, Geldgeber:innen etc. Insgesamt 17 Jahre gehen mit der Entwicklung des Projekts ins Land (1970 bis 1987); Teilprojekte werden realisiert, am Ende wird das Projekt eingestellt und die Frage stellt sich „What" oder „Who killed Aramis?" (Latour ebd.).

Bezogen auf die GUF war die Ausgangssituation eine andere: Drei Parteien haben sich zusammengeschlossen und wollen das Versprechen, das sie im Wahlkampf gegeben haben, die Gründung einer Geschlossenen Unterbringung in Hamburg, gegen die Widerstände und Bedenken anderer Parteien und der Fachverbände umsetzen. Kann man daraus schlussfolgern, dass das Scheitern von vorneherein im Projekt angelegt war? Latour würde das vehement bestreiten:

„Für die Wissenschaftsforschung ist es ebenso interessant, geschieiterte Projekte zu untersuchen wie erfolgreiche. Das Hauptproblem ist dabei, dass häufig Erklärungsmuster am Werk sind, bei denen die Antwort schon vor der Untersuchung feststeht. Erfolg: Eine geniale Idee wird durch Mut, Visionen, Tatkraft und organisatorisches Zusammenfügen vieler Komponenten realisiert. Misserfolg: Die Idee ist vornherein zum Scheitern verurteilt und kann trotz aller Anstrengungen gar nicht zum gewünschten Ziel führen. Gegen diese teleologische Sichtweise wendet Latour ein, dass Erfolg oder Misserfolg keinem technologischen Projekt von Anfang an zugeschrieben sind. Vielmehr geht es für die Wissenschaftsforschung in beiden Fällen stets darum, Schritt für Schritt zu zeigen, wie bestimmte Theorien, Ideen, Pläne und Perspektiven sich zu konkreten Objekten entwickeln oder eben auch nicht. Aramis war für Latour in den späten 1980er-Jahren der willkommene Anlass, um aus seinem theoretischen Baukasten die berühmte Actor-Network-Theory (ANT) zu fabrizieren, die von der Überlegung ausgeht, dass jedes Netzwerk aus unterschiedlichen menschlichen und nichtmenschlichen, technischen und sozialen Akteuren besteht. Tatsächlich lässt sich aus dieser Perspektive eine Reihe von einseitigen Erklärungen ausschalten. Die politischen Veränderungen in Frankreich zwischen 1969 und 1987 waren natürlich bedeutend, aber nicht entscheidend für das Ende von Aramis. Die ökonomische Situation war immer wieder prekär, aber alle Wirtschaftsberichte, bis auf den letzten, waren positiv. Die technischen Probleme waren enorm, insbesondere

im Hinblick auf die sogenannte immaterielle Kopplung beziehungsweise den variablen Abstand zwischen den einzelnen Kabinen, aber laut Aussagen der Ingenieure waren die Probleme nicht unüberwindlich. Das für den Bau des Aramis verantwortliche Unternehmen Matra legte seine Priorität auf sein anderes technologisches Großprojekt VAL (Véhicule automatique léger), das international ein großer Erfolg wurde, hätte aber am Aramis festgehalten, wenn das staatliche Verkehrsunternehmen RATP flexibler gewesen wäre. Dieses wiederum warf Matra vor, irgendwann kein Interesse mehr an dem Projekt gehabt zu haben.

Latour kann mit großer Souveränität zeigen, dass nicht ein einziger Akteur für das Scheitern von Aramis verantwortlich zu machen ist. Die Frage ist nur, ob er mit all seinen Bällen, die er virtuos im Spiel hält, eine stärkere Antwort anzubieten hat? […] Latour macht zumindest in diesem Buch auch keinen Hehl daraus, dass er selbst bisweilen den Überblick angesichts der Komplexität zahlloser Netzwerkverästelungen verliert. Am Ende gibt es einundzwanzig Gründe für das Scheitern von Aramis" (Hagner 2018).

Dass es 21 Gründe für das Scheitern geben soll, ist nicht richtig. Im Buch werden von Latour 21 Interpretationen von Projektbeteiligten vorgestellt, die sowohl die damalige Situation (bevor das Scheitern offiziell erklärt wurde), den bisherigen Projektverlauf, Zukunftserwartungen der Beteiligten und Urteile bezogen auf die Sinnhaftigkeit, weiterzumachen, betreffen. Deren Einschätzungen lauten so verschieden wie: „*Aramis has been perfected and will be built soon.*"; „*Aramis hast been perfected but is toll expenisve for industrial construction.*"; „*No piece of Aramis hast been perfected; every thing would have tob e started from scratch.*"; „*It is impossible to judge. The question of technological possibility of Aramis is a black box.*" (ebd.). Alle diese unterschiedlichen Hypothesen wurden von den unterschiedlichen Protagonisten, die Latour interviewt hatte, aufgerufen. Manche wurden mehrfach genannt, manche nur ein oder zweimal. Latour führt sie an, weil er davon überzeugt ist, dass sie alle von klugen Beobachter:innen stammen und deswegen einiges an Relevanz beanspruchen können. Auch die Frage des Scheiterns wird sehr unterschiedlich beantwortet: Manche gehen davon aus, dass Scheitern ein Fakt ist; einige haben auch bestimmte Personen oder Gruppen im Kopf, die Aramis „*getötet*" haben; andere bestreiten, dass Aramis jemals wirklich existiert hat; es war und blieb für sie eine vage Projektionsfläche, auf die man alle möglichen Phantasien richten konnte etc., weswegen man auch nicht von einem Scheitern sprechen kann.

Latour bleibt auch bezogen auf solche divergenten Einschätzungen weitgehend in der Rolle des Ethnologen, der rekonstruiert, was im Feld an Ideen zirkuliert. Er selbst hält sich aber in seinem Buch weitgehend zurück, seine Sichtweise vom Status quo oder der Gründe für das Scheitern von Aramis darzustellen und sich als Wissenschaftler ein überlegenes Wissen zuzusprechen. Auch deswegen, weil er beobachtet, dass die Projektverantwortlichen die Unterschiedlichkeit der von ihnen vorgebrachten Ideen bereits selbst beobachten und sich selbst um

Synopsen bemühen, von denen es bald ähnlich viele gibt wie Gründe. Seine Einsicht dazu lautet: „*The actors create both their society and their sociology, their language and their matalanguage*" und „*There are as many theories of action als there are actors.*" (ebd., 167).

Halten wir einen Moment inne und denken wir an die GUF zurück: Die Parallelen sind bemerkenswert. Auch dort gab es unterschiedlichste Einschätzungen darüber, ob man eine GU in Hamburg überhaupt braucht, in welcher Größe, in welchem Gebäude, mit welchem Konzept und mit welcher technischen Sicherheitsausstattung. Und auch in Hamburg blieb bis zum Schluss offen, ob sich die GUF auf einem richtigen Weg befindet, ob sie sich weiterentwickeln kann, ein lebender Leichnam ist oder ein Frankenstein-Monster, dem man besser schnell den Garaus machen sollte. In diese Gemengelage zwischen noch immer anhaltender Hoffnung und schon lange vorgenommener Verurteilung intervenierte dann die Entscheidung zweier Koalitionspartner zusammen regieren zu wollen. Die, die Jahrelang politisch für die GUF gekämpft hatten, gaben sie auf, ohne fachlich wirklich beurteilen zu können, was die GUF geleistet hatte und was nicht. Die, die sie jahrelang politisch bekämpft hatten, setzten die Schließung durch ohne das Potential des Settings und den aktuellen Entwicklungsstand wirklich beurteilen zu können. Der Bericht der PUA zeigte Fehler, Schwächen, Versäumnisse auf, aber auch Ansätze von Gelungenem und Indikatoren für Fortschritte; und konnte einige Vorwürfe, die im Raum standen, klar zurückweisen. Die Untersuchungskommission blieb kritisch, der LEB verteidigte das ihm aufgedrängte Projekt bis zum Schluss, als wäre es sein eigenes gewesen.

Die Frage stellt sich, ob ich diese Übersetzung – denn ich habe gerade eine *Übersetzung* der unterschiedlichen Standpunkte vorgenommen – auch vorher schon so hätte vornehmen können? Also vor meiner Kenntnisnahme der ANT (ich kannte den Ansatz tatsächlich noch nicht, als ich das Kapitel 9 schrieb). Oder ob wir vorher so klug waren wie jetzt auch? Ich meine, die Antwort zu kennen, traue mir aber nicht zu, die Frage halbwegs unbefangen zu beantworten. Möge der Leser sie entscheiden!

Weiter mit Aramis: In einem Aufsatz, den er ein Jahr nach Erscheinen des Buches hält, wird Latour aber doch deutlicher: Er benennt die entscheidenden Protagonisten des Projekts namentlich und arbeitet deren unterschiedliche Interessen heraus:

> „*Herr Quin, den Leiter der Pariser Verkehrsbetriebe RATP hat wie alle anderen Akteure seine besonderen Erwartungen an das Aramis-Projekt. Herr Quin ist Kommunist, er leitet die Pariser Verkehrsbetriebe, die für die U-Bahn zuständig sind, und wünscht sich ein hoch-modernes Aramis als Symbol für die Modernisierung der RATP, der U-Bahnen in Frankreich und in Paris. Was Quin jedoch nicht will, und gerade darin liegt die Schwierigkeit, ist eine vollautomatische U-Bahn, denn als Kommunist möchte er weiterhin von Menschen geführte U-Bahnen und ist wenig begeistert von der Aussicht auf einen Streik*

der Fahrer, die gegen eine vollautomatische U-Bahn protestieren. Trotzdem will er ein hochtechnisiertes Projekt, um damit die Modernität der RATP unter Beweis zu stellen. Diese Anforderungen kann der Aramis-Wagen recht gut erfüllen, widerspricht damit aber den Vorstellungen des Herrn Lagardère. Lagardère ist der Prototyp des knallharten französischen Kapitalisten, Vorstands- vorsitzender von Matra. Er hat die U-Bahn in Lille gebaut, die zwar vollautomatisch fährt, aber im Unterschied zu Aramis nicht aus einzelnen Wagen besteht, sondern als konventioneller Zug verkehrt (VAL-Typ). Lagardère möchte in Paris etwas verkaufen, das diesem in Lille gebauten VALSystem, einer automatischen U-Bahn konventioneller Bauart, möglichst weitgehend entspricht. Würde VAL in Paris eingeführt, so wäre dies eine hervorragende Referenz für den weltweiten Verkauf seines Systems. Die U-Bahn in Lille wurde jedoch gegen den Willen und ohne Mitwirkung der französischen U-Bahn-Ingenieure gebaut und entspricht daher nicht ihren Vorstellungen.

Wie man sieht, werden an das Pariser Projekt völlig unterschiedliche Anforderungen gerichtet. Der eine wünscht sich ein High-Tech-Fahrzeug, das aber nicht wie eine U-Bahn aussehen soll, während der andere eine automatische U-Bahn will, die ein getreues Ebenbild des VAL sein und im Süden von Paris lediglich etwas kleiner gebaut werden soll. Der Präsident der Region Île-de-France, ein weiterer Beteiligter, der kein Ingenieur und weder Kapitalist noch Kommunist ist, hat wiederum ganz andere Vorstellungen von einem neuen Verkehrssystem: Ihm kommt es darauf an, dass dieses System Fahrgäste in den Süden von Paris befördert und er nicht länger Hunderte von Briefen erhält, in denen Bürger den Bau eines neuen Verkehrssystems für den Pariser Süden fordern (wer schon einmal in Paris war, weiß, dass alles auf das Zentrum ausgerichtet ist, es aber keine Querverbindungen gibt); dem Präsidenten wäre also alles recht, ganz gleich ob Straßenbahn, Bus oder Zug, wenn es nur ein funktionierendes Verkehrsmittel zur Beförderung von Fahrgästen ist, von denen merkwürdigerweise bisher kaum die Rede war. Diese Herren haben also Ansprüche, die eine Maschine oder Technik unmöglich gleichzeitig erfüllen kann."
(Latour 1998, 170).

Ist Latour mit dieser Analyse umgefallen? Hat er es am Ende also doch besser gewusst? Er würde sagen nein. Er habe lediglich eine weitere Darstellung von Gründen an die Seite der anderen Darstellungen gestellt, ohne den Anspruch, dass diese klüger oder besser sei. Gleichzeitig würde er reklamieren, dass eine *gute Darstellung,* zwei Kriterien zu erfüllen hat. Sie muss versuchen, die Gründe der Anderen so zu formulieren, dass diese sich dort wiederfinden können (oder es nicht so einfach ist, diese als die eigenen Gründe zu verleugnen); das nennt er „*übersetzen*"; und sie muss in *„weiterführende Fragen"* münden. Man muss ein wenig Geduld aufwenden, aber er formuliert eine, seine, wichtige Frage:

„Wir erwarten von Technik, dass sie widersprüchlichen Anforderungen gerecht wird und Konflikte der Gesellschaft löst. Diese Herren vertreten vollkommen gegensätzliche Standpunkte, die die Technik miteinander in Einklang bringen soll, indem sie politische

Entscheidungen trifft, die die Menschen nicht selbst treffen können. Mit diesem Problem möchte ich mich im Folgenden näher beschäftigen.

Die Veränderungen, die das Aramis-Projekt zu durchlaufen hatte, um den Anforderungen seines Umfeldes (Kontexts) zu entsprechen, beanspruchten fünfzehn Jahre. Zahlreiche Kompromisse und Verhandlungen veränderten das Projekt bis zur Unkenntlichkeit. Ursprünglich fasste eine Kabine zehn Fahrgäste, jetzt sind es zwanzig Passagiere, die sich auf eine Richtung einigen müssen, womit man sich sehr weit vom Auto entfernt hat [...].

Der zweite wichtige Unterschied besteht darin, dass der Zug Teile hat, die nicht miteinander verbunden sind, so dass er an einer Kreuzung aufgeteilt werden kann. Damit bleibt das Prinzip der virtuellen Verbindung bewahrt, aber es gestaltet sich schwierig, zwanzig Personen zu finden, die in die gleiche Richtung fahren. In einer früheren Version des Aramis-Wagens nahm der Computer so viel Raum ein, dass kein Platz mehr für Fahrgäste war. Ein Wagen für zwanzig Fahrgäste hat zwar Raum für zwanzig Sitzplätze, und man spart gegenüber zwei Wagen für je zehn Passagiere einen Computer ein, aber man verliert dabei das ursprüngliche Ziel des Projekts (individuelle Mobilität) aus den Augen.

Eine weitere typische Schwierigkeit eines solchen Projekts betrifft den Verlust der Anonymität in der Metro. In der Geschichte des Projekts galt fünfzehn Jahre lang der Grundsatz, dass Fahrgäste im Allgemeinen sitzen wollen. Schwierig wird die Sache dadurch, dass man in öffentlichen Verkehrsmitteln manchmal zwar auch auf engem Raum mit vielen anderen Menschen eingezwängt ist, aber man bleibt dabei anonym. Man muss nicht mit den anderen Fahrgästen sprechen, und man muss sie auch nicht ansehen; die Anonymität bietet trotz aller Enge einen gewissen Schutz. Fünfzehn Jahre nach Projektbeginn wurden Modelle der Kabinen in Originalgröße angefertigt, und man befragte Testpersonen, wie sie sich in dieser Modellversion von Aramis fühlen. Zur allgemeinen Überraschung gaben die meisten Befragten an, sie hätten sich unwohl gefühlt und Angst gehabt. Es ist entsetzlich, mit Menschen, die man nicht kennt, in einem kleinen automatisch fahrenden Ei zu sitzen. So etwas ist nur dann akzeptabel, wenn es die eigene Familie ist: dann ist es möglicherweise langweilig, aber zumindest erträglich. [...] Es tauchte also das schwerwiegende Problem der Sicherheit auf, denn die befragten Personen fühlten sich im Modell der Aramis-Kabine äußerst unsicher. An dieser Stelle mussten nun also die Vorstellungen der Projektleiter mit denen anderer Personen in Übereinstimmung gebracht werden, die selbst keine klaren Ziele mit dem Projekt verbinden; [...]. Das Projekt befand sich auf diese Weise in einem ständigen Veränderungsprozess, so dass es schließlich nach unzähligen Kompromissen den Ansprüchen keiner Seite mehr gerecht wurde. Die Realisierung des Projekts wurde damit immer unwahrscheinlicher. Technologie ist nicht (bzw. nicht immer) deshalb kompliziert, weil Ingenieure Komplikationen lieben, sondern aufgrund der Anforderung an Technik, die Widersprüche ihres Umfelds zu integrieren. Und so lautet die entscheidende Frage: Wie lassen sich kollektive Erfahrungen mit einem solchen Projekt politisch organisieren?" (ebd.).

So weit die Frage. Nun seine Antwort bzw. eine mögliche Lösung:

„Entscheidend ist die Unterscheidung der politischen Dimension [...] von der technischen Spezifikation von Aramis: Technik und Politik bilden zwei getrennte Welten. Diese Spaltung reicht in unserer Gesellschaft sehr tief. Die Vertreter der Politik sind nicht in der Lage, ihre Anforderungen an Aramis klar und deutlich zu formulieren. [...]. Einer der Gründe dafür liegt meines Erachtens darin, dass die Spaltung zwischen Politik und Technik so tief ist, dass man bei dem Bemühen um möglichst große Effizienz den anderen (gesellschaftlichen) Teil [...] nicht berücksichtigt. Es ist äußerst schwierig, von einer Politik der Technologie zu sprechen. [...] Eine solche Politik bedeutet nicht, die Technologie anderen, zum Beispiel den Ingenieuren, zu überlassen und umgekehrt, sondern es geht ernsthaft darum, eine Zusammenkunft (beider Gruppen, M.S.) einzuberufen. [...] Bei der Arbeit an der Untersuchung zu Aramis und an einer Studie zum Verkehr für die Europäische Union, habe ich festgestellt, dass es Ingenieuren und Politikern sehr schwerfällt, ihre Projekte zu beschreiben. Schon der Begriff des politischen Interesses an einem technischen Projekt ist schwer zu beschreiben. Meist ist von Effizienz und der besten Lösung einerseits die Rede und andererseits von Politik und politischem Interesse." (ebd., 173).

Wie sieht die Überwindung dieser Spaltung aus? Die Möglichkeit dazu solle man sich

„bildhaft als Zusammenkunft der einzelnen Beteiligten darstellen – derjenigen, die die Räder, die Verkehrstechnik und die Software vertreten, derjenigen, die im Namen der Benutzer sprechen, und derjenigen, die für die Pariser Bevölkerung sprechen, die eine U-Bahn will. Bei dieser Zusammenkunft gilt jedoch nicht die klassische Aufgabenteilung zwischen denen, die über Werte und Ziele (Politik) und den anderen, die über die beste Lösung (Effizienz) entscheiden, sondern sie kommen als Sprecher zusammen; eine neue politische Ordnung entsteht nicht dadurch, dass Bürokraten durch Wirtschaftsexperten ersetzt werden, sondern dadurch, dass neue Sprecher an die Stelle der alten Sprecher treten. Ingenieure sprechen im Namen nichtmenschlicher Mitglieder des Kollektivs, d. h. im Namen der Räder, der Umweltverschmutzung, der Wälder, Elektronen usw. Sie befinden sich nicht in einem separaten Raum, sondern sie kommen als Sprecher mit anderen Menschen in einem Raum zusammen, die im Namen ihrer Wähler sprechen. Neu an dieser eher klassischen Definition von Politik ist lediglich die zweifache Bedeutung von Repräsentation: die Vertreter der Menschen, ihrer Wähler, und die Vertreter der Werke, der hergestellten Dinge, werden in einer Versammlung zusammengefasst – sie bilden ein Thing." (ebd.).

Die Pointe ist, dass *Thing* gleichzeitig für eine traditionelle Versammlungs- und Beratungsform verschiedener nordischer Völker steht, wie auch für das *Ding*, ein Gebrauchsobjekt. Dinge sind (sollten als) – ANT lässt grüßen – Versammlungsorte (begriffen werden), in denen menschliche Anliegen und materielle Gegebenheiten eine neue Verbindung eingehen.

Fazit: Warum ist Aramis also für Latour gescheitert:

a) Weil es weder gelungen ist, die weit auseinanderliegenden Interessen der Protagonisten für diese selbst sichtbar zu machen noch diese unter einen Hut zu bringen und man das Projekt stattdessen deswegen dauerhaft überlastet hat;
b) weil man zu lange gehofft hat, die notwendigen politischen Entscheidungen an die Technik bzw. die Techniker:innen delegieren zu können;
c) weil man nicht versucht hat, geeignete Sprecher:innen zu finden (andere als die üblichen), zu versammeln und miteinander ins Gespräch zu bringen, die den unterschiedlichen Aspekte des Projekts (materielle, politische, technische, soziale) jeweils ihre Stimme geben, aber auch in der Lage sind andere Stimmen wahrzunehmen und miteinander ins Gespräch über Lösungen zu kommen.

Zurück zur GUF. Gibt es einen Gewinn aus der Fragestellung und den Lösungsideen von Latour auch für dieses Projekt? Können wir auch hier eine Parallelität zwischen den beiden so unterschiedlichen Projekten ausmachen? Ja und Nein. Ja, weil sich auch bei der GUF ein tiefer Graben zwischen der Politik dem Bereich der Sozialpädagogik aufgetan hat. Politische Forderungen müss(t)en als fachlich unsinnig zurückgewiesen werden. Fachliche Argumente, wie sie die Sozialpädagogik stellt, müssen die Politik enttäuschen. Nein, weil es bei der GUF der Politik sehr klar (eher zu klar) gelingt zu beschreiben, was sie für Ansprüche an das Projekt hat und diese auch erfolgreich durchsetzt, auch wenn sie damit eine gelungene Projektentwicklung unmöglich macht. Die Politik wirkt zugleich stark und entschlossen, was die Umsetzung der GUF angeht; wie auch taub, was die Einwände der Fachleute betrifft. Die Sozialpädagogik wirkt dagegen schwach und unartikuliert, eher wie ein Erfüllungsgehilfe als wie ein eigenes System (wie das der Technik) mit klarem Wissen und eigenen Umsetzungsstrategien.

Wie sieht es mit der Lösungsidee aus? Sie scheint interessant, zugleich aber auch völlig utopisch. Denn wenn die Politik in Gestalt der drei Parteien ihren potentiellen Wählern versprochen hat im Fall ihrer Wahl eine „Wegschließmöglichkeit für kriminelle Jugendliche" einzurichten, kann sie hinter diese Idee nicht mehr zurück und einen offenen *Thing* einberufen (Latour 1998 und 1999a). Das würde ihr als Bruch dieses Wahlversprechens ausgelegt werden. Freilich wäre es eine kluge Entscheidung gewesen, ein solches *Thing* einzuberufen, bevor man solche Versprechungen macht oder nur einen solches *Thing* zu versprechen. Aber wäre das im Interesse der Politik gewesen? Offensichtlich nein: sie gewinnt mehr Wählerstimmen über Polarisierungen und marktschreierische Pseudolösungen. Der Vorschlang von Latour zu einem Thing unterstellt der Politik an rationalen

Lösungen interessiert zu sein und erscheint deswegen als naiv. Trotzdem kann man annehmen, dass es auch in Hamburg darauf angekommen wäre, anlässlich der Debatten über Jugendkriminalität andere, besser geeignete Sprecher:innen zu versammeln: Sprecher:innen für die Jugendlichen, für die Eltern, für die sozialpädagogischen Mitarbeiter:innen, für die Polizei, für die Jugend- und Familiengerichte, für die Geschäftsleute etc. Die klassischen Vertreter:innen wie Expert:innen aus dem Wissenschaftsbereich oder von den Fachverbänden wären es jedenfalls nicht gewesen.

Mustert man die Ergebnisse aus dem Buch „*Aramis*" mit Blick auf die GUF ergibt sich für mich ein zwiespältiger Eindruck. Einerseits wird vieles, was ich vorher über die Projektentwicklung und die Dynamiken der GUF geschrieben habe, auf interessante Weise ergänzt und erweitert. Andererseits habe ich nicht den Eindruck gewonnen, etwas Wesentlich neues erfahren zu haben (außer bezogen auf die Hybridbildungen im Setting GU).

Aber Latour liefert noch einen weiteren Gedanken, der es wert ist aufgegriffen zu werden:

„Anfangs lässt sich ein Projekt nach Belieben verändern, man verfügt über einen hohen Freiheitsgrad, und zwar in dem Maße, wie bestimmte Informationen noch nicht verfügbar sind. Wenn das Projekt dann voranschreitet, geht dieser Grad an Freiheit verloren: Ein Prototyp wird entwickelt, ein Modell angefertigt, erste Entscheidungen über die Form der Technologie werden getroffen, und gleichzeitig erhält man unzählige Informationen über die Akzeptanz des Projekts seitens der Verbraucher, die Reaktion der Menschen, die damit zu tun haben werden usw. Wenn man aber zugeterletzt weiß, was zu tun wäre, kann man dieses Wissen nicht mehr umsetzen, weil alle Freiheitsgrade ausgereizt sind. Das Paradox im Umgang mit Technologie als einem Projekt – und nicht als einem Objekt – besteht also darin, dass man die Probleme zu spät erkennt und die Gestaltungsfreiheit mit fortschreitender Fertigstellung des Projekts (z.B. eines Autos oder eines Hafens) nach und nach gegen Informationen über den Stand des Projekts und seinen Kontext eintauscht. Daher ist eine Technologiepolitik erforderlich, um diesen Prozess zu begleiten, der sich als eine Art kollektiven Experiments beschreiben lässt." (ebd., 89).

Gilt dieses Paradox nur für technische Projekte (von denen wir mittlerweile wissen, dass es sie so nicht gibt)? Lässt sich das Paradox auch für die GUF behaupten? Ja und Nein. Große Freiheitsgrade hatte diese zu Anfang gerade nicht: Sie musste schnell umgesetzt werden und deshalb auch in einem dafür nur teilweise geeigneten Gebäude. Abgesehen von diesen Vorgaben gab es aber trotzdem viele Gestaltungsmöglichkeiten. Der Verzicht auf den Time-out-Raum in seiner klassischen Form war eine davon, die Hinzuziehung des Security-Service eine andere, die Idee einer differenzierten Konzeption und praktischen Behandlung von Jugendlichen mit Persönlichkeitsstörungen eine dritte. Ständig wurde improvisiert und vieles war möglich bzw. wurde möglich gemacht (auch weil viel auf dem

Spiel stand). Was stimmt ist, dass die Projektverantwortlichen und die Mitarbeiter:innen anfangs wenig wussten und durch die praktische Umsetzung immer mehr Wissen generieren konnten. Hätte man all das, was man nach drei Jahren erkannt hatte, vorher gewusst, wäre das Projekt sehr wahrscheinlich anders verlaufen. Aber was bringt diese Einsicht mehr als „nachher ist man schlauer"? Die ist doch banal! Bleibt die Idee Projekte grundsätzlich als *„kollektives Experiment"* zu begreifen. Was soll das bedeuten? Ein Projekt zu starten mit dem Wissen, dass das, was man zu Beginn weiß, nicht ausreichen wird, das Projekt auf einen guten Weg zu bringen oder gar zu einem Modell weiterzuentwickeln. Es wird darauf ankommen, laufend zu lernen; und das Projekt von der Haltung her wie ein Experiment zu begreifen. Man weiß noch nicht, was dabei herauskommt – es kann gut verlaufen, aber auch scheitern. Es kann Lösungen für Probleme bieten, die man vorher kannte. Oder andere Probleme lösen, für die die Projektentwicklung anfangs gar nicht vorgesehen war. Überdies kann sich was *gut verlaufen* bedeutet, für wen und warum, im Laufe des Projekts verändern. Man muss es die ganze Zeit über wie ein Kind betrachten, das sich entwickeln kann, wenn es denn gut genug betreut wird. Und das doch auch – schon einmal wegen seiner innigen Verbindung mit materiellen Zusammenhängen – ein ganzes Stück unsteuerbar bleibt. Das Projektziel wäre nicht in erster Linie die Umsetzung eines Projektplans, sondern die aufmerksame Gestaltung eines Prozesses, an dessen Ende neue Erkenntnisse stehen. An denen würde der Erfolg gemessen. Mit einer solchen Haltung müsste man ein Projekt, das planvoll verläuft und bei dem nur das herauskommt, was herauskommen sollte und das man schon vorher wusste, als gescheitert gelten. Diese These stellt schon einiges auf den Kopf. Aber darf man als jemand, der ein Projekt plant, das vorher so offen sagen? Oder springen damit nicht wichtige Unterstützer:innen ab?

13.3.4 Diplomaten und Übersetzer als Projektbegleiter

In seinem letzten großen Buch *„Existenzweisen"* entwickelt Latour eine Theorie, die in Folge von ANT als AIME bezeichnet wird (*An inquiry into modes of existence*) (Latour 2014). Es ist unmöglich seine Komplexität hier auch nur ansatzweise zu entfalten (sehr gut leistet das Laux 2016). Für dieses Kapitel reicht es aus, zu wissen, dass Latour dort 25 Modi (modes) der Gestaltung von Welt entwickelt. Die

> „fünfte und letzte Untergruppe beinhaltet drei Meta-Modes, nämlich Netzwerk (NET), Präposition (PRE) und Doppelklick (DC). Während Latour die beiden erstgenannten Modes als wichtige Ressourcen bei der Entdeckung und Entfaltung des modernen Kollektivs betrachtet, gelten ihm Doppelklick-Prozesse als zentrales Hindernis auf dem Weg zu einem ontologischen Pluralismus, da der DC-Mode dazu tendiert, alle anderen

Prozessketten zu amalgamieren bzw. gleichzuschalten, so dass die darin artikulierten Werte verlorengehen. Im Gegensatz dazu erfüllt der PRE-Mode eine ganz zentrale Funktion: Er schützt alle anderen Modes, denn er signalisiert die von ihnen eingeführte Differenz und liefert den Schlüssel zur interpretativen Erfassung der jeweiligen Assoziationsweise (Latour 2013b, 178, 263f.)" (Laux 2016).

Im Modus NET entwickelt man gemeinsam das *Netzwerk*, das handelt und mit dem man in Kontakt kommen möchte, um gemeinsam mit ihm zu handeln (sei es, weil es vorher in der eigenen Wahrnehmung feindlich operiert hat oder weil man es als besonders relevant für die eigenen Ziele erkannt hat). Im Modus NET macht man also genau das, was wir hier für die GUF als alternatives Vorgehen vorgeschlagen haben. Im Modus PRE macht man sich gemeinsam die Präpositionen, also die Vorannahmen und Voraussetzungen deutlich, des eigenen Netzwerkes wie die anderer Netzwerke. So wird deutlich, welche Chancen sich für eine Zusammenarbeit öffnen, aber auch welche Grenzen und Andersheiten dabei eine Rolle spielen werden und damit auch welche Konflikte auf beide Seiten zukommen werden, wenn man näher zusammenarbeitet.

Während NET und PRE also auf Öffnungen bzw. Verstehen von Andersheit zielen oder diese vorbereiten oder absichern möchten, führt der Modus DC (Double-Click) zu einer Schließung: Man erwartet, dass sich Andere den Interessen des eigenen Netzwerkes anpassen oder unterwerfen; man negiert ihre Andersheit und die guten Gründe dafür, dass sie andere Werte und andere Ziele verfolgen.

Bezogen auf das Projekt GUF (aber auch auf Aramis) bedeutet das, dass es nur hätte gelingen können, wenn sich diejenigen, die sich dafür verantwortlich fühlen, klar machen, welche Interessenten und Interessierten in dieses *Netzwerk* verwickelt sind bzw. werden und was die Werte und Interessen sind, die sie mitbringen. Ein Projektstab müsste dafür sorgen, dass die Perspektiven aller Interessensgruppen im Projektstab vorgebracht werden können und gemeinsam geschaut wird, ob und wie man diesen Rechnung tragen kann. Klar wäre dabei auch, dass nie alle Beteiligten alle ihre Interessen verwirklichen können. Es handelt sich auch um einen schmerzhaften Prozess des Aufgebens von Ansprüchen und Ideen, aber unter der Leitidee einer „win-win"-Situation. Am Ende sollen alle, auch wenn sie etwas verloren haben, Gewinne und Vorteile verzeichnen können. Wer aber ist in der Lage einen solchen Prozess so zu begleiten, dass das am Ende herauskommen kann?

Bereits in seinem Buch das „*Parlament der Dinge*" (Latour 1999b) hat Latour dem *Diplomaten* eine wichtige Funktion zugewiesen, denn er vermittelt zwischen den verschiedenen Sprechern themenzentrierter Parlamente und beteiligt sich an der demokratischen Zusammensetzung des Kollektivs:

„In AIME und einigen neueren Texten rückt die Diplomatie nun endgültig in den Vordergrund des Interesses. Latours gesamtes Werk wird nun darauf ausgerichtet, die richtigen Worte zu finden, um zu jenen zu sprechen, die sich für umstrittene Werte einsetzen (Latour 2013b: 139). Latours soziologische Diplomatie zielt auf drei potenzielle Konfliktherde der Moderne" (Laux 2016, 180), von denen wir uns hier für zwei interessieren:

(1) *„Innerhalb der Moderne stehen verschiedene Werte in Konflikt miteinander. Aufgabe der Diplomatie ist es, die Institutionalisierung divergierender Existenzweisen voranzutreiben."* Latour insistiert, *„to carry out negotiations for real, with those who are directly interested in formulating other versions of their ideals (Latour 2013, 484)"* (Laux 2016). Hierfür konsultiert er im Rahmen des AIME-Projekts jene Orte der Gesellschaft, an denen es zum Konflikt verschiedener Existenzweisen kommt. An diesen Intensitätspunkten gilt es zu schlichten, zu vermitteln und Lösungsvorschläge anzubieten.

(2) Diplomatie ist außerdem an jener Front gefragt, die noch immer zwischen *„uns"* *(den Modernen)* und den *„anderen" (der restlichen Welt)* verläuft.

„Die Diplomatie zielt dabei insbesondere auf ein besseres Selbstverständnis der Modernen. Denn erst wenn klar ist, was es eigentlich bedeutet, modern zu sein, können die Kollektive verglichen werden, um auf dieser Basis zu entscheiden, welche Werte universalisiert, lokalisiert oder getilgt werden sollten. Die durch das AIME-Projekt angeleitete Diplomatie zielt dabei stets auf eine Verständigung zwischen bislang getrennten Wir-Sphären (Latour 2013, 483)" (Laux 2016, 279).

Was bedeutet das bezogen auf die Entwicklung der GUF in Hamburg: Es hätte eines bzw. mehrerer *Diplomat:innen* bedurft, die zum einen die *unterschiedlichen Werte* von GU-Befürworter:innen und GU-Gegner:innen hätte vermitteln können; und wahrscheinlich auch zwischen dem Netzwerk der politischen Befürworter:innen und den zuständigen Sozialpädagog:innen in den Fachbehörden und an der Basis. Zum anderen hätte es einer Vermittlung bedurft zwischen der Sphäre einer *artikulierungsfähigen* Öffentlichkeit (in die sowohl die GU-Befürworter:innen und -gegner:innen gehören, wie auch die Politiker:innen, wie auch die um ihre Sicherheit besorgten Wähler:innen, wie auch die Mitarbeiter:innen des LEB und *den stummen Lebenswelten* derjenigen), die kriminelle Handlungen vornehmen und damit riskieren, dass für sie eine GU oder ganze andere Formen der Unterstützung oder auch der Kontrolle und Exklusion in Frage kommen; die aber daneben auch noch andere, durchaus auch konstruktive Interessen und Lebenspläne haben; das sind die Jugendlichen und ihre Eltern. Beides fand nicht statt; so blieb es bei der Gegnerschaft zwischen Befürwortern und Gegnern und zwischen System (Politik plus LEB) und Lebenswelten.

Kurz: Gescheiterte Projekte sind solche, die eingestellt oder aufgegeben werden, weil es nicht gelungen ist, sich über verschiedene, durchaus berechtigte, aber zunächst unvereinbar erscheinende Interessen und Ziele so zu verständigen, dass dabei Alternativen aufkommen, die allen Interessierten als „gut genug" erscheinen.

Fazit: Die Überlegungen Latours überzeugen nur zum Teil. Sie überzeugen, indem sie jeweils an Probleme anknüpfen, die Luhmann und Habermas offengelassen haben (wie man sieht, wurden diese beiden Autoren nicht zufällig zu Beginn des Kapitels genannt). Denn beide haben ähnliche Konflikte und Kommunikationsbarrieren gesehen, wie sie Latour herausgearbeitet hat. Bei Luhmann sind die gesellschaftlichen *Funktionssysteme* jeweils voneinander abgedichtete Systeme, mit jeweils eigener *Systemlogik* und je *eigenem Code*.

Das Wissenschaftssystem z. B. darf nicht erwarten, dass hieb- und stichfeste Evaluationsergebnisse bezogen auf ein bestimmtes Behandlungsverfahren, z. B. von Suchtproblemen vom System Politik rezipiert werden und die politische Entscheidung für den weiteren Ausbau oder die ausschließliche Anwendung dieses als gut funktionierenden Ansatzes steuern. Die Politik wird ihre eigene Entscheidung fällen und diese an Kriterien der Macht, nicht an den wissenschaftlichen Kriterien von Wahrheit ausrichten. Es ist nicht selbstverständlich, dass die Evaluationsergebnisse überhaupt zur Kenntnis genommen werden (auch wenn sie rechtzeitig vor Beginn der politischen Debatte an alle versandt werden); wenn sie zur Kenntnis genommen werden, dann eher auszugsweise, und zwar so, wie es zur Untermauerung der vorab getroffenen politischen Entscheidung dient. Oder aber die Evaluation wird die Entscheidungsfindung tatsächlich beeinflussen, aber als ein Faktor unter mehreren. Die Erwartung, Wissenschaft könne direkt und umfänglich in das politische System hineinwirken, würde Luhmann als naiv oder besser vortheoretisch betrachten. Was kann man tun? Man kann und muss man als Wissenschaftler:in (oder Repräsentant:in eines anderen Funktionssystems) tun? Man muss nach einer *Ankopplung* suchen. Das heißt die richtigen Worte finden, die auch für die Mitglieder des anderen Systems sinnvoll und beachtenswert erscheinen. In der Regel gelingt das nur, wenn man etwas aufgreift, was dieses System selbst beschäftigt. *Ankopplungen* sind deshalb umso eher möglich wie sie die Funktionsweise des fremden Systems kennen und berücksichtigen. Damit wären wir sehr nahe an dem was, bei Latour den *PRE*-Modus ausmacht (Latour 2013, siehe oben).

Bei Habermas sind Konflikte sowohl zwischen *System und Lebenswelt* zu erwarten als auch Konflikte in den Systemen bzw. in der Lebenswelt. Für ihre Lösung wird ein *„Herrschaftsfreier Dialog"* empfohlen. Dieser verzichtet auf das Ausspielen oder Demonstrieren von Macht und wählt die Form des *kommunikativen* anstelle von *strategischem Handeln*: Eigene Interessen werden offengelegt; danach wird nach fairen und vernünftigen Ergebnissen für den Umgang mit Interessenskonflikten gesucht. Habermas konnte nie klar machen, wie man Andere davon überzeugen kann, dass es sich lohnt, einen solchen *herrschaftsfreien Dialog* einzugehen und wie dieser inmitten von Machtbeziehungen, die strukturell bedingt sind und von denen man nicht einfach absehen kann, etablieren kann. Vernunft alleine reicht als Motivation für langwierige Verhandlungen, von denen nicht klar ist, ob sie zu einem Ergebnis führen, nicht aus. Mit dem „*Kampf um Anerkennung*" hat Honneth später einen Weg aufgezeigt, wie gerade das Austragen des Konflikts in Anerkennung übergehen kann und auf der Grundlage von gegenseitiger Anerkennung Dialoge möglich werden (Honneth 1992). Zugleich hat Honneth aber offengelassen, wie es gelingen kann, dass der Kampf zu Einigungen, zu gegenseitigen Anerkennungen führt, und über diese zu Win-win-Ergebnissen und nicht zu Eskalationen mit dem Ziel der Vernichtung des anderen.

Nun also Latour mit der Idee des *Diplomaten*. Einen großen Vorteil sehe ich darin, dass der *Diplomat/die Diplomatin* eine Figur der realen Welt ist. In der Regel kennt er/sie das dritte Gesetz der Projektentwicklung: „*Kommunikation ist nicht verfügbar*" (siehe Einführung zu Teil B). Und hat sich dennoch der Aufgabe verschrieben in Konflikten zwischen den Fronten zu vermitteln. Dazu muss er an beiden Seiten *ankoppeln* können. Es muss jemand sein, der erlebt hat, dass Verhandlungen beinahe immer – überraschend oder absehbar – abgebrochen werden oder ergebnislos enden können, sich diesbezüglich also keine Illusionen macht: Auch Diplomat:innen können Kommunikation nicht herstellen, auch sie können scheitern. Aber wahrscheinlich muss man sich *Diplomatie* vorstellen wie sich Latour ein Projekt vorstellt: als einen *experimentellen Prozess*. Man muss ihn angehen und Schritt für Schritt entwickeln, und dafür sorgen, dass, wenn niemand davon profitiert, wenigstens man selbst dabei etwas lernt. Mit Lernen-wollen und -können der anderen Parteien ist nicht zu rechnen. Aber je mehr man selbst lernt und das unter Beweis stellt, umso wahrscheinlicher ist es, dass auch die Anderen sich einlassen und lernen. *Diplomat:innen* würden demnach ihre eigenen Lernprozesse genau beobachten und in einer annehmbaren Weise veröffentlichen, in der Hoffnung, dass sie damit Andere anregen und/oder produktiv irritieren.

13.4 Anomie als Resultat von Konflikten zwischen Macht und Prestige – Daniel Barth zum Scheitern von Siegfried Bernfeld als Strukturellem Misslingen

Das hier vorgestellte soziologische Theoriemodell verdankt sich wesentlichen Vorarbeiten von Merton (1949 und 1968), Heintz (1968) und Graf (1993), wurde aber in dieser stringenten Form das erste Mal von Daniel Barth für die Erklärung der Prozesse des Scheiterns von Bernfeld und seinem Team im Kinderheim Baumgarten zusammengestellt (Barth 2010, s. a. Kap. 6). Es handelt sich – zusammen mit dem von Gerd Schäfer entwickelten Modell – um einen bedeutsamen Meilenstein für die Analyse des Scheiterns von Projekten und um eine sehr elaborierte Form von *Instituetik*.

In einem ersten Schritt lassen wir Barth verschiedene Theoriebausteine entwickeln, die er jeweils unmittelbar auf Bernfeld und die Projektentwicklungen in Baumgarten anwendet (13.4.1). In einem zweiten Schritt prüfen wir inwiefern dieses Modell auch für andere Projekte bzw. das Schicksal anderer Projektleiter:innen Relevanz beanspruchen kann (13.4.3). Dazwischen schiebe ich ein persönliches Fazit zu Bernfeld und begründe warum und in welcher Hinsicht er in meinen Augen gescheitert ist (13.4.2).

13.4.1 Zentrale Bausteine der Barth-Analyse

Scheitern wird von Barth mit Rückgriff auf Heintz als „*Struktureller Misserfolg*" begriffen, als „*ein Scheitern, das nicht Folge pädagogischer Fehlhandlungen ist, sondern mit strukturellen Spannungen innerhalb und außerhalb einer erzieherischen Organisation in Verbindung steht*" (Barth 2010, 267). Heintz führt dazu aus: „*Die Gesamtspannung in einem bestimmten System setzt sich aus der endogenen und der induzierten Spannung zusammen. Das bedeutet, dass ein umfasstes System unter Umständen eine Gesamtspannung erfährt, derer es auch bei Einsatz aller verfügbaren Mittel nicht Herr werden kann*" (Heintz 1968, 268 f.) und deswegen zusammenbricht oder durch Eingriffe von außen beendet wird. Graf differenziert dieses Theoriekonstrukt, unter Absehung der endogenen Spannungen, weiter aus:

„*Das Ausmaß des strukturellen Misserfolgs einer erzieherischen Organisation ist abhängig von den von außen in das System hinein induzierten Spannungen. Es lassen sich vier Felder der Spannungsinduktion, respektive der Spannungsgenerierung bestimmen:*

1) *Das Feld des institutionellen Auftrages*
2) *Das Feld der strukturellen Hierarchie*
3) *Das Feld des Angestellten-Spannungsinputs*
4) *Das Feld des Insassenspannungsinputs*" (Merton 1947 nach Graf 1993, 158).

Man darf annehmen, dass das *Misserfolgspotential* eines Projektes umso höher angesetzt werden muss, je mehr Felder und wie stark diese jeweils von strukturellen Spannungen betroffen sind. Die Stärke wird dabei entweder von der Intensität und/oder Anzahl der Feld-spezifischen Spannungen abhängen. Verfolgen wir nun Schritt für Schritt, wie Barth diese Felder untersucht:

Zu 1) Das Feld der institutionellen Aufträge

Am Beginn eines jeden Projekts stehen ein oder mehrere Aufträge. In der Regel werden sie von Behörden oder den Leiter:innen der Einrichtung formuliert, in der ein Projekt realisiert werden soll. Sie können aber auch von den

Projektleiter:innen selbst formuliert werden, und zwar umso eher, als diese sich als die entscheidenden Gründer:innen des Projekts verstehen. Fremd- und selbsterteilte Aufträge – *Eigen- und Fremdaufträge* – sind darauf hin zu untersuchen, ob sie in sich und/oder untereinander in Spannung stehen.

Nach Barth hat Bernfeld sich bei der Übernahme der Leitung des Kinderheims zwei Aufträge erteilt und wahrscheinlich nicht reflektiert, dass diese in einer Spannung zueinanderstehen: „*Erstens sollte in Baumgarten ein gutes jüdisches Kinderheim entstehen, zweitens die Vorbereitung für die Schulsiedlung*" (Bernfeld 1921/2012, 29). Der Widerspruch zwischen diesen beiden Aufträgen besteht darin, dass mit dem eine Einrichtung geschaffen werden soll, die notleidenden Kindern eine Basisversorgung garantieren soll und eine Erziehung „*vom Kinde*" aus realisieren möchte, aber die jüdische Herkunft und die Bindung dieser Kinder an diesen Glauben im Auge behalten möchte. Anderseits will Bernfeld mit dem Kinderheim eine „*künftige, größere, vollkommenere und organischere Unternehmung" angehen*" (ebd.). Diese Unternehmung besteht in der Etablierung einer Schulsiedlung, in der ca. 1.000 Kinder Leben und Arbeiten nach eigenen, selbst verfassten Regeln etablieren sollten. Sie war als einerseits als Vorbereitung auf die in den nächsten Jahren erwartete Revolution in Österreich gedacht: Wir befinden uns im Jahr 1919 und es gärt in Deutschland und Österreich. Oder auf eine grundlegend neue, sozialistische Form von Arbeiten und Leben in Israel. Ideen zur Gründung dieser *Schulsiedlung* hatte Bernfeld schon ab 1916 propagiert und auch praktisch vorangetrieben. Ihre praktische Realisierung war aus mehreren Gründen ins Stocken geraten (s. Kap. 6.2.2). Das Kinderheim Baumgarten stellte zwar keinen vollwertigen Ersatz für dieses großangelegte Projekt dar, aber sollte zumindest einen Schritt in diese Richtung leisten. Eine Art von Vorübung im kleinen Rahmen.

Die zentrale Spannung im Auftrag bestand darin, dass der eine Auftrag in erster Linie auf die Kinder und ihre momentane Situation zielte und deren Versorgung sicherstellen wollte, Bernfeld aber ein politisches Projekt anvisierte, für das die Kinder in einer ganz bestimmten Weise motiviert und erzogen werden mussten.

Mit diesem selbsterteilten Doppelauftrag gerät Bernfeld in Spannung mit dem Auftraggeber des Projekts, dem *Joint* (s. Kap. 6). Dieser will ein Kinderheim für Kriegswaisen, in dem diese gut versorgt werden und eine anständige Schuldbildung erhalten. Die Zukunft dieser Kinder wird eher im bürgerlichen Wien gesehen (evtl. auch den USA), d. h. weder in Israel noch in revolutionärem Handeln. Weil man von Bernfelds Plänen gehört hat, schließlich hat er sie in Büchern und Versammlungen offen kommuniziert, werden ihm bestimmte Anweisungen gegeben: keine Jugendlichen im Heim; Vollversorgung durch dafür angestellte Nicht-Juden; kein zusätzliches Erziehungspersonal, das speziell von ihm ausgebildet wurde. Mit diesen Maßnahmen möchte man ihm seine Ambitionen, die über den Aufbau eines „*guten jüdischen Kinderheims*" hinausgehen, vermiesen (ebd., 32).

Bernfeld setzt sich über diese Verbote hinweg (ebd. und Barth 2010, 248). Er nimmt, wenn auch nur einige wenige, Jugendliche im Heim auf, weil er genau weiß, dass die Entwicklung seiner Idee „Schulgemeinde" an ihnen hängt und er nur mit den Kindern, ohne eine solche Avantgarde, keine Chance hätte eine solche zu realisieren (ebd.) Die Verstöße Bernfelds könnte man auf seinen rebellischen Charakter etc. zurückführen. „*Mit Hilfe des Heintz-/Graf-Ansatzes wird es möglich, den Widerspruch auf der Auftragsebene, den Bernfeld sich zunächst selbst kreiert hat, auf einer anderen Ebene auch als induziert zu betrachten. Denn auch der Joint, als Träger, ist seit einigen Jahren dabei seine Förderpolitik zu verändern, wenn auch nicht besonders konsequent*" (Barth 2010, 270 f.). Ab 1916 fanden mehrere Anläufe zu einer Reorganisation mit der Stoßrichtung „*weg von der Short-Term Einzelfallhilfe, hin zum Aufbau nachhaltiger Strukturen*" (ebd.). Bernfeld hatte diese Aufbruchsstimmung beim *Joint* richtig erkannt: sie passte zu seinen Plänen. Nur sollte sie nicht für ihn bzw. das Kinderheim Baumgarten gelten. Dort sollte auf der klassischen Hilfeschiene weitergearbeitet werden, auch wenn der *Joint* an anderen Orten bereits eine andere Strategie fuhr. Vermutlich konnte Bernfeld die gewollte Begrenzung des Anspruchs beim Kinderheim Baumgarten vorher nicht sicher in Erfahrung bringen. Und auch nachdem sie ihm expressis verbis bestätigt wurden, konnte er darauf hoffen, dass man zumindest an anderen Orten im *Joint*, Versuche mit dem Kinderheim Baumgarten anspruchsvollere Ziele zu verfolgen, den Aufbau nachhaltiger Strukturen aufzubauen, billigen oder doch zumindest mit Interesse betrachten würde.

Barths Analyse der Spannungen innerhalb des Feldes Aufträgen geht aber noch einen Schritt weiter. Er propagiert, dass jede pädagogische Institution gewisse Grundspannungen aufweist (ebd., 275 f.): Nähe und Distanz, Fördern und Fordern, abweichendes Verstehen und Bestrafen, Aushalten und Aussondern, mittelfristiger Hilfeplanorientierung und aktueller Bedürfnisorientierung etc. Auf beiden Seiten der Spannung werden sinnvolle fachliche Aufgaben und Werte vertreten. Da diese Spannungen nicht aufhebbar sind, kann man sie nur wahrnehmen und auszubalancieren versuchen. Das kann mehr oder weniger gut gelingen. Diese grundlegende Einsicht in das, was pädagogische Aufgaben ausmacht, spricht dafür, dass auch die oben genannten Auftragsspannungen ausbalancierbar gewesen wären. Und dass Bernfeld genau das auch vorhatte und sich zugetraut hat. Freilich kommt mit dieser Aufgabe beinahe zwangsläufig zu einer Verlagerung „*der institutionellen Grundspannungen*" in die Person des Pädagogen und insbesondere des Leiters (ebd., 273). Die Spannungen werden zu *Intra-Rollenkonflikten*. Der einzelne Pädagoge, insbesondere die Leiterin, kann sich immer wieder hin und her gerissen fühlen, es kommt zu der klassischen Situation von „zwei Seelen in meiner Brust". Dauerhaft anhaltende Intra-Rollenkonflikte können nur über permanente Reflexion und Entlastung durch Kommunikation mit anderen bewältigt werden; ansonsten führen sie zu einem Burn-out bzw. anderen Formen einer Erkrankung oder zu Lust- und Energielosigkeit etc. Barth diagnostiziert mit Blick auf Bernfeld:

„Aus dem Subjekt im Widerspruch, wurde bei ihm ein Widerspruch im Subjekt mit somatischen Folgen: Bernfeld erkrankt." (ebd., 274).

Zu 2) Das Feld der strukturellen Hierarchie

Wir hatten schon in Kapitel 6 darauf hingewiesen, dass Bernfeld einer Doppelleitung mit der Gründerin des Heimes zugestimmt hatte. Diese Aufteilung der Macht hoffte er vermutlich dadurch kompensieren zu können, dass er den Großteil des Erziehungspersonals aus seinem Freundes- und Bekanntenkreis selbst rekrutierte und so auf eine Hausmacht in Form seiner Person und den seinen Ideen zugewandten Unterstützer:innen bauen konnte. Die Leiterin bemerkte das rasch und holte sich mit dem Verwaltungsleiter ihrerseits einen Unterstützer ins Haus, noch dazu jemanden, mit dem sie den Zugang zu allen wichtigen Ressourcen kontrollieren konnte (von Zahnbürsten über Heizmaterial bis zu Geld). Damit konnte sie ein ganzes Stück Macht zurückgewinnen, da die Kinder und das Team von ihr und der Beschaffungspolitik des Verwaltungsleiters abhängig waren. Was wiederum Bernfeld und seine Getreuen dazu brachte, zur Selbsthilfe zu greifen und Fehlendes selbst zu organisieren (Bernfeld 1921/2012, 148), was wiederum von der Verwaltung als Vorwurf und Anmaßung erlebt wurde etc. Der Eskalationsprozess ist absehbar…

„Wer sich fragt, wo dieser Kreislauf gegenseitiger Missachtung begonnen hat, wird um eine Antwort verlegen sein." Barth schlägt – wiederum gestützt auf Heintz und Graf – eine Analyse vor, die ein ganzes Stück über diese phänomenologische Ebene hinausgeht: *„Ich interpretiere die zunehmende, divergierende Bewertung der Erzieherschaft bzw. der Verwaltung als Ausdruck eines zunehmenden Ungleichgewichts zwischen Macht und Prestige bei den Einheiten Erziehung und Verwaltung"* (Barth 2010, 276).

Kurz einige allgemeine Sätze bis es dann wieder konkret wird: *Prestige* kann hinsichtlich persönlichem und sozialem unterschieden werden. *Persönliches Prestige* meint Charisma, Eigenschaften einer Person, die sie in den Augen anderer dafür qualifizieren Anführer:innen zu sein und damit auch Leitungsaufgaben zu übernehmen. *„Prestige verleiht Autorität"* (ebd., 282). Man folgt charismatischen Personen mit Prestige gerne, weil man sie bewundert und für kompetent hält. *Soziales Prestige* hängt dagegen entweder mit der eigenen familiären Herkunft zusammen (Herkunft, Dynastie, mächtiges Familiensystem) oder mit spezifischen Qualifikationen (Bildungsabschlüsse, professionelle Expertise) oder der Zugehörigkeit zu einer als überlegen erachteten Rasse etc. oder einer Kombination aus mehreren solcher Quellen (vgl. Bourdieu). Beide Formen von Prestige – *persönliches und soziales* – können sich ergänzen und verstärken oder auf zwei Personen ungleich verteilt sein, was beinahe automatisch zu einer Konkurrenzbeziehung führt, wenn sich keine der beiden Personen der anderen unterordnet. Freilich können auch zwei charismatische Führer:innen oder zwei dynastisch legitimierte

Führer:innen um die Vorherrschaft kämpfen. Hier kommt das Thema Macht ins Spiel:

„Die Ausübung von Macht […] ohne Prestige wird als Anmaßung empfunden, die den Widerstand der ihr unterworfenen Personen hervorruft" (Barth 2010, 282). Daher kommt es, dass *„Herrschaft – die Ausübung von Macht – eine möglichst weitgehende Legitimierung durch Prestige anstrebt. Die Tendenz gilt aber auch in umgekehrter Richtung: Der Besitz von Prestige begünstigt den Erwerb anderer Machtmittel."* und erlaubt so eine prestige-basierte Machtausübung. *Strukturelle Spannungen* zeichnen sich nach Heintz *„durch ein Ungleichgewicht zwischen Macht und Prestige innerhalb einer Struktur aus".* Dieses äußert sich als Machtdefizit oder Machtüberschuss: *„Machtdefizit bedeutet, dass die Machtmittel von bestimmten normativen Feldern im Verhältnis zu ihrem Prestige defizitär sind."* (ebd., 283).

Die Person besitzt Prestige, aber ihr fehlen Machtmittel. Beispiel wäre eine fachlich im Team hochgradig anerkannte Mitarbeiterin, die sich aber aufgrund ihrer Stellung in der Hierarchie unterordnen muss und deren Ideen folgenlos bleiben, auch wenn andere Gleichgeordnete sie als bestechend erleben. *„Machtüberschuss hingegen heißt, dass bestimmte Rollen innerhalb der Sozialstruktur im Verhältnis zu ihrem Prestige zu viele Einflussmöglichkeiten besitzen."* (ebd.). Als Beispiel wiederum ein Klassiker: Eine Leiter:in, die/der über weniger praktische Erfahrungen als die meisten ihrer Mitarbeiter:innen besitzt oder schon lange keine direkten Klient:innenkontakte mehr bewältigen muss, entscheidet über das Vorgehen in einer Krise oder bewertet das Vorgehen des Teams nach Maßstäben, die das Team als unfachlich erlebt und/oder nicht anerkennen kann.

Ungleichgewichte zwischen Macht und Prestige führen zu *„anomischen Spannungen"* (ebd.). Das meint, dass in der Organisation zunehmend die Frage aufkommt und unklar wird, wem man Folge zu leisten hat: Der Person, die offiziell dazu befugt ist und entsprechend mit Macht(mitteln) ausgestattet ist, aber nur wenig Prestige besitzt? Oder der Person mit dem meisten Prestige, aber mit weniger Macht(mitteln)? Beides ist möglich. Die Entscheidung wird meist nicht ein für alle Mal gefällt, sondern mal so, mal so. Das führt dann aber dazu, dass für immer mehr Personen unklar wird, wer was zu bestimmen hat und was als Nächstes geschehen soll oder wird. *„Anomie"* z. B. in einer Heimeinrichtung meint auf Dauer gestellte Unsicherheit, in der Kindern und Mitarbeiter:innen Klarheit und Orientierung fehlt und sich manche deswegen eher zurückziehen, während Andere sich zu Gesetzgeber:innen aufschwingen und andere zu dominieren versuchen. Jede/jeder sucht auf seine Weise nach Sicherheit in unsicheren Zuständen.

Der amerikanische Soziologe Merton hatte bereits 1947 fünf verschiedene Umgangsweisen mit *Anomie in Institutionen* herausgearbeitet, die den (Gruppen von) Akteuren in solchen Situationen offenstehen (Merton 1949):

a) Zustimmung, Konformität, sich Arrangieren;
b) Innovation/Versuche der Veränderung der Spannung;
c) Ritualismus/Dienst nach Vorschrift/Vordergründige Anpassung/Verlagerung des Konflikts auf Formales;
d) Apathie/Rückzug/innere Kündigung etc.;
e) (offene) Rebellion (ebd., 282).

Diese unterschiedlichen Möglichkeiten verstehen sich von selbst. Sehen wir nun, wie Barth diese Theorieelemente auf die Konflikte im Kinderheim Baumgarten anwendet:

„Die Verwaltung bewertet die Leistungen der Erzieher als ungenügend und sabotiert zunehmend ‚bewusst' und ‚eingestandenermaßen' deren Arbeit" (Bernfeld 1921/2012, 149). *„Umgekehrt verachtet Bernfeld die Verwaltung in kaum zu überbietender Weise"* (Barth 2010, 289). Den beiden antagonistischen Gruppen fehlt eine einheitliche Bewertungsgrundlage für richtig und falsch bzw. fachlich angemessen bzw. unangemessen. Bezogen auf einen Vorrang an Macht kann man daraus zunächst auf eine Pattsituation schließen. Keine Gruppe hat die Macht der anderen ihre Werte und Bewertungen als verbindlich und zu befolgen nahe zu bringen. Dazu passt was Bernfeld schreibt: *„Niemand wusste wem er zu gehorchen und wem er zu befehlen habe."* (Bernfeld 1921/2012, 153). Beide Gruppen halten sich aber vom Prestige her der anderen überlegen bzw. diskreditieren die andere Gruppe und sprechen ihr jedes Prestige ab. Dazu würde z. B. der Satz passen: *„Die maßen sich an, Fähigkeiten zu haben und bestimmen zu können… aber tatsächlich ist alles nur hohl und Schein!"*. Einen solchen Satz könnte Bernfeld und sein Team über die Leiterin und den Verwaltungsleiter gesagt haben; aber auch diese über jene.

Macht wird dadurch erzeugt, dass man sich auf einen Anderen angewiesen sieht, weil dieser im Besitz von etwas ist, was man selbst für sein Leben/Arbeiten für unverzichtbar hält oder weil dieser den Zugang zu diesen Ressourcen kontrolliert. Bezogen auf solche Abhängigkeiten konstatiert Barth: Die Verwaltung ist kaum abhängig davon, was die Pädagog:innen tun oder nicht (Barth 2010, 280); wenn man nach außen, bei den Besuchen des *Joint* ein bestimmtes Bild erzeugen will, dann putzt man das Heim eben heraus und bereitet ein Festmahl vor, dem sich die Kinder nicht entziehen können und wollen. Die Pädagog:innen sind dagegen an mehreren Stellen abhängig von dem, was die Verwaltung leistet oder nicht; sie liefert die dringend gebrauchten Gegenstände wie Möbel, Brennmaterial zum Heizen oder Kleidung etc. oder eben nicht. Hier erweist sich die Verwaltung als eindeutig mächtiger (ebd., 276 f.). Bernfeld und sein Team greifen nun zur Selbsthilfe und versuchen die Kinder auch im Rahmen der Schulgemeinde so weit es geht mit in Alltagsaufgaben einzubeziehen. Wohin führt das? *„Die Kinder begannen sich wirklich in die Verwaltung einzumengen* (Bernfeld 1921/2012, 82).

Nur ein Beispiel von vielen: „*Sie betrauen Bernfeld damit, Fragen wie die nach übrig gebliebenen Essen mit der Verwaltung zu verhandeln, was auf heftigen Widerstand stößt.*" (Barth 2010, 293).

Dieses Handeln entspricht der oben genannten Reaktionsweise bzw. Strategie b: *Innovation*. Nach und nach gelingt es Bernfeld, dass sich die Kinder immer mehr mit ihnen identifizieren und sich – unaufgefordert – von der anderen Leiterin bzw. der Verwaltung distanzieren. Damit sind Prestigegewinne für Bernfeld und Prestigeverluste für die Verwaltung verbunden, was jedoch die Gesamtspannung im System erhöht, die sich allen Mitgliedern, wenn auch nicht allen gleich, auf irgendeine Weise mitteilt. Die Verwaltung zeigt an verschiedenen Stellen, dass sie am längeren Hebel sitzt. Bernfeld reagiert auf die wachsenden Spannungen und den zunehmenden Machtverlust mit einem, von seinem Körper erzwungenen, *Rückzug* (siehe oben d) und lässt sich beurlauben. Seine Mitarbeiterschaft gehen dagegen zu einer *offenen Rebellion* über (siehe oben e).

> „*Sie pokert hoch und fordert vom Joint ultimativ ‚Machtvollkommenheiten'. Nachdem der Träger auf diese Forderungen nicht eingeht, steht fest, dass die Alternative: Änderung der Bewertungsskala nicht mehr zur Disposition steht. Damit ist ein Punkt erreicht, wo die strukturelle in anomische Spannung umschlägt. Dies führt bei den Erziehern zur korporativen Kündigung, was dem Anpassungstyp ‚Rückzug' entspricht* (siehe oben e, M.S.)." (ebd., 292).

In der Zeit davor gab es noch eine *Rebellion,* die Bernfeld nur andeutet, aber seine Mitarbeiterin Hilda Geiringer ausführt. Sie gehört eigentlich zum *Feld Insassen-Spannungs-Input (4),* den wir später behandeln, hier aber noch ein Beispiel für Rebellion zeigen möchten: „*Die Feste boten Konfliktstoff*", da Verwaltung und Erzieherschaft mit ihnen je verschiedene Zielsetzungen verbanden. Für letztere stellten sie Möglichkeiten dar, über die Bearbeitung gemeinsamer Aufgaben die unterschiedlichen Subgruppen und häufig auch zerstrittenen Kinder des Heimes in ein Gesamtheim mit eigener Identität zu integrieren. Also kommt alles darauf an, dass sich die Kinder mit dem Fest identifizieren können und an verschiedenen Stellen aktiv mitarbeiten. „*Für die Verwaltung hingegen sind Feste in erster Linie Tage der offenen Türe, an denen man der Trägerschaft das Heim von seiner besten Seite präsentieren kann, um so die investierten Gelder zu rechtfertigen.*" (ebd., 302).

Willhelm Hofer, ein weiterer Mitarbeiter von Bernfeld und dessen späterer Vertreter, beschreibt den offenen Ausbruch des Konfliktes so:

> „*Ohne Vorwarnung von der Verwaltung wurde am Nachmittag vor dem Seder klar, dass eine amerikanische Gesandtschaft des Joint das Heim besuchen und an der Feier teilnehmen würde. […] Wir alle empfanden die Art und Weise, wie das Heim für diesen Anlass hergerichtet wurde und dass die Schränke der Kinder inspiziert werden sollten*" für falsch

und verlogen. „Aber [...] die Knaben der Histadruth waren verwirrt. Sie beschimpften den Verwalter, ein etwas verängstigter Verwalter, der sich auf ein Streitgespräch mit den Knaben einließ, statt uns zur Hilfe zu holen. Die Jungens zeigten Widerstand gegen seine Anordnungen und wollten den Speisesaal niederbrennen. Sie nahmen es übel, dass in der Küche verschiedene Gerichte zubereitet wurden [...] und dass die Gäste echten Wein ausgeschenkt bekamen. Schlussendlich konnten wir den Verwalter überzeugen, unsere Rucksäcke mit etwas Essen zu füllen, und wir machten uns kurz vor dem Seder auf in den Wiener Wald." (Hoffer 1965, 165 f., zitiert nach Barth 2010, 304).

Die Eskalation zeigt sehr deutlich, dass auch die Kinder und Jugendlichen die Spannungen zwischen Erzieherschaft und Verwaltung spüren und sich zunehmend als ein eigner Machtfaktor in den Konflikt einbringen. Hier in Form einer *offenen Rebellion* eines Teils der Heimbewohner:innen. Es dürfte klar sein, dass das auf Seiten der Verwaltung als Machtverlust wahrgenommen und geschlussfolgert wurde, dass die Erwachsenen die Kinder aufgehetzt hätten. Das vertieft noch einmal den Graben zwischen Verwaltung und Erzieherschaft und damit ist klar, dass die Verwaltung alles versucht, auch diese Mitarbeiter:innen loszuwerden, nachdem sie schon Bernfeld losgeworden worden sind.

Zu 3) Das Feld des Angestellten-Spannungsinputs

Spannungen im Inneren von Institutionen werden nicht nur durch Auftragsspannungen und Macht-Prestige-Konflikte erhöht, sondern auch durch Konflikte unter den Mitarbeiter:innen. Barth schreibt:

„Bernfeld ist aufgrund der proletarischen und stark verwahrlosten Klientel, welche sich von der bürgerlichen seiner Jugendbewegung grundsätzlich unterscheidet, gezwungen zu improvisieren. Bernfeld's Einstieg in Baumgarten ist vergleichbar mit demjenigen von Eltern, die sich nichts sehnlicher gewünscht haben als ein Kind, in dem Moment aber, wo dieses da ist, zutiefst erschrecken über seine vitale Lebendigkeit und seine weitgehende Unangepasstheit an die Strukturen des Alltags. Frisch gebackene Eltern müssen mit ihrem Baby in kurzer Zeit viel dazu lernen. Ähnlich schaffte es Bernfeld, flexibel auf die unerwartete Realität zu reagieren. [...] Darin besteht Bernfelds beeindruckendes pädagogisches Geschick. Er ist hier nicht Dogmatiker, kein Infantipienreiter, sondern Pragmatiker." (ebd., 311).

„Die Qualität des Baumgarten-Berichts besteht darin, dass Bernfeld seine Irritationen nicht unkenntlich macht [...], aber er schielt dabei ein bisschen. Gleichsam unter der Hand fließen die abweichenden Verhaltensweisen in den Bericht ein und werden dort nicht reflektiert oder wenn nur als Störungen. Das sind sie auch, aber die ausschließliche normative Thematisierung steht einer Analyse entgegen, wodurch der Spannungsinput aus dem Feld der Insassen unbearbeitet bleibt und in die Latenz gedrängt wird. An dieser

Unbewusstmachung bemisst sich der Spannungsinput aus dem Feld der Angestellten (ebd., 312). Deren „Kompetenzen und Abwehrmechanismen" entscheiden [...] darüber, ob die institutionell und gruppal begrenzten Handlungsmöglichkeiten dazu genutzt werden, Spannungen aus dem Feld der Insassen zu bearbeiten oder nicht." (ebd., 313).

Diese bemerkenswerte Argumentation führt Barth am Beispiel des Rufes der Baumgarten-Kinder nach einer „*richtigen Schule*" aus (Bernfeld 1921/2012, 104 ff.). Bernfeld schreibt:

„Hätte ich in allen Stücken völlig unabhängig [...] unser Heim einrichten können, so hätte es in ihm keinerlei Schule gegeben. Die Kinder hätten genau das, gerade dann und genau so viel gelernt, als sich aus dem ständigen Verkehr zwischen ihnen und uns für sie ergeben hätte." (ebd., 102). *„Diese idealistische Konstruktion, die von jeglichem Spannungsinput absieht, lässt Bernfeld fallen, weil die Aufenthaltsdauer der Kinder zu unbestimmt war und er im Schulbereich mit vielen Teilzeitkräften arbeiten musste."* (Barth 2010, 313).

Außerdem gab es einen Auftrag von Seiten des Trägers sich am österreichischen Schulsystem zu orientieren (ebd.).

Was Bernfeld konkret unter dem Stichwort „*freier Unterricht*" (Bernfeld 2012/2021, 104) realisiert, orientiert sich an den progressiven Schulversuchen von Wyneken und Otto, auch wenn diese mit ein bisschen guten Willen durchaus mit den offiziellen Vorgaben in Einklang gebracht werden könnten (Barth 2010, 315). Bernfeld muss allerdings zugeben, dass der „*freie Unterricht*" bei den Schülern Widerstand erzeugte, der bei den Lehrern demotivierend wirkte (vgl. in diesem Buch Kapitel 6.3.2). Bernfeld diskutiert zwei Gründe, warum sich die Kinder seinen Innovationen widersetzen (ebd., 317). Erstens, weil sie diese Form ihnen nicht die von ihnen erstrebten Aufstiegsmöglichkeiten garantieren konnten und sie sich mehr davon versprachen „*möglichst viele Klassen zu absolvieren*" (Bernfeld 2012/2021, 103). Andererseits, weil es für sie triebtheoretisch einfacher sei, sich einer fremden Struktur zu unterwerfen, als einen Kampf im eignen Inneren für mehr Disziplin und Sachorientierung zu führen (Barth 2010, 320). Diese guten Gründe werden von Bernfeld einerseits verstanden, andererseits mit linkszionistischen und psychoanalytischen Argumenten weggewischt (ebd., 318 f.). Daraus leitet Bernfeld ein Recht ab, eine Art Kompromiss aus beiden Wünschen – denen der Kinder und denen seines Teams – zu realisieren. Allerdings handelt es sich dabei um „faule Kompromisse", die jede Menge Widersprüche aufweisen.

„Zwar gelingt es dem Lehrerteam [...] die durch den Wunsch nach einer richtigen Schule induzierte Spannung aufzufangen und zu minimieren. Ein Teil davon überträgt sich aber auf die Ebene der Teamdynamik. Es ergeben sich Spaltungen innerhalb der Lehrerschaft und am Ende macht jeder, das was er für richtig hält." (ebd., 331).

Geiringer schreibt:

> „Die Kinder jammerten nach einer ordentlichen Schule, mit Schelten Strafen, schlechten Noten, Tadel, Hinauswerfen, Autorität. In diesem Dilemma haben unsere verschiedenen Mitarbeiter verschieden reagiert. [...] Die Volksschullehrer, die es mit den jungen Kindern am schwersten hatten, begannen die ‚Zügel etwas straffer zu ziehen'. Sie meinten, dass man gerade diesen Kindern, die im Leben so wenig Regelmäßigkeit gehabt hätten, eine gewisse Ordnung geben sollte. Die wenigen eigentlichen Schullehrer, die wir hatten, suchten von Anfang an regelrechte Klassen mit Ordnung, Disziplin und Autorität und Strafe einzurichten. Nur einige Lehrer [...] versuchten mit der völlig freien Art durchzuhalten." (Geiringer 1921, zitiert nach Barth 2010, 330).

Bernfeld selbst moniert: „Wir Erwachsene haben uns auch viel zu wenig um innere und äußere Einheitlichkeit bemüht." (Bernfeld 1921/2012, 113). In seinem „Bericht" finden sich allerdings nur wenige und gut versteckte Bemerkungen, die auf Spannungen im Lehrerteam hinweisen. Dass Bernfeld diese Spannungen herunterspielt, erstaunt nicht: „Spannungen im eigenen Team untergraben seine Homogenisierungsstrategie und ließen die geschlossene Kampffront gegenüber Verwaltung und Trägerschaft bröckeln." (Barth 2010, 329). So aber wird ein fachlich sinnvoller Spannungsinput reduziert und bleiben wichtige fachliche Themen liegen. Wahrscheinlich bleibt damit aber auch eine Spannung in Bernfeld selbst – auch er ein Angestellter – liegen (ebd., 335).

Zu 4) Das Feld des Insassen-Spanungsinputs

Klient:innen aller Art bringen eigene, biographisch bedingte Spannungen in das Hilfesystem ein. Sie können dort mehr oder gut bearbeitet werden. Davon zu unterscheiden sind aber Spannungen, die das Hilfesystem selbst in den Klient:innen induziert. Diese kann man auch als „*systemnotwendige Abweichungen*" oder als Anpassungsverhalten der Klient:innen an eine anomische Struktur verstehen bzw. bezeichnen. Als weit verbreitetes Beispiel kann man anführen, dass fehlende Bewegungsmöglichkeiten in Heimeinrichtungen in Kombination mit Verboten zu rennen oder zu ringen etc. dazu führen, dass die Kinder oder Jugendlichen aggressive Spannungen entwickeln und untereinander bzw. gegenüber den Mitarbeiter:innen ausagieren. Auch wenn man sicher biographisch bedingte Unterschiede bei den Kindern ansetzen muss und die einen ein größeres, die anderen ein geringeres Erregungslevel in die Einrichtung mitbringen bzw. mehr oder weniger Selbstkontrollmöglichkeiten, so ist doch klar, dass es sich das aggressiven Ausagieren der Kinder in erster Linie Fehlplanungen und unangemessen Regeln der Einrichtung verdankt und diese unnötigerweise Spannungen induziert. Barth analysiert in diesem Zusammenhang das Schulschwänzen, das er als ein solches Anpassungsverhalten an anomische Spannungen versteht. Bernfeld selbst schreibt:

„Ich habe erwähnt, dass wir eine Anzahl ausgesprochen pathologischer Naturen unter uns hatten. Im ganzen Heimleben störten sie recht wenig, wenn sie auch [...] nur wenig gebessert werden konnten. Aber in der Schule waren sie von höchster Gefährlichkeit für die anderen; ihre Unkonzentriertheit, Interesselosigkeit, Sprunghaftigkeit, Aggressivität, Ruhelosigkeit [...] wirkten sichtbar ansteckend und wir konnten das nie richtig und anhaltend paralysieren. Auch die Kinder, die von unserer bewussten Lauheit in der Kontrolle des Schulbesuchs ausgiebig Gebrauch machten, waren solche schweren Psychopathen. Sie waren die einzigen wirklichen Schulstürzer." (letzterer ein typisch österreichischer Ausdruck, Bernfeld 1921/2012, zitiert nach Barth 2010, 341).

Das Aufbegehren der Kinder gegen die in ihren Augen „zu freie" und damit zu unschulische Schule kann im Sinne Mertons als „*Rebellion*" (d) bezeichnet werden, weil es auf einer Entfremdung von den vor Ort, von Bernfeld vertretenen Werten und Orientierungen, beruht. Die ausdauernden Schulschwänzer wären aber nach Merton nicht den Rebellen, sondern dem Anpassungstyp „*Rückzug*" (e) zuzurechnen (Barth 2010, 343). Trotz der von der Schulgemeinde vertretenen Regeln und Sanktionen (zwei Wochen Ausgangssperre bei dreimal Fehlen), gelingt es nicht, das abweichende Verhalten dieser Gruppe zu normalisieren. Woran das liegt, bleibt unklar. Man muss vermuten, dass die Schulgemeinde zwar diese Sanktionen formuliert hat, aber nicht zur Anwendung gebracht hat oder nicht konsequent genug. Oder dass sich die kleine Schar eben auch über solche Sanktionen hinweggesetzt hat, und dann eben unerlaubt Ausgang genommen hat. Oder wie Barth vermutet: „*Anzunehmen ist, dass die Lehrer mit einem Auge gezwinkert haben, wenn die Schüler Fußball spielten, statt in die Schule zu kommen, auch wenn das Schulschwänzen ein Dorn im anderen Auge war.*" (ebd., 344). Realistischer scheint mir, dass es nicht „die Lehrer", sondern einige Lehrer waren und die kleine Gruppe eben registriert hatte, dass sich die Erwachsenen uneinig waren und die Schulgemeinde an dieser Stelle ein „kastrierter Tiger" war, d. h. deren Strafen von einem Teil der Erwachsenen eben nicht mitgetragen und gedeckt waren. So weit das Analyse-Modell von Daniel Barth.

13.4.2 Mein persönliches Bild von Bernfeld und seinem Scheitern

Das letzte Kapitel stellte die Fortführung und Vertiefung von Kapitel 6 aus Teil A dar. Deswegen möchte ich nun an dieser Stelle – ähnlich wie für Makarenko, Wilker oder Tolstoi – mein persönliches Fazit zu Bernfeld formulieren: Ein großer Pädagoge, ein sehr genauer Beobachter von Kindern, ein psychoanalytisch gebildeter Fall- und Situations-Versteher und ein mitreißender Schreiber. Mit den Kindern, so möchte ich behaupten, hat er alles richtig gemacht und ein erstaunliches Experiment so weit vorangetrieben, dass man sehen konnte: es wächst, es wird. Was daraus hätte alles werden können! Dieses Ende stellt mit Blick auf die weitere

Entwicklung der Sozialpädagogik eine Tragik dar (für Bernfeld habe ich den Typus des *tragischen Scheiterns* entwickelt, s. Kap. 15.3): Ein solches Projekt ist vermutlich nie wieder von einer so begabten Person und einem so gut aufgestellten Team angegangen worden. Bis heute. Was heute über „*Selbstregierung*" geschrieben wird, muss man angesichts der Baumgarten-Erfahrungen und -Überlegungen als uninformiert oder ideologisch motiviertes „Wünsch-Dir-was" betrachten: „*Das Kinder- und Jugendstärkungsgesetz klärt im neuen § 4 a SGB VIII-Reg-E, dass Kinder und Jugendliche ein explizites Recht auf Selbstvertretung haben und diese Strukturen in den Einrichtungen geschaffen werden müssen.*" (IGfH 2021, 44). Die weiteren Ausführungen weisen mit keinem Wort auf die komplexen Voraussetzungen und praktischen Realisierungs-Schwierigkeiten von Selbstvertretung hin, wie sie Bernfeld sin seinem „*Bericht*" so genau beschrieben hat (ähnlich auch GIZ 2013). Stork schreibt: „*Einige dieser Strukturen, z. B. die eigene Gerichtsbarkeit der Kinder und Jugendlichen, haben sich nicht bewährt*" (Stork 2013, 57.)

Wie kommt er darauf? Hat er Bernfeld oder Wilker nicht gelesen?

Wir bewegen uns heute (2024) in Bezug auf die relevanten Fragen der *Beteiligung* und *Selbstregierung* unter dem Niveau wie diese von Bernfeld konzeptioniert und umgesetzt wurden (das gilt auch für die Vorschläge und Beispiele in Wolff/Hartig 2013). Und doch würde ich darauf insistieren, dass Bernfeld mit dem Kinderheim Baumgarten gescheitert ist. Damit wende ich mich gegen Herrmann:

„*Daß Bernfeld mit seinem Erziehungsversuch gescheitert sei, ist eigentlich leichtfertige üble Nachrede; er ist nicht gescheitert, man hat ihm und seinen Helfern die Bedingungen für die Fortsetzung ihres Erfolgs entzogen.*" (Herrmann 1997, 234)

In meinen Augen handelt es sich zum einen um ein *Strukturelles Misslingen* wie Barth es analysiert hat (s. Kap. 13.4.1). Zum anderen aber auch um ein *persönliches*, und zwar in intellektueller und in menschlicher Hinsicht. Intellektuell, weil Bernfeld zu wenig reflektiert hat, was die revolutionären Ideen, die er verfolgte, bei anderen Beobachter:innen auslösen und er sich die Mehrheitsverhältnisse im „Roten Wien" bzw. den Reifegrad der politischen Situation falsch vorgestellt hat: Marx hätte es gewusst: dieser Apfel wollte noch nicht vom Baum. Menschlich ist er gescheitert, weil er auf seine Eloquenz, seinen Charme und sein Charisma gesetzt hat, aber nicht erkannt hat, wo sich in sein eigenes Handeln Momente von Anmaßung einschlichen. Er hat das Denken der anderen Projektverantwortlichen (verantwortlich, wenn auch in anderen Rollen als er) nicht ernst genug genommen, glaubte sie mitreißen zu können oder hat sie von vorneherein geringgeschätzt und gar nicht der Diskussion würdig befunden (wie Frau P.). Alles erlässliche menschliche Sünden. Wer von uns hätte sie nicht schon begangen? Noch dazu Schwächen, die gleichzeitig mit einer starken Lichtseite aufwarten (s. Kap. 14.3). Denn was wäre das Gegenteil dieser vorpreschenden Anmaßung.

Entweder vorsichtiges Taktieren, mit der Gefahr ebenfalls zu manipulieren und hinten herum zu agieren oder geduldiges Zusehen wie Andere die eigenen Ideen immer wieder zerreden? Dann hätte man sich zwar korrekt verhalten, aber wäre eben an genau dieser Korrektheit gescheitert. Große Projekte brauchen manchmal auch vorpreschende Begeisterung und stürmischen Mut. Insofern hat Bernfeld unsere ganze Sympathie. Wir werden ihn ehren, auch verehren, aber nicht idealisieren.

13.4.3 Anwendungen des Theoriemodells auf andere Projekte

Gehen wir dazu die vier Felder Schritt für Schritt durch:

Zu A) Das *Feld der Auftragsspannungen* ist sicher auch mit Blick auf die Prozesse relevant, die Keralio und de Condillac, so wie Tolstoi und Makarenko in ihren Projekten durchlaufen haben: In Kapitel 2 konnten wir verfolgen wie die Eltern des Infanten zwei Lehrer engagiert haben, damit diese ihren Sohn zu einem modernen Monarchen ausbilden. Sie hatten aber völlig ignoriert, dass es in Parma mit dem Klerus und dem Adel einflussreiche Gruppen gab, die ein solches Projekt ablehnten, weil sie damit ihre Privilegien bedroht sahen. Die Eltern sind diesen Gruppen nie entschieden gegenübergetreten, sondern haben die Spannungen, die bestanden ignoriert oder ihrem Minister du Tillot zum Austragen überlassen.

Tolstoi ist zu Beginn sein eigener Auftragsgeber. Das Schulministerium in Moskau ist in den 1860er Jahren weit davon entfernt, eine Grundschule für alle, auch für die Kinder der Bauern zu planen. Von einer Schulpflicht, wie sie bereits in Deutschland eingerichtet war, ist man in Russland weit entfernt. Tolstoi gerät mit seiner Schule in einen internen Auftragskonflikt. Zum einen mit seinem selbst erteilten Auftrag: Denn er möchte seinen Schüler:innen nahe sein und sie so viel wie möglich selbst unterrichten. Deswegen lädt er sie zu sich nach Hause ein und teilt mit ihnen Freizeitaktivitäten wie Schlittenfahren oder Raufen. Zum anderen stößt er auf Grenzen seiner didaktischen, aber auch seiner pädagogischen Fähigkeiten. Er ahnt, dass er mehr über Schule und Unterrichten und das Führen von Klassen lernen muss. So begibt er sich auf eine Reise von beinahe einem Jahr und lässt damit die Kinder, die er noch vor wenigen Monaten auf eine sehr persönliche Weise eingeladen hat, alleine bzw. in der Obhut anderer Lehrer:innen. Dabei spielten sicher auch seine eigenen Interessen und seine Sorge um den kranken Bruder eine wichtige Rolle. Die Kinder sollten ihm eine Zeitlang das Zentrum seines Lebens sein, aber bald wurde ihm klar, dass es noch andere ebenso zentrale Ansprüche an sein Leben gab, eigene wie fremde. Nach seiner Rückkehr gerät er in einen externen Auftragskonflikt: Auch wenn es noch keine verbindlichen Richtlinien für einen allgemeinen Unterricht an Schulen gibt, so wird doch von Seiten der Politik (des Zaren wie der von ihm beauftragen Behörden) erwartet, dass man gewisse Regeln einhält. Tolstoi verletzt solche Erwartungen: Zum einen mit der Form seines Unterrichts, der auf Freiwilligkeit setzt und zum anderen mit der Auswahl seiner Lehrer:innen, die er aus Kreisen rekrutiert, die dem zaristischen System kritisch gegenüberstehen. Sein selbst gesetzter Auftrag gerät mit den staatlichen Interessen in Konflikt und mobilisiert die Geheimpolizei, die sein Haus durchsucht und dafür sorgt, dass er seine Zeitung einstellen muss. Tolstoi bekommt es aber auch mit einem *induzierten Auftragskonflikt* zu tun. Ihm wird das Amt des Friedensrichters angeboten, das durchaus reformatorischen Ideen entspringt und die anhaltende Rechtlosigkeit der Bauern zumindest einen Schritt weit verändern möchte. Gleichzeitig ist den Auftraggebern klar, dass andere Adelige sich Tolstoi widersetzen werden, wenn er droht deren Machtüberhang zu deutlich zu beschneiden. Ebenso klar dürfte es den Auftraggebern gewesen sein, dass auch die Bauern Spannungen und Widersprüche in diese Form der Gerichtsbarkeit einbringen würden, die es Tolstoi schwer machen würden, sie rückhaltlos zu unterstützen. Die Rechnung geht auf: Tolstoi gerät in Konflikte mit beiden Parteien, ärgert sich, seine Urteile werden revidiert, er gibt entnervt auf. Kurz darauf gibt er auch seine Schulen auf. Beide Prozesse haben ihn erschöpft. Ähnlich wie Bernfeld geht er, weil er krank geworden ist.

Nun zu Makarenko: Welche Aufträge Makarenko offiziell erhalten hat, wissen wir nicht. Er selbst stellt es so dar, als hätten ihm seine Vorgesetzten eine Art Carte blanche erteilt, was den pädagogischen Umgang mit den Jugendlichen betrifft. Das ist insofern glaubwürdig, da es eine riesige Anzahl von Minderjährigen gab, die untergebracht werden mussten, man aber andererseits von Seiten der Behörden deren vollständige Versorgung mit Kleidung, Schuhen und Nahrung nicht gewährleisten konnte. Jeder Kolonieleiter musste so gut es ging für seine Zöglinge sorgen und dabei hinsichtlich der Beschaffung improvisieren und mal in diesem Amt und mal in jener Behörde betteln, oder auch ungewöhnliche Maßnahmen ergreifen wie Naturalientausch etc. Dass man in dieser prekären Situation nicht auch noch hochtrabende pädagogische Forderungen stellen konnte oder wollte, scheint einleuchtend.

Trotzdem gab es wohl auch schon zu Beginn der Gründungsphase Erwartungen an die Kolonieleiter: Sie sollten die Jugendlichen, die ihnen überstellt wurden, behalten und überwachen; nicht wegschicken, weil diese sonst erneut Straftaten begingen, unter denen die Bevölkerung leiden würde. Sie sollten sie nicht misshandeln; sie sollten sie zur Mitarbeit in Haus und Hof anhalten; sie sollten Diebstähle, Prostitution und Alkoholkonsum beenden oder verhindern. So weit die Minimalstandards. Daneben zirkulierten aber auch schon anspruchsvollere Zielsetzungen: *Erziehung des neuen Menschen für eine neue Gesellschaft.* Menschlicher Umgang mit den Verelendeten. Schluss mit der alten zaristischen Prügelpädagogik. Aller Wahrscheinlichkeit nach haben auch Makarenko und seine ersten Miterzieher:innen solche Erwartungen an das eigene pädagogische Handeln gestellt. Makarenko ist unter dem Druck disziplinärer Konflikte und offener Anfeindung mit seinen frühen Gewalthandlungen von diesen eigenen wie fremden Erwartungen abgerückt und hat damit sich selbst und die ihm nahe stehenden Erzieher:innen enttäuscht. Gleichzeitig hat er damit eigene Erwartungen und die seiner Vorgesetzen erfüllt: Er hat ein Mindestmaß an Recht und Ordnung eingeführt und aufrechterhalten, wenn auch unter Verletzung des mehr oder weniger etablierten Gewaltverbotes.

Insofern wurde Makarenko mit seinem Gewalthandeln schon in der Gründungsphase das Opfer widersprüchlicher Aufträge, eigener wie fremder. In den nächsten fünf Jahren haben die Behörden die Ansprüche an das korrekte pädagogische Verhalten der Mitarbeiter:innen und insbesondere der Leiter:innen präzisiert und gesteigert, wahrscheinlich auch deswegen, weil es in vielen Kolonien zu einer großen Zahl von Übergriffen gekommen war. Diese Steigerung der Ansprüche ging allerdings nicht oder zumindest nicht sofort mit einer Verbesserung der Versorgungslage einher. Makarenko verstieß nun zwar mit jeder Gewaltandrohung und Gewalttat explizit gegen Anweisungen. Freilich wurden diese von den gleichen Behörden und Funktionsträgern vertreten, die die Versorgung mit Nahrung, Werkzeug und Personal noch immer nicht garantieren konnten. Angesichts struktureller Mängel konnte er die überhöhten Erwartungen der Behörden relativ einfach zurückweisen.

Zu B) Spannungen aus dem Feld der Hierarchie: Anomie resultierend aus *Macht-Prestige-Konflikten:* Solche Konflikte sind sowohl für das Projekt von Keralio/de Condillac (Kap. 2), Makarenko (Kap. 7), wie das von Wilker (Kap. 4) und für das Projekt des Fortbildners (Kap. 10) gut belegbar: Keralio und de Condillac galten in Paris als kluge Köpfe und zugleich als vertrauenswürdige Männer und wurden deswegen von den Eltern des Infanten, vor allem der Mutter, ausgewählt, um in Parma die Erzieher ihres Sohnes zu werden und das Projekt „*Erziehung zum modernen Monarchen*" durchzuführen. Beim Klerus und den Adeligen von Parma galten die Namen und das Prestige der Eingeladenen wenig. Dafür stellte diese Gruppen eine mächtige Opposition dar, die in der Lage war das Projekt zu sabotieren, indem sie um die Gunst des Infanten buhlte und ihm ganz andere Orientierungen anbot, die seinen kindlichen und jugendlichen Bedürfnissen sehr viel näher kamen als die der offiziellen Lehrer. Der Infant geriet dadurch in eine *anomische Situation*: Er wusste bald nicht mehr, wer bezogen auf sein Verhalten und die Entwicklung seiner Werte das Sagen hatte: seine offiziellen Lehrer, die Priester, die adeligen Freunde seines Vaters, die Bediensteten der Palastwache (s. Kap. 2.2). Die Eltern versäumten es deutlich zu machen, wer dazu bestimmt war und gingen den Konflikten mit den Miterziehern aus dem Weg; oder ignorierten diese. Vom Titel her stellten sie die Spitze der Machthierarchie dar. Aber waren offensichtlich nicht gewillt, sich den anderen Machtgruppen anzulegen. Die Adeligen zusammen und der Klerus mit dem Papst im Rom verfügten letztlich über mehr Macht als das Herzogen-Paar. Auch hier zwar mehr Prestige bei den Eltern, aber weniger Macht; strukturell ganz ähnlich wie zwischen den beiden Lehrern und der der Koalition der Vormodernen (s. Kap. 2.5 und 2.6).

Makarenko hatte sich so viel persönliches Prestige in der Kolonie erarbeitet, dass die Jugendlichen, zumindest viele, sich von ihm führen ließen, auch weil sie sich mit ihm identifizieren und so an seinem Prestige teilnehmen konnten. Einen Teil dieses Prestiges hat er erworben, weil er sich als mutiger Mann gezeigt hatte, der sich auch körperlich mit Jugendlichen anlegte, die stärker waren als er. Das nötigte den Jugendlichen Respekt ab. Außerdem spricht er in einer Art und Weise, die sie kennen: hart, aber herzlich. *„Eins in der Fresse?!"*, ist so ein Ausdruck, den sie kennen und auch aus seinem Mund gehört haben. Gleichzeitig wächst sein Prestige, weil es ihm gelingt, sie immer besser zu versorgen. Vermutlich bekommen sie auch mit, dass sein soziales Prestige wächst. Ein weltbekannter Schriftsteller wie Maxim Gorkij wird der Pate der Kolonie. Untersuchungskommissionen bescheinigen ihrem Chef eine Modelleinrichtung geschaffen zu haben. Dennoch geraten sie mit ihm später in Konflikt (Hillig 1994).

Wilker bringt jede Menge Prestige aus der Wandervogelbewegung mit in den Lindenhof. Als charismatischer Jugendgruppenführer gelingt es ihm auch in kurzer Zeit die Jugendlichen vor Ort für sich zu begeistern. Auch wenn er als Direktor der mächtigste Mann in der Fürsorgeeinrichtung ist, so beruht seine *Herrschaft über die Jugendlichen*, man verzeihe mir diese unverblümte und politisch unkorrekte Formulierung, doch überwiegend auf seinem persönlichen Prestige. Dass er Arzt ist und im Krieg gedient hat, trägt zu seinem sozialen Prestige bei. Die Jugendlichen folgen einem solchen Mann gerne und akzeptieren auch, dass er in für sie wesentlichen Belangen – Rauchen und Alkoholkonsum – so deutlich von ihrem Ideal abweicht und auch wenn er sie gelegentlich hart anfasst (siehe z. B. die Weckszene aus Wilker 1921, 36). Sie folgen ihm sogar bei seinen Nacktläufen, die für viele der proletarischen Jugendlichen eine kulturelle Zumutung dargestellt haben müssen.

Das Gros der Beamten regiert im Lindenhof dagegen mit Machtmitteln, erlaubten und unerlaubten. Sie genießen mehr oder weniger persönliches Prestige bei den Jugendlichen, ihr soziales ist zu vernachlässigen. Die Beamten registrieren wahrscheinlich, dass sie mit dem Prestige des neuen Direktors nicht mithalten können. Seine diesbezüglichen Möglichkeiten und die seiner von ihm mitgebrachten Mitarbeiter:innen mussten von ihnen als sehr viel größer als die eigenen betrachtet werden. Nachdem der neue Direktor ihnen erneut das Schlagen verbietet, büßen sie ein weiteres Machtmittel ein. Er verbietet es nicht nur, er lässt seinen Worten auch Taten folgen und entlässt mehrere Mitarbeiter:innen (nach Pape-Balling sind es sechs; dieselbe in Wilker 1989, 236, vgl. Kap. 5.7). Es ist mehr als wahrscheinlich, dass auch die Jugendliche diese Prozesse wahrnehmen. Die Macht der Beamten bröckelt, sie wird immer offener als Machtanspruch deutlich, der nicht mit Prestige hinterlegt ist. Es ist erwartbar, dass die Jugendlichen verstärkt gegen das Machtgebaren der Beamten aufbegehren und einen anderen Mächtigen ihnen vorziehen. Nun kann aber Wilker nicht überall sein. Er ist und bleibt auf die Beamten angewiesen, die ihre Macht gegenüber den Jugendlichen schwinden sehen (Klaus Wolf hätte hier von einer Verschiebung der Machtbalancen gesprochen, Wolf 1999) – so entstehen *anomische Situationen*. Zugespitzt und übertrieben: die Beamten wollen bestimmen, aber die Jugendlichen hören immer weniger auf sie. Nur der charismatische Direktor hat ihnen etwas zu sagen und der fordert von ihnen andere Verhaltensweisen, andere Leistungen, andere Loyalitätsbekundungen als die Beamten. Die Jugendlichen können sich aber auch nicht ständig und überall den Beamten widersetzen. Die kontrollieren immer noch einen großen Teil des Alltags. So müssen sich die Jugendlichen ständig zwischen Gehorchen und Widersetzen entscheiden und werden immer wieder hin und herpendeln. Aber sicher, wer in einer konkreten Situation das Sagen hat, ist nicht mehr. Der Direktor kann eine Strafe der Beamten rückgängig machen, wenn sie ihm falsch erscheint. Die Beamten können den Jugendlichen trotzdem in vielen Situationen das Leben schwer machen und sie gängeln, ganz legal. Auf der Machtebene gibt es eine Pattsituation, die sich allerdings Wilker zuzuneigen droht. Was tun die Beamten in dem Konflikt zwischen Prestige-Nachteilen und eigenen Machtansprüchen? Sie besinnen sich auf andere Machtmittel. Sie wollen dem Direktor die Hausmacht entreißen, indem sie seine Mitarbeiter:innen kündigen. Das ist möglich, weil diese auf Stellen arbeiten, die nun von den alten Kolleg:innen, den Kriegsteilnehmern beansprucht werden können. Wilker schätzt richtig ein, dass er alleine, auch wenn er von den Jugendlichen noch so sehr geschätzt wird, mit dem Verlust seiner Mitarbeiter:innen die momentan ohnehin prekäre Hausmacht verliert. Er weiß aus den Diskussionen mit den anderen Mitarbeiter:innen, dass diese ihm in vieler Hinsicht nicht folgen wollen und können. Die Mehrheit der Beamten wird den Ton und den Stil des Hauses prägen, das weiß er. Er kann Anerkennung von den Jugendlichen bekommen, aber das Entscheidende, das Durchgängige und Nachhaltige an Reformen kann nur gelingen, wenn die Beamten mitmachen; und sie tun es nicht. Wilker scheut sich nicht, diese, seine, Sicht der Konflikte den Jugendlichen gegenüber zu öffnen. Die Wellen schlagen hoch, eine *offene Revolte* droht (die eine Möglichkeit, die Merton aufgemacht hat Kapitel 13.4.1). Die Jugendlichen wollen nicht alleine zurückbleiben mit Beamten, die sie als feindlich erleben. Der Direktor der Direktoren muss kommen, um die Wogen halbwegs zu glätten. Der Rest ist bekannt (s. Kap. 5).

Einen *Macht-Prestige-Konflikt* können wir auch in der Einrichtung beobachte, für die der Fortbildner eine Intensivgruppe aufbauen sollte. Er kommt als ein landesweit bekannter Fachmann in die Einrichtung; einer, der viele andere Fachleute weitergebildet hat. Unter anderem auch Mitarbeiter:innen der Einrichtung selbst, die seine Ideen und die Art seines Umgangs mit ihnen geschätzt haben. Zu seinem persönlichen Prestige kommt soziales hinzu: auch er war einmal ein Heimleiter und hat promoviert. Dieser prestigeträchtige Mann sucht sich im Auftrag der Einrichtungsleiterin einen Teamleiter (wahrscheinlich kein Zufall, dass er ihn bei einer seiner Weiterbildungen zum Umgang mit Aggressionen entdeckt hat, s. Kap. 10). Der Teamleiter steht im getreu zur Seite. Beide zusammen werden als durchaus machtvolles Duo in einer überwiegend von Frauen regierten Einrichtung wahrgenommen. Noch dazu legt sich der Fortbildner mit verschiedenen Frauen in- und außerhalb der Einrichtung an. Sein Prestige stärkt ihm den Rücken im Namen der Fachlichkeit Missstände anzusprechen und aufzudecken – damit macht er sich keine Freunde. Und die Einrichtungsleiterin besinnt sich auf ihr Prestige, das zwar nur innerhalb der Einrichtung groß ist, aber mit Machtmitteln ausgestattet. An entscheidenden Punkten verbietet sie dem Fortbildner seine Entscheidungen umzusetzen (nicht-abholen des neu aufzunehmenden Jugendlichen etc.) und beschneidet seine Macht (keine Hilfeplangespräche mehr). Sie entlässt seinen Teamleiter, auch wenn sie die Entscheidung anschließend zurücknimmt. Sie integriert den Teamleiter in ihr Leitungsteam, aus dem der Fortbildner ausgeschlossen ist. Der Teamleiter gerät in den Konflikt, entweder der Macht und dem Prestige der Einrichtungsleiterin zu folgen oder dem großen Prestige des Fortbildners außerhalb. Er ist hin und hergerissen und gerät in einen *anomischen Zustand*: redet er mit der Leiterin, scheint ihm klar, was er tun muss. Redet er mit dem Fortbildner, muss er entdecken, dass der Vorschlag der Leiterin von diesem als unfachlich zurückgewiesen wird. Am Ende entscheidet er sich für die Leiterin; damit ist der anomische Zustand überwunden, aber nicht die Konfliktspannungen mit dem Fortbildner. Er bleibt weiter hin und hergerissen zwischen verschiedenen Ansprüchen und weiß oft nicht, was richtig ist und was falsch. Die Konflikte werden zu *Intra-Rollen-Konflikten*, die er sich zu Herzen nimmt und er wird krank. Etwas später muss der Fortbildner gehen. Sein Prestige, das in der Welt draußen noch gelten mag, ist in der Einrichtung verloren gegangen. Man möchte ihn nur noch loswerden.

Zu C) Das Feld des *Angestellten-Spannungsinputs*: Mit einem massiven *Angestellten-Spannungsimpuls* wird Pestalozzi in Yverdon konfrontiert. Zwei Mitarbeiter:innengruppen bekämpfen sich gegenseitig und vergiften die Atmosphäre im Kollegium. Jede der beiden Gruppen meint mit ihrem Kandidaten den richtigen Nachfolger gefunden zu haben und unterstellt dem anderen das Institut zu gefährden. Dass Pestalozzi aufgrund seiner Leitungsschwäche zu solchem Hickhack einlud, steht außer Frage. Es gelingt ihm nicht diese Spannungen zu regulieren. Kommunikativ entsteht eine Situation wie beim Turmbau zu Babel, so seine eigene Analyse. Sie führt über die Zersplitterung von Energien zum schrittweisen Zerfall der Einrichtung.

Ein Angestellten-Spannungsinput der anderen Art erlebt Makarenko, auch wenn dieser Angestellte nicht mehr bei ihm arbeitet. Makarenkos ehemaliger Stellvertreter hat Kinder bzw. Jugendliche geschlagen und Prügelstrafen auch von Seiten seiner Angestellten und der von ihm betreuten Jugendlichen geduldet. Diese Handlungsweisen sind aufgedeckt worden, der Mann wurde angeklagt und die Verhandlung steht an. Die damit verbundene Spannung wirkt auf Makarenko und auf die Gorkij-Kolonie zurück – er versucht sich für den Mann zu verwenden, kann aber dessen Verurteilung nicht verhindern. Kritiker:innen werfen ihm eine vertrauliche Nähe zu dem Mann vor und dass dieser in seinem Geist handeln würde. Es handelt sich hier nicht um einen direkten Spannungsinput durch einen Mitarbeiter, sondern einen der von außen induziert wird und einen ehemaligen Mitarbeiter benutzt. Vielleicht ist es aber auch nur Makarenko selbst, der sich in Spannung versetzen lässt. Kein Wunder, da er Ähnliches getan hat, was diesem Mann vorgeworfen wird.

Auf das Thema Spannungsinput durch Mitarbeiter:innen können wir auch bei Wilkers Erfahrungen im Lindenhof zurückgreifen. Sicher haben die Beamten wesentlich zum Anwachsen der Spannungen in der Einrichtung und zur Eskalation des Konflikts mit Wilker und seinen Mitarbeiter:innen beigetragen. Zum einen, weil sie manche seiner Ideen ablehnten. Zum anderen aber auch, weil sie vorher einen anderen Direktor erlebt hatten, der ihnen näher stand, und Wilker mit diesem zu dessen Nachteil verglichen. Ganz sicher spielten aber auch Enttäuschungen und Kränkungen eine Rolle, da sich die Mitarbeiter:innen einen ähnlich zugewandten Umgang Wilkers mit ihnen gewünscht haben, den sie bei ihm mit den Jugendlichen beobachtet hatten. Und schließlich befanden sie sich mit ihm in einem Konkurrenzkampf um Prestige bei den Jugendlichen, in dem sich Wilker aber rasch als Sieger herausstellte. Es gab demnach viele gute Gründe auf Seiten der Angestellten, eigene, innere Spannungen in die Einrichtung zu tragen. Diese haben unmittelbar zum Scheitern Wilkers in der Einrichtung beigetragen. Die Einrichtung selbst ist nicht gescheitert und hat den Weggang Wilkers um beinahe 20 Jahre überlebt.

Zu D) Das Feld des *Insassen-Spannungsinputs*: Bei Pestalozzi lesen wir von zwei Spannungsquellen, die in Stans von den Kindern ausgehen: Zum einen von den Ungehorsamen, die sich seinen Anordnungen entziehen und auch andere Kinder ärgern und quälen. Zum anderen von den Kindern, die am Abend wieder nach Hause gehen und dort schlafen, aber auf diese Weise immer wieder neu Läuse und Krätze in die Einrichtung bringen. Den einen Spannungs-Input bewältigt Pestalozzi mit Ohrfeigen. Angeblich sind die Kinder ihm sogar dankbar dafür. In jedem Fall steht Pestalozzi zu seinem Handeln. Er nimmt die Spannung nicht mit in sich hinein und begreift die Ohrfeigen nicht als Zeichen der Abweichung von seinem pädagogischen Ideal. Auch Makarenko verteidigt seine Gewalthandlungen, aber leider zugleich unter ihnen, weil sie ihm von Leuten vorgehalten werden, die für seine Selbstwertregulierung bedeutsam sind. Pestalozzi bekommt – nach eigenen Angaben – so viel Bestätigung von den Kindern, dass er sich darüber nicht viele Gedanken machen muss.

Bei Makarenko und der Gorkij-Kolonie sind es ganz wesentlich die Jugendlichen, die Spannungen in das System einbringen (Kap. 7). Denken wir nur an die erste Gruppe der Verweigerer, mit denen er sich auf eine Weise angelegt hat, die dann auch zu Spannungen mit seinen Miterzieherinnen geführt hat. Oder erinnern wir uns an die vielen Diebstähle, die die Jugendlichen in den umgebenden Bauernhöfen unternommen haben und die Bevölkerung immer mehr gegen die Kolonie aufgebracht haben bis sogar die Miliz eingeschritten ist. Interessanterweise führt sogar die Entlassung der Hauptspannungsträger – Mitjagin und Karabanov – zu neuen Spannungen in der Einrichtung. Aber in einer überraschenden Form – der einer kollektiven Lähmung und Depression. Mehrfach geht Makarenko mit den von den Jugendlichen induzierten Spannungen relativ entspannt um. Im Sinne von Symptomtoleranz duldet er die nächtlichen Raubzüge zumindest der älteren, geschickten Diebe. Er sieht sie als Strategien der Selbstversorgung und kann es den Jugendlichen nicht verübeln, dass sie Hunger haben und sich besser verpflegen wollen als er es ihnen bieten kann. In einer Situation kommt es zu einer Beinahe-Revolte. Die Jugendlichen verweigern der Miliz den Zugang zu ihren Schlafsälen (wo der ein oder andere Diebesgut versteckt hat), eine handfeste Prügelei droht, wobei zu erwarten ist, dass die Polizisten von ihren Waffen Gebrauch machen. Makarenko stellt sich in dieser maximal angespannten Situation hinter sie und droht dem Anführer der Miliz an, sich über ihn zu beschweren. So erweist er sich als fähiger Leiter vor den Jugendlichen. Induziert damit aber massive Spannungen in das System um die Gorkij-Kolonie herum, vor allem bei den Behörden, bei denen solche Konflikte mit der Polizei sicher Argwohn erregen und an der Linie Makarenkos Zweifel erwecken. Vielleicht auch deswegen entlässt er bei der nächsten Gelegenheit auch die Rädelsführer bzw. Hauptdiebe.

Im Projekt des Fortbildners wird deutlich, dass der Jugendliche, den wir als zentrale Konfliktfigur bezeichnet haben, an der die Konflikte in der Einrichtung hochloderten, einiges an Spannungs-Input in die Einrichtung hineingetragen hat.

Während bei Pestalozzi die von den Kindern in die Einrichtung getragenen Spannungen ohne große Bedeutung bleiben, tragen sie bei Makarenko langfristig betrachtet mit zu seiner Entlassung bei. Beim Fortbildner ist das noch offensichtlicher und geschieht auch sehr viel schneller.

13.5 Zusammenbruch der Kommunikation aufgrund von Ängsten vor Kontrollverlust (Gerd E. Schäfer)

Gerd Schäfers Analyse des Scheiterns eines eigenen Projekts in einer Stuttgarter Heimeinrichtung, die er im Rahmen seiner Dissertation entwickelt hat, habe ich als einen Meilenstein in der Analyse des Scheiterns bezeichnet (s. Kap. 8). Es handelt sich um einen Theorieansatz, der die gleiche Stringenz und Relevanz aufweist wie der von Bruno Latour (Kap. 13.3, Rittel/Webber, Kap. 13.2, oder der von Daniel Barth, Kap. 13.4). Das Besondere des Ansatzes ist, dass er fünf

Beobachtungs- und Reflexions-Dimensionen zunächst getrennt ausbuchstabiert und anschließend miteinander verbindet (siehe dazu die Überblicksgraphik am Schluss von Kapitel 13.5.1). Diese Dimensionen sind *Projekt-spezifisch*, weil in ihnen *Kommunikation, soziales Lernen* und *Aufgaben-Orientierung* zentral stehen und damit drei Themen, die für jedes Projekt von Bedeutung sind. Sie betreffen alle am Projekt Beteiligten gleichermaßen, egal an welcher Stelle der Hierarchie sie bei der Projektentwicklung stehen. Somit wird bei Schäfer deutlicher als in jedem anderen bisher vorgestellten Theorieansatz: Jede und jeder im Projektzusammenhang ist wichtig, weil jede und jeder zum Gelingen wie zum Scheitern beiträgt. Die fünf Dimensionen sind:

1. Fehler im Projekt-Management;
2. Das Misslingen von Kommunikationen bei oder unter den Projekt-Teilnehmer:innen;
3. Das Verloren-Gehen von Subjekt-Bezügen;
4. Das Verloren-Gehen von Objekt-, d.h. Sach-Bezügen;
5. Projektentwicklungs-immanente, unvermeidbare Labilisierungen.

In Kapitel 8 konnten wir nachverfolgen wie Schäfer das Scheitern des Heimprojekts mit Hilfe dieser Dimensionen untersucht hat. Das brauchen wir hier nicht zu wiederholen. Ich möchte aber einige der von ihm verwendeten und geprägten Begriffe herausheben, die mir besonders originell erscheinen (13.5.1). Redundanzen in Bezug auf Kapitel 8 sind dabei unvermeidlich, scheinen mir aber gerechtfertigt, da nicht alle, die dieses Kapitel lesen, auch jenes gelesen haben oder noch so erinnern wie es auch für die Übertragung auf andere Projekte gut wäre. Mir liegt das Bekanntmachen dieser Theoriebausteine auch deswegen am Herzen, weil Schäfers Veröffentlichung in der Zeit ihres Erscheinens aufgrund verschiedener Widrigkeiten unterging. Nicht eine einzige Rezension ist zu diesem Buch erschienen. Das Themenfeld *Kommunikation – Subjekt – Institution – Objekt* ist zwar immer wieder aufgenommen worden, aber selten mit dieser Tiefenschärfe. In 13.5.2 werde ich mehrere andere Projektberichte darauf hin betrachten, was man ihnen durch die Schäfer'sche Analyse an neuen Erkenntnissen abgewinnen kann.

Eine Warnung vorweg: Die Relevanz der Schäfer'schen Analyse erweist sich an der *vollständigen* Durchführung *aller* Dimensionen an *einem* Projekt. Wenn ich den Theoriezusammenhang hier auf bestimmte Begriffe beschränke und diese auf konkrete Beispiele beziehe, zerhacke und zerstöre ich ihn damit zugleich auch. Insofern verweise ich den Theoretisch-interessierten hier ausdrücklich auf das Buch *„Verlorenes Subjekt – Verlorenes Objekt"* (Schäfer 1986 und das Kapitel 8). Hier wird man einzelne relevante Theorieelemente finden, aber nicht das Ganze des Ansatzes. Das Faszinierende an der Analyse Schäfers ist in meinen Augen, dass er zum einen das Nicht-Zustandekommen eines tragfähigen

Kommunikationszusammenhangs bis in die Mikro-Kommunikationen hinein beschreiben kann (Rolle des Schweigens, Schwächung durch Übersetzung etc.). Und zum anderen das Risikopotential von Projekten überhaupt auslotet, die zumindest im Bereich pädagogischer Prozesse (sicher aber auch darüber hinaus) mit *sozialem Lernen* verbunden sind. Das, was alle an einem Projekt Beteiligten Mitarbeiter:innen vorgeben zu wollen und zu können – kommunizieren und lernen –, stellt zunächst nur eine Behauptung dar. Die Voraussetzungen für Kommunizieren- und Lernen-Können sind komplexer, als man gemeinhin denkt, weil die Teilnahmen an beiden mit mehr Angst verbunden ist, als bisher angenommen wird. Damit wird das Gelingen eines Projekts eher zu einer Ausnahme. Ein aufmerksamer Umgang mit Unsicherheit und Angst dagegen das zentrale Steuerungsmittel. Zugleich verbietet sich bei diesem Thema ein Begriff wie *Angstmanagement* (Wehrenberg 2012).

13.5.1 Die zentralen Analyse-Dimensionen

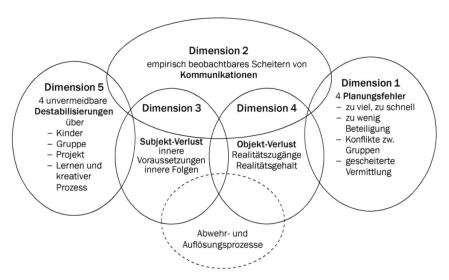

Die *Analyse-Dimension 1: Planungsfehler* lasse ich hier weg (s. a. Kap. 8.2).

zu 2): *Das Misslingen von Kommunikationen:* Ein wesentlicher Aspekt des Scheiterns besteht in der Analyse Schäfers im Misslingen von Kommunikationen, an denen sich zumindest so viele beteiligen müss(t)en, dass alle mit dem Projekt verbundenen (verschiedenen) Interessen und Bedürfnisse zur Sprache kommen.

a) Dieser Prozess kommt gar nicht zustande, wenn mehrere Teilnehmer:innen schweigen, sich nicht trauen zu reden, unklar sprechen und sich bisweilen damit passiv aggressiv verweigern (Schäfer 1986, 34).

b) Wenn bestimmte Personen sehr viel sprechen und das Gespräch dominieren und niemand das Unwohlsein thematisiert, das damit verbunden ist oder auch das Risiko, dass man diesen Personen zu viel Einfluss auf Stimmungsbildung und Entscheidungen überlässt (ebd., 35).
c) Wenn Projekt-Teilnehmer:innen meinen für die Stillen sprechen zu müssen, sie damit aber eher schwächen als stärken. Schäfer weist in seinen Beobachtungen drei unterschiedliche Formen der lähmenden Unterstützung aus: *Steigbügelhalter, Sprachrohre und Dolmetscher*, die alle drei gut gemeint sein mögen, aber den Prozess des ins Gespräch-Kommens eher weiter behindern (ebd., 36).
d) Wenn Andere in unguter Weise über Andere sprechen (Anwesende wie Abwesende). Das gilt für Abwertendes, aber auch – und das ist neu – für Loben oder Herausstellen von Kompetenzen etc. Diese klingen zunächst gut, beinhalten aber auch die Gefahr den Beschriebenen zu idealisieren und belasten ihn so auch mit Ansprüchen bzw. legen ihn auf ein bestimmtes Bild von sich selbst fest, in welchem er sich nur unvollständig oder in verzerrter Form wiedererkennen kann (ebd.).
e) Wenn Kommunikationsangebote, die bisher schweigende Mitarbeiter:innen machen in dieser Form nicht erkannt oder anerkannt werden (diese Angebote können darin bestehen, dass sie sich schriftlich äußern, an andere wenden oder sich körpersprachlich deutlich abwenden etc.) (ebd., 39).
f) Wenn die Projekt-Teilnehmer:innen von Seiten der Projektverantwortlichen, aber auch der anderen Teilnehmer:innen Botschaften einer generalisierten Sympathie und Zugewandtheit erwarten und als Voraussetzung von Kommunikation begreifen. Nach dem Motto: „Nur wenn Du mich sympathisch findest, rede ich mit Dir" (ebd.).
g) Wenn Teilnehmer:innen entweder sehr allgemein sprechen oder konkretistisch formulieren, aber nicht angemessen sachbezogen (ebd., 42).
h) Wenn Teilnehmer:innen vorwurfsvoll und anklagend sprechen und andere in eine Kommunikation der Verteidigung geraten (ebd., 44).
i) Wenn Teilnehmer:innen über Formalia und Organisatorisches sprechen wollen, aber nicht über im Raum stehende unklare oder strittige Inhalte (ebd., 52).

Sicher ist die Liste a–i noch nicht vollständig. Die kommunikationstheoretisch erwartbaren Konsequenzen sind von a bis h (bis x) sind: Nicht-Verstehen, Nicht-Austausch, Nicht-Einigung, Reden über Abwesende, Selbststilisierung als Opfer, Dämonisierung von Anderen. Ergo: Nicht-Zustandekommen einer tragfähigen Kommunikationsbasis.

Warum treten diese Kommunikationshindernisse ein? Weil die freie Rede, das unverstellte sich mitteilen mit Ängsten verbunden ist: Angst davor nicht verstanden oder missverstanden zu werden; Angst davor nicht das ausdrücken zu können, was man mitteilen wollte; Angst davor aufgrund des Beitrags abgewertet zu werde; Angst davor, jemanden verletzen zu können; Angst davor, jemandem zu widersprechen, von dem man sich abhängig sieht oder der einem aggressiv oder bestrafend begegnen könnte, gleich oder später; Angst vor Unterstellungen, Angst, einer Gruppe zugeschlagen zu werden, zu der man sich nicht zugehörig fühlt etc. (ebd., 63 f.).

zu 3): Das Verloren-Gehen von Subjekt-Bezügen: Mit Subjektbezügen meint Schäfer Bezüge zu sich selbst bzw. aktiv wahrgenommene Affektzustände und Dynamiken im eigenen Inneren, die auf mehr oder weniger direkte Weise relevant für den Projektverlauf sind. Die Idee ist, dass sich diese negativ auswirken, wenn sie aus den Augen verloren gehen, weil damit immer auch das Subjekt einen Teil von sich selbst verliert. Damit ist natürlich eine unüberschaubare Vielfalt an emotionalen Zuständen und Prozessen angesprochen. Verloren gehen kann man sich aber auch wechselseitig, d. h. dass die sozialen Bezüge, die schon einmal entwickelt worden waren, zurückgenommen werden, durch Rückzug oder Entwertung oder Angriffe auf die Integrität des Anderen.

Für sein Projekt hebt Schäfer zwei solcher Prozesse des Verlorengehens von etwas Innerem hervor, die zusammenhängen: erstens die *Überdehnung des Subjekts durch Preisgabe von wichtigen Strukturelementen* und zweitens *die Angst vor dem Chaos*, die sich vor allem als Angst vor dem Zerfall des eigenen Ich herausstellt (ebd., 112 und 145). Interessant ist, dass sich nach der Beobachtung Schäfers diese beiden Themen auf zwei verschiedene Gruppen im Projekt verteilen: Die Lehrer:innen, aber auch die neue in das Projekt aufgenommenen Studierenden neigen dazu, im Kontakt mit den Kindern die Übersicht zu verlieren, und zwar sowohl mit Blick auf außen wie nach innen. Aus dem Wunsch heraus so partnerschaftlich wie möglich zu handeln und in der Hoffnung durch Abstinenz von Grenzen-Setzen bereits therapeutisch zu wirken, achten Mitglieder dieser Gruppe zu wenig auf Warnsignale im eigenen Inneren: Eigenes Unbehagen, aber auch die Wahrnehmung von sich abzeichnender Überdrehung der Kindergruppe werden ausgeblendet. Man hofft darauf, dass die eigene Freundlichkeit und Zugewandtheit ausreichen, um die Gruppe zu strukturieren. Das geht oft so lange bis die Gruppe sich bereits überdreht gebärdet und sich über bisher zumindest halbwegs eingespielte Regeln und Grenzen hinwegsetzt. Das führte dazu, dass die Projekt-Teilnehmer:innen entweder das Steuer abrupt herumreißen, also doch noch rigide werden mussten. Oder dazu, dass sie sich mehr oder weniger hilflos dem Agieren der Kindergruppe preisgegeben fühlten und deren (Zer-)Störungen zu wenig entgegensetzten. Solche Prozesse des Entgleitens der Gruppendynamik wurden von den mitbeobachtenden Erzieherinnen als Schwäche erlebt und dem Projekt als Fehler angelastet (ebd., 122).

Komplementär dazu verlieren die Erzieher:innen den Bezug zu ihren eigentlich vorhandenen Steuerungsfähigkeiten und kehren zu einem Ausmaß an Angst vor dem Chaos zurück, das von außen inadäquat erscheint. Nun haben aber alle

Erzieher:innen solche Chaotisierungen schon erlebt und sich dabei als relativ ohnmächtig. Diese beinah traumatischen Erinnerungen kehren zurück. Schäfer begreift sie als Angst vor dem Auseinanderfallen des eigenen Ich hinsichtlich dessen Kontroll- und Steuerungsfähigkeiten. Die dahinterstehende These lautet: Wenn ich mich gut genug auf mein Ich und seine Stärken verlassen kann, bleibe ich auch bei aufkommendem Chaos noch Steuermann oder -frau genug, um hilfreiche Impulse geben zu können. Nur wenn ich Angst habe, dass mich der Impuls zur Flucht oder zur Gewalt überwältigen kann, muss ich fürchten, dass die turbulente Situation auch tatsächlich eskaliert. Und muss dem präventiv begegnen, indem ich bereits die Anfänge von abweichendem Verhalten unterbinde (ebd., 124).

Die beiden Themen – *Selbstüberdehnung und Angst vor dem Chaos* – stellen die beiden Seiten einer Medaille dar: Beide operieren mit ‚entweder – oder'-Mustern bzw. binären Bewertungen: Entweder keine Steuerung oder starke präventive Kontrollen – entweder freiheitlich oder repressiv –, statt mit kleinschrittigem Sowohl-als-auch bzw. Mehr-oder-weniger zu arbeiten. Und das Ungute: Beide Kreisläufe verstärken sich im Projektverlauf verteilt auf zwei Gruppen gegenseitig. Aus den Beobachtungen der in ihren Augen zu repressiven Erzieher:innen beziehen diejenigen, die einen neuen Umgang suchen, ihre Bereitschaft zum Wagnis. Und aus den Beobachtungen des Scheiterns dieser Versuche, schließen die Erzieher:innen auf die Richtigkeit ihrer Position und verstärken sie vielleicht sogar.

Eine andere „*Überdehnung des Ichs und seiner Grenzen*" sieht Schäfer rückblickend im „*grandiosen Anspruch des Projekts*" (ebd., 100). Er selbst, aber auch mehrere andere Projekt-Teilnehmer:innen wollten in kurzer Zeit zu viel erreichen. Zwar wurde nie die Idee ausgesprochen, dass man „*den Tanker wenden*" müsse (der Titel eines Aufsatzes von Früchtel), aber eine solche Idee stand im Raum. Nicht nur in diesem Heim, bezogen auf die Reformen in der Heimerziehung überhaupt und mit Hinblick auf viele andere gesellschaftliche Bereiche (Frieden, Frauen, Ökologie). In den 70er Jahren des letzten Jahrhunderts glaubte man an die Möglichkeit großer Reformen und kam auch die Idee einer Revolution wieder auf. Auch damit mit der grandiosen Ausdehnung ihrer scheinbaren Möglichkeiten sich die Subjekte verloren. Zum einen, weil damit auch Anforderungen an einen selbst gestellt sind, die man oft nur schwer realisieren kann, weshalb Schuld- und Schamgefühle die Konsequenz sind. Zum anderen, weil damit zugleich auch Ansprüche an Andere verbunden sind, die eventuell andere Werte und Ziele verfolgen und z. B. keinen Reformbedarf sehen. So dass es mit diesen zu Konflikten kommen kann, in denen man sich verlieren kann (so würde vermutlich der Fortbildner seine Situation im Projekt beschreiben, Kap. 10).

Wir haben uns bisher nur auf den einen Teil des Verlustes von Selbst-Bezügen fokussiert. Genauso wichtig ist in dem Ansatz von Schäfer aber der andere Teil, dass Subjekte für einander verloren gehen. Ein Beispiel dafür ist die zunehmende Entfremdung, die zwischen dem Projektleiter aus der Universität und dem Heimleiter stattfindet oder die zwischen Teilen der engagierten Lehrerschaft und den

Erzieher:innen, die sich immer weniger verstehen und eher in feindlich einander gegenüberstehende Lager sortieren und ihre bilateralen Beziehungen dafür drangeben. Weitere Beispiele für das Verlorengehen von Ich-Bezügen aus den anderen Projekten siehe weiter unten.

zu *4) Das Verlorengehen von Objekt-Bezügen:* Unerwartet stehen in dieser Dimension des Misslingens bei Schäfer nicht einzelne Gegenstände oder Sachzusammenhänge im Mittelpunkt, sondern wiederum die Sprache. Warum? Über Kommunikationen teilen wir uns gegenseitig unsere Erfahrungen mit konkreten Weltbezügen mit: Im Projektverlauf können das Begegnungen mit den Kindern und Kolleg:innen, aber auch Erfahrungen mit Werkstoffen bei Arbeitsprozessen (Basteln eines Vogelhäuschens) oder Naturerkundungen sein. Und es geschieht über Sprache, dass wir gemeinsam planen wie wir mit den Möglichkeiten, aber auch Herausforderungen und Widrigkeiten der Realität umgehen wollen. Wobei wir freilich das, was wir Realität nennen, nicht voraussetzen können, weil jeder diese ein Stück weit anders erlebt. Insofern stellen gemeinsame Definitionen, was denn *Sache ist* oder Thema werden soll, bereits einen komplexen kommunikativen Annäherungsprozess voraus. Genau die Entwicklung gemeinsamer Definitionen und gemeinsamer Erlebnisgrundlagen scheint aber häufig zu misslingen (ebd., 136 ff.).

Schäfer führt an Beispielen aus den Tonbändern und Protokollen vor, wie die Rede über Erlebtes und die daraus resultierenden Aufgaben misslingt, indem diese Rede

- unklar und verworren bleibt;
- auf der Ebene von Andeutungen bzw. Anspielungen stecken bleibt;
- konkretistisch werden kann, d.h. sich im Klein-Klein von Einzelheiten und langatmigen Schilderungen von Einzel- und Sonderfällen verlieren kann, die das zugrundeliegende Thema gleichsam durch Fülle ersticken;
- Pseudo-konkret werden kann (Schäfer spricht hier von *konkreter Allgemeinheit,* ebd., 140f.), d.h. zwar sachlich verfasst ist, aber ohne, dass die relevanten Themen in dieser Rede deutlich werden würden; eher wird an Ersatzthemen gearbeitet oder finden Verschiebungen statt (siehe z.B. das Sprechen des Heimleiters ebd., 151 f. oder des Projektleiters ebd., 142);
- allgemein werden kann in einem Ausmaß, dass die konkreten Fragen darin verschwinden (wie z.B. bei Zeitproblemen) (ebd., 144);
- so grundsätzlich werden kann, dass unweigerlich Lager und Polarisierungen entstehen müssen, ohne dass diese Grundsätzlichkeit von der Sache her zwingend gewesen wäre (ebd.);
- formalistisch werden kann, sowohl als Rede wie auch was das Thema betrifft, wenn es nur noch um Regelungen und Organisatorisches geht, in der Hoffnung, dass die strittigen Themen sich dadurch erledigen ließen (ebd., 150).

Alle diese kommunikativen Manöver, mit denen eine Phänomenologie des „*leeren Sprechens*" (Lacan) skizziert ist, resultieren – so Schäfer – aus einer Abwehr von *heißen* Themen (Schäfer 1986, 172). Sie führen dazu, dass man in Bezug auf die strittigen Themen nicht weiterkommt und dringend notwendige Klärungen unterbleiben.

zu 5) *Mit Projekten einhergehende unvermeidbare Labilisierungen:* Zu den bisher dargestellten Gründen für das Scheitern wird von Schäfer noch eine weitere, in der Literatur damals wie heute vernachlässigte, Quelle von (Ver-)Störungen aufgedeckt, die sowohl Einzelne wie Gruppen und damit auch institutionelle Prozesse irritieren kann. Was aus ihr strömt sind verschiedene Formen der *Labilisierung*, die von den Beteiligten als eher leise, aber stetige Formen der Verunsicherung, Bedrohung, Gefährdung der eigenen (Berufs-)Identität erlebt werden. Genauer betrachtet, handelt es sich um fünf Formen, die sich vermischen und überlagern können:

a) Das Nicht-Gelingen von Kommunikation, das Nicht-Zustande-Kommen von Beziehungen und das Scheitern von Bildungsbewegungen trotz dazu getroffener Vorbereitungen und Einstimmungen ereignen sich in der Praxis des Lehrers und Erziehers immer wieder und stellen damit eine Grunderfahrung der Profession dar, die einen immer wieder an der eigenen Person und den Möglichkeiten des eigenen Berufs zweifeln lässt (vgl. Schwabe 2020; das passt übrigens sehr gut zu dem, was wir oben in der Einführung zu B als zweites Gesetz der Instituetik von Projektentwicklung bestimmt haben: die *Unverfügbarkeit der Kommunikation*).

b) Schon die Arbeit mit *einem* entwicklungsgestörten Kind kann und muss den Erwachsenen, der sich auf es einlässt, persönlich berühren. Berühren, aber eben immer wieder auch herausfordern, verwirren, verunsichern, auch weil von diesem Kind und seinem Agieren Schichten im eigenen Selbst angesprochen werden, die die eigene Kindheit betreffen und somit Phasen und Zustände einer noch ungesicherten Existenz (Schäfer 1986, 194).

c) Diese auch für Therapeut:innen im Eins-zu-Eins-Kontakt relevante Labilisierung wird in der Klasse und erst recht in der Wohngruppe im Heim, in der acht, zehn oder zwölf Kinder (wie damals im Projekt) zusammenleben, multipliziert und potenziert. Man kann sich gar nicht mehr auf alle Verunsicherungen, die von den Kindern und der Gruppe ausgehen, einlassen. Man muss gleichsam eine gewisse Menge von ihnen ausblenden und abwehren. Freilich sind sie damit nicht weg, sondern wirken sie weiter. Erst die Beschäftigung mit ihnen in einem geschützten Raum würde das Subjekt stärken. So aber bleibt es gefährdet und wird zu rigiden Abwehrmechanismen gedrängt.

d) Dazu kommen in Institutionen, die sich auf ein neues Projekt einlassen, die Herausforderungen, die mit diesem verbunden sind. Diese treten zu all den anderen hinzu und stellen zusätzliche Ansprüche. Sind die Ziele und/oder die Wege zur Zielerreichung unklar und müssen dazu auch noch neue Formen der Kooperation mit Projektpartner:innen entwickelt werden, fordert das die Einzelnen noch mehr heraus und wird immer wieder auch mit Verunsicherungen verbunden sein: Sind wir auf dem richtigen Weg? Schaffe ich meinen Beitrag zu bringen? Schaffen wir das? Diesem Prozess kann man sich stellen, in der Hoffnung mit anderen diese Wege zu entdecken und beschreiten zu können oder entziehen, weil man sich nicht noch weitere Verunsicherungen glaubt leisten zu können.

e) Schließlich ist der Prozess des *sozialen Lernens* einer, der erfordert, sicheres Terrain zu verlassen und Schritte in neue, noch ungesicherte Bereiche zu wagen. Dieser Prozess kann als euphorisierend erlebt werden, weil er mit Aufbruch und Kreativität in Verbindung gebracht wird und vitalisiert. Er wird aber zwischendurch beinahe zwangsläufig auch als bedrohlich erlebt, weil man dafür sowohl innere wie auch äußere Strukturen aufgeben oder zeitweise aussetzen muss, bis sich neue tragende gebildet haben. Äußere Strukturen wären im Heimkontext eben auch bisher geltende Regeln und Grenzen; innere Strukturen loszulassen, würde bedeuten den Kontrollanspruch beim Arbeiten ein Stück weit aufzugeben und sich selbst experimentierend zu verhalten. Damit tritt man in einen Zustand ein, den Schäfer unter Rückgriff auf Anton Ehrenzweig als *De-Differenzierung* bezeichnet (Ehrenzweig 1967/1974). Man könnte auch von einem Diffundieren bisheriger Handlungs- und Denk-Routinen sprechen oder einer partiellen Chaotisierung. Die neuen Strukturen, die sich in diesem Prozesse der Öffnung entdecken lassen, können – so der Anspruch beim sozialen Lernen – anschließend noch stärker als gemeinsam hervorgebracht und bekräftigt gelten (getragen von Lehrern und Erziehern, von Kindern und Erwachsenen). Auch weil sich in diesem Prozess die Innenwelten der Beteiligten auf neue Weise verschränkt haben und das Wir-Gefühl der Gruppe gestärkt wird, die sich auf diesen Prozess eingelassen hat. Aber: Ohne zeitweiligen Verlust an „alter" Sicherheit, keine neue tragende Struktur.

Entscheidend ist, dass Schäfer alle diese *Labilisierungen* für unvermeidbar, ja unverzichtbar hält: sie gehören zu der jeweiligen Aufgabe oder Ebenen mit dazu. Die verschiedenen Formen der Labilisierung stellen *notwendige Passagen* dar, wie sie in vielen Ritualen der Ermächtigung und Bildung der sog. Naturvölker vorkommen, und den Übergang von einer individuellen Reifungsstufe, aber zugleich von einer sozialen Statusgruppe in die andere, markieren (Schäfer 2012, 24).

Wenn wir uns fragen, was praktisch getan werden kann, um die, wenn auch häufig nur vor- und unbewusst empfundenen, Gefahren, die mit offenen Formen des Kommunizierens und dem Eingehen von Lernprozessen verbunden sind, fällt mir dazu lediglich der Gedanke der Begleitung ein. Projekte wie die von Schäfer, aber auch von Wilker, Bernfeld oder das des Fortbildners müssten von außen begleitet werden. Nicht im Rahmen eines Projektbeirates, weil der sich in der Regel mit sachlichen und fachlichen Fragestellungen beschäftigt. Das ist auch notwendig. Sondern im Rahmen einer Prozessbegleitung, die supervisorisch angelegt sein sollte und genau mit den Ängsten rechnet und umgehen kann. Eine solche Prozessbegleitung, würde, wenn sie gut verläuft, wie ein *Container* (R. W. Bion) fungieren, der die negativen Phantasien und Ängste, die unweigerlich mit dem Projekt entstehen, zu verdauen hilft. Oder im Sinne eines *Holding* (D. W. Winnicott), welches das von vorübergehender Fragmentierung und De-Differenzierung erfasste Selbst immer wieder „*zusammenhält*" und so die damit verbundenen Ängste erträglich macht. Vermeiden kann man sie nicht.

Betrachten wir das Schaubild mit den fünf Dimensionen (auf die erste Dimension bin ich hier nicht mehr eingegangen, weil sie an vielen anderen Stellen erörtert wurde): Deutlich wird, wie aus den fünf Dimensionen jeweils spezifische Behinderungen und Störungen auftauchen können, die das was ein erfolgreicher Projektverlauf braucht, eine gleichzeitige Aufmerksamkeit für das Sachthema, die gruppalen Prozesse und das eigene Ich schwächen, verzerren und auflösen. Die Nähe zu dem, was Ruth Cohn mit dem methodischen Ansatz *Themenzentrierte Interaktion* thematisiert hat, wird deutlich (Cohn 1979). Nur dass Schäfer die Voraussetzungen dafür theoretisch um einiges schärfer fasst als Cohn.

13.5.2 Übertragung auf andere ausgewählte Projekte

Die mit jedem Projekt, insbesondere in sozialen Zusammenhängen (wegen der Klient:innen-Bezüge) einhergehenden *Labilisierungen* (oben a–e) werden wir hier nicht weiterverfolgen. Sie sind ebenso plausibel wie schwer nachzuweisen. Besonders deutlich erscheint uns – neben dem Schäfer-Projekt – die abgewehrte Labilisierung in der Einrichtung, in der der Fortbildner die Intensivgruppe an den Start bringen sollte (Kap. 10). Es handelt sich organisationskulturell um eine Angst-abwehrende und bezogen auf ihre Regelsetzung rigide Einrichtung. Solche tun sich mit dem Zulassen von Verunsicherungen und De-Differenzierungen besonders schwer. Noch eindeutiger gilt das für die von Karl Wilker übernommenen Einrichtung (Kap. 5): dort fühlten sich die Mitarbeiter:innen gleichzeitig von drei Ängsten bedroht: Der Angst vor dem Chaos, der Angst nicht über die von Wilkers Reformideen geforderten Kompetenzen zu verfügen und der Angst vor der Kündigung bedroht, falls man doch wieder zum Mittel der Misshandlung greifen sollte. Solche Organisationen sind im schlimmsten Fall aufgrund der zirkulierenden massiven Ängste gar nicht lernfähig.

Zunehmende Entgleisungen der Kommunikation bis zu ihrem totalen Abbruch im Zusammenhang mit dem Scheitern und Ende eines Projektes konnten wir bei Pestalozzis Krise in Yverdon (Kap. 3.4), bei Wilkers Wirken im Lindenhof (Kap. 5.6 und 5.7), bei den Konflikten Bernfelds mit den anderen Leitern und dem *Joint* im Zusammenhang mit dem Kinderheim Baumgarten (Kap. 6.5) sowie bei dem Projekt des Fortbildners (Kap. 10) beobachten. In allen diesen Prozessen gingen sich die Projekt-Teilnehmer als *Subjekte selbst verloren*, jeder für sich und gegenseitig, und gerieten die Sachzusammenhänge, die Arbeitsaufgaben bezogen auf die Kinder und Jugendlichen immer mehr aus den Augen. Insofern finden wir hier die *Zerstörungs-Prozesse*, die Schäfer fokussiert hat, wieder: zunehmende menschliche Entfremdung, aber auch zunehmende Vernachlässigung der anstehenden Aufgaben.

Wilker hat sich im Lindenhof insofern *selbst verloren*, weil er die Idee einer humanistisch inspirierten Haltung und Handlungsweise, die auch nach seinen Maßstäben alle Menschen einschließen sollte, nur noch in Bezug auf die Kinder (und deren Eltern) verfolgt hat, den anderen Mitarbeiter:innen aber verweigerte. Man könnte allerdings auch denken, dass er sich damit vor einer *grandiosen Selbstüberdehnung* geschützt hat, weil er eben nicht Jesus war, der alle lieben konnte, sondern nur ein Mensch, der die halbe, die jüngere Hälfte der Menschheit lieben konnte. Das ist gut möglich und würde die Schäfer'schen Kategorien dialektisch aufeinander beziehen. Aber in jedem Fall ging sich Wilker so weit verloren, dass er diese Zusammenhänge nicht mehr erkennen und angemessen kommunizieren konnte. Ihm als eloquenten Gruppeführer der Jugendbewegung hätte das gelingen können. Vielleicht gingen ihm diese Ich-Fähigkeiten verloren, weil er mit einem anderen inneren Problem beschäftigt war: Der Gegenwehr gegen alles und alle, die ihn an den autoritären Vater erinnerten, mit dem er noch eine Rechnung offen hatte. Die Kommunikation im Lindenhof war zumindest im zweiten und dritten Jahr seiner Tätigkeit nicht von Schweigen bestimmt. Anfangs haben die Beamten zwar Einwendungen gemacht, aber wahrscheinlich bald resigniert geschwiegen. Aus der Analyse seines Textes „*Der Lindenhof*" von 1921 konnten wir mehrere Passagen so auslegen, dass Wilker Kritik überhört oder übergeht und daraufsetzt, dass die Mitarbeiter:innen sich seinen Reformen schon fügen werden. Noch dazu hat er gezeigt, dass er auf das, was die Jugendlichen sagen, Wert legt und hört. Was für die Beamten verletzend und empörend gewesen sein muss. So hat Wilker selbst maßgeblich zur Lagerbildung beigetragen, unter der er später zunehmend auch litt. Die Mitarbeiter:innen wurden lauter. Wir wissen, wenn auch eher aus dem, was zwischen den Zeilen steht oder von Knaut angedeutet wird, dass lautstarke und heftige Auseinandersetzungen zwischen Wilker und den Beamten stattgefunden haben. Ähnlich heftig wie zwischen dem Fortbildner und der Einrichtungsleiterin bzw. Schulleiterin. Hier haben Verletzungen mit Worten stattgefunden. Die Menschen hatten keine Angst vor Konflikten, aber sie haben sich dabei mehr wehgetan als sie selbst wollten und wahrgenommen haben. Deshalb kam es irgendwann zum totalen Abbruch der Kommunikation. „Kein Wort mehr mit dem Andern. Jedes Reden ist umsonst". Hier haben wir es mit einer ganz anderen Symptomatik zu tun wie der von Schäfer geschilderten, in denen es eher immer leiser und energieärmer wird. Aber die dahinterstehenden Dynamiken sind die gleichen.

Bernfeld hat sich mit der Idee eines Groß-Heimes namens *„Schulgemeinde"*, das 1.000 Kinder umfassen sollte und dem Auftrag trotz gegenteiliger Anweisungen erste Schritte dafür im Kinderheim Baumgarten zu gehen, einer grandiosen *Selbstüberdehnung* hingegeben. Diese hat ihn sich auch über die Verbote und Begrenzungen hinwegsetzen lassen, mit denen er von der Verwirklichung seiner selbst gegebenen Aufträge abgehalten werden sollte. Die Kommunikation zwischen ihm und der Co-Leiterin und dem Verwaltungsleiter war wahrscheinlich von vorneherein eine, die man *strategisch-kalkulierend* nennen könnte. Von sich mitteilen, vom Aussprechen dessen, was einen bedrückt oder freut etc. war darin kein Platz. Eine eher kühle geschäftliche Kommunikation, die den Anderen dahin bugsieren wollte, wo man ihn hinwünschte. Gepaart mit mangelnder Achtung vor den Fähigkeiten des Anderen, das gilt für Bernfeld und die Co-Leiterin gleichermaßen. Was hätte sie nicht alles von Bernfeld lernen können? Zu was für Hochleistungen hätte er sie aber auch anspornen können, wenn er sie wirklich in sein Team aufgenommen hätte? Er hat ihr Angst gemacht und sie sich Verstärkung geholt. Bernfeld hat seine eigenen Ängste wahrscheinlich eher unzugänglich gemacht für sich und andere. Er war es gewohnt zu kämpfen und zu gewinnen. Aber auch zu verlieren (siehe die Schließung der „Sprechsäle" oder der Verbot seiner Zeitung). Bernfeld hatte vermutlich eher das Bild von sich als eines heroischen Kämpfers, eines Redners, der einen vollen Saal von Jugendbewegten von einem anfänglichen Nein zu einer seiner Ideen zu einem Ja bewegen kann, nicht durch Überreden, durch Überzeugen! Die Kommunikation dagegen im kleinen Kreis, aufmerksam zuhören, was andere sagen, und auf andere eingehen; ernstnehmen, was sie vorbringen, gerade auch an Neuem und Unerwartetem, das waren wahrscheinlich nicht seine Stärken. So hat auch Bernfeld maßgeblich zum Auseinanderfallen des kommunikativen Projektzusammenhangs beigetragen.

Beim Fortbildner (Kap. 10) kommt die *Selbstüberdehnung* eher nur indirekt zum Ausdruck: Nach der despektierlichen Mail der Schulleiterin schreibt er gleich ans ganze Kollegium unter Übergehung der Leiterin. Im Jugendamt rückt er Tische und Stühle, um das Hilfeplangespräch kommunikativer zu machen, aber verletzt dabei Benimmregeln in fremden Räumen; und so weiter. Gleichzeitig kann man ihm zu Gute halten, dass er an vielen Stellen sehr genau und achtsam kommuniziert und Themen zur Sprache bringt, die wichtig sind und dabei auch Formen findet, die angemessen sind (siehe den Brief *„mit den heiligen Kühen"* oder die Titulierung der Leiterin als *„Kontroll-Freak"* Kapitel 10). Die Leiterin geht sich zweimal verloren: einmal als sie ihm gegenüber das Versprechen macht es bliebe bei *„den drei heiligen Kühen",* d.h. mehr Einmischungen in das Tagesgeschäft kämen von ihrer Seite nicht. Mit dieser Zusage hat sie sich als Dienst- und Fachaufsicht nicht ernst genommen und auch nicht als eine Person, der Kontrolle etwas ganz wichtiges ist. Das Versprechen hat sie eher aus der Position eines Wunsch-Ichs gemacht als aus der des Real-Ichs. Das zweite Mal, als sie die Kündigung des Teamleiters zurückgenommen hat. Hier hat sie so viel von sich geopfert, dass man von einer *negativen Selbstüberdehnung* sprechen kann. Vermutlich ist sie dabei über die Grenzen ihrer Selbstachtung gegangen. Denn die Leiterin war dafür bekannt, dass sie entschied „und damit basta!" (siehe Bericht 2011, 46). Das für den Teamleiter, zumindest zeitweilige, rettende Zurückrudern musste der Fortbildner später büßen. Besser wäre es für die Leiterin wahrscheinlich gewesen, sich eine Bedenkzeit über Weihnachten zu geben; und beide Männer zu entlassen oder von der Seite der Männer her: beide zu gehen. Aber diesen Mut hatte zu diesem Zeitpunkt keiner – und jeder noch Hoffnungen. Später hat sie sich innerlich vom Fortbildner abgewandt. Damit ging ihr die Beziehung mit diesem verloren, die eine ganze Zeit eine intensive und produktive gewesen ist. Für beide Seiten.

Dass es in der Einrichtung eine *zentrale institutionelle Abwehr* gab, haben wir an mehreren Stellen schon thematisiert. Und zwar genau die, die auch Schäfer mit Blick auf das Scheitern seines Heimprojektes herausgearbeitet hat: *Die Angst vor dem Chaos*, das die Kinder und Jugendlichen entfesseln könnten, die vor allem eine Angst vor dem Verlust von Kontrolle ist, draußen mit Blick auf die Gruppe der Enthemmten und drinnen, in Bezug auf die eigenen Fähigkeiten auch mit chaotischen Situationen umzugehen und sich eben nicht überwältigen zu lassen. Dass eine so gestandene Einrichtungsleiterin immer noch an dieser Angst leiden kann, mag verblüffen. Denn diese Frau hatte schon hunderte von Kriseneinsätzen erfolgreich bewältigt. Vielleicht hatte sie aber auch registriert, dass die erfolgreiche Bewältigung dieser Krisen, zu denen sie gerufen wurden, wenn alle Anderen sich hilflos fühlten, eher mit Zuschreibungen der Kinder zu tun hatten und mit den Machtmitteln, die sie besaß und weniger mit pädagogischen und kommunikativen Kompetenzen.

Selbstverständlich haben auch andere in dem System schlecht kommuniziert und dazu mit zum Zerfall des Projektzusammenhangs beigetragen: die Schulleiterin; die Jugendamt-Mitarbeiterin, die sich nicht mit dem Fortbildner auseinandergesetzt, sondern sich über ihn bei der Einrichtungsleiterin beschwert hat; die später zuständige Bereichsleiterin, die ihre Unterstützung aufgrund von Gerüchten zurückgezogen hat (ebd., 61). Aber auch alle, die hinter dem Rücken der Beteiligten schlecht geredet und gehetzt haben und das alte Muster der Einrichtung bedient haben: *"Fehler und Schwächen werden Einzelnen zugeschrieben. Diese Personen werden identifiziert, öffentlich an den Pranger gestellt, wenn auch in subtiler Weise, und ausgestoßen oder zur Kündigung gedrängt. So bleibt das System frei von Selbstzweifeln."* (ebd., 73). Auch hinter diesem Symptom können wir das zentrale Thema Angst ausmachen.

13.6 Theorie der *sensiblen Zonen* in Institutionen und deren Zusammenspiel

Erinnern wir uns an das Projekt aus Kapitel 10: Der Fortbildner sollte und wollte zusammen mit der Einrichtungsleiterin und einem sorgfältig ausgewählten Team eine neue Intensivgruppe für gewalttätig agierende Jugendliche an den Start bringen und so lange begleiten, bis dieses Setting „halbwegs rund" laufen würde und es auf der Grundlage der dort gemachten Erfahrungen möglich sein würde, Ableger zu gründen. So weit ist es nie gekommen. Nach einem guten halben Jahr war der Teamleiter schwer an einem Magengeschwür erkrankt und musste der Fortbildner das Projekt und die Einrichtung verlassen. Das Projekt wurde kurz darauf eingestellt.

In seinen Bericht, in dem er die Gründe für das Scheitern des Projektes analysiert, deckt der Fortbildner sieben Dynamiken auf, die in seinen Augen dafür relevant sind (s. Kap. 10.4.1). Er folgte bei dieser Analyse seiner eigenen Intuition und den Begriffen, die er auch sonst, als Supervisor oder bei Fortbildungen, für das Verstehen von sozialen Prozessen anwendet. Er wollte damit keinen Beitrag zur Theoriebildung leisten; und doch lassen sich die sieben Gründe sechs Perspektiven zuordnen, mit denen man ein zugleich breit angelegtes wie offenes System zur Analyse von Prozessen des *Scheitern*s auch für andere Projekte an anderen Orten gewinnt. Wobei dabei vor allem an *soziale Projekte* gedacht ist, die mit Klient:innen arbeiten. Es handelt sich um Perspektiven, die sich genauso gut für die Analyse von Konflikten in und/oder zwischen Organisationen anwenden lassen (wie z. B. einer bestimmten Kinder- und Jugendpsychiatrie und einem Heim oder einer bestimmten Polizeidienststelle und einer konkreten GU-Einrichtung). Was uns nicht zu stören braucht, weil es in der Regel ungelöste Konflikte sind, die zum Scheitern führen. Diese sechs Analyse-Perspektiven bestimmen die Gliederung dieses Kapitels.

Wir werden diese sechs Perspektiven noch einmal kurz rekapitulieren und jede auf ihre Relevanz für andere, in diesem Buch dargestellte Projektentwicklungen überprüfen. Dabei werden wir vor allem auf das Wirken von Pestalozzi in Yverdon und das von Makarenko in der Gorkij-Kolonie eingehen.

13.6.1 Personen und ihre Biographien und die daraus resultierenden Konflikte mit Mitarbeiter:innen der eigenen Institution oder anderer Institutionen

Wenn wir ergründen wollen, was Personen aus ihren Biographien mitbringen, das zu anhaltenden Konflikten mit Anderen führt und Scheitern wahrscheinlich(er) macht, taucht als erstes die Frage auf, wie viel *biographisches Wissen* wir von diesen besitzen. Der Fortbildner in Kapitel 10 hat uns Einblick gegeben in seine ungünstige Affektstruktur bezogen auf Frauen und seine Verwicklung in Stellvertretungskämpfe gegen die Mutter zur Rettung des Vaters. Warum er sich mit beinahe allen Frauen in seinem institutionellen Umfeld (Einrichtungsleiterin, Schulleiterin, stellvertretende Leiterin, Jugendamts-Mitarbeiterin) verstrickt hat und warum er sich mit einem bestimmten Klienten so sehr identifiziert hat, dass er ihn in Schutz vor den „bösen Frauen" nehmen zu müssen glaubte, wurde auf diese Weise plausibel. Schon bezogen auf seine „Hauptgegnerin", die Einrichtungsleiterin, fehlen uns solche Informationen. Aus einem Jahre vorher stattgefundenen Konflikt, an dessen Ende ein anderer Mann gehen musste, ein Professor, den sie eingeladen hatte Fortbildungen in ihrer Einrichtung durchzuführen, können wir schließen, dass auch sie mit *Eigen-Themen* beschäftigt war, die sie zwanghaft reinszenieren musste. Auch bei ihr deutet sich eine biographisch motivierte Männer-Frauen-Konfliktlinie an. Es handelt sich aber lediglich um eine Hypothese. Bezogen auf die Schulleiterin fehlt uns selbst eine Vermutung. Dass sie auf das Onanieren eines Klienten im Unterricht so panisch reagiert hat, wird man ihr nicht als besondere biographische Auffälligkeit unterstellen können. Dass sie in der Erstbegegnung mit dem Fortbildner sich als *„designierte Nachfolgerin"* der Leiterin vorstellt, allerdings schon (siehe unter C).

So wird an dieser Stelle deutlich, dass die Perspektive *„Personen/Biographien/wechselseitige Verhakungen"* zwar hohe Relevanz für *Misslingensdynamiken* von Projekten beanspruchen kann, aber das Wissen um diese Hintergründe nur selten in dem gewünschten Umfang und der gewünschte Tiefe vorliegt. Tiefenpsychologische Zusammenhänge haben wir auch bei Wilker und Pestalozzi unterstellt (vgl. Kap. 3.6 und 5.7 Hypothese 4). Es handelt sich dabei aber um nicht mehr als um Spekulationen. Einen wirklich substantiellen Beitrag zur Biographie eines Projektverantwortlichen besitzen wir nur für Pestalozzi: Die mit psychoanalytischen Theorieelementen operierende Arbeit von Volker Kraft, die ich für einen Meilenstein in diesem Genre halte (Kraft 1996), fokussiert auf fünf Affektstrukturen, die zum Verstehen seiner späteren Konflikte auch und gerade im Zusammenhang mit seinen Projekten relevant sind:

- - Kraft attestiert Pestalozzi eine Fixierung auf einer präödipalen Phase auf der noch exzessive Spaltungsvorgänge verwendet und gebraucht werden. Entweder ist man selbst oder das Liebesobjekt ganz gut oder ganz schlecht. Um das Liebesobjekt vor Abwertung zu schützen, schreibt man sich selbst eher die *„bösen Anteile"* zu (Kraft 1996, 73). –
- Pestalozzi muss sich als Kleinkind schnell damit abfinden, dass seine Geschwister die Liebe der Mutter an erster Stelle brauchten und bekamen. Sein ungestilltes Liebesverlangen lebte er später an den Kindern aus. Die bekamen von ihm, was er selbst entbehrt hatte. Er sah ihn ihnen mehr sich als sie. Und wenn sie ihm seine Liebe nicht dankten, wurde sie in seinen Augen ganz schlecht und mussten geschlagen werden.
- Der frühe Verlust des Vaters, den der Fünfjährige eventuell auch selbst in den Zusammenhang mit ödipalen Phantasien gestellt hat. Das würde bedeuten, dass er sich selbst mit schuldig an dessen Tod empfunden hat. In jedem Fall folgt Pestalozzi dem Vater nach: Wie dieser bleibt er hinsichtlich mehrerer Erwartungen seiner Umwelt zurück; bezogen auf eine solide Ausbildung, auf

einen geschickten Umgang mit Geld und Besitze und was sonst von Mitbürger:innen anerkannte Erfolge betrifft (ebd., 78 ff.). Die tief eingewurzelte, generationenübergreifende Misserfolgsorientierung, darf immer nur kurz von Erfolgen durchbrochen werden.

- Nach dem Tod des Vaters gerät Pestalozzi in eine Art von *„sozial-pädagogischen Gefängnis"* (ebd., 91). Aus Sparsamkeitsgründen darf er nicht wie andere draußen spielen und sich schmutzig machen, da kein Geld für neue Kleider zu Verfügung steht. Dennoch wird er ständig gegängelt, sich ordentlich zu waschen, zu kämmen, anzuziehen, damit niemand etwas von der Armut der Familie erfährt. Sein späteres ungepflegtes Aussehen scheint daher zu rühren, dass er als Erwachsener das praktiziert, was er sich als Kind nicht getraut hat (ebd., 94). Einschränkender ist aber noch, dass er sozial isoliert wird und sich zum Sonderling entwickelt, der mehr Ablehnung als Anerkennung findet (ebd., 106).
- Mit und wegen der sozialen Isolierung schafft er sich eine innere Welt, in der Phantasien und Bücherwissen gleichermaßen regieren. Eine Art von Ersatzrealität. Er selbst schreibt später im Rückblick: *„Dieses Leben in Büchern war indessen das einzige, das mich weckte. Da ich nicht in der wirklichen Welt lebte, kam ich doch in eine andere und gefiel mir um soviel mehr darin, als ich in der ersten nichts war. Zwar sah bald jeder Knabe, was mir mangelte und machte sich lustig darüber"*, nicht jedoch seine Lehrer, die ihn eher darin bestärkten sich in der Bücherwelt zu bewegen.

Die Biographie, die Dudek 2012 über Bernfeld vorgelegt hat, enthält viele interessante Informationen und liest sich gut, gibt aber wenig her zum Verstehen von Affektstrukturen und Psychodynamiken Bernfelds. Ähnliches gilt aber auch für die zahlreichen biographischen Zeugnisse, die Götz Hillig über Makarenko zusammengetragen hat (Hillig 1994, 1996, 1999, 2002).

13.6.2 Machtverteilung in Organisationen (Leitungsstrukturen und informelle Machtansprüche)

Bezogen auf die Einrichtung, in der der Fortbildner das Projekt neue Intensivgruppe realisieren sollte, sind wir bezogen auf Leitung auf zwei wichtige Themen gestoßen. Zum einen lag die Leitung seit mehr als 15 Jahren in der Hand der Chefin, die in den Jahren davor mehrere Schulleiter und -leiterinnen entlassen (s. Kap. 10) und damit die Person auf dem zweiten Platz neben ihr immer wieder in Frage gestellt und vakant gemacht hatte. Sie galt in der Einrichtung als die unumstrittene Leiterin, die sich mit großem Engagement um sehr viele Details der praktischen Arbeit kümmerte, jedes Kind und jeden Jugendlichen namentlich kannte (immerhin 80) und selbst viele Stunden am Tag in der Einrichtung präsent war und von ihren leitenden Mitarbeiter:innen erwartete, auch am Abend für telefonische Absprachen zur Verfügung zu stehen. Zum anderen wissen wir aus dem Bericht, dass die *Leitungsstruktur* bezogen auf das neue Projekt eine heikle Konstruktion darstellte. Der Fortbildner wollte nicht der Leiter der neuen Intensivgruppe sein, auch mit Rücksicht auf sein Alter und frühere Erfahrungen mit akuten Erschöpfungszuständen. Er wollte aber der maßgeblich Konzeptverantwortliche sein und praktisch an den Schlüsselstellen des Projekts arbeiten: Fallberatung mit dem Team, zwei Mal die Woche Anti-Gewalt-Training mit den Jugendlichen sowie die Schnittstellen mit Externe bedienen, d. h. Elterngespräche sowie Hilfeplangespräche mit den Jugendamts-Mitarbeiter:innen durchführen. Damit würde er viele wichtige fachliche Knotenpunkte persönlich mitgestalten können. Der Teamleiter sollte dagegen für den Alltag zuständig sein, d. h. für die Beschäftigungsmöglichkeiten der Jugendlichen, die Anleitung der Mitarbeiter:innen, die Sicherstellung der Versorgung, Sauberkeit und Ordnung in Haus und Hof, die Schnittstelle zur Schule, aber auch für Kriseneinsätze am Abend und am Wochenende, die bei dieser Zielgruppe erwartbar waren. Die Einrichtungsleiterin würde alle Rahmenbedingungen entscheiden, das Konzept und bei Belegungsfragen. Direkte Eingriffe in den Alltag waren nicht vorgesehen.

Diese *Leitungskonstruktion* erwies sich in mehrfacher Hinsicht heikel und konfliktreich: zum einen, weil die Dienst- und Fachaufsicht nach wie vor bei der Einrichtungsleiterin lag. Sie konnte und musste sich deswegen auch in Entscheidungen einmischen, die ihr unfachlich erschienen. Die Frage ist freilich, wie sie das machte. Der zweite Grund lag in der Aufteilung der Aufgaben zwischen Teamleiter und dem Fortbildner: denn letzterer nahm Aufgaben wahr, die in anderen Gruppen den Teamleitern zufallen. Der Teamleiter der neuen Gruppe wäre demnach ein anderer Teamleiter als die anderen ihm Gleichgestellten in der Einrichtung. Die Aufgabenteilung zwischen den beiden Männern war aber im Konsens auf gegenseitigen Wunsch hin verabredet worden. Der Teamleiter traute sich bestimmte Aufgaben nicht zu und war froh, dass der Fortbildner sie ihm abnahm. Zunächst. Das änderte sich mit seiner Einbindung in den Kreis der anderen Teamleiter. Diese war in den Augen der Einrichtungsleiterin erforderlich. Dort wurde er aber Einflüssen ausgesetzt, die ihn mit dem Fortbildner in Konflikt brachten. Denn in der Teamleiterrunde dominierte die Einrichtungsleiterin mit ihren fachlichen Einstellungen, die zum Teil von denen des Fortbildners abwichen. Mit dem Ergebnis, dass der Teamleiter immer mehr zwischen die Fronten geriet und schließlich auch der Absetzung des Fortbildners als Wächter über das Konzept, aber auch in seiner Rolle als Gegenüber für die Jugendämter zustimmte. In Zukunft sollten Einrichtungsleiterin und Teamleiter das Konzept fortschreiben und der Teamleiter Hilfeplangespräche führen. Eine Neuverteilung von Aufgaben und Macht, die zu Spannungen zwischen Fortbildner und Teamleiter führten und dessen Erkrankung auslöste. Denn dieser befand sich nun in einem dauerhaften Loyalitätskonflikt: einerseits hatte ihn der Fortbildner entdeckt und angeworben und bei seiner drohenden Entlassung so interveniert, dass die Einrichtungsleiterin diese zurücknahm (Kap. 10.2). Andererseits stellte die Einrichtungsleiterin für ihn inzwischen, wie für alle anderen Teamleiter auch, die entscheidende Leitfigur dar. Nicht mehr der Fortbildner oder nur noch in ambivalenter Weise. Während die Machtverteilung in der neuen Gruppe prekär und umkämpft war, hatten Einrichtungsleiterin und Schulleiterin ihre Machtbefugnisse klar abgestimmt und agierten unisono. Für beide stellte das neue Projekt zwar einen weiteren, wünschenswerten Baustein in der Angebotspalette dar, aber einen verzichtbaren; noch dazu hatten sich die Männer und das neue Projekt rasch verdächtig gemacht. Man hatte zwar einiges an Geld investiert, aber das war angesichts der Rücklagen verschmerzbar. Man musste dieses Projekt nicht halten. Man konnte es auch wieder abstoßen. Damit waren die *Machtverhältnisse* gegenüber den Männern im Projekt mehr als klar.

Pestalozzi hatte sich – nach längerem Zaudern (Kraft 1996, 292 f.) – in Yverdon eine klare Leitungsposition zugeschrieben und auch zugebilligt bekommen. Spätestens nachdem der Konflikt in Buchensee mit der Rückkehr der abtrünnig gewordenen *„Söhne"*, die sich hatten von ihm emanzipieren wollen, beigelegt worden war, beginnt er in Yverdon den Neustart seines Schulprojekts (Hebenstreit 1996, 38). Aber es braucht kurze Zeit und wenig um zu bemerken, dass er ein schwacher Leiter war, der mit Blick auf klar institutionelle Regelungen und Finanzen überfordert war sich mal dieser, mal jener Beeinflussung überließ. Mehrere Mitarbeiter:innen versuchten es und gewannen jedes Mal den Eindruck, sie wären die entscheidenden Beeinflusser:innen. Pestalozzi konnte niemandem etwas abschlagen und zögerte die Entscheidung, wer denn nun seine Nachfolge antreten sollte, mehr als zwei Jahre hinaus. Auch er befand sich diesbezüglich in einem Loyalitätskonflikt: der eine Kandidat (Niederer) hatte ihm geholfen seine Schriften zu überarbeiten und ihm so den Weg der Wahrnehmung auch an Universitäten geebnet. Der andere (Schmid) verstand sich auf die praktische Arbeit, konnte aber den hochfliegenden Gedanken Pestalozzis oft nicht folgen. So blieb Pestalozzi lange, zu lange, hin und her gerissen und polarisierte damit das Lehrerkollegium mehr und mehr, so dass sich in Yverdon *anomische Verhältnisse* entwickelten (ebd., 39 f., Kraft 1996, 291).

Makarenko war der unbestrittene und einzig relevante Leiter der Gorkij-Kolonie (Kap. 7). Auch weil der Pate Maxim Gorkij, ein weltbekannter Schriftsteller, hinter ihm stand. Die mit ihm von Beginn an aktiven Erzieher:innen trauten sich zwar ihn wegen seiner Gewalttaten zu kritisieren, durchaus klar und deutlich, s. Kap. 7.4.2). Aber sie hegten keine Leitungsansprüche und schienen mit ihrer Rolle als Frauen, die sich um die Jüngeren kümmerten, deren Verletzungen verarzteten, für Atmosphärisches wie Vorhänge in den Schlafsälen sorgten und die männlichen Jugendlichen zu Kavaliers-mäßigem Verhalten ihnen gegenüber anregten, ganz zufrieden. Außerdem gelang es Makarenko die Versorgungslage Schritt für Schritt zu verbessern, was ihn in den Augen vieler Betreuter als Leiter qualifizierte. Zudem fielen die ersten Beurteilungen durch Kontrollbehörden und Besuchskommissionen sehr positiv aus. Die Gorkij-Kolonie war unter seiner Leitung Muster-Einrichtung geworden (Kap. 7.3). Auch deswegen konnte es sich Makarenko leisten intern als derjenige aufzutreten, der als Einziger dazu befugt war, Strafen auszuführen. Man brachte die Übeltäter zu ihm und er entschied, wie sie bestraft werden sollten; durchaus kreativ und mit Blick auf das, was Einzelne erreichte. Ein strenger, aber guter Monarch im Inneren. Aber auch jemand, der sich aufgrund seiner Machtfülle und seines gewachsenen Selbstbewusstseins mit Externen, Behördenvertreter:innen oder der Miliz anzulegen traute (Kap. 7.5). Makarenko war in der Gorkij-Kolonie ein weitgehend akzeptierter Alleinherrscher, auch wenn es offiziell einen *Rat der Kommandeure* gab. Dessen Mitglieder hatte er ernannt und band diese an sich, wenn es nicht vorher schon eine enge, auch persönliche Anbindung an ihn gegeben hatte. Er war aber offensichtlich klug genug, andere Fachleute wie den Agrarökonomen oder Schmied deren eigene Aufgabengebiete selbstbestimmt anzugehen. Da mischte er sich nicht hinein und traute den Fremden zu, ihren Weg zu oder mit den Jugendlichen zu finden. Er wusste wo seine Grenzen lagen und wo er auf Fachleute angewiesen war. Die hielten ihm aber auch den Rücken frei Aufgaben zu übernehmen, die andere Kolonieleiter abgelehnt hätten oder für die sowieso nur er in Frage kam. So den Umzug nach oder die Übernahme der Kolonie.

Die spannende Frage ist, wie ein Leiter wie er, der so fest im Sattel zu sitzen scheint, mehr und mehr in Frage gestellt, immer häufiger kontrolliert und schließlich seiner Ämter enthoben werden konnte. In Frage kommt, dass er gerade wegen seiner Machtfülle und seiner bisweilen anmaßenden Art gegenüber anderen Behörden in die Schusslinie kam. Dass er als zu mächtig eingeschätzt wurde. Vermuten darf man, dass jemand, der so auftrat wie er, aber nicht in der Partei war, Gegenkräfte hervorrufen musste. Eine bekannte *Dialektik der Macht*. Noch dazu muss er sich in der Kolonie häufig grob verhalten haben. Entweder die Jugendlichen passten sich an und akzeptierten, dass sie von den Kommandeuren in ebenso grober Weise angegangen und auch geschlagen wurden. Oder sie gingen wieder. Sein auf den ersten Blick eher hemdsärmeliger pädagogischer Stil, der vor Drohungen und Gewalt nicht zurückschreckte, war auch von anderen Kolonieleitern, manche davon vorher in der Gorkij-Kolonie tätig, übernommen worden. Sicher hatten die diesen Stil nicht mit ebenso sensiblen und klugen Handlungsweisen verbunden wie der „Meister". Aber auch mit diesen kam er in die Schusslinie. Und bekam das wahrscheinlich lange nicht mit, weil ein Teil der Behördenvertreter:innen ihn noch immer umwarb, während andere Kreise sich bereits von ihm abkehrten. Die Genoss:innen, die ihm die Leitung der Djerzinski-Kommune angeboten hatten, waren wahrscheinlich erstaunt darüber, dass man von ihm auch Negatives berichten konnte und wurden sich rasch unsicher darüber, ob sie mit ihm den Richtigen gewählt hatten. So begann sein Stern, beinahe im Sturzflug, zu sinken. Die Konflikte, die er im Inneren wie im Umfeld der

Kolonie lange Zeit mit Entschlossenheit und auch mit harter Hand mehr unterdrückt als gelöst hatte, schwelten weiter und entwickelten sich zu einem Flächenbrand. Zu viele andere waren von ihm brüskiert worden.

13.6.3 Organisationskulturelle Besonderheiten der Einrichtung

Im Bericht des Fortbildners wurde vor allem deutlich, dass es sich um eine Frauen-dominierte Einrichtung handelte, in der Männer in Leitungspersonen keine Rolle spielten. Eine Bestätigung dafür ist der einzige Mann, der eine zentrale Rolle ausübte, denn er übte eine ansonsten klassisch weibliche Rolle aus – er war die männliche Sekretärin und zugleich die männliche Vorzimmerdame vor dem Büro der Chefin. Alle kannten ihn und alle mochten ihn als einen dufte Typen, aber er war eben doch auch nur der Sekretär. Bis zum Auftauchen des Fortbildners und Teamleiters war man in der Einrichtung gut ohne Männer ausgekommen, von den Hausmeistern einmal abgesehen. Die Frauen pflegten einen eher burschikosen Umgangston, eher straight und ohne allzu viel femininen Affekt. Männer galten – wie unterschwellig in vielen Frauen-Organisationen der ehemaligen DDR – eher als schwach und störend oder angeberisch und aufdringlich. In diese Kultur kommen nun zwei Männer: der eine mit einem Doktor-Titel, der andere mit einem Handwerker-Habitus: Blaue Wolljacke über schwarzer Zimmermannshose (Bericht 2011, 57). Ein ungleiches, aber zunächst abgestimmt auftretendes Paar. In diesem Zusammenhang kann ein Detail wichtig sein: Vergessen wir nicht, dass es zu Beginn des Projektes klar war, dass die Einrichtungsleiterin nach den fünf Jahren, die für die Projektentwicklung angesetzt waren, in Rente gehen wollte. So ist es kein Wunder, dass die Schulleiterin bei der ersten Begegnung mit dem Fortbildner und dem Teamleiter sich den beiden als *„designierte Nachfolgerin"* vorgestellt hatte (Bericht 2011, 49). Das spricht dafür, dass es in der Einrichtung auch mit Blick auf die Zukunft eine *„starke Chefin"* präferiert wurde. Aber die explizite Thematisierung deutet zugleich auch auf bestimmte Ängste hin: Die neuen Männer wurden, wahrscheinlich nicht nur von ihr, auch daraufhin beäugt, ob sie über ihr Projekt hinaus Leitungsansprüche geltend machen würden. Für die anderen vom Fortbildner herausgearbeiteten Institutions-kulturellen Besonderheiten verweise ich auf den Bericht. Sie sind dort klar herausgearbeitet (Kap. 10).

Was die Gorkij-Kolonie betrifft, können wir dagegen von einer *männlich dominierten Organisationskultur* sprechen (Schuberth 2012). Dazu zählen zum einen gewisse militärische Rituale wie der Fahnenappell, zu dem alle Kolonisten anzutreten hatten, das Marschieren, das regelmäßig geübt wurde, auch mit Holzgewehren und später auch eine Militärkapelle. Makarenko, selbst eher von schwächlicher körperlicher Konstitution, gab sich in seiner Kleidung und Kopfbedeckung gerne einen militärischen Anstrich. Zum anderen fanden in der

Freizeit immer wieder wilde Rollenspiele statt, bei denen in den nahegelegenen Wäldern Räuber oder Partisanen gejagt und gefesselt wurden, um sie Makarenko vorzuführen. Solche Spiele dehnten sich aber auch in reale Zusammenhänge aus bzw. wurden von diesen inspiriert. Denn unter der Leitung von Makarenko war in Bauernhäuser eingebrochen worden mit der Maßgabe Vorräte an Schnaps und Destillen zu vernichten. Angeblich, weil die Bauern dafür zu viel Getreide verwendeten, der damit für andere Bedarfe – Mehl für Brot – verloren ging. Ähnliches galt für das Aufspüren von Holzdieben, die beim illegalen Schlagen von Holz belauscht und gestellt worden. Am Abend praktizierten die Kolonisten *„Spiele"*, bei denen man auf schmerzhaft auf die Hand geschlagen bekam und den Schmerz bzw. die Angst vor dem Schmerz meistern musste. Makarenko nahm selbst daran teil (s. Kap. 7.6). Das bisher Geschilderte sitzt einem Sockel von klassischer Männlichkeit auf: Der harte, weitgehend schmerzunempfindliche, furchtlose und gewaltbereite Mann, den viele Jugendliche bei ihrem Leben auf der Straße und/oder in Banden kennengelernt hatten und der durchaus ihren Idealvorstellungen von einem richtigen Mann entsprach. Wir haben gesehen wie Makarenko mit seinen Gewalttaten und seinen Gewaltandrohungen dieses Ideal bedient hat. Von Makarenko wurde allerdings auch versucht diesem Ideal ergänzende und veredelnde Elemente beizumischen: zum einen Disziplin wie beim Militär, aber die Zielstellung die Gewalt für richtige, gesellschaftliche Zwecke zu nutzen (gegen Antisemitismus, für Gerechtigkeit etc.), aber auch Väterliches, das sich einerseits kümmert, aber auch Stolz ausdrückt, wenn die *„Kinder"* seinen Erwartungen entsprechen. Das war die institutionelle Männlichkeits-Kultur, die durch ein paar dazu komplementäre weibliche Elemente ergänzt wurden. Dazu zählt dann auch Rücksichtnahme auf Mädchen, Frauen und Schwächere und auf die Kleinen.

Sicher ist es Makarenko gelungen mit dieser kulturellen Mischung viele, vielleicht sogar den Großteil der Jugendlichen anzusprechen. Die von ihm vertretene männliche Kultur lag nahe genug an dem, was sie aus ihrer bisherigen Sozialisation kannten und richtig fanden und weit genug davon entfernt, um dem Mitgebrachten neue Akzente hinzuzufügen, um es so zu erweitern. Dieses von Makarenko nicht explizit vertretene Konzept, scheint bei einigen Jugendlichen aufgegangen zu sein, bei anderen eher nicht. Manche Kommandeure blieben ihrem alten Männlichkeitsideal treu und schlugen zu oft zu hart zu. Und auch Makarenko hat seinem eigenen kulturellen Ideal nicht immer genügt. Die gepflegte institutionelle Männlichkeitskultur muss man sich deswegen durchaus hemdsärmelig vorstellen mit wiederholtem Abgleiten ins Brutale.

Von der *Organisationskultur* in Pestalozzis Projekten wissen wir wenig; er selbst sah, nach vielen Zeugnissen seiner Beobachter:innen, *„liederlich"* aus; ungekämmt, vernachlässigte Kleidung, wohl auch schmutzig (Kap. 3.2.7). Aber dieser persönliche Stil wurde kein Einrichtungsstil. In Neuhof und in Stans küsste gerne und viel. Manche Kinder erinnern seinen kratzigen Bart. Wie er es später damit gehalten hat, wissen wir nicht. In Stans legte Wert darauf, dass die Fortgeschrittenen die Lernenden auf einer Stufe darunter anleiteten. Die Idee, immer eine Kinder-„*Lehrerin*" und zwei Kinder-Schüler:innen nebeneinander zu setzen, mit der Hand der Lehrerin um die Schulter, aber auch mal im Nacken der Schüler:innen, ist originell und typisch Pestalozzi. Überhaupt der Wohnstuben-Charakter hat es ihm angetan und prägt seine Auffassung einer angemessenen Einrichtungskultur. Er verleugnet geradezu das Institutionelle an seinen Settings, propagiert diese als quasi-Familien und behandelt die Kinder als seine Kinder. Sicher hat er das in Münchbuchensee und Yverdon so nicht fortsetzen können. Aus der Wohnstube wurde eine Organisation. Vermutlich hat er sich deswegen wieder nach einer kleinen Einrichtung für die Armen zurückgesehen und in Clindy einen Versuch dazu gestartet.

Auch hier stoßen wir wieder auf das Problem, dass sich *Organisationskulturen* nur durch eine nähere Beobachtung erschließen. Oder durch Alltagsberichte in der Dichte wie sie Makarenko und Bernfeld an uns überliefert haben. Auch bei Wilker rätselt man darüber, welche Organisationskultur ihm vorschwebte. Nur einmal, wenn er über das Wecken schreibt, wird sein persönlicher *Stil* deutlich: Er ist durchaus in der Lage am Morgen länger Liegenbleibende so nachhaltig zu wecken, dass es dabei zum „*Kampf um die Bettdecke*" kommt und bisweilen „*die Betten dabei umflogen*" (Wilker 1921a, 36). Und er steht in aller Öffentlichkeit dazu, wohlwissend dass man ihm das vorwerfen kann (ebd.). Ein anderes Mal wird sein *Stil* über die Nacktläufe deutlich, die er mit den Jugendlichen unternimmt und über die Museumsbesuche (ebd., 70 und 66). Aber das sind persönliche Stilelemente, die er in den Lindenhof einbringt. Damit schafft er noch keine Organisationskultur, bestenfalls Vorschläge dazu. Eine solche hatte sich vermutlich dort entwickelt und etabliert haben, wo die Handwerker und Beamten das Sagen hatten: Dort hatten wir das Deutsch-Nationale als dominante Einrichtungskultur identifiziert und somit einen *Kulturkampf* zwischen Wilker und den Beamten als maßgeblich angesehen (vgl. Kap. 5.7 Hypothese 3).

13.6.4 Institutionelle Abwehrmechanismen

Den Begriff haben wir bereits in Kapitel 11 eingeführt und erläutert (s. Kap. 11 F).

Der Clou an der Analyse des Fortbildners bezogen auf Abwehrmechanismen besteht in der Einsicht, dass es vor allem die *Angst vor dem Chaos* ist, die in der Einrichtung umgeht und in Gestalt von repressiv überwachenden und eindämmenden Strukturen abgewehrt wird. Dazu müssen diese erst einmal aufgebaut, ritualisiert und verteidigt werden, führen aber auch dann dazu, dass bestimmte Kinder/Jugendliche als unbetreubar gelten und entlassen werden müssen. Mit dem Fortbildner kommt eine Haltung in die Einrichtung, die das Aggressive und Chaotische nicht nur bei den Zöglingen ansiedeln möchte, sondern jedes

Mal nach den eigenen Anteilen der mit ihnen in Konflikt geratenen Mitarbeiter:innen fragt; nach situativen Anteilen, aber auch nach persönlichen. Solange diese Haltung in der eigenen Gruppe praktiziert wird, erweckt das noch keinen Widerstand. Weil aber auch Schulprobleme in der Anti-Gewalt-Gruppe behandelt werden, bzw. Gewaltvorfälle in der Schule in der Gruppe nachbearbeitet und sanktioniert werden sollen, werden Unterschiede in den Haltungen und inneren Einstellungen deutlich, die das System aber nicht zulassen kann. Zu vieles wird damit in Frage gestellt, was in der Resteinrichtung und der Schule durchaus funktioniert; die paar out-drops fallen da nicht ins Gewicht. Mit der Abwehr gegen die Einstellung, sich in jedem Konflikt selbst zu hinterfragen und eigene Anteile offensiv zu thematisieren, werden aber auch die Vertreter dieses Ansatzes, der Fortbildner und zumindest auf der ersten Strecke auch der Teamleiter, abgewehrt; in der Schule, die den Fortbildner schon einmal als jemand kennengelernt hatte, der den Finger in die Wunde legt; insbesondere der Schulleiterin, die sich über ihn beschwert; von der Einrichtungsleiterin, die ihren Stil in Frage gestellt sieht, aber auch von Teilen des Teams, für die es einfacher ist, sich ins Einrichtungslager zu schlagen, als der Suche nach eigenen Anteilen zu stellen.

Wenn wir uns fragen, was in der Gorkij-Kolonie abgewehrt wurde, stoßen wir auf das Thema der wachsenden Unzufriedenheit von Teilen der Jugendlichen und vielleicht auch Teilen der Erzieherschaft mit der vorherrschenden Form von Pädagogik und Einrichtungskultur und damit auch mit der Dominanz von Makarenko. Dass die beiden weiblichen Mitarbeiterinnen anfangs schockiert waren über sein Verhalten wurde von ihm selbst deutlich gemacht (s. Kap. 7.3.3). Aber sie haben ihn in seinem Stil weitermachen lassen, vielleicht auch, weil sie wahrgenommen haben, dass er damit die überwiegend männlichen Jugendlichen hinter sich scharen konnte. Im Lauf der Jahre muss es aber immer mehr Jugendliche gegeben haben, die sich in der Gorkij-Kolonie nicht zurechtfanden. Im Untersuchungsbericht aus dem Jahr 1927 war von 35 % die Rede, die wieder gegangen sind, etliche davon vermutlich im Konflikt und dem Gefühl ungerecht behandelt worden zu sein (Kap. 7.6). 35 % stellt nach heutigen Maßstäben für diese Altersgruppe (!) eine durchaus bemerkenswerte, aber nicht besonders hohe Abbruchquote dar (Tornow/Ziegler 2006). Gleichzeitig ist die Gruppe groß genug, um hellhörig zu werden und genauer hinzuschauen. Es scheint, dass Kritik am System und/oder Verhalten einzelner maßgeblicher Systemvertreter gerade von Seiten der Neuankömmlinge nicht aufmerksam gehört und nicht zugelassen wurde. Wahrscheinlich spitzte sich die Situation für viele in der Frage zu, ob sie sich anpassen und hochdienen wollten oder die ersten Ungerechtigkeiten und die fehlende Möglichkeit, diese prominent zur Sprache zu bringen, zum Anlass nehmen wollten, der Kolonie wieder den Rücken zuzukehren. Makarenko und die Seinen müssen sich auf der Seite derer gesehen haben, die das Richtige wollen und das Beste aus den Umständen machten. Wer sie kritisierte kam vermutlich schnell in den Verdacht, sich vor der Arbeit drücken oder die Stimmung kaputt machen zu wollen, ein Defätist zu sein. So wie sich Makarenko von anderen nicht kritisieren ließ, so wenig ließ er vermutlich Kritik der neuen Zöglinge zu. Sie schien ihm wahrscheinlich als ein „Herummeckern" an seinem System. Insofern hätte es sich um eine *kollektiv-narzisstische* Abwehr gehandelt: Wir sind gut und was wir machen ist gut, und wer das nicht bestätigt, bedroht uns. Aber auch um eine Abwehr von Aggression, vielleicht sogar mörderischer Aggression, gegen die Person, die im Mittelpunkt der Einrichtung saß, wie eine *große, schwarze Spinne, in ihrem Netz*, und von dort aus alles kontrollierte. Eine mächtige, eine übermächtige Person, die allerdings mehr Angst machte als herausforderte.

Eine andere *institutionelle Abwehr* in der Gorkij-Kolonie kann die Sexualität betroffen haben; die eigene von Makarenko, aber auch die der Zöglinge; denn wir hören kaum etwas von diesem relevanten Thema, das sicherlich vor den Toren einer Einrichtung nicht Halt gemacht macht. Da war Wilker offener, wenn er in seinem Bericht „*Lindenhof: Werden und Wollen*" ganz deutlich von homosexuellen Kontakten nachts in den Schlafsälen schreibt und sich dazu bekennt diese dulden zu wollen. Interessant ist zweifellos, dass Makarenko die ersten Jahre mit seiner damaligen Partnerin, im Poem nennt er sie *Lidija Petrovna*, in der Gorkij-Kolonie gelebt hat. Dass sie Tisch und Bett geteilt haben, wird nicht unbemerkt geblieben sein. Sexualität war ja auch das hintergründige Thema bei der Zadorov-Affäre, wie Jahrzehnte später enthüllt wurde (Kap. 7.4 Exkurs 1). Aber selbst, wenn dieses Thema tabuisiert worden sein sollte, wird nicht deutlich, was es mit dem Scheitern von Makarenko zu tun haben soll. Zumindest mir nicht.

13.6.5 Zunehmende Wahrnehmungsverzerrungen bei Konflikt-Eskalationen und sich abzeichnendem Scheitern

In Kapitel 10 konnten wir lesen wie der Fortbildner seine sukzessive Marginalisierung und seinen fortschreitenden Ausschluss aus der Einrichtung erlebt hat.

Auch in der Gorkij-Kolonie stoßen wir auf auseinanderdriftende Wahrnehmungen. Im Nachhinein und von außen betrachtet erscheint im Lauf der Jahre mehr und mehr am Verhalten Makarenkos und der Entwicklung der Gorkij-Kolonie fragwürdig und falsch. Damit geht die Erinnerung an das fachlich Richtige in den Jahren des Aufbaus und die Anerkennung als Modell-Einrichtung verloren. Vergessen wird damit auch das jahrelange, persönliche Engagement von Makarenko, der quasi nie Urlaub genommen und sein Studium in Moskau abgebrochen hatte, als man ihn vor Ort brauchte. Makarenko wird zum Buh-Mann und er antwortet den Untersuchenden häufig in einer Art und Weise, die die Verdächtigungen gegenüber ihm zu bestätigen scheinen. So wird er in den Augen der Behörden zu einem Übel, das entfernt werden muss. Makarenko scheint aber in einen ähnlichen Tunnel zu geraten. Es gelingt ihm nicht, sich zu besinnen, an welchen Stellen er wirklich etwas falsch gemacht hat. Alles, was er unternommen hat, soll gut gewesen sein. Und was fachlich nicht gut war, soll trotzdem notwendig und damit legitimiert werden können. Mit dieser Haltung muss er als unbelehrbarer Sturkopf erscheinen. So wie die kritisch Untersuchenden ihm als neidische Hyänen erscheinen müssen, die seine Gorkij-Kolonie zerfleischen und besudeln wollen.

Bei Pestalozzi können wir solche Zuspitzungen nicht ausmachen. Er geißelte sich früh im Neuhof und geißelte sich später im Schwanengesang, wenn auch immer mit einem exkulpierenden Gestus der das zukünftige Gelingen immer noch offen lässt. Mit diesem Muster bleibt er sich treu (siehe ausführlicher in Kapitel 15.2).

13.6.6 Klient:innen und deren Einfluss auf Konflikte in der Organisation und auf Spaltungen im Inneren der Organisation

In der Geschichte des Fortbildners (Kap. 10) spielt ein Jugendlicher eine besondere Rolle: Derjenige, der in der Schule onaniert, die ihn ertappende Schulleiterin würgt und damit einen großen Skandal auslöst. Aber das ist nur die vierte oder fünfte Episode, dass sich rund um seine Person die institutionellen Geister scheitern. Schon seine Aufnahme ist überschattet von dem Verbot der Einrichtungsleiterin ihn von zu Hause abzuholen; sein Hilfeplangespräch ist das, bei dem der Fortbildner im Jugendamt Tische und Stühle rückt, was die Mitarbeiterin gegen ihn aufbringt; diese hatte vorher schon an einer glänzenden Fallbeschreibung erkennen müssen, dass sie den Jungen bisher viel zu wenig verstanden hatte. Und so ging es weiter und weiter. Um diesen Jungen ranken sich zahlreiche Ärgernisse; an ihm zerstreiten sich die Protagonisten, vor allem der Fortbildner mit der Einrichtungsleiterin, mit der Schulleiterin und dem Teamleiter. Von allen drei wird der Fortbildner verdächtigt, den Jungen zu großzügig zu behandeln, zu wenig streng. Gegen alle drei wendet dieser ein, dass er dessen Art von Persönlichkeitsstörung und mörderischer Familiendynamik besser zu deuten weiß wie seine Kritiker:innen. Als der Fortbildner gehen muss und seine schützende Hand nicht mehr über den Jungen halten kann, eskaliert dieser innerhalb weniger Wochen und wird entlassen bzw. begibt sich auf eine waghalsige Flucht, die ihn nach mehreren Straftaten ins Gefängnis bringt. Sicher hatte sich der Fortbildner übermäßig mit dem Jugendlichen identifiziert; sicher haben aber auch die anderen Einsichten in dessen Psychodynamik abgewehrt, weil sie sie mit eigenen mörderischen Phantasien in Kontakt gebracht hätten. Vermutlich hat der Jugendliche die Spaltungsdynamik, die er ausgelöst hat, mitbekommen. Dass sich die Erwachsenen um ihn herum nicht einigen können, was er braucht und wie mit ihm umzugehen sei, kannte er bereits. Das hat ihm Spielräume verschafft, aber auch geschadet. Sicher wollte er aber nicht das System sprengen. Dazu hat er Beiträge geliefert, aber diese Sprengung haben alleine die Erwachsenen zu verantworten.

Bei Pestalozzi hören wir kaum etwas über Einzelne. Es sind beinahe immer die Kinder oder die Schüler. Für besondere Charaktere, für herausfordernde Einzelfälle ist in seinem Werk kein Platz. Deswegen erfahren wir bei ihm auch nichts über Spaltungsdynamiken, die von Klient:innen ausgehen. Einmal wird eine Beschwerde erwähnt über einen Lehrer, der ein mehrfach auffällig gewordenes Kind geschlagen hat (Stadler 1996, 271). Pestalozzi stellt sich voll und ganz hinter ihn. Das Unrecht liegt beim Kind. Auffällig ist die *Spaltung*, die in der Yverdoner Lehrerschaft eintritt, als es um seine Nachfolge geht. Hier scheint eine Polarisierung stattgefunden zu haben; aber es ist nicht zu erkennen, dass sie ihren Ausgang bei Klient:innen genommen hätte.

Bei Makarenko hören wir nur zu Beginn etwas über eine mögliche *Spaltung*; die Erzieher:innen hätten sich auch abwenden und gehen können. Sie bleiben trotz ihrer Kritik. Die Gewalt gegen Zadorov belastet ihr Verhältnis zu Makarenko, aber sie entzweit sie nicht, trennt sie nicht von ihm. Es könnte aber sein, dass diese potentielle Spaltungsmöglichkeit zu Beginn und das Geheimnis, das alle um diesen Vorfall gewoben haben, die oben beschriebene *institutionelle Abwehr* gegen Kritik und das Zulassen und Diskutieren von unterschiedlichen Standpunkten ausgelöst haben. Makarenko und die beiden Erzieherinnen hätten mit ihrem raschen Burgfrieden einen gefährlichen Weg für den Umgang mit Dissens gewiesen: Er kann kurz thematisiert werden, aber dann muss er verschwinden und er bleibt folgenlos. Das wäre ein gefährliches Erbe für den weiteren Projektverlauf. Unterdrückte Dissense wandeln wie Untote durch die Einrichtung und um sie herum und wachen irgendwann als Monster wieder auf. Von einer *Spaltung* kann man in der Gorki-Kolonie aber auch in Bezug auf die Bauernschaft sprechen. Makarenko überlässt sie den Jugendlichen, zumindest den geschickten Dieben, zur Ausplünderung. Er leugnet deren Dissozialität und deckt sie, sogar gegenüber dem Militär: *Interne Einigkeit wird erkauft mit externer Feindschaft.*

13.6.7 Fazit aus der systematischen Beachtung der sechs sensiblen Zonen

1) Wie wir sehen, sind die sechs Perspektiven für das Verstehen von *Prozessen des Scheiterns* in jedem Fall relevant, aber aufgrund fehlender Informationen und intimerer Einblicke nicht immer anwendbar. Dennoch können sie auf jeden Fall den Prozess der Informationssammlung bezogen auf den Projektverlauf strukturieren und anleiten. Beim Fortbildner haben sie es getan, wahrscheinlich schon lange bevor er mit dem Schreiben begonnen hat: Diese sechs Kategorien sind wahrscheinlich für ihn schon länger als *Konstruktionsprinzipien sozialer Wirklichkeit in Einrichtungen* relevant.

Für Makarenkos Schicksal mit Blick auf die Gorkij-Kolonie hat sich der Durchgang gelohnt: Auch wenn vieles Biographische bei ihm offenbleibt, so imponiert doch das enge Zusammenspiel zwischen seiner Machtfülle, die Gegenmächte auf den Plan ruft, mit der männlichen Einrichtungskultur, den spezifischen institutionellen Abwehrmechanismen und den zunehmenden Wahrnehmungsverzerrungen, denen aber auch andere unterliegen.

Bei Pestalozzi scheint es mir umgekehrt. Obwohl wir von ihm so viel wissen und eine ausgezeichnete Biographie mit Blick auf seine Affektstruktur und Psychodynamiken besitzen (Kraft 1996), bleibt vieles bezogen auf Machtverteilung, Organisationskultur, Abwehrmechanismen etc. unklar. Wir wissen viel und doch zu wenig. Aber vermutlich liegt das auch an meinen beschränkten Kenntnissen. Wahrscheinlich könnten Autoren wie Hebenstreit (1996) und Stadler (1993) diese Kategorien kundiger bedienen.

2) Erinnern wir uns an das Bild, das der Fortbildner, an den Schluss seiner Analyse gestellt hat: Das der *"sieben Schlangen, die Laokoon und seine Söhne erwürgen"*. In der vom Fortbildner/Gruppenberater vorgestellten Analyse geht es, anders als bei Schäfer, bei dem die Gründe für das Scheitern aus dem Prozess der Projektentwicklung selbst stammen, um teils unabhängige bzw. lose gekoppelte, eher zufällig aufeinanderstoßende und sich miteinander verbindende Kräfte aus unterschiedlichen Sphären. Gleich ist ihnen lediglich, dass sie allesamt destruktiv wirken. Demnach hätten wir es bei Schäfer mit einer *Projekt-Prozess-immanenten Theorie des Scheiterns* zu tun, die als typisch für den Prozess des sozialen Lernens in Institutionen angesetzt werden kann, während wir es bei der Analyse des Fortbildners mit einer additiven *Mehr-Dimensionen-Theorie* zu tun haben. Beide Ansätze kann man als Variationen einer *Instituetik der Projektentwicklung* verstehen; sie haben jede für sich ihren Reiz und können sich wahrscheinlich gut ergänzen. Ich möchte aber noch einen Schritt weitergehen; die sechs Perspektiven können als allen sozialen Institutionen eigene *sensible Zonen* betrachtet werden, die untereinander in Verbindung stehen. Auch wenn sie sich auf ganz unterschiedliche Themen beziehen, überlappen sich diese und bilden alle Zonen zusammen so etwas wie den *Weichkörper der Einrichtung*, deren verletzliche Seiten, die man nach innen und außen verbergen kann, die aber doch existieren und eine angemessene Form der Berücksichtigung erfordern.

Umso mehr als sich die Effekte aus den einzelnen Zonen im Binnenbereich der Einrichtung kumulieren, kompensieren oder aber in verschiedene Richtungen wirken und damit diffundieren können. Das gilt für erwünschte Effekte – wie die Identifikation mit der Einrichtung, einen guten Leumund, positive Ergebnisse auch in Evaluationen – ebenso wie für unerwünschte: viele Konflikte, schlechter Ruf, schlechte fachliche und vielleicht auch finanzielle Ergebnisse. Wir hätten damit eine *Theorie multipler sensibler Zonen* an die Hand bekommen, die man für alle möglichen Untersuchungen von sozialen Institutionen anwenden kann, nicht nur für Konflikte und Scheitern. Weil es sich um *sensible Zonen* handelt, ist es allerdings nicht ganz einfach an die relevanten Informationen heranzukommen.

Man muss, wie Latour das mit dem Projekt Aramis gemacht hat, viele Interviews führen und wie ein Ethnograph unterwegs sein und beobachten und hoffen, dass man genug Puzzleteile zusammen bekommt, um eine *„dichte Beschreibung"* leisten zu können (was dem Fortbildner gelungen ist).

3) In diesem System ist noch kein Platz für *wicked problems* und *paradoxale Aufträge* (s. Kap. 13.2). Aufträge stellen demnach eine weitere sensible Zone dar. Wie wichtig diese Zone ist haben wir gerade mit Blick auf die unklaren Aufträge des Fortbildners analysiert (siehe 13.2.2) Wir müssten deswegen von einer Theorie der *sieben* oder gleich *multiplen* sensiblen Zonen sprechen. Gut möglich, dass noch andere hinzukommen wie z. B. die Entlohnung der unterschiedlichen Mitarbeiter:innen oder das interne Schnittstellen-Management, d. h. die Kooperation z. B. zwischen pädagogischen Mitarbeiter:innen und Hausmeistern und Reinigungskräften und jenen mit den Angestellten in der Verwaltung etc.

Exkurs 2: Scheitern Personen? Oder Projekte? Oder…?

Im Verlauf des Buches habe ich immer wieder auf Schwächen und Fehler der Projekt-verantwortlichen Personen hingewiesen und mit der Annahme operiert, dass diese relevante Gründe für das *Scheitern* des Projekts darstellen. Nie so, dass es nur individuelle Schwächen und/oder missliche Psychodynamiken Einzelner gewesen wären, denen man das Scheitern zuschreiben kann oder muss; aber doch so, dass die jeweilige Person und ihre spezifischen Schwächen oder die von ihr aus der eigenen Biographie mitgebrachten psychischen Verwicklungen dabei eine mehr oder weniger gewichtige Rolle gespielt haben. In diesem Exkurs möchte ich diese Schwächen, Fehler und/oder blinden Flecken der Protagonisten noch einmal rekapitulieren (besser man kennt die Protagonisten schon aus den Kapiteln 2 bis 10) und deren jeweilige Bedeutung für den Projektverlauf festhalten. Aber auch mit den theoretischen Einsichten konfrontieren, die wir bisher in Teil B gesammelt haben. Denn der Begriff der *Instituetik* (siehe Einführung zu Teil B) und alle Theorieansätze, bis auf die von Schäfer und dem Fortbildner, führten eher weg von Personen und verweisen auf komplexere Zusammenhänge und Strukturen, in denen die Individualität des Protagonisten eine untergeordnete Rolle spielt. Erinnern wir uns z. B. an die Aussage; dass Lehrer:innen mit Blick auf Schule bzw. Projektentwickler:innen in Bezug auf ihre Funktionen eher und mehr als *Funktionäre* des jeweiligen Systems zu betrachten sind statt als *Akteure* (siehe Einleitung zu B). Dieser Spannung nachzugehen, ist genau das Thema des Exkurses.

Es handelt sich hier aber auch um einen persönliche Reflexion. Wenn ich Schwächen, Fehler und Ambivalenzen Anderer offenlege, denke ich dabei immer auch an meine eigenen und daran welche Rolle diese in den Projekten gespielt haben, mit denen ich gescheitert bin. Aber auch daran, was ich in den heiklen und komplexen Situationen, in die die Protagonisten der neun Projekte hineingeraten sind, von mir selbst erwartet hätte. Dass ich an manchen Stellen mit den Projektverantwortlichen eher streng ins Gericht gehe, hängt mit meinen Ansprüchen an mich und an Andere zusammen. Mit meiner Kritik an ihnen lege ich *normative Kriterien* offen, denen ich mich verpflichtet fühle, allerdings selbst nicht immer genüge oder genügt habe. Das ist mir klar! Wir sollten uns allerdings einen klaren Blick für Schwächen und Kritik an Anderen nicht deshalb schenken, weil diese Kritik uns selbst (be-)treffen könnte. In meinen Augen bleibt jede fachlich gute Kritik Anderer immer auch der eigenen Schwächen und Fehler eingedenk und sieht sich in einem Verhältnis kritischer Solidarität mit den Kritisierten. Freilich ist die Intention dazu das eine, aber etwas ganz anderes, die Kritik auch so zu formulieren, dass diese Haltung auch deutlich wird.

Worin können wir die persönlichen Schwächen und Fehler der bisher kennengelernten Protagonisten sehen? In Kapitel 2 sind wir mit einem Projekt in Berührung gekommen, das der Erziehung und Bildung des Infanten von Parma dienen sollte. Für das teilweise Scheitern haben wir in erster Linie seine beiden Lehrer verantwortlich gemacht: Keralio und den Abbé de Condillac. Den ersten, weil er das Kind zu oft zu heftig geschlagen oder anderweitig bestraft hat; den Anderen, weil er das Kind übertrieben viele Stunden am Tag mit Wissensvermittlung traktiert hat, und dabei kaum auf die Interessen und das Aufnahmevermögen des Kindes Rücksicht genommen hat. Beide Männer haben das Kind, das der Infant noch war und damit seine kindlichen Bedürfnisse, nicht sehen wollen und können. Beide haben mit ihrer Art zu erziehen und zu bilden, ungewollt seine schon entwickelten Bindungen an Magisches, Infantiles und Irrationales verstärkt. Diese Bereiche wurden für das Kind zu Schutzzonen von der unbarmherzigen Aufklärung, der sich die beiden Männer verschrieben hatten. Sicher haben das nicht die beiden Männer alleine zu verantworten. Vater und Mutter haben diesen Prozessen zugesehen, ohne zu protestieren, und haben diese Art von Erziehung und Bildung wahrscheinlich, ganz im Geist ihrer Zeit, für richtig gehalten. Ansonsten haben sie den Infanten viel alleine gelassen und sind ihren eigenen Interessen nachgegangen. Der Vater bei der Jagd, die Mutter im Schloss von Versailles, in dem sie sich lieber aufgehalten hat, als in Parma.

Sicher hat noch mehr zum Scheitern beigetragen: Wenn man mit Latours ANT-Brille zurückblickt, sieht man wie sich die Netzwerkketten ungünstig verknüpft haben: die Bediensteten des Palastes, einflussreiche Kleriker, konservative Adelscliquen, eine maßlos anspruchsvolle Gattin, schlechte Berater, der ungeschickt agierende Minister du Tillot etc. und schließlich die Vorurteile und geistigen Beschränkungen der Zeit. Vieles kommt hier zusammen. Aber in meiner Wahrnehmung bleiben die beiden Lehrer, die jahrelang direkten Einfluss auf den Infanten gehabt haben, doch die zentralen Spinnen im Netz, die mit ihren

Bildungs- und Erziehungsansprüchen ein bedrückend enges und bedrohliches Netz um ihn gewoben haben. Dass der Infant seinen Erzieher Keralio auch geliebt hat und das Wissen, dass ihm Condillac vermittelt hat, später auch geschätzt und angewandt hat, steht auf einem anderen Blatt. Ein Hass auf die Erwachsenen war in ihm entstanden und musste ausagiert oder genauer auf du Tillot verschoben werden, wobei sich der Infant das erst später und nur gemeinsam mit seiner Frau wirklich dazu traute (s. a. Kap. 2.3 fünfte Phase).

Pestalozzis Schwächen und Fehler sind so viele, dass wir sie hier nicht noch einmal wiederholen wollen (Kap. 3). Mehrere Projekte sind gescheitert, weil er sie planerisch inkompetent angegangen ist (Neuhof, Clindy). Die Basics von Projektmanagement und ökonomischem Kalkül waren und blieben ihm unbekannt. Sein Hang zum Träumen und Bauen von Wolkenkuckucksheimen hat ihn immer wieder davon abgehalten, sich mit den Realitäten zu konfrontieren oder dazu gebracht sich auf die falschen Leute einzulassen. Dazu hatten seine Projekte stets eine übermäßige *narzisstische Aufladung*. Die Kinder, die ihm so sehr am Herzen lagen, waren letztlich seine inneren Kinder, verkörperten ihn als Kind (Kraft 1996, 275). Er glich an ihnen etwas aus, das er selbst als Mangel gespürt hatte. Zudem ging es darum sich und anderen etwas zu beweisen, genauer sich über nachweisbare Erfolge in der Welt von Schuld und Scham, die sich aus unerkannten Quellen speisen, zu befreien. Und doch gerät er immer wieder in Misserfolgsdynamiken, als dürften Schuld und Schamgefühle nicht aufhören. Aber Pestalozzi hat auch Pech gehabt: Die Politik war ihm ein unzuverlässiger Partner und hat ihm mehrfach – nicht nur in Stans – erst Zusagen gemacht und ihn dann im Regen stehen lassen. Seinen größten Erfolg, den Roman „*Lienhardt und Gertrud*", konnte er selbst nicht schätzen und hat ihn später mit Folgebänden aufgeblasen und zu einem didaktischen Lehrstück gemacht.

Pestalozzi hat seine eigenen Fehler und Schwächen gesehen und an mehreren Stellen sehr deutlich thematisiert. Das hebt ihn hervor und macht ihn sympathisch. Aber er hat diese Bekenntnisse beinahe immer mit etwas anderem kurzgeschlossen: mit großen Zusammenhängen, in denen seine individuelle Schwäche dann doch wieder untergeht. Er stellt sich an den Pranger und vernebelt zugleich seine Verantwortung. Damit meine ich Stellen wie diese:

„*[D]ieses Unternehmen* (Yverdon, M.S.) *war an sich in seiner planlosen Entstehung, auch unabhängig von meiner persönlichen Untüchtigkeit, unabhängig von der Heterogenität der Personen, die daran Theil nahmen, unabhängig von dem gegenseitigen Widerspruche [...] ein unausführliches Unding. Wenn wir alle unsere Fehler nicht gehabt hätten, wenn alle Umstände, die uns zuwider waren, nicht gewesen wären, ich sage sogar, wenn alle Gewalt, alle Geldmittel und alles Vertrauen besessen und uns auch in wissenschaftlicher Hinsicht nichts gemangelt hätte, [...] so hätte das Unternehmen [...] dennoch nothwendig scheitern müssen.*" (ebd., 255).

Zunächst werden eigene wie fremde Fehler und jede Menge ungünstige Umstände benannt, aber am Ende war das Projekt doch „*unausführlich*" und hat „*notwendig*" scheitern müssen. Damit hat er sich und seine Anteile beinahe zum Verschwinden gebracht und ist an einer aufrichtigen Reflexion gescheitert.

Tolstoi war ein Mann mit Leidenschaften. In alles, was er angepackt hat, legte er all seine Kraft und seine Seele hinein. Aber die dermaßen engagiert betriebenen Projekte haben ihn auch schnell ausgelaugt, erschöpft und gelangweilt – dann musste ein neues Projekt her. Schon nach sechs Monaten verließ er sein Schulprojekt in Jasnaja Polanja und ging fast ein Jahr auf Reisen durch fünf Länder Europas. Es handelt sich um eine Informationsreise, weil er Schulen besucht und erkundet, wie dort gelehrt wird. Aber auch um eine Vergnügungsreise, wenn er in Florenz in die Uffizien geht und schließlich um eine Familienreise, wenn er seinem todkranken Bruder beisteht. Er kommt zurück und lehrt nur noch wenig, schreibt dafür mehr in seiner Zeitschrift. Er nimmt, wegen ihrer politischen Einstellungen von der Universität relegierte Studenten bei sich im Projekt als Lehrer auf und empört sich, wenn er bald darauf auch der revolutionären Umtriebe verdächtigt wird. Das war mehr als abzusehen. An dieser Stelle muss er als naiv betrachtet werden. Er wirbt bei den Bauern erfolgreich um deren Kinder, es gelingt ihm diese zu faszinieren, aber dann steht eine Eheschließung an und schlägt er ein neues Kapitel seines Lebens auf: er schreibt Romane. So sehr ihm seine Schule am Herzen lag, so rasch konnte er sie auch vergessen.

Wobei man bei ihm nicht sagen, dass er gescheitert ist. Im Grunde hat er selbst bestimmt, was er macht, wie lange und wann es Zeit ist, sich zurückzuziehen (siehe das Fazit dazu unter Kapitel 4.7). Ähnlich sind auch seine Bauern verfahren: Sie haben ihm ihre Kinder für zwei, drei Jahre überlassen, aber an einer vertieften Bildung oder gar einer *Bauern-Universität* hatten sie kein Interesse. Selbstverständlich können auch hier lange Prozessketten angeführt werden, in denen an jedem Knotenpunkt gehandelt wird. Und sich die Handlungen verschiedener Akteure eher in Richtung Aufgeben und Schließen verdichten. Tolstoi war ein wichtiger Knotenpunkt in diesem Geflecht, aber eben keinesfalls der einzige und wahrscheinlich nicht einmal der zentrale: Das zaristische Regime, dessen Interesse am Machterhalt, dessen Ängste, die Geheimpolizei, die revoltierenden Studierenden, geplante und ausgeführte Attentate, zögerliche Reformen, in all das ist die Schule von Jasnaja Poljana eingewoben, alle diese Akteure haben wesentlich zum Ende der Freien Schulen beigetragen.

Wilker hatte ein großes Projekt vor Augen: eine Menschheitsreform oder Lebensreform. In der Wandervogelbewegung fand er die für ihn entscheidenden transformativen Praxen (Wandern, Singen, Tanzen, Freikörperkultur und Kunstbetrachtung) und seine Heimat. Dass er diese Praxen und die sie fundierende Haltung übertragen wollte, hinein tragen in andere Domänen wie die Fürsorgeerziehung kann man ihm nicht verdenken. Es ist nur konsequent. Aber er halbiert die Menschheit und weist ihr zwei Lager zu: Da sind die einen, die Jugendlichen, die ihn faszinieren und mit denen er die neuen Lebensmöglichkeiten entwickeln möchte. Bei diesen läuft er zur menschlichen Hochform auf, sie kann er begeistern und beglücken. Und da sind die Anderen, die er rasch abschreibt als Alte, als Beamte, als Gegner des Lichts. Nicht einmal ein Achtel der Zuneigung, die er für seine Fürsorgejugendlichen aufbringt, empfindet er für seine Mitarbeiter:innen. Sie bleiben für ihn die *„alten Menschen"*, die zwar noch herrschen, aber dem Untergang geweiht sind. Dabei agiert er vermutlich eine unbewusste Dynamik aus: eine gegen den autoritären Vater gerichtete Aggression. Wilker erkennt weder seine Psychodynamik (vielleicht später als Therapeut in Südafrika) noch die Dynamik, die er in der Einrichtung entfacht, die auf eine Eskalation zuläuft. Er predigt hohes Menschentum und wird doch seinen Nächsten nicht gerecht. *„Was siehst du den Splitter im Auge Deines Bruders, und den Balken im eigenen nicht"*, möchte man ihm zurufen und stockt doch, weil man ähnliche blinde Flecken von sich selbst kennt. Selbstverständlich war es nicht leicht Deutsch-national gesonnene Beamte mit ihrem Hang zum Autoritären gern zu haben oder gar ins eigene Herz zu schließen; selbstverständlich haben diese Personen es ihm nicht leicht gemacht. Aber jeder, der ein bisschen von institutionellen Reformen versteht, weiß doch, dass er diese nur dann umsetzen kann, wenn er sich mit den Mitakteuren auf der eigenen Ebene verständigt. Die Zöglinge, die Insassen, die Jugendlichen zu erreichen, stellt mit Blick auf die Reformarbeit nicht einmal die halbe Miete dar.

Sehr wahrscheinlich wäre er die Aufgabe nicht angegangen, wenn er die Art und Weise und die Intensität der Widerstände, die auf ihn warteten, hätte einschätzen können. Er war es gewohnt Menschen von gleich zu gleich gegenüber zu treten, sie mitzureißen, mit ihnen den Alltag zu teilen; oder mit seinen Wandervogel-Kameraden am Lagerfeuer zu sitzen, zu singen, zu tanzen; oder in Kriegszeiten mit seinen Mitsoldaten in einer Baracke um einen Ofen zu sitzen und Weihnachtslieder zu singen (siehe Wilker 1921a, 11 f.). Alle diese Kontaktformen erwiesen sich bei der Beamtenschaft als unbrauchbar und unangemessen. Mit ihnen wie mit seinen Nacktläufen (*„Gefrierfleischkolonne"*) hat er die Widerstände verdoppelt und verdreifacht und nicht gesehen, was er zu deren Anwachsen aktiv beiträgt (s. Kap. 5.4.3, dort 8. Settingelement).

Auch Bernfeld war geübt darin Andere zu begeistern und zu überzeugen (Dudek 2012, 111, 115, 117, 122, Barth 2010, 242) Auch er kam aus der Freien Jugendbewegung in einen großen, institutionellen Zusammenhang. Große Institutionen schreckten ihn nicht. Er wollte selbst eine Schulgemeinde mit bis zu 3000 Jugendlichen aufbauen, als einer der wenigen Erwachsenen, der dafür sorgen konnte, dass sich dieses Kollektiv in die richtige Richtung entwickelte (siehe Kap.6.2.2). Auch für Bernfeld war die große Masse der Erwachsenen korrupt oder Bürger oder feige. Jedenfalls standen sie der Revolution im Weg, für deren Durchführung er sich eine Rolle zugedacht hatte. Im roten Wien oder in Palästina, so oder so, die Revolution musste kommen. Er verkannte, wie viel Unsicherheiten und

Ängste er damit bei denen ausgelöst hatte, die zunächst seine Partner:innen sein wollten und auf die er angewiesen war. Er wollte sie wie Schachfiguren benutzen, auf seinem Brett, nach seinen Regeln. Das haben ihm die anderen kräftig verdorben. Sein Unglück war, ähnlich wie bei Wilker, dass er im Inneren der Einrichtung vortrefflich verstand, Kinder und Jugendliche so anzusprechen, dass sie sich auf seine Ideen einließen und im Rahmen dieser Konzeption sich ausgesprochen gut entwickelten. Bernfeld war wie Wilker ein großartiger Pädagoge für Kinder und Jugendliche, aber kein guter Projektentwickler. Er hat sein Projekt selbst gegen die Wand gefahren, indem er die Konflikte mit eskaliert hat. Er hat selbst auf die Machtkarte gesetzt – schließlich stellten er und seine Getreuen die Mehrheit dar – und unterschätzte, welche Gegenmacht er damit heraufbeschwörte. Er hat unterschätzt, dass diese seine Kräfte auszehren und ihn zermürben könnte. Selbstverständlich hätte er damals von den Organisatoren mehr Respekt, mehr Freiräume, mehr Zuarbeit verdient. Selbstverständlich hätte jemand im *Joint* seine Größe erkennen und ihn besser unterstützen müssen. Selbstverständlich ist er an kleinlichen, egoistischen, borniertem, bürgerlichen Interessen gescheitert. Aber hätte ein so kluger Mann das nicht besser einschätzen können? Vielleicht nicht, denn er war ja selbst erst 35 Jahre. Im Sisyphos hat er seine Erfahrungen verarbeitet und auf eine Weise reflektiert, die heute noch relevant ist.

Auch über Makarenkos Schwächen haben wir bereits alles gesagt (s. Kap. 7.9): Sein Jähzorn, der ihn wiederholt zuschlagen und wüste Drohungen ausstoßen lässt. Seine verletzte Eitelkeit, die ihn zu allen möglichen Schachzügen der Selbstlegitimierung treibt, aber auch zu einem so großartigen Werk wie dem *Poem* führt. Sein Selbstmitleid, das ihn davon abhält, zu seinen Verfehlungen zu stehen und die Konsequenzen von Seiten seiner Vorgesetzten auf sich zu nehmen, ohne herum zu lamentieren. Seine narzisstische Bedürftigkeit, die ständig auf Anerkennung aus ist und ihn von einer großen Karriere als Schriftsteller oder zumindest Theoretiker, träumen lässt.

> *"Ja, Du hattest einen unerfüllbaren Auftrag; ja, das war ein Monsterprojekt; ja, Du bist vieles großartig angegangen; ja, im Poem finden sich zahlreiche Juwelen, die es heute noch zu bewundern und zu sichern gilt. Und doch fehlt Dir, um eine runde Persönlichkeit zu sein, demütige Einsicht in Deine Fehler und das Anerkennen von Ambivalentem, das gerade Deine wichtigsten Handlungen charakterisiert; und letztlich der Verzicht auf Größenselbst-Ideen und Geliebt-werden von allen. Zu viel verlangt, wahrscheinlich ja…".*
> Das würde ich ihn gerne fragen…

In Bezug auf die GUF ist sehr vieles gescheitert (Kap. 9). Auch konkrete Personen. Wobei wir uns bei diesem Projekt – gemäß den Einsichten der *Instituetik* – klar, in einem System bewegen, in dem die Einzelnen beinahe durchgehend als *Funktionäre* erscheinen und nicht als *Akteure*. Wir gehen weiter unten in 5. darauf ein.

Gerd Schäfer ist der einzige Projektverantwortliche, dem ich keine persönlichen Schwächen und Fehler zuschreiben kann. Das mag an der Form seines Berichtes liegen, der zugleich sachlich wie psychologisch argumentiert, aber auch von einer tiefergehenden biographischen Selbstreflexion Abstand nimmt. Wahrscheinlich liegt es aber auch daran, dass er das Netzwerk der Schwächen und Versäumnisse von allen Beteiligten so dicht beschreibt und so eng knüpft, dass alle Beteiligten gleichermaßen verantwortlich und in gewissen Maß auch schuldig werden. Die Protagonisten, aber auch die, die sich zurückgezogen und geschwiegen haben: alle werden sie als Akteure deutlich. Insofern gelingt es Schäfer individuelle Schwächen und ihre Verkettung herauszuarbeiten, ohne dabei persönlich werden zu müssen. Denn solche Themen wie Konkurrenz unter Männern, der Heimleiter und der Projektleiter, und die vielen jungen Erzieherinnen, die das Gros der Belegschaft stellen, bleiben unerwähnt. Aber wahrscheinlich aus gutem Grund. Vermutlich spielten solche Dynamiken für das Scheitern keine entscheidende Rolle. Vermutlich hat Schäfer alles, was relevant ist, wirklich auch aufgedeckt und behandelt.

Der Fortbildner (Kap. 10) hat sich selbst freimütig zu seinen Schwächen und Fehlern bekannt. Vermutlich nicht zu allen, die er hatte. Aber er ist mit Pestalozzi der Einzige, der sich als Person thematisiert und der Psychodynamiken, Gruppendynamiken und institutionelle Dynamiken klar und deutlich benennt und seine Anteile an den verschiedenen Konflikten herausarbeitet. An einer Stelle schreibt er, dass ihn seine drei Therapien nicht so weit haben heilen können, dass er auf eine Reinszenierung seiner Frauen-Problematik hätte verzichten können. Damit spricht er eine Grenze für erfolgreiche Projektentwicklung an, die schon Bernfeld im Zusammenhang mit der Einführung des *Instituetik*-Begriffs thematisiert hatte siehe Einführung zu Teil B): die Grenze, die einer guten Entwicklung durch die Reaktivierung von infantilen Affekten gesetzt werden. Ähnliche Affekte haben mit hoher Wahrscheinlichkeit auch die Einrichtungsleiterin und die Schulleiterin eingebracht. Beide Frauen zeichnen sich im Umgang mit den beiden Männern aus dem Projekt durch etwas Destruktives aus, auch wenn unklar bleibt, aus welchen Quellen es sich speist. Dass man diesen eloquenten und streitbaren Mann loswerden wollte, ist dennoch gut nachvollziehbar. Er besaß schon eine besondere Gabe sich so einzumischen, dass er Andere gegen sich aufgebracht hatte. Aber sicher hätte er in einer anderen institutionellen Kultur besser ankoppeln können und hätte dort erfolgreicher gewirkt. Er war in mancher Hinsicht auch der richtige Mann am falschen Ort (wie Wilker und Bernfeld auch!).

In welchem Zusammenhang stehen diese Reflexionen mit den Theorien, die wir in diesem Kapitel bemüht haben, insbesondere mit dem Begriff der Instituetik, den wir bei aller Heterogenität als Klammer für diese betrachten können? Brauchen wir diese Theorien überhaupt, wenn wir am Ende doch das Entscheidende beim Scheitern ad hominem, auf individuelle Schwächen, zurückführen?

1. Wir brauchen die Theorien, weil erst in ihrem Licht z. B. ein Satz wie *„der richtige Mann am falschen Ort"* aufgeht und zündet. Denn er macht deutlich, dass es bei aller psychischen Vorbelastung, der spezifische *soziale Ort* dieser Institution war (Bernfeld 1929/2012) bzw. das einmalige *Netzwerk* dieser Einrichtung, in das sich der Fortbildner hineinbegeben hat, die seine Psychodynamik so verhängnisvoll gemacht haben. Ein anderer *sozialer Ort*, ein anderes *Netzwerk* hätten seine (latente) Affektstruktur wahrscheinlich nicht angetriggert und mobilisiert. Vielleicht andere seiner Schwächen, aber diese eher nicht. Ähnliches gilt für Makarenko; wenn ich ihm wie oben „Jähzorn" als durchgängige Charaktereigenschaft zuschreibe, kann das falsch sein. Es kann die besondere Situation seines *„wicked problems"* gewesen sein (s. a. Kap. 13.2), das ihn zum Aufgeben und Weglaufen hätte animieren können, aber zur Strategie des *„muddling through"* motiviert hat (siehe 13.2). Im Rahmen dieser Strategie war Spontaneität und Improvisation gefragt und kamen die gewalttätigen „Ausraster" wahrscheinlich genau zum richtigen Zeitpunkt am richtigen Ort. Wahrscheinlich war bei ihm eine gewisse biographische Anlage zum Jähzorn vorhanden. Aber es ist ein Jähzorn, der in die Projekt-Situation, und das ist zugleich eine psychologische, soziale und politische, passt. Ob die Gewalttaten und -androhungen die einzige mögliche Lösung für das *„wicked problem"* dargestellt haben, steht auf einem anderen Blatt. Aber sie stellten eine für diesen sozialen Ort angemessene Lösung dar (die freilich auch Probleme aufwirft, wie alle Lösungen).
Fazit: Persönlichkeit und sozialer Ort, Psychodynamik und institutionelle Dynamik, Einzelner und Netzwerk gehören zusammen. Man darf weder Persönliches und damit Fehler, Schwächen und blinde Flecken übersehen noch sie der Persönlichkeit alleine zuschreiben; man muss sehen wie sie entweder in der Biographie angelegt sind und/oder im *Netzwerk* entstehen und/oder von der *sozialen Situation* evoziert bzw. reaktiviert werden. Überschneidungen sind dabei möglich. Individuelle Schwächen und blinden Flecken, die im Projektverlauf deutlich werden, gehören zur Person wie zum Ort!
2. Die Idee der Existenz von Projekt-gefährdenden Schwächen, die zwischen der individuellen Affektstruktur und institutionell passender Evozierung angelegt sind, und damit die Dialektik von Individuellem und Institutionellen, stellen gute Erklärungsansätze dar, aber sie bleiben für die einzelne Person doch unbefriedigend. Zumindest wenn sie an der Frage interessiert ist *„Was ist mein Anteil am Scheitern?"* und *„Was steht für mich als Aufgabe hinsichtlich meiner fachlichen, aber auch Selbst-bezogenen Weiterentwicklung in der Zukunft an?"*.
Dabei weiß das Individuum noch nicht, ob ihm der gleiche Fehler erneut passieren wird. Zumindest wird es nicht derselbe sein, denn wenn ereignet er sich in einer anderen Situation, an einem anderen Ort, in einer anderen Institution. Oder er wiederholt sich nicht, obwohl er in der Affektstruktur

schlummert. Es kann ein Fehler oder blinder Fleck sein, der auf einen Ort beschränkt bleibt oder dort zum letzten Mal ans Licht des Handelns gedränt hat. Gut möglich, dass der Jähzorn Makarenkos, dass das Frauenproblem des Fortbildners in den Institutionen bleiben, aus denen sie entlassen wurden. Gut möglich, dass sie diese Probleme los sind, wenn sie weggehen. Dass sie mehr zur Einrichtung oder Aufgabe gehören als zur Person. Das kann man noch nicht wissen. Deswegen macht die Reflexion der eigenen Anteile Sinn.

3. Natürlich macht auch die Reflexion der unauflösbaren Verwobenheit aller Akteure mit allen anderen Akteuren Sinn. Sie relativiert die Schwächen, die in einem einzigen Knotenpunkt des *Netzwerkes* auftauchen, dem Knotenpunkt Pestalozzi oder Makarenko, weil sie sich mit zahlreichen anderen Schwächen und Stärken kurzschließen und diese mal kompensieren und mal verstärken. Das Individuum spielt in einem so ausgedehnten Netzwerk wie der Gorki-Kolonie oder Yverdon nur eine marginale Rolle. Wie hat Latour das Handeln Einzelner bezeichnet? Als *„Effekt assoziierter Entitäten"* (Latour 1999b, 221, hier Kapitel 13.3.1). Das mag stimmen, aber bleibt doch bezogen auf die Fragen nach der Verantwortlichkeit von Schwächen und Fehlern unbefriedigend: Fast jeder KZ-Aufseher und jede Aufseherin hat sich nachträglich als einen solchen unwichtigen Knotenpunkt in dem großen Netzwerk der Vernichtung der Juden gesehen oder dargestellt (selbst Adolf Eichmann, siehe Cesarani 2004). Soll man ihm/ihr das durchgehen lassen? Ja und Nein. Ja, weil er bzw. sie wirklich nur ein kleines Rädchen, ein einzelner Knotenpunkt in einer Kette von tausenden anderer Personen, materiellen Zusammenhängen (Zugtransporten, Vergasungskammern Zyklon B) und Hybridformen war. Nein, weil man auch als individuelles Netzwerkmitglied juristisch und moralisch verantwortlich bleibt, was man tut und was nicht. Oder wollen wir das infrage stellen? *Denken wir wirklich, dass Netzwerke-Verkettungen Schuld obsolet machen?* Dann sollten wir es offen reklamieren.

4. Es macht Sinn mit Blick auf jedes Projekt zu differenzieren, was gescheitert ist. Das ins Auge gefasste Projekt? Ein ganzer Projektzusammenhang, in den mehrere Protagonisten und Institutionen verwickelt sind? Und/oder exponierte Einzelperson wie Makarenko oder Wilker?

Häufig ist alles drei der Fall: Das Projekt neue Intensivgruppe für gewaltbereite Jugendliche (s. Kap. 10) ist gescheitert; die Institution ist bei der Etablierung eines neuen, die Angebotspalette bereichernden Angebots gescheitert; der Fortbildner und die Einrichtungsleiterin sind aneinander, in ihrer Arbeitsbeziehung, und jeder an sich gescheitert, am Umgang mit ihren jeweiligen inneren Dämonen gescheitert. Ob die GUF gescheitert ist, bleibt umstritten und eine Frage der Konstruktion (Kap. 9). Aber auf jeden Fall ist das Projekt *dauerhafte Etablierung einer GU in Hamburg* gescheitert. Aber auch der ganze Projektzusammenhang aus Politiker:innen, Behördenvertreter:innen, LEB-Mitarbeiter:innen ist gescheitert; an einer vernünftigen Kommunikation auf

Augenhöhe. Alle Beteiligten sind für unnötiges Leiden und Not von Jugendlichen und Mitarbeiter:innen mitverantwortlich – da wurden viele dumme Fehler gemacht! Aber auch die Senatorin ist gescheitert, und zwar sowohl als Person wie auch als Politikerin. In beiden Rollen hätte sie reflektieren müssen, dass sie über so komplexe Gegenstände wie sozialpädagogische Settings für als schwierig geltende Jugendliche nicht viel weiß. Dass sie diesbezüglich auf Expert:innen angewiesen ist und erst einmal lernen und zuhören muss. Und dass man eine Einrichtung, die so umstritten ist, nicht unter Zeitdruck stellen darf. Kann man das von einer Politikerin verlangen? Oder kann sie gar nicht anders als ihrer Systemlogik Machterhalt treu zu bleiben? Kann man von der CDU, wie von allen Parteien, gar nicht mehr erwarten als eine *unzuverlässige Partnerin* (Rittel/Webber 1973) für das Projekt GUF darzustellen oder hätte man von ihr mehr Rückgrat erwarten können? Makarenko ist als Leiter gescheitert, weil er der von ihm selbst initiierten Gewalt nicht Herr wurde; aber ist auch die Gorkij-Kolonie gescheitert? Oder hat sie nicht so vielen Jugendlichen eine Heimat geboten und einen Ort der Weiterentwicklung, dass man die vielen Wegläufer zwar bedauern kann, aber eben auch hinnehmen muss? Wären sie geblieben, hätten sich die Anderen vielleicht nicht so gut entwickeln können? Wilker ist als Person gescheitert; sein Projekt Wandervogel-Ideen in die Fürsorgeerziehung zu tragen ist gescheitert. Die Idee der Fürsorgeerziehung auf seine Weise Reformimpulse zu geben ist gescheitert. Ist damit auch der Lindenhof als Einrichtung gescheitert? Eher nein, denn es gab ihn noch viele Jahre…

5. Bei der Frage, ob es Sachzusammenhänge sind, Menschen in institutionellen Rollen oder Personen, die gescheitert sind, sitzen wir immer impliziten Theorien und Metaphern auf. Wir können den Projektleiter z. B. als den *Architekten* oder das *Herz* des Projekts betrachten, und ihm damit eine zentrale Rolle zuweisen. Dann folgt: Entweder gelingt es ihm das Projekt zu realisieren oder nicht. Wenn es ihm nicht gelingt, liegt das immer auch an seinen persönlichen Schwächen. Freilich kann ein Architekt auf seine Mitarbeiter:innen verweisen oder ein Organ wie das Herz auf seine Abhängigkeit von anderen physiologischen Prozessen und somatischen Einheiten. Man kann den Projektleiter aber auch als einen *Steuermann* eines Schiffes imaginieren, dessen Mannschaft an mehreren Orten des Schiffes arbeitet, aber nicht ständig und vor allem selten ungestört in Verbindung mit den anderen Arbeitseinheiten steht, so dass es unweigerlich zu Informationsübertragungs- und damit auch zu Kommunikationsproblemen kommt. Man könnte sogar so weit gehen und sich vorstellen, dass man als Projektleiter zwar der Kapitän des Schiffes ist, aber eines, dessen Steuerungssystem teilweise ausgefallen ist, so dass das Schiff eher driftet, als dass es gelenkt wird (Simon und Weber 2004). Ein solches Bild würde die Idee unterstützen, dass Projekt und Projektverantwortliche in ein Netzwerk von Akteur:innen und Aktant:innen eingebunden sind, das nur begrenzt steuerbar ist.

Dann käme dem Handeln Einzelner sehr viel weniger Bedeutung zu. Am Ende ist es vielleicht wichtig, Beides denken zu können. Und beide Metaphern bzw. impliziten Theorien auf Projektentwicklungen anwenden zu können; oder das eine Projekt mit guten Gründen in der einen Bilderwelt und das andere in der anderen zu verankern. Oder noch dritte, vierte Metaphern zu erfinden…? (siehe dazu auch Exkurs 1 in diesem Kapitel).

6. Das Scheitern von Personen ins Auge zu fassen, macht in jedem Fall Sinn, wenn es darum geht Idealisierungen vorzubeugen. Dazu neigen Pädagog:innen; sie schaffen sich immer wieder Idole, Idealgestalten, um ein, zwei Generationen später zu sehen, dass diese doch Schwächen aufwiesen und Fehler gemacht haben. Meist werden die Idole dann verstoßen. Erst idealisiert, dann dämonisiert wie es z. B. Bettelheim oder Nohl oder Renate Riemeck, wenn auch jedes Mal ganz anders, getroffen hat (Göppel 1998, Schwabe 2015, Berg et al. 2014 XIII ff.). Sollten wir nicht damit rechnen: Beinahe jeder Pädagoge/jede Pädagogin hat irgendwo und irgendwie *„Dreck am Stecken"*? Andere Pädagog:innen wurden zu Säulenheiligen erhoben und sind kaum von ihrer Säule herunterzuholen so wie Wilker, Maria Montessori oder in mancher Hinsicht auch Bernfeld. Ich gestehe, dass ich durchaus lustvoll dazu beigetragen oder es zumindest versucht habe. Denn es ist immer auch mit einer Befreiung verbunden, wenn Ideale stürzen oder bröseln. Makarenko dagegen wurde fast immer polarisierend behandelt: Entweder ein großartiger Pädagoge oder ein korrupter Stalinist, dessen pädagogisches Handeln man deswegen nicht analysieren muss. Die Beschäftigung mit den Schwächen und blinden Flecken macht es möglich beides zu sehen: *die unbestreitbaren Leistungen, aber eben auch die dunklen Seiten der großen Männer* (leider habe ich keine Frauen gefunden, die mit ihren pädagogischen Projekten gescheitert sind). *Sie bleiben groß mit ihren Schwächen; ihre Schwächen machen sie nahbarer; man kann ihnen besser nacheifern.*

So weit dieser Exkurs. Auf andere damit verwandte Aspekte werden wir in Kapitel 15 zurückkommen.

13.7 Fazit zu den vorgestellten Theorien

Es dürfte im Verlauf des Kapitels klargeworden sein, dass im Bereich von Theorien genügend interessante Ansätze vorliegen, mit deren Hilfe man *Scheitern* begrifflich fassen und differenzieren sowie *Misslingensdynamiken* plausibel erklären kann. Die hier zusammengetragenen Ansätze stellen eine persönlich motivierte Auswahl dar, für die der Konstruktivistisch-kommunikationstheoretische Rahmen die eine *Meta-Theorie* liefert. Diese wird man bezogen auf ihr Abstraktionsniveau nur schwer toppen können. Aber man darf erwarten, dass es zur Erklärung von Scheitern weitere interessante Theorieangebote gibt bzw. diese noch entwickelt werden. Mit diesem Kapitel ist lediglich ein Anfang gemacht. Welche Gemeinsamkeiten und Unterschiede können wir in Bezug auf unsere Hauptfragen feststellen: Wie wird Scheitern definiert? Und: wie kommt es zustande?

Der Konstruktivistische-Kommunikationstheoretische Ansatz lässt offen, ob ein Projekt gescheitert *ist* oder *nicht*, weil er die ontologische Dimension der Frage gar nicht für zulässig hält. Er stellt vor, was die Teilnehmer:innen an dieser Debatte über den Projektverlauf, eventuell über die Jahrhunderte hinweg, beobachtet und einander mitgeteilt haben; welche Definitionen sie dabei verwendet, welche Argumente und Erklärungsansätzen sie dafür entwickelt (auch Theorien) haben; wer auf wen eingeht, wer wem zustimmt oder widerspricht und welche Kommunikationen unbeantwortet verhallen. Beobachten und festhalten kann man die Kommunikationen rund um dieses Thema, während man die dabei aufgeworfenen Probleme nicht entscheiden kann. Es sei denn es geht um historische Fakten, die man zumindest für einen bestimmten Zeitraum relativ genau rekonstruieren kann (solange bis ein neues Dokument mit neuen Informationen auftaucht). Bezogen auf solche Fakten kann man beobachten, ob sie in einen Argumentationszusammenhang eingehen oder gar nicht erwähnt werden, ob sie nach dem Stand der Forschung richtig oder falsch dargestellt werden (sehr wichtig z. B. bei den Debatten um Makarenko, die im Osten häufig auf der Grundlage überarbeiteter oder unterdrückter Dokumente geführt wurden, siehe Hillig 2002, 478 f. und 499). Klar ist, dass es für die Debatten jeweils Kontext- und Formatspezifische Öffnungen und Festlegungen gibt und man beobachten kann, wie die Kontexte die Debatten verändern (siehe 13.1.2). Was wirklich der Fall ist, bleibt offen. Oder anders: Der Fall besteht in der Serie der prinzipiell unabschließbaren Debatten und ihren Kreuzungen.

Andere Theorien können und wollen *Scheitern* definieren. Als ein von einem oder mehreren Projektbeteiligten ungewünschtes, Fremd-beschlossenes Ende (a). Oder als Versagen von Personen in normativen Zusammenhängen oder an Entwicklungsaufgaben (b). Dieser Spur bin ich als Autor immer wieder nachgegangen, da ich nicht wollte, dass die Personen völlig in den Strukturen, deren Einfluss man natürlich annehmen muss, verschwinden (siehe Exkurs II in diesem Kapitel). Oder als „*strukturelles Scheitern*" (c) in Institutionen, denen es nicht gelingt ihre Spannungen zu bewältigen (s. Kap. 13.4) oder mit ihren *sensiblen Zonen* achtsam umzugehen (s. Kap. 13.6). Oder als Folge von Sprachverwirrung und unzureichender Kommunikation (d). Diese Kategorie lässt sich sowohl auf den Ansatz von Schäfer beziehen, wie auch auf den von Bruno Latour. Das eine Mal stehen Personen und deren Gegenstandsbezüge im Mittelpunkt der Projektanalyse und wie diese mit Hilfe von Kommunikationen entfaltet oder „zerstört" werden (Kap. 13.5); das andere Mal *Akteurs-Netzwerke*, die auseinanderdriften, weil ihnen ein *Diplomat* fehlt, jemand der *übersetzt* und zwischen den verschiedenen Werten und Interessen der Akteure vermittelt (Kap. 13.2).

Drei Theorien erklären das *Scheitern* aus Prozessen heraus, die mit dem Projekt verbunden sind: Schäfer aus dem *Prozess des sozialen Lernens*, der von jedem etwas anspruchsvolleren Projekt verlangt wird, den man aber auch – aus guten Gründen – vermeiden wollen möchte und kann. Wobei man damit wertvolle Chancen vergibt mit Blick auf die Weiterentwicklung der eigenen Institution, aber auch der eigenen Person. Rittel und Webber erklären es aus der Dynamik von *wicked problems* heraus, denen sich ein Projekt angenommen hat. Man kann *wicked problems* nicht vermeiden, man sollte aber wissen, dass man an dem Haken eines solchen hängt und muss damit umgehen können. Nicht alle davon betroffenen Projekte scheitern. Auch bei Latour gibt es die Idee einer grundlegenden Paradoxalität von Projekten.

„Das Paradox im Umgang mit Technologie als einem Projekt – und nicht als einem Objekt – besteht also darin, dass man die Probleme zu spät erkennt und die Gestaltungsfreiheit mit fortschreitender Fertigstellung des Projekts (z. B. eines Autos oder eines Hafens) nach und nach gegen Informationen über den Stand des Projekts und seinen Kontext eintauscht." (Latour 1999a, 89). Das gilt sicher auch für *soziale Projekte*…

Die hier vorgestellten Ansätze können sich ergänzen. Jeder betrachtet die *Misslingensdynamiken* in einem Projekt aus einer anderen theoretischen Perspektive und entdeckt bzw. konstruiert so andere interessante Aspekte bezogen auf diese, die bereits eingesetzt haben und das Projekt bedrohen (ob es scheitert ist in mehrfacher Hinsicht noch offen).

Alle Theorieansätze lassen sich dem Sammelbegriff *Instituetik* zuordnen, da in allen die *institutionelle Verfasstheit* des Projekts im Mittelpunkt der Analyse steht. Manches Mal völlig offensichtlich wie bei dem institutionellen Auftrag, der unerkannt ein *„wicked problem"* enthält (Kap. 13.2) oder bei den *Prestige-Macht-Konflikten* (Kap. 13.4) oder den *sensiblen Zonen* (Kap. 13.6); manchmal vermittelt wie z. B. über die *Netzwerke* bei Latour (Kap. 13.3) oder vermittelt über den *Kontext Institution* wie beim Konstruktivistisch-kommunikations-theoretischen Ansatz (Kap. 13.1). Aus dem Begriff der *Instituetik* der Projektentwicklung haben wir auch die drei bzw. vier Grenzen abgeleitet, die allen Projekten gesetzt sind (siehe Einleitung zu Teil B). Diesen Grenzen sind wir auch in den Theorieansätzen wiederbegegnet und haben sie in den Analysen ganz verschiedener Autoren bestätigt bekommen:

- Grenze 1: *Die wiederkehrenden bedrohlichen, verhindernden und zerstörerischen Affekte aus der Kindheit*, die im Projektverlauf reaktiviert werden; sie spielen für den Ansatz von Schäfer und die Theorie der *sensiblen Zonen* eine zentrale Rolle (Kap. 13.6). Aber auch überall da, wo wir auf *„institutionelle Abwehr"* stoßen wie sie Barth anhand des Umgangs mit den verschiedenen Spannungs-Inputs aufgezeigt hat (s. a. Kap. 11 Querschnittsthema F).

- Grenze 2: *Die Ambivalenz der Gesellschaft gegenüber dem Innovationspotential der Projekte, das zugleich gewünscht wie gefürchtet wird.* Dieser Grenze sind wir in der Analyse des Aramis-Projekts durch Latour begegnet, aber auch bei Rittel und Webber, da diese Ambivalenz zu „wicked problems" führt, paradoxen Aufträgen nach dem Motto: „Seid innovativ, aber bitte nicht zu modern!" (ähnliches gilt für die Erziehung des Prinzen von Parma, Kap. 2). Und schließlich auch bei Barth, der zeigen konnte wie Macht-Prestige-Konflikte auf antagonistische Strömungen in der Institution zurückgehen, die gegenüber Innovation die beiden unterschiedlichen Seiten der Ambivalenz besetzt haben.
- Grenze 3: *Die Unsteuerbarkeit von Kommunikation*; ihr sind wir auch bei Latour wieder begegnet; in der Gestalt des „Diplomaten" arbeitet sich dieser sich an ihr ab (siehe 13.3.4); Latour setzt noch Hoffnungen in ihn, aber ich glaube, dass er der Bestimmung *„unverfügbar"*, d. h. nicht zuverlässig herstellbar zugestimmt hätte. Diese Unverfügbarkeit und das mit ihr verbundene, 4 jederzeit mögliche Entgleiten der Kommunikation stehen auch bei Schäfer (13.5) und den sensiblen Zonen (13.6) im Mittelpunkt der Untersuchung.
- Grenze 4: Die Blockademöglichkeiten, die aus der Eigenlogik der Öffentlichen Verwaltung resultieren, die einerseits Machtansprüche stellt und bei der Projektentwicklung mitreden möchte, sich aber andererseits weigert den Aufbauprozess mit eigenen Ressourcen zu unterstützen bzw. dafür Vorleistungen anderer Behörden/Mit-Finanziers verlangen. Dieses Hängenlassen kann wie wir bei Bernfeld (Kap.6) und Makarenko (Kap.7) gesehen haben, zu dramatischen Engpässen bei der Versorgung der Kinder und Jugendlichen führen, aber auch zu Konflikten mit der Verwaltung (Bernfeld) oder Bevölkerung (Makarenko) (siehe dazu die Einleitung zu Teil B).

Die Klammer *Instituetik* liefert über den Begriff *institutionelle Verfasstheit* von Projekten einerseits eine Art von theoretischen Rahmen, der die unterschiedlichen Ansätze integriert, aber auch genug Raum für Differenzierungen ermöglicht *Instituetik* formuliert andererseits, ganz nahe an Bernfeld, die *Grenzen*, die allen Projekten gesetzt sind: die Bedingungen ihrer Möglichkeiten. Insofern kann sie beanspruchen die zweite *Meta-Theorie* für dieses Buch darzustellen. Alles rund also? Nicht ganz, da sich an einer Stelle eine unüberbrückbare theoretische Spannung aufzutun scheint: Rittel und Webber (1971) bestehen auf einem fundamentalen Unterschied zwischen Projekten aus dem naturwissenschaftlichem bzw. technisch-mathematischen Bereich (wie dem Schach oder der Konstruktion eines Wasserstoffmotors) und dem sozialen Bereich; und siedeln in dem ersten *zahme Probleme* an, während sie im zweiten Bereich die Möglichkeit für *wicked problems* verankern. Latour hält eine solche Dichotomie für grundfalsch, weil für ihn auch technisch-mathematische Aufgabenstellungen Hybrid-Projekte sind, in denen sich Dinge *und* Menschen als Akteure und Aktanten versammeln

(s. Kap. 13.3.1). Ebenso wie *pädagogische Projekte*, die eben nicht nur von Menschen betrieben werden, sondern für ihre Realisierung immer auch auf Gegenstände und Techniken angewiesen sind (und seien es Tischkicker oder Tablets), in bestimmten Gebäuden stattfinden, mit öffentlichen Mitteln finanziert werden, in der Presse oder im Fernsehen besprochen werden etc. und somit in weit gespannte *Netzwerke* eingebunden sind wie wissenschaftliche Projekte im Labor- oder Ingenieurprojekte auch.

Ich glaube, dass sich die ausschließliche Gegenüberstellung zumindest teilweise auflösen lässt; zum einen über den Gedanken, dass es (vermutlich) in allen Projektformen *zahme Zonen* (!) und Aufgabestellungen gibt und solche die mit *wicked problems* aufgeladen sind (Kap. 13.2.4). Zum anderen durch den Hinweis auf den weiten Umfang, den Rittel und Webber für den Bereich *soziale Aufgabenstellungen* angesetzt haben. Dieser umfasst ja auch Straßenbauprojekte in einem Wohngebiet oder curriculare Veränderungen an Grundschulen (s. Kap. 13.2.2). Damit ist klar, dass sie hier in Netzwerkkategorien denken: alle technischen, mathematischen, naturwissenschaftlichen Aufgabenstellungen werden zu sozialen, sobald sie in komplexere Netzwerke eingebunden sind, die sich dadurch auszeichnen, dass dort unterschiedliche Interessen bestehen. Damit nähern sich die zunächst angesetzten Unterschiede beinahe vollständig an.

Ein Alleinstellungsmerkmal könnte aber für *technische Projekte* bestehen bleiben: Die Möglichkeit es nach einem ersten und zweiten und x-ten Scheitern erneut aufzulegen und dabei auf den Erkenntnissen aufzubauen, die bei den ersten gescheiterten Versuchen gewonnen wurden. Beim Scheitern von *pädagogischen Projekten* kann der dadurch ermöglichte Lernzuwachs nicht gleichermaßen akkumuliert werden. Vor allem deswegen nicht, weil das Scheitern hier nicht auf ebenso eindeutig bestimmbare Wirkfaktoren wie dort zurückgeführt werden kann, während man andere klar ausschließen kann (Schwabe 1999 und 2021a, 237 ff.). Was es auch immer war: Eine unzureichende Verbindung zwischen Elementen, ein ungeeignetes Material, eine Überhitzung oder sonst ein identifizierbarer Prozess, der zum Scheitern geführt hat. Es erstaunt Laien wie mich immer wieder aus welchen winzigen Spuren man die z. B. Absturzursache eines Flugzeugs oder das Scheitern eines Experimentes herauslesen kann – diese bestimmten Sachzusammenhänge kann man beim nächsten Projektstart anders gestalten. Wir Sozialpädagog:innen können differenzierte (und oft auch sehr wahrscheinlich klingende) Hypothesen darüber aufstellen, woran es lag, wenn ein Projekt gescheitert ist; aber wir können diese Hypothesen nicht mit Testergebnissen belegen. Das können Techniker:innen und Ingenieur:innen, die in ihren Werkhallen den Produktions- oder Nutzungsverlauf nachstellen und wiederholen können! Mikrobiolog:innen, Hirnforscher:innen, Astronom:innen, Brandgutachter:innen können das auch (aber wahrscheinlich nicht durchgehend bei allen Fragestellungen).

Und noch etwas: Bei *technischen Projekten* werden Materialien und Ressourcen verbraucht. Manchmal riskieren dabei auch Menschen ihr Leben wie im der

Flugzeug- oder Raumfahrttechnologie. Aber sie tun es freiwillig. In *pädagogischen Projekten* betreuen wir aber Kinder und Jugendliche und häufig auch deren Eltern, ohne dass die ausdrücklich eingeladen wurden und zugestimmt haben an einem Experiment teilzunehmen. Wenn ein pädagogisches Projekt scheitert, ist es fast immer auch verbunden mit Frustrationen oder gar Leid auf Seiten derer, denen es dienen bzw. nutzen sollte. Auch Ingenieur:innen leiden, wie wir bei Latour gehört haben, wenn ihnen ihr „Baby" weggenommen, d. h. das Projekt eingestellt wird (Latour 1997). Aber sie sind dem Projekt gegenüber doch in einer anderen Position: Sie waren die Akteure und Funktionäre des Projekts, aber nicht seine Besucher:innen, Klient:innen oder Kund:innen.

Insofern wird es auch in Zukunft wichtig sein, bei jedem Projekt zu unterscheiden, ob und in welcher Hinsicht es ein soziales *oder* technisches ist bzw. in welcher Hinsicht es ein soziales *und* (!) ein technisches ist und damit eine Hybrid-Bildung im Sinne Latours.

14. Diesseits und Jenseits von Gelingen und/oder Scheitern

Einige *pädagogische Projekte* werden als gescheitert erklärt, andere Projekte gelten dagegen als erfolgreich und wegweisend. Damit stellt sich die Frage, welche halbwegs konsensuellen Kriterien angelegt werden können, um erfolgreiche von gescheiterten Projekten zu unterscheiden? (14.1). Projektverantwortliche und deren Kritiker:innen bzw. Verteidiger:innen neigen häufig dazu, die von ihnen beurteilten Projekte in ein *binäres Schema* einzuordnen: entweder gelungen oder gescheitert, etwas dazwischen ist zunächst nicht vorgesehen. Deshalb stellt sich die Frage: Was ist so attraktiv an diesem *binären Code*? Welche Vorannahmen liegen ihm zugrunde, welche Ziele lassen sich damit verfolgen? Aber auch welche Nachteile sind damit verbunden? Damit beschäftigen wir uns in 14.2.

Wenn man Projekte als Unbeteiligter ergebnisoffen untersucht und von mehreren Seiten beleuchtet, scheint es allerdings häufig geboten, sich diesem binären Code zu widersetzen: eindeutig gescheiterte und durch und durch erfolgreiche Projekte scheinen eher eine Minderheit darzustellen. Die meisten Projekte können in Bezug auf bestimmte Aspekte und Ergebnisse als erfolgreich gelten, in Bezug auf andere aber durchaus als misslungen und gescheitert (14.3; siehe auch die fünf Bewertungsmöglichkeiten in Kapitel 13.1 a–d). Bei diesen Projekten stellt sich die Frage, ob das Positive und das Negative sich einfach gegenüberstehen, so wie man an einem Mehrgänge-Menü den einen Gang loben, den anderen kritisieren kann oder auch bei einem einzigen Gang eine Beilage auf dem Teller als besonders schmackhaft preisen, eine andere aber geschmacklich bemängeln kann? Oder sie sich so innig verschränken, dass man von einem *ambivalenten Projekt(verlauf)* sprechen muss. Oder aber, ob das Positive und das Negative miteinander in irgendeiner Form von Beziehung stehen? Am Ende könnte das Gute an dem Projekt sogar nur im Zusammenhang mit dem Kritikwürdigen zustande gekommen sein, die beiden also zwei Seiten einer Medaille darstellen oder durch irgendeine Form von Dialektik miteinander verbunden sind. Diesen Gedanken widmet sich Kapitel 14.4.

Eine ähnlich große Anzahl von Projekten erfüllt aber weder überzeugende Kriterien fürs Gelingen noch fürs Scheitern. Auch ein ‚einerseits – andererseits' scheint nicht wirklich passend (14.5). Diese Projekte kann man häufig als mittelmäßig, mäßig erfolgreich oder eher misslungen als gelungen einschätzen. Diese und andere Projekte wurden einmal begonnen, wurden fortgeführt, haben teilweise zu Ablegern oder ganzen institutionellen Serien geführt, ohne dass es dafür qualitativ stichhaltige Gründe gäbe. Sie wurden in die Welt gesetzt, sie richten keine gravierenden Schäden an und laufen weiter und weiter, weil sie niemand ernsthaft in Frage stellt oder beendet. Vielleicht auch weil sie sich einer klaren Einordung entziehen?

14.1 Halbwegs konsensuelle Kriterien für Gelingen und Scheitern

Bisher haben wir uns überwiegend in einem konstruktivistischen Rahmen bewegt und nur beobachtet, wer aus welchen Gründen heraus, mit Hilfe welcher Kriterien ein Projekt oder Aspekte desselben als gelungen oder als gescheitert betrachtet (Kap. 13.1). Die Plausibilität dieser Kriterien haben wir nicht weiter geprüft. In diesem Kapitel kommen wir um Bewertungen und damit um normative Setzungen nicht herum. Zugleich geht es aber nur darum einen *Minimalkonsens* formulieren. Die Frage ist: Welche Kriterien leuchten möglichst vielen unterschiedlichen Beobachter:innen *zumindest halbwegs* ein? Klar ist, dass man jedes einzelne Kriterium in Frage stellen kann. Klar aber auch, dass es vermutlich noch mehr Kriterien gibt, die ebenfalls halbwegs Konsens-fähig sind. Insofern versteht sich dieses Unterkapitel als Auftakt zu einer Klärung.

A) Als gelungen kann ein Projekt reklamiert werden, wenn es die gesellschaftlich als nützlich reklamierten Ziele, die es zu erfüllen in Aussicht gestellt hat, nach und nach bzw. im Verlauf einer angemessenen Entwicklungszeit (ca. 3 bis 5 Jahre) ganz oder teilweise realisiert. Oder in dieser Zeit andere Ziele erreicht, denen man mit Blick auf die betreuten Individuen und/oder die Gesellschaft einen Wert oder Sinn zuschreiben kann. Das Kriterium sind hier *individuelle und/oder gesellschaftliche Gewinne*, die mit einem Projekt verbunden sein müssen, damit man es erfolgreich nennen kann. Das Kriterium ist bewusst offen und dehnbar formuliert. Nach diesem Verständnis kann ein Projekt sowohl erfolgreich sein, wenn es – wie vorher propagiert – einen Großteil der es Durchlaufenden so unterstützt, dass diese einen Schulabschluss machen. Auch wenn andere ihrer Probleme – mit den Eltern, mit ihren sozialen Beziehungen, mit Drogen – weiterbestehen. Ebenfalls erfolgreich würde ein Projekt gelten, von dem die meisten Klient:innen sagen, „dort hatte ich viele gute Tage…!" (was auch immer der Einzelne darunter versteht), „so viele am Stück wie noch nie in meinem Leben zuvor". Dieses doppelte, aber so unterschiedliche „erfolgreich" mag Verdacht erwecken; daher ich verweise noch mal auf das Ziel der Formulierungen: es geht um einen Minimalkonsens.

> *Beispiel*
>
> Auch wenn es der Rettungshausbewegung, wie konzeptionell bei Wichern und Anderen vorgedacht, nicht gelang, einen Großteil ihrer Zögling zu einem christlichen Leben zu führen, konnten sich die Projekte der Rettungshausbewegung doch als nützlich darstellen,

> weil sie das Heer der in den Städten auf der Straßen lungernden oder übers Land ziehenden Kinder und Jugendlichen in den Augen der Bürger:innen deutlich verringert haben; aber auch, weil sie armen Familien ermöglicht haben, zwei, oder drei hungrige Mäuler auf ehrenwerte Weise abzugeben und sich damit zu entlasten. Oder weil diese Kinder zumindest eine regelmäßige Versorgung und eine vorläufige Beheimatung erfahren haben. Und in vielen Fällen sogar die Grundzüge eines Gewerbes gelernt haben oder einfach nur ein paar Jahre relativ sorgenfrei leben konnten, und zwar in Gruppen von Kindern, die aus ganz ähnlichen Verhältnissen stammten etc.

I B) Gescheitert wäre ein Projekt, wenn man nachweisen könnte, dass es die selbst propagierten oder ihm in Auftrag gegebenen Ziele verfehlt hat und angesichts der damit verbundenen Kosten auch sonst keinen nennenswerten Benefit vorweisen kann. Dieses Kriterium erfüllt das erste Projekt von Pestalozzi, das in Neuhof. Es hat weder als Landwirtschaftsunternehmen noch als Kinderarbeitshaus funktioniert.

II B) Gescheitert wäre ein Projekt aber auch, wenn es von der für es vorgesehenen Zielgruppe nicht angenommen wird, weil sie sich erst gar nicht auf das Angebot einlässt und dort nicht ankommt; oder nach kurzer Zeit von dort wegläuft; oder zwar bleibt, sich dort aber nicht integriert bzw. mitarbeitet, sondern das Projekt für dissoziale Aktivitäten nutzt und dort Anderen Schaden zufügt; und/oder zwar bleibt, aber im Projekt weiter verwahrlost; oder dort eine noch schlimmere Behandlung erfährt als vorher (auf der Straße oder in einem herkömmlichen Heim). Makarenko hat man zu Recht vorgeworfen, dass eine zu große Zahl an Kindern der Kolonie nach kurzer Zeit wieder den Rücken gekehrt hat, und zwar mit durchaus nachvollziehbaren Gründen. Ausgehend von solchen Erfahrungen muss man das Kriterium für Scheitern erweitern: Als gescheitert soll ein Projekt gelten, wenn es Ziele verfolgt oder pädagogische Maßnahmen zur Zielerreichung anwendet, die dem Wohl eines großen Teils der Kinder entgegenlaufen oder von fachlichen Standards so weit abweichen, so dass dieser Zustand entweder sofort die Behörden (z. B. Heimaufsicht oder aufgrund von Anzeigen die Polizei) auf den Plan ruft oder zumindest Kritik aus Fachkreisen, die z. B. über eine Skandalisierung der Zustände vor Ort, dafür sorgen, dass das Projekt eingestellt wird. So geschehen vor wenigen Jahren mit der Haasenburg oder dem Friesenhof (vgl. Bericht Untersuchungskommission 2016 und Bericht PUA 2007).

Gleichzeitig würde ein *pädagogisches Projekt* auch als gescheitert gelten müssen, wenn es ihm in einem großzügig angesetzten Zeitraum von 6 Monaten nicht gelungen ist, eine Grundordnung und Grundsicherheit für die dort lebenden Kinder herzustellen. Und dort eine Clique von präpotenten jungen Menschen Andere tyrannisiert. Und auch wenn Kinder und Mitarbeiter:innen ständig Angst davor haben müssen, körperlich angegriffen zu werden und andere nicht schützen zu können (das war eine Zeitlang auch in der GUF der Fall). Gescheitert wäre es aber auch, wenn die Mitarbeiter:innen dort den Kindern Leid zufügen oder sie für eigene Bedürfnisse missbrauchen und die Leitung des Projekts, das nicht mitbekommt, nicht energisch genug eingreift oder das sogar zulässt oder man annehmen muss, dass es strukturelle Gründe für diese Form von Gewalt gibt (Kessel 2016).

Einzelne Kriterien aus dem Spektrum II B treffen auf das Projekt von Makarenko zu (s. Kap. 7, insbesondere 7.6) und die GUF in Hamburg (Kap. 9, insbesondere die besonderen Vorkommnisse, die der PUA thematisiert). Wir werden allerdings sehen, dass das Projekt von Makarenko ebenfalls das Kriterium I A erfüllt. Ähnliches würden vermutlich die LEB-Mitarbeiter:innen für die GUF reklamieren, und wenn es nur ein einziger Jugendlicher gewesen wäre, der dort einer bereits eingespurten kriminellen Laufbahn den Rücken zugewandt hätte (siehe Diskussion in Kapitel 9.3.3)

Die Frage beim Kriterium II B (Ziele nicht erreicht) ist, ob man es auch auf Ideale oder ethische Grundhaltungen ausdehnen soll, mit denen eine Projektverantwortlicher ein Projekt gestartet hat, diese aber im weiteren Verlauf der Projektentwicklung aufgegeben hat. Demnach würden wir jemanden als gescheitert bezeichnen, weil er/sie für sich selbst wichtige Ideale aufgegeben hat. Bewusst wie Makarenko oder, ohne es recht zu bemerken, wie bei Wilker, der sein Menschentum jedem angedeihen lassen wollte, nur nicht seinen Mitarbeiter:innen und diese wegen ihrer Zugehörigkeit zum Beamtentum quasi aus der Menschheit ausgegliedert hat (siehe Kap. 5.6.3: *„Ich sah – und sehe auch heute noch – in der Beamtenschaft den natürlichen Feind der Jugend"*, in: Wilker 1921b, 18).

Beides mal bedarf es hier eines Beobachters, der von der Existenz des Ideals weiß und urteilt, dass es aufgegeben wurde. Diese Rolle habe ich an einigen Stellen im Buch eingenommen, z. B. gegenüber Wilker, Makarenko aber auch Bernfeld (vgl. Kap. 5.7, vor allem Hypothese 1 und 4; Kap. 7.9 und 13.4.2). Auch hier wieder eine *normative Position* (siehe oben). Wenn man einer solchen Erweiterung des Kriteriums II B zustimmt, sollte man aber an dem Unterschied festhalten: Man kann ein Projekt anhand von Kriterien als gescheitert betrachten oder den Projektentwickler insofern, dass er an einen bedeutsamen Anspruch an sich selbst gescheitert ist. Das Projekt mag in den Augen der Umwelt aufgrund der Erfüllung anderer Kriterien trotzdem als erfolgreich qualifiziert werden.

III B) Als – zumindest in einer Hinsicht – gescheitert kann ein Projekt auch dann bezeichnet werden, wenn es mehr (finanzielle) Ressourcen in Anspruch genommen hat, als zur Verfügung standen bzw. die Gelder eines Spenders/Investors ausgehen und damit die Versorgungsgrundlage für die Kinder/Jugendlichen wegzubrechen droht, keine Gehälter mehr für die Mitarbeiter:innen bezahlt werden können etc. In solchen Mangellagen muss das Projekt, selbst wenn es inhaltlich gut läuft, beendet werden, weil die Grundlagen für die weitere Arbeit fehlen. Dass die Mittel ausgehen, muss nicht in der Verantwortung des Projektverantwortlichen liegen. Es kann sein, dass Abmachungen oder Versprechungen Anderer nicht eingehalten wurden oder aber das Veruntreuungen/ Diebstähle eine Rolle spielen etc. Es kann aber auch sein, dass die Projektverantwortlichen dieser Frage zu wenig Beachtung geschenkt haben, ihr Budget falsch kalkuliert oder überzogen haben. Es kann aber auch sein, dass dem Projekt der Geldhahn zugedreht wurde, weil die Projektpromotoren den Geldgebern vor den Kopf gestoßen haben (siehe Kriterium V B) oder bei diesen falsche Erwartungen geweckt haben oder diese von vorneherein andere Erwartungen gehegt haben, sie aber nicht klar kommuniziert haben.

Dieses Kriterium ist interessant, weil es nicht umgekehrt Geltung beanspruchen kann: Projekte können auskömmlich finanziert sein oder sogar in wirtschaftlicher Hinsicht erfolgreich, und trotzdem scheitern, z. B. weil dort Kindeswohlverletzungen stattfinden oder Konflikte die Weiterarbeit verunmöglichen. Diese Form des Scheiterns II B finden wir vor allem bei Pestalozzi und seinen Projekten in Neuhof und Clindy. Hier ist Pestalozzi selbst für das Scheitern verantwortlich. Die Gorkij-Kolonie wäre beinahe an kriegsbedingten Versorgungsproblemen gescheitert, wenn es Makarenko nicht gelungen wäre, erfindungsreich für Abhilfe zu sorgen und ein Teil der Versorgung den Jugendlichen selbst zu überlassen, die sich durch Diebstähle über Wasser hielten (s. Kap. 7 insbesondere 7.5.5). Freilich hat das zu erheblichen Spannungen geführt, die das Projekt aufgrund von Beschwerden der Bauern bei den Behörden belastet haben (Kap. 7.5).

Auch Bernfeld beschreibt gravierende Mangelsituationen aufgrund von organisatorischer Misswirtschaft (Kap. 6.3.4). Gemeinsam mit seinem Team hat er das Kinderheim Baumgarten vor dieser Art des Scheiterns gerettet, indem sie privat für Abhilfe bei den dringendsten Lücken sorgten. Trotzdem hat die lange andauernde Mangelsituation die Fronten verhärtet: auch weil Bernfeld, zu Recht oder Unrecht, die beiden anderen Leiter:innen verdächtigt hat, nicht alles dafür zu tun, um hier Abhilfe zu schaffen. Ein Verdacht, der diese weiter verbittert hat, so dass diese sogar versucht haben, die privaten Initiativen zu verbieten (s. Kap. 5.3).

IV B) Gescheitert ist ein Projekt aber auch, wenn die entscheidenden Protagonisten und Handlungsträger die Grundlagen für ihre Arbeitsbeziehung verlieren, weil *Vertrauen* verloren geht oder sie sich gegenseitig überwerfen und die offenen oder versteckten Konflikte sie mehr oder weniger zwingen, sich wieder zu trennen. Gescheitert ist dann in erster Linie ihre *Verständigung* und daran eben auch das ganze Projekt (s. a. Kap. 12, die sogenannten *Metagründe*). Das gilt insbesondere dann, wenn man ihnen aufgrund stichhaltiger Beobachtungen nachweisen kann, dass es eine oder beide Parteien darauf angelegt haben, sich einseitig durchzusetzen und aufgrund je eigener psychischer und charakterlicher Dispositionen oder aufgrund von *institutionellen Abwehrmechanismen* (s. Kap. 12 F) keinen Weg gefunden haben, sich zu verständigen. Das Projekt bleibt in solchen eskalierten oder implodierten Situationen dann in der Hand einer Gruppe zurück, während die andere enttäuscht aufgibt (Bernfeld, Wilker) oder ausgeschlossen wird (der Fortbildner in Kapitel 10) oder man gemeinsam übereinstimmt, dass es keinen Sinn mehr hat (Gerd Schäfer in Kapitel 8). Häufig wird das Projekt nach dem Abgang einer Gruppe ganz aufgegeben oder so überformt, dass es nicht mehr der ursprünglichen Konzeption entspricht. Für manche der Zurückgebliebenen stellt dieses Aufgeben einen Gewinn dar, weil sie das Projekt noch nie wirklich realisieren wollten, sondern eher argwöhnisch beobachtet hatten. Zumindest in den Augen derer, die aufgegeben haben oder ausgeschlossen wurden, und die dort gerne weitergearbeitet hätten, ist das Projekt aber auf eine traurige Weise gescheitert.

Auch diese Kriterium kann nicht umgekehrt Geltung beanspruchen: Auch wenn sich die Projekt-Mitarbeiter:innen und ihre Auftraggeber:innen gut verstehen, bedeutet das noch lange nicht, dass das Projekt auch Erfolg reklamieren kann. Aber man kann formulieren: Nur wenn sich eine Gruppe zusammenfindet, die untereinander in einen offenen Austausch zu treten vermag, kann das kreative Potential jedes Einzelnen anzusprechen werden und gleichzeitig dafür gesorgt werden, dass ein gemeinsamer Geist entsteht; dann hat das Projekt gute Chancen erfolgreich zu werden. Fehlt diese Form von kreativem Zusammenspiel heterogener Geister, ist die Wahrscheinlichkeit groß, dass es keine Früchte trägt.

Das Kriterium IV B gilt für das Scheitern der Projekte von Wilker (Kap. 4), Bernfeld (Kap. 5), Schäfer in Stuttgart (Kap. 8) und des Fortbildners (Kap. 10). Es gilt auch für Pestalozzi in Yverdon und den Streit um seine Nachfolge (Kap. 3.2.7). Es gilt zumindest in gewisser Weise auch für die GUF, weil es weder auf politischer noch pädagogischer Ebene gelungen ist, einen Konsens über die Notwendigkeit und Sinnhaftigkeit der GUF zu erreichen. Dieser Grundkonflikt führte unter anderen Machtverhältnissen dann zum Aus des Projekts (Kap.9 3.3).

Das Kriterium gilt auch für ein anderes Projekt, das ich zusammen mit anderen evaluiert habe. Das Projekt *BoB (Bude ohne Betreuung)* in Berlin, das wir unter dem Namen *NAlS (Niedrigschwellige Alternativen für Systemsprenger:innen)* in dem Buch dargestellt haben: *Freiraum mit Risiko* (2008). Es stellte über viele Jahre hinweg ein Leuchtturmprojekt mit großer Ausstrahlungskraft weit über die Grenzen Berlins dar, weil man dort in einem sehr niedrigschwelligen Setting mit Jugendlichen arbeitete, die von allen anderen Erziehungshilfeeinrichtungen abgelehnt wurden und auch von sich aus weitere Betreuungen in herkömmlichen Einrichtungen ablehnten. Das Projekt lief über viele Jahre hinweg sehr gut, weil die Verantwortung für die riskant agierenden Jugendlichen sehr akribisch zwischen Jugendamt und Ansprechpartner:innen in einer Anlaufstelle ausbalanciert waren. Erstmalig war in diesem Setting so etwas wie eine *Verantwortungsgemeinschaft* für hochgradig riskant agierende junge Menschen entstanden (siehe Groen et al. 2023). Durch das Wegbrechen von wichtigen Kooperationspartner:innen im Jugendamt wurde das Projekt aber Stück für Stück demontiert bzw. die ursprünglich avancierte Konzeption mehr und mehr verwässert. *BoB* wurde zwar mehrfach repariert, indem man Ersatzlösungen organisierte, aber wurde im Lauf der Jahre zu einem Schatten seiner selbst. Der Prozess ist deswegen erwähnenswert, weil Scheitern hier nicht offensichtlich stattfindet oder an einzelnen Ereignissen festgemacht werden kann, sondern schleichend in einem Prozess von *fading away*.

V B) Die oben eingeführte Form von Einbahnstraßen-Kriterium gilt auch für das folgende: Als gescheitert kann man ein Projekt bezeichnen, wenn es aufgrund von bewusst gewollter Orientierung an alternativen Werten in gesellschaftspolitischer oder moralischer oder anderer Hinsicht starken gesellschaftlichen Unmut, Ablehnung und Proteste hervorruft und man den Projektverantwortlichen vorwerfen kann, zu radikal, zu unabgestimmt mit anderen Einflussträgern oder zu wenig diplomatisch bei der Projektentwicklung oder dem Umgang mit Kooperationspartner:innen vorgegangen zu sein. Das Projekt gilt in diesem Fall als gescheitert, weil es als verfrüht, zu ambitioniert und zu wenig konsensuell beurteilt werden muss, auch wenn die Grundideen sinnvoll sein mögen und hundert Jahre später realisiert werden können. Aus dem gescheiterten Projekt könnte ein später gelingendes hervorgehen, direkt oder vermittelt über Zwischenetappen.

Als gescheitert in dieser Hinsicht kann sowohl das Projekt von Tolstoi (Kap. 4) bezeichnet werden, wie das von Wilker (Kap. 5), wie auch die GUF in Hamburg (Kap. 9). Die Frage stellt sich, wie viel Verantwortung man den Protagonisten dafür aufbürden darf? Das Ende wurde nicht von ihnen eingeleitet; sie mussten es zähneknirschend hinnehmen (das gilt nicht Tolstoi, aber für die Mitarbeiter:innen des LEB, die bis zum Schluss am Sinn der GUF festgehalten haben).

Man kann den zur Unzeit gestarteten Projektverantwortlichen zugutehalten, dass sie die Umsetzung zumindest versucht haben, auch wenn einiges dagegensprach oder Voraussetzungen fehlten. Die Geschichte ist reich an Beispielen, dass anfängliches Scheitern am Ende doch zu etwas führt, weil eine richtige Idee sich nicht für immer unterdrücken lässt und immer wieder zur Realisierung drängt. Was nicht in Ordnung wäre, ist m. E. das Ende von Tolstois Freie Schulen nur der Politik und nicht auch seinem politisch ungeschickten Agieren zuzuschreiben (vgl. Kap. 4.4.2). Oder in Hamburg nur den Parteipolitikern und nicht auch denen, die für die Umsetzung vor Ort zuständig waren (Kap. 9.3). Pestalozzi in Stans ist dagegen von jeglicher Verantwortung für das Ende des Projekts freizusprechen. Er hat dort manches schräg begonnen und nur unter Aufbietung aller Kräfte vorantreiben können. Das Projekt wäre vermutlich nach weiteren sechs Monaten an seiner Entkräftung gescheitert oder hätte wesentlich umgebaut werden müssen. Aber als dessen Ende über seinen Kopf hinweg aus banalen, pragmatischen Gründen angeordnet wurde, blühte es noch. Pestalozzi hatte es über weite Strecken erfolgreich entwickelt. Das Ende wurde über seinen Kopf hinweg verhängt und traf ihn hart.

So weit einige halbwegs konsensuelle Kriterien für das Unterscheiden von Erfolg und Misserfolg. Sie bedürfen der Diskussion…

14.2 Was macht das binäre Schema Gelingen/Scheitern so attraktiv?

In der Einführung zu diesem Kapitel haben wir gefragt, warum das duale Schema „entweder gescheitert oder erfolgreich" so hartnäckig bemüht wird. Die Antwort ist zunächst einfach. *„Binäre Codes helfen Komplexität zu reduzieren"* (Luhmann 1998, 360). Insofern ist es kein Wunder, dass sie immer dann zur Anwendung gebracht werden, wenn sich Menschen angesichts von Komplexität verunsichert fühlen und diese Unsicherheit abstellen wollen, weil ihnen differenziertes Denken und Hin- und Hergerissen sein zwischen Positionen zu anstrengend erscheint. Mit binären Codes wie Freund/Feind, Links/Rechts, Gut/Böse verschafft man sich eine Pseudo-Klarheit, die dann auch sozial abgesichert wird, weil sie beinahe automatisch auch mit einer Lagerbildung verbunden ist. Diese Entwicklung lässt sich sehr gut für die GUF in Hamburg studieren, wo die Frage, ob die GUF nun gescheitert sei oder nicht, auch nach 20 Jahren noch aufflammen und für Kontroversen sorgen kann.

Es kommt aber noch etwas hinzu: Binäre Codes sind die Kernelemente von *„moralischer Kommunikation"* (ebd., 359). Sie werden überall dort bemüht, wo man jemandem eine Schuld zuweisen möchte oder umgekehrt sich von einer tatsächlich oder vermeintlich zugeschriebenen Schuld freisprechen möchte. Jemand wird öffentlich (in der Institution oder durch Organe wie die Presse) angegriffen, weil man ihn der Verletzung von Werten verdächtigt; der Angegriffene wehrt sich dagegen, weil er befürchtet, dass mit dem Zuschreiben von Schuld der Verlust gesellschaftlicher Anerkennung verbunden ist oder gar eine Form von sozialer Exklusion droht. In diesem Zusammenhang greift man zu vermeintlich starken Argumenten: Entweder ist etwas richtig gut oder richtig schlecht, erfolgreich oder gescheitert und es gibt nichts dazwischen. Das schienen beiden Lagern wie ein Verrat an der eigenen Überzeugung (Schwabe/Stallmann/Vust 2016/2021b, 176 und 181 ff.) und Omer et al. 2014). Das ist die Situation von Makarenko nach seiner Absetzung als Leiter der Gorkij-Kolonie (Kap.. 7.6). Viele Jahre Aufbauarbeit sind damit entwertet worden und damit seine Person diskreditiert, auch wenn die örtlichen Behörden und Kommissionen und Universitätsvertreter nicht alles verurteilen und ihn sogar mit einem gewissen Respekt behandeln (nicht so Lenins Frau Krupskaja im fernen Moskau, Kap. 7.1). Für Makarenko ist und bleibt es eine, seine Ehre verletzende Demontage, gegen die er sich zur Wehr setzen muss. Die Waffe, die er für diesen Kampf schmiedet, ist das *„Pädagogische Poem"*. In diesem stellt er seine Aufbauarbeit und sein Projekt als etwas dar, das nur gut war, auch wenn er Fehler zugibt, die er sich nicht wirklich als Fehler anrechnet (Kap. 7.7). Makarenko fällt dem *binären Schema* anheim (und leidet von da an unter partieller Verblödung).

Es ist auch die Situation von Pestalozzi nach dem Ende vom Neuhof. Angesichts der Trümmer seines Projekts traut er sich gar nicht zu überlegen, ob nicht auch das ein oder andere als gelungen gelten kann, zumindest in seinen eigenen

Augen. Denn gewiss gab es Kinder, die ihm eine Zeitlang dankbar waren, selbst wenn sie ihm nach einiger Zeit den Rücken zuwandten. Und bestimmt ist er, wenn auch nur an wenigen Tagen, abends ins Bett gegangen und konnte denken: Heute war ein guter Tag! Aber auch Pestalozzi lässt sich wie Makarenko ganz auf das *binäre Schema* ein: entweder ganz gelungen oder vollständig gescheitert. In diesem Zusammenhang wird noch etwas anderes deutlich, das mit zu *„moralischer Kommunikation"* gehört: Entweder hat man selbst Schuld am Scheitern oder die Anderen, auch da gibt es nichts dazwischen. Für Bernfeld und Wilker ist es ganz klar, wer ihr Projekt hat scheitern lassen: die Anderen! Sie selbst verschwenden keine Zeile für die Reflexion eigener Versäumnisse oder Schwächen beim Umgang mit den anderen Beteiligten.

Auch Makarenko teilt die Welt in Freunde und Feinde auf (er hat tatsächlich ein Schriftstück angelegt mit zwei Spalten und jeweils zwölf Namen, das Hillig entdeckt hat und einer peniblen Prüfung der dort genannten Personen unterzogen hat; Hillig 1999). Und es ist klar, wie er es für sich verwendet: am Scheitern sind die Feinde schuld, am Gelingen er und seine Freunde.

Meine Hypothese ist, dass es ihre Verhaftung im dualen Schema ist, die sie daran hindert, in angemessener und glaubhafter Weise eigene Fehler zu thematisieren. Warum? Weil im Hintergrund das Abgewehrte herumspukt: Die Angst, doch mehr Fehler gemacht zu haben, bei genauerer Erforschung doch mehr auf eigene Schwächen zu stoßen, doch mehr an Unrecht begangen und somit Schuld auf sich geladen zu haben; und wenn es nur ist, dass man bisweilen doch auch selbst mehr Selbstzweifel und/oder Überdruss am Projektverlauf gespürt hatte, als man sich und anderen eingestehen möchte.

Auch Pestalozzi bleibt im binären Schema gefangen: Er gibt sich alleine die Schuld für das Scheitern in Neuhof. Das ist einerseits mutig, andererseits aber vermutlich nicht ganz richtig. Denn ihm wurde dort von einigen Personen übel mitgespielt; er wurde arglistig getäuscht; und hatte auch noch Pech. Alle Widrigkeiten der Welt muss man sich nicht auf die eigenen Schultern laden. In diesem Zusammenhang bestechen die Analysen von Schäfer (Kap. 8) und des Fortbildners (Kap. 10). Sie widerstehen dem binären Code und sind von dem aufrichtigen Anliegen getragen, die Verantwortung für das Scheitern differenziert zu erfassen und mehreren Personen, aber auch Prozessen zuzuordnen. Beide schonen weder sich noch die Anderen am Projekt Beteiligten. Und beide, so mein Eindruck, meinen es mit ihrer Verantwortungsübernahme für die eigenen Fehler ernst.

14.3 Jenseits der Dichotomie: Aspekte des Gelingens und des Scheiterns in jedem der neun Projekte

Oben sprachen wir davon, dass es bei nüchterner Betrachtung in beinahe allen Projekten Gelungenes und Misslungenes, Erfolgreiches und Scheitern zu entdecken gilt. Oder aber Fragwürdiges, Zwiespältiges, Ambivalentes. Das soll hier in schematischer Weise für die Projekte von Makarenko, Wilker und Tolstoi dargestellt werden. Diese Art der Darstellung bleibt grob und unbefriedigend, aber eine detaillierte Beschreibung von Schatten und Licht findet man in den einzelnen Kapiteln (z. B. Kap. 7.9).

Beispiel 1: Makarenko in der Gorkij-Kolonie

Gelungenes	Scheitern/Misslungenes	Ambivalentes
Projekt über die schwierige Anfangsphase geführt, in der Anomie drohte	Mehrfach Gewalt angewandt bzw. Gewalt offen angedroht	Jugendliche finden den Machismo und die Gewalt Makarenkos durchaus beeindruckend
Grundversorgung der Kolonisten mit viel List und Tücke fast durchgehend gesichert	Makarenko deckt Diebstähle und Gewalt der Jugendlichen gegenüber den Bauern	Er gibt dem Jugendlichen die Möglichkeit bei Schwarzbrennen und Holzdiebstählen die Rolle von prosozialen Wächtern zu übernehmen
Selbstversorgung der Kolonie nach drei Jahren erreicht	Arbeitsleistungen zum Teil mit Druck und Gewalt durchgesetzt	Ansätze von Selbstregierung bzw. Peer-Education, auch wenn M. diese dominiert
Feinfühliges und geschicktes Agieren von M. gegenüber Abweichenden (z. B. Karabanov)	M. verfügt Entlassungen, auch wenn er diese nicht	Manche Entlassungen sind als zeitweise angesetzt und ermöglichen die Rückkehr
Berichte von Zöglingen über väterliche Unterstützung und liebevolles Kümmern von M.	Cholerische Wutanfälle und Kontrollverluste in Krisen oder bei besonderen Vorkommnissen.	Überlässt die Kinder und das Pflegerische den Frauen im Projekt
Makarenko lebt fast acht Jahre in der Kolonie mit den Jugendlichen und teilt deren Alltag	Er ist und bleibt das absolute Zentrum der Macht und gibt davon nur an ausgewählte Andere ab.	Selbstüberforderung und Ermüdungserscheinungen
Identifikation vieler Jugendlicher mit dem Projekt	Andere Jugendlichen nach kurzer Zeit abgängig	Es kommt darauf an, ob und wie schnell man zum „inner circle" aufrückt
Anerkennung als Modellprojekt für die Jahre ab 1923	Scharfe Kritik bei späteren Kontrollbesuchen	Makarenko setzt sich für einen ehemaligen Kollegen ein, der ebenfalls Gewalt angewandt hat
Das *Poem* als großartiger Versuch einer nachträglichen Projektrekonstruktion mit fiktiven Elementen	Das *Poem* als Quelle von Überschreibungen und Vertuschungen bzw. Selbst-Legitimierungen	Der Kontext der Veröffentlichung in der Ära Stalins
Offener und mutiger Umgang mit seiner Gewalt im Poem	Verschleierung der historischen Fakten. Umgruppierung von Fakten zur Selbstlegitimierung	Trotzig-selbstgerechter Umgang mit den aufgedeckten Gewalttaten gegenüber den Kontrollkommissionen

Beispiel 2: Wilker im Lindenhof

Gelungenes	Scheitern/Misslungenes	Ambivalentes
Wilker gelingt es mit vielen Jugendlichen einen guten Kontakt aufzubauen	Er scheitert am Aufbau einer angemessenen Arbeitsbeziehung mit seinen Mitarbeitern	Er schreibt nichts über seine eigenen Konflikte mit den Jugendlichen
Gewaltverbot konsequent durchgesetzt und die Symbole der Einschließung weiter zurückgebaut	Er unterschätzt das Leiden seiner Mitarbeiter unter den Spannungen und Konflikten mit den Jugendlichen und gibt ihnen wenig an die Hand, mit diesen gut umzugehen	Er scheint mehr im Gespräch mit den Jugendlichen und beteiligt diese mehr als die Mitarbeiter (z. B. haben diese keine Stimme im Leitungsgremium)
Mitbeteiligung der Jugendlichen und Jungengericht erfolgreich etabliert	Beamte wurden an der Entwicklung nicht beteiligt und haben später teilweise dagegen agiert	Die Strafen wie 24 Stunden im Bett oder Monate kein Besuch muten zum Teil drastisch an
Feinfühliges und geschicktes Agieren von Wilker gegenüber Abweichenden		Auch Wilker muss verlegen, auch in andere Heime, von denen er weiß, dass dort nicht gut gearbeitet wird
Wilker regt Formen der Mitbestimmung und des Jugendgerichts an	Er scheitert daran die Mitarbeiter für diese Projekte zu interessieren oder gar zu begeistern	Die Mitbestimmungsformen werden von den Mitarbeitern als Kontrolle und Einschränkung ihrer Macht wahrgenommen
Wilker lebt über zwei Jahre im Lindenhof; vor allem im Kinderbereich gelingt es ihm eine vorbildliche Heimerziehung umzusetzen	Er und seine Vertrauten bleiben eine isolierte Gruppe im Lindenhof und geraten mehr und mehr in Spannungen mit den Mitarbeitern	Selbstüberforderung und Ermüdungserscheinungen
Identifikation vieler Jugendlicher mit dem Lindenhof und seinem Leiter	Etliche Jugendliche finden keinen Zugang zu den von Wilker angebotenen Aktivitäten wie Tanzen oder Nacktlauf	Die Wandervogelkultur und die proletarische Kultur der Jugendlichen geraten in Spannung
Nach dem Weggang Wilkers erfährt er eine eindrucksvolle Solidarität aus weiten Teilen der Jugendbewegung	Der Vorgesetzte von Wilker findet deutliche Worte auch für dessen persönliche Schwächen	Wilker scheint das Scheitern nicht weiter anzufechten. Aber er scheitert mindestens noch zwei -mal an Aufgaben. Bis er sich in Südafrika etablieren kann

Beispiel 3: Tolstoi und seine Freien Schulen

Gelungenes	Scheitern/Misslungenes	Ambivalentes
Aufbau einer ersten Dorfschule für Kinder von Bauern, die ganz auf Freiwilligkeit beruht	Nicht alle Lehrer, die er beschäftigt können und wollen so viel Geduld aufbringen wie er. Manche gehen wieder	Auch Tolstoi erschöpft sich bei oder durch seine Art des Unterrichtens, die sich immer wieder der Unordnung aussetzt bis Selbstregulierung eintritt

Gelungenes	Scheitern/Misslungenes	Ambivalentes
Tolstoi ist mit Herz und Seele bei seinem Projekt dabei. Wie er die Kinder, wie die Kinder ihn erleben, ist eine Freude	Er verlässt es aber auch bereits nach 6 Monaten; unklar ist, ob er bereits genug davon hat oder ihn die durch seine Unterrichtspraxis aufgeworfenen Fragen quälen	Er startet eine Reise, die mehreren Interessen dient, auch den unterrichtlichen; diese stehen aber keineswegs im Vordergrund
Nach seiner Rückkehr stößt er zahlreiche Neugründungen an. Sein Projekt fängt an in Serie zu gehen	Er stellt Lehrer an, die aufgrund ihrer Vorgeschichte das Interesse der Geheimpolizei erwecken müssen	Er beendet das Schulprojekt selbst; er fühlt sich erschöpft, wurde nur behindert, nie unterstützt; hat keine Lust mehr; will heiraten und einen neuen Lebensabschnitt beginnen
Tolstoi möchte nicht strafen. Schule soll nicht strafen. Das gelingt ihm auch weitgehend	In einigen Fällen greift er zu beschämenden Formen von Strafen, die mit sozialer Exklusion einhergehen	
Gründer einer Zeitung für Freie Schulen, die rasch Verbreitung findet	Die Zeitung wird verdächtigt revolutionäre Ideen zu promoten und verboten	Tolstoi reizt die Grenzen aus, er spielt mit dem Feuer oder merkt nicht, dass man das so einschätzen könnte
Verfasser einer Schulfibel, die vielen Generationen von Kindern das Lesen Lernen über Geschichten vermittelt	Im Lese-Lernen-Streit angesichts seiner Schulfibel eher unkollegial und besserwisserisch aufgetreten	Stellt die Schulfibel in eine Reihe mit seinen großen Romanen

In diesen drei Beispielen haben wir gesehen, wie sich das *binäre Schema* Gelingen/Scheitern bei einer differenzierten Betrachtung von Projektverläufen als ungenau und unpassend erweist. Für die meisten Projekte lassen sich bezogen auf manche Ergebnisse Erfolge reklamieren, können bzw. müssen aber andere Entwicklungen und/oder Ergebnisse als Misserfolge eingeordnet werden. Darüber hinaus weisen fast alle Projektverläufe und/oder -ergebnisse zusätzlich ambivalente Züge auf. Erfolg und Scheitern bezogen auf ein Thema oder eine Aufgabestellung liegen oft sehr dicht zusammen. Bei der Behauptung *gelungen* und/oder *gescheitert* stellt sich deswegen für Erziehungswissenschaftler:innen jedes Mal die Frage: in welcher Hinsicht? Und die Aufgabe nach dem jeweils Anderem, dem im bisherigen Bewertungsdiskurs Ausgeschlossenen, Ausschau zu halten.

Und doch bleiben solche Tabellen wie oben in zweierlei Hinsichten unbefriedigend. Allein die Gegenüberstellung wirkt selbst noch wie in dem binären Schema gefangen: Trotz der Spalte *Ambivalenzen* gelingt es nicht, die *„fifty shades of grey"* deutlich werden zu lassen, die sich in vielen Projekten entdecken lassen. Nur Rekonstruktionen, die sich in Details vertiefen und mehrere Schichten von Gelingen und Misslingen aufdecken und vor allem deren Zusammenhänge thematisieren, werden den Projektverläufen einigermaßen gerecht.

Der zweite Grund liegt darin, dass sich aus solchen Schemata keine Qualifizierung der Projekte und somit auch kein Vergleich zwischen ihnen ableiten lässt. Auch mittelmäßige Projekte können Elemente von Erfolg *und* Scheitern aufweisen. Aber Pestalozzi in Stans, Tolstoi in Jasnaja Poljana, Makarenko in der Gorkij-Kolonie und Bernfeld im Kinderheim Baumgarten sind und bleiben, trotz aller Schwächen und Fehler, die sie begangen haben, große Pädagogen und ihre Projekt Meilensteine in der Geschichte der Pädagogik.

In ihren Projekten ist – bei aller notwendigen Kritik und aller sinnvoller Entidealisierung – erheblich mehr gelungen als gescheitert. Wir heutigen Pädagog:innen stehen immer noch auf ihren Schultern oder setzen uns nicht mit ihnen auseinander und bleiben deswegen unter ihrem Niveau.

Das gilt auch dann noch, wenn man einräumen muss, dass die Zeit an diesen pädagogischen Orten, den damals in die Projekte involvierten Kindern oft wenig oder Unklares gebracht hat; sicher werden viele Kinder Pestalozzi, Tolstoi und Bernfeld noch lange Zeit, vielleicht sogar lebenslang erinnert haben; für die Meisten wird der Aufenthalt dort ein paar Monate oder Jahre in ihrem Leben eingenommen haben, so dass man damit rechnen muss, dass die tonangebenden Figuren verblasst sind. Andere wird das abrupte Ende enttäuscht und frustriert zurückgelassen haben. Sicherlich sind einige später zu Lobredner:innen ihrer Pädagogen geworden, wie Morosin für Tolstoi oder etliche Kolonisten für Makarenko. Aber die haben ihre Pädagogen dann auch unangemessen idealisiert.

Das Gleiche kann man für die Projekte des Duos Keralio/Condillac, das von Wilker, von Schäfer oder das des Fortbildners nicht sagen. Sie alle haben deutlich mehr Scheitern als Erfolge vorzuweisen. Wilker vermutlich noch am meisten (Erfolg). Bei all diesen Projekten handelt es sich mit Blick auf den *Innovationsgehalt* um durchschnittlich bis wenig bedeutungsvolle Projekte. Die Geschichte der Pädagogik wäre nicht wesentlich ärmer, wenn sie nicht stattgefunden hätten. Schäfers Projekt wird erst über seine Theoretisierung zu einem Meilenstein, aber nicht für die Sozialpädagogik als Profession, sondern die (Erziehungs-)Wissenschaft(en). Das Gleiche gilt für die Rekonstruktionsleistung von Badinter bezogen auf den Infanten von Parma. Eingeschränkt gilt das auch für den Projektbericht des Fortbildners (vgl. Kap. 13.5).

In einem letzten Schritt wage ich mich deswegen an eine *numerische Qualifizierung* der neun Projekte bezogen auf Gelingen/Scheitern/Ambivalenzen in Form von Abstufungsgraden. Sie knüpft an die Kurzdarstellungen am Ende des ersten Teils an (siehe Anhang Teil 1) und nimmt noch einmal die Zielstellung ins Auge, also z. B. den aufgeklärten Fürsten oder die Reformierung der Fürsorgeeinrichtung in Berlin etc. Mehr als kurze Begründungen kann ich hier nicht liefern. Die Tabelle soll eher dazu dienen, sie zu diskutieren und die Form der Qualifizierung vielleicht auf andere Projekte übertragen zu können.

Projekte	gelungen	gescheitert	Ambivalent
Keralio / Condillac Infant von Parma Kapitel 2	wenig 20 % Wissensvermittlung ist gelungen	überwiegend 80 %	die Beziehung Keralio mit dem Infanten
Pestalozzi Kapitel 3	In Neuhof 10–20 %	80–90 % Planungs- und Kompetenzmängel	Schläge und Alleinverantwortung
	In Stans 75 %	Nicht gescheitert, sondern vertrieben	
	In Yverdon 50 %	Gescheitert an Leitung	
Tolstoi Kapitel 4	80–90 % Schulkonzeption und Umgang mit Schüler ist bis heute beispielhaft	10–20 % T. hat Lehrer eingestellt, von denen klar war, dass sie Angst und Misstrauen bei den Behörden hervorrufen. Er konnte nicht erkennen, dass er eben mehr für die Kinder verkörperte als den Lehrer. Er blieb der Herr im Herrenhaus	Seine Schuldgefühle, die evtl. auch zu seinem (extrem) duldsamen und geduldigen Umgangssteil beigetragen haben. Auf diesen Stil konnten sich andere nur begrenzt einlassen. Mit diesem hat er auch sich selbst überfordert
Wilker Kapitel 5	30 % gelungen, wegen guter Kontaktaufnahme mit Jugendlichen und wegen Anregungen zum Aufbau von Mitwirkungsgremium und Jungens-Gericht	70 % wegen Verstrickungen mit den Mitarbeitern, die er mit verursacht und nicht erkannt hat	Die einseitige und parteiliche Orientierung an den Jugendlichen. Das Einbringen von Wandervogel-Ideen und -Praxen in die Fürsorgeerziehung
Bernfeld Kapitel 6	Im Kontakt mit den Kindern und dem Aufbau von Selbstregierungsformen alles richtig gemacht Gelingen insgesamt um die 80 %	Bezogen auf den Umgang mit anderen Leitungspersonen und dem Joint viele Verstrickungen, die er mit hervorbringt und nicht erkennt. Nur 20 %, die aber alles entscheiden und zum Ende des Projekts führen	Seine politischen Ambitionen, die er mit den Kindern realisieren möchte, diese aber auch ein Stück weit für seine politischen Ziele instrumentalisiert, weil diese noch nicht überblicken, was er in politischer Hinsicht anstrebt

Projekte	gelungen	gescheitert	Ambivalent
Makarenko Kapitel 7	Vieles, vor allem im persönlichen Kontakt mit den Jugendlichen und bezogen auf den Aufbau einer sich selbst versorgenden Kollektivs, in der die Verantwortung aller für alle im Mittelpunkt steht. Den Jugendlichen, die sich einlassen können, vermittelt er eine Heimat auf Zeit inklusive einer guten Versorgung. Gelungen um die 50 %	M.'s Gewalt setzt sich fort in der Gewalt anderer Erzieher und Jugendlicher gegenüber anderen Kolonisten. Diese beinahe ständig spürbare Drohung von Gewalt und der damit verbundenen Zwang machen die Kolonie den Augen zu vieler Jugendlicher unattraktiv. Als pädagogischer Leiter ist er gescheitert. Um die 20–30 %	M.'s Umgang mit seiner Gewalt zwischen Offenlegung und Selbstrechtfertigung. M.'s Entlassung mag viele Gründe haben, die nichts mit seiner Pädagogik zu tun haben, aber kann als gerechtfertigt gelten. Trotzdem bleibt es problematisch, dass Praxis-Ferne sich anmaßen über ein Projektverlauf, der allergrößte Herausforderungen beinhaltete, urteilen zu können. Um die 30 %
Schäfer Kapitel 8	Wenig 10–20 % Anregungen, die später nach Projektende weiter wirken	80 % aufgrund von Planungsfehlern und dem Scheitern von Verständigung	
GUF Hamburg Kapitel 9	Wenig ca. 25 % bezogen auf die gesamte Entwicklungszeit	Zu 75 % gescheitert aufgrund von Planungsfehlern und hierarchisch angelegter Kommunikation	GU ist und bleibt als Maßnahme in allen ihren Formen ambivalent (was nicht gegen sie spricht)
Fortbildner Kapitel 10	Wenig ca. 15–20 % bezogen auf ausgefeilte Konzeption und Praxisformen wie den Schutzcordon bzw. das Anti-Gewalt-Training	85 % wegen Verstrickungen, die die Erwachsenen konstelliert haben	Ambivalent: sich Einsetzen für die Bedürfnisse der Jugendlichen (Rauchen, Sex-Hefte etc.), weil es unklar bleibt, um wen es dabei geht

Die *Prozentangaben* wollen hier nicht als Versuch verstanden werden exakte Angaben zu machen. Ich betrachte sie lediglich als Antworten auf eine hypothetische Skalierungsfrage: „*Wenn Sie das Ausmaß an Gelingen und Scheitern des Projekt XY einschätzen sollten und dabei Prozentzahlen benutzen müssten, wie würden Sie dann die Prozente bei XY bezogen auf Gelingen und Scheitern verteilen?*". Jede Leser:in ist aufgefordert, ihre/seine eigenen Prozentangaben neben meine zu schreiben. Danach könnte man, vermutlich mit Gewinn für beide Seiten, die Abweichungen in den Einschätzungen, die Art und Weise ihrer Begründungen und die unterschiedlichen Theoriebezüge, auf die man dabei rekurriert hat, diskutieren.

Zugleich muss man sehen, dass solche Prozentangaben in Spannung stehen zu abschließenden Bewertungen. Sicher muss man die nicht für alle pädagogischen

Projekte vornehmen. Aber mit Blick auf Makarenko würde ich sie z. B. als wichtig erachten, um für sein Handeln im Projekt und für den Projektverlauf die Bewertung „*ambivalent*" zu reklamieren. Nur Positives herauszusortieren oder nur Negatives, wäre meines Erachtens falsch. Das Positive additiv neben das Negative zu stellen bliebe unbefriedigend. Deshalb scheint mir „ambivalent" als Urteil zutreffend. Freilich mit dem Zusatz von oben (s. Kap. 7.9):

> „*Aber auch von solchen als ambivalent eingeschätzten pädagogischen Projekten können mehr fachliche Anstöße und mehr Faszination ausgehen, als von vielen hundert ordentlichen Einrichtungen zusammen, denen man nichts Unfachliches vorwerfen kann, die aber eben auch nichts Neues oder Besonderes riskiert haben*".

Klar ist allerdings auch: Wir brauchen öffentlich bekannte Kriterien, die man am Projektende (oder am Ende der Förderdauer eines Projekts) halbwegs genau anlegen und bestimmen kann. Wenn ich z. B. an die vielen Millionen denke, die jedes Jahr von „*Stiftung Jugendmarke*" und anderen Projekt-Unterstützungs-Organisationen ausgegeben werden, frage ich mich, ob überhaupt und wenn ja woran fest gemacht wird, ob oder in welcher Hinsicht dieses Geld gut ausgegeben war? An den Eigenberichten der geförderten Träger kann man das wohl kaum festmachen. Wir alle wissen, dass in dieser Hinsicht Papiere geduldig sind und man in Berichten das Blaue vom Himmel schreiben kann: Als bewusster Versuch der Täuschung oder im aufrichtigen Glauben etwas geleistet zu haben, das man nicht wirklich belegen kann. Mir ist kein öffentlich bekannter Diskurs dazu bekannt. Die in den Verteilungsgremien sitzenden Fachleute halten sich in meiner Wahrnehmung diesbezüglich eher bedeckt; wahrscheinlich wird vieles intern diskutiert.

14.4 Dialektische Verbindungen von Gelingen und Misslingen

Sehr wahrscheinlich gibt es Projektverläufe, die positiv beginnen und aus dem Erleben eines guten Anfangs Kraft gewinnen für die weitere positive Entwicklung. Sie entwickeln einen positiven *run*, könnte man sagen. Ebenso wahrscheinlich ist das Gegenteil, ein Projekt startet mit Schwierigkeiten, diese häufen sich, Enttäuschungen machen sich breit, das Projekt bekommt eine negative Schlagseite im Erleben der Beobachter:innen, internen und externen. Beide Tendenzen können zu Selbstläufern werden, d. h. dass die Chance größer ist, dass sie sich fortsetzen als dass sie sich verändern. Beides Mal hätte sich dann das Projekt – und mit ihm die Projektentwickler:innen – in rekursive Rückkoppelungsschleifen begeben, die immer mehr desselben produzieren; was beim positiven run durchaus erwünscht sein kann.

Beides Mal kann sich die Dynamik aber noch verändern. Der positive *run* kann durch Krisen unterbrochen werden, auslaufen und einem Negativtrend

Platz machen. Ebenso können Anfangsschwierigkeiten, die dazu führen, dass bereits erste Ideen aufgekommen waren, das Projekt lieber abzubrechen oder auszusteigen, überwunden werden und in eine positive Entwicklung münden.

Die aufmerksame Leser:in wird bemerkt haben, dass wir mit der Darstellung dieser beiden Dynamiken wieder zum *binären Schema* zurückgekehrt sind. Positiv *oder* negativ, wenn auch mit Umschlagpunkten von einem zum anderen. Die Konstruktion ist nicht abwegig, aber einseitig. Deshalb stellten wir in der Einführung zu diesem Kapitel die Frage, ob die gelungenen und die misslungenen Seiten, die man bei der Bilanzierung eines Projektverlaufs analysieren kann, nebeneinander gestellt werden können, oder ob damit nicht verborgene innere, in irgendeiner Hinsicht logische oder notwendige, Verbindungen zwischen ihnen unkenntlich gemacht werden oder unentdeckt bleiben. Vielleicht bedingen sich die beiden Seiten, vielleicht führen wahrgenommene Fehler und Schwächen bei den Projekt-Mitarbeiter:innen zu beeindruckenden Gegenbewegungen, die so nicht zustande gekommen wären und/oder die Klient:innen viel mehr beeindrucken, als wenn alles glatt verlaufen wäre? Vielleicht lässt sich das Positive nur begrenzt steigern, ohne dass die andere Seite, das Negative, auch mehr Raum einnimmt? In anderen Zusammenhängen bin ich näher auf ein solches dynamischen Qualitätsmodell eingegangen (Schwabe/Thimm 2018 Kap. 6; siehe auch Schwabe 2022a, 26, 253 ff. und 369 ff.). Von den dort vorgenommenen Überlegungen möchte ich hier nur zwei vorstellen.

Die *erste Form einer möglichen inneren Verbindung* setzt an der Hegelschen Philosophie an; Hegel hat den Prozess der Entwicklung von was auch immer als einen *Kampf von Widersprüchen* oder *antagonistischen Kräften* betrachtet. Ungereimtheiten und Widersprüche treiben den Geist dazu, sich von Stufe zu Stufe weiterzuentwickeln, vom sinnlichen Erleben bis zum absoluten Geist. Dazu müssen die Mängel und Lücken des bisherigen Denkens, die Begrenztheiten der bisher verwendeten Begriffe, immer wieder aufgedeckt und reflektiert werden. Das war das Programm der *Phänomenologie des Geistes* (Hegel 2003, 18). Aber diese Bewegung gilt auch für die Geschichte. Entwickeltere Stufen der Gesellschaft und damit nicht nur ihrer Regierungsformen, sondern auch das des Rechts, der Kunst und der gesellschaftlichen Ideale, gehen aus weniger entwickelten Formen hervor, weil die vorangehenden in eine Krise geraten, in Frage gestellt und überwunden werden. Aber die Bewegung hört nicht auf; was heute als avanciert oder höchste Kulturstufe gilt, fällt morgen der Kritik heim; auf jeder neuen Entwicklungsstufe werden neue Systemschwächen deutlich, die nach einer Korrektur verlangen. Was gestern eine Lösung war, wird heute zum Problem. Zudem finden die Übergänge in Form von Brüchen statt, auch von kriegerischen Konflikten, Revolten oder dem Zusammenbruch eines Imperiums, das 100 Jahre zuvor noch als tausendjähriges propagiert wurde. Mit diesen Brüchen und Zusammenbrüchen ganzer Systeme sind immer auch Leiden verbunden, die ganze Länder, Staaten, Bevölkerungsgruppen ins Unglück stürzen können. Auf Seiten der Handelnden, die die Brüche aktiv vorantreiben, die vorangegangene Herrschaft stürzen, bedeutet das immer auch, dass sie Schuld auf sich laden, weil sie Regeln, Gesetze und Ordnungen in Frage stellen und brechen. Auch wenn uns heute – insbesondere nach Auschwitz – die Gewissheit Hegels verloren gegangen ist, dass diese Dialektik stets zu Weiterentwicklungen führt und wir die Kosten des Fortschritts inzwischen sehr viel genauer kennen, bleibt das Entwicklungsmodell anregend. Überträgt man das Modell auf *pädagogische Projekte*, wird klar, warum sie so häufig von Spannungen und Konflikten durchzogen sind. Ein Projekt, in dem alles glatt läuft, in dem man nicht darum ringt, was richtig und was falsch ist und was man dafür tun oder unterlassen sollte, ist ein ordentliches, ein erfolgreich kontrolliertes, aber auch ein zum Stillstand gekommenes Projekt. Erstens besäße es keine Entwicklungschancen mehr und zweitens stellt sich die Frage, ob man es nachmachen, wiederholen oder an andere Orte verpflanzen kann. Eher nicht. Andersherum: Ein Projekt, in dem sich Erfolge und Misserfolge, positive, negative und ambivalente Seiten abwechseln und gemeinsam oder kontrovers eingeschätzt werden, stellt ein *lebendiges Projekt* dar. In diesem Projekt wird noch gerungen, es kann sich noch weiterentwickeln. Bruno Bettelheim schreibt mit Blick auf die dazu notwendige Offenheit in der Institution und in den Kommunikationen der Mitarbeiter:innen in seinem Buch „*Weg aus dem Labyrinth*":

> „*...die Integration der gesamten Einrichtung muss ein Prozess beständigen Wandels sein, ein stets angestrebtes Ideal das nie erreicht wurde, denn Lebendigsein, Lebendigkeit und die daraus resultierenden Erfolge, entstehen aus dem Erst der Bemühungen um dieses Ziel; sie entstehen nie, wenn sie erreicht ist. Es stellte sich heraus, dass für unsere Patienten, die an ihrer Integration ihrer Persönlichkeit arbeiteten, äußerst wichtig war, in einer Umgebung zu leben, die ständig um die eigene Integration rang*" (Bettelheim 1978, 222).

Freilich kann ein Zuviel an Spannungen das Projekt auch zerreißen und/oder die Protagonisten auch erschöpfen und dazu bringen sich weniger anstrengende Felder für das eigene Wirksamwerden zu suchen; das werden Tolstoi, Bernfeld, aber auch Wilker so eingeschätzt haben. Makarenko oder Bernfeld oder Schäfer wären auf der anderen Seite wahrscheinlich aber auch froh darüber, dass es die inneren Entwicklungskräfte von Projekten und deren unvermeidbaren Konfliktdynamiken sind, die zu Beidem führen: dem Gelingen bestimmter Projektaspekten und dem Scheitern anderer. Für die Entwicklung der Sozialpädagogik als Bewegung und als sozialhistorisches Projekt sind Gelingen und Scheitern gleich relevant. Und müssten eigentlich gleich willkommen sein (wenn da nicht die Kosten des Scheiterns wären und die Leiden der davon Betroffenen). Denn aus Beidem kann man lernen: Die Erfahrungen mit Scheitern und mit Gelingen bringen einen selbst und Nachfolger:innen dazu weiterzumachen, daran anzuknüpfen oder einen Neuaufbruch zu wagen (siehe dazu auch das Zitat von Winkler in Kapitel 15.1 Schritt 9).

Die *zweite Form von Dialektik* setzt an der taoistischen Philosophie an:

„Yin und Yang gehen stellen einander gegenüberstehende Prinzipien dar, die beide aus dem Urgrund allen Seins hervorgehen. Yin (ist, M. S.) *der Schatten, die Verhärtung, das Leidenschaftliche und die Gewalt und neigt zum Undurchsichtigen, während das Yang das Leuchtende, das Ausdehnende, Friedvolle und auch die wesentliche Natur ist, weswegen es zur Klarheit neigt. Sie sind jedoch miteinander verbunden wie Nordhang und Südhang, und wenn eines die Oberhand bekommt, kann man sicher sein, dass das Andere deswegen noch nicht verschwindet, sondern seine Rückkehr vorbereitet"* (Jullien 2009, 115, Schwabe 2020, 369 ff.).

„Weil sich in jedem Moment im Weltprozess die Behauptung des Einen und der Rückzug des Anderen vollzieht, dieses andere jedoch zur Wiederkehr bestimmt ist, […] kann der chinesische Weise in dem Moment, in dem das Negative siegt, die Wiederkehr des Positiven spüren, das im allergrößten Unglück, zwischen den Trümmern, unmerklich von Neuem zu arbeiten beginnt. Darum wird er auch nicht verzweifeln, denn alle Momente besitzen in sich, ihre mal eher latente, mal eher offenbare Tugend, und dazu gehören auch jene die man für die ungünstigsten hielte, wie die des Niedergangs, des Rückzugs oder der Auflösung." (ebd., 117).

Oder des (teilweisen) Scheiterns. *„Anstatt tragisch das Eine gegen das andere zu stellen, vor dem deinen zu flüchten und dem anderen nachzutrauern, ist weise, wer erkennt, dass das eine nicht ohne das andere geht und hinter dem einen schon das andere hervorkommt."* (ebd., 117 f.).

Dieses Modell postuliert, dass das eine, Erfolg, nicht ohne das andere, Misserfolg/Scheitern, zu haben ist und warum es Sinn macht, im Scheitern nach Momenten des Erfolgs und im Erfolg nach Aspekten des Scheiterns Ausschau zu halten. Zweitens wird klar, dass in jedem Projekt beide Kräfte wirksam sind und es die positiven, konstruktiven Kräfte nicht ohne die negativen destruktiven gibt. Man kann die andere Seite nicht ausschließen. Nicht die negative, dunkle, aber auch nicht die positive, helle. Für den ersten Aspekt steht der Satz: *„Verblasst dein Schatten, schwindet auch dein Licht"*. Bedeutet, dass die positiven, konstruktiven Kräfte in längerer Perspektive eher abnehmen und sich erschöpfen, wenn nicht auch das Dunkle und Destruktive seinen Raum im Projekt bekommt. Für den zweiten Aspekt könnte man formulieren. *„Es ist dunkel, sehr dunkel, aber zugleich ist in der Dunkelheit das Licht angelegt. Es wird wieder hell werden"*. Es bedeutet, dass auch das scheinbar vollständige Scheitern, das Aufgeben eines Projekts, das man heute beschließt, das Auseinandergehen im Streit nicht das letzte Wort hat. In irgendeiner Form wird das zurückgedrängte Positive zurückkehren: Sei es, dass das Projekt im zweiten Anlauf gelingt, weil man im ersten gelernt hat, sei es, dass man an der persönlichen Niederlage wächst und besser in der Lage ist, andere, die Projekte durchführen zu begleiten, oder dass man aus dem Studium des eigenen Scheiterns – wie Gerd E. Schäfer in Kapitel 8 gezeigt hat – so viel an Erkenntnis gewinnt, dass es die wissenschaftliche Gemeinschaft bereichert, und, und, und.

Drittens bedeutet es aber auch, dass wir die Hoffnung aufgeben sollten, der ideale Projektverlauf sei möglich. Einer, bei dem alles gelingt: die Konzepterstellung, die Einbeziehung der Mitarbeiter:innen in die Konzeption, die Abstimmung mit Kooperationspartner, die auskömmliche Finanzierung, die Gewinne für die Betreuten, die Lernmöglichkeiten für die Mitarbeitenden, die reibungslosen Kooperationen mit den Projektpartner:innen und auch noch der Schritt der Verbreitung des Projekts in zehn oder mehr Projektableger, die von der ersten Durchführung profitieren. Dieses Ideal ist falsch, weil es nicht zu realisieren ist. Und es ist gefährlich, weil es Maßstäbe impliziert, an denen man nur Scheitern kann. Passend ist es alleine für Menschen, die gerne urteilen, gerne Fehler finden und gerne Andere wegen ihrer Fehler anklagen und verdammen. Damit ist aber auch klar, dass die Erwartung, dass in einem Projekt von Anfang an alles rund läuft und dass gerade am Anfang Fehler vermieden werden müssen, weil sie sonst in eine schiefe Projektentwicklung führen, kritisch zu sehen ist. Fehler und ihre Korrektur bzw. Kompensation sind möglich und nötig. Dennoch bleiben Fehler Fehler und können sich tatsächlich in den Fundamenten des Projekts einnisten und es von Anfang an und auch auf Dauer belasten (das war der Kernverdacht in Bezug auf die Projekt-begründende Gewalt von Makarenko). Gleichzeitig kann man darauf vertrauen, zumindest wenn man an die chinesische Weisheitslehre glaubt, dass diese Fehler und die aus ihnen resultierende Belastung auch von etwas Positivem begleitet werden. Es geht nicht darum den Fehler zu leugnen, sondern zu sehen, dass er nicht alleine steht. Ihm ist etwas beigesellt, dass ausgleichen, weiter helfen oder gar retten kann. Aber nie so, dass Rettung das letzte Wort hat. Eher so, dass das, was in eine Krise geführt hat, auch wieder aus ihr heraushelfen kann. Bis die nächste Krise kommt.

Angewandt auf die Projekte heißt das: Die Menschenfreundlichkeit Wilkers, die sich an die Jugendlichen wandte, hatte eben schon ihr Gegenteil, eine pauschalisierende Verwerfung anderer Menschen in sich. Zumindest in Ansätzen. Je stärker sie sich gegenüber den Jugendlichen artikulierte, umso weniger blieb für die andere relevante Gruppe: die Mitarbeiter:innen. Es gibt eben das eine nicht ohne das Andere. Nur gut und menschenfreundlich geht nicht. Oder: Mit seiner Gewalt bzw. den Gewaltandrohungen hat Makarenko etwas Riskantes in das Projekt hineingetragen und es dort verankert (vgl. 7.9 und 7.10). Zugleich ist es mit Hilfe von Gewalt gelungen in einer anomischen Anfangssituation eine Grundordnung zu etablieren, auf deren Grundlage viele gute Aspekte des Projekts gedeihen konnten. Ohne die Gewalt am Anfang wäre das Projekt vermutlich früh geendet oder hätte sich Makarenko als überfordert definiert und das Projekt verlassen. Mit ihr wird etwas Destruktives im Projekt angelegt, das im weiteren Verlauf zu Problemen führt (die Gewalt von Jugendlichen gegen andere Jugendliche, das Weglaufen anderer). Dafür ist irgendwann ein Preis zu bezahlen (weswegen die Entlassung von Makarenko vielleicht sogar folgerichtig war). Das Negative, die Gewalt, darf trotzdem reklamieren an etwas Positivem mitgewirkt zu haben, aber kann deswegen nicht behaupten richtig gewesen zu sein. Die Gewalt bleibt weiter mit Schuld verbunden. Auch hier gibt es das Eine nicht ohne das Andere.

C. G. Jung, der die Idee entwickelt hat, dass wir alle bezogen auf unsere Persönlichkeit mit einem *Schatten* zu rechnen haben, einer dunklen Seite, die uns durchaus Probleme bereitet, aber eben auch einen bedeutsamen Aspekt unserer Lebendigkeit darstellt, wäre vielleicht der Idee gegenüber aufgeschlossen, dass auch jedes Projekt seinen *Schatten* hat (Jung 1954, 254 ff., Schwabe 2022a, 314 ff.). Denken wir nur an Bruno Bettelheim, der einerseits der große Kinderversteher sein konnte, aber von den Kindern unter der Hand auch als „*Dr. Brutalheimer*" tituliert wurde, weil er immer wieder auch auf drastische Weise für Ordnung sorgte (vgl. Schwabe 2015, 53). Stimmen wir der Hypothese zu, wäre es eine unangemessene Form der Idealisierung von menschlichem Bemühen, wenn man von diesem verlangt, dass es zu nur guten Ergebnissen führt. Der Schatten, der ein Projekt begleitet, und eventuell mit zum Scheitern beiträgt, hat – so zumindest die Behauptung – an anderen Stellen des Projekts segensreich gewirkt.

Noch fehlt uns eine Ethik, die so etwas denken kann, ohne sich selbst das Leben einfach zu machen auf Kosten von Anderen oder sich vor der Einsicht in eigene Fehler und Schuld zu drücken. Deutlich wird aber auch, dass unser herkömmliches Denken in moralischen Kategorien, die sich an festen Prinzipien orientieren, in diesem unwegsamen Gelände nicht weiterführt (vgl. dazu Schwabe 2022a, 378 ff.).

14.5 Mittelmäßige Projekte (weder gelungen noch gescheitert)

Am Ende des Kapitels möchte ich auf Projektverläufe eingehen, bei denen man einerseits sagen kann, dass sie nicht gescheitert sind, aber andererseits auch nichts Wichtiges an Entwicklung oder Ergebnis vorzuweisen haben. Es gibt sie; sie haben immerhin die kritische Zeit von drei oder fünf Jahren erreicht, in denen sich herausstellt, ob es einem Projekt gelingt, halbwegs rund zu laufen. Wobei diese Frage bei Projekten oft gar nicht im Vordergrund steht. Sie wurden für drei oder fünf Jahre gefördert, weil jemand die Idee hatte für sie einen Förderantrag zu stellen. Der wurde genehmigt und nach der angesetzten Zeit hört das Projekt auf, weil keine Gelder mehr fließen. Natürlich können sich die Projektverantwortlichen rechtzeitig vorher kümmern, eine Anschlussfinanzierung zu bekommen oder zu einem Regelangebot zu werden. Aber vielleicht sehen diese selbst, dass ihr Projekt nicht viel gebracht hat oder möchten lieber ein anderes neues Projekt durchführen. Dazu zwei Projektvignetten:

A) Ein Projekt, das um 1995 stattgefunden hat, wollte Tagesgruppenarbeit (§ 32 SGB VIII) mit stationärer Erziehungshilfe (§ 34 SGB VIII) kombinieren, d. h. die Kinder, die dort aufgenommen werden, konnten je nach aktueller Situation zu Hause – Eltern mal mehr, mal weniger erziehungsfähig oder in Krise – Tagesgruppenkinder sein, die am Abend nach Hause gehen oder aber auch über Nacht bleiben, wenn das dem Kinderschutz oder der Entlastung der Eltern diente. Es handelte sich also um einen frühen Ansatz zur Flexibilisierung der erzieherischen Hilfen. Eine gute Idee, wurde für 3 Jahre gefördert, doch die Ergebnisse blieben eher unklar: Es gab tatsächlich für 70 % der Kinder einen Wechsel in der Betreuungsform, d. h. von stationär zu teil-stationär und wieder zurück. Insofern konnten Abbrüche und Einrichtungswechsel verhindert werden. Aber es gab anhaltend Spannungen zwischen den Kindern; stationär herrschte ein schlechteres Klima unter ihnen. Die Kinder berichteten deswegen oft nicht, was zu Hause los war. Unter den Sozialpädagog:innen wurde immer wieder die Frage diskutiert, ob die Flexibilität nicht dazu führte, dass die Eltern sich eher weniger um ihre Kinder und die Kooperation mit den Sozialpädagog:innen bemühten; schließlich bekamen sie sowieso immer, das, was sie sich wünschten, unabhängig davon, ob es auch für ihre Kinder das Beste war.
Fazit: Ergebnisse unklar, uneindeutig. Das Projekt wurde nicht verlängert, ging nicht in Serie, aber das Problem der oft fehlenden Flexibilisierung von Hilfeformen blieb damit weiter ungelöst.

B) Ein Projekt zur Klärung von Nachbarschaftskonflikten, das um 2010 stattgefunden hat, wurde in einer Großstadt in einem Stadtteil begonnen, der sich durch viele Polizeieinsätze im Zusammenhang mit dem Projekt-Thema auszeichnete. Das Projekt wurde für 3 Jahre gut ausgestattet: mit 3 Mitarbeiter:innen in einer eigenen Anlaufstelle im Stadtteil. Lange Zeit meldeten sich kaum Personen trotz intensiver Öffentlichkeitsarbeit. Die Mitarbeiter:innen hatten kaum etwas zu tun, blieben aber präsent und knüpften hier und da Kontakte im Stadtteil. Nach und nach wurden Aufträge erteilt. Bei den angesetzten Schlichtungs-gesprächen kam oft eine Partei nicht, auch wenn sie vorher zugestimmt hatte. Manchmal war das auch der Auftraggeber. Das Schlichtungsverfahren war inspiriert von Friedensstiftungsinitiativen Nordamerikanischer Indigener und dort – mit Rückgriffen auf Stammestraditionen – für das Zusammenleben in den Reservaten entwickelt worden. Zwei dieser Indigenen wurden als Fortbildner eingekauft und hielten Seminare für die Projektverantwortlichen ab. Das Vorgehen faszinierte und inspirierte sie, wurde aber von den Bewohner:innen überwiegend als fremd erlebt und eher abgelehnt. Im Laufe der drei Jahre kam es zu neun „*Beratungsprozessen*", die in mehr bestanden als nur den beiden Hausbesuchen zu Beginn zur Abklärung der Bereitschaften miteinander zu arbeiten. In zwei Prozessen gelang eine nachhaltige Konfliktlösung zu erreichen. In fünf anderen traten kurzfristige Verbesserungen und anschließende Konfliktverschärfungen oder -verschiebungen auf.

Fazit: Am Ende war unklar, womit die „mageren Ergebnisse" in Verbindung standen: falscher Ansatz, falsche Methode, zu wenig migrationsspezifisch, falsche Konflikttheorie oder, oder? Das Projekt wurde nicht weitergeführt; der Projektbericht liefert wenig interessante Hypothesen. Die Mitarbeiter:innen selbst scheinen wenig verstanden und gelernt zu haben; oder hielten sich diesbezüglich bedeckt.

Beide Projekte haben niemandem geschadet, aber auch niemandem wirklich genutzt. Spenden- und Steuergelder wurden aufgewandt, ohne dass etwas Relevantes stattgefunden hat. Beide Projekte bleiben vor allem unklar bezogen auf die Qualität ihrer Durchführung und Ergebnisse.

Meiner Hypothese nach trifft diese Charakterisierung für mindestens die Hälfte aller durchgeführten *pädagogischen Projekte* zu. Freilich entzieht sich die Hypothese einer empirischen Überprüfung. Das beginnt schon damit, dass es kein Melderegister gibt, in dem Projekte erfasst werden. Die Projektlandschaft ist so heterogen, die Finanzierungsweisen so unterschiedlich, so dass man nur sehr schwer einen Überblick gewinnen kann. Man müsste sich systematisch durch Jahresberichte von Stiftungen und Trägern lesen, um so etwas wie eine erste empirische Grundlage erstellen zu können. Auch ein Projekt… freilich ein wissenschaftliches. Schwierig bleibt die Identifizierung mittelmäßiger oder unklar verlaufener Projekte auch deswegen, weil die Projekte selbst dafür sorgen, dass sie in irgendeiner Form positiv beleumundet oder evaluiert werden. Evaluiert, entweder tatsächlich auf wissenschaftlichem Weg oder aber, weil es dem Projekt gelingt sich selbst als positiv darzustellen oder Außenstehende dazu bringt, sich positiv zu äußern. Häufig verfügen auch mittelmäßige Projekte über eine Lobby, die für sie eintritt und die man mobilisieren kann, wenn Kritik am Projekt geäußert wird.

Ein (!) Faktor bei der Entstehung von Mittelmäßigkeit und Unklarheit scheint mir in der Art und Weise der *staatlichen und freigemeinnützigen Förderpolitik* zu liegen bzw. darin, wie diese zustande kommt. Ich lehne mich an dieser Stelle weit aus dem Fenster (und rechne mit Empörung und Kritik), wenn ich das erst vor kurzem gesetzlich abgesicherte *Projekt Ombudschaft* (SGB VIII § 9a) und auch das neue Projekt *Selbstvertretung* als auszuweisendes Konzeptelement für die Betriebsgenehmigung stationäre Wohngruppen (SGB VIII § 45) als Beispiele anführe. Ähnliches würde ich allerdings auch für etliche Projekte aus dem Bereich Rassismus-Sensibilisierung, Anti-Diskriminierungs-Arbeit, Sexismus-Aufklärung oder bezogen auf die institutionalisierten Versuche der Herauslösung junger Menschen aus fundamentalistischen Kreisen behaupten.

Wie kommt es zur Gründung solcher Projekte? Da ist zunächst ein relativ marginales oder zumindest nicht massenhaft als brennend erlebtes gesellschaftliches Problem, das von sensiblen Beobachter:innen aufgegriffen und politisiert wird; sie erreichen damit, dass dieses Problem auch von Pressure-Groups als größer und virulenter wahrgenommen wird als es im Bewusstsein der Mehrheit der Bevölkerung ist. Die Minderheitengruppe ist gut organisiert und verschafft sich Gehör in politischen Kreisen. Das gelingt ihr umso besser, als sie der Politik zugleich auch Lösungen für dieses Problem in Aussicht stellen kann. Bezogen auf diese Lösungsideen wird die Pressure-Group von einflussreichen Lobby-Arbeiter:innen, meist Kinder- und Jugendreferent:innen der Freien Wohlfahrtspflege unterstützt. Diese sind wahre Netzwerk-Surfer:innen, denen es oft rasch gelingt, erste Vorschläge zur Durchführung von Projekten mit Wissenschaft und Politik kurzzuschließen. Das gepushte Problem passt auch in politische Zusammenhänge und findet Unterstützer:innen in Landes- und Bundesministerien. So fließen bald reichlich Projektmittel in diese Projekte. Sie können über drei, vier Jahre Aufbauarbeit leisten und sich etablieren. Bevor die Projektphase vorüber ist, muss es ihnen, freilich gelingen eine neue Finanzierungsgrundlage zu entwickeln. Das erscheint den bisherigen Projekt-Mitarbeiter:innen attraktiv, weil sie von ihrer Arbeit überzeugt sind, aber auch weil sie mit ihr eine Nische gefunden haben, in der sich mit relativ wenig anstrengender Arbeit ein regelmäßiges Auskommen erreichen lässt. Dieses Auskommen war bisher an eine zeitlich befristete Stelle gebunden, das kann sich nun verändern. Mit der Definition des Projektes als einer notwendigen sozialen Infrastruktur, die durch ein Gesetz (SGB VIII) kodifiziert wird, gehört das Projekt und seine Vervielfachung dann zum kommunalen Pflichtenkatalog. Damit sind die zeitbefristeten Projekte von damals auf Dauer gestellt.

Wissenschaftlich fundiert fremdevaluiert wurden die Projekte nie. Oder von Professor:innen, die den Projekten sowieso nahestehen und sie auch sonst promoten. Oder in Form von Selbstevaluationen. Was die Projekte wirklich leisten und ob sie so wichtig sind wie sie selbst behaupten, lässt sich kaum klären.

Womit wir beim letzten Punkt angekommen sind. Oft entzieht sich ein pädagogisches Projekt der Frage in welcher Hinsicht es erfolgreich ist und in welcher anderen Hinsicht es an Erfolgen fehlt oder es überflüssig ist. Es bleibt mehr oder weniger eine *Blackbox* (Glanville 2015). Entweder weil zuverlässige Daten fehlen (was man durchaus organisieren könnte) oder auch weil die *„fifty shades of grey"*, die dieses Projekt charakterisieren, so komplex sind, dass sie mit quantitativer Empirik nicht zu fassen sind. Sinnvoll wäre es demnach in diesen Projekten zwei, drei Wochen mit zu leben und den Arbeitsalltag aus dem Inneren beobachten zu können. Mit Hilfe von *Teilnehmender Beobachtung* könnte man zu narrativen Portraits kommen, die sicher spannend zu lesen würden. Ich biete mich an dieser Stelle dafür an, um meinen empörten Kritiker:innen die Möglichkeit zu geben, mich zu solchen Hospitationen einzuladen und verspreche, dass ich bereit sein werde, meine Vorurteile zu überwinden, wenn ich denn auf etwas für mich Neues und Überraschendes stoße oder erlebe, dass hier sinnvolle Arbeit geschieht.

15. (Was) Kann man aus dem Scheitern von Projekten lernen?

Wir sind am Ende angekommen und damit bei der Frage, ob sich aus der nachvollziehenden Rekonstruktion von (teilweise) gescheiterten Projekten (Teil A) und/oder der Theoretisierung von Scheitern (Teil B) etwas lernen lässt und falls ja, was? Ich gehe die Fragestellung so an, dass ich zunächst untersuche, welche Formen für die *Verarbeitung von Scheitern* zu Verfügung stehen (15.1). Dieses Vorgehen stützt sich auf die Hypothese, dass Scheitern bewusst wahrgenommen und gemeinsam mit anderen erörtert werden muss (auch ein kleiner Kreis reicht dazu aus), um als Projektverantwortlicher oder -beteiligter überhaupt in die Nähe von Lernmöglichkeiten zu kommen. Einen ersten Anlauf dazu habe ich bereits 2017 gemacht: In den „*Dunklen Seiten*" habe ich zehn individuelle und zehn institutionelle Formen des Umgangs mit Fehlern, Schwächen, Schuld und blinden Flecken analysiert (Schwabe 2022a, Kap. 4). Hier in diesem Buch liegt der Schwerpunkt auf „*Verarbeitung*", auch wenn sich diese manchmal zunächst ähnlich unangemessener Formen bedient.

In einem zweiten Anlauf möchte ich *sechs Typen von Scheitern* darstellen. Aus zwei kann man etwas lernen, aus den anderen eher nicht, außer Demut gegenüber dem, was Projektentwicklung bedeutet (15.2). Ganz am Ende stehen zwei, drei abstraktere Reflexionen über die Unvermeidbarkeit des Scheiterns und die Notwendigkeit es dennoch zu riskieren (15.3).

15.1 Verarbeitungsformen von Scheitern

Prinzipiell stehen nach dem (teilweisen) Scheitern eines *pädagogischen Projekts* mehrere Möglichkeiten zu Verfügung, mit denen man das eigene oder fremde Scheitern analysieren – und im Fall selbst davon betroffen zu sein, es damit auch bearbeiten und bewältigen kann. Man kann sich diesen Möglichkeiten gegenüber aber auch verschließen. Oder bei jeder der genutzten Möglichkeit zunächst einmal stehen bleiben. Weil so viel wie man verstanden hat, zunächst ausreicht; um dann eine weitere Möglichkeit anzugehen, wenn die Zeit dafür gekommen ist. Denn die neun Möglichkeiten kann man sich durchaus als Schrittfolge vorstellen, bei denen einer nach dem anderen gegangen werden kann (wenn auch nicht unbedingt in der angegebenen Reihenfolge und durchaus auch mit einem Schritt nach vorne und einem anderen zurück). Wenn man die ersten acht, oder gar alle zehn Stufen durchschreitet, wird man auf jeden Fall etwas gelernt haben. Ob es für das Verhindern des nächsten Scheiterns ausreicht, steht allerdings auf einem anderen Blatt. Diese zehn Verarbeitungsschritte sind:

1. Nicht-Wahrnehmung des Scheiterns bzw. Leugnung;
2. Resignation und Rückzug aus dem Aufgabenfeld bzw. der weiteren Projektentwicklung: keinen Sinn in einer weiteren Beschäftigung mit dem Scheitern sehen;
3. eigene Anteile thematisieren, aber so weit generalisieren, dass sie abgeschwächt und damit wieder zurückgenommen werden;
4. Selbstrechtfertigung und Exkulpierung der eigenen Person. Zuweisung von Verantwortung/Schuld an Andere;
5. Fiktionalisierung mit der Chance zumindest einige Faktoren/Anteile verschiedener Personen/Institutionen in den Blick zu bekommen;
6. begründete Ablehnung des Urteil *Scheitern* von Seiten externer Expert:innen;
7. *Reflexionsstufe 1:* In sich gehen; eine eigene Analyse vornehmen; eigene Fehler und Schwächen einräumen und verschriftlichen. Eigene und fremde Fehler in ein Verhältnis bringen;
8. *Reflexionsstufe 2:* Fremde Analysen anfordern (für Projektverantwortliche würde das bedeuten, diese zu organisieren oder zumindest zur Kenntnis zu nehmen);
9. *Reflexionsstufe 3:* Ein oder mehrere Theoriemodelle an das Scheitern anlegen;
10. *Reflexionsstufe 4:* Meta-Reflexion des Projektentwicklungsprozesse oder: Beobachter:innen beim Beobachten beobachten.

Die Stufen 1–5 und 6–9 sind prinzipiell jeder/jedem Projektverantwortlichen zugänglich, wenn sie/er sein (teilweises) Scheitern aufarbeiten möchte. Nur die Stufe 5 und 9 sind ausdrücklich Externen, nicht in den Projektaufbau Verwickelten vorbehalten.

Stufe 1 haben wir nur im Bericht des LEB kennengelernt: Bezogen auf das Ende der Geschlossenen Unterbringung Feuerbergstraße. Dort wurde von den Verfassern nur ein einziger Aspekt benannt, den man sich selbst als Fehler angerechnet hat, aber *Scheitern* nicht wirklich als Urteil anerkannt und auch nicht untersucht in welcher Hinsicht die GUF gescheitert sein könnte und in welcher nicht (s. Kap. 9.3.4). Auch Wilker vermeidet den Begriff *Scheitern*. Er selbst spricht von „Zusammenbrechen" und meint damit die Projektarchitektur oder das Vorhaben (Wilker 1921a, 8 und 91). Bei ihm bleibt unklar, ob er sein Scheitern verleugnet oder nur das Wort nicht ausspricht, es aber denkt. Auch Tolstoi vermeidet den Begriff; er schreibt in seiner „*Beichte*" ganz offen, dass er sich völlig erschöpft fühlt und eine Kur bei den Nomaden in der Steppe machen muss (s. Kap. 4.3). Er erregt sich zu Recht über die rüde Behandlung durch den Geheimdienst und beendet das Projekt quasi als Reaktion auf diese. Vermutlich hat er das Aufgeben des Projekts auch als Scheitern betrachtet: als Scheitern einer Vision, die umzusetzen ihm nicht vergönnt war. Das wird ihn sicher auch persönlich geschmerzt haben. Dennoch glaube ich, dass er sich selbst nicht in dem Maße als *gescheitert* gesehen hat wie Pestalozzi in Neuhof (Kap. 3) oder Gerd Schäfer in Stuttgart (Kap. 8) oder der Fortbildner mit der Intensivgruppe (Kap. 10).

Die *Stufe 2, Resignation und Rückzug* aus dem Aufgabenbereich, haben wir bei Wilker und bei Bernfeld kennengelernt. Wir wissen auch aus der empirischen Forschung, dass es eine Möglichkeit ist, die häufig gewählt wird (Bürger 2004). Sie impliziert eine Anerkennung des eigenen Scheiterns bzw. des Projekts. Das ist gegenüber Stufe 1 ein großer Schritt nach vorne. Freilich kann man damit anschließend ganz unterschiedlich umgehen. Man kann es bei dem Rückzug belassen und nicht mehr an den Projektverlauf denken, wie es etliche Lehrer:innen praktizieren, die Bürger interviewt hat. Oder anfangen den Projektverlauf zu analysieren. Wilker und Bernfeld haben das beide getan.

Die *Stufe 3* – sich Fehler zusprechen und sich für das Scheitern mitverantwortlich fühlen, es aber gleich wieder zurückweisen – haben wir bei Pestalozzi und bei Wilker kennengelernt. Bei Pestalozzi wird sie so bedient:

„Unser Unternehmen an sich, wie es in Burgdorf entkeimte, in Buchsee sich zu gestalten anfieng und in Iferten in abentheuerlicher Unförmigkeit mit sich selbst kämpfend und sich gegenseitig zerstörend Wurzeln zu fassen schien: dieses Unternehmen war an sich in seiner planlosen Entstehung, auch unabhängig von meiner persönlichen Untüchtigkeit, unanbhängig von der Heterogenität der Personen, die daran Theil nahmen, unabhängig von dem gegenseitigen Widerspruche […] ein unausführliches Unding. Wenn wir alle unsere Fehler nicht gehabt hätten, wenn alle Umstände, die uns zuwider waren, nicht gewesen wären, ich sage sogar, wenn alle Gewalt, alle Geldmittel und alles Vertrauen besessen und uns auch in wissenschaftlicher Hinsicht nichts gemangelt hätte, […] so hätte das Unternehmen […] dennoch nothwendig scheitern müssen." (Pestalozzi XXVIII, 255).

Pestalozzi windet sich: einerseits gibt er eigene Fehler zu: *„Planlosigkeit" „persönliche Untüchtigkeit"*, vermischt diese mit anderen Fehlern, die alle Beteiligten gemacht haben *„sich gegenseitig zerstörend"* fehlendes *„Vertrauen"*, geht über zu *„Umständen"* wie der *„Heterogenität der Personen"*, um am Ende festzustellen, dass das Unternehmen „unausführlich" war und hatte „nothwendig scheitern" müssen. Zugeben und Leugnen von eigenen Anteilen in einem Satz. Bei Wilker klingt das so:

„Man kann mir gern und billig vorwerfen, ich hätte allerhand falsch gemacht. Ich gebe es zu – denn das ist menschlich und unvermeidbar" (Wilker 1921b, 16).

Oder: *„Es lag in unserem Tun vielleicht unerhört viel Wagemut. […] Es ist möglich, dass unser Weg falsch war. Nämlich insofern: ich wollte einem vorhandenen, modernisierten Gebilde mit alten Traditionen und Beamten ein neues Gepräge geben – schonend, langsam erneuernd, reformend."* (Wilker 1921a, 80).

Hier scheint sich eine Einsicht abzuzeichnen: Eventuell war es zu viel Wagemut… Vielleicht war er eben gerade nicht *„schonend, langsam erneuernd"* genug vorgegangen. Das scheint eine Möglichkeit zu sein Aber weit gefehlt: *„Ich lernte: Es gibt nur diese Möglichkeit: das Alte ganz abreißen und von Grund an erneuern. Man kann garnicht radikal genug sein…"* (ebd., 82). Also doch kein Fehler. Oder: *„Nun wohl: ich hatte meine Eigenart, meine Freunde die ihre- und unsere Gegner hatten wieder ihre. Es wäre vermessen, wollten wir unsere Eigenarten tauschen wie etwa Anzüge."* (ebd., 83). Das klingt einerseits entdramatisierend: hat halt jeder so seine Eigenarten. Aber es passt nicht dazu, dass Wilker seine Eigenart (und die seiner Freunde, die weitgehend die gleiche ist wie seine) über alle anderen stellt und nur sich alleine zuspricht mit seiner Eigenart die wahre Humanität zu befördern. So handelt es sich um Lippenbekenntnisse, kleine rhetorische Verbeugungen, denen aber keine substantielle Selbstreflexion entspricht.

Schritt bzw. *Stufe 4* wurde uns vor allem von Wilker und von Bernfeld vorgeführt: Sie zeigen beide mit den Fingern auf die anderen Mitbeteiligten und stellen sich selbst als gutwillige Projektentwickler (bei Wilker als gutwillige Menschen) dar, denen von anderen – mehr oder weniger böswillig – Knüppel zwischen die Füße geworfen wurden. Beispiele für solche Exkulpierungsstrategien findet man im Wilker-Kapitel unter 5.5., vor allem was dort unter I dargestellt ist (siehe auch Schwabe 2022a, 173 ff.). Hier ein weiterer Beleg:

„Ich habe nie gepocht auf meine Erfahrung, auf mein Wissen, auf mein Vorrecht – nein: immer wieder und wieder nur auf mein Menschsein. Natürlich gab es Menschen, die darin Überhebung sahen und noch sehen. Aber sind diese Menschen nicht blind gegenüber unserem Besten, während sie unsere Fehler durch vielfach vergrößernde Prismen sehen?" (Wilker 1921b, 18).

Mit meinen Ohren höre ich: Erstens sehen diejenigen, die in Wilkers Verhalten etwas als überheblich erleben, das falsch; zweitens räumt er *„Fehler"* ein; welche bleibt unklar; vielleicht den Fehler doch überheblich gewesen zu sein? Aber die zugestandenen Fehler werden gleich wieder klein geredet, da sie von der Gegenpartei wie durch ein Prisma – also künstlich – vergrößert und damit übertrieben worden waren.

Bei Bernfeld sind es vor allem seine Attacken auf Frau P., die Co-Leiterin, die Verwaltung und den *Joint* (s. Kap. 6.3.2), die Fatke zu dem Statement veranlassen: Seine Schuldzuweisungen, *„[machen] durch ihr Maß an Wut und Aggressionen stutzig"* (Fatke 1993, 5 f.). Barth spricht in diesem Zusammenhang von *projektiver Konfliktverarbeitung* (Bahrt 2010, 266). Die klare Benennung und Reflexion eigener Konflikt-Anteile bleiben bei Wilker und Bernfeld in ihren Berichten vollkommen ausgespart.

Parallel dazu leistet Bernfeld in anderer Hinsicht eine sehr genaue Berichterstattung vom Projektaufbau im Kinderheim Baumgarten und beobachtet sich beim pädagogischen Handeln mit den Kindern durchaus selbstkritisch. Er ist einer der ganze wenigen Pädagog:innen, der genau zeigt, wie viel Beeinflussung und strategisches Vorgehen auf Seiten der Pädagog:innen erforderlich sind, um die Kinder dahin zu bringen, dass sie die ihnen zunächst zugeschobenen Positionen, die für Selbstregierung erforderlich sind, adäquat auszufüllen lernen: *Selbstregierung beginnt mit verdeckter Fremdregierung.* Hier und in vielen anderen Zusammenhängen ist er ein grundehrlicher und unbestechlicher Beobachter und der erste Kritiker der eigenen pädagogischen Bemühungen. Nur im Hinblick auf seine Verstrickungen in den Leitungskonflikt nicht. Dennoch bleibt sein „Bericht" bis heute eine hochgradig bedeutsame Quelle für Anregungen zur Gestaltung der Praxis der Heimerziehung und für die Rolle, die genaues Beobachten für das eigene Lernen und die Theoriebildung spielt. Sehr viel weniger bedeutsam ist sein „Bericht" für Fragestellungen, die den Aufbau und die Entwicklung von Projekten betreffen.

Stufe 5: Die Verarbeitungsstrategie *Fiktionalisierung* bedeutet, dass man sich mit dem Prozess des Scheiterns beschäftigt und diesen (oder ausgewählte Aspekte) mündlich und/oder schriftlich Anderen berichtet oder für sich selbst festhält (s. a. Kap. 13.1.1). Dabei geschehen das Erzählen oder Aufschreiben in einer Form, die der eigenen Spontaneität und Expressivität Raum gibt. Es besteht kein Anspruch wissenschaftlich korrekt zu berichten, was auch gar nicht möglich ist, weil man auch nicht wissenschaftlich korrekt dokumentiert hat. Deswegen werden Auslassungen und Hinzufügungen, Dramatisierungen und Abschwächungen beim Erzählen oder Schreiben eine Rolle spielen. Fiktionalisierungen bieten die Möglichkeit, sich von dem inneren Druck zu befreien, der mit dem Scheitern verbunden ist und/oder eine erste Kontrolle über das Erlebte herzustellen. Dass man sich bei der Darstellung gewisser persönlicher Freiheiten bedient, weiß man in der Regel. Wichtiger als Detailtreue ist anschließend sagen zu können: „Ja, so war es für mich! Ja, das ist meine Geschichte". Damit kann die Erinnerung fixiert und die weitere Beschäftigung mit dem Erlebten still gestellt werden; vielleicht auch, weil die Erzählung vor allem der Selbstrechtfertigung oder Exkulpierung diente; aber es ist genauso wahrscheinlich, dass mit dem Eintreten einer ersten Entlastung mittels *Fiktionalisierung* neue Erzählungen angeregt und andere Aspekte erinnert und in den Vordergrund gestellt werden; das können durchaus auch selbstbelastende bzw. selbstkritische sein, die im ersten Erzählen noch keine Rolle spielten.

Die Umgangsform *Fiktionalisierung* konnten wir bei Makarenko beobachten. Sein *Poem* steht dafür. Auch wenn einige der Charaktere und Konflikte erfunden sind, so sind sie doch so typisch gezeichnet, dass sie einen hohen Wahrheitsgrad beanspruchen können: Das gilt sowohl für Jugendliche und Mitarbeiter:innen wie auch für Konflikte und die mit ihnen verbundenen Stimmungen, die ein Projekt vollständig besetzen können, sowohl in lähmender wie euphorisierender Weise. Er setzt sich im Rahmen seiner *Fiktionalisierung* intensiv mit den

Schwierigkeiten beim Projektaufbau auseinander und den Handlungs-zwängen nach Innen und nach Außen, in die ein verantwortlicher Leiter dabei geraten kann. Alle Beschreibungen können heute noch beanspruchen für einen Projektleiter/eine Projektleiterin bedeutsam zu ein. Andererseits überschreibt er die realen Zusammenhänge und gruppiert sie so um, dass man bezogen auf seine Person beinahe nur zu einem Urteil kommen kann: man muss ihn geradezu als dauerhaft aufrechten und engagierten Pädagogen betrachten, der gegenüber Vorwürfen und Anfeindungen (von denen man als naive:r Leser:in noch nichts ahnt) in Schutz zu nehmen oder zu rechtfertigen ist. Wie er das macht, haben wir genau untersucht (Kap. 7.4). Somit verarbeitet er zwar die später gegen ihn erhobenen Vorwürfe und seine Absetzung als Leiter, aber nicht im Sinne eines aufrichtigen Durcharbeitens. Diesbezüglich bleibt er sozusagen in der Mitte stecken.

Hörster schreibt mit Blick auf Bernfelds Schilderungen des Projektverlauf im Kinderheim Baumgarten:

„Der Bericht ist von Anfang an stilistisch so angelegt, dass er sein übergreifendes Spannungsmoment aus dem den Leserinnen von Anfang an bekannten Scheitern bezieht. […] So arbeitet sein Bericht aufgrund der Pointe des Scheiterns gewissermaßen ex post mit einer negativen Teleologie und rekonstruiert deren Phasen des Versuchs auf dieser Grundlage" (Hörster 1992, 147).

Er spricht an dieser Stelle nicht von *Fiktionalisierung*, dafür an anderen Stellen von Bernfelds *„Erzählung"* (ebd.) und lenkt damit unser Augenmerk darauf, dass Bernfeld nicht einfach nur berichtet, sondern seinen Bericht entlang bestimmter Intentionen, die er vermitteln möchte, komponierte.

Auch Tolstoi bedient sich der *Fiktionalisierung*, aber eher im Rahmen seiner literarischen Leidenschaft (s. Kap. 4). Ob er etwas Gelungenes beschreibt, wie das Einkehren von Ruhe nach dem Chaos oder die nächtliche Schlittenfahrt, die er mit den Schulkindern unternimmt oder von seinen Fehlern beim Strafen, immer hat man den Eindruck, dass er durch die sprachliche Darstellung das Geschehene dramatisiert und Bedeutungen verdichtet. Bei ihm dient die *Fiktionalisierung* nie der Abschwächung der Exkulpierung; eher könnte man ihn verdächtigen, dass die geschilderten Szenen nicht ganz so spannend waren, wie er sie darstellt.

Für *Stufe 6* spielt eine *externe Autorität* eine Rolle. Diese kann anklagend bzw. verurteilend oder entlastend und würdigend auftreten. Mich interessiert hier vor allem die entlastende Autorität, weil ich davon ausgehe, dass eine solche Entlastung dazu führen kann (nicht muss), dass man sich als Projektverantwortliche(r) selbst intensiver mit seinen eigenen Beiträgen zum Scheitern auseinandersetzt. So lange die meisten oder gar alle Projekt-Beobachter:innen als Kritiker:innen auftreten oder man sie so erlebt, bleibt man als Verantwortlicher häufig in einer Abwehr- und Verteidigungshaltung. Freilich kann eine Entlastung von außen auch zu einem vorschnellen Ende der Beschäftigung mit dem (teilweisen) Scheitern führen, z. B. wenn Makarenkos Zöglinge ihn später von jedem Verdacht geschlagen zu haben freisprechen. Eine solche Intervention konnten wir bezogen auf Bernfeld – wenn auch nur posthum – beobachten: Der Herausgeber seiner gesammelten Werke und damit ein profunden Kenner der Materie, Ulrich Herrmann, hat Bernfeld vom Scheitern freigesprochen (siehe Herrmann 1997, 234, dazu auch Kap. 5.3.2 und 13.4.2). Daniel Barth und mich haben seine Argumente nicht überzeugt. Wobei Barth in Bezug auf Bernfeld von „strukturellem Misserfolg" spricht, spreche ich zusätzlich auch von einem *persönlichem*, weil ich mir von dem Psychoanalyse-nahen Bernfeld mehr an Selbstreflexion erwartet hätte.

Ähnliches leistet, wenn auch mit sehr viel weniger innerem Abstand zum Meister Tolstoi, dessen erster Biograph, V. Birukof, der mit diesem in direktem Austausch stand und sich seine Ausführungen von Tolstoi persönlich genehmigen ließ (Birukof 1906 und 1909). Auch er komponiert das Ende des Schulprojekts so, dass kein Schatten auf sein Idol fällt (s. Kap. 4.5).

Schritt bzw. *Stufe 7* – das In-sich-Gehen und die Darstellungen eigener Beiträge zum Scheitern, aber auch die der anderen in den Prozess Verwickelten – wird vom Fortbildner souverän bedient (Kap. 10). Klare Kritik an Anderen und schonungslose Selbstkritik halten sich die Waage. Sein Bericht ist ein Musterbeispiel einer gelungenen Reflexion der eigenen Anteile. Man kann ihm glauben, dass das Prinzip „*eigener Anteil*" von ihm so verinnerlicht wurde, dass er es bei jedem Konflikt – auch mit den Jugendlichen – vorleben kann (s. Kap. 10.2). Vermutlich ist er damit einem eigenen Ideal treugeblieben. Bei Gerd E. Schäfer fallen Selbst- und Fremdkritik weniger emotional aus (Kap. 8). Aber auch er differenziert eigene und fremde Anteile sehr genau. Vielleicht gelingt ihm die Ausbalancierung sogar noch ein Stück besser als dem Fortbildner. Eigene Anteile offengelegt zu haben, kann auch Pestalozzi bei einigen seiner Selbstflexionen in Anspruch nehmen (vor allem bezogen auf seine Unfähigkeit zu leiten, s. Kap. 3.4). Und selbstverständlich auch Gerd Schäfer, der sich bezogen auf seine Rolle als Projektverantwortlicher weder mit Kritik geschont noch übermäßig gegeißelt hat (Kap. 8). Wenn wir uns fragen, welche psychischen Prozesse erforderlich sind, damit man diese Reflexionsstufe erreicht, wird man zumindest an vier Aspekte denken müssen:

a) Zunächst braucht es einen gewissen zeitlichen Abstand (vor allem, wenn das Projektende rasch gekommen ist und man selbst vorher noch wenig reflektiert hat), um ein wenig Abstand zu gewinnen;

b) man muss die mit dem (teilweise) Scheitern verbundenen Emotionen zulassen, auch wenn sie einen zeitweise überschwemmen oder zu überschwemmen drohen: Schmerz, Wut, Scham, Enttäuschung über sich, aber auch andere etc. Dabei muss man sich auch mit den eigenen wie den fremden Vorwürfen, die im Raum stehen, konfrontieren;

c) man muss *Trauerarbeit* leisten, weil mit dem Projektende mehrere Abschiede einhergehen: Eine Vision muss aufgegeben werden, gute Arbeitsbeziehungen

zu einigen Mitarbeiter:innen, aber auch das eigene Selbst-Bild, als einem/einer, der/die es kann, was mit einem Abschied von Größenphantasien einhergehen kann, aber nicht muss;
d) gleichzeitig darf man aber auch das, was gut gelaufen ist, nicht vergessen; das betrifft die eigenen guten Beiträge, aber auch die der Anderen. Nur wenn man neben den Schwächen, Fehlern und dem Misslungenen, auch das Positive an der eigenen Arbeit und der der Anderen sieht und vielleicht auch Errungenschaften, die bleiben, obwohl das Ganze gescheitert ist, kann die Beschäftigung mit dem Scheitern als *„emotional rund"* betrachtet werden. Wahrscheinlich ist dies sogar die Voraussetzung dafür, dass man sich anschließend einer *Theoretisierung des Scheiterns* zuwenden kann.

Stufe 8 ist dadurch charakterisiert, dass ein:e Außenstehende:r auf den Plan tritt, sich für das bereits abgeschlossene Projekt interessiert und es ergebnisoffen untersucht. Dazu muss er es erst einmal rekonstruieren und die historischen Tatsachen sichern. Das hat Badinter für die Erziehung des Infanten von Parma geleistet, Barth für das Projekt von Bernfeld, Götz Hillig für die Gorkij-Kolonie und Makarenko, Gerd Schäfer für das eigene Projekt und der Parlamentarische Untersuchungsausschuss für die GUF in Hamburg. Mit solchen *Fremdreflexionen* beginnt die Kommunikation über das (teilweise) Scheitern des Projekts öffentlich zu werden, wenn auch häufig nicht in verbaler Form, sondern über den Austausch von Berichten. Damit wird Lernen angeregt, weil man aus dem Vergleich verschiedener Analysen oder dem von Eigen- und Fremdanalyse, wertvolle Anregungen erhalten kann: zum Verstehen der Projektentwicklung, aber auch für das rechtzeitige Bemerken von Fallen und Hindernissen im Projektaufbau.

Interessant ist in diesem Zusammenhang, dass es die anderen Protagonisten bei dem Projekt Intensivgruppe, für das der Fortbildners angestellt worden war, nicht für nötig erachtet haben, seinem Bericht eine eigene Analyse gegenüberzustellen. Er selbst fragte sich, ob sie ihn überhaupt gelesen haben? In jedem Fall haben sie ihm nicht geantwortet. Damit drücken sie eine Haltung aus, die sich sicher darüber zu sein scheint, bezogen auf das eingetretene Scheitern nichts mehr lernen zu müssen oder zumindest nichts von oder mit der Person lernen zu können, die man als hauptverantwortlich für das Scheitern sieht.

Stufe 9 steigert das Reflexionsniveau, weil Eigen- und Fremdanalysen nun mit Theorieaspekten aufgeladen werden. Schäfer (1982) und Barth (2010) haben Stufe 7 *Analyse* und Stufe 8 *Theoriebildung bedient* (s. Kap. 13.4 und 13.6). Diese Doppelstrategie konnten wir auch bei Latour für das Projekt *Aramis* beobachten: Zunächst trägt er nur zusammen, was die verschiedenen Protagonisten des Projekts denken und zu Protokoll geben. Dazu liefert er eigene theoretische Überlegungen nach (s. Kap. 13.3.3). Der *Bericht* des Fortbildners wollte dagegen Analyse bleiben, ohne Theorieanspruch. Einen solchen haben wir seinen Ausführungen nachträglich untergeschoben (s. Kap. 13.6).

Stufe 9 kann man aber auch anders verstehen: Dort werden nicht nur Theorien an das Scheitern herangetragen, sondern die Reflexion des Scheiterns schlägt selbst in Theoriebildung um. Auf diese Möglichkeit hat auch Winkler hingewiesen. Mit Blick auf Bernfeld schreibt er:

> Die „[…] *Erkenntnisbedeutung des Scheiterns pädagogischer Ambition wird nicht selten übersehen und oft gegen die pädagogischen Experimente eingewandt, welche doch zumeist gescheitert sind. Gewiss: verstetigen haben sie sich nicht lassen. Aber im Unterschied zu naturwissenschaftlichen Experimenten, welche in ihrem Erfolg erinnert werden, macht der Misserfolg strukturell entscheidende Einsichten zugänglich, die für professionelles pädagogisches Handeln darin wichtig werden, weil Grenzen sichtbar werden. So verarbeitet Bernfeld seine Erfahrungen im Kinderheim Baumgarten dann kritisch im Sisyphos, einerseits als eine Abrechnung mit den (gesellschaftsreformerisch) ambitionierten Pädagogen (und damit mit seinen eigenen Hoffnungen und Erwartungen), andererseits als eine strenge Analyse des Erziehungssachverhalts und in einer Theorie, die als Synthese der verfügbaren Einsichten in die wichtigsten Dimensionen des Erziehungsgeschehens gelten darf.*" (Winkler 2013, 91; ganz ähnlich bereits zwanzig Jahre früher Hörster 1992, 148).

Aus der Analyse des Scheiterns können wir „*strukturell entscheidende Einsichten*" gewinnen beispielsweise in Bezug auf „*Grenzen*". Winkler lässt hier offen, um welche Grenzen es sich handelt. Im Kontext des Zitates darf man schließen, dass er auf „*Grenzen von Erziehung*" abhebt, wie sie Bernfeld im Sisyphos formuliert hat. Ich würde ergänzen: Auch in Bezug auf die *Grenzen der Möglichkeit von Projektentwicklung* und verweise in diesem Zusammenhang noch einmal auf die Einführung zu Teil B. Vier Grenzen waren es, die hier mit Blick auf Projektentwicklung deutlich wurden (siehe Einführung in Teil B):

1) Projektentwicklung wird – auch und gerade unter Erwachsenen und gut Ausgebildeten – unvermeidbar immer wieder auch zum Ort der *Re-inszenierung von Affekten und Konflikten aus der Kindheit* der am Projekt Beteiligten. Die Chance, sich dabei in destruktive Konflikte zu verstricken ist hoch.
2) Innovationen müssen mit einer *gesellschaftlichen Ambivalenz* rechnen: Sie sind einerseits gewünscht und werden eingefordert, aber sie werden immer auch ängstlich darauf hin beobachtet, ob sie grundlegende Machtverhältnisse oder basale gesellschaftliche Konsense in Frage stellen. Sollte dieser Eindruck überwiegen, werden die Projekt-Lieblinge von gestern behindert, schlecht geredet, sabotiert und ein Weg gefunden, sie einzustellen.
3) Jede Projektentwicklung ist auf der einen Seite auf Kommunikation, intern wie mit Externen, angewiesen und muss doch mit einer prinzipiellen Unverfügbarkeit von Kommunikation rechnen. Alle meinen, sie wollten und könnten kommunizieren, aber im

> Projektalltag sind Missverständnisse, Schweigen, Antworten auf nicht gestellte Fragen, fehlende Antworten auf gestellte Fragen, doppeldeutige Botschaften, kommunikative Paradoxien und Androhungen von Abbrüchen der Kommunikation die Regel.
> 4) Jede Projektentwicklung ist in der Aufbauphase auf mehrere andere angewiesen, die es unterstützen können oder nicht. Eine in der Eigenlogik von Öffentlicher Verwaltung verankerte und nicht ohne weiters korrigierbare Besonderheit, scheint zu sein, zwar bei der Genehmigung von Projekten und Projektmitteln mitentscheiden zu wollen, sich aber beim Einsatz von eigener Arbeitskraft oder Finanzmitteln zurückzuhalten. Oder eigene Leistungen davon abhängig zu machen, dass andere in Vorleistung gehen. Damit können diese Anderen und insbesondere die Öffentliche Verwaltung jedes Projekt am langen Arm verhungern lassen.

Stufe 10 habe ich mit diesem Buch unternommen und mit mir alle Leser:innen, die mir bis hier hin gefolgt sind. Ich habe im Prozess des Schreibens den Autor:innen, den Eigenbericht-Schreibenden (Wilker, Bernfeld, Makarenko, Schäfer, dem Fortbildner) wie den fremde Analysen und fremde Theoriebildungen Formulierenden (Barth, Schäfer, Rittel/Webber, Latour etc.), über die Schulter geschaut und sie dabei beobachtet, an welchen Wegkreuzungen ihr Denken diese oder jene Richtung genommen oder gewechselt hat. Immer wieder habe ich mich aber auch beim Beobachten beobachtet und Beobachtungen korrigiert oder differenziert. Jeder/jede, der/die dieses Buch liest, und erst Recht ein Rezensent, der sich die Mühe macht, es zu durchdringen und seine Beobachtungen zu kommentieren, wird den Schritt 10 weitergehen und neue Entdeckungen machen...

Die zehn Schritte zeigen einerseits Möglichkeiten für den auf, der gescheitert ist: Dass er am Anfang sein eigenes (teilweises) Scheitern zunächst verleugnet, stellt häufig nur ein Durchgangsstadium dar. Er oder sie sind meist psychisch angeschlagen, sie dürfen das. Sein oder ihr halbwegs gesunder und munterer Geist, wird ihn oder sie aber bald schon weitertreiben: Über die Resignation oder Rhetorik der Selbstbezichtigung hinweg, in der man sich zu Eigenanteilen bekennt, sie aber auch gleich wieder kassiert (Stufe 2 und 3). Und auch über die Stufe der Exkulpierung und Fremdbezichtigung (Stufe 3). Sicher haben auch Bernfeld und Wilker zehn oder zwanzig Jahre nach ihrem Scheitern in Baumgarten oder dem Lindenhof anders darüber gedacht und gesprochen als zu der Zeit, in der sie einen ersten Projektbericht schrieben. Schade, dass beide ihre ersten *Berichte* nicht mehr einer Revision unterzogen haben. Dennoch gilt: Jeder (teilweise) Gescheiterte hat das Potential, sich in Bezug auf das Nachdenken und die Verarbeitung seiner Projektgeschichte weiterzuentwickeln und weitere Stufen zu durchlaufen.

Was bedeutet das für das Lernen aus dem (teilweise) Scheitern? Es wird umso eher dazu kommen, wenn man:

A) Abstand zu dem Scheitern und den damit verbundenen schmerzhaften Gefühlen gewinnt, ein Stück seines „alten" Selbstvertrauen wiedergewinnt, und sich deswegen das Scheitern anerkennen und eigene Anteile zulassen kann; und zwar so adäquat wie das Gerd E. Schäfer vorgeführt hat: nicht zu streng mit sich und nicht zu nachgiebig. Dafür muss Zeit verstreichen, aber manchmal wird das nicht ausreichen. Formen von Supervision oder Therapie können hilfreich sein, die narzisstischen Kränkungen zu verarbeiten, die mit dem Scheitern und den Nachteilen, die man dadurch in Kauf nehmen musste, einhergingen;
B) einen eigenen möglichst genauen und offenen Bericht schreibt (wie der Fortbildner);
C) diesen sich kommentieren lässt, in dem Freunde und/oder befreundete Fachleute dazu eingeladen werden ihn zu kommentieren oder gemeinsam zu diskutieren;
D) Fremdanalysen einfordert, indem man Dokumentationen aus der Hand gibt und Aktenschränke öffnet und beobachtet, wo diese einem einleuchten und wo nicht; ein fremder Beobachter muss nicht unbedingt mehr und Klügeres zu dem eigenen Projekt zu sagen haben als man selbst;
E) sich im Bereich Theorien umsieht und Ausschau hält nach interessanten Theorieangeboten. Das können Theorien sein, die an Projektentwicklungen herangetragen werden oder *Theorien der Projektentwicklung* wie sie z. B. in der Formulierung der Grenzen der Möglichkeit derselben artikuliert werden;
F) mit anderen darüber in Austausch geht, wie diese den Umgang mit seinem (teilweise) Scheitern erleben aber auch, ob und wenn ja wo und wie sie auch schon gescheitert sind und wie sie damit umgegangen sind.

15.2 Formen des Scheiterns: Vorschlag zu einer Typologie

Beim Nachdenken über die Frage, ob und was aus der Analyse von Prozessen des Scheiterns gelernt werden kann, bin ich auf Unterschiede in den *„Projektschicksalen"* gestoßen (oder habe sie konstruiert), die die Frage beantwortbarer machen. Ich schlage sechs Formen des Scheiterns vor:

A) banales Scheitern;
B) verhängtes Scheitern;
C) verstricktes Scheiten;
D) qualifiziertes Scheitern;
E) strukturelles Scheitern;
F) tragisches Scheitern.

Zu A) Als *banales Scheitern* bezeichne ich einen Prozess, in dem in Bezug auf Planungs-theoretische Grundlagen von Projektentwicklung handfeste, aber vermeidbare Fehler gemacht worden sind. So kannte sich Pestalozzi mit Landwirtschaft zu wenig aus (Kap. 3). Er wusste zu wenig über die Qualität von Äckern, über Saatgut und Fruchtfolgen; und er wusste zu wenig Bescheid, was angemessene Preise sind und dass Bauern oft andere Bauern übers Ohr hauen. Er hat ein Haus gebaut, das zu groß war und dessen Kosten bereits das Budget überschritten haben. Noch schlimmer: Er hatte keine wirkliche Finanzplanung, die ihm hätte klar machen können, was er sich leisten kann und was nicht. Zudem hat er sich darüber getäuscht, wie viel die von ihm aufgenommenen Kinder an Arbeitsleistung erbringen können und wie viel deren Unterhalt kostet (Kap. 3.3). Auch über deren Bindungsbereitschaft an ihn, also auch über deren Einschätzung bezogen auf die Attraktivität des Angebots mit ihm und seiner Frau zu leben, hat er sich getäuscht. Er hatte zu wenig Erfahrungen mit Kindern und wusste zu wenig darüber, was diese anzieht und abstößt. Dass es ihm an Grundlagen in Bezug auf Wissen und Kompetenzen fehlt, hätte er wissen können. Und er hätte sich diese Grundlagen aneignen oder dafür sorgen können, dass ihm fähige Berater:innen zur Seite stehen. Seine idealisierende und träumerische Seite war sehr ausgeprägt; die Fähigkeit zur nüchtern abwägenden Realitätsprüfung war unterentwickelt. Er war in der Lage Pläne zu machen, aber nicht die Planerfüllung regelmäßig und systematisch zu überprüfen und die entsprechenden Nachsteuerungen zu finden und zu realisieren. Wer das nicht kann, sollte kein Projekt in der Größenordnung von Neuhof oder Clindy angehen. Dass er scheitert ist abzusehen. Wenn er scheitert, ist das banal.

Ähnliches gilt auch Gerd Schäfer und sein Heimreformierungsprojekt in Stuttgart (Kap. 8). Ein Teil seines Scheiterns ist banaler Natur: Er hat selbst eingeräumt, dass er zu viele Ideen, die noch zu diffus waren, in zu kurzer Zeit umsetzen wollte, ihm aber gleichzeitig das notwendige Wissen um Heimerziehungszusammenhänge gefehlt hatte (Kap. 8.3). Sein Scheitern bleibt aber nicht banal, weil es ihm gelingt, das, was aus diesen Planungsfehlern folgte, im Projektverlauf genau zu dokumentieren und in seiner Dissertation auf eine vorher unerreichte Reflexionsebene zu transportieren. Wir gehen später weiter darauf ein.

Der Fortbildner hat eine längere Ausführung dazu geboten, was im Projekt alles gut gelaufen ist. Man kann es in den Kapiteln 10.2 und 13.2.1 nachlesen. Was er dort schreibt, macht klar, dass er in seinem Projekt planungstheoretisch tatsächlich gut gearbeitet hat. Banales Scheitern kann man ihm nicht unterstellen.

Banales Scheitern trifft aber auch für die GUF in Hamburg zu. In so kurzer Zeit ein so großes Projekt auf die Beine zu stellen ist ein Unding. Vor allem, wenn man damit rechnen muss, dass die Projektgegner:innen nur darauf warten, dass man Fehler macht. Planungstheoretisch falsch ist aber auch gelaufen, dass man keine externen Experten beteiligt hat, keine Hospitationen durchgeführt hat, zu wenig Raum für offene Diskussionen von strittigen Themen gegeben hat, in hierarchischer Manier von Oben nach Unten Forderungen weitergereicht hat, ohne ein Feedback einzuholen, was machbar ist und was nicht. Wer sich und andere so unter Zeitdruck stellt, muss mit dem Scheitern des Projekts rechnen.

Banales Scheitern gilt aber auch für *Aramis*. Was Latour an unterschiedlichen Interessen an diesem Projekt beschreibt, die so viele Jahre so nebeneinander existieren konnten, ohne dass ihre Gegenläufigkeit und Widersprüchlichkeit deutlich geworden sind, spricht für eine planungstheoretische Lücke. Wer diese Interessengegensätze hätte erkennen und thematisieren können, wird bei ihm nicht deutlich. Am ehesten wäre es der Projektbeitrat, dem das ins Auge hätte springen müssen.

Aus der Analyse *banalen Scheiterns* kann man lernen: Es handelt sich um vermeidbare Fehler. Man kann sie sich klar machen und muss sie nicht wiederholen. Es sei denn, man sieht diese Fehler als vor- oder unbewussten Ausdruck einer Charakterneurose (bei Pestalozzi spricht einiges dafür, s. Kap. 3.7) oder eines Wiederholungszwanges, z. B. weil man keinen Erfolg haben darf, weil man eine Schuld abzubüßen hat, oder sich mit diesem über eine innere Figur (z. B. den Vater) stellen würde und dessen Bestrafung erwartet (das kann man auch wenn dieser tot ist). Wenn eines dieser Verwicklungen der Fall wäre, würde es sich um *verstricktes Scheitern* handeln. Ähnliche Vorsicht gilt in historischen Zusammenhängen: Heute wäre das Scheitern von Condillac und Keralio ein *banales*, weil es die Basics von Entwicklungspsychologie und Kindheitspädagogik vernachlässigt. Diese könnte man sich heute leicht aneignen. Aber welches Bild vom Kind hatte man um 1750? War es bereits so weit entwickelt, dass man das Mästen mit Wissen als Überforderung hätte erkennen können und müssen? Oder handelt es sich hier auch um *verstricktes Scheitern*, weil die beiden Männer, aus unterschiedlichen biographischen Hintergründen, vor- und unbewusste narzisstische Bedürfnisse in das Bildungsprojekt eingebracht haben, die dort nichts zu suchen hatten?

Zu B) Verhängtes Scheitern meint, dass Kräfte in der Außenwelt bzw. Projektumwelt absichtlich oder unabsichtlich, geplant oder ohne es recht zu bemerken, so in den Projektverlauf eingreifen, dass das Projekt nicht fortgesetzt werden konnte und aufgegeben wird. Das Waisenhaus von Pestalozzi in Stans ist das Opfer eines *verhängten Scheiterns* (Kap. 3.2.3). Die Gebäude wurden bei einem erneuten Kriegsausbruch als Lazarett gebraucht. Dass dort Kinder zusammen mit einem engagierten Pädagogen lebten und ein mutiges sozialpädagogisches Experiment durchgeführt wurde, interessierte niemanden.

Von einem *verhängtem Scheitern* kann man auch mit Blick auf die freien Schulen von Tolstoi sprechen. Die Geheimpolizei, die im Auftrag von besorgten Ministern agierte, sah dort – nicht ohne Grund – eine Brutstätte für revolutionäre und anarchistische Umtriebe und wollte mit einer Hausdurchsuchung Beweise gegen den Gründer und Betreiber Tolstoi sammeln. Das gelang nicht, dennoch hat die Art und Weise des Vorgehens Tolstoi so verärgert, dass er sich von dem Projekt zurückgezogen hat. In meiner Darstellung habe ich aber mehr darauf fokussiert, dass Tolstoi aus mehreren Gründen erschöpft war und die Schwierigkeiten, die ihm von den Behörden bereitet wurden, eher zum Anlass genommen hat, das Ende der Schulen zu beschließen. Ob später Schließungen verhängt worden wären, wissen wir nicht

Ein *verhängtes Scheitern* wurde auch vom, von den Mitarbeiter:innen des LEB in Hamburg reklamiert (Kap. 9.3.3). Nach Wahrnehmung dieser Fraktion wurde im noch anhaltenden Diskussionsprozess um den Sinn und den fachlich erreichten Stand der Geschlossenen Einrichtung Feuerbergstraße das Projekt einem neuen politischen Kalkül geopfert. Die Grünen forderten das Aus des Projektes als Voraussetzung, um eine Koalition mit der CDU einzugehen.

Ein tragisches, *verhängtes Scheitern* betrifft ein progressives Heimprojekt, das wir in diesem Buch nicht behandelt haben. Der Amerikaner Homer Lane, der von 1913 bis 1918 in England eine stationäre Einrichtung für dissoziale Kinder und Jugendliche beiderlei Geschlechts aufgebaut und geleitet hatte, bekam von den Behörden die Betriebserlaubnis entzogen, nachdem eine dort betreute Jugendliche angab, von ihm sexuell bedrängt worden zu sein. Alle Informationen sprachen damals und sprechen bis heute dagegen (Wills 1964). Den Behörden war die Einrichtung jedoch wegen ihres freiheitlichen Charakters und der kreativen pädagogischen Methoden ein Dorn im Auge, weswegen man der Anschuldigung des Mädchens Glauben schenkte und das Heim schloss.

Aus *verhängtem Scheitern* kann man lernen, dass man mit Eingriffen von außen rechnen muss. Es macht die Nachrangigkeit von pädagogischen Prozessen bzw. Logiken gegenüber anderen Interessen deutlich. Zugleich zeigt es, dass jedes *pädagogische Projekt* eine Art von *Achillessehne* besitzt, die ihm zum Verhängnis werden kann (wie z. B. der Vorwurf von sexueller Belästigung).

Zu C) Verstricktes Scheitern soll ein *Misslingensprozess* genannt werden, in dem eine oder mehrere Personen psychische Belastungen einbringen, die der Umsetzung von Planungen und Konzepten und/oder einer sach- und fachgerechten Arbeit mit der Zielgruppe und den Kooperationspartner:innen entgegenwirken. Narzisstische Bedürfnisse, die zu einem hohen Profilierungsdruck und Dominanzgebaren führen oder Schuldgefühle, die über das Projekt beschwichtigt werden sollen oder Ängste (z. B. vor Kontrollverlust oder öffentlicher Beschämung), die einem verunmöglichen, notwendige Wagnisse einzugehen. Meist ist es aber nicht nur eine Person, die psychische Dispositionen mitbringt, die einer guten Projektentwicklung, abträglich sein können. Häufig sind es mehrere Protagonisten, die im Projektverlauf unaufgelöste Belastungen ihrer bisherigen Biographie aktualisieren oder reinszenieren (siehe oben Grenze I und III) Aus den jeweiligen inneren Thematiken ergeben sich zunächst Kommunikationshindernisse, später gegenseitige Kränkungen, sich verschärfende Konflikte oder die Vermeidung der

Thematisierung derselben (wie z. B. auf Seiten des Herzogs in Parma), der Verlust von Vertrauen und die Ansteckung des umgebenden Systems mit den eigenen Streitthemen und mithin Spaltungen der Belegschaft oder der ganzen Organisation. Mithin werden auch institutionelle Abwehrmechanismen in Gang gesetzt, die ebenfalls dazu beitragen, dass wesentliche Aspekte der eigenen Praxis nicht mehr adäquat wahrgenommen werden können und Grabenkämpfe zwischen Parteien die Atmosphäre so vergiften, dass eine oder mehrere Personen krank werden oder sich erschöpft zurückziehen. Oder man das Heil in der Entlassung derer sieht, die man für die Konflikte verantwortlich betrachten möchte.

Den Typ *verstricktes Scheitern* konnten wir bezogen auf die Projekte von Wilker (Kap. 5) beobachten, von Bernfeld (Kap. 6), von Schäfer (Kap. 8) und dem Fortbildner (Kap. 10). Aber auch bezogen auf die Konflikte im Hof von Parma, die Badinter schildert (Kap. 2) und auch in Yverdon spätestens als die Nachfolgekonflikte aufkamen (Kap. 3).

Der Frage, ob man aus *verstricktem Scheitern* lernen kann, stehe ich eher skeptisch gegenüber. Die psychischen Dispositionen, die ich als Scheiter-trächtig im Auge habe, scheinen mir die Individuen oft so sehr im Griff zu haben, dass sie selbst mit einer Therapie – ohne sowieso – als lebenslange Belastungen mit hohem Rückfallrisiko verbunden zu sein scheinen. Andererseits konnten sich Menschen immer wieder aus Verstrickungen lösen und damit eine biographische Wende einleiten. Das will ich nicht leugnen. Sicherlich handelt sich hier aber um jahrelange Lernprozesse, die in mehreren Phasen angegangen oder immer wieder neu gestartet werden müssen. Freilich kann man als Beobachter:in aus der Reflexion solcher Verstrickung für die eigene Projektdurchführung lernen: nämlich mit solchen Verstrickungen bei sich und anderen zu rechnen. Sie kommen, wenn auch nicht immer so regelhaft, wie das Amen in der Kirche; das zu wissen, ist nicht viel, aber zumindest hat man damit eine realistische Grundlage für die eigene Arbeit gewonnen.

Zu D) Qualifiziertes Scheitern soll einen Prozess bezeichnen, in dem das drohende Scheitern und/oder Konflikte, die beim Projektaufbau entstanden sind, relativ frühzeitig wahrgenommen, mitgeteilt und behandelt werden. Das betrifft zunächst die Projekt-Mitarbeiter:innen untereinander. Sie müssen sich fragen, ob sie rechtzeitig genug und in annehmbaren Formen Dissense thematisiert haben? Es betrifft aber auch die Projektverantwortlichen: Haben sie sich oft genug über den Stand der Projektentwicklung ausgetauscht und über ihre Beobachtungen von Hindernissen und Störungsquellen gesprochen? Haben sie rechtzeitig interne und/oder externe Berater:innen eingeladen, um die gefährdete Projektentwicklung zu unterstützen? Auch in Form von Supervision oder Mediation. Oder haben sie gar, das wäre ein Maximum an Qualifizierung, von Anfang an, einen Kreis etabliert, in dem interne und externe Beobachter:innen des Projektverlaufs sich regelmäßig, offen und auf Augenhöhe austauschen. Im genseitigen

Vertrauen, dass relevante Informationen diskret behandelt werden und nicht nach außen dringen.

Wenn man zumindest von drei dieser Maßnahmen guten Gewissens behaupten kann, sie genutzt zu haben, und trotzdem gescheitert, ist man zumindest auf hohem Niveau gescheitert. Das passiert. Aber zumindest kann man sich dann sagen, dass man alles Menschenmögliche (oder zumindest sehr viel) versucht hat, um das Projekt auf Kurs zu bringen oder zu halten. Warum oder woran man trotzdem gescheitert ist, bleibt nachzuarbeiten. Vielleicht weil die Verstrickungen, die eine Rolle spielen, nicht klar genug erkannt wurden. Vielleicht aber auch, weil sie einen Grad an Neurotizismus ins Projekt hineingetragen haben, der dort nicht mehr in den Griff zu bekommen war? Oder, oder…?

Qualifiziertes Scheitern können zumindest in Ansätzen Gerd Schäfer und der Fortbildner für sich reklamieren. Gerd Schäfer hat die zu seiner Zeit üblichen Methoden weitgehend ausgeschöpft, freilich externe Beobachter:innen zu wenig genutzt und auch keinen wirklich guten Projektbeirat etabliert. Der Fortbildner hat Supervision genommen, auch zusammen mit der Einrichtungsleiterin und bis zum Schluss auf Konfliktmediation gesetzt bzw. gehofft. Er hatte zumindest für das Anti-Gewalt-Training auch einen externen Berater engagiert, der sich regelmäßig die Videoaufzeichnungen der Treffen mit den Jugendlichen angeschaut und kommentiert hat. In den Gesprächen mit ihm, kamen immer wieder auch Konflikte und Spannungen zur Sprache, die sich bis in das Training hineinverfolgen ließen. Die Einrichtungsleiterin hat ebenfalls Supervision in Anspruch genommen. Die von ihr dort gewonnenen Erkenntnisse wurden allerdings vom Fortbildner als irrig zurückgewiesen.

Auch der Kaufmännische Leiter hatte sich angeboten und versucht zwischen der Einrichtungsleiterin und dem Fortbildner zu vermitteln. Damit konnte er das Feuer zeitweise auch ersticken; aber der Brand schwelte weiter und brach später umso heftiger wieder aus.

Aus *qualifiziertem Scheitern* können wahrscheinlich nur diejenigen lernen, die versucht haben bei der Klärung von Konflikten und Krisen zu helfen. Was sie getan haben, war nicht wirkungsvoll genug. Das Projekt ist trotz ihrer Interventionen gescheitert oder manchmal vielleicht auch wegen falscher Ratschläge, die sie gegeben haben. Oder aufgrund von falschen Analysen. Natürlich können sie sich auch darauf zurückziehen, dass die Projektverantwortlichen ihre Beratung nicht angenommen haben oder der Prozess des Scheiterns schon zu weit fortgeschritten war als dass man ihn noch hätte aufhalten können.

Zu E) Strukturelles Scheitern wurde von Barth mit Rückgriff auf Heintz als „Struktureller Misserfolg" bezeichnet, d.h. als *„ein Scheitern, das nicht Folge pädagogischer Fehlhandlungen ist, sondern mit strukturellen Spannungen innerhalb und außerhalb einer erzieherischen Organisation steht"* (Barth 2010, 267). Klar ist bei dieser Definition, dass es nicht primär um Fehler und Schwächen auf der operativen Ebene geht, sondern diese als Symptome von strukturellen Spannungen gesehen werden, die im Auftrag an die Projektverantwortlichen oder in der Institution oder zwischen der das Projekt realisierenden Institution und ihren Umwelten angesiedelt sind. Das kann aber auch die gesellschaftlichen Verhältnisse an und für sich betreffen (siehe oben Grenze II).

Heintz scheint davon auszugehen, dass es immer interne und von außen in das System hineingetragene Spannungen gibt: *„Die Gesamtspannung in einem bestimmten System setzt sich aus der endogenen und der induzierten Spannung zusammen. Das bedeutet, dass ein umfasstes System unter Umständen eine Gesamtspannung erfährt, derer es auch bei Einsatz aller verfügbaren Mittel nicht Herr werden kann"* (Heintz 1968, 268 f.). Unklar bleibt was bei dieser Betrachtung das relevante System ist: der Projektzusammenhang oder die Organisation, in der das Projekt realisiert werden soll. Beide Blickwinkel machen Sinn. Strukturelles Scheitern kann, in der theoretischen Perspektive Barths, Bernfelds Projekt Baumgarten beanspruchen (Kap. 6), aber auch Tolstoi für seine Freien Schulen (Kap. 4). Sie stellten im Rahmen des zaristischen Russlands strukturelle Provokationen dar, weil sie die herrschenden Machtverhältnisse in Frage stellten.

Auch Wilker kann man in gewisser Weise ein *strukturelles Scheitern* zugestehen: Wandervogel-Bewegte und lange Jahre in einer Fürsorgeerziehung sozialisierte Mitarbeiter:innen passten nicht zusammen (Kap. 5). Die Letzteren stellten zahlenmäßig die größere Gruppe dar und konnte dem Direktor trotz seines hohen Ranges, seiner weit über Berlin hinaus bekannten Mitarbeiter:innengruppe und deren Anerkennung von Seiten der betreuten Jugendlichen die Macht absprechen den Lindenhof zu reformieren. Von *strukturellem Scheitern* kann man aber auch in Bezug auf das Projekt der Erziehung des Infanten zu einem *modernen Monarchen* sprechen (Kap. 2). Die Eltern des Infanten, vor allem die Mutter und der Minister du Tillot, planten und finanzierten das Projekt mit offizieller Zustimmung des Hofes, hatten dabei aber nicht die Rechnung mit einer mächtigen Gegenströmung in Parma gemacht, die die Inhalte des Projekts und die Männer, die es durchführen sollten, ablehnten. Es gelang dieser Machtkonstellation aus Adeligen und Klerus das Projekt sabotieren und den Infanten von seinen offiziellen Lehrern zu entfremden, vor allem auch deswegen weil weder die häufig abwesender Mutter noch der mit dieser Gruppe freundschaftlich verbundene Vater den Konflikt mit dieser offen machte und ausfocht (s. Kap. 2.5 und 2.6). Sie überließen dieses ihnen offensichtlich lästige und unangenehme Geschäft dem Minister und den Lehrern, die sich an der mächtigeren Gruppe die Zähne ausbissen und schließlich kapitulierten (s. Kap. 2.4).

Strukturelles Scheitern kann man vom Typus her als einen Gegentypus zum *verstrickten Scheitern* ansetzen: Das eine Mal denkt man soziologisch, d.h. das Scheitern eher von der Organisation her und deren strukturellen Spannungen, die sich hinter dem Rücken der Individuen, wenn auch durch sie hindurch manifestieren. Das andere Mal denkt man psychologisch, d.h. von den Individuen her, die etwas biographisch Belastendes in die Institution mit- und einbringen, was dort vorher keine bedeutsame Rolle gespielt haben. Sie infizieren die Organisation mit psychischen Belastungen, die allerdings auch institutionell aufgegriffen und verstärkt werden. Das andere Mal „kontaminieren" die politischen Strukturen die Integrität der Individuen, können sich dabei aber beinahe immer auf etwas stützen, das in den Individuen den strukturellen Spannungen Resonanz entgegenbringt. *Institutionelle Abwehrmechanismen* bilden quasi das Scharnier zwischen den beiden unterschiedlichen Systemen.

Ich gehe davon aus, dass beide Blickrichtungen sinnvoll sind und sich ergänzen können und sollten. Es handelt sich hier um das alt bekannte Problem des Zusammenhangs von Individuum und Gesellschaft oder Psychologe und Soziologie, dem sich schon Adorno in luzider Weise gewidmet hat (Adorno 1955/1974; Latour dagegen würde die beiden Bereiche so nicht trennen – er würde beide Blickwinkel bzw. Phänomenbereiche als primär verschränkt betrachten, Latour 2014).

Kann man aus *strukturellem Scheitern* etwas lernen? In jedem Fall schärft man mit dieser Betrachtung den Blick für Paradoxien und Dilemmata im Auftrag (das Thema hatten wir im Zusammenhang mit Rittel und Webber 1973 und Selvini-Palazzoli et al. 1978/1994 in Kapitel 13.2 behandelt) und für in der Organisation angelegte Spannungen bzw. solchen, die zwischen der Organisation und ihren Auftraggebern oder zentralen Kooperationspartnern liegen. Wenn man wach und klug genug ist, erkennt man solche Konstellationen vor dem Beginn der Projektrealisierung und kann sie thematisieren oder besser die Finger von diesem Projekt lassen. Wenn man aber erst einmal mittendrin steckt, dürfte alles Wissen wenig helfen. Man wird in vielen Fällen ähnlich verstrickt bleiben wie die Individuen in ihren psychischen Belastungen. Freilich kann man auch hier Externe als Berater:innen bemühen und das drohende strukturelle Scheitern dann doch noch abwenden oder zumindest in ein qualifiziertes überführen. Aber ist das dann ein Trost?

Zu F) Den Begriff *tragisches Scheitern* möchte ich für die Prozesse reservieren, in denen große Aufgaben inmitten von prekären und widrigen Bedingungen von mutigen Projektverantwortlichen angegangen worden sind und diese vieles richtig gemacht haben oder zumindest gut genug, denen aber ein oder zwei Fehler, Versäumnisse oder persönliche Schwächen zum Verhängnis wurden. Diese Art von Scheitern möchte ich für Bernfeld und Makarenko reservieren. In mancher Hinsicht auch für Tolstoi. Unabhängig davon, was diese Personen nicht geschafft haben oder was man an der Art ihres Vorgehens kritisieren kann, können ihre Projekte mehr Aspekte von Erfolg als von Scheitern reklamieren. Auch deswegen, weil sie noch viele Generationen von Pädagog:innen durch die Form ihrer Berichte faszinieren und bilden konnten. Der Typ *tragisches Scheitern* trifft z. B. nicht für Gerd E. Schäfer oder den Fortbilder zu. Diese hatten geradezu traumhafte Bedingungen für den Projektaufbau und haben es trotz dieser günstigen Voraussetzungen nicht geschafft, das Projekt mit deutlichen Gewinnen zumindest in den Augen von bestimmten Interessenten abzuschließen. Außerdem waren deren Aufgaben – ein Heimreformierungsprojekt oder der Aufbau einer Intensivgruppe für sechs aggressiv agierende Jugendliche – angesichts der Herausforderungen, denen sich Makarenko oder Bernfeld und sein Team (und auch Tolstoi) stellen mussten, relativ gesehen weit weniger anspruchsvoll und komplex.

Fazit: Die sechs *Formen des Scheiterns* weisen jeweils klar voneinander abgrenzbare Charakteristika auf. Gleichzeitig haben wir gesehen, dass einem Projekt mehrere *Misslingensdynamiken* zugesprochen werden können. Insofern handelt es sich einerseits um Formen, andererseits um Aspekte des Scheiterns.

In der Einführung wurde die Hypothese formuliert: „Scheitern verdankt sich *teils einmaligen Konstellationen, teils redundanten Mustern. Das Verhältnis beider ist in jedem Einzelfall zu klären.*" (Kap. 1.3). Ich würde sie als bestätigt betrachten und den mit ihr verbundenen Anspruch aufrechterhalten, selbst wenn die Erkenntnisse, die man daraus gewinnt, nicht unbedingt übertragbar sind auf einen anderen Prozess. Wir haben gesehen, dass die Lernmöglichkeiten, die sich aus dem Scheitern ergeben, wesentlich von dem Typ abhängen, den wir für das Scheitern ansetzen. Aus *banalem Scheitern* lässt sich am meisten lernen. Aber die Frage ist, ob es sich wirklich um *banales* oder doch eher *verstricktes* oder *strukturelles* Scheitern handelt? Das ist eine Frage der Analyse. Für *verhängtes*, *verstricktes* und *strukturelles* Scheitern haben wir die Lernchancen eher niedrig angesetzt. Vielleicht aus Gründen der Altersresignation heraus zu niedrig? Aus qualifiziertem und *tragischem Scheitern* lässt sich vor allem Demut lernen. Jedes Projekt bedarf zur halbwegs erfolgreichen Realisierung auch so etwas wie *Gnade* oder den *Segen der Götter* oder *guten Rückenwind* oder wie man auch immer das nennen möchte, was wir nicht machen können, aber brauchen.

15.3 Praktische Empfehlungen zur Vermeidung von Scheitern und dem Umgang mit seiner Unvermeidbarkeit

In theoretischer Hinsicht können wir formulieren: Jedes Projekt stellt eine Testung bezogen auf die Möglichkeit dar, innovative Ideen – oder solche, die man dafür hält – zu realisieren. (Siehe dazu auch die vier Grenzen der Möglichkeit von Projektentwicklung und die Chancen und Risiken ihrer Überschreitung, die wir am Schluss der *Einführung zu Teil B* thematisiert haben.) Mit dieser Testung ist einerseits die Frage verbunden wie Realitäts-tauglich die Ideen sind, aber auch wie Reform- bzw. Ideen-offen die Realität. Freilich mit der Pointe, dass zu Beginn eines Projekts noch nicht alle Ideen gedacht werden können, die im Projektverlauf wichtig werden; und nicht alle Realitäten schon ins Auge gefasst werden können, die dem Projekt auf günstige Weise entgegenkommen oder es auf ungünstige Weise behindern oder verunmöglichen werden. Einige, manchmal sogar die entscheidenden, der für den Projektverlauf relevanten Ideen und Realitäten entwickeln bzw. konstellieren bzw. zeigen sich erst im Projektverlauf, auch wenn man vorher eine differenzierte Konzeption und einen gründlichen Realitätscheck bezogen auf die begünstigenden und ungünstigen Bedingungen erarbeitet hat. Man kann und muss ausreichend gut planen, aber wird – bei der Projektentwicklung, ähnlich wie in Erziehungsprozessen, aber auch in privaten Beziehungen – nicht umhin kommen, überrascht zu werden. Manche Überraschungen drohen die Projektverantwortlichen zu entzweien oder zu überwältigen; andere kommen sehr gelegen, weil sie neue Möglichkeiten aufzeigen, die man vorher nicht gesehen hat. Ein Projekt ist so gesehen wie eine Wundertüte… Es wäre vermessen zu glauben, dass da nur herauskommt, was man vorab erwartet hat. Man kann eben auch sein *„blaues Wunder"* erleben. Dann fliegt einem das (eigene) Projekt um die Ohren; und immer muss man sich anschließend fragen (lassen): „Hättest Du es nicht doch kommen sehen können?". Bei allem Recht, das dieser Frage zukommt, bleibt das Überraschende im Projektverlauf konstitutiv und unvermeidbar! (Was von etablierten Managementfirmen geleugnet wird, siehe Johnson in Chaos 2020, 2021, insbesondere Section III).

In praktischer Hinsicht bedeutet das, dass Projektentwicklung einen störungsanfälligen komplexen Prozess darstellt, der eine wachsame Begleitung von mehreren Personen auf mehreren Ebenen erfordert. Das gilt nicht nur für das erste Jahr, sondern für die gesamte Projetentwicklungsphase, für die man mindestens drei, insgesamt aber eher fünf Jahre einplanen sollte (wobei auch etablierte Einrichtungen noch scheitern können, siehe die Odenwaldschule oder die Gorkij-Kolonie). Danach haben die Verantwortlichen einige Krisen erlebt und bewältigt und kann man das Projekt, wenn es denn gut gelaufen ist (s. Kap. 14) als bewährt bezeichnen. Einerseits kann das Risiko zu scheitern auch mit noch so guter Vorplanung nicht ausgeschlossen werden. Andererseits haben wir bei den mehreren der hier untersuchten Projekte Planungsfehler festgestellt, die vermeidbar gewesen wären. Zumindest *banales Scheitern* kann und sollte demnach vermieden werden. Wem Planungsfehler nachgewiesen werden können, der hat versagt. Punkt.

Aber das rationale Planungsmodell ist sehr eng konzipiert und denkt bei weitem nicht an alle Gründe, die beim Scheitern eine Rolle spielen können. Und Gründe bzw. Ebenen und ihre Kriterien, wie wir sie in Kapitel 12 differenziert haben, gibt es genug. Planungstheoretische besser aufgestellt ist man, wenn man diese sechs *unauflösbaren Spannungsfelder*, die für alle Planungsprozesse gelten egal ob es sich um soziale, technische oder hybride Projekte handelt. Die Spannungsfelder sind wie es Schultz von Thun für die Werte-Quadrate vorgemacht hat, so formuliert, dass sich zwei Werte gegenüberstehen, die jeweils in sich einen positiven/günstigen und einen negativen/ungünstigen Aspekt aufweisen (Schultz von Thun 2010), den es auszubalancieren gilt.

A) *Planung / Überplanen versus offenlassen / zu wenig Planung*: Vorausschauendes Planen ist notwendig (siehe das Planungsprogramm in Kapitel 13.3). Aber offen lassen ist in einem Projekt auch wichtig. Es muss sich entwickeln und dazu braucht es Luft. Es darf noch nicht alles festgelegt sein. Die Personen, die am dichtesten beteiligt sind, wollen und sollen noch kreativ sein. Aber man kann auch zu viel offenlassen und damit Menschen, die eh schon unter Druck stehen, in Stress bringen oder überfordern.

B) *Vertrauen / sich verlassen auf das Wort – Unvorsichtigkeit / Naivität versus gesundes Misstrauen / Verschriftlichen / Vertragliche Regelungen – Misstrauen*: Wenn man ein Projekt beginnt, muss es zwischen den Personen, die es gemeinsam entwickeln wollen eine Grundbasis an Vertrauen geben. Wenn sie vorher zusammengearbeitet haben und es an diesem Ort Konflikte oder Vorbehalte gab, müssen diese vor Projektstart angesprochen und, so weit es geht, ausgeräumt werden. Man muss sich in einem Projektzusammenhang aufeinander verlassen können. Und doch bleibt Vorsicht geboten: Menschen vergessen ihre Zusagen oder entwickeln im Projektverlauf andere Prioritäten. Deswegen macht es Sinn Verabredungen schriftlich zu protokollieren oder auch vertraglich zu regeln, unter Umständen auch gerichtsfest. Und doch auch offen dafür sein, dass Geregeltes sich später als ungute Festlegung erweist. Also muss man verbindlich und flexibel zugleich sein; und auch aufpassen, nicht von Anfang an zu viel Misstrauen zu kommunizieren.

C) *Optimismus / Begeisterung – Blauäugigkeit / Unerfahrenheit versus Rechnen mit Pleiten, Pech und Pannen – zu wenig Schwung / zu viele Besorgnisse*: Ein Projekt gelingt ab einem gewissen Grad an Anspruch nur, wenn sich Menschen dort ganz und gar engagieren, weil sie an ihre Sache glauben und entschlossen sind sie zu realisieren. An vielen Tagen darf man nicht auf die Uhr schauen, sondern so lange für das Projekt arbeiten oder bleiben, bis das Wichtigste erledigt ist. Aber auch wissen, dass es Jahre sein werden, in denen man gefordert sein wird und deswegen auf die eigene Regenerierung achten muss, weil man nicht zu schnell ausbrennen darf. Demnach müssen Mitarbeiter:innen und allen voran die Projektverantwortlichen eine gewisse Begeisterung für das Projekt mitbringen und Andere damit anstecken. Dem gegenüber steht die Gefahr, dass Projektunerfahrene sich die Entwicklung zu einfach vorstellen und aufgrund ihrer Begeisterung auch erste Anzeichen von Konflikten und Stockungen nicht wahrnehmen. Es ist wichtig, mit Pleiten, Pech und Pannen zu rechnen. Aber man darf auch nicht zu schnell Verhalten und Ereignisse problematisieren, weil das auch in eine Negativ-Haltung führen kann, in der man alles mit *Argusaugen* – und eben negativ oder gefährlich – wahrnimmt.

D) *Bekannt sein miteinander / über gemeinsame Hintergründe und Haltungen verfügen – verwickelt sein / einander zu ähnlich sein versus sich zu wenig*

Kennen, zu unterschiedlich und fremd in Grundhaltungen / Gefahr von Missverständnissen: Bei der Zusammenstellung eines Projekt-Teams kommt es u. a. darauf an, wie viel Interne, die die Organisation und sich als dort Mitarbeitende bereits kennen und wie viele Externe, die im Projekt zusammenarbeiten sollen, dafür angeworben und eingestellt werden. Interne kennen die Verfahren und die Organisationskultur (siehe Kap. 12 F), können aber auch gehemmt sein, wenn es darum geht etwas Neues zu wagen. Externe kennen sich in der Organisation nicht aus, was einerseits mit Unsicherheiten verbunden sein und zu unpassenden Kommunikationen führen kann; andererseits sind sie (noch) in der Lage blinde Flecken und institutionelle Abwehrmechanismen als zwar eingespielt, aber hinderlich zu erkennen. Gemeinsame Haltungen helfen, um Vertrauen aufzubauen. Und doch lebt jedes Projekt auch von der Unterschiedlichkeit der daran Mitwirkenden. Zu wenige Gemeinsamkeiten können aber auch zu einem zu großen Aufwand an Diskussionen und Abstimmungsprozessen führen. Unter Umständen führt das dazu, dass zu wenig Zeit mit den Klient:innen im Projekt verbracht wird.

E) *Selbst entscheiden und verantworten – sich zu wichtig nehmen / Dominanz / Abnahme von Verantwortung / Unterschätzung von Kompetenzen versus andere mitentscheiden lassen / Verantwortung abgeben / Überschätzung von Kompetenzen und Unterschätzung von Leitungserwartungen:* Projektleiter:innen müssen in der Lage sein, rasch und klar zu entscheiden, wenn es erforderlich ist. Es muss klar sein, dass sie die Leiter:innen sind und bestimmen können, dafür aber ein mehr an Verantwortung tragen. Wenn man diesen Aspekt übertreibt, führt das zu einer Dominanz im Projekt, die andere lähmen oder entmutigen kann. Insofern müssen Leiter:innen immer wieder auch ausreichend beteiligen oder auch Entscheidungen an die delegieren, die das operative Geschäft ausführen. Diese Delegation darf aber nicht zu oft und nicht an zu sensiblen Punkten stattfinden, da gerade unerfahrenere Mitarbeiter:innen zum einen Fehlentscheidungen treffen können und diese auch ein Anrecht darauf haben regelmäßig und kompetent geführt und angeleitet zu werden.

Alle diese *fünf Spannungsfelder* folgen demselben Muster: Beide Aspekte sind einerseits gegenläufig, aber dennoch wichtig. Es kommt darauf an, situativ mal mehr das Eine, mal mehr das Andere in den Vordergrund zu bringen und von Zeit zu Zeit zu reflektieren, ob die Ausbalancierung gut genug gelingt. Man könnte das mit einem Begriff von Reindl auch als *Paradoxie-Management* bezeichnen (Reindel 2008); eine Haltung, die sich wesentlich von den Mainstream-Konzepten US-amerikanischer Provenienz unterscheidet (Chaos 2020, insbesondere Section III).

Mehr kann man nicht tun. Gerd Schäfer hat seine Erfahrungen mit gelungenen Projektentwicklungen so zusammengefasst:

„Suche mit allen Beteiligten zusammen eine angemessene Ausgangsposition, von der aus sich jeder berücksichtigt fühlt. Überlege mit allen Beteiligten zusammen erste Schritte. Sei aufmerksam für das, was dabei entsteht. Zimmert aus diesen Beobachtungen des Prozesses, von sich selbst und von anderen, einen provisorischen nächsten Schritt. Tut dies und beobachtet, was dabei herauskommt usw. Das führt zu einer zirkulären Prozessstruktur, bei der jeder Schritt aus dem Vorangegangenen hervorgeht. In einem solchen Prozess kann Neues, Unvorhersehbares entstehen und wirksam werden. Das Ende ist nicht wirklich voraussehbar, denn es gibt möglicherweise viele neue Gedanken, auf die man auf anderem Weg nicht gekommen wäre." (Schäfer 2023, unveröffentlicht).

Dabei sind die Irrtumswahrscheinlichkeiten eher als hoch anzusetzen. Eine Maßnahme scheint mir allerdings relativ einfach zu organisieren. Wir haben diese Möglichkeit oben schon skizziert. Zur halbwegs erfolgreichen Durchführung von Projekten trägt es beinahe immer bei, wenn es gelingt mit dem Start einen *Projektbeirat* zusammenzustellen, der sowohl regelmäßig aber auch bei Bedarf zusammentreten kann, um die Projektentwicklung zu reflektieren und bei Konflikten, Hemmnissen und Krisen beratend zur Seite zu stehen. Ein solcher Kreis muss mit Blick auf den Träger des Projekts aus Internen und Externen bestehen; nur Interne wären zu stark verwickelt; nur Externe könnten überhört werden und haben weniger Chancen sich Gehör zu verschaffen. Alle Teilnehmer:innen sollten Projektdurchführungserfahrungen haben. Die Personen sollten sich kennen und so weit wertschätzen, dass sie damit rechnen voneinander im Verlauf ihrer Diskussionen profitieren zu können. Sie sollten aber mindestens drei verschiedenen Professionen angehören und auch in der Lage sein, kontrovers zu diskutieren. Ich persönlich halte es nicht für erforderlich, ja eher für hinderlich, wenn man meint, in diesem Beirat auch Kinder oder Jugendlichen oder Eltern aufnehmen zu sollen. Aber es braucht Personen in diesem Kreis, die nahe an den Kindern und Eltern dran sind und in der Lage sind, die Stimme von Kindern/Jugendlichen/Eltern/Bürger:innen/Polizist:innen authentisch zu transportieren. Sie müssen diesen Gruppen im Projektbeirat Gehör verschaffen. Dazu ist es sinnvoll sich abzusprechen, wer neben seiner eigenen Stimme welche Stimme aus dem Projektumfeld vertreten wird. Dies kann man dann auch einfordern.

Überblickt man diese Anforderungen, wird deutlich, dass es doch nicht so einfach ist, eine solche Gruppe zusammenzustellen und zu etablieren. Was wiederum bedeutet, dass man diese Gruppe am besten schon in der Konzeptionierungsphase zusammenstellt (auch wenn sie in diese noch nicht involviert sein muss). Die Projektbeiräte, die ich bisher kennengelernt habe, erfüllten die oben skizzierten Anforderungen nicht. Die Personen waren nicht vertraut genug miteinander; ihre Rollen zu sehr von offiziellen Interessen präformiert, ihre Kommunikation zu formal oder von Konkurrenzen geprägt; der Projekteinblick nicht tief genug; das Interesse am Projekt nicht groß genug, um auch rasch einen Sondertermin freizubekommen. Vielleicht braucht es einen solchen *offiziellen Projektbeirat*; aber er stellt etwas anderes dar, als mir am Herzen liegen würde. Und zwei Projektbeiräte, einen offiziellen und einen informellen macht wohl auch keinen Sinn. Also bedarf es des Mutes hier neue Wege zu gehen.

Schluss

Wir sind im Bereich der Sozialpädagogik/Sozialen Arbeit/Jugendhilfe weit davon entfernt, (teilweise) gescheiterten und/oder eingestellten oder aufgegebenen Projekten im Nachgang die ihnen gebührende Aufmerksamkeit zu schenken. Das ist angesichts der Ressourcen an Geld, Zeit, aber auch Lebenskraft, die dabei verbrannt wurden, ein Armutszeugnis. Dass es andere Professionen nicht besser hinbekommen, könnte uns trösten. Sollte es aber nicht.

Ich habe in 45 Dienstjahren nur ein einziges Mal erlebt, dass ein Freier Träger nach dem Scheitern eines Projektes mehrere Fachkräfte dazu eingeladen hat, diesen Prozess zu analysieren und aufzuarbeiten. Ein Tag mit sechs Stunden hat für ihn und uns ausgereicht, um das Scheitern sehr viel besser verstehen zu können. Es konnten Fehler identifiziert werden, die vorher nicht klar erkannt worden waren. Es konnten aber auch Entlastungen angeboten werden in Bereichen, in denen Personen und Prozessen und Umständen zu rasch zu viel Verantwortung oder Bedeutung zugeschrieben worden waren. Sie waren weit weniger *schuld* als sie selbst oder andere dachten. Strukturelle Hindernisse wurden deutlicher gesehen als im Verlauf der Projektentwicklung. Auch die Elemente von Pech und nicht voraussehbaren Verwicklungen spielten eine Rolle. Am Ende fühlte sich niemand *geblamed*. Aber auch wir Nicht-Beteiligten waren von den misslichen Dynamiken berührt worden und gingen nachdenklich auseinander. Ich bin mir sicher, dass alle Beteiligten etwas gelernt hatten.

Voraussetzung dafür war der Mut dieses Mannes, uns das Scheitern und damit auch seine Rolle bei diesem offenzulegen und uns im Vorfeld mit einer Reihe von schriftlichen Materialien zu versorgen (Konzepte, Protokolle, Presseartikel etc.), die uns einen vertieften Einblick in die Projektgeschichte ermöglichten. Auch seine Haltung war wichtig: Er wollte, dass wir ehrlich zu ihm und den beteiligten Kolleg:innen sein und offen aussprechen würden, was wir dachten. Aber er setzte auch unseren *Takt* voraus: Dass wir die *richtigen Worte* finden und selbst spüren würden, wenn wir in Gefahr geraten würden, zu grob zu werden und zu verletzen (siehe dazu auch Latour in Kapitel 13.3). Unsere Kommentierungen durften den Finger in die Wunde legen und wehtun, aber sie sollten frei davon sein, selbstgerecht zu klingen oder von oben runter. Das hat er bei der Anwerbung eingefordert und das konnten wir in diesem Kreis auch erfüllen. Ein Honorar gab es nicht; aber einen Aufenthalt in einem Hotel und ein gutes Abendessen mit Wein nach getaner Arbeit.

Diesem Einrichtungsleiter bin ich heute dankbar. Er hat mit seiner Einladung wesentlich dazu beigetragen, dass ich einen weiteren Schritt in der Verarbeitung meines eigenen Scheiterns in einem bestimmten Projekt gehen konnte. Und wesentlich dazu beigetragen, dass dieses Buch entstanden ist (wenn auch erst

12 Jahre später). Ich habe damals und habe im Prozess des Schreibens an diesem Buch viel gelernt. Ob dieses Lernen mich davor bewahren würde, alte Fehler zu wiederholen oder neue zu machen, die wieder zum Scheitern beitragen würden, weiß ich nicht. Eher zweifle ich daran... Und tröste mich mit Geschichten wie dieser – Voltaire schildert in einer seiner frühen Erzählung wie deren Held, Zadig, einem Einsiedler gegenüber klagt:

> *„[W]ie verhängnisvoll doch die Leidenschaften der Menschen seien. Dieser erwidert ihm, sie seien wie der Wind, der in die Segel eines Schiffes fährt, es zwar manchmal zum Kentern bringt, doch dafür sorgt, daß es überhaupt von der Stelle kommt. Er sei wie die Galle, die uns zwar jähzornig und krank machen kann, ohne die wir aber nicht leben können. Dieses Leben bleibt eben nur in Gang durch das, was ihm auch tödlich werden kann: Tout est dangereux ici-bas, en totit est nécessaire."* (Blumenthal 1991, 41).

Das gilt nicht nur für die Kräfte, die in der eigenen Biographie wirksam sind, sondern auch für *Projektdynamiken*. Diejenigen, die ein Projekt gefährden und – wie auch immer – zum Scheitern bringen, sind es eben häufig auch, die es anschieben, beflügeln und zum (teilweisen) Erfolg führen konnten oder können würden. Deswegen ist der sichere Hafen keine Alternative zum *Schiffbruch* (ebd., 42). Zumindest ein paar Mal im Leben muss man hinaus aufs offene Meer – was die Reise auch immer bringen mag. Möglichst mit einer spannenden Mission, einem gut ausgestatteten Schiff und einer *toughen* Crew. Und da man bei (sozialpädagogischer) Projektarbeit zwar *„absaufen"*, aber nicht wirklich ertrinken kann, werden sich die Erfahrungen am Ende als wegweisend herausstellen – zur Gewinnung neuer Erkenntnisse oder persönlicher Einsichten. Auch die schmerzlichen...

Quellenverzeichnis

Literaturverzeichnis

Ader, S./Schrapper, C. (2020): Sozialpädagogische Diagnostik und Fallverstehen in der Jugendhilfe. München und Basel
Adorno, T. W. (1955/1972): Zum Verhältnis von Soziologie und Psychologie In: ders. Soziologische Schriften I, Gesammelte Schriften, Band 8, Frankfurt a. M., 42–85
Adorno, T. W./Horkheimer, M. (1947/1978): Die Dialektik der Aufklärung. Frankfurt a. M.
Alberstötter, U. (2003): Hoch eskalierte Elternkonflikte. Professionelles Handeln zwischen Hilfe und Kontrolle im Kontext des Begleiteten Umgangs. In: Bundeskonferenz für Erziehungsberatung (Hrsg.) Jahrbuch für Erziehungsberatung 2003, 139–156
Anweiler, O./Meyer, K. (1961): Die sowjetische Bildungspolitik seit 1916, Heidelberg
Anweiler, O. (1963): Makarenko und die Pädagogik seiner Zeit. In: Bildung und Erziehung (16. Jgn.), 268-293
Anweiler, O. (1972): Einleitung, In: Makarenko, A. S.: Ein pädagogisches Poem. „Der Weg ins Leben". Hamburg
Aschenbrenner in SZ vom 19./20.3.2022, 15
Badinter, E. (2010a): Der Infant von Parma. Oder: Die Ohnmacht der Erziehung. München
Badinter, E. (2010b): „Ich brauche das 18. Jahrhundert um das Heute zu verstehen". In: NZZ am Sonntag Nr.3 | 28. März 2010, Beilage: Bücher, 12–15
Baecker, D. (2000): Wozu Kultur? Essays. Berlin
Barlett, R. (2010): Tolstoi: A Russian Life. London
Barth, D. (2010): Kinderheim Baumgarten. Siegfried Bernfelds „Versuch mit neuer Erziehung" aus psychoanalytischer und soziologischer Sicht. Gießen
Bassinski, P. (2012): Lew Tolstoi – Flucht aus dem Paradies. Bochum/Freiburg
Bateson, G. (1972): A Theory of Play and Fantasy. In: Steps to an Ecology of Mind. Collected Essays. San Francisco, 138–148
Baumann, M. (2012): Kinder, die Systeme sprengen. Bd. 1: Wenn Jugendlichen und Erziehungshilfe aneinander scheitern. Hohengehren
Baumann, M. (2019): Kinder, die Systeme sprengen. Bd. 2: Impulse, Zugänge und hilfreiche Settingbedingungen. Hohengehren
Beck-Engelberg, J. u. a. (Hrsg.) (2014): Organisationen verstehen, Veränderungsprozesse begleiten (Deutsche Gesellschaft für Internationale Zusammenarbeit). Bonn
Bericht und Empfehlungen der unabhängigen Kommission zur Untersuchung der Einrichtungen der Haasenburg GmbH (2013). Ohne Ort
Bericht (2011): Bericht des Fortbildners (s. Kap. 10). Text ohne Namen, ohne Ort
Bernfeld, S. (1925/2013): Sisyphos oder die Grenzen der Erziehung. In: Werke Bd. 5. Gießen, 11–174
Bernfeld, S. (1929/2012): Der soziale Ort und seine Bedeutung für Neurose, Verwahrlosung und Pädagogik. In: Werke Bd. 4. Gießen, 255–272
Bernfeld, S. (1921/2012): Kinderheim Baumgarten- Bericht über einen ernsthaften Versuch mit neuer Erziehung. In: Werke Bd. 4. Gießen, 9–156
Bernfeld, S. (1924): Vom dichterischen Schaffen der Jugend. Leipzig/Wien/Zürich
Bernfeld, S. (1927/1969b): St. Pestalozzi. Ders.: Antiautoritäre Erziehung und Psychoanalyse. Ausgewählte Schriften, Bd. 2. Frankfurt a. M., 477–482
Bernfeld, S. (1928/1969a): Der Irrtum des Pestalozzi. Ders.: Antiautoritäre Erziehung und Psychoanalyse. Ausgewählte Schriften, Bd. 2. Frankfurt a. M., 469–477
Bettelheim, B. (1966): Liebe allein genügt nicht. Stuttgart
Bettelheim, B. (1975): Der Weg aus dem Labyrinth. Stuttgart
Biesel, K. (2011): Wenn Jugendämter scheitern. Zum Umgang mit Fehlern im Kinderschutz. Berlin
Bion, W. R. (1998): Lernen aus Erfahrung. Frankfurt a. M.

Birtsch, B./Kluge, C./Trede, W. (1993): Auto-Crashing, S-Bahn-Surfen, Drogenkonsum. Analysen jugendlichen Risikoverhaltens, IGfH-Dokumentation, Frankfurt a. M.
Birukof, V. (1906): Leo N. Tolstoi: Biographie und Memoiren. Band I.: Kindheit und frühes Mannesalter. Wien und Leipzig 1906
Birukof, V. (1909): Leo Tolstoi: Biographie und Memoiren Band 2: reifes Mannesalter Wien und Leipzig
Bittner, G. (1996): Kinder in die Welt, die Welt in die Kinder setzen. Stuttgart
Bittner, G./Fröhlich, V. (2008): „Ich handelte wie ein Mensch, nicht wie ein Formalist". Würzburg
Blankertz, S. (1980): Tolstojs Beitrag zur Theorie und Praxis anarchistischer Pädagogik. In: Tolstoj, Leo N. Die Schule von Jasnaja Poljana. Wetzlar, 5–17
Blumenthal, H. (1991): Schiffbruch mit Zuschauer. Frankfurt a. M.
Böhm, W. (2016): Der pädagogische Placebo-Effekt. Die Wirksamkeit von Erziehung
Böhnisch, L. (1999a): Sozialpädagogik der Lebensalter. Weinheim und Basel
Böhnisch, L. (1999b) Heimerziehung und Sozialstaat. In: Colla/Gabriel/Millham/Müller-Teusler/Winkler (Hrsg.): Handbuch Heimerziehung und Pflegekinderwesen in Europa. Neuwied, 417–424
Böhnisch, L./Schroer, W./Thiersch, H. (2005): Sozialpädagogisches Denken: Wege zu einer Neubestimmung. Weinheim und München
Bollnow, F. O. (1962): Existenzphilosophie und Pädagogik. Heidelberg
Bräuer, W./Klawe, W. (1998): Erlebnispädagogik zwischen Alltag und Alaska. Praxis und Perspektiven der Erlebnispädagogik in den Hilfen zur Erziehung. Weinheim und München
Brosch, P. (1971): Fürsorgeerziehung, Heimterror und Gegenwehr. Hamburg
Bürger, M. (2004): Selbstqualifizierung durch Scheitern. Ludwigsburg
Bürgerschaft der Freien und Hansestadt Hamburg (2000): Bericht der Enquete-Kommission „Jugendkriminalität und ihre gesellschaftlichen Ursachen". Drucksache 16/4000. Unter Mitarbeit von B. Ahrbeck. Hamburg
Cesarani, D. (2004): Adolf Eichmann: Bürokrat und Massenmörder. Berlin
CHAOS 2020: Beyond Infinity (2021): Johnson, J. im Auftrag der Standish Group. Boston und West Yarmouth
Citati, P. (1994): Leo Tolstoi: eine Biographie. Reinbek
Cloos, P./Köngeter, S./Müller, B./Thole, W. (2009): Die Pädagogik der Kinder- und Jugendarbeit. Wiesbaden
Cohn, R. (1975/2009): Von der Psychoanalyse zur themenzentrierten Interaktion. Von der Behandlung einzelner zu einer Pädagogik für alle, 16., durchgesehene Auflage. Stuttgart
De Condillac, E. B. (1754/2004): Traité des sensations, Paris
Dennison, G. (1971): Lernen in Freiheit. Aus der Praxis der First Street School. Frankfurt a. M. (erstmals englisch New York 1969)
Dickinson, E. R. (2002): ‚Until the Stubborn Will is Broken': Crisis and Reform in Prussian Reformatory Education, 1900–34. In: European History Quarterly, London and New Delhi, Vol. 32 (2), 161–206
Dreier-Horning, A. (2022): Wie Makarenko ein Klassiker der Pädagogik wurde: zum Stand der Makarenkoforschung in Deutschland. Stuttgart
Dudek, P. (2012): „Er war halt genialer als die anderen" – Biographische Annäherungen an Siegfried Bernfeld. Gießen
Dudek, P. (2014): „Mit innerer Wahrhaftigkeit ihr Leben gestalten." Antisemitismus im Kontext des Freideutschen Jugendtages 1913 In: Botsch, G./Haferkamp, J. (Hrsg.) Jugendbewegung, Antisemitismus und rechtsradikale Politik, Oldenbourg, 74–93
Dudek, P. (1999): Grenzen der Erziehung im 20. Jahrhundert. Allmacht und Ohnmacht der Erziehung im pädagogischen Diskurs.
DJI = Deutsches Jugendinstitut (2003) (Hrsg.): Arbeitsstelle Kinder- und Jugendkriminalitätsprävention (2003): Evaluierte Kriminalprävention in der Kinder- und Jugendhilfe. Erfahrungen und Ergebnisse aus fünf Modellprojekten. München
DJI = Deutsches Jugendinstitut (2006) (Hrsg.): Arbeitsstelle Kinder- und Jugendkriminalitäts-prävention: Evaluation in der Kinder- und Jugendkriminalitätsprävention. München
Edwards, R. (1991): A. S. Makarenko's General Educational Ideas and Their Realization. Dissertation Universität Chicago
Ehrenzweig, A. (1967/1974): Ordnung im Chaos. Stuttgart

Enquettekommission (2000): Bericht über „Jugendkriminalität und ihre gesellschaftlichen Ursachen", Hamburg

Enzensberger, H.-M. (2011): Meine Lieblingsflops gefolgt von einem Ideenmagazin. Frankfurt a. M.

Erbe, M. (2004): Revolutionäre Erschütterung und erneuertes Gleichgewicht – Internationale Beziehungen 1785–1830. Paderborn, München, Wien und Zürich

Euteneuer, M./Schwabe, M./Uhlendorff, U./Vust, D. (2020): Die systemische Interaktionstherapie und -beratung in den Erziehungshilfen: Praxis und Evaluation eines elternaktivierenden Ansatzes. Weinheim und Basel

Fahren, O./Hinte, W. (2019): Sozialraumorientierung: Fachkonzept oder Sparprogramm. Freiburg i. Breisgau

Fatke, R. (Hrsg.) (1994): Ausdrucksformen des Kinderlebens. Phantasie, Spiele, Wünsche, Freundschaft, Lügen, Humor, Staunen. Bad Heilbrunn

Feidel-Mertz, H./Pape-Balling, C. (Hrsg.) (1989b): Karl Wilker: Der Lindenhof – Fürsorgeerziehung als Lebensschulung. Neu hrsg. und ergänzt durch ein biographisches Vorwort von Hildegard Feidel-Mertz und Christiane Pape-Balling (Pädagogische Beispiele. Institutionengeschichte in Einzeldarstellungen, 5). Frankfurt a. M., 258–272, 407–412

Fernandes, F. (2013): Die Entwicklung des Selbstempfindens nach Daniel Stern. In: https://www.kita-fachtexte.de/fileadmin/Redaktion/Publikationen/KiTaFT_Fernandes_2013.pdf

Förster, H. von (1993): Lethologie. Eine Theorie des Erlernens und Erwissens angesichts von Ungewißheit, Unbestimmbarem und Unentscheidbarem. In: Voß, Reinhard (Hrsg.): Die Schule neu erfinden. Kriftel, 14–32

Förster, H. von/Pörksen R. (2022): Wahrheit ist die Erfindung eines Lügners. Gespräche für Skeptiker. Heidelberg

Freigang, W. (1997): Verlegen und Abschieben. Weinheim und München

Freud, S. (1911/1992): Psychoanalytische Bemerkungen über einen autobiographisch beschriebenen Fall von Paranoia. In: Gesammelte Werke Band VIII, 239–320

Freud, E. l./Meng, H. (1963) (Hrsg.): Briefwechsel S. Freud – O. Pfister. Frankfurt a. M.

Friedländer, H. (1911): Interessante Kriminal-Prozesse, Bd. 4. Berlin, 224–298

Friedrich, W. (1920): Ein Besuch in ‚Lindenhof'. In: Der Elternbeirat 1 (1920), 409–412

Friedrichs, J. H. (2017): Die Indianerkommune Nürnberg. Kinderrechte – Antipädagogik – Pädophilie, in: Baader, M./Jansen, C./König, C./Sager, C. (Hrsg.): Tabubruch und Entgrenzung. Kindheit und Sexualität nach 1968, Köln/Weimar: Böhlau, 251–282

Fröhlich, V./Göppel, R. (Hrsg.) (1997): Paradoxien des Ich. Beiträge zu einer subjekt-orientierten Pädagogik. Würzburg

Fuchs, M. (1984): Das Scheitern des Philanthropen Ernst Christian Trapp. Eine Untersuchung zur Genese der Erziehungswissenschaften im achtzehnten Jahrhundert. Weinheim

Fürst, R./Hinte, W. (Hrsg.) (2020): Sozialraumorientierung 4.0. Stuttgart

Gadamer, H. G. (1960): Wahrheit und Methode. Tübingen

Geertz, C. (2003): Dichte Beschreibungen. Frankfurt a. M.

Geiringer, H. (1921): Eine proletarische Schulgemeinde, in: Bernfeld GW Bd. 4. Gießen, 426–445

Giesecke, H. (1996): Erziehung als soziales Phänomen: Makarenko's Kinder- und Jugendkolonien in: Neue Sammlung Heft 2, 303–323

Gigerenzer, G. (2014): Risiko. Wie man die richtigen Entscheidungen trifft, München

GIZ GmbH (Hrsg.) (2013): Demokratie in der Heimerziehung. Dokumentation eines Praxisprojektes in fünf stationären Einrichtungen in Schleswig-Holstein, Kiel

Glanville, R. (2015): A (Cybernetic) Musing: Wicked Problems In: Cybernetics and Human Knowing. Vol. 19, nos. 1–2, 165–175

Glasersfeld, E. von (1997): Radikaler Konstruktivismus. Frankfurt a. M.

Göppel, R. (1993): Sankt Bernfeld? – Anmerkungen zum Siegfried-Bernfeld-Gedächtnis¬Jahr 1992. In: Büttner, C./Datler, W.: Jahrbuch für Psychoanalytische Pädagogik V. Mainz, 124–145

Göppel, R. (1998): Der große böse Wolf – Rezension zu: Sutton, Nina: Bruno Bettelheim – Auf dem Weg zur Seele des Kindes. Hamburg, Hoffmann und Campe

Göppel, R. (2013) (Hrsg.): Siegfried Bernfeld: Theorie und Praxis der Erziehung – Pädagogik und Psychoanalyse. Werke, Band 5, herausgegeben und mit einem Nachwort von Ulrich Herrmann, Wilfried Datler und Rolf Göppel. Gießen

Göppel, R. (2020): Siegfried Bernfeld. In: Enzyklopädie Erziehungswissenschaften Online. Abteilung: Psychoanalytische Pädagogik. Unterkapitel 1: Zur Geschichte der Psychoanalytischen Pädagogik. Weinheim und Basel

Graf, E. O. (1993): Heimerziehung unter der Lupe. Luzern

Gräser, M. (1995): Der blockierte Wohlfahrtsstaat. Unterschichtjugend und Jugendfürsorge in der Weimarer Republik, Bonn

Groen, G./Peters, M./Schwabe, M./Wolf J. (2023): Krisenhafte Erziehungshilfeverläufe. Neue Formen der Kooperation. Weinheim und Basel

Habermas, J. (1968): Erkenntnis und Interesse. Frankfurt a. M.

Hagner, M. (2018): Rezension zu Aramis von Bruno Latour. In: Frankfurter Allgemeine Zeitung Buch-Besprechungen vom 20.11.2018: https://www.buecher.de/shop/buecher/aramis-latour-bruno/products_products/detail/prod_id/52854102/#reviews-more

Hamann, C./Lücke, M. (Hrsg.) (2020): August Rake: Lebenserinnerungen und Lebenswerk eines Sozialpädagogen und Jugenderziehers, Bad Heilbrunn

Hamberger, M. (2008): Erziehungshilfekarrieren. Regensburg

Hammelsbeck, Oskar (1964): Pädagogische Provinz. Ein Beitrag zur hermeneutischen Pädagogik Einsichten und Impulse. In: Zeitschrift für Pädagogik, Beiheft 5, 44–59

Hartmann, I. (2017): 42 Jahre Kinderheim. Bericht einer ehemaligen Leiterin, Ibbenbühren

Hartmann, K. (1996): Lebenswege nach Heimerziehung. Biographien sozialer Retardierung. Freiburg

Harvey, E. (1993): Reforming the Delinquent? Probation and Correctional Education; https://doi.org/10.1093/acprof:oso/9780198204145.003.0007, 226–263

Häußler, M. (1995): „Dienst an Kirche und Volk", Heimerziehung in den 1920er Jahren, Studie über die Deutsche Diakonenschaft (1913–1947). Stuttgart

Hebenstreit, S. (1996): Johann, Heinrich Pestalozzi: Leben und Schriften, Freiburg

Heimann, W. (2020): Musiklernen in Tolstoi's Freier Pädagogik, Oldenburg

Heiner, M. (2006): Soziale Arbeit als Beruf: Fälle – Felder – Fähigkeiten. Weinheim und Basel Herrmann, U. (1997): Erziehung durch Selbsterziehung. Die psychoanalytisch inspirierte Pädagogik Siegfried Bernfelds im Kinderheim Baumgarten. In: Fröhlich, V./Göppel, R. (Hrsg.): Paradoxien des Ich. Beiträge zu einer subjekt-orientierten Pädagogik. Würzburg, 224–234

Hesse, V./Ross, R. (1996) (Hrsg.): Festschrift 100 Jahre Lindenhof: von der Erziehungseinrichtung zur Kinderklinik. Eine Chronik. Berlin

Hillig, G. (Hrsg.) (1988): 100 Jahre Anton Makarenko. Neue Studien zur Biographie, Bremen

Hillig, G. (1991): Auf dem Gipfel des Olymp. Dokumentation des Konflikts mit Vertretern der Ukrainischen Sozialerziehung. Opuscula Macariana. Marburg

Hillig, G. (1994): Fürsorge. Kontrolle, Einmischung. Berichte von Aufsichtsbehörden zur Gorkij-Kolonie. Opuscula Makariana 17. Marburg

Hillig, G. (1996): Makarenko und der Stalinismus, in: Neue Sammlung, 1996, H. 2, 287–301

Hillig, G. (1999a): Verblasste Gesichter, vergessene Menschen: 28 Portraits von „Freunden" und „Feinden" A. S. Makarenkos. Bremen

Hillig, G. (1999b): Anton Makarenko. In: Colla/Gabriel/Millham/Müller-Teusler/Winkler (Hrsg.): Handbuch Heimerziehung und Pflegekinderwesen in Europa. Neuwied, 285–303

Hillig, G. (2002): Makarenko's Gorkij-Kolonie. In: Neue Sammlung, Heft 4, 477–511

Hillig, G./Weitz C. (1979) (Hrsg.): Makarenko: Wege der Forschung; Band 407. Darmstadt, 16–93

Hirsch, M. (1996): Zwei Formen der Identifikation mit dem Aggressor: nach S. Ferenczi und A. Freud. In: Praxis der Kinderpsychologie und -psychiatrie, Bd. 45, Heft 5, 198–205

Hoefer, U. (1909): Phthonos. In: Wilhelm Heinrich Roscher (Hrsg.): Ausführliches Lexikon der griechischen und römischen Mythologie. Band 3,2, Leipzig, 2473–2475

Hörster, R. (1992): Zur Rationalität in der Pädagogik Bernfelds. In: Hörster, R./Müller, B. (Hrsg.): Jugend, Erziehung und Psychoanalyse, 143–163

Honig, M.-S. (2002): Instituetik frühkindlicher Bildungsprozesse. In: In: Liegle, L./Treptow, R. (Hrsg.): Welten der Bildung in der frühen Kindheit und in der Sozialpädagogik. Freiburg im Breisgau, 181–194

Honig, M.-S. (2018): Pädagogische als soziale Phänomene auffassen. Ein sozialwissenschaftlicher Zugang zur Pädagogik der frühen Kindheit: In: Stenger, U./Stieve, K./Dietrich, V. (Hrsg.): Theoretische Zugänge zur Pädagogik der frühen Kindheit. Eine kritische Vergewisserung. Weinheim und Basel, 143–164

Honig, M.-S. (2015): Vorüberlegungen zu einer Theorie institutioneller Kleinkinderziehung. In: Cloos, P./Koch, K./Mähler, C. (Hrsg.) Entwicklung und Förderung in der Frühen Kindheit. Interdisziplinäre Perspektiven. Weinheim und Basel

Honneth, A. (1992): Kampf um Anerkennung. Zur sozialen Grammatik moralischer Konflikte. Frankfurt a. M.

Hoops, S./Permien, H. (2006): Mildere Maßnahmen sind nicht möglich! Freiheitsentziehende Maßnahmen nach § 1631 b BGB in Jugendhilfe und Jugendpsychiatrie. München Deutsches Jugendinstitut. München

Henkl, H./Schnapka, G./Schrapper, C. (2002): Was tun mit schwierigen Kindern. Sozialpädagogisches Verstehen und Handeln in der Jugendhilfe. Münster

Horn, K.-P./Ritzi, C. (2000): Bilanz in Büchern. Pädagogisch wichtige Bücher im 20. Jahrhundert. Berlin

IGfH (2003): Argumente gegen geschlossene Unterbringung, Regensburg

IGfH (2021): Zukunftsimpulse für die „Heimerziehung". Frankfurt a. M.

Israels, H. (1989): Schreber: Vater und Sohn, Stuttgart

Jenkel, N./Schmid, M. (2018): Jugendhilfeverläufe und Zielerreichung in freiheitsentziehenden Maßnahmen. München

JES-Studie (2002): Band 219 der Schriftenreihe des Bundesministeriums für Familie, Senioren, Frauen und Jugend. Stuttgart

John, R./Langhof, A. (2014) (Hrsg.): Scheitern: ein Desiderat der Moderne? Berlin und New York

Jullien, F. (2011): Schattenseiten: über das Negative oder das Böse. Zürich

Jung, C. G. (1954): Psychologische Betrachtungen. Basel

Junge, M./Lechner, G. (2004): Soziologie des Scheiterns. Wiesbaden

Kaube, J. (2020): Hegel – eine Biographie

Kähler, H./Zobrist, D. (2013): Sozialen Arbeit in Zwangskontexten. Freiburg im Breisgau

Kamp, J. M. (1995): Kinderrepubliken. Opladen

Keller, U./Sharandak, N. (2010): Lew Tolstoj. Reinbek bei Hamburg

Kessel, F. (2016): Gewaltförmige Konstellationen in stationären Erziehungshilfeeinrichtungen. Hannover

Key, E. (1902/1991): Das Jahrhundert des Kindes. Neu hrsg. und mit einem Nachwort von Ulrich Herrmann. Weinheim und Basel

Kjetsaa, G. (1996): Maxim Gorki: Eine Biographie. Hildesheim

Klafki, Wolfgang (1998): Die Geisteswissenschaftliche Pädagogik – Leistung, Grenzen, kritische Transformation. In: Klafki, Wolfgang: Erziehung – Humanität – Demokratie. Erziehungswissenschaft und Schule an der Wende zum 21. Jahrhundert. Neun Vorträge. Verfügbar unter: http://archiv.ub.uni-marburg.de/sonst/1998/0003/k03.html

Klawe, W./Bräuer, B. (1998): Erlebnispädagogik zwischen Alltag und Alaska: Praxis und Perspektiven der Erlebnispädagogik in den Hilfen zur Erziehung. Weinheim und Basel

Klein, M./Riviere, J. (1983): Seelische Urkonflikte: Liebe, Hass und Schuldgefühle. München

Klemm, U. (1984): Anarchistische Pädagogik, Siegen-Elberfeld

Klemm, U. (2004) (Hrsg.): Tolstoi's libertäre Volksbildung. Frankfurt a. M.

Klemm, U. (1986): Zur Problematik und Praxis alternativer Schulpädagogik. In: Wittig, H. E./Klemm (Hrsg.): Studien zur Pädagogik Tolstojs. München, 45–56

Knaut, A. (1921): Die Vorgänge in dem Erziehungsheim der Stad Berlin „Lindenhof" in Lichtenberg. In: Zentralblatt für Vormundschaftswesen, Jugendgerichte und Fürsorgeerziehung. Heft 19/20, 198–202

Knoop, K./Schwab, M. (1981): Einführung in Die Geschichte Der Pädagogik: Pädagogen-Porträts Aus Vier Jahrhunderten. Heidelberg

Kölch, M. (2002): Theorie und Praxis der Kinder- und Jugendpsychiatrie in Berlin 1920–1935. Die Diagnose „Psychopathie" im Spannungsfeld von Psychiatrie, Individualpsychologie und Politik. Berlin

Köpcke-Duttler, A. (1982): Tolstois Beitrag zur Weltkultur. In: Pädagogik und Schule in Ost und West, Heft 2-3, 1982, 21–26

Köttgen, C. (1991) (Hrsg.): „Wenn alle Stricke reißen" – Kinder und Jugendliche zwischen Erziehung, Therapie und Strafe. Bonn

Kolb, E. (1993): Die Weimarer Republik. München

Koller, H.-C./Rieger-Ladich, M. (2013): Vom Scheitern. Pädagogische Lektüren zeitgenössischer Romane III. Berlin
Korczak, J. (1967/2018): Wie man ein Kind lieben soll. Göttingen
Kraft, V. (1996): Pestalozzi oder das pädagogische Selbst: eine Studie zur Psychoanalyse pädagogischen Denkens Bad Heilbrunn
Krebs, A. (2021): „Das Herz hat seine Gründe, welche die Vernunft nicht kennt". Blaise Pascal und Ludwig Wittgenstein über Vernunft und Glaube. In: Das Wagnis des Neuen. Festschrift für Klaus Fischer, 437–457
Kripp, S. (1973): Abschied von morgen. Aus dem Leben in einem Jugendzentrum. (John-F.-Kennedy-Haus Innsbruck) Düsseldorf
Kripp, S. (1977): Lächeln im Schatten. Die Abenteuer eines Jugendhauses. Düsseldorf
Krüger, R. (1972): Das Zeitalter der Empfindsamkeit. Leipzig
Krumenacker, F.-J. (Hrsg.) (1998): Liebe und Haß in der Pädagogik. Zur Aktualität Bruno Bettelheims, In: Zeitschrift für Pädagogik, 44. Jg. Heft 3/1998, 625–635
Kübler, P. (1901/2015): Die Geschichte der Pocken. Norderstedt
Kunz, S./Scheuermann, U./Schürmann, I. (2009): Krisenintervention. Weinheim und München
Lampel, P.M. (1929): Revolte im Erziehungshaus. Schauspiel der Gegenwart in drei Akten. (= Dramen der Zeit. Band 5). Berlin 1929. (Nachdruck: Verlag Lechte, Emsdetten 1954)
Lacan, J. (1954/1975): Funktion und Feld des Sprechens und der Sprache in der Psychoanalyse. In. Schriften I, Hrsg. v. N. Haas. Frankfurt a.M., 71–169
Latour, B. (1997): Aramis or the Love of Technology. Cambridge
Latour, B. (1998): Eine neue Politik der Dinge und für die Menschen: Aramis oder die Liebe zur Technik. In: Fricke, W. (Hrsg.). Innovation in Technik, Wissenschaft und Gesellschaft. Forum humane Technikgestaltung, Bd. 19. Bonn, 167–174 (gekürzte Fassung in: 52-ARAMIS-REPUB-DE_0)
Latour, B. (1999a): Ein Ding ist ein Thing. Eine philosophische Plattform für eine Linkspartei. In: Fricke (Hrsg.), Jahrbuch Arbeit und Technik 1999/2000. Was die Gesellschaft bewegt. Bonn, 357–368
Latour, B. (1999b): Das Parlament der Dinge. Frankfurt a.M.
Latour, B. (2001): Eine Soziologie ohne Objekt? Anmerkungen zur Intersubjektivität. Berliner Journal für Soziologie 11: 237–252
Latour, B. (2007): Eine neue Soziologie für eine neue Gesellschaft: Einführung in die Akteur-Netzwerk-Theorie. Frankfurt a.M.
Latour, B. (2013): An Inquiry Into Modes of Existence. An Anthropology of the Moderns. Cambridge
Laux, H./Latour, B. (2008): Soziologie der Existenzweisen. In: Lamla, J./Laux, H./Strecker, D./Rosa, G. (Hrsg.): Handbuch Soziologie. Konstanz, 261–280
Liebig, S./Matiaske, W./Rosenbohm, S. (2017) (Hrsg.): Handbuch empirische Sozialforschung in Organisationen. Frankfurt a.M.
Liedtke, M./Mathtes, E./Miller-Kipp, G. (Hrsg.) (2004): Erfolg oder Misserfolg? Urteile und Bilanzen in der Historiographie der Erziehung. Bad Heilbrunn
Lindblom, C.E. (1959): The Science of Muddling-Through. In: Public Administration Review. Jg. 19, 1959, 79–88
Lindenberg, M./Lutz, T. (2018): Bestärken durch Einsperren? Pädagogische Begründungen und organisatorische Zwänge. In: Widersprüche -Zeitschrift für sozialistische Politik im Bildungs-, Gesundheits- und Sozialbereich, 38 (149), 59–71. https://nbn-resolving.org/urn:nbn:de:0168-ssoar-76880-5
Lüpke, F. (2004): Pädagogische Provinzen für verwahrloste Kinder und Jugendliche. Eine systematisch vergleichende Studie zu Problemstrukturen des offenen Anfangs in der Erziehung. Würzburg
Lütjen, R. (2020): Beziehungsdynamiken besser verstehen. Köln
Luhmann, N. (1998): Die Gesellschaft der Gesellschaft. Zwei Bände. Frankfurt a.M.
Luhmann, N. (1999): Die Politik der Gesellschaft. Frankfurt a.M.
Luhmann, N. (2017): Die Realität der Massenmedien. Wiesbaden
Luhmann, N./Schorr, K.E. (1982): Das Technologiedefizit der Erziehung und die Pädagogik. In: Ders. (Hrsg.): Zwischen Technologie und Selbstreferenz. Fragen an die Pädagogik. Berlin, 11–41
Mallet, C.-H. (1987): Pestalozzi, Johann Heinrich: Lasset die armen Kinderlein zu mir kommen, In: Untertan Kind. Ismaning bei München, 127–158

Makarenko, A. S. (1976-1986): Gesammelte Werke (GW) Marburger Ausgabe, Hrsg. von L. Froese, G. Hillig, S. Weitz und I. Wiehl, Ravensburg 1976-1978 und Stuttgart. Bisher erschienen: Bde. 1-5, 7, 9, 13

Makarenko, A. S. (1932/1986): Ein pädagogisches Poem – Teil 1. In: GW Bd. 3. Stuttgart

Malmede, H. (2004): „Fürsorgeerziehung und Gefängniserziehung" im ersten Drittel des 20. Jahrhunderts: Zur Revision einer sozialpädagogischen Erfolgsgeschichte, in: Liedtke, M./Matthes, E./ Miller-Kipp, G. (Hrsg.): Erfolg oder Misserfolg. Urteile und Bilanzen in der Historiographie der Erziehung. Bad Heilbrunn, 251-272

Meiners, M. (2003): Damit Erziehung wieder zur Strafe wird? Die Wiedereinführung der Geschlossenen Unterbringung in Hamburg. Diplomarbeit vorgelegt an der Hochschule des Rauhen Hauses (Betreuer: W. Lindner/T. Kunstreich). Hamburg

Meinhold, M. (1982): Wir behandeln Situationen – nicht Personen. Über Möglichkeiten, situationsgebundene Verfahren anzuwenden am Beispiel des Familienzentrums Melbourne. In: Handlungskompetenz in der Sozialarbeit/Sozialpädagogik, Bd. I: Interventionsmuster und Praxisanalysen, Hrsg. S. Müller, H.-U. Otto, H. Peter und H. Sünker. Bielefeld, 165-183

Menk, S./Schnorr, V./Schrapper, C. (2012): „Woher die Freiheit bei allem Zwang". Evaluation einer geschlossenen Kriseneinrichtung. Weinheim und Basel

Merchel, J. (2012): Handbuch Allgemeiner Sozialer Dienst. München

Mertens, G./Böhm, W./Frost, V./Ladenthin, H. (2008): Handbuch Erziehungswissenschaften, Bd. 1-3. Leiden/Boston

Merton, R. (1949): Social Theory and Social Structure. Toward the codification of theory and research. Glencoe (US)

Merton, R. (1968): Sozialstruktur und Anomie. In: Sack, F./König R.: Kriminalsoziologie, 283-313

Morf, H. (1966): Zur Biographie Pestalozzis. Ein Beitrag zur Geschichte der Volkserziehung. Osnabrück

Müller, B. (1999): Zur Moral der Heimerziehung. In: Colla/Gabriel/Millham/Müller-Teusler/Winkler (Hrsg.): Handbuch Heimerziehung und Pflegekinderwesen in Europa. Neuwied, 397-404

Müller, B. (2002): Siegfried Bernfelds Begriff der ‚Instituetik' als Orientierungspunkt für ein Programm der Bildung der Affekte. In: Liegle, L./Treptow, R. (Hrsg.): Welten der Bildung in der frühen Kindheit und in der Sozialpädagogik, 157-166

Müller, B./Schwabe, M. (2006): Pädagogik mit schwierigen Jugendlichen. Weinheim und München

Münchmeier, R. (1999): Geschichte der Heimerziehung 1870-1936. In: Colla/Gabriel/Millham/Müller-Teusler/Winkler (Hrsg.): Handbuch Heimerziehung und Pflegekinderwesen in Europa. Neuwied, 141-152

Morosow, W. (1919): Erinnerungen eines Jassnopoljaner Schülers an Leo Tolstoi. Basel

Morosow, W. (1978): Freie Schule. Erinnerungen an Leo Tolstois Schule zur Zeit der Bauernbefreiung. Lindenfels/Odenwald

Müller, B. (1999): Zur Moral der Heimerziehung. In: Colla/Gabriel/Millham/Müller-Teusler/Winkler (Hrsg.): Handbuch Heimerziehung und Pflegekinderwesen in Europa. Neuwied, 397-404

Niemeyer, C. (1998): Klassiker der Sozialpädagogik. Einführung in die Theoriegeschichte einer Wissenschaft. Weinheim und München, 159 ff.

New York Times Ausgabe vom 12.11.1919, S. 1

Nietzsche, F. (1893/2008): Also sprach Zarathustra. Ein Buch für Alle und Jeden. Frankfurt a. M., 7. Auflage

Nohl, H. (1965): Aufgaben und Wege der Sozialpädagogik. Vorträge und Aufsätze von Herman Nohl, Weinheim

Oberwittler, D. (2000): Von der Strafe zur Erziehung? Jugendkriminalpolitik in England und Deutschland (1850-1920). Frankfurt a. M./New York

Oelkers, J. (2016): Pädagogik, Elite, Missbrauch. Die „Karriere" des Gerold Baecker. Weinheim und Basel

Omer, H./von Schlippe, A. N. (2014): Feindbilder: zur Psychologie der Dämonisierung. Göttingen

Pansow J./Hesse, V. (1998): Die Klinik für Kinder- und Jugendmedizin Lindenhof. Berlin

Pape-Balling, C. (1989a): Karl Wilkers Leben und Wirken 1885-1930, in: Feidel-Mertz, H./Pape-Balling, C. (Hrsg.) (1989b): Institutionengeschichte in Einzeldarstellungen, Bd. 5: Karl Wilker, Der Lindenhof. Frankfurt a. M., 221-257

Pechlaner, H./Stechhammer B./Hinterhuber, H. (2009): Scheitern: Die Schattenseite unternehmerischen Handelns. Berlin
Peek, C. (2014): Integration gescheitert? Der Diskurs über das „Scheitern" in der Debatte um Islam und Einwanderung in Deutschland. In: John, R./Langhof, A. (Hrsg.): Scheitern: ein Desiderat der Moderne? Berlin und New York, 61-81
Pépin, C. (2017): Die Schönheit des Scheiterns: Kleine Philosophie der Niederlage. München
Pesch, U./Vermaas, P. (2020): The Wickedness of Rittel and Webber's Dilemmas. In: Administration & Society 2020, Vol. 52 (Heft 6), 960-979
Pestalozzi, J. H. (1998): Kleine Schriften zur Volkserziehung und Menschenbildung. Dietrich, T. (Hrsg.). Bad Heilbrunn
Pestalozzi, J. H. (1972): Stanser Brief. In: Band XIII. Berlin und Boston
Pestalozzi, J. H. (1960): Liehnhard und Gertrud. In: Band VI. Berlin und Boston
Pestalozzi, J. H. (1976): Schwanengesang. In: Band XXVIII. Berlin und Boston, 55-286
Peukert, D. (1986): Grenzen der Sozialdisziplinierung. Aufstieg und Krise der deutschen Jugendfürsorge 1878 bis 1932. Köln
Pollak, Richard (1997): The Creation of Dr. B. A Biography of Bruno Bettelheim, New York
Radosavlevic, P. R. (1988): Der Geist der Tolstojchen Versuchsschule. In: Wittig, H. E./Klemm, U. (Hrsg.): Studien zur Pädagogik Tolstois. München, 31-44
Redl, F. (1971): Die Erziehung schwieriger Kinder. München
Reindl, H. (2008): Die Ökologie des Nichtwissens: Entwicklung eines evolutionären Paradoxiemanagements anhand des systemtheoretischen Perspektivenwechsels im Wissensmanagement. Berlin
Rieger-Ladich, M. (2014): Auffälliges Vermeidungsverhalten. Scheitern als Gegenstand des pädagogischen Diskurses. In: John, R./Langhof, A. (Hrsg.) Scheitern: ein Desiderat der Moderne? Berlin und New York, 271-291
Riemeck, R. (2014): Klassiker der Pädagogik von Comenius bis Reichwein (Hrsg. Berg, C./Hildebrand, B./Stübig, F./Stübig, H.). Marburg
Rittel, H./Webber, M. (1973): Dilemmas in a General Theory of Planning. In: Policy Sciences. Band 4, Nr. 2, Juni 1973, 155-169
Rommel, B. (1989/2023): De Condillac. In: Metzler-Philosophen-Lexikon. Stuttgart, 184-187; neu gefasst in: https://www.spektrum.de/lexikon/philosophen/condillac-etienne-bonnot-de/76
Rowe, W. (1986): Leo Tolstoy. Farmington Hills USA
Rutschky, K. (1977): Schwarze Pädagogik. Berlin
Rüttenauer, I. (1965): A. S. Makarenko: Ein Erzieher und Schriftsteller in der Sowjetgesellschaft. Freiburg
Sauerbrey, G./Winkler, M. (2017): Fröbel und seine Spielpädagogik. Paderborn
Schmidt, K. (2006) (Hrsg.): Hardehausen nach 1803. Dem Erbe verpflichtet – offen für die Zukunft, Paderborn 2006
Schäfer, G. E. (1983): Verlorenes Ich – Verlorenes Objekt. Zerstörungsprozesse im pädagogischen Handeln. Wiesbaden
Schäfer, G. E. (1989): Spielphantasie und Spielumwelt. Spielen, Bilden und Gestalten als Prozesse zwischen Innen und Außen. Weinheim und München
Schäfer, G. E. (1992): Riss im Subjekt. Pädagogisch-psychoanalytische Beiträge zum Bildungsgeschehen. Würzburg
Schäfer, G. E. (1995): Bildungsprozesse im Kindesalter. Weinheim und München
Schäfer, G. E. (2003): Bildung beginnt mit der Geburt. Berlin
Schäfer, G. E. (2019): Bildung durch Beteiligung. Zur Theorie und Praxis frühkindlicher Bildung. Weinheim und Basel
Schein, E. (2003): Organisationskultur. Bergisch Gladbach
Schleiermacher, F. D. E. (2000): Grundzüge der Erziehungskunst (Vorlesungen 1826). In: ders.: Texte zur Pädagogik. Kommentierte Studienausgabe, Bd. 2, Hrsg. von Michael Winkler und Jens Brachmann. Frankfurt a. M., 7-404
Schmidbauer, W. (1977): Die hilflosen Helfer. Reinbek bei Hamburg
Schroer, W./Böhnisch, L./Thiersch, H. (2005): Sozialpädagogisches Denken: Wege zu einer Neubestimmung. Weinheim
Schubert, V. (2012): Männliche Erziehung bei Makarenko. In: Baader, M. S. et al. (Hrsg.): Erziehung, Bildung und Geschlecht. Wiesbaden, 61-74

Schultz von Thun, F. (2010): Das Werte- und Entwicklungsquadrat: Ein Werkzeug für Kommunikationsanalyse und Persönlichkeitsentwicklung. In TPS: Theorie und Praxis der Sozialpädagogik, Ausgabe 09/2010, 13–17
Schwabe, M. (1996/2019a): Eskalation und De-Eskalation in Einrichtungen der Jugendhilfe. Weinheim und München, 6. Auflage
Schwabe, M. (2000): Sozialpädagogische Prozesse in Erziehungshilfen zwischen Planbarkeit und Technologiedefizit, in: ZfPäd, 2000, 39. Beiheft: Erziehung und sozialer Wandel, 117–130, wiedererschienen in: „Ich handelte wie ein Mensch, nicht wie ein Formalist": Pädagogisches Handeln im Kontext aktueller Handlungsdiskurse, Bittner, G./Fröhlich, V. (2008) (Hrsg.). Würzburg, 191–208
Schwabe, M. (2007/2019b): Methoden der Hilfeplanung. Weinheim und München, 5. Auflage
Schwabe, M./Evers, T. (2006): Time-out-Räume bzw. Auszeiträume in der Jugendhilfe. In: Evangelischer Erziehungsverband (EREV) (Hrsg.): Evaluation freiheitsentziehender Maßnahmen in der Jugendhilfe, EREV -Schriftenreihe, 47. Jg./Bd. 4, 56–71
Schwabe, M. (2008): Zwang in der Heimerziehung: Chancen, Risiken, Grenzen. Freiburg
Schwabe, M. (2009): Gewalt, Zwang. Disziplin: Dunkle Gestalten an der Wiege sozialer Entwicklungen. In: Widersprüche, Heft 113, 65–83
Schwabe, M. (2013): Kampf um Anerkennung: eine sozialphilosophische Konflikttheorie und ihre Bedeutung für Familienerziehung und Sozialpädagogik. In: Rhein, V. (2013): Moderne Heimerziehung heute Bd. IV, 225–264
Schwabe, M. (2015): Auf dem Kaugummi des Bösen kann man nicht lang genug ‚herumkauen'. In: Ahrbeck, B. et al. (Hrsg.): Jahrbuch für psychoanalytische Pädagogik 24, Gießen, 35–57
Schwabe, M./Thimm, K. (2018): Alltag und Fachlichkeit in stationären Erziehungshilfen. Weinheim und Basel
Schwabe, M./Stallmann, M./Vust, D. (2016/2021b): Freiraum mit Risiko: Erfahrungen mit niedrigschwelligen Erziehungshilfen für sog. Systemsprenger:innen. Weinheim und Basel, 2. Auflage
Schwabe, M. (2019): Warum man über Zwang nicht vernünftig sprechen kann: Versuch einer Meta-Perspektive. In: Zeitschrift für Sozialpädagogik (ZfSp), Ausgabe 2, 211–220
Schwabe, M. (2021a): Fallverstehen und Settingkonstruktion. Weinheim und Basel
Schwabe, M. (2017/2022a): Die dunklen Seiten der Sozialpädagogik. Weinheim und Basel, 3. Auflage
Schwabe, M. (2022b): Theorie und Praxis von Punkteplänen und Stufensystemen. In: Huber, S./Calabrese, S.: Herausforderndes Veralten in stationären Einrichtungen. Stuttgart, 129–139
Schweitzer, H./Mühlenbrink, H./Späth, H. K. (1976): Über die Schwierigkeit soziale Institutionen zu verändern. Frankfurt a. M.
Selvini-Palazzoli et al. (1978/1994): Der entzauberte Magier. Zur Praxis des Schulpsychologen. Frankfurt a. M.
Siemsen, A. (1929): Jungen in Not. In: Der Fackelreiter, Heft 2, 56–61
Silber, K. (1957): Pestalozzi. Der Mensch und sein Werk. Heidelberg
Simon, F. (2004): Gemeinsam sind wir blöd? Die Intelligenz von Unternehmen, Managern und Märkten. Heidelberg
Simon, F. (2006/2012): Einführung in Systemtheorie und Konstruktivismus. Heidelberg
Simon, F. (2022): Formen reloaded. Vier Bände. Heidelberg
Simon, F./Weber, G. (2004): Vom Navigieren beim Driften. Heidelberg
Spieß, K./Kreyenfeld, M./Wagner, G. (2002): Kinderbetreuungspolitik in Deutschland: Möglichkeiten nachfrageorientierter Steuerungs- und Finanzierungsinstrumente. In: Zeitschrift für Erziehungswissenschaften 1/2002, 201–221
Stadler, B. (2009): Therapie unter Zwang – ein Widerspruch? Intensivtherapie für dissoziale Jugendliche im geschlossenen Mädchenheim Gauting. Baden-Baden
Steinfest, H. (2019): Gebrauchsanweisung fürs Scheitern. Wien
Stern, D. (2007): Die Lebenserfahrung des Säuglings, 12. Auflage, Stuttgart
Stoeber, E. (1909): Condillac als Pädagoge. Leipzig
Stork, R. (2013): Ein kleines Curriculum zur Partizipation. In: Ministerium für Soziales, Gesundheit, Wissenschaft und Gleichstellung des Landes Schleswig-Holstein (Hrsg.): Demokratie in der Heimerziehung. Dokumentation eines Praxisprojektes in fünf Schleswig-Holsteinischen Einrichtungen der stationären Erziehungshilfe. Kiel, 54–62

Strobel, M./Weingarz, S. (2006): Fusionen in dezentralen Gruppen – Bankenverschmelzung zwischen Standardereignis und Singularität. In: Keuper, F., Häfner, M., von Glahn, C. (eds) Der M&A-Prozess. Wiesbaden. https://doi.org/10.1007/978-3-8349-9250-5_7
Sutton, N. (1996); Auf dem Weg zur Seele des Kindes. Hamburg
Tapken, A./Wübbelmann, K. (2021): Aufstellungen in Organisationen. München
Taubes, L. (1920/2012): The Jewish Children House of the Joint in Vienna. In: Bernfeld, Werke, Bd. 4, 423–425
Tausch R./Tausch, A. M. (1965): Erziehungspsychologie. Göttingen
Tolstoi, L. N. (1980): Die Schule von Jasnaja Poljana (mit einem Vorwort von Stefan Blankertz). Wetzlar
Tolstoi, L. (1978): Tagebücher 1847–1910. 3 Bände. Hrsg. von E. Dieckmann. Berlin (Ost)
Tolstoi, L. N. (1985/1862): Über Volksbildung. Hrsg. von U. Klemm, Berlin; erstm. russ. 1862; erstm. dt. 1907
Tolstoj, L. N. (1907/1994): Sollen die Bauernkinder bei uns oder wir bei ihnen schreiben lernen? In: Bd. 7 der Ausgabe Religions- und gesellschaftskritische Schriften. Hrsg. von P. H. Dörr. München, 297–343
Tolstoj, L. N. (1882/1978): Meine Beichte. In: Philosophische und sozialkritische Schriften. Berlin, 73–152
Tornow, H. (2014): Ursachen und Rahmenbedingungen stationärer Abbrüche in der Langzeitstudie ABiE. Beiträge zu Theorie und Praxis der Jugendhilfe, Heft 8, 13–35
Trieschman, A./Whittaker, J./Bendtro, L. (1969): The Other 23 Hours. New York
Troyat H. (1987): Maxim Gorki – Sturmvogel der Revolution. Reutlingen
Trüper, J. (1906): Zur Frage der Behandlung unserer jugendlichen Missetäter. 1. Ein Fehlschlag unserer Fürsorgeerziehung. In: Zeitschrift für Kinderforschung 11. Jg. Heft 5, 138–144
Tshisuaka, B. (2005): Pocken (Variola, Blattern). In: Werner E. Gerabek, Bernhard D. Haage, Gundolf Keil, Wolfgang Wegner (Hrsg.): Enzyklopädie Medizingeschichte. Berlin und New York, 1071–1073
Trüper, J./Wilker, K. (1912): Weiteres zur Frage der Fürsorgeerziehung: Nochmals ein hessisches Mieltschin, In: Zeitschrift für Kinderforschung 17, 2, 62–71
Uhlendorff, U. (2022): Methoden sozialpädagogischen Fallverstehens in der Sozialen Arbeit. Weinheim und Basel
van Santen, E./Seckinger, E. (2003): Mythos und Realität einer Praxis. München
von Steinäcker, T. (2021): Ende offen: Das Buch der gescheiterten Kunstwerke. Frankfurt a. M.
Walser, M. (1985): Was ist ein Klassiker? In: Honnefelder, G. (Hrsg.): Warum Klassiker? Ein Almanach zur Eröffnungsedition der Bibliothek deutscher Klassiker. Frankfurt a. M., 9–18
Waterkamp, H. (2018): Götz Hillig and his search for the true Makarenko. What did he find? International Dialogues on Education, 2018, Volume 5, Number 2, 37–55
Wehrenberg, M. (2012): Die zehn besten Strategien gegen Angst und Panik. Weinheim Weick, K. E. (1985): Der Prozess des Organisierens. Frankfurt a. M.
Weitz, S. C. (1990): Makarenko und Gorkij: Zeugnisse einer schöpferischen Freundschaft Fronhausen
Weitz, S. C. (1992): Zum Beispiel Makarenko: Annäherungen an eine kontextuelle Pädagogik Marburg
Werkstatt Alltagsgeschichte (Hrsg.) (2011): „Du Mörder meiner Jugend". Edition von Aufsätzen männlicher Fürsorgezöglinge aus der Weimarer Republik. München/Berlin
Winnicott, Donald W. (1987): Objektverwendung und Identifizierung: In: ders.: Vom Spiel zur Kreativität. Stuttgart: Klett-Cotta, 101–110
Witkop, P. (2017): Leo Tolstoi – Biographie
Wilker, K. (1910): Karl May ein Volkserzieher? Eine dringende Abwehr zum Schutze unserer Jugend gegen die Verherrlichung Mays. Von Dr. Karl Wilker. Langensalza
Wilker, K. (1913): Die George Junior Republic, in DDS, Heft 8, 465–474
Wilker, K. (1921a/1989): Der Lindenhof: Werden und Wollen. Heilbronn
Wilker, K. (1921b): Fürsorgeerziehung als Lebensschule. Berlin
Wilker, K. (1929): Revolte um Lampel, in: Der Fackelreiter 2. Jg. (1929) Heft 2, 51–56
Willing, M. (2003): Das Bewahrungsgesetz (1918–1967). Eine rechtshistorische Studie zur Geschichte der deutschen Fürsorge (Beiträge zur Rechtsgeschichte des 20. Jahrhunderts), Bd. 42, Tübingen

Wills, D. W. (1964): Homer Lane. A Biography, London
Wimmer, M. (1996): Zerfall des Allgemeinen – Wiederkehr des Singulären. In: Combe, A./Helsper, W. (Hrsg.): Pädagogische Professionalität. Frankfurt a. M., 404–447
Winkler, F. (1994): Leo Tolstoi und die Freiheit der Bildung. Der vergessene Vordenker einer modernen Reformpädagogik. München
Winkler, M. (1988/2021): Eine Theorie der Sozialpädagogik. Weinheim und München
Winkler, M. (2003): Ein geradezu klassischer Fall. In: Horn, K. P./Wigger, L.: Klassifikationen und Systematiken in der Erziehungswissenschaft. Bad Heilbrunn, 141–163
Winkler, M. (2015): Der Pädagogische Ort, in: Handbuch der Erziehungswissenschaften. Paderborn, 581–619
Winkler, M. (2013): Theorie für offene Situationen. Klassiker der Sozialpädagogik und das professionelle Handeln. In: Blaha, K. et al.: Die Person als Organon in der Sozialen Arbeit, 89–112
Winkler, U./Schmuhl, H. W. (2019): Dem Leben Raum geben. Das Stephansstift in Hannover (1869–2019)
Wittig, H. E./Klemm, U. (Hrsg.) (1988): Studien zur Pädagogik Tolstois. München
Wolf, K. (1989): Veränderungen in der Heimerziehungspraxis. Die großen Linien. Münster
Wolf, K. (2000) (Hrsg.): Entwicklungen in der Heimerziehung. 3. Auflage, Münster
Wolf, K. (1999): Machtbalancen in der Heimerziehung. Münster
Wolff, M./Hartig, S. (2013): Gelingende Beteiligung in der Heimerziehung. Weinheim und Basel
Wolff, S. (1983): Die Produktion von Fürsorglichkeit. Wiesbaden
Zorin, A. (2020): Leo Tolstoy. London
Zulliger, H. (1952/2007): Heilende Kräfte im kindlichen Spiel, 8. unveränderte Auflage, Eschborn
Zulliger, H. (2022): Das magische Denken des Kindes. Gießen
Zusammenfassung (2011): Zusammenfassung des Berichts des Fortbildners; anonymisierter Text ohne Ort

Weblink-Verzeichnis

Brühlmeier, Arthur: https://www.heinrich-pestalozzi.de/biographie/tabellarische-uebersicht/lienhard-und-gertrud
https://www.cdu-politiker.de/dokumente/ska/Drucksache_16-6559_Ergebnisse_der_Enquete-Kommission_Jugendkriminalit%C3%A4t.pdf
http://www.guenther-emig.de/index.php/im-internet/miscellen/14-der-lichtkampf-verlag-hanns-altermann
Familieninterventionsteams i Hamburg https://www.hamburg.de/sozialbehoerde/familieninterventionsteam/
https://handelsblatt/com:/unternehmen/management/fusion/23979016.html
Heimerziehung in den 1920er Jahren bei google.com/rauheshaus1950er
Honig, M.-S. (2012): Instituetik von Kindertageseinrichtungen. Ringvorlesung „Pädagogisches Handeln im Feld der Frühen Kindheit", Universität Osnabrück. Unv. Ms. [http://www.youtube.com/watch?v=kQmyvrmubj4]
https://www.leo-bw.de/fr/web/guest/themenmodul/heimkindheiten/einrichtungen/einrichtungen-der-kinder-und-jugendhilfe
Klemm, U. (ohne Jahr): Tolstoi als Vorläufer der libertären Bewegung. In: https://www.anarchismus.at/anarchistische-klassiker/leo-tolstoi/8090-ulrich-klemm-leo-n-tolstoi-als-klassiker-der-libertaeren-paedagogik
Nusser in Historisches Wörterbuch der Philosophie online: https://www.schwabeonline.ch/schwabe-xaveropp/elibrary/start.xav?start=%2F%2F*%5B%40attr_id%3D%27verw.neid%27%20and%20%40outline_id%3D%27hwph_verw.neid%27%5D
Silicon (2019) https://www.silicon.de392004212html?
https://www.tabularasamagazin.de/die-paedagogik-tolstois, letzter Aufruf 12.01.2022
https://www.unterhalt.net/scheidung/scheidungsrate; Aufruf 14.07.2023
https://de.wiktionary.org/wiki/scheitern, Zugriff 14.07.2023

https://de.wikipedia.org/wiki/Agathon_Guynement_de_Keralio, letzter Aufruf 12.11.2022
https://de.wikipedia.org/wiki/%C3%89tienne_Bonnot_de_Condillac, letzter Aufruf 12.11.2022
https://de.wikipedia.org/wiki/Guillaume_Du_Tillot, 02.11.2022
https://de.wikipedia.org/wiki/Livre
https://de.wikipedia.org/wiki/Konstantin_Dmitrijewitsch_Uschinski
https://de.wikipedia.org/wiki/Blomesche_Wildnis, aufgerufen am 12.12.2022
https://de.wikipedia.org/wiki/CDU_Hamburg, abgerufen am 30.10.2022
https://de.wikipedia.org/wiki/Ole_von_Beust, abgerufen am 29.10.2022
https://de.wikipedia.org/wiki/Partei_Rechtsstaatlicher_Offensive abgerufen am 1.9.2023
https://de.wikipedia.org/wiki/Akteur-Netzwerk-Theorie 2023